D1225958

LA RÉFORME DU CODE CIVIL

Textes réunis par le Barreau du Québec
et la Chambre des notaires du Québec

LA RÉFORME DU CODE CIVIL

Priorités et hypothèques, preuve et prescription, publicité des droits, droit international privé, dispositions transitoires

***

Les Presses de l'Université Laval

Les Presses de l'Université Laval reçoivent chaque année du Conseil des arts du Canada une subvention pour l'ensemble de leur programme de publication.

Grâce à une étroite collaboration entre le Barreau du Québec et la Chambre des notaires du Québec, il a été possible, en un très court laps de temps, de réunir les travaux d'éminents spécialistes, lesquels n'ont pu être révisés cependant.

Maquette de la couverture: Communication graphique
André Fournier

Coordination éditoriale: Andrée Laprise et Denis Vaugeois

Production: Marie Guinard, Josée Lalancette, Daniel Laprise,
Pierre Lhotelin

Dépôt légal (Québec et Ottawa), 2e trimestre 1993
ISBN 2-7637-7334-6

Diffusion
Les Presses de l'Université Laval
Cité universitaire
Sainte-Foy (Québec)
Canada G1K 7P4
Télécopieur: (418) 656-2600

Sommaire

Table des matières

Chapitre deuxième
Les Priorités

Livre Sixième
«Des Priorités et des Hypothèques»
(art. 2644 à 2802 C.c.)

*Louis Payette**

Remarques préliminaires

Le Livre Sixième du Code Civil du Québec s'intitule Des priorités et des hypothèques. Ce livre comprend trois titres, soit un premier titre portant sur le gage commun des créanciers; un deuxième titre consacré aux priorités et un troisième titre portant sur les hypothèques. Ce troisième titre se divise en six chapitres dans lesquels le législateur traite d'abord de la nature et des espèces d'hypothèques de même que de leur objet et de leur étendue. Le législateur aborde ensuite les dispositions consacrées à l'hypothèque conventionnelle. Le chapitre troisième traite de l'hypothèque légale tandis que le quatrième chapitre porte sur les effets de l'hypothèque. Cinquièmement, le législateur élabore les dispositions sur l'exercice des droits hypothécaires permettant aux créanciers de faire valoir leurs sûretés et le chapitre sixième se penche sur les règles d'extinction des hypothèques.

Le texte du présent cours se penche sur ce Livre Sixième du Code civil du Québec pour tenter d'y présenter sommairement les matières qu'il couvre à la lumière des modifications et des nouveautés que ce livre apporte au droit tel que nous le connaissons. Seul le Livre Sixième est considéré, quoique des renvois soient fréquemment faits à d'autres parties du nouveau code. Le lecteur notera que l'ordre de présentation du texte suit généralement l'ordre de disposition du Livre Sixième du Code civil du Québec.

* Associé, Desjardins Ducharme Stein Monast.

Une référence au «Code Civil» de même que l'abréviation «C.c.» est une référence au Code civil du Québec (L.Q., 1991, ch. 64). Une référence au «Code de procédure civile» de même que l'abréviation «C.p.c.» est une référence au Code de procédure civile tel qu'il doit être amendé par la *Loi sur l'application de la réforme du Code civil* (L.Q., 1992, ch. 57). Une référence au «Projet de loi 38» est une référence à la *Loi sur l'application de la réforme du Code civil.*

Chapitre premier
Gage commun des créanciers
(art. 2644 à 2649 C.c.)

Section I. Introduction

1. Le livre sixième du Code civil du Québec se divise en trois parties: la première est consacrée au gage commun des créanciers (c'est le titre premier, qui comporte 6 articles), la seconde aux priorités (10 articles) et la troisième aux hypothèques (143 articles).

2. Le premier titre, intitulé «gage commun des créanciers», formule les droits fondamentaux des créanciers. Y sont repris les concepts traditionnels suivant lesquels (i) toute personne est titulaire d'un patrimoine (art. 2 C.c.), dont l'actif répond du passif (art. 2644 C.c.); (ii) tout créancier acquiert un certain nombre de droits à l'égard de cet actif, tel qu'il se compose de temps à autre (art. 2645 C.c.), et en particulier le droit ultime de saisir et de faire vendre en justice les biens du débiteur (art. 2646 C.c.); et (iii) tous les créanciers ont des droits semblables, sont égaux, indépendamment du moment de la naissance de leur créance, à moins d'être titulaires d'une priorité ou d'une hypothèque (art. 2646 C.c.)[1].

3. À ces principes généraux traités au titre premier du Livre Des priorités et des hypothèques se rattachent un grand nombre d'articles se trouvant ailleurs au Code civil ou au Code de procédure civile. Cet ensemble constitue le droit applicable à tout créancier, dont peut se prévaloir aussi bien le créancier traditionnellement appelé «créancier ordinaire» ou «chirographaire», que le créancier jouissant d'une priorité[2], ou titulaire d'une hypothèque[3].

4. L'étude du gage commun des créanciers comporte dans le présent texte trois parties: 1er l'étendue du gage commun, les biens sujets aux droits des créanciers et ceux qui ne le sont pas; 2e les droits découlant du gage commun et 3e l'égalité des créanciers et ses exceptions; ces exceptions résultant des priorités, des hypothèques et du fait que par suite d'une réserve

en faveur d'un tiers du droit de propriété ou d'un transfert de celui-ci en faveur d'un tiers ou d'une fiducie, le débiteur a la possession et l'usage d'un bien dont un créancier ou bailleur de fonds détient la propriété en garantie.

Section II. Étendue du gage commun

A. Universalité de l'affectation et ses exceptions

5. L'article 2644 C.c. énonce la règle suivant laquelle les biens du débiteur sont affectés à l'exécution de ses obligations. L'article 2645 C.c. précise cette règle, en explicitant que tous les biens meubles et immeubles, présents et à venir, répondent de ses engagements. Il s'agit là de l'affectation de l'universalité du patrimoine au profit des créanciers. Cette «affectation» à l'exécution de l'obligation ne crée au profit des créanciers aucun droit réel; en ce sens le mot «gage» dans l'expression «gage commun» n'a pas la signification que lui donne l'article 2665 C.c., c'est-à-dire celui d'une hypothèque mobilière sans dépossession qui, elle, crée un droit réel dans un bien. Elle confère plutôt au créancier le droit d'exiger que le débiteur se comporte à l'égard de ses biens d'une manière qui tienne compte des intérêts du créancier, de même que le droit ultime de saisir ces biens et celui de les faire vendre.

6. À cette universalité de l'affectation des biens du débiteur aux droits généraux de ses créanciers se présentent plusieurs exceptions sur lesquelles il y a lieu de formuler des commentaires compte tenu de certains changements apportés par le nouveau code. Il s'agit principalement des biens insaisissables, de la division du patrimoine, de la situation du légataire particulier et des conventions de recours restreint.

1. Biens insaisissables

7. Les biens insaisissables échappent aux droits découlant du gage commun, nous dit l'article 2645 C.c.

a) Insaisissabilité résultant de la loi

8. L'insaisissabilité demeure une matière que se partagent le Code civil, le Code de procédure civile et la législation

particulière. Le législateur ne paraît pas avoir modifié la politique sociale qui sous-tend les motifs d'insaisissabilité: protection d'un minimum vital de subsistance par la création de portions insaisissables des biens personnels, des traitements et salaires, des prestations de retraite, d'aliments ou d'assistance.

i) Biens personnels

9. Ainsi, le législateur protège les biens personnels[4], les meubles garnissant la résidence principale et les instruments de travail[5] que le débiteur choisit de soustraire à la saisie à concurrence, dans chacun des deux derniers cas, d'un montant global n'excédant pas 6000$; ces biens ne peuvent cependant échapper à une saisie qui est pratiquée pour les sommes dues sur leur prix d'acquisition ou par un créancier détenant une hypothèque sur ces biens[6]. Suivant la jurisprudence actuelle, que les nouvelles dispositions ne justifient pas d'écarter, l'insaisissabilité des biens personnels et des instruments de travail constitue un privilège propre à la personne humaine et les personnes morales ne peuvent s'en prévaloir[7].

ii) Salaires, prestations, aliments

10. Le législateur protège également les traitements et salaires[8], les prestations périodiques d'invalidité au titre d'un contrat d'assurance[9], les prestations d'aide sociale[10] et les aliments accordés en justice[11] et les avantages établis en faveur d'un membre d'une société de secours mutuels[12].

iii) Rentes

11. L'insaisissabilité s'étend aussi aux droits conférés par une police d'assurance ou aux termes de rentes viagères ou à terme pratiquées par un assureur dans le cas de certains bénéficiaires[13], tant que ce bénéficiaire n'a pas touché la somme assurée. C'est dans la mesure où un régime d'épargne-retraite enregistré participe de telles polices d'assurance ou de telles rentes viagères ou à terme que la jurisprudence actuelle les déclare insaisissables[14],

12. Sont aussi insaisissables le capital accumulé pour le service de toute rente (viagère ou à terme) dans la mesure des besoins d'aliments du crédit-rentier bénéficiaire[15], de même que les

fonds constituant des rentes à terme fixe entre les mains de la société de fiducie, dans le cas de certains bénéficiaires[16].

13. Enfin, les prestations en vertu des lois sur les régimes de rente du Québec sont insaisissables entre les mains du bénéficiaire[17]; le sont également les régimes enregistrés d'épargne-retraite constitués de sommes placées dans un compte de retraite immobilisé[18].

iv) Résidences dans le cas de créances de moins de dix mille dollars (10 000$)

14. L'article 553.2 du Code de procédure civile demeure inchangé et prévoit toujours qu'une résidence principale ne peut être saisie pour une créance de moins de dix mille dollars (10 000$).

v) Droit d'usage et d'habitation

15. Le Code civil édicte à l'article 1173 l'incessibilité et l'insaisissabilité du droit d'usage mais prévoit maintenant que le tribunal peut en autoriser la saisie ou la cession «dans l'intérêt de l'usager et après avoir constaté que le propriétaire ne subit aucun préjudice».

vi) Biens de l'État

16. Les biens de l'État (c'est sur ce vocable d'«État» que la Couronne ou le Souverain du Code civil du Bas-Canada sont connus dans le Code civil nouveau[19]) sont insaisissables. Ce principe est formulé de manière indirecte au Code de procédure civile. Les recours contre l'État sont désormais exercés contre le Procureur Général[20]; or l'article 94.9 du Code de procédure civile énonce que les dispositions de ce code sur l'exécution forcée des jugements - ceci inclut naturellement celles sur la saisie - ne s'appliquent pas à un jugement rendu contre le Procureur Général.

b) Stipulation d'insaisissabilité ou d'inaliénabilité

17. Le droit actuel permet, par donation ou testament, de stipuler insaisissables des biens qui seraient autrement saisissables.

18. Au sujet des stipulations d'insaisissabilité, plusieurs modifications, apportées au Code civil ou au Code de procédure civile, méritent d'être soulignées.

i) Testaments, donations, rentes viagère ou à terme

19. Le code exprime maintenant clairement le concept suivant lequel la faculté de stipuler l'insaisissabilité est un privilège d'exception qui ne peut être exercé que dans deux situations.

20. Le code permet la stipulation d'insaisissabilité ou d'inaliénabilité à l'intérieur d'un acte à titre gratuit, qu'il s'agisse d'un testament[21] ou d'une donation[22] (y compris un testament ou une donation en vertu duquel le bien est transféré à une fiducie[23]) pourvu que ce soit aux fins de protéger un intérêt sérieux et légitime et que l'insaisissabilité soit temporaire.

21. En second lieu, le code permet la stipulation d'insaisissabilité à l'occasion d'un contrat relatif à une rente devant être reçue à titre gratuit par un crédit-rentier[24]; ceci a pour effet pratique d'élargir la portée de l'article 1911 du Code civil du Bas-Canada qui réservait aux seules rentes viagères, pratiquées par les assureurs, le bénéfice de l'insaisissabilité. Désormais les rentes, aussi bien à terme que viagères, pratiquées par les assureurs ou les compagnies de fiducie ou par n'importe quelle institution financière, pourront être l'occasion de stipulation d'insaisissabilité au profit du crédit-rentier[25].

ii) Portion saisissable

22. Pour ce qui regarde le dernier cas, celui de la rente, l'insaisissabilité ne vaut cependant qu'à concurrence de cette portion de la rente qui est nécessaire au crédit-rentier en tant qu'aliments[26].

23. Pour ce qui regarde le premier cas, celui de l'insaisissabilité résultant d'une donation ou d'un testament, il n'en va pas exactement de même; il faut ici appliquer le paragraphe 3 de l'article 553 du Code de procédure civile qui restreint la portée de l'insaisissabilité en établissant une distinction entre les créanciers postérieurs à la donation ou à l'ouverture du legs et les créanciers antérieurs à ce moment. Les créanciers postérieurs peuvent saisir le bien stipulé insaisissable avec la

permission du tribunal et pour la portion qu'il détermine[27], les créanciers antérieurs ne pouvant quant à eux saisir. La jurisprudence a expliqué ce traitement préférentiel des créanciers postérieurs du fait que ceux-ci ont pu constater la présence du bien acquis par leur débiteur suite à une donation ou à un testament et avoir ainsi été «mis en confiance par l'état apparent de solvabilité de leur débiteur»[28], contrairement aux créanciers dont la créance est née avant que ces biens n'entrent dans le patrimoine du débiteur. Cette politique du législateur confirmée au Code de procédure civile tel qu'amendé est discutable: en vertu du gage commun décrété au Code civil, les droits de saisie des créanciers ordinaires à l'égard d'un bien donné sont égaux sans qu'il y ait égard au moment de l'acquisition du bien ou à celui de la naissance de la créance. De plus, dans le code nouveau comme on le verra à l'instant, la stipulation d'insaisissabilité d'un bien (mobilier ou immobilier) doit être publiée par voie d'inscription aux registres pour être opposable aux tiers; dès lors il devient difficile d'arguer qu'il ne faut pas protéger le créancier antérieur parce qu'il n'a pas pu compter sur le bien insaisissable donné ou légué à son débiteur, contrairement au créancier postérieur qui a pu compter sur ce bien, puisque, précisément, ce créancier postérieur aura été avisé par les registres de la stipulation d'insaisissabilité.

iii) Distinction entre le legs ou le don à titre d'aliments et le legs ou le don insaisissable

24. La première version du projet de loi 38 proposait de réunir en un seul paragraphe, le quatrième, ce qui est présentement couvert par les troisième et quatrième paragraphes de l'article 553 C.p.c., changeant ainsi la portée du dernier alinéa de l'article[29]; ce changement n'a pas été retenu. La distinction actuellement faite entre les biens légués ou donnés à titre d'aliments et ceux légués ou donnés sous conditions d'insaisissabilité demeure donc. Dans le second cas, ces biens pourront être saisis par les créanciers postérieurs avec la permission du tribunal et pour la portion qu'il détermine[30]; dans les deux cas ils pourront être saisis à concurrence de cinquante pour cent (50%), par tout créancier (postérieur ou antérieur) en vertu d'une dette alimentaire, d'une prestation compensatoire ou suite à un partage du patrimoine familial[31]. La saisissabilité est la règle et l'insaisis-

sabilité une exception qu'on doit interpréter étroitement; une certaine jurisprudence prononce l'inefficacité des stipulations d'insaisissabilité à l'égard de créanciers pour aliments[32], interprétant libéralement à cette fin le concept d'«aliment»[33] et permet la saisie aussi bien dans le cas du 4e paragraphe de l'article 553 C.p.c. que dans le cas du 3e[34]; cette jurisprudence pourra-t-elle être suivie?

iv) Insaisissabilité par voie accessoire

25. Le code nouveau formule la règle suivant laquelle la stipulation d'inaliénabilité d'un bien entraîne son insaisissabilité[35]. C'est là une codification du droit actuel. Rappelons que le nouveau code permet de faire valoir cette insaisissabilité aussi bien pour les dettes contractées avant que le bien soit devenu inaliénable que pour celles contractées après; en d'autres mots, cette insaisissabilité est opposable tant aux créanciers postérieurs qu'aux créanciers antérieurs au moment où le débiteur a reçu le bien insaisissable:

> 1215. La stipulation d'inaliénabilité d'un bien entraîne l'insaisissabilité de celui-ci pour toute dette contractée, *avant ou pendant* la période d'inaliénabilité, par la personne qui reçoit le bien, sous réserve notamment des dispositions du Code de procédure civile[36].

v) Caractère temporaire et intérêt sérieux et légitime

26. Le code subordonne maintenant les stipulations d'inaliénabilité et d'insaisissabilité dans les donations et testaments à deux conditions: celle d'être «temporaire» et celle d'être pour «des fins justifiées par un intérêt sérieux et légitime[37]». Il s'agit là d'une reproduction textuelle du vocabulaire utilisé à l'article 900-1 du Code civil français. La jurisprudence française donne certains exemples d'application de ces critères. Ainsi serait «temporaire» la stipulation d'insaisissabilité faite pour la durée de la vie du donateur; serait sérieux et légitime le but de conserver un bien dans la famille[38].

vi) Publication requise

27. Le Code civil introduit un concept complètement nouveau en édictant qu'une stipulation d'insaisissabilité n'est opposable

aux tiers qu'à la condition d'avoir été publiée par voie d'inscription au registre approprié[39]. Bien que l'article 2649 C.c. exige cette publication pour fins d'opposabilité aux tiers, autant dire qu'il s'agit véritablement d'une condition d'efficacité: en effet, une stipulation d'insaisissabilité inopposable aux tiers n'aurait aucun intérêt puisque, par hypothèse, cette stipulation a pour but de faire échec à la saisie du bien par un tiers[40].

28. L'article 2649 C.c. auquel il vient d'être référé doit être lu en parallèle avec les articles 1212 à 1217 C.c. qui rendent également impérative l'inscription en cas de stipulation d'inaliénabilité.

vii) Restrictions partielles au droit de disposer

29. Un commentaire doit être formulé au sujet de l'article 1212 C.c. qui se lit comme suit:

> 1212. La restriction à l'exercice du droit de disposer d'un bien ne peut être stipulée que par donation ou testament.
>
> La stipulation d'inaliénabilité est faite par écrit à l'occasion du transfert, à une personne ou à une fiducie, de la propriété d'un bien ou d'un démembrement du droit de propriété sur un bien.
>
> Cette stipulation n'est valide que si elle est temporaire et justifiée par un intérêt sérieux et légitime. Néanmoins, dans le cas d'une substitution ou d'une fiducie, elle peut valoir pour leur durée.

30. Le premier alinéa de l'article 1212 C.c. utilise des termes d'une portée très vaste et on peut légitimement se demander s'il vise autre chose qu'une stipulation d'inaliénabilité contenue dans un testement ou une donation et s'il ne vise pas également les restrictions «à l'exercice du droit de disposer d'un bien» susceptible de se retrouver dans les conventions.

31. Le législateur aurait pu se contenter de parler d'«interdictions de disposer» mais il a été plus loin en utilisant les mots «restrictions à l'exercice du droit de disposer»; le texte est assez large pour viser toute restriction aux modalités d'exercice de ce droit.

32. On retrouve fréquemment dans les pratiques commerciales des conventions restreignant l'exercice du droit de disposer

d'un bien par l'octroi, au profit d'une partie contractante, d'un droit d'acquérir un bien aux termes et conditions auxquels un tiers serait prêt à acheter, par préférence à celui-ci, ou encore le droit d'acquérir un bien à certains termes et conditions sans égard au fait qu'un tiers veuille ou ne veuille pas acheter. Ces conventions prennent le nom de pacte de préférence ou droit de premier refus, d'option d'achat ou droit de préemption.

33. D'une manière générale les tribunaux ont considéré qu'il s'agissait là de conventions valables entre les parties n'obligeant toutefois que celles-ci et ne créant pas de droit réel opposable aux tiers. Ainsi est-il jugé que le titre d'un tiers acquéreur ne peut être invalidé, même si le vendeur lui a cédé le bien sans respecter le pacte de préférence ou l'option qui le liait[41].

34. En droit des compagnies le législateur fédéral a rendu opposable aux tiers, dans une certaine mesure, les pactes contenus dans des conventions unanimes d'actionnaires[42]; le législateur québécois prévoit d'ailleurs que de tels pactes de préférence sont opposables aux tiers acquéreurs lorsqu'ils sont prévus à l'acte constitutif et aux règlements d'une compagnie[43] et le Code civil prévoit maintenant à l'article 2756, comme nous le verrons plus loin, que le créancier qui exerce ses recours en vertu d'une hypothèque mobilière avec dépossession grevant des actions du capital-actions d'une compagnie doit se soumettre aux dispositions des conventions qui régissent leur transfert.

L'article 1212 du nouveau code s'adresse-t-il à ces conventions?

35. Malgré la généralité des termes du premier alinéa de l'article 1212 C.c., il reste que partout ailleurs dans ce chapitre du code, intitulé «Des stipulations d'inaliénabilité», le législateur y emploie les mots «stipulation d'inaliénabilité» ou «inaliénabilité». On peut en tirer argument que la matière visée par les articles 1212 à 1217 C.c. est véritablement l'interdiction d'aliéner. Au surplus il est apparent que le législateur a voulu ici codifier la doctrine et la jurisprudence ayant trait aux interdictions d'aliéner et non celle ayant trait aux pactes de préférence ou aux options d'achat; il est bien évident, en effet, que ces pactes et ces options sont abondamment pratiqués en dehors des testaments et donations et il serait étonnant pour ne pas dire

aberrant qu'on ait voulu ne les permettre qu'à l'intérieur de ces actes à titre gratuit[44].

36. On peut donc penser que ces articles ne changent pas le droit actuel en matière de pactes de préférence ou d'options d'achat et, en particulier, ne change pas le droit des créanciers du débiteur qui s'est contractuellement liée par ces pactes ou droit d'option et n'impose pas leur publication aux registres appropriés.

c) Résidence familiale

37. Notons enfin que les articles 401 à 413 du Code civil n'ont apporté aucun changement de substance en matière de déclaration de résidence familiale. Cette déclaration ou son enregistrement n'a pas pour effet de rendre la résidence insaisissable[45].

d) Renonciation à l'insaisissabilité

38. Le droit actuel reconnaît que l'insaisissabilité est un privilège auquel le bénéficiaire peut renoncer, exception faite de l'insaisissabilité des biens personnels pour lesquels le Code de procédure civile interdit la renonciation (à moins que celle-ci ne résulte du nantissement ou du gage du bien)[46] et exception faite de l'insaisissabilité qui accompagne une stipulation d'inaliénabilité. Dans ce dernier cas il y a présomption que l'insaisissabilité n'a pas été stipulée au seul profit du légataire ou donataire; celui-ci ne peut alors par sa seule volonté, en renonçant à l'insaisissabilité, mettre en péril les autres intérêts en cause[47]. La renonciation à l'insaisissabilité peut être expresse ou tacite, comme celle qui résulte du fait d'hypothéquer un bien insaisissable[48].

Qu'en est-il sous le code nouveau?

39. Une absence de cohérence au niveau des textes du Code civil et du Code de procédure civile laisse planer, à première vue, des doutes sur les intentions véritables du législateur.

40. D'une part, le Code de procédure civile n'a pas été modifié sur ce point. En énonçant que les biens personnels ou les instruments de travail peuvent être saisis par le créancier à qui ils sont hypothéqués, le code reconnaît qu'en hypothéquant ces biens le débiteur renonce à leur caractère insaisissable, du

moins à l'égard du créancier hypothécaire[49]. Le seul changement apporté à l'article 552 C.p.c. sur ce point est donc un changement de concordance; les mots «gage ou nantissement» sont changés pour le mot «hypothèque», ce mot décrivant dans le nouveau Code civil, une sûreté mobilière avec ou sans dépossession du débiteur[50].

41. D'autre part, les textes du nouveau Code civil comportent des contradictions à l'égard de la possibilité d'hypothéquer des biens personnels — et de les rendre ainsi saisissables. L'article 401 C.c. laisse entendre qu'un conjoint peut hypothéquer les meubles qui servent à l'usage du ménage (pourvu que l'autre conjoint y consente)[51], or les meubles du ménage sont insaisissables, en principe. L'article 2648 C.c., de son côté, reconnaît la possibilité d'hypothéquer les instruments de travail nécessaires à l'exercice personnel d'une activité professionnelle; ces biens sont aussi, en principe, insaisissables. De son côté l'article 2668 C.c. énonce que l'hypothèque ne peut grever ni les biens insaisissables ni les meubles qui garnissent la résidence principale du débiteur. Cet article 2668 C.c. veut-il faire échec à la jurisprudence actuelle suivant laquelle l'hypothèque d'un bien insaisissable est possible lorsque celui qui la crée a la faculté de renoncer à cette insaisissabilité? Rend-il inapplicable les dispositions des articles 552 C.p.c., 401 et 2648 C.c.? Ou veut-il simplement énoncer un principe général suivant lequel l'hypothèque, qui conduit virtuellement à l'aliénation forcée du bien, ne peut être créée si le bien ne peut pas de toute façon, pour des raisons étrangères au débiteur et hors de son contrôle, être saisi et vendu? Cette dernière interprétation est préférable.

42. À ces considérations doivent s'en ajouter d'autres, lorsque l'insaisissabilité résulte par voie accessoire d'une stipulation d'inaliénabilité. Dans ces cas l'autorisation du tribunal est requise pour renoncer à l'insaisissabilité, ceci résulte de l'article 1213 du nouveau Code civil:

> 1213. Celui dont le bien est inaliénable peut être autorisé par le tribunal à disposer du bien si l'intérêt qui avait justifié la stipulation d'inaliénabilité a disparu ou s'il advient qu'un intérêt plus important l'exige.

Puisque l'autorisation du tribunal est requise pour renoncer à l'inaliénabilité, il faut en effet croire qu'elle l'est aussi pour renoncer à l'insaisissabilité qui en résulte. Les motifs pour lesquels un testateur ou un donateur a voulu le bien inaliénable, et insaisissable, peuvent être fondés sur l'intérêt du bénéficiaire, ou sur son propre intérêt, ou sur l'intérêt d'un tiers; on conçoit bien qu'il soit interdit au bénéficiaire (le donateur ou le légataire) de l'insaisissabilité d'y renoncer seul, sans l'autorisation du tribunal.

Que conclure de tout ceci?

43. Malgré une absence d'harmonie apparente entre ces diverses dispositions, le droit nouveau devrait être interprété comme l'actuel. Si le bien est insaisissable parce qu'il y a eu stipulation d'inaliénabilité, le légataire ou donataire ne peut par sa seule volonté, que ce soit en hypothéquant le bien ou autrement, renoncer à cette insaisissabilité à moins qu'il n'en reçoive l'autorisation du tribunal sous l'article 1213 C.c. Si l'insaisissabilité n'est pas rattachée à une stipulation d'inaliénabilité il y a présomption qu'elle a été voulue dans l'intérêt du bénéficiaire, qui peut y renoncer sans intervention du tribunal. Quant à l'article 2668 C.c., il veut certainement dire qu'une hypothèque légale (qui, comme nous le verrons, résulte ou bien de la loi ou bien d'un jugement) ne peut pas prendre naissance sur un bien insaisissable[52]. Il veut aussi dire qu'une hypothèque ne peut être créée par le propriétaire d'un bien insaisissable s'il s'agit d'une insaisissabilité à laquelle il ne peut renoncer; car alors l'insaisissabilité demeure et fait obstacle à l'exercice des droits que confère l'hypothèque. L'article ne devrait pas être interprété comme interdisant en d'autres circonstances au bénéficiaire de l'insaisissabilité de renoncer à l'insaisissabilité et d'hypothéquer le bien.

2. *Division de patrimoine; fiducie*

44. La deuxième exception formulée par l'article 2645 C.c. au principe suivant lequel tous les biens du débiteur répondent de ses dettes est celle de la division de patrimoine. Dans ces cas, les biens du débiteur sont regroupés à l'intérieur de l'une ou de l'autre des parties du patrimoine divisé et sont isolés les uns des autres.

45. Le code décrit deux situations différentes où un même débiteur est titulaire d'un patrimoine ainsi divisé en deux parties:

l'une se présente en matière de droit successoral, l'autre dans le droit concernant les sociétés.

46. Suivant l'article 780 du Code civil, le patrimoine du défunt et celui de l'héritier sont séparés de plein droit tant que la succession n'est pas liquidée. Dans le droit nouveau, les droits des créanciers du défunt et ceux des créanciers de l'héritier sont, automatiquement, sans demande par l'héritier d'acceptation sous bénéfice d'inventaire, isolés les uns des autres par la création d'une «séparation» à l'intérieur du patrimoine de l'héritier, entre le sien propre et celui qu'il recueille. Le code établit également une séparation dans le patrimoine du grevé de substitution entre les biens de substitution et les siens propres; les créanciers du grevé n'ont accès aux premiers qu'après discussion des seconds[53].

47. En matière de sociétés, le nouveau code n'attribue la personnalité morale qu'à la société par actions; celle-ci est donc titulaire du patrimoine social[54]. Dans les autres cas les biens sociaux appartiennent aux associés eux-mêmes. Ces biens font donc partie du patrimoine de chaque associé et sont ainsi soumis aux droits de leurs créanciers respectifs. La loi a voulu protéger les créanciers sociaux: le code établit des règles suivant lesquelles les créanciers de la société ne peuvent discuter les biens de l'associé qu'après avoir discuté les biens sociaux et en se subordonnant au paiement des propres créanciers de l'associé[55].

48. On pourrait aussi penser aux cas de la fondation et de la fiducie; il ne s'agit toutefois pas là de cas de patrimoines divisés mais très clairement de la création de patrimoines distincts. Les articles 1257 et 1261 du Code civil énoncent expressément que la création d'une fondation ou d'une fiducie emporte la création d'un patrimoine autonome, différent de celui du constituant, composé de biens sur lesquels le constituant n'a aucun droit réel: ces biens ne sont plus les siens. Le patrimoine fiduciaire a ses propres créanciers qui n'ont de recours ni contre le constituant, ni contre le bénéficiaire ou le fiduciaire à moins que ceux-ci aient participé à des actes exécutés en fraude des créanciers «du patrimoine fiduciaire[56]».

49. Dans le cas où le débiteur aura transporté des biens en fiducie pour fins de garantir un créancier, ces biens, une fois la

fiducie créée, ne lui appartiennent plus; ils échappent alors aux droits des créanciers de ce débiteur, ne faisant plus partie du gage commun. Ils ne peuvent plus être saisis par ces créanciers; ni la priorité pour les créances fiscales de l'État ni l'hypothèque légale[57] ne peuvent s'y asseoir. Le créancier garanti par la création d'une fiducie acquiert donc un statut très particulier.

3. Légataire particulier

50. La situation du légataire particulier, comme sous le droit actuel, fait aussi exception à la règle de l'universalité de l'affectation des biens.Le légataire particulier peut être tenu des dettes du défunt en cas d'insuffisance des biens de la succession; en ce cas cependant il ne répond pas de ces dettes sur l'ensemble de ses propres biens et la règle générale de l'article 2644 C.c. est alors écartée: l'héritier n'est tenu qu'à concurrence de la valeur des biens qu'il recueille, dit l'article 739 du nouveau code.

4. Convention de recours restreint

51. Le créancier peut par convention se priver de l'avantage que lui confère l'universalité de l'affectation; il peut ainsi convenir qu'en cas de défaut il ne pourra exercer les droits que lui confère la loi qu'à l'égard de certains biens de son débiteur. L'article 1980 C.c.B.-C. supporte ces conventions; il énonce que créancier et débiteur peuvent convenir qu'en cas de défaut le créancier ne pourra exécuter ses droits que sur un bien indiqué dans la convention, pourvu que ce bien soit affecté d'un privilège ou d'une hypothèque en sa faveur.

52. Les conventions de recours restreint sont inhabituelles en dehors du champ des activités commerciales. Elles ont sans doute pris naissance dans des circonstances où une entreprise emprunteuse voulait, à l'occasion d'un certain projet, limiter sa responsabilité autrement que par des moyens traditionnels, tel la création d'une filiale, aux fins d'exploiter le projet à financer. Son effet est double: elle limite la responsabilité de l'emprunteur à des éléments d'actif bien circonscrits et elle le libère de toute responsabilité en cas d'aliénation de ces actifs. Aussi se posait-il à l'égard de ces conventions, la question suivante: le débiteur pouvant, à volonté, aliéner les biens convenus peut, à

volonté, se libérer de son obligation: n'y a-t-il pas là un élément trop potestatif de la part du débiteur pour que telle convention soit valable? Quoique la Cour suprême du Canada se soit déjà prononcée sur la validité de telles ententes[58], le Code civil du Bas-Canada fut amendé en 1983 pour reconnaître explicitement leur validité, à la condition qu'une hypothèque ou un privilège grève les biens sur lesquels le créancier accepte de limiter ses recours. En cas d'aliénation du bien, le créancier ne perd pas alors le droit de faire valoir sa créance, dans la mesure où le droit de suite rattaché au privilège ou à l'hypothèque lui permet de prendre action hypothécaire contre le tiers entre les mains de qui le bien est passé. Cette situation offre une ressemblance avec celle de la caution réelle, où le créancier ne peut exécuter sur l'ensemble des biens de la caution mais seulement sur les biens donnés en garantie; elle en diffère cependant en ce qu'elle caractérise une obligation principale, qui n'est l'accessoire d'aucune autre, alors que le cautionnement, même réel, ne peut avoir lieu que s'il existe une autre obligation, l'obligation principale.

53. Le nouveau code apporte une modification à l'article 1980 C.c.B.-C. Le deuxième alinéa de l'article 2645 C.c. a retranché du code la condition qu'il y ait une hypothèque (ou un privilège) au profit du créancier. Cet élargissement de la liberté contractuelle en matière de gage commun a pour effet de valider une obligation dont l'extinction dépend de ce que le débiteur, à sa seule discrétion, fasse ou ne fasse pas quelque chose[59], c'est-à-dire aliène ou n'aliène pas le bien sur lequel les recours sont restreints. Bien confiant devra être le créancier qui acceptera de convenir d'un pareil marché, sans au surplus prendre hypothèque sur le bien.

5. *Contrats pré-incorporatifs*

54. Exceptionnellement, la loi admettra que celui qui contracte n'assume aucune responsabilité. Le Code civil du Québec formule à l'article 320 C.c. une règle qui a pour effet de dégager de toute responsabilité personnelle celui qui contracte pour le compte d'une personne morale à être formée; il faut toutefois que le contrat stipule qu'il ne sera pas responsable et mentionne qu'il est possible que la personne morale ne soit pas constituée ou qu'elle n'assume pas les obligations prévues au contrat.

6. Biens soumis au droit de propriété d'un tiers

55. La réserve ou l'attribution du droit de propriété dans un bien au profit d'un créancier est souvent utilisée avec succès aux fins de créer une sûreté. Nous verrons dans nos commentaires sur l'absence de présomption d'hypothèque que cette utilisation contractuelle du droit de propriété pour fins de sûreté a été critiquée. Le Code civil du Québec l'admet expressément dans le cas de la fiducie, de la résolution de la vente immobilière, de la vente avec faculté de rachat et de la vente à tempérament.

56. Dans ces circonstances, le bien, dont le débiteur a possession, usage et jouissance, échappe au droit de gage commun des créanciers pour la bonne raison que ce bien n'est pas dans son patrimoine. Ce n'est pas «son bien». Il ne peut donc être saisi par les autres créanciers non plus qu'être l'objet de priorités ou d'hypothèques légales à leur profit. Le bien est exclu du patrimoine du débiteur et isolé des droits des autres créanciers en vertu du gage commun.

57. Il ne s'agit pas ici à proprement parler d'une exception à l'étendue du gage commun; il s'agit plutôt de circonstances où, compte tenu de la forme de sûreté ou de financement choisi par les parties, le bien n'est pas la propriété du débiteur — ou peut cesser rétroactivement de l'être.

B. Extension du droit à des biens appartenant à des tiers

58. Le créancier n'a pour gage commun que les biens seuls de son débiteur; il ne peut exécuter ses droits sur les biens d'une autre personne: seul le débiteur est obligé et le créancier n'a de recours que contre lui et ses biens. Ce principe assez évident est implicitement contenu dans l'article 2645 du Code civil comme il l'est dans l'article 1981 du Code civil du Bas-Canada.

59. Ici encore la règle s'accompagne d'exceptions, formulées ici et là dans le code, dont quelques unes n'existent pas, ou ne sont pas codifiées, sous le Code civil du Bas-Canada.

1. Adjonction de débiteurs

60. En certaines circonstances, la loi donne au créancier un second débiteur qui, n'eût été de cette exception, n'aurait pas

été obligé envers le créancier. Les droits du créancier s'étendent alors aux biens de ce second débiteur.

61. Ainsi l'époux qui contracte pour les besoins courants du ménage engage son conjoint[60] sur les biens duquel le créancier peut exercer ses droits.

62. Dans le cas où l'administrateur du bien d'autrui s'oblige en son propre nom, le tiers contractant peut exercer ses droits aussi bien contre l'administrateur que contre le bénéficiaire ou propriétaire véritable ou, s'il s'agit d'une fiducie, contre le patrimoine fiduciaire[61]. La même règle a lieu à l'égard du mandataire qui agit en son propre nom[62] de même que dans toutes les situations semblables auxquelles le code rend applicable les dispositions sur l'administration des biens d'autrui ou sur le mandat; on peut penser au cas de l'administrateur d'une personne morale[63], ou tuteur[64], ou curateur[65], ou liquidateur d'une succession[66].

63. L'article 1760 C.c. rend l'encanteur responsable des obligations du vendeur lorsque celui-ci, à l'occasion d'une vente aux enchères, refuse de divulguer son identité.

64. La personne qui a donné lieu de croire qu'une autre était son mandataire ou l'administrateur de ses biens est responsable envers les tiers avec qui cette autre personne a contracté[67].

65. En matière de fiducie, nous avons déjà souligné que l'article 1292 C.c. rend le fiduciaire, le constituant et le bénéficiaire, s'ils y participent, solidairement responsables des actes exécutés en fraude des droits des créanciers du constituant ou du patrimoine fiduciaire.

66. Enfin en matière de responsabilité civile, le code nouveau comme l'actuel rend certaines personnes responsables des gestes commis par d'autres dont elles ont la surveillance ou le contrôle (v.g. titulaires de l'autorité parentale, tuteurs, curateurs, commettants)[68].

67. À ces différentes dispositions du Code civil s'ajoute en droit statutaire un nombre considérable de circonstances où un tiers devient responsable des obligations d'un autre[69] (par exemple, un administrateur qui devient, en certaines situations particulières, responsable des obligations de la société).

2. *Biens vendus à un tiers - inopposabilité de son titre d'acquisition (vente d'entreprise et action en inopposabilité)*

68. Le législateur utilise une autre technique, celle de l'inopposabilité d'un transfert de propriété, pour étendre parfois les droits du créancier à des biens qui appartenaient au débiteur mais qui sont devenus la propriété d'un tiers.

69. En matière de vente d'entreprise (présentement appelée «vente en bloc»), les biens qui ont cessé d'être la propriété du vendeur pour devenir celle de l'acquéreur peuvent être recherchés et saisis par les créanciers du vendeur, la vente pouvant leur devenir inopposable, lorsque les conditions et formalités prescrites par le code n'ont pas été suivies[70].

70. Cette même technique de l'inopposabilité se retrouve dans l'action paulienne que le nouveau code appelle «action en inopposabilité»; le tribunal peut déclarer qu'une aliénation faite en fraude des droits des créanciers n'a aucun effet à leur égard; les créanciers du vendeur peuvent dès lors considérer que le bien, quoique passé entre les mains d'un tiers, demeure celui de leur débiteur, saisissable par eux[71]:

> 1636. Lorsque l'acte juridique est déclaré inopposable à l'égard du créancier, il l'est aussi à l'égard des autres créanciers qui pouvaient intenter l'action et qui y sont intervenus pour protéger leurs droits; tous peuvent faire saisir et vendre le bien qui en est l'objet et être payés en proportion de leur créance, sous réserve des droits des créanciers prioritaires ou hypothécaires.

3. *Soulèvement du voile corporatif*

71. L'article 309 du nouveau Code civil formule une règle bien connue en droit des compagnies: «Les personnes morales sont distinctes de leurs membres. Leurs actes n'engagent qu'elles-mêmes, sauf les exceptions prévues par la loi». Cet article consacre le principe que la responsabilité des actionnaires est limitée à leur mise de fonds. Les actionnaires ne répondent pas du passif de la personne morale dont ils sont membres. Par exception les articles 316 et 317 du Code civil permettent en

cas de fraude, d'abus de droit ou de contravention à une règle intéressant l'ordre public d'ignorer la personnalité morale et de tenir responsable les fondateurs, administrateurs, dirigeants ou membres de la personne morale. Ces dispositions nouvelles se font l'écho d'un courant jurisprudentiel en ce sens[72] et permettent de façon exceptionnelle aux créanciers de la compagnie de réaliser leur créance contre les biens des actionnaires.

Section III. Droits découlant du gage commun

72. Le droit de gage commun des créanciers impose au débiteur le devoir d'administrer son patrimoine de bonne foi et d'une manière vigilante. Un ensemble de recours prévus au Code civil et au Code de procédure civile sanctionnent les manquements à ce devoir. À ce sujet une section nouvelle au Livre Des obligations et intitulée «De la protection du droit à l'exécution de l'obligation» (art. 1626 à 1636 C.c.) regroupe les dispositions du code relatives aux mesures conservatoires, à l'action oblique et à l'action en inopposabilité.

A. Mesures conservatoires

73. Un article qui n'est pas dans le code actuel énonce que le créancier peut prendre toutes les mesures nécessaires ou utiles à la conservation de ses droits (art. 1626 C.c.).

Quelles peuvent être ces mesures?

74. La nomination d'un séquestre judiciaire en est une; elle peut être ordonné lorsque la conservation des droits du créancier l'exige[73]. Le séquestre nommé devient sujet aux dispositions du Code civil[74] sur le séquestre[75].

75. On peut aussi penser à la saisie avant jugement[76] lorsque la créance est en péril; à l'injonction[77]; à l'action en dissolution de société lorsque le créancier est l'un des associés (art. 2261 C.c.); à l'action tendant à faire déclarer inopposable la renonciation par un époux à la part à laquelle il aurait eu le droit dans les acquêts[78]; au droit des créanciers de l'emphytéote d'intervenir à la demande de résiliation d'une emphytéose pour conserver leurs droits[79].

B. Action oblique

76. Par l'action oblique, le créancier dont la créance est certaine, liquide et exigible, peut au nom du débiteur exercer les droits et actions que le débiteur au préjudice du créancier refuse ou néglige d'exercer (art. 1627 C.c.). Le code précise maintenant, et codifie ainsi la jurisprudence actuelle[80], que les biens recueillis par le créancier au nom de son débiteur «tombent dans le patrimoine de celui-ci et profitent à tous ses créanciers» (art. 1630 C.c.); ils deviennent leur gage commun.

C. Action en inopposabilité (action paulienne)

77. Le créancier, s'il en subit un préjudice, peut faire déclarer inopposable à son égard l'acte juridique que fait son débiteur en fraude de ses droits (art. 1631 C.c.); on a vu plus haut que l'inopposabilité prononcée judiciairement permettra au créancier, et à tous ceux qui avaient qualité pour intenter l'action et qui y sont intervenus pour protéger leurs droits, de faire saisir et vendre le bien qui a été l'objet de l'action (art. 1636 C.c.). On a aussi vu que lors d'une vente d'entreprise, le créancier peut aussi soulever l'inopposabilité de la vente si celle-ci n'a pas respecté les conditions prévues au code (art. 1776 C.c.).

D. Saisie et vente de biens

78. Le créancier est autorisé par le Code civil du Québec[81] à faire saisir et vendre les biens de son débiteur.

79. La vente est une vente aux enchères, régie par les articles 1757 et suivants du nouveau Code civil et par le Code de procédure civile (art. 1758 C.c.). Les biens à vendre sont offerts au public présent à la vente (préalablement annoncée par l'entremise d'un tiers), l'encan est tenu et les biens sont adjugés au plus offrant, soit le dernier enchérisseur[82].

80. Le créancier demeure soumis à l'article 572 C.p.c. (qui ne subit aucune modification) de sorte que s'il fait saisir, en vertu d'un même bref, les biens meubles et immeubles de son débiteur, il ne peut faire procéder à la vente des immeubles qu'après discussion des biens meubles de son débiteur[83].

Section IV. L'égalité des créanciers et ses exceptions

81. L'article 2646 du Code civil formule le principe de l'égalité des créanciers en énonçant qu'en cas de concours la distribution du prix de vente des biens du débiteur se fait en proportion de leur créance. L'antériorité du moment de la naissance de la créance n'est pas un facteur de préférence.

82. Ce principe constitue une pierre angulaire du droit applicable aux créanciers et aux sûretés. L'égalité est la règle, la préférence l'exception. Le créancier qui veut se sortir du rang des créanciers ordinaires doit démontrer, avec la rigueur de celui qui s'appuie sur une disposition d'exception, que la loi ou une convention qu'elle autorise lui donne une préséance.

Ce principe de l'égalité des créanciers fait l'objet de plusieurs exceptions ou tempéraments.

A. Subrogation partielle

83. L'article 1658 du Code civil formule deux règles applicables en cas de subrogation qui rendent inégaux les droits du subrogeant et du subrogé. Le subrogeant a droit à être payé par préférence au créancier subrogé, pour ce qui lui demeure dû. Par ailleurs, si le subrogeant s'est obligé envers le subrogé à fournir et faire valoir le montant pour lequel la subrogation est accordée, le subrogé est préféré.

B. Premier saisissant — droit des autres créanciers

84. Poussé à son extrême limite, le principe de l'égalité des créanciers aboutit à une liquidation collective des biens du débiteur et à une distribution du produit en proportion des créances. C'est ce qu'énoncent le deuxième alinéa de l'article 2646 et l'article 2893 du Code civil et ce que permet l'article 578 du Code de procédure civile par l'allégation de déconfiture du saisi[84].

85. Avant d'en arriver à ces limites extrêmes, les créanciers peuvent dans le déroulement normal des choses obtenir jugement et exécution forcée de leur jugement. Le principe de

l'égalité des créanciers ne permet à aucun d'eux d'empêcher qu'un autre saisisse les biens du débiteur commun, les fasse vendre et touche le produit de la vente forcée de ces biens. Les articles 604, 613 et 615 du Code de procédure civile, tels que reformulés par la Loi d'application sur la réforme du Code civil, assurent ces droits à tout créancier.

86. D'une part, l'article 604 C.p.c. énonce que les créanciers du saisi ne peuvent pas s'opposer à la saisie et à la vente des biens du débiteur commun. Cette règle est applicable même à ceux qui sont titulaires de sûretés, plus précisément, dans le vocabulaire du nouveau code, d'une «hypothèque» ou d'une «priorité»; ces créanciers garantis, dont l'article 718 du Code de procédure civile rend la créance liquide et exigible suite à la saisie, ont le droit d'être payés par préférence et celui de contester l'état de collocation qui ne le prévoirait pas[85] mais n'ont, pas plus que les créanciers ordinaires, le droit d'empêcher la saisie. L'octroi d'une sûreté sur un bien ne soustrait pas ce bien du gage commun des autres créanciers ni au droit de ceux-ci de saisir ce bien. La saisie d'un bien par un créancier ordinaire peut donc avoir pour effet de priver un autre créancier, qui a hypothèque sur le bien saisi, de choisir parmi les différents recours que son hypothèque lui confère celui qu'il aurait autrement pu exercer. Ainsi la saisie par un créancier ordinaire pourra priver un créancier hypothécaire d'exercer son droit de prendre le bien en paiement[86]. On verra en étudiant les recours découlant de l'hypothèque qu'une importante exception est créée à la règle qui vient d'être décrite, lorsqu'il s'agit d'un conflit entre plusieurs créanciers ayant hypothèque sur le même bien: l'article 2750 C.c. permet à un créancier hypothécaire antérieur d'imposer le choix de son recours à un créancier subséquent.

87. D'autre part, les articles 613 et 615 C.p.c. expriment le droit du saisissant de toucher le produit de la vente une fois payés les frais de justice et, s'il en est, les montants dus aux créanciers prioritaires et hypothécaires. La loi continue donc de favoriser le créancier le plus diligent[87].

C. Distinction entre les créanciers fondée sur le moment de la naissance de la créance

88. Les droits des créanciers sont les mêmes à l'égard des biens du débiteur, qu'il s'agisse de biens acquis avant ou après le moment de la naissance de leur créance. Un créancier n'a pas un meilleur droit à saisir un bien qui était dans le patrimoine de son débiteur au moment où sa créance est née qu'à saisir un bien subséquemment acquis. La loi établit toutefois une distinction fondée sur le moment de la naissance de la créance lorsqu'il s'agit de savoir si un créancier peut ou ne peut pas profiter de l'inopposabilité de certains gestes de son débiteur.

89. Ainsi l'action en inopposabilité (recours paulien) est fondée sur le fait que le débiteur a manqué à ses devoirs envers ses créanciers et a agi en fraude de leurs droits; pour violer ses devoirs, encore faut-il que le débiteur en ait eu et, aussi, qu'il ait eu des créanciers à qui ces devoirs devaient profiter. La loi nouvelle codifie sur ce point la jurisprudence actuelle: les dispositions sur l'action en inopposabilité (recours paulien) ne profitent qu'à ceux dont la créance est liquide et exigible au moment de l'acte reproché (à moins que l'acte reproché ait eu pour but de frauder un créancier postérieur) (art. 1634 C.c.).

90. De la même manière, les dispositions sur la vente d'entreprise (vente actuellement connue sous le nom de «vente en bloc») profitent aux créanciers du vendeur dont la créance est antérieure à la date de la conclusion de la vente (art. 1776 C.c.). En effet, le vendeur qui ne se conforme pas à ces dispositions manque à un devoir à l'égard de ses créanciers; il ne lèse pas les personnes qui ne sont pas encore ses créanciers et envers qui il n'a aucun devoir.

91. On a vu plus haut que le Code de procédure civile autorise un créancier à demander la permission de saisir une portion des biens légués ou donnés sous condition d'insaisissabilité ou encore une portion des aliments accordés en justice; ce droit n'est ouvert qu'aux créanciers postérieurs à la donation, à l'ouverture du legs. Le fondement de cette distinction entre créanciers antérieurs et créanciers postérieurs n'est pas ici le même que tantôt: le législateur a voulu ici protéger les créanciers qui ont pu contracter ou faire crédit sur la foi des biens reçus par le débiteur[88].

D. Dette subordonnée — dette en sous-ordre

1. Subordination conventionnelle — quasi-équité

92. Dans le domaine du financement des entreprises ou des institutions financières, il existe des circonstances qui amènent un créancier ordinaire ou chirographaire à accepter que sa créance soit subordonnée à celle des autres créanciers ordinaires, ou de certains d'entre eux.

93. Il peut s'agir d'un prêteur qui accepte d'avancer des fonds sans sûreté pourvu que les autres prêteurs subordonnent leur propre créance au paiement de la sienne.

94. Il peut s'agir d'une entreprise qui s'est engagée contractuellement envers son bailleur de fonds à ne plus obtenir d'autre financement à moins que ce ne soit par émission d'actions de son capital-actions ou de dette subordonnée à l'ensemble de sa dette ordinaire. On parle alors de «quasi-équité». Il s'agit d'un moyen pour le prêteur de s'assurer qu'en cas de concours, les titulaires de la dette subordonnée passeront après lui et après les créanciers ordinaires, comme s'il s'agissait de détenteurs de capital.

95. Il peut s'agir encore de lois sur les institutions financières qui permettent, à l'intérieur des ratios d'endettement permis législativement, de pousser l'endettement jusqu'à un certain seuil pourvu qu'une tranche de tel endettement soit composée de prêts en sous-ordre[89].

96. Ces arrangements reposent essentiellement sur la convention. Dans la plupart des cas ils s'appuient sur le concept de la stipulation pour autrui. L'emprunteur stipule dans le contrat d'emprunt ou dans les instruments de dette qu'il émet que le créancier renonce, ou s'oblige à renoncer, au bénéfice du rang égalitaire que lui procure son droit de concours en vertu du gage commun; ce créancier ordinaire se subordonne ainsi aux autres créanciers ordinaires, qui sont les bénéficiaires de la stipulation. Comme ces arrangements reposent sur le contrat, ils ne sont véritablement scellés que si le promettant (dans le cas discuté il s'agit du créancier) accepte de s'obliger de la manière que le stipulant (l'emprunteur) a prévue et, puisque la stipula-

tion est révocable jusqu'à ce que l'acceptation par le tiers bénéficiaire soit portée à la connaissance du stipulant ou du promettant (art. 1446 C.c.)[90], qu'elle soit portée à la connaissance de l'un ou l'autre de ceux-ci.

97. Son fondement étant contractuel, l'étendue de la subordination dépendra du vocabulaire employé dans la convention. Il peut s'agir de subordination quant au capital seulement, les intérêts pouvant alors être payés sans restriction. Il peut s'agir d'une subordination applicable uniquement lorsqu'il y a liquidation générale des biens du débiteur. Il peut s'agir d'une subordination prenant effet au cas seulement de la survenance d'un défaut du débiteur en vertu des conventions régissant la dette au profit de laquelle les autres sont subordonnées.

98. Il faut remarquer qu'il ne s'agit pas ici de cession de rang; un créancier ordinaire n'a pas de rang[91]. Par conséquent les nouvelles dispositions du code prescrivant la publicité pour des cessions de rang entre créanciers hypothécaires sont évidemment inapplicables ici (art. 2956 C.c.).

2. *Subordination des créanciers sociaux*

99. Le Code civil prévoit une situation de subordination légale à l'égard des créanciers d'une société en nom collectif. On a vu plus haut que ces créanciers doivent tout d'abord discuter les biens sociaux; mais, en cas de liquidation de la société et d'insuffisance des biens sociaux, ils ont un recours contre chacun des associés et ce recours est alors subordonné aux droits des créanciers de l'associé:

> Les créanciers ne peuvent poursuivre le paiement contre un associé qu'après avoir, au préalable, discuté les biens de la société; même alors, les biens de l'associé ne sont affectés au paiement des créanciers de la société qu'après paiement de ses propres créanciers (art. 2221 C.c., 2e al.).

Le code prévoit la même chose à l'égard du cas du contrat d'association[92].

3. *Subordination des créanciers successoraux*

100. Une règle semblable à celle qui vient d'être commentée est formulée par le nouveau code en matière de succession. On a vu plus haut que dans le droit nouveau la séparation du patrimoine du défunt de celui de l'héritier n'a pas à être demandée; elle a lieu de plein droit[93]. Toutefois lorsque la succession est manifestement solvable les héritiers peuvent renoncer à cette séparation de patrimoine et à la procédure de liquidation prévue par le code; ils sont alors tenus des dettes du défunt sur leur patrimoine propre[94]. Dans ce cas, nous dit l'article 782 C.c., les biens de l'héritier sont employés au paiement des dettes successorales, mais ce paiement est subordonné au paiement des créanciers de chaque héritier.

E. Priorités et hypothèques

101. Suivant les textes du nouveau code, l'égalité des créanciers n'est rompue qu'en faveur de ceux qui bénéficient de «causes de légitime préférence» (art. 2646 C.c.). Formellement le code ne reconnaît que deux causes de légitimes préférence: les priorités et les hypothèques (art. 2647 C.c.).

102. Les priorités et les hypothèques font l'objet des titres deuxième et troisième du Livre sixième; leur nature, condition de création et d'opposabilité et les droits qu'elles confèrent seront analysés dans les pages qui suivent.

103. On constate donc que le code nouveau ne change pas l'actuel sur ce point, sous réserve qu'il remplace le mot «privilèges» de l'article 1982 C.c.B.-C. par le mot «priorités», annonçant ainsi la disparition d'une forme de sûreté et la venue d'une autre, la «priorité».

104. Quel sort le nouveau Code civil réserve-t-il dans ce contexte aux sûretés actuellement connues sous les appellations de transport général de créances en garantie, de transports en garantie de toute sorte, de vente à tempérament (dite vente «conditionnelle»)? Ne sont-ce pas là des formes de sûretés qui permettent à un créancier de s'assurer d'un droit de préférence sur un bien? Pourquoi l'article 2647 du Code civil ne les ajoute-t-il pas parmi les causes de légitime préférence?

Ici un commentaire s'impose.

F. Absence de «présomption d'hypothèque» — utilisation du droit de propriété pour fins de garantie

105. L'Office de révision du Code civil recommandait en 1977 dans son rapport sur les sûretés une intégration de toutes les formes de sûretés dans un seul concept, celui de l'hypothèque[95]. Il recommandait d'instituer une «présomption d'hypothèque» aux termes de laquelle les contrats, quel qu'en soit les termes ou le nombre, qui avaient pour but de réserver ou de créer un droit réel dans un bien pour assurer l'exécution d'une obligation, avaient du même coup pour effet de créer une hypothèque, laissant la propriété du bien au débiteur et un droit réel accessoire au créancier.

106. Les raisons qui pouvaient être invoquées à l'appui de cette recommandation étaient multiples:

(i) l'égalité des créanciers est la règle, la préférence l'exception; cette règle fondamentale est mieux appliquée au profit des tiers créanciers et des tiers en général lorsque le régime juridique du droit des créanciers et des sûretés encadre d'une manière uniforme les causes de préférence et n'en laisse aucune à l'extérieur de cet encadrement;

(ii) la publicité requise pour dénoncer aux tiers créanciers et aux tiers en général l'existence de droits de préférence ou de droits particuliers à l'égard d'un bien est mieux assurée lorsque tous ces droits sont soumis à la publicité;

(iii) le transport ou la réserve du droit de propriété en faveur d'un créancier à titre de garantie lui confère des droits dont le caractère absolu excède le plus souvent la mesure de ses besoins et crée un déséquilibre à l'égard du débiteur ou dans les rapports des débiteurs avec les autres créanciers;

(iv) un régime de sûretés comportant une multiplicité de types de sûretés (hypothèque, gages, nantissements, cessions, transports, privilèges), chacune obéissant à des règles propres, constitue un régime lourd, inutilement complexe, source de traitements différents non justifiés;

(v) l'équilibre recherché entre les droits des créanciers en général, le créancier garanti et le débiteur ne doit pas être indûment rompu en permettant à certains créanciers d'échapper, par contrat, aux règles régissant les priorités entre les créanciers et l'exercice des recours découlant d'une sûreté. Pourquoi, à titre d'exemple, le créancier qui a financé un bien par voie de contrat de vente à tempérament échapperait-il à la priorité de l'État pour créances fiscales contre son acheteur alors qu'il y serait soumis s'il avait financé le bien par voie d'hypothèque mobilière?

107. La présomption d'hypothèque constituait une mesure extrême.

On lui reprochait de ne pas être assez respectueuse de la liberté contractuelle, de dénaturer le caractère que les parties contractantes avaient voulu attribuer à leur contrat, de créer une incertitude indésirable dans le domaine des titres et des contrats puisque suivant qu'il a été consenti en garantie ou non, un contrat, malgré sa forme et sa prétention, pourrait ne créer qu'une hypothèque sans déplacer la propriété ou, au contraire, transporter la propriété. On reprochait aussi à ce concept de s'inspirer de trop près du droit américain et des réformes effectuées dans les provinces de *Common Law* du Canada en matière de sûretés mobilières. En effet, l'article 9 du Uniform Commercial Code et, à sa suite, les Lois sur les sûretés mobilières des provinces canadiennes, ont assujetti à leurs dispositions tous les contrats qui ont pour effet de créer un «security interest»[96]. Il est amusant de noter à ce sujet qu'un auteur américain voyait dans la réforme opérée par le Uniform Commercial Code l'adoption d'un concept de droit civil[97]!

108. Certains de ces reproches étaient fondés. Par exemple, sous le régime d'une présomption d'hypothèque, une vente à tempérament (vente «conditionnelle») aurait été purement et simplement translative de propriété tout en créant une hypothèque sur le bien au profit du créancier. Cela n'aurait pas respecté la volonté contractuelle. D'autre part le concept de présomption d'hypothèque était susceptible de créer une incertitude quant à celui qui était véritablement titulaire du droit de propriété.

109. Finalement, le Code civil du Québec et la Loi sur l'application de la réforme du Code civil ont adopté sur ce sujet une position mitoyenne, assez proche toutefois de celle qui aurait prévalu en vertu du régime de la présomption d'hypothèque. Ils ne créent au Livre sixième que deux formes de sûretés: la priorité et l'hypothèque; ils transforment en hypothèque la plupart des formes de sûretés actuelles; ils permettent d'utiliser certains contrats à des fins de sûreté, mais assujettissent alors l'exercice des droits de leur bénéficiaire aux règles du Livre sixième sur les recours hypothécaires.

1. Simplification des concepts de sûreté

110. Le Livre sixième propose à l'égard de la création de sûretés par convention un seul et unique concept, celui de l'hypothèque.

Celle-ci peut couvrir toute espèce de biens, autant les meubles que les immeubles.

111. L'hypothèque doit être rendue publique soit par la dépossession du débiteur et la remise du bien au créancier, soit par inscription dans les registres appropriés. Dans le premier cas le législateur l'appelle hypothèque avec dépossession[98], dans le second, hypothèque sans dépossession.

112. Quant aux sûretés résultant de la loi (les privilèges et les hypothèques légales actuels) ou celles résultant de jugements (l'hypothèque judiciaire), elles deviennent soit des hypothèques légales et sont alors régies par les règles sur les hypothèques en général, soit des priorités.

113. Les priorités constituent la deuxième forme de sûreté prévue au Livre sixième. Les priorités sont des privilèges amputés de tout droit de suite. Elles confèrent le droit d'être colloqué par préférence, rien de plus.

2. Transformation des sûretés conventionnelles en hypothèques

114. Par l'effet de la loi sur l'application de la réforme du Code civil, les nantissements commerciaux, agricoles et forestiers deviennent des hypothèques mobilières[99].

115. Les cessions de biens en stock deviennent des hypothèques mobilières et la Loi sur les connaissements, les reçus et les cessions de biens en stock est abrogée[100].

116. Les transports en garantie de créances deviennent des hypothèques mobilières portant sur des créances[101]; les transports de loyers et les assurances les couvrant deviennent également des hypothèques. L'expression «transports en garantie de créances» qui se retrouve dans diverses lois de la province est changée par l'expression «hypothèque de créances[102]». En transformant en hypothèques sur créances les transports généraux de créances en vigueur lors de l'entrée en vigueur du nouveau code, le législateur semble bien avoir indiqué du même coup l'interprétation qu'on devra donner aux transports généraux de créances en garantie consentis après l'entrée en vigueur du code: ils seront constitutifs d'hypothèques mobilières sur créances. N'eut été du projet de loi 38 et de l'article 1801 C.c., on aurait pu continuer à interpréter les transports généraux de créances en garantie comme des transports de propriété de ces créances sous condition résolutoire, tel que plusieurs décisions de la Cour d'appel l'ont fait[103]. C'est en des termes semblables (vente sous condition résolutoire) que le nouveau code décrit la vente avec faculté de rachat ou vente à réméré (art. 1750 C.c.) qui peut être utilisée pour des fins de garantie (art. 1756 C.c.). Cependant le maintien des transports de créances en garantie comme contrat de cession de propriété sous condition résolutoire aurait eu pour effet de soustraire cette sûreté de l'application du Livre Sixième où le législateur s'est pourtant attaché, dans une douzaine d'articles, à préciser les effets des hypothèques portant sur des créances.

117. Les expressions «cession et transport», «transports en garantie collatérale» et «grever d'une autre charge» qui se retrouvent dans la Loi sur les pouvoirs spéciaux des corporations et d'autres lois[104] sont retranchées de ces lois et remplacées par un texte prévoyant l'hypothèque sur des biens meubles ou immeubles[105].

118. Les clauses selon lesquelles, pour garantir l'exécution d'une obligation, la propriété du bien est attribuée au créancier (d'une manière irrévocable) sont interdites et réputées non

écrites[106]; un nouveau recours hypothécaire, appelé «prise en paiement», est cependant prévu par le législateur.

119. L'exercice des droits en vertu d'une clause résolutoire contenue dans une vente d'immeuble est assujetti aux règles sur l'exercice du recours hypothécaire de prise en paiement[107].

120. Plus généralement encore, l'article 134 de la Loi sur l'application de la réforme du Code civil proclame que les sûretés conventionnelles deviennent, avec l'entrée en vigueur du nouveau code, des hypothèques conventionnelles, mobilières ou immobilières selon qu'elles grèvent des biens meubles ou immeubles. Une question importante se pose ici. Qu'est-ce qu'une «sûreté conventionnelle» au sens de cet article 134? L'article 134 a-t-il pour effet de transformer en hypothèque toute convention conclue à l'égard d'un bien pour fins de garantir une obligation? Bien que les termes utilisés à l'article 134 soient très larges, il est difficile de conclure que même les contrats à qui le code reconnaît une identité propre, tout en reconnaissant qu'ils puissent être utilisés pour fins de sûreté, sont transformées en hypothèques en vertu de cet article. L'article 134 est tout de même sujet aux limites de ce que le Code civil du Québec y a expressément apporté. En d'autres mots, toute forme de sûreté créée par contrat deviendrait une hypothèque, à moins qu'une disposition du Code civil ne le prévoit autrement. On peut trouver dans le code au moins cinq situations où la convention, conclue pour fins de garantie, demeure un contrat distinct et n'est pas transformée en hypothèque: la fiducie pour fins de garantie, la vente avec faculté de rachat ou vente à réméré pour fins de garantie, la vente avec réserve de propriété, la clause résolutoire faute de paiement du prix en matière de vente immobilière et le crédit-bail. Or, dans les quatre premiers cas, le fiduciaire ou le vendeur verra ses droits contractuels modifiés en cas de défaut: il sera placé dans la situation d'un créancier hypothécaire qui doit soit prendre le bien en paiement soit le vendre.

3. *Le droit de propriété et les sûretés*

a) La fiducie

121. La fiducie emporte le transfert de la propriété d'un bien[108] ou le transfert d'un démembrement du droit de propriété sur un

bien[109]. Elle est soumise à la publicité si le bien qui fait l'objet du transfert est un immeuble[110]; si le bien est un meuble, aucune disposition ne semble en prescrire la publicité. Le législateur a prévu que si elle a pour objet de garantir l'exécution d'une obligation, le fiduciaire doit en cas de défaut suivre les règles prévues au Livre Des priorités et des hypothèques pour l'exercice des droits hypothécaires[111]. C'est-à-dire que le fiduciaire devra opter soit pour une «prise en paiement» ou soit pour la vente du bien; dans le premier cas, le débiteur pourra le forcer à abandonner son choix et le forcer à vendre (art. 2779 C.c.). Cependant aucun autre créancier du débiteur qui a créé la fiducie ne pourra saisir ce bien, y exercer une priorité ou y prendre une hypothèque conventionnelle ou légale.

122. En soumettant le fiduciaire aux dispositions sur les recours hypothécaires, le législateur nie au fiduciaire certains pouvoirs que la fiducie lui accorde, comme le pouvoir de vendre par exemple (art. 1278, 1307 C.c.). La fiducie lui confère la pleine administration du bien d'autrui (art. 1278 C.c.); la perdra-t-il en cas de défaut pour ne la retrouver, après le délai requis pour délaisser, que s'il exerce le recours de prise de possession pour fins d'administration? Il faudra ici appliquer les dispositions sur l'exercice des recours hypothécaires avec les transpositions nécessaires. Ainsi le fiduciaire ne pourra pas, selon nous, opter pour le recours de prise de possession pour fins d'administration: il est déjà en possession du bien en qualité de plein administrateur du bien d'autrui. De plus, les dispositions sur le délaissement seront difficilement applicables puisque le fiduciaire est déjà en possession (art. 1278 C.c.) et qu'il a la maîtrise et l'administration exclusive du bien. Ce sont plutôt les dispositions sur l'exercice du recours de prise en paiement et du recours de la vente auxquelles il faut songer: le fiduciaire ne pourra remettre le bien au créancier bénéficiaire ni le vendre sans les respecter.

b) La vente à tempérament

123. La vente à tempérament (vente «conditionnelle») est un contrat utilisé à titre de sûreté dans le financement au gros ou au détail de biens de consommation, de véhicules automobiles et d'équipement. Le code exige désormais qu'elle soit publiée pour être opposable aux tiers si elle a pour objet un bien acquis

pour le service ou l'exploitation d'une entreprise[112], qu'un préavis de soixante jours (ou de vingt jours s'il s'agit d'un bien meuble) soit inscrit au registre approprié en cas de défaut, auquel cas le recours du vendeur en reprise du bien doit s'exercer dans le respect des dispositions du Livre sixième sur la prise en paiement[113]. Ici encore il pourra être fait échec aux droits du vendeur: l'acquéreur pourra, s'il remplit les conditions prévues à l'article 2779 C.c., forcer le «vendeur à tempérament» à vendre le bien plutôt qu'à le reprendre.

124. Quelle est l'étendue des conséquences rattachées au fait que le vendeur à tempérament doit se soumettre aux dispositions sur l'exercice du recours en prise en paiement? Doit-on penser, par exemple, qu'au moment du défaut, ou de l'envoi du préavis d'exercice, le vendeur à tempérament devient en quelque sorte un créancier hypothécaire, cesse d'être propriétaire du bien et ne le redeviendra qu'après délaissement volontairement consenti ou par l'effet du jugement en délaissement forcé (art. 2781 C.c.)? Le cas échéant la propriété du bien tomberait entre les mains du débiteur entre le moment de l'envoi du préavis d'exercice de recours et celui où la prise en paiement est consommée; le bien devenu la propriété du débiteur pourrait alors faire l'objet d'une priorité au profit d'un autre de ses créanciers. Ou doit-on plutôt interpréter la loi comme voulant dire que le vendeur à tempérament ne peut exercer le droit de devenir propriétaire *irrévocable* du bien (comme l'exprime l'article 1040a) C.c.B.-C.) à moins de se soumettre à la procédure du recours de prise en paiement? Nous préférons cette dernière interprétation. Le législateur n'a pas retenu le concept de présomption d'hypothèque; il n'a pas voulu changer la nature juridique du contrat choisi par les parties. Le vendeur à tempérament était propriétaire avant le défaut de l'acheteur; il le demeurera après: ce n'est que son droit de le demeurer d'une façon permanente qui est assujettie aux dispositions de l'exercice du recours hypothécaire sur la prise en paiement. Le bien visé par telle vente ne tombe donc jamais, à moins que le vendeur ne soit remboursé, dans le patrimoine de l'acquéreur; il échappe ainsi aux droits de saisie des créanciers de cet acquéreur, ou à leurs priorités, ou à leurs hypothèques légales.

c) La vente avec faculté de rachat

125. La vente avec faculté de rachat fait l'objet des mêmes exigences de publicité, lorsque le bien est acquis pour les fins d'une entreprise[114]. Si elle a pour objet de garantir un prêt, le vendeur est réputé emprunteur et l'acquéreur est réputé créancier hypothécaire[115] et, quels que soient les termes ou les délais prévus au contrat, le vendeur ne perd sa faculté de rachat que si l'acquéreur s'est conformé aux formalités prévues au Livre sixième pour l'exercice des recours hypothécaires[116]. L'acquéreur (le prêteur) devra donc opter pour un recours de prise en paiement ou de vente du bien qu'il a acquis. Il ne pourra décider de garder le bien ni décider de le vendre à moins d'avoir respecté les dispositions sur l'exercice du recours de prise en paiement ou, selon le cas, le recours de vente. Tout comme dans le cas de la vente à tempérament, le bien ne tombe pas dans le patrimoine du débiteur (à moins de rachat) et il échappe aux droits de ses créanciers.

d) La résolution d'une vente immobilière

126. Le vendeur impayé d'un immeuble devra, pour se prévaloir de sa clause résolutoire, respecter les dispositions sur l'exercice de la prise en paiement.

127. C'est dire qu'il pourra être fait échec au contrat comportant la clause résolutoire de trois manières. L'acquéreur pourra s'objecter si la moitié ou plus du prix de vente a été payé et le vendeur devra alors obtenir permission du tribunal (art. 2778 C.c.). L'acquéreur ou tout intéressé pourra remédier au défaut qui a donné lieu à l'exercice de la clause résolutoire (art. 2761 C.c.). L'acquéreur ou ses créanciers hypothécaires pourront forcer le vendeur à vendre l'immeuble pour se payer à même le produit de vente plutôt que de résoudre la vente (art. 2779 C.c.).

e) Le crédit-bail

128. Le législateur n'a pas traité le crédit-bail comme un instrument de garantie. Il a toutefois requis que le crédit-bail soit inscrit au registre des droits personnels et mobiliers pour que le droit de propriété du crédit-bailleur soit opposable aux tiers[117].

4. *Conclusions*

129. De ces différentes modifications se dégagent assez nettement les intentions du législateur: les sûretés, quelqu'en soit l'objet, qu'il s'agisse d'immeubles, de stock, de créances, d'équipement, constituent un droit réel accessoire qu'il nomme «hypothèque». Les sûretés conventionnelles, soit les hypothèques, les gages, les nantissements, les transports, deviennent tous lors de l'entrée en vigueur du code, des hypothèques. Toutefois certains contrats, même lorsqu'ils sont utilisés pour fins de garantie, demeurent ce qu'ils sont formellement, soit une fiducie, une vente à tempérament, une vente avec faculté de rachat ou une vente avec clause résolutoire. Plus précisément, ces contrats demeurent formellement ce qu'ils sont jusqu'à ce que le créancier veuille réaliser ses droits; alors la liberté contractuelle n'a plus parfaitement libre cours et la loi restreint les droits de la partie contractante. Ainsi s'il s'agit d'une fiducie, le fiduciaire ne peut plus purement et simplement remettre les biens au bénéficiaire, le créancier; s'il s'agit d'une vente à tempérament le vendeur ne peut tout simplement déclarer qu'il demeure propriétaire irrévocable: il peut toutefois, comme un créancier hypothécaire, le devenir, en prenant le bien en paiement, ou encore le faire vendre.

130. L'attribution ou la réserve du droit de propriété comme médium de sûretés, quand elle n'est pas interdite, devient assujettie à des règles de publicité et aux règles qui régissent les créanciers hypothécaires lorsqu'ils exercent leurs recours.

131. L'attribution de la propriété du bien au créancier garanti soustrait ce bien au gage commun des créanciers et fait échec à leurs droits. Les décisions importantes de la jurisprudence sur ces questions ont révélé jusqu'ici une oscillation des tribunaux entre deux pôles. Les tribunaux ont souvent nié aux cessions et transports intervenus l'attribut d'être translatif de propriété, protégeant ainsi l'intérêt des autres créanciers dans ces biens[118]; parfois au contraire ils ont penché du côté du créancier garanti qui, en se réclamant propriétaire, faisait échec aux droits de d'autres créanciers[119].

132. Les réaménagements législatifs proposés, notamment du premier paragraphe de l'article 134 de la *Loi sur l'application*

de la réforme du Code civil, commanderont une interprétation des conventions dans le domaine des sûretés qui soit compatible avec la protection des droits des tiers qui découlent du concept de gage commun et de la défaveur envers les formes contractuelles de sûreté qui portent atteinte à ces droits.

Chapitre deuxième
Les priorités
(art. 2650 à 2659 C.c.)

Section I. Introduction

133. Le titre deuxième du Livre Sixième est consacré aux priorités.

Les priorités sont une création nouvelle; elles reflètent un concept qui s'apparente au privilège du Code civil du Bas-Canada.

134. L'Office de révision du Code civil recommandait l'abolition pure et simple de tous les privilèges créés soit au Code civil du Bas-Canada soit dans les différentes lois statutaires. Le Code civil du Québec adopte une position beaucoup moins extrême. Les privilèges y sont transformés pour les uns en «priorités» et pour les autres en hypothèques légales; leur nombre est diminué. Parmi les privilèges qui disparaissent, notons le privilège du vendeur impayé d'un bien immeuble et le privilège du locateur d'un immeuble[120].

135. Contrairement aux hypothèques légales qui doivent être inscrites pour fins de publicité, les priorités ne doivent pas faire l'objet de publicité et en ce sens elles constituent un droit de préférence occulte. Les priorités confèrent aux créanciers qui en sont titulaires un rang qui est toujours antérieur aux hypothèques, y compris les hypothèques légales, quel que soit le moment où ces hypothèques ont été rendues publiques; par ailleurs les priorités sont amputées de tout droit de suite.

136. Les priorités ne constituent pas, comme l'hypothèque légale, une espèce d'hypothèque. Elles ne sont donc pas régies par les dispositions sur les hypothèques et font l'objet d'un traitement spécial, dans le Titre deuxième. Chaque fois que le législateur entend qu'une disposition propre à l'hypothèque leur soit applicable, il le mentionne expressément[121].

Section II. Définition

137. La priorité est le droit que la loi confère à une créance d'être préférée aux autres créances, même hypothécaires, en raison de la cause de la créance (art. 2650 C.c.).

Section III. Étendue

138. La priorité peut être générale; elle peut alors s'exercer à l'égard des biens qu'indique le créancier, soit qu'il en choisisse plusieurs, soit qu'il en choisisse un seul. C'est le cas des créances de l'État pour dettes fiscales dont la priorité peut s'exercer à l'égard des biens meubles du débiteur[122].

139. Quant aux autres créances prioritaires (frais de justice et dépenses faites dans l'intérêt commun, créance du vendeur impayé, créance de celui qui a un droit de rétention, taxe foncière), le code n'indique pas sur quels biens la priorité s'exerce. Il ressort toutefois du contexte dans lequel elle est créée que la priorité est alors spéciale et ne peut s'exercer qu'en rapport avec le bien à l'égard duquel la créance existe. Il y a lieu de suivre ici l'interprétation donnée aux privilèges dont le Code civil du Bas-Canada assortit ces créances.

Section IV. Caractère mobilier ou immobilier

140. Trois des priorités créées par le code ne s'exercent qu'à l'égard de biens meubles (créances fiscales de l'État, créance du vendeur impayé d'un bien meuble et créances du rétenteur).

141. Dans le cas des frais de justice et des dépenses faites dans l'intérêt commun, la priorité peut s'exercer sur les biens meubles ou immeubles qui ont fait l'objet de l'exécution forcée.

142. Enfin, dans le cas des impôts fonciers, la priorité des municipalités ou commissions scolaires ne s'exerce qu'à l'égard des immeubles taxés.

Section V. Nature

143. La priorité possède plusieurs des attributs qui caractérisent un droit réel.

A. Opposabilité et rang

144. Elle est opposable aux autres créanciers du débiteur. Étant par définition un droit de préférence, il faut bien qu'elle soit opposable aux autres créanciers avec lesquels le titulaire de la priorité pourrait être en concours; c'est ce que l'article 2650 C.c. énonce. Cet énoncé est complété par l'article 2655 C.c. qui précise que cette opposabilité a lieu sans qu'il soit nécessaire de publier la priorité (c'est-à-dire, dans les termes du droit actuel, de l'enregistrer).

145. Par l'effet des articles 2655 et 2657 C.c., le créancier prioritaire prend rang, quelle que soit la date de la naissance de la créance, 1er avant les créanciers ordinaire, 2e avant les créanciers hypothécaires, 3e avant les créanciers jouissant d'une priorité de rang subséquent et 4e *pari passu* avec les autres créanciers titulaires de la même priorité que la sienne[123].

B. Indivisibilité

146. L'article 2650 C.c. déclare la priorité indivisible. Il s'agit bien ici de l'indivisibilité de la priorité et non de celle de la créance elle-même. La priorité s'attache à l'ensemble et à chaque portion indivise des biens que le droit grève de telle sorte que, par exemple, la perte ou l'aliénation d'une portion des biens grevés n'empêche pas la portion restante d'être grevée du droit pour la totalité de la créance[124]. Par exception, la priorité existant à l'égard d'un immeuble détenu en copropriété lors de l'inscription de la déclaration de la copropriété se divise entre les fractions[125].

147. L'indivisibilité constitue un avantage considérable dont on peut mesurer la portée en pensant à la créance prioritaire de l'État; prenons l'exemple d'un bailleur de fonds qui aurait financé l'acquisition d'équipements en y prenant une hypothè-

que mobilière: lors de la réalisation de ses droits hypothécaires, l'État lui sera préféré, pour l'ensemble de ses créances fiscales.

C. Absence de droit de suite

148. La priorité est cependant privée d'une caractéristique importante usuellement associée au droit réel: celle d'être attachée au bien et de le suivre en quelques mains qu'il passe. La priorité n'a pas cette caractéristique. Les dispositions de l'Avant projet de la *Loi portant réforme au Code civil du Québec du droit des sûretés réelles et de la publicité des droits* (1986) qui paraissaient lui reconnaître un droit de suite ont toutes été retranchées du code. Ainsi l'article 2811 de cet avant-projet la rendait opposable «aux autres créanciers *et aux tiers*»; par contraste, l'article 2655 du Code civil ne parle plus que de l'opposabilité «aux créanciers»[126]. L'article 2948 de l'avant-projet permettait que la vente forcée d'un bien se fasse à charge d'une priorité; cet article est disparu. Enfin, l'article 2936 de l'avant-projet conférait au créancier prioritaire tous les recours que pouvait exercer un créancier hypothécaire contre le débiteur «ou le tiers détenteur»; sous le Code civil le créancier prioritaire ne peut exercer aucun recours hypothécaire ni contre le débiteur ni contre les tiers détenteurs, les articles 2748 C.c. et suivants réservant ces recours aux créanciers hypothécaires. Le Code civil n'attribue donc pas à la priorité, comme il le fait pour l'hypothèque[127], le droit de suite. Cela est tout à fait logique lorsqu'on considère que la priorité constitue une préférence occulte qui n'est pas soumise à l'exigence de la publicité (art. 2655 C.c.).

149. Une première lecture de l'article 2782 C.c. porte à croire que le législateur a créé une exception à cette absence de droit de suite. Cet article traite des effets de l'exercice par un créancier du recours hypothécaire de prise en paiement; il interdit au créancier hypothécaire qui a acquis la propriété du bien hypothéqué, suite à la prise en paiement, de réclamer de son ancien débiteur «ce qu'il paie à un créancier prioritaire ou hypothécaire qui lui est préférable». Le code laisse entendre que la priorité a suivi le bien entre les mains de l'acquéreur, le créancier hypothécaire, et que celui-ci a dû payer le créancier prioritaire.

150. Cette situation particulière peut s'expliquer comme suit. La priorité confère une préférence qui a préséance sur toute hypothèque, quelle que soit la date de la création de l'hypothèque ou de sa publication (art. 2657 C.c.); le créancier hypothécaire devrait donc toujours être payé avant la créance prioritaire, indépendamment de celui des recours hypothécaires qu'il a choisi d'exercer. Or, il peut choisir de prendre le bien en paiement (art. 2748 C.c.) et ainsi d'acquérir le bien. Il doit alors prendre le bien sujet à la créance prioritaire. C'est ce que l'article 2782 C.c. formule implicitement. La loi ne pouvait lui permettre, en tant qu'acquéreur du bien suite à la prise en paiement, d'empêcher le créancier prioritaire d'exercer de droit de suite entre ses mains; autrement tout créancier hypothécaire pourrait déjouer la préséance d'un créancier prioritaire en prenant en paiement le bien plutôt qu'en le faisant vendre. On peut observer qu'en matière immobilière la seule situation où ce genre de conflit pourrait se produire est celle d'un créancier qui prendrait en paiement de sa créance hypothécaire un immeuble faisant l'objet de taxes foncières impayées; mais alors il aurait de toute façon été tenu, en tant que propriétaire, de payer ces taxes foncières en vertu des dispositions législatives propres à la perception des impôts fonciers[128].

151. Mentionnons également que la priorité rattachée à la créance de celui qui bénéficie d'un droit de rétention se distingue sur le plan de l'opposabilité: le droit de rétention est opposable à tous les tiers[129]; le droit de rétention et la priorité qui l'accompagne seraient donc opposables à celui qui acquerrait la propriété du bien, dans l'hypothèse, assez théorique il faut le dire, où cet acquéreur achèterait le bien tout en laissant la détention au rétenteur.

152. Quel statut le créancier prioritaire aura-t-il en cas de faillite de son débiteur? Sera-t-il traité comme un créancier garanti? On peut en douter dans le cas d'une priorité générale. Les tribunaux ont déjà décidé qu'un «privilège général», portant sur l'ensemble des biens du débiteur, ne conférait pas véritablement de droit réel dans un bien et, par conséquent, ne conférait pas le statut de «créancier garanti» au sens de la *Loi sur la faillite*[130]. Ce raisonnement peut être repris ici pour ce qui regarde la priorité «générale» c'est-à-dire celle rattachée aux créances de l'État pour les sommes dues en vertu des lois fiscales[131].

D. Absence de recours réels

153. Il faut souligner que la priorité ne permet pas à son titulaire d'exercer des recours hypothécaires: elle ne confère ni le droit de prendre possession, ni de prendre en paiement, ni de vendre le bien si ce n'est par suite d'exécution sur action personnelle.

E. Conclusion

154. Le code ne définit pas la priorité comme un droit réel, comme il le fait dans le cas de l'hypothèque. Il ne lui confère que quelques uns des attributs de l'hypothèque; il n'en fait découler aucun droit de suite (sous réserve de ce qui se produit en cas de l'exercice par un tiers du recours de prise en paiement). Dans ce contexte, il faut conclure que la priorité constitue un droit de préférence *sui generis* qui ne peut sans doute pas être caractérisé comme un droit réel.

Section VI. Caractère accessoire

155. Le législateur a confirmé le caractère accessoire de la priorité. La priorité n'existe que pour protéger le recouvrement d'une créance; elle ne peut valoir plus que cette créance non plus qu'elle ne peut lui survivre. Cela se passe d'explication. Ainsi l'article 2659 C.c. énonce que la priorité cesse de plein droit lorsque l'obligation qui en est la cause s'éteint. En application de la même règle, mais dans une situation en quelque sorte inverse, l'article 1691 C.c. énonce que la renonciation expresse à une priorité n'emporte pas remise de la dette garantie: la renonciation à l'accessoire n'entraîne pas renonciation au principal.

Section VII. Créances assorties d'une priorité

156. Les priorités sont strictement circonscrites aux cinq catégories de créances mentionnées à l'article 2651 C.c.[132].

A. Frais de justice et dépenses faites dans l'intérêt commun

157. Les expressions «frais de justice» et «dépenses faites dans l'intérêt commun» employées par le législateur à l'égard de ces créances prioritaires sont exactement celles utilisées au premier paragraphe du premier alinéa de l'article 1994 du Code civil du Bas-Canada. Bien que le nouveau code ne reproduise pas les articles 1995 et 1996 C.c.B.-C. qui donnent une définition de ces frais et dépenses, il est prévisible que l'interprétation jurisprudentielle actuelle gouvernera l'interprétation de la créance prioritaire quant aux expressions «frais de justice» et «dépenses faites dans l'intérêt commun».

158. Les frais de justice sont ceux faits pour la saisie et la vente de biens du débiteur de même que ceux faits, à l'occasion d'opérations judiciaires susceptibles de profiter aux créanciers généralement, pour faire rentrer le bien dans l'actif du débiteur ou en empêcher la perte ou la diminution ou, plus généralement, pour fournir aux créanciers le moyen d'obtenir paiement de leurs créances[133]. Il s'agit donc de certaines créances dues à l'État, à des officiers de justice et à des avocats, prévues à différents tarifs[134], comprenant aussi bien des déboursés que des honoraires[135]. Leur sous-ordre de collocation demeure prévue aux articles 616 (matières mobilières) et 714 (matières immobilières) du Code de procédure civile.

159. Les dépenses faites dans l'intérêt commun sont celles faites, à une époque où des mesures menant à exécution et à réalisation du patrimoine sont en cours[136], pour protéger les actifs qui font l'objet du gage commun. Elles ne comprennent pas celles faites dans l'intérêt propre du créancier[137]. Elles comprennent les frais de garde ou d'entreposage engagés par un saisissant[138].

160. L'«intérêt commun» au profit duquel les dépenses sont engagées s'analyse dans chaque cas particulier en fonction des intérêts démontrés ou des intérêts en présence[139]. Les dépenses de gestion d'un créancier garanti, si elles profitent aux autres créanciers garantis, sont des dépenses faites dans l'intérêt commun; le fait que le document de garantie ait créé une hypothèque additionnelle au profit de celui qui effectue les dépenses

pour un montant qui s'avère inférieur aux dépenses réellement encourues ne constitue pas une renonciation au bénéfice du privilège — maintenant de la priorité — pour dépenses faites dans l'intérêt commun[140].

B. Créance du vendeur impayé d'un bien meuble

161. Les dispositions législatives régissant les droits des fournisseurs et autres vendeurs impayés de biens meubles sont complètement réaménagées dans le droit nouveau.

162. Premièrement, le vendeur impayé perd le privilège et le droit de revendication que lui accordaient les articles 1998 et 1999 du Code civil du Bas-Canada. En revanche, si l'acquéreur est une personne physique qui n'exploite pas une entreprise, la créance de ce vendeur est assortie d'une priorité.

163. Deuxièmement, la *Loi sur la faillite et l'insolvabilité*[141] confère désormais à tous les fournisseurs des droits analogues à ceux que ces articles 1998 et 1999 du Code civil du Bas-Canada leur donnaient et que le Code civil du Québec ne reproduit plus.

164. Troisièmement, le Code civil du Québec permet maintenant la résolution extra-judiciaire de la vente et la revendication, même s'il y a eu délivrance du bien, pourvu que des conditions presqu'identiques à celles qu'on retrouve aux articles 1998 et 1999 du Code civil du Bas-Canada soient remplies. Ces nouvelles dispositions s'appliquent même si l'acquéreur est une personne morale ou s'il exploite une entreprise.

Il sort du cadre de ce cours d'étudier les nouvelles dispositions de la *Loi sur la faillite et l'insolvabilité.*

165. Cependant, même si les dispositions du Code civil sur la vente relèvent d'un autre cours, certains aspects de l'article 1741 C.c. seront soulignés, puisqu'il n'est pas vraiment utile d'examiner la priorité créée au profit du vendeur impayé sans considérer en même temps ses droits de résolution et de revendication découlant de cet article 1741 C.c.

1. *Biens meubles corporels ou incorporels*

166. À titre d'observation préliminaire, on peut souligner que ces droits, c'est-à-dire la priorité et d'autre part le droit à la résolution et revendication, concernent celui qui a vendu un bien «meuble». Le mot «meuble» est employé ici alors que le Code civil du Bas-Canada employait le mot «chose» aux articles 1998, 1999 et 2000. Ce changement améliore peut-être la langue mais n'a pas pour effet de restreindre la catégorie d'objets sur lesquels porte la priorité du vendeur d'un bien meuble; le mot «meuble» reçoit en effet dans le nouveau code une définition très large: il s'agit de tout bien corporel ou incorporel qui n'est pas qualifié d'immeuble par la loi[142]; les exclusions qu'apporte l'article 395 du Code civil du Bas-Canada à la définition de «meuble» (*i.e.* exclusions relatives à l'argent comptant, aux pierreries, aux dettes actives, etc.) n'apparaissent plus dans le nouveau code.

2. *Priorité*

a) Personne physique qui n'exploite pas une entreprise

167. Un premier droit du vendeur impayé est de réclamer sa créance pour le prix; cette créance ne s'accompagne d'une priorité que si l'acquéreur est une personne physique qui n'exploite pas une entreprise. Rappelons encore ici que l'article 1525 du Code civil définit comme suit l'exploitation d'une entreprise:

> Constitue l'exploitation d'une entreprise l'exercice, par une ou plusieurs personnes, d'une activité économique organisée, qu'elle soit ou non à caractère commercial, consistant dans la production ou la réalisation de biens, leur administration ou leur aliénation, ou dans la prestation de services» (art. 1525 C.c., 3e alinéa).

168. La priorité n'a donc lieu que si l'acquéreur n'exploite pas une entreprise. A-t-elle lieu si une personne physique qui exploite une entreprise acquiert le bien pour une fin étrangère à celle-ci? Il faut croire que non. L'article 2651 C.c. qui établit la priorité du vendeur impayé ne fait pas cette distinction. On constate ailleurs au code que le législateur, lorsqu'il a voulu imposer une double condition quant à la personne, c'est-à-dire que celle-ci exploite une entreprise et, quant au bien, c'est-à-

dire que celui-ci soit un bien de l'entreprise, il l'a expressément mentionné. Ainsi, l'article 2683 C.c. subordonne la création de l'hypothèque mobilière sans dépossession du constituant à la condition que l'hypothèque soit consentie par une personne qui exploite une entreprise et à la condition qu'elle ne grève que les biens de cette entreprise.

169. L'importance des exceptions apportées à l'existence de la priorité du vendeur réduit donc considérablement, en pratique, son champ d'application. Elle n'a jamais lieu si l'acquéreur n'est pas une personne physique; elle n'a jamais lieu si l'acquéreur exploite une entreprise.

b) Changement d'état du bien

170. Pour le surplus il n'y a pas d'autre condition à l'existence de la priorité; elle existe de plein droit dès que le bien est vendu. Le code nouveau ne subordonne pas l'existence ou l'efficacité de la priorité aux quatre conditions que posent l'article 1999 du Code civil du Bas-Canada dans le cas du privilège du vendeur impayé soit (i) que la vente ait été faite sans terme, (ii) que la chose soit entière et dans le même état, (iii) qu'elle ne soit pas passée entre les mains d'un tiers qui en ait payé le prix et (iv) que la revendication soit exercée dans les huit jours de livraison (ou trente jours en cas de faillite).

Deux observations doivent toutefois être formulées.

171. La première a trait à l'état du bien vendu au moment où la priorité s'exerce. Il faut que le bien existe encore et puisse être vendu puisque, par hypothèse, la priorité est un droit de préférence qui s'exerce à l'occasion de la vente forcée du bien[143] sur le produit de cette vente. Le bien peut-il avoir changé d'état, avoir été façonné, uni et mélangé à d'autres biens? En tel cas, la priorité du vendeur impayé s'exercerait-elle à l'égard de la totalité du nouveau bien? Le cas échéant, l'acquéreur pourrait-il lui-même prétendre à une créance prioritaire rattachée au droit de rétention de celui qui a travaillé à la transformation du bien[144]? Il faut répondre par la négative à ces questions. Le législateur n'a pas étendu à la priorité la règle suivant laquelle l'hypothèque s'étend à tout ce qui s'unit au bien par accession[145]. Il n'a pas non plus étendu à la priorité la règle suivant laquelle l'hypothèque subsiste sur le meuble nouveau dans

lequel le bien originaire a été uni ou transformé[146]. Les règles applicables aux hypothèques ne s'appliquent pas aux priorités dans le nouveau code: comme il a déjà été souligné, celles-ci sont traitées dans un titre distinct, contrairement au Code civil du Bas-Canada qui regroupe les privilèges et les hypothèques sous un même titre[147]. Pour ces différentes raisons, il faut croire que la priorité du vendeur ne subsistera pas si le bien vendu a été transformé et qu'elle ne s'étendra pas à ce qui s'y est uni.

172. La priorité pourrait-elle s'exercer si le bien meuble a été incorporé à un immeuble? Cette question pourrait être soulevée par un fournisseur de matériaux souhaitant se prévaloir de la priorité du vendeur impayé[148] — et il aurait grand intérêt à le faire puisque la priorité lui conférait préséance sur toute hypothèque, y compris toute hypothèque légale prise par d'autres personnes ayant participé à la construction de l'immeuble[149]. Le nouveau code ne formule pas de réponse à cette question. Dans le cas de l'hypothèque mobilière, le changement de nature du bien a pour effet d'éteindre celle-ci à moins, si le bien meuble a été incorporé à un immeuble, que le créancier n'en requiert l'inscription sur le registre foncier[150]. Cette règle qui aurait pour effet d'éteindre la priorité et son exception, qui aurait pour effet de la faire subsister sur l'immeuble, n'ont pas été étendues au cas de la priorité; elle ne peut nous aider à répondre à la question soulevée.

Pour plusieurs raisons on peut cependant penser que la priorité ne pourrait s'exercer dans ces circonstances.

173. Premièrement, le nouveau code établit une distinction entre les priorités mobilières et les priorités immobilières. Créée sur un bien meuble, la priorité du fournisseur d'un bien meuble échapperait à cette distinction si elle pouvait s'exercer à l'occasion de la vente de l'immeuble auquel les biens fournis auraient été incorporés.

174. Deuxièmement, la priorité s'exerce à l'occasion de la vente du bien auquel elle se rattache; or les biens ou les matériaux incorporés et confondus à l'immeuble ont perdu leur identité et lorsque cet immeuble est vendu la vente qui a lieu ne consiste pas, si ce n'est dans un sens bien artificiel, dans la vente des biens meubles livrés par le vendeur impayé.

175. Troisièmement, le législateur a organisé les sûretés au profit de ceux qui ont participé à la construction d'un immeuble, y compris le fournisseur de matériaux, à l'intérieur d'un régime bien spécial, celui de l'hypothèque légale dont l'exercice est assujetti à des procédures de conservation, de poursuite et à des délais de déchéance. Il serait aberrant que l'un des bénéficiaires de cette hypothèque légale, le fournisseur, échappe à ces procédures et délais et puisse, sans limite dans le temps, exercer une priorité qui le fasse passer avant tous, y compris les autres personnes qui ont participé à la construction de l'immeuble.

c) Bien entre les mains de l'acquéreur

176. La deuxième observation a trait au fait que le bien ait pu passer entre les mains d'un tiers. Cela suffit pour faire échec aux droits rattachés à la priorité du vendeur; sa priorité, pas plus d'ailleurs que les autres priorités, ne confère aucun droit de suite. On a souligné plus haut que le code ne lui confère pas ce droit et n'a pas étendu à la priorité le droit de suite, créé par l'article 2660 C.c. au profit du créancier hypothécaire[151]. Les recours réels ne sont ouverts qu'aux créanciers hypothécaires (art. 2748 C.c.). Le créancier prioritaire n'a à sa disposition qu'une action personnelle contre son débiteur.

3. Résolution de la vente et revendication

177. Le droit de résoudre la vente constitue une seconde protection pour le vendeur impayé d'un bien meuble.

a) Résolution extrajudiciaire

178. La résolution de la vente n'a pas à être prononcée judiciairement même dans le cas où il y a eu livraison. En cela le droit actuel est changé: sous le Code civil du Bas-Canada, la résolution au profit du vendeur qui a déjà livré les biens meubles vendus doit être prononcée par le juge[152]. Désormais, même s'il y a eu délivrance, il suffit pour le vendeur de considérer la vente comme résolue. Le bien vendu cesse alors d'être dans le patrimoine de l'acquéreur; il échappe aux créanciers de ce dernier (l'article 1741 C.c. précise que la saisie par un créancier de l'acquéreur ne peut faire échec aux droits de résolution du vendeur); l'hypothèque qu'aurait pu consentir l'acquéreur cesse

de la grever puisque l'acquéreur n'avait sur le bien qu'un titre résolutoire[153] et que ce titre est maintenant résolu. Le bien vendu est devenu à nouveau la propriété du vendeur et il peut le revendiquer par voie de saisie avant jugement.

b) Conditions de résolution

179. Le droit de résolution, contrairement à la priorité, profite au vendeur impayé sans égard au fait que l'acquéreur soit une personne physique ou morale et sans égard au fait qu'elle exploite ou non une entreprise. L'article 1741 du Code civil ne pose pas ces conditions. Il en pose toutefois d'autres qui sont que (i) la vente ait été faite sans terme[154], (ii) la revendication soit faite dans les trente jours de la délivrance (ce délai étant maintenant le même qu'il y ait faillite ou pas[155]), (iii) l'acheteur, en demeure, soit en défaut de payer le prix, (iv) le meuble soit encore entier et dans le même état[156], (v) le meuble ne soit pas passé entre les mains d'un tiers qui en a payé le prix ou (vi) le meuble, s'il a été hypothéqué par l'acquéreur, n'ait pas fait l'objet d'un délaissement suite à l'exercice par ce créancier de ses droits.

Ces modifications mettent fin à certaines controverses.

180. Désormais la revendication du vendeur impayé qui choisit de résoudre la vente ne pourra avoir lieu que si les conditions présentement formulées à l'article 1999 C.c.B.-C. se retrouvent. La tendance de la jurisprudence sous le Code civil du Bas-Canada était de ne pas assujettir la revendication du vendeur qui demande la résolution à la présence de ces conditions[157].

c) Conflit avec une hypothèque; conflit avec une sûreté sous l'article 427 de la Loi sur les banques

181. Quant au conflit entre le vendeur impayé qui opte pour la résolution de la vente et le créancier titulaire d'une sûreté qui a pris possession du bien, le législateur a tranché une question sur laquelle la jurisprudence se partageait. Il est désormais clair que la résolution de la vente mobilière faute de paiement du prix ne peut plus avoir lieu si un créancier hypothécaire de l'acquéreur a pris possession du bien meuble. Rappelons que dans le droit nouveau le fiduciaire pour obligataires aux termes d'un acte de fiducie d'hypothèque, de gage et de nantissement,

de même que le titulaire d'un nantissement commercial ou le titulaire d'une cession de biens en stock deviennent tous des créanciers hypothécaires. En prenant possession ils feront donc échec au droit de résolution du vendeur impayé. Un sérieux problème d'interprétation se posera cependant dans le cas d'un conflit entre un vendeur qui considère la vente comme résolue et une banque qui aura pris possession en vertu d'une garantie bancaire octroyée sous l'article 427 de la *Loi sur les banques*. Cette garantie ne fait pas de la banque un «créancier hypothécaire» mais lui confère plutôt, suivant l'interprétation courante, un droit de propriété *sui generis* dans les biens grevés; une banque ne pourra donc pas s'appuyer sur la lettre de l'article 1741 du nouveau code pour empêcher un fournisseur impayé de déclarer la vente résolue et de reprendre son bien. Il est vrai que, dans la substance des choses, une banque titulaire d'une garantie sous l'article 427 de la *Loi sur les banques* est un créancier qui détient une sûreté. Cependant, l'article 1741 C.c. ne réfère pas à un créancier qui détient une sûreté mais, spécifiquement, à un «créancier hypothécaire». Il serait étonnant, après tout le mal qu'on s'est donné en jurisprudence pour conclure que l'article 427 de la *Loi sur les banques* confère à la banque un droit de propriété, qu'on détermine qu'aux fins de l'article 1741 C.c. elle est un créancier hypothécaire. On peut donc penser que la jurisprudence actuelle[158], qui permet la résolution de la vente mobilière même si une banque a pris possession du bien en vertu de sa garantie bancaire, continuera de s'appliquer.

4. *Hypothèque conventionnelle*

182. Nous verrons en étudiant l'hypothèque conventionnelle que le fournisseur de matières premières et de matériaux peut, sur une base contractuelle, se faire consentir une hypothèque qui jouit d'attributs assez avantageux.

C. Créances de ceux qui ont un droit de rétention sur une chose mobilière

183. Toute personne en mesure d'exercer le droit de rétention qu'elle a sur un bien meuble jouit d'une priorité à l'égard de ce bien (art. 2651 C.c., 3e al.).

1. Qui peut retenir?

184. Le droit de rétention dans le nouveau code ne change pas vraiment de visage sous la réserve importante qu'il profite maintenant non seulement à des bénéficiaires spécifiquement nommés mais à toute partie qui, du consentement de son contractant, détient un bien appartenant à celui-ci auquel est intimement liée la créance qu'elle a contre ce contractant. Ceci résulte de l'article 1592 C.c. qui tranche un débat ancien[159], en offrant le droit de rétention à tous ceux qui peuvent se réclamer de l'exception d'inexécution des obligations, même s'ils ne sont pas expressément nommés par la loi.

185. Au-delà de ce principe général, le code énonce un grand nombre de personnes à qui est conféré le droit de rétention: l'héritier qui a droit aux impenses à l'égard du bien pour lequel il est tenu au rapport (art. 875 C.c.); ceux qui ont droit à des frais de garde ou de gestion (bien perdu ou oublié: art. 946 C.c.); ceux qui ont par leur travail transformé un bien meuble (art. 974 C.c.); le grevé de substitution, pour ses impenses (art. 1250 c.c.); l'administrateur du bien d'autrui, pour ses dépenses (art. 1369 C.c.) — il faut noter ici que le code confère à un grand nombre de personnes le statut d'administrateur du bien d'autrui[160]; le transporteur pour le fret, les frais de transport et d'entreposage (art. 2058 C.c.); le mandataire, pour les sommes qui lui sont dues en raison du mandat (art. 2185 C.c.); le dépositaire, pour les dépenses de conservation, rémunération et perte causée par le bien (art. 2293 C.c.); l'hôtelier, pour le prix du logement (art. 2302 C.c.); l'emprunteur, dans le cas d'un prêt à usage, pour les dépenses nécessaires (art. 2324 C.c.).

2. Fondement du droit de rétention

186. Le nouveau code justifie l'existence du droit de rétention par la connexité qui existe entre la créance et le bien détenu (art. 1592 C.c.) et au droit qu'a une partie à un contrat synallagmatique de refuser d'exécuter son obligation, c'est à dire celle de rendre le bien, dans le cas où l'autre n'exécute pas la sienne (art. 1591 C.c.).

187. Ce droit se distingue du gage (ou, dans le vocabulaire du nouveau code, de l'hypothèque mobilière avec dépossession).

Dans le cas du droit de rétention, le bien n'a pas été remis au créancier aux fins de garantir une créance. Étant déjà entre ses mains pour des fins autres que celles de garantir une créance, le bien peut être retenu par lui jusqu'à paiement des services ou des travaux à l'occasion desquels ce bien lui avait été remis.

3. *La détention du bien*

188. Le droit de rétention par définition suppose la détention du bien par le rétenteur. Il n'est maintenu que si cette détention se maintient. Pour produire ses effets, cette détention doit être «paisible, continue, publique et non équivoque» nous dit l'article 922 C.c.[161]. Ces quatre éléments doivent également caractériser l'hypothèque mobilière avec dépossession[162].

189. La jurisprudence sous le Code civil du Bas-Canada apporte différents tempéraments aux effets extinctifs qu'entraîne sur le droit de rétention la dépossession du rétenteur. Seule la remise volontaire du bien par le rétenteur entraîne la perte de son droit. La remise obtenue suite à des fausses représentations[163] n'est pas tenue pour être volontaire et permet au rétenteur de revendiquer le bien[164]; de même l'interruption temporaire, suite à une entente entre les parties, n'empêchera pas le droit de continuer lorsque la détention du rétenteur reprendra[165]. Cette jurisprudence devrait être maintenue sous le nouveau code puisque l'article 1593 C.c. dit que la dépossession involontaire ne met pas fin au droit de rétention et la partie dépossédée peut le revendiquer, afin de pouvoir continuer à exercer son droit.

4. *Opposabilité*

190. Le nouveau code énonce maintenant que le droit de rétention est «opposable à tous» (art. 1593 C.c.). Cette disposition codifie la jurisprudence suivant laquelle le droit de rétention en sus d'être opposable au débiteur, l'est au propriétaire du bien (qui peut ne pas être la personne qui a contracté avec le rétenteur), de même qu'aux créanciers du débiteur ou du propriétaire[166]. Cette opposabilité n'empêche toutefois pas les autres créanciers du débiteur ou du propriétaire de saisir le bien retenu et de le faire vendre. Sur ce point le réaménagement de l'article 604 du Code de procédure civile clarifie une situation que des modifications successives aux articles 597 et 604 du

Code de procédure civile avaient rendu contentieuses[167]. Désormais le rétenteur est un créancier «prioritaire». Suivant le nouvel article 604 C.p.c. il ne peut s'opposer à la saisie; son droit consiste plutôt à exercer sa créance prioritaire sur le produit de la vente en produisant entre les mains de l'officier saisissant, au plus tard cinq jours après la vente, un état de sa créance. S'il s'agit d'un créancier hypothécaire qui exerce son recours, l'article 604 C.p.c. pourrait ne pas être applicable puisque désormais certains recours hypothécaires peuvent s'effectuer sans qu'il n'y ait saisie et vente en justice du bien: l'article 2770 C.c. précise alors que devant un créancier hypothécaire qui exerce son recours, le rétenteur est tenu de délaisser[168] mais à charge de sa priorité (art. 2770 C.c.).

191. Si le rétenteur fait face à une saisie revendication par le véritable propriétaire, le tribunal pourra l'autoriser, à sa demande, à ne pas abandonner la détention du bien à moins d'avoir été payé; sur ce dernier point la jurisprudence actuelle devrait continuer à s'appliquer[169].

D. Créances de l'État pour les sommes dues en vertu des lois fiscales

192. Depuis toujours sans doute il existe une polémique au sujet des droits de préférence au profit des créances de l'État[170]. L'État devrait-il avoir préséance compte tenu de l'importance du bon fonctionnement de ses opérations, ou ne devrait-il pas cesser de brimer les créanciers privés, compte tenu de l'ampleur de ses propres ressources et de sa possibilité de souffrir des mauvaises créances? Ces discussions demeurent académiques: le législateur sert toujours assez bien l'État, sous le rapport des droits de préférence. Il le fait, avec une certaine modération, dans le nouveau Code civil, en lui donnant deux armes.

193. Celle de la priorité, qui ne vaut cependant qu'à l'égard des biens meubles et ne protège que les créances en vertu de lois fiscales; la priorité est toutefois un droit occulte et donne préséance sur toute hypothèque.

194. Celle de l'hypothèque légale, qui vaut pour toute créance fiscale et tout autre créance indiquée dans une loi, tant à l'égard des biens meubles que des biens immeubles, mais qui ne donne

rang et préséance qu'à compter du moment de son inscription pour fins de publicité et que pour le montant qui est inscrit. Cette hypothèque légale sera examinée dans un chapitre subséquent.

195. En échange, le deuxième alinéa de l'article 12 de la *Loi du ministère du Revenu* est abrogé[171]; cet alinéa créait au profit de Sa Majesté aux droits du Québec une hypothèque légale et privilégiée[172].

1. Qui est l'État?

196. L'article 2651 C.c. accorde la priorité aux «créances de l'État pour les sommes dues en vertu de lois fiscales».

197. Le mot «État» n'est pas défini dans le nouveau Code civil. Il s'agit selon toute apparence d'un terme qui remplace le mot «Couronne» dans le Code civil du Bas-Canada et qui y était défini comme le souverain du Royaume-Uni de la Grande-Bretagne et d'Irlande (art. 17 C.c.B.-C., par. 1). Dans le nouveau code le mot «État» à certains endroits peut recevoir la même signification[173]. Dans bien des cas cependant, le contexte est tel qu'il paraît ne s'appliquer qu'au Québec. Par exemple, l'article 1376 C.c. déclare que le Livre cinquième «Des Obligations» s'applique à l'État; l'Assemblée nationale n'a sans doute pas les pouvoirs de décréter que cette partie du Code civil lie un État autre que le Québec[174]. À d'autres endroits le mot État a une signification beaucoup plus large. Au livre sur le droit international privé, on voit que le mot «État» peut signifier chacune des unités territoriales ayant des compétences législatives distinctes et composant un État (art. 3077 C.c.) et vise les états étrangers (v.g. les États-Unis d'Amérique ou l'État de New York). Pourrait-on penser que tout État jouit d'une priorité? Il ne nous semble pas. L'article 3077 C.c. comporte une indication qui peut être propre aux besoins de ce livre sur le droit international privé et ne pas pouvoir être appliquée ailleurs au code en particulier à l'article 2651 C.c. sur les priorités. Il ne serait pas normal d'interpréter l'article 2651 C.c. comme conférant à tout État étranger une priorité pour ses créances fiscales contre un citoyen du Québec.

198. Doit-on plutôt penser que seul le Québec jouit d'une priorité? L'article 2651 C.c., sur les priorités, aurait pu parler

des créances de l'État en vertu des lois fiscales du Québec[175]; il ne l'a pas fait.

199. Sous le Code civil du Bas-Canada le privilège prévu à l'article 1994, 10° («La Couronne pour créances contre ses comptables») a profité aussi bien au Québec qu'au gouvernement fédéral: on a constamment jugé que la Couronne au droit du gouvernement fédéral peut se prévaloir et profiter de ce privilège de l'article 1994 C.c.B.-C.[176]. Il est aussi de jurisprudence que le Fédéral a le droit de se prévaloir d'une législation provinciale qui l'avantage, pourvu qu'il se soumette à ses modalités et contraintes[177].

200. Dans ce contexte, on peut arguer qu'aussi bien le gouvernement fédéral que le gouvernement du Québec profiteraient de la priorité créée à l'article 2651 C.c. À titre d'exemple, aussi bien la taxe de vente du Québec que de la taxe fédérale sur les produits et services seraient prioritaires.

201. Malgré ces arguments, nous ne croyons pas que la priorité prévue au Code civil profite à un État autre que le Québec. En effet, le mot «État» n'étant pas défini, sa signification varie suivant le contexte. Or, on retrouve en matière de priorité et d'hypothèque cinq indications à l'effet que le mot «État» signifierait le Québec.

202. Une première indication se retrouve à l'article 3017 C.c.; cet article énonce que l'officier de la publicité doit dénoncer aux créanciers qui ont inscrit leur adresse, la survenance de toute saisie ou inscription de préavis d'exercice de recours hypothécaire et, à son deuxième alinéa, précise qu'une telle notification doit être faite au Procureur général lorsqu'il s'agit d'un bien grevé d'une hypothèque ou s'il s'agit d'une créance prioritaire publiée en faveur de l'État. La seconde indication est à l'article 3068 C.c., suivant laquelle l'hypothèque en faveur de l'État est radiée sur présentation d'un certificat du Procureur général du Québec. Le fait que les articles 3017 C.c., relatif aux avis d'adresse, et 3068 C.c., relatif aux radiations, soient restreints à l'État du Québec laissent entendre que le mot «État» à l'article 2651 C.c. (créateur des priorités) et à l'article 2725 C.c. (créateur de l'hypothèque légale) le serait aussi.

203. Une troisième indication est à l'article 2654 C.c.: celui-ci impose à l'État l'obligation de dénoncer, sur demande, le montant de sa créance fiscale; en principe le Code civil ne peut imposer d'obligations au Fédéral. Une quatrième indication résulte de l'obligation que le Code civil du Québec impose au créancier hypothécaire qui exerce le recours hypothécaire de la «vente par le créancier» de payer les créances qui priment ses droits (art. 2789 C.c.). Il serait étonnant que, d'une manière implicite et sans cadre législatif précis, le Code civil impose au créancier le devoir de s'informer des créances de l'État fédéral, alors qu'il y a incertitude quant au fait que celui-ci accepterait ou non de se soumettre à l'article 2654 C.c.

204. Enfin cinquièmement, l'article 2657 C.c. énonce que les créances prioritaires de même rang sont payées proportionnellement; pourquoi le Québec aurait-il voulu ainsi avantager le Fédéral?

205. Aucune de ces indications, prises isolément, n'est dirimante; mais le poids de leur ensemble nous porte à penser que la priorité créée à l'article 2651 C.c. ne profite qu'au Québec.

206. On peut par ailleurs affirmer que le mot «État» à l'article 2651 C.c. ne comprend pas les personnes morales de droit public. Eut-il voulu qu'elles soient ainsi comprises, le législateur l'aurait expressément dit, comme il l'a fait à l'article 2724 C.c. qui accorde l'hypothèque légale à certaines créances de l'État «ou de personnes morales de droit public» prévues dans les lois particulières.

2. *«Lois fiscales»*

207. Les créances assorties d'une priorité sont celles qui découlent d'une «loi fiscale». Cette dernière expression n'est pas non plus définie. On peut, mais non limitativement, penser aux lois qui sont définies comme des lois fiscales en vertu de l'article 1 de la *Loi sur le ministère du Revenu*[178]. Cet article 1 est assez large: il vise, entre autres, toute loi imposant des droits (c'est-à-dire des honoraires, prix ou coût de licences ou permis, taxes et autres impôts et contributions) et dont l'administration est confiée au ministre du Revenu.

3. *Objet de la priorité*

208. L'article 2653 C.c. énonce que la créance prioritaire de l'État pour les sommes dues en vertu des lois fiscales «peut» être exécutée sur les biens meubles. Est-ce à dire que la priorité peut s'exercer sur les biens meubles, mais qu'elle pourrait aussi s'exercer sur les biens immeubles? Le mot «peut» est-il limitatif? Une réponse affirmative s'impose. D'une part, le vocabulaire utilisé à cet article 2653 C.c. diffère de celui de l'article 2652 C.c. où la créance «peut être exécutée sur les biens meubles ou immeubles». Ceci indique que seuls les meubles sont visés à l'article 2653 C.c. D'autre part, l'article 2653 C.c. ne voudrait absolument rien dire si la priorité pouvait aussi s'exécuter sur les biens immeubles; le législateur y aurait parlé pour ne rien dire. Enfin, il faut se souvenir que l'avant-projet de la *Loi portant réforme du Code civil du Québec du droit des sûretés réelles et de la publicité des droits* contenait une disposition qui étendait cette priorité de l'État aux immeubles en en limitant l'opposabilité aux seuls créanciers chirographaires[179]. Cette disposition a été retranchée et n'existe plus dans le nouveau code.

209. Il y a lieu de souligner à nouveau que le mot «meuble» comprend davantage dans le nouveau code que sous l'ancien. Le Code civil du Bas-Canada précise que le mot «meuble», employé seul dans une loi ou un acte, ne comprend pas, entre autres, l'argent comptant, les dettes actives, les instruments des sciences, arts et métiers, les denrées ou les choses qui font l'objet d'un commerce[180]. Ces exclusions n'existent pas dans le nouveau code. Ainsi, à titre d'exemple, la priorité du gouvernement pour créances en vertu d'une loi fiscale peut porter sur les comptes à recevoir du contribuable ou encore sur ses stocks; elle aura préséance sur toute hypothèque, quelle qu'en soit la date, sur ces créances ou sur ces stocks. Ces changements donnent une assise juridique plus forte au deuxième alinéa de l'article 15 de la *Loi sur le ministère du Revenu*[181] qui octroie au ministère le droit de percevoir par préséance au créancier garanti du contribuable les comptes à recevoir de celui-ci. Le deuxième alinéa de l'article 15 n'est-il pas désormais un mode d'application, à l'égard des créances, de la priorité légale de l'État, assujetti, entre autres, à la contrainte de l'article 2654?

4. *Créances garanties*

210. Cette priorité garantit le paiement de toutes les créances fiscales, quel qu'en soit le montant.

5. *Dénonciation du montant de la créance*

211. Pour la commodité des tiers, l'article 2654 C.c. oblige l'État, lorsque demande lui en est faite par un créancier saisissant ou un créancier titulaire d'une hypothèque mobilière, de dénoncer le montant de sa créance. La demande doit être inscrite pour fins de publicité avec preuve de sa notification; l'État doit dénoncer et inscrire dans les trente jours de cette notification le montant de sa créance. Il faut souligner que cette «dénonciation n'a pas pour effet de limiter la priorité de l'État au montant inscrit» (art. 2654 C.c.). En d'autres mots, l'étendue de la priorité de l'État n'est pas restreinte par l'inscription du montant de sa créance. Cependant ceux qui de bonne foi agiront sur la base de cette «dénonciation» seront protégés; par exemple, un créancier hypothécaire qui ne réserverait au ministre du Revenu, à même le produit de réalisation, que le montant qui a été inscrit, serait protégé.

212. Il faut enfin noter que l'article 2654 C.c. permet au créancier saisissant ou au créancier hypothécaire de faire cette demande à l'État; ils n'y sont pas obligés; le verbe «pouvoir» est utilisé. Quel intérêt ont-ils à la faire? La réponse est qu'ils sont obligés, lorsqu'ils exercent le recours de prise en paiement ou celui de la vente par le créancier, comme nous le verrons plus loin, de payer les créances prioritaires (art. 2782, 2789 C.c.). Cet article leur fournit le moyen de s'acquitter de ce devoir.

6. *Notification au procureur général de poursuites hypothécaires*

213. Le législateur s'est assuré que l'État pourrait disposer de moyens pour faire valoir sa priorité dans les cas où une hypothèque légale (art. 2725 C.c.) ou une priorité (art. 2654 C.c.) a été publiée à son profit. Dans ces cas, l'officier de la publicité des droits est tenu de notifier le procureur général, dans les meilleurs délais, de l'inscription par un créancier d'un avis

d'exercice de recours hypothécaire contre le bien sujet à l'hypothèque légale ou à la priorité (art. 3017 C.c., 2e al.).

E. Impôts fonciers

214. Le privilège pour impôts fonciers au profit des cités, villes, municipalités et commissions scolaires disparaît[182]. Il est remplacé par une priorité.

215. Puisque la priorité ne constitue pas un droit réel et n'entraîne pas de droit de suite, elle s'éteindra, en théorie, lors de la vente de l'immeuble; toutefois différentes dispositions statutaires[183] permettent aux autorités de réclamer l'impôt foncier impayé du nouveau propriétaire et cette réclamation constitue une créance accompagnée d'une priorité. Le droit de suite est ici obtenu par une technique juridique différente de celle du «droit réel». Le nouveau paragraphe 4 de l'article 696 du Code de procédure civile confirme cette technique[184].

216. La notion d'«impôts fonciers», qui s'applique à tout immeuble imposable et qui se divise en deux catégories, soit les impôts fonciers généraux prévus pour rencontrer les dépenses générales d'administration des cités, villes, municipalités et commissions scolaires et les impôts fonciers spéciaux prévus dans le but de payer certains travaux municipaux de toute nature, incluant les travaux d'entretien, n'est donc pas affectée par la suppression du privilège pour impôts fonciers au Code civil; la municipalité, cité, ville ou commission scolaire conserve alors un recours personnel contre le propriétaire actuel de l'immeuble imposable même si ces impôts étaient dus alors que l'immeuble appartenait à un propriétaire antérieur[185]; sa créance était et demeure prioritaire.

Section VIII. Exercice du droit de préférence

217. La priorité est un droit de préférence qui s'exerce au moment de la vente forcée du bien, par attribution préférentielle du produit de la vente au créancier prioritaire.

218. Par extension le produit de l'expropriation qui serait faite par une autorité administrative est attribuable au créancier

prioritaire[186] et il en va de même des indemnités dues à l'assuré lorsqu'un bien assuré est endommagé (art. 2497 C.c.), pourvu que le créancier prioritaire ait dénoncé son droit à l'assureur. Tout comme l'article 2586 du Code civil du Bas-Canada, l'article 2497 du nouveau Code civil énonce cependant que les paiements faits par l'assureur avant dénonciation sont libératoires.

A. Droit de préférence en cas de vente forcée

219. Sous le Code civil du Bas-Canada le privilège — ou l'hypothèque — confère un droit de préférence qui s'exerce lors de la vente en justice du bien ou d'une vente qui en tienne lieu[187], telle une vente par un liquidateur, un syndic ou un fiduciaire pour obligataire qui réalise des sûretés octroyées en vertu d'un acte de fiducie d'hypothèque, de gage et de nantissement[188] ou d'un créancier qui exerce ses droits en vertu d'un nantissement commercial ou agricole[189]. Le droit de préférence ne peut pas s'exercer par le produit de la vente du bien faite par le débiteur, en dehors d'un processus de réalisation ou de liquidation[190], hormis le cas d'une vente en bloc.

220. Par ailleurs sous le Code civil du Bas-Canada, il n'existe pas de mécanisme de subrogation réelle par lequel le droit de privilège ou le droit de préférence, en cas d'aliénation volontaire du bien grevé faite par le débiteur, cesse de grever ce bien pour grever le produit de la vente ou le bien acquis en remplacement[191].

Qu'en est-il sous le code nouveau?

221. Il faut croire que le droit de préférence que confère la priorité ne peut s'exercer, tout comme le privilège sous le code actuel, qu'en cas de vente s'inscrivant dans un processus d'exécution forcée, qu'il s'agisse d'une vente sous l'autorité de la justice ou d'une autre vente et, par ailleurs, que le droit de priorité ne se reporte pas sur le produit de la vente volontaire faite par le débiteur.

222. Le Code civil du Québec ne comporte pas d'indication, à l'égard du premier point, à l'effet qu'il faille s'écarter du droit actuel. La priorité n'est qu'une sûreté pour assurer le paiement

d'une créance; si le créancier n'a pas cherché à réaliser sa créance il ne peut se prévaloir de la sûreté accessoire et prétendre, grâce à elle, s'approprier des fonds qui sont devenus la propriété de son débiteur. Veut-il chercher à réaliser sa créance qu'il peut, une fois jugement obtenu, saisir et faire vendre le bien ou le saisir avant jugement si on en use de manière à mettre ses droits en péril ou, encore, intervenir dans le processus de réalisation ou de saisie par un autre créancier et produire sa réclamation[192].

B. Absence de report

223. Le Code civil du Québec ne prévoit pas dans le cas de la priorité un mécanisme de subrogation suivant lequel la priorité, une fois le bien vendu par le débiteur de la dette prioritaire, se reporterait sur le produit de la vente; un tel mécanisme a été prévu, en certaines circonstances spécifiques, dans le cas de l'hypothèque[193], mais les règles sur l'hypothèque ne s'appliquent pas aux priorités.

224. Les commentaires qui précèdent perdent leur importance lorsqu'il s'agit de priorités générales, portant sur un ensemble de biens présents et futurs, telle la priorité pour créances fiscales. Qu'importe si la priorité ne se «reporte» pas sur le bien acquis en remplacement (produit de vente ou autre), puisqu'elle la couvre comme tout autre bien subséquemment acquis et tombant dans le patrimoine du débiteur.

C. Vente d'entreprise

225. Le Code civil du Québec apporte un tempérament à ce qui précède lorsqu'il y a vente d'entreprise, c'est-à-dire vente de l'ensemble ou d'une partie substantielle des actifs d'une entreprise en dehors du cours des activités du vendeur (art. 1767 C.c.).

226. L'acheteur doit dans ces cas obtenir du vendeur une déclaration assermentée indiquant, entre autres, le montant des créances dues par le vendeur et il doit demander par écrit aux créanciers prioritaires de lui confirmer le montant de leurs créances (art. 1768 C.c.). Dans le cas où le prix est inférieur à

l'ensemble des créances, les parties aux contrats désignent un mandataire qui sera chargé de la distribution du prix (art. 1773 C.c.), en respectant le droit de préférence des créanciers prioritaires ou hypothécaires.

S'il n'est pas complètement payé, le créancier prioritaire conserve son recours contre le vendeur (art. 1775 C.c.).

D. Notification de saisie aux créanciers prioritaires

227. Comme il sera vu plus loin, tout créancier hypothécaire qui exerce un recours de prise en paiement ou de vente autrement que sous l'autorité de la justice a l'obligation de payer les créances qui lui sont préférables, qu'elles soient hypothécaires ou prioritaires. Nous avons vu plus haut que le Ministre du revenu reçoit avis de l'inscription de l'exercice de certains recours hypothécaires à l'égard d'un bien à propos duquel une priorité a été publiée au profit de l'État[194]. Quant aux autres créanciers prioritaires, ils ne sont pas avisés. Mais dans le cas des frais de justice et du droit de rétention, le bénéficiaire de la créance prioritaire sait, de toute nécessité, qu'il y a vente en justice: quant à la créance pour impôts fonciers, d'autres dispositions, comme on l'a vu, protègent le créancier.

Chapitre troisième
Les Hypothèques
(art. 2660 à 2802 C.c.)

228. Le titre troisième du Livre 6 est consacré aux hypothèques. Il se divise en six chapitres dont nous suivrons l'ordonnance, sauf pour le chapitre IV («De certains effets de l'hypothèque») dont nous traiterons à l'intérieur de différentes rubriques; nous nous permettrons de regrouper à l'intérieur de développements relatifs à certaines espèces d'hypothèques différentes dispositions qui les concernent et dont le législateur a pu traiter en les regroupant différemment.

Section I. Dispositions générales (art. 2660 à 2680 C.c.)

A. L'hypothèque redéfinie (art. 2660 C.c.)

229. L'article 2660 C.c. reprend les termes de l'article 2016 du Code civil du Bas-Canada pour définir l'hypothèque, en y ajoutant des éléments qui reflètent des changements majeurs dans le droit. Voyons cette définition:

> 2660. L'hypothèque est un droit réel sur un bien, meuble ou immeuble, affecté à l'exécution d'une obligation; elle confère au créancier le droit de suivre le bien en quelques mains qu'il soit, de le prendre en possession ou en paiement, de le vendre ou de le faire vendre et d'être alors préféré sur le produit de cette vente suivant le rang fixé dans le présent code.

1. «Droit réel»

230. Sous le code actuel, l'hypothèque est un droit réel, qu'on a même déjà qualifié de démembrement du droit de propriété[195]. Elle le demeure et, sous bien des rapports, le code nouveau ajoute aux caractéristiques qui en font un droit réel.

231. Elle confère un droit de préférence; cela est de son essence. Ce droit de préférence prend effet et rang dès le moment où l'hypothèque reçoit publicité[196]; il n'y aura désormais plus

d'exception à cette règle, même pour l'hypothèque légale sous la forme de laquelle certains privilèges renaissent. Ce droit de préférence s'exerce en cas de vente forcée du bien que ce soit celle faite suite à une saisie par un tiers (art. 604 C.p.c.) ou celle faite sur les instigations du créancier suite à une action personnelle (art. 604 C.p.c.) ou lors d'une vente «faite sous contrôle de justice[197]» (à laquelle s'appliquent les dispositions de l'article 910 du Code de procédure civile[198]) ou celle que le créancier peut en certains cas conduire lui-même en cas de défaut[199]. Dans le cas de chacune de ces ventes, les créanciers hypothécaires ayant inscrit leur adresse seront avisés et pourront intervenir pour exercer leur droit de préférence[200]. Ce droit de préférence ne s'exerce pas sur le produit de la vente à l'amiable du bien sauf, exceptionnellement le cas d'une vente d'entreprise (vente en bloc)[201]; en certaines circonstances, également exceptionnelles, comme nous le verrons, l'hypothèque peut se reporter sur le produit de la vente du bien faite par le constituant dans le cours de ses activités[202]: il ne s'agit toutefois pas là de l'exercice d'un droit de préférence mais d'un déplacement de l'hypothèque sur un nouveau bien, qui peut avoir lieu sans qu'il y ait de défaut et sans qu'un recours hypothécaire soit exercé.

232. Elle confère un droit de suite, qui permet à son titulaire de rendre opposable à tous les tiers ce droit de préférence. En matières mobilières, ce droit de suite comporte des modalités et restrictions importantes. L'hypothèque mobilière peut avoir été publiée sous les fiches tenues par catégorie de biens ou sous les fiches tenues sous le nom du constituant (art. 2980 C.c.); dans ce dernier cas, pour conserver son hypothèque et son droit de suite, le créancier doit réinscrire son hypothèque au nom du nouveau propriétaire dans les quinze jours où il a reçu avis écrit du fait de la vente du bien hypothéqué et du nom de l'acquéreur (art. 2700 C.c.). D'autre part, le droit de suite n'existe pas à l'égard de biens meubles vendus dans le cours ordinaire des activités de l'entreprise (art. 2674, 2700 et 3106 C.c.).

233. Elle comporte, tout comme le droit de propriété[203], un droit d'accession[204] qui l'étend aux ouvrages qui se construisent sur le fonds de terre grevé ou au bien meuble nouveau qui résulte de l'union ou de mélange de plusieurs meubles dont certains étaient grevés par elle[205]. Elle confère le droit aux fruits et

revenus du bien hypothéqué[206] lorsque le créancier est en possession, ou lorsqu'il s'agit d'une hypothèque sur créances[207] de même que dans tous les cas où, après défaut, le créancier obtient délaissement et possession[208].

234. Elle confère au créancier le droit, en cas de défaut, d'obtenir délaissement et possession du bien[209] et, en certains cas, celui de l'administrer[210].

235. Elle confère au créancier, lorsqu'elle porte sur les biens d'une entreprise, le droit de vendre le bien après défaut, de gré à gré, par appel d'offres ou aux enchères[211].

236. Elle lui confère, en cas de défaut, le droit de s'approprier le bien en paiement[212].

2. *«Bien meuble ou immeuble»*

237. Tout bien incorporel ou corporel, meuble ou immeuble, peut désormais être hypothéqué.

238. Le code donne un grand nombre d'exemples de biens susceptibles d'hypothèque: une somme d'argent peut être grevée d'hypothèque (art. 2674 C.c.); il en va de même de biens représentés par connaissement (art. 2685 C.c.), d'équipement, d'outillage, d'animaux, de créances, de comptes-clients, de brevets, de marques de commerce (art. 2684 C.c.), d'actions du capital-actions d'une personne morale (art. 2677 C.c.) de parts dans une société (art. 2211 C.c.), de fruits et produits du sol (art. 2698 C.c.), de navires (art. 2714 C.c.), d'indemnités d'assurance (art. 2695 C.c.).

239. L'hypothèque immobilière, le nantissement immobilier, le gage, les nantissements agricole, forestier et commercial, le transport de créances effectués sous le Code civil du Bas-Canada deviennent des hypothèques. Chacune de ces sûretés a marqué le concept nouveau d'hypothèque et y a laissé des traces. Il faut désormais penser aux sûretés en terme d'hypothèque, avec les conséquences que cela comporte. À titre d'exemple, les transports de créances devenant des hypothèques sur créances, il faudra qu'ils précisent désormais le montant pour lequel ils sont consentis (art. 2689 C.c.).

B. Caractère accessoire de l'hypothèque (art. 2661 C.c.)

240. L'article 2661 C.c. reprend la règle familière suivant laquelle l'hypothèque n'est qu'un accessoire et ne vaut qu'autant que l'obligation dont elle garantit l'exécution subsiste. Il s'agit d'un principe fondamental. Le code en donne quelques applications.

1. Extinction de l'obligation principale

241. Si l'obligation dont l'hypothèque garantit le paiement s'éteint (art. 2797 C.c.) ou pour quelque cause est déclarée nulle, l'hypothèque s'éteint ou cesse de valoir.

2. *Novation — Réserve d'hypothèque*

242. La novation éteint l'obligation. Elle éteindra donc l'hypothèque. Par exception, l'hypothèque survivra à la créance éteinte par novation si le créancier l'a expressément réservée (art. 1662 C.c.) pourvu, dans le cas où la novation s'opère par changement de débiteur, que l'ancien débiteur ait expressément consenti à cette réserve (art. 1663 C.c.). Ces règles sont celles du code actuel, mais il faut comprendre qu'en raison de l'unification de différentes formes de sûretés sous le nouveau concept d'hypothèque, elles prennent une portée nouvelle. Ainsi, la règle équivalente formulée par l'article 1176 du Code civil du Bas-Canada traite de l'«hypothèque» que le créancier peut se réserver en cas de novation; cet article 1176 C.c.B.-C. ne traite toutefois pas de clause de dation en paiement ou de clause de transport de loyers que le créancier a aussi intérêt à réserver. Il n'est donc pas certain que l'article 1176 C.c.B.-C. permette de «réserver» ces dernières sûretés. Dans certains financements où les termes et conditions d'un prêt étaient modifiées au point d'entraîner novation, il fallait donc reprendre la création d'une hypothèque avec clause de dation en paiement et clause de transport de loyers. Dans le droit nouveau, la clause de dation en paiement et celle de transport de loyers font partie de l'hypothèque ou deviennent des hypothèques[213]. La règle de l'article 1662 C.c., prenant ainsi une portée plus étendue, évitera de recourir à une nouvelle prise de garantie dans ces situations de novation.

3. Cession de la créance hypothécaire

243. Il découle également du caractère accessoire de l'hypothèque que la cession de créance dont elle garantit le paiement entraîne la cession de l'hypothèque: l'hypothèque accompagne la créance cédée entre les mains du cessionnaire: «La cession d'une créance en comprend les accessoires» (art. 1638 C.c.).

4. Obligation principale à caractère futur — Ouvertures de crédit — Dettes futures

244. Interprétée avec rigueur, la règle du caractère accessoire de l'hypothèque peut mener à la conclusion que l'hypothèque ne peut jamais exister sans l'existence concomitante d'une obligation principale et, par voie de conséquence, que la création d'une hypothèque pour garantir une obligation future est impossible: suivant cette interprétation, l'hypothèque ne peut être véritablement créée avec certitude qu'une fois l'obligation créée. Pour Pothier, l'hypothèque créée pour garantir une obligation future ne peut avoir lieu et naître que du jour où l'obligation est contractée[214] puisqu'en vertu de son caractère accessoire l'hypothèque ne peut exister sans qu'il n'y ait une dette. La jurisprudence du siècle dernier se partageait sur ce point. On a déjà pour cette raison invalidé une hypothèque créée pour garantir des dettes futures et rejeté une action hypothécaire prise pour la faire valoir[215]. Dans une autre espèce on a maintenu la validité d'une hypothèque créée pour un prêt à déboursements successifs, la Cour préférant la doctrine française plus moderne à celle de Pothier[216]. Ces incertitudes ont été assez importantes pour mener à l'adoption de lois privées permettant la création immédiate d'hypothèques au profit de fiduciaires pour les porteurs d'obligations non encore souscrites[217] nonobstant le caractère accessoire de l'hypothèque prononcé à l'article 2017 du Code civil du Bas-Canada; la *Loi sur les compagnies* fut amendée en 1902 aux fins de permettre la création d'hypothèques pour garantir des obligations non encore émises[218]. La jurisprudence récente sur le sujet s'est éloignée d'une interprétation étroite du caractère accessoire de l'hypothèque et ne laisse guère planer de doute sur la validité d'une hypothèque créée pour garantir une ouverture de crédit et sur le fait qu'elle prenne alors rang depuis la date de son enregis-

trement[219]. Cette interprétation est plus juste et plus mesurée; c'est celle, comme nous le verrons à l'instant, que confirme le Code civil du Québec; suivant le nouveau code, il est clair qu'une hypothèque peut être créée et exister même si elle n'a pas encore d'effet. Le caractère accessoire de l'hypothèque a pour but de protéger le débiteur: le créancier ne peut retirer plus de l'hypothèque qu'il ne lui est dû en vertu de l'obligation principale. Il n'est nullement nécessaire à l'atteinte de cet objectif d'empêcher la création d'hypothèques pour garantir des obligations futures. Ce concept du caractère accessoire trouve son utilité au moment où le créancier réalise ses droits; il ne devrait pas avoir d'application au moment de la création de l'hypothèque.

245. Le caractère accessoire de l'hypothèque est un concept qui a aussi été utilisé dans certains systèmes juridiques aux fins d'empêcher un créancier d'acquérir priorité à l'égard d'avances futures et de limiter son droit de préférence aux sommes actuellement avancées. Dans ces systèmes, suivant certaines vues, la sûreté ne valant pas plus que la somme due, le rang qu'elle confère ne peut permettre au premier créancier de prendre préséance, à l'égard des avances futures, sur un second créancier qui de son côté avance des fonds et prend hypothèque[220]. La règle du caractère accessoire de l'hypothèque ne paraît pas avoir été appliquée de cette manière au Québec. L'hypothèque pour ouverture de crédit ou pour prêt à déboursements successifs (v.g. prêt à la construction) prend rang pour l'entier des montants éventuellement avancés dès son enregistrement. Dans la pratique, le créancier de second rang évalue son risque en prenant pour acquis que le rang de l'hypothèque enregistrée avant la sienne est susceptible de valoir pour le plein montant pour lequel elle a été consentie.

246. Le nouveau code, d'une manière explicite, écarte une interprétation étroite du caractère accessoire de l'hypothèque, qui pourrait être gênante dans le cas d'émission d'obligations, d'ouverture de crédit, de prêt à déboursements successifs tels les prêts de construction ou d'hypothèques créées pour garantir des obligations futures. À titre d'exemple, citons l'article 2688 C.c.:

2688. L'hypothèque constituée pour garantir le paiement d'une somme d'argent est valable encore qu'au moment de sa constitution le débiteur n'ait pas reçu ou n'ait reçu que partiellement la prestation en raison de laquelle il s'est obligé.

Cette règle s'applique notamment en matière d'ouverture de crédit ou d'émission d'obligations et autres titres d'emprunt.

247. De même, l'article 2797 C.c. empêchera l'extinction de l'hypothèque malgré l'extinction de l'obligation dans le cas d'une ouverture de crédit ou «de tout autre cas où le débiteur s'oblige à nouveau en vertu d'une stipulation dans l'acte constitutif d'hypothèque». Le législateur vise ici expressément le cas d'un crédit variable à l'intérieur duquel le débiteur emprunte, rembourse et emprunte à nouveau tant que le crédit est ouvert. Il peut se trouver, à un point donné dans le temps, que l'emprunteur ne doive plus rien[221]; l'hypothèque ne s'éteindra pas pour autant. Le législateur a aussi visé toute situation contractuelle, prévue à l'intérieur de l'acte d'hypothèque, suivant laquelle le débiteur peut s'obliger à nouveau après avoir remboursé les fonds empruntés[222]; on peut penser aux actuels actes de fiducie d'hypothèque, de nantissement et de gage aux termes desquels des obligations, après avoir été émises, peuvent être remboursées puis réémises à nouveau.

5. *Créance conditionnelle*

248. Une autre conséquence du caractère accessoire de l'hypothèque se retrouve en matière de créances conditionnelles: après la vente du bien hypothéqué, le produit de la vente du bien est distribué aux créanciers subséquents qui doivent donner caution de rendre la somme reçue si la condition se réalise ou, s'il n'y a pas de créanciers subséquents, est remis au saisi pourvu que celui-ci donne pareille caution de rendre (ou à défaut, au créancier lui-même, qui doit aussi donner telle caution)[223].

C. Indivisibilité de l'hypothèque (art. 2662 C.c.)

249. Le nouveau code formule la règle de l'indivisibilité substantiellement de la même manière que l'actuel[224]. Malgré la divisibilité du bien ou celle de l'obligation, l'hypothèque subsiste sur l'ensemble et sur chaque portion des biens grevés

jusqu'à paiement de l'obligation. L'article 2742 du Code civil formule deux applications de l'indivisibilité: le co-débiteur qui paie sa part ne peut obtenir la libération d'une part des biens grevés; en cas de pluralité de créanciers, celui d'entre eux qui est remboursé ne peut donner mainlevée sur l'ensemble des biens grevés ou sur l'un d'eux car cela porterait préjudice à ceux des créanciers qui n'ont pas été payés[225].

250. Le créancier peut renoncer à l'indivisibilité et convenir, à titre d'exemple, qu'il libérera certaines parties des biens grevés sur paiement partiel de l'obligation principale garantie par hypothèque. Si cette renonciation n'a pas lieu dans l'acte constitutif d'hypothèque, mais par document distinct, elle n'est pas alors portée à la connaissance des tiers et il n'est pas certain qu'elle soit opposable par le bénéficiaire au cessionnaire de la créance hypothéquée[226].

D. Publication de l'hypothèque (art. 2663 C.c.)

251. L'article 2663 C.c. formule le principe général suivant lequel l'hypothèque doit être publiée pour être opposable aux tiers. Entre les parties la règle du droit actuel demeure: l'hypothèque a ses effets, desquels il faut cependant exclure les droits de suite et de préférence qui ne s'exercent qu'à l'égard des tiers[227].

1. *«Prise d'effet» — entre les parties*

252. Au Livre De la publicité des droits, l'article 2941 C.c. laisse voir clairement que les droits produisent leurs effets entre les parties sans publicité; il énonce que celle-ci a lieu pour rendre les droits opposables aux tiers, établir leur rang et non pas, sauf si la loi le mentionne spécifiquement, pour leur donner effet[228]. Cette règle est confirmée au Titre des Hypothèques par l'article 2663 C.c. précité qui déclare que l'hypothèque doit être publiée «pour que les droits hypothécaires qu'elle confère soient opposables aux tiers». Cet article est beaucoup plus nuancé que l'article 2130 du Code civil du Bas Canada qui énonce qu'«aucune hypothèque n'a d'effet sans enregistrement[229]».

253. Le principe qui se dégage du nouveau code est que l'hypothèque prend effet entre les parties dès le moment de sa constitution, sous réserve de différentes nuances qui seront apportées à l'instant.

254. Les effets que l'hypothèque peut produire entre les parties, indépendamment d'un conflit qui pourrait surgir entre le créancier hypothécaire et un tiers, ne sont évidemment pas très nombreux. Ainsi, le créancier peut agir contre le débiteur en cas de détérioration du bien hypothéqué[230]. Le créancier en possession peut percevoir les fruits et revenus produits par le bien hypothéqué[231]. Le créancier ne pourra toutefois pas exercer en cas de défaut les différents recours hypothécaires prévus par le code car ceux-ci ne lui sont disponibles qu'à la condition qu'il ait inscrit préalablement son hypothèque[232].

255. Par exception à cette règle d'efficacité entre les parties sans publicité, le code prévoit plusieurs cas où l'hypothèque ne prend effet, même entre les parties, qu'une fois survenus certains événements ou certaines conditions.

256. La majorité de ces cas se rattachent à des circonstances où l'hypothèque est appelée à grever soit un bien qui n'existe pas au moment où elle est constituée, soit un bien qui n'existe pas encore dans la forme sous laquelle il sera éventuellement grevé, soit un bien qui n'appartient pas encore au constituant.

257. Ainsi, l'hypothèque sur le bien d'autrui ou sur un bien à venir ne prend «effet» qu'à compter du moment où le constituant devient le titulaire du droit hypothéqué[233]. De même, l'hypothèque constituée sur les fruits et les produits du sol de même que les matériaux ou autres choses qui font partie intégrante d'un immeuble, prend «effet» au moment où ces biens deviennent des meubles ayant une entité distincte[234]. À ces situations peuvent se comparer celles où l'hypothèque, bien après le moment de sa constitution, prend «effet» à l'égard de certains biens sur lesquels elle s'est étendue suite à une incorporation, un mélange, une union ou une transformation[235]. On peut aussi faire un rapprochement entre ces situations et les cas de «report» de l'hypothèque. Dans le cas de financement de biens en stock, l'hypothèque se «reporte» sur un bien acquis par le constituant en remplacement d'un autre ou sur le produit de disposition d'un bien qui faisait partie de l'universalité[236]; dans

le cas d'hypothèque sur valeurs mobilières, l'hypothèque se «reporte» sur des valeurs substituées aux valeurs originairement hypothéquées[237]; en cas d'offre et de consignation, l'hypothèque peut se «reporter» sur un bien désigné par le tribunal[238]. Voilà autant de situations où l'hypothèque, après avoir été constituée, acquiert une portée nouvelle et grève des biens sur lesquels elle n'existait pas au moment de sa création.

258. Enfin, il y a lieu de souligner un cas particulier où le législateur permet aux parties de retarder à plus tard les effets qu'une hypothèque pourrait par ailleurs entraîner immédiatement. Il s'agit du cas de l'hypothèque ouverte où les parties choisissent de suspendre certains effets de l'hypothèque jusqu'au moment de sa clôture par le créancier en cas de défaut[239]. Cette situation illustre d'une manière très nette la distinction établie par le nouveau code entre la «création» et la «prise d'effet» en matière d'hypothèque.

2. *Modes de publication — «Prise d'effet» à l'égard des tiers — Rang*

259. Elle est «publiée» soit par la détention du bien par le créancier ou par un tiers convenu[240], s'il s'agit d'un bien meuble, soit par inscription[241] au registre des droits personnels et réels mobiliers ou, s'il s'agit d'un immeuble, au registre foncier. Dans le cas particulier d'hypothèques portant sur des créances, certaines formalités additionnelles sont requises[242]. Ces formalités ressemblent, pour l'essentiel, aux règles qui prévalent dans le code actuel et ont pour but de porter expressément à la connaissance des débiteurs des créances hypothéquées[243] l'existence de l'hypothèque; à défaut de ces formalités, l'hypothèque sur créances, quoiqu'inscrite, ne sera pas opposable aux débiteurs des créances hypothéquées[244]. Dans le cas d'une hypothèque sur une universalité de créances présentes et futures, l'efficacité des droits que confère l'hypothèque doit donc être examinée à un triple niveau. À l'égard du créancier et du constituant, l'hypothèque produira sur les créances existantes tous ses effets dès sa constitution mais n'en produira sur les créances futures que lorsque celles-ci viendront à existence[245]. À l'égard des tiers en général, cette hypothèque deviendra opposable et prendra rang à compter de son

inscription[246]. À l'égard de cette catégorie particulière de tiers que constituent les débiteurs des créances hypothéquées, l'hypothèque deviendra efficace par sa signification à ces débiteurs[247]. À compter de sa publication, l'hypothèque prendra rang[248] et les droits qu'elle confère seront opposables aux tiers. Ainsi le créancier qui prend hypothèque sur des valeurs mobilières peut publier son hypothèque en prenant possession des certificats d'actions; il prend rang dès ce moment. Un second créancier pourrait aussi prendre hypothèque sur ces certificats d'actions, subséquemment. Il pourra publier son hypothèque en l'inscrivant au registre central des droits personnels et réels mobiliers. Cette hypothèque sera de second rang parce que publiée après le moment où le premier créancier a «publié» son hypothèque en prenant possession des certificats.

3. *Publication des cessions de rang*

260. Il convient de souligner ici la nouvelle règle aux termes de laquelle la cession de rang que peut consentir un créancier hypothécaire doit être publiée.

261. L'article 2956 C.c. dans son second alinéa reprend le principe formulé à l'article 2048 du Code civil du Bas-Canada suivant lequel la cession de rang ne peut nuire aux créanciers intermédiaires, s'il s'en trouve; il ajoute au droit actuel en exigeant dans son premier alinéa que toute cession de rang soit publiée.

262. Un grand nombre d'ententes, entre prêteurs, dans le domaine du financement de l'entreprise, comporte des accords de distribution de produit de réalisation, en cas de défaut, qui ont pour effet de modifier le rang respectif des différentes sûretés ou d'établir un partage. Ces ententes comportent des cessions de rang, lesquelles au désir de l'article 2956 C.c. devront être publiées.

263. On peut cependant s'interroger sur l'impact pratique qu'aurait ici une absence de publication. Par hypothèse, les hypothèques sur lesquelles l'entente de cession de rang porte sont déjà publiées; ces hypothèques et le rang qu'elles confèrent sont déjà opposables aux tiers. L'absence de publication de la cession de rang aura pour effet de rendre celle-ci inopposable

aux tiers mais n'empêchera pas la cession d'avoir effet entre les parties[249]; elle ne peut non plus avoir pour effet de faire perdre aux hypothèques concernées leur rang: aucun texte ne peut nous mener à une conclusion aussi drastique. Ce n'est guère que dans une circonstance où tous les créanciers hypothécaires ne seraient pas partie à la cession que l'absence de publication pourrait porter à conséquence.

4. *Création et prise d'effet de l'hypothèque*

264. Il convient ici de formuler quelques commentaires sur l'approche du nouveau code à l'égard du moment de la création de l'hypothèque, du moment où elle prend effet entre les parties et du moment où, suite à sa publication elle prend effet à l'égard des tiers.

265. Dans le nouveau code, la création de l'hypothèque, sa prise d'effet entre les parties, sa prise d'effet à l'égard des tiers et, enfin, le rang qu'elle confère, constituent autant de concepts distincts. Nous avons souligné plus haut des situations où une hypothèque peut exister sans qu'elle n'ait encore d'effet, même entre les parties. Il en est prévu d'autres où elle a effet entre les parties mais non à l'égard des tiers, d'autres où elle a effet, ou certains effets, à l'égard des tiers mais ne confère pas encore de rang et d'autres encore où elle ne peut avoir effet qu'à l'égard d'une catégorie restreinte de certains tiers tant que certaines conditions ne seront pas réalisées[250].

266. Il se dégage de ce qui précède que ni l'existence de l'hypothèque ni sa création n'est subordonnée ou conditionnelle à l'existence du bien qu'elle est destinée à grever ou à l'existence de droits du constituant dans ce bien. L'existence de ce bien ou de droits du constituant sera nécessaire pour la prise d'effet de l'hypothèque, mais elle ne l'est pas comme condition préalable à sa création. Même si la création d'une hypothèque et sa prise d'effet sont susceptibles dans la majorité des cas de survenir simultanément, il s'agit, dans le nouveau code, d'événements qui peuvent être isolés l'un de l'autre dans le temps et se succéder.

a) Élargissement du concept de droit réel

267. Comment réconcilier ceci avec la définition de l'hypothèque qui en fait un droit réel sur un bien[251] ou sur un droit[252]? Il semble qu'on ne puisse plus rattacher à cette définition des conséquences qu'on fait découler en droit actuel du concept d'hypothèque et du concept de gage.

268. Dans l'approche traditionnelle du droit civil, pour qu'un droit réel existe, le bien sur lequel il porte doit exister. Dans le Code civil du Bas Canada, on a fait application de ce principe en jugeant qu'un nantissement commercial[253] ou plus généralement une sûreté ne peut être créée sur un bien futur. De même, on a déjà jugé que l'hypothèque d'un bien immeuble futur, consentie sous l'autorité de la *Loi sur les pouvoirs spéciaux des corporations*, ne prenait pas naissance au moment où elle est consentie, mais une fois seulement l'immeuble acquis et les formalités additionnelles d'enregistrement respectées[254]. On a cependant porté atteinte à ce principe dans le droit actuel en permettant la création de sûretés sur des universalités de biens présents et futurs[255] prenant rang à partir d'une date unique aussi bien pour les biens existant au moment de la création de la sûreté qu'à l'égard des biens acquis subséquemment.

269. Dans le nouveau code, une hypothèque sur un bien meuble futur conférera au créancier un rang qui pourra être antérieur au moment de l'acquisition du bien par celui qui a créé l'hypothèque[256]. Puisque le rang est un attribut du droit de préférence et que le droit de préférence est lui-même un effet de l'hypothèque[257], force est de constater qu'on rattache à l'hypothèque des effets, dès son inscription, même si le bien qu'elle est destinée à grever n'est pas acquis; l'hypothèque a donc déjà une existence ou, en tout cas, une certaine existence.

b) Conséquence sur l'opposabilité de l'hypothèque

270. Dans ce contexte, le nouveau code permet qu'une hypothèque soit rendue opposable aux tiers dès son inscription même si, en vertu des règles examinées plus haut, elle n'a pas encore d'effet[258].

271. L'article 2954 C.c. illustre bien cette proposition. Il se lit comme suit:

> 2954. L'hypothèque mobilière qui, au moment où elle a été acquise, l'a été sur le meuble d'autrui ou sur un meuble à venir, prend rang à compter du moment où elle a été publiée, mais, le cas échéant, après l'hypothèque du vendeur créée dans l'acte d'acquisition du constituant si cette hypothèque est publiée dans les quinze jours de la vente.

272. De même l'article 2698 C.c., qui se lit comme suit:

> 2698. L'hypothèque mobilière grevant les fruits et les produits du sol, ainsi que les matériaux ou d'autres choses qui font partie intégrante d'un immeuble, prend effet au moment où ceux-ci deviennent des meubles ayant une entité distincte. Elle prend rang à compter de son inscription au registre des droits personnels et réels mobiliers.

273. Le nouveau code permet donc de donner immédiatement existence à une hypothèque sur bien mobilier futur et d'accorder priorité au créancier hypothécaire dès l'inscription ou, en cas de pluralité de telles hypothèques consenties par le constituant, d'accorder priorité aux créanciers suivant l'ordre d'inscription. Dans le cas d'universalité de biens, l'article 2950 C.c. précise de la même manière que la même et unique priorité est acquise à l'égard de chaque bien nouvellement acquis par l'inscription, sans égard au moment de son acquisition dans le futur.

5. *L'inscription peut-elle précéder la création de l'hypothèque?*

274. À l'intérieur de certains systèmes juridiques de sûreté, il est possible de faire précéder la création d'une sûreté mobilière par son inscription[259], avec le résultat que le créancier peut acquérir priorité avant même que la sûreté ne soit créée. C'est le cas de la sûreté sous l'article 427 de la *Loi sur les banques*. On a vanté les mérites de ce système. Il permet au bailleur de fonds de s'assurer immédiatement de la priorité rattachée aux sûretés qu'il prendra éventuellement même si les négociations relatives aux termes d'affaires des crédits envisagés ne sont pas complétées. Il permet aussi de simplifier les procédures de financement; l'inscription des sûretés pouvant se faire à l'avance, il est alors possible d'effectuer les déboursements de fonds au jour de clôture, où sont alors signés les écrits pertinents ou nécessaires, puisque le créancier sait avec certitude que sa priorité est alors acquise.

275. La publication a lieu, dans le cas de l'hypothèque, pour rendre opposables aux tiers les droits qu'elle confère[260]; si elle ne confère encore aucun droit, pour la simple raison qu'elle n'existe pas, l'hypothèque peut-elle malgré tout être publiée par anticipation? La publication d'une hypothèque avant sa constitution n'est pas plus illogique que la publication d'une hypothèque qui a été constituée mais qui ne produit pas encore ses effets; or, on a vu que le code nouveau admet telle publication dans le cas d'une hypothèque qui n'entraîne encore aucun effet qui puisse être rendu opposable aux tiers.

276. Le nouveau code permet-il l'inscription d'une hypothèque mobilière avant sa création? Il n'apporte pas de réponse explicite à cette question.

277. Le Livre De la publicité des droits comporte un chapitre cinquième sur la «préinscription». Il traite de la préinscription de droits résultant d'un testament introuvable ou d'un droit réel faisant l'objet d'une demande en justice. la publication ultérieure de tels droits rétroagira au moment de cette préinscription[261]. Ce chapitre ne fait cependant aucune application à l'hypothèque de ce nouveau concept de préinscription.

278. Il faut toutefois souligner ce qui suit. Dans le cas de l'hypothèque immobilière, l'inscription nécessite la rédaction d'un abrégé ou d'un sommaire de l'acte d'hypothèque ou, à défaut, la présentation d'une copie de l'acte constitutif[262]. Ceci exclut la possibilité de publier l'hypothèque avant qu'elle soit créée. Il n'en va pas ainsi pour l'hypothèque mobilière. À son égard l'inscription s'effectue par la présentation d'un avis requérant l'officier de la publicité des droits d'inscrire l'hypothèque sur le registre des droits réels mobiliers, sans qu'il soit nécessaire de présenter un abrégé ou un sommaire de l'acte constitutif d'hypothèque. Elle peut se faire sans référence à l'acte constitutif[263].

279. Dans l'état actuel des textes, il est permis de penser que le code nouveau admettra la publicité de l'hypothèque mobilière avant sa création. Il faudra toutefois attendre les textes réglementaires sur l'inscription pour se prononcer.

280. La Cour Suprême du Canada déclarait en 1981, relativement au privilège du fournisseur de matériaux prévu au Code civil du Bas Canada, ce qui suit:

> Le privilège est un droit qui de par sa nature naît, croît, se conserve et s'exerce par étapes, à des époques différentes. Qu'il soit assujetti à diverses conditions qui doivent toutes être rencontrées pour qu'il puisse être exercé ne l'empêche pas de naître[264].

281. Dans le Code civil nouveau, l'hypothèque constitue un droit complexe. Elle est susceptible d'avoir des applications fort simples, telle le gage. Dans tels cas elle emporte dès sa création tous ses effets. Elle est aussi susceptible d'applications plus élaborées, telle l'hypothèque mobilière sur universalité de biens qui sera créée soit pour des financements de biens en stock soit lors d'émission d'obligations, ou l'hypothèque mobilière sur un bien futur. Dans ces cas, ses effets ne sont pas tous simultanément présents lors de sa création et peuvent se succéder dans le temps. Elle peut alors naître, acquérir et conférer priorité, acquérir par étapes effet entre les parties, puis encore acquérir par étapes effets à l'égard des tiers, disparaître sur certains biens, s'étendre sur d'autres et se reporter par voie de subrogation réelle sur d'autres encore.

E. Espèces d'hypothèques (art. 2664 et 2665 C.c.)

282. L'article 2665 C.c. nous dit que l'hypothèque est mobilière ou immobilière selon que le bien ou l'universalité de biens qu'elle grève sont mobiliers ou immobiliers et, de plus, que l'hypothèque mobilière qui a lieu avec dépossession du débiteur peut également être appelée «gage».

283. Le lecteur apprendra aussi en lisant le code que l'hypothèque peut de plus être conventionnelle (ou testamentaire), qu'elle peut être légale et qu'elle peut être «ouverte»; qu'elle peut aussi être à la fois mobilière et immobilière et, dans d'autres cas, successivement mobilière et immobilière et, dans d'autres cas encore, être artificiellement immobilière; enfin, qu'elle peut être à caractère universel ou grever un bien individualisé (c'est-à-dire être spécifique). Des règles particulières se rattachent à chacune de ces espèces.

1. L'hypothèque mobilière

284. L'intérêt pratique de déterminer si une hypothèque est mobilière ou immobilière tient à plusieurs motifs. Ainsi, l'hypothèque doit être inscrite pour fins de publicité au registre approprié: au registre foncier ou au registre des droits personnels et réels mobiliers. Sa création ne peut avoir lieu que par acte notarié en minute si elle est immobilière (art. 2693 C.c.). Plusieurs autres dispositions du code ne s'appliquent qu'à l'une ou l'autre.

285. Dans la majorité des cas la classification du bien hypothéqué en bien meuble ou en bien immeuble ne devrait pas créer de difficulté[265]. C'est à l'égard des fixtures, de la machinerie lourde ou de l'équipement et des accessoires des bâtisses où sont exploitées les entreprises manufacturières ou industrielles que continueront à se poser les questions les plus délicates. Sont-ils considérés comme des «constructions» ou des «ouvrages à caractère permanent» se trouvant sur ces constructions, ce sont des immeubles (art. 900 C.c.). Sont-ils considérés comme des meubles matériellement attachés ou réunis à l'immeuble sans y être incorporés ni perdre leur identité, ce sont des immeubles par destination au sens du nouveau Code civil du Québec[266] (art. 903 C.c.).

286. Or, l'hypothèque d'un bien qui devient immeuble par destination est traitée à certaines fins comme une hypothèque mobilière.

2. L'hypothèque à la fois mobilière et immobilière

a) Immeuble par destination

287. L'article 2672 C.c. énonce que les biens meubles hypothéqués qui deviennent immeubles par destination[267] sont, aux fins de «l'exécution de l'hypothèque» («for the enforcement of the hypothec»), c'est-à-dire aux fins d'exercer les recours hypothécaires, tenus pour avoir conservé leur nature mobilière. Le mot «exécution» ne réfère pas ici à l'exécution de l'acte qui crée l'hypothèque; le législateur utilise pour décrire l'exécution de l'acte qui crée l'hypothèque l'expression «constituer l'hypothèque»[268]. De plus, au moment où l'hypothèque a été constituée le bien était meuble: l'exécution de l'acte s'est alors faite

dans le contexte d'une hypothèque mobilière; il aurait été inutile à l'article 2672 C.c. de répéter qu'il s'est agit de l'exécution d'un acte d'hypothèque mobilière. La version anglaise corrobore cette interprétation suivant laquelle il s'agit ici de l'exercice des droits et recours hypothécaires.

288. L'effet pratique de cette disposition est de faire échec à l'article 2795 C.c., suivant lequel l'hypothèque s'éteint lorsque le bien change de nature; force est de conclure, si on veut donner un sens à l'article 2672 C.c., que l'hypothèque sur un bien meuble devenu immeuble par destination subsiste sur cet immeuble et devient par conséquent immobilière sauf quant à l'exercice des recours hypothécaires, pour lesquels le bien grevé est par fiction tenu pour mobilier. Un second effet est de faire échec à la règle suivant laquelle l'immeuble par destination ne peut être saisi qu'avec l'immeuble auquel il s'attache; l'article 571 C.p.c. a précisément été amendé pour prévoir une saisie distincte de celle du fonds par un créancier hypothécaire de l'immeuble par destination. Le bien qui en application des critères de l'article 903 C.c. serait devenu un immeuble par destination ne l'est pas donc devenu aux fins de l'exercice des recours hypothécaires. Telle solution a sans doute été adoptée par le législateur pour régler un problème pratique qui était ennuyeux: la constitution de sûretés pour financer la machinerie lourde devait comporter la création d'une hypothèque sur le bien fonds, souvent avec nécessité de faire intervenir le prêteur hypothécaire à long terme sur les bâtisses aux fins de céder priorité à celui qui finançait la machinerie.

289. Comment se résoudra le conflit entre le détenteur d'une hypothèque sur le bien fonds, dont l'hypothèque s'étend par voie d'accession aux biens immobiliers, y compris les immeubles par destination[269], qui s'ajoutent au fonds, et le détenteur d'une hypothèque sur ces immeubles par destination lesquels, pour les fins de l'exécution de ses droits hypothécaires, sont tenus pour des biens mobiliers?

290. Le législateur passe malheureusement sous silence ce conflit. Dans le cas d'un meuble hypothéqué qui devient «incorporé» à l'immeuble, c'est-à-dire qui devient immeuble par nature, l'article 2796 C.c. fait échec à l'extinction de l'hypothèque qu'aurait normalement entraîné le changement de nature

du bien pourvu que celle-ci soit inscrite au registre foncier et, suivant l'article 2951 C.c., elle prend rang à compter de cette inscription à l'encontre du créancier qui a hypothèque sur l'immeuble.

291. Dans le cas du meuble qui devient immeuble par destination, cette exigence de réinscription n'est pas formulée. Le législateur aurait-il voulu que les droits du créancier qui a hypothèque sur le fonds ne s'étendent pas au bien devenu immeuble par destination? Les versions antérieures du Code civil auraient pu le faire penser; on y disait que l'hypothèque (sur le fonds) s'étend à ce qui «s'unit ou s'incorpore au bien, dès l'incorporation»[270]; le Code civil du Québec emploie une formule plus large qui étend l'hypothèque sur le fonds aux immeubles par destination: l'hypothèque «s'étend à tout ce qui s'unit au bien par accession» (art. 2671 C.c.)[271]. L'hypothèque créée sur un immeuble s'étend donc à l'immeuble par destination qui s'y ajoute suivant le nouveau Code civil.

292. Nous croyons que l'hypothèque d'un bien devenu immeuble par destination sera opposable à celui qui a acquis, avant ou après l'immobilisation, une hypothèque sur le fonds et aura préséance sur lui. Conclure autrement pourrait empêcher le titulaire de cette hypothèque de la faire valoir contre le créancier qui a hypothèque sur le fonds et, ainsi, mettre en échec l'article 2672 C.c. qui permet de mettre l'hypothèque à exécution comme si elle était mobilière. La situation n'est pas plus préjudiciable pour le créancier du fonds que celle qui prévaut actuellement dans le cas de l'immobilisation d'un bien qui a fait l'objet d'un nantissement commercial.

293. Il est à noter que l'article 2672 C.c. ne s'applique pas si l'hypothèque est prise sur le bien une fois qu'il est devenu immeuble par destination.

b) Hypothèque grevant des biens immeubles à ne prendre effet que lorsqu'ils seront devenus meubles

294. Le code prévoit la situation où un créancier prend hypothèque sur des fruits ou des produits du sol (v.g. récoltes, produits de la forêt, minerais) ou encore sur des matériaux ou autres «choses» qui font partie intégrante d'un immeuble. Telle hypothèque ne prend effet qu'au moment où les biens devien-

nent des meubles ayant une entité distincte; elle est qualifiée d'hypothèque mobilière par l'article 2698 C.c. Toutefois son inscription pour fins de publicité peut avoir lieu avant que les biens ne deviennent meubles et cette inscription fixera le rang de l'hypothèque. Cette hypothèque mobilière peut donc prendre rang immédiatement à l'égard de biens qui ne deviendront meubles que plus tard. Puisqu'elle n'a d'effet qu'au moment où les biens deviennent meubles, il n'y a pas risque de conflit avec celui dont l'hypothèque porte sur le bien fonds. L'hypothèque immobilière de ce dernier s'éteindra lorsque les fruits et produits du sol changeront de nature et deviendront de nature mobilière (art. 2795 C.c.): ce n'est qu'à ce moment que prend effet l'autre hypothèque.

295. Il faudra porter une attention minutieuse à la portée de ces règles dans la rédaction des actes d'hypothèque et dans leur inscription. Ainsi, le créancier qui entend que son hypothèque sur des droits de coupe de bois ou sur des territoires forestiers porte également sur les produits forestiers devra préciser que son hypothèque couvre à la fois des biens meubles et des biens immeubles et inscrire son hypothèque aux deux registres. Le créancier qui prend hypothèque sur une «chose» qui fait partie intégrante d'un immeuble avec l'intention que son hypothèque prenne effet immédiatement devra toujours le préciser afin d'éviter l'application de la règle de l'article 2698 C.c.. L'article 2698 C.c. devrait toutefois être interprété restrictivement et, à moins d'indication contractuelle précise, ne s'appliquer qu'à des «choses» de la même nature que des matériaux (v.g. ensemble de matériaux façonnés) et susceptibles dans le cours prévisible des événements d'être détachés de l'immeuble. Il ne devrait pas s'appliquer, à titre d'exemple, à un réseau de câblodistribution, dont plusieurs des composantes pourraient par ailleurs être considérées comme des «choses» qui font «partie intégrante d'un immeuble».

3. L'hypothèque successivement mobilière et immobilière

296. Comme nous l'avons déjà vu[272], l'hypothèque qui grève un bien meuble devenu immeuble par destination subsiste et devient immobilière sauf aux fins de l'exercice des recours hypothécaires (art. 2672 C.c.). Celle qui grève un bien meuble devenu immeuble par nature subsiste également et devient, à

toutes fins, une hypothèque immobilière (art. 2796, 2951 C.c.), sujet à une réinscription de l'hypothèque.

4. *L'hypothèque immobilière*

297. Elle porte sur les immeubles, c'est-à-dire sur les fonds de terre, les constructions qui s'y trouvent, les ouvrages à caractère permanent qui se trouvent sur ces immeubles ou dans ces constructions, les végétaux et minéraux qui n'ont pas été extraits du sol, les meubles qui sont incorporés à l'immeuble pour en assurer l'utilité et ont perdu leur individualité, ceux qui deviennent immeubles par destination de même que les droits réels qui portent sur des immeubles (v.g. emphytéose, droit de superficie, usufruit, droit d'usage) et les actions qui tendent à les faire valoir[273].

298. Une créance est un bien meuble; dans les cas où elle est garantie par hypothèque sur un bien immeuble elle demeure elle-même meuble[274]. L'hypothèque d'une créance garantie par une hypothèque immobilière n'est donc pas une hypothèque immobilière à l'exception de l'hypothèque sur les loyers.

5. *L'hypothèque artificiellement immobilière — Loyers produits par un immeuble*

299. Les loyers produits par un immeuble de même que les indemnités dues en vertu des contrats d'assurance couvrant ces loyers sont des biens meubles[275]. L'hypothèque qui les grève est cependant considérée comme immobilière, nous dit l'article 2695 C.c. qui ajoute qu'elle est publiée au registre foncier.

300. Le sort de l'octroi de sûretés sur les loyers a varié au cours des différents avant-projets. Le projet de l'Office de révision du Code civil recommandait que l'hypothèque sur un immeuble emporte du même coup hypothèque sur les loyers générés par cet immeuble, comme s'il s'agissait d'un nantissement immobilier, compte tenu de la standardisation des clauses de transport de loyers dans les actes d'hypothèque; il recommandait cependant que sa publicité se fasse comme celle des hypothèques mobilières sur créances[276]. L'avant-projet de 1986 recommandait une position intermédiaire suivant laquelle les loyers n'étaient grevés que par une hypothèque expressément con-

sentie à leur égard, hypothèque alors qualifiée de mobilière[277]. Le Code civil du Québec adopte une solution différente: l'hypothèque sur les loyers ne découle pas de plein droit de l'hypothèque sur les bâtisses ou sur le fonds de terre, mais, lorsqu'elle est stipulée, elle est de nature immobilière. Ceci mettra fin à un système hybride d'opposabilité que connaît le droit actuel lorsqu'il s'agit de régler la préséance entre différents créanciers hypothécaires: la préférence à l'égard des cessions de loyer résulte présentement du moment de la signification de la cession au locataire; il s'en suit qu'entre deux cessions la première signifiée a préséance, même si cette préséance échoit au créancier dont l'hypothèque est de deuxième rang[278]. Désormais le rang d'un créancier garanti sur les loyers dépend du moment de l'inscription de l'acte d'hypothèque sur l'immeuble ou, si l'hypothèque sur les loyers n'y est pas créée mais est créée dans un document distinct — ce que le code n'empêche pas — du moment de l'inscription de cette hypothèque.

301. Il s'est glissé un oubli dans la rédaction de l'article 2695 C.c. qui risque d'emporter, en théorie, des effets sans doute non recherchés à l'égard des locataires. En effet, en faisant de l'hypothèque sur les loyers une hypothèque immobilière, celle-ci échappe à l'application de l'article 2710 C.c., qui se situe dans une section ayant trait à l'hypothèque mobilière sur créances. Le deuxième alinéa de cet article 2710 C.c. énonce que le créancier ne peut faire valoir son «hypothèque mobilière» sur créances à l'encontre des débiteurs de ces créances si elle ne leur est pas rendue opposable suite à une signification ou à une acceptation de leur part[279]. L'hypothèque sur loyers étant une hypothèque immobilière, c'est plutôt la règle générale de l'article 2941 C.c. qui, seule s'applique: l'hypothèque sur loyers est donc opposable aux tiers dès son inscription; le mot «tiers» comprend certainement les locataires, qui sont étrangers à la convention d'hypothèque sur les loyers; or, un des droits conférés au titulaire d'une hypothèque sur créance est d'en percevoir aussi bien le capital que les intérêts (art. 2743 C.c.)[280]. Un locataire se trouve donc dans l'obligation de payer le loyer au créancier hypothécaire de l'immeuble dès l'inscription de l'hypothèque. Les tribunaux trouveront sans doute moyen de corriger cette inéquité — peut-être en appliquant tout sim-

plement le texte de l'article 2710 C.c. à l'hypothèque immobilière sur créances que constitue désormais l'hypothèque sur loyers.

302. En pratique cependant, la majorité des conventions hypothécaires comportent une autorisation donnée par le créancier à l'emprunteur de percevoir les loyers cédés en garantie jusqu'à ce qu'il y ait défaut. Ces stipulations tombent maintenant sous le cours de l'article 2745 C.c. (qui n'est pas rédigé en termes exclusifs à une hypothèque mobilière sur créances), suivant lequel le retrait de cette autorisation doit être signifié aux débiteurs (locataires) des créances hypothéquées et être inscrit aux fins de publicité. Par le truchement de cet article, l'hypothèque sur loyers qui comporte cette autorisation rétractable de perception ne peut donc devenir opposable aux locataires, à toutes fins utiles, qu'après signification du retrait.

6. *L'hypothèque conventionnelle*

303. Cette espèce d'hypothèque n'appelle guère de commentaires. La «convention» doit toujours être constatée par écrit — en forme notariée s'il s'agit d'une hypothèque immobilière — lorsque l'hypothèque a lieu sans que le constituant ne se départisse de la détention du bien.

7. *L'hypothèque légale*

304. L'hypothèque légale est celle que le Code civil à l'article 2724 ou une loi attribue et crée de plein droit au profit du bénéficiaire de certaines créances. Mentionnons pour l'instant que l'hypothèque judiciaire et les privilèges ouvriers du Code civil du Bas-Canada deviennent des hypothèques légales.

8. *L'hypothèque ouverte*

305. Le code ne la décrit pas comme une espèce d'hypothèque. Pourtant l'hypothèque ouverte (art. 2715 C.c. ss.) est une création complètement nouvelle, d'une nature spéciale, qui confère des droits moins intenses que ceux qui résultent, par exemple, des sûretés sur biens meubles créées en vertu du chapitre VII de la *Loi sur les pouvoirs spéciaux des corporations*, mais un peu plus intenses que ceux qui découleraient, dans le

droit actuel, d'une promesse de donner des sûretés en cas de défaut.

306. Il faut comprendre que les articles 28 à 31 de ce chapitre VII sont abrogés, tandis que l'article 27 est remplacé par un texte qui traite du pouvoir de certaines personnes morales d'accorder des hypothèques ouvertes ou universelles. Les pouvoirs que ce chapitre conférait sont maintenant, d'une manière différente, conférés par le Code civil. La «charge flottante» qu'il permettait d'accomplir est maintenant remplacée en partie par l'hypothèque ouverte et en partie par une autre espèce d'hypothèque, celle portant sur une universalité de biens.

307. L'hypothèque ouverte est toutefois, comme nous le verrons, caractérisée par des effets fort différents de la «charge flottante» ou des sûretés créées en vertu de la *Loi sur les pouvoirs spéciaux des corporations.*

9. L'hypothèque portant sur des universalités

308. Le code ne la décrit pas non plus comme une espèce d'hypothèque. Elle est caractérisée par le fait qu'elle porte sur un ensemble de biens, présents, ou présents et à venir, et qu'elle cesse de grever le bien qui est vendu dans le cours des activités de l'entreprise pour se reporter sur le bien qui le remplace ou, à défaut, sur son produit de vente. Il s'agit d'une charge flottante plus intense que l'hypothèque ouverte.

10. L'hypothèque avec dépossession

309. Le code mentionne parmi les espèces d'hypothèques que l'hypothèque mobilière peut avoir lieu avec dépossession.

310. Sous le droit nouveau le gage devient une hypothèque. La dépossession du débiteur n'est qu'une forme de publicité et dispense de l'inscription de l'hypothèque au registre central des droits personnels et réels mobiliers. Pour le surplus, l'hypothèque avec dépossession est régie par les mêmes règles que l'hypothèque sans dépossession du débiteur[281] et relève d'un même concept.

F. Objet de l'hypothèque (art. 2666 C.c.)

311. L'hypothèque peut grever un bien meuble ou un bien immeuble (art. 2665 C.c.) ou les deux à la fois (art. 2666 C.c.). Ce bien peut être corporel ou incorporel. En réalité l'hypothèque porte sur un droit et c'est ainsi que le code s'exprime parfois[282]. Il porte sur le droit de propriété du constituant dans le bien ou sur le démembrement du droit de propriété dans le bien, tels les droits de superficiaire ou de tréfoncier (qui sont des droits de propriété: art. 1112 C.c.), les droits du nu-propriétaire (art. 2669 c.c.) et les droits de l'emphytéote (art. 1200 C.c.). L'hypothèque peut porter sur un ensemble de biens compris dans une universalité (art. 2666 C.c.). Elle peut être créée sur le bien d'autrui ou un bien futur mais elle ne grève alors le bien qu'à compter du moment où le constituant devient propriétaire.

312. L'hypothèque grève les servitudes existant au profit du fonds hypothéqué en ce sens que lors de l'exercice d'une prise en paiement ou du recours de vente par le créancier, elles suivront l'immeuble entre les mains de l'acquéreur (art. 1182 C.c.).

1. Biens insaisissables

313. Les biens insaisissables (art. 2668 C.c.) ou incessibles ne sont pas susceptibles d'être hypothéqués.

314. Nous avons déjà commenté dans un autre chapitre les dispositions du Code civil du Québec et du Code de procédure civile tel que remanié dans le cadre de la réforme entraînant l'application du nouveau Code civil; nous y renvoyons[283]. Rappelons que les énoncés de l'article 2668 C.c., d'après lesquels les biens insaisissables ou les meubles du ménage et nécessaires à la vie ne sont pas susceptibles d'hypothèque doivent être nuancés; il est possible en certaines circonstances de renoncer à l'insaisissabilité et le fait d'hypothéquer pourra constituer une renonciation tacite.

315. L'hypothèque ne peut grever le bien insaisissable parce que ce bien n'est pas susceptible d'exécution forcée et le créancier ne pourrait faire vendre le bien sous l'autorité de la justice, en cas de défaut, non plus qu'il ne pourrait, à moins que le débiteur n'y consente, exercer ses autres recours hypothécaires.

2. *Biens incessibles*

316. Les biens incessibles pour la raison qu'ils ne sont pas susceptibles de vente forcée ni même de vente ne peuvent être hypothéqués; celui qui voudrait les hypothéquer n'a pas la capacité de les aliéner, cette incapacité n'étant pas ici propre à la personne, mais au bien lui-même.

a) Biens incessibles en vertu de la loi (permis — licences — quotas — REER — obligations d'épargne)

317. Les biens peuvent être incessibles par l'effet de la loi. Le Code civil du Québec en mentionne quelques uns. Ainsi en est-il du droit à des dommages-intérêts résultant de la violation d'un droit de la personnalité (art. 1610 C.c.); le droit d'usage est incessible à moins d'une disposition contraire dans l'acte qui l'a créé ou d'une décision du tribunal (art. 1173 C.c.); il n'est donc pas susceptible d'hypothèque à moins que, par exception, il n'ait été rendu cessible ou saisissable. Les biens qui ne sont pas susceptibles d'appropriation[284], tels les biens de l'État, ne sont pas susceptibles d'hypothèque puisqu'on ne peut y avoir rien à céder.

318. Plusieurs activités agricoles, forestières et commerciales ne peuvent être exercées que moyennant l'obtention d'un permis, d'une licence, d'un quota ou d'un droit d'exploitation émanant de l'autorité réglementaire. Ces permis, licences ou autorisations sont constitutifs de droits; ce sont en principe des biens dans le commerce[285] et en tant que tels susceptibles d'hypothèque, puisque désormais l'hypothèque peut porter sur un droit incorporel mobilier. Dans le droit actuel, on a jugé qu'ils pouvaient être grevés par les sûretés consenties à l'intérieur d'un acte de fiducie d'hypothèque, de nantissement et de gage[286]. Toutefois, la loi ou les règlements applicables à ces permis ont souvent pour effet de les rendre incessibles[287]. Ils ne peuvent alors être hypothéqués. Dans les cas où on a réglementé leur cession plutôt que de l'interdire, il pourra être possible d'hypothéquer le produit de leur vente[288]; le législateur a pu vouloir qu'un quota ou un permis ne soit possédé que par un producteur ou un exploitant autorisé aux fins de favoriser certaines politiques mais, a-t-on jugé, cette volonté de réglementer n'a pu s'étendre à l'utilisation du prix de vente dont le vendeur peut

disposer à son gré sans mettre en péril ces politiques[289]. Dans le droit nouveau une semblable hypothèque vaudra à l'égard de la créance qui résultera, au profit du constituant, de la vente du permis[290] ou vaudra sur les sommes reçues par le constituant suite à la vente, pourvu que ces sommes soient identifiables[291].

319. Si la loi ou le règlement applicable permet la cession du permis sur approbation de l'autorité administrative ou dans le cadre d'une procédure de vente réglementée ou encore une cession faite à certaines catégories de personnes, l'hypothèque pourra être consentie subordonnément à ces contraintes. Le créancier sera alors tenu pour renoncer à l'avance à tout droit de prise en paiement et pour s'engager à disposer du permis conformément à la réglementation; il n'a alors évidemment aucune assurance que l'autorité administrative approuvera ou n'approuvera pas la vente qu'il voudra faire, en cas de défaut[292].

320. Un autre exemple de bien incessible provient des lois fiscales: un régime d'épargne retraite enregistré doit prévoir que les biens qui y sont soumis «ne peuvent être donnés en gage, cédés ou autrement aliénés»[293]. Un autre exemple encore: les obligations d'épargne émises par le gouvernement canadien sont incessibles[294].

b) Biens incessibles suite à une stipulation contractuelle

321. En certaines circonstances, la loi permet à un donateur ou un testateur de rendre un bien incessible. Nous avons commenté dans un autre chapitre les dispositions du Code civil du Québec à cet égard de même qu'à l'égard de la possibilité pour le bénéficiaire de renoncer à ces stipulations[295].

c) Valeur ou effets non négociables

322. La *Loi sur les lettres de change* permet de rendre un effet de commerce non négociable[296]; cela fait perdre le bénéfice de la négociabilité mais ne rend pas pour autant l'effet incessible au moyen des mécanismes de droit commun[297].

3. Bien d'autrui — Bien futur

323. Suivant le droit actuel, l'hypothèque du bien d'autrui est nulle mais le gage de la chose d'autrui, créé à l'occasion d'une

affaire commerciale, est valide. Nous avons déjà souligné que le Code civil du Québec change le droit à cet égard.

324. D'après le nouveau code, une hypothèque peut être créée sur le bien d'autrui ou sur un bien futur. Cependant elle ne peut avoir d'effet avant que le constituant ne devienne titulaire du droit qu'il a hypothéqué (art. 2670 C.c.). On peut penser ici, par exemple, à celui qui hypothéquerait un bien acquis dans le cadre d'une vente à tempérament, alors que le prix n'est pas complètement payé.

325. S'il s'agit d'un bien meuble, cette hypothèque peut être inscrite immédiatement et elle prendra rang au moment de son inscription (art. 2954 C.c.); elle n'a toutefois encore aucun autre effet. Le propriétaire véritable l'ignore sans doute, si l'inscription pour fins de publicité a été faite au nom, et non au bien. S'il vend le bien il ne sera pas gêné: son propre acquéreur ne pourra découvrir l'existence de cette hypothèque qui ne pourra jamais avoir d'effet à moins que le constituant ne devienne un jour propriétaire. Si l'hypothèque a été inscrite au bien, le véritable propriétaire, qui ne prévoit pas céder le bien à celui qui l'a hypothéqué, se voit alors dans l'obligation de requérir la radiation de cette hypothèque et, à défaut de l'obtenir de consentement, de s'adresser au tribunal (art. 3063 C.c.). S'il s'agit d'un immeuble, l'hypothèque pourra-t-elle être inscrite sur le bien d'autrui? Sur ce point le code nous paraît ambigu. L'inscription d'une hypothèque au registre foncier ne peut se faire que si elle comporte un certificat d'attestation par le notaire instrumentant; ce certificat doit attester, entre autres, «le cas échéant, que le titre du constituant ou du dernier titulaire du droit visé est déjà valablement publié» (art. 2988 C.c.). Comment le notaire pourra-t-il attester que le titre de propriété de celui qui hypothèque l'immeuble d'autrui est déjà publié? D'autre part, l'article 2948 C.c., également dans le Livre sur la publicité des droits, établit le rang entre certaines hypothèques; son deuxième alinéa vise le cas où plusieurs hypothèques consenties par le constituant ont été inscrites avant qu'il n'inscrive son titre. Cet article laisse voir que des hypothèques peuvent être inscrites sur un immeuble qui n'appartenait pas (ou pas encore) au constituant. Ceci est aussi confirmé par le fait que l'officier de publicité n'est pas tenu, dans le cas d'hypothèques immobilières, de vérifier que le titre du constituant est déjà inscrit au registre

foncier (art. 3013 C.c.). On peut peut-être interpréter l'article 2988 C.c. comme voulant dire que le notaire n'atteste de l'inscription du titre du constituant que si ce titre a déjà été publié («le cas échéant»); mais alors on peut s'interroger sur l'utilité de cette exigence d'attestation de l'article 2988 C.c.

4. *Universalités de biens*

326. Le Code civil du Québec consacre plusieurs articles à l'hypothèque qui «grève une universalité» (art. 2665 C.c.) de biens mobiliers[298] ou de biens immeubles[299] ou encore de biens meubles et immeubles[300]. La constitution de sûretés réelles sur des universalités de biens n'est pas nouvelle en droit civil; on rapporte dans le Digeste de Justinien une décision du prêteur Scaevola dans une affaire où un débiteur avait hypothéqué son fonds de commerce: au décès de l'exploitant, on jugea que les biens vendus dans le cours des activités n'étaient plus grevés mais que les nouveaux biens acquis l'étaient[301]. Sous le Code civil du Bas-Canada, des universalités ou catégories particulières de créances peuvent être nanties, des troupeaux et leur croît peuvent aussi l'être, l'ensemble des biens en stock, présents et futurs, peuvent être cédés en garantie et sous la *Loi sur les pouvoirs spéciaux des corporations* tous les biens présents et futurs composant l'actif d'une entreprise peuvent être donnés en garantie.

327. Les dispositions du Code civil du Québec remplacent, en partie, ces différentes sûretés.

a) Description de l'objet

328. Si l'acte d'hypothèque grève l'universalité des biens, elle grèvera l'ensemble des biens compris dans l'universalité (art. 2666 C.c.). Encore faudra-t-il, si cette universalité comprend des immeubles, qu'ils soient décrits et que cette hypothèque soit consentie en forme authentique: l'hypothèque quant à ces immeubles est «immobilière» et les articles 2693 et 2694 C.c. trouvent alors application. Si aucun immeuble ne fait partie de l'universalité au moment de la constitution de l'hypothèque mais qu'il ressort de l'indication de la nature de l'universalité que celle-ci doit comprendre les immeubles, l'hypothèque peut être qualifiée de mobilière et d'immobilière et la forme

authentique est requise (art. 2693 C.c.); au fur et à mesure de l'acquisition des immeubles, l'hypothèque sera inscrite au moyen d'un avis référant à l'acte constitutif et désignant l'immeuble nouvellement acquis (art. 2949 C.c.).

b) Universalité de biens présents et à venir

329. L'hypothèque sur universalité de biens trouvera son application principalement dans le cas de financement à court terme; les marges de crédit sont typiquement garanties sur les stocks et les comptes clients de l'entreprise; ceux-ci constituent des «universalités» composées de biens qui y entrent et qui en sortent dans le cours du cycle normal de production et de vente ou de prestation de services de l'entreprise. Elle s'appliquera aussi dans le cas de financement à plus long terme où l'ensemble des actifs présents et futurs de l'entreprise est grevé — ce qui se fait présentement à l'intérieur de la *Loi sur les pouvoirs spéciaux des corporations*. Le Code civil du Québec adapte l'hypothèque à ce genre de situation: d'une part l'hypothèque peut porter sur des ensembles de biens (art. 2666 C.c.) présents et futurs (art. 2670 C.c.); d'autre part l'hypothèque s'éteint sur le bien meuble vendu dans le cours des affaires de l'entreprise, le créancier ne pouvant conserver son hypothèque sur le bien vendu qu'à condition qu'il s'agisse d'une vente sortant du «cours des activités de l'entreprise» (art. 2700 C.c.).

c) Universalité de biens présents

330. Le code a créé un autre mécanisme pour permettre l'extension de l'hypothèque à de nouveaux biens à l'intérieur d'une universalité. Il se retrouve aux articles 2674 et 2675 C.c. relatifs au report d'hypothèque. Ce «report» peut aussi avoir lieu à l'égard d'une hypothèque sur biens individualisés; nous commenterons ce «report» dans une prochaine section.

5. *Biens indivis —Intérêts d'un associé dans les actifs sociaux*

331. Une quote-part indivise dans un bien peut être hypothéquée par le copropriétaire (art. 1015 C.c.).

332. Le titulaire de cette hypothèque ne peut demander le partage, par action oblique, que dans les circonstances où le

copropriétaire lui-même le pourrait (art. 1035 C.c., 2e al.). Nous verrons que telle hypothèque peut donner lieu à un report[302].

333. Dans le même ordre d'idée, le nouveau code évoque la possibilité pour un associé dans une société en nom collectif d'hypothéquer sa part dans l'actif pourvu que les autres associés y consentent ou que le contrat de société le prévoie (art. 2211 C.c.).

G. Étendue de l'hypothèque: indivisibilité, accession, report

334. Outre qu'elle soit indivisible et qu'elle pèse ainsi sur l'ensemble et sur chaque portion du bien hypothéqué jusqu'à paiement complet de l'obligation principale[303], l'hypothèque se caractérise par un droit d'accession qui la fait s'accroître à ce qui s'ajoute au bien grevé et, concept nouveau, elle se caractérise également en certaines circonstances spécifiques précisées au code, par une faculté de report qui la fait cesser de grever un bien pour en grever un autre.

1. Indivisibilité

335. Cette caractéristique de l'hypothèque — et de la priorité — a déjà été commentée[304].

2. Accession (art. 2671 C.c.)

336. L'article 2671 C.c. énonce que l'hypothèque s'étend à tout ce qui s'unit au bien par accession; il formule ainsi en termes plus abstraits la règle du deuxième alinéa de l'article 2017 du Code civil du Bas-Canada.

337. L'accession immobilière peut être artificielle[305] et elle étend alors le droit réel sur le fonds aux constructions, ouvrages et plantations sur le fonds; elle peut être naturelle et fait alors profiter le riverain de l'alluvion[306]. L'accession mobilière étend le droit au nouveau bien qui résulte du mélange ou de l'union de plusieurs biens[307]. L'accession, mobilière ou immobilière, donne droit d'une part à ce qui s'unit au bien et d'autre part à ce que le bien produit, y compris ses fruits et revenus[308].

a) Produits, fruits et revenus

338. Bien que l'accession donne au propriétaire les produits, fruits et revenus du bien, celle que le législateur reconnaît à l'hypothèque est limitée à ce qui «s'unit» aux biens. L'hypothèque ne s'étend donc pas en principe, dans tous les cas, aux produits, fruits et revenus.

339. Ainsi l'hypothèque du fonds ne confère pas hypothèque aux produits miniers ou au bois coupé: il faudra prendre une hypothèque distincte à leur égard[309]. L'hypothèque qui grève un immeuble à revenus ne s'étend pas de plein droit aux loyers: il faudra prendre une hypothèque distincte à leur égard[310].

340. Le code apporte d'importantes exceptions à cette limitation et rétablit l'accession aux fruits et produits au profit du créancier hypothécaire dans trois circonstances.

341. La première est propre à l'hypothèque qui porte sur des créances: celle-ci confère au créancier le droit de percevoir les revenus (de même que le capital, comme nous le verrons) des créances hypothéquées (art. 2743 C.c.).

342. La seconde exception s'applique à tous les cas où il y a hypothèque avec dépossession; dans ce cas, le créancier perçoit les fruits et revenus du bien hypothéqué (art. 2737 C.c.). C'est donc dire, à titre d'exemple, que le créancier qui détient (lui même ou par l'intermédiaire d'un tiers convenu[311]) des valeurs mobilières qui lui sont hypothéquées a droit aux dividendes déclarés sur ces actions[312]. De même, le créancier hypothécaire qui, suite à une convention spéciale, acquerrait la détention du bien immeuble qui lui est hypothéqué, verra son hypothèque s'étendre de plein droit aux loyers de l'immeuble.

343. La troisième exception a lieu lorsque le créancier hypothécaire, dans l'exercice de ses recours, obtient le délaissement du bien hypothéqué: il acquiert alors les droits et les obligations de celui qui est chargé de la simple administration du bien d'autrui[313] à qui le code donne le droit et confie l'obligation de percevoir les fruits et revenus du bien[314].

344. Ces deux dernières circonstances ont ceci de commun que le créancier a la détention du bien; le constituant de l'hypothè-

que a en quelque sorte, en ces cas, renoncé au droit de percevoir fruits et revenus: il a cessé d'être un plein possesseur du bien[315].

b) Hypothèque immobilière — Immeubles par destination

345. Dans l'état actuel du droit l'hypothèque s'étend par accession aux immeubles par destination; l'hypothèque immobilière grève les biens qui se trouvent sur le fonds hypothéqué soit qu'ils aient été des immeubles par destination au moment où l'hypothèque a été créée soit qu'ils le deviennent subséquemment[316].

346. La situation sera la même sous le nouveau code en vertu de la règle de l'accession de l'hypothèque. L'hypothèque sur le fonds s'étendra au bien qui s'y unit et devient un immeuble par destination. L'immeuble par destination est un meuble qui, à demeure, «s'est matériellement attaché ou réuni à l'immeuble» sans perdre son individualité et sans y être incorporé (art. 903 C.c.); il s'est «uni» à l'immeuble au sens du droit d'accession (art. 948 C.c.). Nous avons vu que le conflit qui pourrait survenir entre l'hypothèque ainsi étendue et celle qui grevait le bien meuble avant qu'il ne devienne immeuble par destination sera résolu au profit du créancier qui détient cette dernière hypothèque[317].

c) Hypothèque immobilière — Droit de superficie — Indivision

347. L'extension de l'hypothèque aux ouvrages et constructions érigés sur l'immeuble aura-t-elle lieu si le propriétaire qui a consenti l'hypothèque avait lui-même renoncé à l'accession?

348. Il faut répondre par la négative. L'article 1110 du Code civil énonce que la propriété superficiaire résulte, entre autres, de la cession du droit d'accession ou de la renonciation au droit d'accession. En pareille situation le superficiaire devient par accession propriétaire des constructions; le tréfoncier, ayant renoncé à l'accession, n'y a pas droit. L'hypothèque résulte d'un démembrement du droit du constituant; si le tréfoncier consent une hypothèque, le créancier hypothécaire ne pourra pas plus que lui bénéficier du droit d'accession; l'article 2671 C.c. qui rattache un droit d'accession à l'hypothèque ne saurait être interprété comme conférant au créancier hypothécaire du

tréfoncier un droit d'accession que celui-ci n'a pas[318]. Dans la mesure où la renonciation à l'accession résulte de l'établissement d'un droit de superficie — qui doit être inscrit aux fins d'être rendu opposable aux tiers — elle lie donc le créancier hypothécaire du tréfoncier.

349. Le droit d'accession rattaché à l'hypothèque immobilière créée sur un bien détenu en copropriété par indivision est, de même, sujet aux règles particulières de l'accession en cette matière[319].

d) Hypothèque mobilière

350. L'accession dans le domaine de l'hypothèque mobilière crée une situation juridique nouvelle.

351. L'article 2673 C.c. étend l'hypothèque au bien qui résulte du mélange ou de l'union de plusieurs meubles dont certains sont grevés d'hypothèque; l'acquéreur de ce bien nouveau, notamment celui qui l'a acquis par application des règles de l'accession mobilière, est tenu de cette hypothèque.

352. Le fournisseur de matières premières à qui une hypothèque est consentie sur ces matières pour en garantir le paiement du prix devient donc titulaire d'une hypothèque qui s'étendra aux biens produits à l'aide de ces matières premières. Cette hypothèque conventionnelle le placera dans une position plus avantageuse que celle où le placent le droit de résolution du vendeur impayé et la priorité du vendeur impayé[320]; ces derniers droits prennent fin lorsque le bien vendu cesse d'être dans le même état.

353. On peut s'imaginer que cette portée de l'accession en matière d'hypothèque mobilière engendrera des problèmes de préséance entre créanciers. Nous examinerons les solutions proposées par le code en étudiant le rang des différentes hypothèques mobilières.

3. Le report de l'hypothèque (art. 2674 ss. C.c.)

354. Le Code civil du Québec introduit un concept inconnu dans le Code civil du Bas-Canada, celui du report de l'hypothèque.

355. Dans un nombre restreint de circonstances précisées par le code — car le report n'est pas un attribut général de l'hypothèque — celle-ci cesse d'exister à l'égard d'un bien et grève un autre bien. Il s'agit d'une opération de subrogation réelle aux termes de laquelle le droit réel d'hypothèque change d'objet[321].

356. les trois premiers cas de report apparaissent aux articles 2674 et 2675 C.c. qui traitent de l'hypothèque portant sur une universalité de biens ou sur un bien destiné à la revente. L'hypothèque cesse de grever le bien composant cette universalité, ou le bien destiné à être vendu, qui est vendu dans le cours des activités de l'entreprise pour se reporter sur le bien qui le remplace ou, à défaut, sur les sommes d'argent identifiables qui résultent de sa vente; de même elle se reporte sur le bien, à l'intérieur d'un délai raisonnable, qui est acquis en remplacement d'un bien détruit.

357. Un quatrième cas est celui de l'hypothèque sur des valeurs mobilières qui, en cas de réorganisation corporative ou d'opération de restructuration de capital, se reporte sur les valeurs émises lors de l'achat, du rachat, de la conversion ou suite à la transformation (art. 2677 C.c.).

358. Un cinquième cas est celui de l'hypothèque sur une partie indivise d'un bien qui, dans le partage, n'échoit pas au constituant; elle se reporte sur la soulte (art. 2679 C.c.).

359. Un sixième cas est celui de l'article 2678 C.c. permettant au tribunal de libérer un bien de l'hypothèque et de reporter celle-ci sur le bien faisant l'objet d'offres réelles ou de consignations pour ce qui est dû au créancier.

a) Caractère exceptionnel du report

360. Ces six situations constituent des cas d'exception. L'hypothèque est un droit réel dans un bien qui confère le droit de le suivre entre les mains d'un tiers et d'y exercer un droit de préférence sur le produit de la vente forcée qu'a provoquée le créancier hypothécaire ou un tiers. Hormis les six exceptions ci-dessus, le Code civil du Québec ne formule pas une troisième voie suivant laquelle l'hypothèque conférerait un «droit de suite réel» permettant au créancier d'exercer son droit sur le bien acquis en remploi ou sur les sommes provenant de la vente à

l'amiable du bien grevé. Le droit de préférence ne s'exerce que sur le produit de la vente forcée ou d'une vente qui en tient lieu[322].

b) Droit sur le produit de la vente? «Proceeds»

361. En principe un droit réel ne s'exerce que sur le bien sur lequel il porte et non sur un bien acquis en remploi.

362. C'est souvent à l'occasion de contrats de mandat que l'ancien propriétaire du bien vendu cherche à faire valoir son droit sur le produit de la vente de son bien. Le propriétaire qui a confié son bien à un mandataire en chargeant celui-ci de le vendre a droit de se faire rendre le produit de la vente: le mandataire doit rendre compte et remettre[323]. Encore faut-il que le produit de la vente soit identifiable. S'il ne l'est pas, il ne peut prétendre qu'à un droit de créance contre son mandataire.

363. La Cour Suprême du Canada s'est déjà exprimée ainsi à propos du droit allégué d'un propriétaire d'exercer son droit réel de propriété sur le produit de la vente de son bien faite par un mandataire sans son consentement: «D'après les principes généraux de la loi de la province de Québec, il n'existe pas de droit réel ou de droit de suite sur l'argent ou le prix provenant de l'aliénation d'une chose. Exceptionnellement «le propriétaire de la chose qui l'a prêtée, louée ou donnée en gage, et qui n'en a pas empêché la vente, a droit d'en toucher le produit après collocation des créances énoncées aux articles 1995 et 1996 C.c., et de ce qui est dû au locateur» (art. 1994 C.c., para. 8a; art. 2005a) C.c.B.-C.)»[324]. Dans cette affaire le produit de la vente n'était plus identifiable et avait été versé dans un fonds où d'autres personnes avaient un intérêt commun.

364. Le Code civil du Québec n'a pas changé cette règle. Le droit de propriété et, plus généralement, un droit réel, est un droit dans un bien; il n'est pas un droit qui se prolonge ou se perpétue dans un bien nouveau qui résulte de la vente du premier ou dans toute autre forme économique dans lequel le bien se transformerait entre les mains du propriétaire suite à une vente, ou à une autre disposition ou suite à un investissement[325]. Le propriétaire dépossédé involontairement peut revendiquer son bien (art. 953 C.c.); il n'a pas de droit réel sur le produit si celui contre qui il revendique a vendu le bien. L'article 2005a)

du Code civil du Bas-Canada qui permettait exceptionnellement au propriétaire d'être colloqué à titre privilégié sur le produit de la vente en justice de son bien qu'il n'avait pu empêcher, n'est pas repris dans le Code civil du Québec.

365. Dans les juridictions de «common law» on admet davantage que les droits d'un propriétaire se reportent sur le produit de la vente qui en a été faite[326]. Il semble assez évident que cette jurisprudence a influencé celle du Québec, particulièrement celle rendue à l'occasion de réclamations par des créanciers ayant financé des commerces de vente au détail, les uns par voie de vente à tempérament («conditionnelle»), les autres par des avances garanties par des cessions de biens en stock ou par une garantie sous l'article 427 de la *Loi sur les banques*. On y a décidé, par exemple, que le droit de propriété du vendeur à tempérament ou d'une banque en vertu de sa garantie sur un véhicule automobile s'étendait au produit de la vente du véhicule faite par un concessionnaire[327], sur les créances résultant de cette vente[328] ou même sur les voitures d'occasion prises en échange[329], et ce même dans le cas où le propriétaire du bien ne pouvait fonder sa réclamation sur la base d'un mandat[330]. Le plus souvent en effet les contrats de vente avec réserve du droit de propriété interdisent purement et simplement à l'acquéreur (le commerçant au détail) de vendre le bien sans avoir obtenu le consentement du vendeur (l'institution de crédit) ou sans l'avoir remboursé; les ententes de la nature d'un mandat se retrouveront plutôt dans les conventions conclues avec les banques à l'occasion d'octroi de garantie sous l'article 427 de la *Loi sur les banques*.

366. Sous le chapeau du mandat, le droit du propriétaire mandant au produit de la vente de son bien faite par le mandataire se rationalise bien; il a sa base juridique dans l'obligation du mandataire de rendre compte et de remettre. En dehors du mandat il n'existe pas de règles juridiques précises pour asseoir ce droit et il est difficile de faire découler de la jurisprudence citée au paragraphe précédent un principe général suivant lequel le droit réel de propriété sur un bien se reporte sur le produit de sa vente.

367. Le Code civil du Québec crée cette règle en permettant que l'hypothèque en certaines circonstances spécifiques se reporte sur un autre bien.

c) Universalité de biens

368. L'article 2674 C.c. vise premièrement le bien qui, faisant partie d'une universalité de biens grevés, est vendu dans le cours des activités de l'entreprise. L'article nous dit qu'alors il se produit deux des trois choses suivantes: premièrement, l'hypothèque «subsiste», deuxièmement, elle se reporte sur le bien de même nature qui remplace celui qui a été vendu ou, troisièmement, l'hypothèque se reporte sur les sommes d'argent provenant de l'aliénation pourvu qu'elles soient identifiables, dans le cas où aucun bien ne remplace le bien aliéné.

i) Utilité de la règle

369. Dans le cas d'une hypothèque portant sur tous les biens présents et à venir, sans exception, le report de l'article 2674 C.c. n'est pas utile car, même s'il n'existait pas, le bien acquis en remplacement serait grevé de l'hypothèque. En effet, puisque l'hypothèque peut grever tous les biens tombant dans une universalité[331] y compris les biens à venir[332], il en découle que le bien acquis en remplacement, qui est un «bien à venir» par rapport au moment de la constitution de l'hypothèque, tombe sur l'emprise de celle-ci, s'il fait partie de l'universalité.

370. Le législateur a sans doute considéré les situations où l'hypothèque grève une universalité qui ne couvre que des biens présents: n'eut été la règle de l'article 2674 C.c., le bien acquis en remplacement n'aurait pas été grevé. Le législateur a peut-être aussi eu en vue le cas de l'hypothèque de biens présents et à venir d'une catégorie particulière, ainsi celle que grève tous les équipements actuels ou futurs d'une entreprise; n'eut été la règle de l'article 2674 C.c., le produit de la vente d'équipement n'aurait pas été grevé.

ii) L'hypothèque «subsiste»

371. L'emploi du mot «subsister» laisse entendre que grâce à la règle de l'article 2674 C.c., l'hypothèque continuera son existence.

372. Le législateur a-t-il voulu dire que la vente d'un bien compris dans une universalité hypothéquée aurait entraîné l'extinction de l'hypothèque sur l'ensemble des biens grevés, n'eut été

la règle de l'article 2674 C.c.? Assurément pas. Aucune règle générale n'aurait permis de rattacher cette conséquence à la vente de l'un des biens hypothéqués; on ne comprendrait pas pourquoi la vente de l'un aurait entraîné la cessation de l'hypothèque sur tous les autres.

373. Alors que veut dire le mot «subsister»? Le seul sens nous semble-t-il qu'on peut alors donner à ce mot est que l'hypothèque, bien qu'elle aurait dû s'éteindre sur le bien vendu en raison de l'application d'une autre règle, celle de l'article 2700 C.c., ne s'éteint pas: au lieu, elle cesse de grever le bien vendu pour grever le bien acquis en remploi, sur lequel elle se reporte ainsi. Comme nous le verrons plus loin[333], il se dégage implicitement de l'article 2700 C.c. que l'hypothèque mobilière n'emporte pas de suite sur le bien meuble vendu dans le cours des activités de l'entreprise et s'éteint à l'égard de ce bien. L'article 2674 C.c. voudrait donc dire que l'hypothèque ne subsiste pas sur le bien vendu, en application de l'article 2700 C.c., mais subsiste sur le bien acquis en remploi.

374. Ceci nous amène à un autre commentaire: celui de l'inapplicabilité de la règle de l'article 2674 C.c. aux hypothèques immobilières.

iii) Biens meubles seulement

375. En effet, l'application de ce texte aux immeubles entraînerait une contradiction insoluble. Le droit de suite qu'entraîne l'hypothèque immobilière n'est pas mis en échec si l'immeuble grevé est vendu dans le cours des affaires de l'entreprise. Nulle part dans le Code civil du Québec ou dans les projets de loi antérieurs laisse-t-on entendre qu'une vente d'un immeuble dans le cours des activités d'une entreprise fait perdre au créancier son droit de suite. Seul le mécanisme de l'hypothèque «ouverte» (laquelle ne se présume pas — art. 2715 C.c.) peut aboutir à ce résultat. La règle de l'article 2700 C.c., qui fait échec au droit de suite en certaines circonstances, n'a lieu qu'en matière mobilière. L'hypothèque immobilière ne disparaît jamais du seul fait de la vente du bien. Dès lors, puisque l'hypothèque subsiste sur un immeuble compris dans une universalité hypothéquée, malgré la vente de cet immeuble, la règle de l'article 2674 C.c ne peut s'appliquer; elle n'a pas

son sens. Elle n'a plus de sens parce que le mot «subsister» est incorrect: on n'est plus en présence d'une hypothèque qui autrement se serait éteinte sur le bien vendu mais qui, grâce à l'article 2674 C.c., survit.

376. Il faut d'ailleurs garder en mémoire que cet article 2674 C.c. s'inspire de l'article 14 de la *Loi sur les connaissements, les reçus et les cessions de biens en stocks* qui cherche à expliquer le mécanisme d'une hypothèque sur une masse changeante de biens meubles faisant partie de l'inventaire d'une entreprise; cette loi ne vise que les biens meubles.

377. Il est vrai que le texte de l'article 2674 C.c. ne distingue pas ici quant à la nature des biens comme le font les autres articles sur l'hypothèque grevant une universalité qui, eux, réfèrent soit au fait qu'ils s'appliquent à une hypothèque universelle mobilière soit à une hypothèque universelle immobilière[334]. Il est vrai aussi que le législateur n'a pas logé cet article dans la section des hypothèques mobilières mais plutôt dans une section générale commune à toutes les hypothèques, qu'elles soient légales, conventionnelles, mobilières ou immobilières. Malgré cela il nous semble impossible d'appliquer l'article 2674 C.c. à des immeubles, parce que l'article 2674 C.c. présuppose que le droit de suite du créancier hypothécaire n'existe pas à l'égard du bien vendu.

iv) Bien acquis en remplacement

378. Le report n'a lieu que sur le «bien de même nature qui remplace celui qui a été aliéné». En cas de conflit, il appartiendra au créancier d'établir la présence de ces deux conditions, puisque c'est lui qui cherche à établir le droit exceptionnel qu'il a — l'hypothèque — sur ces biens. Il n'existera normalement aucune déclaration ou document constatant ce remploi et c'est sans doute par présomption découlant des circonstances que le créancier pourra montrer son droit.

v) Report sur une somme identifiable d'argent

379. Si aucun bien n'a remplacé le bien vendu, le report se fait sur les sommes d'argent provenant de l'aliénation, si elles sont identifiables, nous dit le dernier alinéa de l'article 2674 C.c.

380. Il faut convenir qu'il s'agira là d'un droit éphémère. Il est bien rare que des sommes d'argent restent longtemps un «bien identifiable». Elles se confondent rapidement avec les autres fonds de l'entreprise dans des comptes bancaires, quand elles ne seront pas immédiatement appliquées à la réduction des encours empruntés en vertu d'une marge de crédit. Si le produit de la vente a pu être identifié pendant une journée, le report de l'hypothèque se sera sans doute automatiquement effectué. Que survient-il si la somme d'argent se confond subséquemment à d'autres fonds, ou si elle est utilisée par le débiteur? L'hypothèque disparaîtra: lorsque le bien cesse d'être identifiable, le droit réel qui existait à son égard ne peut plus s'exercer[335]. On peut croire qu'une somme d'argent n'a plus la qualité d'être identifiable lorsqu'elle se mêle à d'autres sommes dans un fonds; l'article 2673 C.c., qui étend l'hypothèque au bien qui résulte de l'union ou du mélange de plusieurs biens dont l'un est grevé, n'est d'aucun recours ici puisqu'il n'a d'application que lorsqu'«un nouveau bien» est produit.

381. Au surplus, dans la plupart des circonstances qu'on peut imaginer, le créancier n'apprendra pas l'existence de la vente. Et s'il l'apprenait que peut-il faire? Attendre qu'un autre bien soit acquis en remplacement? Même si son hypothèque se reporte sur une somme d'argent il ne pourra pas nécessairement intervenir: s'il n'y a pas défaut, sa créance n'est pas exigible; s'il y a défaut, il pourra donner avis d'exercice d'un recours hypothécaire et, rapidement, demander le «délaissement[336]».

382. L'expression «somme d'argent» à l'article 2674 C.c. comprend-elle aussi la créance pour cette somme d'argent tant que celle-ci n'a pas encore été payée? Dans la réalité des choses une «somme d'argent» est très rarement représentée par un ensemble de billets de la Banque du Canada. Elle l'est le plus souvent dans la vie d'une entreprise représentée par un compte-client ou créance contre celui qui le doit, puis par un effet de commerce tiré par celui-ci, puis devient à nouveau par une créance contre l'institution financière auprès de qui l'effet de commerce a été déposé[337]. Si on veut donner quelqu'effet pratique à cette disposition il faut tenir compte de cette réalité et conclure au report de l'hypothèque sur la créance provenant de l'aliénation, ou sur l'effet de commerce ou sur la créance contre l'institution dépo-

sitaire, après dépôt, sous réserve toujours des exigences d'identification[338].

383. La rédaction de l'article 2674 C.c. paraît exclure la situation où le bien vendu est remplacé en partie par un bien de même nature et en partie par une somme d'argent. Les vendeurs de véhicules automobiles prennent régulièrement en paiement du prix une somme d'argent et un véhicule usagé; dans la jurisprudence actuelle, les droits du bailleur de fonds qui finance ces vendeurs par le moyen de ventes à tempérament («conditionnelles») se reportent sur ces voitures d'occasion[339]. Il est difficile de déceler ici l'intention du législateur; il aurait pu ajouter au dernier alinéa de l'article 2674 C.c. «ou si le bien n'est qu'en partie remplacé par un autre bien de même nature»; il ne l'a pas fait.

d) Biens individualisés

384. Le deuxième alinéa de l'article 2674 C.c. comporte aussi des difficultés. Il y est écrit que l'hypothèque qui grève un bien individualisé aliéné dans le cours des activités d'une entreprise se reporte sur le bien qui le remplace, par l'inscription d'un avis identifiant ce nouveau bien.

385. Étant inséré après un alinéa qui traite d'hypothèque sur une universalité de biens, on est naturellement porté à croire qu'il constitue un second développement dans ce même contexte d'une hypothèque sur une universalité de biens. Cependant le reste du contexte nous montre qu'il ne s'agit plus ici d'une hypothèque universelle.

386. L'hypothèque sur une universalité de biens meubles ne requiert pas qu'on décrive individuellement chaque bien, cela va de soi; l'article 2697 C.c. dit qu'une indication de la nature de l'universalité suffit; or il s'agit dans cet alinéa de «biens individualisés». S'agirait-il de certains biens que le créancier aurait exigé qu'on individualise, parce qu'ayant plus de valeur, à l'intérieur d'une hypothèque sur une universalité de biens[340]? On ne voit pas alors pourquoi le législateur pénaliserait ce créancier en exigeant une réinscription de son hypothèque, alors que celui qui n'a rien décrit n'y est pas obligé.

387. Nous croyons qu'on vise plutôt ici l'hypothèque qui grève un bien meuble destiné à être vendu ou susceptible d'être vendu dans le cours des activités d'une entreprise mais qui n'a pas été créée sur une «universalité» de biens. Une comparaison entre le texte de l'article 2674 C.c. et le texte de l'article équivalent du projet de loi 125 en première lecture, soit l'article 2658, paraît confirmer cette interprétation:

> 2658. L'hypothèque qui grève une universalité de biens *ou des biens individualisés destinés à la vente* subsiste, lors même que l'un d'eux est aliéné, et est reportée sur tout bien acquis en remplacement de celui-ci[341].

388. Avant l'adoption du texte de l'article 2674 C.c., le législateur s'est ravisé. Il a voulu étendre la portée de l'expression «biens individualisés destinés à la vente» pour couvrir tous les biens qui, même s'ils ne sont pas destinés à être vendus, sont de fait vendus dans le cadre des activités de l'entreprise. Ainsi celle-ci peut-elle, dans le cours de ses activités, remplacer un équipement désuet par un plus récent; cet équipement n'était pourtant pas «destiné» à être vendu. Pour atteindre cet objectif, le législateur a formulé le deuxième alinéa qui, dans ses termes actuels, signifie donc que lorsque l'hypothèque ne grève pas une universalité mais plutôt un bien individualisé et que ce bien est vendu dans le cours des activités de l'entreprise, il y a report sur le bien acquis en remplacement ou à défaut sur la somme d'argent provenant de sa vente.

389. Le report prévu au second alinéa de l'article 2674 C.c. se distingue sur deux points du report prévu au premier. Premièrement, le report sur le nouveau bien n'a lieu que par l'inscription d'un avis identifiant le nouveau bien et, deuxièmement, il n'est pas requis que le nouveau bien soit de même nature. Sous réserve de ces différences les commentaires formulés ci-dessus relativement à l'article 2674 C.c. s'appliquent donc également ici. Entre autres on notera que cet alinéa ne peut, pas plus que le précédent, s'appliquer en matière immobilière[342] (son application en matière d'immeuble dut-elle se faire, produirait d'ailleurs des résultats étonnants: le créancier qui avait une hypothèque sur un immeuble se retrouverait avec une hypothèque sur deux immeubles: l'immeuble originairement grevé, à

l'égard duquel il peut exercer un droit de suite, et l'immeuble acquis en remplacement).

390. Pourquoi ne pas avoir requis ici, comme au premier alinéa, que le nouveau bien soit de même nature? Peut-être parce qu'ici on veut couvrir les situations où, par exemple, l'outillage acquis en remplacement n'aurait pas toutes les mêmes caractéristiques que celui qui a été vendu.

391. Pourquoi avoir requis l'inscription d'un avis? Sans doute parce que l'hypothèque a été originairement créée dans un acte constitutif qui contenait une «description suffisante du bien» (art. 2697 C.c.) et qu'elle continue, en tant qu'hypothèque spécifique, de grever un autre bien: il faut que cette spécificité soit reconnue par une description contenue dans un avis.

392. Le législateur n'a pas indiqué quel serait le rang de cette hypothèque sur le nouveau bien. Puisque l'hypothèque «subsiste» sur le nouveau bien, on pourrait argumenter qu'il y a continuité et que c'est la même hypothèque, avec le rang qu'elle a initialement acquis lors de l'inscription originaire, qui profite au créancier.

393. Cela nous semblerait toutefois aller à l'encontre de l'économie des règles sur la publicité puisqu'aucun délai n'est prévu pour l'inscription de l'avis de report; les tiers en faveur de qui le constituant aurait créé des droits sur le nouveau bien seraient lésés si une inscription subséquente venait primer leurs droits.

394. Si l'inscription n'a pas lieu, le report ne s'effectue pas: le report du deuxième alinéa de l'article 2674 C.c. n'a pas lieu automatiquement; l'hypothèque se reporte «par l'inscription» dit le texte. Puisqu'aucun délai d'inscription de report n'est prévu, il faut croire que le créancier serait toujours en temps d'inscrire le report, sous réserve des droits que pourraient avoir acquis des tiers dans le bien acquis en remplacement. Le créancier est ici à la merci du débiteur: si celui-ci vend le bien individualisé sans le dévoiler à son créancier, celui-ci risque de se voir déclasser sur le nouveau bien par un tiers qui inscrirait ses droits.

e) Perte des biens grevés

395. L'article 2675 C.c. reprend l'idée mise de l'avant par l'article 2674 C.c. en l'appliquant au cas de la perte des biens hypothéqués compris dans une universalité:

> 2675. L'hypothèque qui grève une universalité de biens subsiste, malgré la perte des biens hypothéqués, lorsque le débiteur ou le constituant les remplace dans un délai qui, eu égard à la quantité et à la nature de ces biens, revêt un caractère raisonnable.

Ici le code ne nous dit pas que l'hypothèque subsiste sur les nouveaux biens ni qu'elle se reporte sur eux; mais on comprend que c'est ce qu'il a voulu dire. D'une façon générale les mêmes commentaires peuvent être formulés ici. Ce texte n'est guère utile dans le cas d'une hypothèque d'une universalité de biens portant sur les biens présents et à venir puisque dans ce cas l'hypothèque couvre de toute façon le bien subséquemment acquis qui tombe dans l'universalité. On peut se demander pourquoi ce texte n'a pas été étendu aux hypothèques sur biens individualisés, comme c'est le cas sous l'article 2674 C.c. On peut se demander aussi pourquoi le remplacement doit ici se faire dans un délai raisonnable eu égard aux circonstances, ce qui n'était pas exigé dans le cas de l'article 2674 C.c. On peut également se demander pourquoi il n'est pas requis ici que les biens de remplacement soient de «même nature»; nous serions portés à y trouver cette expression sous-entendue, puisque l'article vise ici des universalités et qu'il devrait y avoir parité d'approche avec cette partie de l'article 2674 C.c. qui vise aussi des universalités. On peut enfin se demander si le report créé par l'article 2675 C.c. prive le créancier de son droit sur les indemnités d'assurances versées suite à la perte du bien grevé (art. 2497 C.c.)[343]. Nous croyons plutôt le contraire: il serait plus logique que l'article 2675 C.c. ne s'applique que s'il n'y a pas couverture d'assurance.

396. On aura constaté un certain nombre d'imprécisions dans la rédaction des articles 2674 et 2675 C.c. On peut le regretter à l'égard d'une matière aussi nouvelle. Jusqu'à un certain point la rédaction du texte des conventions pourra, heureusement, suppléer ou, le cas échéant, comporter renonciation à l'application de ces textes.

f) Actions d'un capital-actions d'une compagnie

397. Le législateur n'a pas voulu que les réorganisations corporatives ou les réorganisations du capital-actions ou une transformation dans les attributs d'actions aient un impact négatif sur l'hypothèque qui grève ces actions. Il a prévu un report de l'hypothèque sur les valeurs ou titres émis suite aux transformations; l'hypothèque qui aurait pu s'éteindre suite à la disparition du bien, subsiste «si son inscription est renouvelée» sur les titres nouveaux.

398. Pour que le créancier hypothécaire puisse exercer utilement ce droit, il aura dû s'assurer, par une inscription au registre des actionnaires, qu'il serait avisé des transformations opérées.

399. Alors que l'article 2674 C.c., 2e alinéa, indiquait que le report s'effectuerait par l'inscription d'un avis, le code dit à l'article 2677 C.c. que l'hypothèque subsiste «si son inscription est renouvelée...». Cette formulation soulève deux questions. Si l'hypothèque a été publiée par la possession du créancier plutôt que par son inscription au registre central des droits personnels et réels mobiliers, il ne peut manifestement pas s'agir du renouvellement d'une inscription; le créancier a-t-il quand même droit au report? Il nous semble pas qu'il devrait être privé de ce droit parce qu'il a choisi un mode de publicité plutôt qu'un autre. Le mot «inscription» à l'article 2677 C.c. doit vouloir dire «publicité»; si celle-ci a eu lieu à l'origine par inscription, cette inscription est renouvelée; si elle a eu lieu par détention des certificats, le créancier doit s'assurer qu'il détiendra les nouveaux. Une deuxième question a trait au délai de renouvellement d'inscription. Aucun délai n'est prévu; on peut penser que le créancier sera toujours en temps pour réinscrire mais qu'il ne pourrait pas porter atteinte aux droits qu'auront pu acquérir des tiers entre le moment de la transformation et celui de la réinscription.

400. Comment s'effectue ce renouvellement? L'article 2677 C.c. ne le dit pas; on peut, par analogie avec le deuxième alinéa de l'article 2674 C.c., penser à l'inscription d'un avis décrivant les nouvelles valeurs.

401. Le mécanisme de report prévu à l'article 2677 C.c. ne sera pas requis, selon nous, pour permettre à l'hypothèque de s'étendre aux nouveaux titres et aux nouvelles valeurs s'il s'agit d'une hypothèque qui devrait grever les actions présentes et futures d'une compagnie détenues par le constituant: l'hypothèque créée sur un bien futur s'étend à ce bien sans réinscription[344].

402. On remarquera que l'article 2677 C.c. n'a pas étendu la règle qu'il formule à toutes les valeurs mobilières émises par une personne morale, non plus qu'aux parts émises par une société; on pourra sous-entendre cette extension: l'article 2677 C.c. formule un principe, qui devrait s'appliquer à des titres autres que des actions.

g) Offres et consignation — Report judiciaire

403. L'article 2678 C.c. crée une règle nouvelle qui permettra de corriger certaines situations inéquitables. Ainsi, un créancier hypothécaire à qui une somme infime demeure due peut contester la quotité de cette somme; jusqu'à l'issue du litige son hypothèque grève le bien et peut, à toute fin, rendre celui-ci indisponible; un créancier, même hypothécaire, peut inscrire, à titre d'hypothèque judiciaire («légale» sous le nouveau code: art. 2724 C.c., 4e al.), le jugement qu'il obtient suite à une action personnelle contre son débiteur sur tous les immeubles de ce dernier[345]. Le législateur a considéré que l'hypothèque donnait dans ces cas au créancier une arme dont la force était disproportionnée. Il a remédié à cette situation à deux niveaux: celui de l'article 2678 C.c. qui permet au tribunal de reporter une hypothèque sur un bien consigné et celui de l'article 2731 C.c. qui permet au tribunal de procéder à une substitution de garantie en matière d'hypothèque légale.

404. L'article 2678 C.c. permet au tribunal d'accorder mainlevée d'une hypothèque et de reporter celle-ci sur le bien (somme d'argent, valeur ou autre chose) qui fait l'objet d'offres réelles ou de consignation aux termes des articles 1573 à 1589 C.c. Le tribunal peut aussi réduire le montant pour lequel l'hypothèque avait été originairement consentie; dès que cette réduction est inscrite au registre foncier si l'hypothèque est immobilière, ou central mobilier s'il s'agit d'une hypothèque

mobilière, le débiteur ne peut plus retirer ses offres ou le bien consigné.

405. L'article 2678 C.c. comporte deux imprécisions. Il n'indique pas comment le report s'effectue ni s'il doit faire l'objet d'une inscription; on doit supposer que tout comme dans le cas du report d'une hypothèque spécifique sur un nouveau bien (art. 2674 C.c., 2e al.) ce report doit être inscrit et qu'il a lieu à compter de cette inscription. Il s'infère aussi qu'à compter de l'inscription du report, le débiteur ne peut plus retirer ni ses offres ni le bien consigné, mais ceci n'est pas dit: le second alinéa ne traite que de l'inscription de la réduction du montant initial de l'hypothèque.

406. Dans la majorité des cas d'offres ou de consignation une dispute s'élève quant à la quotité de ce qui est dû; c'est dans ce contexte que l'article 2678 C.c. parle d'une réduction du montant initial de l'hypothèque. Cependant il pourrait y avoir des circonstances où le refus du créancier à être payé ne tient pas à une insuffisance du montant offert mais à une autre cause; ce cas n'est pas prévu par l'article 2678 C.c. qui est rédigé comme si le refus de recevoir n'avait lieu que pour un motif de quotité. On devrait penser que dès l'inscription du report de l'hypothèque sur le bien offert ou consigné, celui-ci ne peut plus être retiré par le débiteur, même s'il n'y a pas eu «réduction».

h) Biens indivis

407. Aux termes du Code civil du Bas-Canada, les droits indivis d'un copropriétaire peuvent être hypothéqués par lui. Si le créancier réalise ses droits, il fait vendre en justice une portion indivise de l'immeuble[346]. Le droit du constituant dans l'immeuble est toutefois un droit précaire: nul n'est tenu de rester dans l'indivision et un copropriétaire peut demander le partage. Si plusieurs lots sont établis et que l'immeuble hypothéqué ne tombe pas dans le lot du constituant, l'hypothèque s'éteint par suite de l'extinction du droit du constituant (art. 2081 C.c.B.-C., 2e al.), laquelle extinction a un effet rétroactif, le partage ayant un effet déclaratif. Si par ailleurs l'action en partage aboutit à la licitation forcée de l'immeuble, le droit de préférence du créancier hypothécaire se réalise sur le produit de cette licitation[347].

408. L'article 2679 du Code civil du Québec modifie sur quelques uns de ces points le Code civil du Bas-Canada et donne effet à la jurisprudence actuelle tout en en élargissant la portée.

409. Il faut d'abord avoir à l'esprit quelques règles du nouveau code sur la propriété indivise. Les propriétaires indivis peuvent valablement convenir de reporter le partage pour une période de trente ans[348], renouvelable; cette entente, lorsqu'elle porte sur un immeuble, peut être publiée et devient ainsi opposable aux tiers[349]. Le partage qui serait effectué avant le moment ainsi prévu à l'entente n'est pas opposable au créancier qui a hypothèque sur une portion indivise, à moins qu'il n'y consente ou que le débiteur conserve un droit de propriété sur quelque partie du bien[350].

410. Le partage est attributif de propriété dans le cas où il met fin à une indivision conventionnelle; il est déclaratif de propriété dans le cas où il met fin à une indivision successorale (art. 1037 C.c.).

411. L'article 1022 C.c. prévoit qu'un indivisaire peut, dans l'année où un autre a vendu sa part à une personne étrangère à l'indivision exercer un droit de retrait et racheter la part en lui remboursant le prix de la cession et les frais que cette personne a acquittés.

412. L'article 1015 C.c. mentionne que chaque indivisaire peut hypothéquer sa part et que ses créanciers peuvent la saisir.

413. L'article 1023 C.c. permet à un indivisaire de désintéresser le créancier qui a annoncé son intention de faire vendre la part d'un autre indivisaire ou de la prendre en paiement et suite à ce paiement d'être subrogé à ses droits en lui payant la dette de l'indivisaire et les frais.

414. Ceci étant dit, le premier alinéa de l'article 2679 C.c. énonce que l'hypothèque subsiste si, par le partage, le constituant conserve des droits dans quelque partie du bien.

415. Cette règle est la reproduction de l'article 2021 C.c.B.-C. qu'on interprète présentement comme suit. Si le bien, suite au partage, tombe totalement (ou pour partie) dans le lot de l'indivisaire qui l'avait hypothéqué, l'hypothèque subsiste et grève

soit la totalité du bien soit la partie du bien qui échoit à l'indivisaire; si au contraire celui qui avait hypothéqué le bien n'y retient aucun droit, l'hypothèque tombe; toutefois le droit de préférence qu'elle conférait s'exerce sur cette partie du produit de la licitation qui revient à l'indivisaire qui a créé l'hypothèque, tout comme s'il s'agissait de l'exercice du droit de préférence lors d'une vente forcée[351].

416. Le premier alinéa de l'article 2679 C.c. devrait recevoir la même interprétation: l'hypothèque subsiste sur toute la portion du bien que reçoit l'indivisaire qui l'a consentie, suite au partage ou, s'il n'y en avait aucune, s'éteint mais permet alors au créancier d'exercer son droit de préférence sur le produit de la vente que le tribunal a ordonnée faute pour le partage de pouvoir s'effectuer commodément en nature (art. 810 C.p.c.).

417. Le deuxième alinéa de l'article 2679 C.c. confirme ceci; il s'applique lorsque le constituant n'a conservé aucun droit sur le bien et, faut-il croire, lorsqu'il n'y a pas eu licitation forcée. En ces cas l'hypothèque se reporte, selon le cas, sur l'un ou l'autre des biens suivants. Premièrement, sur «le prix de la cession qui revient au constituant»; bien que le code ne soit pas ici très explicite, il doit sans doute s'agir de la vente à l'amiable du bien tenu en indivision et effectuée pour mettre fin à celle-ci; le législateur traite cette cession comme s'il s'agissait d'une licitation. Deuxièmement, sur le «paiement résultant de l'exercice d'un droit de retrait ou d'une perte de préférence»; il s'agit sans doute du cas prévu à l'article 1072 c.c.: le tiers qui achète la part d'un indivisaire peut se voir forcer de la céder à un co-indivisaire; en ce cas l'hypothèque qui grevait cette part, et avait continué de la grever entre les mains du tiers, cesse de la grever et se reporte sur le paiement résultant du droit de retrait. Troisièmement, sur la soulte payable au constituant; ici il y a eu aliénation du bien indivis pour mettre fin au partage et un solde est dû à l'indivisaire: la créance pour ce solde est grevée de l'hypothèque. On notera que le premier et le dernier des cas ne sauraient avoir lieu si la cession a lieu pour terminer l'indivision avant le moment qui avait pu être prévu à la convention d'indivision, puisque l'article 1021 C.c. rend alors le partage inopposable au créancier.

418. L'article 2679 C.c. n'indique pas si le report s'effectue par l'inscription d'un avis; il laisse plutôt voir que le report s'effectue automatiquement. Cela s'explique peut-être lorsque le report a lieu sur une somme d'argent mais est moins justifiable lorsqu'il a lieu sur une créance (la soulte), puisqu'il y aurait alors hypothèque occulte. A notre avis l'inscription s'impose alors.

i) Conclusions

419. Dans les cas où l'hypothèque se reporte sur des biens ou sur des créances, on peut parler de report véritable. Dans les cas où le report s'effectue sur une somme d'argent, le report signifie, à toutes fins utiles, que l'hypothèque du créancier prend fin et qu'il se voit forcé, par anticipation, d'exercer rapidement son droit de préférence; tout retard pouvant être fatidique puisque la somme d'argent sur laquelle le code reporte l'hypothèque peut disparaître ou cesser d'être identifiable. Biens des conventions prévoiront sans doute que tels reports constitueront des circonstances rendant la créance exigible.

4. Indemnités d'assurances

420. L'hypothèque, mobilière ou immobilière, s'étend de plein droit aux indemnités dues en vertu d'assurance de biens suite à un sinistre. L'article 2497 du Code civil du Québec reprend en cela le Code civil actuel: les indemnités, dit-il, sont attribuées aux créanciers prioritaires ou aux créanciers hypothécaires sur le bien endommagé, suivant leur rang et sans délégation expresse, moyennant une simple dénonciation et justification de leur part.

421. Cette protection du créancier n'entre en jeu que si une «indemnité est due à l'assuré», ce qui suppose évidemment qu'il y avait couverture d'assurance et que l'assureur était dans l'obligation de payer. Aussi les créanciers exigent-ils que les débiteurs hypothécaires s'engagent à contracter à leur bénéfice des assurances de biens: les contrats d'assurance exécutés suite à cet engagement sont alors tenus pour avoir été conclus entre l'assureur et le créancier hypothécaire (par l'intermédiaire de son débiteur à qui il a donné mandat à cette fin); le créancier hypothécaire a alors un recours direct contre l'assureur qui ne

peut lui opposer les réticences et les déclarations frauduleuses ou incomplètes de l'assuré[352].

Section II. L'hypothèque conventionnelle (art. 2681 à 2723 C.c.)

A. Le constituant (art. 2681 C.c.)

422. L'hypothèque peut être créée par le débiteur ou par un tiers; dans les deux cas, le constituant doit avoir la capacité d'aliéner le bien. Il importe peu que le constituant soit propriétaire du bien au moment de la création; il suffit qu'il le devienne. L'existence du droit du constituant dans le bien grevé n'est qu'une condition d'efficacité et non d'existence de l'hypothèque[353]. Plusieurs espèces d'hypothèques ne peuvent être créées que par ceux qui exploitent une entreprise ou par des personnes morales. C'est le cas de l'hypothèque mobilière sans dépossession, de l'hypothèque ouverte, de l'hypothèque portant sur une universalité ou de celle portant sur un connaissement.

1. Le débiteur ou un tiers

423. Le Code civil du Bas-Canada prévoit au chapitre du gage que celui-ci peut être consenti par le débiteur ou par un tiers[354]. La même règle est appliquée pour l'hypothèque, compte tenu de l'article 2046 C.c.B.-C. qui permet de la consentir pour «quelqu'obligation que ce soit».

424. Le nouveau code reprend cette règle à l'article 2681 C.c. pour toutes les hypothèques conventionnelles, mobilière ou immobilière.

425. Si l'hypothèque est consentie par un tiers, ce tiers n'en devient pas pour autant le débiteur du créancier et ce dernier n'a aucun droit à l'égard des autres biens composant le patrimoine de ce tiers. Le tiers ne doit rien au créancier; il n'est tenu qu'à raison du bien qu'il a grevé d'une hypothèque en sa faveur. On le qualifie parfois de «caution réelle»; il faut ici prendre garde: certaines règles du cautionnement, notamment l'exception de discussion, ne s'appliquent pas à celui qui a grevé son bien pour la dette d'autrui sans en même temps avoir conclu un contrat de

cautionnement[355]. Une gamme plus nuancée de droits et d'obligations se présenterait si ce tiers contractait un cautionnement en convenant avec son créancier qu'en cas d'inexécution de ses obligations en tant que caution, l'exécution forcée serait restreinte au seul bien qu'il hypothèque en faveur de ce créancier, comme le permet l'article 2645 C.c.[356].

426. Notons que si l'hypothèque consentie par un tiers a pour objet de garantir les obligations présentes et futures d'un débiteur, il faudra que le débiteur intervienne à l'acte constitutif puisque celui-ci doit comporter la stipulation en vertu de laquelle le débiteur s'oblige ainsi à nouveau[357].

2. *Capacité d'aliéner*

427. Le constituant de l'hypothèque doit avoir la capacité d'aliéner le bien qu'il entend soumettre à l'hypothèque[358]. La «capacité d'aliéner» ne fait plus l'objet de dispositions particulières au niveau du chapitre de la vente, contrairement au code actuel. Quelle disposition du code nouveau pourrait alors nous éclairer à l'égard de cette capacité? Puisque l'hypothèque conventionnelle résulte d'un contrat, on peut se référer au chapitre Du Contrat, au Livre Des Obligations, à l'article 1409 C.c., qui nous apprend que les règles relatives à la capacité de contracter sont principalement établies au Livre Des personnes. Les règles générales qu'on trouve à ce dernier Livre nous disent que le majeur ou le mineur pleinement émancipé par le mariage ou par déclaration judiciaire (art. 175 C.c.) est capable de contracter[359] et que les personnes morales ont cette même capacité[360].

428. Toute personne capable de contracter peut donc hypothéquer, à moins qu'il ne s'agisse d'une personne qui administre le bien d'autrui. D'une façon générale, toute personne chargée de l'administration du bien d'autrui doit obtenir l'autorisation du bénéficiaire ou du tribunal pour créer une hypothèque, si cette personne n'a que la «simple administration»[361]; au contraire, si elle a la «pleine administration» du bien d'autrui, elle a la capacité d'hypothéquer le bien[362]. C'est la loi qui détermine, suivant les circonstances, si la personne concernée a la pleine ou la simple administration du bien d'autrui. Les règles relatives à la capacité des tuteurs ressemblent à celles du code actuel; le tuteur n'a qu'un pouvoir de simple adminis-

tration et doit être autorisé par le conseil de tutelle ou, si la valeur de l'emprunt ou de la sûreté excède 25 000$, par le tribunal pour «grever un bien d'une sûreté[363]».

429. Une société en nom collectif peut hypothéquer ses biens par l'intermédiaire d'un associé; chaque associé étant le mandataire de celle-ci peut lier la société[364] et aliéner les biens mis en commun[365]; même l'associé qui n'a pas de pouvoir de gestion peut aliéner valablement le bien commun en faveur du tiers qui a agi de bonne foi[366]. Le commandité d'une société en commandite peut de même hypothéquer les biens de la société[367].

430. Dans le cas de la personne physique domiciliée à l'extérieur du Québec, la capacité est régie par la loi du domicile; celle de la personne morale est régie par la loi de l'État en vertu de laquelle elle est constituée[368]. Ce sont donc ces lois qu'il faudra considérer pour apprécier la capacité d'hypothéquer d'une personne physique ou morale étrangère.

431. Le code apporte en certaines circonstances une restriction au droit d'hypothéquer. Ainsi, l'époux ne peut hypothéquer l'immeuble de moins de cinq logements qui sert de résidence familiale à moins d'un consentement du conjoint; à défaut de ce consentement, l'hypothèque pourra être annulée si une déclaration de résidence familiale a été, préalablement à l'hypothèque, inscrite contre l'immeuble (art. 404 C.c.); l'autorisation du tribunal peut être obtenue dans le cas où le refus du conjoint n'est pas justifié par l'intérêt de la famille (art. 399 C.c.)[369].

432. L'associé ne peut grever sa part dans l'actif de la société en nom collectif qu'avec le consentement des autres associés, à moins que le contrat de société ne l'ait prévu (art. 2211 C.c.). Nous avons vu que le copropriétaire, dans le cas d'une copropriété par indivision, n'est pas sujet à cette contrainte: il peut hypothéquer sa part sans le consentement des co-indivisaires (art. 1015 C.c.).

3. *Hypothèque mobilière sans dépossession*

433. Quiconque a la capacité de consentir une hypothèque peut consentir une hypothèque mobilière sans dépossession, sous l'importante réserve qu'une personne physique ne peut consentir une telle hypothèque à moins qu'elle n'exerce une

entreprise et, aussi, que le bien hypothéqué en soit un de l'entreprise[370]. L'article 2683 C.c. qui formule cette règle ajoute qu'à défaut de remplir ces conditions, une personne physique ne peut consentir une hypothèque mobilière sans dépossession «que dans les conditions et suivant les formes autorisées par la loi». Le Code civil ne comporte pas telle autorisation. Le législateur paraît avoir craint que des abus puissent résulter de l'hypothèque mobilière sans dépossession; il ne l'a permise qu'aux entreprises, sociétés et personnes morales. Bien que l'article 2683 C.c. parle de «consentir» une hypothèque, nous croyons que son application doit aussi être étendue à la situation où les parties voudraient convertir un gage existant en hypothèque sans dépossession; l'article 2707 C..[371] le permet, mais ne devrait pas permettre de contourner la règle de l'article 2683 C.c.

434. L'hypothèque légale pourra grever un bien meuble, sans que son propriétaire s'en dépossède, même s'il ne remplit pas les conditions de l'article 2683 C.c. L'article 2683 C.c. n'interdit pas qu'une hypothèque soit créée sur ses biens; il interdit à ce propriétaire de «consentir» l'hypothèque. Aucun consentement n'est requis pour la création de l'hypothèque légale.

435. Les restrictions soulignées ci-dessus ne s'appliquent qu'à la personne physique. À titre d'exemple, une compagnie ou une société peut consentir une hypothèque mobilière sans dépossession même si elle n'exploite pas d'entreprise.

436. En somme le droit actuel est changé sans qu'il n'y ait de bouleversement. Présentement les meubles n'ont pas de suite par hypothèque et c'est par exception que certaines formes de sûretés mobilières sont permises, principalement à ceux qui exploitent des entreprises. Dans le droit nouveau l'hypothèque mobilière sans dépossession devient la règle, une interdiction de la créer conventionnellement étant faite pour la personne physique qui n'exploite pas une entreprise.

4. *Hypothèque universelle*

437. Ici la situation est différente; deux articles doivent ici être considérés: l'article 2684 C.c. et l'article 27 de la *Loi sur les pouvoirs spéciaux des corporations*.

438. Suivant le code civil, l'interdiction est ici la règle et la permission est l'exception: nul ne peut consentir une hypothèque sur une universalité de biens, mobiliers ou immobiliers, à moins qu'il ne soit une personne ou un fiduciaire exploitant une entreprise, nous apprend l'article 2684 C.c. On s'étonne de voir ici la mention du «fiduciaire». Un fiduciaire n'est-il pas une personne, physique ou morale[372]? On peut aussi se demander pourquoi le législateur n'a pas, comme aux articles 2681, 2682 C.c., et au premier alinéa de l'article 2684 C.c., employé l'expression «celui»; il aurait pu dire «Seul celui qui exploite une entreprise peut consentir une hypothèque sur une universalité...». L'emploi du mot «personne» exclut-il une société? Une société en commandite est-elle une «personne»? Si elle ne l'est pas, elle ne pourrait consentir une hypothèque sur une universalité de biens. Le Code civil du Québec lui aurait alors retiré un pouvoir que le Code civil du Bas-Canada lui a donné en 1983[373]. Cependant, en faisant un rapprochement avec le texte de l'article 2684 C.c. et celui de l'article 2692 C.c., on constate que ce n'est pas le cas: l'article 2692 C.c. reconnaît qu'une société en commandite peut consentir une hypothèque pour garantir le paiement d'obligations qu'elle émet; or les sûretés consenties en ces circonstances ont, en pratique, le caractère d'hypothèques sur des universalités de biens. Au deuxième alinéa de l'article 2684 C.c., qui cherche à donner une illustration du premier, l'expression «celui» est reprise: «Celui qui exploite l'entreprise peut, ainsi, hypothéquer...». Nous croyons que les mots employés au second alinéa de l'article 2684 C.c. doivent aider à interpréter le premier et que le sens véritable de l'article est de permettre la création d'une hypothèque universelle par quiconque exploite une entreprise mais par nul autre.

439. Suivant l'article 27 de la *Loi sur les pouvoirs spéciaux des corporations*, tel que remanié par le projet de loi 38, toute personne morale à fonds social et ayant des pouvoirs d'emprunter et d'hypothéquer, peut consentir une hypothèque universelle. Une personne morale constituée hors du Québec, si sa charte ou la loi qui la régit lui accorde ces pouvoirs, le peut aussi.

5. *Hypothèque sur un bien représenté par connaissement*

440. La règle de l'article 2684 C.c. est ici reprise: le constituant de l'hypothèque sur un bien représenté par connaissement doit exploiter une entreprise (art. 2685 C.c.).

6. *Hypothèque ouverte*

441. Ici encore la règle est la même à l'égard de cette hypothèque, qui ne peut être consentie que par celui qui exploite une entreprise (art. 2686 C.c.) ou par une personne morale à fonds social (art. 27, *Loi sur les pouvoirs spéciaux des corporations*).

442. Quoique les articles 2684 et 2686 C.c. soient restrictifs, il faut tout de même constater qu'ils apportent un élargissement au droit actuel; ils ont pour effet de rendre accessible à quiconque exerce une entreprise la possibilité d'octroyer des hypothèques dont les effets ressemblent à ceux produits par les sûretés prévues à la section VII de la *Loi sur les pouvoirs spéciaux des corporations*.

B. Le titulaire de l'hypothèque

443. Il va de soi que l'hypothèque est créée au profit du créancier et que celui-ci en devient le titulaire. Aucune restriction n'est prévue au Code civil quant à la personne ou à la qualité de celui qui devient titulaire d'une hypothèque.

1. *Le fiduciaire pour obligataires*

444. Le créancier à qui l'hypothèque est consentie peut agir par l'intermédiaire d'un mandataire: en ce cas c'est encore lui (le mandant) qui est titulaire du droit. Il pourrait aussi agir par l'intermédiaire d'un prête-nom, c'est-à-dire d'un mandataire qui est tenu de taire le nom du mandant[374].

445. Dans le droit actuel, les sûretés peuvent également être consenties à un fiduciaire agissant pour des obligataires, dans le cadre de la *Loi sur les pouvoirs spéciaux des corporations*. Dans le cas d'émissions d'obligations, le concept de mandat peut en effet s'avérer insuffisant. Un obligataire devient un créancier en souscrivant à une obligation, c'est-à-dire un titre de

créance, émise par une compagnie ou une société. Il peut être connu et exister au moment où les sûretés destinées à garantir les obligations sont octroyées; c'est ce qui se voit dans le cas de financement supporté par quelques prêteurs. Dans le cas de placements publics, d'émissions d'obligations dans le public ou encore dans le cas de prêts conclus avec un établissement financier mais destinés à être syndiqués auprès d'un consortium d'établissements, la situation est différente. L'identité des créanciers n'est pas encore connue de façon définitive ou ne l'est aucunement au moment où les sûretés sont prises, à moins qu'une prise ferme ne soit intervenue. En d'autres mots, les mandants sont inconnus. S'il n'y a pas de mandant, il ne peut y avoir de mandataire ni de mandat, puisque le mandat est un contrat entre deux parties[375]. Aussi la *Loi sur les pouvoirs spéciaux des corporations* prévoit-elle actuellement à son article 28 que les sûretés peuvent être octroyées à un fiduciaire pour obligataires, le fiduciaire pouvant agir pour des bénéficiaires futurs[376].

446. Or l'article 28 de la *Loi sur les pouvoirs spéciaux des corporations* est abrogé par le projet de loi 38[377].

2. *Le fondé de pouvoir*

447. Par ailleurs l'article 2692 du Code civil du Québec reprend en grande partie cet article 28. L'article 2692 C.c. énonce que l'hypothèque qui garantit le paiement d'obligations doit, premièrement, être constituée par un acte notarié en minute et, deuxièmement, être constituée en faveur du «fondé de pouvoir des créanciers». Il se lit comme suit:

> 2692. L'hypothèque qui garantit le paiement des obligations ou autres titres d'emprunt, émis par le fiduciaire, la société en commandite ou la personne morale autorisée à le faire en vertu de la loi, doit, à peine de nullité absolue, être constituée par acte notarié en minute, en faveur du fondé de pouvoir des créanciers.

448. En corrélation avec cet article (et l'article 3060 qui utilise la même expression «fondé de pouvoir»), la première version du projet de loi 38 modifiait différentes lois du Québec, dont la *Loi sur les compagnies* et l'article 32 de la *Loi sur les pouvoirs*

spéciaux des corporations, pour y changer partout les expressions «fiduciaire» ou «fiduciaire pour obligataires» pour l'expression «fondé de pouvoir des créanciers»[378].

449. L'intention du législateur semblait donc de remplacer le fiduciaire pour obligataires par un fondé de pouvoir des créanciers.

450. Dans cette perspective se posait une question cruciale: si un fondé de pouvoir est un mandataire, (c'est ainsi que les dictionnaires définissent cette expression et la version anglaise de l'article 2692 C.c. la traduit dans le même sens[379]), comment expliquer que le mandat puisse, en certaines circonstances, être créé avant qu'il n'y ait de mandants?

451. En décembre 1992, le projet de loi 38 fut modifié et les dispositions qui changeaient le mot «fiduciaire» pour les mots «fondé de pouvoir» furent supprimées sauf à un endroit, c'est-à-dire à l'article 32 de la *Loi sur les pouvoirs spéciaux des corporations*, lequel réfère encore au «fondé de pouvoir des créanciers»[380].

452. Il est donc très difficile, au moment où ces commentaires sont écrits, de dégager avec certitude l'intention du législateur. Pour l'instant le Code civil du Québec aux articles 2692 et 3060 de même que l'article 32 de la *Loi sur les pouvoirs spéciaux des corporations*, tel que modifié, parlent de «fondé de pouvoir des créanciers», dans le cas d'émissions d'obligations; les autres lois parlent de fiduciaire pour obligataires[381]. Il est indispensable que ces questions soient clarifiées. Cela est d'autant plus essentiel que ni la notion de «fondé de pouvoir», qui n'est qu'un mandataire, ni la notion de «fiducie» suivant le nouveau Code civil, qui constitue un patrimoine distinct dans lequel la propriété d'un bien a été transportée, ne conviennent très bien aux émissions d'obligations.

3. *La fiducie suivant le Code civil du Québec*

453. Si le détenteur des sûretés pour le compte d'obligataires devait demeurer un «fiduciaire», ce fiduciaire sera-t-il régi par les dispositions du Code civil du Québec sur la fiducie?

454. Le concept de fiducie qui y est mis de l'avant en est un de constitution de patrimoine autonome distinct, le patrimoine

fiduciaire, dans lequel ni le constituant ni le fiduciaire, ni le bénéficiaire n'a de droit réel (art. 1261 C.c.). Le patrimoine fiduciaire est formé par le transfert de biens nous dit l'article 1261 C.c. ou par le transfert «de la propriété d'un bien ou d'un démembrement du droit de propriété sur un bien» nous dit l'article 1212 C.c., à une fiducie. Les biens ou droits composant ce patrimoine tombent sous l'emprise du fiduciaire qui y exerce, exclusivement, les pouvoirs de gestion ou d'aliénation (art. 1278, 1307 C.c.). L'application de ce concept à des fins de donation, de testament, de fondation et à toute fin où il est utile d'isoler et de mettre des biens à l'abri dans un patrimoine distinct, s'imagine bien.

455. Il est plus difficile de l'appliquer à la création de sûretés au profit d'obligataires. Il ne s'agit pas pour une entreprise de transférer ses biens dans un patrimoine distinct du sien et sur lequel elle n'a plus de pouvoir d'administration ou de gestion. On peut concevoir que certains biens d'une entreprise puissent sortir du gage commun des créanciers et, isolés dans un patrimoine distinct, ne valoir que pour le paiement des obligations émises; il est plus difficile de voir qu'un tel transfert ait lieu pour tous les biens ou des ensembles importants de biens de l'entreprise.

456. S'il ne s'agit que de solutionner le problème de la détention de sûretés pour le compte de bénéficiaires futurs, l'appareil mis de l'avant par les articles 1260 à 1298 C.c. (fiducie), ou même 1260 à 1370 C.c. (fiducie et administration du bien d'autrui) semble beaucoup trop lourd, même s'il devait s'y prêter. L'octroi de sûretés au profit d'un intermédiaire qui agit pour des bénéficiaires actuels ou futurs, n'est pas vraiment un «transfert de biens» dans un patrimoine fiduciaire.

C. L'obligation garantie par l'hypothèque (art. 2687 à 2692 C.c.)

457. Le Code civil du Québec reprend à ce sujet et généralise pour toutes les hypothèques le concept du Code civil du Bas-Canada pour l'hypothèque immobilière: l'hypothèque peut être consentie pour quelqu'obligation que ce soit. En matière de sûretés mobilières sans dépossession le droit s'en trouve donc

grandement simplifié; comme on le sait, la législation actuelle attache des restrictions à la création de ces sûretés: certaines ne peuvent être consenties que pour garantir des émissions d'obligations, d'autres des prêts et ouvertures de crédit, d'autres encore limitent la durée de ces prêts et crédits. Le Code civil du Québec ne requiert pas la concomitance entre le moment de la constitution de l'hypothèque et le moment où l'obligation garantie prend naissance. L'hypothèque pourra garantir un emprunt, une ouverture de crédit, un titre de créance, un cautionnement, toute forme d'engagement ou d'obligation, même à caractère futur. Ici encore le droit s'en trouve simplifié.

458. Comme dans le droit actuel, il importe de distinguer à ce sujet deux concepts: celui de l'obligation principale garantie par hypothèque et celui de la somme pour laquelle l'acte constitutif doit déclarer qu'elle est consentie.

1. Nature et modalités de l'obligation principale

459. L'hypothèque peut garantir quelqu'obligation que ce soit. Il peut s'agir d'obligations résultant de contrats ou d'obligations résultant de la loi[382], d'obligations pour le paiement d'une somme d'argent ou d'obligations pour l'exécution de quelqu'autre objet[383].

460. Il n'est pas essentiel que la quotité de l'obligation soit déterminée ni même déterminable au moment où l'hypothèque est constituée[384]: il suffira que l'obligation soit devenue une créance liquide et exigible au moment où le créancier entend exercer ses recours (art. 2748 C.c., 2e al.). C'est ainsi qu'une obligation de faire peut être garantie par hypothèque. L'hypothèque se consomme ultimement dans la vente forcée, la liquidation du bien grevé et l'attribution d'une somme d'argent au créancier[385]; il faut donc, si l'obligation principale est une obligation de faire que, suite à une demande d'exécution par équivalent[386], le tribunal ait accordé des dommages-intérêts à moins qu'il n'y ait eu clause pénale à laquelle il est fait droit[387].

461. On peut imaginer une multitude d'espèces d'obligations garanties par hypothèque.

462. À titre d'exemples, une hypothèque peut être consentie par une entreprise du domaine de l'alimentation au profit d'un four-

nisseur de produits alimentaires pour le paiement des biens fournis; une hypothèque mobilière ou immobilière peut être consentie pour garantir un cautionnement; elle peut l'être pour garantir la bonne exécution d'un contrat pour produire un bien ou ériger un ouvrage. Une hypothèque peut être consentie par une entreprise en faveur d'une institution financière qui émet à son profit des lettres de crédit, ou qui accepte des acceptations bancaires ou qui lui consent un crédit d'opération. Une hypothèque peut être consentie pour la garantie de débentures émises par le constituant ou par quelqu'un d'autre. Une hypothèque pourra garantir un emprunt contracté pour l'achat d'une résidence; elle pourra garantir une prestation de services; elle pourra garantir les obligations éventuelles d'une entreprise en vertu de contrats d'échange d'intérêt («swap») ou d'autres instruments de gestion de trésorerie. Ce ne sont là que quelques exemples.

463. L'obligation principale garantie peut faire l'objet d'une modalité. Elle peut être conditionnelle et des règles particulières de collocation s'appliqueront si la condition n'est arrivée au moment de la vente forcée du bien[388]. L'obligation peut être à terme; il faudra s'il y a lieu, tenir compte que l'hypothèque s'éteint indépendamment de l'extinction de l'obligation principale à l'expiration des dix ans (ou trente ans s'il s'agit d'une hypothèque immobilière) suivant la date de son inscription, à moins que cette inscription n'ait été renouvelée[389].

2. *Obligations principales futures — Universalité d'obligations présentes et futures*

464. Non seulement la valeur de l'obligation peut être indéterminée ou indéterminable, mais l'obligation principale elle-même peut ne pas encore exister au moment où l'hypothèque est consentie.

465. Ceci ne constitue pas véritablement une innovation. Dans la pratique courante des prêts hypothécaires conventionnels, l'acte de prêt hypothécaire est consenti et enregistré avant que le créancier ne débourse les fonds. Or le prêt est un contrat réel qui prend naissance par la livraison de la chose prêtée[390]; avant ce moment, l'emprunteur n'est pas obligé de rembourser: il n'a rien reçu et il n'a pas d'obligation[391] si ce n'est celle de recevoir

les fonds convenus lorsque le prêteur sera disposé à les avancer. L'obligation principale garantie par hypothèque n'existe donc pas au moment où l'hypothèque est consentie et enregistrée. On ne peut pas dire qu'elle existe sous condition (celle que le prêteur débourse ses fonds): en effet, le déboursement des fonds est un élément essentiel à la naissance du prêt et un élément essentiel d'un contrat ne peut pas en être une «condition»[392]. Il en va de même sous le Code civil du Québec où le prêt demeure un contrat réel[393].

466. Le Code civil du Québec propose quelques exemples d'hypothèque consentie pour garantir une obligation principale qui n'existe pas encore: le cas du prêt non déboursé[394], le cas des émissions d'obligations[395], le cas où le créancier n'aurait pas encore avancé les fonds qu'il s'est engagé à prêter et en garantie desquels une hypothèque lui a au préalable été consentie[396] et le cas, prévu à l'article 2797 C.c., de l'hypothèque à la garantie d'obligations présentes et futures laquelle ne s'éteint pas, même si à un instant donné dans le temps le débiteur ne doit plus rien à son créancier, précisément parce qu'elle a été créée pour garantir des obligations futures[397]. Encore faudra-t-il dans ce dernier cas que l'acte constitutif d'hypothèque comporte la stipulation à l'effet que l'hypothèque vaudra pour l'obligation future qui sera contractée aux termes de l'acte.

467. Comme il appert de cet article 2797 C.c., un ensemble d'obligations présentes et futures ou même toutes les obligations présentes ou futures envers un créancier peuvent être garanties par l'hypothèque pourvu que chaque fois que le débiteur s'oblige à nouveau, il le fasse en vertu d'une stipulation contenue dans l'acte constitutif. Le constituant pourra toutefois, comme on l'a vu sous l'article 2691 C.c., obtenir la radiation de l'hypothèque, aux frais du créancier, si celui-ci refusait d'avancer à nouveau des fonds après s'y être engagé. Le législateur n'a pas prévu expressément que l'emprunteur pourrait aussi obtenir radiation de l'hypothèque consentie pour garantir des obligations présentes et futures, dans le cas où un créancier n'étant pas obligé d'avancer des fonds, lui, l'emprunteur, souhaiterait ne plus lui en emprunter; il nous semble que le caractère accessoire de l'hypothèque[398] constitue un principe fondamental sur lequel l'emprunteur pourrait s'appuyer pour demander cette radiation, si à ce moment il ne doit plus rien au créancier[399].

3. *Ouverture de crédit*

468. Dans cette même veine, à l'article 2797 C.c., le code donne aussi comme exemple l'hypothèque pour garantir une ouverture de crédit.

469. L'expression «ouverture de crédit» n'est pas définie au code. On peut dire qu'il s'agit de toute entente cadre en vertu de laquelle une partie contractante peut, d'une façon répétée, engager le crédit de l'autre ou contracter des dettes à son égard; que ce soit par voie d'emprunt, de tirage de chèques que l'autre devra honorer ou d'utilisation et d'émission d'instruments de crédit engageant la responsabilité de l'autre (telles des acceptations bancaires, des lettres de crédit, des lettres de garantie) ou encore par voie d'acquisition de biens dont le prix n'est pas immédiatement acquitté. Suivant la jurisprudence, l'expression «ouverture de crédit» ne doit pas recevoir une interprétation étroite mais large; elle est susceptible d'encadrer différentes espèces d'arrangements contractuels variant suivant les parties en cause et les objectifs spécifiques prévus[400]. En pratique, des appellations fort variées se retrouvent pour décrire différentes espèces d'ouvertures de crédit: marge de crédit, crédit d'opération, crédit rotatif, ligne de crédit, pour n'en nommer que quelques unes.

4. *Émission de débentures ou autres titres d'emprunt*

470. Il convient de souligner que le Code civil du Québec apporte un changement important au droit actuel en ce qui concerne les sûretés garantissant le paiement de titres d'emprunts émis par les compagnies ou sociétés. La *Loi sur les pouvoirs spéciaux des corporations*, dans sa section VII, permet à une compagnie de garantir au moyen de certaines sûretés à caractère spécial le paiement des obligations que cette compagnie émet; le pouvoir accordé ne s'étend pas à celui d'ainsi garantir le paiement de titres d'emprunt émis par une autre société ou compagnie. Ceci avait pour effet de rendre certains arrangements financiers impossibles ou encore de nécessiter la constitution d'actes de fiducie distincts et le nantissement de débentures émises en vertu de ceux-ci aux fins du paiement des autres.

471 Désormais le paiement de titres d'emprunt peut être garanti par hypothèque ouverte ou par hypothèque sur des universalités de biens qui sont créées par une compagnie ou par une société qui n'est pas l'émetteur des titres. L'exigence que le constituant soit l'émetteur des titres n'est pas présente au code et ne peut s'en inférer[401].

5. *Mention de l'obligation principale à l'acte d'hypothèque*

472. Le nouveau code ne demande pas que l'obligation principale garantie par hypothèque soit décrite à l'acte constitutif. Il ne comporte à cet égard aucune exigence particulière autre que celle de l'article 2797 C.c., relatif aux obligations présentes et futures, qui vient d'être commenté.

473. La pratique à cet égard est présentement variée. Dans le cas d'actes de prêt hypothécaire conventionnel, l'entente de crédit et le document qui crée l'hypothèque ne forment qu'un seul et même acte: l'obligation principale garantie y est alors décrite avec toutes ses modalités. En matières commerciales très souvent l'entente de crédit constitue un document distinct de l'acte qui crée l'hypothèque: celui-ci ne contient alors qu'une référence d'ordre général aux obligations contractées en vertu de l'entente de crédit. Les actes de nantissements commerciaux parfois comportent l'entente de crédit, parfois ne font que référer aux obligations du débiteur prises dans un document distinct constatant le prêt ou l'ouverture de crédit. Les transports généraux de créances décrivent rarement les obligations garanties et le plus souvent ne comportent qu'une mention à l'effet que le transport est consenti «en garantie collatérale et continue des obligations présentes et futures du cédant envers le cessionnaire».

474. Rien ne nous indique au nouveau code qu'il soit de l'essence de la création d'une hypothèque, mobilière ou immobilière, ou de son inscription, que l'acte qui la crée établisse l'obligation principale et ses modalités ou encore qu'il la décrive avec précision. L'hypothèque pourra être créée dans un document et l'obligation principale être constatée dans un autre.

475. Il en va différemment en ce qui concerne l'indication de la somme pour laquelle l'hypothèque est consentie.

D. Somme pour laquelle l'hypothèque est consentie (art. 2689 C.c.)

1. *Indication nécessaire*

476. La somme pour laquelle l'hypothèque est consentie est la somme maximale pour laquelle le droit de préférence pourra être exercé[402]. Celui qui emprunte cent mille dollars peut hypothéquer son bien pour cent mille dollars; il pourrait aussi l'hypothéquer pour cinquante mille dollars. Dans ce dernier cas la somme pour laquelle l'hypothèque est consentie, c'est-à-dire la somme à concurrence de laquelle le droit de préférence pourra avoir lieu est, au départ, inférieur au montant dû. Dans la plupart des cas toutefois le montant de l'obligation principale et la somme pour laquelle elle est consentie coïncident; il n'en demeure pas moins qu'il s'agit là de deux réalités distinctes, dont l'article 2689 C.c. soulève d'ailleurs clairement la différence: la somme pour laquelle l'hypothèque est consentie doit être précisée à l'acte constitutif même si la valeur de l'obligation principale garantie ne peut alors être déterminée.

2. *Intérêt et frais*

477. L'article 2689 C.c. exige donc que la somme déterminée pour laquelle l'hypothèque est consentie soit indiquée à l'acte constitutif. Cette exigence s'adresse non seulement au capital mais également aux intérêts et aux frais. Il est vrai que l'article 2667 C.c. énonce que l'hypothèque garantit, outre le capital, les intérêts et les frais; cela n'empêche pas l'application de la règle de l'article 2689 C.c. suivant laquelle les différentes composantes de la somme garantie, soit le capital, l'intérêt et les frais, doivent être englobées dans la somme pour laquelle elle est consentie. L'article 2689 C.c. est en quelque sorte une condition que l'acte constitutif doit respecter pour que l'article 2667 C.c. trouve application.

478. Le montant du droit de préférence doit donc être précisé. Cette exigence a pour but de permettre aux tiers qui consultent les registres de se faire une idée sur la valeur en capital, en intérêt et en frais du droit de préférence que pourra exercer le créancier titulaire de l'hypothèque[403].

479. Sous le Code civil du Bas-Canada on a décidé que si l'acte ne réfère pas aux intérêts, il n'emportera pas hypothèque pour ceux-ci[404]; de même, si l'acte ne précise pas le montant des frais, l'hypothèque créée ne les couvrira pas[405]. Il faut donc indiquer le taux d'intérêt que porte la somme: les tiers pourront alors savoir que le droit de préférence pourra s'exercer sur trois années d'intérêts à ce taux outre ceux de l'année où le recours hypothécaire est exercé (art. 2959 C.c.). Quant aux frais, il est impossible de les connaître à l'avance: il suffit de les déterminer quant à leur maximum[406]. D'où cette pratique de créer une hypothèque additionnelle pour une somme équivalant à 15 ou 20% de la somme en capital.

3. Intérêt à taux variable; intérêt au taux de base; taux «LIBOR» (art. 2690 C.c.)

480. Plusieurs financements se font sur la base d'un taux variable, par exemple le taux préférentiel ou taux de base de l'institution prêteuse; ce taux varie ou est susceptible de varier pendant la durée de l'emprunt. Plusieurs contrats de prêts commerciaux offrent à l'entreprise la possibilité d'emprunter en dollars américains et de faire alors courir le taux d'intérêt au taux Libor[407], taux qui, au moment de la conclusion du contrat est inconnu des parties. Ces pratiques cadrent mal avec le Code civil du Bas-Canada. La Cour d'appel a déjà décidé qu'une hypothèque créée pour garantir un solde de prix de vente portant intérêt au taux préférentiel d'une certaine banque ne garantissait pas les intérêts courus, jugeant qu'une simple référence au taux préférentiel d'une banque n'établissait pas d'une manière assez certaine et déterminée la somme pour laquelle l'hypothèque garantissait les intérêts[408], aux désirs de l'article 2044 C.c.B.-C. De cette inadaptation du droit a découlé une pratique de stipuler un taux fixe maximal, purement arbitraire et notionnel, à l'égard de la somme que garantira l'hypothèque, étant entendu que l'emprunteur paiera le taux variable convenu.

481. L'article 2690 du nouveau Code civil modernise le droit sur ce dernier point. Il énonce que la somme pour laquelle l'hypothèque est consentie n'est pas considérée indéterminée si l'acte, «plutôt que de stipuler un taux fixe d'intérêt contient les

éléments nécessaires à la détermination du taux d'intérêt effectif de cette somme». Nous croyons que la référence au taux de base d'une institution financière donnée, ou au taux Libor, pour reprendre ces deux exemples, est une stipulation qui «contient les éléments nécessaires à la détermination du taux d'intérêt»; elle ne comporte pas en soi tous les éléments requis pour calculer ce taux mais elle réfère à une donnée factuelle qui permettra de le faire[409].

4. *Application de la règle à toutes les hypothèques*

482. Sous le Code civil du Bas-Canada la règle de la spécialité de la somme pour laquelle l'hypothèque est consentie ne s'applique qu'en matière immobilière; on ne retrouve pas son équivalent dans le cas des sûretés mobilières par voie de nantissement ou de cession. Sous le Code civil du Québec au contraire l'exigence de l'article 2689 est universelle: il n'y a pas de distinction entre l'hypothèque immobilière et l'hypothèque mobilière. Désormais les actes d'hypothèques qui tiendront lieu de nantissement commerciaux ou agricoles, de cessions de biens en stock, de transports de créances en garantie ou de nantissements mobiliers de toute sorte, devront préciser la somme pour laquelle l'hypothèque est consentie. Un changement dans la pratique devra intervenir.

E. Montants garantis par l'hypothèque (art. 2667 C.c.)

1. *Le capital et les intérêts*

483. L'hypothèque garantit le capital de l'obligation principale (art. 2667 C.c.) et en plus, les intérêts échus durant l'année où le recours hypothécaire est exercé et ceux des trois années précédentes (art. 2959 C.c.).

2. *Les frais*

484. L'hypothèque garantit aussi le paiement des frais «légitimement engagés pour les recouvrer ou pour conserver le bien grevé» (art. 2667 C.c.). Que sont ces frais?

485. Sous le Code civil du Bas-Canada les «frais encourus» garantis par hypothèque sont les frais encourus, autres que les

frais encourus pour obtenir le jugement précédant la saisie et la vente (lesquels sont garantis par le privilège pour frais de justice), à l'occasion de l'exercice de l'hypothèque[410].

3. *Clauses pénales*

486. Il est de pratique courante d'insérer dans les actes d'hypothèque des clauses dites pénales obligeant l'emprunteur à payer une somme additionnelle au créancier dans les cas où celui-ci doit intervenir pour obtenir paiement; cette somme est souvent calculée en fonction du pourcentage du montant prêté. Compte tenu de la rédaction de l'article 1077 du Code civil du Bas-Canada, suivant lequel les dommages dans le retard de payer une somme d'argent «ne consistent que» dans les intérêts, le droit de réclamer ces pénalités a été contesté mais maintenu par les tribunaux[411]. Il est utile de noter ici, même si ce sujet ne concerne pas la matière des hypothèques à proprement parler mais celle des obligations en général, que l'article 1077 du Code civil du Bas-Canada a été remplacé par l'article 1617 C.c. dont les termes sont différents[412]. D'une part le premier alinéa du nouvel article est moins restrictif: il énonce que les dommages résultant du retard à payer «consistent», et non pas «ne consistent que», dans l'intérêt au taux convenu; ceci confirme la jurisprudence qui refusait de voir dans l'article 1077 C.c.B.-C. une interdiction de stipuler une clause pénale. D'autre part le dernier alinéa du nouvel article 1617 C.c. impose une condition au créancier qui entend percevoir les dommages-intérêts additionnels qui auront pu être stipulés à l'acte d'hypothèque: celle de justifier ces dommages-intérêts additionnels. Le législateur permet la clause pénale mais l'emprunteur pourra en empêcher l'application si le créancier ne justifie pas les dommages additionnels; l'emprunteur pourra également en réduire la quotité à la mesure des dommages que le créancier aura justifiés.

487. Il faut aussi prendre en compte l'article 2762 C.c. au chapitre de l'exercice des recours hypothécaires. Cet article se lit comme suit:

> 2762. Le créancier qui a donné un préavis d'exercice d'un droit hypothécaire n'a le droit d'exiger du débiteur aucune indemnité autre que les intérêts échus et les frais engagés.

488. Est-ce à dire que le créancier ne peut dans l'exercice de ses recours hypothécaires réclamer le montant d'une clause pénale? Nous ne le croyons pas.

489. Cet article 2762 C.c. tire ses origines de l'article 1040b du Code civil du Bas-Canada qui permet au débiteur ou à tout intéressé d'empêcher un créancier de devenir propriétaire d'un immeuble par l'effet de l'exercice d'une clause de dation en paiement, en remédiant au défaut mentionné dans l'avis d'exercice; cet article ajoute que le «créancier qui a donné l'avis prévu à l'article précédent n'a droit à aucune indemnité autre que l'intérêt et les frais». La perspective de l'article 1040b) C.c.B.-C. est très précise: pour faire échec à l'exercice de la clause de dation en paiement, il n'est pas nécessaire de payer au créancier le montant de la clause pénale ou de mise en collection que l'acte d'hypothèque a pu stipuler en sus des sommes requises pour remédier au défaut et des intérêts et frais. L'article 1040b) C.c.B.-C. n'enlève toutefois pas au créancier le droit, dans le cas d'une action personnelle ou personnelle hypothécaire, de réclamer cette clause pénale[413].

490. La perspective de l'article 2762 du Code civil du Québec est la même, quoique l'article s'applique dans le cas de tout recours hypothécaire, ce qui inclut la vente ou la vente sous contrôle de justice, c'est-à-dire l'équivalent de l'action hypothécaire, et non pas seulement de la prise en paiement.

491. C'est dire que le débiteur ou toute personne intéressée peut remédier au défaut reproché dans le préavis d'exercice de recours et ainsi empêcher le créancier de continuer l'exercice de son recours, sans avoir à payer quelqu'indemnité.

492. Si au contraire, nul n'a remédié au défaut, et que le créancier vende le bien, le droit de préférence assurera le paiement de la clause pénale. L'article 2762 n'y fait pas obstacle, son seul objectif étant d'indiquer ce que doit payer le débiteur qui veut remédier au défaut et c'est avec l'article 2761 qu'il doit se lire.

F. Hypothèque immobilière (art. 2693 à 2695 C.c.)

493. La section III du chapitre sur l'hypothèque conventionnelle, intitulée «De l'hypothèque immobilière», comporte trois articles. Le premier a trait à la forme notariée de l'hypothèque, le second à la description de l'immeuble hypothéqué et le troisième à l'hypothèque sur les loyers.

1. Forme notariée

a) Acte en minute

494. L'hypothèque immobilière doit sous peine de nullité être constituée par acte notarié en minute (art. 2693 C.c.); le nouveau code maintient le droit actuel en reprenant presque textuellement l'article 2040 C.c.B.-C. Dans l'état actuel de la jurisprudence sur l'exigence de la forme notariée, il suffit que le constituant de l'hypothèque signe l'acte constitutif devant le notaire, le caractère authentique de l'acte n'étant pas affecté si le créancier accepte l'hypothèque hors la présence du notaire[414]. On a justifié cette interprétation sur le fait que la forme notariée est avant tout requise pour la protection de celui qui consent l'hypothèque, que celle-ci n'oblige que lui et qu'à tout événement, même si on parle d'hypothèque conventionnelle, donc résultant d'une convention, c'est-à-dire de l'entente de deux parties, il reste que l'hypothèque n'est pas définie comme un contrat[415] mais plutôt comme un droit que le constituant crée (le nouveau code emploie les mots «consent» ou «constitue»[416]). Le vocabulaire de la loi nouvelle n'a pas changé; l'interprétation devrait donc être la même.

495. Le Code civil du Québec passe sous silence l'hypothèque testamentaire. On comprend de l'article 134(2e) de la *Loi sur l'application de la réforme du Code civil* que cette forme d'hypothèque sera désormais considérée comme une hypothèque conventionnelle.

496. L'acceptation de l'hypothèque par le créancier peut donc se faire hors la présence du notaire; elle peut même être tacite[417].

497. Cependant, il faut tenir compte que le notaire doit désormais[418] attester que la convention traduit la volonté exprimée

par les parties; on peut donc prévoir qu'en plusieurs circonstances le notaire voudra que les deux parties signent en sa présence.

498. La forme authentique est requise pour la constitution de l'hypothèque immobilière; elle ne l'est pas pour la transmission de la créance hypothécaire, pour les modifications à la créance garantie par hypothèque immobilière non plus que pour les renonciations et mainlevées consenties par le créancier[419] ou pour les cessions de priorité[420].

b) Attestation de conformité

499. L'acte d'hypothèque immobilière doit maintenant contenir une attestation par le notaire qu'il a vérifié «l'identité, la qualité et la capacité des parties, que le document traduit leur volonté et, le cas échéant, que le titre du constituant est déjà valablement publié» (art. 2988 C.c.). Cette formalité nouvelle est requise aux fins de pouvoir inscrire l'hypothèque aux registres fonciers (art. 2992, 2994 C.c.). La portée pratique de ces exigences nouvelles, particulièrement quant au reflet de la volonté des parties, peut faire l'objet d'interrogation. Le législateur mise sur le fait que la déclaration d'un homme de loi à l'effet que le contrat reflète la volonté des parties ajoutera à la valeur du consentement que le constituant de l'hypothèque a donné en signant le document. Cette attestation du notaire, du moins en ce qui concerne le reflet de la volonté des parties, ne pourra certes constituer une obligation de résultat; il arrive même aux tribunaux, renversés en appel, de se méprendre sur l'intention des parties. On assistera peut-être, en particulier dans le cas d'ententes commerciales complexes, à une dissociation entre l'acte constitutif d'hypothèque et le document constatant les ententes, afin de simplifier la tâche de celui qui doit attester du reflet de la volonté des parties.

2. *Description de l'immeuble*

500. Le nouveau code allège le texte de l'article 2042 du Code civil du Bas-Canada relatif à la description de l'immeuble hypothéqué. Il se contente d'énoncer à l'article 2694 C.c. que l'hypothèque immobilière n'est valable qu'autant que l'acte constitutif désigne de façon précise le bien hypothéqué; les

articles 3032 et 3033 C.c. énoncent de leur côté que le numéro donné à un lot sur le plan cadastral est sa seule désignation et que ce numéro doit apparaître dans la désignation d'un acte présenté pour inscription pour fins de publicité, faute de quoi l'inscription pourra être refusée. Enfin, notons que l'article 3037 C.c. exige que chaque partie de lot formant un immeuble soit désignée par ses tenants, aboutissants et mesures; il précise de plus que la description de partie de lot par voie de distraction n'est pas admise. Ce dernier article ne permet plus d'appliquer la jurisprudence sur l'article 2042 du Code civil du Bas-Canada qui a admis en matière d'hypothèque la description d'un immeuble par voie de distraction[421].

501. L'article 2694 C.c. devra être interprété en fonction de l'ensemble de la réforme du droit hypothécaire et en particulier il faudra lui donner une interprétation compatible avec le fait qu'il est désormais possible d'hypothéquer un bien futur (art. 2670 C.c.) ou une universalité de biens présents et futurs (art. 2665 C.c.). Dans le cas d'immeubles futurs ce n'est pas l'acte constitutif d'hypothèque, malgré la lettre de l'article 2694 C.c., qui contiendra la description de l'immeuble par son numéro de lot, mais plutôt l'avis d'inscription que présentera le créancier au bureau du registre foncier (art. 2949 C.c.)[422]. Dans le cas d'une hypothèque d'«immeubles futurs», deux situations pourront en réalité se présenter. Ou bien l'acquisition de l'immeuble est projetée et sa désignation est connue des parties; alors l'acte constitutif en contiendra la description, pourra être inscrit pour fins de publicité, mais l'hypothèque ne prendra rang qu'au moment de l'inscription du titre du constituant (art. 2948 C.c.). Ou bien il s'agit de l'hypothèque d'un immeuble futur dont l'identité n'est pas encore connue, ou de l'hypothèque d'un ensemble de biens immeubles futurs; c'est alors l'avis d'inscription qui décrira l'immeuble, l'acte constitutif ne pouvant comporter que l'indication qu'il s'agit d'un bien futur à description inconnue ou d'un ensemble de biens à venir. Dans ce dernier cas, l'hypothèque prendra rang à l'égard de chaque immeuble acquis, à compter de l'inscription de cet avis sur chacun d'eux (art. 2949 C.c.).

3. *L'hypothèque sur les loyers*

502. Nous avons déjà commenté plus haut l'article 2695 C.c. qui fait de l'hypothèque sur les loyers une hypothèque immobilière[423]. Bien que cette hypothèque soit déclarée de nature immobilière, il n'en demeure pas moins qu'elle porte sur une créance, celle du propriétaire pour les revenus de l'immeuble; les articles 2743 à 2747 C.c., que nous commenterons plus loin, s'y appliquent donc puisqu'ils s'adressent à toute hypothèque sur créances.

4. *Universalités d'immeubles, hypothèque avec détention par le créancier*

503. Certaines règles relatives aux hypothèques sur universalités de biens de même qu'aux hypothèques où le créancier détient le bien hypothéqué avant défaut sont communes aux hypothèques mobilière et immobilière. Comme elles sont susceptibles de trouver application principalement dans le cas où des biens meubles sont grevés, nous avons cru bon d'en traiter plus loin à l'intérieur du chapitre sur les hypothèques mobilières.

5. *Publicité*

504. La publicité de l'hypothèque immobilière se réalise par son inscription au registre foncier. Cette inscription s'accomplit par la présentation d'une réquisition d'inscription au bureau de la publicité des droits dans le ressort duquel est situé l'immeuble, accompagnée de l'acte ou d'un extrait authentique (art. 2982 C.c.).

6. *Rang*

505. L'hypothèque immobilière prend rang à compter de la minute, de l'heure et de la date inscrites sur le bordereau de présentation de la réquisition de son inscription au registre foncier (art. 2945 C.c.). Toutefois elle ne peut prendre rang avant l'inscription du titre du constituant (art. 2948 C.c.).

G. Hypothèque mobilière (art. 2696 à 2714 C.c.)

506. L'hypothèque mobilière a lieu avec ou sans dépossession du constituant. Dans le premier cas, des dispositions ressemblant à celles du gage sous le Code civil du Bas-Canada sont reprises par le Code civil du Québec (art. 2702 à 2709, 2736 à 2742 C.c.). Lorsqu'elle a lieu sans dépossession, plusieurs dispositions d'ordre général la régissent (art. 2696 à 2701 C.c.); d'autres règles propres aux hypothèques grevant certaines espèces de biens (v.g. hypothèques sur créances, hypothèques sur biens représentés par connaissement, hypothèques sur navires, hypothèques sur valeurs mobilières) se retrouvent à l'intérieur de la section sur les hypothèques mobilières. Enfin, d'autre règles, encore formulées en termes généraux et applicables à toutes les hypothèques, concernent plus particulièrement en pratique les hypothèques sur biens meubles. Nos commentaires suivront donc une ordonnance différente, sous certains rapports, de celle prévue au code.

1. *L'hypothèque mobilière sans dépossession*

a) Le constituant

507. Nous avons vu plus haut que si le constituant est une personne physique, l'hypothèque mobilière sans dépossession n'est valablement constituée qu'à la condition que cette personne exploite une entreprise et que l'hypothèque ne grève que les biens de cette entreprise[424].

b) Nécessité d'un écrit (art. 2696 C.c.)

508. L'hypothèque mobilière sans dépossession doit être constituée par écrit, nous dit l'article 2696 C.c. La forme de cet écrit n'est pas prévue; il peut donc s'agir d'un document authentique ou sous seing privé.

509. Il faut souligner ici qu'un gage peut continuer sa vie sous la forme d'une hypothèque sans dépossession[425]; celle-ci n'aura donc pas été «constituée» par écrit et ne sera pas soumise à l'article 2696 C.c., puisque devenue hypothèque sans dépossession après sa constitution.

c) Publicité au nom du constituant ou sous la désignation du bien

510. L'écrit constitutif d'hypothèque mobilière n'a pas à être déposé au registre central des droits réels mobiliers[426]. L'hypothèque mobilière s'inscrit plutôt par la production d'une réquisition au registre central[427]; cette réquisition désigne le titulaire, le constituant du droit, qualifie ce droit (c'est-à-dire indique qu'il s'agit d'une hypothèque), désigne les biens visés et comporte toute autre mention prévue aux règlements qui seront adoptés (art. 2981 C.c.).

511. Le législateur laisse voir que l'hypothèque mobilière pourra être inscrite sous le nom du constituant ou, encore, sous la désignation des meubles grevés, soit qu'ils s'agisse de biens meubles individualisés ou d'universalités de biens meubles. Ceci ressort du texte de l'article 2700 C.c. et de la description que fait l'article 2980 C.c. du registre des droits réels mobiliers. Ce registre est constitué «de fiches tenues par catégories de biens ou d'universalités, sous la désignation des meubles grevés ou l'indication de la nature de l'universalité ou, encore, de fiches tenues sous le nom du constituant». L'article 2980 C.c. précise que «sur chaque fiche sont répertoriées les inscriptions qui concernent la personne ou le meuble». La recherche aux registres par les tiers pourra se faire soit aux fiches de personnes soit aux fiches de biens. C'est ce qu'on peut comprendre des articles 2971, 2980 et 3018 C.c.

512. Il est certain que les règlements annoncés par le législateur au Livre sur la publicité viendront jeter un éclairage pratique sur le fonctionnement des inscriptions et des recherches. On peut s'attendre, entre autres, à ce que seules certaines catégories de biens meubles puissent donner lieu à une hypothèque inscrite sous la désignation du bien grevé.

513. Pour l'instant, les textes du Code civil paraissent laisser au choix des parties que l'inscription de l'hypothèque mobilière se fasse au nom du constituant ou au bien[428].

514. Notons qu'aucune attestation de vérification n'est requise pour l'inscription sur le registre des droits personnels et réels mobiliers (art. 2995 C.c.).

d) Description du bien grevé (art. 2697 C.c.)

515. Selon l'article 2697 C.c., la description donnée à l'acte d'hypothèque doit être «suffisante» et, s'il s'agit d'une universalité, l'indication de cette universalité suffit. Le législateur a manifestement voulu écarter tout formalisme et toute rigueur. Il s'est éloigné des dispositions sur le nantissement commercial qui requiert une énumération dans le corps de l'acte et une description précise qui individualise chaque bien par rapport aux autres biens de même nature (art. 1979f) C.c.B.-C.) aussi bien que des dispositions sur la cession de biens en stock[429] et du texte proposé dans le rapport de l'Office de révision du Code civil[430], qui requerrait une «précision suffisante pour l'individualiser». Cet important changement de vocabulaire commande une interprétation différente des exigences de description. Celle-ci doit être suffisante pour que, dans les circonstances, le créancier puisse, à l'aide du document, opposer sans équivoque son droit sur le bien grevé. Les exigences de descriptions ne relèvent plus d'une question de formalisme: les sûretés mobilières ne devraient plus être invalidées pour des erreurs cléricales dans la référence à des numéros de série ou pour des différences entre le numéro de série réel et celui inscrit sur une confirmation d'achat. Les exigences de description se rattachent maintenant à sa valeur probante, compte tenu du droit de suite que le créancier peut être appelé à exercer.

e) Rang

516. L'hypothèque mobilière sans dépossession prend rang de la minute, de l'heure et de la date inscrites sur le bordereau de présentation de la réquisition de son inscription au registre central des droits personnels et mobiliers (art. 2698, 2945 C.c.), même si le constituant n'acquiert la propriété du bien que postérieurement à cette inscription. Dans ce dernier cas, toutefois, l'hypothèque qu'a pu créer le constituant au profit du vendeur de qui il tient le bien et inscrite dans les quinze jours de la vente sera prioritaire (art. 2954 C.c.); de cette manière la loi protège le vendeur impayé qui prend une hypothèque conventionnelle pour se garantir.

i) Universalité de biens meubles

517. La même règle s'applique dans le cas d'une hypothèque sur une universalité de meubles: l'hypothèque prend rang dès son inscription à l'égard de chaque meuble grevé sans égard à l'ordre dans lequel ces biens ont été acquis ni au fait qu'ils aient été acquis avant ou après cette inscription (art. 2950 C.c.). La réserve faite au profit de l'hypothèque du vendeur impayé (art. 2954 C.c.) est également applicable ici.

Quatre cas particuliers méritent ici d'être soulignés.

ii) Créances et biens représentés par un connaissement

518. L'un concerne l'hypothèque mobilière portant sur des créances ou portant sur des biens représentés par un connaissement: cette hypothèque prend rang du jour où le créancier a avancé ses fonds ou exécuté sa prestation et ce rang est conservé dès lors qu'elle est inscrite dans les dix jours suivants (art. 2699 C.c.). Cette disposition, du moins en ce qui concerne les biens représentés par connaissement, s'inspire des articles 9-304(4) et (6) du «Uniform Commercial Code» américain, repris par l'article 24 de la *Loi sur les sûretés mobilières d'Ontario*[431]; elle a pour but de faciliter le crédit à court terme où des avances temporaires se font sur la garantie de biens en transit et pour lesquels le connaissement peut ne pas encore avoir été reçu par le destinataire. Celui-ci pourra constituer une hypothèque sur les biens avant d'avoir reçu le connaissement. Les parties ne sont donc pas gênées par les formalités de publicité dans le cas de ces transactions qui se dénouent ou deviennent caduques après quelques jours seulement. Sous la loi américaine, cette hypothèque occulte n'est opposable qu'aux créanciers ordinaires du constituant; sous le Code civil du Québec elle l'est à tout créancier, y compris celui qui aurait, dans la période de dix jours, publié une hypothèque consentie par le constituant sur le même bien. Cette opposabilité à tous les créanciers constitue un avantage mais aussi un risque: elle peut rendre les biens représentés par connaissement, de même que les créances, indisponibles pour fin de crédit avant que ne se soit expiré une période de dix jours suivant l'inscription de l'hypothèque.

iii) Bien meuble devenu immeuble

519. Une autre règle spéciale relative au rang de l'hypothèque est formulée au code pour le cas du meuble hypothéqué qui est incorporé à un immeuble[432]; depuis le moment de cette incorporation, l'hypothèque ne peut plus être opposée aux tiers et le rang que lui avait donné l'inscription originaire au registre des droits mobiliers ne tient plus: elle doit à nouveau être publiée, cette fois par inscription au registre foncier (art. 2951 C.c.); toute autre hypothèque sur l'immeuble inscrite avant cette réinscription au registre foncier a préséance.

iv) Bien meuble transformé en un nouveau bien

520. Une dernière règle a trait aux hypothèques sur les biens meubles qui ont subi des transformations, de sorte qu'un bien meuble nouveau est résulté des transformations, mélanges ou unions. Ces différentes hypothèques prennent le rang de la première d'entre elles qui a été publiée, pourvu que la publicité ait été renouvelée sur le meuble nouveau; toutes celles dont la publicité a ainsi été renouvelée viennent alors en concurrence «proportionnellement à la valeur respective des meubles ainsi transformés» (art. 2953 C.c.).

v) Préséance de l'hypothèque du vendeur impayé d'un bien meuble

521. L'article 2954 C.c. énonce que l'hypothèque sur un bien meuble à venir prend rang du moment de son inscription mais en tout état de cause qu'elle passe après l'hypothèque conventionnelle créée au profit du vendeur impayé, pourvu que l'hypothèque de ce dernier ait été créée dans l'acte d'acquisition et qu'elle ait été inscrite dans les quinze jours de la vente. En somme, le législateur protège l'hypothèque du vendeur impayé, lorsque le bien meuble vendu tombe sous le coup d'une hypothèque antérieurement consentie et inscrite par l'acquéreur.

522. Voyons une application des différentes règles relatives au rang de l'hypothèque mobilière qui viennent d'être commentées.

523. Un fournisseur de matières premières signe avec un client un contrat d'achat de matériaux à l'intérieur duquel est

constituée une hypothèque conventionnelle sur des matériaux présents et futurs livrés à un client, pour en garantir le prix; il inscrit son hypothèque dans les quinze jours de la signature de l'acte. Son hypothèque prend alors préséance sur l'hypothèque antérieurement inscrite de l'institution qui finance les stocks du même client (art. 2954 C.c.). Les matières premières sont-elles unies à d'autres pour être transformées en un produit fini qu'il peut réinscrire son hypothèque sur les produits finis présents et futurs fabriqués à l'aide de la matière première fournie; son hypothèque prend alors rang sur les produits finis à compter de son inscription ou de l'inscription antérieure d'une hypothèque prise par un autre fournisseur de matières premières entrées dans la composition du produit fini, au pro rata des valeurs respectives en matières premières dans le produit fini (art. 2953 C.c.). Une autre partie des matières premières livrées sont-elles incorporées par le client dans un édifice que celui-ci construit pour le compte d'un tiers, notre fournisseur pourra réinscrire son hypothèque contre l'immeuble en précisant la somme déterminée pour laquelle elle a été consentie (art. 2951 C.c.); il prendra alors rang après l'hypothèque de celui qui finance la construction qui, selon toute vraisemblance, aura déjà inscrit son hypothèque mais néanmoins acquerra à l'égard de ce prêteur hypothécaire des droits assez importants[433].

f) L'exercice du droit de suite (art. 2700 C.c.)

524. L'hypothèque emporte un droit de suite et ceci demeure vrai dans le cas de l'hypothèque mobilière. Cependant, par exception, ce droit n'existe pas dans le cas où le bien grevé est aliéné dans le cours des activités de l'entreprise. Le législateur ne s'est malheureusement pas exprimé de la façon la plus claire sur ce sujet, mais c'est ce qui ressort des trois articles suivants: l'article 2700 dans la section sur l'hypothèque mobilière; l'article 2674 dans les dispositions générales sur toutes les hypothèques et l'article 3106, au dernier alinéa, dans le titre des conflits de lois.

525. Le maintien du droit de suite est de plus subordonné à la réinscription de l'hypothèque au nom de l'acquéreur dans les cas où, à l'origine, elle avait été inscrite au nom du constituant plutôt qu'au bien. Si elle a été inscrite à l'origine au bien, cette

inscription ne sera pas requise. C'est ce qui se dégage des articles 2700 et 2701 C.c.

i) Perte du droit de suite

526. Le premier alinéa de l'article 2700 C.c. se lit comme suit:

> L'hypothèque mobilière sur un bien qui n'est pas aliéné dans le cours des activités de l'entreprise et qui est inscrite sous le nom du constituant est conservée par la production au registre des droits personnels et réels mobiliers, d'un avis de conservation de l'hypothèque.

527. Le dernier alinéa de l'article 2674 se lit comme suit:

> Si aucun bien ne remplace le bien (grevé d'une hypothèque universelle ou d'une hypothèque individualisée) aliéné (dans le cours des activités de l'entreprise) l'hypothèque ne subsiste et n'est reportée que sur les sommes d'argent provenant de l'aliénation, pourvu que celles-ci puissent être identifiées. (texte entre parenthèses ajouté)

528. Le dernier alinéa de l'article 3106 se lit comme suit:

> Toutefois, la sûreté (mobilière régie par une loi étrangère mais publiée au Québec) n'est pas opposable à l'acheteur qui a acquis le bien dans le cours des activités du constituant. (texte entre parenthèses ajouté)

529. C'est en faisant un rapprochement entre ces trois textes qu'il devient plus facile d'interpréter chacun d'entre eux.

530. Nous croyons que l'article 2700 veut dire trois choses.

531. Premièrement, l'hypothèque mobilière sans dépossession cesse de grever le bien sur lequel elle a été constituée, lorsque ce bien est aliéné dans le cours des activités de l'entreprise. À toutes fins utiles, elle cesse d'exister sur ce bien; le créancier n'y peut exercer aucun droit de suite, la loi protégeant l'acheteur. Ceci est corroboré par le dernier alinéa de l'article 3106 C.c. et, par l'article 2674 C.c. qui compense la perte du droit de suite par un droit de report[434].

532. Deuxièmement, lorsqu'un bien meuble grevé d'une hypothèque sans dépossession est aliéné en dehors du cours des

activités de l'entreprise, ce bien demeure assujetti à l'hypothèque et le créancier peut exercer à son égard le droit de suite.

533. Troisièmement, pour qu'une hypothèque soit conservée sur le bien vendu en dehors du cours des activités de l'entreprise et pour que ce droit de suite puisse être éventuellement exercé, l'hypothèque doit être réinscrite si, à l'origine, elle avait elle-même été inscrite au nom du constituant, par opposition à une inscription au bien[435].

534. Cet alinéa est curieusement rédigé. C'est par déduction qu'on apprend que l'hypothèque cesse de grever un bien meuble lorsque celui-ci fait l'objet d'une aliénation dans le cours des activités de l'entreprise. Le texte nous dit que l'hypothèque qui grevait un bien qui n'est pas aliéné dans le cours des activités de l'entreprise est conservé par l'inscription d'un avis. Il ne nous dit pas que celle qui grevait un bien qui, lui, est aliéné dans le cours des activités de l'entreprise, s'éteint ou n'est pas conservé ou ne peut être conservé; aucun texte ne formule expressément cette idée. C'est en rapprochant les articles 2700 (1er al.), 2674 et 3106 C.c. qu'on peut comprendre qu'elle cesse de le grever pour se reporter sur un autre bien. L'article 2732 vient également confirmer ceci en indiquant que le créancier titulaire d'une hypothèque légale inscrite «conserve son droit de suite sur le bien meuble qui n'est pas aliéné dans le cours des activités d'une entreprise, de la même manière que s'il était titulaire d'une hypothèque conventionnelle». L'hypothèque légale s'éteint donc également si le bien meuble est aliéné dans le cours des activités de l'entreprise.

535. C'est également par déduction qu'on apprend qu'une hypothèque mobilière peut être inscrite soit au nom du constituant soit au bien, la nécessité de réinscrire ne s'appliquant pas si l'inscription a été originairement faite au bien. La raison étant sans doute qu'une recherche au registre des droits personnels et réels mobiliers pourra toujours permettre de constater l'hypothèque inscrite au bien, même si ce bien a été vendu: une recherche au nom du nouveau propriétaire n'apprendra rien si l'hypothèque avait plutôt été inscrite au nom du constituant.

536. L'obligation de réinscrire a-t-elle lieu si l'hypothèque avait été inscrite à la fois au nom et au bien? Puisque l'objectif poursuivi par l'article 2700 C.c., paraît être le maintien de

l'efficacité de la publicité de l'hypothèque, on pourrait penser que la réinscription n'est alors pas nécessaire puisque la publicité assurée par l'inscription au bien n'est pas affectée.

ii) «Aliéné»

537. L'article 2700 C.c. s'applique au bien meuble hypothéqué qui est «aliéné» après avoir été grevé d'hypothèque. Le législateur emploie ici une expression à large portée. Il peut s'agir d'une vente, d'un échange ou d'une transmission du droit de propriété résultant de tout autre contrat.

iii) «Cours des activités de l'entreprise»

538. L'article 2700 C.c. s'applique lorsque le bien est aliéné et que cette aliénation n'a pas lieu dans le «cours des activités de l'entreprise». Cette expression est traduite en langue anglaise par «the ordinary course of business». Elle réfère à l'ensemble des opérations qui surviennent dans le courant normal du déroulement des activités d'une entreprise. Les actes à caractère répétitif sont facilement identifiables au cours normal des activités; les gestes isolés le sont moins. Pourtant le code donne une indication au chapitre de la vente qu'une opération de nature spéciale, telle la vente d'une partie substantielle d'une entreprise, peut avoir lieu dans le «cours des activités». Ainsi l'article 1767 C.c. ne se contente pas de dire que la vente d'entreprise (vente en bloc) est celle qui porte sur l'ensemble ou sur une partie substantielle d'une entreprise; il ajoute qu'elle doit aussi avoir «lieu en dehors du cours des activités du vendeur», laissant entendre qu'une telle vente pourrait, dans certaines circonstances, avoir lieu à l'intérieur du cours des affaires. Il s'agit donc, au niveau de ces règles sur la vente d'entreprise, d'un concept relatif, la vente d'importants éléments d'actifs pouvant faire partie du cours des activités de l'entreprise.

539. À titre d'exemple, la vente effectuée, dans le cours habituel des opérations, des biens qu'une entreprise fabrique empêchera le créancier d'exercer un droit de suite sur ces biens. De même, la vente de pièces d'équipement hypothéquées que le constituant remplace parce qu'elles sont devenues désuètes ou vétustes, pourrait en certains cas constituer une vente dans le «cours des activités».

540. Il est certain que plus l'expression «cours des activités de l'entreprise» sera interprétée largement ou libéralement, plus l'hypothèque mobilière deviendra pour le créancier, aléatoire. L'aliénation faite par le débiteur dans ces circonstances a un effet extinctif sur l'hypothèque. Or, le créancier n'a aucun contrôle sur le pouvoir qu'a le débiteur de vendre le bien hypothéqué; il pourra avoir été convenu que telle vente constituera un défaut en vertu de la convention; il n'empêche qu'une fois la vente faite, l'hypothèque tombe, s'il est jugé que la vente a été effectuée dans le cours des activités de l'entreprise. Sans doute le report (art. 2674 C.c.) protège-t-il le créancier jusqu'à un certain point, mais le créancier n'a plus aucun contrôle si son droit de suite est perdu. Une interprétation trop libérale de ce qu'est le «cours des activités» risque donc de diluer la force de l'hypothèque mobilière. Les aléas que ceci représente inciteront sans doute plus d'un prêteur à financer l'outillage et les équipements par voie de vente à tempérament ou vente avec faculté de rachat plutôt que par hypothèque.

541. Le «cours des activités de l'entreprise» dont il s'agit est le cours des activités de celui qui aliène et pas nécessairement du constituant. Ainsi le constituant a pu vendre un bien hypothéqué à une entreprise qui à son tour le vend à un tiers. Il s'agit du cours des activités de l'entreprise de celui qui vend.

542. Que se passe-t-il si le bien meuble hypothéqué est passé entre les mains d'une personne qui n'exploite pas une entreprise et que celle-ci le revend? Échappe-t-on alors à l'application de l'article 2700 C.c., puisqu'on ne peut pas dire qu'il s'agit d'une «vente d'un bien en dehors des activités de l'entreprise», le vendeur n'en exploitant pas? Nous croyons plutôt qu'il faut que le créancier observe les dispositions de l'article 2700 C.c. dans ces circonstances. L'objectif poursuivi par le législateur paraît être, encore une fois, le maintien de l'efficacité de la publicité.

iv) Délai de réinscription

543. La réinscription doit être faite dans les quinze jours qui suivent le moment où le créancier a été informé par écrit à la fois du transfert du bien et du nom de l'acquéreur ou, si le créancier a consenti par écrit au transfert, dans les quinze jours de son consentement. Le code est ici très précis: le délai ne

commence à courir qu'à compter du moment où le créancier a reçu un écrit l'informant du transfert ou de l'émission d'un écrit de sa part constatant son consentement. La communication téléphonique ne suffit pas. La connaissance acquise autrement que par un écrit ne suffit pas. On peut comprendre ces exigences strictes: il y va de la perte du droit hypothécaire.

544. Si le créancier n'est jamais informé par écrit d'une vente qui a eu lieu, ce qui risque fort bien de survenir, son hypothèque et son droit de suite demeurent: le délai pour réinscrire n'aura jamais commencé à courir.

545. Que se passe-t-il si le créancier reçoit un écrit qui lui apprend du même coup plusieurs transferts successifs? Pour atteindre les objectifs poursuivis par l'article 2700 C.c., il suffirait que la réinscription se fasse au nom du dernier acquéreur.

546. Que se passe-t-il si avant l'expiration des quinze jours le créancier reçoit avis écrit d'une autre aliénation? Ici encore les fins poursuivies par l'article 2700 C.c. seraient atteintes si la réinscription se faisait pour le dernier des transferts seulement.

547. L'article 2700 C.c. n'empêche pas le créancier qui n'aurait pas reçu avis écrit du transfert, mais qui le connaît, de réinscrire; si dans cette circonstance il ne réinscrivait pas, son hypothèque ne serait cependant pas perdue.

v) Remise d'une copie de l'avis à l'acquéreur

548. L'article 2700 C.c. demande que copie de l'avis de réinscription, qui contient le nom du constituant ou du débiteur, celui de l'acquéreur et une désignation de bien, soit remis à l'intérieur du même délai de quinze jours à l'acquéreur. Si le créancier réinscrit mais ne remet pas copie de l'avis de réinscription à l'acquéreur, soit par négligence, soit parce que l'acquéreur est introuvable ou pour toute autre raison, son hypothèque est-elle perdue? Le code n'exige pas que l'avis écrit qui informe le créancier du transfert comporte l'adresse de l'acquéreur. Si celui-ci est introuvable, on voit mal pourquoi le créancier perdrait tous ses droits si, après avoir réinscrit, il n'a pu livrer copie de l'avis. Si l'adresse de l'acquéreur était connue du créancier mais qu'il n'a pas remis copie de l'avis de réinscription dans les délais, on peut encore penser que son

hypothèque est conservée. Le premier alinéa de l'article 2700 C.c. dit bien que l'hypothèque est conservée par l'inscription de l'avis et non pas à la fois par cette inscription et la remise de l'avis. Le seul but de la remise de cet avis de réinscription à l'acquéreur paraît être d'aviser ce dernier de l'existence de l'hypothèque mobilière; l'acquéreur a pu être incapable de le connaître avant d'acheter si, dans le cas d'une hypothèque inscrite au nom du constituant, il a acheté le bien non pas de ce dernier mais d'un acquéreur subséquent. Tant que le créancier ne lui donnerait pas copie de l'avis de réinscription, le créancier serait forclos de reprocher à cet acquéreur d'avoir manqué aux devoirs de celui qui détient un bien hypothéqué[436]. Là serait la sanction.

vi) L'inscription de l'acte d'achat où l'acquéreur assume le paiement d'une dette garantie par hypothèque mobilière grevant le bien acquis

549. L'article 2701 C.c. énonce laconiquement que «l'hypothèque mobilière assumée par un acquéreur peut être publiée».

550. Qu'est-ce à dire? Dans tous les cas l'hypothèque mobilière ne doit-elle pas être publiée, si son titulaire veut l'opposer aux tiers[437]?

551. Le mot «assumée» nous donne la clef: l'article veut dire: «l'acte d'acquisition aux termes duquel l'acquéreur assume le paiement de la dette garantie par hypothèque sur le bien meuble qu'il acquiert peut être publié». Ce n'est pas de la publication de l'hypothèque dont il s'agit à l'article 2701 C.c. mais de celle de la vente du bien meuble hypothéqué.

552. Le code nous dit que cet acte d'acquisition peut être publié; il fallait cette disposition puisqu'en principe la transmission des droits réels mobiliers n'est pas assujettie à la publicité, sauf certaines exceptions[438]. La publication de cet acte assurera au créancier qu'une recherche au nom permette aux tiers de connaître l'existence de l'hypothèque. On pourrait reprocher au législateur de n'avoir pas ajouté ici que cette publication dispense le créancier de la nécessité d'inscrire un avis de conservation d'hypothèque. Tels que rédigés, les articles 2700 et 2701 C.c. sont indépendants l'un de l'autre. Suivant la lettre de l'article 2700 C.c., l'hypothèque n'est conservée que si un avis

de réinscription est déposé dans les quinze jours où le créancier a reçu avis écrit du transfert, même si ce transfert a été publié. Puisque les fins poursuivies par l'article 2700 C.c. sont atteinte par la publication de l'acte visé à l'article 2701 C.c., peut-être jugera-t-on que la publication de cet acte de vente suffit pour que l'hypothèque soit conservée.

vii) Renonciation à l'extinction de l'hypothèque?

553. La vente du bien meuble hypothéqué dans le cours des activités de l'entreprise constitue un aléa important pour le créancier. Il nous apparaît impossible que les parties, contractuellement, empêchent l'extinction de l'hypothèque à l'égard du bien ainsi vendu: la règle de l'article 2700 C.c. protège les tiers. Elle est sans doute d'ordre public; l'article 3106 C.c. énonce en ce sens qu'une hypothèque mobilière créée dans un état étranger n'est pas opposable à l'acheteur qui a acquis le bien, maintenant situé au Québec, dans le cours des activités du constituant.

2. *L'hypothèque mobilière avec dépossession (art. 2702 à 2709 C.c.)*

554. Le Code civil du Québec (art. 2702 à 2709 C.c.) reprend en substance la plupart des règles du Code civil du Bas-Canada sur le gage. La dépossession est ici une mesure de publicité; la détention du bien doit être exercée d'une manière continue par le créancier ou un tiers convenu. Le créancier involontairement privé de sa détention peut revendiquer mais ne peut empêcher un autre créancier soit de saisir le bien soit d'y exercer des recours hypothécaires. Le créancier en possession doit conserver le bien mais ne peut l'utiliser; il n'est tenu de rendre le bien qu'une fois payé. Son droit de retenir n'a toutefois pas pour effet de doubler son hypothèque d'une priorité.

a) Remise du bien ou interversion de titre

555. Suivant l'article 2702 C.c., l'hypothèque mobilière est constituée par la remise du bien ou du titre au créancier. Il s'agit donc d'un contrat réel qui se forme par la remise du bien. Tant que cette remise n'a pas eu lieu, l'hypothèque n'est pas constituée.

556. Cette remise peut être remplacée par une interversion dans le titre de la détention qu'exerce déjà le créancier. Ainsi un dépositaire peut devenir un gagiste; ce sera le cas, par exemple, lorsqu'un courtier détient des valeurs pour le compte de son client: les conventions usuelles de courtage prévoient que dès le moment où le client doit des sommes au courtier, celui-ci détient les valeurs à titre de gagiste et non plus seulement de dépositaire[439].

557. Le code, à l'article 2702 c.c., a cru bon d'employer les mots «bien ou titre»; cela n'était peut-être pas nécessaire puisqu'un bien peut être corporel ou incorporel[440], mais cela illustre le fait qu'une hypothèque mobilière avec dépossession peut porter sur une valeur, un droit ou un bien représenté par un titre.

558. Le mot «titre» désigne, sans doute, aussi bien un meuble incorporel représenté par un titre, tel une valeur mobilière émise par une compagnie, qu'un bien meuble corporel représenté par un titre, tel un connaissement. Dans ce dernier cas on se souviendra que le constituant doit être une personne qui exploite une entreprise. Le titre dont il s'agit doit avoir la caractéristique d'être négociable: sa remise au créancier (accompagné ou non d'un endossement — art. 2709 C.c.) doit suffire pour accorder à celui-ci la détention et le contrôle. Les titres de créances qui n'ont pas cette propriété d'être transmissibles par endossement et délivrance, ou délivrance seulement, tombent plutôt sous le régime des articles relatifs aux hypothèques sur créances puisque dans leur cas la simple détention du titre suite à une transmission ne confère pas droit d'action[441]. La référence dans l'article 2708 C.C. à des «créances» doit s'entendre des créances représentées par un titre négociable.

559. L'exécution d'un écrit n'est donc pas essentielle à la constitution de l'hypothèque avec dépossession. Dans la plupart des cas il sera recommandable qu'il y en ait un. Tout d'abord le constituant voudra à tout le moins avoir en main un reçu du créancier. En second lieu, si celui-ci possède déjà en une autre qualité, il se produira une interversion de titre qui, suivant l'article 923 C.c., ne se présume pas et doit être prouvée par des «faits non équivoques». Enfin, l'hypothèque avec dépossession peut être, postérieurement à sa constitution, publiée par inscription pourvu qu'il n'y ait pas interruption de publicité (art.

2707 C.c.); cette inscription se fait par le dépôt d'un avis comportant certaines informations relativement, entre autres, au montant de l'hypothèque et à la description du bien[442]: l'écrit pourra servir de support à cet avis. Mentionnons ici que, l'article 158 du projet de loi 38 ne permet pas l'inscription de l'exercice d'un droit hypothécaire si l'hypothèque n'est pas inscrite; nous croyons toutefois qu'il y a eu erreur à cet article et que l'intention était de référer à une hypothèque publiée et non «inscrite»[443].

b) Connaissements

560. Il peut être utile de rappeler ici que la *Loi sur les connaissements, les reçus et les cessions de biens en stock*[444] est abrogée.

561. Le «connaissement» est désormais défini par l'article 2041 du Code civil du Québec comme étant l'«écrit qui constate le contrat de transport de biens». L'hypothèque sur un bien représenté par un connaissement est donc une hypothèque créée sur un bien en transport. Le transport «couvre la période qui s'étend de la prise en charge du bien par le transporteur, en vue de son déplacement, jusqu'à sa délivrance» (art. 2040 C.c.).

562. On constate à la lecture de ces définitions que le concept de connaissement, auquel réfère les différentes dispositions du titre sur les hypothèques, est un concept plus étroit que celui que décrivait la loi abrogée[445]. Il s'agit désormais de biens en transport seulement. L'hypothèque sur les biens entreposés à propos desquels un document atteste du dépôt ne pourra être constitué sous la forme d'une remise de ce document. Par ailleurs, la détention du connaissement cessera d'être utile aux fins de la publicité de l'hypothèque sur les biens que le connaissement représente dès que le transport de ces biens aura pris fin et que le connaissement n'aura plus d'utilité. La publicité de l'hypothèque pourra alors être continuée par son inscription (art. 2707 C.c.).

c) Détention par le créancier ou un tiers convenu

563. L'article 2705 c.c. reprend avec plus de détails la règle formulée par l'article 1970 du Code civil du Bas Canada: le créancier peut, du consentement du constituant, exercer sa

détention par l'intermédiaire d'un tiers. Le nouveau code ajoute cependant que la détention par le tiers ne vaut publicité qu'à compter du moment où celui-ci reçoit une preuve écrite de l'hypothèque. Comment expliquer cet ajout? Peut-être le législateur a-t-il voulu s'assurer qu'on puisse rapporter une preuve de l'instant où la détention par le tiers a commencé à être utile aux fins de publicité, puisque c'est le moment où la publicité s'accomplit qui détermine le rang[446]; une hypothèque sans dépossession, de deuxième rang, pourrait être créée sur le même bien: le moment où la détention du créancier par l'intermédiaire du tiers devient utile aux fins de publicité est donc déterminant car il établira la préséance de son hypothèque sur celle du second créancier. Mais si c'était là le motif à l'ajout, pourquoi le législateur n'a-t-il pas eu la même exigence lorsque c'est le créancier lui-même qui détient? Il n'a pas dans ce cas exigé de preuve écrite du moment où la détention du créancier commence. Nous sommes portés à croire que cette exigence est davantage rattachée à la règle suivant laquelle la détention pour être utile doit être non équivoque. Le législateur a voulu s'assurer que le tiers, spécialement lorsqu'il détenait déjà le bien en une autre qualité, connaisse l'existence de l'hypothèque et sache que le contrôle du bien appartient maintenant au créancier, de qui il recevra désormais les instructions, et non plus au propriétaire du bien. Il faut ici tenir compte de l'article 923 C.c. suivant lequel l'interversion de titre dans la possession ou la détention doit être prouvée par des faits non équivoques.

564. Le créancier qui déposerait les biens grevés de l'hypothèque dans un coffret de sûreté exerce-t-il une «détention par l'intermédiaire d'un tiers»? Le cas échéant, l'hypothèque ne serait pas publiée tant que l'établissement qui donne le coffret de sûreté en location n'aura pas reçu «une preuve écrite de l'hypothèque». Nous ne croyons pas que ce soit là la portée qu'il faille donner à l'article: dans l'exemple proposé le créancier détient lui-même le bien, même si celui-ci se trouve dans des lieux loués.

565. Notons également que l'article 2705 C.c. ne fait pas de la remise de la preuve écrite de l'hypothèque au tiers détenteur une condition de constitution de l'hypothèque mais plutôt une condition d'efficacité de la publicité que les parties cherchent à effectuer du fait de la dépossession du débiteur.

d) Détention paisible, continue, publique et non équivoque

566. L'article 922 du Code civil énonce que, pour produire ses effets, la possession doit être paisible, continue, publique et non équivoque. C'est exactement en ces termes que la Cour du banc de la reine a déjà énuméré les qualités que la possession du créancier gagiste devait avoir aux fins du gage[447]. La détention du bien par le créancier sous le nouveau Code civil poursuit les mêmes fins que celle du gagiste sous le Code civil du Bas-Canada: celle de dénoncer aux tiers l'existence de la sûreté; elle devrait donc remplir les qualités qu'on exige de la possession du gagiste.

567. Le Code civil codifie la jurisprudence sous le Code civil du Bas-Canada à l'égard de différentes situations. Ainsi la détention demeure continue quoique le créancier soit empêché du fait d'un tiers de l'exercer (art. 2704 C.c.)[448]. Le créancier peut alors revendiquer le bien (art. 2706 C.c.) entre les mains de ce tiers par saisie avant jugement[449]. La détention demeure également continue quoique le bien ait été temporairement remis au constituant ou à un tiers, afin qu'il l'évalue, le répare, le transforme ou l'améliore[450].

e) Rang

568. Le rang de l'hypothèque mobilière avec dépossession dépend du moment où la détention du créancier, ou du tiers, devient utile aux fins de la publicité. Une exception est, ici encore, créée à l'égard des biens ou créances représentés par connaissement ou titre négociable: cette hypothèque, suivant l'article 2708 C.c., est opposable aux créanciers du constituant et prend rang à leur égard à compter du moment où le créancier a exécuté sa prestation, pourvu que le titre lui soit remis dans les dix jours qui suivent[451]. L'article 2708 C.c. réfère à la remise du titre au créancier; il s'agit sans doute d'un écart de langage et la règle devrait tout aussi bien s'appliquer dans le cas de remise du titre à un tiers convenu entre les parties.

f) Devoir de conservation du créancier

569. Le Code civil du Bas-Canada indique que le créancier gagiste a les obligations d'un dépositaire relativement à la conservation de la chose engagée. L'article 2736 du Code civil

reprend la même idée. Le créancier doit faire tous les actes nécessaires à la conservation du bien grevé et a droit aux impenses, mais ne répond pas de la perte survenue par suite de force majeure ou résultant de la vétusté du bien ou de son dépérissement (art. 2736, 2739 et 2740 C.c.). On a déjà jugé que son devoir de conserver s'étend au paiement des primes sur la police d'assurance-vie engagée[452] mais non pas à la vente des actions engagées qui seraient en perte de valeur[453].

570. Le créancier ne peut se servir du bien sans la permission du constituant; s'il le fait, il «abuse» du bien dit l'article 2741 C.c., qui reprend ici les termes du Code civil du Bas-Canada; en cas d'«abus» de gage, le constituant a droit d'obtenir la restitution immédiate de son bien. Ainsi le créancier gagiste qui déposerait une somme d'argent donnée en gage dans son compte d'opérations courantes se trouverait à utiliser les fonds engagés; le constituant a alors droit à restitution[454].

g) Fruits et revenus

571. Le créancier perçoit les fruits et revenus, soit les intérêts et les dividendes[455] et les impute sur les frais, puis les intérêts, puis le capital, nous dit l'article 2738 C.c.; aux fins de cette disposition le rachat en espèces d'actions du capital-actions d'une personne morale, qui représente le capital[456], est traité par l'article 2738 C.c. comme du revenu.

h) Droit de rétention?

572. Le constituant qui a créé une hypothèque avec dépossession ne peut réclamer son bien tant que l'obligation principale garantie n'est pas payée, nous dit l'article 2741 C.c. Cet article reprend en substance les termes de l'article 1975 du Code civil du Bas-Canada sur lequel le droit de rétention du gagiste se fonde.

Le créancier, en vertu d'une hypothèque avec dépossession, jouit-il d'un droit de rétention?

573. L'admettre serait, du même coup, admettre que sa créance est prioritaire et, par voie de conséquence, que son droit de préférence l'emporte sur toute hypothèque même de rang antérieur[457]. Or cela est inadmissible. Le législateur ne peut pas

accorder à un créancier un rang qui est fonction du moment où son hypothèque devient publique et, à la fois, lui accorder une préséance sur toute hypothèque.

574. D'ailleurs on constate à la lecture de l'article 2706 C.c. que le gagiste ne peut pas, lorsque le bien est saisi par un créancier ordinaire ou revendiqué par un autre créancier hypothécaire, empêcher cette saisie ou cette revendication; il ne peut alors retenir le bien: il n'a qu'à exercer son droit de préférence, suivant son rang. Sous le Code civil du Bas-Canada, celui qui a un droit de rétention peut opposer son droit même au créancier dont la créance jouit d'un droit de préférence antérieur au sien[458] et former opposition à la saisie aux fins de retenir le bien jusqu'à ce qu'il soit payé à même le produit de sa vente[459]; l'article 2706 C.c. ne reconnaît plus ce droit au gagiste.

i) Interruption de la prescription extinctive

575. Suivant l'article 2898 du Code civil du Québec, la reconnaissance d'un droit interrompt la prescription. Sous le Code civil du Bas-Canada les tribunaux ont souvent maintenu que l'octroi d'un gage et le maintien en possession du créancier gagiste constituait de la part du débiteur une reconnaissance et un aveu tacite continuel de la dette[460]. Il est à prévoir que cette jurisprudence ne sera pas maintenue. Si elle devait l'être, il n'y aurait pas de raison pour qu'elle ne soit pas étendue à l'hypothèque mobilière avec dépossession, celle-ci ne différant du gage que par le mode de publicité; une fois étendue à toutes les hypothèques mobilières, il n'y aurait pas de raison de ne pas l'étendre aussi aux hypothèques immobilières. Dès lors toute créance hypothécaire deviendrait imprescriptible. Or la prescription extinctive est un mode d'extinction des obligations (art. 1671 C.c.) et l'hypothèque ne peut survivre à l'extinction de l'obligation (art. 2797 C.c.); ces deux principes généraux seraient mis en échec.

j) Nécessité d'inscrire pour exercer un recours?

576. L'article 158 du projet de loi 38 subordonne l'inscription d'un préavis d'exercice de recours hypothécaire au fait que l'hypothèque ait déjà été inscrite. Il nous semble que c'est par

inadvertance qu'on a là utilisé le mot «inscrit»; le mot «publié» aurait mieux convenu. À quoi sert d'avoir permis la publication de l'hypothèque par la possession du créancier si de toute façon il ne peut se prévaloir de cette hypothèque sans l'inscrire?

3. L'hypothèque ouverte (art. 2715 à 2723 C.c.)

577. L'hypothèque ouverte est une des formes d'hypothèques proposées par le Code civil du Québec pour remplacer les sûretés octroyées en vertu de la *Loi sur les pouvoirs spéciaux des corporations*; son mécanisme de fonctionnement est toutefois fort différent. Son appellation en langue anglaise est «floating hypothec»; on y verra certaines ressemblances avec la «floating charge» du droit anglais. Elle peut grever un ou plusieurs biens présents, ou présents et futurs, mobiliers ou immobiliers ou des universalités de biens. Elle fait l'objet de deux inscriptions: la première, au moment de sa constitution, qui ne sert guère qu'à lui donner rang à l'égard de tout autre hypothèque ouverte qui aurait pu être consentie; une seconde, par laquelle elle devient vraiment opposable aux tiers, qui se fait au moment de sa «clôture», lorsqu'il y a défaut. Ce n'est à toutes fins utiles qu'à ce moment qu'elle prend rang et effet.

a) Suspension de certains effets avant la clôture

578. L'article 2715 C.c. décrit l'hypothèque ouverte comme celle dont «certains des effets» sont suspendus jusqu'à ce que, suite à un défaut, un avis de clôture soit signifié au constituant et au débiteur. Ce caractère «ouvert» ne peut se présumer ou s'inférer du texte de l'acte d'hypothèque: il doit être expressément stipulé, dit le second alinéa de l'article 2715 C.c. Cette nécessité de stipulation expresse est une règle qui s'avérera très utile; en effet, les hypothèques sur des universalités de biens, destinés à être vendus dans le cours des affaires, ou sur des universalités de créances, offrent plusieurs ressemblances avec l'hypothèque ouverte; il est heureux qu'il ne soit pas possible, par présomption, de les assimiler à des hypothèques ouvertes qui confèrent des droits plus faibles.

579. Le code ne spécifie pas lesquels des effets de l'hypothèque sont suspendus. De la lecture de différents articles on peut dresser le tableau suivant.

i) Absence de droit de suite

580. Bien qu'elle doive être publiée «au préalable» dit l'article 2716 C.c., c'est-à-dire avant l'inscription de l'avis de clôture, l'hypothèque ouverte ne devient opposable aux tiers que par cette dernière inscription. C'est dire que jusqu'à la clôture le droit de suite qu'elle comporte ne peut avoir lieu: le constituant peut aliéner ses biens, meubles ou immeubles, sans que le créancier hypothécaire ne puisse les suivre entre les mains des tiers pour y exercer ses droits. Ces biens vendus ou aliénés échappent à tout jamais à l'hypothèque, puisqu'au moment de la clôture l'hypothèque ouverte n'emporte d'effets qu'à l'égard «des droits que le constituant peut encore avoir dans les biens grevés» (art. 2719 C.c.). L'acquéreur d'un immeuble sur lequel est inscrite une hypothèque ouverte non clôturée pourra donc obtenir la radiation de cette hypothèque[461].

581. Le test ici n'est donc pas de savoir si l'aliénation était celle d'un bien meuble ou d'un bien immeuble; il n'est pas non plus de savoir si le bien a été aliéné dans le cours des activités de l'entreprise ou à l'extérieur du cours de ses activités. C'est plutôt le moment de la clôture qui est l'élément clef. À compter de ce moment, l'hypothèque ouverte emporte, pour l'avenir, droit de suite sur les biens grevés qui appartiennent encore au constituant ou sur les droits qui lui restent dans ces biens.

ii) Droit de préférence paralysé

582. Avant clôture le créancier ne peut exercer aucun droit de préférence sur les biens grevés; ceci, encore, résulte du fait que l'hypothèque n'est alors pas opposable aux tiers (art. 2716 C.c., 2e al.). Y a-t-il saisie du bien ou exercice par un autre créancier de ses recours hypothécaires, le créancier titulaire de l'hypothèque ouverte n'y peut rien. Sans doute l'acte pourra-t-il prévoir que la saisie des biens de l'entreprise constituera un cas de défaut, mais la clôture ne pourra être automatique: un avis doit être signifié (art. 2715 C.c.) et inscrit (art. 2716 C.c.) et ce n'est que du moment de cette inscription qu'elle devient opposable.

583. À cette paralysie du droit de préférence, le code apporte deux tempéraments. Entre plusieurs hypothèques ouvertes clôturées, la préséance est accordée à la première inscrite et non à

celle qui fut la première clôturée (art. 2955 C.c.). Deuxièmement, le titulaire de l'hypothèque ouverte portant sur une universalité des biens a préséance sur tout autre créancier qui a inscrit son hypothèque après l'inscription de l'hypothèque ouverte — même sur celui qui aurait inscrit son hypothèque avant l'inscription de l'avis de clôture, à l'égard de son droit de prendre possession et d'administrer en cas de défaut. C'est dire que l'inscription d'une hypothèque ouverte assure au créancier un droit prioritaire de prendre possession et de continuer l'exploitation de l'entreprise en cas de défaut. Il peut de cette manière faire échec aux droits hypothécaires des créanciers subséquents. Ceci résulte de l'article 2721 C.c. qui, somme toute, donne à l'hypothèque ouverte un rang latent depuis son inscription initiale pour ce qui regarde sa préséance au droit de prendre possession et d'administrer. C'est le maintien partiel, au profit de l'hypothèque ouverte, de l'article 2750 C.c. qui énonce que celui des créanciers dont le rang est antérieur a priorité pour l'exercice des recours hypothécaires sur ceux qui viennent après lui.

iii) Inopposabilité des ventes d'entreprise, des fusions ou réorganisations

584. L'article 2720 C.c. énonce que la vente d'entreprise (vente en bloc) consentie par le constituant est inopposable au titulaire de l'hypothèque ouverte et que lui sont également inopposables les fusions ou réorganisations dont l'entreprise fait l'objet. Cet article va très loin dans la protection du titulaire de l'hypothèque ouverte, en empêchant à son égard des gestes dont la conséquence serait de faire échapper les biens du constituant à sa sûreté. Le code ne précise pas comment le créancier pourra se prévaloir de cette inopposabilité. Dans les cas où la convention prévoit qu'une vente d'entreprise ou une fusion ou réorganisation survenue sans le consentement du créancier constituera un défaut, il pourra y avoir immédiatement clôture puis exercice du droit de suite à l'égard des biens vendus dans le cadre de la vente d'entreprise. Pour ce qui regarde l'inopposabilité de la fusion ou de la réorganisation, la question est plus complexe. Dans l'état actuel de la jurisprudence[462], une fusion n'affecte pas les droits des obligataires pour le compte desquels le fiduciaire détient des sûretés sur les actifs de l'une des entreprises

qui ont fusionné: leurs charges continuent à grever les biens de l'entreprise résultant de la fusion. La situation est plus délicate lorsque les deux sociétés qui fusionnent avaient toutes deux consenti des charges générales; chaque groupe d'obligataires a alors droit à des charges de premier rang et à ne pas être «affecté» par la fusion[463].

585. Il est souhaitable que cette disposition du code s'accompagne d'une disposition correspondante dans la *Loi sur les compagnies* afin d'harmoniser les législations.

iv) Efficacité entre les parties de restrictions stipulées à l'acte

586. La suspension des effets de l'hypothèque n'atteint pas l'efficacité, entre les parties, des conditions ou restrictions au droit du constituant d'aliéner ou d'hypothéquer les biens grevés. Ainsi l'acte constitutif aura pu interdire de créer des sûretés sur des actifs autres que les stocks et les comptes-clients; bien que certains effets de l'hypothèque soient suspendus, l'engagement de ne pas créer de sûretés est immédiatement obligatoire et sa violation créera un défaut permettant de clôturer. C'est ce que dit l'article 2717 C.c. En réalité ces conditions et restrictions dont parle l'article 2717 C.c. ne relèvent pas du droit hypothécaire à proprement parler; elles relèvent de la convention; leur efficacité ne pourrait donc être suspendue en application de l'article 2715 C.c., qui ne suspend que certains effets de l'hypothèque.

v) Obligation du détenteur à l'égard des biens hypothéqués

587. On peut aussi penser que l'obligation générale que l'article 2734 C.c. impose au constituant de ne pas détruire ou détériorer le bien hypothéqué ou d'en diminuer sensiblement la valeur incombe au constituant dès la constitution de l'hypothèque ouverte. Le constituant conserve la liberté de disposition aux fins de poursuivre ses activités mais non la liberté de nuire à son créancier.

b) Effets après la clôture

588. Sur inscription de l'avis de clôture, l'hypothèque ouverte devient opposable aux tiers (art. 2716 C.c.) et prend rang (art. 2955 C.c.).

589. Elle emporte alors tous ses effets sur les droits que le constituant a encore dans les biens grevés et, si elle porte sur une universalité, elle continuera à grever les biens acquis après clôture (art. 2719 C.c.). Ses effets ne sont toutefois opposables aux débiteurs des créances qu'elle grève qu'à compter de la publication de l'avis de clôture dans un journal distribué dans la localité de son principal établissement: c'est ce qui ressort de l'article 2718 C.c. qui, comme on le voit est une reprise de l'article 31 actuel de la *Loi sur les pouvoirs spéciaux des corporations*[464]. Cette publication n'est toutefois pas nécessaire à l'égard de ceux des débiteurs à qui l'hypothèque ouverte a été signifiée ou qui l'auraient acceptée.

i) Reprise des effets suspendus

590. Un vent d'optimisme a soufflé lors de la rédaction de l'article 2723 C.c. Cet article s'appliquera dans une situation où, suite à la clôture de l'hypothèque, il est remédié au défaut: le créancier doit alors requérir la radiation de l'avis de clôture et l'hypothèque qui s'était refermée sur les biens s'ouvrira à nouveau et ses effets seront «à nouveau suspendus».

c) Conditions de clôture

Le code prévoit deux circonstances où la clôture peut avoir lieu.

591. La première est d'ordre général. Il s'agit du manque par le débiteur ou par le constituant de remplir ses obligations vis-à-vis du créancier (art. 2715 C.c.). Le code met ici en relief le fait que l'hypothèque ouverte pourrait avoir été consentie par une personne qui n'est pas le débiteur; nous avons déjà noté plus haut qu'il s'agit ici d'une innovation par rapport au droit actuel où les sûretés octroyées en vertu de la *Loi sur les pouvoirs spéciaux des corporations* ne peuvent être octroyées que par l'émetteur des obligations (c'est-à-dire le débiteur).

592. Le deuxième découle de l'article 2722 C.c. qui prévoit un mécanisme de défaut croisé; dès qu'une hypothèque ouverte se

clôture, les titulaires de d'autres hypothèques ouvertes grevant les mêmes biens peuvent, même s'il n'y avait pas défaut en vertu de leur propre hypothèque, clôturer la leur. L'article 2722 C.c. se réfère à des hypothèques grevant «les mêmes biens». Le texte paraît assez large pour comprendre une situation où certains biens du constituant, mais pas nécessairement tous les mêmes biens, sont grevés par deux hypothèques ouvertes.

d) Obligation principale garantie par l'hypothèque ouverte

593. Le code ne formule aucune règle particulière relativement aux engagements que peut garantir l'hypothèque ouverte. Elle n'est pas restreinte à la situation d'émission d'obligations. Elle peut donc comme toute hypothèque garantir n'importe quelle obligation, y compris une obligation accessoire telle un cautionnement.

4. *Hypothèque sur créances (art. 2710 à 2713, 2743 à 2747 C.c.)*

594. La réforme du Code civil transforme les transports de créances en garantie en hypothèques sur créances[465]. Celles-ci peuvent avoir lieu sur des créances individualisées ou sur des universalités de créances présentes, ou présentes et futures. La publication de l'hypothèque sur créances se fait par inscription au registre des droits personnels et réels mobiliers; elle peut aussi se faire par la remise du titre constatant la créance s'il s'agit d'une hypothèque portant sur des créances individualisées constatées par un titre transmissible par délivrance. Dans tous les cas le créancier ne peut se prévaloir de son hypothèque à l'encontre des débiteurs cédés tant que ceux-ci n'ont pas accepté l'hypothèque ou qu'elle ne leur a pas été signifiée; la procédure de signification par les journaux prévue à l'article 1571d) C.c.B.-C. disparaît sauf à l'égard de l'hypothèque ouverte sur créances[466].

595. Les créances hypothéquées seront perçues par le créancier à moins que l'acte d'hypothèque n'ait autorisé le constituant à effectuer cette perception, autorisation qui peut être retirée à tout moment moyennant avis qui doit être inscrit. Aussi bien le titulaire de l'hypothèque que le constituant pourront, en mettant

en cause l'autre, intenter une action en recouvrement des créances hypothéquées.

Plusieurs modifications de substance sont donc apportées au droit actuel.

a) Publication — double niveau d'opposabilité

596. Vis-à-vis des tiers en général, tels les créanciers du constituant, le syndic dans sa faillite, les autres créanciers qui acquièrent hypothèque sur les mêmes créances, l'hypothèque produit ses effets dès le moment de sa publication.

597. À l'égard des débiteurs des créances qui sont ainsi hypothéquées, la situation est différente. Le créancier ne peut faire valoir son hypothèque à l'encontre de ces débiteurs (entre autres, il ne pourra pas exercer le droit que lui confère l'article 2743 C.c. de percevoir la créance hypothéquée), tant que l'hypothèque «ne leur est pas rendue opposable de la même manière qu'une cession de créances», nous dit l'article 2710 C.c. Cet article nous renvoie aux articles 1641 C.c. et suivant du code. Ceux-ci nous apprennent qu'à l'égard du débiteur de la créance cédée la cession devient opposable lorsqu'il y a acquiescé ou qu'il a reçu copie ou extrait de l'acte de cession «ou, encore, une autre preuve qui soit opposable au cédant» (art. 1641 et 1642 C.c.). Tant que l'opposabilité n'est pas acquise à l'égard du débiteur, le paiement fait par celui-ci au constituant est valablement fait et le créancier hypothécaire ne peut l'attaquer (art. 1643 C.c.). Si l'opposabilité résulte de l'acquiescement du débiteur, il ne peut se prévaloir à l'encontre du créancier hypothécaire de la compensation qu'il eut pu opposer au constituant; si au contraire l'opposabilité ne résulte pas de son acquiescement, la compensation demeure possible à l'encontre du créancier hypothécaire à l'égard de toutes les dettes du constituant antérieures au moment où l'hypothèque est devenue opposable à ce débiteur (art. 1680 C.c.).

598. En somme, entre créanciers ayant hypothèque sur les mêmes créances, la préséance ira à celui qui le premier a publié. Celui-là a un meilleur droit que les autres à percevoir les créances hypothéquées; il aura pu, par choix ou par négligence, ne pas rendre son hypothèque opposable aux débiteurs des créances hypothéquées alors qu'un créancier de rang subsé-

quent aura pu le faire: ce dernier aura droit de percevoir les créances tant et aussi longtemps que le premier n'aura pas rendu son hypothèque opposable aux débiteurs. Le jour où cette première hypothèque aura été rendue opposable aux débiteurs, c'est au premier créancier qu'ils devront désormais payer; en effet, l'article 2750 C.c. énonce que «celui des créanciers dont le rang est antérieur a priorité pour l'exercice de ses droits hypothécaires, sur ceux qui viennent après lui».

599. Il y a lieu de souligner ici que le nouveau code exige que la cession de créances soit signifiée à la caution ou acceptée par celle-ci pour lui être opposable (art. 1645 C.c.).

b) Mode de publication

600. La publication se fait par inscription (art. 2711 C.c.) mais peut aussi se faire, dans le cas d'une hypothèque sur créance individualisée, par la remise du titre de créance au créancier ou à un tiers convenu pourvu que la créance hypothéquée ne soit pas elle-même garantie par hypothèque; dans ce dernier cas la règle de la publication par inscription demeure (art. 2712 C.c.).

601. Bien que le code ne l'ait pas précisé, il semble bien que la publication par la remise du titre ne puisse se faire que s'il s'agit d'un titre négociable[467] ou d'un titre au porteur[468]. Nous avons déjà souligné en commentant l'article 2708 ce que la transmission de droits sur des biens meubles corporels et la création de droits sur ces biens peut se faire par la remise de ces biens; la possession ou la détention joue à leur égard un rôle important; pour ces fins les titres au porteur sont assimilés à des meubles corporels. Puisque la remise du titre a lieu pour des fins de publicité, la détention du créancier doit entraîner des conséquences juridiques. Le créancier qui détient une lettre de change négociable et endossée en sa faveur par son débiteur exerce une détention significative; le créancier qui détiendrait une copie d'un contrat de construction que lui a remis l'entrepreneur qui emprunte des fonds de lui, dans le but de nantir ses créances contre le propriétaire, détient peut-être un «titre de créance» au sens large du terme, mais sa détention est équivoque[469] et n'est pas utile aux fins de publicité.

c) Accessoires de la créance hypothéquée

602. L'article 1638 C.c. énonce que la cession d'une créance en comprend les accessoires. C'est-à-dire que la cession d'une créance emporte en faveur du cessionnaire les droits du cédant contre la caution ou à l'égard des sûretés qui garantissent cette créance. Aucun article analogue n'est formulé en matière d'hypothèque, mais on doit la sous-entendre. L'hypothèque portant sur une créance grève, en faveur du créancier hypothécaire, tous les droits que celui qui a créé l'hypothèque a dans la créance et dans ses accessoires soit les sûretés et cautionnements qui en garantissent le paiement. La règle de l'article 2712 C.c. serait difficile à expliquer s'il en était autrement; cet article 2712 C.c. requiert que l'hypothèque d'une créance, elle-même garantie par hypothèque, soit publiée par inscription et qu'un état certifié de l'inscription soit remis au débiteur de la créance hypothéquée; cette exigence n'a lieu, tout comme celle de l'article 2127 C.c.B.-C., que parce que l'hypothèque qui assure le paiement de la créance grevée est elle aussi affectée par cette hypothèque.

À l'égard de deux points les intentions du législateur ne sont pas ici très claires.

603. Nous avons vu qu'aussi bien au chapitre sur la cession de créance (art. 1641 C.c. et suivants) qu'au Livre sur les hypothèques (art. 2710 C.c.), le code requiert l'acceptation du débiteur de la créance ou la signification (soit de la cession soit de l'hypothèque) pour que la créance ou l'hypothèque lui soit opposable. Au niveau de la cession de créances, il requiert la même chose à l'égard de la caution: la cession de la créance garantie par la caution n'est pas opposable à cette dernière à moins qu'elle ne lui ait été signifiée (art. 1645 C.c.). Or cette disposition n'est pas reprise au niveau de l'hypothèque. On peut croire que c'est un oubli et que si l'intention est de protéger la caution en cas de transmission de la créance (c'est-à-dire de tenir pour valable le paiement qu'elle aurait fait au créancier originaire — le cédant), il y a également lieu de la protéger en cas de transmission des droits qu'avait contre elle le créancier originaire au prêteur hypothécaire de ce dernier (pour le cas où elle effectuerait paiement avant signification de l'hypothèque consentie par le créancier originaire — le constituant).

604. Une deuxième difficulté d'interprétation se pose à l'égard des articles 2712 et 3003 C.c. Ils cherchent tous les deux à remplacer l'article 2127 du Code civil du Bas-Canada, le premier pour ce qui regarde l'hypothèque grevant une créance hypothécaire, le second pour ce qui regarde la transmission d'une créance hypothécaire. L'article 3003 C.c. reprend l'approche de l'article 2127 C.c.B.-C.: le défaut d'avoir inscrit la transmission d'une créance hypothéquée et d'avoir remis au débiteur de cette créance un état certifié de cette inscription n'a de conséquence qu'à l'égard d'un cessionnaire subséquent qui s'est conformé à ces formalités. L'article 2712 C.c. de son côté ne limite pas les effets d'une inobservance à l'inopposabilité de l'hypothèque à un créancier hypothécaire subséquent qui se serait conformé; il ne dit rien à ce sujet. Le fait de ne pas remettre au débiteur de la créance hypothéquée un état certifié de l'inscription de l'hypothèque portant sur la créance hypothécaire entraîne-t-il l'inopposabilité de cette hypothèque à l'égard de tous ou seulement à l'égard d'un créancier hypothécaire subséquent ou d'un cessionnaire subséquent? Nous penchons vers cette dernière solution, pour deux raisons. Premièrement, le code ne dit pas en ce cas que la publication se fait par l'inscription et par la remise de l'état certifié. Il dit qu'elle se fait par inscription. Lorsqu'elle est inscrite, elle est devenue publique. Deuxièmement, les articles 2712 et 3003 C.c. doivent s'interpréter de la même manière; ils visent le même objet. On voit mal pourquoi le législateur aurait été moins sévère à l'égard du cessionnaire d'une créance hypothécaire et plus sévère à l'égard d'une personne, le créancier qui prend hypothèque sur cette créance, qui acquiert moins de droits que lui.

d) Perception des créances hypothéquées

i) Pouvoirs et droits du créancier

605. Le code, à l'article 2743 C.c., prévoit que le titulaire de l'hypothèque sur les créances perçoit celles-ci, en capital et en intérêt, et qu'il donne quittance. Le code, du point de vue du droit des sûretés, le considère comme un gagiste en possession d'un bien et lui donne le droit aux fruits, revenus et produits. Le titulaire de l'hypothèque n'est toutefois pas tenu de prendre action en justice pour percevoir les créances: l'article 2746 C.c. lui demande cependant de signaler au créancier originaire, le

constituant de l'hypothèque, toute irrégularité dans le paiement des créances. Quoique n'y étant pas tenu, il a toutefois le pouvoir de prendre action en justice pour recouvrer, en mettant en cause le constituant, c'est-à-dire le créancier originaire (art. 2713 C.c.).

606. Les sommes perçues sont imputées sur les intérêts puis sur le capital, même s'il n'est pas exigible, de l'obligation principale garantie par hypothèque; l'article 2743 C.c. ajoute cependant que les parties peuvent convenir d'une autre utilisation des sommes perçues. On peut penser au dépôt dans un compte accessoire.

607. N'eut été de deux autres dispositions, cette approche du code n'aurait pas été très adéquate en matière de financement d'universalités de créances ou de comptes-clients. Suivant les arrangements souvent pris en ce domaine, la valeur des comptes-clients telle qu'elle fluctue au cours des mois sert à établir le montant maximum disponible du crédit mis à la disposition de l'entreprise; celle-ci continue la perception de ses comptes qui alimentent son fonds de roulement. Ce n'est vraiment qu'en cas de non paiement ou de liquidation que le bailleur de fonds prévoit percevoir les comptes-clients et les imputer en réduction de sa créance.

ii) Autorisation rétractable de percevoir

Les articles 2744 et 2745 C.c. permettent de s'adapter à ces situations.

608. L'article 2744 C.c. prévoit le cas où l'acte d'hypothèque autorise le constituant à percevoir à leur échéance les remboursements de capital ou d'intérêt. Cette autorisation peut être retirée en tout temps, dit l'article 2745 C.c.; le titulaire de l'hypothèque doit alors signifier au constituant et aux débiteurs des créances qui lui ont été hypothéquées un avis de retrait d'autorisation. Cet avis doit être inscrit.

609. Par cette autorisation, le constituant retrouve la faculté de percevoir les créances que l'hypothèque dont il les a grevées lui aurait autrement enlevée. Il pourra donc continuer à gérer ses comptes-clients lui-même. Ou, s'il a consenti une autre hypothèque sur ces mêmes créances, aux termes de laquelle il n'a

pas eu d'autorisation de perception, cet autre créancier hypothécaire pourra percevoir; peu importe que ce soit lui-même ou un autre qui tient ses droits de lui.

610. Le retrait réhabilite le créancier dans ses droits. Il y a lieu de souligner que ce retrait peut être effectué en tout temps. Le retrait d'autorisation n'est pas subordonné à l'existence d'un défaut, comme c'est le cas pour l'hypothèque ouverte (art. 2715 C.c.) ou comme c'est le cas pour l'exercice des recours hypothécaires (art. 2748 C.c., 2e al.). La raison est que le législateur n'a pas conçu le droit du titulaire d'une hypothèque sur créance de percevoir cette créance comme un mode de réalisation de sa sûreté; la perception des créances n'est pas un mode d'exécution forcée, disponible en cas d'inexécution de l'obligation principale, comme peut l'être par exemple, la vente forcée du bien. Le droit de perception échoit de plein droit au créancier dès que l'hypothèque a été constituée (art. 2743 C.c.), tout comme le créancier qui a pris en gage des actions de compagnie perçoit le produit de tout rachat qui pourrait être effectué par l'émetteur (art. 2738 C.c.) ou, plus généralement, comme le gagiste perçoit les fruits et revenus (art. 2737 C.c.).

611. Il découle de ceci une conséquence importante: le créancier garanti par une hypothèque sur des comptes-clients n'est pas assujetti aux règles prévues au chapitre 5 pour l'exercice des droits hypothécaires. Il n'a pas de préavis à donner en vertu de ces dispositions du chapitre cinquième aux fins de percevoir les comptes-clients qu'on lui a hypothéqués.

612. Si le retrait est exercé dans un contexte de réalisation, le créancier hypothécaire sera-t-il soumis aux principes généraux du droit qui requièrent qu'un créancier laisse s'écouler un délai raisonnable, après demande de paiement, avant de recourir à ses sûretés? Cela n'est pas évident.

iii) Mode d'exercice du retrait

613. On aura noté que le code demande, premièrement, de signifier l'avis de retrait au constituant, deuxièmement, de le signifier aux débiteurs des créances hypothéquées et, troisièmement, d'inscrire cet avis de retrait. Le créancier doit-il avoir fait ces trois choses avant que le retrait ne prenne effet? Doivent-elles être faites dans l'ordre où le code les énonce? Le

style de rédaction de l'article 2745 C.c. comporte des imprécisions; on connaît les débats auxquels a donné lieu l'article 1040a) C.c.B.-C. à propos de problèmes semblables. Si on prend en compte les buts présumément recherchés par ces formalités et la rédaction dichotomique de l'article 2745 C.c. on peut penser que le retrait prendra effet successivement: à l'égard du constituant dès que l'avis lui a été signifié, à l'égard de chacun des débiteurs des créances dès le moment où il a, lui, reçu signification, et à l'égard des autres créanciers qui auraient acquis une hypothèque sur ces mêmes créances, à compter du moment de l'inscription. Exiger pour l'efficacité du retrait vis-à-vis des uns et des autres que ces trois formalités aient toutes été remplies, tant à l'égard du constituant qu'à l'égard de chacun des débiteurs cédés, serait dans bien des cas impensable: que l'on songe à des entreprises qui ont donné en garantie des centaines ou des milliers de comptes-clients, où le retrait ne pourrait alors être efficace à l'égard de l'un tant que signification n'aurait pas été faite à tous les autres!

iv) Action en justice

614. Nous avons vu plus haut que l'article 2713 C.c. habilitait le créancier à intenter une poursuite pour recouvrer la créance hypothéquée, pourvu qu'il mette en cause le constituant. Il nous semble difficile d'admettre que le créancier puisse exercer cette faculté s'il n'a pas retiré l'autorisation de perception qu'il a pu donner au constituant. Il est vrai qu'il doit mettre le constituant en cause mais il n'empêche qu'en poursuivant en justice il exerce lui-même un droit de perception qu'il a autorisé le constituant d'exercer.

615. L'article 2713 C.c. énonce également que le constituant de l'hypothèque sur créances peut aussi prendre action en justice pour recouvrer les créances en mettant en cause son créancier. Pourra-t-il le faire si le créancier ne l'a pas autorisé à percevoir ou si cette autorisation a été retirée? Nous croyons que oui. Bien que la situation soit ici l'inverse de la précédente, il faut éviter d'apporter la même réponse: compte tenu que le créancier n'est jamais obligé d'agir en justice pour percevoir (art. 2746 C.c.), on ne peut priver le débiteur d'agir, même s'il n'est pas sous le coup d'une autorisation de percevoir.

616. L'article 2713 C.c. mettra fin à une controverse jurisprudentielle. Tantôt on décidait que le cédant en vertu d'un transport général de créances en garantie n'avait plus intérêt pour poursuivre[470]; tantôt qu'il pouvait poursuivre en mettant en cause le cessionnaire ou en demandant que paiement se fasse à son profit[471]; tantôt encore on lui interdisait de poursuivre à moins qu'il ne démontre que le cessionnaire n'avait plus d'intérêt dans le transport en garantie[472].

v) Clauses de perception en fiducie

617. Les formules de transports généraux de créances en cours stipulent le plus souvent que si les créances cédées sont perçues par le cédant, les montants ainsi perçus le seront en fiducie pour le compte du cessionnaire et devront lui être remis sur demande. Quel sera le sort de ces clauses? Suivant le nouveau code, le créancier peut-il, en autorisant le constituant à percevoir, stipuler que le constituant percevra pour son compte? Ou le créancier peut-il, sans donner d'autorisation de percevoir, stipuler que toute somme perçue par le constituant le sera à titre de mandataire pour lui? D'une manière générale on s'est montré hostile dans le passé aux ententes aux termes desquelles le débiteur détient pour le compte de son créancier des biens qu'il lui a donnés en garantie[473], la raison étant que les tiers ne peuvent connaître ces ententes et que celles-ci peuvent les tromper.

618. Le nouveau code ne s'exprime pas sur ce sujet. Le projet de l'office de révision du Code civil quant à lui proposait que le créancier perde ses droits sur les montants qu'il a laissé percevoir par un autre[474]. Au contraire, l'avant-projet de loi de 1986, à l'article 2909, prévoyait que l'hypothèque du créancier qui a autorisé le constituant à percevoir se reportait sur les montants ainsi perçus; le projet de loi 125 a repris cette idée à l'article 2727; mais le Code civil du Québec, dont l'article 2744 reprend pour le reste ces articles 2909 et 2727 ne l'a pas retenue. Il n'est plus dit, comme dans les deux projets de lois qui ont immédiatement précédé, que les droits du titulaire d'une hypothèque sur créance se reporte sur les sommes d'argent entre les mains du constituant qui proviennent de la perception par ce dernier des créances hypothéquées. On peut voir là une indication d'un retour à la position de l'office de révision du Code civil.

e) Hypothèque d'un droit résultant d'un contrat d'assurance (art. 2461 C.c.)

619. Les articles 2461 et 2462 au chapitre des assurances traitent de l'hypothèque créée sur un droit résultant d'un contrat d'assurance. Ces articles créent un régime particulier. Une inscription ne suffira pas à la rendre opposable aux tiers: l'article 2461 dit qu'elle n'est opposable à l'assureur, au bénéficiaire et aux tiers qu'à compter du moment où l'assureur en serait avisé. Entre plusieurs hypothèques de cette nature, la priorité est fonction de la date à laquelle l'assureur est avisé.

Section III. L'hypothèque légale (art. 2724 à 2732 C.c.)

620. Les hypothèques légales sont créées, «acquises» dit le code (v.g. art. 2725 C.c.), depuis le moment de leur inscription aux registres appropriés sauf le cas de l'hypothèque du domaine de la construction qui existe de plein droit mais doit être publiée après un certain délai pour être conservée. Les hypothèques légales de l'État, des personnes morales de droit public et les hypothèques résultant de jugements peuvent être inscrites sur tout bien meuble ou immeuble du débiteur. Celle du domaine de la construction ne porte que sur l'immeuble à l'égard duquel les travaux ont lieu; celle au profit du syndicat de copropriétaires est également spécifique.

A. Dispositions applicables à l'hypothèque légale

621. Le code ne précise pas à quelles règles obéissent les hypothèques légales. On doit en déduire que leurs sont applicables, avec les transpositions nécessaires, toutes les règles du titre troisième sur Les Hypothèques sauf celles du chapitre deuxième qui ne concerne que les hypothèques conventionnelles. Il en découle que les dispositions restreignant l'hypothèque mobilière sans dépossession et certaines autres hypothèques à une entreprise ne s'appliquent pas. Les dispositions relatives à l'obligation principale garantie et à la somme pour laquelle elle est consentie ne sont pas non plus applicables; en réalité le législateur les a remplacées dans chaque cas d'hypothèque légale par des dispositions semblables. Ne lui est applicable non

plus l'article 2694 C.c. qui exige une description précise de l'immeuble hypothéqué; cependant les articles régissant les inscriptions au registre foncier, auxquel est soumise l'hypothèque légale, contiennent des exigences analogues.

622. En principe l'article 2695 C.c., qui déclare immobilière l'hypothèque conventionnelle sur les loyers, n'est pas applicable à l'hypothèque légale. Il serait étonnant toutefois que les tribunaux n'en étendent pas l'application aux hypothèques légales; autrement deux régimes de règles, particulièrement quant à la publicité, vivraient en parallèle, rendant les hypothèques conventionnelles sur loyers opposables par inscription au registre foncier et les hypothèques légales sur loyers opposables par inscription au registre des droits personnels et réels mobiliers.

623. L'article 2700 C.c., relatif au droit de suite en matière d'hypothèque mobilière conventionnelle est expressément rendu applicable à l'hypothèque légale par l'article 2732 C.c.

624. L'article 2710 C.c. qui empêche l'hypothèque conventionnelle sur créances de valoir contre les débiteurs de ces créances à moins de signification, ou encore d'acceptation de leur part ne s'applique pas aux hypothèques légales. Ici le résultat est étonnant. A-t-il vraiment été voulu par le législateur que le fisc ou tout créancier porteur d'un jugement (hypothèque légale judiciaire) acquière par inscription des droits opposables contre les débiteurs des créances qui appartiennent à leur propre débiteur, sans aucune signification? Ici encore les tribunaux pourront être enclins à étendre à l'hypothèque légale la règle de l'article 2710 C.c.[475].

625. Les dispositions sur l'hypothèque ouverte (art. 2715 à 2723 C.c.) ne sont pas rendues applicables à l'hypothèque légale; cette espèce d'hypothèque n'est donc pas possible aux fins de l'hypothèque légale.

B. Objet de l'hypothèque légale

626. Le bien grevé doit être un bien, meuble ou immeuble, du débiteur.

627. Sous le Code civil du Bas-Canada, la jurisprudence est à l'effet que le créancier peut enregistrer son hypothèque légale[476] ou judiciaire[477] sur l'immeuble dont le débiteur est encore le propriétaire enregistré mais qu'il a vendu à un tiers; tant que ce tiers acquéreur n'a pas enregistré son titre, l'immeuble est tenu pour appartenir au propriétaire enregistré et les créanciers de ce dernier peuvent ignorer la vente qui a été consentie. La même règle devrait être observée sous le nouveau Code civil. L'article 2941 C.c. déclare qu'entre les parties les droits produisent leurs effets encore qu'ils ne soient pas publiés mais que c'est la publicité qui les rend opposables aux tiers. À défaut de publicité la vente d'un immeuble faite par un débiteur n'est donc pas opposable à son créancier. Celui-ci peut lui opposer et opposer aux tiers acquéreurs l'absence de publicité: l'article 2964 C.c. énonce expressément que «le défaut de publicité peut être opposé par tout intéressé».

628. Le bien grevé doit être un bien saisissable; ceci est également vrai de l'hypothèque conventionnelle, sous réserve que le constituant, dans le cas de l'hypothèque conventionnelle, peut renoncer à l'insaisissabilité[478] alors que le candidat à une hypothèque légale ne peut forcer le débiteur à renoncer à cette insaisissabilité.

C. L'État et les personnes morales de droit public (art. 2725 C.c.)

1. L'État

629. Nous avons déjà commenté plus haut la portée du mot «État» en étudiant les articles sur les priorités[479].

630. L'hypothèque légale de l'État vaut ici pour des sommes dues en vertu des lois fiscales et pour toute autre créance de l'État à laquelle une loi particulière accorderait l'hypothèque légale. Par exemple, la créance du ministre de l'Environnement pour travaux effectués par lui, faute par le contrevenant de les avoir faits, emporte hypothèque légale qui peut être inscrite sur les biens meubles et immeubles du contrevenant[480]. Le projet de loi 38 modifie certaines lois pour y prévoir une hypothèque légale au profit de différentes espèces de créances de l'État[481].

631. L'article 2725 C.c. précise que l'inscription d'une hypothèque légale n'empêche pas l'État de se prévaloir de sa priorité.

2. *Personnes morales de droit public*

632. Plusieurs lois confèrent présentement des privilèges à certains organismes publics ou parapublics. Ceux qui subsistent prennent désormais la forme d'une hypothèque légale qui, rappelons le, n'a d'effet qu'à compter de son inscription (art. 2725 C.c.). Par exemple, l'article 324 de la *Loi sur les accidents du travail et les maladies professionnelles* se lira désormais comme suit:

> 324. Les montants dus en vertu du présent chapitre confèrent à la Commission une hypothèque légale sur les biens meubles et immeubles de l'employeur[482].

3. *Objet de l'hypothèque*

633. L'article 2725 C.c. précise que cette hypothèque grève des biens meubles ou immeubles du débiteur. Elle peut donc, à titre d'exemple, grever une créance due au débiteur de l'État ou de la personne morale de droit public. Une créance est en effet un «bien meuble»[483] et peut donc être grevée par une hypothèque légale.

634. Pourrait-elle être inscrite sur l'universalité des biens meubles et immeubles du débiteur, ou sur ses biens futurs? La question est sans doute académique pour ce qui regarde les immeubles puisque l'hypothèque ne prend rang qu'à compter de l'inscription de l'hypothèque sur chacun des immeubles[484]. L'hypothèque sur biens mobiliers futurs ou sur universalités de biens mobiliers présents et futurs, au contraire, prend rang à compter de son inscription même à l'égard des biens subséquemment acquis[485]; l'extension de son rang à tout bien meuble acquis subséquemment lui donne une portée très efficace.

635. Nous croyons que le texte de l'article 2725 C.c. n'est pas assez explicite pour permettre à l'État ou aux personnes morales de droit public d'inscrire une hypothèque légale sur des universalités de biens présents et futurs; l'article permet qu'elle

grève des «biens meubles ou immeubles»; il n'emploie pas l'expression «universalité de biens» que le législateur emploie lorsque l'hypothèque grève ou peut grever une «universalité de biens»[486]. L'hypothèque est de droit strict; elle «n'a lieu que dans les conditions et suivant les formes autorisées par la loi» (art. 2664 C.c.); il est donc justifié de ne pas étendre le texte de l'article 2725 C.c. aux universalités de biens.

4. *Création et rang*

636. L'hypothèque n'existe pas de plein droit. Elle vient à existence par son inscription (art. 2725 C.c.), contrairement au cas de l'hypothèque légale en matière de construction qui «existe sans qu'il soit nécessaire de la publier» (art. 2726 C.c.).

637. L'inscription se fait par la présentation d'un avis qui indique la loi créant l'hypothèque, les biens grevés, la cause et le montant de la créance (art. 2725 C.c.). Il y a donc spécialité de l'hypothèque non seulement quant à la somme pour laquelle l'hypothèque vaut mais quant à la créance garantie. L'hypothèque prendra rang du moment de son inscription pour une somme et une créance précises; elle ne peut pas être inscrite pour toutes les créances présentes et futures du débiteur. En cela l'hypothèque légale produit des effets différents des privilèges; sous la loi actuelle plusieurs de ceux-ci n'ont pas à être enregistrés et ils valent, d'une manière continue, pour garantir le paiement de toutes les obligations du débiteur tel que ces obligations peuvent augmenter ou diminuer dans le temps. Pour reprendre l'exemple de l'article 324 de la *Loi sur les accidents du travail et des maladies professionnelles*, le privilège qui garantit présentement les créances de la Commission des accidents du travail vaut à l'égard des biens d'un employeur donné pour le montant de ces créances tel qu'il fluctue dans le temps; sous le nouveau code, l'hypothèque légale de la Commission ne prendra rang à compter de son inscription que pour les créances qui y sont précisées; si de nouvelles créances naissent, la Commission pourra à nouveau inscrire une hypothèque qui ne prendra rang, à l'égard de ces nouvelles créances, que du moment de cette nouvelle inscription.

638. L'avis d'inscription doit être signifié au débiteur dit l'article 2725 C.c. L'obligation de signifier s'ajoute-t-elle à l'in-

scription comme condition de naissance de cette hypothèque légale? Nous croyons plutôt qu'il s'agit d'une obligation dont l'inexécution empêchera le créancier de reprocher à son débiteur de ne pas avoir respecté les obligations qui incombent au détenteur du bien hypothéqué[487]. Le texte de l'article 2725 C.c. ne subordonne pas la naissance de l'hypothèque à deux conditions mais à une seulement, l'inscription; sur ce plan cet article contraste avec celui de l'article 2730 C.c. (hypothèque légale résultant de jugements) où il est apparent que l'avis ne peut être inscrit s'il n'y a pas déjà eu signification du jugement[488].

5. *Droit de suite et report*

639. L'État ou la personne morale de droit public peut exercer un droit de suite à l'égard du bien qui lui est hypothéqué, comme n'importe quel créancier hypothécaire. L'article 2700 C.c. relatif à la réinscription de l'hypothèque en cas de vente du bien[489] leur est applicable (art. 2732 C.c.). De la même manière l'article 2674 C.c. devrait recevoir application: l'hypothèque sur un bien individualisé se reporte sur le bien acquis en remplacement par l'inscription d'un avis identifiant le nouveau bien ou, à défaut de remplacement, sur le produit de sa vente. Il s'agit là d'une caractéristique de l'hypothèque portant sur un bien individualisé, qui vaut pour toute espèce d'hypothèque.

6. *Notification des poursuites hypothécaires*

640. Le deuxième alinéa de l'article 3017 C.c. exige que le procureur général soit notifié si un bien grevé d'une hypothèque légale en faveur de l'État fait l'objet d'un recours hypothécaire. L'État n'a donc pas à se soucier de la formalité d'inscription d'un avis d'adresse.

7. *Radiation*

641. L'hypothèque légale de l'État est radiée ou réduite sur présentation d'un certificat du procureur général du Québec ou de son délégué ou du sous-procureur général (art. 3068 C.c.).

D. L'hypothèque légale en matière de construction (art. 2726 à 2728 C.c., art. 2952 C.c.)

642. Le Code civil du Bas-Canada consacre huit articles, dont plusieurs sont très élaborés, au privilège ouvrier[490]. Le nouveau code consacre quatre articles, succincts, à cette matière[491]. Ne fut-ce que sur ce plan on constate un effort de simplification.

643. Le code énumère d'une façon limitative les candidats à cette hypothèque légale: architecte, ingénieur, fournisseur de matériaux, ouvrier, entrepreneur ou sous-entrepreneur (art. 2726 C.c.). Il précise que les créances qui peuvent être garanties par cette hypothèque sont celles ayant trait aux travaux de construction ou de rénovation d'un immeuble commandés par le propriétaire. L'hypothèque légale en leur faveur existe de plein droit, mais doit être inscrite dans les trente jours de la fin des travaux et faire l'objet d'une action en justice ou d'un recours hypothécaire dans les six mois suivant la fin des travaux, à défaut de quoi elle s'éteint (art. 2727 C.c.). Les créances ne sont garanties qu'à concurrence de la plus value donnée à l'immeuble (art. 2728 C.c.).

644. L'hypothèque légale du domaine de la construction prend rang avant toute autre hypothèque; elle ne peut plus, désormais, disparaître par suite de l'exercice du recours de prise en paiement par le bailleur de fonds en vertu de son hypothèque: l'article 2750 C.c. énonce que celui des créanciers dont le rang est antérieur a priorité pour l'exercice de ses droits hypothécaires, sur ceux qui viennent après lui et l'article 2952 C.c. qu'elle passe avant toute autre hypothèque publiée. Le préséance de cette hypothèque légale est absolue et ne dépend plus du moment de sa naissance ni du moment de l'inscription des autres hypothèques.

645. Plusieurs des problèmes soulevés dans le droit actuel n'ont pas été abordés par le législateur. Il seront sans doute à nouveau soumis aux tribunaux à la lumière des nouveaux textes. Compte tenu de l'ampleur que pourrait prendre une analyse détaillée de tous ces problèmes, les commentaires qui suivent demeureront d'ordre général et ne déborderont guère les sujets traités par les quatre articles proposés par le législateur.

1. Bénéficiaire

646. L'article 2726 C.c. énonce que l'hypothèque légale n'est acquise que par l'architecte, l'ingénieur, le fournisseur de matériaux, l'ouvrier, l'entrepreneur ou le sous-entrepreneur. Ces personnes devraient bénéficier de l'hypothèque légale même si leur entreprise est exploitée sous une structure corporative[492].

647. Le législateur a codifié la jurisprudence actuelle en attribuant l'hypothèque à l'ingénieur[493]; il a toutefois arrêté là l'ajout au nombre de bénéficiaires et a précisé que cette liste est limitative, puisqu'elle «n'est acquise» que par ces bénéficiaires. Ni l'urbaniste, ni l'architecte-paysagiste, à titre d'exemple, ne bénéficieront de cette hypothèque légale[494]. Le promoteur immobilier et le gérant de projet ne bénéficieront pas non plus de cette hypothèque[495].

648. L'intérêt qu'il pouvait y avoir sous le Code civil du Bas-Canada à distinguer entre l'entrepreneur, le sous-entrepreneur, le fournisseur de matériaux et l'entrepreneur-fournisseur de matériaux disparaît. Tous les candidats à l'hypothèque légale sont soumis aux mêmes règles, sous une réserve[496].

2. Travaux commandés par le «propriétaire»

649. L'hypothèque légale existe en rapport avec des travaux commandés par le «propriétaire» (art. 2726 C.c.), tout comme sous le Code civil du Bas-Canada aux articles 2013d) et suivants.

650. Celui qui commande les travaux est habituellement le propriétaire. Mais il est possible qu'ils soient commandés par une personne qui est titulaire d'un démembrement du droit de propriété et qui exerce sur l'immeuble un droit de possession, par opposition à la simple détention. Aussi devrait-on comprendre dans le mot «propriétaire» aux articles 2726 à 2728 C.c., l'emphytéote[497], le fiduciaire[498], le superficiaire et, sans doute, l'usufruitier. En effet, l'emphytéote a, à l'égard de l'immeuble, tous les droits attachés à la qualité de propriétaire (art. 1200 C.c.); le fiduciaire, lui, a tous les pouvoirs sur l'immeuble faisant partie du patrimoine fiduciaire et est le seul à pouvoir les exercer (art. 1278 C.c.). En revanche, les travaux commandés par un locataire ne donneront pas lieu à une hypothèque légale[499].

3. *Créance garantie — plus-value*

651. Le nouveau code maintient la distinction entre les sommes réclamées par ceux qui ont travaillé à la construction de l'immeuble et la plus-value donnée à l'immeuble par ces travaux. Le montant de la plus-value peut ne pas être égal à ces sommes.

652. L'hypothèque légale garantit le paiement de la créance due à chacun des candidats à l'hypothèque légale, dans la mesure où chacun d'eux l'a conservée par l'inscription ou par l'exercice du recours approprié, mais à concurrence seulement de la plus-value donnée à l'immeuble.

a) Unicité de plus-value

653. Suivant la jurisprudence actuelle, il n'y a pas plusieurs plus-values ou autant de plus-values qu'il y a eu d'apports aux travaux, mais une seule plus-value globale[500]. C'est en ce sens que le nouveau code paraît s'exprimer; il n'emploie pas le pluriel pour parler de la plus-value[501]; à l'article 2952 C.c. il énonce que toutes les hypothèques légales relatives à la construction d'un immeuble prennent rang pour «la» plus-value apportée à l'immeuble, chacune venant en concurrence «proportionnellement à la valeur de chacune des créances». Il y a pluralité de créances garanties mais unicité de plus-value.

b) Construction ou rénovation

654. La jurisprudence actuelle a hésité à admettre que des travaux de rénovation puissent donner lieu à des privilèges ouvriers. Le nouveau code étend clairement l'hypothèque légale aux créances pour travaux de rénovation (art. 2726 C.c.). En pratique toutefois cet élargissement est limité dans sa portée par l'exigence d'une plus-value. Bien des travaux de rénovation apportent peu ou pas de plus-value.

c) Matériaux ou services non utilisés

655. La créance de celui qui a préparé des plans pour la construction de l'immeuble mais qui n'ont pas été utilisés[502] ou de celui qui a préparé et livré des matériaux qui n'ont pas été utilisés dans la construction de l'immeuble[503] est-elle garantie par l'hypothèque? Plus généralement la créance pour matériaux,

services, prestations rendus ou livrés mais non utilisés pour la construction est-elle garantie?

656. Une première lecture de l'article 2726 C.c. peut le laisser croire. Le législateur y parle de «travaux demandés par le propriétaire» à l'occasion de la construction ou de la rénovation de l'immeuble et de «matériaux ou services qu'ils ont fournis ou préparés pour ces travaux». Le code, en ce qui concerne les matériaux, ne réfère plus, comme le fait le Code civil du Bas-Canada, à «l'immeuble dans la construction duquel ils entrent». Cependant la notion de plus-value prend une importance déterminante dans le nouveau code. L'hypothèque «garantit la plus-value» (art. 2728 C.c.) et ne prend rang qu'à concurrence de cette plus-value (art. 2952 C.c.). Sans plus-value, l'hypothèque légale ne garantit rien et n'est d'aucune utilité. Il nous semble donc que la créance de celui qui n'a rien apporté à cette plus value, et ce même de façon involontaire, devrait être écartée.

d) Créances nées après la dénonciation — droit de retenue?

657. Dans le cas de ceux qui n'ont pas contracté directement avec le propriétaire, la créance garantie par l'hypothèque légale est limitée à la créance pour travaux, matériaux ou services effectués ou fournis ou préparés après la dénonciation écrite du contrat au propriétaire (art. 2728 C.c.). Cette dénonciation a présumément pour but de permettre au propriétaire de retenir à même le prix du contrat une somme suffisante pour faire face aux hypothèques légales des fournisseurs et sous-entrepreneurs. Toutefois le code ne formule pas ce droit de retenue, comme le fait le Code civil du Bas-Canada[504]. L'article 2111 C.c. autorise les retenues suffisantes pour faire face aux malfaçons ou vices apparents qui existaient au moment de la réception de l'ouvrage; il ne couvre pas les retenues pour faire face aux hypothèques légales. Il est probable que, malgré ce silence du code, les tribunaux reconnaissent ce droit de retenue au propriétaire. Le code exige qu'on l'avise des sous-contrats: n'est-ce pas pour lui permettre de se protéger? Il est à prévoir aussi que les contrats d'entreprises prévoiront spécifiquement ce droit.

658. Suivant la jurisprudence actuelle, la connaissance acquise du sous-contrat ne supplée pas au défaut de dénonciation[505];

cette jurisprudence devrait être maintenue puisque le nouveau code ne comporte pas d'éléments qui justifieraient de l'écarter[506].

4. *Fin des travaux*

659. La «fin des travaux» demeure un concept clef. C'est à partir de ce moment que courent les trente jours avant l'expiration desquels l'hypothèque doit avoir été inscrite (ou les six mois avant l'expiration desquels le titulaire de l'hypothèque doit avoir publié une action en justice ou inscrit un préavis de recours (art. 2727 C.c.).

660. Elle est définie par l'article 2110 C.c. en des termes qui reprennent ceux de l'article 2013a) C.c.B.-C.; elle a lieu lorsque «l'ouvrage est exécuté et en état de servir conformément à l'usage auquel on le destine». Le législateur n'a pas cru utile de codifier la jurisprudence actuelle qui, à l'intérieur de ce concept de «fin des travaux», a eu, à titre d'exemple, à décider qu'il n'y avait qu'une fin des travaux[507] (et non pas autant de fins des travaux que de participants), que la suspension des travaux n'était pas l'équivalent de la fin des travaux mais que leur abandon l'était[508]. Le nouveau texte précise toutefois que l'ouvrage «doit avoir été exécuté», ce qui indique que la fin des travaux n'a pas lieu tant qu'il n'y a pas eu exécution intégrale du contrat[509].

5. *Conditions de conservation*

661. Le formalisme et les complications du Code civil du Bas-Canada pour la naissance, la conservation et l'exercice des privilèges sont remplacés par deux mesures de conservation, qui sont les mêmes dans le cas de tous les titulaires de l'hypothèque. Ces mesures sont d'une part l'inscription d'un avis de conservation et d'autre part la publication d'une action en justice ou d'un préavis d'exercice de recours hypothécaire.

a) Inscription d'un avis

662. L'avis doit désigner l'immeuble grevé et indiquer le montant de la créance (art. 2727 C.c.); cet avis doit en outre désigner le titulaire du droit, qualifier ce dernier et comporter toute

autre mention que pourront prescrire les règlements (art. 2981 C.c.).

b) Signification de l'avis au propriétaire — conditions de conservation?

663. L'hypothèque légale est conservée par son inscription dans les trente jours suivant la fin des travaux. Cet avis doit être signifié au propriétaire de l'immeuble. Ici, à nouveau, la rédaction du texte soulève la question suivante: la conservation de l'hypothèque se réalise-t-elle par l'inscription de l'avis et sa signification ou par son inscription seule? Par analogie, on peut évoquer ici la jurisprudence sur le défaut de donner au propriétaire avis de l'enregistrement du privilège de l'entrepreneur aux désirs de l'article 2013e) C.c.B.-C.; suivant certaines décisions ce défaut n'entraîne pas la nullité du privilège[510], suivant d'autres le défaut entraîne cette nullité[511]. Ici, encore, nous favorisons une interprétation littérale: l'inscription suffit pour conserver l'hypothèque. La signification de l'avis au propriétaire est une mesure voulue pour la commodité de ce dernier et, en l'absence de tel avis, un jugement pourrait être rendu sans frais si jamais action était prise contre le propriétaire.

i) «Signification»

664. L'avis d'inscription doit être signifié au propriétaire de l'immeuble. S'agit-il ici d'une signification au sens du Code de procédure civile? Ou peut-on s'inspirer ici, par analogie, de la jurisprudence du Code civil du Bas-Canada sur la «signification» des ventes de créances, et accepter toute preuve admissible que le destinataire a reçu le document qui doit être signifié[512]? Ou faut-il écarter l'application de cette jurisprudence précisément parce qu'à la vente de créance le législateur n'emploie plus l'expression «signification», mais a codifié cette jurisprudence en parlant de toute preuve à l'effet que le débiteur a reçu copie ou extrait (art. 1641 C.c.) alors que, au contraire, à l'article 2727 C.c., il utilise encore l'expression «signification»?

665. Nous favorisons quant à nous une interprétation large qui permette toute preuve que le propriétaire a reçu l'avis. Il ne s'agit que de la remise d'une copie d'avis d'inscription; aucun

délai de déchéance ou autre ne commence d'ailleurs à courir depuis le moment de la réception de cet avis; la conservation de l'hypothèque ne dépend pas de cette signification.

ii) Droit de retenue?

666. Le Code civil du Québec ne mentionne pas, comme nous l'avons vu plus haut[513], que le propriétaire peut retenir sur le prix du contrat un montant suffisant pour faire face aux hypothèques légales, contrairement au Code civil actuel.

iii) Signification au «propriétaire»

667. Nous avons vu que le «propriétaire» peut être un emphytéote, un superficiaire, un usufruitier et un fiduciaire. La signification à ces personnes sera donc suffisante. La signification à un mandataire autorisé devrait aussi valoir signification au propriétaire. On peut penser à tous ceux qui administrent les biens d'autrui, tel le gérant dans le cas d'une copropriété par indivision (art. 1029 C.c.) ou dans le cas de la copropriété divise d'un immeuble (art. 1085 c.c.), ou le commandité (art. 2238 C.c.) ou tout associé d'une société en nom collectif (art. 2219 C.c.).

c) Publication d'une action ou de l'exercice d'un recours hypothécaire

668. L'hypothèque s'éteindra si, dans les six mois de la fin des travaux, le créancier n'a pas publié une action contre le propriétaire ou inscrit un préavis d'exercice d'un droit hypothécaire. Le législateur a prévu ici que le titulaire de l'hypothèque légale doit, pour conserver son hypothèque, ou bien prendre action en justice contre le propriétaire et publier cette action, ou bien exercer un recours hypothécaire et inscrire un préavis d'exercice de tel recours.

669. De quelle nature peut être l'«action» en justice visée par l'article 2727 C.c.?

i) Action personnelle

670. Il peut s'agir ici de l'action personnelle de celui qui a contracté directement avec le propriétaire et qui prend contre lui des conclusions personnelles en paiement. Celui qui aurait participé aux travaux de construction mais n'aurait pas contracté avec le propriétaire, tel un sous-entrepreneur, ne peut cependant exercer un tel recours contre le propriétaire. En effet, dans ce dernier cas seul un recours réel, c'est-à-dire un recours hypothécaire, peut être pris contre le propriétaire, puisqu'il n'y a pas de lien de droit personnel entre ce créancier et le propriétaire.

ii) Action en reconnaissance d'hypothèque

671. L'article 2735 C.c. (qui se situe dans un chapitre se rapportant à toutes les hypothèques et non seulement aux hypothèques légales) prévoit qu'un créancier hypothécaire peut toujours, même si sa créance n'est ni liquide ni exigible, agir en justice pour faire reconnaître son hypothèque et interrompre la prescription. Le titulaire d'une hypothèque légale en matière de construction peut donc prendre telle action contre le propriétaire même s'il a donné un terme à son débiteur (qu'il s'agisse du propriétaire ou de l'entrepreneur principal) et que sa créance n'est pas encore exigible[514].

672. La publication d'une action de cette nature est-elle suffisante pour conserver l'hypothèque aux fins de l'article 2727 C.c.? Nous en doutons. L'objectif poursuivi par le législateur paraît être que le sort des créances relatives à la construction soit réglé et connaisse un dénouement à l'intérieur d'un délai assez court suivant la fin des travaux; or l'action en reconnaissance d'hypothèque n'a aucunement pour résultat d'obtenir une condamnation à payer une somme d'argent; si elle est accueillie, le jugement ne fera que déclarer l'immeuble hypothéqué. Cela nous paraît insuffisant au sens de l'article 2727 C.c. L'«action» que cet article envisage ne pourrait donc être qu'une action personnelle contre le propriétaire.

iii) Recours hypothécaire

673. Si au contraire sa créance est liquide et exigible, le titulaire de l'hypothèque légale pourra, à son choix, inscrire un préavis

d'exercice de recours hypothécaire. Nous commenterons plus loin les articles sur les recours hypothécaires.

674. Notons pour l'instant que tout préavis d'exercice de recours hypothécaire doit sommer le détenteur de délaisser le bien (art. 2758 c.c.). Si dans les soixante jours de l'avis l'immeuble n'est pas encore délaissé et que le créancier demeure impayé, celui-ci s'adresse au tribunal pour obtenir délaissement forcé (art. 2765 C.c.). À défaut de délaisser dans le délai imparti, le détenteur devient personnellement responsable de la créance (art. 2769 C.c.).

675. Le Code civil du Québec adopte ici une position différente de celle du Code civil du Bas-Canada qui, lui, exige une poursuite contre le débiteur, avec mise en cause du propriétaire (art. 2013e) et 2013f) C.c.B.-C.). Cette dernière approche force toute question litigieuse entre fournisseurs et sous-entrepreneurs d'une part et entrepreneurs de l'autre à être débattue dans les trois mois ou, suivant le cas, six mois suivant la fin des travaux. Suivant le nouveau code, le candidat à l'hypothèque légale du domaine de la construction n'aura pas à poursuivre son débiteur dans les six mois; il lui suffira que, prétendant à une créance liquide et exigible, il inscrive un préavis d'exercice d'un droit hypothécaire. Le préavis devra être signifié au débiteur (c'est-à-dire son contractant) (art. 2757 C.c.) et à «la personne contre qui il entend exercer» son droit hypothécaire, soit le propriétaire. Le Code civil du Québec n'a prévu aucun mécanisme par lequel le détenteur d'un bien hypothéqué, à qui on signifie un préavis d'exercice de recours hypothécaire, peut mettre en cause le débiteur de la créance hypothécaire. On peut penser qu'il pourra refuser de délaisser puis, lors de l'action en délaissement forcé, mettre en cause ce débiteur. C'est à l'occasion de cette action et de cette mise en cause que pourra se débattre la légitimité de la créance du candidat à l'hypothèque légale. Corollairement on devrait permettre au contractant d'empêcher le propriétaire qui voudrait délaisser de le faire, afin de faire valoir son droit.

6. *Renonciation à l'hypothèque légale*

676. Il demeurera possible sous le nouveau code d'obtenir des intervenants du domaine de la construction une renonciation à

l'hypothèque légale. Le code nouveau interdit la renonciation à la faculté d'inscrire un droit (art. 2936 C.c.) mais il permet la renonciation à l'hypothèque[515].

677. Ou bien cette renonciation est absolue et l'hypothèque ne vient pas à existence ou, encore, cesse d'exister.

678. Ou bien cette renonciation n'a lieu qu'en faveur d'un créancier hypothécaire; il s'agit alors plutôt d'une cession de priorité, qu'il faudra désormais inscrire pour fin de publicité[516].

7. *Hypothèque légale et prise en paiement*

679. Les prêts à la construction tentent systématiquement de protéger le prêteur hypothécaire, dont les fonds permettent les travaux, à l'encontre des sous-entrepreneurs ou fournisseurs impayés et autres candidats au privilège ouvrier qui pourraient éventuellement enregistrer leur privilège contre l'immeuble. Quoique les privilèges aient préséance sur les hypothèques en vertu du Code civil du Bas-Canada, les tribunaux reconnaissent qu'ils ne peuvent résister à l'effet rétroactif du transfert de propriété au profit du créancier, effectué en application des clauses de dation en paiement contenues aux actes d'hypothèques. L'emprunteur étant tenu pour n'avoir pas été propriétaire depuis le moment de l'enregistrement de l'acte comportant la clause de dation en paiement, les privilèges nés en raison de contrats conclus par cet emprunteur, après cet enregistrement, tombent[517].

680. Sous le Code civil du Québec ces problèmes se posent en termes différents. D'une part les clauses de dation en paiement sont interdites (art. 1801 C.c.). D'autre part toute hypothèque confère désormais le droit de prendre le bien grevé en paiement; le créancier en devient alors propriétaire à compter de l'inscription du préavis de son recours hypothécaire, mais «libre des hypothèques publiées après la sienne» (art. 2783 C.c.). Sur la foi de ce seul texte on pourrait croire que le prêteur hypothécaire pourrait ainsi prendre l'immeuble libre des hypothèques légales du domaine de la construction publiées après la sienne.

Toutefois d'autres articles entrent ici en jeu.

681. D'une part l'article 2952 C.c. énonce que les «hypothèques légales en faveur des personnes qui ont participé à la construction ou la rénovation d'un immeuble prennent rang avant toute hypothèque publiée». L'emploi du mot «publié» à cet article est bizarre; il n'est pas qualifié. Y sous-entendre «après les hypothèques légales» le viderait de son sens, car il aurait été inutile de dire que les hypothèques légales prennent rang avant les hypothèques subséquemment publiées: cette règle existe pour toutes les hypothèques. L'article 2952 C.c. veut donc dire que les hypothèques légales du domaine de la construction prennent rang avant toute autre hypothèque, même celles qui auraient été publiées avant elle. Aux fins de l'exercice d'un recours de prise en paiement, elle ne peut donc pas être considérée comme une hypothèque «publiée après» celle du créancier qui exerce ce recours: elle ne tombe pas sous le coup de l'article 2783 C.c.

682. D'autre part l'article 2750 C.c. énonce que «celui des créanciers dont le rang est antérieur a priorité, pour l'exercice de ses droits hypothécaires, sur ceux qui viennent après lui».

683. C'est dire que le détenteur d'une hypothèque légale du domaine de la construction a préséance pour l'exercice de ses recours, sur tous les autres créanciers hypothécaires, puisqu'ils viennent tous «après lui». Il peut dès lors «invoquer l'antériorité de ses droits» comme lui permet l'article 2750 C.c. Il peut, de préférence à ces autres créanciers hypothécaires, choisir de faire vendre l'immeuble ou, encore, de le prendre lui-même en paiement. Il peut grâce à cette préséance de ses droits, empêcher le prêteur hypothécaire de prendre l'immeuble en paiement et, n'étant pas un «créancier subséquent», il semble qu'il échappe à l'obligation qu'impose l'article 2779 C.c. aux créanciers subséquents qui forcent un créancier antérieur à abandonner un recours de prise en paiement[518], de donner caution que l'immeuble soit vendu à un prix suffisamment élevé pour le payer.

684. La situation des intervenants du domaine de la construction est donc considérablement bonifiée. Ils pourront désormais échapper aux effets des prises en paiement, quel qu'ait été le moment de la naissance de leur droit par rapport à l'inscription de l'hypothèque du prêteur hypothécaire.

8. *Hypothèque légale et résolution de la vente immobilière*

685. Les conflits entre les détenteurs d'une hypothèque légale du domaine de la construction se résoudront d'une manière différente.

686. Compte tenu de l'absence de présomption d'hypothèque[519], une clause permettant la résolution d'une vente immobilière faute de paiement du prix n'est pas constitutive d'hypothèque; elle demeure une convention permettant de mettre fin à la vente, bien que le législateur assujettisse son exercice aux règles relatives à la prise en paiement (art. 1743 C.c.). L'article 2952 C.c. qui donne à l'hypothèque légale du domaine de la construction préséance sur «toute autre hypothèque publiée» n'est donc ici d'aucune application. L'article 2952 C.c. ne donne pas préséance sur une clause résolutoire. Le vendeur pourra donc reprendre l'immeuble libre de telles hypothèques légales, puisqu'il «le reprend libre de toutes les charges dont l'acheteur a pu le grever après que le vendeur a inscrit ses droits» (art. 1743 C.c.). Cette expression nous paraît assez large pour viser aussi bien les hypothèques conventionnelles que l'acheteur a pu consentir que les hypothèques légales qui sont nées du fait des travaux qu'il a commandés.

687. Le titulaire de l'hypothèque légale du domaine de la construction pourra cependant exercer le droit prévu à l'article 2779 C.c. et exiger que le vendeur, plutôt que de résoudre la vente, vende l'immeuble; s'il exerce ce droit, il devra toutefois donner caution que l'immeuble soit vendu à un prix suffisamment élevé qu'il sera payé intégralement de sa créance[520].

688. Cette différence de traitement envers le vendeur impayé résulte de ce que son droit de résolution, faute de paiement du prix, n'est pas traité comme une sûreté.

9. *Rang*

689. Comme nous venons de le voir, les hypothèques légales du domaine de la construction passent avant toute autre hypothèque publiée (art. 2952 C.c.).

690. Entre elles, elles viennent en concurrence, proportionnellement à la valeur de chacune des créances (art. 2952 C.c.).

10. Radiation de l'hypothèque

691. Tout intéressé peut obtenir la radiation de l'hypothèque légale lorsque, six mois après son inscription, aucune action n'a été intentée et publiée ou aucun préavis d'exercice d'un droit hypothécaire n'a été publié (art. 3061 C.c.).

692. Si une action a été publiée, la radiation de l'hypothèque peut être obtenue par l'inscription du jugement rejetant l'action ou ordonnant la radiation ou par la présentation d'un certificat du greffier du tribunal attestant que l'action a été discontinuée (art. 3061 C.c.).

693. Le législateur ne semble pas avoir pourvu au cas où il y a eu inscription d'un avis d'exercice de recours hypothécaire, sans que cette inscription soit suivie de l'exercice d'un recours[521]. Compte tenu de l'article 804 du Code de procédure civile suivant lequel toute demande de radiation d'une inscription sur le registre des droits personnels et réels mobiliers est introduite par requête, le propriétaire de l'immeuble grevé de l'hypothèque légale pourrait, après un certain temps d'inaction, demander par requête la radiation.

E. Le syndicat des copropriétaires (art. 2729 C.c.)

694. L'obligation pour un copropriétaire, dans le cadre d'une copropriété divise d'un immeuble, de payer sa quote-part des charges communes ou sa contribution au fonds de prévoyance[522] est garantie par hypothèque légale.

695. Cette hypothèque est acquise du moment où, après que le copropriétaire ait été en défaut plus de trente jours, elle est inscrite.

696. L'avis d'inscription indique la nature de la réclamation, le montant exigible au jour de l'inscription, le montant prévu pour les charges et créances de l'année financière en cours et celles des deux années qui suivent (art. 2729 C.c.). Il ressort du texte de l'article 2729 que la créance garantie par cette hypothèque consiste dans la quote-part en souffrance des charges communes et de contribution au fonds de prévoyance, dans toute quote-part pouvant devenir due par le copropriétaire durant l'année financière où l'inscription a lieu et dans les deux années

qui suivent. Le montant de l'hypothèque n'est donc pas arrêté au moment de l'inscription, contrairement aux autres hypothèques légales.

697. Elle s'éteint trois ans après son inscription à moins qu'avant l'expiration de ces trois ans le syndicat des copropriétaires n'ait publié une action contre le copropriétaire en défaut ou n'inscrive un préavis d'exercice de recours hypothécaire (art. 2800 C.c.). Tout intéressé peut en demander la radiation après ce délai si aucune action n'a été publiée dit l'article 3061 C.c. Comme on l'a vu, le code ne prévoit pas de mécanisme de radiation si, après inscription d'un préavis d'exercice, aucun recours hypothécaire n'est pris[523].

F. L'hypothèque résultant d'un jugement (art. 2730 C.c.)

698. L'hypothèque judiciaire prend désormais le nom d'hypothèque légale résultant d'un jugement.

699. Il doit s'agir d'un jugement rendu par un tribunal ayant compétence au Québec, ce qui comprend un jugement en exemplification d'un jugement rendu à l'extérieur du Québec[524]. Il doit s'agir d'un jugement portant condamnation à payer une somme d'argent, ce qui comprend cette portion d'un jugement en revendication qui condamne à des frais[525]. Le code nouveau ne le précisant pas, il pourra s'agir, comme sous l'ancien, de jugements provisoires[526] ou de jugements portés en appel[527].

700. Cette hypothèque prend naissance et s'acquiert par l'inscription d'un avis désignant les biens que le créancier choisit de grever, indiquant le montant de l'obligation et, s'il s'agit d'une rente ou d'aliments, le montant des versements et le cas échéant l'indice d'indexation (art. 2730 C.c.). L'avis n'est inscrit que s'il est présenté avec copie du jugement et preuve de la signification de ce dernier au débiteur (art. 2730 C.c.).

701. Le débiteur doit être le propriétaire du bien en question au moment de l'inscription de l'hypothèque; il ne suffit pas qu'il l'ait été lors du jugement[528].

G. Limitation ou substitution de sûreté (art. 2731 C.c.)

702. Le propriétaire d'un bien grevé d'une hypothèque légale pourra désormais demander au tribunal de déterminer lequel de ses biens l'hypothèque légale pourra grever, ou encore lui demander de réduire le nombre de ces biens ou substituer à cette hypothèque une autre «sûreté suffisante». L'article 2731 C.c. qui articule ce nouveau droit précise cependant que cette demande ne peut être présentée relativement à l'hypothèque légale de l'État ou d'une personne morale de droit public.

703. Cet article 2731 C.c. tire ses origines du dernier alinéa de l'article 2036 du Code civil du Bas-Canada qui permet au tribunal de substituer une sûreté suffisante à une hypothèque judiciaire découlant d'un jugement accordant des aliments. Un changement important est cependant apporté: sous le code actuel ce pouvoir de substitution constituait une règle d'exception et devait recevoir une interprétation restrictive[529], alors que sous le nouveau ce pouvoir devient la règle en matière d'hypothèques légales, le cas de l'hypothèque légale de l'État et des personnes morales de droit public l'exception[530]. Il fait maintenant partie des caractéristiques de l'hypothèque légale que de pouvoir être modifiée, restreinte, déplacée ou remplacée par le tribunal.

1. La demande de substitution de sûreté

704. L'article 2731 C.c. permet au propriétaire du «bien grevé» de présenter la demande au tribunal. L'article suppose que l'hypothèque a pris naissance, donc qu'elle est déjà inscrite et que le bien est grevé. Le propriétaire ne pourrait pas à l'avance demander au tribunal qu'une éventuelle hypothèque légale grève un bien plutôt qu'un autre. Il faut que l'hypothèque existe mais cela suffit; ainsi, dans le cas de l'hypothèque légale du domaine de la construction, le code n'exige pas que le propriétaire attende les six mois suivant la fin des travaux, pour savoir s'il y aura poursuite ou non, avant de pouvoir présenter une demande de substitution.

705. Cette demande est présentée par requête devant le tribunal du lieu où est situé l'immeuble ou le bien corporel grevé ou, s'il

s'agit d'un bien incorporel, devant le tribunal du domicile du propriétaire[531].

706. Pourrait-il y avoir plusieurs demandes successives, proposant chaque fois un nouvel arrangement? Le code ne l'interdit pas.

2. *Détermination du bien*

707. Le titulaire de l'hypothèque légale a pu inscrire sur un bien. Le propriétaire peut demander que l'hypothèque soit radiée de ce bien et soit plutôt inscrite sur un autre. Le code n'exige pas qu'il s'agisse d'un bien de même nature. Un immeuble a pu être grevé; le propriétaire peut proposer au lieu et place des valeurs mobilières. Le titulaire d'une hypothèque légale du domaine de la construction pourrait ainsi se retrouver avec une hypothèque sur un immeuble autre que celui qui fait l'objet de travaux ou encore avec une hypothèque sur des valeurs mobilières. Comme la demande est faite par le propriétaire, celui-ci a le fardeau de démontrer que le créancier n'en subira pas préjudice. Si le créancier a inscrit sur un bien, il y a lieu de présumer qu'il croyait que l'hypothèque acquise le protégeait suffisamment; le fardeau du propriétaire devrait donc être déchargé s'il démontre que l'hypothèque sur le bien proposé place le créancier dans une situation équivalente.

708. À notre avis, l'hypothèque proposée sur un autre bien ne pourrait pas être une hypothèque de second rang, dans le cas de l'hypothèque légale du domaine de la construction. L'hypothèque, une fois reportée sur l'autre bien, demeure toujours une hypothèque légale du domaine de la construction et continue d'en avoir les caractéristiques; elle continue notamment d'avoir préséance sur toute autre hypothèque publiée (art. 2952 C.c.); le créancier qui avait hypothèque de premier rang sur le bien substitué est donc déclassé. Ceci est inadmissible à moins qu'il n'y consente.

3. *Réduction des biens grevés*

709. Le créancier, s'il s'agit du porteur d'un jugement, peut inscrire son hypothèque sur la quantité de biens qu'il détermine et qu'il choisit. Le nouveau code formule implicitement une

règle normative suivant laquelle la valeur des biens grevés doit conserver un rapport acceptable avec le montant de la créance: il permet au tribunal de réduire le nombre des biens grevés, ce que les tribunaux ne s'étaient pas permis de faire jusqu'ici[532].

4. *Substitution par une sûreté suffisante*

710. Une «sûreté suffisante», d'une autre nature que l'hypothèque, pourra être une assurance[533], un cautionnement[534] et, sans doute, une lettre de garantie bancaire.

5. *Hypothèque légale et faillite*

711. L'hypothèque légale de l'État et des personnes morales de droit public constitue une sûreté sujette à publicité et par conséquent admise dans le contexte des amendements récents à la *Loi sur la faillite et l'insolvabilité* où l'article 87 donne aux Couronnes fédérale et provinciale le pouvoir de se créer des garanties pour le recouvrement de leurs créances. Ces garanties seront toutefois soumises à un mécanisme d'enregistrement et prendront rang après toutes autres garanties des tiers qui auront été enregistrées avant celle de la Couronne.

712. L'hypothèque légale du domaine de la construction et celle au profit du syndicat des copropriétaires devraient, comme les privilèges ouvriers actuels[535], faire de leur titulaire un créancier garanti au sens de la *Loi sur la faillite et l'insolvabilité.*

713. Quant à l'hypothèque légale résultant des jugements, les modifications apportées par le nouveau code constituent des changements de noms, des changements de modalités mais n'altèrent pas la substance du droit. L'article 70(1) de la *Loi sur la faillite et l'insolvabilité* réfère toujours aux «jugements ayant l'effet d'hypothèques»[536]; l'hypothèque légale judiciaire peut donc encore être qualifiée de mesure d'exécution au sens de cette loi et par conséquent être sans effet en cas de faillite[537].

Section IV. Exercice des droits et recours hypothécaires (art. 2748 à 2794 C.c.)

714. Le Code civil du Québec remanie de fond en comble le chapitre des droits et recours du créancier hypothécaire.

Plusieurs des changements étaient inévitables puisque dans un même concept se retrouvent les sûretés immobilières et les sûretés mobilières. Les recours du créancier hypothécaire sous le Code civil du Bas-Canada consistent, à proprement parler, dans l'action en interruption de prescription, l'action en dommages en cas de détérioration volontaire de l'immeuble et l'action hypothécaire ou personnelle hypothécaire tendant à obtenir le délaissement de l'immeuble pour qu'il soit vendu en justice. Sous les différentes formes de sûretés mobilières on retrouve des pouvoirs de prendre possession, de continuer la transformation du bien ou de l'administrer et de le vendre soit en justice, soit aux enchères, soit autrement. Le Code civil du Québec reprend tous ces éléments et les réassortit différemment à l'intérieur des chapitres quatre et cinq du titre des hypothèques.

715. D'autres changements résultent de la prise en charge par la loi du mécanisme de dation en paiement. Les clauses de dation en paiement sont désormais interdites mais le créancier a, de plein droit, la faculté de prendre le bien en paiement. La prise en paiement devient un recours hypothécaire.

716. D'autres changements encore résultent d'une volonté de protéger le débiteur, et aussi les autres créanciers, face à l'exercice par un créancier de ses recours hypothécaires. Des mécanismes tirés des articles 1040a) et suivants du Code civil du Bas-Canada sont mis en place et deviennent impératifs dans le cas de tous les recours hypothécaires. Des mécanismes nouveaux de protection sont mis en place dans le cas de la prise en paiement.

717. Enfin, d'autres ajustements proviennent du fait que le créancier peut maintenant, en certaines circonstances, vendre le bien de gré à gré.

718. Les étapes d'un recours hypothécaire sous le nouveau code pourraient se décrire comme suit.

Le créancier dont la créance est liquide et exigible inscrit et signifie au débiteur un avis à l'effet qu'il entend, suite à des défauts qu'il y décrit, exercer l'un ou l'autre des recours que la loi met à sa disposition, soit la prise de possession, la prise en paiement, la vente sous contrôle de justice ou la vente conduite par le créancier; l'avis somme le débiteur de délaisser le bien.

Pendant les vingt jours qui suivent, ou les soixante jours s'il s'agit d'immeubles, ou les dix jours s'il s'agit du recours de prise de possession pour fins d'administration et, au-delà, jusqu'à la vente ou la prise en paiement, le débiteur ou tout intéressé peut remédier au défaut. Si à l'expiration de ce délai le débiteur n'a pas délaissé le bien, le créancier doit, s'il veut continuer d'exercer ses droits, requérir le tribunal d'ordonner le délaissement; cette requête peut être présentée avant l'expiration du délai s'il y a péril. Une fois délaissement obtenu, le créancier devient le détenteur du bien et assume à son égard les obligations de celui qui a la simple administration du bien d'autrui. Dès le délaissement, pourvu que le délai prévu pour délaisser soit expiré, le créancier exerce le recours qu'il a choisi. S'il s'agit de la vente sous contrôle de justice, le créancier demande au tribunal - ce qu'il aura fait en même temps que la demande de délaissement forcée - de désigner une personne qui procédera à la vente; cette personne vendra dans le cadre des dispositions d'un nouveau chapitre du Code de procédure civile intitulé «De la procédure de la vente du bien d'autrui» (art. 897 à 910 C.p.c.). Cette vente a l'effet d'un décret d'adjudication. S'il s'agit des biens d'une entreprise, le créancier peut vendre lui-même et procède alors par appel d'offre, par vente aux enchères ou vend de gré à gré; dans tous les cas la vente doit avoir lieu sans retard inutile pour un prix commercialement raisonnable. Si le créancier se porte acquéreur, le débiteur peut éventuellement opposer qu'il a été libéré à concurrence de la valeur marchande du bien (art. 1695 C.c.). Le créancier doit, lorsqu'il vend lui-même, payer les créanciers prioritaires ou hypothécaires antérieurs (art. 2789 C.c.) et l'acquéreur prend à charge les droits réels autres que les hypothèques liquidées lors de la vente (art. 2790 C.c.). La prise en paiement, que le tribunal doit autoriser si le débiteur a acquitté la moitié ou plus de l'obligation (art. 2778 C.c.), a lieu par l'acte volontairement consenti par le débiteur ou par l'effet du jugement en délaissement; le créancier prend alors le bien libre des hypothèques publiées après la sienne (art. 2783 C.c.). Les créanciers «subséquents» peuvent toutefois forcer le créancier qui exerce ses droits à vendre plutôt qu'à prendre en paiement, pourvu qu'ils donnent caution que la vente se fasse à un prix suffisamment élevé pour que le créancier poursuivant soit intégralement payé (art. 2779 C.c.). Le recours de prise de possession pour fins d'administration a lieu pour permettre au créancier de réaliser sa créance à même les revenus générés par l'exploitation des biens dont il prend possession; ce recours, de même que celui qui consiste dans la vente par le créancier, ne peuvent avoir lieu qu'à l'égard de biens d'une entreprise.

719. On se souviendra que certaines dispositions du chapitre cinquième sur l'exercice des droits hypothécaires s'applique dans le cas d'une fiducie créée pour fins de garantie (art. 1263 C.c.), dans le cas de la vente à tempérament (art. 1749 C.c.), de la vente avec faculté de rachat (art. 1756 C.c.) ou de la résolution d'une vente immobilière.

A. Droits et recours avant que la créance ne soit devenue liquide et exigible

720. Le code établit une distinction entre les droits et recours qu'un créancier hypothécaire peut exercer en tout temps et ceux qu'il ne peut exercer qu'une fois sa créance devenue liquide et exigible.

721. Ainsi en tout temps il peut se prévaloir de l'un ou l'autre des droits que lui confère la loi à l'égard du bien; par exemple, le créancier qui a hypothèque sur une créance peut exercer le droit de la percevoir (art. 2743 C.c.). Il peut aussi, le cas échéant, poursuivre et récupérer à titre de dommages la valeur des détériorations commises par le détenteur du bien ou encore prendre action en reconnaissance d'hypothèque et interruption de prescription (art. 2735 c.c.).

1. Rappels des différents droits du créancier hypothécaire

722. Nous avons déjà commenté plusieurs des différents droits que le code confère au créancier. Mentionnons ici celui d'inscrire un report d'hypothèque (art. 2674 C.c., 2677 C.c.); celui d'être colloqué lorsque le bien grevé est vendu sur les instances d'un autre créancier (art. 715 C.p.c.); celui de poursuivre pour recouvrer une créance qui lui est hypothéquée (art. 2713 C.c.); celui d'inscrire, sur défaut, un avis aux fins de clôturer une hypothèque ouverte (art. 2715 C.c.); celui de percevoir les intérêts ou dividendes ou autres fruits et revenus produits par le bien dans le cas d'une hypothèque avec

dépossession (art. 2737 C.c., 2738 C.c.); celui de demander paiement des impenses faites pour conservation du bien (art. 2740 C.c.); celui de percevoir les créances hypothéquées (art. 2743 C.c.) ou de retirer l'autorisation de perception qu'il avait pu donner au débiteur (art. 2745 C.c.).

723. À ces différents droits s'ajoutent tous ceux que la loi leur reconnaît en tant que créancier et qui se rattachent au concept général de gage commun des créanciers[538].

2. *Dommages résultant de la détérioration du bien*

a) Devoirs du détenteur du bien hypothéqué

724. Le Code civil du Québec n'a pas repris le concept formulé aux articles 1979a) et 1979e) du Code civil du Bas-Canada suivant lequel le débiteur qui conserve la possession du bien engagé sous un nantissement agricole, forestier ou commercial, a, à l'égard des biens nantis, les obligations d'un emprunteur. Ces obligations ont pour effet d'imposer au débiteur l'obligation de veiller en bon père de famille à la garde et à la conservation de la chose et de ne s'en servir qu'à l'usage auquel elle est destinée. On peut anticiper que les conventions créeront ce devoir, que le code n'a pas prévu.

725. En revanche le nouveau code élargit la portée de l'actuel article 2054 C.c.B.-C. qui interdit au débiteur hypothécaire de détruire ou d'endommager le bien dans la vue de frauder le créancier et permet au créancier de réclamer immédiatement les dommages causés par telle destruction, quoique sa créance ne soit ni liquide ni exigible. L'article 2734 C.c. reprend cet article en en retranchant les mots «dans la vue de frauder le créancier»; le créancier hypothécaire qui réclame des dommages n'a plus à faire la démonstration de l'intention de frauder[539]. Par ailleurs le code ajoute aux défenses de détruire ou détériorer une nouvelle interdiction: celle de ne pas «diminuer sensiblement la valeur» du bien. L'article n'est donc plus restreint au seul plan des destructions ou détériorations physiques; il s'étend à toute espèce de «diminution sensible de valeur» causée par le détenteur. La création de droits d'habitation[540], de servitudes[541], le fait de procéder à une opération cadastrale sur l'immeuble[542] ou de création de baux à des conditions dérisoires[543] peuvent, à titre d'exemples, diminuer la valeur. Ces faits donneront donc lieu à

ce recours. L'article 2734 C.c. indique aussi clairement qu'une diminution sensible de valeur pourrait résulter de l'utilisation du bien qui ne serait pas une «utilisation normale» ce qui, en dernière analyse, impose au débiteur une obligation semblable à celle qu'impose le Code civil du Bas-Canada dans le cas des nantissements sans dépossession[544].

b) Recours en dommages-intérêts compensatoires

726. L'article 2734 C.c. énonce que le créancier peut recouvrer des dommages-intérêts compensatoires dans les cas où surviendrait une détérioration, destruction ou diminution interdite par l'article. Ce recours doit être pris contre le constituant ou son ayant cause, selon que c'est le constituant ou son successeur qui a causé le préjudice. Si le bien est entre les mains d'un tiers détenteur qui n'a pas assumé le paiement de la dette hypothécaire, le recours tient toujours; quoique non personnellement tenu à la dette, ce tiers qui a causé les dommages pourra être personnellement condamné à ces dommages et le jugement obtenu sur la base de l'article 2734 C.c. sera exécutoire sur l'ensemble de ces biens.

727. L'acquéreur d'un bien meuble qui aurait ignoré l'existence de l'hypothèque pourrait-il être poursuivi par le créancier sous l'article 2734 C.c.? Ignorant l'hypothèque, peut-on lui reprocher d'avoir manqué à l'un des devoirs du détenteur à l'égard des biens hypothéqués? Il nous semble que le créancier pourrait le poursuivre. Ou bien l'hypothèque lui est opposable ou bien elle ne l'est pas. Si elle lui est, tous les recours et droits que cette hypothèque confèrent lui sont également opposables; il ne saurait y avoir de demi-opposabilité.

c) Perte du bénéfice du terme

728. Si celui qui a causé les diminutions, détériorations ou destruction est le débiteur hypothécaire, ou quelqu'un qui a assumé le paiement de la dette, avec le consentement du créancier[545], il y aura de plus perte du bénéfice du terme en application de l'article 1514 C.c.; suivant ce dernier article, le débiteur perd le bénéfice du terme s'il diminue par son fait et sans le consentement du créancier les sûretés consenties à ce dernier.

d) Action en reconnaissance d'hypothèque et en interruption de prescription

729. L'article 2735 C.c. reprend l'article 2057 du Code civil du Bas-Canada en accordant au créancier hypothécaire une action en reconnaissance d'hypothèque et interruption de prescription. Cette action peut être utile au créancier dont la créance n'est pas exigible pour empêcher un tiers détenteur de bonne foi de prescrire acquisitivement le titre de l'immeuble et d'ainsi libérer celui-ci de son hypothèque, sur la base de l'article 2251 C.c.B.-C. Toutefois l'article 2251 C.c.B.-C. n'a plus son équivalent au Code civil du Québec. La prescription acquisitive d'un immeuble ou d'un meuble n'y éteint pas de plein droit les hypothèques ou charges[546]. Les actions qui visent à faire valoir un droit réel se prescrivent par dix ans (art. 2923 C.c.) ou par trois ans s'il s'agit d'un droit réel mobilier (art. 2925 C.c.), cependant le point de départ de ces délais est le jour où le droit d'action a pris naissance (art. 2880 C.c.). Dans notre hypothèse le droit d'action n'a pas pris naissance puisque la créance n'est pas exigible. Il est donc à prévoir que cette action en reconnaissance d'hypothèque et interruption de prescription ne sera pas très utilisée.

Si la dette est exigible, le créancier exercera plutôt ses droits hypothécaires.

3. *Mesures provisionnelles et autres droits*

730. L'article 2748 C.c. rappelle que le créancier hypothécaire bénéficie, en sus, de tous les droits d'un créancier ordinaire et notamment du droit de recourir aux mesures provisionnelles prévues au Code de procédure civile. Nous avons commenté ces droits généraux des créanciers ordinaires en étudiant le gage commun des créanciers[547].

B. Droits et recours une fois la créance devenue liquide et exigible (art. 2748 à 2794 C.c.)

731. L'obligation principale garantie par hypothèque peut avoir été indéterminée au moment de la création de l'hypothèque. Tant qu'elle ne l'est pas devenue, les recours hypothécaires ne peuvent être exercés puisque ceux-ci visent à payer le créancier

à même le produit de la vente du bien: encore faut-il savoir combien lui payer. Par ailleurs, il peut être fait échec à la prise en paiement si plus de la moitié de la dette a été payée (art. 2778 C.c.): encore faut-il connaître le tout pour établir la moitié. La dette doit donc être liquide.

732. Elle doit aussi être exigible. Si le créancier ne peut rien demander de son débiteur personnel, il ne peut faire valoir contre lui l'accessoire, l'hypothèque, du principal qu'il ne peut réclamer. De même, s'il ne peut réclamer du débiteur principal, il ne peut forcer un tiers détenteur à délaisser ou à payer pour éviter le délaissement, si précisément la créance n'est pas payable.

733. Dès qu'il a une créance liquide et exigible le créancier peut exercer ses recours.

1. Exercice du droit de préférence

734. Le Code civil du Québec et le Code de procédure civile prévoient que la saisie-exécution du bien hypothéqué ou la «vente sous contrôle de justice» ou la vente faite suivant les règles du Code de procédure civile pour la «vente du bien d'autrui» ont pour effet de rendre les créances hypothécaires exigibles, si elles ne l'étaient pas déjà, et de permettre au créancier d'exercer son droit de préférence.

735. Voici, bien sommairement esquissées, les différentes règles techniques prévues par le législateur pour assurer l'exercice du droit de préférence d'un créancier hypothécaire lorsque le bien hypothéqué est saisi ou vendu sur les instances d'un autre créancier.

a) Saisie-exécution immobilière

736. Le créancier qui a hypothèque sur un immeuble est avisé par l'officier de publicité des droits du fait qu'une saisie est survenue, pourvu évidemment qu'il ait préalablement requis l'inscription de son adresse (art. 3017 C.c., art. 665 C.p.c.). Le shérif transmet à l'officier de publicité des droits une copie de l'avis de vente en justice et celui-ci à son tour en notifie le créancier hypothécaire (art. 670 C.p.c., art. 3017 C.c.). Le créancier peut alors produire entre les mains de l'officier

saisissant, au plus tard dix jours après la vente, un état de sa créance, appuyé d'un affidavit et des pièces justificatives, qui doivent être signifiées au saisi (art. 678 et 604, 2e al., C.p.c.) et que celui-ci peut contester. Le créancier hypothécaire, dont la saisie a rendu la créance à terme exigible, si elle ne l'était déjà (art. 718 C.p.c.) est colloqué en conséquence (art. 715 C.p.c.).

b) Saisie-exécution mobilière

737. Si les biens saisis sont ceux d'une entreprise et qu'il se trouve parmi ces biens, un bien ou un ensemble de biens d'une valeur marchande estimée à 6000$ ou plus par l'officier saisissant, celui-ci doit obtenir de l'officier de publicité des droits un état certifié des droits consentis par le débiteur sur les biens saisis (art. 592.2 C.p.c.). Après avoir obtenu cet état, l'officier saisissant doit signifier au créancier hypothécaire une copie du procès-verbal de saisie et l'avis de vente du bien (art. 592.3 C.p.c.). Le créancier peut alors produire un état de sa créance, comme indiqué ci-dessus (art. 604 C.p.c.) et est colloqué en conséquence (art. 614 C.p.c.).

738. On aura noté que le mécanisme mis en place au Code de procédure civile ne demande d'aviser le créancier hypothécaire que si les biens saisis valent 6 000$ ou plus.

c) Vente par un autre créancier hypothécaire

i) Vente par le créancier lui-même

739. Le créancier hypothécaire peut choisir d'exercer le recours hypothécaire de vente par le créancier. Les autres créanciers hypothécaires seront avisés de ce fait par l'officier de publicité des droits (art. 3017 C.c.). Le créancier qui vend lui-même a l'obligation de payer les créances primant ses droits et, s'il existe des créances hypothécaires subséquentes à la sienne, il rend compte du surplus au greffier du tribunal compétent (art. 2789 C.c.).

ii) Vente sous contrôle de justice

740. Le créancier peut avoir choisi que la vente ait lieu sous contrôle de justice (art. 2791 C.c.). L'article 2793 C.c. demande

que cette vente suive les règles prescrites au Code de procédure civile pour la vente du bien d'autrui (art. 897 à 910 C.p.c.).

741. Ici encore les autres créanciers hypothécaires seront avisés de l'inscription de l'avis d'exercice de ce recours (art. 3017 C.c.).

742. Un état de collocation doit être dressé conformément aux articles 614 ou 714 et 715 C.p.c., selon le cas (art. 910 C.p.c.), ce qui suppose que la personne chargée de la vente a l'obligation d'obtenir un état des droits inscrits sur le bien vendu et d'aviser les créanciers hypothécaires inscrits du fait de la vente afin de permettre à ceux-ci de présenter leur état de créance.

2. *Dispositions générales*

a) Contre qui le recours est exercé (art. 2751 C.c.)

743. Les recours hypothécaires sont exercés contre celui qui possède le bien, car tous les recours sont précédés d'un préavis qui doit sommer celui à qui il est adressé de délaisser le bien (art. 2758 C.c.). Cette personne peut être le débiteur lui-même, ou celui qui a constitué l'hypothèque, ou «tout autre personne» (art. 2757 C.c.) qui possède le bien. Pour reprendre l'expression de l'article 2751 C.c., les recours hypothécaires sont exercés contre celui entre les mains de qui «le bien se trouve». En matière mobilière il s'agira donc, dans un premier temps, de trouver le bien, ce qui ne sera pas toujours chose facile. Le Code civil du Québec permet (art. 2701 C.c.) mais n'exige pas la publication de la vente d'un bien meuble hypothéqué. L'acquéreur d'un bien meuble a donc bon titre sans que l'acte de vente en sa faveur ne soit publié; ni lui ni le vendeur n'ayant d'intérêt particulier à ce que les ventes de biens meubles soient publiées, celles-ci, en pratique, ne seront pas très souvent inscrites pour fins de publicité.

744. Si le créancier «trouve» le bien entre les mains d'un tiers, il est bien fondé, en s'appuyant sur les articles 2751 C.c. et sur les articles 921 et 928 C.c. (aux termes desquels le détenteur d'un bien est présumé vouloir détenir pour lui-même en tant que possesseur et est présumé titulaire du droit de propriété), à exercer ses recours hypothécaires contre ce tiers. S'il s'avérait que ce tiers n'était pas le véritable propriétaire et que celui-ci

se manifestait, ce dernier pourrait-il prétendre que le recours hypothécaire n'a pas été exercé contre la bonne personne et que le préavis d'exercice de recours hypothécaire ne lui a pas été dénoncé? À notre avis il ne le pourrait pas; l'article 2751 C.c. permet d'exercer le recours contre celui entre les mains de qui le bien se trouve et que le créancier est autorisé, par connaissance ou par présomption résultant des articles 921 et 928 C.c., à croire propriétaire.

745. Si le bien grevé a fait subséquemment l'objet d'un usufruit, les recours sont adressés contre le nu-propriétaire et l'usufruitier ou dénoncé à celui contre qui ils n'ont pas été exercés en premier (art. 2752 C.c.).

b) Disparition de l'action hypothécaire

746. Dans le droit actuel, le recours hypothécaire consiste dans une action comportant des conclusions en délaissement et des conclusions en condamnation personnelle s'il s'agit d'une action personnelle hypothécaire. Dans le droit nouveau, l'exercice des recours hypothécaires n'est pas initié par une action en justice. Il faut penser ici aux nantissements sans dépossession du droit actuel ou au déroulement de l'exercice d'une clause de dation en paiement: si le détenteur ne conteste pas et admet les droits du créancier, celui-ci pourra vendre le bien et être payé ou encore devenir propriétaire du bien sans l'intervention du tribunal.

747. Tout le droit relatif aux actions hypothécaires et aux actions personnelles hypothécaires devient très largement périmé.

748. L'exercice des droits commence par la signification et l'inscription d'un préavis où le créancier annonce lequel des recours hypothécaires il entend exercer. Si le créancier n'a pas choisi la vente sous le contrôle de justice, les recours pourront s'exercer et se consommer sans l'intervention du tribunal, dans le cas où le débiteur ou les tiers ne s'opposent pas.

c) Priorité des créanciers antérieurs quant aux recours (art. 2750 C.c.)

749. S'il existe plusieurs créanciers hypothécaires, celui dont le rang est antérieur a priorité pour l'exercice des recours.

L'article 2750 C.c. lui permet d'«invoquer l'antériorité de ses droits» dès qu'il est avisé de l'inscription par un autre créancier hypothécaire d'un préavis d'exercice de recours.

750. L'article ne précise pas comment cette antériorité est invoquée. On peut penser qu'elle le sera par l'inscription par le créancier de son propre préavis d'exercice de recours; ceci suppose que sa propre créance est liquide et exigible (art. 2748 C.c.)[548]. Cette inscription aura pour effet, à toutes fins utiles, de suspendre l'exercice de ses recours qu'a déjà entrepris le créancier subséquent. C'est là une conséquence qui découle du principe formulé à l'article 2750 C.c. Le créancier aura intérêt à informer le premier créancier poursuivant de cette inscription dans les meilleurs délais car, dit l'article 2750 C.c., il peut être tenu de payer les frais engagés par cet autre créancier s'il néglige d'invoquer son antériorité «dans un délai raisonnable». On doit donc comprendre de cet article que le créancier de premier en rang a le choix des recours. Si par exemple un second créancier a inscrit un recours de vente sous contrôle de justice et que le premier créancier veuille plutôt vendre de gré à gré, le premier créancier pourra imposer son choix en inscrivant son propre préavis et en avisant l'autre. L'antériorité des droits quant aux recours ne dépend pas de l'ordre dans le temps des inscriptions de préavis de recours, mais plutôt du rang des hypothèques.

751. Cette préséance peut donc avoir pour effet qu'un créancier passe outre au recours entrepris par un autre. À titre d'exemple, nous avons vu[549] que le titulaire d'une hypothèque légale du domaine de la construction, dont l'hypothèque a préséance sur toute autre, pourrait empêcher un autre créancier hypothécaire d'exercer un recours de prise en paiement.

752. Les créanciers antérieurs auront grand avantage à tirer parti de cette disposition. Que l'on songe par exemple à la vente faite par le créancier lui-même; celle-ci a pour effet de liquider les hypothèques antérieures à celles du créancier qui vend mais non les subséquentes (art. 2790 C.c.); le créancier antérieur prend alors un risque à laisser vendre le bien par un créancier subséquent: le prix pourrait être insuffisant pour acquitter sa propre dette. Il aura bien souvent intérêt à intervenir.

d) Conflits avec des créanciers ordinaires (art. 2958 C.c.)

753. Tant que le bien grevé d'hypothèque n'a pas été vendu ou pris en paiement, il reste dans le patrimoine du débiteur et peut être saisi par ses autres créancier. L'inscription d'un préavis d'exercice de recours hypothécaire ne confère aucun droit réel nouveau au créancier hypothécaire et le débiteur demeure maître de son bien tant qu'il ne l'a pas délaissé. On peut par analogie s'en reporter ici à cette jurisprudence qui nie au créancier qui a initié des procédures de dation en paiement la faculté d'empêcher un autre créancier de faire valoir ses droits[550].

754. La saisie pratiquée par un tiers créancier n'a pas davantage l'effet de sortir le bien du patrimoine du débiteur. Il est vrai que le débiteur ne peut plus alors aliéner l'immeuble saisi (art. 669 C.p.c.) mais le bien saisi demeure sujet au droit des autres créanciers. Tant que la vente en justice n'a pas eu lieu sur la saisie d'un tiers créancier, le créancier hypothécaire peut exercer ou continuer à exercer ses droits et recours hypothécaires.

755. L'article 2958 du nouveau Code civil se lit comme suit:

> 2958. Le créancier qui saisit un immeuble ne peut se voir opposer les droits publiés après l'inscription du procès-verbal de saisie, pourvu que celle-ci soit suivie d'une vente en justice.

Cet article reprend l'article 2091 C.c.B.-C. qui rend sans effet l'enregistrement d'une aliénation après la saisie, si celle-ci est suivie d'expropriation judiciaire. Le nouveau texte est plus large cependant. Il vise tout droit publié après l'inscription de la saisie. Ce texte comprend-il l'inscription d'un préavis d'exercice de recours hypothécaire? En d'autre mots, peut-on s'appuyer sur ce texte pour dire qu'une fois une saisie inscrite, un créancier hypothécaire ne peut plus exercer ses droits sur le bien saisi? Cela nous apparaît inadmissible, compte tenu que la saisie n'enlève pas au saisi la propriété de son bien. De plus, l'article 2958 C.c. réfère à la publication de «droits»; un préavis d'exercice de recours hypothécaire n'est pas un droit: c'est un avis à l'effet qu'on entend exercer un droit déjà antérieurement publié.

756. La jurisprudence illustrant des conflits entre créanciers saisissants et créanciers hypothécaires qui exercent leur clause

de dation en paiement est abondante sous le Code civil du Bas-Canada. Il semble maintenant acquis qu'un tiers créancier peut saisir l'immeuble tant qu'il n'y a pas eu jugement sur l'action en dation en paiement ou dation en paiement volontairement consentie; cependant, cette saisie peut être annulée et radiée à la demande du créancier qui a subséquemment, mais avant la vente en justice, obtenu jugement sur son action en dation en paiement ou qui a obtenu titre[551]. Somme toute, l'article 669 C.p.c. et l'article 2091 C.c.B.-C. n'empêchent pas un créancier de franchir les dernières étapes requises pour devenir propriétaire; le tiers créancier saisissant ne peut s'en plaindre. Suivant les mots de la Cour d'appel, le saisissant ne peut saisir que les droits de son débiteur tels qu'ils se trouvent, c'est-à-dire précaires et sujets à annulation par dation en paiement volontaire ou par jugement[552], l'un ou l'autre pouvant être enregistré après une saisie non suivie de vente.

757. Les textes du nouveau code nous semblent laisser le droit inchangé sur ces points. L'un et l'autre des créanciers ordinaires et garantis peuvent continuer la course dans l'exercice de leur droit tant que le débiteur demeure propriétaire de son bien.

758. Une observation peut être ajoutée ici. Suivant la jurisprudence actuelle, un des motifs qui permet au créancier devenu propriétaire par suite de l'exercice d'une clause de dation en paiement de faire radier la saisie pratiquée par un autre est que par l'effet rétroactif de la dation en paiement, l'immeuble est tenu pour n'avoir pas été saisi sur la tête du véritable propriétaire et doit donc être annulée. Dans le nouveau droit, comme nous le verrons sous peu, la prise en paiement a un double effet rétroactif: à l'égard des autres hypothèques, elle rétroagit au jour de la publication de l'hypothèque du créancier qui prend en paiement mais à tous autres égards, elle rétroagit au jour de l'inscription du préavis d'exercice[553]. Ceci a-t-il pour effet d'empêcher le créancier devenu propriétaire de faire radier une saisie pratiquée avant l'inscription de son préavis? Ou, corollairement, de permettre à un saisissant de dire que l'inscription d'un préavis d'exercice après la saisie ne peut l'empêcher d'aller jusqu'à la vente en justice, en vertu des articles 669 C.p.c. et 2958 C.c.? La question est débattable. Nous préférons penser que le saisissant ne peut se voir conférer par la saisie plus de droits que n'en avait le saisi; or le saisi, sujet aux droits

qu'il a de remédier au défaut reproché dans le préavis d'exercice de recours hypothécaires, ne peut empêcher ce créancier d'exercer la prise en paiement[554].

e) Pluralité de biens hypothéqués (art. 2753 C.c.)

759. Le Code civil du Québec reprend l'article 2049 C.c.B.-C.

L'article 2753 C.c. énonce en effet que le créancier dont l'hypothèque grève plusieurs biens peut exercer ses droits simultanément ou successivement sur les biens qu'il juge à propos; le créancier ne peut se voir imposer un ordre de réalisation par un créancier subséquent. Le nouveau code n'a pas incorporé dans notre droit la doctrine de «Common Law» du «marshalling» suivant laquelle un créancier a le devoir d'exercer ses recours de telle manière qu'un créancier subséquent qui n'a de droits que sur certains biens soit protégé[555]. Le nouveau code n'a pas non plus retenu en matière d'hypothèque, la règle suivant laquelle, en matière de saisie, il est procédé à la vente des biens meubles avant celle des biens immeubles.

760. L'article 2754 C.c. de son côté reprend le deuxième alinéa de l'article 2049 C.c.B.-C. Comme sous le droit actuel, le texte de l'article 2754 C.c. suppose qu'au moins deux biens sont vendus en justice (simultanément ou successivement, le texte ne le précise pas); tant que le produit de l'une ou l'autre vente demeure à distribuer, l'hypothèque se répartit proportionnellement. Il est à noter que l'article ne trouve application que lorsque le créancier a choisi de vendre sous l'autorité de la justice, par opposition à l'exercice des autres recours hypothécaires. D'autre part, il s'appliquera qu'il s'agisse de biens immeubles ou de biens meubles, ou à la fois de biens immeubles et de biens meubles.

3. *Conditions préalables à l'inscription d'un recours*

a) Créance liquide et exigible (art. 2748 C.c.)

761. Nous avons déjà vu que la créance doit être liquide et exigible.

b) Publicité préalable de l'hypothèque requise?

762. Nous avons déjà souligné que le projet de loi 38 mentionne à l'article 158 qu'aucun préavis d'exercice de recours hypothécaire ne peut être inscrit si l'hypothèque n'est pas préalablement inscrite[556].

c) Hypothèque ouverte (art. 2755 C.c.)

763. S'il s'agit d'une hypothèque ouverte, celle-ci doit avoir été clôturée. L'article 2755 C.c. l'exige: le titulaire d'une hypothèque ouverte ne peut exercer ses droits hypothécaires qu'après l'inscription de l'avis de clôture. Il semble que l'avis de clôture lui-même ne puisse se dédoubler et comporter un préavis d'exercice de recours: celui-ci doit survenir «après l'inscription de l'avis de clôture» dit le texte. Il faudrait donc un document de préavis distinct de l'avis de clôture, que rien n'empêche cependant d'inscrire immédiatement après l'avis de clôture.

d) Hypothèque sur créances

764. Un créancier pourrait-il inscrire un recours hypothécaire à l'égard des créances qui lui sont hypothéquées si la perception de celles-ci est assurée par le débiteur et qu'aucun avis de retrait d'autorisation n'a été inscrit[557]?

765. Rappelons ici que ni la perception par le créancier des créances hypothéquées (art. 2743 C.c.) ni le retrait de l'autorisation qu'il a pu donner au débiteur de percevoir ces créances (art. 2745 C.c.) ne constitue l'exercice d'un droit hypothécaire au sens du chapitre cinquième; le chapitre cinquième ne s'applique que lorsque le débiteur est en défaut (art. 2748 C.c., 2e al.) alors qu'ici le créancier peut exercer ses droits en vertu des articles 2743 C.c. et 2745 C.c. «en tout temps», sans qu'un défaut ne soit survenu.

766. La question soulevée ci-dessus pourrait se poser dans un contexte où, suite à un défaut, le créancier voudrait vendre la créance ou l'universalité de créances hypothéquées. Il nous semble qu'il est alors nécessaire que le créancier inscrive un avis de retrait de permission de percevoir: l'acquéreur de la créance hypothéquée ne pourra jamais le faire; n'acquérant pas la créance hypothécaire, il n'est pas au droit du créancier

hypothécaire. Il n'achète pas la créance hypothécaire avec le droit accessoire qu'elle comporterait de retirer la permission, il achète plutôt la créance hypothéquée. Cependant rien ne demande que ce retrait soit inscrit avant l'inscription du préavis d'exercice: le créancier aura toujours le temps de le faire tant que la créance hypothéquée n'aura pas été vendue.

C. Le préavis d'exercice des recours hypothécaires (art. 2757 C.c.)

767. La signification et l'inscription du préavis est le point de départ de l'exercice de tous les recours hypothécaires. Ces deux formalités sont toujours impératives, à l'exception d'un cas, celui des courtiers en valeurs mobilières.

1. Courtiers en valeurs mobilières (art. 2759 C.c.)

768. Les courtiers sont dispensés de l'obligation de donner un préavis d'exercice et de l'obligation de respecter les délais prévus au chapitre cinq, dans la mesure où les usages et la convention avec le débiteur leur permettent de vendre ou de prendre en paiement les valeurs mobilières qui leur sont hypothéquées (art. 2759 C.c.).

769. Le code donne donc plein effet aux conventions entre clients et courtiers lesquelles, s'appuyant sur les usages, tels que ces usages sont reflétés d'ailleurs par les règles de la bourse[558], permettent aux courtiers de vendre sur le marché les valeurs détenues pour le compte de leur client afin d'acquitter la dette de celui-ci[559].

770. On aura noté que l'article 2759 C.c. dispense le courtier de l'obligation du préavis et de celle de respecter les délais, mais non des autres devoirs que le créancier hypothécaire a en vertu du chapitre cinquième, par exemple, celui de vendre «pour un prix commercialement raisonnable et dans le meilleur intérêt du client» (art. 2785 C.c.) ou celui d'abandonner le recours de prise en paiement pour exercer celui de vendre le bien (art. 2779 C.c.).

2. *Contenu du préavis (art. 2758 C.c.)*

771. Le préavis doit dénoncer tout défaut, rappeler le droit d'y remédier, indiquer le montant de la créance, le droit hypothécaire que le créancier entend exercer, décrire le bien grevé et sommer au délaissement. L'avis doit aussi indiquer le délai de délaissement (art. 2758 C.c.). Reprenons chacun de ces éléments.

a) «Dénoncer tout défaut»

772. L'avis doit dénoncer tout défaut par le débiteur d'exécuter ses obligations. Le code demande de dénoncer les défauts afin de permettre au débiteur ou à tout intéressé d'y remédier; il ne demande pas nécessairement de dénoncer tous les défauts. S'il existe quatre défauts et que le créancier en dénonce trois, le débiteur se libère des effets de l'avis en remédiant aux trois défauts. Le débiteur ne pourrait évidemment prétendre que l'avis est nul parce que tous les défauts n'ont pas été mentionnés.

773. Le mot «défaut» est employé à l'article 2758 C.c.; l'article 2761 C.c. emploie plutôt les mots «omission» et «contravention». Il est difficile de voir une distinction entre ces différents termes.

774. L'article 2758 C.c. parle du défaut «par le débiteur». Ces derniers mots ne doivent pas être interprétés restrictivement. Le code n'empêche certainement pas un créancier d'exercer ses recours si c'est le constituant, ou encore la caution, qui manque à ses obligations.

b) Rappel du droit de remédier au défaut

775. Ce droit de remédier est formulé à l'article 2761 C.c. que nous commenterons tantôt plus en détail.

c) Le montant de la créance en capital et intérêts

776. L'avis doit mentionner le montant de la créance en capital et en intérêts: c'est ce montant, plus les frais, qui sera attribué au créancier une fois la vente effectuée (art. 2789 C.c.). Ce montant n'est pas nécessairement celui que le débiteur doit payer pour remédier au défaut et le plus souvent ne le sera pas:

comme nous le verrons[560], la déchéance du terme ne joue pas contre le débiteur qui veut remédier au défaut.

d) La nature du droit hypothécaire que le créancier entend exercer

777. Le code impose au créancier de choisir son recours au moment où il signifie le préavis. Il ne peut dès lors qu'exercer le recours qui y est mentionné. Ainsi, un créancier qui aurait choisi le recours de la vente sous contrôle de justice ne pourrait en cours de route décider, sous le coup du même préavis, de prendre en paiement; le préavis est une mesure de protection pour le débiteur et les tiers: le débiteur ou tout tiers intéressé aurait peut-être choisi de remédier au défaut plutôt que de ne rien faire, s'il avait su que le créancier prendrait en paiement.

778. Si le créancier change d'avis en cours de route, il devra donner un nouveau préavis. Dans ce cas un nouveau délai doit-il commencer à courir? Ou peut-on compter dans le nouveau délai les jours déjà courus sous l'ancien? Dans certaines circonstances il ressort assez clairement qu'un nouveau délai doit commencer à courir. Prenons l'exemple d'un créancier qui choisit de vendre le bien puis se ravise et choisit de le prendre en paiement. L'article 2779 C.c. accorde au débiteur et aux créanciers hypothécaires subséquents le droit d'empêcher la prise en paiement et de forcer le créancier à vendre; ce droit peut être exercé «dans les délais impartis pour délaisser»: on ne pourrait donc raccourcir le délai de vingt ou de soixante jours qu'ils ont, à partir du moment où ils ont su que le créancier choisissait de prendre en paiement, pour décider d'exercer ce droit. Prenons un autre exemple. Un créancier a choisi de faire vendre sous contrôle de justice; après douze jours, le débiteur a délaissé volontairement; le créancier change d'idée et veut plutôt exercer le recours de prise de possession pour fins d'administration. L'eut-il su avant, le débiteur aurait peut-être refusé de délaisser pour demander au tribunal d'ordonner au créancier de fournir une sûreté pour garantir l'exécution de ses obligations (art. 2766 C.c.). Il existe donc dans le cas des recours pour prise en paiement ou pour prise de possession des droits que la loi permet à certaines personnes de décider d'exercer pendant le délai de délaissement. Il faudrait donc dans ces cas laisser un nouveau délai courir. Prenons un autre exemple encore. Un

créancier avise le débiteur qu'il prend possession pour fins d'administration, le débiteur délaisse, puis le créancier choisit de vendre. Le débiteur peut-il ici se plaindre et prétendre que s'il avait su que le créancier voulait vendre, il n'aurait pas volontairement délaissé? Dans le cas spécifique du recours de la vente (par le créancier ou sous contrôle de justice) le débiteur n'a pas de droit particulier autre que celui de remédier au défaut, avant que la vente ait eu lieu, c'est-à-dire qu'il a vingt jours ou, suivant le cas, soixante jours pour éviter la vente; on pourrait peut-être arguer qu'il suffit que ces vingt ou soixante jours aient courus depuis le moment du premier préavis; mais, encore ici, la question est discutable: le débiteur peut prétendre qu'il a davantage intérêt à éviter la vente que la prise de possession et qu'il a droit à ses vingt ou soixante jours pour trouver les fonds requis pour désintéresser le créancier.

779. On peut donc penser que dans tous les cas un nouveau préavis commande un nouveau délai.

780. Est-il possible d'exercer deux recours à la fois? La question pourrait se poser dans le cas où un créancier voudrait jumeler le recours de prise de possession à des fins d'administration à un autre recours, telle la vente. La formulation de l'article 2775 C.c., relatif à la prise de possession, laisse assez clairement entendre que cela n'est pas possible; cet article mentionne que la possession prend fin, entre autres, lorsque le créancier a publié un préavis d'exercice d'un autre droit hypothécaire. Le créancier ne pourrait pas à l'avance décider de prendre possession à des fins d'administration et de faire suivre ce recours par la vente. Il peut toutefois, s'il constate que le recours de prise de possession à des fins d'administration s'avère infructueux, choisir un autre recours.

e) La description du bien grevé

781. Elle est requise aux fins de l'inscription de l'avis et, plus généralement, pour que le débiteur sache sur lesquels des biens, en cas de pluralité de biens grevés, le créancier exerce son recours.

f) Sommer au délaissement

782. Le code organise l'exercice des recours hypothécaires autour du concept de délaissement. Historiquement, le délaissement était le fait d'un tiers détenteur d'un immeuble hypothéqué qui, poursuivi hypothécairement, abandonnait l'immeuble pour le laisser se vendre en justice; le défaut de délaisser entraîne encore sous le Code civil du Bas-Canada une lourde sanction: le tiers devenait personnellement responsable de la dette. Sous le Code civil du Bas-Canada, l'action personnelle hypothécaire prise contre le débiteur doit aussi conclure au délaissement[561]. Le nouveau code reprend plusieurs de ces éléments. Désormais le délaissement s'applique aussi bien en matière mobilière qu'en matière immobilière. Il est volontaire ou ordonné par le tribunal et une fois effectué entre les mains du créancier, celui-ci acquiert la «simple administration du bien» (art. 2768 C.c.). Aucun des recours hypothécaires ne peut prendre place si le délaissement n'a pas déjà eu lieu.

3. *Signification et inscription de l'avis*

783. Avant d'être inscrit, l'avis est signifié au débiteur ou au constituant ou à toute autre personne contre laquelle le créancier entend exercer son droit. Cette «autre personne» ne peut être que le détenteur du bien qui pourrait être, ni le débiteur ni le constituant mais plutôt un tiers acquéreur du bien. Le préavis est présenté pour inscription avec une preuve de la signification (art. 2757 C.c.)[562].

784. L'officier de la publicité des droits est tenu de notifier sans délai les créanciers qui ont requis l'inscription de leur adresse, de l'inscription de ce préavis (art. 2757 et 3017 C.c.).

4. *Conséquences découlant de l'inscription d'un préavis*

a) Inopposabilité de toute aliénation (art. 2760 C.c.)

785. L'article 2760 du Code civil du Québec reprend l'article 2074 C.c.B.-C. L'aliénation du bien grevé faite après l'inscription d'un préavis ne peut être opposée au créancier poursuivant à moins que l'acquéreur n'ait consigné le capital et les intérêts dus au créancier de même que le montant des frais qu'il a engagés (il s'agit ici du plein montant de la dette et non

seulement de ce qu'il fallait pour remédier au défaut) ou, encore, que l'acquéreur ait assumé, avec le consentement du créancier, le paiement de la dette. Si le créancier accepte le nouvel acquéreur, non seulement est-il lié par la vente mais il abandonne implicitement son recours; reconnaissant que celui contre qui il dirigeait son recours n'est plus propriétaire, il ne peut plus le forcer à délaisser.

Cet article 2760 C.c. s'applique aussi bien en matière mobilière qu'immobilière.

786. Comment interprétera-t-on l'article 2760 C.c. dans le cas d'hypothèques susceptibles de report? L'entreprise cesse-t-elle de pouvoir vendre les biens meubles dans le cours de ses activités, libres d'hypothèque si ces biens font l'objet d'un préavis d'exercice de recours? L'article 2760 C.c. fait-il échec à l'article 2674 C.c. suivant lequel un créancier n'a pas de droit de suite sur un bien grevé par une hypothèque universelle et vendu dans le cours des activités de l'entreprise? Corollairement, l'article 2760 C.c. dispense-t-il le créancier de réinscrire son hypothèque comme le veut l'article 2700 C.c. si le bien grevé est vendu après l'inscription du préavis, mais que cette vente n'ait pas été faite dans le cours des activités de l'entreprise?

787. Une interprétation textuelle de l'article 2760 C.c. mène à la conclusion que toute aliénation de biens grevés devient inopposable au créancier. Toutefois nous croyons que l'article 2760 C.c. peut recevoir une interprétation différente, compte tenu de ses origines. L'article 2074 C.c.B.-C., dont il provient, avait pour but d'empêcher qu'un créancier hypothécaire soit contraint, dans l'exercice de ses droits, à multiplier les actions; l'action hypothécaire comporte des conclusions réelles dirigées contre le détenteur et si, avant délaissement, l'immeuble est vendu à un tiers, le créancier aurait été contraint à prendre action du nouveau détenteur[563] n'eut été l'article 2074 C.c.B.-C. En un sens l'article 2074 C.c.B.-C. empêche un créancier d'avoir à exercer son droit de suite pour faire valoir son droit, en cas d'aliénation du bien effectuée après l'action hypothécaire. Or dans le cas des biens meubles hypothéqués vendus dans le cours des activités de l'entreprise, précisément, il n'y a pas de droit de suite et le créancier ne peut suivre le bien.

L'aliénation effectuée ne rend pas plus onéreux, dans ce cas, l'exercice du droit hypothécaire; l'hypothèque se reportera sur le bien acquis en remplacement ou sur le produit de la vente. Il est donc permis de penser que dans le cas d'une aliénation faite dans le cours des activités de l'entreprise, l'article 2760 C.c. ne trouve pas application. Au contraire, dans l'hypothèse d'une vente en dehors du cours des affaires d'une entreprise, le créancier bénéficie d'un droit de suite; l'article 2760 C.c. a alors sa raison d'être et empêche que le créancier soit forcé de recourir à ce droit de suite en lui rendant la vente inopposable.

b) Inopposabilité des droits réels

788. Dans le cas des recours de prise en paiement et de vente par le créancier, les droits réels créés après l'inscription du préavis ne sont pas opposables au créancier s'il n'y a pas consenti (art. 2783 et 2790 C.c.). Quant à la vente sous contrôle de justice, elle purge tous les droits réels non compris dans les conditions de la vente[564].

D. Délai de délaissement

789. Durant la période qui suit la signification et l'inscription du préavis, le débiteur ou tout intéressé peut remédier au défaut; les procédures de réalisation sont en attente; les tiers créanciers hypothécaires peuvent intervenir en certaines circonstances pour forcer le créancier qui aurait choisi le recours de prise en paiement d'abandonner ce recours pour, au lieu, vendre le bien.

1. Période du délai (art. 2758 C.c.)

790. Le délai accordé au débiteur est de dix jours si le recours indiqué à l'avis est celui de la prise de possession pour fins d'administration (art. 2758 C.c.), que le bien soit meuble ou immeuble.

791. Dans le cas des autres recours il est de vingt jours s'il s'agit d'un bien meuble ou de soixante s'il s'agit d'un bien immeuble (art. 2758 C.c.).

792. On aura noté que ces moratoires sont impératifs à l'égard de l'exercice de tous les recours hypothécaires (vente en justice,

vente, prise en paiement, prise de possession) contrairement au droit actuel où l'avis de soixante jours n'est pas requis dans le cas de l'action hypothécaire et aucun préavis n'est requis dans le cas des sûretés mobilières. Ils ne s'appliquent pas si le créancier prend une action purement personnelle; le fait de demander éventuellement, après vente en justice, d'être colloqué à son rang hypothécaire ne constitue pas l'exercice de droits hypothécaires au sens du chapitre cinquième.

793. Ces délais s'ajoutent-ils aux «délais raisonnables» que doit accorder le créancier avant de recourir à des mesures d'exécution forcée[565]? S'ajoutent-ils aux délais que pourrait par ailleurs prévoir le contrat intervenu entre le créancier et le débiteur? S'ajoutent-ils aux délais prévus par la *Loi sur la faillite et l'insolvabilité*[566]? À notre avis, ils ne s'ajoutent à rien du tout; il s'agit de délais qui doivent s'écouler d'une manière factuelle, pour les fins de l'exercice des recours hypothécaires. Si pour les fins de l'application de d'autres règles de droit, d'une autre loi ou pour les fins d'une convention, des délais doivent être calculés, ils le seront depuis le point de départ prévu dans cette loi ou cette convention et non pas depuis l'expiration du délai de délaissement prévu au nouveau code.

794. Il est possible, sous le rapport de d'autres droits, que ces délais soient trop longs ou trop courts. Prenons l'exemple d'une institution financière qui révoquerait subitement une marge de crédit ouverte de longue date; il est possible, qu'en vertu du Livre sixième, que le recours de prise de possession pour fins d'administration qu'elle aurait indiqué dans son préavis lui soit ouvert après les dix jours; mais il est également possible, compte tenu des circonstances du cas, qu'un tribunal décide que le créancier ne pouvait recourir à l'exécution forcée avant que ne se soit écoulé un délai plus long après la demande de paiement.

795. À ces délais de dix, vingt ou soixante jours, s'ajoutera un nouveau délai, fixé par le tribunal dans son ordonnance, en cas de délaissement forcé[567].

2. *Exercice des recours en attente (art. 2749 C.c.)*

796. Pendant le délai prévu par le code pour délaisser, les recours hypothécaires ne peuvent pas être exercés. Sur ce point

l'article 2749 C.c. est formel: ils ne peuvent être exercés avant l'expiration du délai requis pour délaisser. Même s'il y avait délaissement volontaire avant l'expiration de ce délai, ce qui est possible (art. 2764 C.c.), les recours ne peuvent être exercés puisque le code donne au débiteur, à celui contre qui le recours est exercé et aux créanciers du débiteur, certains droits et prérogatives qu'ils ont la faculté de pouvoir exercer dans ces délais. On peut ici invoquer la jurisprudence sous le Code civil du Bas-Canada qui tient pour nulle une action en dation en paiement intentée avant l'expiration des soixante jours suivant l'avis d'exercice[568].

3. *Droit de remédier (art. 2761 C.c.)*

797. Dès l'inscription du préavis, le code reconnaît au débiteur et à tout intéressé le droit de faire échec à l'exercice du droit du créancier «en lui payant ce qui lui est dû ou en remédiant à l'omission ou à la contravention mentionnée dans le préavis» et en payant, dans les deux cas, les frais engagés (art. 2761 C.c.). Ce droit peut être exercé aussi longtemps que le bien n'a pas été vendu ou pris en paiement.

a) Droit de payer par anticipation tout ce qui est dû au créancier?

798. Le Code civil du Québec donne ici un choix: le débiteur ou tout intéressé peut soit payer au créancier ce qui lui est dû ou remédier au défaut. Si l'obligation principale était assortie d'un terme, ce terme n'est plus au bénéfice du créancier mais à celui du débiteur, quelle que soit la manière dont la convention l'a stipulée. Le créancier qui inscrit un préavis d'exercice entend sans doute, en pratique, déclarer le terme déchu; mais si ce n'était pas le cas, le débiteur, ou tout intéressé, acquiert le droit par l'article 2761 C.c. de le rembourser en totalité.

b) Remédier au défaut ou à tout autre défaut subséquent — déchéance du terme

799. Le débiteur n'est pas obligé, pour remédier au défaut et faire cesser l'exercice du choix hypothécaire, de rembourser le créancier en totalité; il a le choix de «lui payer ce qui lui est dû» ou de remédier au défaut (art. 2761 C.c.). De plus, le code,

comme l'article 1040b) C.c.B.-C., permet de remédier à «l'omission ou à la contravention mentionnée dans le préavis et toute omission ou contravention subséquente». Or la jurisprudence actuelle a vu dans ces expressions un droit de faire échec à la perte du bénéfice du terme: le droit de remédier à une «omission subséquente» suppose qu'il peut y avoir une omission subséquente; il ne pourrait y en avoir si, par suite d'un défaut, le créancier prétendait déclarer le terme déchu, demandait paiement du montant complet et indiquait dans son préavis de recours que le défaut reproché consiste à n'avoir pas payé le montant complet: cette façon de procéder n'a pas été admise dans le cas de l'exercice d'une clause de dation en paiement sous le Code civil du Bas-Canada[569].

800. En résumé, si un défaut entraîne la perte du bénéfice du terme, le créancier en cas de vente du bien sera colloqué pour le plein montant de sa créance. Cependant le débiteur ou tout intéressé peut faire échec au recours du créancier et retrouver le bénéfice du terme en remédiant à la seule omission ou contravention qui a entraîné la perte du bénéfice du terme. On notera ici une différence importante avec le Code civil du Bas-Canada. Sous le Code civil du Bas-Canada le créancier peut prendre action hypothécaire sans donner l'avis de soixante jours; la seule façon pour le débiteur d'éviter le jugement est alors d'effectuer le paiement complet. Il n'en ira pas ainsi sous le Code civil du Québec où le droit de remédier au défaut reproché existe quel que soit le recours choisi par le créancier. Ce ne sera vraiment qu'en prenant une action personnelle, plutôt qu'en exerçant un recours hypothécaire, que le créancier aura la certitude que la perte du bénéfice du terme est définitive.

4. *Droit de forcer le créancier à abandonner le recours de prise en paiement (art. 2779 C.c.)*

801. Dans le délai imparti pour délaisser, le débiteur ou les créanciers hypothécaires subséquents peuvent exiger que le créancier abandonne le recours de prise en paiement et procède lui-même à la vente ou fasse vendre sous contrôle de justice. Ils doivent à cette fin inscrire un avis, le signifier au créancier, au constituant ou au débiteur ainsi qu'au détenteur des biens et, de plus, ils doivent rembourser les frais et avancer les «sommes

nécessaires à la vente» du bien. Si le droit est exercé par un créancier subséquent, celui-ci doit donner caution que la vente se fera à un prix suffisamment élevé et que le créancier sera payé intégralement de sa créance.

Ce droit résulte de l'article 2779 C.c., qui appelle plusieurs commentaires.

a) Personnes qui peuvent exercer ce droit

802. Le code accorde ce droit aux créanciers hypothécaires subséquents et au débiteur. Pour des raisons qu'il est difficile d'expliquer, celui contre qui le recours hypothécaire est exercé, c'est-à-dire le détenteur du bien, qui peut ne pas être le débiteur, n'a pas ce droit; Il risque pourtant d'y perdre à l'exercice de la prise en paiement: si la valeur du bien excède celle de la créance, le surplus lors d'une vente lui aurait été remis. S'agit-il d'un oubli? Peut-on prétendre que le mot «débiteur» au premier alinéa de l'article 2779 C.c. comprend le détenteur? Ici les règles d'interprétation n'aident pas: le second alinéa de l'article 2779 C.c. prend la peine de mentionner à la fois le «débiteur» et «celui contre qui le droit hypothécaire est exercé»: le mot «débiteur» ne s'étend donc pas à lui dans le premier alinéa[570].

b) «Délais impartis pour délaisser»

803. Suivant l'article 2758 C.c. ces délais sont de vingt ou soixante jours, selon que le bien est meuble ou immeuble; ces délais commencent à courir à compter de l'inscription du préavis qui indique que le créancier entendait prendre en paiement.

804. À l'expiration de ces délais, le débiteur ou le détenteur peut consentir un acte de transfert de propriété au créancier, mais, s'il ne le fait pas, le créancier doit obtenir un jugement, que l'article 2781 C.c. appelle le «jugement en délaissement». Il aurait pu s'agir d'un jugement en prise en paiement tout simplement. Le code réfère plutôt au délaissement forcé et au jugement en délaissement de l'article 2765 C.c., lequel fixe lui-même un autre délai pour délaisser (art. 2765 C.c., 2e al.). Au délai imparti pour délaisser qui court depuis l'inscription du préavis s'ajoute alors un second «délai imparti pour délaisser» qui est fixé au jugement. Ce second «délai imparti pour délaisser» s'ajoute-t-il au premier aux fins de l'exercice du

droit, prévu à l'article 2779 C.c., de forcer le recours d'abandon de prise en paiement?

805. Nous croyons que non, car l'article 2781 C.c. dit que le créancier prend le bien en paiement par l'acte volontairement consenti ou «par l'effet du jugement en délaissement»; le jugement rend donc le créancier propriétaire et il est alors trop tard pour l'exercice du droit prévu à l'article 2779 C.c. Admettre le contraire serait ni plus ni moins que permettre au débiteur et aux créanciers subséquents de révoquer un jugement: le créancier devenu propriétaire par l'effet du jugement cesserait de l'être.

c) Imposition d'un autre recours: qui a le choix?

806. L'article 2779 C.c. permet d'exiger que le créancier «procède lui-même à la vente du bien ou le fasse vendre sous contrôle de justice». L'article veut-il dire que les créanciers subséquents choisissent entre ces deux recours et imposent leur choix au créancier poursuivant, ou veut-il plutôt dire que les créanciers subséquents peuvent forcer le créancier à choisir entre ces deux recours?

807. La première interprétation nous apparaît inadmissible. D'une part, la règle générale est à l'effet que le créancier antérieur a priorité sur les subséquents pour l'exercice des droits hypothécaires (art. 2750 C.c.). L'article 2779 C.c. est une exception à cette règle; on doit l'interpréter comme une exception à l'exercice du recours de prise en paiement mais à rien d'autre; on ne peut l'interpréter de telle manière qu'il constitue une négation totale de la règle de l'article 2750 C.c. D'autre part, le créancier qui vend par lui-même encoure certaines responsabilités[571]; on voit mal comment des tiers pourraient lui imposer de se placer dans une situation où il doit assumer ces responsabilités.

d) Le choix forcé se fait-il par l'inscription d'un nouveau préavis?

808. L'article 2780 C.c. se contente de dire que «le créancier requis de vendre doit procéder à la vente». Il ne nous éclaire pas sur les étapes que le créancier doit alors suivre. Le créancier peut choisir de vendre lui-même. Une interprétation littérale de

l'article 2784 C.c., qui ne permet la vente par le créancier qu'à la condition qu'il ait donné un préavis indiquant qu'il entend vendre lui-même, mènerait à la conclusion qu'il doit recommencer la procédure de préavis. Il ne nous semble pas logique d'interpréter de cette manière le code; l'inscription d'un nouveau préavis forcerait le créancier à attendre qu'une deuxième période de soixante jours commence à s'écouler et s'expire. Il nous semble plutôt que le créancier doive alors passer immédiatement à la vente; il ne faut pas perdre de vue que l'avis faisant échec à la dation en paiement a dû être inscrit et que l'officier de la publicité des droits a dû en notifier tous les créanciers qui avaient requis inscription de leur adresse (art. 2779 C.c., 2e al, art. 3017 C.c.). Tous savent donc que le créancier est susceptible de décider de vendre par lui-même si on le force à abandonner la prise en paiement.

e) Avance des sommes nécessaires à la vente et remboursement des frais

809. On peut ici faire une analogie avec la caution qui doit avancer au créancier les fonds nécessaires à la discussion[572] des biens du débiteur principal, lorsqu'elle est poursuivie par le créancier sans que ce dernier ait pris action contre le débiteur principal.

810. Quand ces frais doivent-ils être remboursés et ces sommes avancées? Le code dit que c'est «au préalable»[573]. Dans le contexte de l'article 2779 C.c., on peut comprendre que «au préalable» veut dire avant d'exiger que le créancier abandonne son recours de prise en paiement, c'est-à-dire, à toutes fins pratiques, avant l'inscription de l'avis puisque c'est dans cet avis qu'on exige que le créancier abandonne son recours. Suivant cette interprétation, il faudrait qu'avant même que l'avis soit inscrit, le créancier ait été avisé et qu'il ait indiqué le montant des frais alors encourus par lui. Une autre interprétation serait de dire qu'«au préalable» signifie avant que le créancier abandonne son recours: l'avis serait inscrit, lui serait signifié et, après, les frais lui seraient remboursés et l'avance faite. Il est probable que les tribunaux retiennent plutôt cette dernière interprétation. Il nous semble toutefois que, si ces frais peuvent être remboursés et cette avance faite après l'inscription de l'avis, il faut qu'ils le soient avant la fin du délai imparti pour délaisser.

Si à ce moment toutes les conditions requises pour l'abandon forcé de prise en paiement ne sont pas remplies, le créancier est en droit d'exercer son recours (art. 2749 C.c.) et il est trop tard pour le contraindre à en exercer un autre.

f) Cautionnement à l'égard du prix

811. Le dernier alinéa de l'article 2779 C.c. impose aux créanciers subséquents qui ont forcé un changement de recours, l'obligation de donner caution que la vente se fera à un prix suffisamment élevé et que le créancier poursuivant sera intégralement payé de sa créance.

812. Il y a lieu d'appliquer ici, selon nous, les règles posées par les articles 2337 et 2338 C.c., aux termes desquels «le débiteur tenu de fournir une caution doit en présenter une qui a et maintient au Québec des biens suffisants pour répondre de l'obligation et qui a son domicile au Canada» ou, au lieu d'une caution, présente une «autre sûreté suffisante». Ce pourrait être, par exemple, une lettre de garantie bancaire.

813. Quand les créanciers subséquents doivent-ils avoir fourni cette caution? Le code ne le dit pas. Ce ne peut certes pas être après l'expiration du délai imparti pour délaisser. En effet, si toutes les conditions pour forcer l'abandon de prise en paiement ne sont pas alors remplies, le créancier sera en droit d'exercer son recours. Autrement le code aurait dit que ce droit des autres de forcer un créancier à abandonner la prise en paiement peut s'exercer jusqu'à ce que la prise en paiement ait effectivement eu lieu; ce n'est pas ce que le code a fait. Il aurait peut-être été préférable que le code exige que cette caution soit donnée avant l'inscription de l'avis d'abandonner le recours et qu'il en soit fait mention dans l'avis: une fois cet avis inscrit, les tiers n'auraient plus eu d'incertitude quant à la suite des événements. Si l'avis inscrit ne mentionne pas que caution a été donnée, il est toujours possible que la prise en paiement ait lieu quand même.

814. Le code n'exige pas que cette caution soit fournie dans le cas où c'est le débiteur qui a demandé l'abandon de prise en paiement. En revanche, si c'est le débiteur qui s'est opposé, le créancier peut encore demander la prise en paiement, qui peut être accordée aux conditions que le tribunal détermine (art. 2780 C.c.). Ici encore le code est avare de mots et ne donne

guère d'indications sur ces «conditions que le tribunal détermine». On pourrait s'imaginer que le tribunal puisse permettre la prise en paiement moyennant paiement d'une certaine somme au débiteur, si la disparité entre le montant dû et la valeur du bien est trop importante.

5. Exercice prématuré des recours — dispense judiciaire à l'égard des délais (art. 2767 c.c.)

815. En deux circonstances le code civil permet au tribunal d'ordonner le délaissement avant que le délai indiqué dans le préavis ne soit expiré. La première est celle où il est à craindre que sans cette mesure le recouvrement de la créance ne soit en péril; ici l'article 2767 du Code civil du Québec emploie exactement les mêmes termes que l'article 733 du Code de procédure civile sur la saisie avant jugement: on peut donc prévoir que cette première circonstance sera interprétée avec autant de rigueur que l'est l'article 733 C.p.c.[574]. La seconde est celle où le bien est susceptible de dépérir ou de se déprécier rapidement; ici encore le code utilise des termes qu'emploie le Code de procédure civile, cette fois à l'article 747[575]; l'interprétation de l'un pourra servir de guide à l'interprétation de l'autre.

816. La demande de délaissement prématurée est présentée par requête (art. 795 et 796 C.c.p.).

817. L'ordonnance du tribunal peut être rendue sans que la demande ait été signifiée au détenteur, mais l'ordonnance elle-même doit évidemment être signifiée (art. 2767 C.c.). Si l'ordonnance est subséquemment annulée, le créancier doit remettre le bien ou rendre le prix de l'aliénation.

818. Cet article 2767 C.c. s'applique, que les biens hypothéqués soient meubles ou qu'ils soient immeubles; on imagine mieux son application en matière mobilière cependant; les meubles, mais non les immeubles, sont susceptibles d'enlèvement subreptice ou de dépérissement rapide.

819. L'ordonnance de délaissement prématurée permet au créancier d'exercer immédiatement ses droits; l'article 2767 C.c. énonce en effet que lorsqu'elle est rendue, le «créancier est autorisé à exercer immédiatement ses droits». On doit comprendre par ces mots que l'ordonnance de délaissement rendue

par le tribunal statue en même temps sur les recours que le créancier a annoncés dans son préavis: ou bien elle permet au créancier de prendre possession (art. 2773 C.c.), ou elle autorise le créancier à prendre en paiement et constitue alors le jugement par l'effet duquel le créancier est devenu propriétaire (art. 2781 c.c.), ou encore elle autorise le créancier à vendre (art. 2784 C.c.) ou, enfin, elle désigne la personne qui procédera à la vente sous contrôle de justice et détermine les conditions de cette vente (art. 2791 C.c.). Il va sans dire que, dans cette ordonnance, le délai imparti pour délaisser devra être des plus courts compte tenu de l'urgence qui, par hypothèse, prévaut dans les situations où elle est rendue.

820. L'article 799 du Code de procédure civile permet à celui qui détient ou possède le bien de demander la nullité de l'ordonnance, dans les cinq jours de sa signification, en raison de fausseté ou d'insuffisance de l'affidavit qui accompagnait la requête en délaissement prématuré.

E. Le délaissement (art. 2763 à 2772 C.c.)

821. Le délaissement est le fait pour le détenteur du bien, qu'il soit le débiteur, le constituant ou un tiers, d'abandonner le bien entre les mains du créancier hypothécaire pour que celui-ci puisse exercer ses recours.

1. Délaissement volontaire

822. Le délaissement volontaire s'effectue par l'abandon du bien au créancier ou par la remise au créancier d'un consentement écrit à abandonner le bien à un moment convenu avec lui (art. 2764 c.c.). Le fait du délaissement n'a pas à être inscrit pour fins de publicité.

2. Délaissement forcé

823. Le délaissement est ordonné par le tribunal lorsqu'il n'y a pas de «cause valable d'opposition» (art. 2765 C.c.) et que le créancier a établi l'existence de sa créance, le défaut du débiteur et le refus de délaisser volontairement, (soit que le délaissement n'ait pas eu lieu dans le délai indiqué au préavis, soit que

le détenteur, y ayant consenti par écrit, refuse maintenant l'abandon du bien).

a) Causes d'opposition

824. C'est sur cette demande de délaissement forcé que s'engage la contestation devant le tribunal, puisque le tribunal aura à statuer sur la «cause d'opposition» qui pourrait être soulevée à l'encontre de la demande (art. 2765 C.c.); peuvent donc y être soulevés tous les moyens propres à réprouver la demande du créancier: créance inexistante (art. 2765 C.c.) ou, sans doute, d'une quotité différente de celle que prétend le créancier, absence de défaut (art. 2765 C.c.), absence d'exigibilité ou de liquidité (art. 2748 C.c.).

825. Cette demande est introduite par requête (art. 795 et 796 C.p.c.) et, sous réserve des cas d'urgence prévus à l'article 2767 C.c., est signifiée au détenteur, au débiteur et au constituant (art. 796 C.p.c.).

b) Nouveau délai pour délaisser

826. Le jugement fixe le délai pour délaisser et ordonne également qu'à défaut de délaisser dans le délai imparti, le détenteur soit expulsé ou que le bien lui soit enlevé (art. 797 C.p.c.). Ce second délai pour délaisser devrait être des plus courts; cette partie du jugement tient lieu du bref d'expulsion ou d'enlèvement de biens prévu au premier alinéa de l'article 565 C.p.c.; on peut penser que lui sera applicable le deuxième alinéa de l'article 565 C.p.c. suivant lequel un bref d'expulsion ne peut être exécuté sans un préavis d'au moins quarante-huit heures à moins d'obtenir la permission d'un juge. Le jugement peut également, en cas d'urgence, ne pas donner de délai pour délaisser mais autoriser immédiatement la prise de possession, ou la prise en paiement ou la vente (art. 798 C.p.c.).

c) Sûreté fournie par le créancier (art. 2766 C.c.)

827. Le jugement désigne également la personne en faveur de qui le délaissement a lieu. Cette personne devrait normalement être le créancier; le tribunal a le pouvoir de l'enjoindre de fournir une sûreté pour l'exécution de ses obligations si sa bonne foi, ou son aptitude à administrer, ou à vendre, est mise en

doute: c'est ce que prévoit l'article 2766 C.c. Littéralement, cet article laisse croire qu'il suffit de mettre en doute la bonne foi du créancier pour obtenir qu'il donne une sûreté pour garantir la fidèle exécution des obligations que la loi lui impose quand il exerce des recours. Il nous semble qu'il faudra plus qu'une «mise en doute». «La bonne foi se présume toujours, à moins que la loi n'exige expressément de la prouver» dit l'article 2805 C.c. au Livre de la preuve. Rien au titre des hypothèques n'exige expressément que le créancier prouve sa bonne foi; elle doit donc être présumée; La «mise en doute» dont parle l'article 2766 C.c. ne pourra donc résulter que d'une preuve d'une force suffisante pour détruire la présomption de bonne foi.

3. Conséquence du défaut de délaisser

828. Outre qu'il est susceptible d'être expulsé (art. 797 C.p.c.), celui qui ne délaisse pas dans le délai imparti par le jugement devient, s'il ne l'était pas déjà, personnellement tenu de la dette garantie par hypothèque (art. 2769 C.c.).

829. Il est à noter que le jugement en délaissement, obtenu sur présentation d'une requête, ne fait que statuer sur le délaissement et le droit d'exercer les recours hypothécaires. Il n'emporte pas condamnation personnelle à payer une somme d'argent. Il ne s'agit pas d'un jugement exécutoire sur les autres biens du débiteur. C'est par action que le créancier devra procéder pour obtenir une condamnation personnelle de son débiteur ou du détenteur qui n'a pas délaissé dans les délais impartis par le jugement.

4. Conséquence du délaissement

830. Le créancier en faveur de qui le délaissement a eu lieu acquiert la simple administration du bien délaissé (art. 2768 c.c.); il doit donc poser tous les actes de conservation nécessaires (art. 1301 C.c.); il perçoit les fruits et revenus (art. 1302 C.c.); il exerce les droits de vote attachés aux valeurs mobilières en sa possession (art. 1302 C.c.); il continue l'exploitation du bien (art. 1303 C.c.); il peut aliéner le bien susceptible de se déprécier rapidement ou de dépérir (art. 1305 C.c.). Si toutefois le recours exercé est la prise de possession à des fins d'administration, le créancier devient alors chargé de la pleine administration du bien d'autrui[576].

831. Les droits réels que celui qui a délaissé avait sur le bien au moment où il l'a acquis ou qu'il a éteints durant sa possession, renaissent au moment du délaissement, à moins qu'ils n'aient été radiés (art. 2772 C.c.). On reconnaît là le premier alinéa de l'article 2078 C.c.B.-C. Le nouveau code ne permet cette «renaissance» qu'à la condition que ces droits n'aient pas déjà été radiés[577].

832. Le délaissement fait échec au droit de résolution que pouvait exercer le vendeur impayé d'un bien meuble: une fois ce bien meuble délaissé par l'acquéreur au profit du créancier hypothécaire, le droit de résolution ne peut plus s'exercer (art. 1741 C.c.).

5. *Exception d'une créance antérieure*

833. L'article 2073 C.c.B.-C. qui permet à celui qui a reçu l'immeuble hypothéqué en paiement d'une dette antérieure de faire en quelque sorte revivre sa créance et d'exiger caution afin que la vente par le créancier poursuivant rapporte suffisamment pour le payer de sa créance, est repris à l'article 2771 C.c. Pour rendre ce droit efficace, l'article 2771 C.c. permet au détenteur d'exiger que le créancier poursuivant opte pour le recours de la vente ou de la vente sous contrôle de justice.

834. Le champ d'application de cet article sera assez réduit. Il n'est jamais susceptible de s'appliquer dans le cas d'un créancier hypothécaire qui prend le bien en paiement: cette prise en paiement éteint les hypothèques publiées après la sienne; les titulaires de ces hypothèques ne peuvent donc plus le poursuivre. L'article ne s'appliquerait qu'au profit de celui qui a acquis le bien suite à une dation en paiement volontaire, consentie en dehors du contexte de l'exercice d'un recours hypothécaire.

F. La prise de possession à des fins d'administration (art. 2773 à 2777 C.c.)

835. Le recours de prise de possession à des fins d'administration constitue une nouveauté. Il s'inspire de l'article 30 de la *Loi sur les pouvoirs spéciaux des corporations* qui reconnaît qu'il a toujours été loisible pour une corporation de céder ses

biens en garantie au fiduciaire pour obligataires, avec pouvoir de prendre possession, d'administrer et de vendre. Il s'en distingue toutefois en ce que le code nouveau l'érige en recours distinct qui n'est pas nécessairement préalable à l'exercice d'un autre recours. Cette prise de possession doit avoir un caractère temporaire et elle a pour but de permettre au créancier de payer sa créance à même les revenus qu'il tirera de l'exploitation des biens grevés.

836. Le créancier en possession y acquiert des pouvoirs étendus mais, également, assume les obligations de celui qui est chargé de la «pleine administration» du bien d'autrui.

837. Ce recours ne sera d'intérêt pratique que dans les cas, sans doute rares, où les biens grevés sont susceptibles de générer suffisamment de revenus pour permettre de diminuer la dette ou dans les cas, plus fréquents, où l'exercice de pouvoirs de gestion étendus sont requis en attendant le moment choisi pour vendre.

1. *Biens d'une entreprise*

838. Le recours de prise de possession ne peut s'exercer qu'à l'égard des biens d'une entreprise (art. 2773 C.c.). Cette contrainte s'impose puisque, par définition, la prise de possession pour fins d'administration a pour but de permettre au créancier d'exploiter les biens aux lieu et place du débiteur et d'imputer le revenu de cette exploitation à la réduction, ou au paiement, de la dette. On peut ici penser, à titre d'exemple, au cas de l'hypothèque qui porte sur une conciergerie ou un autre immeuble à revenus[578], tout comme au cas de l'hypothèque grevant les biens d'une entreprise manufacturière.

2. *Prise de possession temporaire*

839. La prise de possession se distingue de la prise en paiement. Le créancier n'y devient ni propriétaire ni maître des biens. Aussi l'article 2773 C.c. prévoit-il que cette possession ne peut être que «temporaire»; l'article n'apporte aucune précision sur la signification de ce mot «temporaire», contrairement au projet de l'office de révision du Code civil qui plaçait une limite de temps à cette prise de possession[579] et qui la caractérisait

comme une étape préliminaire à l'exercice d'un autre recours. Les articles 2775 et 2777 C.c. comportent toutefois des indications à l'effet que la durée de cette possession temporaire peut être assez longue. Ces articles en effet évoquent la situation où la prise de possession et l'administration du créancier a permis à celui-ci de payer complètement sa créance; dans bien des circonstances l'acquittement de la créance à même les revenus générés par la gestion du créancier pourra tarder. Le fait que le recours de prise de possession à des fins d'administration n'ait pas été présenté par le code comme une mesure préalable à la vente du bien, contrairement à l'article 30 de la *Loi sur les pouvoirs spéciaux des corporations*, laisse également voir que la prise de possession peut durer plus longtemps que ne durerait une mesure provisionnelle: le créancier ne gère pas les biens en attendant la vente dans le but de protéger leur valeur, il gère plutôt dans le but de retirer des fonds qui diminueront la dette.

3. Pouvoir de délégation

840. L'article 2773 C.c. précise que le créancier peut déléguer à un autre l'administration du bien. Ceci reflète la pratique suivant laquelle les créanciers garantis, tels les fiduciaires pour obligataires, nomment des agents pour exercer à leur place les droits de gérer les biens grevés.

4. Pleine administration du bien d'autrui

841. Le créancier en possession, ou son délégué, agit à titre d'administrateur du bien d'autrui «chargé de la pleine administration» dit l'article 2773 C.c. On doit donc appliquer au créancier en possession les règles du titre septième du code intitulé «De l'administration du bien d'autrui»[580]. L'étude de ces règles dépasse le cadre du présent cours; on peut toutefois noter que l'application de certaines d'entre elles ne peut se faire au créancier en possession qu'avec nuances.

842. Par exemple, l'article 1307 C.c. énonce que l'administrateur peut, pour exécuter ses obligations, «aliéner le bien à titre onéreux» ou le «grever d'un droit réel». Il apparaît inadmissible que le créancier en possession s'appuie sur cet article pour vendre le bien et échapper aux règles s'appliquant à la vente du bien par le créancier hypothécaire. Le recours que le

créancier a choisi est celui de l'administration et non celui de la vente: c'est ce recours qu'il a dénoncé au débiteur et aux tiers dans son préavis d'exercice de recours. Il ne peut les déjouer en vendant les biens sous prétexte d'exercer le pouvoir de vente rattaché à la capacité de celui qui a la pleine administration du bien d'autrui. De plus l'article 2776 C.c. lui crée l'obligation de rendre les biens à la fin de son administration: cette obligation est incompatible avec le fait de vendre ces biens. Par ailleurs, s'il s'agit d'une entreprise de production de biens, l'article 1307 C.c. pourrait justifier le créancier à vendre les biens produits par l'entreprise dans le cours de ses affaires telles que gérées par le créancier.

843. Le créancier sera dans la position de l'administrateur qui est lui-même bénéficiaire de l'administration: d'après l'article 1310 C.c., l'administrateur doit alors exercer ses pouvoirs dans son intérêt et dans celui de l'autre bénéficiaire, le débiteur. L'article 1310 C.c. précise toutefois qu'il peut considérer son intérêt au même titre que celui du débiteur. On peut donc faire ici un rapprochement avec l'article 428(5) de la *Loi sur les banques* qui prévoit qu'une banque doit, dans la réalisation de sa sûreté, tenir compte des intérêts du donneur de garantie.

844. La règle de l'article 1310 C.c. de même que celle de l'article 1317 C.c., suivant lesquelles l'administrateur doit agir avec impartialité à l'égard de tous les bénéficiaires, devront être appliquées avec les nuances qui s'imposent. Le débiteur n'est pas dans la position de celui qui a volontairement confié l'administration de son bien à un gestionnaire: il est en quelque sorte obligé, en vertu de l'hypothèque qu'il a consentie, de laisser le créancier gérer son bien dans l'espoir d'en tirer des revenus qui réduisent la créance. On verrait mal, à titre d'exemple, que le créancier en possession soit obligé en vertu des articles 1310 et 1317 C.c. d'attribuer pour partie au débiteur les profits de l'administration, sous prétexte qu'il doit traiter également tous les bénéficiaires.

845. Le créancier en possession engage la responsabilité du débiteur, et non la sienne propre, lorsqu'il contracte avec les tiers dans le cours de son administration (art. 1319 C.c.), à moins qu'il ne dévoile pas sa qualité et qu'il s'engage en son propre nom.

846. Le créancier en possession peut ester en justice pour tout ce qui touche son administration et intervenir dans toute action concernant les biens administrés (art. 1316 C.c.).

847. On notera enfin que le Code civil du Québec permet à l'acte constitutif sur lequel reposent les pouvoirs de l'administration du bien d'autrui, de restreindre ou d'élargir jusqu'à un certain point ses pouvoirs et ses obligations[581]. On peut donc prévoir que les actes d'hypothèques contiendront des clauses restreignant ou élargissant dans la mesure permise ces pouvoirs et obligations.

5. *Fin de l'administration*

848. L'article 2775 C.c. énonce quatre circonstances où l'administration du créancier prend fin.

849. Elle prend fin lorsque le capital, les intérêts et les frais dus au créancier ont été payés.

850. Elle prend fin «lorsqu'il est fait échec à l'exercice de son droit». On peut ici penser à la situation où un créancier hypothécaire antérieur interviendrait pour exercer lui-même ses droits (art. 2750 C.c.) ou, encore, à celle où le débiteur ou un tiers remédierait au défaut (art. 2761 C.c.).

851. Elle prend fin lorsque le créancier, après avoir pris possession pour fins d'administration, se ravise et choisit d'exercer un autre recours. Plus précisément, elle prend fin «lorsque le créancier a publié un préavis d'exercice d'un autre droit hypothécaire» (art. 2775 C.c.). Cette partie de l'article 2775 C.c. doit se lire avec l'article 2776 C.c., suivant lequel le créancier doit remettre la possession du bien au débiteur à la fin de son administration sauf s'il a publié un préavis d'exercice d'un autre recours. C'est donc dire que le créancier qui publie l'avis d'exercice d'un autre recours conserve la détention du bien sans toutefois en conserver la pleine administration. L'étendue de ses pouvoirs se restreint. Il est alors dans la position du créancier qui exerce un recours (autre que la prise de possession pour fins d'administration) et en faveur de qui le débiteur a délaissé. Suite à la publication de ce second préavis d'exercice de recours, le débiteur n'a pas encore à délaisser: le délaissement a déjà eu lieu.

852. L'administration du créancier prend également fin «dans les circonstances où prend fin l'administration du bien d'autrui», sauf que la faillite du débiteur n'y mettra pas fin (art. 2775 C.c.) malgré ce que prévoit l'article 1355 C.c. Le code nous renvoie ici au chapitre quatrième du titre De l'administration du bien d'autrui[582]. Notons parmi les règles formulées dans cette partie du code, celle qui permet à un «bénéficiaire qui a confié à autrui» l'administration de son bien de remplacer cet administrateur ou de mettre fin à l'administration (art. 1360 C.c.). Cette règle n'est certes pas applicable dans le cas du créancier hypothécaire; son application permettrait au débiteur de faire échec, à sa guise, aux droits du créancier. On doit plutôt penser que cet article 1360 C.c. ne trouve application que lorsque le bénéficiaire a choisi, sur une base volontaire, de confier son bien à la gestion d'autrui et non pas à la situation où un créancier, dans l'exercice d'un droit, a pris possession.

6. *Reddition de compte*

853. Les articles 2776 et 2777 C.c. prévoient qu'à la fin de son administration le créancier remet les biens à celui contre qui le recours a été exercé, au lieu où ils se trouvent, inscrit un avis de remise des biens, rend compte et rend toute somme reçue en surplus de ce qu'il retient pour payer la dette et les frais d'administration et de possession.

7. *Exercice d'un autre recours*

854. Le créancier qui a possession et administration du bien peut choisir d'exercer un autre recours; comme nous l'avons vu, il publie alors un nouveau préavis, mais conserve la détention du bien qu'il possède pour la suite à titre d'administrateur chargé de la simple administration (art. 2768 c.c.) et non plus de la pleine administration (art. 2773 C.c.).

855. Le nouveau recours est-il celui de la prise en paiement? Il devra alors attendre l'expiration d'un nouveau délai de délaissement afin que les créanciers hypothécaires subséquents, ou le débiteur, aient le temps de se prévaloir de leur droit de forcer le créancier à plutôt vendre le bien (art. 2779 C.c.). À l'expiration de ce délai, le débiteur pourra lui consentir volontairement un titre ou, à défaut, le créancier s'adressera au

tribunal pour obtenir jugement équivalent à titre. Dans ce dernier cas, il s'agira d'un jugement distinct et non du jugement en délaissement prévu par l'article 2781 C.c. puisque, par hypothèse, aucun jugement en délaissement n'est requis, le créancier ayant déjà la détention du bien.

856. Si le nouveau recours consiste dans la vente, soit la vente par le créancier, soit la vente sous contrôle de justice, il ne pourra pas non plus y être procédé immédiatement. En effet dans le cas de ces recours, le débiteur, ou tout intéressé, a le droit de remédier au défaut et, le cas échéant, de chercher les fonds requis à cette fin pendant le délai de délaissement et, au-delà, jusqu'à ce que le bien ait été vendu (art. 2761 C.c.).

8. *Exercice simultané d'un autre recours*

857. Comme nous l'avons déjà souligné[583], le législateur n'a pas donné la possibilité d'exercer simultanément le recours de prise de possession pour fins d'administration et un autre recours. En effet, ce dernier recours se termine soit par la remise du bien au débiteur, soit par la «publication» d'un préavis d'exercice d'un autre droit (et non par l'exercice d'un autre recours). C'est ce que dit l'article 2775 C.c. Si un créancier publiait un préavis de prise de possession et, à la fois, de vente, ce seul fait mettrait fin immédiatement au recours de prise de possession ou plutôt empêcherait le créancier de l'exercer, suivant les termes de l'article 2775 C.c.

G. La prise en paiement (art. 2778 à 2783 C.c.)

858. Le recours de prise en paiement est ouvert au titulaire de toute espèce d'hypothèque, qu'elle soit mobilière ou immobilière, ouverte ou universelle ou quelles qu'en soient les modalités. La prise en paiement s'accomplit par un titre que le débiteur consent volontairement à son créancier ou par jugement, lequel vaudra titre. Le titre ne peut cependant être volontairement consenti avant l'expiration du délai pour délaisser, pendant lequel le débiteur ou les créanciers subséquents peuvent forcer le créancier à opter plutôt pour la vente du bien.

859. La prise en paiement éteint l'obligation. Le créancier devient rétroactivement propriétaire du bien au moment de

l'inscription du préavis de prise en paiement, libre cependant des hypothèques publiées après la sienne, mais sujet, comme nous l'avons vu, aux hypothèques légales du domaine de la construction.

1. Moment où la prise en paiement prend effet

860. La prise en paiement, même si le débiteur veut y consentir, ne peut jamais avoir lieu avant l'expiration du délai imparti pour délaisser. Ceci résulte d'une part de l'article 2749 C.c. qui, d'une manière générale, interdit «d'exercer» un recours hypothécaire avant l'expiration du délai imparti pour délaisser et, d'autre part, de l'article 2779 C.c. qui confère au débiteur et au créancier hypothécaire subséquent le droit de forcer le créancier à abandonner le recours de prise en paiement pendant ce délai.

861. Une fois ce délai expiré, la prise en paiement prendra effet dès le moment où celui contre qui le recours hypothécaire est exercé consent un titre au créancier ou, à défaut, dès le moment du jugement en délaissement forcé, qui constituera le titre du créancier (art. 2781 C.c.).

2. Acquittement de la moitié ou plus de l'obligation principale

862. La prise en paiement ne peut se consommer dans un titre volontairement consenti, mais doit plutôt résulter d'un jugement, nous dit l'article 2778 C.c., lorsque le délaissement n'a pas été volontaire et que la moitié ou plus de la dette a déjà été acquittée.

863. Cet article n'est pas très clair. Interprété textuellement, il veut dire qu'un jugement accordant la prise en paiement est nécessaire lorsque les deux conditions suivantes se retrouvent: le délaissement n'a pas été volontaire et la moitié ou plus de la dette est acquittée. Or ceci n'est pas exact: il ressort en effet de l'article 2781 C.c. qu'un jugement est toujours nécessaire lorsque le délaissement n'a pas été volontaire, quel que soit le pourcentage de la dette qui a déjà été acquitté. Pour donner un sens à cet article 2778 C.c., on pourrait l'interpréter comme voulant dire que, lorsqu'un jugement en délaissement est requis, ce jugement peut, compte tenu des circonstances, refuser

d'accorder la prise en paiement si la moitié ou plus de la dette est acquittée.

864. Le texte de l'article 2778 C.c. ressemble à l'article 142 de la *Loi sur la protection du consommateur*. Dans cette dernière loi, le tribunal doit, dans l'exercice de sa discrétion, avant d'autoriser le commerçant à reprendre le bien dans les cas où le consommateur a payé la moitié de sa dette, considérer les éléments contenus à l'article 109 le la loi (solde de la dette, valeur du bien, capacité de payer du consommateur, raison pour laquelle le consommateur est en défaut); l'article 143 de cette loi l'exige. Peut-on s'inspirer de ces critères pour l'application de l'article 2778 C.c.? Les deux premiers, soit le solde de la dette et la valeur du bien, seront sans doute les principaux sinon les seuls critères applicables car ils permettent de juger de la proportion qu'il doit y avoir entre la valeur de la sûreté, l'accessoire, et la valeur de la créance, le principal. Les deux derniers, soit la capacité de payer et la raison du défaut, nous apparaissent propres à la *Loi sur la protection du consommateur* et, à tout événement relèvent davantage de la réductibilité ou de la révision de l'obligation principale que le Code civil du Québec permet par exception aux articles 1437 (contrat de consommation ou d'adhésion) et 2332 (prêt d'argent) ainsi que de la lésion que peut subir un mineur ou un majeur protégé compte tenu de sa situation patrimoniale (art. 1406 C.c.), que du droit hypothécaire.

865. On peut aussi penser que la possibilité pour le créancier hypothécaire d'exercer un autre recours que la prise en paiement n'est pas un critère ou un motif sur lequel le tribunal pourrait se fonder pour refuser la prise en paiement[584].

866. On pourrait reprocher à l'article 2778 C.c. de rendre le tiers détenteur, et non le débiteur lui-même maître unique de la protection qu'a voulu accorder le législateur au débiteur qui a payé la moitié de la dette. Si ce tiers détenteur délaisse volontairement, la protection recherchée par l'article 2778 C.c. tombe. En pratique toutefois, il faut reconnaître que cette faiblesse de l'article 2778 C.c. est plus apparente que réelle: dans presque toutes les circonstances, celui qui achète un bien hypothéqué assume personnellement le paiement de la créance hypothécaire et aura intérêt, aussi bien que l'avait le débiteur origi-

naire, de se prévaloir de la protection que procure l'article 2778 C.c.

867. Il faut observer que le tribunal n'est pas tenu de refuser la prise en paiement dans les cas où la moitié de la dette a déjà été acquittée. Il ne s'agit pas là d'une fin de non recevoir absolue. Le législateur n'a pas posé comme condition préalable à l'exercice de ce recours que moins de la moitié de la dette ait alors été acquittée. Il s'agit plutôt d'un motif de refus sur lequel le jugement pourra, compte tenu des circonstances, s'appuyer. Il ne faut pas oublier que ce jugement intervient après l'expiration du délai imparti pour délaisser, durant lequel il ne s'est trouvé aucun intéressé pour remédier au défaut reproché dans l'avis (art. 2761 C.c.); ceci est de nature à créer une présomption de fait que le recours exercé n'est pas inique.

3. Abandon forcé du recours de prise en paiement

868. Nous avons commenté plus haut[585] le droit pour le débiteur et les créanciers hypothécaires subséquents d'exiger que le créancier vende le bien plutôt que de le prendre en paiement.

869. Dans les cas où ce droit est exercé, le créancier doit procéder à la vente, dit l'article 2780 C.c. à moins qu'il ne désintéresse les créanciers subséquents qui ont inscrit l'avis; dans le cas où c'est le débiteur qui a inscrit l'avis, le tribunal peut permettre quand même la prise en paiement, aux conditions qu'il détermine. Si le créancier poursuivant paie les créanciers subséquents en question, il pourra se faire subroger conventionnellement à leurs droits contre le débiteur. Sera-ce un cas de subrogation légale? Nous croyons que oui; suivant le deuxième paragraphe de l'article 1656 C.c., la subrogation s'opère par le seul effet de la loi «au profit de l'acquéreur d'un bien qui paie un créancier dont la créance est garantie par une hypothèque sur ce bien». Le créancier qui prend en paiement est un «acquéreur»: il acquiert la propriété du bien sur lequel il n'avait avant qu'une hypothèque. Le mot «acquéreur» et non le mot «acheteur» est utilisé à l'article 1656 C.c.; ce dernier article ne vise donc pas seulement celui qui achète suite à un contrat de vente[586].

870. Si le créancier fait défaut d'agir et ne procède pas à la vente, la personne qui a inscrit l'avis exigeant la vente peut

demander au tribunal la permission d'y procéder (art. 2780 C.c.). Cette personne peut être le débiteur ou un créancier subséquent; dans le cas de ce dernier, on constate donc qu'il se trouve à donner suite à un recours hypothécaire entrepris par un autre sans qu'il ait lui-même à inscrire un préavis d'exercice de recours hypothécaire[587].

4. *Extinction de l'obligation*

871. La prise en paiement éteint l'obligation (art. 2782 C.c.).

5. *Paiement d'une créance prioritaire ou préférable — absence de subrogation*

872. À l'article 2782 C.c., le législateur a voulu empêcher le créancier de rang subséquent qui prend en paiement de réclamer par subrogation ce qu'il a pu payer à un créancier antérieur. La justification de cette nouvelle disposition tient sans doute à une présomption de fait; puisqu'il existait une hypothèque de rang antérieur sur le bien, il y a lieu de croire que sa valeur est supérieure à la valeur de la créance de second rang de celui qui a pris en paiement, la loi empêche ce dernier de réclamer le paiement au créancier antérieur, présumant que la valeur du bien qu'il a acquis le compense pour ce paiement. Cette disposition n'existe pas sous le Code civil du Bas-Canada[588].

873. Cette disposition n'empêche pas le débiteur de demeurer personnellement responsable envers le créancier de rang antérieur par lequel il pourra être poursuivi, malgré la prise en paiement, dans l'éventualité où le second créancier ne désintéressait pas le premier. La position du débiteur demeure donc aléatoire; si le créancier de premier rang choisit de le poursuivre, il sera condamné à payer; si au contraire le créancier de premier rang choisit de poursuivre le nouveau détenteur de l'immeuble, c'est-à-dire le créancier de rang subséquent qui a pris en paiement et que ce dernier paie le créancier antérieur, le débiteur sera alors libéré.

874. Pour ce qui regarde le paiement d'un créancier prioritaire par le créancier qui prend en paiement, nous avons déjà formulé certains commentaires plus haut[589].

6. *Rétroactivité à deux paliers*

875. La prise en paiement du Code civil du Québec rétroagit à deux moments différents, selon qu'il s'agit d'hypothèques grevant le bien pris en paiement ou selon qu'il s'agit de tout autre droit réel et des tiers en général.

876. La règle est que, à l'égard des tiers en général, le titre du créancier rétroagit au moment de l'inscription du préavis de l'exercice de son recours (art. 2783 C.c.); il en résulte que tout droit réel inscrit par un tiers après ce moment lui est inopposable, à moins qu'il n'y ait consenti (art. 2783 C.c., 2e al.).

877. L'exception est que, à l'égard de toute autre hypothèque, son titre rétroagit au moment de la publication de son hypothèque: il en résulte que le créancier prend le bien en paiement libre des hypothèques publiées après la sienne. Exception est faite pour le cas des hypothèques légales du domaine de la construction: nous avons vu que celles-ci, aux termes de l'article 2952 C.c., survivent à une prise en paiement[590].

H. La vente par le créancier (art. 2784 à 2790 C.c.)

878. Le créancier qui a inscrit un préavis d'exercice de recours annonçant qu'il entendait vendre lui-même le bien peut, une fois le délai pour délaisser écoulé (art. 2749 C.c.), procéder à la vente. Ce pouvoir ne peut être exercé qu'à l'égard des biens d'une entreprise (art. 2784 C.c.). Il a alors le choix de vendre de gré à gré, par appel d'offres ou aux enchères. La vente doit être effectuée sans retard inutile pour un prix commercialement raisonnable. Le créancier qui vend lui-même a l'obligation de payer à même le produit de vente les créances qui priment la sienne, y compris les créances prioritaires, notamment celle de l'État.

1. *Modes de vente*

879. Le code prévoit que le créancier peut vendre de gré à gré, par appel d'offres ou aux enchères. Il laisse donc la plus grande latitude au créancier. Celui-ci doit-il avoir choisi et indiqué le mode de vente dans le préavis d'exercice de recours qu'il a préalablement signifié et inscrit? Nous ne le croyons pas. Le

code ne l'exige nulle part et, au contraire, à l'article 2784 C.c., précise que le créancier qui a indiqué dans son préavis son intention de vendre lui-même, peut procéder à la vente suivant l'un ou l'autre des trois modes. L'expression «vendre lui-même» le bien, qu'on retrouve aux articles 2748, 2779, 2784 et 2786 C.c., comprend donc ces trois modes.

2. *Vente au nom du propriétaire — obligations légales du vendeur*

880. Quel que soit le mode choisi pour la vente, le créancier qui vend agit au nom du propriétaire et doit dénoncer cette qualité à l'acquéreur (art. 2786 C.c.). C'est donc véritablement le débiteur — ou le détenteur du bien hypothéqué — qui vend; le créancier hypothécaire quant à lui procède à cette vente non pas parce qu'il a acquis la propriété du bien, mais parce qu'il exerce le pouvoir de vendre le bien d'autrui, qui lui vient de l'hypothèque.

881. Ce n'est donc pas au créancier hypothécaire mais au débiteur ou détenteur qu'incombent, en principe, les obligations du vendeur en vertu des règles de la vente (art. 1716 à 1733 C.c.). Toutefois, en pratique, le créancier qui vend lui-même devra s'assurer que ces obligations sont remplies ou, le cas l'admettant, que l'acquéreur a renoncé, dans les conditions de la vente à en prendre avantage. Les obligations d'un vendeur sont de trois ordres.

882. Le vendeur a l'obligation de délivrer le bien avec tous ses accessoires (art. 1718 C.c.), avec une copie du titre d'acquisition et des autres titres qu'il peut posséder s'il s'agit d'un immeuble (art. 1719 C.c.). Cette délivrance sera effectuée par le créancier puisque le bien a été délaissé entre ses mains.

883. Le vendeur a également une obligation de garantie envers l'acheteur: il garantit que le bien est libre de charges (art. 1723 C.c.), libre d'empiétements (art. 1724 C.c.) et que le bien ne viole pas les limitations imposées par le droit public (art. 1725 c.c.). Cette obligation de garantie est largement tempérée au Livre des priorités et hypothèques par l'article 2790 C.c., suivant lequel l'acquéreur prend le bien à charge des droits réels qui le grevaient au moment de l'inscription du préavis, à

l'exclusion de l'hypothèque du créancier qui procède à la vente et des créances antérieures. Au surplus, l'article 1732 C.c. permet d'exclure entièrement la garantie légale (mais ne permet pas au vendeur de se dégager de ses faits personnels).

884. Le vendeur doit, enfin, garantir la qualité du bien, c'est-à-dire qu'il est exempt de vices qui le rendent impropre à l'usage auquel il est destiné (art. 1726 c.c.); ici encore l'exclusion de garantie est possible sauf à l'égard du vice que le vendeur «ne pouvait ignorer» (art. 1733 C.c.).

885. Il est à prévoir que les créanciers hypothécaires qui procéderont eux-mêmes à la vente chercheront à inscrire dans les conditions de la vente des clauses d'exclusion de garantie et considéreront même à convenir avec l'emprunteur, dans l'acte d'hypothèque, que toute vente éventuelle pourra se faire à ces conditions.

3. *Nouvel avis en cas de vente aux enchères*

886. Le créancier procède à la vente sans nouveau préavis sauf si la vente doit avoir lieu aux enchères. Le législateur a alors voulu permettre aux autres créanciers d'enchérir puisqu'il demande au créancier qui procède à la vente de les notifier de la date, de l'heure et du lieu de la vente (art. 2788 C.c.); il doit aussi donner cet avis au constituant et à celui contre qui le recours est exercé.

4. *Le prix de vente*

887. Le Code civil du Québec met en regard les uns des autres différents éléments qui aideront le créancier à juger de ce qu'il peut accepter comme prix de vente et de ce qu'il ne peut pas accepter.

888. Le prix doit être «commercialement raisonnable» (art. 2785 et 2787 C.c.). La raisonnabilité devrait s'apprécier suivant les circonstances de temps, de lieu et de toute autre nature qui entourent la vente. Elle doit aussi s'apprécier en fonction de la nécessité qu'il y a de procéder à la vente sans délai; la vente par le créancier est une procédure d'exécution forcée entreprise pour satisfaire sa créance et il ne saurait être question de retarder la vente dans l'espoir d'un marché meilleur éventuel.

L'article 2785 C.c. prévoit d'ailleurs que la vente doit avoir lieu «sans retard inutile». Le mot «commercialement», de son côté, nous place dans le contexte des marchés et des échanges et des normes qui y prévalent au moment de la vente.

889. Le prix acceptable est aussi fonction, comme l'indique l'article 2787 C.c., des conditions particulières à la vente. Cet article énonce que le créancier peut accepter un prix moindre lorsque les conditions (on peut ici penser aux modes de paiement, exclusions de garantie, délais de délivrance, etc.) sont plus avantageuses que celles proposées par un autre acquéreur éventuel qui offre un plus haut prix.

890. Le prix «commercialement acceptable» que doit obtenir le créancier qui vend se distingue de la «valeur marchande» du bien auquel réfère l'article 1695 du Code civil, dans la section de la libération du débiteur lorsque son créancier se porte acquéreur de son bien. La «valeur marchande» est parfois décrite comme équivalant au prix qu'un vendeur qui n'est pas pressé de vendre est prêt à accepter d'un acheteur qui n'est pas pressé d'acheter. Le prix «commercialement raisonnable» pourrait être inférieur à la valeur marchande.

5. *Exclusion des dispositions sur la vente d'entreprise*

891. L'article 1778 C.c. ne soumet pas la vente faite par le créancier hypothécaire aux règles de la vente d'entreprise, même si les éléments de faits entourant la vente en auraient commandé l'application.

6. *Le créancier peut-il se porter acquéreur?*

892. Le créancier qui a obtenu le délaissement est devenu le simple administrateur du bien d'autrui (art. 2768 c.c.). Lorsqu'il vend, il agit au nom du propriétaire (art. 2786 c.c.). Or l'administrateur du bien d'autrui ou celui qui est chargé de vendre le bien d'autrui ne peut s'en porter acquéreur (art. 1709 C.c.) à moins d'être autorisé par le tribunal (art. 1312 C.c.).

893. Malgré ces textes, il ressort de l'article 1695 C.c. que le créancier peut acquérir le bien qu'il vend lui-même dans l'exercice d'un recours hypothécaire. Cet article et ceux qui le suivent immédiatement prévoient la libération du débiteur à

concurrence de la valeur marchande du bien au moment de l'acquisition lorsque, précisément, c'est le créancier qui a acquis le bien; ces articles reprennent les articles 1202a) et suivants du Code civil du Bas-Canada. Il est difficile de réconcilier ces textes avec l'idée que l'acquisition par le créancier serait nulle en vertu des dispositions interdisant à celui qui vend pour autrui de se porter acquéreur du bien vendu.

7. *Obligation de payer les créances antérieures*

894. Le créancier qui vend lui-même doit imputer le produit de la vente au paiement des «créances primant ses droits», dit l'article 2789 C.c. Cet article parle à l'indicatif présent, mais ce mode, on le sait, est impératif. «Impute» veut dire doit imputer. Les créances qui «priment» ses droits sont les créances hypothécaires inscrites avant la sienne ou inscrites avant l'inscription de l'avis de clôture, s'il s'agit d'une hypothèque ouverte (art. 2955 C.c.); ce sont aussi les hypothèques légales du domaine de la construction (art. 2952 C.c.); ce sont enfin les priorités, notamment la priorité de l'État pour créance fiscale. Le créancier qui vend a donc l'obligation de faire les démarches ou recherches appropriées pour connaître l'existence de ces créances antérieures qui, pour la majorité, auront dû être inscrites pour fins de publicité; pour ce qui concerne les créances de l'État, le créancier pourra se prévaloir des dispositions de l'article 2954 C.c., examiné plus haut, qui lui procure le moyen d'obtenir les informations appropriées.

895. Dans l'état actuel de la jurisprudence sous le Code civil du Bas-Canada, le créancier qui doit payer les créanciers privilégiés qui lui sont préférables engage sa responsabilité envers ceux-ci s'il fait défaut de les payer à même le produit de la vente du bien[591].

8. *Survie des droits réels*

896. Les effets de la vente effectuée par le créancier ne peuvent aucunement être comparés à ceux du décret. Les droits réels qui grevaient le bien continuent de le grever entre les mains de l'acquéreur à l'exception de l'hypothèque du créancier qui a procédé à la vente et des créances antérieures (art. 2790 C.c.).

897. La solution proposée par le code ne fait pas difficulté lorsque la seule hypothèque qui grève le bien est celle du créancier qui a procédé à la vente. S'il y a une hypothèque de rang prioritaire, il y a de fortes chances que le titulaire de cette hypothèque cherchera à protéger ses droits en prenant lui-même contrôle du recours hypothécaire ou de la vente; la vente conduite par un autre pourrait produire un prix insuffisant pour payer sa créance antérieure. S'il y a en plus des hypothèques subséquentes, le risque est encore plus grand pour les créanciers antérieurs, puisque ces hypothèques subséquentes, contrairement à la leur, survivent: ceci peut avoir un effet dépressif sur le prix de vente; l'acquéreur qui se voit obligé de supporter une hypothèque (qu'il ait assumé ou non le paiement de la dette qu'elle garantit) paiera certainement le bien pour un prix qui n'excédera pas sa valeur, déduction faite du montant des créances subséquentes. Assez curieusement le crédit hypothécaire est ici dévalorisé, les créanciers subséquents risquant de se trouver en meilleure position que les créanciers antérieurs, la vente étant faite à charge des créanciers subséquents.

898. Dans bien des circonstances, les créanciers antérieurs jugeront donc inadmissible de laisser un créancier subséquent vendre autrement que sous contrôle de justice.

9. *Conclusion*

899. La vente par le créancier impose à celui-ci des devoirs plus intenses que lorsqu'il fait vendre sous contrôle de justice. Elle peut aussi présenter des risques pour les créanciers antérieurs. Rappelons qu'elle n'a cependant lieu que lorsque le bien vendu appartient à une entreprise.

I. La vente sous contrôle de justice

900. La vente sous contrôle de justice purge toutes les hypothèques et les droits réels dans la mesure prévue au Code de procédure civile quant à l'effet du décret (art. 2794 C.c.). Elle se distingue de «la vente en justice» en ce qu'elle est régie par les dispositions du Code de procédure civile pour la vente du bien d'autrui (art. 897 à 910 C.p.c.) et en ce qu'elle est effectuée par une personne désignée par le tribunal dans le

cadre du mode (vente de gré à gré, par appel d'offres ou aux enchères), des conditions et de la mise à prix prévus par le tribunal (art. 2791 C.c.).

901. La personne chargée par le tribunal de vendre le bien hypothéqué agit au nom du propriétaire lorsqu'elle vend (art. 2793 C.c.). Les créanciers hypothécaires et les créanciers prioritaires sont appelés dans le cadre de la publicité qui entoure cette vente à présenter un état de leurs créances appuyé d'un affidavit; un état de collocation est préparé compte tenu de ces états de créances produits par les créanciers prioritaires ou hypothécaires[592]. L'état est ensuite homologué avant distribution et le produit de la vente est distribué suivant les instructions du juge (art. 910 C.p.c.).

Section V. Extinction des hypothèques (art. 2795 à 2802 C.c.)

902. Les articles du Code civil du Québec sur l'extinction des hypothèques ont pour la plupart été commentés ailleurs dans ce cours.

903. L'article 2795 reprend le premier paragraphe de l'article 2081 C.c.; il a trait à l'extinction de l'hypothèque suite à la perte totale du bien ou à son changement de nature; l'article 2796 C.c.-B.C., comme nous l'avons déjà vu, permet à l'hypothèque sur un bien meuble subséquemment incorporé à un immeuble de subsister, par inscription au registre foncier.

904. À défaut d'avoir renouvelé l'inscription de l'hypothèque, celle-ci s'éteint dix ans (ou trente ans s'il s'agit d'une hypothèque portant sur un immeuble) après son inscription ou l'inscription du dernier avis de renouvellement (art. 2798, 2799 C.c.).

Conclusions

Le lecteur constatera que le Livre sixième apporte des changements nombreux et importants au droit actuel. Le domaine des sûretés en est intimement relié à la vie économique et commerciale qui, il va sans dire, s'est profondément modifiée depuis la codification de 1866.

Le droit est, dit-on, le reflet d'une société. Le Livre sixième est particulièrement éloquent à ce sujet. Il montre combien notre droit civil a dû s'éloigner de ses sources pour s'adapter aux pratiques du pays, en faisant un certain nombre d'emprunts à la législation nord-américaine, parfois trop timides, diront certains.

Index

Notes

1. Les concepts de «priorité» et d'«hypothèque» sont étudiés plus loin. Il y a toutefois lieu de souligner immédiatement, pour fins de commodité et de compréhension qu'une «priorité» ressemble dans le droit nouveau à ce qu'est un privilège et qu'une «hypothèque» devient un terme générique englobant l'hypothèque, le nantissement et le gage du Code civil du Bas-Canada, pouvant porter sur des biens meubles ou immeubles, avec ou sans la dépossession du débiteur.
2. «*Outre leur action personnelle et les mesures provisionnelles prévues au Code de procédure civile*, les créanciers prioritaires peuvent, pour faire valoir et réaliser leur priorité, exercer les recours que leur confère la loi» (art. 2656 C.c.), nos soulignés.
3. «*Outre leur action personnelle et les mesures provisionnelles prévues au Code de procédure civile*, les créanciers ne peuvent, pour faire valoir et réaliser leur sûreté, exercer que les droits hypothécaires prévus au présent chapitre» (art. 2748 C.c.), nos soulignés.
4. La nourriture, les combustibles, le linge et les vêtements: art. 2648 C.c. et 552 C.p.c.
5. Art. 2648 C.c. et 552 C.p.c.
6. Art. 2648 C.c. et 552 C.p.c.; il ne peut s'agir ici que d'un gage, puisque l'hypothèque sans dépossession ne peut être octroyée par une personne physique à moins qu'elle exploite une entreprise.
7. *Boily c. Fibres de verre Radisson Ltée*, J.E. 88-570.
8. À hauteur des nouveaux seuils maximums établis suivant le nombre de personnes à charge: art. 553 C.p.c.
9. Art. 553.8 C.p.c.
10. *Loi sur l'aide sociale*, L.R.Q. c. A-16, art. 24.
11. Art. 553(4) C.p.c.
12. Et de son conjoint, de ses ascendants et de ses descendants: art. 2444 C.c.

13. Bénéficiaire désigné à titre irrévocable (art. 2458 C.c.) ou conjoint, descendant ou ascendant du titulaire ou de l'adhérent (art. 2393 et 2457 C.c.).
14. *Re Jobin; Blais Fortier Touche Ross Ltée c. Monarch Life Assurance Company*, (1986) 63 C.B.R. 277.
15. Art. 2378 C.c.
16. Bénéficiaire désigné à titre irrévocable, conjoint, ascendant ou descendant: *Loi sur les sociétés de fiducie et d'épargne*, L.R.Q. S-29.01, art. 178.
17. L.R.Q., ch. R-9, art. 145.
18. *Loi sur les régimes complémentaires de retraite*, L.R.Q. R-15.1, art. 264.
19. Voir l'article 190 du Projet de loi 38.
20. Voir entre autres l'article 94.3 du Code de procédure civile tel que modifié: «94.3 Les recours contre le gouvernement sont dirigés contre le Procureur Général du Québec».
21. Art. 2649 C.c.; voir aussi art. 1212 et 1215 C.c.
22. *Ibid.*
23. Art. 1212 C.c.
24. Art. 2377 C.c.
25. Voir discussion à la note 40.
26. Art. 2377 C.c.
27. Art. 553(3) C.p.c.
28. *In re Guy Gauthier: Huard c. Gauthier*, (1976) C.S. 86, p. 88.
29. Art. 553 C.p.c., dernier al.: «Néanmoins, malgré toute disposition contraire d'une loi générale ou spéciale, les revenus mentionnés aux paragraphes 4, 6, 8 et 11, ainsi que les sommes mentionnées au paragraphe 7 ne sont insaisissables, s'il s'agit de l'exécution du partage entre époux du patrimoine familial ou du paiement d'une dette alimentaire ou d'une prestation compensatoire, qu'à concurrence de cinquante pour cent.»
30. Art. 553(4) C.p.c.
31. Dernier alinéa de l'article 553 C.p.c.
32. *Savard c. Fiset*, (1960) C.S. 700, p. 706-707.
33. *Fortier c. Miller*, (1943) S.C.R. 470.
34. *Banque Royale du Canada c. Brault*, (1988) R.J.Q. 1834 (C.S.).
35. Art. 1215 C.c.
36. Nos soulignés.
37. Art. 1212 et 2649 C.c.
38. Voir jurisprudence citée sous l'article 900-1, Code civil français, Éditions Dalloz, 1990-1991.
39. Au registre foncier s'il s'agit d'un bien immobilier ou au registre des droits personnels et réels mobiliers s'il s'agit d'un bien meuble — art. 2970 C.c. —.
40. L'article 2649 C.c. s'applique-t-il dans le cas d'une stipulation d'insaisissabilité contenue dans une rente (voir art. 2377 C.c.)? On pourrait le croire puisque l'article 2649 C.c. ne formule aucune exception. Il en résulterait, à titre d'exemple, qu'une rente contenant une stipulation d'insaisissabilité et pratiquée par une institution financière autre qu'un

assureur ou une compagnie de fiducie doit être publiée aux registres alors qu'une rente pratiquée par un assureur et payable à un bénéficiaire désigné à titre irrévocable sera insaisissable même en l'absence de publication aux registres, l'insaisissabilité ne résultant pas dans ce cas d'une stipulation mais étant proclamée par le code (art. 2393 et 2457 C.c.). Nous préférons une interprétation suivant laquelle les mots employés à l'article 2649 C.c. étant ceux de l'article 1212 C.c., l'exigence d'inscription ne s'applique qu'aux stipulations d'insaisissabilité dans le cadre de cet article 1212 C.c. et non de celle faite en vertu de l'article 2377 C.c.

41. *Jacol Realty Holdings Inc. c. Conseil d'expansion économique d'Argenteuil*, (1986) R.D.I. 558 (C.A.).

42. Lorsqu'un pacte de préférence est prévu à une convention unanime d'actionnaires, la *Loi sur les sociétés par actions* mentionne que l'opposabilité aux tiers acquéreurs repose sur une mention ostensible au certificat d'actions (art. 49(8) et 146(4)).

43. Art. 621 C.p.c. Cependant, l'article 623 C.p.c. stipule que la vente des actions saisies peut s'effectuer sans que l'adjudicataire ne reçoive le certificat d'actions lorsque l'officier chargé de la vente n'a pas en main les certificats d'actions. Cette disposition, que le projet de loi 38 n'a pas modifiée, est susceptible de rendre inefficace l'opposabilité des conventions unanimes d'actionnaires aux adjudicataires.

44. Le Livre neuvième du Code civil «De la publicité des droits», réfère à l'inscription pour fins de publicité «des restrictions au droit de disposer qui ne sont pas purement personnelles» (art. 2939 C.c.). Cet article est complété par l'article 2983 C.c. qui précise que la réquisition d'inscription doit préciser «la date extrême de l'effet de l'inscription». Ce dernier membre de phrase réfère sans doute à la «période temporaire» d'inaliénabilité permise par l'article 1212 C.c. dans le cas d'un testament ou d'une donation. On ne doit donc pas voir dans les articles 2939 et 2983 C.c. la source d'une obligation d'inscrire pour fins de publicité les restrictions au droit de disposer contenues ailleurs que dans un testament ou une donation.

45. *Droit de la famille* 977, (1991) R.J.Q. 904.

46. Le code interdit du moins la renonciation qui serait faite à l'avance; le débiteur peut toujours, en théorie, «choisir» de ne pas soustraire à la saisie les biens qu'il aurait eu droit de soustraire: art. 552 C.p.c.

47. *La caisse Populaire de Lévis c. Maranda*, (1950) B.R. 249, p. 254, p. 262.

48. *Ward c. Bédard*, (1937) 43 R.L. 339 (C.S.); *In re Dupuis: Bourassa c. Dupuis*, (1975) C.A. 409.

49. Mais non pas les autres créanciers du débiteur: *In re Jean-Luc Dupuis: Bourassa c. Dupuis*, (1975) C.A. 409, p. 410.

50. Art. 2665 C.c.

51. On doit comprendre qu'il ne peut s'agir que d'une hypothèque avec dépossession, c'est-à-dire un gage, puisque l'article 2683 C.c. ne permet pas l'hypothèque mobilière sans dépossession à une personne physique, à moins d'autorisation expresse de la loi. L'article 401 C.c. ne peut être considéré comme constituant une telle autorisation; voir infra n° 433.

52. Voir par analogie la jurisprudence qui invalidait l'enregistrement d'une hypothèque judiciaire sur un bien insaisissable, même si le propriétaire pouvait renoncer à cette insaisissabilité: *Banque d'Hochelaga c. Giroux*, (1922) 60 C.S. 1.
53. Art. 1233 C.c.
54. Art. 2188 C.c.
55. Art. 2221 C.c.: société en nom collectif et, par application de l'article 2249 C.c., société en commandite. Voir, dans le cas de l'association, l'article 2274 C.c.
56. Art. 1292 C.c.
57. Voir infra no 121.
58. *Walker et al c. Barclays Bank (Canada)*, 1941 S.C.R. 491, p. 502.
59. Voir par comparaison l'article 1500 C.c.
60. Art. 397 C.c.
61. Art. 1319 C.c., 2e al.
62. Art. 2157 C.c., 2e al.
63. Art. 321 C.c.
64. Art. 208 et 286 C.c.
65. Art. 282 C.c.
66. Art. 802 C.c.
67. Art. 1323 et 2163 C.c.
68. Art. 1459 à 1464 C.c.
69. V.g. législation provinciale: *Loi sur les Compagnies*, L.R.Q. C-38, art. 94 et 187, 95 et 188, 96 et 189. *Loi sur le ministère du Revenu*, L.R.Q. M-31, art. 14(6), 24.0.1, 24.0.2. *Loi sur la qualité de l'environnement*, L.R.Q. Q-2, art. 113. *Loi sur les relations de travail dans la construction.*, L.R.Q. R-20, art. 122(7). V.g. législation fédérale: *Loi sur les sociétés par actions*, S.C.R. 1985, ch. C-44, art. 118-119. *Loi sur l'impôt sur le Revenu*, S.C.R., art. 227.1 *Loi sur la taxe d'accise*, S.C.R. 1985, ch. E-15, 1990 C.45, art. 323. *Loi sur l'assurance-chômage*, S.C.R. 1985, ch. U-1, art. 54.
70. Art. 1776 C.c.
71. Art. 1631 C.c.
72. Voir *Dempsey c. Canadian Pacific Hotels Limited*, 1984 C.S. 752.
73. Art. 742 C.p.c.
74. Art. 2305 à 2311 C.c.
75. C'est l'effet du nouvel article 745 C.p.c.
76. Art. 733 et 736 C.p.c.
77. Art. 751 à 761 C.p.c.
78. Art. 470 C.c.
79. Art. 1204 C.c.
80. *Stephens c. Toback*, (1904) 26 C.S. 41, p. 60.
81. Art. 2646 C.c.; voir aussi art. 1636 C.c.
82. Art. 1757 C.c.Q.
83. *Fort Garry Trust Co. c. Roberts Sprinkler Ltd.*, (1981) C.S. 905.
84. Bien que peu utilisée, principalement parce que les dispositions de la Loi sur la faillite et l'insolvabilité trouvent le plus souvent application dans les circonstances où l'allégation de déconfiture peut avoir lieu, cette

dernière procédure devait en toute logique demeurer dans la législation pour assurer que celle-ci présente un ensemble cohérent et complet.
85. Art. 604 C.p.c.
86. C'est en ce sens que se prononce la jurisprudence actuelle en matière de dation en paiement immobilière: *New York Life Insurance Co. c. New Style Woodwork Inc.*, (1980) R.P. 218 (C.A.); *Les produits aluminium P.S. Inc. c. Cardinal*, (1991) R.J.Q. 2063, p. 2072.
87. L'article 607 C.p.c. demeure inchangé: «Le premier saisissant qui ne fait pas diligence ne peut empêcher la vente à la poursuite d'un second saisissant».
88. Voir supra n° 24.
89. «Un prêt en sous-ordre... s'entend... d'un prêt... stipulant qu'en cas d'insolvabilité ou de liquidation... le prêt prendra rang avec les autres prêts semblables mais après toutes les autres créances», art. 7(1), *Loi sur les compagnies de fidéicommis* (L.R.Q. ch. C-41); au même effet: art. 62.1, *Loi sur les assurances* (L.R.Q. ch. A-32).
90. Le nouvel article 1445 du Code civil énonce que les bénéficiaires de la stipulation pour autrui ne doivent pas nécessairement être déterminés ou existants au moment de la stipulation; il suffit qu'ils soient alors déterminables et qu'ils existent au moment où le promettant doit s'exécuter. Ces précisions sont de nature à donner une assise juridique plus ferme aux ententes de subordination dans les cas où, précisément, les bénéficiaires de ces ententes n'existent pas encore au moment où elle est conclue (v.g. créanciers futurs, porteurs éventuels d'obligations non encore émises au moment de l'exécution de l'acte de fiducie qui comporte la stipulation, etc.).
91. Pour cette raison la subordination doit être en faveur de tous les créanciers ordinaires qui n'ont pas accepté eux-mêmes d'être subordonnés: le créancier A ne peut convenir de passer après le créancier B mais en même temps concourir avec le créancier C qui, lui-même, concourt avec le créancier B.
92. Voir article 2274 C.c., 2e al.
93. Art. 780 C.c.
94. Art. 779 C.c.
95. Rapport sur le Code civil du Québec, Office de révision du Code civil, Éditeur officiel du Québec, vol. II, tome 1, p. 431.
96. À titre d'exemple, l'article 2 de la *Loi sur les sûretés mobilières de l'Ontario* (ch. P-10, R.S.O. 1990)) se lit comme suit: «2. Sous réserve du paragraphe 4(1), la présente loi s'applique: a) à l'opération qui, quels que soient sa forme et le propriétaire du bien grevé, constitue dans son essence une sûreté notamment: (i) une hypothèque mobilière, une vente conditionnelle, un nantissement de matériel, une débenture, une charge flottante, un gage, un acte de fiducie ou une quittance de fiducie, (ii) une cession, location à bail ou une consignation qui garantit le paiement, ou l'exécution d'une obligation; b) à la cession d'un compte ou d'un acte mobilier, même si la cession peut ne pas garantir le paiement, ou l'exécution d'une obligation. 1989, chap. 16, art. 2.» *«2. Subject to Subsection*

4(1), this Act applies to, (a) every transaction without regard to its form and without regard to the person who has title to the collateral that in substance creates a security interest including, without limiting the foregoing, (i) a chattel mortgage, conditional sale, equipment trust, debenture, floating charge, pledge, trust indenture or trust receipt, and (ii) an assignment, lease or consignment that secures payment or performance of an obligation; and (b) a transfer of an account or chattel paper even though the transfer may not secure payment or performance of an obligation. 1989, c. 16, s. 2.»

97. L'article 9-102(2) du Uniform Commercial Code adopté par la plupart des États américains est au même effet. Un auteur américain voit dans cet article un emprunt au droit civil: «*The old common law idea of mortgages or conditional sales as a conveyance or retention of title has given way to the civil-law concept of a security interest as security for a debt. The unity of the UCC security interest and the abolition of the old forms is reiterated in section 9-102(2)*». Sachse, H.R., Report of the Louisiana Institute on article nine of the Uniform Commercial Code, 1967 (41) Tulane Law Review 505, p. 535.

98. Mais admet qu'on puisse l'appeler «gage»: art. 2665 C.c.

99. P.L. 38, art. 134, 1er.

100. P.L. 38, art. 136, 2e al., art. 520.

101. P.L. 38, art. 134, 1er et 136. Le premier paragraphe de cet article 134 se lit comme suit: «1er Les sûretés conventionnelles autres que les transports de créances visés à l'article 136 deviennent des hypothèques conventionnelles, mobilières ou immobilières, selon qu'elles grèvent des biens meubles ou immeubles.» Le premier alinéa de l'article 136 se lit comme suit: «Les transports de loyers présents et à venir que produit un immeuble, et les transports d'indemnités prévues par les contrats d'assurance qui couvrent ces loyers, deviennent des hypothèques immobilières; ils prennent rang selon la date d'enregistrement des actes qui les renferment, à moins qu'ils n'aient acquis un autre rang en vertu de la loi ancienne.»

102. *Loi sur le crédit forestier*, L.R.Q. ch. C-78, art. 46.1 et 46.7 tels que modifiés par le projet de loi 38, aux articles 538 et 539; *Loi sur le crédit forestier par les institutions privées*, L.R.Q. ch. C-78.1, art. 52 et 60 tels que modifiés par le projet de loi 38, aux articles 549 et 551; *Loi sur le financement agricole*, L.R.Q. ch. F-1.2, art. 60, 129 et 136, tels que modifiés par le projet de loi 38, aux articles 579, 581 et 582.

103. *Place Québec Inc. c. Desmarais et al*, (1975) C.A. 910; *Compagnie de papier Q.N.S. c. Gobeil*, J.E. 92-1447, C.A. Québec, 1992-08-27.

104. V.g. *Loi sur les chemins de fer*, L.R.Q. ch. C-14, art. 11; *Loi sur l'assurance automobile*, L.R.Q. ch. A-25, art. 12; *Loi sur l'assurance - prêts agricoles et forestiers*, L.R.Q. ch. A-29.1, art. 25.1; *Loi sur le centre de recherche industrielle du Québec*, L.R.Q. ch. C-8, art. 18; *Loi sur le crédit forestier*, L.R.Q. ch. C-78, art. 46.1; *Loi favorisant le crédit forestier par les institutions privées*, L.R.Q. ch. C-78.1, art. 52, 54; *Loi sur le financement agricole*, L.R.Q. ch. F-12, art. 60, 129, 136.

105. Projet de loi 38, articles 438, 462, 465, 538, 549, 550, 579, 581, 582.
106. Art. 1801 C.c.
107. Art. 1743 C.c.
108. Art. 1260 C.c.
109. Art. 1212 C.c.
110. Art. 2938 C.c.
111. Art. 1263 C.c.
112. Art. 1745 C.c.
113. Art. 1749 C.c.
114. Art. 1750 C.c.
115. Art. 1756 C.c.
116. L'article 1756 C.c. est curieusement rédigé. Sa première phrase est que l'acquéreur n'est qu'un créancier hypothécaire; ceci laisse penser que cet «acquéreur» n'en est pas un vraiment et qu'il n'a acquis qu'un droit d'hypothèque, la propriété demeurant sur la tête du «vendeur» qui est réputé un emprunteur. La deuxième phrase au contraire laisse entendre que la vente avec faculté de rachat conclue pour fins de sûreté a été translative de propriété puisque le code prévoit à quelle condition la «faculté de rachat» peut être perdue.
117. Art. 1847 C.c.
118. *Cushing c. Dupuy*, (1881) A.C. 409 (annulation à la demande d'un créancier ordinaire de la «vente» à un créancier d'équipement et de machinerie dont l'entreprise garde possession); *Laliberté c. Larue*, (1931) S.C.R. 7 (négation du caractère translatif de propriété d'une cession-transport contenue dans un acte de fiducie d'hypothèque, de nantissement et de gage, validant ainsi la vente par le syndic dans la faillite du débiteur dont la saisine sur l'immeuble était contestée pour la raison que l'immeuble n'aurait plus fait partie du patrimoine du débiteur); *Multi-Stores Fabris Ltée c. Yvon Nadeau Décor Inc.*, (1986) R.J.Q. 2334 (C.P.) (négation du caractère translatif de propriété d'une cession de biens en stock, confirmant ainsi la saisie des biens grevés par un tiers créancier ordinaire).
119. *Bissonnette c. Cie de Finance Laval Ltée*, (1963) S.C.R. 616 (analyse du transfert de propriété sous condition suspensive dans une clause de dation en paiement comme étant «non pas un droit de préférence accessoire à un droit principal» (p. 366), empêchant le créancier bénéficiaire d'être considéré comme un créancier garanti au sens de la Loi sur la faillite et privant par conséquence le syndic dans la faillite du débiteur du droit de racheter la garantie); *La Banque Toronto-Dominion c. Korea Exchange Bank of Canada*, (1991) R.J.Q. 2497 (C.A.) (validation d'un arrangement de «trust receipt» aux termes duquel une banque fut reconnue propriétaire de stocks en possession d'un débiteur et négation des droits d'une autre banque qui croyait avoir légitimement acquis une sûreté suivant l'article 427 (alors 178) de la Loi sur les banques).
120. L'article 134, 5e al., du projet de loi 38 permet toutefois de conserver à titre d'hypothèque légale le privilège du locateur d'un immeuble non résidentiel (existant lors de l'entrée en vigueur du nouveau code) pour une période d'au plus dix ans.

121. Par exemple, il précise que la «priorité est indivisible», à l'article 2650 C.c.
122. Art. 2653 C.c.
123. On peut ici penser à l'hypothèse où différentes créances pour dette fiscale devraient être colloquées.
124. Voir art. 2662 C.c.
125. Art. 1051 C.c.
126. Les mots «et aux tiers» ont été retranchés à l'article 2655 C.c.
127. Art. 2660 C.c.
128. V.g. *Loi sur les cités et villes*, L.R.Q. c. C-19, art. 498; *Code municipal*, L.R.Q. c. C-27.1, art. 982; *Charte de la Ville de Montréal*, S.Q. 1959-60 c. 102, art. 792; *Loi sur l'instruction publique*, L.R.Q. c. I-13.3, art. 313.
129. Voir infra n° 190.
130. *Rainville c. Sous-ministre du Revenu du Québec*, (1978) R.D.F.Q. 153 (C.A.), confirmé en Cour Suprême, (1980) 1 R.C.S. 35.
131. La *Loi sur la faillite et l'insolvabilité* établit à son article 86(1) un nouveau principe général relativement aux priorités de la Couronne tant fédérale que provinciale. Cet article a pour effet de reléguer la Couronne au rang des créanciers ordinaires. Toutefois, la *Loi sur la faillite et l'insolvabilité* prévoit également certaines exceptions à ce principe pour ainsi préserver certains droits acquis de la Couronne ou lui en octroyer de nouveaux. Pour n'en donner que quelques exemples: l'article 86(2) prévoit la possibilité pour les Couronnes fédérale et provinciale de faire valoir des «privilèges» et garanties qu'elles ont pu se voir octroyer en vertu du droit commun; cependant, suivant l'article 87, ces privilèges et garanties doivent, pour valoir, être soumis à un mécanisme d'enregistrement.
132. Sous réserve des dispositions du droit transitoire; à ce sujet, le dernier alinéa de l'article 134 du projet de loi 38 énonce ce qui suit: «Les anciennes sûretés légales ou judiciaires autres que le privilège du vendeur d'un immeuble, fondées sur des créances auxquelles la loi nouvelle n'accorde plus aucune préférence, deviennent des priorités colloquées après toute autre priorité.»
133. Art. 1995 C.c.B.-C.; *Normandin c. Normandin*, (1885) 29 L.C.J. 111 (C. de Rev.).
134. V.g. Tarif des honoraires judiciaires (A.C. 358-75, 29 janvier 1975, (1975) 107 G.O. II 169, *erratum* (1975) 107 G.O. II 967, modifié par (1975) 107 G.O. 1679, A.C. 2067-76, 16 juin 1976, (1976) 108 G.O. II 3991, modifié par A.C. 2234-76, 30 juin 1976, (1976) 108 G.O. II 4073, R.R.Q. 1981, c. B-1, R. 13).
135. *Corriveau c. Commission des Écoles secondaires de St-Eustache*, (1964) R.P. 367.
136. *Urbain Houle Construction Inc. c. Entreprises de Métal de l'Estrie Inc.*, (1981) C.P. 364, p. 366.
137. *Placements Assise c. Spinner*, (1981) C.A. 600.
138. *Sous-ministre du Revenu du Québec c. 151414 Canada Inc.*, J.E. 90-842; *Sous-ministre du Revenu du Québec c. Oswill's Body Repairs Ltd.*, J.E. 85-171.

139. *Société Nationale de Fiducie c. Trust Général du Canada*, C.S. (Montréal), 30 décembre 1982, no 500-05-05653-793, p. 8.
140. Voir arrêt cité à la note précédente. Les frais engagés à l'occasion d'un recours hypothécaire de prise de possession ou de vente sont garantis par l'hypothèque: art. 2777 et 2789 C.c.
141. Art. 81.1 *Loi sur la faillite et l'insolvabilité* «81.1(1) [Droit du fournisseur impayé] Sous réserve des autres dispositions du présent article, le fournisseur qui a vendu et livré à un acheteur, qui ne les lui a pas payées au complet, des marchandises destinées à être utilisées dans le cadre des affaires de celui-ci peut avoir accès à ces marchandises - l'acheteur, le syndic ou le séquestre étant tenu d'accorder mainlevée à cet égard - et en reprendre possession à ses propres frais, lorsque les conditions suivantes sont réunies: a) dans les trente jours suivant la livraison des marchandises à l'acheteur, il présente à celui-ci, au syndic ou au séquestre, en la forme prescrite, une demande écrite à cet effet contenant les détails de la transaction; b) au moment de la présentation de la demande, ou bien l'acheteur est un failli, ou bien une personne exerce, à son égard, le rôle de séquestre au sens du paragraphe 243(2); c) au moment de la présentation de la demande, les marchandises sont en la possession de l'acheteur, du syndic ou du séquestre, peuvent être identifiées comme celles qui ont été livrées par le fournisseur et ne lui ont pas été payées au complet, sont dans le même état qu'au moment de leur livraison, n'ont pas été revendues à distance et ne font pas l'objet d'une promesse de vente à distance; d) ni l'acheteur, ni le syndic, ni le séquestre n'ont, dès la présentation de la demande, acquitté le solde impayé.»
142. Art. 899, 907 C.c.
143. Voir discussion, infra nº 219 ss.
144. Art. 974 et 2651 C.c., 3e al.
145. Art. 2671 C.c.
146. Art. 2673 C.c.
147. Le titre dix-septième du Livre Troisième intitulé «Des privilèges et des hypothèques».
148. Rappelons que cette priorité n'existe pas si l'acquéreur n'est pas une personne physique ou si l'acquéreur exploite une entreprise.
149. Voir art. 2724 et 2726 C.c.
150. Art. 2795 et 2796 C.c.
151. Voir supra nº 148.
152. *Banque Nationale du Canada c. William Neilson Limited*, (1991) R.J.Q. 712 (C.A.), p. 724.
153. L'article 2682 C.c., qui reprend en substance l'article 2038 du Code civil du Bas-Canada, ne réfère pas au titre sujet à «résolution». Il traite du constituant qui a un droit «conditionnel» ou «susceptible d'être frappé de nullité». La résolution de la vente n'a rien de l'arrivée d'une condition; il ne s'agit pas non plus d'un cas de nullité. Toutefois, au-delà de la lettre de l'article 2682 C.c. il existe un principe que le code nouveau ne déclare pas avoir écarté: on ne peut consentir plus de droits qu'on en a. Le titre de l'acquéreur qui n'a pas payé le bien meuble qu'il a acheté est résoluble; comment l'hypothèque qu'il a consenti sur ce bien pourrait-elle ne pas

l'être? En matière immobilière, c'est bien ce que l'article 1743 C.c., au deuxième alinéa, énonce: le vendeur reprend le bien libre de toute charge inscrite après l'inscription de la vente (l'existence d'une clause résolutoire et l'inscription étant requises aux fins de la résolution de la vente immobilière faute de paiement du prix).

154. Les tribunaux considèrent que la stipulation d'un taux d'intérêt sur le solde impayé commençant à courir à compter de l'expiration d'un certain délai constitue l'octroi d'un terme. Voir: *Les alcools de commerce Inc. c. La Corporation de produits chimiques de Valleyfield Ltée*, (1985) C.A. 686, p. 690.

155. Le point de départ du calcul de ce délai est multiple en cas de livraisons multiples: *Mercure c. Philippe Beaubien et Cie Ltée*, (1966) B.R. 413.

156. On ne considère plus le bien comme étant encore dans le même état, s'il n'est plus identifiable ou reconnaissable compte tenu de la forme où il a été livré (*Thompson c. Dion*, (1885) 11 Q.L.R. 273; *Mechanic Supply c. Hudon*, (1933) 71 C.S. 400).

157. *Aménagement Arto Inc. c. La Canadienne de gestion I. Bouvier Inc.*, (1987) R.J.Q. 753 (C.A.).

158. *Banque Nationale du Canada c. William Neilson Limited*, (1991) R.J.Q. 712 (C.A.).

159. *Saguenay Fish and Trading Co. c. Cité de Québec*, (1955) B.R. 561; *Hamel c. Gravenor*, (1960) B.R. 1223.

160. Voir chapitre 1, notes 61 à 66.

161. L'article 922 C.c. traite de la possession, mais la règle qu'il pose s'applique à la «détention», qui est le nom donné à la possession lorsque la volonté de détenir le bien aux fins d'exercer un droit réel dont on se veut titulaire fait défaut: art. 921 C.c.

162. Infra n° 566 et 567.

163. *Gotrein c. Duke Auto Inc.*, (1978) C.P. 188 (chèque sans provision).

164. *Standard Credit Corp. c. Nadeau*, (1956) R.L. 127 (C.S.).

165. *Dumoulin c. Giard*, (1951) R.L. 172 (C.S.).

166. *Signal Ford Truck Sales Limitée c. Cacciatore & Sons Limited*, (1973) C.S. 168.

167. Voir: *La Reine c. Restaurant & Bar La Seigneurie de Sept-îles Inc.*, (1977) 2 C.P. 207.

168. Voir infra n° 574.

169. *Laurentide Finance Co. c. Paquette*, (1967) C.S. 62.

170. En 1885, M. le juge Ramsay s'écriait devant l'élargissement du privilège de la Couronne effectué par l'article 611 du Code de procédure civile de l'époque: «a very evil innovation» écrivait-il: *Exchange Bank of Canada c. The Queen*, (1885) 11 A.C. 157, p. 158.

171. Par l'article 621 du projet de loi 38.

172. Il existe au niveau des créances fiscales un certain nombre de dispositions assurant un recouvrement privilégié. Au niveau de la *Loi du ministère du Revenu*, L.R.Q. c. M-31, on peut noter (i) l'article 13 qui permet au Ministre d'obtenir expéditivement un jugement *ex parte*, (ii)

l'article 14 interdisant en certaines circonstances la distribution du produit de réalisation des actifs d'une personne, (iii) l'article 15 permettant de saisir-arrêter en main tierce un montant dû au contribuable et (iv) l'article 20 créant une fiducie légale relativement aux sommes déduites, retenues ou perçues en vertu d'une loi fiscale.

173. Par exemple à l'article 915 C.c., qui dit que les biens appartiennent aux personnes ou à l'État.

174. Voir aussi: biens ou territoires sans maître (art. 917, 918 C.c.); lit des cours d'eau (art. 919 C.c.); intérêt sur créances de l'État (art. 1619 C.c.); prescription contre l'État (art. 2877 C.c.); etc.

175. L'expression «Québec» se retrouve dans le titre du Code civil et à d'autres endroits au code, notamment, à l'article 306 C.c. précité, à l'article 3076 C.c.: «... règles de droit en vigueur au Québec...»

176. Voir par exemple: *In re Kiddy's City Inc.: Freed c. Ville de Montréal et al*, (1967) C.S. 433; *Colonial Piano Limited and Vincent Lamarre et al*, (1927) 65 C.S. 316.

177. *The Queen c. Murray*, (1967) R.C.S. 262; *Sparling c. La Caisse de dépôt et de placement*, (1988) 2 R.C.S. 1015.

178. L.R.Q. c. M-31.

179. Art. 2808.

180. Art. 397 C.c.B.-C.

181. À l'égard des créances ou comptes-clients dus au débiteur du Ministre du Revenu, celui-ci a acquis en 1991 des droits particuliers. L'article 15 de la *Loi sur le ministère du Revenu* a été modifié en 1991 (L.Q. 1991, c. 67, art. 562) et se lit maintenant comme suit: «15. Le ministre peut, par avis signifié ou transmis par poste recommandée ou certifiée, exiger d'une personne qui est ou sera, dans les 90 jours de la signification ou de la transmission de l'avis, tenue de faire un paiement à une personne qui est redevable d'un montant exigible en vertu d'une loi fiscale, qu'elle lui verse, à l'acquit de son créancier, la totalité ou une partie du montant qu'elle a ou aura à payer à ce dernier et ce, au moment où ce montant devient payable au créancier. Il en va de même à l'égard d'un paiement devant être fait à un créancier garanti de la personne redevable d'un montant exigible en vertu d'une loi fiscale lorsque ce paiement, si ce n'était de la garantie, devrait être fait à cette personne.»

182. Projet de loi 38, v.g.: art. 471 (cités et villes), art. 486 (Code municipal), art. 595 (Instruction publique), art. 134, 5e al. (dispositions particulières).

183. Supra note 128.

184. Quant aux versements non échus des taxes spéciales: «696. Le décret purge tous les droits réels non compris dans les conditions de la vente, excepté: 4 le décret ne porte pas atteinte aux droits des municipalités, des commissions scolaires ou du Conseil scolaire de l'île de Montréal pour les versements non échus de taxes spéciales et dont le paiement est échelonné sur un certain nombre d'années; ces versements ne deviennent pas exigibles par la vente de l'immeuble et ne sont pas portés à l'ordre de collocation, mais restent payables suivant les termes de leur imposition.»

185. *Paroisse de Ste-Brigide c. Murray*, (1886) 14 R.L. 227 (C.C.).
186. *Loi sur l'expropriation*, L.R.Q. c. E-24, art. 55.3.
187. Voir: *Lanthier c. Avard Denis Ltée et al*, (1920) 58 C.S. 463; *Tremblay et Villeneuve Enr. c. Coopérative de Colombier*, (1944) C.S. 281.
188. *Trust Général du Canada c. Marois*, (1986) R.J.Q. 1029 (C.A.).
189. *Banque Toronto-Dominion c. Perry*, J.E. 85-194 (C.S.).
190. Voir autorités citées sous la note 187 qui précède.
191. Les tribunaux ont toutefois en matière non pas de privilège ou de droit de préférence, mais à propos du droit de propriété, jugé que le propriétaire d'un bien vendu par son détenteur devenait propriétaire des argents provenant de la vente: *Banque Canadienne Nationale c. Lefaivre* (1951) B.R. 83 (droit de propriété d'une banque sur des stocks se reportant sur le produit de leur vente dans le cours des affaires; voir aussi commentaires infra n° 361 ss.
192. L'exercice du droit de préférence est commenté avec plus de détails ci-après, en matière d'hypothèque; voir infra n° 734 et ss.
193. Art. 2674 C.c., au troisième alinéa: «Si aucun bien ne remplace le bien aliéné, l'hypothèque ne subsiste et n'est reportée que sur les sommes d'argent provenant de l'aliénation, pourvu que celles-ci puissent être identifiées.»
194. Voir supra n° 211.
195. *La Caisse populaire de Lévis c. Maranda*, (1950) B.R. 249, p. 254.
196. Sauf, en certains cas, l'octroi d'un délai pour effectuer la publicité sans que le rang ne soit affecté.
197. Art. 2791 C.c.
198. Art. 2793 C.c.
199. Art. 2784 C.c.
200. Voir art. 592.2, 592.3, 614, 665, 715 C.p.c.; art. 3017 C.c.
201. Voir commentaires sur le droit de préférence octroyé par la priorité, supra no 219 et ss.
202. Art. 2674 C.c.; voir infra n° 354 ss.
203. Art. 948 C.c.
204. Art. 2671 C.c.
205. Art. 2673 C.c.
206. Art. 2737 C.c.
207. Art. 2743 C.c.
208. Art. 2768, 1302 C.c.
209. Art. 2769, 2764, 2768 C.c.
210. Art. 2773 C.c.
211. Art. 2784 C.c.
212. Art. 2778 C.c.
213. Art. 2778 ss. C.c.; art. 2695 C.c.
214. Pothier, *Oeuvres*, éd. Dupin, 1831, tome 5, p. 144: Traité de l'hypothèque, ch. 1, sect. 2 *in fine*.
215. *Désilets c. Martel*, (1879) 5 Q.L.R. 125, p. 126 (Cour de révision): *«Robitaille did not under that deed contract an obligation to the extent of*

one penny in favour of the plaintiff, nor did the plaintiff incur any obligation whatever in favour of Robitaille... if the deed created no obligation it could not confer a hypothec «sans principal point d'accessoire».

216. *Quintal c. Lefebvre*, (1880) 3 L.N. 347, p. 348.

217. V.g. (1895) 58 Vict. c. 73 S.Q. «An act respecting the E.B. Eddy Company», dont le préambule indique manifestement le désir de faire échec aux effets du caractère accessoire de l'hypothèque.

218. «An act to amend the law respecting Joint Stock Companies», (1902) 2 Edw. VII c. 30, article 2.

219. *Banque Mercantile du Canada c. Yves Germain Inc.*, (1984) C.S. 856, p. 865.

220. *La loi sur les sûretés mobilières d'Ontario* a pris parti en faveur d'une seule priorité pour avances présentes et futures: art. 30(3) et 30(4), S.R.O., 1990, chapitre P-10. Voir discussion dans McLaren, Richard, *Secured Transactions in Personal Property in Canada*, 2nd ed., Carswell Toronto, 1989, vol. 1, p. 5-21.

221. En droit français, la doctrine de l'indivisibilité du compte courant empêche alors que l'obligation soit considérée éteinte, les opérations de débits et de crédits ne devant se solder qu'à la fin du crédit et ce n'est qu'à la fin du crédit qu'on peut déterminer si le débiteur est obligé ou ne l'est plus. Cette doctrine a trouvé écho dans notre jurisprudence: *Rousseau c. Marcotte*, (1906) 30 C.S. 175, p. 177 (Cour de révision); *Caisse populaire de St-Georges de Beauce c. Rodrigue*, J.E. 84-92, p. 5.

222. Art. 2797 C.c.

223. Art. 2680 C.c.; art. 716 C.p.c.

224. Art. 2662 C.c.

225. Bien que situé dans une section relative à l'hypothèque avec dépossession, le principe général de l'indivisibilité rend cet article 2742 applicable à toute espèce d'hypothèque.

226. Voir, par analogie, *Drouin c. Legault*, (1916) 25 B.R. 74.

227. *Chaput c. Hébert*, (1932) 53 B.R. 47.

228. Art. 2941 C.c.: «La publicité des droits les rend opposables aux tiers, établit leur rang et, lorsque la loi le prévoit, leur donne effet. *Entre les parties, les droits produisent leurs effets, encore qu'ils ne soient pas publiés, sauf disposition expresse de la loi.*» (Les italiques sont de nous).

229. La jurisprudence a toutefois interprété cet article comme voulant dire «aucune hypothèque n'a d'effet *à l'égard des tiers* sans enregistrement»: *Chaput c. Hébert*, (1932) 53 B.R. 47.

230. Art. 2734 C.c.

231. Art. 2737 et 2743 C.c.

232. Art. 158, P.L. 38.

233. Art. 2670 C.c.

234. Art. 2698 C.c.

235. Art. 2671 et 2673 C.c.

236. Art. 2674 C.c.

237. Art. 2677 C.c.

238. Art. 2678 C.c.

239. Art. 2715 et 2718 C.c.

240. Art. 2703 et 2705 C.c.
241. Art. 2663 C.c.
242. Art. 2710 C.c.
243. C'est-à-dire des créances dont est titulaire le débiteur et que celui-ci grève d'une sûreté au bénéfice du créancier.
244. Art. 2710 C.c.
245. Art. 2670 C.c.
246. Art. 2945 C.c.
247. Ou par l'acquiescement qu'en font ces débiteurs: art. 2710 et 1641 C.c.
248. Art. 2945 C.c.
249. Art. 2941 C.c., supra note 228.
250. Art. 2708 et 2710 C.c.
251. Art. 2660 C.c.
252. Le nouveau code parle parfois du «droit hypothéqué», parfois du «bien hypothéqué»: voir articles 2660 et 2670 C.c.
253. *Banque Royale du Canada c. Huard*, (1976) C.S. 1732.
254. *In re Barnabé & Fils Limitée: Normandeau c. Gingras*, (1973) C.A. 516, p. 524; la Cour a décidé que l'hypothèque consentie dans un acte de fiducie d'hypothèque, de nantissement et de gage sur un immeuble futur ne prend naissance qu'au moment de son enregistrement sur l'immeuble subséquemment acquis; en conséquence, sa naissance fut jugée tardive en regard de l'article 2023 C.c.B.-C.
255. *Loi sur les pouvoirs spéciaux des corporations*, L.R.Q. c. P-16, art. 27; *Loi sur les connaissements, les reçus et les cessions de biens en stock*, L.R.Q. c. C-53, art. 13; articles du Code civil du Bas-Canada sur le nantissement agricole (art. 1979a) ss.) et sur les cessions d'universalités de créances (art. 1571d) et 1966).
256. Art. 2954 C.c.; en matière immobilière l'article 2948 C.c. peut entraîner le même effet.
257. Art. 2660 C.c.
258. Les règles sur l'inscription de l'hypothèque ne demandent pas que l'hypothèque soit, au moment de son inscription, dans un état où elle produit des «effets». Le nouveau code prévoit que l'inscription se fait par la présentation d'une réquisition d'inscription dans laquelle il paraît suffire de désigner les titulaires et constituant de l'hypothèque et les biens visés par l'hypothèque: art. 2970 et 2981 C.c.
259. L'article 45(3) de la *Loi sur les sûretés mobilières d'Ontario* permet l'enregistrement de la sûreté avant sa création; voir McLaren, Richard H., *op. cit.*, section 3.04 [2], p. 3.22 et 3.23.
260. Art. 2663 et 2941 C.c.
261. Art. 2968 C.c.
262. Art. 2982 C.c.
263. Art. 2981 et 2983 C.c.; une mise en garde doit être faite ici: cet article 2981 C.c. précise aussi que la réquisition d'inscription doit mentionner «tout autre fait pertinent à des fins de publicité» qui peut être prescrit par règlement et l'article 2983 C.c. mentionne que la réquisition d'inscription se fait «par la présentation d'un avis à moins que la loi ou

les règlements n'en disposent autrement». Le règlement prévoira-t-il une référence à l'acte constitutif?

264. *Armor Ascenseur Québec Ltée c. Caisse de dépôt et placement du Québec*, (1981) 1 R.C.S. 12, p. 26.

265. Les articles 899 à 907 C.c. établissent le caractère immobilier ou mobilier des biens, l'article 907 C.c. formulant la règle que les biens que la loi ne qualifie pas d'immeubles sont meubles.

266. Le nouveau code n'emploie pas l'expression «immeuble par destination» et traite différemment du Code civil du Bas-Canada le sort du bien meuble réuni au bien immeuble sans perdre son individualité et sans y être incorporé. Dans le présent texte l'expression «immeuble par destination» réfère à ce nouveau concept.

267. C'est-à-dire qui sont «à demeure, matériellement attachés ou réunis à l'immeuble, sans perdre leur individualité et sans y être incorporés» — (voir art. 903 C.c.) et qui assurent l'utilité de l'immeuble (voir art. 48 p.c. 38).

268. Voir les articles 2693 et 2696 C.c.

269. Voir infra nº 345.

270. Art. 2830 de l'avant-projet de loi portant réforme au Code civil du Québec du droit des sûretés réelles et de la publicité des droits (1986); l'article 2656 du projet de loi 125 était le même, moins les mots «dès l'incorporation».

271. Voir discussion, infra nº 329.

272. Voir supra nº 287 ss.

273. Art. 900, 901, 903 et 904 C.c.

274. *Barbe c. Jasmin*, (1956) B.R. 298, p. 304.

275. Art. 907 C.c., par interprétation.

276. Art. 316 C.c., Livre Quatrième, «Des Biens», Rapport sur le Code civil du Québec.

277. Art. 2860 (projet du Code civil de 1986).

278. *Caisse populaire Ste-Madeleine Sophie c. Caisse populaire Ste-Cécile de Montréal*, (1980) C.A. 502.

279. L'article 2710 C.c., 2e al., renvoie par implication aux articles 1641 C.c. et suivants.

280. Cet article 2743 C.c. dans sa formulation traite d'une «hypothèque sur une créance» sans la qualifier de mobilière ou d'immobilière et se situe dans un chapitre qui n'est pas propre à l'hypothèque mobilière.

281. Sous réserve de quelques dispositions précisant les devoirs du créancier en possession.

282. V.g.: «2670. L'hypothèque sur le bien d'autrui ou sur un bien à venir ne grève ce bien qu'à compter du moment où le constituant devient le *titulaire du droit hypothéqué.*»

283. Voir supra nº 8 ss.

284. Voir les articles 913 et 916 C.c.

285. *Marcotte c. Courtois*, (1985) C.S. 1259 (Permis de taxi).

286. *Trust Général du Canada c. Compagnie du Trust National Ltée*, (1990) R.J.Q. 52, p. 55 (C.A.) (Permis de transport).

287. *In re Noël*, J.E. 90-1537 (C.S.) (Permis de pêche).
288. Relativement aux quotas de lait voir: *Société de crédit agricole c. Lapointe*, J.E. 84-784 (C.S.), p. 15.
289. *Société Farandole Enrg. c. Office du crédit agricole du Québec*, J.E. 89-363 (C.A.), p. 4.
290. Mais ne sera opposable à celui qui doit la somme que si elle lui a été signifiée ou s'il l'a acceptée: art. 2710 C.c., 2e al.
291. Art. 2674 C.c., dernier alinéa.
292. Voir: *Wells Fargo Armcar Inc. c. Les blindés Loomis Ltée*, J.E. 86-973 (C.A.), p. 3.
293. *Loi fédérale de l'impôt sur le revenu*, S.C. 1970-71-72, chap. 63, article 146(2).
294. *Règlement sur les obligations intérieures du Canada*, C.R.C. 1978, c. 698, art. 12; l'interdiction de transfert se retrouve à l'endos du certificat des obligations.
295. Voir supra no 38.
296. Art. 20(1).
297. Voir: *Aldercrest Developments Ltd. c. Hamilton Co-Axial Ltd.*, (1974) R.C.S. 793; *Laing c. Kern*, (1960) B.R. 571.
298. Art. 2676, 2710, 2711 C.c.
299. Art. 2949 C.c.
300. Art. 2665, 2674, 2675 C.c.
301. D. 20.1.34; *«ea quae mortis tempore debitoris in taberna sunt, pignori obligata esse videntur»*.
302. Voir infra no 409.
303. Voir supra no 249.
304. Supra no 249 et no 146.
305. Art. 955 C.c. ss.
306. Art. 965 C.c. ss.
307. Art. 971 C.c.
308. Art. 948 et 949 C.c.
309. Art. 2698 et 2795 C.c.
310. Art. 2695 C.c.
311. Art. 2705 c.c.
312. Les dividendes sont des revenus à moins qu'ils ne représentent une distribution de capital: art. 910 C.c. Voir discussion infra no 571.
313. Art. 2768 C.c.
314. Art. 1302 C.c.
315. Art. 931 et 949 C.c. L'antichrèse et le gage confèrent sous le Code civil du Bas-Canada le droit aux fruits et revenus. En ancien droit anglais le «vif-gage» s'opposait au «mort-gage»«; sous cette dernière forme de gage, le bien devenait improductif pour le débiteur: le créancier en possession s'appropriait les fruits.
316. *In re Amédée Leclerc Inc.; Thibault c. De Coster*, (1965) C.S. 266.
317. Art. 2672 C.c.; Voir supra no 292.
318. Du moins pas avant l'expiration de la propriété superficiaire: art. 1116 C.c. Voir *Re Leclerc*, (1932) 38 R.L. 509.

319. Voir art. 1017 C.c.
320. Voir discussion supra no 161 et suivants.
321. Ce concept de report paraît tirer son origine de la *Loi sur les connaissements, les reçus et les cessions de biens en stock*, L.R.Q., c. C-53 dont l'article 14, à l'instar du 9e paragraphe de l'article 428 de la *Loi sur les banques*, prévoit que la sûreté se reporte... sur tout bien acquis en remplacement d'un bien cédé.
322. Voir commentaires supra no 219 ss.
323. Art. 1713 C.c.B.-C.; art. 2184 C.c.
324. *Grondin c. Lefaivre*, (1931) R.C.S. 102, p. 111 et 112.
325. Sous réserve de certaines règles, telles celles de l'accession ou, encore, de la création d'une fiducie où le bénéficiaire aura un intérêt dans le patrimoine fiduciaire tel qu'il se compose de temps à autre.
326. *Flintoft c. The Royal Bank of Canada*, (1964) R.C.S. 631, p. 636: *«There has never been any doubt of the right of the owner to trace the money or any other form of property into which the money has been converted. (Underhill's Law of Trust and Trustees, 11th ed., p. 561).»*
327. *Jean Charpentier Inc. c. Banque Nationale du Canada*, J.E. 87-464, opinion du juge Malouf, p. 4; voir aussi *Banque Canadienne Nationale c. Lefaivre*, (1951) B.R. 83, p. 91.
328. *Banque Toronto-Dominion c. General Motors Acceptance Corp. du Canada Ltée*, J.E. 87-527 (C.A.), p. 15.
329. *Banque Royale du Canada c. Borg-Warner Acceptance Canada Ltée*, (1987) R.J.Q. 2148 (C.S.), p. 2153.
330. *In re Morin G.M.C. Ltée*, (1985) J.E. 85-448 (C.A.), p. 5, p. 7.
331. Art. 2666 C.c.
332. Art. 2670, 2949, 2950 C.c.
333. Infra no 524.
334. Voir supra no 326.
335. Voir supra no 363; *Grondin c. Lefaivre*, (1931) R.C.S. 102, p. 111 et 112.
336. Art. 2767 C.c.; voir infra no 743.
337. Le dépôt faisant du «déposant» un créancier de cette institution. Voir *In re Hill-A-Don Ltd.: Bank of Montréal c. Kwiat*, (1975) C.A. 157.
338. L'article 2676 C.c. confirme indirectement cette interprétation: il exclut de l'universalité des créances hypothéquées la créance qui résulte de la vente d'un bien lui-même grevé d'hypothèque, lorsque cette vente a été faite en exécution des droits du créancier qui avait hypothèque sur ce bien.
339. *Banque Royale du Canada c. Borg-Warner Acceptance Canada Ltée*, (1987) R.J.Q. 2148 (C.S.), p. 2154.
340. Comme cela se fait parfois à l'intérieur d'actes de fiducie d'hypothèque, de nantissement et de gage.
341. Art. 2658 C.c., 1er al., *Projet de loi 125*, nos soulignés.
342. Voir supra no 375.
343. Voir infra no 420.
344. Art. 2954 C.c.
345. *Larissa Development Corporation c. Anjou Gardens Limited*, (1971) C.A. 421.

346. *Reeves c. Perrault*, (1885) 10 R.C.S. 616.
347. *Perras c. Banque Provinciale du Canada*, (1956) B.R. 731, p. 738.
348. Art. 1013 C.c.
349. Art. 1014 C.c.
350. Art. 1021 C.c.
351. Voir: *Quintal c. Banque Jacques Cartier*, (1901) 10 B.R. 525; *Perras c. Banque Provinciale du Canada*, (1956) B.R. 731.
352. *Caisse populaire des Deux-Rives c. Société mutuelle d'assurance contre l'incendie de la Vallée du Richelieu*, (1990) 2 R.C.S. 995.
353. Voir commentaires supra nº 269 et 324.
354. Art. 1966 C.c.B.-C.
355. *Bégin c. Chainé*, (1911) 40 C.S. 495.
356. Voir le 2e alinéa de l'article 2645 C.c. commenté plus haut sous le nº 53.
357. Voir art. 2797 C.c. commenté supra nº 247.
358. Art. 2681 C.c.
359. Art. 153 et 176 C.c.
360. Art. 303 C.c.
361. Art. 1305 C.c.
362. Art. 1307 C.c.
363. Art. 213 C.c.; art. 286 C.c. quant au tuteur au majeur.
364. Art. 2219 C.c.
365. Art. 2217 C.c. à contrario.
366. Art. 2217 C.c.
367. Il a tous les pouvoirs d'un associé en nom collectif: art. 2238 C.c.
368. Art. 3083 C.c.
369. Voir: *Droit de la famille - 1179*, (1988) R.D.F. 253 (C.S.).
370. Art. 2683 C.c.
371. Voir infra nº 509.
372. S'agit-il d'une précision prudente pour contrer les effets de la décision rendue par les tribunaux dans *Société Nationale de Fiducie c. Sous-Ministre du Revenu du Québec*, (1991) 1 R.C.S. 907, suivant laquelle un fiduciaire pour obligataires n'est pas une «personne» au sens de l'article 14 de la *Loi sur le ministère du revenu* telle qu'elle était avant le 21 novembre 1983?
373. Par l'ajout de l'article 1883.1 C.c.B.-C.
374. Voir art. 2159 C.c., 2e al.
375. Voir, quant au Code civil du Québec, l'article 2130 C.c.
376. *Perron c. L'Éclaireur*, (1934) 57 B.R. 445.
377. Voir art. 644, P.L. 38.
378. C'est-à-dire la *Loi sur les chemins de fer* (art. 441 P.L. 38); la *Loi sur les compagnies* (art. 491 et 497 P.L. 38); la *Loi sur les corporations de cimetières catholiques romains* (art. 506 P.L. 38); la *Loi sur les pouvoirs spéciaux des corporations* (art. 625 P.L. 38).
379. L'expression «fondé de pouvoir des créanciers» y est traduite par «the person holding the power of attorney of the creditors».
380. «645. L'article 32 de cette loi est remplacé par le suivant: «32.Le fondé de pouvoir des créanciers en faveur duquel est consentie une hypo-

thèque pour garantir le paiement d'obligations ou autres titres d'emprunt ne peut acheter de la compagnie la première émission, par souscription éventuelle à forfait, achat, souscription ou autrement des obligations ou autres titres d'emprunt garantis par hypothèque et de même aucune société ou personne morale dont le fondé de pouvoir des créanciers est membre ou dirigeant, selon le cas, ne peut se porter acquéreur des obligations ou autres titres d'emprunt ci-dessus mentionnés.»

381. Voir les lois citées sous note 378 ci-dessus.

382. Plus précisément «de tout acte ou fait auquel la loi attache d'autorité les effets d'une obligation»: art. 1372 C.c.

383. Art. 1553 C.c.

384. L'article 2689 C.c., au deuxième alinéa, évoque expressément le cas où la valeur de l'obligation ne peut être déterminée ou est incertaine.

385. Ceci est toutefois inexact dans le cas où un créancier a pris le bien en paiement.

386. Art. 1607, 1601 C.c.

387. Art. 1622, 1623 C.c.

388. Art. 2680 C.c.

389. Art. 2798 C.c.

390. Art. 1763 C.c.B.-C.

391. *Hamel c. Assurance-vie Desjardins*, J.E. 87-64 (C.A.).

392. *Venne c. Québec (CPTA)*, (1987) 1 R.C.S. 880, p. 903 et 904.

393. Art. 2314 C.c.

394. Art. 2688 C.c.

395. Art. 2688, 2692 C.c.

396. Art. 2691 C.c.

397. Art. 2797 C.c.

398. Art. 2661 C.c.

399. Toutefois, le débiteur aura pu convenir de n'emprunter exclusivement que du créancier pour ses besoins financiers présents et futurs et cette obligation elle-même aura pu être garantie par hypothèque; une obligation de contracter exclusivement de l'autre partie contractante peut être garantie par hypothèque: *Lapalice c. Canadian Oil Co. Ltd.*, (1965) B.R. 494; *Nemec c. Shell Oil Co. of Canada Ltd.*, (1965) C.S. 197. L'hypothèque ne pourra alors être radiée.

400. *Provigo (Distribution) Inc. c. Marché M. Gibeau Inc.*, (1989) R.J.Q. 1467 (C.A.).

401. Voir les articles 2681 et 2692 C.c.; à l'article 2681 C.c. et à plusieurs autres endroits le code distingue entre le débiteur et le constituant de l'hypothèque, qui peuvent ne pas être la même personne.

402. Voir: *General Electric Capital Canada Inc. c. Zittrer Siblin & Associés Inc.* (1991) R.J.Q. 1130.

403. *O'Leary c. Francis*, (1897) 12 C.S. 243, p. 252.

404. *Duchesne et Lefaivre & The Eastern Townships Asbestos Co.*, 1921) 30 B.R. 10.

405. *Morin c. Daly*, (1892) 4 R.J.R.Q. 493, p. 494; *The Standard Loan Co. c. Faucher*, (1913) 19 R.L. 196, p. 197.

406. *Turcot c. Cibula*, (1974) C.A. 452, p. 453; *Posluns c. Birke et al*, (1968) C.S. 255, p. 260.
407. C'est-à-dire le «London Interbank Offered Rate» pour certaines périodes de temps sur des dépôts en dollars américains.
408. *Jarmida Investments Ltd. c. Dolarmeaux Development Inc.*, C.A.M. N° 500-09-000231-810, 9 janvier 1984, p. 4 et 5.
409. Les usages veulent que le taux de base ou taux préférentiel soit rendu public quotidiennement. Chaque institution établit ses taux en fonction du marché monétaire pour une période indéterminée et, habituellement, les confirmera sur simple appel téléphonique auprès de l'interlocuteur. Voir *Banque Mercantile du Canada c. Yves Germain Inc.*, (1984) C.S. 856.
410. Les frais d'actes et d'enregistrement ne sont pas garantis; *Forget dit Dépatie c. Savard*, (1922) 60 C.S. 220.
411. *Immeubles Fournier Inc. c. Construction St-Hilaire Ltée*, (1975) 2 R.C.S. 2.
412. Art. 1617 C.c.: «1617. Les dommages-intérêts résultant du retard dans l'exécution d'une obligation de payer une somme d'argent consistent dans l'intérêt au taux convenu ou, à défaut de toute convention, au taux légal. Le créancier y a droit à compter de la demeure sans être tenu de prouver qu'il a subi un préjudice. Le créancier peut, cependant, stipuler qu'il aura droit à des dommages-intérêts additionnels, à condition de les justifier.»
413. Voir autorité sous la note 411.
414. *Lemay c. Cliche et Associés*, (1977) R.P. 279 (C.A.).
415. Contrairement au gage que l'article 1966 C.c.B.-C. définit comme un contrat.
416. V.g. art. 2681 et 2693 C.c.
417. *Forcier c. Lamarre*, (1944) B.R. 506.
418. Voir infra n° 499.
419. Voir art. 2991 C.c.
420. *Kaussen c. Sconti Investments Ltd.*, (1981) C.S. 191, p. 195.
421. *L. Dufresne & Fils Ltée c. Caisse de retraite de la Fédération nationale de l'industrie du vêtement*, (1990) R.J.Q. 1244 (C.A.).
422. Le deuxième alinéa de l'article 2949 C.c. se lit comme suit: «L'inscription de l'hypothèque sur les immeubles acquis postérieurement s'obtient par la présentation d'un avis désignant l'immeuble acquis, faisant référence à l'acte constitutif d'hypothèque et indiquant la somme déterminée pour laquelle cette hypothèque a été consentie.»
423. Supra n° 299 ss.
424. Art. 2683 C.c.; voir supra n° 433.
425. Art. 2707 C.c.
426. Contrairement à l'acte constitutif d'hypothèque immobilière qui lui doit l'être (art. 2985 C.c.).
427. Art. 2983 C.c.
428. C'est du moins ce qui se dégage des articles 2700 et 2980 C.c. commentés plus loin.

429. Art. 21, *Loi sur les connaissements, les reçus et les cessions de biens en stock* (L.R.Q., c. C-53).
430. Art. 318 C.c.: «La description du meuble hypothéqué doit être assez précise pour l'individualiser».
431. Ch. P-10, R.S.O., 1990.
432. Voir supra n° 290.
433. Voir commentaires sur les recours hypothécaires, infra n° 749 ss.
434. Voir supra n° 368 ss.
435. Voir supra n° 511.
436. Voir infra n° 724.
437. Art. 2663 C.c.
438. V.g. vente à tempérament: art. 1745 C.c.; vente avec faculté de rachat: art. 1750 C.c.
439. Voir: *Smith c. Savard*, (1962) C.S. 625.
440. Art. 899 C.c.
441. C'est ce qu'il ressort d'une comparaison des articles 1641 et 1647 C.c.
442. Art. 2981 C.c.
443. Voir infra n° 576.
444. L.R.Q. ch. C-53.
445. Art. 1, *Loi sur les connaissements, les reçus et les cessions de biens en stock*, L.R.Q. c. C-53.
446. Art. 2941 C.c.
447. *Grobstein c. A. Hollander and Son Ltd.*, (1963) B.R. 440, p. 443.
448. *Gagnon c. Banque Nationale*, (1920) 29 B.R. 166.
449. Art. 734 C.p.c., 1°.
450. *Grobstein c. A. Hollander and Son Ltd.*, (1963) B.R. 440.
451. Voir commentaires supra n° 518.
452. *Trust and Loan Company of Canada c. Würtele*, (1905) 35 R.C.S. 663, p. 673.
453. *Bruneau c. Dansereau*, (1928) 66 C.S. 91, p. 92.
454. *Finnie c. City of Montréal*, (1902) 32 R.C.S. 335.
455. Art. 910 C.c.
456. Art. 910 C.c.
457. Voir commentaires supra no 145.
458. *Elliot Krever & Ass. Ltd. c. Mtl. Casting Repairs Ltd.*, (1969) C.S. 6.
459. *Lachance-Gariépy c. Caron*, J.E. 84-1025, à la page 4 de l'opinion du juge Tyndale.
460. *Dionne c. Madawaska Company and Lacroix*, (1947) R.C.S. 498; *B.N.C. c. Brouillette*, (1962) C.S. 696.
461. Une procédure spéciale sera sans doute prévue à ce sujet dans les règlements sur la publicité.
462. *In re: Groupe P.C.M.M. Ltée*, C.S.M. (18-08-81), 500-11-002513-808, p. 15-16.
463. *Trust Général du Canada c. Compagnie du Trust National Ltée*, (1990) R.J.Q. 52 (C.A.).
464. L'article 2718 C.c., à la fin du premier alinéa, laisse entendre que le constituant pourrait ne pas être une entreprise; c'est une inadvertance:

l'article 2686 C.c. l'exige.
465. Voir commentaires, supra nº 116.
466. Ou le cas du débiteur introuvable: voir art. 1641 C.c.
467. Voir article 2709 C.c.
468. Voir article 1647 à 1650 C.c.
469. «Pour produire des effets la possession doit être paisible, continue, publique et non équivoque» (art. 922 C.c.).
470. *Westmount Plumbing & Roofing Ltd c. Lieber*, (1956) R.L. 428 (C. de Mag.).
471. *Place Québec Inc. c. A. Desmarais*, (1975) C.A. 910, p. 913.
472. *Compagnie de papier Q.N.S. Ltée c. Gobeil*, J.E. 92-1447 (C.A.).
473. Voir: Le Dain, Gérald E., *Security upon Moveable Property in the Province of Québec*, McGill L.J. (1955-56) nº 2, p. 77, à la page 94.
474. Livre Quatrième, Des Biens, art. 340 C.c.
475. Peut-être pourront-ils le faire en étendant la nécessité de signifier l'avis d'inscription au débiteur dont il est question au deuxième alinéa de l'article 2725 C.c., ou la nécessité de signifier le jugement dont il est question à l'article 2730 C.c., aussi bien au débiteur de la créance qui appartient au débiteur principal et qui est grevée de l'hypothèque légale, qu'au débiteur principal lui-même.
476. *Dorais c. Ministère et Sous-Ministre du Revenu du Québec*, J.E. 80-657.
477. *Adam c. Flanders*, (1879 3 L.N. 5; *Martel c. Dusablon*, (1929) 67 C.S. 48.
478. Voir supra nº 38.
479. Supra no 197.
480. *Loi sur la qualité de l'environnement*, L.R.Q. ch. Q-2, art. 113, tel que modifié par le projet de loi 38.
481. V.g.: *Loi sur les chemins de fer*, L.R.Q. ch. C-14, art. 184 et 466; *Loi sur les forêts*, L.R.Q. ch. F-41, art. 9; *Loi sur les loteries, les concours publicitaires et les appareils d'amusement*, L.R.Q. ch. L-6, art. 81; *Loi sur les mines*, L.R.Q. ch. U-13.1, art. 232.9; *Loi sur la protection du territoire agricole*, L.R.Q. ch. P-41.1, art. 84; *Loi sur la qualité de l'environnement*, L.R.Q. ch. Q-2, art. 113.
482. L.R.Q. ch. A-3.001, tel que modifié par l'article 426 du projet de loi 38. Voir aussi: *Loi sur les cités et villes*, L.R.Q. ch. C-19, art. 412.16 413 et 482; *Code municipal du Québec*, L.R.Q. ch. C-27.1, art. 510 et 559; *Loi sur la commission municipale*, L.R.Q. ch. C-35, art. 75; *Loi sur Hydro-Québec*, L.R.Q. ch. H-5, art. 31; *Loi sur l'instruction publique pour les autochtones, Cris, Inuits et Naskapis*, L.R.Q. ch. I-14, art. 226; *Loi concernant les droits sur les mutations immobilières*, L.R.Q. ch. D-15.1, art. 12.
483. Voir art. 907 C.c.
484. Voir art. 2949 C.c.
485. Art. 2950 C.c.
486. Voir, à titre d'exemple, les articles 2665, 2666, 2674, 2675, 2676, 2684, 2697, 2949 C.c.
487. Voir infra nº 724.

488. Voir infra nº 700.
489. Voir supra nº 525.
490. Art. 2013, 2013a), 2013b), 2013c), 2013d), 2013e), 2013f) et 2103 C.c.B.-C.
491. Art. 2726, 2727, 2728 et 2952 C.c.
492. Voir: *Canadian Mini-Warehouse Properties Ltd. c. Civelec Consultants Inc.*, J.E. 91-887 (C.Q.).
493. *Loebenberg c. National Trust Co.*, (1980) C.A. 197.
494. Le privilège leur est refusé en droit actuel: *B-7 Construction Inc. c. Atelier d'urbanisme Larouche et Robert Inc.*, (1972) C.S. 394.
495. Voir art. 2124 C.c. qui n'assimile le promoteur immobilier à un entrepreneur qu'aux seules fins du contrat d'entreprise; voir *Interstate Development Canada Inc. c. Construction Pro-Development Inc.*, (1989) R.D.I. 631.
496. L'ouvrier qui n'a pas contracté avec le propriétaire n'est pas tenu de dénoncer son contrat: art. 2728 C.c.
497. *Duskes c. Concreters Ready Mix Ltd.*, (1970) C.A. 922.
498. *Canadian Financial Co. c. Laurent Gagnon Inc.*, (1979) R.P. 241 (C.S.).
499. Voir: *Industrie Providair Inc. c. Kolomeir*, (1988) 1 R.C.S. 1132.
500. *Duval & Gilbert Inc. c. Réjean Lapierre Inc.*, (1974) C.A. 483, p. 485; *Roux c. Goyette*, (1982) C.P. 132, p. 138 et 139.
501. Art. 2728 et 2952 C.c.
502. Privilège refusé sous le Code civil du Bas-Canada: *L.T. Investments Inc. c. Schrier*, (1973) C.S. 784.
503. Privilège refusé sous le Code civil du Bas-Canada: *Jadro Holdings Canada Number 2 Ltd. c. Northern Flooring Ltd.*, (1983) C.S. 752.
504. Art. 2013d) et 2013f) C.c.B.-C.
505. *Développements York-Hannover Ltée c. Jean Attore Inc.*, J.E. 91-1390 (C.S.).
506. On pourrait ici invoquer par analogie l'article 2963 C.c.: «l'avis donné ou la connaissance acquise d'un droit non publié ne supplée jamais le défaut de publicité».
507. *V.G. Realties Ltd. c. Province Construction Inc.*, (1982) C.A. 213, p. 216.
508. *Mont-Royal Concrete Floor Ltd. c. Beauharnois Holding Ltd.*, (1975) C.S. 146.
509. Voir: *La Corporation de crédit Adanac c. Turcotte*, (1966) B.R. 768.
510. *Ouellette c. Rouillard*, (1955) C.S. 193.
511. *Duskes c. Concreters Ready Mix Ltd.*, (1970) C.A. 922.
512. *Banque Canadienne Nationale c. Lachance*, (1933) 54 B.R. 344, p. 349.
513. Voir supra no 657.
514. Voir par analogie: *Dechênes c. Vachon*, (1934) 56 B.R. 160.
515. L'article 1691 C.c. y fait expressément référence.
516. Voir supra nº 260.

517. *Caisse populaire de Scott c. Guillemette*, (1962) B.R. 293.
518. Voir infra nº 811.
519. Voir supra nº 105 et ss.
520. Voir infra nº 801 et ss.
521. Le deuxième alinéa de l'article 3069 C.c. prévoit un mécanisme de radiation dans le cas où une vente sous le contrôle de justice était prévue dans l'avis d'exercice mais il est inapplicable dans les autres cas puisqu'il exige la production d'un certificat du «greffier du tribunal ou de la personne désignée pour procéder à la vente».
522. Voir article 1071 C.c.
523. Voir supra no 692.
524. *Audrain c. Aero Photo Inc.*, (1982) C.A. 389.
525. *Larissa Development Corp. c. Anjou Gardens Ltd.*, (1971) C.A. 421.
526. *Coull c. John E. Pitt & Co. Inc.*, (1976) C.A. 374.
527. *Larissa Development Corp. c. Anjou Gardens Ltd.*, (1971) C.A. 421.
528. Voir: *Imperial Oil Ltd. c. Cité de Laval*, (1975) C.A. 602.
529. *Lehar Investment Corp. c. Bigué*, (1968) B.R. 489, p. 495; bien qu'une certaine jurisprudence d'équité ait permis récemment la substitution en cas de privilège ouvrier: *Commission des écoles catholiques de Verdun c. Construction D. Leblanc Inc.*, J.E. 90-363 (C.A.).
530. L'article 2726 C.c. énonce que l'hypothèque légale du domaine de la construction ne peut grever que l'immeuble construit ou rénové. Est-ce à dire que toute substitution est ici exclue? Nous ne le croyons pas: l'article 2731 C.c. n'exclut que l'hypothèque légale de l'État ou celle d'une personne morale de droit public.
531. Art. 806 C.p.c.
532. *Larissa Development Corp. c. Anjou Gardens Ltd.*, (1971) C.A. 421.
533. Voir, par analogie, l'article 1324 C.c.
534. *Laliberté c. Coolidge*, J.E. 81-545 (C.A.).
535. *Riordon Co. c. Danforth*, (1923) R.C.S. 319.
536. L.R.C., 1985 ch. B-3.
537. *Royal Bank of Canada c. Larue*, (1928) A.C. 187; *Guèvremont c. Radmore*, (1974) C.A. 194.
538. Voir supra nº 72 à 80.
539. Il est vrai que d'après certaines décisions, cette démonstration de l'intention de frauder peut se faire par des présomptions découlant des faits et circonstances: *Laberge c. Gaudreault*, (1925) 63 C.S. 190.
540. Voir: *Morin c. Sauvé*, (1938) 44 R. de J. 40.
541. Voir: *Loranger c. Aubry*, (1918) 27 B.R. 519.
542. Voir: *Kensington Land Co. c. Canada Industrial Co.*, (1903) A.C. 213.
543. Voir: *In re Carrière*, (1959) B.R. 498.
544. Art. 1979a) et 1979e) C.c.B.-C.
545. Ce n'est qu'avec ce consentement qu'il se forme un lien personnel avec ce tiers et que celui-ci devient un débiteur du créancier, a-t-on jugé: *Chenier c. Rosentzweig*, (1917) 52 C.S. 463, p. 466; l'article 1514 C.c.,

comme l'article 1032 C.c.B.-C., vise le geste posé par celui qui est le débiteur personnel du créancier.
546. Art. 2918 et 2919 C.c.
547. Voir supra n° 74 et 75.
548. Voir supra n° 731 et 732.
549. Voir supra n° 523.
550. *Gravel Photograveur Inc. c. Zicat*, (1976) C.S. 1143, p. 1145; *New York Life Insurance Company c. New Style Woodwork Inc.*, (1980) R.P. 218 (C.A.).
551 J. Anctil Inc. c. Charest, (1988) R.D.I. 75 (C.S.); *National Trust c. Gilles Bureau Inc.*, (1979) C.S. 241.
552. *Dorion c. Lagarde*, (1987) R.D.I. 50 (C.A.).
553. Art. 2783 C.c.
554. À moins de le contraindre à vendre le bien, comme le lui permet l'article 2779 C.c.; voir infra n° 801.
555. La Cour d'appel avait déjà déclaré cette doctrine inapplicable sous le Code civil du Bas-Canada: *Central Factors Corp. Ltd. c. Imasa Ltd.*, J.E. 79-318 (C.A.).
556. Voir supra n° 275.
557. Art. 2744 et 2745 C.c.
558. Règles de la Bourse de Montréal; règle 7, section 7460.
559. *Désert c. Lévesque Beaubien Inc.*, J.E. 87-1014 (C.S.).
560. Infra n° 798.
561. *Dubois c. St-Jean*, (1941) 71 B.R. 343.
562. Ce que n'exige pas l'article 1040a) C.c.B.-C. en matière de dation en paiement.
563. *Ferguson c. City of Montréal*, 37 K.B. 399; *Hinton c. Savaria*, 41 B.R. 110.
564. Art. 2794 C.c.; art. 696 C.p.c.
565. *Houle c. Banque Nationale du Canada*, (1990) 3 R.C.S. 122.
566. L.R.C., 1985 ch. B-3, art. 244(i).
567. Voir infra n° 823.
568. Voir: *Corporation municipale de la ville de Coaticook c. Dionne*, (1977) C.S. 1082, p. 1083.
569. *Forte c. Coast to Coast Paving Ltd.*, (1972) C.S. 718; *Chambly Realties c. Dame Lapointe*, (1970) C.S. 361; *Re Nadeau; Canada Permanent Trust Co. c. Miller*, (1972) 15 C.B.R. 171 (C.S.).
570. L'article 2771 C.c., examiné plus loin, permet cependant au détenteur d'exercer ce droit si le détenteur a acquis la propriété du bien hypothéqué en paiement d'une créance antérieure.
571. Voir, à titre d'exemple, l'article 2785 C.c.
572. Art. 2348 C.c.; les frais de discussion comprennent ce qui est requis pour discuter les meubles comme les immeubles; voir: Mignault, P.B., *Le droit civil canadien*, tome 8e, Wilson & Lafleur, 1909, à la page 353.
573. «... ils doivent, au préalable, avoir inscrit un avis à cet effet, remboursé les frais engagés par le créancier et avancé les sommes nécessaires à la vente du bien»: art. 2779 C.c.

574. Cet article ne s'applique guère que lorsqu'il y a une raison sérieuse de croire que la partie adverse cherche à se soustraire à une exécution éventuelle.
575. Qui permet à un juge d'ordonner la vente sans délai des biens séquestrés, s'ils sont périssables ou susceptibles de dépérir rapidement. Voir aussi l'article 575 C.p.c.
576. Voir infra n° 841.
577. Ceci devrait inviter ceux qui réunissent plusieurs droits entre leurs mains et en éteignent ainsi par réunion de qualités à ne pas radier les droits éteints.
578. La gestion de tels immeubles constitue selon nous l'«exploitation d'une entreprise» au sens de l'article 1525 C.c., qui couvre l'exercice d'une activité économique organisée consistant, entre autres, dans l'«administration» de biens.
579. Trois mois dans le cas de meubles et six mois dans le cas d'immeubles: art. 429 et 430, projet de l'office de révision du Code civil.
580. L'article 1299 C.c. énonce en effet que: «Toute personne qui est chargée d'administrer un bien ou un patrimoine qui n'est pas le sien assume la charge d'administrateur du bien d'autrui. Les règles du présent titre s'appliquent à une administration, à moins qu'il ne résulte de la loi, de l'acte constitutif ou des circonstances qu'un autre régime d'administration ne soit applicable.»
581. V.g. art. 1308, 1314, 1320, 1345, 1348 et 1356 C.c.
582. Art. 1355 C.c. et ss.
583. Voir supra n° 780.
584. Voir, par analogie: *General Motors Acceptance Corporation du Canada Ltée c. Tsatas*, (1987) R.J.Q. 863 (C.A.).
585. Voir supra n° 801.
586. Et que le code appelle «acheteur»: voir art. 1708 C.c.
587. Les tiers auront cependant été avisés de la vente en perspective par l'inscription de l'avis exigeant la vente.
588. Sous lequel on a déjà jugé que pareille subrogation était possible: *Caisse populaire de Charlesbourg c. Jardin du Moulin Inc.*, (1982) C.S. 271.
589. Cf. supra n° 149.
590. Voir supra n° 679 et ss.
591. *Trust Général du Canada c. Marois*, (1986) R.J.Q. 1029, p. 1052.
592. L'article 910 du Code de procédure civile réfère à l'état de collocation préparé au désir des articles 614, 714 et 715; cette préparation se fait après production des réclamations de ces créanciers hypothécaires et privilégiés (voir art. 604 C.p.c.).

Tables des matières

La réforme des sûretés sous le Code civil du Québec

*Pierre Ciotola**

1. L'Assemblée nationale du Québec sanctionnait le 18 décembre 1991 le nouveau Code civil du Québec[1]. Ce Code civil du Québec propose un droit des sûretés repensé, révisé et non simplement reformulé[2]. Divers travaux ont mené à la réforme du droit des sûretés personnelles et réelles. La réforme des sûretés personnelles, notamment le cautionnement, fait suite aux travaux accomplis par l'Office de révision du Code civil du Québec présentés dans le cadre du rapport de cet organisme en 1977[3], aux commentaires formulés à la suite du dépôt en décembre 1987 de l'*Avant-projet de loi portant réforme au Code civil du Québec du droit des obligations* et aux travaux parlementaires à l'occasion de la présentation en décembre 1990 du projet de Code civil du Québec. La réforme des sûretés réelles fait suite aux travaux accomplis par l'Office de révision du Code civil du Québec présentés dans le cadre du rapport de cet organisme en 1977[4], aux commentaires formulés à la suite du dépôt en décembre 1986 de l'*Avant-projet de loi portant réforme au Code civil du Québec du droit des sûretés réelles et de la publicité des droits*[5] et aux travaux parlementaires à l'occasion de la présentation en décembre 1990 du projet de Code civil du Québec[6].

2. Cette réforme des sûretés s'est poursuivie dans un contexte de transformations profondes du droit traditionnel des sûretés. D'une part, les travaux de réforme remettent en question les principes traditionnellement reçus en ce domaine. Ces travaux se sont orientés dès le début vers l'uniformisation des sûretés proposant un régime uniformisé de l'hypothèque et des recours

* Notaire, professeur à la faculté de Droit de l'Université de Montréal.

hypothécaires tant à l'égard des meubles que des immeubles. Dans la même veine, l'efficacité de ce régime unifié soulève la possibilité de reconnaître une présomption impérative d'hypothèque et celle de supprimer les privilèges édictés au Code civil du Bas-Canada. D'autre part, certaines modifications législatives survenues ces récentes années ont facilité la constitution de sûretés mobilières. Les modalités du nantissement agricole ont été assouplies. Les garanties fiduciaires peuvent être consenties par une société en commandite. La cession de biens en stock permet la garantie sur les inventaires pour toute personne physique ou morale qui exploite une entreprise de biens ou de services. La doctrine et la jurisprudence ont également analysé en diverses occasions la nature juridique de certaines techniques de crédit: celles-ci sont assimilées tantôt à une cession de biens en garantie, tantôt à l'attribution d'un droit de propriété, tantôt à l'émergence d'un droit réel accessoire ou *sui generis*.

Nous verrons dans une première partie de cet exposé les orientations majeures de la réforme des sûretés tout particulièrement des sûretés réelles mises en parallèle avec son évolution actuelle et dans une seconde partie les nouvelles dispositions de ce droit.

Titre 1. Les orientations majeures de la réforme des sûretés

3. La diversité des sûretés et la complexité des dispositions législatives caractérisent l'ancien droit; le nouveau Code civil, à la suite des divers projets de réforme, veut remédier à cette diversité et à cette complexité par la voie de la simplification et de l'unification du régime des sûretés réelles. Ces travaux de réforme proposent donc de moderniser les règles du cautionnement: ils maintiennent les bénéfices de discussion et de division ainsi que l'exception de subrogation et ils énoncent de nouveaux motifs d'extinction de ce contrat. Ces travaux de réforme proposent dans le domaine des sûretés réelles (1) l'uniformisation des sûretés réelles sous un seul vocable, l'hypothèque, (2) certaines contraintes à la liberté contractuelle ou le refus d'une présomption générale d'hypothèque, (3) la reconnaissance de l'hypothèque mobilière, (4) la disparition des privilèges et leur remplacement par les priorités et les hypothèques légales, (5) certains changements majeurs aux pratiques actuelles dans le domaine de l'hypothèque immobilière. En conclusion, nous verrons que ce nouveau droit des sûretés doit s'adapter à l'économie générale du Code civil du Québec: il doit tenir compte du nouvel ordre économique de protection comme de la nouvelle approche contractuelle davantage axée sur la bonne foi des contractants.

Chapitre 1. La réforme du cautionnement

4. Le nouveau Code civil du Québec consacre au cautionnement le chapitre treizième du titre deuxième (des contrats nommés) du livre cinquième (des obligations). Ce chapitre est divisé en trois sections: la première intitulée «de la nature, de l'objet et de l'étendue du cautionnement», la seconde «des effets du cautionnement» et la troisième «de la fin du cautionnement». L'exposé des nouvelles règles adopte cette présentation.

Section 1. De la nature, de l'objet et de l'étendue du cautionnement

5. Aux termes de l'article 2333 C.c.Q., le cautionnement est «le contrat par lequel une personne, la caution, s'oblige envers le créancier, gratuitement ou contre rémunération, à exécuter l'obligation du débiteur si celui-ci n'y satisfait pas». Le cautionnement y est présenté à juste titre comme un contrat et non comme un «acte», terme utilisé à l'article 1929 C.c.B.C. et fortement critiqué par la doctrine[7]. Le cautionnement peut être conventionnel, légal ou judiciaire[8]. Aux termes de l'article 2335 C.c.Q., «le cautionnement ne se présume pas; il doit être exprès». Ainsi, le cautionnement, tant sous le nouveau Code que sous le droit actuel, ne peut être tacite; il ne peut être déduit des circonstances. La solvabilité de la caution ne s'apprécie plus en fonction uniquement des immeubles que celle-ci détient: la caution doit maintenir au Québec des biens suffisants pour répondre de l'exécution de l'obligation principale[9]. Elle a donc un devoir, «pendant toute la durée de son engagement, de maintenir des biens suffisants au Québec et son domicile au Canada[10]». Aux termes de l'article 2338 C.c.Q., la possibilité de substituer une autre sûreté au cautionnement est limitée seulement aux cas de caution légale ou judiciaire.

6. Le cautionnement suppose une obligation principale valable[11]. Peuvent donc être cautionnées toutes espèces d'obligations, simples ou conditionnelles. Peuvent être cautionnées les dettes futures comme les dettes présentes. Peut également être cautionnée, aux termes de l'article 2340 C.c.Q., l'obligation naturelle. Cette règle est tout à fait conforme au droit actuel et aux propositions de l'Office de révision du Code civil; elle s'éloigne de l'avant-projet qui souhaitait ne point faire de référence à l'obligation naturelle[12]. Peut également être cautionnée une obligation «dont le débiteur principal peut se faire décharger en invoquant son incapacité, à la condition d'en avoir connaissance[13]». Le Code civil du Bas-Canada mentionnait à titre d'exemple la minorité[14]. Le Code civil du Québec ajoute comme condition de validité que la caution ait connaissance de l'incapacité du débiteur principal. La caution qui s'engage en connaissant l'incapacité du débiteur principal s'oblige personnellement. Cette nuance correspond à l'enseignement de la doctrine, française et belge; la caution se porte-fort de l'exécution de l'obligation principale[15]. Si la caution connaît les motifs de l'incapacité du débiteur, elle est liée; si elle en ignore l'incapacité, elle est libérée[16].

7. Le cautionnement ne peut être étendu au-delà des limites dans lesquelles il est contracté[17]. Le cautionnement d'une obligation principale s'étend à tous les accessoires de la dette[18]. Le cautionnement ne peut excéder l'obligation principale ni être contracté à des conditions plus onéreuses[19]; il peut néanmoins être contracté à des conditions moins onéreuses[20].

Section 2. Des effets du cautionnement

8. Le cautionnement conserve évidemment son caractère subsidiaire; ainsi, «[l]a caution n'est tenue de satisfaire à l'obligation du débiteur qu'à défaut par celui-ci de l'exécuter[21]».

9. Le Code civil du Québec conserve la possibilité pour la caution de soulever les bénéfices de discussion[22] et de division[23]. Certes, la caution peut renoncer d'avance à ces bénéfices. De plus, la stipulation de solidarité entraîne la perte de ces bénéfices[24]. Aux termes de l'article 2352 C.c.Q., «[l]orsque la caution s'oblige, avec le débiteur principal, en prenant la qualification de caution solidaire ou de codébiteur solidaire, elle ne peut plus invoquer les bénéfices de discussion et de division; les effets de son engagement se règlent par les principes établis pour les dettes solidaires, dans la mesure où ils sont compatibles avec la nature du cautionnement».

10. En revanche, la caution bénéficie de l'exception de subrogation; la caution, même engagée solidairement, peut l'invoquer[25]. Ainsi, aux termes de l'article 2365 C.c.Q., la caution peut être déchargée lorsque la subrogation aux droits du créancier ne peut plus, par son fait, s'opérer utilement en faveur de la caution; la caution est libérée dans la mesure du préjudice subi. D'ailleurs, l'exception de subrogation constitue un «moyen de défense péremptoire ouvert à la caution»[26]. Enfin, la caution bénéficie d'un droit à l'information sur le contenu et les modalités de l'obligation principale et sur l'état de son exécution[27]. Cette disposition s'inspire sans doute de l'obligation imposée au créancier d'agir de bonne foi et loyalement, dans le cadre d'un cautionnement, obligation circonscrite sous le Code civil du Bas-Canada dans l'arrêt *Banque Nationale du Canada* c. *Soucisse*[28]. Ces droits à l'information et au bénéfice de subrogation sont destinés à protéger la caution contre toute manœuvre déloyale du créancier; aussi, la caution ne peut renoncer d'avance à ces mesures de protection[29]. Dans la même veine, devient sans effet à l'entrée en vigueur du Code civil du Québec toute renonciation à ces mesures de protection, droit à l'information ou bénéfice de subrogation, qui avait été stipulée validement sous l'empire du Code civil du Bas-Canada[30].

Section 3. L'extinction du cautionnement

11. Le Code propose des motifs d'extinction propres au cautionnement. Ainsi, le décès de la caution met fin au cautionnement, nonobstant toute stipulation contraire[31]. La doctrine française distingue entre l'obligation de règlement et l'obligation de couverture. L'obligation de règlement concerne les dettes existantes au moment du décès de la caution: ses héritiers y sont tenus. L'obligation de couverture concerne les dettes nées postérieurement au décès de la caution. Le décès de la caution met fin à cette obligation de couverture: ses héritiers n'encourent aucune responsabilité[32]. L'article 2364 C.c.Q. est en ce sens. Les héritiers de la caution sont tenus strictement aux seules dettes existantes au moment du décès de la caution: ils profitent de toute remise subséquente faite à la dette alors existante mais ils n'encourent aucune responsabilité pour toutes avances subséquentes faites par le créancier au débiteur principal. L'obligation des héritiers de la caution ne peut que diminuer et non augmenter. Précisons que les héritiers de la caution, décédée avant l'entrée en vigueur du Code civil du Québec, peuvent invoquer ce nouveau motif d'extinction; ils voient leurs obligations limitées aux seules dettes existantes lors de cette entrée en vigueur[33]. De plus, la caution a la possibilité de révoquer unilatéralement tout cautionnement continu sans terme extinctif: la caution qui s'est engagée «en vue de couvrir des dettes futures ou indéterminées, ou encore pour une période indéterminée» peut révoquer unilatéralement son engagement après trois ans. Elle en informe alors le débiteur, le créancier et les autres cautions[34]. Autre motif d'extinction aux termes de l'article 2363 C.c.Q.: le cautionnement attaché à l'exercice de fonctions particulières prend fin lorsque cessent ces fonctions[35]; il se limite aux dettes existantes lors de la cessation des fonctions particulières. Si la caution avait déjà cessé ses fonctions avant l'entrée en vigueur du Code civil du Québec, elle peut soulever ce motif d'extinction tout en étant tenu aux seules dettes existantes lors de cette entrée en vigueur[36]. Enfin, le Code civil du Québec reprend deux motifs d'extinction reconnus sous le droit actuel, soit l'exception de subrogation qui entraîne la libération de la caution s'il y a impossibilité due au créancier de la subroger dans ses droits, en partie ou en totalité,[37] et l'extinction de la dette par la voie d'une dation en paiement d'un bien, «encore que le créancier vienne à être évincé[38]».

Chapitre 2. La réforme des sûretés réelles

Section 1. Un seul régime hypothécaire, mobilier ou im mobilier

12. Aux termes de l'article 2660 C.c.Q, «[l]'hypothèque est un droit réel sur un bien, meuble ou immeuble, affecté à l'exécution d'une obligation; elle confère au créancier le droit de suivre le bien en quelques mains qu'il soit, de le prendre en possession ou en paiement, de le vendre ou de le faire vendre et d'être alors préféré sur le produit de cette vente suivant le rang fixé dans le présent code.» Cette disposition énonce d'abord la reconnaissance d'un régime unique de sûretés dans un cadre hypothécaire puis la consolidation des recours hypothécaires.

13. Les divers projets de réforme du droit des sûretés se sont alignés vers la reconnaissance d'un régime uniformisé de l'hypothèque. Le Rapport de l'Office de révision du Code civil range au rang des modifications fondamentales le regroupement de l'ensemble des sûretés réelles sous un seul régime hypothécaire; il préconise une intégration de toutes les sûretés et des diverses techniques contractuelles utilisées aux mêmes fins[39].

14. Cette orientation majeure du régime uniformisé de l'hypothèque a subsisté au fil des divers projets de réforme. Cette simplification implique la disparition des anciennes formes de sûretés et le remplacement par un concept unique d'hypothèque, légale ou conventionnelle, mobilière ou immobilière.

15. Cette uniformisation entraîne la consolidation des recours des créanciers hypothécaires[40]. En effet, les créanciers hypothécaires ne peuvent exercer que les recours prévus expressément par la loi. L'article 2748 C.c.Q. énonce ce qui suit:

> Outre leur action personnelle et les mesures provisionnelles prévues au Code de procédure civile, les créanciers ne peuvent, pour faire valoir et réaliser leur sûreté, exercer que les droits hypothécaires prévus au présent chapitre.
>
> Ils peuvent ainsi, lorsque leur débiteur est en défaut et que leur créance est liquide et exigible, exercer les droits hypothécaires suivants: ils peuvent prendre posssession du bien grevé pour l'administrer, le prendre en paiement de leur créance, le faire vendre sous contrôle de justice ou le vendre eux-mêmes.

Ces recours sont plus particulièrement (1) la prise en possession du bien pour l'administrer, (2) la prise en paiement, (3) la vente sous contrôle de la justice et (4) la vente sans intervention judiciaire. Cette consolidation est accentuée par l'attribution d'une hiérarchie entre les divers créanciers hypothécaires dans l'exercice de ces recours. Aux termes de l'article 2750 C.c.Q., l'antériorité de rang accorde une priorité d'exercice pour ces divers recours.

Section 2. Certaines contraintes à la liberté contractuelle ou le refus d'une présomption générale d'hypothèque

16. Le Code civil du Québec ne contient pas de présomption générale d'hypothèque mais préfère s'en rapporter à des restrictions ponctuelles. Les divers projets de réforme se sont tous penchés sur l'opportunité de réglementer les diverses techniques, qui, sous le couvert du transfert de propriété, visent à façonner des modalités de garanties[41].

17. La liberté contractuelle a permis diverses techniques comme la vente conditionnelle, la vente à réméré ou la vente avec clause résolutoire. Ces techniques, sous le couvert de conventions variées de transfert de propriété, étaient destinées à assurer des garanties[42]. Elle a permis l'utilisation des transports de créances comme modalité de financement. Elle a donné naissance à nombre de clauses destinées à mieux affirmer les droits des créanciers sur les biens affectés, que ce soit la clause de dation en paiement dans les conventions de prêt hypothécaire ou dans les nantissements avec dépossession, les clauses de déchéance de terme dans les diverses conventions de sûretés réelles et les clauses de cession de loyers et d'indemnités d'assurance dans les conventions de prêt hypothécaire.

18. La réforme devait mettre un terme aux mécanismes destinés à contourner les déficiences du Code civil du Bas-Canada et aux divergences doctrinales et jurisprudentielles sur la nature juridique des diverses sûretés et des arrangements destinés à les supplanter. Le Rapport de l'Office de révision du Code civil suggérait l'énoncé d'une présomption générale d'hypothèque exprimé en ces termes:

> Nul ne peut prétendre à un droit sur un bien pour assurer le paiement d'une obligation, si ce n'est par hypothèque.
>
> Toute stipulation à l'effet de conserver ou de conférer un droit sur un bien pour assurer le paiement d'une obligation est une stipulation d'hypothèque.

> Elle ne peut conserver ou conférer qu'une hypothèque en faveur du créancier, sous réserve des formalités requises pour la constitution et la publication de l'hypothèque[43].

L'Office soutenait d'ailleurs qu'«il n'est pas logique de tolérer des dérogations contractuelles dont l'effet serait de mettre en péril les droits que la loi entend protéger. [...] Les articles 281 à 285 établissent cette présomption qui s'impose dans un régime juridique où l'on veut avant tout assurer une protection certaine aux débiteurs tout en permettant aux créanciers de connaître exactement quels sont leurs droits[44]».

19. Cette présomption d'hypothèque bien que souhaitée par certains organismes[45] est délaissée dans les projets subséquents de réforme. Ces projets préfèrent reconnaître aux contractants une plus grande liberté contractuelle que ne l'admet la présomption d'hypothèque[46] mais prohibent l'utilisation de certains contrats comme techniques de sûretés en vue d'échapper aux règles de formation ou de réalisation des sûretés[47]. Aussi, certains contrats ne pourront échapper aux règles de réalisation des sûretés s'ils sont consentis pour l'exécution d'une obligation. Certains contrats, comme la fiducie à titre onéreux consentie pour l'exécution d'une obligation[48], la vente avec faculté de rachat consentie pour garantir un prêt[49] et la vente à tempérament comportant une réserve de propriété publiée[50], sont soumis aux modalités des recours hypothécaires au cas de défaut du débiteur de l'obligation. De plus, la clause de dation en paiement, auparavant stipulée systématiquement dans les prêts hypothécaires ou dans les nantissements avec dépossession, est prohibée[51]; il en est de même pour toute clause de dation en paiement stipulée dans le cadre de l'hypothèque mobilière de créances, avec ou sans dépossession[52]. Bien plus, les modalités d'exercice de la clause résolutoire lors de la vente d'un immeuble sont identiques à celles de la prise en paiement pour les hypothèques. Aux termes de l'article 1743 C.c.Q., «les règles relatives à la prise en paiement énoncées au livre Des priorités et des hypothèques, ainsi que les mesures préalables à l'exercice de ce droit s'appliquent à la résolution de la vente, compte tenu des adaptations nécessaires». Les modalités de la prise en paiement du bien grevé sont expressément réglementées dans le cadre des recours consentis au créancier hypothécaire[53].

Section 3. La reconnaissance de l'hypothèque mobilière

20. Le Code civil du Québec reconnaît l'hypothèque mobilière avec ou sans dépossession; certaines restrictions en limitent le champ d'application.

21. Cette reconnaissance de l'hypothèque mobilière s'inscrit également dans la voie retenue par les différents projets de réforme, notamment le Rapport de l'Office de révision[54]. Nombre des principes généraux qui devaient orienter la réforme des sûretés réelles avaient comme objectif ultime la reconnaissance de l'hypothèque mobilière. Ainsi, l'Office de révision soutenait la nécessité d'une réforme du droit des sûretés mobilières «comme suite naturelle des modifications se rapportant aux nantissements agricole, forestier et commercial[55]». L'Office de révision considérait fondamentaux les objectifs suivants:

> [...] le besoin d'étendre le champ d'application des sûretés réelles mobilières, tant dans le domaine commercial que dans celui de la consommation, devait s'accompagner de mesures qui tiendraient compte de la situation des économiquement faibles et réduiraient les abus tout en assurant une certaine protection aux créanciers chirographaires;
>
> [...] la nécessité de réformer le système d'enregistrement des droits réels, particulièrement pour l'adapter au projet d'hypothèque mobilière;
>
> [...] le fait que la réforme du droit des sûretés réelles mobilières devait tenir compte de l'Article 9 du *Uniform Commercial Code* des États américains et aussi du *Uniform Personal Property Security Act* des provinces canadiennes, pour que le nouveau régime des sûretés réelles mobilières puisse s'harmoniser avec le système nord-américain et la pratique commerciale;
>
> [...] le désir de conserver le droit des sûretés réelles aussi près que possible des institutions et des principes du droit civil et de rédiger le Projet en des termes qui reflètent l'esprit de ce système, quelles que soient les innovations à apporter et malgré les diverses sources d'inspiration étrangère[56].

Ces objectifs ont été maintenus au fil des divers projets de réforme.

22. La reconnaissance de l'hypothèque mobilière entraîne l'abrogation de l'article 2022 C.c.B.C. voulant que «[l]es meubles n'ont pas de suite par hypothèque». Cette reconnaissance découle également des diverses dispositions du Code. Aux termes de l'article 2660 C.c.Q., [l]'hypothèque «est un droit réel sur un bien, meuble ou immeuble». Aux termes de l'article 2665 C.c.Q., «l'hypothèque est mobilière ou immobilière, selon qu'elle grève un meuble ou un immeuble, ou une universalité soit mobilière, soit immobilière». L'hypothèque mobilière a lieu avec dépossession ou sans dépossession du meuble hypothéqué. Le gage peut toujours désigner une hypothèque mobilière avec dépossession. Dans diverses dispositions, on réfère expressément à l'hypothèque mobilière, comme aux «meubles grevés d'hypothèque qui sont à demeure» à l'article 2672 C.c.Q., à l'hypothèque «sur le meuble nouveau qui résulte de la transformation d'un bien grevé d'hypothèque» à l'article 2673 C.c.Q., à l'hypothèque «sur une universalité de biens, meubles ou immeubles, présents ou à venir, corporels ou incorporels» que peut consentir l'exploitant d'une entreprise à l'article 2684 C.c.Q., à l'hypothèque sur un meuble représenté par un connaissement à l'article 2685 C.c.Q. D'autres dispositions sont spécialement consacrées à l'hypothèque mobilière avec dépossession[57] ou à l'hypothèque mobilière des créances, avec ou sans dépossession[58]. Certaines dispositions concernent essentiellement les modalités de réalisation des biens meubles hypothéqués, notamment le délai alloué à la suite du préavis d'exercice d'un droit hypothécaire[59] ou la dispense de ce même préavis d'exercice consentie au courtier en valeurs mobilières relativement aux valeurs données en garantie[60].

23. L'hypothèque mobilière est soumise à certaines conditions. On a fait valoir que la reconnaissance de l'hypothèque mobilière pourrait provoquer des risques d'endettement pour le consommateur[61] ou même une propension des créanciers à exiger sans discernement une kyrielle de garanties hypothécaires, mobilières et immobilières[62].

24. Seule une personne morale ou une personne physique qui exploite une entreprise pourra recourir à l'hypothèque mobilière sans dépossession, en l'absence de dispositions qui le permettent pour toute autre personne, comme le précise l'article 2683 C.c.Q.:

À moins qu'elle n'exploite une entreprise et que l'hypothèque ne grève les biens de l'entreprise, une personne physique ne peut consentir une hypothèque mobilière sans dépossession que dans les conditions et suivant les formes autorisées par la loi.

25. Soulignons que divers textes du Code civil du Québec énoncent des règles applicables seulement aux personnes qui exploitent une entreprise. Dans les divers projets de réforme comme dans la législation relative à la cession de biens en stock, le législateur québécois délaisse la notion de commercialité pour s'en rapporter à celle de l'entreprise. Ainsi, la notion d'entreprise pourrait englober, contrairement à la notion de commerçant, l'artisan, le professionnel et l'agriculteur ou toute personne qui exerce une *activité économique organisée*[63]. En outre, la traditionnelle distinction entre acte civil et acte de commerce fait place à celle d'opération civile ordinaire et de la conduite des affaires d'une entreprise[64]. Ce concept de l'«exploitation d'une entreprise» est définie à l'article 1525 C.c.Q. en ces termes:

> Constitue l'exploitation d'une entreprise l'exercice, par une ou plusieurs personnes, d'une activité économique organisée, qu'elle soit ou non à caractère commercial, consistant dans la production ou la réalisation de biens, leur administration ou leur aliénation, ou dans la prestation de services.

L'entreprise est une «organisation en vue de l'exercice d'une activité économique»[65]; elle fait appel à la participation de personnes ou à l'affectation de biens dans la réalisation de cette activité. Sont considérés des actes passés dans le cours des activités de l'entreprise tout acte soit «conforme à l'objet même de cette entreprise» soit «posé en vue de réaliser cet objet»[66]. Le fait d'emprunter ou de consentir des sûretés sont des actes destinés à faciliter la réalisation de l'objet de l'entreprise; ce sont des actes passés dans le cours des activités de l'entreprise.

26. Ce concept est fréquemment utilisé dans les dispositions relatives aux sûretés réelles. La personne qui exploite une entreprise peut consentir une hypothèque mobilière sans dépossession[67], une hypothèque sur une universalité de biens[68], une hypothèque sur l'outillage, le stock ou les animaux[69], une hypothèque sur un meuble représenté par un connaissement[70], une hypothèque ouverte sur les biens de l'entreprise[71].

27. La reconnaissance de l'hypothèque sur les meubles modifie substantiellement les règles applicables aux sûretés mobilières usuelles. Sous le Code civil du Bas-Canada dans le domaine des garanties mobilières, le régime de la dépossession du débiteur demeurait toujours la règle fondamentale. En vue de remédier à la nécessité de la dépossession du débiteur, le Code civil du Bas-Canada reconnaissait exceptionnellement certaines sûretés sans dépossession. Aussi, le législateur a introduit à divers intervalles les nantissements commercial[72], agricole[73] et forestier[74], la cession de biens en stock[75], et depuis fort longtemps, dans le cadre de dispositions statutaires dérogatoires au Code civil, les garanties fiduciaires aux termes de la *Loi sur les pouvoirs spéciaux des corporations*. Ces sûretés obéissaient à des régimes fort différents. Ces sûretés n'étaient attribuées qu'au profit de constituants nettement identifiés. Le nantissement commercial ne profitait qu'au commerçant[76]. Le nantissement agricole ne bénéficiait qu'à l'agriculteur[77]. La cession de biens en stock était disponible pour toute personne, physique ou morale, qui exploitait une entreprise de biens ou de services[78]. Les garanties fiduciaires n'étaient accessibles que pour les sociétés en commandite et les personnes morales. Ces sûretés ne pouvaient être constituées que pour garantir certains types d'obligations. Si un solde de prix de vente ne pouvait être assorti d'un nantissement commercial ou d'une cession de biens en stock, en revanche, le nantissement agricole pouvait garantir un solde de prix de vente au profit d'un producteur agricole[79]. Ces diverses sûretés pouvaient garantir une ouverture de crédit. De plus, la jurisprudence récente dans le domaine de la cession de biens en stock avait admis que des avances en marchandises pouvaient constituer une ouverture de crédit sans nécessité de novation[80].

28. Sous le Code civil du Bas-Canada, les sûretés mobilières ne pouvaient affecter que des biens clairement précisés dans les dispositions législatives. En principe, seuls les biens présents étaient susceptibles d'être affectés; ce principe fondamental du nantissement avec dépossession était repris au niveau du nantissement commercial mais était nettement délaissé dans les autres types de nantissements sans dépossession. Le nantissement agricole permettait de grever les produits éventuels de l'exploitation agricole ou le croît des animaux[81]. Les garanties fiduciaires permettaient d'affecter tous les biens futurs, créances, meubles ou immeubles[82]. La cession de biens en stock pouvait porter sur les stocks autant futurs que présents.

29. Les biens grevés variaient d'une sûreté à l'autre. Tous les biens, meubles et immeubles, présents et futurs, pouvaient être affectés dans le cadre d'une garantie fiduciaire. En revanche, seul l'outillage présent pouvait être nanti dans le cadre du nantissement commercial. Le nantissement agricole et forestier pouvait grever l'outillage présent, mais aussi les produits, actuels et futurs de l'exploitation et les animaux, présents et futurs. La cession de biens en stock pouvait affecter «tout bien meuble en réserve y compris une matière première, un bien en cours de transformation, un produit fini, un animal, une denrée, un bien servant à l'emballage, ainsi qu'un hydrocarbure ou une substance minérale même lorsqu'ils ne sont pas encore détachés du sol[83]».

30. Sous le Code civil du Québec, l'hypothèque mobilière est avec ou sans dépossession. Certaines restrictions concernent le constituant. La personne physique qui n'exploite pas une entreprise ne peut consentir une hypothèque mobilière sans dépossession, ni une hypothèque sur une universalité de biens, ni une hypothèque sur un meuble représenté par un connaissement. L'hypothèque mobilière pourra affecter tout bien meuble. Elle peut grever une somme d'argent, des fruits ou des produits du sol[84], un bien représenté par un connaissement[85], des créances[86], de l'équipement, de l'outillage, des animaux, des comptes clients, des brevets et marques de commerce[87], des actions du capital-actions d'une personne morale[88], des navires[89], etc. L'hypothèque mobilière peut garantir toute espèce d'obligation[90], ce qui fait disparaître tous les conflits d'interprétation sur les obligations principales susceptibles d'être assorties de nantissements sous le Code civil du Bas-Canada.

31. Cette reconnaissance de l'hypothèque mobilière demande également l'établissement de règles destinées à mieux limiter le droit de suite du créancier hypothécaire sur les biens meubles ou définir le report de l'hypothèque sur les biens acquis en renouvellement. L'hypothèque mobilière, inscrite sous le nom du constituant, sera conservée sur le bien qui n'est pas aliéné dans le cours des activités de l'entreprise par l'inscription d'un avis à cet effet sur le registre des droits personnels et réels mobiliers[91]. Il en sera ainsi également pour le créancier qui s'est prévalu de l'hypothèque légale sur un bien meuble qui n'est pas aliéné dans le cours des activités de l'entreprise: ce créancier peut exercer un droit de suite sur ce bien meuble «de la même manière que s'il était titulaire d'une hypothèque conventionnelle[92]». L'hypothèque mobilière sur un bien aliéné dans le cours des activités de l'entreprise est reportée d'après les circonstances sur le produit de l'aliénation du bien hypothéqué ou sur le bien acquis en remplacement[93]. L'hypothèque mobilière sur un meuble, qui est incorporé subséquemment à un immeuble, subsiste comme hypothèque immobilière sous réserve d'un avis à cet effet inscrit au registre foncier[94].

32. Que signifie l'expression «dans le cours des activités de l'entreprise» utilisée au titre des hypothèques tout particulièrement aux articles 2674, 2700 et 2732 C.c.Q.? La version anglaise *«in the ordinary course of business of an enterprise»* emprunte une terminologie identique à celle du *Code uniforme de Commerce*[95]. Si cette expression reçoit une interprétation constante dans le Code civil, elle englobe alors toutes les opérations posées dans la réalisation des activités de l'entreprise, qu'elles soient habituelles ou accessoires[96]. Cette expression comprendrait pour un manufacturier ou un détaillant de produits les opérations de renouvellement de l'outillage et de l'équipement. Le créancier hypothécaire ne pourra alors se prévaloir de son hypothèque que sur les biens acquis en remplacement, ou le cas échéant, sur le prix de vente de ces biens grevés. Si cette expression reçoit une interprétation étroite, les actes d'aliénation se limitent alors aux seuls biens qui font habituellement l'objet de l'entreprise. Il en résulte que le créancier hypothécaire voit ses droits limités aux produits de remplacement ou au prix de vente des biens affectés seulement dans le cas de renouvellement de l'inventaire et à l'égard des autres biens de l'entreprise, tels l'équipement, l'outillage ou la machinerie, son droit de suite subsiste d'après les modalités déterminées à l'article 2700 C.c.Q. ou d'après l'interprétation *a contrario* de l'article 2674 C.c.Q.[97]. D'ailleurs, cette disposition ne visait originairement que les «biens destinés à la vente», comme le précisait l'article 2658 du Projet de loi 125 lors de sa présentation.

33. L'article 2674 C.c.Q., tel que rédigé, pose, à notre avis, une sérieuse difficulté d'interprétation; il n'est pas évident que cet article s'applique uniquement aux seuls biens destinés à la vente dans le cours des activités de l'entreprise. Les tribunaux doivent assurer une interprétation cohérente et constante d'une même expression dans l'ensemble du Code civil, dans un souci de favoriser le commerce et la propriété. Il y a aliénation en dehors du cours des activités de l'entreprise dans au moins deux circonstances sans égard à une interprétation libérale ou stricte: (1) la disposition d'une partie substantielle de l'entreprise sans renouvellement ou sans remplacement telle la liquidation de l'outillage ou de la machinerie[98] et (2) la réalisation des biens grevés faite par les créanciers dans l'exercice de leurs droits hypothécaires. Toutefois, le sens étroit limite les activités de l'entreprise au renouvellement de l'inventaire, ce qui fait que toute disposition de biens autres que l'inventaire n'entre pas dans le cours des activités de l'entreprise pour les fins des sûretés. En revanche, le sens constant dans l'ensemble du Code civil étend le cours normal des activités de l'entreprise également à la disposition des biens autres que l'inventaire, dans le but de les remplacer ou de les renouveler. Rappelons qu'une expression analogue utilisée dans la première version de la *Loi sur la protection du consommateur*, soit «dans le cours des activités de son commerce» ou «in the course of his business» avait reçu de la part de la Cour d'appel du Québec une interprétation stricte dans un contexte tout à fait particulier en vue d'assurer au petit commerçant en certaines circonstances la protection des lois de consommation[99]. Signalons tout de même la dissidence de Monsieur le juge Paré qui considérait, comme d'ailleurs la doctrine et la jurisprudence québécoises majoritaires, que l'achat de biens utiles au commerce est relié à l'exploitation d'une entreprise commerciale et cette opération est déclarée commerciale en vertu de la théorie de l'accessoire[100]. Les créanciers hypothécaires préféreront sans doute que leurs garanties soient reportées sur les biens acquis en remplacement que de suivre les biens initialement grevés d'autant plus que le débiteur hypothécaire a une obligation de conserver la valeur économique des biens grevés sauf usure normale ou nécessité[101].

34. Rappelons également que l'expression «cours normal des affaires du cédant» utilisée dans la *Loi sur les connaissements, les reçus et les cessions de biens en stock* avait été restreinte aux actes de disposition du stock d'une entreprise: il ne pouvait en être autrement car cette loi était destinée à favoriser la constitution de sûretés sur l'inventaire ou les stocks d'une entreprise[102]. L'objet poursuivi par une loi ou par un Code doit influer sur l'interprétation même des textes. Le Code civil du Québec entend à bien des égards favoriser le commerce et la circulation des biens et l'expression «cours des activités de l'entreprise» doit recevoir une interprétation cohérente avec l'économie générale du Code. Enfin, aucune expression n'est relevée dans les articles au titre des priorités et des hypothèques tendant à en limiter la portée à une catégorie de biens plutôt qu'à une autre: (1) les termes «destinés à la vente» utilisés dans la version soumise lors de la présentation du projet de loi 125 n'ont pas été retenus ni repris dans la version sanctionnée du Code civil du Québec et (2) l'expression «commerçant en semblables matières dans le cours ordinaire des affaires» utilisée dans le rapport final de l'Office de révision du Code civil au titre Des Biens et dans certaines dispositions du droit des sûretés n'a pas été reprise dans le Code civil du Québec.

Section 4. La disparition des privilèges et leur remplacement par les priorités et les hypothèques légales

35. Aux termes de l'article 2647 C.c.Q., les causes légitimes de préférence sont les priorités et les hypothèques.

36. Sous le Code civil du Bas-Canada, les causes légitimes de préférence étaient les privilèges et les hypothèques. L'abolition des privilèges était généralement soutenue, vu leur caractère désuet et anachronique. À cet égard, le Rapport de l'Office de révision du Code civil invoquait les transformations sociales et économiques. Ainsi, les méthodes de crédit se sont généralisées et la production, la circulation et la distribution des biens grandement facilitées et accélérées[103]. L'attribution de sûretés légales, comme les privilèges au profit de certaines catégories de créanciers, porte atteinte à la règle de l'égalité entre créanciers et favorise l'arbitraire et la discrimination[104]. L'Office de révision du Code civil avait dans la même veine recommandé l'abolition des hypothèques légales, ne retenant que l'hypothèque judiciaire[105]. L'Office de révision avait même exclu, comme solution de compromis, la possibilité d'instituer un régime d'hypothèques légales au lieu et place de celui des privilèges: les mêmes motifs d'arbitraire et de discrimination étaient également invoqués[106].

37. Si les divers travaux de réforme ont respecté cette suppression des privilèges, il n'en demeure pas moins que l'on a vu apparaître sous le couvert de priorités[107] et d'hypothèques légales certains privilèges reconnus sous le Code civil du Bas-Canada.

Par. 1. Les priorités

38. Les priorités paraisssent comme une cause légitime de préférence aux termes de l'article 2647 C.c.Q. Elles remplacent à tous égards les privilèges du Code civil du Bas-Canada. Diverses dispositions du Code civil du Québec traitent des priorités. Le régime général des priorités est établi aux articles 2650 à 2659 C.c.Q. Aux termes de l'article 1051 C.c.Q., les priorités qui affectent un immeuble détenu en copropriété divise lors de l'inscription de la déclaration de copropriété se divisent entre les fractions suivant la valeur relative de chacune des fractions. Aux termes de l'article 1233 C.c.Q., les créanciers prioritaires peuvent exercer sur les biens substitués les droits et recours que la loi leur confère. Aux termes des articles 1768 et 1769 C.c.Q., les créanciers prioritaires et hypothécaires seront avisés de la vente d'une entreprise en vue de leur assurer une protection accrue. Aux termes de l'article 1691 C.c.Q., la renonciation à la priorité n'implique pas remise de dette.

39. Les créances prioritaires sont énumérées à l'article 2651 C.c.Q., soit (1) les frais de justice et les dépenses faites dans l'intérêt commun, (2) la créance du vendeur impayé pour le prix du meuble vendu à une personne physique qui n'exploite pas une entreprise, (3) les créances de ceux qui ont un droit de rétention sur un meuble, (4) les créances de l'État pour les sommes dues en vertu de lois fiscales et (5) les créances des municipalités et des commissions scolaires pour les impôts fonciers sur les immeubles affectés.

Sous-par. 1. Les caractéristiques de la priorité

40. Aux termes de l'article 2650 C.c.Q.,

> [e]st prioritaire la créance à laquelle la loi attache, en faveur d'un créancier, le droit d'être préféré aux autres créanciers, même hypothécaires, suivant la cause de sa créance.
>
> La priorité est indivisible.

La priorité émane de la loi: elle ne peut exister sans texte exprès. La priorité fait exception au paiement par concours. Elle présente donc un caractère exceptionnel et dérogatoire au droit commun. Toute disposition établissant une priorité devrait recevoir une interprétation restrictive comme cela était le cas en matière de privilège sous l'ancien droit[108]. La priorité est indivisible de sa nature et non de son essence: il sera possible de renoncer à cette indivisibilité. La priorité présente un caractère occulte: elle n'est astreinte à aucune formalité de publication sauf pour les créances prioritaires de l'État pour les dettes fiscales[109].

41. La priorité confère une préférence pour le paiement de la créance. La créance prioritaire prime dans tout ordre de collocation les hypothèques, mobilières ou immobilières. Seuls, les frais de justice bénéficient d'une priorité susceptible d'affecter autant les meubles que les immeubles. Certaines priorités n'affecteront que les biens meubles: (1) le vendeur impayé d'un meuble pour le solde de prix de vente dû par une personne physique qui n'exploite pas une entreprise, (2) le créancier, bénéficiaire d'un droit de rétention sur un meuble et (3) l'État pour les dettes fiscales. Les immeubles ne seront affectés que par la priorité pour les créances des municipalités et des commissions scolaires pour les impôts fonciers. La priorité prend rang d'après l'ordre fixé par le législateur[110]. Les priorités de même rang sont colloquées en concurrence de leurs créances respectives[111]. Les créances conditionnelles, indéterminées ou non liquidées, qui bénéficient d'une priorité, sont colloquées suivant leur rang, sous réserve des conditions prescrites par le

Code de procédure civile[112]. La priorité ne confère pas de véritable droit de suite. La priorité ne confère pas de droits hypothécaires à son titulaire car elle ne donne pas ouverture aux recours hypothécaires. Aux termes de l'article 2656 C.c.Q.,

> [o]utre leur action personnelle et les mesures provisionnelles prévues au Code de procédure civile, les créanciers prioritaires peuvent, pour faire valoir et réaliser leur priorité, exercer les recours que leur confère la loi.

Les recours hypothécaires sont définis au titre troisième réservé aux hypothèques alors que les priorités sont régies par le titre deuxième. M. le professeur Boudreault voit dans l'absence d'un recours réel «une indication, parmi d'autres, qu'aux termes du *Code civil du Québec* une priorité n'accorde à son titulaire qu'un simple droit de préférence et ne confère aucun droit réel ni aucun droit de suite sur les biens visés par une telle cause de préférence[113].»

42. L'extinction ou la nullité de la créance, assortie d'une priorité, entraîne évidemment la disparition de la priorité[114].

Sous-par. 2. Les bénéficiaires d'une priorité

A. Frais de justice (art. 2652 C.c.Q.)

43. Est prioritaire au premier rang la créance couvrant les frais de justice et les dépenses faites dans l'intérêt commun[115] et seule cette créance peut grever autant les meubles que les immeubles.

44. Cette expression n'est pas définie au Code civil du Québec, contrairement à la situation qui prévalait sous l'ancien droit[116]. Généralement, on considérait comme frais de justice les dépens proprement dits sur l'action et sur l'exécution et comme frais faits dans l'intérêt commun des créanciers les frais, même incidents au litige judiciaire, s'ils étaient engagés dans l'intérêt commun de tous les créanciers[117]. La notion préconisée sous l'ancien droit devrait toujours prévaloir:

> Par frais de justice, il faut entendre tous ceux qui sont faits dans l'intérêt commun des créanciers, soit pour faire entrer la chose dans l'actif du débiteur, soit pour empêcher qu'elle ne soit diminuée ou ne vienne à se perdre, soit pour convertir

cette chose en argent et procurer ainsi la distribution du prix entre les créanciers[118].

Sont colloqués, en matière mobilière, comme frais de justice mais dans le cadre d'un sous-ordre de collocation:

1. Les frais de préparation de l'état de collocation;

2. Les droits et honoraires dus sur les sommes d'argent prélevées ou consignées;

3. Les frais de saisie et de vente, y compris ceux du gardien nommé par l'officier saisissant, ainsi que la rémunération du gardien taxée par le greffier;

4. Les frais des incidents postérieurs au jugement;

5. Les frais d'action du saisissant[119].

Sont colloqués, en matière immobilière, comme frais de justice mais dans le cadre d'un sous-ordre de collocation:

1. Les frais de préparation de l'état;

2. Les droits et honoraires dus sur les deniers prélevés ou consignés;

3. Les frais de saisie et de vente qui n'ont pas été retenus sur le prix, y compris ceux qui peuvent être dus sur la discussion des meubles;

4. (supprimé);

5. (supprimé);

6. Les frais des incidents postérieurs au jugement, tant en première instance qu'en appel, qui ont été nécessaires pour arriver à la saisie et à la vente des immeubles, et à la distribution des deniers prélevés;

7. Les frais d'action du saisissant[120].

Sont donc prioritaires tous frais encourus pour la saisie et la vente des biens meubles ou immeubles, les frais encourus par les opérations nécessaires ou utiles à la vente de ces biens et les frais d'action du saisissant.

B. Vendeur impayé d'un meuble à une personne physique qui n'exploite pas une entreprise (art. 2651, 2e C.c.Q.)

45. Est prioritaire au second rang la créance du vendeur impayé pour le prix du meuble vendu à une personne physique qui n'exploite pas une entreprise[121]. Le vendeur impayé d'un bien meuble bénéficie de divers recours. Ainsi, il peut demander la résolution de la vente, faute pour l'acheteur d'en payer le prix et d'en prendre possession[122]. De plus, il peut revendiquer le bien vendu sous réserve de certaines conditions particulières notamment:

(1) la vente est faite au comptant;

(2) le meuble est entier et dans le même état;

(3) le meuble est resté la propriété de l'acheteur;

(4) la revendication a lieu dans les trente jours de la délivrance[123].

Il peut également se prévaloir d'une priorité si l'acheteur est une personne physique qui n'exploite pas une entreprise; aucune autre condition n'est imposée. Pour tout autre acheteur, il serait possible de consentir une hypothèque conventionnelle en vue de garantir le solde du prix de vente[124]; en ce cas, le vendeur devra prendre garde que le bien n'entre dans la composition d'un autre bien meuble[125] ou ne soit subséquemment incorporé à un immeuble[126]. Le vendeur d'un immeuble perd son privilège mais n'acquiert aucune préférence légale, prioritaire ou hypothécaire; il peut obtenir une hypothèque conventionnelle.

C. Le rétenteur d'un bien meuble (art. 2651, 3e C.c.Q.)

46. Sont prioritaires également les créances de ceux qui ont un droit de rétention sur un meuble. Diverses dispositions prévoient la possibilité de rétention; elles reflètent la controverse d'ailleurs qui voudrait soit limiter la rétention aux seuls cas prévus par la loi, soit l'étendre ou la confondre au domaine de l'exception d'inexécution. D'une part, la doctrine française contemporaine distingue l'exception d'inexécution du droit de rétention:

> Ces deux institutions reposent sur des fondements distincts: la première est fondée sur l'interdépendance des obligations dans le contrat synallagmatique tandis que le droit de rétention repose, comme on le verra, sur la connexité entre une obligation et la détention d'une chose: or cette connexité peut exister en dehors de tout contrat.[127]

D'autre part, la Cour d'appel du Québec, dans l'arrêt *Hamel* c. *Gravenor*, présentait le droit de rétention comme une application de l'exception d'inexécution:

> Au sujet du droit de rétention, la doctrine et la jurisprudence sont depuis longtemps d'accord pour dire qu'il n'existe pas seulement dans les cas formellement énoncés par le Code. Et parmi les hypothèses auxquelles les auteurs et les arrêts reconnaissent que ce droit doit être étendu, il y a celle où le détenteur a, contre le propriétaire de la chose et au sujet de celle-ci, une créance résultant de même rapport contractuel que la détention. Dans ce cas, le droit de rétention se confond avec l'exception *non adimpleti contractus*. Aussi, et sauf le respect dû à l'opinion contraire exprimée par le premier juge, je dirais que celui qui détient un animal en vertu d'un bail à nourriture a le droit de rétention pour ce qui lui est dû en raison de cette convention.
>
> Mais le droit de rétention suppose qu'il existe une créance et que le créancier soit en possession en vertu d'un titre régulier. Si le créancier perd la possession, le droit de rétention s'évanouit[128].

47. Le Code civil du Québec codifie ces diverses tendances. Ainsi, le véritable droit de rétention se trouve consacré aux dispositions sur l'accession mobilière: celui qui a participé à la transformation d'un bien peut le retenir jusqu'au paiement de l'indemnité qui lui est due en raison des biens fournis ou du travail accompli[129]. De même, le détenteur d'un bien, perdu ou oublié, tenu à la remise de ce bien à son propriétaire, peut réclamer le remboursement des frais d'administration et de la valeur du travail accompli; à cet effet il jouit d'un droit de rétention[130]. De plus, le Code civil du Québec réserve une section à l'exception d'inexécution et au droit de rétention: les conditions d'application de l'exception d'inexécution sont énoncées à l'article 1591 C.c.Q et celles du droit de rétention à l'article 1592 C.c.Q. L'article 1592 C.c.Q. précise ainsi le droit de rétention à l'occasion d'un contrat: «[t]oute partie qui, du consentement de son cocontractant, détient un bien appartenant à celui-ci a le droit de le retenir jusqu'au paiement total de la créance qu'elle a contre lui, lorsque sa créance est exigible et est intimement liée au bien qu'elle détient.»

48. Certaines conditions sont imposées: (1) la créance est exigible, (2) la créance doit être intimement liée au bien détenu, (3) le bien est détenu du consentement du cocontractant: ce dernier pourrait être le propriétaire, le possesseur légitime, l'administrateur du bien, le mandataire, (4) le rétenteur peut opposer son droit de rétention à tous, propriétaire, tiers, etc., (5) ce droit de rétention est indivisible: il s'exerce sur toutes les parties du bien. La remise volontaire du bien détenu entraîne la perte du droit de rétention. En revanche, la dépossession involontaire ne met pas un terme à la rétention[131]; le rétenteur peut revendiquer le bien[132]. La dépossession involontaire peut résulter de fausses représentations: telle la remise d'un chèque sans provision ou d'un chèque dont le paiement est arrêté[133].

49. Certains créanciers bénéficient expressément d'un droit de rétention. Ainsi, en est-il de l'héritier, tenu au rapport d'un bien meuble, qui peut le retenir jusqu'au remboursement des sommes qui lui sont dues à divers titres, tel le remboursement des impenses[134]. Le grevé peut retenir les biens substitués pour ce qui lui est dû[135]. L'administrateur du bien d'autrui peut retenir les biens sous admnistration pour l'acquittement des dépenses d'administration que peut lui devoir le bénéficiaire ou le fiduciaire[136]. Le transporteur possède un droit de rétention sur les marchandises transportées pour le coût du fret, les frais de transport et les frais raisonnables d'entreposage[137]. Le mandataire peut retenir les biens soumis à son mandat pour toutes sommes dues à la suite de l'accomplissement de ses obligations[138]. L'emprunteur peut retenir le bien emprunté en remboursement des dépenses nécessaires et urgentes pour la conservation du bien[139]. Le dépositaire peut retenir le bien déposé en remboursement des dépenses encourues pour la conservation du bien et en paiement de la rémunération convenue[140].

D. L'État pour les dettes fiscales (art.2651, 4e C.c.Q.)

50. Sont également prioritaires les créances de l'État pour les sommes dues en vertu des lois fiscales.

51. Sous l'ancien droit, les créances fiscales de l'État bénéficiaient d'un privilège, soit d'un privilège de la Couronne contre ses comptables venant au dixième rang prévu à l'article 1994, al. 10 C.c.B.C., soit d'un privilège de second rang, venant immédiatement après les frais de justice, tant sur les meubles que sur les immeubles du débiteur fiscal en vertu de la *Loi sur le ministère du Revenu*[141]. Ce privilège de la Couronne, pour les dettes fiscales provinciales, était exempté d'enregistrement en matière mobilière; d'ailleurs, les privilèges mobiliers n'étaient soumis qu'exceptionnellement à l'enregistrement. D'autre part, ce privilège de la Couronne, aux droits de la province, était soumis à l'enregistrement en matière immobilière mais ne pouvait primer une hypothèque ou un privilège de vendeur préalablement enregistrés[142]. Les créances fiscales de la Couronne fédérale ne bénéficiaient pas de privilège, hormis celui de la Couronne contre ses comptables.

52. La priorité pour les dettes fiscales est établie au profit de l'«État». Certes, on peut soulever l'opportunité de maintenir une telle priorité[143]. Elle est souvent qualifiée d'anachronique: (1) elle ne serait pas essentielle à la stabilité financière du gouvernement, (2) elle contraindrait les autres créanciers primés par cette priorité à subir de sérieuses pertes financières et (3) elle peut entraîner des effets perturbateurs pour les autres créanciers. Puis, on peut se demander quel sens il faut réserver au terme «État»? D'abord, le Code civil, comme «droit commun»[144], entend régir l'ensemble des relations juridiques au Québec dans les limites des pouvoirs constitutionnels conférés à l'État provincial et sauf lois dérogatoires. Aussi, le Code civil du Québec exprime le droit supplétif même à certains égards lors de l'application du droit fédéral canadien. Dans une étude récente consacrée exclusivement à cette question, M. le professeur Brisson pose comme prémisse qu'«[à] moins d'indication contraire, pourtant, nul autre texte que le Code civil ne doit servir de droit commun, en droit privé, à la législation fédérale applicable au Québec[145]». D'autres s'interrogent sur la pertinence d'appliquer le droit privé québécois comme droit complémentaire à la législation fédérale, alors que la common law constitue déjà le droit supplétif en droit public[146] ou même devrait combler les carences de la législation fédérale en droit commercial[147]. Le terme «État» équivaut-il à celui de «Couronne»? Certains croient que ces termes s'équivalent, jusqu'à preuve contraire[148]. Il existe un principe de droit public bien établi voulant que le législateur provincial ne peut affecter les prérogatives du législateur fédéral: aussi, ce terme «État» utilisé au titre des sûretés concernerait uniquement la *Couronne aux droits de la province*. En corollaire, le législateur provincial ne peut affecter des prérogatives déjà attribuées par le droit commun provincial au législateur fédéral: le remplacement du Code civil du Bas-Canada par le Code civil du Québec ne peut entraîner la disparition des privilèges déjà énoncés au Code civil du Bas-Canada à l'époque préconfédérative comme le privilège de la Couronne contre ses comptables qu'a déjà invoqué à son profit la Couronne aux droits du fédéral[149].

53. La créance prioritaire de l'État, qui concerne toutes sommes dues en vertu des lois fiscales, ne peut être exécutée que sur les meubles, l'État bénéficiant d'une hypothèque légale grevant à la fois les meubles et les immeubles. Aux termes de l'article 2653 C.c.Q., «[l]a créance prioritaire de l'État pour les sommes dues en vertu des lois fiscales peut être exécutée sur les biens meubles». Cette interprétation découle à la fois des articles 2653 et 2725 C.c.Q. On peut également invoquer que le législateur précise expressément pour les frais de justice que la priorité porte autant sur les meubles que les immeubles alors qu'il mentionne uniquement les meubles pour la priorité de l'État. On peut également souligner que les commentaires faisaient reproche à l'État de se réserver une priorité à la fois sur les meubles et les immeubles dans les versions antérieures du projet de Code civil.

54. La créance prioritaire de l'État pour les dettes fiscales est soumise à l'inscription au registre des droits personnels et réels mobiliers mais de façon exceptionnelle. En effet, elle est exempte de publicité sauf demande de dénonciation présentée par un créancier qui procède à une saisie-exécution ou qui émet un préavis d'exercice d'un recours hypothécaire[150]. Cette demande de dénonciation, ainsi que sa notification à l'État, doit être publiée au registre des droits personnels et réels mobiliers.

De même, dans les trente jours qui suivent sa notification, l'État doit dénoncer et inscrire au registre des droits personnels et réels mobiliers le montant de sa créance. L'État peut alors invoquer sa priorité pour toute somme fiscale due; sa priorité n'est pas limitée au montant dénoncé[151].

E. Municipalités et commissions scolaires pour impôts fonciers (art. 2651, 5e C.c.Q.)

55. Sont prioritaires les créances des municipalités et des commissions scolaires pour les impôts fonciers sur les immeubles qui y sont assujettis[152].

Sous-par. 3. Les dispositions transitoires à propos des privilèges de l'ancien droit

56. Les priorités remplacent les privilèges. Certains privilèges de l'ancien droit disparaissent. Aux termes de l'article 134, dernier alinéa de la *Loi sur l'application de la réforme du Code civil*, «les anciennes sûretés légales ou judiciaires [...] auxquelles la loi nouvelle n'accorde plus aucune préférence, deviennent des priorités colloquées après toute autre priorité». Ce pourrait être le cas pour divers privilèges mobiliers qui n'ont plus un rang préférentiel sous le nouveau droit, telle la dîme, les compagnies d'assurance mutuelle contre le feu pour les cotisations des membres, les ouvriers dans les domaines de l'exploitation forestière et du théâtre. Certains privilèges immobiliers tels les frais de labours et de semences ou certains privilèges mixtes tels les frais funéraires, les frais de dernière maladie, les gages des serviteurs et des employés des compagnies de chemin de fer sont également visés. Si un quelconque bénéficiaire d'un tel privilège pouvait se prévaloir de son droit préférentiel avant l'entrée en vigueur du nouveau Code, il pourra alors considérer sa créance comme prioritaire, mais colloquée après toutes autres priorités.

57. Certaines priorités reprennent partiellement ou intégralement des privilèges de l'ancien droit. Aux termes de l'article 134, 5e de la *Loi sur l'application de la réforme du Code civil*, «[l]es privilèges deviennent soit des priorités, soit des hypothèques légales, selon la qualité que la loi nouvelle attache aux créances qui les fondent». Nous pouvons illustrer cette règle par la protection légale attribuée par le Code civil du Québec aux créances de l'État pour les dettes fiscales, tantôt priorité, tantôt hypothèque légale. Nous pouvons souligner que le privilège pour les contributions aux charges communes de la copropriété divise devient une hypothèques légale attribuée au syndicat des copropriétaires pour les contributions aux charges communes et au fonds de prévoyance et nous pouvons ajouter que les privilèges du bâtiment deviennent des hypothèques légales, bénéficiant d'un rang exceptionnel.

58. Enfin, certains, comme le vendeur ou le locateur d'un immeuble, bénéficiaient de privilèges de prime importance sous l'ancien droit; ils se voient refuser toute préférence légale, prioritaire ou hypothécaire sous le nouveau droit. Vendeur et locateur, qui bénéficiaient d'un privilège lors de l'entrée en vigueur du Code civil du Québec, voient leurs droits convertis en une hypothèque légale. Ainsi, le vendeur d'un immeuble voit son privilège acquis avant l'entrée en vigueur du Code civil du Québec converti en une hypothèque légale. Le locateur d'un immeuble autre que résidentiel voit son privilège acquis avant l'entrée en vigueur du Code civil du Québec converti en une hypothèque légale mobilière lors de cette entrée en vigueur: le locateur devra toutefois inscrire ses droits dans les douze mois qui suivront cette entrée en vigueur sur le registre des droits personnels et réels mobiliers[153] et ses droits seront conservés pour une période d'au plus dix ans.

Par. 2. Les hypothèques légales

59. La règle du concours ne souffre d'exception que pour les créances prioritaires et hypothécaires. Les hypothèques légales sont précisées à l'article 2724 du Code civil du Québec: elles concernent les créances dues (1) à l'État en vertu de lois fiscales et aux personnes morales de droit public, (2) aux personnes qui ont participé à la construction ou à la rénovation d'un immeuble, (3) au syndicat des copropriétaires pour le paiement des charges communes et des contributions au fonds de prévoyance et (4) aux bénéficiaires d'un jugement.

60. Rappelons que le Code civil du Bas-Canada conférait une hypothèque légale en 1866 à la femme mariée, aux compagnies d'assurance mutuelle contre le feu, aux mineurs et aux interdits, ainsi qu'à la Couronne. L'hypothèque légale de la femme mariée fut supprimée comme conséquence toute logique de sa pleine capacité juridique et à la suite de la reconnaissance de la société d'acquêts comme régime matrimonial supplétif[154]. L'hypothèque des compagnies d'assurance mutelle contre le feu fut abrogée à l'occasion de la réforme des assurances[155]. L'hypothèque légale au profit des mineurs et des interdits a été substantiellement remaniée par la *Loi sur le curateur public et modifiant le Code civil et d'autres dispositions législatives*[156]. L'enregistrement de l'hypothèque légale au profit du mineur ou de l'interdit pouvait nuire à l'aliénation volontaire des immeubles du tuteur ou du curateur; ce qui avait amené la doctrine et la jurisprudence à favoriser la substitution d'une garantie adéquate à l'hypothèque légale si les intérêts respectifs du tuteur ou du curateur et de son pupille étaient sauvegardés[157]. Cette *Loi sur le curateur public et modifiant le Code civil et d'autres dispositions législatives* imposait au tuteur ou au curateur de fournir une sûreté si les biens administrés excédaient 25 000$, soit de se conformer à l'hypothèque légale, soit de fournir une sûreté équivalente ou de souscrire une assurance. Sous le nouveau Code civil du Québec, l'hypothèque légale en faveur des mineurs ou des majeurs en tutelle ou en curatelle est supprimée; subsiste l'obligation imposée au tuteur ou au curateur de fournir une sûreté (cautionnement, assurance, hypothèque) pour garantir l'exécution de ses obligations[158]. Par le biais des dispositions transitoires, les hypothèques légales en faveur des mineurs ou des majeurs en tutelle ou en curatelle demeurent des hypothèques légales tant que le tuteur ou le curateur n'a pas offert une sûreté de valeur suffisante en conformité des articles 242, 243 et 266 C.c.Q.[159] L'hypothèque légale de la Couronne, prévue à l'article 2032 C.c.B.C., n'était pas de grande utilité vu le privilège et l'hypothèque édictés à la *Loi sur le ministère du Revenu*. Par le biais des dispositions transitoires, «les hypothèques légales ou judiciaires deviennent des hypothèques légales si la loi nouvelle attache cette qualité aux créances qui les fondent[160]». Cette disposition a peu d'intérêt pour les hypothèques légales du Code civil du Bas-Canada qui disparaissent pour la plupart ou qui sont substantiellement transformées dans le Code civil du Québec mais elle en offre tout de même pour l'hypothèque judiciaire.

61. Le Code civil du Bas-Canada limitait les hypothèques légales aux immeubles présents et futurs du débiteur. Sous le Code civil du Québec, certaines hypothèques légales peuvent affecter autant les biens meubles que les biens immeubles: ce sont les hypothèques légales de l'État, y compris celles des personnes morales de droit public et les hypothèques légales au profit des créanciers judiciaires. Certaines hypothèques légales ne peuvent affecter que les biens immeubles: ce sont les créances des personnes qui ont participé à la construction ou à la rénovation d'un immeuble et celles du syndicat des copropriétaires.

62. L'hypothèque légale doit être publiée et donne ouverture aux divers droits hypothécaires prévus à l'article 2748 C.c.Q. Elle diffère sur ces points de la priorité, préférence occulte privée de l'exercice des droits hypothécaires. L'inscription au registre approprié remplit une double fonction pour l'hypothèque légale en faveur de l'État et des personnes morales de droit public, en faveur du créancier judiciaire et en faveur du syndicat des copropriétaires. En effet, ces hypothèques sont acquises par leur inscription au registre approprié[161]. De plus, ces hypothèques sont colloquées d'après la date de leur inscription respective au registre approprié; la collocation des hypothèques légales ne se fait pas d'après l'ordre de présentation de l'article 2724 C.c.Q. En revanche, l'hypothèque légale de la construction ou de la rénovation immobilière existe sans formalité de publicité; elle est acquise dès qu'est fourni un apport en travaux ou en services. Elle naît à la date du contrat pour tout bénéficiaire qui contracte directement avec le propriétaire. Elle naît à la date de la dénonciation au propriétaire pour tout bénéficiaire qui n'a pas contracté directement avec le propriétaire; elle protège la plus-value donnée à l'immeuble par les travaux ou les services fournis après cette dénonciation. L'inscription de l'hypothèque légale au registre foncier vise strictement sa conservation pendant un certain temps et en assure, le cas échéant, sa collocation exceptionnelle avant toute autre hypothèque, conventionnelle ou légale même publiée[162].

63. Une disposition d'ordre général concerne le droit de suite en matière mobilière de l'hypothèque légale. Elle continue d'affecter les biens meubles qui ne sont pas aliénés dans le cours des activités d'une entreprise, de la même manière qu'une hypothèque conventionnelle[163].

64. La substitution de sûretés sera permise dans le cas de l'hypothèque légale. Le débiteur, aux termes de l'article 2731 du Code civil du Québec, peut demander au tribunal de substituer à l'hypothèque légale une sûreté suffisante ou de limiter les biens affectés par l'hypothèque légale. En fait, la discrétion du tribunal est étendue: il peut (1) déterminer les biens affectés de la sûreté légale, (2) y substituer une sûreté suffisante et (3) ordonner la radiation de l'hypothèque légale sous réserve des mesures de substitution retenues. La possibilité de substitution est exclue dans les cas de l'hypothèque légale de l'État ou d'une personne morale de droit public. L'on sait que, dans le Code civil du Bas-Canada, cette possibilité de substitution n'existait expressément que pour l'hypothèque judiciaire couvrant les aliments. Dans les autres cas d'hypothèque judiciaire ou dans le domaine des privilèges immobiliers, la jurisprudence refusait la substitution par d'autres garanties, sauf si le maintien du privilège ou de l'hypothèque judiciaire causait un préjudice excessif au débiteur par rapport à la protection assurée au créancier[164].

Sous-par. 1. État et personnes morales de droit public (art. 2725 C.c.Q.)

65. L'État bénéficie d'une hypothèque légale pour couvrir les sommes dues en vertu des lois fiscales, ce qui entraîne l'abrogation de l'article 12, al. 2 de la *Loi sur le ministère du Revenu*[165]. Dans ce domaine, les dispositions du Code civil du Québec constituent le droit commun.

66. Aux termes de l'article 2725, al. 3 C.c.Q., l'État peut se prévaloir tout autant de sa priorité que de son hypothèque légale sur les biens meubles. L'État pour les dettes fiscales bénéficie d'une priorité sur les biens meubles sous réserve d'une dénonciation au registre des droits personnels et réels mobiliers; il bénéficie également d'une hypothèque légale sur les biens meubles qu'il peut faire valoir par inscription au registre des droits personnels et des droits réels mobiliers. L'État bénéficie d'une hypothèque légale seulement sur les biens immeubles qu'il peut faire valoir par inscription au registre foncier. L'inscription au registre approprié se fait par voie d'un avis précisant (1) la loi créant l'hypothèque (2) les biens du débiteur affectés, ainsi que

(3) la cause et le montant de la créance[166]. L'avis est également signifié au débiteur.

67. L'inscription d'une hypothèque en faveur de l'État est radiée ou réduite par la présentation d'un certificat émanant d'une personne en autorité (procureur général, sous-procureur général du Québec, ministre ou sous-ministre du Revenu, greffier du Conseil exécutif) attestant ce fait[167].

68. Ni la priorité ni l'hypothèque légale de l'État ne pourront bonifier la situation de la Couronne aux droits de la province en cas de faillite du débiteur fiscal.

69. Les personnes morales de droit public bénéficient d'une hypothèque légale sur les meubles et sur les immeubles sous réserve de formalités identiques à l'État.

70. L'hypothèque légale de l'État ou des personnes morales de droit public ne peut être réduite ou remplacée par une autre sûreté[168].

71. Ajoutons que le droit transitoire convertit nombre de privilèges actuels en hypothèques légales. Cette conversion est qualifiée par la doctrine française comme une «dégradation»[169]. Certaines lois particulières reconnaissent sous l'empire du nouveau droit une hypothèque légale à certains organismes. La Commission de la santé et de la sécurité au travail bénéficiera d'une hypothèque légale sur tous les biens meubles et immeubles de l'employeur pour protéger les montants dûs[170]. Hydro-Québec bénéficiera d'une hypothèque légale pour le prix de l'énergie fournie pour l'exploitation d'entreprises industrielles ou commerciales; cette hypothèque affectera les biens meubles ou immeubles du débiteur désignés dans l'avis d'inscription et servant à l'exploitation de ces entreprises[171]. La Couronne bénéficiera d'une hypothèque légale sur les biens meubles ou immeubles du détenteur de licence pour couvrir toute somme due dans le domaine des loteries, concours publicitaires et appareils d'amusement[172].

72. Les municipalités bénéficieront d'une hypothèque légale pour le paiement des droits de mutation sur les biens meubles du débiteur et sur l'immeuble aliéné[173]. En certaines circonstances, il apparaît que la disposition de droit statutaire s'en rapporte au régime de l'hypothèque légale plutôt qu'à celui de la priorité. Cela est sans doute préférable vu la nécessité de la publicité dans le domaine de l'hypothèque légale.

73. Les hypothèques légales ne seront donc pas limitées aux seules dispositions du Code.

Sous-par. 2. L'hypothèque légale de la construction et de la rénovation immobilière (art. 2726 C.c.Q.)

74. Aux termes de l'article 2726 C.c.Q.,

> [l]'hypothèque légale en faveur des personnes qui ont participé à la construction ou à la rénovation d'un immeuble ne peut grever que cet immeuble. Elle n'est acquise qu'en faveur des architecte, ingénieur, fournisseur de matériaux, ouvrier, entrepreneur ou sous-entrepreneur, à raison des travaux demandés par le propriétaire de l'immeuble, ou à raison des matériaux ou services qu'ils ont fournis ou préparés pour ces travaux. Elle existe sans qu'il soit nécessaire de la publier.

Le Code civil du Québec ne reprend pas les définitions de ces diverses expressions énoncées au Code civil du Bas-Canada. Diverses raisons peuvent expliquer cette lacune qui n'est somme toute qu'apparente. D'abord, les dispositions du nouveau Code codifient à bien des égards l'interprétation jurisprudentielle qui prévalait en matière des privilèges du bâtiment. Puis, comme ces divers créanciers du bâtiment bénéficient d'une hypothèque légale de même rang, ils sont colloqués en concurrence[174] et non pas d'après un sous-ordre de collocation comme sous le Code civil du Bas-Canada[175].

75. Sont bénéficiaires de l'hypothèque légale les personnes qui ont participé à la construction et à la rénovation d'un immeuble: l'architecte, l'ingénieur, le fournisseur de matériaux, l'ouvrier, l'entrepreneur et le sous-entrepreneur. Cette hypothèque bénéficie donc aux personnes qui jouissent actuellement d'un privilège du bâtiment. Elle s'étend à l'ingénieur, ce qui ne fait que codifier la jurisprudence sur le sujet[176]. Rappelons d'ailleurs qu'encore tout récemment la jurisprudence québécoise s'était prononcée en ce sens sous le Code civil du Bas-Canada. Dans la décision *Canadian Mini-Warehouse Properties Ltd.* c. *Civilec consultants inc.*[177], la question en litige concernait la possibilité pour une firme incorporée d'ingénieurs d'invoquer le privilège de l'architecte. La jurisprudence reconnaissait que l'ingénieur bénéficiait du même privilège que l'architecte énoncé à l'article 2013f C.c.B.C.[178] Le tribunal répondit dans l'affirmative pour une firme incorporée d'ingénieurs. Le fait pour des ingénieurs d'exercer leur profession dans le cadre d'une compagnie ne pouvait pas retrancher la protection juridique accordée à l'ingénieur exerçant seul ou comme associé dans une société civile. De plus, la nature des travaux détermine le privilège. Le tribunal ajouta que «[l]es travaux effectués sont des travaux de génie. Or, des travaux de génie ne peuvent être faits que sous la direction d'ingénieurs. [...] Donner une telle extension au terme "ingénieur" c'est, pour les tribunaux, exercer un "rôle créateur comme source de droit au regard de situations de fait contemporaines"[179]». L'hypothèque légale protège également le fournisseur de matériaux, personne physique ou morale qui fournit des matériaux sans s'occuper elle-même de les utiliser ou de les incorporer[180]. Le fournisseur d'un fournisseur de matériaux peut-il invoquer une hypothèque légale à son profit? Il ne pourrait s'en prévaloir, pas plus d'ailleurs qu'il ne peut bénéficier d'un privilège du bâtiment sous le Code civil du Bas-Canada[181]. L'hypothèque légale ne concerne que les travaux demandés par le propriétaire de l'immeuble et les matériaux ou services fournis ou préparés pour ces travaux[182].

76. Que signifient d'ailleurs les termes «matériaux ou services fournis ou préparés pour ces travaux»? La Cour suprême du Canada, dans l'arrêt *Lumberland Inc.* c. *Nineteen Hundred Tower Ltd.*, avait déjà reconnu que le privilège de fournisseur de matériaux englobait le coût du bois utilisé pour la fabrication d'un coffrage nécessaire au coulage de béton; elle n'avait pas exigé que les matériaux soient nécessairement incorporés à l'immeuble. M. le juge Beetz s'en exprimait tout particulièrement ainsi sous l'empire de l'article 2013e C.c.B.C.:

> Ce serait à mon avis réduire la portée du premier alinéa de l'art. 2013e que d'exiger à cause de lui que les matériaux entrent dans l'immeuble comme partie constitutive de celui-ci. L'expression "entrer dans la construction d'un immeuble" est plus extensive; il ne faut pas lui faire dire ce qu'elle ne dit pas ni la restreindre indûment en lui faisant comporter nécessairement l'idée d'incorporation quoiqu'elle s'étende également

> au cas où les matériaux sont effectivement incorporés à l'édifice. Cette expression implique que les matériaux doivent être consommés dans le processus de la construction. C'est le cas lorsque les matériaux sont incorporés dans la construction mais ce l'est également lorsque, par l'usage qui en est fait dans la construction, ils sont altérés au point de ne pouvoir servir qu'à des fins limitées. En conférant une plus-value à l'immeuble dans la construction duquel ils entrent, ils perdent corrélativement leur valeur en tant que tels, totalement ou substantiellement[183].

Les dispositions du Code civil du Québec codifient donc cette interprétation.

77. L'hypothèque légale de la construction et de la rénovation peut affecter, comme sous le droit actuel, toute construction immobilière: maison, entrepôt, pont. Elle pourrait affecter la construction sans grever le sol sur lequel elle est édifiée.

78. Elle garantit la plus-value donnée à l'immeuble par ces travaux, matériaux ou services fournis. Aux termes de l'article 2728 C.c.Q.,

> [l]'hypothèque garantit la plus-value donnée à l'immeuble par les travaux, matériaux ou services fournis ou préparés pour ces travaux; mais, lorsque ceux en faveur de qui elle existe n'ont pas eux-mêmes contracté avec le propriétaire, elle est limitée aux travaux, matériaux ou services qui suivent la dénonciation écrite du contrat au propriétaire. L'ouvrier n'est pas tenu de dénoncer son contrat.

79. Les bénéficiaires de l'hypothèque légale qui n'ont pas contracté avec le propriétaire doivent lui dénoncer par écrit leur contrat. L'ouvrier est dispensé de toute dénonciation. L'hypothèque légale se limite, en ce cas, à la valeur des travaux, matériaux ou services fournis après la dénonciation. La dénonciation est soumise à la formalité de l'écrit en toutes circonstances. La dénonciation avise le propriétaire du nom de l'améliorant, de l'objet du contrat et du prix. Rappelons que sous le Code civil du Bas-Canada, les tribunaux s'étaient maintes fois exprimés sur le rôle de la dénonciation, entre autres, dans l'arrêt *Développements York-Hannover Ltée* c. *Jean Attore Inc.* Par la dénonciation, le bénéficiaire de l'hypothèque légale informe et avise le propriétaire de l'immeuble amélioré d'une conséquence sérieuse à l'égard de son patrimoine: le défaut d'être payé l'expose à des recours en paiement ou en réalisation du bien amélioré[184]. La dénonciation permet également au propriétaire de retenir certaines sommes suffisantes pour couvrir les réclamations des bénéficiaires de l'hypothèque légale en raison des travaux accomplis après la dénonciation[185]. Comme tout probablement sous l'ancien Code, la dénonciation devra être faite directement au propriétaire de l'immeuble. La dénonciation faite par le sous-entrepreneur à l'architecte, au surveillant des travaux, au gérant de projet, à l'entrepreneur général ne pourrait satisfaire aux exigences de la loi, sauf si ces personnes avaient mandat de les recevoir comme représentant du propriétaire[186]. Par analogie également à ce qui prévalait sous le Code civil du Bas-Canada, il serait possible d'affirmer que la connaissance présumée qu'aurait le propriétaire des travaux en cours ne pourrait équivaloir à la dénonciation exigée par la loi[187].

80. Aux termes de l'article 2727 C.c.Q.,

> L'hypothèque légale en faveur des personnes qui ont participé à la construction ou à la rénovation d'un immeuble subsiste, quoiqu'elle n'ait pas été publiée, pendant les trente jours qui suivent la fin des travaux.
>
> Elle est conservée si, avant l'expiration de ce délai, il y a eu inscription d'un avis désignant l'immeuble grevé et indiquant le montant de la créance. Cet avis doit être signifié au propriétaire de l'immeuble.
>
> Elle s'éteint six mois après la fin des travaux à moins que, pour conserver l'hypothèque, le créancier ne publie une action contre le propriétaire de l'immeuble ou qu'il n'inscrive un préavis d'exercice d'un droit hypothécaire.

81. La notion de fin des travaux n'est pas définie au titre des sûretés mais au chapitre du contrat d'entreprise et de service. La réception de l'ouvrage a essentiellement lieu à la fin des travaux: «celle-ci a lieu lorsque l'ouvrage est exécuté et en état de servir conformément à l'usage auquel on le destine[188].» Le Code civil du Bas-Canada définissait la fin des travaux comme «la date à laquelle la construction est devenue prête pour l'usage auquel elle est destinée[189].» L'on sait que cette notion a donné lieu à une jurisprudence abondante, controversée et même contradictoire. Toutefois, la jurisprudence s'était alignée sous le Code civil du Bas-Canada vers une fin des travaux qui demande l'exécution intégrale et complète des travaux prévus au contrat[190]. Elle soutenait également l'unicité de la fin des travaux pour tous les ouvriers du bâtiment: la fin des travaux ne survenait qu'une fois l'ensemble de la construction ou de la rénovation terminée et non une fois les travaux terminés pour chaque intervenant dans la construction ou la rénovation[191]. Il nous semble que ces courants majoritaires devraient être maintenus sous le Code civil du Québec d'autant plus que les divers bénéficiaires de cette hypothèque légale viennent au même rang et en concurrence respective de leur créance.

82. L'hypothèque légale de la construction ou de la rénovation est conservée sans publication jusqu'à l'expiration d'un délai de trente jours qui suit la fin des travaux. Les personnes qui n'ont pas contracté avec le propriétaire peuvent réclamer une hypothèque légale seulement pour les travaux ou les matériaux fournis après la dénonciation du contrat au propriétaire. L'hypothèque légale peut être conservée au-delà de ce délai par l'inscription d'un avis sur le registre foncier désignant le montant de la créance et l'immeuble grevé; cette inscription doit se faire avant l'expiration du délai de trente jours de la fin des travaux. Cet avis est signifié au propriétaire de l'immeuble. L'ouvrier n'est pas dispensé de la publicité au registre foncier, comme il en était sous le Code civil du Bas-Canada. Précisons d'ailleurs que l'ouvrier qui, avant l'entrée en vigueur du Code civil du Bas-Canada, bénéficiait d'un privilège non encore périmé pour des travaux faits sur un immeuble doit procéder à son inscription, comme hypothèque légale, dans les trente jours de cette entrée en vigueur[192].

83. Cette hypothèque légale ne peut être radiée si le bénéficiaire intente et publie une action ou inscrit un préavis d'exercice d'un droit hypothécaire dans les six mois de l'inscription de l'avis initial[193]. Cette disposition modifie sensiblement le droit actuel et risque de provoquer des abus déplorables. Sous le droit actuel, le bénéficiaire doit exercer un recours judiciaire dans un délai de trois ou de six mois pour éviter toute extinction de ses droits privilégiés; sous le Code civil du Québec, il lui suffira de publier un préavis d'exercice sans même obtenir au préalable un jugement confirmant ses droits. À défaut d'inscription d'un préavis d'exercice ou d'un recours judiciaire dans ce délai de six mois de l'inscription de l'avis initial, l'hypothèque légale peut être radiée à la demande de tout intéressé[194].

84. L'hypothèque légale prend rang, avant toute autre hypothèque publiée, pour la plus-value apportée à l'immeuble[195]. Cette plus-value se limite à la plus-value globale donnée à l'immeuble amélioré par les divers travaux accomplis[196]; elle ne saurait être différente ou variée pour les divers créanciers bénéficiaires de cette mesure de protection. Elle primerait donc toute hypothèque pour la plus-value apportée sur l'immeuble mais serait primée par les priorités, dispensées de toute publicité. Les bénéficiaires de l'hypothèque légale bénéficient tous du même rang; ils viennent en concurrence à ce rang, au *pro rata* de leurs créances, contrairement au Code civil du Bas-Canada qui prévoyait un sous-ordre de collocation[197]. Ce paiement proportionnel se fera, bien sûr, au détriment de l'ouvrier.

Sous-par. 3. Le syndicat des copropriétaires pour les contributions aux charges communes et au fonds de prévoyance (art. 2729 C.c.Q.)

85. Le syndicat des copropriétaires bénéficie d'une hypothèque légale en vue de protéger les contributions aux charges communes et au fonds de prévoyance qu'il peut prélever lors de la gestion d'un immeuble détenu en copropriété divise. Le syndicat des copropriétaires désigne la collectivité des copropriétaires et jouit de la personnalité morale. Il voit à la conservation de l'immeuble, à l'entretien et à l'administration des parties communes. Il veille à la sauvegarde des droits afférents à l'immeuble et s'occupe des opérations d'intérêt commun[198]. Il voit à cet effet au prélèvement de la contribution aux charges communes consacrée à l'exploitation de l'immeuble[199] et à la constitution d'un fonds de prévoyance destiné aux réparations et aux remplacements majeurs[200].

86. L'hypothèque légale peut affecter la fraction de tout copropriétaire en défaut d'acquitter pendant plus de trente jours sa contribution aux charges communes ou au fonds de prévoyance. Elle est soumise à l'inscription d'un avis indiquant la nature de la réclamation, le montant exigible au jour de l'inscription de l'avis, le montant prévu pour les charges et les créances de l'année financière en cours et celles des deux années qui suivent[201].

87. Elle est valide pour une période de trois années à compter de la date de son inscription sur la fraction grevée. Elle est conservée par l'inscription dans ce délai de trois ans d'un préavis d'exercice d'un recours hypothécaire ou de celui d'une action en justice[202].

Sous-par. 4. Le créancier judiciaire (art. 2730 C.c.Q.)

88. Le créancier bénéficiaire d'un jugement portant condamnation à verser une somme d'argent ou des aliments[203] bénéficie d'une hypothèque légale sur les biens, meubles ou immeubles, de son débiteur. Contrairement à l'ancien droit qui limitait l'hypothèque judiciaire aux biens immeubles, présents et futurs[204], le créancier judiciaire sous le nouveau Code bénéficie d'une hypothèque sur les biens meubles et immeubles, présents et futurs de son débiteur. L'hypothèque légale conserve un caractère conservatoire et n'est pas une mesure exécutoire[205]. Cette hypothèque légale est inscrite par voie d'un avis désignant le bien grevé et le montant de l'obligation sur les registres appropriés. Dans le cas de rentes ou de versements d'aliments, l'avis précise le montant des versements et l'indice d'indexation. L'avis a été au préalable signifié au débiteur; copie du jugement et preuve de la signification au débiteur sont produites avec l'avis au bureau de la publicité[206].

Section 5. Certains changements majeurs aux pratiques actuelles dans le domaine de l'hypothèque immobilière

89. Le Code civil du Québec propose certaines règles particulières pour l'hypothèque conventionnelle immobilière. Il maintient l'exigence de la forme notariée portant minute et en précise d'ailleurs la sanction, soit la nullité absolue. L'exigence de la forme authentique pour l'hypothèque immobilière est nettement justifiée dans un contexte du maintien du droit civil comme système de droit privé. Le Code civil du Québec maintient également l'exigence de la spécialisation quant à l'immeuble, soit affecté individuellement, soit grevé dans le cadre d'une universalité. Enfin, l'hypothèque d'un immeuble peut également porter sur les loyers, présents et à venir, de même que sur les indemnités versées au lieu et place de ses loyers.

90. Les conventions hypothécaires comportent généralement une cession des loyers à titre de garantie additionnelle. Aux termes de l'article 2695 C.c.Q., «[s]ont considérées comme immobilières l'hypothèque des loyers, présents et à venir, que produit un immeuble, et celle des indemnités versées en vertu des contrats d'assurance qui couvrent ces loyers.» Cette disposition considère la cession des loyers comme une hypothèque immobilière; elle est soumise à la publicité au registre foncier. L'hypothèque des loyers requerra une stipulation à cet effet dans la convention hypothécaire car elle ne découlera pas implicitement de l'hypothèque de l'immeuble, contrairement à ce que prévoyait l'article 316 du titre Des Biens du rapport de l'Office de révision du Code civil. Elle ne sera pas soumise au régime de l'opposabilité des créances contrairement à ce que prévoyaient les divers projets de réforme[207]. La clause d'assurance-incendie, qui prévoit l'obligation de l'emprunteur d'assurer l'immeuble hypothéqué et de faire insérer à la police d'assurance la clause hypothécaire, conserve également sa raison d'être.

91. Il en va tout autrement de la clause de dation en paiement; la prise en paiement du bien hypothéqué est soumise à des règles impératives. Cette prise en paiement supplante la clause traditionnelle de dation en paiement considérée sans effet si elle est consentie pour garantir l'exécution d'une obligation[208]. La prise en paiement ne peut, contrairement à la clause actuelle de dation en paiement, être invoquée si le débiteur a déjà acquitté au moins la moitié de l'obligation principale garantie; elle peut être toutefois exercée en ce cas avec l'autorisation judiciaire. Le créancier qui se prévaut de la prise en paiement prend l'immeuble affecté des hypothèques antérieures à la sienne mais libre des hypothèques publiées après la sienne. Il peut être contraint de désintéresser des créanciers de rang antérieur qui veulent faire échec à son recours; il ne peut pas réclamer de son débiteur de lui rembourser tout paiement fait à un créancier de rang antérieur ni à un créancier prioritaire en vue de les désintéresser[209].

Conclusion

92. En conclusion, ce nouveau droit des sûretés retient le cadre général de l'hypothèque, une institution proprement de droit civil et s'est éloigné d'une présomption générale d'hypothèque comme prévue au *Code uniforme de commerce.* Aussi, l'interprétation des textes du nouveau droit des sûretés doit aller au-delà des sources ou au-delà des emprunts étrangers; elle doit viser à une interprétation du Code civil du Québec comme un tout cohérent et adapté à la société québécoise[210]. Bien que certaines dispositions s'inspirent de textes américains comme l'*Uniform Commercial Code* ou de règles en vigueur dans les autres provinces canadiennes comme le *Personal Property Act* de l'Ontario[211], «les tribunaux se doivent d'assurer [au droit des sûretés] un développement qui reste compatible avec l'ensemble du droit civil québécois, dans lequel il s'insère», comme le soulignait en ces termes Madame la juge L'Heureux-Dubé pour le droit des assurances. Elle poursuivait cette réflexion: «Ainsi, si les arrêts de juridictions étrangères, nommément l'Angleterre, les États-Unis et la France, peuvent avoir un certain intérêt lorsque le droit y est fondé sur des principes similaires, il n'en reste pas moins que le droit civil québécois a ses racines dans des préceptes qui lui sont propres et, s'il peut être nécessaire de recourir au droit étranger dans certains cas, on ne saurait y puiser que ce qui s'harmonise avec son économie générale.»[212] M. le juge Baudouin, dans un arrêt pertinent aux dispositions sur le patrimoine familial, souhaite une interprétation «compatible avec l'ensemble du droit et du Code civil[213]».

93. Aussi, la mise en oeuvre de ce nouveau droit des sûretés doit tenir compte d'«un principe supérieur de justice contractuelle[214]» qui inspire l'ensemble du Code civil du Québec. Cette justice contractuelle recherche un nouvel ordre économique de protection[215] axé sur la bonne foi des parties tant dans la formation que dans l'exécution du contrat[216]. Le droit des obligations implante une réglementation destinée à annuler les clauses illisibles ou abusives[217]. Le droit des sûretés interdit les clauses abusives rencontrées auparavant dans les conventions hypothécaires comme les clauses d'indemnité excessive. Il réglemente l'exercice de la prise en paiement au lieu et place de la dation en paiement de l'ancien droit. Il impose aux recours hypothécaires un cadre rigide.

94. Les parties au contrat doivent se conformer à une obligation de conduite raisonnable:

> En effet, quant aux relations contractuelles, une obligation générale de bonne foi, émanant de l'art. 1024 C.c.B.C., a été reconnue par la jurisprudence (dont Banque Nationale du Canada c. Soucisse, [1981] 2 R.C.S. 339, Banque de Montréal c. Kuet Leong Ng, [1989] 2 R.C.S. 429, et Houle, précité de cette Cour) et la doctrine. Elle est désormais consacrée à l'art. 1375 du nouveau Code civil du Québec, [...]. Cette obligation de bonne foi procède de la même source que l'obligation générale de bonne conduite sanctionnée par l'art. 1053 C.c.B.C., et il va sans dire qu'une partie à un contrat doit se conduire tout aussi raisonnablement et avec la même bonne foi à l'égard des tiers qu'à l'égard des autres parties contractantes[218].

Comme premier corollaire, il en résulte une obligation de renseignement et d'information, consacrée expressément au titre du cautionnement mais qui pourrait être invoquée dans les divers contrats de sûretés réelles. Cette obligation de renseignement s'inscrit dans le «rééquilibrage au sein du droit civil. Alors qu'auparavant il était de mise de laisser le soin à chacun de se renseigner et de s'informer avant d'agir, le droit civil est maintenant plus attentif aux inégalités informationnelles, et il impose une obligation positive de renseignement dans les cas où une partie se retrouve dans une position informationnelle vulnérable, d'où des dommages pourraient s'ensuivre. L'obligation de renseignement et le devoir de ne pas donner de fausses informations peuvent être conçus comme les deux facettes d'une même médaille[219].» Comme second corollaire, il en résulte une obligation de conduite raisonnable, non abusive, ni préjudiciable, ni malicieuse, dans la réalisation des sûretés exprimée sous l'ancien droit dans l'arrêt *Banque Nationale du Canada* c. *Houle*[220] et codifiée de façon générale à l'article 7 C.c.Q.

Titre 2. Le régime hypothécaire sous le Code civil du Québec

95. Le régime hypothécaire du nouveau Code témoigne d'une inversion marquée des principes fondamentaux traditionnels en droit des sûretés. L'unicité du concept hypothécaire cache une diversité de modalités de constitution d'hypothèques. L'agencement des diverses modalités fait du nouveau régime hypothécaire une véritable «auberge espagnole». La flexibilité du nouveau droit s'oppose ici aux contraintes de l'ancien droit qui prévalaient lors de la création des sûretés réelles mobilières ou immobilières. L'unicité du concept hypothécaire a de sérieuses implications pour les modalités de réalisation des biens grevés. La réglementation stricte des droits des divers créanciers hypothécaires et du constituant dénote un revirement notable par rapport à l'ancien droit: le nouveau droit se révèle davantage contraignant dans les modalités de réalisation par rapport à une liberté plus significative de l'ancien droit. Le nouveau droit loge aux enseignes de la flexibilité dans la création des sûretés mais aussi de la contrainte dans leur réalisation.

96. Le Code civil du Québec propose un régime commun aux hypothèques mobilières et immobilières. Nous verrons d'abord le régime général de l'hypothèque puis nous étudierons de façon plus spécifique le régime applicable aux diverses espèces d'hypothèque telles l'hypothèque immobilière, l'hypothèque mobilière, l'hypothèque ouverte et l'hypothèque sur l'universalité de biens.

Chapitre 1. Le régime général de l'hypothèque

97. Ce chapitre présente d'abord les notions générales de l'hypothèque, ses effets entre les parties et à l'égard des tiers, et les conséquences de certains événements comme la cession de rang, la cession de créances et la subrogation.

Section 1. Notions générales

Par. 1. Nature de l'hypothèque

Sous-par. 1. Définition de l'hypothèque

98. Le Code civil du Québec reconnaît une seule sûreté réelle, l'hypothèque définie à l'article 2660 C.c.Q[221]. Cette définition reprend en majeure partie l'article 2016 du Code civil du Bas-Canada. Ces deux articles énoncent le caractère réel de l'hypothèque, limité à l'article 2016 C.c.B.C. aux immeubles, étendu à l'article 2660 C.c.Q. à tout bien, meuble ou immeuble. Ils énoncent également en des termes différents le caractère accessoire de cette sûreté, affectée, d'après l'article 2016 C.c.B.C. à «l'acquittement d'une obligation» mais d'après l'article 2660 C.c.Q. à «l'exécution d'une obligation». Ils en précisent le droit de suite en des termes identiques, c'est-à-dire «le droit pour le créancier de suivre le bien en quelques mains qu'il soit». Le droit nouveau étend les recours conférés au créancier hypothécaire qui bénéficie d'un droit de prise en possession ou même de prise en paiement du bien hypothéqué. Ils énumèrent les modalités d'exercice de leur droit de préférence plus variées sous le nouveau droit que sous l'ancien. Ils s'en rapportent tous deux à une priorité déterminée par la loi, *i.e.* «préféré sur le produit de cette vente suivant le rang fixé dans le présent code[222]».

Sous-par. 2. Caractères généraux de l'hypothèque

99. Tout comme sous l'ancien droit, l'hypothèque présente un caractère accessoire; elle est destinée à garantir l'exécution d'une obligation principale. Elle s'oppose à tout démembrement du droit de propriété ou à tout droit réel principal. Ainsi, la nullité de l'obligation principale entraîne celle de l'hypothèque. L'extinction de l'obligation principale entraîne également la disparition de l'hypothèque. Dans les circonstances prévues à l'article 2797 C.c.Q., l'hypothèque, déjà éteinte une première fois par le paiement de la dette initiale, peut renaître pour garantir une nouvelle dette. De plus, l'hypothèque est affectée des mêmes modalités que celles de l'obligation principale: elle peut être conditionnelle, éventuelle ou à terme. En outre, la transmission de la créance garantie entraîne celle de l'hypothèque. La cession de la créance emporte celle des accessoires;

le cessionnaire bénéficie donc de l'hypothèque consentie par le débiteur au cédant[223]. La subrogation permet également au créancier subrogé de bénéficier des sûretés qui assortissent la créance. La subrogation ou la cession doivent être publiées, dans le cas de l'hypothèque immobilière, au bureau de la publicité foncière, dans le cas de l'hypothèque mobilière, au registre des droits personnels et réels mobiliers[224]. Un état certifié de cette inscription de la cession ou de la subrogation doit être remis au débiteur cédé ou subrogé[225]. En revanche, l'hypothèque peut disparaître mais la créance subsister en totalité ou en partie: ainsi, la vente sous le contrôle de la justice ne peut s'opérer à charge d'hypothèque[226]. De plus, le créancier peut renoncer à son hypothèque mais conserve ses droits à titre de créancier chirographaire.

100. L'hypothèque est indivisible; elle subsiste, comme le précise l'article 2662 du C.c.Q., «en entier sur tous les biens qui sont grevés, sur chacun d'eux et sur chaque partie de ces biens, malgré la divisibilité du bien ou de l'obligation». C'est sans doute une application de cette règle que l'on retrouve à l'article 2673 C.c.Q. voulant que tout meuble nouveau provenant de la transformation ou du mélange de plusieurs biens meubles sera hypothéqué tout comme l'étaient les biens meubles qui ont servi à cette transformation ou à ce mélange. C'est également une application de cette règle que l'on retrouve à l'article 2753 C.c.Q. à l'effet que le créancier dont «l'hypothèque grève plusieurs biens peut exercer ses droits hypothécaires, simultanément ou successivement, sur les biens qu'il juge à propos».

101. Certes, une exception à cette règle de l'indivisibilité est prévue au chapitre de la copropriété divise d'un immeuble voulant que:

> Malgré les articles 2050 et 2662, l'hypothèque, les sûretés additionnelles qui s'y greffent ou les priorités existantes sur l'ensemble de l'immeuble détenu en copropriété, lors de l'inscription de la déclaration de copropriété, se divisent entre les fractions suivant la valeur relative de chacune d'elles ou suivant toute autre proportion prévue[227].

Par 2. Espèces d'hypothèque

102. Cette définition englobe l'hypothèque autant mobilière qu'immobilière, celle autant avec dépossession que sans dépossession. Elle s'éloigne substantiellement de l'ancien droit. On précise fort bien à l'article 2665 al. 2 C.c.Q. que l'hypothèque mobilière peut avoir lieu «avec dépossession ou sans dépossession du meuble hypothéqué». Cette précision n'est pas mentionnée pour l'hypothèque immobilière, ce qui impliquerait la disparition juridique de l'antichrèse. L'on y ajoute que l'hypothèque mobilière avec dépossession peut être appelée «gage». Aux termes de l'article 2664 C.c.Q., «[l]'hypothèque n'a lieu que dans les conditions et suivant les formes autorisées par la loi»; elle est soit conventionnelle soit légale. Enfin, l'hypothèque conventionnelle peut en certaines circonstances être ouverte, c'est-à-dire suspendue quant à ses effets; elle peut affecter, à la fois, des meubles et des immeubles[228]. Le Code civil du Québec ne retient pas l'hypothèque testamentaire que prévoyaient les articles 880 al. 4 et 2045 C.c.B.C. Les hypothèques testamentaires créées sous l'ancien droit sont considérées comme des hypothèques conventionnelles[229].

103. L'hypothèque peut également affecter autant une universalité de biens que des biens individualisés. Elle peut porter sur des biens tant futurs que présents.

104. L'hypothèque peut grever soit un ou plusieurs biens particuliers, corporels ou incorporels, soit un ensemble de biens compris dans une universalité[230].

105. L'hypothèque ne peut grever des biens insaisissables[231]. Cette règle est-elle vraiment de droit nouveau? Tous les biens d'un débiteur constituent le gage commun de ses créanciers pour l'exécution de ses obligations. Echappent à cette règle de la saisie les biens insaisissables. Or, l'insaisissabilité peut être d'ordre public: aussi, son bénéficiaire ne saurait renoncer à l'insaisissabilité décrétée par la loi. De même, l'insaisissabilité peut être d'ordre privé: en ce cas, le bénéficiaire peut accepter que les biens puissent être saisis par ses créanciers à la satisfaction de ses obligations. Ainsi, les instruments de travail nécessaires à l'exercice d'une activité professionnelle sont soustraits à la saisie par la loi; ils peuvent toutefois être saisis par un créancier détenant une hypothèque sur ces biens[232]. Dans la même veine, le donateur ou le testateur peut prévoir l'insaisissabilité des biens donnés ou légués en conformité de l'article 2649 C.c.Q. Sous le Code civil du Québec, l'insaisissabilité stipulée dans un acte à titre gratuit présente essentiellement un caractère relatif: elle doit être temporaire et justifiée par un intérêt sérieux. De plus, cette stipulation n'est opposable aux tiers que sous réserve de sa publication aux registres appropriés. Quant aux biens meubles qualifiés d'insaisissables à la suite d'une donation ou d'un legs exécutés avant l'entrée en vigueur du nouveau Code, ils ne conservent cette qualité que sous réserve d'un avis inscrit au registre des droits personnels et réels mobiliers dans un délai déterminé[233].

106. La règle énoncée à l'article 2668 C.c.Q. n'est pas aussi contraignante qu'elle le laisse paraître à première vue. Ne pourront être hypothéqués les biens insaisissables en raison d'un intérêt public. Pourront être hypothéqués les biens insaisissables en raison d'un intérêt privé. Sous l'ancien droit, le fait de nantir ou d'hypothéquer des biens déclarés insaisissables par un donateur ou un testateur entraînait une renonciation implicite à cette insaisissabilité au profit du créancier, bénéficiaire de la sûreté[234]. Sous le nouveau Code, certains biens, comme les instruments de travail nécessaires à l'exercice d'une profession, sont insaisissables; ils peuvent néanmoins être saisis par un créancier détenant une hypothèque sur ces biens. Nous croyons qu'il en est de même pour divers biens légués ou donnés sous condition d'insaisissabilité: le fait de les hypothéquer implique renonciation à leur insaisissabilité.

107. Les meubles qui garnissent la résidence principale, tout en étant nécessaires à l'usage du ménage, ne peuvent être grevés[235].

108. L'hypothèque s'étend à tout ce qui s'unit ou s'incorpore à la chose, dès l'incorporation. Ainsi, l'hypothèque s'étend sur le meuble nouveau qui résulte de la transformation du bien grevé d'hypothèque comme également au bien «qui résulte du mélange ou de l'union de plusieurs meubles dont certains sont ainsi grevés[236]».

Section 2. Conditions communes d'existence de l'hypothèque conventionnelle mobilière ou immobilière

109. L'hypothèque conventionnelle doit respecter certaines conditions relatives au constituant et à l'obligation garantie.

Par. 1. Le constituant

110. Le constituant peut être le débiteur lui-même ou un tiers[237]. Le débiteur ou le tiers qui affecte un bien à la garantie de la dette d'autrui peut s'obliger personnellement ou limiter leur engagement sur les seuls biens affectés. En principe, le débiteur est obligé personnellement sur tous ses biens[238], en plus d'être tenu comme débiteur hypothécaire sur le bien grevé. Le débiteur peut exceptionnellement convenir avec son créancier de limiter son engagement uniquement aux biens qu'ils désignent[239].

111. Le tiers peut aussi limiter son engagement strictement à la valeur du bien grevé: c'est alors une caution réelle. Ce tiers ne s'oblige pas personnellement: il est tenu strictement à titre hypothécaire, *propter rem*. Dès lors, seul le bien grevé et non l'ensemble de son patrimoine répond de la dette[240]. Les relations entre le créancier et la caution réelle obéissent au régime juridique de la sûreté réelle; celles entre le débiteur principal et la caution réelle sont soumises aux règles du cautionnement. La caution réelle est donc soumise d'abord au régime juridique de l'hypothèque ou du gage. Les règles du cautionnement peuvent s'appliquer à titre supplétif et à défaut de règle contraire de la sûreté réelle. Ainsi, la caution réelle peut soulever le bénéfice de subrogation mais non les bénéfices de discussion et de division. Elle peut invoquer les causes d'extinction du cautionnement ou les recours en remboursement reconnus à la caution ordinaire[241]. La doctrine française décrit ainsi l'étendue de son engagement: «la caution réelle est tenue comme une caution, dans la limite de la valeur du bien grevé[242]».

Sous-par. 1. Capacité du constituant

112. Aux termes l'article 2681 C.c.Q., le constituant doit avoir la capacité d'aliéner. L'hypothèque implique une aliénation partielle ou virtuelle. En cas de défaut, le bien hypothéqué peut être pris en paiement ou vendu à la satisfaction de l'obligation principale.

113. Le célibataire majeur peut grever ses biens de droits réels sans contrainte quelconque.

114. Toute personne mariée peut grever ses biens sans restriction, hormis la résidence familiale et hormis sous le régime de la communauté de biens les biens communs soumis au concours de l'épouse et les biens réservés soumis au concours de l'époux.

115. La résidence familiale sise dans un immeuble de moins de cinq logements ne peut être grevée d'une hypothèque sans le consentement écrit du conjoint non propriétaire[243]. Le conjoint lésé peut toujours poursuivre son conjoint propriétaire qui a passé outre à son consentement en vue d'être indemnisé du préjudice subi; il peut aussi réclamer des dommages-intérêts, non seulement de son conjoint, mais également de tout tiers qui a contribué, par sa faute, à lui causer ce préjudice[244]. Ce recours n'est pas subordonné à l'inscription préalable de la déclaration de la résidence familiale. S'il y a eu préalablement à l'hypothèque inscription d'une déclaration de résidence familiale, le conjoint non propriétaire peut en demander la nullité[245].

116. Précisons d'ailleurs que la prohibition de grever l'immeuble de droits réels sans le consentement du conjoint non propriétaire ne s'applique pas aux immeubles d'au moins cinq logements.

117. S'il y a refus injustifié du conjoint non propriétaire de consentir à l'aliénation ou à l'affectation de droits réels, selon le cas, il est possible d'obtenir l'autorisation judiciaire[246]. Elle est spéciale et pour un temps déterminé[247].

118. Ainsi, est considéré injustifié le refus d'un conjoint non propriétaire de consentir à l'hypothèque de la résidence familiale lorsque le conjoint propriétaire veut mieux rencontrer, par ce prêt hypothécaire, les paiements mensuels de la pension alimentaire et de ses dettes consolidées[248].

119. Diverses situations concernent le mineur ou le majeur protégé. Le mineur de quatorze ans et plus est réputé majeur pour les actes relatifs à son emploi, à son art ou à sa profession.

Il pourrait, donc, être considéré majeur s'il exploite une entreprise de biens ou de services et consentir seul les sûretés permises[249].

120. Le mineur peut être émancipé ou non. La pleine émancipation obtenue par le mariage ou par déclaration judiciaire[250] rend le mineur capable d'exercer, tout comme s'il était majeur, ses droits civils. Il peut accomplir tous actes et contrats, donc hypothéquer ses biens.[251]. Simplement émancipé sur décision judiciaire ou sur déclaration auprès du curateur public, le mineur ne peut hypothéquer un immeuble sans avoir au préalable obtenu l'autorisation du tribunal sur avis du tuteur[252]. Simplement émancipé, le mineur ne peut non plus procéder à un gage, sans avoir suivi ces formalités: le gage serait normalement exigé dans le cadre de prêts ou d'emprunts considérables eu égard à son patrimoine[253].

121. Dans le cas du mineur non émancipé, les sûretés ne peuvent être consenties que par le tuteur sur avis du conseil de tutelle; dans la cas d'une sûreté de plus de 25 000$, l'autorisation judiciaire sera nécessaire[254]. Cette autorisation n'est accordée que pour des fins spécifiques, soit le paiement des dettes, la conservation des biens, l'éducation ou l'entretien du pupille.

122. Le majeur protégé, frappé d'inaptitude totale et permanente, est pourvu d'un curateur. Ce curateur a la pleine administration des biens de son pupille et peut donc les grever de sûretés sans autorisation préalable[255].

123. Le majeur protégé, frappé d'inaptitude partielle ou temporaire, est pourvu d'un tuteur. Ce tuteur a la simple administration des biens de son pupille. Il ne peut en principe consentir de sûretés sur les biens administrés que d'après les modalités de la tutelle au mineur. Le tribunal pourrait en convenir autrement en prenant en considération le degré de capacité du majeur[256].

124. Le majeur protégé peut avoir besoin d'une assistance occasionnelle. Il est alors pourvu d'un conseiller destiné essentiellement à l'assister dans les actes précisés par le tribunal ou à défaut d'indication judiciaire, dans les actes qui excèdent la capacité du mineur simplement émancipé[257].

125. Le Code civil du Québec comporte comme nouveauté certaines règles relatives à l'administration du bien d'autrui. Celui qui est chargé de la simple administration du bien d'autrui peut hypothéquer les biens sous sa gestion avec le consentement du bénéficiaire et en cas d'empêchement de ce dernier, avec l'autorisation du tribunal. L'hypothèque vise certaines fins particulières, notamment le paiement des dettes ou la conservation en valeur du bien[258]. Celui qui est chargé de la pleine administration tel un fiduciaire[259] peut, dans l'accomplissement de sa gestion, hypothéquer les biens administrés[260].

Sous-par. 2 Qualité de propriétaire

126. Aux termes de l'article 2670 C.c.Q., «[l]'hypothèque sur le bien d'autrui ou sur un bien à venir ne grève ce bien qu'à compter du moment où le constituant devient le titulaire du droit hypothéqué». Cette règle s'inspire de l'article 13 de la *Loi sur les connaissements, les reçus et les cessions de biens en stock*, voulant que le cédant ne pouvait céder que les biens dont il était propriétaire; mais la cession de biens futurs ne produisait ses effets qu'au moment où le cédant en devenait propriétaire[261]. L'hypothèque sur le bien d'autrui ou le bien à venir «grève» le bien dès l'acquisition du droit de propriété par le constituant d'après l'article 2670 C.c.Q.; d'après la version anglaise, cette hypothèque «begins to affect it only when the grantor acquires title to the hypothecated right» et d'après l'article 13 L.C.R.C.B.S, elle «n'a effet à l'égard des biens qu'à compter du moment où il devient propriétaire». Ainsi, l'hypothèque existe dès sa constitution. Elle affecte le bien dès son acquisition mais est opposable aux tiers dès son inscription au registre approprié. Reconnaissons comme prémisse que le constituant doit être titulaire du droit hypothéqué. Cette règle sous bien des aspects est de droit nouveau. Sous le Code civil du Bas-Canada, l'affectation de la chose d'autrui était traitée avec beaucoup plus de sévérité dans le domaine immobilier que dans le domaine mobilier. L'hypothèque de la chose d'autrui était frappée de nullité absolue contrairement aux nantissements de la chose d'autrui soumis alors aux règles de la vente de la chose d'autrui. Quant aux biens à venir, la spécialité de l'hypothèque immobilière justifiait pour plus d'un sa nullité. Si l'on ne pouvait en principe nantir un bien à venir, car la dépossession était la règle, diverses sûretés mobilières admettaient l'hypothèque de biens à venir ou de choses futures comme dans le cas du nantissement agricole et forestier et dans le cas de la cession de biens en stock. Comme le Code civil du Québec permet l'hypothèque de biens futurs, la sévérité du Code civil du Bas-Canada disparaît en ce cas.

127. L'hypothèque constituée sur un bien acquis à tempérament, *i.e.* avec réserve de propriété au profit du vendeur jusqu'au paiement complet du prix, peut être valide si l'acquéreur en devient définitivement propriétaire[262]. Ajoutons que, pour être opposable aux tiers, la réserve de propriété d'un bien acquis pour le service ou l'exploitation d'une entreprise doit être publiée[263].

Par. 2. Objet et étendue de l'hypothèque

Sous-par. 1. Hypothèque d'un droit affecté d'une condition

128. Si l'hypothèque est consentie par un propriétaire sous condition résolutoire, l'hypothèque disparaît à l'arrivée de la condition. La condition produit un effet rétroactif tant entre les parties qu'à l'égard des tiers[264].

Sous-par. 2. Hypothèque d'un droit indivis

129. L'indivision peut être volontaire ou involontaire. Volontaire, elle est désignée sous le vocable de copropriété indivise. Elle prend fin par le partage qui, en ce cas, est attributif d'un droit de propriété et non déclaratif[265]. Involontaire, l'indivision successorale prend fin également par le partage qui, en ce cas, conserve un caractère déclaratif.

130. Aux termes de l'article 2679 C.c.Q.,

> [l]'hypothèque sur une partie indivise d'un bien subsiste si, par le partage ou par un autre acte déclaratif ou attributif de propriété, le constituant ou son ayant cause conserve des droits sur quelque partie de ce bien, sous réserve des dispositions du livre Des successions.
>
> Si le constituant ne conserve aucun droit sur le bien, l'hypothèque subsiste néanmoins, mais elle est reportée, selon son rang, sur le prix de la cession qui revient au constituant, sur le

paiement résultant de l'exercice d'un droit de retrait ou d'un pacte de préférence, ou sur la soulte payable au constituant.

Le partage peut survenir à la date prévue à la convention d'indivision ou par anticipation. Le partage est en principe attributif de propriété, sauf dans le cas de l'indivision successorale où il revêt un caractère déclaratif. À la suite du partage, anticipé ou non, consécutif à une indivision, volontaire ou successorale, l'hypothèque sur une quote-part indivise est maintenue si le débiteur qui l'avait consentie ou son ayant cause conserve des droits sur une partie du bien. Si le débiteur ou son ayant cause ne conserve aucun droit sur le bien et que le partage n'est pas anticipé, l'hypothèque est tout simplement reportée sur le prix de l'aliénation qui en tient lieu. Ce pourrait être le prix de la cession consentie, celui résultant d'un droit de retrait ou d'un pacte de préférence ou la soulte à suite d'un échange[266]. Si le partage a lieu par anticipation, le créancier sur une part indivise du bien partagé conserve tous ses droits hypothécaires s'il n'a pas consenti au partage[267].

131. Involontaire, l'indivision survient au décès du propriétaire d'un bien. L'indivision successorale prend fin également par le partage; en ce cas, la règle du caractère déclaratif du partage est expressément maintenue. L'article 884 C.c.Q. reprend la règle bien connue de l'article 746 C.c.B.C.; il prévoit ce qui suit:

> Le partage est déclaratif de propriété.
>
> Chaque copartageant est réputé avoir succédé, seul et immédiatement, à tous les biens compris dans son lot ou qui lui sont échus par un acte de partage total ou partiel; il est censé avoir eu la propriété de ces biens à compter du décès et n'avoir jamais été propriétaire des autres biens de la succession.

Toute situation de partage n'entraînera pas systématiquement les mêmes effets à l'égard des hypothèques qui grèvent les biens soumis au partage.

Sous-par. 3. Possibilité de report de l'hypothèque sur un bien de remplacement ou sur le prix de son aliénation

132. Le report de l'hypothèque est tantôt une conséquence du principe de l'indivisibilité, tantôt une exception à ce principe. L'hypothèque ne s'exerce plus sur le bien initialement grevé mais est reportée sur le produit de son aliénation, sur le bien acquis en remplacement, sur le bien consigné ou sur le bien transformé. Dans le cas d'une hypothèque sur une universalité de biens, l'hypothèque est reportée sur le bien acquis dans le cours des activités de l'entreprise en remplacement d'un bien compris dans cette universalité ou, le cas échéant, sur le prix de son aliénation[268]. Dans le cas de l'hypothèque sur les actions et les valeurs mobilières, l'hypothèque est également reportée sur celles émises lors d'une réorganisation financière de l'entreprise[269]. Dans le cas d'offres réelles ou de consignation, l'hypothèque est reportée sur le bien offert ou consigné à la satisfaction du tribunal[270]. Dans le cas d'hypothèques qui grevaient les composantes d'un nouveau bien meuble, ces hypothèques sont reportées sur ce meuble nouveau pour un paiement proportionnel entre les divers créanciers hypothécaires[271]. Cette dernière hypothèse n'est pas une limite à l'indivisibilité, mais plutôt une conséquence même de ce concept. Enfin, il n'y a pas de report de l'hypothèque de l'universalité de créances sur le prix de réalisation des autres biens hypothéqués faite à la demande des créanciers hypothécaires, ni sur la créance qui résulte d'un contrat d'assurance sur les autres biens du constituant[272].

Par. 3. Obligation susceptible d'être garantie

133. Aux termes de l'article 2687 C.c.Q., l'hypothèque peut être consentie pour quelque obligation que ce soit. Elle peut donc garantir toute espèce d'obligation de faire ou de ne pas faire[273]. Elle peut garantir le paiement d'une somme d'argent, dans le cadre d'un emprunt ou d'une ouverture de crédit[274], garantir l'exécution d'une obligation existante comme celle d'une obligation éventuelle[275] ou même garantir un cautionnement ou un paiement en dommages-intérêts[276].

134. Aux termes de l'article 2688 C.c.Q.,

> [l]'hypothèque constituée pour garantir le paiement d'une somme d'argent est valable, encore qu'au moment de sa constitution le débiteur n'ait pas reçu ou n'ait reçu que partiellement la prestation en raison de laquelle il s'est obligé.
>
> Cette règle s'applique, notamment, en matière d'ouverture de crédit ou d'émission d'obligations et autres titres d'emprunt.

Cette disposition ne fait que reprendre l'article 301 du Projet de Code civil de l'Office de révision relativement aux sûretés réelles. M. le professeur Caron commentait en ces termes cet article du Projet des sûretés réelles:

> Cette disposition vise donc d'une part, à éliminer un doute quant à la validité d'une sûreté créée lors d'une émission d'obligations, c'est-à-dire avant que les créanciers ne se soient véritablement manifestés, et d'autre part, à généraliser la technique de l'ouverture de crédit, qui ne semblait pas faire l'objet d'autre réglementation dans le droit civil qu'en matière de nantissement agricole et forestier [...]. Cette plus grande flexibilité sera utile non seulement en matière d'émission d'obligations mais aussi lors de toutes les modalités d'emprunt par des entreprises commerciales[277].

135. Dans la même veine, il importe de protéger le débiteur au cas de refus du prêteur hypothécaire de remettre les sommes d'argent qu'il s'est engagé à prêter. L'article 2691 C.c.Q. prévoit cette possibilité. Le débiteur peut, en ce cas, obtenir la réduction ou la radiation de l'hypothèque, sur paiement des seules sommes dues.

136. Une situation tout autre peut survenir. La dette a été acquittée mais l'hypothèque n'est pas encore radiée. L'hypothèque peut alors garantir une nouvelle dette; ainsi, en est-il généralement lors d'une ouverture de crédit ou lors d'un engagement en ce sens dans l'acte constitutif d'hypothèque. Aux termes de l'article 2797 C.c.Q., l'hypothèque peut subsister, malgré le paiement de la dette initiale:

> L'hypothèque s'éteint par l'extinction de l'obligation dont elle garantit l'exécution. Cependant, dans le cas d'une ouverture de crédit et dans tout autre cas où le débiteur s'oblige à

nouveau en vertu d'une stipulation dans l'acte constitutif d'hypothèque, celle-ci subsiste malgré l'extinction de l'obligation, à moins qu'elle n'ait été radiée.

Cet article est de droit nouveau et reprend substantiellement l'article 335 du Projet de Code civil de l'Office de révision relativement aux sûretés réelles. Cette disposition était commentée ainsi:

> Cette disposition comble une lacune du droit actuel. En effet, étant donné la règle de l'article 2081 C.c.B.C., l'hypothèque s'éteint elle-même. Il existe cependant de nombreuses situations en vertu desquelles les parties désirent faire en sorte que le montant de l'obligation soit avancé à nouveau au débiteur, même après paiement total ou partiel de la dette, tout en bénéficiant de la sûreté créée à l'origine. Ce sera le cas, par exemple, des ouvertures de crédit.
>
> Cet article permet donc aux parties de convenir, dans l'acte constitutif d'hypothèque, que le débiteur pourra s'obliger à nouveau pour un montant ne dépassant pas le montant mentionné dans cet acte, auquel cas l'hypothèque subsistera même après le paiement total ou partiel de l'obligation. Par le jeu de l'enregistrement, les tiers sont avisés de cette possibilité et ne peuvent donc pas se reposer sur le fait que le débiteur a pu faire des paiements à son créancier pour croire que l'hypothèque se trouve ainsi éteinte pour partie. La règle a été formulée en termes généraux pour permettre à toute personne de s'en prévaloir, aux conditions édictées dans cet article.[278]

137. L'hypothèque doit être précisée quant à la somme pour laquelle elle est consentie[279]. C'est le montant de l'hypothèque comme accessoire qui est visé et non celui de l'obligation principale. Toute hypothèque conventionnelle est soumise à cette exigence, y compris celle constituée en vue de garantir une obligation non déterminée ou incertaine[280]. Cette délimitation de l'hypothèque doit se retrouver dans l'acte constitutif; elle ne doit pas résulter de la jonction de diverses conventions[281].

138. Le taux d'intérêt peut être fixe ou variable. S'il est variable, il doit être possible de déterminer le taux d'intérêt effectif à même les éléments précisés dans l'acte hypothécaire[282]. La publication de l'hypothèque protège les intérêts échus de l'année courante et des trois années précédentes[283]. Tout intérêt échu au-delà de ces trois années et de l'année courante est protégé par l'inscription d'un avis indiquant le montant réclamé[284]. Les intérêts échus et les arrérages dus lors de l'inscription de l'hypothèque bénéficient également de cette protection s'ils sont indiqués dans la réquisition de l'inscription[285].

Section 3. Effets de l'hypothèque

139. Ces effets s'analysent tant à l'égard des parties qu'à l'égard des tiers. Nous étudierons également certains événements comme la cession de rang, la cession de créance et la subrogation sur les droits des créanciers hypothécaires concernés.

Par. 1. Effets entre les parties

140. Aux termes de l'article 2941 C.c.Q, les droits produisent leurs effets entre les parties, encore qu'ils ne soient pas publiés[286].

141. Ni le possesseur ni le constituant ne sont dépouillés du bien grevé[287]. Ils peuvent disposer du bien grevé, soumis aux hypothèques inscrites[288]. Notons une disposition majeure au chapitre de la vente voulant que le vendeur soit tenu de purger le bien des hypothèques qui le grèvent, «même déclarées ou inscrites, à moins que l'acheteur n'ait assumé la dette ainsi garantie.»[289]

142. Ni le constituant ni le possesseur ne peuvent détruire le bien hypothéqué ni en diminuer sensiblement la valeur[290]. Le créancier hypothécaire, advenant une diminution de sa sûreté, peut invoquer à son profit les articles 1514 et 2734 C.c.Q. L'article 1514 C.c.Q. reprend substantiellement l'article 1092 C.c.B.C. Toutefois, le second alinéa de l'article 1514 C.c.Q. étend également la perte du bénéfice du terme au défaut de respecter les conditions qui avaient justifié l'attribution de ce terme au débiteur. L'article 2734 C.c.Q. s'éloigne à certains égards des articles 2054 et 2055 C.c.B.C. La condition d'une intention de frauder est remplacée par le critère de l'utilisation normale du bien ou de celui de la nécessité. La diminution en valeur du bien hypothéqué, tout comme sa destruction physique, donne ouverture à une indemnité compensatoire[291]. Ces recours sont de nature différente. Ainsi, le recours visé par l'article 1514 C.c.Q. découle d'un contrat; en revanche, celui visé par l'article 2734 C.c.Q. suppose un délit. Ces recours ne couvrent pas nécessairement les mêmes situations. Par opposition à l'article 2734 C.c.Q. qui ne s'applique qu'aux seules hypothèques, le recours visé par l'article 1514 C.c.Q. englobe diverses sûretés, tels le cautionnement et les hypothèques. Les détériorations visées par l'article 2734 C.c.Q. supposent un acte positif de la part du constituant ou de l'ayant cause contrairement à l'article 1514 C.c.Q. où suffit l'omission ou la négligence du débiteur lui-même et non celle d'un tiers comme fait générateur de la diminution des sûretés[292]. Le créancier peut exiger le remboursement total de la dette à la suite d'une déchéance du terme en vertu de l'article 1514 C.c.Q.; il ne peut réclamer en vertu de l'article 2734 C.c.Q. que des dommages-intérêts compensatoires destinés à l'indemniser pour la détérioration du bien hypothéqué ou pour une diminution de sa valeur.

Par. 2. Effets à l'égard des tiers

143. À l'égard des tiers, le principe est énoncé à l'article 2941 C.c.Q. selon lequel «la publicité des droits les rend opposables aux tiers, établit leur rang et, lorsque la loi le prévoit, leur donne effet.» En principe, la publicité n'interrompt pas le cours de la prescription; néanmoins, la publicité du droit de propriété d'un immeuble immatriculé en empêche la prescription acquisitive[293].

144. Aux termes de l'article 2969 C.c.Q., il est tenu, pour tout le Québec, un registre des droits personnels et réels mobiliers. Le législateur prévoit la création d'un «registre des droits personnels et réels mobiliers[294]»; y sont inscrits les droits personnels et les droits réels mobiliers soumis à la publicité[295]. La publicité des droits personnels et réels mobiliers se fait par voie d'inscription au registre central[296]. Elle a comme objectif majeur l'intégrité et la sécurité des informations[297]; elle est «le porte-étendard du droit de suite que confère l'hypothèque[298]». L'inscription d'un droit sur le registre des droits personnels et réels mobiliers est présumée connue de celui qui acquiert ou publie un droit sur le même bien[299]. N'oublions pas que, dans le domaine de la publicité mobilière, il est possible d'affirmer que «la publicité des sûretés est la règle» mais «la publicité des titres est exceptionnelle[300]».

145. En revanche, le registre foncier est constitué des livres fonciers et des fiches immobilières pertinentes. L'inscription d'un droit sur le registre foncier à l'égard d'un immeuble immatriculé est réputée connue[301]. S'il porte sur un immeuble non immatriculé, l'inscription d'un droit est simplement présumée connue.

Par. 3. Effets en cas de cession de rang, cession de créances et subrogation

146. Certains événements, comme la cession de rang, la cession de créances et la subrogation, ont un impact sur les modalités de collocation des créanciers hypothécaires. Ces événements sont également soumis à des règles identiques pour les hypothèques conventionnelles, mobilières et immobilières; elles sont tout autant applicables pour les hypothèque légales.

Sous-par. 1. Cession de rang

147. Les créanciers hypothécaires peuvent céder leur rang[302]. Cette cession de rang opère une interversion de rang entre le créancier cédant et le créancier cessionnaire. Cette cession de rang se fait jusqu'à concurrence des créances respectives mais sans nuire aux créanciers de rang intermédiaire. La cession de rang n'est pas soumise à la forme authentique; elle peut être consentie sous seing privé. Elle peut aussi résulter d'un ordre du tribunal en cas de refus d'un créancier de respecter ses engagements et d'accorder priorité. Dans l'arrêt *Kaussen* c. *Scanti Investments Ltd.*, le tribunal soulignait ce qui suit sous l'empire de l'ancien droit, ce qui sera encore valable sous le droit nouveau.

> Dans la cession de priorité, le créancier de l'obligation détient déjà un droit de suite et un droit de préférence mais ce dernier est subordonné au droit d'un autre créancier hypothécaire. La cession de priorité n'a donc pas pour effet de créer les droits qui sont les attributs essentiels de l'hypothèque. Elle ne fait qu'intervertir l'ordre de préférence entre ceux qui détiennent déjà des droits de suite et de préférence (art. 2048 C.c.)

> Aucune disposition de la loi n'exige qu'une telle priorité soit consentie par acte solennel. *Negotium* et *instrumentum* ne se confondent pas ici, comme ils le font pour l'hypothèque. [...] Rien ne s'oppose dès lors que la priorité d'hypothèque soit consentie par équivalence judiciaire si le débiteur de l'obligation refuse de donner priorité selon son engagement.
>
> Il s'agit donc, selon moi, d'un cas où l'exécution spécifique de l'obligation est possible aux termes de l'article 1065 C.c.B.C. À défaut d'exécution spécifique, la priorité pourra être décrétée par jugement[303].

La cession de rang doit être publiée, contrairement à ce qui prévalait sous l'ancien droit[304]. Le Code civil du Québec ne reprend pas formellement la contrainte qu'édictait l'article 468 du Projet de Code civil de l'Office de révision relativement aux sûretés réelles voulant que la cession de rang soit expresse[305]. La nécessité de publier la cession de rang n'entraîne pas à notre avis l'invalidité de la cession tacite; la cession tacite de rang serait tout simplement inopposable aux tiers, faute de publicité.

148. En revanche, la cession de rang a un impact indéniable, non seulement dans l'ordre de collocation lors de la vente sous contrôle de justice, mais également dans l'exercice même des recours hypothécaires. Le rang des créanciers hypothécaires peut déterminer le type de recours exercé et, le cas échéant, le maintien ou la disparition des hypothèques impliquées dans la cession de rang. Si, dans l'ancien droit, la cession de priorité de rang ne s'étendait pas à la clause de dation en paiement, à moins de convention explicite, il en va tout autrement sous le Code civil du Québec: la cession de rang peut nettement influer sur la priorité dans l'exercice des recours hypothécaires. La rédaction des actes de cessions de rang devra être explicite sur les droits conférés aux parties impliquées à l'égard des divers recours hypothécaires.

149. À titre d'illustration, A, B, et C sont créanciers hypothécaires venant respectivement au premier, second et troisième rang. A cède priorité de rang à C. C peut invoquer la prise en paiement, laquelle entraîne la disparition des créances hypothécaires postérieures à C, créancier qui prend le bien en paiement. L'hypothèque de A qui a cédé son rang disparaîtrait. Autre éventualité: A pourrait exiger de procéder à la vente du bien, ce qui entraînerait la disparition des hypothèques antérieures à A et celle de A comme créancier qui a procédé à la vente du bien. A, créancier de troisième rang, verrait son hypothèque de même que celles de B et C disparaître. Autre possibilité: B procède à la vente du bien, ce qui entraîne la disparition de sa propre hypothèque de même que de l'hypothèque de C, de rang antérieur par la cession; toutefois, cette vente ferait subsister l'hypothèque de A, de troisième rang par la cession.

Sous-par. 2. Cession de créances

150. La cession d'une créance s'étend aux accessoires, y compris aux hypothèques[306]. La cession de créances permet donc au cessionnaire de se prévaloir des sûretés qui garantissent l'obligation principale. La cession de créance, assortie d'une hypothèque, peut donc soulever certains conflits de collocation. Il peut survenir plus d'une cession de la même créance hypothécaire. La cession d'une créance hypothécaire, pour être opposable à un cessionnaire subséquent, sera soumise à une double formalité: (1) l'inscription de cette cession, soit au registre foncier dans le cas d'une hypothèque immobilière, soit au registre des droits personnels et réels mobiliers dans le cas d'une hypothèque mobilière, et (2) la remise au débiteur d'un état certifié de cette inscription. La priorité entre différents cessionnaires d'une même créance hypothécaire va à celui qui a accompli avec le plus de diligence les deux formalités de la publicité et de la notification au débiteur cédé[307]. C'est la reformulation de la règle autrefois énoncée à l'article 2127 C.c.B.C. voulant notamment qu'entre divers cessionnaires de la même créance, garantie par hypothèque ou privilège assujetti à l'enregistrement, la priorité allait à celui qui avait accompli avec le plus de diligence les deux formalités de l'enregistrement et de la signification d'une copie de la cession au débiteur cédé.

151. La cession peut être partielle; elle peut laisser subsister un solde au profit du cédant. Cédant et cessionnaire viennent alors en concours sans priorité pour le cédant. Cette règle est clairement énoncée à l'article 1646 C.c.Q. et met un terme aux divergences doctrinales qui subsistaient sous l'ancien droit.

> Les cessionnaires d'une même créance, de même que le cédant pour ce qui lui reste dû, sont payés en proportion de leur créance.[308]

152. La cession partielle peut concerner diverses parties d'une même créance. Alors, les divers cessionnaires seront payés par concurrence sans égard à la date de leurs transports respectifs.

153. La cession partielle peut viser seulement différents cessionnaires d'une même partie de créance. Aussi, pour cette même partie de créance, sera colloqué celui qui aura accompli avec le plus de diligence les formalités d'opposabilité de la cession de créance énoncées à l'article 3003 C.c.Q.

154. La cession de créance peut être accomplie avec garantie de fournir et faire valoir. Cette garantie accorde à son bénéficiaire le paiement par préférence au cédant ou, le cas échéant, à tout autre cessionnaire «en tenant compte, entre eux, des dates auxquelles leurs cessions respectives sont devenues opposables au débiteur[309].»

Sous-par. 3. La subrogation

155. La subrogation, tout comme la cession de créance, permet de bénéficier des sûretés affectées à l'obligation principale. La subrogation, suite au paiement complet de l'obligation principale, permet au tiers subrogé de bénéficier de toutes les sûretés affectées à l'obligation principale[310]. La subrogation conventionnelle à une créance hypothécaire, pour être opposable à un cessionnaire ou subrogé subséquent, sera soumise à une double formalité: (1) l'inscription de cette subrogation, soit au registre foncier dans le cas d'une hypothèque immobilière, soit au registre des droits personnels et réels mobiliers dans le cas d'une hypothèque mobilière, et (2) la remise au débiteur d'un état certifié de cette inscription[311]. La subrogation légale est publiée par la seule inscription de l'acte dont elle résulte ou, en l'absence d'acte, par l'inscription d'un avis à cet effet[312]. S'il y a paiement partiel de la dette, le subrogeant conserve la priorité sur le subrogé pour ce qui lui reste dû[313]. Cette préférence au profit du subrogeant peut être écartée par convention. Elle peut être inversée au profit du subrogé par la stipulation de la garantie de fournir et faire valoir; le subrogé prime alors le subrogeant pour ce qui lui est dû[314]. Elle peut tout simplement être écartée si le subrogeant et le subrogé stipulent un paiement par concurrence[315]. Enfin, la subrogation peut profiter à divers subrogés qui ont acquitté la dette, chacun en partie, soit simultanément soit consécutivement: ces subrogés seront payés en concurrence. L'article 1659 C.c.Q. précise que ces subrogés sont payés à proportion de leur part dans le paiement subrogatoire, sauf convention contraire.

Section 4. Des dispositions transitoires à propos des sûretés consenties avant l'entrée en vigueur du Code civil du Québec

156. Aux termes de l'article 134, 1° de la *Loi sur l'application de la réforme du Code civil,* les sûretés conventionnelles deviennent des hypothèques conventionnelles, mobilières ou immobilières, selon qu'elles grèvent des biens meubles ou immeubles.

157. Les dispositions transitoires entendent appliquer de façon immédiate la loi nouvelle à toutes les sûretés, même à celles consenties antérieurement à l'entrée en vigueur du Code civil du Québec. Il en découle certaines conséquences. Premièrement, cette application immédiate de la loi nouvelle entraîne la transformation des sûretés consenties sous l'ancien droit en des sûretés équivalentes sous le nouveau droit. Deuxièmement, l'application immédiate de loi nouvelle à toutes les sûretés favorise la régularisation des actes annulables sous la loi ancienne mais valables sous la loi nouvelle. Aux termes de l'article 7 de la *Loi sur l'application de la réforme du Code civil,* les actes juridiques entachés de nullité lors de l'entrée en vigueur de la loi nouvelle ne peuvent plus être annulés pour un motif que la loi nouvelle ne reconnaît plus[316]. Troisièmement, cette application immédiate de loi nouvelle trouve également écho dans la réception de l'ordre public contractuel édicté par le nouveau droit. Aux termes de l'article 5 de la *Loi sur l'application de la réforme du Code civil,* les stipulations d'un acte juridique antérieures à la loi nouvelle et qui sont contraires à ses dispositions impératives sont privées d'effet pour l'avenir. Ces conséquences d'une application immédiate de loi nouvelle démontrent une intervention d'office du législateur dans le domaine de la liberté contractuelle. Les conventions de sûretés conclues librement et validement par les parties sous l'empire de la loi ancienne sont substantiellement modifiées par voie unilatérale législative. Toutefois, il y a survie de la loi ancienne à l'égard des sûretés en voie de réalisation lors de l'entrée en vigueur de la loi nouvelle; aux termes de l'article 133 de la *Loi sur l'application de la réforme du Code civil*, les biens affectés d'une sûreté ayant pris naissance sous le régime de la loi ancienne demeurent régis par cette loi dans la mesure où le droit à l'exécution de la sûreté a été mis en œuvre, par l'envoi et la publication des avis requis par la loi ancienne ou, à défaut, par une demande en justice, avant l'entrée en vigueur de la loi nouvelle[317].

158. Quant aux hypothèques consenties sous l'ancien droit, elles demeurent essentiellement des hypothèques immobilières[318]. Les stipulations contractuelles majeures rencontrées dans les contrats de prêt hypothécaire se trouvent substantiellement modifiées. La clause de dation en paiement est privée d'effet dans sa teneur contractuelle; les modalités de prise en paiement du nouveau code, ainsi que les nouvelles modalités de réalisation (vente en justice, prise en paiement, vente par le créancier hypothécaire sur les biens d'une entreprise) doivent recevoir application immédiate. Bien que ces recours hypothécaires soient d'ordre public, il sera possible pour un créancier hypothécaire de poursuivre l'exercice d'une clause de dation en paiement déjà entamé suivant l'article 1040a C.c.B.C. lors de l'entrée en vigueur du nouveau Code[319]. La clause d'indemnité additionnelle est affectée de nullité vu l'article 2762 C.c.Q. qui limite toute indemnité aux intérêts échus et aux frais engagés. La clause de transport de loyers, présents et à venir, considérée sous l'ancien droit comme un nantissement ou une cession conditionnelle de créances, est désormais assimilée à une hypothèque immobilière.

159. Quant aux sûretés mobilières de l'ancien droit, elles sont également converties en des sûretés correspondantes sous le nouveau droit. Elles sont assujetties au renouvellement obligatoire de leur publication au registre des droits personnels et réels mobiliers dans un délai de douze mois de l'entrée en vigueur du Code civil du Québec[320]. De plus, les nantissements mobiliers sans dépossession de l'ancien droit tels les nantissements agricoles, forestiers et commerciaux et les cessions de biens en stock, excluaient expressément les clauses de dation en paiement et limitaient les modalités de réalisation des biens nantis ou cédés en garantie. Dès l'entrée en vigueur du Code civil du Québec, les créanciers, bénéficiaires de ces sûretés, pourront se prévaloir des modalités de réalisation du nouveau droit. À titre illustratif, la clause de prise de possession et de vente aux enchères stipulée dans les contrats de nantissements commerciaux en conformité avec le droit ancien cessera d'avoir effet. Elle sera supplantée par toutes les dispositions du droit nouveau à propos des recours hypothécaires[321]. En outre, les actes de fiducie consentis sous l'empire de la *Loi sur les pouvoirs spéciaux des corporations* comportent un enchevêtrement de garanties mobilières et immobilières qui visent à accorder au fiduciaire la possibilité de prendre possession des biens affectés dès la survenance du défaut du débiteur et qui tendent à en faciliter la réalisation. Ces sûretés conventionnelles seront donc converties en des sûretés correspondantes sous le nouveau droit. Quel régime de sûreté serait-il alors applicable? La conversion des charges fiduciaires sur l'ensemble des biens, actuels et futurs de l'entreprise, peut correspondre tantôt à une hypothèque de l'universalité des biens, meubles et immeubles, présents et à venir, de l'entreprise, tantôt à une hypothèque ouverte sur cette universalité de biens. En certains cas, la charge fiduciaire ne grève spécifiquement que des biens, meubles ou immeubles: la conversion devrait s'opérer dès lors en une hypothèque ordinaire d'un bien, meuble ou immeuble. La conversion quasi systématique que certains seraient portés à opérer des garanties fiduciaires en une hypothèque ouverte serait erronée. En outre, les nouvelles dispositions à propos de l'hypothèque ouverte en limitent l'opposabilité à la publicité de l'avis de clôture contrairement à ce qui prévalait sous l'ancien droit qui rendait les diverses garanties fiduciaires opposables dès leur enregistrement initial sauf règle particulière pour la cession générale de créances[322]. Enfin, le régime de réalisation des biens affectés sera plus contraignant pour le fiduciaire sous le droit nouveau que sous l'ancien droit. Il nous semble que les dispositions transitoires, en ce qui a trait à la transformation des garanties consenties sous la *Loi sur les pouvoirs spéciaux des corporations* en des sûretés correspondantes sous le nouveau droit, recèlent un sérieux risque d'une interprétation tronquée des garanties fiduciaires.

160. Enfin, la *Loi sur les connaissements, les reçus et les cessions de biens en stock* est abrogée[323]; certaines dispositions de la *Loi sur les pouvoirs spéciaux des corporations* sont modifiées, remplacées ou abrogées[324].

Chapitre 2. L'hypothèque immobilière

Section 1. Les conditions d'existence

161. L'hypothèque immobilière est soumise pour sa validité à la forme notariée portant minute[325].

162. Débiteur et créancier bénéficient alors d'un acte authentique. La rédaction de l'acte notarié est soumise à certaines formalités dont l'inobservation entraîne la nullité absolue. Seule, est alors affectée la constitution de l'hypothèque immobilière. Les stipulations relatives à la créance ou aux autres garanties ne sont pas entachées de nullité; elles peuvent valoir comme tout écrit sous seing privé.

163. Ni la promesse de constituer une hypothèque ni la procuration pour constituer une hypothèque ne sont soumises à la forme notariée. Le mandat pour hypothéquer peut être général ou spécial; il doit nécessairement être exprès[326]. Le mandat conçu en termes généraux ne permet pas d'hypothéquer les biens du mandant car il se limite aux actes de simple administration et celui qui est chargé de la simple administration ne peut hypothéquer les biens sous sa gestion sans l'autorisation préalable du bénéficiaire ou du tribunal en cas d'empêchement du bénéficiaire[327].

164. Toute personne peut consentir une hypothèque sur un immeuble qu'elle possède ou qu'elle possédera. Seule, une personne qui exploite une entreprise ou un fiduciaire peut consentir une hypothèque sur une universalité de biens, présents et à venir; il en est de même pour une hypothèque ouverte. L'hypothèque immobilière est sans dépossession. L'antichrèse, hypothèque immobilière avec dépossession sous le Code civil du Bas-Canada, n'est plus mentionnée: cette modalité est donc interdite.

165. L'hypothèque peut être consentie pour garantir toute espèce d'obligation[328], un emprunt, une ouverture de crédit, un cautionnement, une obligation existante, éventuelle ou future[329].

166. Elle est toujours soumise à la règle de la spécialité quant à sa valeur et quant à son assiette. Ainsi, l'hypothèque conventionnelle est consentie pour une somme déterminée[330]. Elle doit désigner de façon précise l'immeuble hypothéqué d'après le numéro donné au lot[331] sur le plan cadastral[332]. L'hypothèque peut porter sur plusieurs lots entiers; en ce cas, chacun des lots entiers doit être désigné individuellement[333]. L'hypothèque peut affecter des parties de lots; en ce cas, chacune des parties de lots doit être désignée d'après ses tenants, aboutissants, et mesures respectifs. Fait majeur à signaler, la désignation par distraction est interdite[334]. Aux termes de l'article 3037 alinéa 2 C.c.Q., «[l]a désignation d'une partie de lot par distraction des parties de ce lot, ou par la seule mention du nom des propriétaires des tenants et aboutissants, n'est pas admise».

167. Elle peut porter sur un ou plusieurs immeubles; elle peut affecter tout autant des biens individualisés que des biens compris dans une universalité. Cette universalité peut comprendre évidemment des biens immeubles, présents et à venir. L'hypothèque ouverte peut évidemment affecter des immeubles présents et futurs, individualisés ou compris dans une universalité[335].

168. L'opposabilité des droits hypothécaires, dans le domaine immobilier, est toujours liée à une désignation précise du bien hypothéqué. Evidemment, c'est le droit de propriété qui est grevé comme tel de l'hypothèque[336]. Ce droit de propriété est susceptible de modalités, notamment la copropriété et la propriété superficiaire[337]. Tout copropriétaire indivis peut hypothéquer ses droits indivis dans l'immeuble[338]. Tout copropriétaire divis peut hypothéquer sa fraction dans l'immeuble détenu en copropriété divise[339]. La propriété superficiaire suppose une division de l'objet du droit de propriété portant sur un immeuble; superficiaire et tréfoncier ont donc des droits de propriété respectifs[340]. Ils peuvent donc hypothéquer leurs droits respectifs ou l'objet de leurs droits respectifs, le tréfonds pour le tréfoncier, les ouvrages ou constructions, appelés traditionnellement superfices, pour le superficiaire[341]. Ce droit de propriété est susceptible de démembrements comme l'usufruit, l'usage et l'emphytéose. Comme le droit d'usufruit est aliénable, il est également hypothécable[342]. Il en est de même de la nue-propriété. Toutefois, l'hypothèque de la nue-propriété ne s'étend pas à la pleine propriété lors de l'extinction de l'usufruit[343]. L'emphytéote a, aux termes de l'article 1200 C.c.Q., tous les droits attachés à la qualité de propriétaire à l'égard de l'immeuble, sous réserve évidemment des limitations qui peuvent lui être imposées par la loi ou par la convention. Il a donc la possibilité d'hypothéquer l'immeuble sous emphytéose. En revanche, le prix de l'emphytéose, jadis appelé canon, n'a plus de caractère immobilier: ce prix est un bien meuble et est susceptible d'hypothèque mobilière[344]. Le bailleur emphytéotique pourrait hypothéquer ses droits de bailleur qui lui permettent de recouvrer l'immeuble, libre des droits et charges consentis par l'emphytéote[345]. N'est pas susceptible d'être hypothéqué le droit d'usage, car ce droit est incessible et insaisissable, sous réserve de convention contraire[346]. Les servitudes réelles, considérées comme accessoires au fonds servant ou au fonds dominant, ne peuvent être hypothéquées de façon distincte. L'hypothèque du fonds dominant s'étend aux servitudes dont ce fonds bénéficie tout comme l'hypothèque du fonds servant affecte les servitudes dont ce fonds est grevé[347].

169. La convention hypothécaire peut comporter certaines garanties accessoires. Comme l'hypothèque d'un immeuble n'entraîne pas l'hypothèque des loyers ni de l'indemnité d'assurance qui couvre leurs pertes, une convention expresse à cet effet est nécessaire.

170. L'hypothèque des loyers, présents et à venir, que produit un immeuble, ainsi que celle de l'indemnité versée en vertu des contrats d'assurance qui couvrent ces loyers, sont considérées comme immobilières[348]; elles doivent être portées au registre foncier. Aux termes des dispositions transitoires, les cessions en garantie de loyers et d'indemnités par suite de leur perte, consenties avant l'entrée en vigueur du nouveau Code, deviennent également des hypothèques immobilières. À défaut d'avoir accompli les mesures d'opposabilité appropriées exigées par l'ancien droit, elles prennent alors le rang de la date d'enregistrement des actes qui les renferment[349].

171. Les indemnités d'assurance dues à l'assuré, par suite de la perte, partielle ou totale du bien, sont attribuées aux créanciers prioritaires ou hypothécaires, selon leur rang sur simple dénonciation de leurs droits par le jeu d'une subrogation légale prévue à l'article 2497 C.c.Q. L'hypothèque conventionnelle qui grèverait l'indemnité d'assurance en cas de perte de l'immeuble assuré est mobilière: elle devrait alors être portée au registre des droits personnels et réels mobiliers. N'oublions pas que la Cour suprême du Canada a déjà étudié la portée de cette subrogation légale de l'article 2497 C.c.Q., alors l'article 2586 C.c.B.C. au même effet; Madame la juge L'Heureux-Dubé écrivait ce qui suit:

> Il faut souligner que le législateur québécois a remédié à cette lacune lors des modifications au droit de l'assurance en 1974, avec l'introduction de l'art. 2586 C.c.B.C., dont le premier alinéa accorde aux créanciers privilégiés la priorité sur le produit de l'indemnité d'assurance: [...].
>
> Cette disposition ne confère cependant au créancier hypothécaire de droit à l'indemnisation que dans la mesure où l'assuré, qui est ici le débiteur hypothécaire dans un contrat d'assurance purement personnel, y a lui-même droit [...]. La faute intentionnelle du débiteur hypothécaire assuré serait donc, en vertu de cette subrogation légale, opposable au créancier hypothécaire. En raison de cette opposabilité, la protection offerte au créancier hypothécaire par l'art. 2586 C.c.B.C. reste incomplète, et donc la clause hypothécaire peut avoir un effet important dans la sauvegarde des droits de ce dernier[350].

Aussi, l'obligation faite au débiteur hypothécaire de maintenir l'immeuble assuré en vue de protéger les intérêts du créancier hypothécaire conserve toute sa pertinence. La clause hypothécaire insérée dans la police d'assurance-incendie est considérée comme l'exécution de l'obligation ou du mandat contracté par le débiteur hypothécaire à l'égard de son créancier. Cette clause hypothécaire crée alors un contrat d'assurance distinct et autonome entre l'assureur et le créancier hypothécaire. Elle rend inopposable au créancier hypothécaire toute perte due à la faute intentionnelle de son débiteur. Il en va de même de la nullité *ab initio* de la police d'assurance constatée en raison des fausses représentations du débiteur lors de la souscription de la police[351]. Cette clause hypothécaire conserve toujours son utilité car elle «accorde des droits supérieurs»[352] à la subrogation légale de l'article 2497 C.c.Q.

172. La convention hypothécaire ne peut comporter certaines clauses destinées à exiger des pénalités ou des indemnités en vue de compenser certaines pertes encourues par le créancier. Ces stipulations d'indemnités additionnelles visent plus spécifiquement le défaut du débiteur de rembourser à échéance sa dette ou le paiement avant échéance de la dette à la suite de la réalisation forcée du bien hypothéqué. Aux termes de l'article 2762 C.c.Q., «[l]e créancier qui a donné un préavis d'exercice d'un droit hypothécaire n'a le droit d'exiger du débiteur aucune indemnité autre que les intérêts échus et les frais engagés». Cette disposition tranche définitivement la controverse qui existait sous le Code civil du Bas-Canada sur la validité des clauses d'indemnités additionnelles dans les conventions de prêt hypothécaire. Ces stipulations sont nulles, vu la teneur prohibitive de l'article 2762 C.c.Q. Sous le Code civil du Bas-Canada, ces clauses d'indemnités additionnelles n'étaient pas invalidées en fonction du droit privé mais strictement en fonction de la *Loi sur l'intérêt*; elles contrevenaient à l'article 8 de la *Loi sur l'intérêt*[353].

Section 2. Les recours du créancier: préférence et réalisation

Par. 1. Préférence du créancier hypothécaire

173. L'hypothèque est soumise, pour son opposabilité, à la publicité. L'hypothèque est portée sur le registre foncier au bureau de la publicité des droits dans le ressort duquel est situé l'immeuble[354]. Elle se fait par la présentation de l'acte lui-même ou d'un sommaire se limitant aux informations prescrites. Elle peut se faire en certaines circonstances au moyen d'un avis. L'avis est prescrit pour porter l'hypothèque de l'universalité sur un immeuble acquis postérieurement à l'acte constitutif ou pour y porter la clôture de l'hypothèque ouverte[355]. Le créancier hypothécaire peut dénoncer son adresse en la manière prescrite par les règlements[356].

174. La sécurité des titres immobiliers est protégée par le système de la publicité foncière. Les hypothèques immobilières sont colloquées d'après la date, l'heure et la minute inscrites sur le bordereau de présentation «pourvu que les inscriptions soient faites sur les registres appropriés[357]». Cette disposition consacre à tout le moins la règle reconnue sous l'ancien droit, voulant que l'hypothèque qui n'est pas portée à l'index des immeubles bien qu'inscrite à l'index de présentation n'est pas validement enregistrée[358]. Le rang de l'hypothèque sur une universalité d'immeubles est déterminé, pour chaque immeuble, d'après la date de l'inscription respective de l'hypothèque sur chacun d'eux[359]. Le rang de l'hypothèque ouverte est déterminé, pour chaque immeuble, d'après la date de l'inscription respective de l'avis de clôture[360].

175. Les hypothèques immobilières ne seront primées dans le rang de collocation que par deux créances prioritaires: (1) les frais de justice et les dépenses faites dans l'intérêt commun et (2) les impôts fonciers dûs aux municipalités et aux commissions scolaires. Rappelons que les créances prioritaires sont dispensées de toute mesure de publicité[361]. Les hypothèques immobilières seront également primées par l'hypothèque légale en faveur des personnes qui ont participé à la construction ou à la rénovation d'un immeuble. Cette dernière doit prendre rang, avant toute autre hypothèque publiée, pour la plus-value apportée à l'immeuble[362]. Elle primerait donc toute hypothèque pour la plus-value apportée sur l'immeuble mais serait primée par les priorités, dispensées de toute publicité.

176. Les hypothèques immobilières peuvent être primées, selon la date respective de leur inscription, par les hypothèques légales. Peuvent dès lors grever l'immeuble à titre de créanciers, bénéficiaires d'une hypothèque légale: l'État pour les dettes fiscales, le syndicat des copropriétaires pour le paiement des charges communes et tout jugement condamnant au paiement d'une somme d'argent.

177. Toute hypothèque, légale ou conventionnelle, prend rang à compter de la date de son inscription sur l'immeuble concerné, pourvu qu'elle tire origine du même constituant alors titulaire du droit de propriété[363]. Toute hypothèque inscrite avant le titre du constituant ne peut recevoir d'effet tant que ce titre n'a pas été inscrit. Aux termes de l'article 2948 C.c.Q., «[s]i plusieurs hypothèques ont été inscrites avant le titre du constituant, elles prennent rang suivant l'ordre de leur inscription respective». L'hypothèque consentie au vendeur dans le titre d'acquisition du constituant prime évidemment les hypothèques consenties par le constituant[364]. Bien que le Code civil du Québec ne contienne pas de règle expresse, l'on peut également en déduire que les créanciers hypothécaires du vendeur priment les créanciers hypothécaires du constituant par l'interprétation conjointe des articles 2946 et 2948 C.c.Q. Enfin, deux dispositions protègent la confiance du public dans le système de la publicité[365]. Aux termes de l'article 2962 C.c.Q., «[c]elui qui acquiert un droit réel sur un immeuble qui a fait l'objet d'une immatriculation, en se fondant de bonne foi sur les inscriptions du registre, est maintenu dans son droit, si celui-ci a été publié». Cette disposition s'aligne sur la jurisprudence québécoise qui a retenu la thèse de l'apparence de droit en vue de protéger les tiers de bonne foi contre des nullités qu'ils ne pouvaient déceler[366]. Il en va de même de l'article 3075 C.c.Q.:

> L'inscription de la radiation faite sans droit ou à la suite d'une erreur est radiée sur ordonnance du tribunal, à la demande de toute personne intéressée.
>
> L'inscription de l'ordonnance ne peut porter atteinte aux droits du tiers de bonne foi qui a publié son droit après la radiation faite sans droit ou à la suite d'une erreur.

Cette disposition s'aligne sur l'arrêt *Caisse populaire Henri-Bourassa* c. *Doucet*[367]. Un créancier hypothécaire de premier rang voit son hypothèque radiée sur présentation d'une fausse quittance. Un autre créancier hypothécaire enregistre une hypothèque conventionnelle alors que l'hypothèque de premier rang est radiée. La radiation de l'hypothèque est subséquemment annulée par jugement; l'hypothèque revit sans toutefois reprendre son rang antérieur. Le créancier hypothécaire qui s'est fié aux registres conserve son rang. Cette disposition protège les tiers qui se sont évidemment soumis à toutes les formalités prescrites par la loi.

178. Certains conflits peuvent survenir du fait qu'un immeuble a été hypothéqué plus d'une fois. Le constituant a consenti plusieurs hypothèques spécifiques sur le même immeuble. Ces hypothèques sont colloquées d'après la date, l'heure et la minute de leur publication respective[368].

179. Le constituant a consenti plus d'une hypothèque sur l'universalité de ses biens, présents et à venir. Ces hypothèques sont colloquées d'après la date de leur publication respective sur l'immeuble grevé[369]. Chacune d'entre elles peut être publiée dès sa constitution car l'immeuble déjà possédé y est déjà désigné dans l'acte constitutif ou inscrite par voie d'un avis pour les immeubles acquis par la suite. L'article 2949 alinéa 2 C.c.Q. prescrit alors une modalité d'inscription qui s'inspire de l'article 2120a C.c.B.C. En effet, «[l]'inscription de l'hypothèque sur les immeubles acquis postérieurement s'obtient par la présentation d'un avis désignant l'immeuble acquis, faisant référence à l'acte constitutif d'hypothèque et indiquant la somme déterminée pour laquelle cette hypothèque a été consentie». Si l'acte constitutif de l'universalité n'a pas été publié dans la circonscription foncière où se trouve l'immeuble acquis postérieurement, l'inscription se fait par voie, non d'un avis, mais d'un sommaire de l'acte constitutif contenant la description de l'immeuble acquis[370].

180. L'hypothèque consentie par une personne qui exploite une entreprise peut soulever une difficulté sérieuse quant à sa collocation. Les articles 2674 et 2675 C.c.Q. visent l'hypothèque qui grève une universalité de biens ou un bien spécifique appartenant à une entreprise sans préciser davantage la nature des biens hypothéqués. Ces articles concernent autant les immeubles que les meubles. Si l'hypothèque sur cet immeuble origine d'une hypothèque sur l'universalité de biens immeubles, elle est dès lors reportée sur le bien qui le remplace ou, à défaut, sur le produit de la vente. Si l'hypothèque sur cet immeuble découle d'une hypothèque spécifique, elle peut être portée sur l'immeuble qui le remplace par voie d'un avis à cet effet. Ces articles ne devraient concerner que les biens meubles; une intervention législative en ce sens est plus que souhaitable[371].

181. Le constituant a consenti plus d'une hypothèque ouverte sur ses immeubles. Plusieurs hypothèques ouvertes affectant le même immeuble prennent rang entre elles suivant la date de leur inscription respective sur cet immeuble, sous réserve de l'inscription également de leur avis de clôture. C'est la jonction des textes des articles 2716 et 2955 C.c.Q. qui permet une telle affirmation. L'article 2716 C.c.Q. requiert l'inscription de l'hypothèque ouverte sur chacun des immeubles visés mais ajoute que l'hypothèque ouverte n'est opposable que par l'inscription de l'avis de clôture. Or, l'article 2955 C.c.Q. précise que, si plusieurs hypothèques ouvertes font l'objet d'un avis de clôture, elles prennent rang suivant leur inscription respective, sans égard à l'inscription des avis de clôture.

182. Peuvent entrer en conflit sur un même immeuble une hypothèque individualisée, une hypothèque ouverte, une hypothèque sur une universalité des biens. Ces hypothèques seront colloquées selon la date de leur inscription respective sur l'immeuble affecté, en ce qui concerne l'hypothèque individualisée et l'hypothèque sur une universalité de biens. L'hypothèque ouverte prendra rang à l'égard des tiers à compter de l'inscription de l'avis de clôture sur l'immeuble en question. S'il y avait plusieurs hypothèques ouvertes portées sur le même immeuble, elles ne seraient opposables aux tiers qu'à compter de la publication de l'avis de clôture, mais entre elles, elles prendraient rang selon leur date respective d'inscription initiale sur l'immeuble[372].

183. S'il s'agit d'un bien meuble, hypothéqué, matériellement attaché à un immeuble, sans y être incorporé, le régime de l'hypothèque mobilière reçoit application. S'il s'agit de fruits et produits du sol ou de matériaux dûment intégrés à l'immeuble, ces biens seront validement affectés par une hypothèque mobilière dès que cesse leur immobilisation. Dès lors, l'hypothèque mobilière sera portée au registre des droits personnels et réels mobiliers. Enfin, il pourrait s'agir d'un bien meuble hypothéqué incorporé à un immeuble. Le changement de nature du bien meuble hypothéqué entraîne l'extinction de l'hypothèque mobilière[373]. Aux termes de l'article 2796 C.c.Q., l'hypothèque mobilière en ce cas «peut subsister à titre d'hypothèque immobilière, si elle est inscrite sur le registre foncier, malgré le changement de nature du bien». Précisons que l'hypothèque mobilière qui affecte un bien meuble incorporé à un immeuble doit être portée au registre foncier par voie d'un avis à cet effet[374]. Ajoutons qu'en cas de conflit entre l'hypothèque mobilière inscrite au registre foncier et l'hypothèque affectant l'immeuble auquel le meuble hypothéqué est incorporé, la priorité de rang est accordée d'après la date de leur inscription respective au registre foncier[375].

Par. 2. Recours du créancier hypothécaire

184. Le créancier hypothécaire peut prendre possession de l'immeuble à des fins d'administration, le prendre en paiement, le faire vendre en justice ou même le vendre de gré à gré, aux enchères ou par appel d'offres. Ces recours supposent le débiteur en défaut et la créance liquide et exigible[376].

Sous-par. 1. Procédures préalables à l'exercice de ces recours

A. Préavis d'exercice

185. Le créancier hypothécaire doit émettre un préavis d'exercice du recours qu'il entend exercer et accomplir les modalités de publicité prescrites[377]. Ce préavis d'exercice est d'abord signifié au débiteur, au constituant et à toute autre personne contre laquelle le créancier souhaite exercer ses droits, puis est inscrit au registre foncier. Sont publiés à la fois le préavis et la preuve de la signification aux personnes concernées. Sous l'empire du droit ancien, la notification pouvait précéder ou suivre l'enregistrement de l'avis de soixante jours en vertu de l'article 1040a C.c.B.C.: le délai de soixante jours ne s'écoulait qu'à compter de l'accomplissement de ces deux formalités. Dans le nouveau droit, la signification du préavis doit nécessairement se réaliser avant sa publication: le délai de soixante jours ne s'écoule qu'une fois publié le préavis accompagné de la preuve de la notification. Ont droit à la signification le débiteur, le constituant ou toute personne qui détient ou a détenu subséquemment à l'inscription de l'hypothèque la propriété du bien ou un démembrement du droit de propriété sur le bien visé. Ne sont sans doute pas visés les divers créanciers hypothécaires car l'officier de la publicité des droits leur notifie la publication d'un préavis d'exercice d'un droit hypothécaire s'ils ont requis l'inscription de leur adresse[378].

186. Ce préavis d'exercice d'un droit hypothécaire par un créancier rejoint les mêmes objectifs que l'avis de soixante jours lors de l'exercice d'une clause de dation en paiement sous le Code civil du Bas-Canada. Aux termes de l'article 2758 C.c.Q., le préavis d'exercice d'un droit hypothécaire rejoint trois objectifs: (1) la dénonciation, (2) l'information et (3) la sommation. Le préavis dénonce le défaut du débiteur d'exécuter ses obligations et la possibilité d'y remédier. Le préavis informe le débiteur ou tout tiers intéressé du montant de la dette hypothécaire en capital et intérêts et précise à la fois la nature du recours hypothécaire entrepris et l'identité du bien affecté. Le préavis somme toute personne en possession du bien de le délaisser dans les soixante jours de son inscription. Le préavis énoncera clairement les contraventions commises: ainsi, il permettra au débiteur ou à tout tiers de remédier aux divers défauts mentionnés[379]. Comme sous l'ancien droit, il suffira de remédier aux seuls défauts visés; il ne saurait être question d'invoquer la déchéance de terme et de réclamer le montant de la dette[380]. Le débiteur, le tiers détenteur ou tout intéressé pourra remédier au défaut mentionné dans le préavis ou rembourser en capital, intérêts et frais engagés la dette due lors de l'exercice d'un recours quelconque. Le créancier ne peut exiger le remboursement total de la dette; toutefois, le débiteur ou tout intéressé peut l'acquitter au complet[381]. Le créancier hypothécaire ne peut exiger que le capital, les intérêts échus et les frais engagés mettant ainsi un terme au débat sur la validité en droit privé des clauses d'indemnité additionnelle stipulées dans les conventions de prêt hypothécaire. Cette mesure s'inspire évidemment de certaines règles énoncées dans le domaine de la protection du consommateur.

187. La publication d'un préavis d'exercice d'un droit hypothécaire protège le créancier hypothécaire qui l'a publié s'il y a aliénation subséquente du bien grevé. Ce créancier peut ignorer l'aliénation subséquente du bien grevé car elle lui est inopposable. Toutefois, il sera tenu de respecter l'aliénation subséquente s'il a accepté le nouvel acquéreur comme débiteur de la dette[382] ou si un montant suffisant couvrant la dette et ses accessoires a été consigné[383].

188. Les recours hypothécaires sont soumis au principe de l'antériorité de rang des créanciers hypothécaires. Un créancier hypothécaire peut invoquer l'antériorité de ses droits à l'encontre d'un créancier hypothécaire de rang inférieur qui publie un préavis d'exercice[384]. De plus, un créancier de rang inférieur peut exiger d'un créancier hypothécaire de rang supérieur que le bien hypothéqué soit vendu sous contrôle de justice ou autrement, au lieu d'être pris en paiement[385]. Les recours hypothécaires présentent un caractère d'ordre public: aux termes de l'article 2748 C.c.Q., «les créanciers ne peuvent, pour faire valoir et réaliser leur sûreté, exercer que les droits hypothécaires prévus au présent chapitre».

B. Délaissement volontaire ou forcé

189. Ces divers recours donnent lieu au délaissement volontaire ou forcé du bien hypothéqué. Il y a délaissement volontaire si le débiteur remet volontairement le bien dans le délai de soixante jours ou s'oblige à le remettre à l'expiration de ce délai. Le délaissement volontaire survenu avant l'expiration du délai de soixante jours ne met pas un terme à ce délai: (1) les créanciers hypothécaires ne peuvent exercer leurs droits hypothécaires avant l'expiration de ce délai de soixante jours aux termes de l'article 2749 C.c.Q. et (2) le créancier hypothécaire qui obtient le délaissement du bien hypothéqué en a la simple administration jusqu'à l'exercice effectif de son recours, d'après l'article 2768 C.c.Q. Le délaissement est forcé s'il émane d'une ordonnance judiciaire émise à la suite du refus de délaisser volontairement. Aux termes de l'article 2765 C.c.Q.,

> [l]e délaissement est forcé lorsque le tribunal l'ordonne, après avoir constaté l'existence de la créance, le défaut du débiteur, le refus de délaisser volontairement et l'absence d'une cause valable d'opposition.
>
> Le jugement fixe le délai dans lequel le délaissement doit s'opérer, en détermine la manière et désigne la personne en faveur de qui il a lieu.

Le délaissement est également forcé par suite de certaines situations d'urgence: le recouvrement de la créance est mis en péril ou le bien risque de se dégrader. Aux termes de l'article 2767 C.c.Q.

> [l]e délaissement est également forcé lorsque le tribunal, à la demande du créancier, ordonne le délaissement du bien, avant même que le délai indiqué dans le préavis ne soit expiré, parce qu'il est à craindre que, sans cette mesure, le recouvrement de sa créance ne soit mis en péril, ou lorsque le bien est susceptible de dépérir ou de se déprécier rapidement. En ces derniers

> cas, le créancier est autorisé à exercer immédiatement ses droits hypothécaires.
>
> La demande n'a pas à être signifiée à celui contre qui le droit hypothécaire est exercé, mais l'ordonnance doit l'être. Si celle-ci est annulée par la suite, le créancier est tenu de remettre le bien ou de rembourser le prix de l'aliénation.

Celui qui demande le délaissement peut être contraint en certains cas de fournir caution que la vente rapportera suffisamment pour désintéresser le détenteur du bien de créances antérieures. hypothécaires ou prioritaires, qui pouvaient grever le bien à son profit ou qu'il aurait acquittées[386]. Cette possibilité se retrouvait dans l'ancien droit à l'article 2073 C.c.B.C. Quelles sont les conditions d'application de ce moyen d'exception? Elles supposent d'abord un tiers détenteur du bien hypothéqué qui n'est pas personnellement tenu à la dette du créancier hypothécaire poursuivant. Elles requièrent ensuite que le détenteur ait acquitté des créances prioritaires ou des hypothèques de rang antérieur au créancier poursuivant ou qu'il ait reçu le bien en paiement d'une créance, prioritaire ou hypothécaire, de rang antérieur. Le détenteur peut alors demander que le créancier poursuivant lui donne caution que la vente du bien se fera à un prix suffisamment élevé pour le désintéresser complètement des créances prioritaires ou hypothécaires qui grevaient le bien à son profit.

Sous-par. 2. Les recours proprement dits

A. La prise de possession à des fins d'administration

190. Comme nouveau recours, le créancier peut prendre possession de l'immeuble à des fins d'administration. Ce recours n'est ouvert qu'au créancier hypothécaire sur les biens d'une entreprise. Le délai en ce cas est de dix jours pour le préavis d'exercice[387]. Le créancier agit à titre d'administrateur du bien d'autrui chargé de la pleine administration[388]. Ses pouvoirs, tout comme ses obligations, sont étendus. Il peut poser tout acte utile soit à la conservation, soit à l'accroissement du bien. Il doit veiller à une saine gestion des biens sous son administration. Il peut se retrouver évidemment en conflit d'intérêts avec d'autres créanciers de l'entreprise: il doit, en conformité de l'article 1310 alinéa 2 C.c.Q., exercer ses pouvoirs dans l'intérêt commun, en considérant tant ses intérêts que ceux des tiers intéressés, créanciers et débiteur. Soulignons également que le titulaire d'une hypothèque ouverte sur une universalité de biens, en ce cas, l'universalité des biens immeubles, peut se prévaloir de ce recours par priorité aux créanciers hypothécaires qui ont publié leurs droits après que son hypothèque ouverte ait été publiée[389].

191. La prise en possession pour fins d'administration constitue essentiellement un remède temporaire. Elle mène au paiement de la dette et ainsi à la remise du bien[390]. Le créancier rend compte de sa gestion et remet tout surplus, une fois acquittés la dette, les intérêts, les dépenses et les frais engagés pour l'administration[391]. La remise des biens est constatée dans un avis publié au registre approprié[392]. Si la dette n'est pas acquittée, la prise en possession pour fins d'administration peut mener à l'exercice d'un autre recours, vente ou prise en paiement. Le créancier doit émettre un nouveau préavis d'exercice du recours hypothécaire pertinent[393]. La faillite de l'entreprise ne met pas fin à la prise de possession pour fins d'administration. Les autres motifs d'extinction de l'administration des biens d'autrui peuvent être invoqués[394].

B. De la vente par le créancier

192. Comme autre nouveau recours, le créancier hypothécaire peut demander, sous réserve du préavis d'exercice à cet effet, que le bien soit vendu sous sa responsabilité. Soulignons qu'aux termes de l'article 2784 C.c.Q., ce recours n'est possible qu'au créancier hypothécaire qui «détient une hypothèque sur les biens d'une entreprise», ce qui exclut un tel recours contre les biens immobiliers d'une personne qui n'exploite pas une entreprise, notamment le simple particulier. La vente peut se faire de gré à gré, par appel d'offres ou aux enchères[395]. À la suite de cette vente, l'acquéreur prend l'immeuble à charge des droits réels qui le grevaient lors de l'inscription du préavis. Fait à souligner, la vente à la demande d'un créancier fait disparaître les hypothèques antérieures à la sienne de même que son hypothèque. Aussi, le produit de la vente sert à payer les créanciers hypothécaires de meilleur rang, puis le créancier hypothécaire qui en a demandé la vente. Si ce créancier n'est pas complètement désintéressé à même le produit de la vente, il conserve un recours personnel contre son débiteur[396]. Les droits réels créés après l'inscription du préavis d'exercice de ce recours ne sont pas opposables au nouveau propriétaire, le créancier ou l'acquéreur selon le cas, à moins que le nouveau propriétaire n'y ait consenti[397].

193. Antérieurement à la vente, le créancier qui procède à la vente agit au nom du propriétaire. Il peut vendre de gré à gré, par appel d'offres ou aux enchères. Il peut vendre les biens ensemble ou séparément[398]. Il doit en toutes circonstances vendre «pour un prix commercialement raisonnable[399]». Il peut solliciter des offres par voie de journaux ou sur invitation; il est alors tenu d'accepter la soumission la plus avantageuse compte tenu du prix et des conditions qui l'assortissent[400]. Il peut vendre aux enchères sous réserve d'en notifier au préalable le constituant, le détenteur du bien et les divers créanciers qui ont publié leurs droits[401]; il répond à toute information demandée par toute personne intéressée.

194. Sont payés à même le produit de la vente les frais encourus, les créances antérieures au créancier qui a requis la vente, puis la créance même de ce créancier hypothécaire. Le produit de la vente devrait donc satisfaire les créances antérieures à celle du créancier qui réalise le bien. Le produit de la vente pourrait ne pas satisfaire le créancier qui en a requis la réalisation: dès lors, ce dernier n'a qu'un recours personnel contre son débiteur pour le solde dû[402]. Divers créanciers pourraient sans doute avoir des droits à faire valoir à la suite de la réalisation du bien grevé; en ce cas, le produit de la vente est déposé au greffe du tribunal compétent. Cette possibilité de requérir le dépôt au greffe devrait être ouverte à tous les créanciers bien que l'article 2789 al.2 C.c.Q. semble la limiter aux créanciers autres que ceux qui priment les droits de celui qui a procédé à la vente. Comme l'acquéreur prend l'immeuble à charge des droits réels qui l'affectaient lors de l'inscription du préavis, il sera tenu de respecter les créances hypothécaires subséquentes à celle du créancier qui a procédé à la vente[403]. Les droits réels créés après l'inscription du préavis de vente sont inopposables à l'acquéreur, sauf consentement de sa part[404]. Tout surplus, s'il en est, est remis au propriétaire du bien vendu, dans les dix jours de la réalisation de la vente.

195. Le débiteur peut donc exiger que le bien soit vendu pour un prix commercialement raisonnable. Il a le droit à une reddition de compte comme à la remise de tout surplus provenant de la vente.

196. Soulignons que cette vente par le créancier ne produit pas les effets du décret. L'acquéreur prend le bien à charge des droits réels qui le grevaient au moment de l'inscription du préavis, sauf créances antérieures au créancier qui procède à la vente, celle du créancier qui a procédé à la vente et tous droits réels inscrits après le préavis en l'absence en ce cas de consentement ou de ratification de sa part[405].

197. Notons que le recours à ce mode de réalisation, si intéressant puisse-t-il paraître, risque d'engendrer la responsabilité du créancier qui s'en prévaut, soit en raison d'un manquement à ses devoirs envers le débiteur telle la vente à rabais[406], soit en raison d'une répartition erronée du produit de la vente en ce qui concerne les autres créanciers.

C. De la vente sous contrôle de justice

198. La vente sous contrôle de justice est accomplie sous la responsabilité de l'autorité judiciaire. Fait à signaler: cette vente sous contrôle de justice peut être accomplie soit de gré à gré, soit par appel d'offres ou aux enchères. Le tribunal désigne la personne chargée de vendre le bien[407]; cette personne agit au nom du propriétaire et doit dénoncer sa qualité à l'acquéreur[408]. La vente ne peut pas être faite à charge d'hypothèque[409] mais elle entraîne les effets de la purge des droits réels[410].

D. De la prise en paiement

199. La prise en paiement de l'immeuble hypothéqué peut également être invoquée. Ce recours se rapproche sous certains aspects de la clause de dation en paiement reconnue sous le Code civil du Bas-Canada. La prise en paiement est un recours conféré par la loi, contrairement à la clause de dation en paiement qui, sous l'ancien droit, nécessitait une convention expresse à cet effet. Les effets de la prise en paiement sont strictement réglementés et les contractants ne pourront pas en modifier la portée[411]; sous l'ancien droit, la clause de dation en paiement voyait ses effets en majeure partie relevés de la liberté contractuelle. La prise en paiement, comme la dation en paiement sous l'ancien droit, éteint l'hypothèque de celui qui s'en prévaut. Les effets de la prise en paiement diffèrent cependant à certains égards de ceux de la dation en paiement. La prise en paiement voit ses effets rétroagir strictement à la date de l'inscription du préavis, contrairement à la clause de dation en paiement qui voyait ses effets remontés entre les parties à la date du contrat de prêt et à l'égard des tiers à la date de son enregistrement. Dans la prise en paiement, les droits réels créés après l'inscription du préavis disparaissent sauf si le créancier y consent. Il en était tout autrement lors de l'exercice de la clause de dation en paiement: les droits réels enregistrés après la convention de prêt hypothécaire disparaissaient rétroactivement. La prise en paiement, comme la dation en paiement sous l'ancien droit, conserve un effet rétroactif: les hypothèques publiées subséquemment à celle du créancier qui invoque la prise en paiement disparaissent, tout comme les hypothèques enregistrées subséquemment à celle qui se prévalait sous l'ancien droit de la clause de dation en paiement.

200. Le créancier hypothécaire qui entend s'en prévaloir émet un préavis d'exercice de ce recours signifié au débiteur et dûment inscrit[412]. Un délai de soixante jours est prévu en vue de permettre au débiteur ou à tout intéressé de remédier au défaut précisé dans l'avis d'exercice[413]. Différents événements peuvent alors survenir. Le débiteur ou tout tiers intéressé peut remédier au défaut dans ce délai ou jusqu'au moment de la prise en paiement; le créancier hypothécaire ne peut exiger que les intérêts et les frais engagés[414]. Cette disposition reprend donc le droit actuel à propos de l'avis de soixante jours émis lors de l'exercice d'une clause de dation en paiement. Le débiteur qui a déjà acquitté au moins la moitié de la dette lors du préavis d'exercice jouit d'une protection additionnelle: la prise en paiement est soumise à l'autorisation judiciaire si le débiteur refuse de délaisser volontairement le bien[415]. D'autres événements peuvent surgir. Ainsi, comme la priorité de rang accorde une priorité d'exercice dans les recours hypothécaires, un créancier hypothécaire de rang antérieur au créancier qui a émis le préavis d'exercice peut invoquer son droit de prise en paiement du bien. En ce cas, il doit invoquer ses droits dans un délai raisonnable et rembourser le créancier subséquent des frais engagés lors de l'exercice de son droit hypothécaire[416]. D'autre part, la prise en paiement entraîne la disparition des hypothèques publiées subséquemment à celle du créancier hypothécaire qui invoque la prise en paiement[417]. Aussi, les droits de ces créanciers hypothécaires subséquents sont également protégés: tout créancier hypothécaire subséquent peut émettre un préavis d'exercice demandant la vente du bien et ainsi faire échec à la prise en paiement[418]. Comme le mentionne l'article 2779 C.c.Q., le débiteur ou les créanciers hypothécaires subséquents peuvent exiger d'un créancier qu'il abandonne la prise en paiement et procède lui-même à la vente du bien ou le fasse vendre sous contrôle de justice. Cette demande exceptionnelle est soumise à des conditions biens précises: (1) elle est sousmise à un avis à cet effet dûment inscrit, (2) elle comporte le remboursement des frais déjà engagés par le créancier pour la prise en paiement ainsi que les frais éventuels pour la vente du bien et (3) elle est assortie d'un cautionnement en vue d'assurer un prix suffisant pour désintéresser complètement le créancier qui demandait la prise en paiement.

201. Quel est le titre de propriété du créancier qui exerce la prise en paiement? C'est, d'après l'article 2781 C.c.Q., le jugement en délaissement ou l'acte volontairement consenti à cet effet. Cet acte de délaissement volontaire doit être en ce cas consenti par celui qui délaisse le bien; il en constate l'abandon de possession au créancier ou le consentement du débiteur à le remettre au moment convenu[419]. Cet acte de délaissement volontaire devrait survenir avant l'expiration du délai de soixante jours[420]; il pourrait tout aussi bien survenir après ce délai. Le délaissement judiciaire est ordonné par le tribunal après avoir constaté le refus non justifié de délaisser[421].

202. Par suite de la prise en paiement, le créancier devient propriétaire de l'immeuble à compter de l'inscription du préavis d'exercice de son droit. L'obligation principale est éteinte, de même que l'hypothèque au profit de ce créancier. Ainsi, le créancier qui prend l'immeuble en paiement doit respecter tous les droits réels affectant le bien sauf les hypothèques postérieures à la sienne de même que les droits réels inscrits après son préavis d'exercice de la prise en paiement. L'inscription de la prise en paiement emporte radiation des droits réels éteints et des préavis émis[422]. Le créancier hypothécaire est privé de toute subrogation s'il paie un créancier prioritaire ou un créancier hypothécaire qui lui est préférable[423]. Il ne peut réclamer ce qu'il paie à un créancier hypothécaire subséquent qu'il désintéresse en vue d'empêcher une vente sous contrôle de justice ou une vente extra-judiciaire. Il ne faut pas oublier qu'en ce faisant le créancier hypothécaire qui exerce la prise en paiement recherche uniquement la protection de ses intérêts et que la prise en paiement libère le débiteur de l'obligation principale.

Section 3. Extinction, prescription et radiation

203. Certaines causes d'extinction tiennent à la créance même. Ainsi, l'extinction ou la nullité de la créance entraîne bien sûr celle de l'hypothèque qui la garantit[424].

204. L'hypothèque peut subsister bien que l'obligation principale soit satisfaite. Si elle est n'est pas radiée, elle peut subsister pour garantir une nouvelle dette dans le cadre d'une ouverture de crédit ou de tout autre prêt[425].

205. L'hypothèque peut disparaître et la créance subsister. Certains événements qui affectent la totalité du bien tels la perte du bien grevé, son changement de nature, sa mise hors commerce, son expropriation entraînent l'extinction de l'hypothèque. N'oublions pas toutefois que l'indemnité d'assurance tient lieu du bien assuré: elle est attribuée aux créanciers prioritaires et hypothécaires suivant leur rang, sur simple dénonciation[426].

206. L'hypothèque peut être radiée à défaut de renouvellement dans les trente ans de son inscription initiale[427]. Le Code civil du Québec reprend toutefois les exceptions énoncées auparavant au Code civil du Bas-Canada à propos de la péremption trentenaire[428]. Ainsi, la radiation d'office ne peut s'appliquer à l'hypothèque immobilière garantissant le prix de l'emphytéose, la rente créée pour le prix de l'immeuble, la rente viagère ou l'usufruit viager, l'hypothèque immobilière constituée en faveur de l'Office du crédit agricole du Québec ou de la Société d'habitation du Québec, celle constituée en faveur d'un fondé de pouvoir des créanciers pour garantir le paiement d'obligations ou autres titres d'emprunt[429].

207. Signalons à propos de la radiation les articles 3063 et 3069 C.c.Q. L'article 3063 C.c.Q. est l'équivalent de l'article 2150 C.c.B.C. La radiation judiciaire d'une inscription au registre foncier[430] peut être obtenue si l'inscription est faite sans droit ou irrégulièrement, sur un titre nul ou informe, ou lorsque le droit inscrit est annulé, résolu, résilié ou éteint par prescription au autrement. Cette demande relative à la radiation judiciaire ne discute pas l'obligation principale mais seulement la validité de l'inscription de l'hypothèque qui l'assortit[431]. Elle est présentée d'après les formalités prévues à l'article 804 C.p.c.[432].

208. L'article 3069 C.c.Q. dispose de la radiation de l'inscription des droits éteints par l'exercice des droits hypothécaires ou par la vente forcée. Elle s'obtient par l'inscription de la vente ou de la prise en paiement. Par voie de conséquence, toutes les inscriptions des procès-verbaux de saisie, des préavis de vente, des préavis d'exercice d'un recours ou d'un droit et, le cas échéant, d'un avis exigeant l'abandon de la prise en paiement en vertu du livre Des priorités et des hypothèques, sont alors radiées d'office. S'il n'est pas procédé à la vente, les inscriptions des procès-verbaux, des préavis et des avis ne sont radiées que par la présentation d'un certificat constatant le fait et délivré par le greffier du tribunal ou par la personne désignée pour procéder à la vente.

Chapitre 3. L'hypothèque conventionnelle mobilière

209. Le Code civil du Québec énonce certaines règles relatives à l'hypothèque conventionnelle mobilière. Rappelons que l'hypothèque mobilière, tout comme l'hypothèque immobilière, peut garantir toute espèce d'obligation[433]. Elle est consentie pour une somme déterminée[434]. Elle exige la capacité d'aliéner[435].

Section 1. Modalités de constitution

Par. 1. Des diverses modalités de constitution

210. L'hypothèque mobilière peut être avec ou sans dépossession.

Sous-par. 1. L'hypothèque mobilière sans dépossession

211. L'hypothèque mobilière sans dépossession doit être constatée par écrit, soit sous seing privé, soit en forme authentique; elle est soumise à l'inscription au registre des droits personnels et réels mobiliers. Rappelons que, sous le Code civil du Bas-Canada, les nantissements sans dépossession comme les nantissements commercial et agricole, ou certaines modalités de sûretés mobilières sans dépossession comme les garanties fiduciaires ou la cession de biens en stock exigeaient tous pour leur validité d'être constatés par écrit. La forme notariée en minute demeure toujours nécessaire pour l'hypothèque consentie par un fiduciaire, une société en commandite ou une personne morale en vue de garantir le paiement d'obligations ou de titres d'emprunt[436].

212. Toute personne morale mais seule la personne physique qui exploite une entreprise peuvent consentir une hypothèque mobilière sans dépossession. Une personne, morale ou physique, qui exploite une entreprise de biens ou de services, peut seule hypothéquer une universalité de biens meubles ou immeubles, présents ou à venir, corporels ou incorporels. Seule la personne qui exploite une entreprise peut «consentir une hypothèque sur un meuble représenté par un connaissement»[437]. Seul le fiduciaire ou une personne qui exploite une entreprise peut consentir une hypothèque ouverte sur les biens de l'entreprise[438].

Sous-par. 2. L'hypothèque mobilière avec dépossession

213. L'hypothèque mobilière avec dépossession, désignée aussi comme gage[439], n'a pas à être constatée par écrit; la dépossession du débiteur par la remise du bien ou du titre concerné suffit comme mesure de publicité tout comme sous le droit du Code civil du Bas-Canada. S'il y a entiercement, c'est-à-dire remise du bien ou du titre à un tiers pour le compte du créancier, cette hypothèque conventionnelle avec dépossession doit alors être constatée par écrit. Aux termes de l'article 2705 C.c.Q., «la détention par le tiers n'équivaut à publicité qu'à compter du moment où celui-ci reçoit une preuve écrite de l'hypothèque». L'hypothèque mobilière avec dépossession peut être consentie par toute personne, sauf exception. Rappelons que si elle affecte un meuble représenté par un connaissement, elle ne peut être consentie que par une personne qui exploite une entreprise[440]. La dépossession au profit du créancier doit être continue et manifeste du gage. Le Code civil du Québec a codifié le principe énoncé dans l'arrêt *Grobstein* c. *Hollander*[441] selon lequel les biens gagés peuvent être retournés temporairement au constituant en vue de les entretenir ou de les réparer. Dans cette affaire, la Cour d'appel du Québec avait maintenu un gage de peaux de fourrure bien que celles-ci fussent retournées de temps à autre au constituant en vue d'en effectuer l'assortiment et l'apprêt. Ainsi, la détention, aux termes de l'article 2704 C.c.Q., demeure continue même «si cet exercice est interrompu, temporairement, par la remise du bien ou du titre au constituant, ou à un tiers, afin qu'il l'évalue, le répare, le transforme ou l'améliore[442]». Une hypothèque mobilière avec dépossession peut être convertie en une hypothèque mobilière sans dépossession. En ce cas, le gage est publié par inscription; le créancier ou le tiers qui détient le bien hypothéqué ne doit pas s'en départir avant l'inscription[443]. Son rang, comme créancier hypothécaire, remonte à la date de la détention du bien hypothéqué et non pas à celle de l'inscription au registre. Si le créancier remet le bien gagé avant l'inscription de l'hypothèque, il perd son gage et l'hypothèque mobilière sans dépossession, nouvellement formée, prend rang à compter de son inscription au registre. La possession exercée par le créancier ou par le tiers convenu tout comme l'inscription au registre des droits personnels et réels mobiliers à défaut de dépossession du débiteur en assure la publicité.

214. Le gage confère au gagiste la détention du bien; le constituant en conserve toujours la propriété. Le gagiste a comme obligation principale la restitution du bien après paiement. Aussi, il doit conserver le bien hypothéqué en vue de sa restitution ou de sa réalisation. Il ne peut s'en servir sans l'autorisation du constituant[444]. Il peut réclamer le remboursement des impenses faites en vue de la conservation du bien car il est responsable de la perte ou de la détérioration du bien imputable à sa négligence[445]. Il ne répond pas de la perte du bien hypothéqué survenue par suite de force majeure ou résultant de la vétusté du bien, de son dépérissement ou de son usage normal ou autorisé[446]. Le gagiste perçoit les fruits et les revenus du bien hypothéqué. Sous réserve de convention contraire, il impute les revenus au paiement des frais, intérêts et capital de la dette mais remet les fruits perçus[447].

215. Le gagiste doit évidemment respecter les modalités d'exercice des recours hypothécaires; il ne bénéficie plus du statut tout à fait exceptionnel que lui conférait l'ancien droit. La possession de la chose nantie permettait au gagiste sous l'ancien droit de faire obstacle aux recours des autres créanciers privilégiés et évidemment des créanciers chirographaires. Cette situation tout à fait exceptionnelle du créancier gagiste n'est plus un attribut de l'hypothèque mobilière avec dépossession sous le nouveau Code. Deux principes y font obstacle: (1) le principe consacré à l'article 2750 C.c.Q. de la priorité de rang dans l'exercice des recours hypothécaires et (2) celui de la prédominance de l'exercice des recours hypothécaires consacré à l'article 2706 C.c.Q. Ainsi, le gagiste ne peut empêcher une procédure de saisie-exécution ni l'exercice par un autre créancier de ses droits hypothécaires. Enfin, le gagiste ne peut plus invoquer la présomption de gage tacite de l'ancien droit[448].

Par. 2. Des divers biens mobiliers hypothéqués

216. Peuvent être hypothéqués les biens meubles corporels, les créances, les titres négociables. Ils peuvent être grevés individuellement ou en «catégorie» dans le cadre d'une universalité. Peut être affecté d'une hypothèque «à peu près n'importe quel bien», présent ou futur[449].

Sous-par. 1- Des biens mobiliers susceptibles d'être hypothéqués autres que les créances

217. Pour les biens corporels, l'hypothèque mobilière est sans ou avec dépossession. Elle doit comporter une désignation suffisante des biens hypothéqués. Sans dépossession, la publicité en est assurée par l'inscription au registre des droits personnels et réels mobiliers. Avec dépossession, la publicité en est assurée par la remise du bien au créancier ou à un tiers convenu sous réserve d'un écrit en ce cas.

218. Peuvent être hypothéqués comme biens meubles les biens corporels matériellement attachés ou réunis à un immeuble, sans y être incorporés et sans perdre leur individualité[450]; ces meubles sont considérés conserver leur nature mobilière pour l'exécution de l'hypothèque. S'il y a défaut, le créancier peut procéder à la réalisation de ces biens meubles, sans être affecté par les hypothèques grevant l'immeuble. En revanche, les biens meubles destinés à être incorporés à un immeuble peuvent être affectés valablement d'une hypothèque mobilière. Dès l'incorporation de ces meubles à l'immeuble, cette hypothèque doit être inscrite au registre foncier; elle subsiste comme hypothèque immobilière et prend rang dès son inscription au registre foncier[451]. Me Daniel Dionne souligne à ce propos ce qui suit:

> Ces articles ne prévoient pas non plus si c'est l'ensemble de l'immeuble qui sera alors grevé, mais je pense qu'il faut répondre par l'affirmative. On aboutit alors au résultat étrange où celui qui aura financé le bien incorporé à l'immeuble, pourra exécuter son hypothèque sur l'ensemble de l'immeuble. Cela peut paraître exagéré, mais c'est comme cela depuis longtemps en matière de privilège ouvrier, quoique les recours sont plus restreints. Par contre, le créancier ayant inscrit son hypothèque mobilière au registre foncier, pourrait ne rien recevoir si l'immeuble est vendu en justice et que le prix d'adjudication ne suffit pas à payer l'hypothèque ou les hypothèques qui grevaient déjà l'immeuble lors de l'inscription de l'hypothèque mobilière au registre foncier. À cet égard, ceux qui participent à la construction d'un immeuble sont dans une meilleure position[452].

219. Peuvent être hypothéqués comme biens meubles des fruits et produits du sol, matériaux et autres choses qui font partie intégrante d'un immeuble. L'hypothèque mobilière a effet dès que ces biens acquièrent une entité distincte; elle prend rang dès son inscription au registre des droits personnels et réels mobiliers[453].

220. Est considéré comme hypothéqué le bien meuble corporel qui résulte du mélange ou de l'union de plusieurs meubles «dont certains sont grevés[454]».

221. L'hypothèque mobilière peut affecter un bien individualisé, aliéné dans le cours des activités de l'entreprise. Elle est reportée soit sur le bien acquis en remplacement ou sur le prix de vente, s'il est identifiable[455]. L'hypothèque mobilière peut affecter un bien individualisé, aliéné en dehors du cours des activités de l'entreprise. L'hypothèque mobilière, inscrite sous le nom du constituant, est maintenue sur ce bien par la production dans les quinze jours d'un avis de conservation au registre des droits personnels et réels mobiliers[456]; ce délai de quinze jours prend son point de départ du moment où le créancier a été informé par écrit du transfert du bien ou du moment où il y a consenti par écrit. L'hypothèque mobilière, qui serait inscrite d'après la désignation du bien, ne nécessiterait pas d'avis de conservation; elle pourrait toutefois faire l'objet d'une publicité sous le nom de l'acquéreur comme semble le suggérer une lecture combinée des articles 2700, 2701 et 2980 C.c.Q.

222. Peuvent être hypothéqués, aux termes de l'article 2684 C.c.Q., divers biens meubles tels les animaux, l'outillage et le matériel d'équipement professionnel, les créances et comptes clients, les brevets et marques de commerce, l'inventaire, les biens meubles destinés à la fabrication, à la transformation, à la vente, à la location ou à la prestation de services dans le cadre de l'exploitation d'une entreprise. Ces biens peuvent être grevés par voie d'une hypothèque spécifique ou par voie d'une hypothèque sur une universalité de biens. L'article 2684 du Code civil du Québec reprend substantiellement le domaine des divers nantissements sans dépossession de l'ancien droit, nantissement commercial, agricole et forestier de même que la cession de biens en stock. Cette disposition frappe par sa clarté et sa simplicité. Elle remplace toutes les divergences qui prévalaient entre ces diverses sûretés, divergences qui concernaient autant les créances susceptibles d'être garanties que les biens susceptibles d'être affectés.

223. Cette disposition, soit l'article 2684 C.c.Q., vise tout particulièrement mais non exclusivement l'hypothèque sur une universalité de biens, meubles ou immeubles, présents et à venir, corporels ou incorporels. Seule, une personne ou un fiduciaire qui exploite une entreprise peut consentir une telle hypothèque. Cette disposition énumère, à titre illustratif et non exhaustif, les biens susceptibles d'être affectés: animaux, outillage ou matériel d'équipement professionnel, créances et comptes-clients, brevets et marques de commerce, meubles corporels fabriqués, utilisés ou transformés destinés à la vente, à la location et à la prestation de services. Peuvent être évidemment affectés les récoltes et autres produits de l'exploitation. L'article 2950 du Code civil du Québec ajoute d'ailleurs que l'hypothèque qui grève une universalité de meubles doit en indiquer la nature; cette hypothèque prend rang à l'égard de chaque bien composant cette universalité dès son inscription sur le registre des droits personnels et réels mobiliers sous la désignation du constituant et sous l'indication de la nature de l'universalité.

224. Cette disposition, à bien des égards, permet de combiner diverses sûretés actuelles et d'affecter l'actif d'une entreprise, sans recourir à un acte de fiducie. L'hypothèque qui ne couvre qu'une universalité ou partie d'une universalité de bien meubles ne demande pas la forme notariée. L'hypothèque sur l'universalité de biens, meubles ou immeubles, diffère substantiellement de l'hypothèque ouverte: elle ne voit pas ses effets suspendus jusqu'au moment du défaut du débiteur ou jusqu'à l'émission d'un avis de clôture. Son opposabilité dépend des modalités usuelles de la publicité au registre des droits personnels et réels mobiliers ou au registre foncier, selon le cas, et non de l'inscription d'un avis de clôture comme cela est exigé pour l'hypothèque ouverte.

225. Peut être affecté un bien meuble représenté par un connaissement. Rappelons que seule une personne qui exploite une entreprise peut hypothéquer un meuble représenté par un connaissement. Rappelons qu'un connaissement est «l'écrit qui constate le contrat de transport de biens[457]». Le connaissement n'est pas nécessairement négociable; la loi ou le contrat peut prévoir son caractère négociable[458]. Négociable, le connaissement peut être simplement endossé et délivré au créancier hypothécaire, dans le cas d'une hypothèque avec dépossession. Autrement, l'hypothèque doit être inscrite au registre des droits personnels et réels mobiliers. Dans les deux cas, elle est opposable aux créanciers du constituant si la remise du titre dans le cas de la dépossession ou l'inscription au registre en l'absence de dépossession est effectuée dans les dix jours qui suivent l'exécution par le créancier de sa prestation[459].

226. Peuvent être affectées les actions du capital-actions d'une personne morale tant dans le cadre d'une hypothèque avec ou sans dépossession. Sans dépossession, cette hypothèque nécessite une inscription au registre des droits personnels et réels mobiliers. Divers événements peuvent survenir relativement à ces actions hypothéquées. Elles peuvent être rachetées, annulées ou converties par la société émettrice. L'hypothèque subsiste sur les actions ou valeurs émises en remplacement par le biais d'une nouvelle inscription au registre des droits personnels et réels mobiliers. Avec dépossession, l'hypothèque est alors constituée par la remise de ces actions au créancier. Comme ce sont généralement des titres négociables par endossement et délivrance, ces formalités doivent être accomplies[460]. Si elles sont simplement rachetées par la société émettrice, le créancier hypothécaire qui les détient perçoit le produit du rachat et l'impute respectivement au paiement des frais, intérêts et capital de la dette[461].

Sous-par. 2. Des créances susceptibles d'être hypothéquées

227. Peuvent être également affectées les créances, soit individuellement soit dans le cadre d'une universalité ou d'une hypothèque ouverte.

228. Hypothéquée individuellement, la créance peut l'être avec ou sans dépossession. Dans les deux cas, l'hypothèque est opposable aux créanciers du constituant si la remise du titre constatant la créance dans le cas de la dépossession ou l'inscription au registre en l'absence de dépossession est effectuée dans les dix jours qui suivent l'exécution par le créancier de sa prestation[462]. Le débiteur de la créance hypothéquée ou le cédé selon les termes usuels ne sera tenu envers le créancier hypothécaire qu'à compter du moment où il en aura connaissance, d'après les modalités des cessions de créances. Ainsi, l'hypothèque d'une créance ne sera opposable au débiteur de la créance hypothéquée que lorsque celui-ci y aura acquiescé ou reçu une copie ou un extrait pertinent de l'acte d'hypothèque ou une autre preuve de l'hypothèque qui soit opposable au constituant[463]. La publication d'un avis dans un journal ne peut être utilisée que si le débiteur ne peut être trouvé au Québec[464]. Dans le cas de l'hypothèque sur une créance elle-même assortie d'une hypothèque mobilière ou immobilière, le créancier bénéficiaire de l'hypothèque doit remettre au débiteur de la créance hypothéquée copie du certificat d'inscription[465]. Si la créance hypothéquée est garantie par hypothèque mobilière, l'inscription est évidemment celle au registre des droits personnels et réels mobiliers. Si la créance hypothéquée est garantie par une hypothèque sur un immeuble, l'hypothèque de cette créance est inscrite au registre des droits personnels et réels mobiliers car il s'agit essentiellement d'une hypothèque mobilière et le rang entre divers créanciers hypothécaires de cette même créance sera déterminé par la date de leur inscription respective à ce registre. Dans le cas toujours de cette créance hypothéquée garantie par une hypothèque immobilière, l'inscription visée par l'article 2712 C.c.Q. paraît se limiter à l'inscription au registre des droits personnels et réels mobiliers. Le débiteur de la créance hypothéquée doit être avisé de l'hypothèque de cette créance dûment inscrite et copie d'un état certifié de l'inscription doit lui être remise. L'inscription pourrait-elle toutefois s'étendre au registre foncier comme semblerait l'indiquer l'article 2970 al. 2 C.c.Q. et n'aurait-il pas d'ailleurs été tout à fait logique d'exiger une telle inscription à ce registre car d'autres événements peuvent affecter la créance hypothéquée qui ne seront portés qu'à ce registre comme les actes de cession ou de subrogation soumis aux articles 3003 et 3004 C.c.Q.? On peut toujours prétendre au soutien du texte actuel de l'article 2712 C.c.Q. qu'un cessionnaire ou qu'un subrogé aux droits du constituant dans la créance hypothéquée, en conflit avec un créancier bénéficiaire d'une hypothèque sur cette créance cédée à un tiers ou payée par subrogation, est un tiers et qu'à ce titre l'inscription au registre des droits personnels et réels mobiliers constitue la seule mesure d'opposabilité de l'hypothèque des créances à l'égard des tiers.

229. L'hypothèque d'une universalité de créances, constituée avec ou sans dépossession, doit être inscrite au registre des droits personnels et réels mobiliers. L'inscription à ce registre en détermine le rang entre les divers créanciers bénéficiaires d'une hypothèque sur la même universalité de créances, assorties ou non de droits hypothécaires, mobiliers ou immobiliers[466]. L'inscription au registre des droits personnels et réels mobiliers suffit pour une hypothèque sur une universalité de créances chirographaires. Outre l'inscription au registre des droits personnels et réels mobiliers, l'hypothèque sur une universalité de créances assorties d'hypothèques mobilières ou immobilières doit être notifiée au débiteur de chacune des créances hypothéquées, elles-mêmes assorties d'une hypothèque mobilière ou immobilière[467]. À nouveau, on peut se demander si l'inscription, dans le cas de l'hypothèque d'une créance, elle-même assortie d'une hypothèque immobilière, devrait également être portée au registre foncier relativement à chacun des immeubles hypothéqués comme il en découle de la jonction des articles 2712 C.c.Q. et 2970 C.c.Q.? En ce qui concerne les débiteurs des créances hypothéquées, l'hypothèque ne leur sera opposable que si elle est portée à leur connaissance d'après les formalités édictées aux articles 1641 et 1642 C.c.Q. Aux termes de l'article 2710 C.c.Q., «le créancier ne peut faire valoir son hypothèque à l'encontre des débiteurs des créances hypothéquées tant qu'elle ne leur est pas rendue opposable de la même manière qu'une cession de créance». Le renvoi aux modalités des cessions de créance ne concerne que l'opposabilité de l'hypothèque des créances aux débiteurs cédés; ces modalités n'affectent pas le rang des créanciers bénéficiaires d'une hypothèque sur les créances ou sur une universalité de créances car ce rang est essentiellement lié à l'inscription au registre des droits personnels et réels mobiliers. On peut citer en opposition à l'article 2710 C.c.Q. l'article 1642 C.c.Q., qui vise autant les débiteurs cédés que les tiers:

> La cession d'une universalité de créances, actuelles ou futures, est opposable aux débiteurs et aux tiers, par l'inscription de la cession au registre des droits personnels et réels mobiliers, pourvu cependant, quant aux débiteurs qui n'ont pas acquiescé à la cession, que les autres formalités prévues pour leur rendre la cession opposable aient été accomplies[468].

230. Les créances peuvent être affectées dans le cadre d'une hypothèque ouverte. L'hypothèque ouverte est alors soumise à la publicité au registre des droits personnels et réels mobiliers[469] et lors du défaut du constituant, elle doit faire l'objet d'un avis de clôture, également soumis à la publicité à la fois au registre des droits personnels et réels mobiliers et dans les journaux[470]. La notification aux débiteurs cédés en conformité avec les règles des cessions de créances peut tenir lieu de la publicité dans les journaux[471]. Quant au rang des hypothèques ouvertes sur les créances affectées, il faut lire en parallèle les articles 2719, 2718 et 2955 C.c.Q. Ainsi, la clôture entraîne les effets de l'hypothèque et l'inscription de l'avis de clôture au registre concerné en détermine le rang à l'égard des tiers, sauf des titulaires d'autres hypothèques ouvertes. Entre différentes hypothèques ouvertes sur les mêmes créances, le rang est déterminé d'après la date de leur inscription respective au registre des droits personnels et réels mobiliers, sans égard à la date de l'avis de clôture.

231. Certaines règles, de portée générale, précisent les droits et les obligations du créancier titulaire d'une hypothèque sur des créances. Elles ont principalement comme objectif de mettre un terme aux tergiversations de la doctrine et de la jurisprudence sous l'ancien droit dans l'analyse des cessions de créances à titre de garantie[472]. Ces règles concernent d'abord la perception des revenus et aussi le paiement du capital de la créance hypothéquée alors que l'hypothèque consentie sur cette créance subsiste toujours. Aux termes de l'article 2743 C.c.Q., le créancier titulaire d'une hypothèque sur des créances en perçoit les revenus et le capital échu. Il peut même donner quittance des sommes remises. Il les impute conformément aux règles générales de l'imputation, sauf stipulations contraires. Il doit remettre au constituant toute somme perçue qui excède l'obligation garantie en capital, intérêts et frais[473], ce qui est conforme à la prohibition générale de toute clause de dation en paiement[474]. Il informe le constituant de tout défaut du débiteur de la créance hypothéquée d'accomplir ses obligations mais il n'est pas tenu d'exercer des recours judiciaires en recouvrement des droits hypothéqués[475]. Comme autre disposition, le créancier titulaire d'une hypothèque sur des créances peut autoriser le constituant à en percevoir les remboursements de capital et d'intérêts. Il lui est permis de retirer au constituant l'autorisation d'en percevoir les remboursements; tel retrait d'autorisation est inscrit au registre des droits personnels et réels mobiliers et notifié au débiteur des créances hypothéquées[476]. Enfin, le créancier bénéficiaire de l'hypothèque comme le constituant ont chacun un intérêt suffisant pour poursuivre en paiement le débiteur de la créance hypothéquée, sous réserve pour le poursuivant de mettre l'autre en cause[477].

Section 2. Les recours du créancier: préférence et réalisation

232. Les créanciers hypothécaires souhaitent s'assurer un rang élevé dans l'ordre de collocation du produit de réalisation du bien mobilier. De plus, ils peuvent voir leurs droits sérieusement mis en péril selon le recours hypothécaire exercé.

Par. 1. Préférence du créancier hypothécaire

233. L'hypothèque mobilière, comme l'hypothèque immobilière, comporte un droit de préférence et un droit de suite. Aussi, certaines règles visent à organiser ces droits de préférence et de suite. Ces règles doivent également tenir compte du principe énoncé à l'article 2671 C.c.Q. voulant que l'hypothèque s'étend à tout ce qui s'unit au bien par accession.

234. L'hypothèque mobilière prend rang à compter de son inscription au registre des droits personnels et réels mobiliers, ou le cas échéant, à compter de la remise du bien ou du titre au créancier[478]. Elle est valable pour dix ans à compter de son inscription au registre ou de son renouvellement. Le gage prend fin évidemment avec la remise de la chose[479]. Il pourrait surgir un conflit entre un créancier qui a inscrit ses droits au registre des droits personnels et réels mobiliers et un créancier qui s'est prévalu de la remise du bien ou du titre: la priorité sera accordée à celui qui le premier a accompli la mesure d'opposabilité aux tiers.

235. Certains aspects ont déjà été abordés à propos de divers événements qui peuvent survenir relativement à un bien meuble hypothéqué. Ainsi, l'hypothèque sur un meuble, qui est incorporé subséquemment à un immeuble, subsiste comme hypothèque immobilière sous réserve d'un avis à cet effet inscrit au registre foncier[480]. S'il y a conflit en ce cas entre divers créanciers hypothécaires, la priorité est déterminée d'après la date de leur inscription respective au registre foncier. À l'inverse, l'hypothèque mobilière pourra valablement affecter des biens comme des fruits et produits du sol, partie intégrante d'un immeuble; il suffira de l'inscrire au registre des droits personnels et réels mobiliers en prévision de leur mobilisation[481].

236. En d'autres circonstances, le meuble hypothéqué est vendu ou remplacé dans le cours des activités de l'entreprise[482]; l'hypothèque, comme on le sait, est reportée soit sur le bien acquis en remplacement ou sur le prix de vente, s'il est identifiable[483]. Si le meuble hypothéqué est aliéné en dehors du cours des activités de l'entreprise, l'hypothèque mobilière, inscrite sous le nom du constituant, est maintenue sur ce bien par la production dans les quinze jours d'un avis de conservation au registre des droits personnels et réels mobiliers[484]; ce délai de quinze jours prend son point de départ du moment où le créancier a été informé par écrit du transfert du bien ou du moment où il y a consenti par écrit. Diverses dispositions assureront la protection des parties impliquées en ce cas: (1) le vendeur est tenu de purger le bien des hypothèques qui le grèvent, même si celles-ci sont inscrites ou déclarées et (2) l'acheteur peut assumer la dette ainsi garantie[485]. Ce fait peut être publié[486] comme cela se fera sans doute si l'hypothèque avait été inscrite d'après la désignation du bien.

238. Diverses hypothèques peuvent affecter des meubles qui, transformés, mélangés ou unis, forment un meuble nouveau. L'hypothèque peut alors être reportée sur ce meuble nouveau et les créanciers hypothécaires seront payés en concurrence et proportionnellement à la valeur respective des meubles transformés, mélangés ou unis[487]. Ces divers créanciers hypothécaires prennent le rang de la première hypothèque qui a été publiée sur l'un des biens, transformés, mélangés ou unis, pour créer le meuble nouveau; ils viennent néanmoins en concurrence à ce rang.

239. En certains cas, l'hypothèque mobilière peut affecter le meuble d'autrui ou un meuble à venir. L'hypothèque prend rang dès sa publication, sous réserve évidemment des droits du vendeur impayé. Le vendeur impayé d'une personne physique qui n'exploite pas une entreprise bénéficie d'une créance prioritaire; il ne pourrait obtenir de l'acquéreur une hypothèque mobilière sans dépossession[488]. Le vendeur impayé en toutes autres circonstances peut obtenir une hypothèque conventionnelle en vue de protéger ses droits. Toute hypothèque conventionnelle au profit du vendeur impayé prime les hypothèques consenties par l'acquéreur sur ce bien meuble. Certaines conditions doivent être respectées. Premièrement, l'hypothèque au profit du vendeur doit être constituée dans l'acte même d'acquisition[489]. Deuxièmement, l'hypothèque au profit du vendeur doit être publiée dans les quinze jours de la vente. Troisièmement, l'hypothèque au profit du vendeur ne prime que les seules hypothèques constituées par l'acquéreur alors que le meuble ne lui appartenait pas ou n'existait pas. Il faut porter une attention particulière à la terminologie de l'article 2954 C.c.Q.; est primée «[l]'hypothèque mobilière qui, au moment où elle a été acquise, l'a été sur le meuble d'autrui ou sur un meuble à venir».

240. Les règles d'opposabilité à propos des créances hypothéquées ont été brièvement exposées préalablement.

Par. 2. Recours du créancier hypothécaire

241. Le créancier hypothécaire sur un bien mobilier a, à sa disposition, les mêmes recours que le créancier hypothécaire sur un bien immeuble: la prise de possession pour fins d'administration, la prise en paiement, la vente par le créancier et la vente sous contrôle de justice[490].

Sous-par. 1. Procédures préalables à l'exercice de ces recours

A. Préavis d'exercice

242. Tout créancier qui entend exercer un droit hypothécaire doit, dans une première étape, produire un préavis au bureau de la publicité des droits avec la preuve de sa signification aux diverses personnes intéressées[491]. Ce préavis est notifié au débiteur, au constituant et à toute personne contre laquelle un recours hypothécaire est exercé[492]. Ce préavis doit comporter des éléments d'information identiques ou similaires à l'avis de soixante jours prévu aux articles 1040a et suiv. C.c.B.C. Ce préavis dénonce tout défaut par le débiteur d'exécuter ses obligations et rappelle le droit, le cas échéant, du débiteur ou d'un tiers, de remédier à ce défaut[493]. Ce préavis indique le solde de la créance en capital et intérêts, fournit une description du bien grevé et en demande le délaissement avant l'expiration du délai alloué. Ce préavis indique également le recours que le créancier entend exercer, une fois expiré le délai imparti pour remédier au défaut. Soulignons également que le créancier ne peut exiger du débiteur aucune indemnité autre que les intérêts échus et les frais engagés, lors d'un préavis d'exercice d'un droit hypothécaire[494]. Est exempté de cette formalité préalable du préavis d'exercice le courtier en valeurs mobilières relativement aux valeurs mobilières en sa possession et hypothéquées à son profit[495].

243. Le délai est de vingt jours dans le domaine mobilier. Ce délai est ramené à dix jours dans le cas de la prise de possession pour fins d'administration. En certaines circonstances, ce délai peut même disparaître car le créancier peut faire valoir devant le tribunal les risques probables de perte ou de dépréciation rapide du bien grevé ou les difficultés de recouvrement de la créance[496]. L'inscription de ce préavis est dénoncée à chaque personne qui a requis l'inscription de son adresse[497].

B. Délaissement volontaire ou forcé

244. Ce préavis d'exercice d'un droit hypothécaire mène soit à l'exécution de l'obligation en défaut, soit à la réalisation du bien grevé. En ce cas, le bien grevé est l'objet d'un délaissement, volontaire[498] ou forcé[499]. Ce délaissement entraîne certaines conséquences. Ainsi, le créancier qui obtient le délaissement du bien grevé en a la simple administration jusqu'à sa réalisation[500]. Si un détenteur qui n'est pas tenu personnellement fait défaut de délaisser le bien grevé dans le délai imparti, il devient responsable personnellement de la dette[501]. Celui tenu de délaisser le bien grevé bénéficie également de deux mesures additionnelles de protection. Aux termes de l'article 2770 C.c.Q., il peut invoquer sa priorité s'il a le droit de retenir le bien meuble; il ne peut empêcher la réalisation du bien grevé. Aux termes de l'article 2771 C.c.Q., il peut invoquer son antériorité de rang: il a reçu le bien en paiement de sa créance prioritaire ou hypothécaire de rang supérieur au créancier poursuivant ou il a acquitté des créances prioritaires ou hypothécaires qui le primaient. Il peut alors demander que la réalisation du bien se fasse à un prix suffisamment élevé pour le désintéresser.

Sous-par. 2. Les recours proprement dits

A. De la prise de possession à des fins d'administration

245. Rappelons un nouveau recours: le créancier peut prendre possession de l'entreprise à des fins d'administration. Ce recours n'est ouvert qu'au créancier hypothécaire sur les biens d'une entreprise. Le délai en ce cas est de dix jours pour le préavis d'exercice[502]. Le créancier agit à titre d'administrateur du bien d'autrui chargé de la pleine administration[503].

246. La prise en possession pour fins d'administration constitue essentiellement un remède temporaire; elle mène soit au paiement de la dette et ainsi à la remise du bien[504], soit à l'exercice d'un autre recours, vente ou prise en paiement, et ainsi à l'émission d'un nouveau préavis d'exercice du recours hypothécaire approprié[505].

B. De la prise en paiement

247. Le créancier hypothécaire peut exercer la prise en paiement du bien grevé en matière mobilière, ce que les législations sous le Code civil du Bas-Canada avaient tendance à prohiber dans les nantissements sans dépossession. Néanmoins, la prise en paiement ne sera possible qu'avec l'autorisation judiciaire lorsque le débiteur a déjà acquitté la moitié ou plus de l'obligation principale[506]. La prise en paiement entraîne l'extinction de l'obligation principale. Elle transfère la propriété du bien grevé au créancier qui l'a exercée. Celui-ci ne peut réclamer de son débiteur l'acquittement des créances prioritaires ou hypothécaires qui lui sont préférables; de fait, la subrogation contre son débiteur lui est expressément refusée en ce cas.

C. De la vente par le créancier

248. Le créancier «qui détient une hypothèque sur les biens d'une entreprise», puisque ce sont là les termes mêmes du Code civil du Québec, peut procéder lui-même à la réalisation des biens, par vente de gré à gré, par appel d'offres ou aux enchères[507]. Il réalise alors le bien, sans retard inutile, pour un prix commercialement raisonnable et dans le meilleur intérêt du débiteur ou du constituant.

D. De la vente sous contrôle de justice

249. Enfin, le créancier peut procéder à la vente sous contrôle de justice; le tribunal peut autoriser une vente de gré à gré, par appel d'offres ou aux enchères[508]. L'adjudicataire prend le bien libre des hypothèques qui le grèvent, aux termes d'une nouvelle disposition du Code de procédure civile[509]. L'officier de la publicité procède à la radiation des hypothèques sur les meubles sur simple production d'un avis de certificat de vente[510].

Section 3. Extinction, prescription et radiation

250. Certaines causes d'extinction tiennent à la créance même. Ainsi, l'extinction ou la nullité de la créance entraîne bien sûr celle de l'hypothèque qui la garantit[511].

251. L'hypothèque peut subsister bien que l'obligation principale soit satisfaite. Si elle est n'est pas radiée, elle peut subsister pour garantir une nouvelle dette dans le cadre d'une ouverture de crédit ou de tout autre prêt[512].

252. L'hypothèque peut disparaître et la créance subsister. Certains événements peuvent affecter la totalité du bien telles la perte du bien grevé, sa mise hors commerce, son expropriation: ils entraînent l'extinction de l'hypothèque. Toutefois, l'indemnité d'assurance tient lieu du bien assuré: elle est attribuée aux créanciers prioritaires et hypothécaires suivant leur rang, sur simple dénonciation[513]. Il se peut que le bien meuble hypothéqué soit transformé: les créanciers hypothécaires des biens meubles qui ont servi à la fabrication d'un nouveau bien meuble conservent leurs droits sur ce nouveau bien[514]. Il se peut qu'un bien meuble déjà affecté d'une hypothèque soit incorporé à un immeuble: ce créancier peut alors invoquer une hypothèque immobilière par voie d'un avis à cet effet au registre foncier[515].

253. L'hypothèque mobilière peut être radiée à défaut de renouvellement dans les dix ans de son inscription initiale[516].

254. Enfin, une cause d'extinction propre au gage. L'abus du créancier du bien hypothéqué peut entraîner l'extinction du gage: tout jugement qui ordonne la restitution du bien hypothéqué entraîne l'extinction du gage[517].

Chapitre 4. De l'hypothèque ouverte

255. Le Code civil du Québec doit énoncer le droit commun de toutes les sûretés réelles. Certaines dispositions relatives aux garanties exceptionnelles prévues par la *Loi sur les pouvoirs spéciaux des corporations* sont abrogées dès l'entrée en vigueur du nouveau Code civil.

256. Le Code civil du Québec consacre à l'hypothèque ouverte la section V du chapitre deuxième intitulé de l'hypothèque conventionnelle au titre troisième réservé aux hypothèques. Aux termes de l'article 2715 C.c.Q., l'hypothèque ouverte voit ses effets «suspendus jusqu'au moment où, le débiteur ou le constituant ayant manqué à ses obligations, le créancier provoque la clôture de l'hypothèque en leur signifiant un avis dénonçant le défaut et la clôture de l'hypothèque».

257. L'hypothèque ouverte ne peut être consentie que par une personne physique ou morale ou par un fiduciaire qui exploite une entreprise[518]. Elle peut garantir toute espèce d'obligation[519].

258. L'hypothèque ouverte doit être stipulée expressément dans l'acte constitutif[520].

259. L'hypothèque ouverte peut exister même en l'absence de fiduciaire. Elle est soumise à la forme authentique lorsqu'elle affecte des biens immobiliers[521]. Elle doit être également en forme authentique, même si la convention en limite la portée à des biens meubles ou à des droits incorporels, lorsqu'elle garantit le paiement des obligations ou autres titres d'emprunt émis par un fiduciaire, une société en commandite ou une personne morale en faveur du fondé de pouvoirs des créanciers[522]. L'hypothèque ouverte consentie sur des biens meubles et sans intervention de fiduciaire peut évidemment être constatée sous seing privé.

260. L'hypothèque ouverte peut affecter toutes espèces de biens, meubles ou immeubles, présents et futurs, corporels ou incorporels; elle peut s'étendre à vrai dire à la totalité ou se limiter à une partie des actifs d'une entreprise, présents et à venir. Elle peut être soit générale grevant alors une universalité de biens, soit spécifique n'affectant alors que certains biens désignés[523].

261. L'hypothèque ouverte est soumise à la publicité. Deux inscriptions sont exigées en matière d'hypothèque ouverte: d'abord, celle de l'acte constitutif d'après les modalités applicables à toute hypothèque conventionnelle, prévue au premier alinéa de l'article 2716 C.c.Q., et celle de l'avis de clôture, prévue au deuxième alinéa de ce même article. Soulignons dès à présent que l'opposabilité de l'hypothèque ouverte à l'égard des tiers dépend de l'inscription de l'avis de clôture[524].

262. Antérieurement à la publication d'un avis de clôture, les effets de l'hypothèque ouverte se trouvent suspendus. Aux termes de l'article 2715 C.c.Q., les effets de l'hypothèque ouverte sont suspendus jusqu'au moment de la clôture par suite du défaut du débiteur. Aux termes de l'article 2719 C.c.Q., l'hypothèque ouverte, par la clôture, produit les effets d'une hypothèque mobilière ou immobilère. En l'absence de clôture ou de cristallisation, le constituant de l'hypothèque ouverte conserve une liberté étendue d'action. Monsieur le professeur Caron commentait les dispositions correspondantes de l'Office de révision en ces termes:

> Fondamentalement, l'hypothèque flottante a été conçue pour ne pas gêner la liberté du constituant de l'hypothèque avant le moment de la cristallisation. Ainsi, le constituant continue de jouir de sa discrétion relativement à l'aliénation ou à l'hypothèque des biens qui peuvent être grevés de l'hypothèque flottante. [...]. [L]e constituant peut continuer à opérer son commerce comme si de rien n'était et même à constituer des charges fixes ou flottantes sur ses biens, sans que le créancier de l'hypothèque flottante puisse s'y opposer ou puisse invoquer un défaut qui ne serait pas autrement prévu dans l'acte constitutif de l'hypothèque flottante[525].

On peut d'ailleurs établir sur cet aspect un parallèle entre la charge flottante consentie dans un acte de fiducie et l'hypothèque ouverte du nouveau Code civil: toutes deux visent à accorder au constituant une liberté considérable dans la disposition des biens de l'entreprise. Me Yvon Renaud analysait dans le même sens l'effet d'une affectation générale des biens de l'entreprise sous l'empire de la *Loi sur les pouvoirs spéciaux des corporations*.

> Lorsque l'acte de fiducie a comme objectif de donner l'entreprise en garantie et qu'il contient une affectation générale des biens par voie d'hypothèque et de gage, le fiduciaire possède une sûreté qui ne deviendra parfaite que le jour où la signification du défaut sera effectuée parce que c'est seulement à ce moment qu'il sera possible de déterminer l'objet de la sûreté. Entre le moment de la signature de l'acte de fiducie et celui du défaut, la compagnie débitrice conserve la plupart du temps, non seulement la possession de son patrimoine, mais également le pouvoir de disposer de ses biens. Ce pouvoir fait partie, comme nous l'avons vu, de la nature même de l'affectation générale. Les parties se sont entendues pour que les biens affectés soient ceux contenus dans le patrimoine au jour du défaut[526] .

En l'absence d'avis de clôture dûment inscrit, l'hypothèque ouverte est inopposable aux tiers. Ainsi, le constituant peut aliéner librement les biens affectés, par vente ou autrement. Bien que le Code civil du Québec ne comporte pas de disposition expresse à cet effet contrairement au rapport de l'Office de révision[527], l'hypothèque ouverte s'éteint à l'égard du bien qui est vendu avant que ne soit inscrit un avis de clôture. Le constituant peut même à l'égard des biens déjà soumis à une hypothèque ouverte les hypothéquer de façon ordinaire, soit dans le cadre d'hypothèques sur une universalité de biens, soit dans le cadre d'hypothèques spécifiques, soit même dans le cadre d'hypothèques ouvertes. Toutefois, sont inopposables au titulaire de l'hypothèque ouverte, même en l'absence d'avis de clôture, certaines opérations telles la vente de l'entreprise consentie par le constituant, sa fusion ou sa réorganisation. De plus, les parties peuvent convenir de limiter les droits du constituant de disposer, d'aliéner ou d'hypothéquer les biens grevés: ces restrictions ne concernent que les parties et non les tiers avant la survenance de la clôture[528]; toute contravention à ces limitations ne peut donner lieu qu'à la clôture de l'hypothèque ouverte[529].

263. Une fois l'avis de clôture inscrit, l'hypothèque ouverte devient opposable aux tiers. Aux termes de l'article 2955 C.c.Q., «[l]'inscription de l'avis de clôture détermine le rang de l'hypothèque ouverte». Comme nous l'avons souligné précédemment, le constituant conserve le droit de constituer des hypothèques ordinaires sur les biens déjà soumis à l'hypothèque ouverte avant que le créancier n'ait inscrit un avis de clôture. Ainsi, l'hypothèque ordinaire publiée avant l'inscription de la clôture de l'hypothèque ouverte prend rang avant l'hypothèque ouverte. Cet ordre de priorité découle à la fois des articles 2719 et 2955 C.c.Q. Si le constituant a avant la clôture de l'hypothèque ouverte consenti d'autres hypothèques ouvertes sur les mêmes biens, le rang est alors déterminé entre ces diverses hypothèques ouvertes d'après leur date respective d'inscription au registre, et non d'après la date respective de l'inscription de l'avis de clôture. L'article 2955 alinéa 2 reçoit alors application:

> Si plusieurs hypothèques ouvertes ont fait l'objet d'un avis de clôture, elles prennent rang suivant leur inscription respective, sans égard à l'inscription des avis de clôture.

L'inscription de l'avis de clôture d'une hypothèque ouverte entraîne certaines conséquences majeures. Elle permet au créancier qui a inscrit son avis de clôture d'exercer ses recours hypotécaires[530]. Elle permet aux autres bénéficiaires d'hypothèques ouvertes sur les mêmes biens d'inscrire également un avis de clôture[531].

264. La date de l'inscription de l'hypothèque ouverte revêt une importance considérable dans un cas tout à fait exceptionnel: le bénéficiaire d'une hypothèque ouverte sur une universalité de biens peut prendre possession des biens grevés par préférence à tout autre créancier hypothécaire dont l'hypothèque a été inscrite postérieurement à son hypothèque ouverte[532]. L'Office de révision proposait d'ailleurs une règle identique commentée comme suit:

> Le présent article permet au créancier titulaire d'une hypothèque générale flottante d'exercer le recours de prise de possession par préférence à tout autre créancier hypothécaire qui n'aurait publié son hypothèque qu'après que l'hypothèque flottante a été elle-même publiée (valide et enregistrée) [...].
>
> Un des premiers buts recherchés par le créancier étant de pouvoir prendre possession de l'ensemble de l'entreprise hypothéquée, il était essentiel de prévoir qu'il pouvait exercer ce droit par préférence à tout créancier, même de rang antérieur à la cristallisation. Cette préférence ne jouera pas

cependant à l'égard des créanciers qui auraient publié leur hypothèque avant l'enregistrement de l'hypothèque générale flottante. Il appartiendra, dans ce cas, au créancier de l'hypothèque générale flottante d'exiger que les biens soient libres d'hypothèques au moment de la création de son droit[533].

265. Relativement aux créances qu'elle peut affecter, l'hypothèque ouverte est également soumise à la publicité au registre des droits personnels et réels mobiliers[534] et lors du défaut du constituant, elle fait l'objet d'un avis de clôture, également soumis à la publicité à la fois au registre des droits personnels et réels mobiliers et dans les journaux[535]. La notification aux débiteurs des créances hypothéquées en conformité aux règles des cessions de créances peut tenir lieu de la publicité dans les journaux[536]. Quant au rang des hypothèques ouvertes sur les créances affectées, il faut lire en parallèle les articles 2719, 2718 et 2955 C.c.Q. Ainsi, la clôture entraîne les effets de l'hypothèque et l'inscription de l'avis de clôture au registre concerné en détermine le rang à l'égard des tiers, sauf des titulaires d'autres hypothèques ouvertes. Entre différentes hypothèques ouvertes sur les mêmes créances, le rang est déterminé d'après la date de leur inscription respective au registre des droits personnels et réels mobiliers, sans égard à la date de l'avis de clôture.

Chapitre 5. L'hypothèque sur l'universalité de biens

266. Des universalités peuvent être hypothéquées dans le cadre du régime général de l'hypothèque ou du régime exceptionnel de l'hypothèque ouverte[537]. L'hypothèque peut grever «une universalité soit mobilière, soit immobilière» aux termes de l'article 2665 C.c.Q., «un ensemble de biens compris dans une universalité» aux termes de l'article 2666 C.c.Q. Elle peut porter sur les immeubles, les meubles ou les créances.

267. Certaines dispositions concernent de façon générale l'hypothèque consentie sur une universalité de biens. Ce sont tout particulièrement les articles 2674 et 2675 C.c.Q.

> 2674. L'hypothèque qui grève une universalité de biens subsiste mais se reporte sur le bien de même nature qui rem-

place celui qui a été aliéné dans le cours des activités de l'entreprise.

Celle qui grève un bien individualisé ainsi aliéné se reporte sur le bien qui le remplace, par l'inscription d'un avis identifiant ce nouveau bien.

Si aucun bien ne remplace le bien aliéné, l'hypothèque ne subsiste et n'est reportée que sur les sommes d'argent provenant de l'aliénation, pourvu que celles-ci puissent être identifiées.

2675. L'hypothèque qui grève une universalité de biens subsiste, malgré la perte des biens hypothéqués, lorsque le débiteur ou le constituant les remplace dans un délai qui, eu égard à la quantité et à la nature de ces biens, revêt un caractère raisonnable.

L'hypothèque sur une universalité de biens, meubles ou immeubles, corporels ou incorporels, ne peut être consentie que par une personne physique ou morale ou par un fiduciaire qui exploite une entreprise[538]. Comme ces universalités peuvent affecter des biens présents ou futurs, ou encore des biens transformés, les diverses règles énoncées de façon générale peuvent recevoir application. Nous ne les reprendrons pas dans le cadre de ce développement.

268. L'hypothèque sur une universalité de biens meubles doit être inscrite, conformément à l'article 2950 C.c.Q., au registre des droits personnels et réels mobiliers, sous la désignation du nom du constituant et sous l'indication de la nature de l'universalité.

269. Qu'en est-il des règles applicables en cas de conflit dans le domaine mobilier entre une hypothèque ordinaire, une hypothèque légale, une hypothèque affectant une universalité mobilière tel l'inventaire ou tel l'outillage et une hypothèque ouverte? Ces diverses hypothèques, hypothèque ordinaire, hypothèque légale, hypothèque d'une universalité de biens, prennent rang à compter de leur inscription au registre des droits personnels et réels mobiliers. L'hypothèque ouverte, sous réserve de son inscription initiale au registre des droits personnels et réels mobiliers, prend rang à compter de l'inscription de l'avis de clôture. L'aliénation de l'inventaire ou de l'outillage peut être faite dans le cours normal des affaires de l'entreprise qui n'est pas en défaut[539]. Le tiers acquéreur, à notre avis, acquiert ce bien libre de toute hypothèque. Quant aux créanciers hypothécaires, titulaires d'une hypothèque sur l'universalité mobilière ou d'une hypothèque ouverte ou d'une hypothèque légale telle l'hypothèque judiciaire, ils voient leurs droits reportés sur le bien acquis en remplacement sans formalités additionnelles. Quant au créancier titulaire d'une hypothèque ordinaire ou spécifique, il est alors astreint à l'inscription d'un avis à cet effet[540]. Si le bien aliéné n'est pas remplacé, ces différents créanciers hypothécaires peuvent exercer leurs droits sur le produit de l'aliénation encore identifiable. Le titulaire de l'hypothèque ouverte ne peut exercer ses droits de créancier hypothécaire que si l'avis de clôture est publié: en l'absence de cet avis de clôture, l'hypothèque ouverte ne devrait pas être colloquée sur le prix de l'aliénation.

270. Si le bien meuble n'est pas aliéné dans le cours des activités de l'entreprise, un avis de conservation de l'hypothèque déjà inscrite au nom du constituant doit être publié au registre des droits personnels et réels mobiliers dans un certain délai[541] que le bien ait été hypothéqué à la suite d'une hypothèque individualisée, d'une hypothèque sur une universalité de biens ou d'une hypothèque légale.

271. L'hypothèque sur une universalité d'immeubles n'est inscrite qu'à l'encontre des immeubles désignés. L'article 2949 C.c.Q. régit les diverses situations de l'hypothèque sur une universalité immobilière:

> 2949. L'hypothèque qui grève une universalité d'immeubles ne prend rang, à l'égard de chaque immeuble, qu'à compter de l'inscription de l'hypothèque sur chacun d'eux.
>
> L'inscription de l'hypothèque sur les immeubles acquis postérieurement s'obtient par la présentation d'un avis désignant l'immeuble acquis, faisant référence à l'acte constitutif d'hypothèque et indiquant la somme déterminée pour laquelle cette hypothèque a été consentie.
>
> Toutefois, si l'hypothèque n'a pas été publiée au bureau de la circonscription foncière où se trouve l'immeuble acquis postérieurement, l'inscription de l'hypothèque s'obtient par le

moyen d'un sommaire de l'acte constitutif, qui contient la désignation de l'immeuble acquis.

272. Nous avons exposé préalablement les règles applicables en cas de conflit dans le domaine immobilier entre une hypothèque ordinaire, une hypothèque légale, une hypothèque affectant l'universalité immobilière et une hypothèque ouverte.

273. L'hypothèque peut affecter une universalité de créances comme l'indiquent les articles 2676 et 2711 C.c.Q. Elle est soumise à l'inscription au registre des droits personnels et réels mobiliers, même si elle s'accompagne de la remise du titre au créancier bénéficiaire de l'hypothèque. L'inscription au registre des droits personnels et réels mobiliers suffit pour une hypothèque sur une universalité de créances chirographaires. Outre l'inscription au registre des droits personnels et réels mobiliers, l'hypothèque sur une universalité de créances assorties d'hypothèques mobilières ou immobilières doit être notifiée au débiteur de chacune de ces créances hypothéquées[542]. Il serait évidemment possible de soulever, à nouveau, l'opportunité d'inscrire l'hypothèque de l'universalité des créances au registre foncier en marge de l'immeuble hypothéqué en garantie d'une créance comprise dans cette universalité[543].

274. Qui sera colloqué en priorité par rapport aux créances hypothéquées dans le cadre d'une universalité? Entre deux créanciers bénéficiaires d'une hypothèque sur une universalité de créances chirographaires, la priorité entre les créanciers du constituant va à celui qui a le premier inscrit l'hypothèque sur cette universalité au registre des droits personnels et réels mobiliers. En ce qui concerne les débiteurs des créances hypothéquées, le paiement peut être fait validement au créancier bénéficiaire de l'hypothèque qui a le premier notifié le débiteur de ses droits.

275. Entre deux créanciers bénéficiaires d'une hypothèque sur une universalité de créances déjà assorties d'hypothèques mobilières ou immobilières, la priorité entre les créanciers du constituant va toujours à celui qui a le premier inscrit ses droits au registre des droits personnels et réels mobiliers. En ce qui concerne les débiteurs des créances hypothéquées, le paiement peut être fait validement au créancier hypothécaire qui a le premier accompli la double formalité de l'inscription au registre et de la notification au débiteur.

276. Enfin, l'hypothèque sur une universalité de créances ne s'étend pas aux nouvelles créances de celui qui a constitué l'hypothèque, quand celles-ci résultent de la vente de ses autres biens, faite par un tiers dans l'exercice de ses droits ni à la créance qui résulte d'un contrat d'assurance sur les autres biens du constituant.

Conclusion

277. Cette analyse du nouveau droit des sûretés se révèle à certains égards incomplète. Les dispositions du *Code civil du Québec* dans le domaine de la publicité ne permettent pas une analyse satisfaisante des nouvelles modalités de la publicité, les textes s'en rapportant souvent aux prescriptions de règlements non encore connus.

278. Cette analyse révèle déjà certaines ambiguïtés ou même certaines lacunes déplorables. On peut se demander si l'hypothèque demeure vraiment un droit réel une fois analysées les contraintes ou les limites au droit de suite, tout particulièrement dans le domaine mobilier. On peut déplorer que l'hypothèque mobilière sans dépossession ne soit accessible qu'à certaines catégories de débiteurs, sous prétexte de protection du débiteur qui n'exploite pas une entreprise. On peut également déplorer que l'uniformisation des recours hypothécaires ne tienne pas nécessairement compte de la nature des biens hypothéqués. Les difficultés d'application des recours hypothécaires aux hypothèques des créances, la perception de la créance hypothéquée permettant au créancier de l'imputer sur la dette principale, illustrent les risques de l'uniformisation à outrance. La soumission des meubles et des immeubles à un même régime dans le cadre d'une hypothèque sur une universalité de biens ne convient pas nécessairement aux immeubles. L'immobilisation des loyers pour fins d'hypothèque crée plus de difficultés qu'elle devrait en résoudre: l'hypothèque des loyers aurait dû demeurer mobilière. On peut s'interroger sur l'opportunité de limiter le recours à la vente extra-judiciaire par le créancier hypothécaire uniquement à celui qui détient une hypothèque sur les biens d'une entreprise, que ce soit en matière mobilière ou immobilière. On peut déplorer que certains délais alloués pour l'inscription du recours hypothécaire risquent d'atténuer la fiabilité du registre des droits personnels et réels mobiliers[544]. On peut souligner que les diverses mesures de protection énoncées au profit des créanciers hypothécaires et du débiteur risquent de prolonger indûment les délais d'exercice des recours entrepris. On peut également déplorer la revalorisation des hypothèques légales au profit de certains créanciers, notamment au profit de nombreux créanciers privilégiés en vertu de dispositions statutaires: la modernisation s'est opérée simplement dans la transformation de leurs privilèges en hypothèques légales.

279. Cette analyse permet déjà d'affirmer que le nouveau droit des sûretés transformera certaines attitudes bien enracinées. Que ce nouveau droit soit une codification de principes favorables au débiteur ou au créancier importe peu. Toutefois, le sort que lui réservera le monde du droit et celui des affaires s'avèrera de prime importance.

Notes

*** Cette étude tient compte des textes disponibles le ler février 1993.
1. *Code civil du Québec,* L.Q. 1991, c. 64. Cette réforme a été brièvement analysée dans certains commentaires. Voir notamment: *Code civil du Québec: La réforme du droit des sûretés réelles, Actes du Colloque de l'Association québécoise de droit comparé,* (1992) 23 *R.G.D.* 357-448.
2. Ces termes sont empruntés d'une réflexion de l'hon. juge J.-L. Baudouin dans le cadre des Journées Maximilien-Caron. Voir J.-L. BAUDOUIN, «Conférence de clôture», (1990) 24 *R.J.T.* 619, 620.
3. Voir OFFICE DE RÉVISION DU CODE CIVIL, *Rapport sur le Code civil du Québec,* Commentaires, vol. 2, t. 1, Québec, Éditeur officiel du Québec, 1978. Le rapport de l'Office de révision a fait l'objet de commentaires doctrinaux: voir notamment J. DESLAURIERS, «Commentaires sur le rapport de l'O.R.C.C. concernant le cautionnement», (1976) 17 C. *de D.* 593; P. Y. MARQUIS, «Le cautionnement et la publication des droits dans le *Projet de Code civil* de l'Office de révision» (1980) *C.P. du N.* 235.
4. Voir OFFICE DE RÉVISION DU CODE CIVIL, *Rapport sur le Code civil du Québec,* Commentaires, vol. 2, t. 1, Québec, Éditeur officiel du Québec, 1978, pp. 349 - 352. Le rapport de l'Office de révision a fait l'objet de nombreux commentaires doctrinaux: voir R. COMTOIS, «Le nouveau droit des sûretés réelles», [1978] C. P. *du N.* 75-92; R. P. GODIN, «Le rapport sur les sûretés réelles et ses incidences sur

l'hypothèque immobilière», (1976) 36 *R. du B.* 385; M. LÉGARÉ, «Le rapport sur les sûretés réelles: un droit futur emballant!», (1976-1977) 79 *R. du N.* 433; P.-Y. MARQUIS, «Les sûretés et l'enregistrement», dans A. Poupart (dir.), *Les enjeux de la révision du code civil*, Montréal, Faculté de l'Éducation permanente, 1979, p.149; L. POUDRIER-LEBEL et L. LEBEL, «Observations sur le Rapport de l'Office de révision du Code civil sur les sûretés réelles», (1977) 18 *C. de D.* 833.

5. *Loi portant réforme au Code civil du Québec du droit des sûretés réelles et de la publicité des droits*, 1re session, 33e législature (Québec), 1986, (Avant-projet de loi). Nous désignerons ce texte simplement par la mention «avant-projet». Certaines études ont brièvement analysé cet avant-projet: J. BEAULNE, «Le point sur la réforme du Code civil», [1987] *C.P. du N.* 385; P. CIOTOLA, «Commentaires sur la réforme des sûretés réelles», (1990) 24 *R.J.T.* 567; F. FRADETTE, «Les sûretés réelles: Aperçu des principales nouveautés proposées par la réforme du Code civil», (1986-1987) 89 *R. du N.* 732; R. A. MACDONALD, «Survol de certains changements proposés aux sûretés réelles du code civil selon l'avant-projet de loi de décembre 1986», Conférence prononcée à l'Association du Barreau Canadien, le 30 mars 1987 (texte inédit).

6. *Code civil du Québec*, lre session, 34e législature (Québec), 1990, Projet de loi 125. Voir également M. BOUDREAULT et P. CIOTOLA, «Présentation et critique des dispositions du Projet de loi 125 portant sur les sûretés réelles», (1991) 22 *R.G.D.* 697; R. A. LANDRY, «Les sûretés: l'hypothèque mobilière à l'âge de l'ordinateur», dans Conférences sur le nouveau Code civil du Québec, Cowansville, Les Éditions Yvon Blais Inc., 1992, p. 155; S. POTVIN-PLAMONDON, «Les sûretés: l'hypthèque mobilière à l'âge de l'ordinateur», dans Conférences sur le nouveau Code civil du Québec, Cowansville, Les Éditions Yvon Blais Inc., 1992, p. 183.

7. J. DESLAURIERS, «Commentaires sur le rapport de l'O.R.C.C. concernant le cautionnement», (1976) 17 *C. de D.* 593, 594.

8. Art. 2334 C.c.Q.

9. Art. 2337 C.c.Q.

10. P.-Y. MARQUIS, «Le cautionnement et la publication des droits dans le *Projet de Code civil* de l'Office de révision», (1980) *C.P. du N.* 235, 246.

11. Art. 2340 C.c.Q.

12. F. FRADETTE, «Le cautionnement: difficultés actuelles et appréhendées», (1988-1989) 91 *R. du N.* 3, 13.

13. Art. 2340 C.c.Q.

14. Art. 1932 C.c.B.C.

15. P. MALAURIE et L. AYNES, *Les sûretés (Le droit du crédit)*, Paris, Éditions Cujas, 1986, p. 38.

16. P. CIOTOLA, *Droit des sûretés*, 2e éd., Mémentos Thémis, Montréal, Les Éditions Thémis Inc., 1987, p. 20; P. MALAURIE et L. AYNES, *Les sûretés (Le droit du crédit)*, Paris, Éditions Cujas, 1986, p. 38.

17. Art. 2343 C.c.Q.

18. Art. 2344 C.c.Q.

19. Art. 2341 C.c.Q.
20. Art. 2342 C.c.Q.
21. Art. 2346 C.c.Q.
22. Art. 2348 C.c.Q.
23. Art. 2349 C.c.Q.
24. Art. 2352 C.c.Q.
25. *Marmen* c. *Boudreault*, [1955] B.R. 686.
26. P.-Y. MARQUIS, «Le cautionnement et la publication des droits dans le Projet de Code civil de l'Office de révision», (1980) *C.P. du N.* 235, 252.
27. Art. 2345 C.c.Q.
28. *Banque Nationale du Canada* c. *Soucisse*, [1981] 2 R.C.S. 339; F. FRADETTE, «Le cautionnement: difficultés actuelles et appréhendées», (1988-1989) 91 *R. du N.* 3, 32.
29. Art. 2355 C.c.Q.
30. *Loi sur l'application de la réforme du Code civil*, L.Q. 1992, c. 57, art. 5, 129.
31. Art. 2361 C.c.Q. Cette disposition s'inspire de la célèbre affaire *Banque Nationale du Canada* c. *Soucisse*, [1981] 2 R.C.S. 339.
32. P. MALAURIE et L. AYNES, *Les sûretés (Le droit du crédit)*, Paris, Éditions Cujas, 1986, p. 73; M. CABRILLAC et C. MOULY, *Droit des sûretés*, Paris, Litec, 1990, p. 147.
33. *Loi sur l'application de la réforme du Code civil*, L.Q. 1992, c. 57, art. 130.
34. Art. 2362 C.c.Q.
35. *Swift Canadian Co. Ltd.* c. *Wienstein*, [1977] C.S. 12.
36. *Loi sur l'application de la réforme du Code civil*, L.Q. 1992, c. 57, art. 131.
37. Art. 2365 C.c.Q.
38. Art. 2366 C.c.Q.
39. Ce rapport se lit ainsi: «Ce regroupement réalise une intégration, tant horizontale que verticale, de toutes les sûretés réelles (gage, hypothèque, privilège) et des autres techniques contractuelles poursuivant des buts semblables (vente conditionnelle, vente à réméré et autres) qui se trouvent toutes absorbées dans un seul et simple concept: celui de l'hypothèque. L'intégration horizontale s'entend de l'extension de l'hypothèque aux biens meubles autant qu'aux biens immeubles. L'intégration verticale s'entend de la réduction à une seule sûreté, l'hypothèque, des effets des diverses techniques servant à créer des sûretés réelles.» OFFICE DE RÉVISION DU CODE CIVIL, *Rapport sur le Code civil du Québec*, Commentaires, vol. 2, t. 1., Québec, Éditeur officiel du Québec, 1978, p. 350; voir au même effet, Y. CARON, «La Loi des pouvoirs spéciaux des corporations et les recommandations de l'Office de révision du Code civil sur les sûretés réelles», (1976-77) *Meredith Lect.* 81, 82, 83.
40. Art. 2748 et suiv. C.c.Q.
41. M. BOUDREAULT et P. CIOTOLA, «Présentation et critique des dispositions du Projet de loi 125 portant sur les sûretés réelles» (1991) 22 *R.G.D.* 697, 706 et suiv.

42. M. le juge Le Bel le faisait encore remarquer tout récemment dans l'arrêt *La Banque Toronto-Dominion* c. *Korea Exchange Bank* en ces termes: «L'on se rappellera aussi que, même assez récemment, la jurisprudence québécoise a parfois persisté dans sa méfiance vis-à-vis des arrangements qui apparaissaient formellement comme des transferts de propriété mobilière mais dont la réalité était toute différente. Dans la mesure où le but essentiel de l'opération était de constituer une sûreté mobilière sans dépossession, hors des cas prévus par la législation, l'on a refusé de reconnaître leur opposabilité aux autres créanciers. Par contre, d'autres courants de jurisprudence se sont montrés plus ouverts à la reconnaissance de la validité d'arrangements qui demeurent fondamentalement des modes de prise de sûreté mais reposent sur la technique de réserve de propriété. Des jugements récents de notre Cour l'attestent. L'on a utilisé notamment les techniques de vente conditionnelle ou de réserve de propriété pour reconnaître le droit de celui qui prétendait à la propriété du bien, dans le cadre d'ententes destinées à assurer le financement d'une entreprise.» [1991] R.J.Q. 2497, 2512 (C.A.); voir au même effet *Industrial Acceptance Corp.* c. *Marmette*, [1957] B.R. 861, 868. Monsieur le professeur Yves Caron soulignait d'ailleurs que «les praticiens du droit sont parvenus à circonvenir la prohibition et à assurer au créancier une protection réelle qui ne soit pas dénoncée par les tribunaux. [...] La vente à réméré en est l'exemple type, mais on a aussi convenu de certaines autres formes, comme la double vente entre l'emprunteur et le prêteur. Le premier vend purement et simplement au second qui à son tour vend, sous condition, au premier; une variante permet de ne consentir à l'emprunteur qu'une option de rachat, sujette à certaines conditions. Les tribunaux ont fini par admettre ces détours, posant toutefois comme conditions que s'il y a vente entre les parties, qu'elle soit alors véritable, et non simulée, et que l'emprunteur-vendeur ne demeure en aucune façon obligé de rembourser le montant qu'il a reçu à l'égard de la vente de son bien au prêteur-acheteur. Son obligation doit parvenir du second contrat par lequel il s'engage à payer la chose qu'il rachète ou à acquitter le prix de son droit d'option de rachat.» Y. CARON, «L'article 9 du Code uniforme de commerce peut-il être exporté? Point de vue d'un juriste québécois», dans Ziegel and Foster (ed), *Aspects of Comparative Commercial Law: Sales, Consumer Credit and Secured Transactions*, Montréal, Oceana Publications Inc., 1969 , p. 378.

43. OFFICE DE RÉVISION DU CODE CIVIL, *Rapport sur le Code civil du Québec*, Projet de Code civil, Des biens, Présomption d'hypothèque, vol. 1, Québec, Éditeur officiel du Québec, 1978, p. 260, art. 281.

44. OFFICE DE RÉVISION DU CODE CIVIL, *Rapport sur le Code civil du Québec*, Commentaires, vol. 2, t. 1., Québec, Éditeur officiel du Québec, 1978, p. 350.

45. BARREAU DU QUÉBEC, *Mémoire concernant l'avant-projet de loi sur la Loi portant réforme au Code civil du Québec du droit des sûretés réelles et de la publicité des droits*, Montréal, 1987, p. 5-6.; la Chambre des Notaires dans un mémoire complémentaire portant sur les sûretés

réelles et la publicité des droits (Mémoire en date du 16 octobre 1987) demande au législateur de ne pas réintroduire la présomption d'hypothèque; elle avait dans un premier temps favorisé l'introduction de cette présomption. (CHAMBRE DES NOTAIRES DU QUÉBEC, *Mémoire sur les sûretés réelles et la publicité des droits*, Montréal, 1987, p. 4); L'ASSOCIATION DES BANQUIERS CANADIENS, *Commentaires concernant l'avant-projet de loi portant réforme au Code civil du Québec du droit des sûretés réelles et de la publicité des droits*, Juin 1987, p. 5.

46. F. FRADETTE, «Les sûretés réelles: aperçu des principales nouveautés proposées par la réforme du Code civil», (1986-1987) 89 *R. du N.* 732, 734.

47. M. le ministre Rémillard avait déjà exprimé ses réticences face à la présomption d'hypothèque et entendait «privilégier plutôt la tradition civiliste, laquelle préfère les situations nettes à celles reposant sur l'interprétation des tribunaux» G. RÉMILLARD, «Présentation du projet de Code civil du Québec», (1991) 22 R.*G.D.* 5, 55.

48. Art. 1263 C.c.Q.

49. Art. 1756 C.c.Q.

50. Art. 1749 C.c.Q.

51. Art. 1801 C.c.Q.

52. Art. 2747 C.c.Q.

53. Art. 2778 C.c.Q.

54. OFFICE DE RÉVISION DU CODE CIVIL, *Rapport sur le Code civil du Québec*, Commentaires, vol. 2, t. 1., Québec, Éditeur officiel du Québec, 1978, p. 350-351.

55. OFFICE DE RÉVISION DU CODE CIVIL, *Rapport sur le Code civil du Québec*, Commentaires, vol. 2, t. 1., Québec, Éditeur officiel du Québec, 1978, p. 348.

56. OFFICE DE RÉVISION DU CODE CIVIL, *Rapport sur le Code civil du Québec*, Commentaires, vol. 2, t. 1., Québec, Éditeur officiel du Québec, 1978, p. 348-349.

57. Art. 2702 C.c.Q. et suiv.

58. Art. 2710 C.c.Q. et suiv.

59. Art. 2758 C.c.Q.

60. Art. 2759 C.c.Q.

61. OFFICE DE RÉVISION DU CODE CIVIL, *Rapport sur le Code civil du Québec*, Commentaires, vol. 2, t. 1., Québec, Éditeur officiel du Québec, 1978, p. 351.

62. Ces craintes étaient également partagées par le ministre Rémillard qui affirmait ce qui suit: «Toutefois, un désaccord surgit quant à l'étendue de cette hypothèque: faut-il limiter la possibilité, pour un individu qui n'exploite pas une entreprise, de consentir une hypothèque sur ses biens meubles, sauf ceux qu'il acquiert, comme le proposait l'avant-projet, ou convient-il plutôt d'autoriser l'hypothèque mobilière sans restriction, pour permettre, entre autres, d'hypothéquer des valeurs mobilières ou des oeuvres d'art? Si l'on introduit des exceptions, celles-ci doivent-elles être limitées à certains secteurs où le législateur pourrait juger qu'une certaine

prévention du surendettement est indiquée, ou à cetains biens comme les biens futurs (ceux que l'on se propose d'acquérir) ou à ceux servant à l'exploitation d'une entreprise agricole, etc.?» G. RÉMILLARD, «Présentation du projet de Code civil du Québec», (1991) 22 R.G.*D*. 5, 57.

63. Art. 1525, al. 3 C.c.Q.

64. C. MASSE, «Nouvelle approche des contrats commerciaux dans le futur Code civil du Québec», dans *Développements récents en droit commercial (1992)*, Service de la formation permanente, Barreau du Québec, 1992, pp. 117,119,123.

65. OFFICE DE RÉVISION DU CODE CIVIL, *Rapport sur le Code civil du Québec*, Commentaires, vol. 2, t. 2, Québec, Éditeur officiel du Québec, 1978, p. 907.

66. L. DUCHARME, «Le nouveau droit de la preuve en matières civiles selon le Code civil du Québec, (1992) 23 *R.G.D.* 5, 62.

67. Art. 2683 C.c.Q.

68. Art. 2684 C.c.Q.

69. Art. 2684 C.c.Q.

70. Art. 2685 C.c.Q.

71. Art. 2686 C.c.Q.

72. Cette sûreté a été introduite au Code civil en 1962 par la *Loi relative au nantissement*, S.Q. 1962, c. 57, art. 2 et modifiée à diverses reprises par la suite.

73. Cette sûreté a été introduite au Code civil en 1940 par la *Loi du nantissement agricole*, S.Q. 1940, c. 69, art. 1. Ces dispositions ont été modifiées à plusieurs reprises par la suite.

74. Cette sûreté a été introduite au Code civil par la *Loi sur le nantissement agricole et forestier*, L.Q. 1974, c. 79.

75. Elle est introduite le 16 décembre 1982 par la *Loi sur les cessions de biens en stock*, L.Q. 1982, c. 55 et entrée en vigueur le 3 juillet 1984. Cette loi sera parfois citée sous l'abréviation suivante: L.C.R.C.B.S.

76. Art. 1979e C.c.B.C.

77. Art. 1979a C.c.B.C.

78. *Loi sur les connaissements, les reçus et les cessions de biens en stock*, L.R.Q. c. C-53, art. 11.

79. Art. 1979a, al. 3 C.c.B.C.

80. *Provigo (Distribution) Inc.* c. *Marché M. Gibeau Inc.*, [1989] R.J.Q. 1467 (C.A.).

81. Art. 1979a, al. 1 C.c.B.C.

82. *Loi sur les pouvoirs spéciaux des corporations*, L.R.Q., c. P-16, art. 27, 29, 30.

83. *Loi sur les connaissements, les reçus et les cessions de biens en stock*, L.R.Q., c. C-53, art. 11.

84. Art. 2698 C.c.Q.

85. Art. 2699 C.c.Q.

86. Art. 2710 C.c.Q.

87. Art. 2684 C.c.Q.

88. Art. 2677 C.c.Q.

89. Art. 2714 C.c.Q.
90. Art. 2687 C.c.Q.
91. Art. 2700 C.c.Q.
92. Art. 2732 C.c.Q.
93. Art. 2674 C.c.Q.
94. Arts 2796 et 2951 C.c.Q.
95. L'expression «in ordinary course of business» du *Code uniforme de Commerce* s'entend du commerce usuel de produits: «a person in the business of selling goods of that kind» Voir commentaires officiels rapportés dans Uniform Laws Annotated, *Uniform Commercial Code*, St-Paul, Minn., West Publishing Co, 1981, § 9-307, §1-201. Dans un contexte tout à fait particulier des sûretés, l'article 479 du Projet de Code civil, Des biens, employait d'ailleurs l'expression «commerçant en semblables matières dans le cours ordinaire des affaires de ce dernier» dans un sens restrictif, limité à l'inventaire. L'Office de révision suggérait l'extinction de l'hypothèque mobilière et la suppression de tout droit de suite lors de l'aliénation d'un bien meuble dans le cours ordinaire des affaires du commerçant en semblables matières. D'après les commentaires de ce Projet, cette disposition ne visait que l'inventaire tout comme le fait une règle analogue sous le *Code uniforme de Commerce*.
96. Voir pour raisonnement analogue dans le domaine des actes de commerce sous le Code civil du Bas-Canada: Y. CARON, «La vente et le nantissement de la chose mobilière d'autrui», (1977) 23 Mc. *Gill. L. J.* 1, 8.
97. Voir pour raisonnement en ce sens OFFICE DE RÉVISION DU CODE CIVIL, *Rapport sur le Code civil du Québec*, Commentaires, vol. 2, t. 1, Québec, Éditeur officiel du Québec, 1978, p. 511.
98. Voir pour appui de cette affirmation: art. 1767 C.c.Q.
99. *Roy* c. *Caisses Enregistreuses Ltée*, [1977] C.A. 569.
100. *Roy* c. *Caisses Enregistreuses Ltée*, [1977] C.A. 569, 573.
101. Art. 2734 C.c.Q.
102. *Loi sur les connaissements, les reçus et les cessions de biens en stock*, L.R.Q., c. C-53, art. 26; voir également *Borg Warner Acceptance Canada Ltée* c. *133870 Canada Inc. (Abitibi Pony)*, J.E. 87-562 (C.S.); J.E. 88-1123 (C.A.).
103. OFFICE DE RÉVISION DU CODE CIVIL, *Rapport sur le Code civil du Québec*, Commentaires, vol. 2, t. 1, Québec, Éditeur officiel du Québec, 1978, p. 356.
104. OFFICE DE RÉVISION DU CODE CIVIL, *Rapport sur le Code civil du Québec*, Commentaires, vol. 2, t. 1, Québec, Éditeur officiel du Québec, 1978, p. 357.
105. OFFICE DE RÉVISION DU CODE CIVIL, *Rapport sur le Code civil du Québec*, Commentaires, vol. 2, t. 1, Québec, Éditeur officiel du Québec, 1978, p. 350.
106. OFFICE DE RÉVISION DU CODE CIVIL, *Rapport sur le Code civil du Québec*, Commentaires, vol. 2, t. 1, Québec, Éditeur officiel du Québec, 1978, p. 350.

107. Ce terme «priorité» remplace le terme «privilège». Ce terme «priorité» était déjà utilisé dans certaines décisions jurisprudentielles comme dans certains textes doctrinaux. M. le juge Dugas qualifiait de «priorité» le privilège statutaire de la Couronne aux droits de la province pour la perception des dettes fiscales; il s'en exprimait ainsi: «En assortissant de la garantie d'une hypothèque légale la créance du fisc québécois, c'est précisément une priorité statutaire que le législateur québécois veut conférer à la créance du ministre du revenu et cette priorité statutaire ne peut jouer à l'encontre de l'article 107 de la faillite.» *In re Angelatos: Druker* c. *Sous-Ministre du Revenu du Québec*, [1981] C.S. 512, 514. (C.S.); Y. CARON, «L'article 9 du Code uniforme de commerce peut-il être exporté? Point de vue d'un juriste québécois», dans Ziegel and Foster (ed), *Aspects of Comparative Commercial Law: Sales, Consumer Credit and Secured Transactions*, Montréal, Oceana Publications Inc., 1969, p. 387.
108. P. CIOTOLA, *Droit des sûretés*, 2e éd., Mémentos Thémis, Montréal, Les Éditions Thémis Inc., 1987, p. 227; voir au même effet: P.-B. MIGNAULT, *Le droit civil canadien*, t.9, Montréal, Wilson et Lafleur, 1916, p. 9; *Kolomeir* c. *Les industries Providair Inc.*, [1988] 1 R.C.S. 1132; *In re Forex Inc.: Mercure et Harricana Métal Inc.*, [1986] R.J.Q. 970, 972 (C.S.); *Mergl Excavation Inc.* c. *Bouchard*, [1981] C.S. 888, 890.
109. Art. 2655 C.c.Q.
110. Art. 2657 C.c.Q.
111. Art. 2657, al.2 C.c.Q.
112. Art. 2658 C.c.Q.
113. M. BOUDREAULT,«L'exécution des sûretés mobilières sous le nouveau *Code civil du Québec*», (1992) 23 *R.G.D.* 411, 413; voir en opposition l'article 2656 C.c.Q. et les articles 2748 et suiv. C.c.Q.
114. Art. 2659 C.c.Q.
115. Art. 2651, 1o C.c.Q.
116. Art. 1994 , al. 1 et 1995 C.c.B.C.
117. *Cohen* c. *98669 Canada Inc.*, [1990] *R.D.I.* 34 (C.A.).
118. *Normandin* c. *Normandin*, (1885) 29 *L.C.J.* 111 (C. Rév.).
119. Art. 616 C.p.c. tel que modifié par la *Loi sur l'application de la réforme du Code civil*, L.Q. 1992, c. 57, art. 318.
120. Art. 714 C.p.c. tel que modifié par la *Loi sur l'application de la réforme du Code civil*, L.Q. 1992, c. 57, art. 353.
121. Art. 2651, 2e C.c.Q.
122. Art. 1740 C.c.Q.
123. Art. 1741 C.c.Q.
124. Art. 2684 C.c.Q.
125. Art. 2673 C.c.Q.
126. Art. 2951 C.c.Q.
127. G. *MARTY* , P. *RAYNAUD* et P. *JESTAZ*, *Les sûretés, la publicité foncière*, 2e éd., Paris, Sirey, 1987, p. 25, n° 20.
128. *Hamel* c. *Gravenor*, [1960] B.R. 1223, 1225.
129. Art. 974 C.c.Q.

130. Art. 946 C.c.Q.
131. Art. 1593 C.c.Q.
132. Art. 1593 C.c.Q.
133. *Gstrein* c. *Dukel Auto Inc.*, [1978] C.P. 188; *Standard Credit Corporation* c. *Nadeau*, [1956] R.L. n.s. 127 (C.S.); *Wilson* c. *Doyon*, [1964] C.S. 93.
134. Art. 875 C.c.Q.
135. Art. 1250 C.c.Q.
136. Art. 1367 et 1369 C.c.Q.
137. Art. 2058 C.c.Q.
138. Art. 2185 C.c.Q.
139. Art. 2324 C.c.Q.
140. Art. 2293 C.c.Q.
141. *Loi sur le ministère du Revenu*, *L.R.Q.* 1977, c. M-31, art. 12.
142. Art. 1989, al. 2 C.c.B.C. Cette disposition met en échec l'arrêt *Supertest Petroleum Corp.* c. *Jacques Cartier Auto Inc.*,([1960] C.S. 329, [1963] B.R. 336) qui avait donné priorité à la Couronne provinciale sur un créancier hypothécaire qui avait préalablement enregistré son hypothèque. Voir pour critiques de cette décision: M. le professeur Mayrand jugeait «injuste qu'un créancier hypothécaire voit sa garantie absorbée par la Couronne parce que le débiteur a négligé de payer ses taxes ou ses impôts.» A. MAYRAND, «L'affaiblissement du crédit immobilier par le privilège de la Couronne», (1963) 23 *R. du B.* 413, 414; R. COMTOIS, «Privilèges de la Couronne — Priorité sur l'hypothèque conventionnelle enregistrée antérieurement» (1960-61) 63 *R. du N.* 109.
143. Raymond A. LANDRY,« La priorité fiscale sur les meubles et le projet de Code civil du Québec», (1991) 22 *R.G.D.* 649, 654.
144. Disposition préliminaire, C.c.Q.; M. le juge Beetz a rappelé à plusieurs reprises que le droit civil est le droit commun du Québec: *Laurentide Motels Ltd* c. *Ville de Beauport*, [1989] 1 R.C.S. 705, 720.
145. J. M. BRISSON, «L'impact du Code civil du Québec sur le droit fédral: une problématique», (1992) 52 *R. du B.* 345, 347; voir pour étude plus complète de cette question: J. M. BRISSON, «Le Code civil, droit commun», dans *Le nouveau Code civil: interprétation et application*, Journées Maximilien-Caron 1992, Montréal, Éditions Thémis, 1993, (à paraître).
146. F. CHEVRETTE et H. MARX, *Droit constitutionnel, Notes et jurisprudence*, Montréal, Presses de l'Université de Montréal, 1982, p. 232.
147. J. E. C. BRIERLEY, «La notion de droit commun dans un système de droit mixte: le cas de la province de Québec», dans *La formation du droit national dans les pays de droit mixte*, Aix-en-Provence, Presses universitaires d'Aix-Marseille, 1989, pp. 103, 107, 108.
148. M. le professeur Brisson y voit, jusqu'à preuve du contraire, dit-il, une équivalence entre l'expression «État» et celle de «Couronne». J. M. BRISSON, «Le Code civil, droit commun», dans *Le nouveau Code civil: interprétation et application*, Journées Maximilien-Caron 1992, Montréal, Éditions Thémis, 1993, note 90 (à paraître).

149. Art. 1994, al. 10 C.c.B.C.; *R.* c. *Restaurant & Bar La Seigneurie de Sept-Iles Inc.*, [1977] 2 C.F. 207; *Exchange Bank of Canada* c. *The Queen*, (1886) 11 A. C. 157.
150. Art. 2654 C.c.Q.
151. Art. 2654, al. 2 C.c.Q.
152. Art. 2651, al. 5 C.c.Q.
153. *Loi sur l'application de la réforme du Code civil*, L.Q. 1992, c. 57, art. 134, 5e et 157.
154. *Loi concernant les régimes matrimoniaux*, L.Q. 1969, c. 77 arts 92-95.
155. *Loi sur les assurances*, L.Q. 1974, c. 70, art. 445 et 446.
156. *Loi sur le curateur public et modifiant le Code civil et d'autres dispositions législatives*, L.Q. 1989, c. 54, art. 116 et suiv.
157. D.-C. LAMONTAGNE, «L'hypothèque légale en faveur du mineur ou de l'interdit — La commutation de garantie», (1985-86) 88 *R. du N.* 82 et suiv.
158. Art. 242 et 266 C.c.Q.
159. *Loi sur l'application de la réforme du Code civil*, L.Q. 1992, c. 57, art. 134, 4e.
160. *Loi sur l'application de la réforme du Code civil*, L.Q. 1992, c. 57, art. 134, 3e.
161. Art. 2725, al. 2; 2729; 2730, al. 2 C.c.Q.
162. Art. 2727, al. 2 C.c.Q; voir également D. PRATTE, «La création de l'hypothèque légale immobilière», (1992) 23 *R.G.D.* 385, 397 et en rapport avec le Code civil du Bas-Canada, *Armor Ascenseur Québec Limitée* c. *Caisse de dépôt et placement du Québec*, [1981] 1 R.C.S. 12.
163. Art. 2732 C.c.Q.; art. 2700 C.c.Q.
164. Cette possibilité de substitution a été discutée dans certains arrêts de la Cour d'appel du Québec tout particulièrement *Goldenhar* c. *Comcap Factors Inc.*, [1980] C.A. 140, *Universal Stone Inc.* c. *Rovira* [1973] C.A. 1089, *Manoir de Belmont Inc.* c. *Schokbéton Québec Inc.*, J.E. 90-816, (C.A.). Dans l'affaire *Coffrages Zanetti Ltée* c. *Constructions Samig Ltée*, la Cour supérieure expose les motifs usuels du refus de substitution: «Il appert de l'étude de la jurisprudence que la Cour d'Appel a jugé dans un premier temps qu'à moins d'une disposition légale un débiteur ne pouvait être autorisé à enlever à son créancier une garantie réelle assurant le paiement de sa créance en lui fournissant une autre créance personnelle et dans un deuxième temps qu'elle était disposée à le permettre dans le cas où la substitution était le seul moyen à la disposition du débiteur pour éviter un préjudice sans que le créancier ne soit susceptible d'en subir lui-même. Il existe des différences fondamentales entre la détention d'un droit réel même accessoire à une créance et la détention d'une simple créance personnelle. Il est vrai que le droit réel se perd à la perte de l'objet mais cela est prévu au Code. À part une telle éventualité, le créancier privilégié peut faire vendre l'objet dès que le jugement a reconnu son privilège. Le bénéficiaire d'un cautionnement doit après jugement reconnaissant sa créance poursuivre la caution si celle-ci n'exécute pas son obligation. Le privilège

du sous-entrepreneur ne sera aucunement affecté advenant la faillite de l'entrepreneur et du propriétaire puisqu'il est un créancier garanti advenant faillite. La caution pourrait devenir insolvable de sorte que le créancier ne pourrait recouvrer sa créance.» J.E. 87-342 (C.S.).
Dans l'arrêt *Manoir de Belmont Inc.* c. *Schokbéton Québec Inc.,* la Cour d'appel du Québec, tout comme la Cour supérieure, refuse de substituer au privilège de sous-entrepreneur une lettre de garantie bancaire. La substitution n'est admise que dans des circonstances exceptionnelles. Elle affirme que: «Le privilège sur immeuble est, par la force des choses, gênant et l'appelante se retrouve fort gênée de voir ainsi grevé ce bien qu'elle voudrait aliéner. Elle reconnaît par ailleurs devoir ce qu'on lui réclame qu'elle entend compenser par des dommages non encore liquidés. Rien ne permet de croire à quelque abus de la part du créancier qui ne fait qu'exercer son droit et cela légitimement. Faire droit au pourvoi serait en quelque sorte affirmer qu'on peut faire radier le privilège sur immeuble dès qu'il est gênant, une proposition qui porte atteinte à l'essence même du privilège de même, à vrai dire, qu'à toute garantie et sûreté que sanctionne la loi». J. E. 90-816 (C.A.)
Voir également: La substitution a été admise en raison d'un préjudice grave ou même irréparable car le maintien du privilège immobilier aurait retardé l'aliénation de l'immeuble et entraîné certaines difficultés de financement de l'immeuble: *146132 Canada Inc.* c. *Lesage*, J.E. 87-580, [1987] *R.D.I.* 243 (C.S.). La substitution a été admise en vue d'éviter un déni de justice: *Commission des écoles catholiques de Verdun* c. *Construction D. Leblanc Inc.*, J.E.90-363 (C.A.). En d'autres circonstances, la substitution a été simplement refusée: *Universal Stone Inc.* c. *Rovira*, [1973] C.A. 1089; *Gestion Claude Hébert Limitée* c. *Jacques Vinet Electrix Inc.*, [1988] R.L. 284 (C.A.). On invoque d'ailleurs comme motif pour refuser le remplacement d'un privilège par un dépôt en argent ou un cautionnement que la faillite du débiteur ramènerait le créancier privilégié au rang d'un créancier chirographaire: *Place Notre-dame de Hull Ltée* c. *La Compagnie de Ciment Mega Ltée,* [1986] R.L. 594 (C.A.).

165. *Loi sur l'application de la réforme du Code civil*, L.Q. 1992, c. 57, art. 621.

166. Art. 2725 C.c.Q.

167. Art. 3068 C.c.Q.

168. Art. 2731 C.c.Q.

169. M. CABRILLAC et C. MOULY, *Droit des sûretés*, Paris, Litec, 1990, p. 624.

170. *Loi sur les accidents de travail et les maladies professionnelles,* L.R.Q., c. A-3.001, art. 324 tel que modifié par la *Loi sur l'application de la réforme du Code civil,* L.Q. 1992, c. 57, art. 426.

171. *Loi sur Hydro-Québec*, L.R.Q., c. H-5, art 31 tel que remplacé par la *Loi sur l'application de la réforme du Code civil,* L.Q. 1992, c. 57, art. 588.

172. *Loi sur les loteries, les concours publicitaires et les appareils d'amusement, L.R.Q.*, c. L-6, art 81 tel que remplacé par la *Loi sur l'application de la réforme du Code civil,* L.Q. 1992, c. 57, art. 608.

173. *Loi concernant les droits sur les mutations immobilières*, L.R.Q. c. M-39, art. 12 tel que modifié par la *Loi sur l'application de la réforme du Code civil*, L.Q. 1992, c. 57, art. 625.
174. Art. 2952 C.c.Q.
175. Art. 2013c C.c.B.C.
176. P. CIOTOLA, *Droit des sûretés*, 2e éd., Mémentos Thémis, Montréal, Les Éditions Thémis Inc., 1987, p. 364; *Wolofsky* c. *Aetna Casualty & Surety Co.*, [1976] C.A. 102; *Fraser-Brace Engineering Co. Ltd.* c. *Chassé, Tremblay et Associés*, [1970] C.S. 342 commenté par P.Y. MARQUIS, (1971) 31 *R. du B.* 342.
177. *Canadian Mini-Warehouse Properties Ltd.* c. *Civilec consultants inc.*, J.E. 91-887 (C.Q.).
178. *Loebenberg* c. *National Trust Company*, [1980] C.A. 197; *Wolofsky* c. *Aetna Casualty & Surety Co.*, [1976] C.A. 102.
179. *Canadian Mini-Warehouse Properties Ltd* c. *Civilec consultants inc.*, J.E. 91-887, (C.Q.), p.4 du texte intégral.
180. G.M. GIROUX, *Le privilège ouvrier, Étude sur l'article 2013 du code civil*, Montréal, Éditions Albert Lévesque, 1933, nº 64, p. 74.
181. *Comco Pipe & Supply Co.* c. *Ravenco Inc.*, J.E. 91-664 (C.S.). Voir également en ce sens G.M. GIROUX, *Le privilège ouvrier, Étude sur l'article 2013 du code civil*, Montréal, Éditions Albert Lévesque, 1933, nº 64, p. 74.
182. Art. 2726 C.c.Q.; voir également D. PRATTE, «La création de l'hypothèque légale immobilière,» (1992) 23 *R.G.D.* 385, 393.
183. *Lumberland Inc.* c. *Nineteen Hundred Tower Ltd.*, [1977] 1 R.C.S. 581, 591; voir au même effet: *Matériaux Rénomat Inc.* c. *Jaycee Development Co.*, J.E. 85-26 (C.S.).
184. *Développements York-Hannover Ltée* c. *Jean Attore Inc.*, J.E. 91-1390 (C.S.), pp. 13 et 14 du texte intégral.
185. Art. 2123 C.c.Q.
186. Voir pour application de ce principe: *Banque Royale du Canada* c. *Plomberie Richard (1980) Inc.*, [1991] R.D.I. 386 (C.S.).
187. Rappelons ce que soulignait à cet égard le tribunal dans l'arrêt *Développements York-Hannover Ltée* c. *Jean Attore Inc.*: «[l]'information relative au sous-contrat transmise par l'entrepreneur-général au propriétaire n'équivaut pas à une dénonciation. L'article 2013f C.c.B.C. exige en effet que "ce soit le sous-entrepreneur lui même qui fasse la dénonciation"». J.E. 91-1390 (C.S.).
188. Art. 2110 C.c.Q.
189. Art. 2013a C.c.B.C.
190. S. BINETTE, «Le privilège ouvrier, du fournisseur de matériaux, du constructeur et de l'architecte: La fin des travaux», (1975) 1 *C.P. du N.* 103, 114; P. CIOTOLA, *Droit des sûretés*, 2e éd., Mémentos Thémis, Montréal, Les Éditions Thémis Inc., 1987, p. 345; D. PRATTE, «Les privilèges de la construction: problèmes actuels touchant la plus-value, la fin des travaux et les bénéficiaires», (1991) 51 R. *du B.* 3, 18-19; *Laporte* c. *Gagnon*, [1971] C.A. 1; *Turgeon & Jobin Ltée* c. *Entreprises d'électricité D.B. Inc.*, [1986] R.J.Q. 2025, 2028 (C.A.).

191. P. CIOTOLA, *Droit des sûretés*, 2e éd., Mémentos Thémis, Montréal, Les Éditions Thémis Inc., 1987, p. 348; *Archambault de Ste-Rose Ltée* c. *Hétu*, [1977] C.A. 186, 187; *V.G. Realties Ltd.* c. *Province Construction Inc.*, [1982] C.A. 213, 216.
192. *Loi sur l'application de la réforme du Code civil*, L.Q. 1992, c. 57, art. 140.
193. Art. 3061; 2727, al. 3 C.c.Q.
194. Art. 3061 C.c.Q.
195. Art. 2952 C.c.Q.
196. *Duval & Gilbert Inc.* c. *Réjean Lapierre Inc.*, [1974] C.A. 483, 485.
197. Art. 2013c C.c.B.C.
198. Art. 1039 C.c.Q.
199. Art. 1072 C.c.Q.
200. Art. 1071 C.c.Q.
201. Art. 2729 C.c.Q.
202. Art. 2800 C.c.Q.
203. Art. 2730, al. 2 C.c.Q.
204. Art. 2036, al. 2 C.c.B.C.
205. *Larissa Development* c. *Anjou Gardens Ltd*, [1971] C.A. 421.
206. Art. 2730 C.c.Q.
207. Art. 2680, al. 2 du Code civil du Québec, Projet de loi 125 (présentation) 1re session, 34e législature (Québec), 1990.
208. Art. 1801 C.c.Q.
209. Art. 2782 C.c.Q.
210. J.-L. BAUDOUIN, «Conférence de clôture», (1990) 24 *R.J.T.* 619.
211. R. A. LANDRY, «Les sûretés: l'hypothèque mobilière à l'âge de l'ordinateur», dans Conférences sur le nouveau Code civil du Québec, Les Éditions Yvon Blais Inc., Cowansville, 1992, p. 155.
212. Cette réflexion est puisée à même l'arrêt *Caisse populaire des Deux Rives* c. *Société mutuelle d'assurance contre l'incendie de la Vallée du Richelieu*, [1990] 2 R.C.S. 995, 1004. Les termes entre crochets [...] n'ont pas été empruntés à l'arrêt mais sont un ajout personnel.
213. *Droit de la famille-977*, [1991] R.J.Q. 904, 909 (C.A.).
214. Voir pour une réflexion sur ce principe: A. POPOVICI, «Le nouveau code civil et les contrats d'adhésion», dans *Conférence Meredith 1992, Le franchisage*, Cowansville, Les Éditions Yvon Blais Inc., (à paraître).
215. Voir pour une réflexion à ce sujet: A. POPOVICI, «Le nouveau code civil et les contrats d'adhésion», dans *Conférence Meredith 1992, Le franchisage*, Cowansville, Les Éditions Yvon Blais Inc., (à paraître).
216. Art. 1375 C.c.Q.
217. Art. 1437 C.c.Q.
218. *Banque de Montréal* c. *Bail Ltée*, J.E. 92-964 pp. 27 et 28 du texte intégral (C. S.C.).
219. *Banque de Montréal* c. *Bail Ltée*, J.E. 92-964 p. 35 du texte intégral (C. S.C.).
220. *Banque Nationale du Canada* c. *Houle*, J.E. 87-805; [1987] *R.J.Q.* 1518 (C.A.); *Banque Nationale du Canada* c. *Couture*, [1991] *R.J.Q.* 922

(C.A.); *Banque Nationale du Canada* c. *Corbeil et Équipements Lorac Limitée,* J.E. 91-236; (1991) 121 *N.R.* 134 (C. S.C.)
221. Voir pour les notions générales sous l'empire du projet du Code civil du Québec (présentation): M. BOUDREAULT et P. CIOTOLA, «Présentation et critique des dispositions du Projet de loi 125 portant sur les sûretés réelles», (1991) 22 R.*G.D.* 697, 700 et suiv.
222. Art. 2660 C.c.Q.
223. Art. 1638 C.c.Q.
224. Art. 3003 C.c.Q.
225. Art. 3003, al. 2 C.c.Q.
226. Art. 2792 C.c.Q.
227. Art. 1051 C.c.Q.
228. Art. 2715 C.c.Q.
229. *Loi sur l'application de la réforme du Code civil,* L.Q. 1992, c. 57, art. 134, 2e.
230. Art. 2666 C.c.Q.
231. Art. 2668 C.c.Q.
232. Art. 2648, al. 2 C.c.Q.
233. *Loi sur l'application de la réforme du Code civil,* L.Q. 1992, c. 57, art. 137 et 162.
234. Voir à propos du nantissement commercial: art. 1979d et 1979k C.c.B.C.; voir à propos de l'hypothèque: *In re Dupuis: Bourassa* c. *Dupuis,* [1975] C.A. 409.
235. Art. 2668 C.c.Q.
236. Art. 2673 C.c.Q.
237. Art. 2681 C.c.Q.
238. Art. 2645, al. 1 C.c.Q.
239. Art. 2645, al. 2 C.c.Q.
240. Art. 2681 C.c.Q.
241. Voir pour analyse du cautionnement réel: M. CABRILLAC et C. MOULY, *Droit des sûretés,* Paris, Litec, 1990, pp. 249 et suiv.
242. M. CABRILLAC et C. MOULY, *Droit des sûretés,* Paris, Litec, 1990, p. 250.
243. Art. 404 C.c.Q.
244. Art. 408 C.c.Q. Cet article est au même effet que l'article 455.1 C.c.Q. (ancien) qui avait été ajouté par la *Loi modifiant le Code civil du Québec et d'autres dispositions législatives afin de favoriser l'égalité économique des époux,* L.Q. 1989, c. 55, art. 5.
245. À titre d'exemple, le tribunal a déjà admis, dans l'affaire *Droit de la famille -1162,* la radiation d'une hypothèque à la demande du conjoint non propriétaire en l'occurrence l'épouse, car celle-ci n'avait pas consenti à l'acte d'hypothèque et avait au préalable enregistré une déclaration de résidence familiale. Toujours dans cette affaire, le tribunal s'exprimait ainsi: «l'enregistrement d'une déclaration de résidence familiale restreint la possibilité pour les tiers de devenir propriétaires ou d'acquérir un droit réel contre l'immeuble. Le droit de propriété se trouve limité en raison du consentement que le conjoint est appelé à donner, lequel consentement

peut être remplacé par une autorisation judiciaire «si le refus n'est pas justifié par l'intérêt de la famille » (art. 456 C.c.Q.). «La protection que confère la déclaration de résidence familiale vise l'intérêt de la famille. Il a déjà été jugé qu'il n'était pas raisonnable pour un conjoint de retenir son autorisation lorsque la vente de l'immeuble pouvait permettre d'acquérir une nouvelle demeure plus convenable à l'occasion de procédures de divorce. On ne pourrait reprocher au parent qui a la garde de donner volontairement son consentement en échange de conditions financières préservant l'intérêt de la famille. Corollairement, si le parent qui a la garde refuse de procéder à la vente parce que ces conditions ne sont pas respectées, on ne peut présumer qu'il a renoncé à la protection que lui confère la déclaration de résidence familiale.» *Droit de la famille-1162,* [1988] *R.D.F.* 154 , 156 (C.S.).

246. Art. 399 C.c.Q.; voir art. 456 C.c.Q. (ancien); *Droit de la famille - 1162,* [1988] R.D.F. 154, 156 (C.S.).

247. Dans l'arrêt *Droit de la famille -179,* (J.E. 85-124 (C.S.), pp. 9 et 10 du texe intégral), le tribunal déclare ce qui suit: «Toutefois, une telle autorisation suivant les dispositions de l'article 456 ne peut être que spéciale et pour un temps déterminé. Le requérant doit présenter un projet concret comme une offre d'achat indiquant le nom de l'acquéreur, le prix et toutes les autres conditions de la vente projetée. Indépendamment des autres raisons, s'il y en a, qui motivent l'intimée à refuser de consentir à une vente, le tribunal se demande comment l'intimée pourrait donner son consentement à une vente ou une autre transaction dont elle ne connaît pas le détail. Et comment le tribunal pourrait-il apprécier et être en mesure de prendre une décision et autoriser une transaction sans que le requérant ne fasse quelque preuve que ce soit des conditions de la transaction projetée ou même qu'une transaction est réellement en voie de se concrétiser? Il est évident que l'article 456 du Code civil Livre Deuxième exige que le tribunal qui accorde une autorisation de la nature de celle recherchée par le requérant fixe les modalités et toutes les conditions spécifiques à ladite transaction et ne l'accorde que pour une durée limitée quitte à la modifier ou à la révoquer ultérieurement s'il y a lieu; le juge pourra aussi suivant l'article 813.4 du Code de procédure civile fixer un cautionnement dans certains cas.»

248. *Droit de la famille -1179*, [1988] R.D.F. 253, 254 (C.S.).

249. Art. 156 C.c.Q.

250. Art. 175 C.c.Q.

251. Art. 176 C.c.Q.

252. Art. 174 C.c.Q.

253. Art. 174 C.c.Q.

254. Art. 213 C.c.Q.

255. Art. 1307 C.c.Q.

256. Art. 286 et 288 C.c.Q.

257. Art. 293 C.c.Q.

258. Art. 1305 C.c.Q.

259. Art. 1278 C.c.Q.

260. Art. 1307 C.c.Q.
261. *Loi sur les connaissements, les reçus et les cessions de biens en stock,* L.R.Q., c. C-53, art. 13.
262. Art. 1745 C.c.Q.
263. Art. 1745 C.c.Q.
264. Art. 1506 C.c.Q.; art. 2682 C.c.Q.
265. Art. 1037, al. 3 C.c.Q.
266. Art. 2679 C.c.Q.
267. Art. 1021 C.c.Q.
268. Art. 2674 C.c.Q.
269. Art. 2677 C.c.Q.
270. Art. 2678 C.c.Q.; voir pour radiation art. 3066 C.c.Q.
271. Art. 2953 C.c.Q.
272. Art. 2676 C.c.Q.
273. Art. 1373 C.c.Q.
274. Art. 2688 C.c.Q.
275. *Banque Mercantile du Canada* c. *Yves Germain Inc.*, [1984] C.S. 856, 865.
276. Y. DESJARDINS, «L'hypothèque à taux variable», (1982-1983) 17 *R.J.T.* 325, 328.
277. Y. CARON, «La Loi des pouvoirs spéciaux des corporations et les recommandations de l'Office de révision du Code civil sur les sûretés réelles», (1976-77) *Meredith Lect.* 81, 86.
278. OFFICE DE RÉVISION DU CODE CIVIL, *Rapport sur le Code civil du Québec*, Commentaires, vol. 2, t. 1., Québec, Éditeur officiel du Québec, 1978, 455.
279. Art. 2689 C.c.Q.; voir également au même effet art. 2044 C.c.B.C.
280. Art. 2689 C.c.Q.
281. *Auclair* c. *Girard*, (1896) 9 C.S. 213, 215 (C. rév.). Ces principes rejoignent les commentaires émis à ce sujet dans l'arrêt *General Electric Capital Canada Inc.* c. *Zittrer Siblin & Associés Inc.*: «*In the present case the amount of the hypothec is certain and determined by the deed; the limit of the hypothecary right secured in favour of the Petitioner is a total of $28,800,000.00. The law does not require that this amount be the identical amount owing at any particular moment in time by the Debtor in virtue of the Deed of Loan. The registered deed merely establishes the maximum amount of hypothecary security available to the Petitioner. If, because of defaults in the payment of interest instalments, or for other reasons, the amount owing by the Debtor to the Petitioner should exceed $28,800,000.00, the creditor would be unsecured for the excess. Should payments be made so that the sum owing in accordance with the Deed of Loan is less than the amount of the hypothec, the Petitioner cannot enforce its security for an amount in excess of what is really owing, no matter what the Deed of Collateral Hypothec says.*» *General Electric Capital Canada Inc.* c. *Zittrer Siblin & Associés Inc.*, [1991] R.J.Q. 1130, 1134 (C.S.).
282. Art. 2690 C.c.Q.; voir également: *Banque Mercantile du Canada* c. *Yves Germain Inc.*, [1984] C.S. 856.

283. Art. 2959 C.c.Q.
284. Art. 2960 C.c.Q.
285. Art. 2960 C.c.Q.
286. Rappelons à cet égard les propos émis par le juge Tellier dans l'affaire *Chaput* c. *Hébert*: «Entre les parties à un acte, l'enregistrement de l'acte n'est jamais nécessaire, pour la validité des conventions qui s'y trouvent. Ce n'est qu'à l'égard des tiers que l'enregistrement, dans les cas où il est requis, a son utilité et produit son effet. La raison en est bien simple. Les tiers n'ont ou ne sont censés avoir que les livres du bureau d'enregistrement, pour se renseigner, quand ils ont intérêt à l'être, sur les droits réels dont un immeuble donné peut se trouver affecté. Mais, pour les parties contractantes, c'est autre chose. Elles ne peuvent ignorer leurs propres conventions.» (1932) 53 B.R. 47, 51 et 52.
287. Art. 2733 C. c.Q.
288. R. A. LANDRY, «Les sûretés: l'hypothèque mobilière à l'âge de l'ordinateur», dans *Conférences sur le nouveau Code civil du Québec*, Cowansville, Les Éditions Yvon Blais Inc., 1992, p. 155, 172. *N.B.*: Nous nous sommes permis de faire référence aux articles du Code civil du Québec, alors que le texte de Me Landry porte sur le projet du Code civil du Québec lors de sa présentation.
289. Art. 1723 al. 2 C.c.Q.
290. Art. 2734 C.c.Q.
291. OFFICE DE RÉVISION DU CODE CIVIL, *Rapport sur le Code civil du Québec*, Commentaires, vol. 2, t. 1., Québec, Éditeur officiel du Québec,1978, 486.
292. P.-Y MARQUIS, «*Sûretés et enregistrement*», (1972) 32 R. du. B. 523; A. LUTFY, «Creditor's Recourse for Deterioration of Immovable Security», (1966-67) 12 *Mc Gill L.J.* 327.
293. Art. 2957 C.c.Q.
294. Art. 2934 C.c.Q.
295. Art. 2938, al. 3. C.c.Q.
296. Art. 2983 C.c.Q.
297. S. POTVIN-PLAMONDON, «Les sûretés: l'hypothèque mobilière à l'âge de l'ordinateur», dans *Conférences sur le nouveau Code civil du Québec*, Cowansville, Les Éditions Yvon Blais Inc., 1992, p.185, 203.
298. R. A. LANDRY, , «Les sûretés: l'hypothèque mobilière à l'âge de l'ordinateur», dans *Conférences sur le nouveau Code civil du Québec*, Cowansville, Les Éditions Yvon Blais Inc., 1992, p. 155, 173.
299. Art. 2943 C.c.Q.
300. S. POTVIN-PLAMONDON, «Les sûretés: l'hypothèque mobilière à l'âge de l'ordinateur», dans *Conférences sur le nouveau Code civil du Québec*, Cowansville, Les Éditions Yvon Blais Inc., 1992, p. 185, 202.
301. Art. 2943 C.c.Q.
302. Art. 2956 C.c.Q.
303. *Kaussen* c. *Scanti Investments Ltd.*, [1981] C.S. 191, 195, 196.
304. *2436-7252 Québec Inc.* c. *Trust Prêt et Revenu*, [1991] *R.D.I.* 730 (C.S.).

305. OFFICE DE RÉVISION DU CODE CIVIL, *Rapport sur le Code civil du Québec*, Commentaires, vol. 2, t. 1., Québec, Éditeur officiel du Québec, 1978, p. 507.
306. P. CIOTOLA, *Droit des sûretés*, 2e éd., Mémentos Thémis, Montréal, Les Éditions Thémis Inc., 1987, p. 223.
307. Art. 3003 C.c.Q.
308. Art. 1646, al. 1 C.c.Q; voir en faveur d'un paiement proportionnel entre le cédant et le cessionnaire sous le Code civil du Bas-Canada: P. CIOTOLA, *Droit des sûretés*, 2e éd., Mémentos Thémis, Montréal, Les Éditions Thémis Inc., 1987, p. 224; W. MARLER, *The Law of Real Property, Quebec*, Toronto, Burroughs, 1932, no 820, p. 379; no 614, p. 290.
309. Art. 1646, al. 2 C.c.Q.
310. Art. 1651 C.c.Q.; voir pour commentaire sous le Code civil du Bas-Canada, W. MARLER, *The Law of Real Property, Quebec*, Toronto, Burroughs, 1932, nos 615 et suiv., p. 291.
311. Art. 3003 C.c.Q.
312. Art. 3004 C.c.Q.
313. Art. 1658, al. 1 C.c.Q.
314. Art. 1658, al.2 C.c.Q.
315. P. CIOTOLA, *Droit des sûretés*, 2e éd., Mémentos Thémis, Montréal, Les Éditions Thémis Inc., 1987, p. 222.
316. *Loi sur l'application de la réforme du Code civil*, L.Q. 1992, c. 57, art. 7.
317. *Loi sur l'application de la réforme du Code civil*, L.Q. 1992, c. 57, art. 133.
318. *Loi sur l'application de la réforme du Code civil*, L.Q. 1992, c. 57, art. 134,1o.
319. *Loi sur l'application de la réforme du Code civil*, L.Q. 1992, c. 57, art. 102 et 133.
320. *Loi sur l'application de la réforme du Code civil*, L.Q. 1992, c. 57, art. 157.
321. *Loi sur l'application de la réforme du Code civil*, L.Q. 1992, c. 57, art. 3, 4, 5, 134, 1o, 157.
322. *Loi sur les pouvoirs spéciaux des corporations*, L.R.Q., c. P-16, art. 31.
323. *Loi sur l'application de la réforme du Code civil*, L.Q. 1992, c. 57, art. 520.
324. *Loi sur l'application de la réforme du Code civil*, L.Q. 1992, c. 57, art. 642 -655.
325. Art. 2693 C.c.Q.
326. Art. 2135 C.c.Q.
327. Art. 2135, 1305 C.c.Q.
328. Art. 2687 C.c.Q.
329. L. PAYETTE «Le nouveau *Code civil* et les sûretés mobilières», dans *Congrès annuel du Barreau du Québec (1991)*, Service de la formation permanente, Barreau du Québec, 1991, p. 61.
330. Art. 2689 C.c.Q.

331. Art. 3032 C.c.Q.
332. Art. 3033 C.c.Q.
333. Art. 3032 C.c.Q.
334. On sait que la jurisprudence sous l'ancien droit avait validé la désignation par distraction. Voir à cet effet: *L. Dufresne & Fils Ltée* c. *Caisse de retraite de la Fédération nationale de l'industrie du vêtement Inc.*, [1990] R.J.Q. 1244; [1990] R.D.I. 469 (C.A.); *Hoppenheim* c. *Caisse populaire de Pontmain*, [1989] R.J.Q. 1813 (C.S.); voir également commentaires à cet effet P. CIOTOLA, «Commentaires sur la jurisprudence récente en droit des sûretés (1990)», (1991-92) 94 *R. du N.* 86, 91-92.
335. Art. 2716 C.c.Q.
336. Art. 947 C.c.Q.
337. Art. 1009 C.c.Q.
338. Art. 1015 C.c.Q.
339. Art. 1047 C.c.Q.
340. Art. 1112 C.c.Q.
341. Art. 1111 et 1115 C.c.Q.
342. Art. 1135 C.c.Q.
343. Art. 2669 C.c.Q.
344. Art. 1205 et 1206 C.c.Q.
345. Art. 1209 C.c.Q.
346. Art. 1173 C.c.Q.
347. Art. 1182 C.c.Q.
348. Art. 2695 C.c. Q.
349. *Loi sur l'application de la réforme du Code civil*, L.Q. 1992, c. 57, art. 136, al.1.
350. *Caisse populaire des Deux Rives* c. *Société mutuelle d'assurance contre l'incendie de la Vallée du Richelieu*, [1990] 2 *R.C.S.* 995, 1010 et 1011.
351. *Banque Nationale de Grèce (Canada)* c. *Katsikonouris*, [1990] 2 R.C.S. 1029. Cet arrêt comporte les dissidences de Mme la juge L'Heureux-Dubé et de M. le juge Gonthier.
352. L. POUDRIER-LEBEL, «La création de l'hypothèque immobilière conventionnelle» (1992) 23 *R.G.D.* 401, 409. Voir également: *Banque Nationale de Grèce (Canada)* c. *Katsikonouris*, [1990] 2 R.C.S. 1029 et *Caisse populaire des Deux Rives* c. *Société mutuelle d'assurance contre l'incendie de la Vallée du Richelieu*, [1990] 2 R.C.S. 995.
353. *Loi sur l'intérêt, L.R.C.* (1985), c. I-15, art. 8.
354. Art. 2982 et 2970 C.c.Q.
355. Art. 2716 et 2719 C.c.Q.
356. Art. 3022 C.c.Q.
357. Art. 2945 C.c.Q.
358. *Lépine* c. *Caisse Populaire Ste-Thérèse de Blainville*, J.E. 86-811 (C.S.).
359. Art. 2949 C.c.Q.
360. Art. 2955 C.c.Q.
361. Art. 2655 C.c.Q.

362. Art. 2952 C.c.Q.
363. Art. 2946 C.c.Q.
364. Art. 2948 C.c.Q.
365. Elles peuvent recevoir application également dans la publicité des droits personnels et réels mobiliers.
366. Art. 2962 C.c.Q.
367. *Caisse populaire Henri-Bourassa* c. *Doucet*, [1986] R.J.Q. 351 (C.A.).
368. Art. 2945 C.c.Q.
369. Art. 2949, al.1 C.c.Q.
370. Art. 2949, al.3 C.c.Q.
371. On peut sérieusement mettre en doute la pertinence de ces règles dans le domaine immobilier. Les règles édictées aux articles 2674 et 2675 C.c.Q. ne présentent pas à vraiment dire d'intérêt en matière immobilière car (1) la règle énoncée à l'article 2949 C.c.Q. est tout à fait suffisante en ce cas et (2) les tiers de bonne foi peuvent invoquer la fiabilité du registre foncier en vertu de l'article 2962 C.c.Q. L'hypothèque sur un immeuble n'est opposable aux tiers qu'à compter de son inscription, soit de l'acte constitutif, soit de l'avis identifiant l'immeuble acquis subséquemment. Nous avons également discuté le sens de l'article 2674 C.c.Q. aux paragraphes 32 et suiv. de ce texte.
372. Art. 2716 et 2955 C.c.Q.
373. Art. 2796 C.c.Q.
374. Art. 2951 C.c.Q.
375. Art. 2951 C.c.Q.
376. Art. 2748, al. 2 C.c.Q.
377. Art. 2757 C.c.Q.
378. Art. 3017 C.c.Q.
379. *Société canadienne d'hypothèques et de logement* c. *Caisse populaire Saint-Denis*, [1981] R.L. 1 (C.S.).
380 . Dans l'arrêt *Forte* c. *Coast to Coast Paving Limited* ([1972] C.S.718), M. le juge Batshaw avait refusé à un créancier la possibilité de réclamer le paiement complet de la dette à la suite d'une déchéance du terme et avait permis au débiteur de remédier aux seuls défauts visés dans l'avis de soixante jours, en conformité de l'article 1040b C.c.B.C. Cette jurisprudence devrait être suivie sous le nouveau droit.
381. Art. 2761 C.c.Q.
382. Voir par analogie l'article 1723, al. 2 C.c.Q.
383. Art. 2760 C.c.Q.
384. Art. 2750 C.c.Q.
385. Art. 2779 C.c.Q.
386. Art. 2771 C.c.Q.
387. Art. 2758 C.c.Q.
388. Art. 2773 C.c.Q.
389. Art. 2721 C.c.Q.
390. Art. 2777 C.c.Q.
391. Art. 2777 C.c.Q.

392. Art. 2776 C.c.Q.
393. Art. 2776 C.c.Q.
394. Art. 2775 C.c.Q.
395. Art. 2784 C.c.Q.
396. Art. 2789 C.c.Q.
397. Art. 2783, al. 2 et 2790, al. 2 C.c.Q.
398. Art. 2785 C..c.Q.
399. Art. 2785 C.c.Q.
400. Art. 2787 C.c.Q.
401. Art. 2788 C.c.Q.
402. Art. 2789 C.c.Q.
403. Art. 2790 C.c.Q.
404. Art. 2790 C.c.Q.
405. Art. 2790 C.c.Q. L'alinéa 2 utilise les termes» créés après l'inscription du préavis»; il serait plus logique d'employer «publiés» et non «créés».
406. Le créancier qui réalise les biens donnés en garantie est tenu, d'après la jurisprudence récente, d'agir honnêtement et de bonne foi; il encourt une responsabilité s'il agit de façon négligente ou incompétente notamment s'il liquide les bien donnés en garantie en deçà de leur valeur marchande ou s'il les vend à rabais. Il devrait également en être ainsi sous le Code civil du Québec notamment en vertu de l'article 7 C.c.Q. *Banque Nationale du Canada* c. *Houle*, J.E. 87-805; [1987] R.J.Q. 1518 (C.A.); *Banque Nationale du Canada* c. *Couture,* [1991] R.J.Q. 917, 918, 922 (C.A.); *Banque Nationale du Canada* c. *Corbeil et Equipements Lorac Limitée,* J.E. 91-236; (1991) 121 N.R. 134 (C. S.C.).
407. Art. 2791 C.c.Q.
408. Art. 2793 C.c.Q.
409. Art. 2792 C.c.Q. On sait que les tribunaux ont reconnu sous l'empire du Code civil du Bas-Canada la possibilité de vendre l'immeuble à charge d'hypothèque. (*Ville d'Anjou* c. *C.A.C. Realty Ltd,* [1978] 1 *R.C.S.* 819; *Caisse populaire de St-Marc des Carrières* c. *Frenette & Frères Ltée*, [1985] R.D.J. 341 (C.A.). Cependant, M. le juge Beetz avait exprimé, dans le cadre d'un jugement dissident rendu dans l'arrêt *Ville d'Anjou* c. *C.A.C. Realty Ltd.,* ([1978], 1 R.C.S. 819, 841) que la vente forcée à charge d'hypothèque est entachée de nullité. Il invoquait tout particulièrement que la vente en justice à charge d'hypothèque risquait d'écarter les enchères et entraînait l'interversion des privilèges et hypothèques.
410. Art. 2794 C.c.Q. Voir également l'article 696 C.p.c. (tel que modifié par la *Loi sur l'application de la réforme du Code civil*, L.Q. 1992, c. 57, art. 342) pour les droits suceptibles d'être purgés ou maintenus. *Art. 696 C.p.c.: Le décret purge tous les droits réels non compris dans les conditions de la vente, excepté: 1. les servitudes; 2. (supprimé); 3. le droit d'emphytéose, les droits nécessaires à l'exercice de la propriété superficiaire, les substitutions et le douaire coutumier non ouverts, excepté dans le cas où il apparaît au dossier de la cause qu'il existe une créance*

antérieure ou préférable; 4. Le décret ne porte pas atteinte aux droits des municipalités, des commissions scolaires ou du Conseil scolaire de l'île de Montréal pour les versements non échus de taxes spéciales et dont le paiement est échelonné sur un certain nombre d'années; ces versements ne deviennent pas exigibles par la vente de l'immeuble et ne sont pas portés à l'ordre de collocation, mais restent payables suivant les termes de leur imposition.

411. Art. 2748 C.c.Q.
412. Art. 2757 C.c.Q.
413. Art. 2761 C.c.Q.
414. Art. 2762 C.c.Q.
415. Art. 2778 C.c.Q; cette restriction au droit de prise en paiement existe déjà dans le domaine de la protection du consommateur. Voir à cet effet *Loi sur la protection du consommateur, L.R.Q.*, c. P-40.1, art. 142 et suiv.
416. Art. 2750 C.c.Q.
417. Art. 2783, al. 1 C.c.Q.
418. Art. 2778 et suiv. C.c.Q.
419. Art. 2764 C.c.Q.
420. Art. 2764 C.c.Q.
421. Art. 2765 C.c.Q.
422. Art. 3069 C.c.Q.
423. Art. 2782 C.c.Q.
424. Art. 2797 C.c.Q.
425. Art. 2797 C.c.Q.
426. Art. 2497 C.c.Q.
427. Art. 2799 C.c.Q.
428. Art. 2081a C.c.B.C.
429. Art. 3060 C.c.Q.
430. Ce pourrait être aussi au registre des droits personnels et réels mobiliers.
431. Voir la jurisprudence en ce sens en vertu de l'article 805 C.p.c. et l'article 2150 C.c.B.C.: «Le critère reconnu au point de vue de l'admissibilité du recours en vertu de l'article 805 est que ce recours prohibe la discussion de la créance. Mais prouver paiement d'une créance reconnue n'est pas engagé un débat sur la créance elle-même. Il semble donc que l'intéressé à la radiation de l'enregistrement d'un droit réel doive procéder par voie d'action a) s'il conteste la créance ou b) s'il demande l'annulation ou la résolution du droit enregistré, mais qu'il pourra procéder par voie de requête a) si le droit enregistré 1) a été préalablement annulé ou résolu par consentement ou jugement ou 2) est éteint selon l'un des modes prévus à l'article 2081 C.c.B.C. [...] b) si l'enregistrement a été fait 1) sans droit 2) irrégulièrement et 3) en vertu d'un titre nul.» *Johnson Produits Verriers Ltée* c. *Star Windows Ltée*, [1980] C. S. 151, 154. Voir également: *Deslandes* c. *Touchette*, [1955] B.R. 851; *Pavage et Aménagement paysager Antonio Borsellino Inc.* c. *Relais Signal Ltée*, J.E. 85-661 (C.S.); *Pierre Brossard (1981) Ltée* c. *Société immobilière A.V.D. Inc.*, J.E. 91-104 (C.A.).

432. Art. 806 C.p.c. tel que remplacé par la *Loi sur l'application de la réforme du Code civil*, L.Q. 1992, c. 57, art. 367.
433. Art. 2687 C.c.Q.
434. Art. 2689 C.c.Q.
435. Art. 2681 C.c.Q.
436. Art. 2692 C.c.Q.
437. Art. 2685 C.c.Q.
438. Art. 2686 C.c.Q.
439. Art. 2665, al. 2 C.c.Q.
440. Art. 2685 C.c.Q.
441. *Grobstein* c. *Hollander*, [1963] B.R. 440.
442. Art. 2704 C.c.Q.
443. Art. 2707 C.c.Q.
444. Art. 2736 C.c.Q.
445. Art. 2740 C.c.Q.
446. Art. 2739 C.c.Q.
447. Art. 2737 C.c.Q.
448. Art. 1975, al. 2 C.c.B.C.
449. Y. CARON, «La Loi des pouvoirs spéciaux des corporations et les recommandations de l'Office de révision du Code civil sur les sûretés réelles», (1976-77) *Meredith Lect.* 81, 88.
450. Art. 2672 C.c.Q.
451. Art. 2796 C.c.Q.
452. D. DIONNE, «L'hypothèque mobilière», *Congrès annuel du Barreau du Québec (1992)*, Service de la formation permanente, Barreau du Québec, 1992, p. 1059, 1065.
453. Art. 2698 C.c.Q.
454. Art. 2673 C.c.Q.
455. Art. 2674 C.c.Q.
456. Art. 2700 C.c.Q.
457. Art. 2041 C.c.Q.
458. Art. 2043 C.c.Q.
459. Art. 2699 et 2708 C.c.Q.
460. Art. 2709 C.c.Q.
461. Art. 2738 C.c.Q.
462. Art. 2699 et 2708 C.c.Q.
463. Art. 1641, al. 1 C.c.Q.; D. DIONNE, «L'hypothèque mobilière», *Congrès annuel du Barreau du Québec (1992)*, Service de la formation permanente, Barreau du Québec, 1992, p. 1059, 1070.
464. Art. 1641, al. 2 C.c.Q.
465. Art. 2712 C.c.Q.
466. Art. 2711 et 2950 C.c.Q.
467. Art. 2712 C.c.Q.
468. Me Louis Payette soulignait à cet égard ce qui suit: «Le maintien par le nouveau code d'un système d'opposabilité des cessions de créances en garantie à un double palier, celui des tiers en général et celui des débiteurs, continuera de favoriser le financement par sûretés sur comptes-clients. Les

institutions financières continueront de pouvoir s'assurer dès l'immédiat d'une position de créancier garanti à l'égard des comptes-clients dans le cas de faillite de leur emprunteur par la simple inscription; au surplus, cette inscription sera largement facilitée puisqu'elle ne devra s'effectuer qu'à un seul bureau, celui du registre central des droits mobiliers [devenu sous le Code civil du Québec le registre des droits personnels et réels mobiliers [...] plutôt que dans une multitude de divisions d'enregistrement comme cela peut être présentement le cas.» L. PAYETTE, «Le nouveau *Code civil* et les sûretés mobilières», dans ***Congrès annuel du Barreau du Québec (1991)***, Service de la formation permanente, Barreau du Québec, 1991, p.53, 59.

469. Art. 2950 C.c.Q.
470. Art. 2718 et 2955 C.c.Q.
471. Art. 2718 C.c.Q.
472. Voir pour ces diverses controverses sous le Code civil du Bas-Canada: P. CIOTOLA, «Les cessions de créances: modalités de réalisation et conflits de collocation», (1982-1983) 17 *R.J.T.* 365, particulièrement aux pages 388-396. Certaines de ces questions avaient été analysées dans l'arrêt *Place Québec* c. *Desmarais*, [1975] C.A. 910.
473. Art. 2747 C.c.Q.
474. Art. 1801 C.c.Q.
475. Art. 2746 C.c.Q.
476. Art. 2745 C.c.Q.
477. Art. 2713, 2746 C.c.Q.
478. Art. 2945 C.c.Q.
479. Art. 2798 C.c.Q.
480. Art. 2951 et 2796 C.c.Q.
481. Art. 2698 C.c.Q.
482. Voir pour le sens de cette expression l'analyse qui en est faite aux paragraphes 32 et suiv. de ce texte.
483. Art. 2674 C.c.Q.
484. Art. 2700 C.c.Q.
485. Art. 1723, al. 2 C.c.Q.
486. Art. 2701 C.c.Q.
487. Art. 2953 C.c.Q.
488. Art. 2683 C.c.Q.
489. Art. 2954 C.c.Q.
490. M. BOUDREAULT, «L'exécution des sûretés mobilières sous le nouveau *Code civil du Québec*», (1992) 23 *R.G.D.* 411.
491. Art. 2757 C.c.Q.
492. Art. 2757 C.c.Q.
493. Art. 2758 C.c.Q.
494. Art. 2762 C.c.Q.
495. Art. 2759 C.c.Q.
496. Art. 2767 C.c.Q.
497. Art. 3017 et 2757, al. 2 C.c.Q.
498. Art. 2764 C.c.Q.; voir commentaires à propos du délaissement au paragraphe 189.

499. Art. 2765 et 2767 C.c.Q.; voir commentaires à propos du délaissement au paragraphe 189.
500. Art. 2768 C.c.Q.
501. Art. 2769 C.c.Q.
502. Art. 2758 C.c.Q.
503. Art. 2773 C.c.Q.
504. Art. 2776 C.c.Q.
505. Art. 2777 C.c.Q.
506. Art. 2778 C.c.Q.
507. Art. 2784 C.c.Q. et suiv. Nous avons mis en exergue la qualité du créancier qui peut agir dans le cadre de ce recours. Nous croyons à bien des égards ces termes très restrictifs. Ce ne sont pas tous les créanciers qui pourraient se prévaloir de ce recours. Le créancier qui possède un gage, ne portant pas sur des biens d'une entreprise, ne pourrait pas se prévaloir de ce recours.
508. Art. 2791 C.c.Q. et suiv.
509. Voir art. 611.1 C.p.c. (tel qu'ajouté par la *Loi sur l'application de la réforme du Code civil*, L.Q. 1992, c. 57, art.317) pour les droits suceptibles d'être purgés.
510. Voir art. 611.1 C.p.c. tel qu'ajouté par la *Loi sur l'application de la réforme du Code civil*, L.Q. 1992, c. 57, art. 317.
511. Art. 2797 C.c.Q.
512. Art. 2797 C.c.Q.
513. Art. 2497 C.c.Q.
514. Art. 2673 C.c.Q.
515. Art. 2796 C.c.Q.
516. Art. 2798 C.c.Q.
517. Art. 2741 C.c.Q.; voir au même effet art. 1975, al. 1 C.c.B.C.
518. Art. 2686 C.c.Q.
519. Art. 2687 C.c.Q.
520. Art. 2715 C.c.Q.
521. Art. 2693 C.c.Q.
522. Art. 2692 C.c.Q.
523. Art. 2719 C.c.Q.
524. Art. 2716, al. 2 C.c.Q.
525. Y. CARON, « La Loi des pouvoirs spéciaux des corporations et les recommandations de l'Office de révision du Code civil sur les sûretés réelles», (1976-77) *Meredith Lect.* 81, 87.
526. Y. RENAUD, «L'efficacité de l'acte de fiducie comme sûreté», [1979] *C.P. du N.* 199, 214.
527. OFFICE DE RÉVISION DU CODE CIVIL, *Rapport sur le Code civil du Québec*, Projet de Code civil, Québec, Éditeur officiel du Québec, 1978, Des Biens, art. 481.
528. Art. 2717 C.c.Q.
529. Voir pour analogie avec l'acte de fiducie: Y. RENAUD, «L'efficacité de l'acte de fiducie comme sûreté», [1979] *C.P. du N.* 199, 214.
530. Art. 2755 C.c.Q.

531. Art. 2722 C.c.Q.
532. Art. 2721 C.c.Q.
533. OFFICE DE RÉVISION DU CODE CIVIL, *Rapport sur le Code civil du Québec,* Commentaires, vol. 2, t. 1, Québec, Éditeur officiel du Québec, 1978, pp. 452-453, Des Biens, art. 330.
534. Art. 2950 C.c.Q.
535. Art. 2718 et 2955 C.c.Q.
536. Art. 2718 C.c.Q.
537. Art. 2665 C.c.Q.
538. Art. 2684, al. 1 C.c.Q.
539. Voir pour le sens de cette expression l'analyse qui en est faite aux paragraphes 32 et suiv. de ce texte. Rappelons qu'une autre interprétation ne considérerait comme disposition dans le cours des activités de l'entreprise que les actes pertinents à l'inventaire. La disposition de tout autre bien serait en dehors du cours ordinaire des activités de l'entreprise.
540. Art. 2674 C.c.Q.
541. Art. 2700 C.c.Q.
542. Art. 2712 C.c.Q.
543. Voir pour discussion de cette question l'analyse qui en est faite aux paragraphes 228 et 229 de ce texte.
544. Voir art. 2700 C.c.Q.; voir également art. 2699 et 2708 C.c.Q.

Le nouveau droit de la preuve en matières civiles selon le code civil du Québec

*Léo Ducharme**

Introduction

Les dispositions concernant le droit de la preuve forment le Livre septième du *Code civil du Québec* qui a été adopté et sanctionné le 18 décembre 1991. Elles sont contenues aux articles 2803 à 2874. Ces articles correspondent aux articles 2790 à 2873 du Projet de Code civil[1] et aux articles 2981 à 3054 de l'*Avant-projet portant réforme du droit de la preuve et de la prescription et du droit international privé*[2]. Le Code, en consacrant un livre spécial aux règles de preuve, manifeste que ces règles ont vocation à s'appliquer dans toutes les instances à caractère civil, par opposition aux instances à caractère pénal ou administratif.

Il y a lieu de souligner que les règles contenues dans ce livre spécial, intitulé «livre *De la preuve*», se veulent une réglementation complète et exhaustive du droit de la preuve dans les matières civiles. C'est dire que lors de la mise en vigueur du *Code civil du Québec*, l'ancien droit français et le droit anglais vont perdre leur fonction de droit supplétif en matière de preuve. Il convient de rappeler qu'en vertu du Code actuel, l'ancien droit français fait office de droit supplétif en ce qui concerne la preuve dans les matières civiles par l'effet de l'article 2712 C.c.B.C. et que le droit anglais remplit le même rôle dans les matières commerciales par l'effet du deuxième alinéa de l'article 1206 C.c.B.C. Comme dans le Code, les

---

* Avocat, professeur à la Faculté de droit de l'Université d'Ottawa.

articles 2712 et 1206 C.c.B.C. n'ont pas été pas conservés, il faut voir là une volonté d'abroger l'ancien droit français et le droit anglais en tant que droits supplétifs en matière de preuve. Malgré cette abrogation, nous croyons que ces deux droits vont demeurer des modèles de référence et que leur influence va continuer de s'exercer.

En principe, les situations juridiques en cours au moment de la mise en vigueur du nouveau Code, y compris celles faisant l'objet d'une instance, seront soumises aux dispositions de la loi nouvelle, tel qu'il appert des articles 3, 4 et 9 de la *Loi sur l'application de la réforme du Code civil*[3]. Toutefois, l'article 141 de cette même loi apporte deux importantes dérogations à ce principe. Cet article, en effet, s'énonce ainsi:

> 141. En matière de preuve préconstituée et de présomptions légales, la loi en vigueur au jour de la conclusion de l'acte juridique ou de la survenance des faits s'applique.

Nous aurons l'occasion de nous interroger sur la portée de ces exceptions lorsque nous étudierons la question de la recevabilité des moyens de preuve.

Le livre *De la preuve* comporte trois grands titres. Le premier énonce les principes directeurs du droit de la preuve. Le second traite des moyens de preuve et le troisième de la recevabilité des éléments de preuve et des moyens de preuve. Ce plan nous paraît excellent vu qu'il permet de regrouper les règles selon leur finalité. Quant au fond, le livre *De la preuve* propose de très nombreuses réformes dont plusieurs trouvent leur inspiration dans une volonté de moderniser et de libéraliser le plus possible notre droit de la preuve. Toutefois, si certaines des modifications proposées paraissent pleinement justifiées, d'autres, par contre, paraissent contestables. Nous adopterons pour notre analyse, le plan même du livre *De la preuve*.

Partie 1- Les principes directeurs du droit de la preuve selon le Code civil du québec

Chapitre I- L'objet de la preuve et la connaissance d'office

Section I- La règle de droit et l'objet de la preuve

Par. 1- Le *Code civil du Québec* et la connaissance d'office du droit interne

L'article 2807 consacre la règle que le tribunal doit prendre connaissance d'office du droit en vigueur au Québec. Si pendant très longtemps une incertitude a entouré la question de savoir si la connaissance d'office s'étendait aux règlements, la *Loi sur les règlements*, adoptée en 1986[4], est venue clarifier la situation en imposant l'obligation à toute personne de prendre connaissance des règlements publiés à la Gazette officielle du Québec[5]. Le deuxième alinéa de l'article 2807 vient préciser toutefois que, dans le cas des textes d'application non publiés, il suffira de les alléguer pour que le tribunal soit tenu d'en prendre connaissance d'office. C'est cette même règle qui s'appliquera dans le cas des traités et accords internationaux s'appliquant au Québec ainsi qu'au droit international coutumier.

Par. 2- Le *Code civil du Québec* et le statut du droit étranger.

Dans le droit actuel, le statut du droit étranger par rapport à l'objet de la preuve est clair: le droit étranger constitue un fait dont la preuve doit être rapportée par celui qui l'invoque. S'il fait défaut de rapporter la preuve de ce droit, le tribunal, au lieu de rejeter l'action, applique son propre droit. Devant les tribunaux du Québec, ce qui comprend la Cour du Québec, la Cour supérieure et la Cour d'appel, le droit des autres provinces est considéré comme un droit étranger qui doit être prouvé comme un fait. Toutefois, la Cour suprême, en tant que Cour d'appel pour l'ensemble du pays, considère qu'elle peut prendre connaissance d'office du droit des autres provinces pourvu que ce droit ait été allégué en première instance[6].

L'article 2809 entend porter réforme du droit actuel en conférant au droit étranger un statut hybride, participant à la fois du statut réservé au droit interne et à celui reconnu au simple fait. L'article 2809 énonce ainsi le régime du droit étranger:

> 2809. Le tribunal peut prendre connaissance d'office du droit des autres provinces ou territoires du Canada et du droit d'un État étranger, pourvu qu'il ait été allégué. Il peut aussi demander que la preuve en soit faite, laquelle peut l'être, entre autres, par le témoignage d'un expert ou par la production d'un certificat établi par un jurisconsulte.
>
> Lorsque que ce droit n'a pas été allégué ou que sa teneur n'a pas été établie, il applique le droit en vigueur au Québec.

En affirmant que le tribunal peut prendre connaissance d'office du droit étranger, l'article 2809 fait sortir ce droit du domaine de l'objet de la preuve, mais en ajoutant que le tribunal peut néanmoins demander que la preuve en soit faite, il l'y fait réintégrer. La confusion s'accentue à la lecture du deuxième alinéa de ce même article qui traite des conséquences résultant du défaut d'alléguer le droit étranger ou d'en faire la preuve. Selon cet alinéa, lorsque le droit étranger n'a pas été allégué ou que sa teneur n'a pas été établie, le tribunal doit appliquer le droit en vigueur au Québec. Suivant cette disposition, si le tribunal prend connaissance d'office du droit étranger, il ne pourrait pas juger en fonction des règles qu'il aurait alors dégagées, mais devrait appliquer le droit en vigueur au Québec. Un droit qui «n'a pas été établi» signifie un droit qui n'a pas été «prouvé». Ce qui est connu d'office, n'est pas quelque chose qui a été établie, mais quelque chose qu'une partie a été dispensée de prouver tel que l'affirme l'article 2806.

À notre avis, l'article 2809 veut faire en sorte que le droit étranger, sur le plan du droit de la preuve, soit à la fois une chose et son contraire. Cet article vise à faire du droit étranger à la fois un fait dont la preuve doit être rapportée et une règle de droit que le tribunal doit connaître d'office et dont la preuve en conséquence est dispensée.

Le Code pense pouvoir réconcilier ces positions contraires, en faisant dépendre le statut du droit étranger de la discrétion du tribunal. Encore faudrait-il aménager l'exercice de cette discrétion. Tout d'abord, que faut-il entendre par l'expression «le tribunal»? Faut-il entendre aussi bien le tribunal de première instance que la Cour d'appel et la Cour suprême? Il semble bien que oui si l'on s'en reporte à la définition du mot «tribunal» qui sera ajoutée à l'article 4 du *Code de procédure civile*, par l'article 171 de la *Loi sur l'application de la réforme du Code civil*[7]. Le paragraphe j) de cet article s'énonce ainsi:

> j) «tribunal»: une des cours de justice énumérées à l'article 22 ou un juge qui siège en salle d'audience.
>
> De plus, la signification du mot «tribunal» utilisé au Code civil du Québec ou dans une loi particulière est déterminée par le Code de procédure civile ou, le cas échéant, par la loi qui en contient une définition propre. Il peut désigner, selon le cas, la juridiction ayant compétence en matière civile, un juge siégeant en salle d'audience ou exerçant en son bureau ou un greffier.

Selon la définition proposée, l'expression «tribunal», dans le *Code civil du Québec*, doit recevoir la plus large acception possible de manière à pouvoir désigner toute cour de justice quel que soit son ordre hiérarchique. D'où la question de savoir ce qu'il adviendra lorsque le tribunal de première instance demandera que la preuve de loi étrangère soit faite? Cette décision empêchera-t-elle ce même tribunal de prendre connaissance d'office du droit étranger? Et si oui, en sera-t-il de même pour la Cour d'appel et pour la Cour suprême? Autant de questions pour lesquelles il n'existe pas de réponses.

De plus, l'application du droit québécois, au lieu du droit étranger, dans le cas où ce droit a été allégué, ne peut être que la sanction d'une obligation de prouver. Présentement, il s'agit d'une sanction qui est propre à la charge de la preuve du droit étranger. Dans les autres cas, si une partie fait défaut de prouver un fait, ce fait doit être tenu pour non existant avec comme conséquence nécessaire, la perte du droit d'action ou le rejet du moyen de défense selon le cas. Une sanction différente s'applique toutefois lorsque le fait à prouver est le droit étranger. Dans ce cas, le tribunal, au lieu de conclure à l'inexistence du droit étranger et au rejet de la demande ou du moyen invoqué, se limite à écarter l'application du droit étranger, pour soumettre le litige au droit interne. Une telle substitution du droit interne au droit étranger n'est possible que dans l'hypothèse où le fardeau de prouver ce droit étranger repose sur une partie.

Lorsque c'est le tribunal qui assume l'obligation de rechercher l'état du droit étranger, il devrait normalement lui incomber de décider selon ce droit, sans pouvoir se soustraire à cette obligation sous prétexte du silence ou de l'obscurité de ce droit.

Au niveau des principes, on peut s'interroger sur la sagesse d'assimiler, pour les fins du droit de la preuve, le droit étranger au droit interne. Si le droit interne et le droit étranger ont ceci en commun qu'ils participent d'une même science, la science juridique, sur le plan de la preuve ce n'est pas en tant que science que le droit interne relève de la connaissance d'office du tribunal. Ce statut découle de la fonction première du tribunal qui est de dire le droit. C'est pourquoi, tel que l'affirme si bien l'article 11 C.c.B.C., le juge ne peut refuser de juger sous prétexte du silence, de l'obscurité ou de l'insuffisance de la loi. Il y a lieu de souligner que par l'effet de la *Loi sur l'application de la réforme du Code civil*[8], cette disposition, qui n'a pas été reproduite dans le *Code civil du Québec*, va être exprimée à l'article 41.2 de la *Loi d'interprétation*[9]. Tout tribunal, quel que soit son ordre hiérarchique, contribue par l'interprétation de la loi à son élaboration. L'organisation hiérarchique des tribunaux fait qu'une erreur commise en première instance peut être corrigée par un premier tribunal d'appel et que la Cour suprême est souveraine en matière d'interprétation de la loi.

Tout autre est la situation d'un tribunal québécois vis-à-vis du droit d'un autre pays. Si ce tribunal peut être amené à appliquer le droit d'un autre pays, c'est parce que le droit interne lui en fait obligation pour régler un conflit relevant du droit international privé. Lorsqu'une telle situation se présente, notre tribunal n'assume nullement la fonction de «dire le droit étranger». Notre tribunal ne peut exercer dans l'évolution de ce droit aucun rôle créateur. Aucune décision rendue au Québec portant sur l'application d'une règle du droit étranger ne peut faire autorité dans le pays concerné. Faute par nos tribunaux de pouvoir participer activement à l'élaboration des droits étrangers qu'il lui revient d'appliquer, il paraît illusoire de les investir de l'obligation de se prononcer d'office sur l'état de ce droit. À la limite, une telle orientation aboutirait à créer une jurisprudence à consommation interne sur l'état du droit des autres pays par une sorte d'appropriation du droit de ces pays.

Section II- Le droit individuel et l'objet de la preuve

Par. 1- La distinction entre les actes juridiques et les faits matériels

À la différence de la règle de droit que le juge est tenu de connaître d'office, c'est aux plaideurs qu'il incombe de rapporter la preuve des faits donnant lieu à l'application de cette règle de droit. Lorsqu'un fait générateur de droit consiste en un acte de volonté ayant pour objet de créer, de modifier ou d'éteindre un droit, on le qualifie d'acte juridique. Le Code retient cette terminologie. L'expression «acte juridique» se retrouve dans 13 articles au livre *De la preuve*[10]. Par opposition à l'acte juridique, tout événement autre qu'un acte de volonté, reçoit l'appellation de «fait matériel». Le Code ne retient toutefois pas cette expression, se contentant de désigner par le mot «fait», à la fois les faits matériels et les actes juridiques. Il existe 19 articles où l'expression «fait» est employée[11]. Il convient de souligner que dans la définition que donne l'article 2865 du commencement de preuve, le mot «fait» est pris dans le sens «d'acte juridique».

L'obligation pour une partie de prouver les faits générateurs de droit est exprimée à l'article 2803. Quant à l'article 2811, il énumère quels sont les procédés de preuve qui peuvent servir à les établir. Il convient toutefois de relever que dans l'article 2811, le mot «fait» n'est pas pris dans son sens générique, mais dans le sens de «fait matériel», vu qu'il est opposé au mot «acte juridique». Pour des raisons d'uniformité, toute référence à l'acte juridique aurait dû être supprimée de l'article 2811.

Par. 2- La connaissance d'office des faits notoires

Même en l'absence de tout texte analogue à l'article 2808, les tribunaux ont toujours considéré qu'ils devaient prendre connaissance d'office des faits de connaissance courante. L'article 2808 en affirmant que le tribunal doit prendre connaissance d'office de tout fait dont la notoriété rend l'existence raisonnablement incontestable vient donc confirmer une règle bien établie[12]. Même s'il peut être intellectuellement tentant de chercher une justification commune tant à la règle de la connaissance d'office du droit interne qu'à celle de la connaissance des faits notoires, ces deux règles n'ont pas de fondement commun. L'obligation faite au tribunal de prendre connaissance d'office du droit interne procède de la nature même de la fonction judiciaire qui est de dire le droit. Il en découle que le tribunal a pour mission de prendre les mesures nécessaires pour connaître le droit afin de pouvoir l'exprimer.

Dans l'exercice de sa fonction de dire le droit, le tribunal compte évidemment sur la collaboration des plaideurs. Toutefois, à la différence de ce qui se passe au sujet des faits générateurs de droit, toute information concernant l'état du droit ne lui est pas transmise selon les règles de preuve. Bien plus, il est même interdit de soumettre une preuve concernant le droit interne et notamment de faire entendre des témoins experts[13]. Un auteur, toutefois, a revendiqué le droit pour les parties de faire une preuve concernant le droit interne. À ce sujet, il a affirmé notamment ce qui suit:

> Une partie devrait avoir la liberté de prouver que la loi que le juge s'apprête à appliquer a été modifiée ou abrogée la veille, ou que le règlement auquel se réfère le juge a été modifié, ou encore quel était l'état de la loi à l'époque des faits en litige[14].

Or, selon nous, aucun des faits auxquels cet auteur fait allusion, ne nécessite d'être prouvé pour que le tribunal en soit informé. Il suffit simplement que l'information lui soit transmise directement par la partie concernée selon les règles gouvernant les échanges entre le tribunal et les parties concernant les questions de droit pour que le tribunal soit tenu d'agir en conséquence. Par exemple, après la prise de la cause en délibéré, une information de ce genre pourrait être transmise au tribunal, par simple lettre, avec copie à la partie adverse.

Bien plus, si après jugement, une partie constate que le tribunal a donné effet à une loi abrogée ou a fait défaut d'appliquer une loi récemment sanctionnée, le recours approprié est l'appel et non pas la rétractation de jugement fondée sur la découverte d'une nouvelle preuve.

Si la connaissance d'office du droit interne se fonde sur la fonction du tribunal de dire le droit, sa connaissance d'office des faits notoires se rattache à sa fonction d'appréciation de la preuve. Un juge ne peut exercer cette fonction qu'à partir d'un fonds de connaissances qu'il possède déjà. Ce fonds de connaissances, l'article 2808 entend le circonscrire aux faits dont la notoriété rend l'existence raisonnablement incontestable. C'est dire que tout fait de connaissance courante tant dans le milieu judiciaire que dans la communauté dont le juge fait partie ne saurait être ignoré du tribunal.

C'est dire que le domaine de la connaissance judiciaire est fort étendu. Il va, tel que l'a démontré le professeur Fabien dans une étude détaillée de la jurisprudence sur le sujet[15], de la connaissance de la langue et aux faits qui relèvent de l'expérience quotidienne, et s'étend jusqu'aux faits qui relèvent de l'histoire, de la géographie, de l'économie, etc. La connaissance d'office recouvre comme il se doit l'étendue des connaissances humaines. À titre d'exemples, il y a lieu de mentionner que nos tribunaux ont pris connaissance d'office des faits suivants:

— qu'au moment où s'instruit une cause, le pays traverse une récession économique[16];

— du jour de la semaine auquel correspond une date donnée[17];

— que le mot «haschisch» et «résine de cannabis» sont des termes désignant la même substance selon la définition du mot haschisch offerte par différents dictionnaires[18];

— que des investissements à long terme pouvaient facilement produire des revenus de 9% par année[19];

— que le radar est un instrument qui permet de déterminer avec exactitude la vitesse d'un véhicule automobile[20]

Pour qu'un fait devienne de connaissance judiciaire, il faut qu'il soit notoire, c'est-à-dire que sa connaissance soit très répandue. Les faits de connaissance spécialisée, qui relèvent d'une science ou d'un art ne peuvent, en principe, en faire partie. Cette règle souffre exception en ce qui concerne les faits reliés à l'exercice de la profession d'avocat vu qu'il s'agit de faits dont un juge est pleinement informé en sa qualité d'ancien membre du Barreau[21].

Sauf ce cas particulier, tout fait de connaissance spécialisée devra être prouvé. Dans une affaire particulière, un arbitre de griefs avait ordonné la réintégration dans ses fonctions d'un enseignant d'une école catholique qui avait été congédié pour avoir fait du nudisme au motif que l'employeur n'avait pas fait la preuve que cette pratique dérogeait aux principes de la religion catholique. L'employeur s'est pourvu par voie d'évocation contre cette décision en invoquant que l'arbitre aurait dû prendre connaissance d'office que la conduite de l'enseignant était contraire aux préceptes du catholicisme, mais son recours a été rejeté[22].

Il y a lieu de mentionner également que la connaissance d'office ne peut jamais porter sur un événement en particulier. C'est ainsi que la Chambre des lords a affirmé que, même si un tribunal pouvait prendre connaissance d'office de l'existence d'un état de guerre entre l'Angleterre et un autre pays, il ne pouvait pas prendre connaissance d'office d'un événement particulier qui se serait produit durant le cours des hostilités[23]. Dans cette affaire, il s'agissait de déterminer si la perte d'un navire pouvait être attribuée à un risque de guerre. En Cour d'appel, deux juges avaient émis l'avis que, pour décider de cette question, le tribunal pouvait prendre connaissance d'office que la perte du navire avait coïncidé avec une opération d'évacuation de l'armée britannique dans la région où le navire avait sombré et qu'il y avait lieu de présumer en conséquence que la perte était reliée à cette manoeuvre. La Chambre des lords a jugé excessive cette extension donnée à la connaissance d'office.

La connaissance d'office ne peut donc jamais porter sur les faits précis générateurs de droit dans un litige donné et ce, peu importe la notoriété dont ces faits pourraient jouir[24]. La notoriété, en effet, ne suffit pas à faire entrer un fait dans le domaine de la connaissance judiciaire, il faut de plus que le fait apparaisse comme raisonnablement incontestable. Le fait doit donc s'imposer avec un tel degré de certitude que toute preuve contraire paraisse futile.

Contrairement à ce qu'un auteur a affirmé, la connaissance d'office n'est pas un substitut à la preuve fondée sur des faits extérieurs et son effet essentiel ne consiste pas à libérer le juge des contraintes de la preuve pour tenir compte dans son appréciation des connaissances acquises par ses propres moyens[25]. La connaissance d'office porte essentiellement sur les faits qui font partie du fonds commun des connaissances dans la communauté. C'est ce corps de connaissances qui permet au tribunal de comprendre la preuve et de l'apprécier. Au premier rang de ces connaissances, vient évidemment la connaissance de la langue. Comment serait-il possible de présenter une preuve à un tribunal, si celui-ci n'était pas censé connaître la langue dans laquelle les débats se déroulent. Ce qui est vrai en ce qui concerne la langue, l'est également pour les autres domaines de connaissance.

Un fait peut être de connaissance judiciaire bien qu'un tribunal n'en ait pas réellement connaissance. D'ailleurs, si l'on prend seulement l'exemple de la langue, il est évident qu'il n'y a aucun juge qui connaisse le sens de tous les mots de la langue française. Aussi, dès qu'il s'agit d'un fait de connaissance judiciaire, faut-il reconnaître au tribunal, non seulement le droit, mais également l'obligation de parfaire, par lui-même, ses propres connaissances à son sujet et de recourir à cette fin aux sources appropriées. Ainsi, si un juge ignore le sens d'un mot, non seulement peut-il, mais a-t-il l'obligation de consulter les dictionnaires[26].

La connaissance d'office relève donc du domaine des connaissances acquises, et s'oppose aux faits qui sont objets de preuve et qui relèvent du domaine des connaissances transmises. La transmission de connaissance au tribunal par le moyen de la preuve n'est possible que grâce aux connaissances que le tribunal est censé déjà avoir acquises. Ce sont ces connaissances acquises qui permettent au tribunal de recueillir la preuve et de l'apprécier et dans certain cas, d'y combler une lacune. Par exemple, si dans une affaire particulière, un tribunal a pris connaissance d'office que des investissements à long terme pouvaient facilement produire des revenus de 9% par année, c'est qu'il avait besoin de ce facteur pour calculer le montant d'une indemnité pour pertes futures et que la preuve était silencieuse à ce sujet[27].

Parce que la connaissance d'office représente les connaissances acquises dont un tribunal a besoin pour exercer sa fonction de réception et d'appréciation de la preuve, la question de savoir si les parties peuvent contredire un fait connu d'office ne se pose pas. Il répugne qu'un fait, par nature incontestable, puisse être contesté[28]. Aussi, est-ce une erreur, selon nous, de concevoir la connaissance d'office comme une simple dispense de preuve et d'en déduire, sur la base qu'une dispense n'est pas une prohibition, qu'un plaideur a toujours le droit de prouver un fait connu d'office ou de chercher à le contester[29]. Doit donc être tenu pour avéré et comme non susceptible de preuve contraire, tout fait dont le tribunal est tenu de prendre connaissance d'office.[30]

Si la connaissance d'office constitue une dispense de preuve, c'est parce qu'elle porte sur des faits de nature incontestable dont le tribunal est censé avoir une connaissance acquise. Mais entre les faits de connaissance acquise et les faits de connaissance transmise un certain chevauchement est possible.

En effet, à la frontière de ces deux domaines de connaissance, il existe une zone grise formée de faits qui bien que relevant de la connaissance judiciaire peuvent quand même faire l'objet d'une preuve. Par exemple, ce n'est pas parce qu'un tribunal, en période d'inflation, est censé connaître d'office les taux approximatifs de rendement des obligations à long terme, que toute preuve à ce sujet devient prohibée. De même, on voit mal un tribunal empêcher un témoin de préciser à quel jour de la semaine un événement donné se serait produit, sous prétexte qu'il pourrait le découvrir lui-même en consultant un calendrier. Mais dans l'un et l'autre cas, la connaissance d'office qu'il possède de ces faits va lui permettre d'apprécier la preuve faite à leur sujet à sa juste valeur et éventuellement, de suppléer à une absence de preuve.

Il est vrai que la plupart des décisions qui traitent de la connaissance d'office concernent des faits qui font partie de cette zone grise entre les faits de connaissance acquise et les faits de connaissance à être transmise. Ce facteur peut contribuer à accréditer l'idée que la connaissance d'office a pour principale fonction de permettre au tribunal de combler une lacune dans la preuve. À notre avis, la principale fonction de la connaissance d'office c'est de permettre au tribunal de recueillir la preuve et de l'apprécier. C'est pourquoi, il nous apparaît impensable qu'un juge puisse être tenu d'informer les parties avant de prendre connaissance d'un fait. Cela ne veut pas dire que, lorsqu'il s'agit pour un juge de se servir de sa connaissance judiciaire pour combler une lacune apparente dans la preuve, il ne serait pas bien avisé d'en informer les parties, en s'autorisant du pouvoir que lui confère à cet égard, l'article 292 C.p.c.[31].

Chapitre II - Le fardeau de la preuve

Section I- Le principe de la neutralité du juge

Dans le droit actuel, tout fait qui ne fait pas partie de ce fonds commun des connaissances, dont le tribunal est censé avoir une connaissance acquise, doit être prouvé. De plus, selon le *Code de procédure civile*, la fonction de produire en justice les éléments de preuve à cette fin incombe exclusivement aux parties, la fonction du juge se limitant essentiellement à apprécier la preuve qui lui est soumise. Notre système de type accusatoire, inspiré du droit anglais, impose au tribunal un strict devoir de neutralité et l'empêche de participer activement à la recherche de la vérité. L'article 2810 entend-il porter réforme de notre droit sur ce point? Cet article, en effet, affirme ce qui suit:

> 2810. Le tribunal peut, en toute matière, prendre connaissance des faits litigieux, en présence des parties ou lorsque celles-ci ont été dûment appelées. Il peut procéder aux constatations qu'il estime nécessaires, et se transporter, au besoin, sur les lieux.

Cet article reprend avec une légère modification l'article 2989 de l'Avant-projet de loi. Cette modification tient à la suppression de l'adverbe «personnellement» qui, dans l'article 2989 de l'Avant-projet, venait préciser comment le tribunal pouvait prendre connaissance des faits litigieux. L'article 2810 se contente maintenant d'affirmer que le tribunal peut en prendre connaissance, sans plus. Malgré cette légère modification, cet article demeure une énigme.

Tout d'abord, constatons qu'il s'agit d'une disposition de droit nouveau qui ne se trouvait pas dans le projet de l'Office de révision du Code civil. Les rédacteurs de l'Avant-projet de loi en ont trouvé l'inspiration dans l'article 179 du nouveau Code de procédure civile français qui s'énonce ainsi:

> 179. Le juge peut, afin de les vérifier lui-même, prendre en toute matière une connaissance personnelle des faits litigieux,

> les parties présentes ou appelées. Il procède aux constatations, évaluations, appréciations ou reconstitutions qu'il estime nécessaires, en se transportant si besoin est sur les lieux.

D'où évidemment la question de savoir pourquoi a-t-on introduit parmi les règles de fond de notre droit de la preuve, une règle d'administration de la preuve du droit français? Si en la transposant dans notre droit, les rédacteurs de l'Avant-projet voulaient lui conserver la même finalité qu'en droit français, la conclusion qui s'impose est que cette disposition devrait se trouver au *Code de procédure civile* et non au Code civil. En effet, si l'objet de cette disposition est simplement d'étendre le domaine des vérifications personnelles du tribunal à d'autres situations que celle de la visite des lieux dont il est question à l'article 290 C.p.c., c'est au *Code de procédure civile* que cette disposition aurait dû être intégrée. D'ailleurs, le professeur Claude Fabien, qui est le seul, à notre connaissance, à avoir déploré l'absence dans notre droit d'une disposition semblable à l'article 179 du Code de procédure civile français, visait par ses propos à dénoncer une carence, non pas de notre Code civil, mais de notre *Code de procédure civile*. Voici comment s'exprime à ce sujet cet auteur:

> En raison de son devoir de neutralité, le juge canadien doit, en principe, faire abstraction de ses connaissances personnelles acquises en dehors du procès et s'efforcer de juger selon la preuve. Il peut, exceptionnellement, tenir compte de ses connaissances personnelles dans le cadre étroit et contrôlé de la connaissance d'office que nous venons d'étudier. En revanche, la connaissance personnelle acquise dans le cadre procédural de l'instance judiciaire paraît éminemment souhaitable. On peut y voir un moyen de contrebalancer l'effet pervers de la procédure contradictoire.
>
> L'expression «connaissance personnelle» doit être entendue ici dans le sens que lui donne l'article 179 du Code de procédure civile français:
>
> Le juge peut, afin de les vérifier lui-même, prendre en toute matière une connaissance personnelle des faits litigieux, les parties présentes ou appelées. Il procède aux constatations, évaluations, appréciations ou reconstitutions qu'il estime nécessaires, en se portant si besoin est sur les lieux.

> L'expression désigne donc l'accès direct à la réalité que le juge peut avoir en l'observant avec ses propres sens, par opposition à l'accès indirect que donnent au juge les témoins des faits, en lui faisant voir la réalité à travers leur récit par personne interposée. Le procès civil au Québec est régi par un code de procédure civile d'influence mixte. Dans le cas qui nous occupe, l'influence anglaise domine l'influence française, de sorte que le procès civil au Québec ressemble beaucoup plus à celui des juridictions de common law qu'au procès civil en France. Le degré d'initiative du juge y est moindre. Les modes d'accès direct à la réalité offerts au juge y sont peu nombreux et modestes: *on ne trouve pas dans le Code de procédure civile du Québec une disposition équivalente à celle de l'article 179 du Code français*. Même si elle est minime, la part que la procédure québécoise fait à la connaissance personnelle du juge est d'autant plus précieuse. Elle mérite d'être bien comprise à sa pleine capacité[32].

Si, par l'article 2810, le Code vise à accroître les cas dans lesquels un tribunal peut procéder à des vérifications personnelles, c'est au *Code de procédure civile* et non au Code civil que cet article aurait dû être inséré. Il convient ici de faire remarquer que la *Loi sur l'application de la réforme du Code civil*[33] ne contient aucune disposition ayant pour objet de modifier l'article 290 C.p.c. en vue d'en étendre la portée. Après la mise en vigueur du *Code civil du Québec*, cet article va donc continuer de s'appliquer exclusivement à la visite des lieux.

Comme deuxième hypothèse, on peut penser que l'article 2810 vise à reconnaître au tribunal la possibilité «d'accéder directement à la réalité». Dans le passage précité du professeur Fabien, celui-ci cite avec approbation l'article 179 du Code de procédure civile français comme une illustration des cas dans lesquels un juge peut avoir un accès direct à la réalité par opposition aux cas dans lesquels le juge en acquiert une connaissance de façon indirecte par des témoignages. Si l'article 2810 a été conçu dans cette perspective, il ferait de toute évidence double emploi avec les nouvelles dispositions concernant le nouveau moyen de preuve désigné sous le nom de présentation d'un élément matériel, contenues aux articles 2854 à 2856.

Enfin, troisième hypothèse, et c'est là notre inquiétude, l'article 2810 viserait-il a infléchir notre système de preuve qui revêt présentement un caractère accusatoire vers un système de type inquisitoire? Dans un système accusatoire, c'est aux parties qu'il incombe de rechercher les moyens de preuve et de les soumettre au tribunal. Le caractère accusatoire de notre système d'administration des preuves ne fait présentement aucun doute. En effet, c'est aux parties qu'il incombe de circonscrire l'objet du débat judiciaire par leurs pièces de plaidoirie, de réunir les pièces littérales à l'appui de leurs prétentions, de choisir leurs témoins et de voir à les assigner. Lors de l'enquête, c'est aux parties qu'il revient, en principe, de déterminer l'ordre de présentation de leur preuve, de citer les témoins qu'elles veulent faire entendre et de procéder à leur interrogatoire. Il revient également à chaque partie de procéder au contre-interrogatoire des témoins cités par son adversaire. Quant au tribunal, il se voit conférer essentiellement un pouvoir de contrôle sur le déroulement de la preuve avec toutefois la possibilité de prendre certaines initiatives dans l'intérêt de la justice. Or, l'article 2810 semble vouloir modifier complètement le rôle respectif du juge et des parties en conférant au tribunal l'initiative première en matière de preuve. Il y est affirmé en effet que le tribunal peut, en toute matière, prendre connaissance des faits litigieux, en présence des parties ou lorsque celles-ci ont été dûment appelées. Le même article ajoute qu'il peut procéder aux constatations qu'il estime nécessaires, et se transporter, au besoin, sur les lieux.

L'article 2810 vise-t-il à remplacer, comme principe fondamental de notre régime d'administration des preuves, le droit des parties de transmettre au tribunal une information pleine et entière, par le droit du tribunal à une information pleine et entière? Tel est, à notre avis, le problème fondamental que soulève cet article. Déclarer que le tribunal peut, en toute matière, prendre connaissance des faits litigieux, en présence des parties ou lorsque celles-ci ont été dûment appelées, n'est-ce pas affirmer le droit de savoir du tribunal avec toutes les conséquences que cela comporte? L'emploi du mot «peut» au lieu de «doit» dans cet article n'en modifie pas le sens. En effet, tel que l'ont affirmé nos tribunaux supérieurs, le pouvoir discrétionnaire conféré à un tribunal comporte le devoir de l'exercer lorsque les conditions de cet exercice sont réunies[34].

Il faut constater de plus que c'est le tribunal qui se voit conférer ce droit de connaître des faits. Comme le terme «tribunal» désigne aussi bien les tribunaux de première instance que les tribunaux d'appel, comme nous l'avons souligné précédemment, vu le sens attribué à ce terme par l'article 4 du *Code de procédure civile*, tel que modifié par la *Loi sur l'application de la réforme du Code civil*[35], c'est dire que le droit de savoir serait conféré aussi bien aux tribunaux de première instance qu'aux tribunaux d'appel. Or, pour ce qui est des tribunaux d'appel, cette règle viendrait directement en conflit avec l'article 523 C.p.c. selon lequel la présentation d'une preuve nouvelle en appel, n'est permise que dans des circonstances exceptionnelles et que si les fins de la justice le requièrent. Il s'agit d'un autre point sur lequel le droit français diffère du nôtre. En droit français, tant les tribunaux de première instance que les cours d'appel peuvent procéder à des mesures d'instruction et peuvent donc, en conséquence, lorsque les circonstances l'exigent, procéder à des vérifications personnelles. En droit français, il est possible d'affirmer que le tribunal peut, en toute matière, prendre connaissance des faits litigieux en respectant le principe du contradictoire parce que cela correspond au système de preuve de type inquisitoire qui a été adopté en France et que, en ce pays, la recherche des faits incombe tant aux tribunaux de première instance qu'aux tribunaux d'appel. Il en va différemment en droit québécois vu que notre système de preuve est de type accusatoire et que nos tribunaux d'appel ne doivent pas s'immiscer en principe dans l'administration des preuves.

Pour bien souligner comment la fonction du juge français par rapport à la connaissance des faits diffère de celle dévolue à nos juges, nous croyons utile de citer les commentaires suivants du doyen Cornu concernant la finalité de l'article 179 du nouveau Code de procédure civile français:

> Le juge a, dans la connaissance du fait, *un pouvoir primordial et un titre originaire*. Sa vocation l'appelle d'abord à connaître lui-même le fait. À la maxime: «*jura novit curia*»; il faudrait joindre la réplique: «*facta novit curia*»: le juge - je ne parle pas ici de la Cour de cassation, hors série — est d'abord un

> juge de fait, un juge de la preuve. Le juge a une vocation directe et personnelle à connaître le fait. Si les vérifications personnelles du juge viennent en tête des mesures d'instruction dans le décret du 17 décembre 1973, cette présentation symbolique recèle une ambiguïté intentionnelle, laquelle réside non pas exclusivement dans le rang que lui donne cet ordre, mais dans la notion même. Car la vérification personnelle ne correspond pas seulement à un ensemble de mesures d'instruction (parmi lesquelles le transport sur les lieux, ou la vue d'un objet litigieux). La vérification personnelle est en vérité, d'abord, d'une façon générique et dans tout litige, la mission première du juge. Constater le fait, le vérifier, l'apprécier, en dehors même de toute mesure d'instruction: la fonction juridictionnelle est d'abord là.[36]

Dans notre système d'administration de la preuve de type accusatoire, le juge n'a pas une vocation directe et personnelle à connaître le fait. Sa fonction primaire est d'agir en qualité d'arbitre et, par voie de conséquence, d'apprécier la preuve soumise par les plaideurs. Il y a donc danger que par le biais de l'article 2810 on introduise un principe qui va à l'encontre de notre système d'administration de la preuve. Au delà des choix législatifs, une première chose que les justiciables peuvent exiger du législateur, c'est qu'il soit cohérent. Aussi est-il inadmissible que le Code civil affirme un principe que le *Code de procédure civile* dénie.

Au mieux, l'article 2810 du Code est inutile en ce qu'il ferait double emploi soit avec les règles concernant les vérifications personnelles autorisées par le *Code de procédure civile*, soit avec la réglementation du procédé de preuve de la présentation d'un élément matériel. Au pis, il est pernicieux en ce qu'il affirme un principe qui est en contradiction avec nos règles d'administration de la preuve.

Il y a lieu de souligner que le texte anglais de l'article 2810 est de toute évidence fautif. Dans la version anglaise de l'article 2810, l'expression «prendre connaissance» a été rendue par l'expression «take judicial notice». Tel que nous l'avons vu précédemment, la connaissance d'office porte sur les faits qui à cause de leur notoriété sont censés connus du tribunal. C'est donc un non-sens d'utiliser la notion de connaissance d'office à propos des faits litigieux, lesquels par leur nature sont des faits que le tribunal est censé ignorer et qui, par conséquent, doivent être prouvés selon les règles édictées par la loi à ce sujet. Étendre la connaissance d'office aux faits litigieux aboutirait à la négation du droit de la preuve, vu que ce qui est connu d'office n'a pas besoin d'être prouvé tel que l'affirme l'article 2806. Dans ces conditions, il est évident que, malgré les ambiguïtés qu'il comporte, c'est le texte français de l'article 2810 qui doit prévaloir. Il s'agit d'un cas où l'interprète n'a pas de difficulté à donner effet à l'article 41.1 de la *Loi de l'interprétation*[37], selon lequel «en cas de divergence entre les textes français et anglais, le texte français prévaut».

Section II- Les plaideurs et la charge de la preuve

Il est question de la répartition du fardeau de la preuve entre le demandeur et le défendeur aux articles 2803 à 2805. Ces articles dans leur nouvelle version sont le reflet du droit existant. Rappelons que l'article 2981 de l'Avant-projet de loi (maintenant l'article 2803) énonçait que celui qui oppose à un droit invoqué qu'il n'existe pas, doit prouver les faits sur lesquels sa contestation est fondée. Il s'agissait-là d'une erreur qui a fort heureusement été corrigée.

***Partie II: Les procédés de preuve selon le* code civil du Québec**

L'article 2811 énumère cinq procédés de preuve: les écrits, les témoignages, les présomptions, les aveux et la présentation d'un élément matériel. Déjà on peut constater que le Code accorde une reconnaissance officielle à ce qu'il était convenu d'appeler auparavant «la preuve matérielle». En effet, dans le droit actuel, c'est seulement par le biais du *Code de procédure civile* que la présentation d'un élément matériel est réglementée. Nous aurons donc l'occasion de nous interroger plus loin sur les implications de cette promotion de la preuve matérielle au rang de procédé de preuve autonome et distinct.

Chapitre I- La preuve écrite

Le chapitre que consacre le Code à l'écrit en tant que procédé de preuve comporte sept sections, lesquelles traitent successivement des sujets suivants: (1) des copies de lois, (2) des actes authentiques, (3) des actes semi-authentiques, (4) des actes sous seing privé, (5) des autres écrits, (6) des inscriptions informatisées et (7) de la reproduction de certains documents. Dans le *Code civil du Bas Canada*, les règles de preuve concernant l'écrit reposent sur la distinction entre les écrits instrumentaires et les écrits non instrumentaires. Il est de l'essence d'un écrit instrumentaire d'avoir été rédigé en vue de constater certains faits et plus particulièrement un acte juridique. Pour pouvoir constater un fait matériel, l'écrit doit émaner d'un officier public du Québec et il s'agit alors d'un acte authentique, ou doit émaner d'un officier public étranger et il s'agit alors d'un acte semi-authentique. Pour pouvoir constater un acte juridique, l'écrit doit être signé devant un officier public et a alors valeur d'acte authentique ou il doit porter uniquement la signature des parties en guise de consentement et il s'agit alors d'un acte sous seing privé. Quant à l'écrit non instrumentaire, il s'agit de tout écrit par lequel une personne exprime sa connaissance d'un fait matériel ou d'un acte juridique. La distinction fondamentale entre ces deux catégories d'écrits tient à ce que les écrits instrumentaires font preuve tant à l'égard des parties que vis-à-vis des tiers, alors que les écrits non instrumentaires ne font preuve qu'à l'égard de leur auteur. Cette dernière règle se trouve exprimée aux articles 1227 à 1229 C.c.B.C.

Dans le *Code civil du Québec*, la distinction entre les écrits instrumentaires et les écrits non instrumentaires a été retenue, mais de façon moins apparente. En effet, si le Code a retenu les trois grandes classes d'écrits instrumentaires du droit actuel, en consacrant une section particulière aux actes authentiques (section II), aux actes semi-authentiques (section III) et aux actes sous seing privé (section IV), il n'a pas retenu la règle selon laquelle les registres et papiers domestiques ne font point foi en faveur de celui qui les a rédigés, énoncée à l'article 1227 C.c.B.C. Au sujet des écrits non instrumentaires, l'article 2832, inséré à la section V consacrée aux autres écrits, affirme au contraire que l'écrit non instrumentaire peut, sous réserve des règles contenues au livre *De la preuve*, être admis en preuve à titre de témoignage ou à titre d'aveu contre son auteur.

Par ailleurs, le Code innove, en ce qui concerne les écrits, en traitant dans la section V relative aux autres écrits, de l'écrit instrumentaire non signé émanant d'une entreprise (art. 2831) et en consacrant une section particulière aux inscriptions informatisées (section VI) et à la reproduction de certains documents (section VII).

On aura noté que le chapitre consacré aux écrits s'ouvre par une première section intitulée «des copies de lois». Les copies de lois entrent selon nous dans la catégorie des actes authentiques. Il convient de souligner que le *Code civil du Québec* n'a pas conservé les dispositions du *Code civil du Bas Canada* concernant l'acte récognitif (art. 1213 C.c.B.C.) et l'acte confirmatif (art. 1214 C.c.B.C.) et a déplacé au livre *Des obligations* la réglementation de la contre-lettre (voir art. 1451 et 1452 C.c.Q.).

Section I- Les actes authentiques

Les dispositions concernant les actes authentiques nous paraissent excellentes. L'objet de la procédure de l'inscription de faux y est notamment très bien exprimé. L'article 2821 précise bien que cette procédure n'est nécessaire que pour contredire les énonciations dans l'acte authentique des faits que l'officier public avait mission de constater. La distinction entre les faits que l'officier public a mission de constater et les faits qu'il a mission d'inscrire a sa raison d'être. Elle permet de bien distinguer les cas dans lesquels le recours à l'inscription de faux s'impose pour contredire les énonciations d'un acte notarié, des cas dans lesquels le régime de droit commun va s'appliquer. Le régime d'exception s'applique dans le premier cas et le régime ordinaire dans le second.

Dans sa version initiale, l'article 2821 entendait permettre la rectification des erreurs matérielles dans un acte authentique sans qu'il soit nécessaire de recourir à l'inscription de faux. En effet, l'article 2808 du Projet, auquel correspond maintenant l'article 2821 s'énonçait ainsi:

2808. L'inscription de faux n'est nécessaire que pour contredire les énonciations dans l'acte authentique des faits que l'officier public a mission de constater.

Elle n'est pas requise ni pour obtenir la rectification d'erreurs matérielles, ni pour contester la qualité de l'officier public et des témoins ou la signature de l'officier public.

Il est fort heureux, selon nous, que le *Code civil du Québec* n'ait pas créé un régime spécial en ce qui concerne la rectification des erreurs matérielles dans un acte authentique[38]. L'état du droit actuel en ce qui concerne la rectification des erreurs dans un acte authentique peut se résumer ainsi:

1- Si un notaire de bonne foi commet une erreur en exprimant dans son acte la volonté des parties, il est nécessaire de s'inscrire en faux tant pour faire annuler l'acte que pour le faire rectifier.

2- Si les parties induisent le notaire en erreur sur l'objet de leur contrat et que, de ce fait, l'acte notarié ne reflète pas correctement leur convention, la correction de l'acte ne nécessite pas le recours à l'inscription de faux.

Ces solutions demeurent encore valables. Il en eut été différemment si le nouveau Code avait permis qu'on puisse faire rectifier les erreurs matérielles. En effet, le mot matériel, tel que défini par le dictionnaire *Petit Robert*, signifie «qui s'exprime, se manifeste dans la matière ou par la matière; qui concerne les aspects extérieurs, visibles, des êtres ou des choses; qui est constitué par la matière même d'un fait, d'une chose, indépendamment de l'intention dont il résulte». Comme exemple de ce dernier sens, l'on cite l'expression erreur matérielle en comptabilité, en typographie. Selon le sens ordinaire des mots, serait une erreur matérielle, toute erreur qui se manifeste en la matière et ce indépendamment de l'intention dont elle résulte. Or cette notion appliquée à l'acte notarié aurait conduit à considérer que tout faux, qu'il soit intellectuel ou matériel, constitue une erreur matérielle. C'est dire à toutes fins pratiques, qu'il n'aurait jamais été nécessaire de s'inscrire en faux contre un acte authentique pour le faire rectifier.

Section II- Les actes semi-authentiques

Selon le droit actuel, la catégorie des actes semi-authentiques comprend deux sortes d'écrits: les documents publics étrangers et les procurations faites hors du Québec et authentiquées par un officier public. Le *Code civil du Québec*, tout en conservant ces deux sortes d'actes semi-authentiques, leur apporte certaines modifications. Il réforme le régime des documents publics étrangers en étendant la présomption d'authenticité, qui présentement ne profite qu'à certains documents, à tous les documents publics étrangers. Quant aux procurations faites à l'étranger, il vient préciser en quoi consiste la formalité de l'attestation.

Par. 1. Le nouveau régime des documents publics étrangers

L'article 1220 C.c.B.C. ne confère la qualité d'acte semi-authentique qu'à un nombre très restreint de documents publics étrangers. Il s'agit des documents suivants, lorsqu'ils respectent les conditions de forme qui y sont prescrites: le certificat du secrétaire d'un État étranger ou du gouvernement exécutif de cet État; la copie d'un jugement ou d'une procédure judiciaire d'une cour hors du Québec; la copie d'un jugement de vérification d'un testament émanant d'une cour étrangère; les certificats de mariage, de naissance, de baptême et de sépulture de personnes hors du Bas-Canada; et, en matière d'adoption, la copie d'une loi étrangère certifiée par le secrétaire ou le gouvernement exécutif de cet État étranger.

L'article 2822 C.c.Q. innove en attribuant à tous les documents publics étrangers la qualité d'acte semi-authentique.

Selon cet article, pour que la présomption d'authenticité s'applique, il va suffire que l'acte ait l'apparence d'un original émanant d'un officier public étranger compétent ou qu'il ait l'apparence d'une copie d'un document public étranger dûment certifiée par un officier public qui en est le dépositaire légal. L'article 2822 C.c.Q. va avoir pour effet, notamment, de rendre admissible en preuve, à titre de document semi-authentique, tout document public étranger qui n'est pas présentement mentionné à l'article 1220 C.c.B.C., sans qu'il soit nécessaire de le faire attester par le secrétaire ou par le gouvernement exécutif de l'État concerné.

La réforme n'affectera pas les documents publics étrangers qui bénéficient présentement d'un régime spécial en vertu de l'article 1220 C.c.B.C. Ces documents vont conserver sous le *Code civil du Québec* leur caractère de document semi-authentique. Notamment, sous le nouveau Code, un jugement étranger ou une procédure judiciaire devant un tribunal étranger vont pouvoir se prouver de la même manière que sous le droit actuel. Vont également conserver leur caractère de document semi-authentique, les copies et extraits dûment certifiés des actes de l'état civil des pays étrangers.

Présentement, aux termes du paragraphe (7) de l'article 1220 C.c.B.C., toute personne en possession d'un document visé par cet article, peut en confier la garde à un notaire pour qu'il en délivre des copies. Il en sera de même sous le nouveau Code par l'effet de l'article 2824 C.c.Q. Ce même article précise que lorsqu'un tel dépôt sera effectué, la copie délivrée par le notaire va faire preuve de sa conformité au document déposé et va suppléer à celui-ci. Le dépôt d'un document entre les mains d'un notaire apparaît donc comme un moyen commode de pouvoir en obtenir, au Québec, des copies qui auront la même valeur que le document lui-même.

Au niveau de la force probante, le régime va demeurer le même.Le document public étranger qui paraît tel à sa face même, va faire preuve à l'égard de tous de son contenu sans qu'il soit nécessaire de prouver la qualité ni la signature de l'officier public de qui il émane. Il ne pourra être contesté qu'en suivant la procédure prescrite aux articles 89 et 90 C.p.c. Tout comme dans le droit actuel, la contestation d'un acte semi-authentique devra être spécialement alléguée et appuyée d'un affidavit[39]. Si cette procédure n'est pas suivie, le document va conserver toute sa valeur. Toutefois, alors qu'en vertu du droit actuel, toute contestation d'un acte acte semi-authentique donne nécessairement lieu à la nomination d'une commission rogatoire chargée de vérifier l'authenticité du document, cette formalité sera supprimée suite à la mise en vigueur du *Code civil du Québec*[40]. C'est dire que la preuve de l'authenticité du document va pouvoir se faire selon les règles ordinaires. Pour ce qui est du fardeau de la preuve, l'article 2825 C.c.Q. énonce clairement que lorsqu'un document semi-authentique est régulièrement contesté, il incombe à celui qui l'invoque de faire la preuve de son authenticité.

Par. 2. Le régime des procurations faites hors du Québec

Afin de faciliter la preuve d'une procuration faite hors du Québec, le paragraphe (5) de l'article 1220 C.c.B.C. crée un régime d'exception. Une telle procuration est présumée authentique si elle satisfait aux deux conditions suivantes: avoir été signée en présence d'au moins un témoin et avoir été dûment authentiquée. Les personnes habilitées à authentiquer une procuration sont les suivantes: un ambassadeur, un ministre plénipotentiaire, un haut commissaire, un chargé d'affaires ou un consul du Canada ou de Sa Majesté, un agent de la province, le maire du lieu ou un notaire ou autre officier public du lieu où elle est datée.

Le paragraphe 5a) du même article prévoit que la procuration d'un militaire peut être attestée devant un major ou un autre officier d'un rang équivalent ou supérieur.

Ce régime d'exception tire son origine d'une loi du 4 mai 1859[41]. Il existe au sujet de l'état du droit antérieurement à l'adoption de cette loi spéciale, une décision du Conseil privé. Elle a été rendue dans l'affaire *Nye* c. *Macdonald*[42], à propos d'une action pétitoire intentée vers l'année 1849. Dans cette affaire, le Conseil privé a statué qu'un notaire public dans la province du Haut-Canada, une province régie par le droit anglais, n'a aucun pouvoir, par la loi anglaise, d'attester de l'exécution d'un acte de façon à ce que cette attestation suffise à en établir l'authenticité. Le Conseil privé a confirmé en conséquence le jugement de la Cour d'appel du Bas-Canada qui avait jugé insuffisante comme preuve d'une procuration apparemment faite au Haut-Canada, le certificat d'un notaire public qui en attestait l'exécution en sa présence. Voici comment cet arrêt s'exprime à ce sujet:

> *A Notary public in the Province of Upper Canada, a Province regulated by English law, has no power, by English law, to certify to the execution of a deed in such a way as to make his certificate evidence, without more, that the deed was executed, and that it was attested in the manner in which the deed professes to be attested.*

> *According to the law of England, the mere production of the certificate of a Notary public stating that a Deed had been executed before him would not in any way dispense with the proper evidence of the execution of the Deed*[43].

Appréciée à la lumière de l'arrêt *Nye*[44], la Loi de 1859 concernant les procurations faites hors du Bas-Canada et authentiquées ainsi qu'il y était pourvu, s'est trouvée à conférer à ces procurations une force probante dont elles ne bénéficiaient pas dans le pays où elles avaient été rédigées.

L'article 2823 C.c.Q. entend modifier le régime des procurations faites hors du Québec sur deux points. Tout d'abord, au lieu d'énumérer les personnes habilitées à authentiquer une procuration, cet article exige seulement qu'elle soit certifiée par un officier public compétent. De plus, cet article précise en quoi va consister la certification qui est exigée de cet officier public. Cet article s'énonce ainsi:

> 2823. Fait également preuve, à l'égard de tous, la procuration sous seing privé faite hors du Québec lorsqu'elle est certifiée par un officier public compétent qui a vérifié l'identité et la signature du mandant.

La première question qu'il convient de se poser, c'est celle de savoir ce qu'il faut entendre par un officier public compétent. Cette expression vise, à notre avis, principalement, sinon exclusivement, le notaire public de common law. Dans les pays de droit civil qui connaissent l'institution du notariat, les procurations qui sont revêtues de la forme notariée, vont se qualifier en tant que documents semi-authentiques par le seul effet de la présomption posée à l'article 2822 C.c.Q. En effet, comme dans ces pays, les notaires sont des officiers publics qui ont pour fonction de conférer un caractère authentique aux actes qu'ils reçoivent, toutes les conditions sont réunies pour que ces actes soient considérés comme des actes semi-authentiques en vertu de l'article 2822 C.c.Q. Il en sera de même des copies de ces actes qui paraissent émaner de l'officier public qui en est le dépositaire.

Quant aux notaires publics de common law, bien qu'ils soient compétents pour recevoir des contrats, les actes qu'ils reçoivent, tel que nous l'avons vu précédemment, ne peuvent faire preuve par eux-mêmes de leur exécution et doivent être prouvés. L'article 2823 C.c.Q. va avoir pour effet de conférer aux procurations dûment certifiées par un notaire public de common law, une présomption d'authenticité.

Il y a lieu de souligner que pour ce qui est de la province d'Ontario, la fonction de notaire public est régie par une loi intitulée *Loi sur les notaires*[45]. Aux termes de l'article 1 de cette Loi, les notaires sont nommés par le lieutenant-gouverneur, à la recommandation du procureur général au moyen d'un mandat. Tout avocat de cette province, à la condition d'en faire la demande[46], peut recevoir un tel mandat qui demeure valable tant qu'il demeure membre de son ordre et qu'il satisfait autrement à la Loi et au règlement y afférent.

L'article 2823 C.c.Q. précise ce que doit contenir le certificat exigé de l'officier public qui reçoit une procuration. Cet officier doit y attester, sous sa signature et avec indication de sa qualité, qu'il a vérifié l'identité et la signature du mandant. Bien qu'il ne soit pas exigé que l'officier public reçoive la signature du mandant, il pourra certes le faire et attester de ce fait dans son certificat. Dans ce dernier cas, et selon une formule suggérée par un auteur[47], l'attestation notariée pourrait se lire ainsi:

> Je, [...], notaire dans la province de ___ , dûment nommé par lettres patentes et assermenté, exerçant [...] à ___ dans cette province, atteste par la présente que j'ai assisté à la signature, le ___ [...], de [la procuration ci-jointe] à ___ , par [...], à titre de [mandant], [et] par [...], à titre de témoin et par moi-même; je connais personnellement l'un et l'autre et les signatures qui figurent sur cet écrit sont bien de leurs écritures respectives. Je reconnais également ma propre signature.
>
> EN FOI DE QUOI, j'ai signé et apposé mon sceau officiel le ___ , à [...]
>
> [Signature]
>
> Notaire dans la province de ___.[48]

Bien que dans la formule que nous venons de citer, il est fait mention de la présence d'un témoin, en vertu de l'article 2823 C.c.Q., il ne sera plus exigé d'une procuration faite hors du

Québec, qu'elle soit signée en présence d'un témoin. De plus, alors que selon le droit actuel, une procuration peut être authentiquée au moyen d'une déclaration assermentée d'un témoin qui a assisté à la signature d'une procuration[49], cela ne sera plus possible selon le *Code civil du Québec*, vu que c'est l'officier public lui-même qui doit attester l'identité du mandant et l'authenticité de sa signature.

Section III- Les actes sous seing privé

Le *Code civil du Québec* consacre cinq articles aux actes sous seing privé, soit les articles 2826 à 2830. L'article 2826 donne de l'acte sous seing privé une définition de l'acte sous seing privé qui est conforme au droit actuel. Cette définition est la suivante: «L'acte sous seing privé est celui qui constate un acte juridique et qui porte la signature des parties». Cet article confirme également le droit actuel en affirmant que cet acte n'est soumis à aucune autre formalité que la signature des parties.

Quant à la signature, elle est définie ainsi par l'article 2827:

> 2827. La signature consiste dans l'apposition qu'une personne fait sur un acte de son nom ou d'une marque qui lui est personnelle et qu'elle utilise de façon courante, pour manifester son consentement.

Selon cette définition, une signature peut prendre deux formes. Tout d'abord, elle peut consister dans l'apposition manuscrite par une personne de ses noms patronymiques. Il s'agit de la signature au sens traditionnel. Elle peut consister également dans une marque. Le mot «marque» ici doit être pris dans le sens courant et comme signifiant tout signe ou toute empreinte mis ou fait sur une chose[50]. Mais une marque pour valoir signature doit satisfaire à trois conditions. Il doit s'agir tout d'abord d'un signe qui est personnel à celui qui l'utilise, ce qui suppose que ce signe présente, en tant que tel, un caractère distinctif. Une croix, parce qu'elle ne possède aucun caractère distinctif, ne pourrait pas, selon nous, servir de marque. En deuxième lieu, il faut que la marque soit utilisée de façon courante. L'apposition d'une marque en guise de signature doit être une pratique usuelle de la part de celui qui y a recours. Enfin, en troisième lieu, il faut que la marque soit utilisée pour manifester un consentement.

Le premier alinéa de l'article 2828, en affirmant que celui qui invoque un acte sous seing privé doit en faire la preuve, se trouve à expliciter le droit actuel. Quant au deuxième alinéa du même article, il exprime sous une forme différente la règle qui est présentement contenue à l'article 1223 C.c.B.C. à savoir que l'acte opposé à celui qui paraît l'avoir signé est tenu pour reconnu s'il n'est pas contesté en la manière prévue au *Code de procédure civile*. Quant à la procédure de la contestation, elle va demeurer inchangée. La partie à qui on oppose un document qui apparemment émane d'elle et qui prétend que ce document est faux en totalité ou en partie, devra alléguer ce fait dans ses procédures écrites et appuyer cette allégation d'un affidavit[51].

Le *Code civil du Québec* apporte une clarification en ce qui concerne la force probante de la date d'un acte sous seing privé contre les tiers. À ce sujet, il y a lieu de rappeler que l'article 1225 C.c.B.C. pose comme règle que les écritures privées, à l'exception des écrits de nature commerciale, n'ont pas de date contre les tiers, et que celle-ci doit être établie au moyen des présomptions qui y sont énoncées ou par «preuve légale». D'où la question de savoir si la preuve testimoniale peut être qualifiée de «preuve légale» aux fins de prouver la date d'un écrit[52]. L'article 2830 C.c.Q. supprime cette ambiguïté en affirmant expressément que la date d'un écrit peut être établie par tous moyens. De plus, en vertu de ce même article, ce ne sont plus les «écrits de nature commerciale», mais «les écrits passés dans le cours des activités d'une entreprise» qui sont présumés l'avoir été à la date qui y est inscrite. Nous aurons l'occasion d'analyser cette nouvelle notion lorsque nous étudierons la recevabilité des moyens de preuve.

Section IV- Les autres écrits

Sous la Section V intitulée «Les autres écrits», le Code traite essentiellement de deux catégories d'écrits: les écrits instrumentaires non signés délivrés par une entreprise pour constater un acte juridique et les écrits non instrumentaires.

Par. 1- Les écrits instrumentaires non signés

À la différence de l'écrit instrumentaire qui, comme son nom l'indique, a été l'instrument ou le moyen par lequel une ou des parties ont exprimé leur consentement à un acte juridique, l'écrit non instrumentaire est un moyen par lequel une personne a exprimé sa connaissance d'un fait matériel ou d'un acte juridique déjà réalisé. Le premier exprime un consentement, le second, une connaissance. Lorsque l'écrit instrumentaire porte la signature des parties, il satisfait alors aux conditions de l'acte sous seing privé et son régime obéit alors aux règles énumérées aux articles 2826 à 2830. Mais il peut arriver, surtout dans le cas des actes unilatéraux, qu'un écrit, bien que non signé, exprime quand même un acte juridique. Il en sera ainsi notamment lorsque le consentement, au lieu de s'extérioriser par la signature, se sera exprimé par la délivrance de l'écrit. Tout d'abord, il y a lieu ici d'étudier le régime particulier des écrits non signés utilisés dans le cours des activités d'une entreprise dont il est question à l'article 2831 et de s'interroger ensuite sur le régime applicable aux autres écrits instrumentaires non signés.

A- L'écrit instrumentaire non signé émanant d'une entreprise

Au sujet de l'écrit non signé émanant d'une entreprise, l'article 2831 énonce ce qui suit:

> 2831. L'écrit non signé habituellement utilisé dans le cours des activités d'une entreprise pour constater un acte juridique, fait preuve de son contenu.

Notre étude portera tout d'abord sur les conditions requises de l'écrit dont il est question à cet article et ensuite sur la force probante qui en résulte.

I- Les conditions requises de l'écrit instrumentaire non signé émanant d'une entreprise

L'article 2831 pose quatre conditions pour qu'un écrit non signé puisse faire preuve. Il faut tout d'abord qu'il s'agisse d'un écrit qui soit utilisé pour constater un acte juridique. À quoi peut-on reconnaître qu'un écrit est utilisé pour constater un acte juridique? À notre avis, il faut que l'écrit soit destiné à servir de titre à la personne à laquelle il est remis. On peut penser, par exemple, à la facture ou au coupon de caisse remis à un client pour attester un achat, et aux billets émis par des entreprises théâtrales ou par des entreprises de transport. On peut citer comme exemples également les bordereaux de paye qu'une entreprise remet à ses employés pour leur communiquer les détails pertinents concernant le salaire payé ainsi que les retenues effectuées.

Il faut, en deuxième lieu, qu'il s'agisse d'un écrit habituellement utilisé par l'entreprise pour constater un acte juridique. Seuls paraissent visés les écrits imprimés ou, à tout le moins, ceux qui peuvent être reproduits tels quels d'après un modèle type. Les billets de transport et les billets de spectacle satisfont très bien à cette condition. Il faut, en troisième lieu, que l'écrit soit utilisé dans le cours des activités d'une entreprise. Cette condition vient préciser que l'acte juridique constaté par l'écrit doit avoir un rapport direct et immédiat avec les activités de l'entreprise qui l'a émis, tel que nous le verrons plus loin lorsque nous étudierons cette nouvelle notion des actes posés «dans le cours des activités d'une entreprise».

Enfin, quatrième condition, il faut que l'écrit soit en la possession d'une personne à qui il a été délivré pour constater un acte juridique. Cette condition résulte de l'article 2835 qui déclare que celui qui invoque un écrit non signé doit prouver que cet écrit émane de celui qu'il prétend en être l'auteur. La délivrance ici tient lieu de signature. La preuve de la délivrance faisant présumer le consentement.

II - La force probante de l'écrit instrumentaire non signé émanant d'une entreprise

Pour qu'un écrit instrumentaire non signé puisse faire preuve de son contenu, il est nécessaire, tel que nous venons de le mentionner, de prouver qu'il a été délivré pour valoir consentement à l'acte juridique qu'il constate.

a) Nécessité de prouver le consentement

Dans l'acte sous seing privé, l'expression du consentement prend la forme d'une signature. Aussi, la preuve de l'authenticité d'une signature équivaut à la preuve de l'existence d'un consentement. Mais la signature n'est pas la seule façon d'acquiescer au contenu d'un écrit. Cet acquiescement peut résulter du simple dessaisissement d'un écrit au profit d'un tiers. C'est ce qui se produit chaque fois qu'une entreprise délivre à une personne un écrit non signé qu'elle utilise de façon habituelle pour constater un acte juridique. Ces faits une fois établis, l'écrit va faire preuve contre elle. Même si l'article 2835 paraît envisager uniquement l'hypothèse dans laquelle un écrit non signé est opposé à l'entreprise qui l'a émis, la situation inverse peut se présenter. Dans ce cas, l'entreprise pour pouvoir opposer à un client une clause de l'écrit qu'elle lui a émis, devra prouver que ce client y a acquiescé. Elle devra démontrer, par exemple, qu'il a accepté la délivrance de l'écrit en toute connaissance de cause; ce qui manifestait de sa part une volonté d'être lié par les termes de l'écrit en question.

Lorsqu'il s'agit d'établir le caractère d'acte instrumentaire d'un écrit non signé à l'égard de l'entreprise qui l'a émis, la preuve peut être faite par tous moyens. De même l'entreprise qui veut prouver qu'un client a accepté d'être lié par un écrit qu'elle lui a émis peut également prouver par tous moyens qu'il y a eu réception par ce client de l'écrit en toute connaissance de son contenu. C'est dire que la preuve du consentement à l'égard de l'entreprise émettrice résulte de la preuve de la délivrance de l'écrit et, à l'égard du client, de la preuve de sa réception alors qu'il avait connaissance de son contenu.

b) Force probante du contenu de l'écrit instrumentaire non signé

Selon l'article 2831, l'écrit instrumentaire non signé fait preuve de son contenu. C'est dire que cet acte, tout comme l'écrit sous seing privé, fait preuve de l'acte juridique qui y est constaté et de toutes les énonciations qui s'y rapportent directement.

Toutefois, à la différence de l'écrit sous seing privé, cet écrit peut, tel que l'affirme l'article 2836, être contredit par tous moyens. À ce sujet, il convient de souligner qu'il ne s'agit pas d'une solution vraiment nouvelle. Il convient de rappeler, en effet, que dans une affaire particulière[53] la Cour d'appel a permis à un producteur de lait de prouver par témoins qu'il avait expédié ses bidons de lait d'un endroit autre que celui indiqué sur les tickets qui lui avaient été délivrés contre paiement des frais de transport.

Jusqu'à présent, nous n'avons traité que de l'écrit instrumentaire non signé émanant d'une entreprise dont traite l'article 2831. Il y a lieu maintenant de s'interroger sur le régime général applicable aux autres écrits instrumentaires non signés.

B- Le régime général de l'écrit instrumentaire non signé.

Il n'y a pas que les entreprises qui, dans le cours de leurs activités, peuvent recourir à un écrit non signé pour exprimer un consentement à un acte juridique, toute personne peut agir de même. En effet, lorsqu'il s'agit d'un acte juridique unilatéral, tels une offre, une autorisation, une renonciation, une mise en demeure ou tout autre acte qui, pour sa validité, ne requiert qu'une seule volonté, rien n'empêche que cette volonté, au lieu de s'exprimer par l'apposition d'une signature au bas d'un écrit, se manifeste par la délivrance d'un écrit ou par tout autre geste qui implique nécessairement un acquiescement aux termes de cet écrit. Il n'y a aucune raison, par exemple, qu'une offre de contracter publiée dans un journal, bien que non signée, ne produise pas les mêmes conséquences juridiques qu'une offre contenue dans un écrit dûment signé. De même, il n'y a aucune raison de ne pas donner effet à un consentement exprimé au moyen de l'expédition d'un télégramme, ou d'un fax, écrits qui par leur nature sont non signés, vu que leur émission implique comme telle un consentement. Aussi, selon nous, les articles 2831, 2835 et 2836 doivent-ils recevoir application dans tous les cas où un écrit non signé est utilisé pour constater un acte juridique.

Par. 2- Les écrits non instrumentaires

La catégorie des écrits non instrumentaires comprend tous les écrits privés qui ont été rédigés en vue de «rapporter un fait» et s'opposent aux actes instrumentaires dont l'objet est de «constater un acte juridique». Ce qui caractérise l'acte instrumentaire, c'est qu'il est le moyen, l'instrument qui permet à une personne de manifester un consentement, c'est-à-dire, d'exprimer un acte de volonté. L'écrit instrumentaire procède de la volonté tandis que l'écrit non instrumentaire procède de la connaissance. Il est le moyen par lequel une personne exprime sa connaissance au sujet d'un fait donné. L'article 2832 entend traduire cette réalité en définissant l'acte non instrumentaire comme l'écrit, ni authentique, ni semi-authentique, qui rapporte un fait.

Il convient d'étudier le régime de base de l'écrit non instrumentaire avant d'aborder l'étude du régime propre aux papiers domestiques et aux mentions libératoires.

A - Le régime de base de l'écrit non instrumentaire

I- Notions générales

De la définition de l'écrit non instrumentaire contenue à l'article 2832, il ressort, tout d'abord, que cette catégorie d'écrits ne comprend que les écrits de nature privée et qu'en sont exclus les écrits qui nécessitent l'intervention d'un officier public, à savoir les écrits authentiques et les écrits semi-authentiques. Ces derniers écrits, même lorsqu'ils rapportent des faits matériels, constituent par la volonté du législateur, des moyens de preuve privilégiés et revêtent toujours de ce fait le caractère d'acte instrumentaire.

Quant à l'écrit privé, il suffit qu'il rapporte un fait, pour être un acte non instrumentaire. Un écrit rapporte un fait lorsque, comme nous l'avons déjà mentionné, il est le moyen par lequel une personne exprime sa connaissance au sujet d'un fait donné, que ce fait soit un acte juridique ou un fait matériel. À titre d'exemples d'écrits par lequel une personne exprime sa connaissance d'un fait, on peut citer les registres et papiers domestiques, les dossiers et registres d'entreprise et les livres de comptabilité.

II- Force probante de l'écrit non instrumentaire

Au sujet de la force probante de l'écrit qui rapporte un fait, l'article 2819 du Projet se contentait d'affirmer que cet écrit peut servir à établir ce fait. L'article 2832 du Code est venu fort heureusement préciser que cet écrit peut être admis en preuve à titre de témoignage ou à titre d'aveu contre son auteur, sous réserve des règles contenues dans le livre *De la preuve*. Pour qu'un écrit non instrumentaire soit admis à titre d'aveu, il faut qu'il contienne la reconnaissance d'un fait contraire aux intérêts de celui qui l'a rédigé. Pour qu'il soit admis à titre de témoignage, il faut qu'il satisfasse aux conditions des articles 2869 à 2874 qui traitent des exceptions à la prohibition du ouï-dire. Il y a lieu de souligner que, tout comme à propos de l'article 2810 C.c.Q., une erreur s'est glissée dans la version anglaise de l'article 2832. En effet, selon la version anglaise de l'article 2810, c'est seulement contre son auteur qu'un écrit instrumentaire pourrait servir de témoignage ce qui n'est évidemment pas le cas. Il est de la nature du témoignage de faire preuve contre les tiers. Un témoignage qui ne ferait preuve que contre son auteur serait un aveu, car c'est le propre de l'aveu de n'être opposable qu'à son auteur. C'est donc uniquement à l'égard des tiers et non à l'égard de son auteur qu'un écrit non instrumentaire peut servir de témoignage.

a) Force probante de l'écrit non instrumentaire contre son auteur

L'article 2850 définit l'aveu comme la reconnaissance d'un fait de nature à produire des conséquences juridiques contre son auteur. Il suffit donc qu'un écrit rapporte un fait de cette nature pour qu'il ait valeur d'aveu extrajudiciaire contre son auteur. On trouve des applications particulières de cette règle à l'article 2834 à propos des mentions libératoires et à l'article 2833 à propos des papiers domestiques qui énoncent un paiement reçu ou qui contiennent la mention que la note supplée au défaut de titre en faveur de celui au profit duquel ils énoncent une obligation.

Dans tous les cas, cependant, avant qu'un écrit puisse faire foi contre son auteur, il faut, au préalable, en établir l'authenticité. Il faut, en d'autres termes, démontrer que cet écrit émane bien de la personne à qui on l'oppose. À cette fin, le réclamant pourra recourir à la procédure de l'article 403 C.p.c. pour la mettre en demeure d'en reconnaître l'authenticité. Si cette procédure ne produit pas le résultat escompté, cette authenticité devra être démontrée et cette preuve pourra se faire par tous moyens.

L'écrit non instrumentaire, reconnu ou prouvé, fait foi contre son auteur, mais celui-ci peut le contredire par tous moyens tel que l'affirme l'article 2836. Sous le droit actuel, il en est de même également. On considère en effet que les registres et papiers domestiques, parce qu'ils ne sont pas des écrits valablement faits[54], échappent à l'application de l'article 1234 C.c.B.C.

b) Force probante de l'écrit non instrumentaire contre les tiers

À propos de la force probante des écrits non instrumentaires contre les tiers, le *Code civil du Bas Canada* affirme nettement, par l'article 1227, que ces écrits ne font point foi contre eux. Le *Code civil du Québec*, sans le dire expressément, affirme le contraire. C'est ce qui résulte de l'article 2832 selon lequel l'écrit qui rapporte un fait, peut être admis en preuve à titre de témoignage, sous réserve toutefois des règles contenues au livre *De la preuve*.

L'écrit non instrumentaire, par son contenu, participe de la nature du témoignage. En effet, l'article 2843 définit le témoignage comme la déclaration par laquelle une personne relate les faits dont elle a eu personnellement connaissance ou par laquelle un expert donne son avis. Or, tel que nous l'avons vu, ce qui caractérise l'écrit non instrumentaire, c'est qu'il sert à exprimer la connaissance d'un fait. Par ailleurs, comme un témoignage, pour faire preuve, doit être contenu dans une déposition faite à l'instance, il en résulte que les déclarations contenues dans un écrit non instrumentaire ne peuvent, en principe, faire preuve contre les tiers.

L'article 2869 prévoit cependant que la déclaration d'une personne qui ne témoigne pas à l'instance ou celle d'un témoin faite antérieurement à l'instance peut être admise à titre de témoignage si les parties y consentent ou si cette déclaration respecte les exigences prévues par les articles 2870 à 2874 ou par la loi. Par l'effet de cette disposition, un écrit non instrumentaire devient, par exception, recevable en preuve à titre de témoignage si les parties y consentent ou si les déclarations qu'il contient respectent les exigences des articles 2870 à 2874. De l'analyse de ces articles, il résulte qu'un écrit instrumentaire devient recevable en preuve dans deux cas, soit dans les cas prévus aux articles 2870 et 2871.

L'écrit non instrumentaire devient, tout d'abord, recevable en preuve à titre de témoignage lorsqu'il est impossible d'obtenir la comparution comme témoin de celui qui a fait la déclaration qui y est consignée ou déraisonnable de l'exiger et que les circonstances entourant la déclaration donnent à celle-ci des garanties suffisamment sérieuses pour pouvoir s'y fier. L'article 2870 précise que les documents élaborés dans le cours des activités d'une entreprise ainsi que les documents insérés dans un registre dont la tenue est exigée par la loi sont présumés présenter des garanties suffisamment sérieuses pour pouvoir s'y fier. En deuxième lieu, un écrit non instrumentaire devient recevable en preuve lorsqu'il contient les déclarations antérieures d'une personne qui comparaît comme témoin et que les déclarations portent sur des faits au sujet desquels elle peut légalement déposer et qu'elles présentent des garanties suffisamment sérieuses pour pouvoir s'y fier.

Même si nous n'entendons pas procéder ici à l'étude détaillée de ces deux cas d'exception à la prohibition du ouï-dire, vu que ce sujet sera traité plus loin, il convient de constater dès maintenant que ces deux cas d'exception vont grandement faciliter l'utilisation en preuve des écrits non instrumentaires et notamment, des registres de commerce. Les tribunaux devront revoir la jurisprudence qu'ils ont élaborée, sur la base de l'article 1227 C.c.B.C., concernant la force probante des registres et papiers domestiques. En effet, il n'est plus possible, par exemple, d'affirmer comme on l'a fait dans l'affaire *Savard* c. *Tremblay*[55], que les livres de comptes d'un médecin décédé ne peuvent prouver à eux seuls que des services médicaux ont été rendus, que des remèdes ont été fournis et que les montants chargés sont exacts; qu'un légataire universel ne peut se servir des papiers domestiques de son auteur pour faire la preuve des prêts qui y sont rapportés[56]; et qu'un assureur ne peut, en vue d'établir que l'assuré n'a pas donné d'avis de sinistre, démontrer l'absence d'écriture à ce sujet dans ses dossiers[57]. Il va falloir, dans chacun de ces cas, vérifier si, eu égard au nouveau régime de la prohibition du ouï-dire, ces documents ne sont pas désormais recevables.

B - Les règles spéciales concernant les papiers domestiques et les mentions libératoires

I - Le régime spécial des papiers domestiques

En vertu de l'article 2833, les papiers domestiques qui énoncent un paiement reçu ou qui contiennent la mention que la note supplée au défaut de titre de celui au profit duquel ils énoncent une obligation, font preuve contre leur auteur. L'article 1227 C.c.B.C., contenait une règle identique, sauf que, dans cet article, il était également question des registres, pas uniquement des papiers domestiques comme dans l'article 2833. Par ailleurs, sur la base que l'expression «papiers domestiques» désigne des documents conservés à la maison, en famille, on pourrait en déduire que la règle énoncée à l'article 2833 a une portée fort restreinte. Ce serait une erreur, car il n'y a aucune raison de ne pas étendre cette règle à tous les écrits non instrumentaires. D'ailleurs, tel que nous l'avons vu précédemment, cette règle n'est qu'une application particulière de la théorie de l'aveu extrajudiciaire. Aussi faut-il considérer que toute mention de paiement dans un écrit quelconque, qu'il s'agisse d'un papier domestique ou non, va faire foi contre son auteur. Il en est de même de tout écrit qui contient la mention que la note supplée au défaut de titre en faveur de celui au profit duquel il énonce une obligation. Il faut se rendre compte toutefois que des mentions de ce genre ne sont guère courantes. Quel débiteur, en effet, inscrirait dans ses registres une mention comme celle-ci: «Le 1er mai 1991, j'ai reçu ce jour 2500$ de B, à titre de prêt et j'en fais ici la mention pour qu'elle lui serve de titre vu que je ne lui ai donné aucune reconnaissance»?

Les papiers domestiques, tout comme les autres écrits non instrumentaires, pour pouvoir faire preuve contre leur auteur, doivent au préalable, faire l'objet d'une preuve distincte qui en établisse l'authenticité.

De plus, aux conditions prévues aux articles 2869 à 2874, les papiers domestiques peuvent faire preuve contre les tiers, sous réserve toutefois de la règle énoncée au deuxième alinéa de l'article 2834 selon laquelle une mention libératoire n'est pas admise comme preuve de paiement, si elle a pour effet de soustraire la dette aux règles relatives à la prescription. Cette règle a-t-elle pour effet de prohiber, en toutes hypothèses, le recours à une mention de paiement dans un écrit non instrumentaire, pour prouver contre un tiers une interruption de prescription? Comme ce problème n'est pas propre aux mentions de paiement, mais se pose également à propos des mentions libératoires dont nous abordons maintenant l'étude, nous nous proposons d'en traiter dans le cadre de cette étude.

II - Les règles spéciales concernant les mentions libératoires

Il est question des mentions libératoires à l'article 2834. Cet article reprend, en les fusionnant, certaines règles qui, dans le *Code civil du Bas Canada*, sont énoncées aux articles 1228 et 1229. Il convient de souligner que l'article 1228 C.c.B.C. prévoit deux hypothèses en ce qui concerne les mentions libératoires soit celle de la mention que le créancier appose sur son propre titre et celle de la mention qu'il appose sur le titre de son débiteur. L'article 2834 a laissé tomber cette seconde hypothèse pour ne retenir que la première.

Ce choix se justifie car la mention de paiement que le créancier appose sur le titre du débiteur, a valeur d'acte instrumentaire vu qu'elle a pour objet de constater ce paiement. Si elle est signée, elle constitue un acte sous seing privé; si elle ne l'est pas, elle constitue un écrit instrumentaire non signé. Dans ce dernier cas, en effet, la délivrance du titre par le créancier au débiteur, manifeste sa volonté d'être lié par la mention qui s'y trouve.

La situation est tout autre lorsque c'est sur son propre titre que le créancier indique pour mémoire le paiement qu'il a reçu. Il s'agit alors d'un document qui «rapporte» simplement le fait du paiement et non d'un document qui exprime sa volonté de libérer le débiteur. Il s'agit bien alors d'un écrit non instrumentaire.

Aux termes du premier alinéa de l'article 2834, la mention d'un paiement apposée par le créancier sur un titre, ou une copie de celui-ci qui est toujours restée en sa possession, bien que non signée ni datée, fait preuve contre lui. Tout comme l'article 1228 C.c.B.C., le premier alinéa de l'article 2834 exige que la mention soit apposée sur un titre ou une copie de celui-ci qui est toujours restée en sa possession. Pourquoi cette exigence? C'est que, tel que nous venons de le voir, une mention libératoire peut également être apposée par un créancier sur le titre de son débiteur. Il peut donc arriver qu'en prévision d'un paiement qu'il compte effectuer, un débiteur remette son titre au créancier et que celui-ci, par anticipation, y inscrive une attestation de paiement. Tant que ce titre va demeurer en la possession du créancier, il ne pourra faire preuve du paiement. Il ne produira cet effet que lorsqu'il aura été remis au débiteur.

Lorsque la mention libératoire est apposée par le créancier sur son titre elle constitue en tant que telle une reconnaissance de paiement et il suffit d'établir qu'elle émane bien du créancier pour qu'elle fasse preuve contre lui. Celui-ci peut toutefois apporter une preuve contraire, par tous moyens, conformément à l'article 2836.

Reste le problème de savoir, tel que nous l'évoquions précédemment si une mention libératoire peut faire preuve contre les tiers. La difficulté vient de ce que le deuxième alinéa de l'article 2834 déclare, tout comme le fait l'article 1229 C.c.B.C., qu'une mention libératoire n'est pas admise comme preuve de paiement, si elle a pour effet de soustraire une dette aux règles relatives à la prescription. Dans le *Code civil du Bas Canada*, cette règle se justifie pleinement puisqu'elle découle logiquement du principe affirmé à l'article 1227 C.c.B.C. selon lequel les registres et papiers domestiques ne font point foi en faveur de celui qui les a écrits[58].

Même si le Code reconnaît maintenant, tel que nous l'avons démontré précédemment, qu'un écrit non instrumentaire peut, s'il satisfait aux conditions énoncées aux articles 2869 à 2874 être admissible en preuve contre les tiers, l'article 2834 empêche en toutes circonstances qu'une mention libératoire puisse servir à établir un paiement interruptif de prescription.

Section V - Les inscriptions informatisées

La section VI du chapitre premier du livre *De la preuve* consacrée aux inscriptions informatisées est de droit nouveau[59]. Il y a lieu tout d'abord de s'interroger sur la nature des inscriptions visées par cette section et de voir ensuite quelles sont les conditions et la force probante des inscriptions en question.

Par. I- Les inscriptions informatisées visées par les articles 2837 à 2839

Tel que nous venons de le voir, un écrit peut servir à exprimer soit un acte de volonté, soit un acte de connaissance. Dans le premier cas, l'écrit se trouve à constater un acte juridique et se dénomme acte instrumentaire. Dans le second cas, l'écrit ne fait que rapporter un fait et on le qualifie alors d'acte non instrumentaire. Grâce aux développements de la technologie, le support informatique peut remplir les mêmes fonctions que le support papier. Il peut servir à exprimer un acte de volonté et se substituer ainsi à un écrit instrumentaire. Il peut servir également à stocker des informations et jouer ainsi le rôle d'un écrit non instrumentaire. La première question qu'il convient de résoudre est celle de savoir si les articles 2837 à 2839 visent à réglementer les inscriptions informatisées dans cette double perspective. Selon nous, cette réglementation vise exclusivement les cas dans lesquels une partie a eu recours au support informatique pour exprimer un consentement à un acte juridique et ne s'applique pas au stockage d'information sur support informatique. Cette interprétation s'appuie tout d'abord sur un argument de texte. En effet, la portée de l'article 2837 est limitée aux cas dans lesquels les données d'un acte juridique sont inscrites sur support informatique. Cette expression laisse entendre qu'il doit y avoir simultanéité entre l'expression de la volonté et son inscription sur support informatique. Lorsque c'est oralement ou par un écrit que la volonté des parties s'est d'abord exprimée et que l'inscription sur support informatique n'est intervenue qu'après coup, il est difficile de prétendre que ce sont alors les données de l'acte juridique qui ont été inscrites. Si l'acte s'est accompli par écrit, l'inscription portera sur les données de cet écrit et s'il a eu lieu oralement, sur les données du témoignage de celui qui en est l'auteur.

Un autre argument, fondé cette fois sur l'économie générale des règles de la preuve, vient appuyer l'argument de texte ci-dessus énoncé. En effet, tant la règle de la meilleure preuve énoncée à l'article 2860 que la règle de la prohibition du ouï-dire énoncée aux articles 2843 et 2869 s'opposent à ce que de simples informations conservées sur support informatique soient traitées différemment des mêmes informations consignées par écrit.

Peut-on concevoir, par exemple, que si les données d'un acte notarié sont transcrites sur support informatique, le document reproduisant ces données fasse preuve du contenu de l'acte? L'article 2860, en exigeant que l'acte juridique constaté dans un écrit soit prouvé par la production de l'original ou d'une copie qui légalement en tient lieu s'oppose évidemment à ce qu'on puisse prouver un acte notarié par le moyen d'un document reproduisant les données de cet acte transcrites sur support informatique. De même, la prohibition de la preuve par ouï-dire s'oppose à ce que des déclarations concernant l'accomplissement d'un acte juridique servent à établir l'existence de cet acte, du seul fait qu'elles ont été enregistrées sur support informatique au lieu d'être simplement mises par écrit.

Pour les deux raisons que nous venons d'invoquer, il appert donc que la portée des articles 2837 à 2839 doit être limitée au seul cas dans lequel le support informatique a été substitué au support papier pour l'expression d'un acte juridique. Nous allons maintenant considérer quelles sont les conditions exigées pour qu'une inscription informatisée de cette nature soit recevable en preuve et quelle est la force probante qui s'y attache.

Par. 2- Les conditions de l'inscription informatisée comme moyen de preuve d'un acte juridique

Pour qu'une inscription informatisée serve en tant que telle comme moyen de preuve, elle doit satisfaire à des conditions qui se rapportent, d'une part, aux données qui sont inscrites et, d'autre part, à la qualité du document qui les reproduit.

A - Les conditions quant aux données de l'inscription informatisée

Pour les raisons que nous avons déjà énoncées, l'inscription informatisée, pour pouvoir servir comme moyen de preuve, doit avoir eu pour objet de constater un acte juridique et de remplir à l'égard de cet acte la même fonction que la rédaction d'un acte sous seing privé. Les opérations juridiques effectuées par l'intermédiaire d'un guichet automatique donnent lieu à des inscriptions de ce genre[60]. Dans le cas des opérations bancaires effectuées à un guichet automatique, il est facile d'établir une analogie entre l'inscription informatisée des données de ces opérations et l'exécution d'un écrit sous seing privé portant sur les mêmes opérations. Prenons, par exemple, le cas d'un retrait. Lorsque cette opération s'effectue à la succursale bancaire, le client doit remplir un récépissé comportant la date de l'opération, le montant du retrait, le numéro du compte visé et y apposer sa signature. Sur réception de ce document, le caissier remet au client le montant demandé après l'avoir compté en sa présence.

La même opération à un guichet automatique suppose que le client est en possession d'une carte informatisée et détient en rapport avec cette carte, un numéro personnel d'accès aux services informatisés de sa banque. Le client doit introduire la carte dans l'appareil et entrer son numéro d'identification personnel. Si le numéro inscrit correspond bien au numéro de la carte, il peut sélectionner, à partir des opérations proposées, celle qu'il désire effectuer. Si l'option retrait est retenue, il doit désigner le compte ainsi que le montant du retrait. Si tout est régulier, l'appareil va délivrer au client des billets de banque totalisant la somme demandée et débiter en conséquence le compte concerné. L'appareil va également délivrer un relevé comportant tous les détails de l'opération: numéro de la carte, nature de l'opération, montant, numéro du compte, heure, date et lieu.

D'où l'on voit que, dans le cas d'un retrait par guichet automatique, le client, au lieu de donner par écrit et sous sa signature les détails de l'opération, utilise en guise de signature sa carte magnétique et son numéro d'identification personnel et fournit des instructions en inscrivant lui-même à l'aide d'un clavier, les données de l'opération.

Dans les opérations à un guichet automatique, il est évident que le consentement ne peut pas s'exprimer par une signature ordinaire, mais par ce que certains qualifient de «signature informatique». Dans une note de jurisprudence publiée à la *Semaine juridique*, Martine Boizard écrit ce qui suit au sujet de la signature informatique:

> À la signature manuscrite intrinsèquement liée à l'apprentissage de l'écriture doit pouvoir être substituée la «signature informatique» apparue avec le développement de la monnaie électronique et de l'informatisation des relations financières.

> Par signature informatique, il faut entendre «le cumul entre la présentation de la carte, le recours régulier au programme de la machine, la composition du code secret[61].

Les paiements effectués chez des marchands par l'intermédiaire de cartes bancaires donnent également lieu à des inscriptions sur support informatique d'actes juridiques. Les documents reproduisant ces inscriptions, pourvu qu'ils soient de la qualité exigée par les articles 2837 et 2838 seront admissibles en preuve.

Même si la signature informatique n'offre pas la même sécurité que la signature classique, tel que le soulignent Nicole L'Heureux et Louise Langevin dans leur étude sur les cartes de paiement[62], il n'en demeure pas moins qu'il s'agit là d'une nouvelle forme d'expression de la volonté que le droit doit traiter comme telle.

B - Les conditions quant à la qualité du document reproduisant une inscription informatisée

Deux conditions sont exigées du document reproduisant une inscription informatisée: elle doit être une reproduction intelligible et elle doit présenter de sérieuses garanties de fiabilité.

I - Il doit s'agir d'une reproduction intelligible

Pour être intelligible, il faut que la reproduction consiste en un écrit dans lequel les données informatisées sont transcrites en langage usuel. L'adjectif «intelligible» doit être pris ici dans le sens d'un document qui peut être lu directement, c'est-à-dire dans le sens d'un document qui peut être compris, qui est accessible, clair et limpide[63]. Une reproduction d'une inscription en langage d'ordinateur, par le moyen d'une disquette ou d'une bande magnétique, n'aurait pas, selon nous, le caractère d'intelligibilité exigé par l'article 2837. Mais il ne suffit pas que le document soit lisible, encore faut-il qu'il présente de sérieuses garanties de fiabilité.

II - Il doit s'agir d'une reproduction présentant de sérieuses garanties de fiabilité

La condition de fiabilité est expressément exigée par l'article 2837. En effet, cet article affirme que le document reproduisant les données inscrites sur support informatique fait preuve du contenu de l'acte, s'il est intelligible et s'il présente des garanties suffisamment sérieuses pour qu'on puisse s'y fier. Pour que le document présente ce caractère, les articles 2837 et 2838 posent trois conditions dont la première a trait à l'inscription des données, la deuxième à leur conservation et la troisième à la reproduction elle-même. Après avoir analysé brièvement chacune de ces conditions, nous nous interrogerons sur la question de savoir si la recevabilité en preuve d'un document reproduisant les données d'un acte juridique inscrites sur un support informatique est toujours subordonnée à la preuve que la reproduction satisfait bien à ces trois conditions.

a) L'analyse des conditions de fiabilité de la reproduction

1) La condition de fiabilité de l'inscription

La première condition concerne la fiabilité de l'inscription elle-même. Pour qu'une inscription soit fiable, il faut qu'elle ait été effectuée dans des conditions qui en garantissent l'exactitude. À ce sujet l'article 2838 établit une présomption de fiabilité au profit des inscriptions qui sont effectuées de façon systématique et sans lacune. Comme l'une des données essentielles d'un acte juridique concerne l'identité de son auteur, une inscription informatisée pour être jugée fiable devra offrir sur ce rapport de sérieuses garanties d'exactitude.

2) La condition de fiabilité de la conservation des données

La deuxième condition concerne la fiabilité de la conservation des données. Il est évident que le problème de la conservation des données ne se pose que dans le cas où un délai s'est écoulé entre le moment de l'inscription des données et celui de leur reproduction. Il ne se pose pas à propos d'une transcription qui a été effectuée au moment même où les données ont été inscrites, comme dans le cas du relevé émis à l'occasion d'une opération bancaire effectuée à un guichet automatique.

Dans le cas d'une transcription effectuée à partir des données conservées sur support informatique, il est évident que la fiabilité de cette transcription ne dépend pas uniquement des circonstances dans lesquels les données ont été inscrites mais également des conditions dans lesquelles, elles ont été préservées de toute altération. Cette règle se trouve affirmée à l'article 2838.

3) La condition de fiabilité de la reproduction

En troisième lieu, la fiabilité du document reproduisant des données informatiques dépend de l'exactitude de la reproduction, en langage courant, des données qui ont été inscrites en langage informatique. Cette condition résulte de l'article 2837.

b) La preuve préalable requise à la recevabilité en preuve d'une reproduction de données inscrites sur support informatique

Pour qu'il y ait inscription des données d'un acte juridique sur support informatique, il faut qu'il existe un système informatique capable de recueillir ces données et de les conserver. L'existence d'un système implique qu'il y ait une personne qui en ait la responsabilité. D'ailleurs l'article 2838 reconnaît implicitement ce fait puisqu'il énonce les conditions que doit respecter le système informatique pour que la reproduction des données qui y sont inscrites puisse être présumée fiable.

Vu sous l'angle de la preuve, deux situations peuvent donc se présenter: celle où le gestionnaire du système veut utiliser à son profit les données qui y sont inscrites et celle où le gestionnaire se voit opposer ces mêmes données. D'où la question de savoir si dans l'un et l'autre cas, il sera nécessaire d'établir au préalable la fiabilité des inscriptions informatisées.

Dans le cas où c'est le gestionnaire qui veut utiliser à son profit un document reproduisant des inscriptions informatisées, il devrait lui incomber de prouver trois choses: que les données sont inscrites de façon systématique et sans lacune et qu'elles sont protégées contre les altérations. C'est ce qui ressort de l'article 2838 qui fait reposer la présomption de fiabilité des inscriptions informatisées du respect de ces conditions.

Une situation différente prévaut lorsque c'est un tiers qui veut opposer au gestionnaire du système informatique un document généré par son système. Comme l'article 2838 établit en faveur des tiers, une présomption de fiabilité des inscriptions informatisées, du seul fait que ces inscriptions ont été effectuées par une entreprise, un tiers va pouvoir les opposer de plein droit au gestionnaire du système. Si ce dernier veut en contester la fiabilité, non seulement le fardeau de la preuve va lui incomber, mais en vertu de l'article 89, tel que modifié par la *Loi sur l'application de la réforme du Code civil*[64], cette contestation devra être spécialement alléguée et appuyée d'un affidavit. Il serait excessif, en effet d'exiger du client de faire la démonstration qu'un document généré par un système informatique sur lequel il n'a aucun contrôle, satisfait aux conditions énoncées aux articles 2837 à 2839. Il est normal qu'il incombe plutôt au gestionnaire de démontrer que ce document n'est pas fiable parce que les conditions prévues par la loi à cet effet n'ont pas été respectées.

Une réalité toutefois dont font abstraction les articles 2837 à 2839, c'est que, très souvent, sinon toujours, l'utilisation des services informatisés d'une institution quelconque est régie par une convention liant le prestataire des services et l'utilisateur. C'est le cas notamment du client qui veut pouvoir utiliser les services informatisés d'une banque. Or, l'entente en question pourra comporter des clauses concernant la valeur probatoire des relevés des opérations effectuées par le biais du système informatique, comme en fait foi la clause suivante incluse dans la convention d'utilisation des services bancaires automatisés de la Banque Nationale du Canada:

> Les transactions effectuées par le biais de la carte et du N.I.P. seront portées au débit ou crédit, selon le cas, des comptes détenteurs conformément à ses instructions au moment de la transaction. Le relevé d'opération produit au moment de la transaction équivaudra aux instructions écrites du détenteur.

Le client qui adhère à une telle convention reconnaît à l'avance, la fiabilité des relevés d'opération délivrés lors de l'utilisation des services automatisés. En conséquence, la banque devrait pouvoir lui opposer les documents reproduisant les données de son système informatique, sans avoir à prouver la fiabilité de ce système[65].

Par. 3- Force probante du contenu d'un document reproduisant les données d'un acte juridique inscrit sur support informatique

Au sujet de la force probante du document reproduisant les données d'un acte juridique inscrit sur support informatique, l'article 2837 affirme que ce document fait preuve du contenu de l'acte.

Une fois que la fiabilité du document est démontrée, ou encore lorsque celle-ci est présumée, le document aura en quelque sorte la valeur d'un acte sous seing privé et va faire preuve de son contenu. Toutefois, à la différence de l'acte sous seing privé, ce document va pouvoir être contredit par tous moyens, tel que l'affirme l'article 2839.

Avec l'étude des dispositions consacrées aux inscriptions informatisées se termine l'analyse du chapitre premier consacré aux écrits. Quant aux dispositions de la section VII concernant la reproduction de certains documents, elles seront étudiées en rapport avec la règle de la meilleure preuve reproduite à l'article 2860. En effet, comme ces dispositions visent à instituer un régime dérogatoire à la règle de principe énoncée à cet article, au profit de certaines reproductions de documents, il apparaît préférable des les étudier en même temps que cette dernière règle.

Avant de passer à l'analyse des autres procédés de preuve, il y a lieu de souligner que la réglementation concernant la contre-lettre qui, dans le *Code civil du Bas Canada* fait l'objet de l'article 1212, se retrouve maintenant aux articles 1451 et 1452 du livre *Des obligations*. Par ailleurs, il n'est plus question dans le *Code civil du Québec* de l'acte récognitif et de l'acte confirmatif dont traitent respectivement les articles 1213 et 1214 C.c.B.C. Au sujet de la confirmation, l'article 1423 affirme uniquement ce qui suit: «La confirmation d'un contrat résulte de la volonté, expresse ou tacite, de renoncer à en invoquer la nullité. La volonté de confirmer doit être certaine et évidente». À la différence de l'article 1214 C.c.B.C., cet article n'impose pas, comme condition de validité d'un acte confirmatif, qu'il exprime la substance de l'obligation, la cause d'annulation et l'intention de la couvrir.

Enfin, il n'existe pas, à notre connaissance, de dispositions dans le Code concernant les actes récognitifs. Il y a lieu de rappeler que l'acte récognitif est un écrit par lequel les parties reconnaissent l'existence d'un état de droit créé antérieurement et déjà constaté au moyen d'un autre écrit, appelé acte primordial. Au sujet de l'acte récognitif, l'article 1213 C.c.B.C. exige qu'il reproduise la substance de l'acte primordial pour qu'il puisse faire preuve de cet acte. Comme cette condition n'est plus exigée, il reviendra au tribunal de décider dans chaque cas dans quelle mesure un acte récognitif peut faire preuve du titre primordial qui y est reconnu.

Chapitre II- La preuve testimoniale

L'article 2843 définit le témoignage ainsi:

> 2843. Le témoignage est la déclaration par laquelle une personne relate les faits dont elle a eu personnellement connaissance ou par laquelle un expert donne son avis.

Le témoignage lorsqu'il porte sur des faits a pour objet de convaincre le tribunal de leur existence. Toutefois, pour qu'un tribunal puisse ajouter foi aux déclarations d'une personne, le deuxième alinéa de l'article 2843 exige que cette déclaration soit contenue dans une déposition faite à l'instance, sauf du consentement des parties ou dans les cas prévus par la loi. Par déposition, il faut entendre une déclaration faite sous serment (art. 299 C.p.c.), à l'audience, la partie adverse présente ou dûment appelée (art. 294 C.p.c.). L'obligation d'appeler la partie adverse a pour objet de préserver le droit de celle-ci de contre-interroger le témoin (art. 314 C.p.c.).

Le deuxième alinéa de l'article 2843 en exigeant que la déclaration soit contenue dans une déposition se trouve par le fait même à prohiber les témoignages extrajudiciaires et donc à prohiber la preuve par ouï-dire. Il y a preuve par ouï-dire, lorsqu'une partie, en vue de convaincre le tribunal de l'existence d'un fait, a recours à une déclaration extrajudiciaire par laquelle une personne a affirmé l'existence de ce fait.

Le *Code civil du Bas Canada* ne contient aucune disposition prohibant expressément la preuve par ouï-dire. Toutefois, tel que l'affirme la Cour suprême, dans l'affaire *Victoria Hospital* c. *Morrow*[66], cette règle se trouve implicitement affirmée par l'article. 1205 C.c.B.C. qui exige que la preuve par témoins se fasse en la manière indiquée dans le *Code de procédure civile*. Comme le *Code de procédure civile* exige du témoin qu'il dépose sous serment, à l'audience, en présence de la partie adverse, le recours pour prouver l'existence d'un fait, à des déclarations ne satisfaisant pas à ces conditions, se trouve par là-même implicitement prohibé. Le deuxième alinéa de l'article 2843 exprime de façon explicite, cette fois, la même prohibition.

Deux règles qui sont présentement exprimées aux articles 293 et 301 du *Code de procédure civile*, ont été transposées au Code civil. On les retrouve à l'article 2844. Le premier alinéa de cet article reprend le principe énoncé à l'article 293 C.p.c.[67] selon lequel la preuve par témoignage peut être rapportée par un seul témoin et le deuxième alinéa, la règle présentement énoncée à l'article 301 C.p.c.[68] selon laquelle un jugement ne peut être rendu sur la foi du seul témoignage d'un enfant qui ne comprend pas la nature du serment. L'article 2844 passe toutefois sous silence deux autres cas où, en vertu de la jurisprudence, un témoignage est sans effet à moins qu'il n'ait été corroboré. Le premier cas concerne celui de la preuve de l'erreur subjective et le deuxième le cas du témoignage visant à établir un faux dans un acte authentique.

Au nom de la sécurité juridique, la jurisprudence n'admet pas qu'une personne puisse obtenir la nullité d'un contrat en venant simplement affirmer sous serment que son consentement a été exprimé à la suite d'une erreur purement subjective. C'est pourquoi elle exige que ce témoignage soit corroboré par une autre preuve[69]. De même, la jurisprudence considère qu'il ne suffit pas qu'une personne vienne sous serment affirmer qu'un officier public a commis un faux dans un acte authentique pour que cette prétention soit retenue. Elle exige, encore une fois, que ce témoignage soit corroboré par une autre preuve. Cette exigence trouve son fondement dans la foi due au témoignage de l'officier public[70].

Au sujet de la force probante proprement dite du témoignage, l'article 2845 se contente d'affirmer que celle-ci est laissée à l'appréciation du tribunal. Cet article passe toutefois sous silence le fait que l'appréciation des témoignages relève d'abord et avant tout du juge de première instance vu que c'est à lui qu'il incombe de procéder à l'instruction des causes. Ayant l'avantage de voir et d'entendre les témoins, il est ainsi mieux à même de juger de la valeur qu'il convient d'accorder à leurs dépositions.

Chapitre III- La preuve par présomption

En ce qui concerne la distinction entre les présomptions simples et les présomptions absolues, le *Code civil du Québec*, comporte une innovation qui nous semble condamnable. Dans le Code actuel, toute présomption est considérée simple, à moins que la loi n'ait prohibé de façon expresse ou implicite la preuve contraire. Aux termes de l'article 1240 C.c.B.C., la preuve contraire est implicitement prohibée, lorsqu'à raison d'une présomption, la loi annule certains actes ou refuse l'action en justice, à moins que la loi n'ait réservé la preuve contraire. Le *Code civil du Québec* tout en conservant cette dernière règle qui se trouve exprimée à l'article 2866, propose également de recourir à une technique de rédaction législative pour distinguer la présomption simple de la présomption absolue. C'est ce qui résulte du deuxième alinéa de l'article 2847 qui s'énonce ainsi:

> Celle [la présomption] qui concerne des faits présumés est simple et peut être repoussée par une preuve contraire; celle qui concerne des faits réputés est absolue et aucune preuve ne peut lui être opposée.

Selon cet article l'expression «est présumé» dénoterait toujours une présomption simple tandis que l'expression «est réputé» signifierait toujours une présomption absolue.

Il est toujours excessivement dangereux d'attribuer à des expressions du langage courant un sens particulier qui diffère de leur sens ordinaire. Il y a tout d'abord le danger que ceux qui consultent le texte de loi se méprennent sur sa signification parce qu'ils ignorent le sens particulier que le législateur a attribué à certains termes. Il y a également le risque que le législateur lui-même, par mégarde, utilise un terme auquel il a donné une signification particulière, dans son sens ordinaire, suscitant ainsi un délicat problème d'interprétation.

Lorsque, dans le cadre d'une loi spéciale, un sens particulier est attribué à certains termes, un minimum de vigilance de la part de l'interprète ou du législateur suffit à écarter les dangers que nous venons d'évoquer. Tout autre est la situation lorsque c'est dans le cadre du Code civil et, plus particulièrement à propos de dispositions qui ont vocation à s'appliquer à l'ensemble de la législation québécoise, que le législateur a recours à cette technique. Cela implique en effet, que non seulement l'ensemble des dispositions du Code civil ont été vérifiées afin de s'assurer que les mots ayant reçu une acception particulière ont toujours été utilisés dans leur sens particulier et non dans leur sens usuel, mais qu'il en a été de même dans toutes et chacune des lois du Québec. Il faut, de plus, mettre en oeuvre des mécanismes afin de s'assurer que, dans toute loi future, ces mots ne soient jamais plus utilisés dans leur sens usuel. Or, à notre avis, il s'agit là d'une entreprise qui, au départ, est vouée à l'échec.

Par exemple, pour ce qui est plus particulièrement de l'expression «est présumé» qui est censée vouloir toujours signifier une présomption simple, il est facile de démontrer qu'il n'en est pas toujours ainsi. Prenons le cas de l'article 525 du *Code civil du Québec*. Cet article, en effet, s'énonce ainsi:

> 525. L'enfant né pendant le mariage ou dans les 300 jours après sa dissolution ou son annulation est présumé avoir pour père le mari de sa mère.

Si l'on avait tenu compte de l'article 2847 concernant la signification du mot «présumé», cet article devrait se lire ainsi: «L'enfant né pendant le mariage ou dans les 300 jours après sa dissolution ou son annulation est, selon les circonstances ci-après définies, présumé ou réputé avoir pour père le mari de sa mère». La présomption de paternité qui résulte du mariage n'est pas toujours simple. Elle devient irréfragable notamment lorsque le mari de la mère est désigné comme père dans l'acte de naissance et que l'enfant a une possession d'état conforme à ce titre (article 530 C.c.Q.). D'où l'on voit que dans l'article, l'expression «est présumé» n'a pas pour objet de dénoter qu'il s'agit d'une présomption simple tel que l'affirme l'article 2847, mais uniquement de tirer une conséquence d'un fait connu à un fait inconnu, selon le sens usuel attribué à cette expression.

Passons maintenant à l'expression «est réputé». On trouve une illustration des difficultés que la règle d'interprétation contenue à l'article 2847 est susceptible de soulever lorsqu'on analyse l'article 1632 C.c.Q. Cet article en effet s'énonce ainsi:

> 1632. Un contrat à titre onéreux ou un paiement fait en exécution d'un tel contrat *est réputé* fait avec l'intention de frauder si le cocontractant ou le créancier connaissait l'insolvabilité du débiteur ou le fait que celui-ci, par cet acte, se rendait ou cherchait à se rendre insolvable.» (les italiques sont les nôtres)

Cet article se trouve à reproduire presque textuellement, mais en les fusionnant, les articles 1035 et 1036 du Code actuel.

> 1035. Un contrat à titre onéreux fait par un débiteur insolvable avec une personne qui connaît cette insolvabilité, est réputé fait avec l'intention de frauder.
>
> 1036. Tout paiement fait par un débiteur insolvable à un créancier qui connaît cette insolvabilité, est réputé fait avec l'intention de frauder, et le créancier peut être contraint de remettre le montant ou la chose reçue ou sa valeur, pour le bénéfice des créanciers suivant leurs droits respectifs.

Tout comme l'article 1632 C.c.Q., les articles 1035 et 1036 C.c.B.C. utilisent l'expression «est réputé» pour exprimer une présomption d'intention frauduleuse. Or, pour ce qui est du Code actuel, la Cour d'appel[71] a jugé que l'expression «est réputé» dans l'article 1035 C.c.B.C. exprimait une présomption simple qui pouvait être combattue par une preuve contraire. Il est d'ailleurs tout à fait normal qu'il en soit ainsi car autrement cela voudrait dire que si un prêteur connaît l'insolvabilité d'une personne, il ne pourrait plus contracter avec elle, même dans le but de l'aider à rétablir sa situation financière. S'il le faisait, son contrat serait présumé de manière irréfragable avoir été fait avec l'intention de frauder. C'est pourquoi nous avons tout lieu de croire que les rédacteurs du Code, en conservant l'expression «est réputé» dans l'article 1632 précité, n'avaient nullement l'intention de changer l'état du droit. Mais à leur insu par l'effet de l'article 2847, un changement apparent s'est opéré, transformant une présomption simple en une présomption absolue. L'article 1632 est une illustration très nette du danger qu'il y a d'attribuer à une expression du langage courant, un sens différent de son sens usuel.

Parce que l'article 2847 énonce une règle d'interprétation qui a vocation à s'appliquer non seulement au Code civil, mais à l'ensemble de la législation actuelle, le législateur a jugé à propos de s'accorder un certain délai pour faire le ménage dans les textes actuels. C'est ce qui résulte de l'article 142 de la *Loi sur l'application de la réforme du Code civil*[72] qui s'énonce ainsi:

> 142. La règle d'interprétation du second alinéa de l'article 2847, établissant que la présomption qui concerne un fait «présumé» est simple et que celle qui concerne un fait «réputé» est absolue, ne s'applique aux lois autres que le Code civil du Québec et le Code de procédure civile qu'à compter de la date fixée par le gouvernement.

Il y a lieu également de souligner que l'article 2866 n'est pas à sa place parmi les règles concernant la recevabilité des moyens de preuve. Cet article, en effet, énonce que nulle preuve n'est admise contre une présomption légale, lorsque, à raison de cette présomption, la loi annule certains actes ou refuse l'action en justice, sans avoir réservé la preuve contraire. Tout comme l'article 1240 du Code actuel qu'il ne fait que reproduire, cet article vise à attribuer le caractère de présomption absolue à toute présomption légale dont l'objet est d'annuler certains actes ou de faire échec à l'exercice d'un recours en justice. Il énonce les critères qui permettent de distinguer une présomption absolue d'une présomption simple lorsque la loi ne s'est pas exprimée clairement à ce sujet. Parce qu'il se rattache à la qualification des présomptions, c'est au chapitre traitant de ce moyen de preuve qu'il aurait dû être inséré et non dans le chapitre réservé à la recevabilité des moyens de preuve.

Chapitre IV- L'aveu

Alors que l'article 1243 C.c.B.C. consacre de façon expresse la distinction entre l'aveu judiciaire et l'aveu extrajudiciaire, l'article 2852 du Code se contente d'une simple reconnaissance implicite de cette distinction en établissant une distinction entre l'aveu fait par une partie au litige ou par un mandataire autorisé à cette fin et l'aveu fait en d'autres circonstances.

Sous cette réserve, les règles concernant l'aveu sont conformes au droit actuel. La seule innovation, et il s'agit d'une innovation heureuse, concerne la force probante de l'aveu extrajudiciaire. L'article 2852 énonce maintenant clairement que la force probante de l'aveu extrajudiciaire est laissée à l'appréciation du tribunal. Dans le droit actuel, nous déplorons que la jurisprudence et, plus particulièrement la jurisprudence de la Cour d'appel, se montre de plus en plus favorable à attribuer à l'aveu extrajudiciaire la même force probante qu'à l'aveu judiciaire. Dans un arrêt récent, la Cour d'appel est même allée jusqu'à reconnaître à une clause d'un contrat la valeur d'un aveu extrajudiciaire[73]. Elle en a déduit qu'une partie à ce contrat ne pouvait pas, par application de l'article 1245 C.c.B.C., chercher à contredire cette clause, à moins de prouver que son aveu avait été la suite d'une erreur de fait. Poursuivie pour paiement de loyer, une entreprise qui avait accepté une offre de bail dans un centre commercial, demandait la nullité du contrat pour cause de fausses représentations. Lors de l'enquête, ce locataire a cherché à prouver les fausses représentations alléguées au moyen d'un aveu judiciaire de la partie adverse, aveu qu'il comptait obtenir par le contre-interrogatoire du représentant de la partie adverse. Cette dernière s'est toutefois opposée à ce contre-interrogatoire, en invoquant une clause de l'offre d'achat par laquelle le locataire reconnaissait que cette offre contenait l'entente complète intervenue entre les parties et que les seules représentations qui lui avaient été faites étaient celles contenues dans l'écrit. Cette objection a été maintenue en première instance et ce jugement a été confirmé par la Cour d'appel au motif que la clause du contrat constituait un aveu sur les faits qu'elle constatait et qu'aux termes de l'article 1245 C.c.B.C., le locataire ne pouvait révoquer cet aveu sans d'abord alléguer et, par la suite, prouver qu'il était la suite d'une erreur de fait.

Personnellement, nous avons combattu l'extension de l'article 1245 C.c.B.C. à l'aveu extrajudiciaire au motif qu'elle aboutissait à conférer à l'aveu extrajudiciaire, contenu dans un écrit non instrumentaire, une force probante plus grande qu'à l'aveu exprimé dans un écrit instrumentaire, vu que le premier serait régi par l'article 1245 et le second par l'article 1234[74]. Nous n'avions pas entrevu que la jurisprudence pouvait aller jusqu'à étendre l'application de l'article 1245 à un aveu contenu dans un écrit, tant cette proposition nous paraissait insolite. Or, la Cour d'appel, sans mesurer sans doute les répercussions possibles de sa décision, a appliqué, sans aucune hésitation, l'article 1245 C.c.B.C. à un aveu contenu dans un écrit instrumentaire. À la limite, cette nouvelle orientation aboutirait à la suppression pure et simple de l'article 1234 C.c.B.C. En effet, dans l'optique de l'arrêt précité, toute clause d'un contrat peut s'analyser comme une reconnaissance par les signataires de l'exactitude des faits qui y sont relatés et aucune preuve contraire ne pourrait être reçue, à moins qu'au préalable il ne soit démontré que l'aveu a été la suite d'une erreur de fait. Si l'on veut éviter d'aboutir à un résultat aussi absurde, il faudrait que la jurisprudence renonce à attribuer à l'aveu extrajudiciaire la même valeur qu'un aveu judiciaire. Comme notre Cour d'appel ne paraît pas disposée à modifier sa jurisprudence, il faut se réjouir que le législateur assume ses responsabilités et vienne rectifier la situation.

Chapitre V- La preuve par présentation d'un élément matériel

Le *Code civil du Québec* entend conférer à la présentation d'un élément matériel, la valeur d'un procédé de preuve autonome, à part entière, et distinct des quatre procédés de preuve traditionnels que sont l'écrit, le témoignage, les présomptions et l'aveu et ce, avec toutes les conséquences qui en découlent. Ces conséquences sont fort importantes et méritent d'être soulignées.

Premièrement, la règle énoncée à l'article 2857 selon laquelle la preuve de tout fait pertinent au litige est recevable et peut être faite par tous moyens, se trouve à affirmer le principe de la libre admissibilité de la preuve par présentation d'un élément matériel. Comme il n'existe aucune disposition qui viendrait apporter des restrictions à ce principe dans le cas de la présentation d'un élément matériel, celui-ci demeure intact. Il y a bien l'article 2868 qui traite de la recevabilité de la preuve par présentation d'un élément matériel, mais cet article n'altère en rien la portée de l'article 2857. L'article 2868 s'énonce ainsi:

> 2868. La preuve par présentation d'un élément matériel est admise conformément aux règles de recevabilité prévues pour prouver l'objet, le fait ou le lieu qu'il représente.

Tout ce qu'exprime cet article, c'est une évidence, à savoir que la preuve par la présentation d'un élément matériel est recevable lorsqu'elle est recevable. Toute exception au principe de la libre admissibilité énoncée à l'article 2857 précité doit résulter d'une disposition expresse ou implicite à ce sujet. Or, il n'existe aucune disposition expresse ou implicite ayant pour objet de restreindre le recours à la preuve par présentation d'un élément matériel pour prouver «l'objet, le fait ou le lieu qu'il représente», il s'ensuit que ce procédé est toujours recevable et ce, quel que soit l'objet, le fait ou le lieu qu'il représente.

Deuxièmement, la présentation d'un élément matériel est toujours recevable pour prouver un acte juridique et ce, quelle qu'en soit la valeur. En effet, aux termes de l'article 2862, c'est seulement la preuve testimoniale qui est prohibée pour prouver un acte juridique dont la valeur excède 1500$.

Troisièmement, la présentation d'un élément matériel est toujours admissible pour contredire un acte juridique ou en changer les termes vu que, encore une fois, la prohibition contenue à l'article 2863 ne s'applique qu'aux témoignages.

Quatrièmement, du jeu combiné des articles 2863 et 2865, il résulte que la présentation d'un élément matériel peut servir de commencement de preuve rendant recevable la preuve testimoniale pour contredire les termes d'un écrit valablement fait.

Cinquièmement, en vertu de l'article 2865, la présentation d'un élément matériel peut servir de commencement de preuve donnant ouverture à la preuve testimoniale d'un acte juridique lorsque la valeur du litige excède 1500$.

Sixièmement, la présentation d'un élément matériel est toujours recevable pour prouver un aveu extrajudiciaire ou pour servir de commencement de preuve par écrit rendant recevable la preuve testimoniale d'un tel aveu par application de l'article 2867.

Septièmement, la règle de la meilleure preuve ne s'applique pas à la présentation d'un élément matériel de sorte que, même lorsque cette preuve existe, la preuve testimoniale demeure toujours recevable.

À notre avis, le Code vise à attribuer une importance démesurée et injustifiée à la preuve matérielle. Selon nous, ce nouveau moyen de preuve ne mérite pas d'être traité sur un pied d'égalité avec la preuve écrite et la preuve testimoniale. C'est ce que nous allons tenter de démontrer.

Section I- La preuve par présentation d'un élément matériel ne doit pas avoir la même valeur que la preuve littérale

L'introduction de la présentation d'un élément matériel en tant que moyen de preuve à part entière pose une menace sérieuse à l'écrit en tant que moyen de preuve privilégié d'un acte juridique.

Il existe, il est vrai, quelques auteurs qui ont revendiqué pour les moyens modernes de conservation des sons et des images, le même statut que celui conféré traditionnellement à l'écrit. Les arguments qu'ils invoquent ne nous paraissent guère convaincants. Ainsi selon le professeur Patenaude[75], le statut privilégié qui a été reconnu traditionnellement à l'écrit tiendrait à deux considérations: la crainte de la corruption des témoins et le fait que l'écrit était présumé avoir été rédigé et signé en connaissance de cause. Partant de cette constatation, il croit pouvoir justifier qu'un enregistrement satisfait également à ces deux conditions. Voici ce qu'il écrit à ce sujet:

> Or, accompli au su du locuteur, l'enregistrement matérialise la volonté réfléchie de ce dernier et la marque de la voix identifie la personne enregistrée. De plus, l'enregistrement, au même titre que l'écrit, répond au désir du législateur d'empêcher les conséquences de la corruption des témoins et la multiplication des témoignages!
>
> Bref, l'importance caractéristique de l'écrit, c'est qu'il matérialise la volonté de l'auteur, ce qui en permet la permanence et l'inaltérabilité, la signature prouve la connaissance qu'en avait alors le rédacteur.

> Au même titre, l'enregistrement matérialise la volonté du locuteur et en assure la permanence, la signature serait ici remplacée par une preuve à l'effet que le locuteur se savait enregistré.
>
> Enfin, déjà on peut croire que, dans un avenir rapproché, l'identification des voix par comparaison des spectres effectuée par des analystes ou par analyse automatique à l'aide d'ordinateurs aura atteint un degré de certitude plus grand que l'analyse comparative d'écritures. Aussi nous semble-t-il permis de croire que l'enregistrement pourra, un jour, être admis au même titre que les écrits sous seing privé[76].

Cette opinion a recueilli l'adhésion du professeur Fabien qui, lui aussi, s'est prononcé pour la libre admissibilité de la preuve matérielle. Au sujet de la preuve matérielle, cet auteur a affirmé ce qui suit:

> Il existe heureusement dans le procès civil au Québec certains modes de connaissance personnelle pour le juge, par lesquels il peut devenir lui-même témoin des faits, sans personne interposée. Quand les faits sont présents au moment du procès, ou quand ils sont passés mais qu'ils ont néanmoins persisté dans le temps, le juge peut les constater directement grâce à la production de pièces ou au transport du tribunal sur les lieux. Dans le cas des faits passés et à jamais disparus, faut-il inévitablement se résigner à des modes de preuve indirecte? Tel était le cas au dix-neuvième siècle, mais les temps ont changé. La technologie moderne permet de recueillir des traces matérielles de faits passés, de les conserver et de les faire réapparaître sous une forme suffisante pour convaincre de ce qu'ils ont été. Ces moyens sont la photographie, l'enregistrement sonore et l'enregistrement audio-visuel[77].

Du seul fait, en quelque sorte, qu'il existe maintenant un support qui permette de conserver la trace de la parole et de l'image, l'on en déduit, un peu hâtivement, qu'il n'existe plus aucune raison d'accorder à l'écrit pour fins de preuve, une valeur supérieure à ces nouveaux procédés techniques d'enregistrement et l'on est prêt à abandonner une règle séculaire qui a assuré jusqu'à maintenant la sécurité des rapports juridiques.

Ce qu'on oublie, c'est que ces nouveaux procédés techniques ne sont que des modes de conservation de la parole et qu'ils ne peuvent en aucun cas être assimilés à l'écrit, qui est non pas un procédé de conservation, mais une forme d'expression de la pensée. Les procédés techniques d'enregistrement demeurent tributaires de la parole. Or la parole, à cause de sa spontanéité ne permet pas d'exprimer les idées avec la concision et la précision de l'écrit. D'ailleurs, il n'y a que les contrats très simples qui peuvent se conclure oralement. Dès qu'un contrat est le moindrement complexe, il est très difficile de concevoir qu'il puisse être élaboré verbalement. De plus, le contrat écrit, à cause de la formalité de la signature, comporte un certain formalisme qui n'a pas d'équivalent dans le cas d'un contrat oral. Lorsqu'une personne appose sa signature sur un écrit, il manifeste qu'il consent à tout ce qui est exprimé dans cet écrit. Il est également conscient que son cocontractant par l'apposition de sa signature exprime également un consentement qui a le même objet.

Dans un contrat oral, le consentement peut revêtir une infinité de forme et l'objet de ce consentement demeure toujours difficile à préciser. Il ne peut être déterminé qu'à la lumière des pourparlers qui ont précédé le «oui» final.

Un écrit a pour effet de circonscrire avec précision les obligations réciproques des parties et de permettre ainsi l'expression d'un consentement éclairé. Pour qu'un enregistrement soit l'équivalent d'un écrit, il faudrait qu'on procède d'abord à enregistrer chacune des clauses et que les contractants aient ensuite l'occasion d'écouter l'enregistrement pour voir s'il est conforme à leur volonté et qu'ensuite, elles expriment leur «oui» final. Or, s'il s'agit d'une convention le moindrement complexe, les parties ne pourront pas s'exprimer spontanément sur leurs obligations, mais devront nécessairement commencer par préciser leur pensée dans un écrit. En d'autres termes, l'enregistrement se fera à partir d'un texte préparé d'avance. Aussi, même dans les meilleures conditions, quel intérêt y aurait-il pour le législateur à encourager les parties à recourir à un enregistrement pour exprimer leur consentement si, de toute façon, elles doivent d'abord commencer par mettre leur contrat par écrit? Mais, en fait, ce qui est présentement envisagé, c'est un enregistrement fait sur le vif. Or, un tel enregistrement, pour les motifs que nous avons vus, ne peut en aucune manière être comparé à l'écrit vu qu'il n'est pas l'instrument par lequel le consentement a été exprimé, mais porte simplement la trace de la parole qui elle, a servi à l'expression du consentement. L'enregistrement remplit la même fonction que celle du témoin.

Aussi, si la présentation d'un élément matériel était retenue comme procédé de preuve autonome, conviendrait-il de l'assimiler, pour ce qui est de la preuve d'un acte juridique, à la preuve testimoniale. D'où cependant la question plus générale de savoir s'il convient de consacrer la présentation d'un élément matériel comme un procédé de preuve à part entière par rapport à la preuve testimoniale. Nous soumettons que non et ce pour plusieurs raisons.

Section II- La preuve par présentation d'un élément matériel ne doit pas avoir la même valeur que la preuve testimoniale

Tout d'abord, il est, semble-t-il, impossible de donner une définition exacte de ce qu'il faut entendre par la présentation d'un élément matériel. L'article 2854 prétend pouvoir définir la preuve matérielle non pas par sa nature, mais par l'effet qu'elle produit chez le juge. Selon cet article, tout moyen de preuve qui permet au juge de faire directement ses propres constatations constitue une preuve par présentation d'un élément matériel. Or, prise telle quelle, cette définition est tellement générale qu'elle s'applique aussi bien à la preuve testimoniale qu'à la preuve écrite. Le fait est évident en ce qui concerne la preuve littérale. Ne dit-on pas que l'écrit parle par lui-même? Pourquoi la règle de la meilleure preuve, consacrée par l'article 2860, exige-t-elle que l'acte juridique constaté dans un écrit ou le contenu d'un écrit, soit prouvé par la production de l'original ou d'une copie qui en tient lieu, sinon pour permettre au tribunal de faire ses propres constatations à la lecture même de l'écrit?

Dans le cas de la preuve testimoniale, si la loi exige que le témoin comparaisse devant le tribunal, c'est afin de permettre au juge de voir et d'entendre ce témoin afin qu'il puisse faire ses propres constatations en ce qui concerne sa crédibilité. C'est ce qui explique, d'ailleurs, que plusieurs auteurs ont rangé parmi «la preuve matérielle» les constatations qu'un tribunal fait à partir du comportement d'un témoin. Ainsi, le professeur

Royer définit la preuve matérielle comme celle qu'un juge perçoit par ses propres sens, et non par l'intermédiaire d'un témoin ou d'un document. Il ajoute que l'appréciation de la crédibilité d'un témoin est l'une des manifestations les plus fréquentes de ce mode de preuve [78]. D'où l'on voit que ce n'est pas parce qu'un procédé de preuve permet au juge de faire directement ses propres constatations qu'il constitue un procédé de preuve distinct, vu que la preuve écrite et la preuve testimoniale offrent au tribunal cette même possibilité.

D'ailleurs, les auteurs de l'Avant-projet de loi en étaient bien conscients, du moins en ce qui concerne la preuve écrite, puisque dans l'article 3036 de l'Avant-projet, il était précisé que l'élément matériel peut consister en un objet, autre qu'un écrit, de même qu'en la représentation sensorielle de cet objet, d'un fait ou d'un lieu. L'article 2854 qui correspond à l'article 3036 de l'Avant-projet, ne contient plus cette précision au sujet de l'écrit.

Quoi qu'il en soit ce n'est pas la preuve écrite, mais la preuve testimoniale qui pose un problème au regard de la présentation d'un élément matériel. Toute présentation matérielle doit nécessairement se faire par l'intermédiaire d'un témoignage. C'est ce que reconnaît l'article 2855 qui énonce que la présentation d'un élément matériel, pour avoir force probante, doit au préalable faire l'objet d'une preuve distincte qui en établisse l'authenticité. Parce que toute preuve par présentation d'un élément matériel doit s'intégrer à un témoignage, il sera souvent très difficile de pouvoir distinguer si les constatations du juge trouvent leur source dans le témoignage où dans l'élément matériel. Par exemple, Wigmore affirme que l'utilisation de photographies, de modèles, de plans et d'autres objets semblables par un témoin n'est qu'une manière pour un témoin de donner son témoignage et n'entre pas dans la catégorie des preuves matérielles [79]. Pourtant, lorsqu'un témoin exhibe un modèle, il y a bien présentation d'un élément matériel qui permet au tribunal de faire directement ses propres constatations.

Toutefois même dans l'hypothèse où il serait possible d'établir une distinction très nette entre la preuve testimoniale et la preuve matérielle, il n'en demeure pas moins que la preuve matérielle n'est jamais une preuve indispensable, mais est une preuve qui peut toujours être remplacée par un témoignage. Cette constatation se vérifie à propos des deux catégories de preuve matérielle énumérées à l'article 2854, à savoir celle qui résulte de la présentation de l'objet même et celle qui résulte d'une représentation sensorielle d'un objet, d'un fait ou d'un lieu.

Lorsqu'un objet est présenté au tribunal pour que le juge fasse ses propres constatations concernant cet objet, il est toujours possible de substituer à cette présentation, le témoignage d'une personne qui va venir informer le tribunal de ses propres constatations. Dans le droit actuel, un témoignage portant sur l'état d'une personne, d'une chose ou d'un bien ne devient pas irrecevable parce qu'il aurait été possible de faire cette preuve en permettant au tribunal de faire ses propres constatations «de visu» et le Code se propose de conserver cette règle. Toutefois, alors que dans le droit actuel, le recours à la présentation d'un élément matériel n'est permis que lorsque les fins de la justice le requièrent, il en irait bien différemment en vertu des nouvelles règles proposées. Dans le droit actuel, c'est seulement si la présentation d'un élément matériel est susceptible d'apporter quelque chose de plus que le témoignage qu'il est possible d'y recourir. Nous en voulons pour preuve la règle énoncée à l'article 290 C.p.c. concernant la visite des lieux. En vertu de cet article, le juge peut, au cours de l'enquête, ordonner le transport du tribunal sur les lieux, pour procéder à toute constatation utile en vue de la solution du litige, et il peut, à cette fin, rendre les ordonnances qu'il croit nécessaires.

C'est l'utilité et non la pertinence de la mesure qui est ici le critère de base. À ce sujet, il convient de souligner que la descente sur les lieux est une procédure qui a été instituée en 1967 par la mise en vigueur du nouveau *Code de procédure civile*. Or, un examen de la jurisprudence publiée révèle que cette procédure n'a été utilisée que de façon très exceptionnelle. En effet, nous n'avons relevé que huit causes rapportées[80] dans lesquelles il est fait allusion à une descente sur les lieux. Ce petit nombre de causes ne manque pas d'étonner lorsqu'on considère le très grand nombre de situations dans lesquelles il aurait été possible de procéder à une telle visite.

Même en l'absence d'une disposition analogue à l'article 290 C.p.c., il ne fait aucun doute, selon nous, que dans le droit actuel, la présentation d'un élément matériel pour prouver l'état d'une personne ou d'un objet demeure une mesure exceptionnelle à laquelle les parties ne peuvent avoir recours que dans les cas où elle s'avère utile.

Nous croyons qu'il n'y a pas lieu de modifier cette règle. Or c'est ce que le Code se propose de faire en soumettant, au seul critère de la pertinence, la réception de la présentation d'un élément matériel. Par exemple, si en ce qui concerne la visite des lieux, la pertinence des constatations que le tribunal pourrait faire à cette occasion devient la seule condition requise pour qu'un tribunal soit tenu de se déplacer, il y a risque que nos tribunaux cessent d'être sédentaires pour devenir itinérants. L'auteur américain Wigmore signale qu'à une certaine époque, en Angleterre, la descente sur les lieux a été une mesure qui allait de soi, mais qu'une loi est venue mettre un terme à cette pratique en soumettant cette procédure à la discrétion du tribunal, comme quoi, lorsqu'il s'agit de la preuve par présentation d'un élément matériel, il faut tenir compte de considérations pratiques.

Ce qui est vrai pour la présentation d'un élément matériel qui consiste en l'objet même du litige, l'est davantage en ce qui concerne la deuxième catégorie d'éléments matériels constituée par la représentation sensorielle d'un objet, d'un fait ou d'un lieu. L'article 2854 range dans la catégorie des «preuves matérielles», la représentation sensorielle d'un objet, d'un fait ou d'un lieu. Analysée quant à son objet, cette preuve peut venir en concurrence à la fois avec la première catégorie de preuve matérielle qui consiste dans la production de l'objet même ainsi qu'avec la preuve testimoniale. En effet, chaque fois qu'il est possible de produire l'objet même devant le tribunal, il est toujours possible d'en produire une représentation sensorielle. De plus, cette représentation sensorielle peut prendre plusieurs formes. Elle peut prendre la forme d'une photographie, d'un film cinématographique ou d'un film vidéo. Lorsqu'il s'agit d'un fait, la représentation sensorielle entre en concurrence avec la preuve testimoniale. Si ce qui est représenté a également été perçu par un témoin, la concurrence entre ces deux moyens est évidente. Cela est vrai, également, même dans les cas où aucun témoin n'a assisté à l'événement représenté comme dans le cas d'une scène captée par une caméra automatique en l'absence de tout témoin. Dans la mesure où les images qui ont été captées constituent des éléments matériels qui peuvent servir de fondement à des constations par le juge, elles peuvent être à l'origine de constatations par un témoin qui va venir en faire part au tribunal.

Nous concédons, toutefois, que dans cette dernière hypothèse, le tribunal aimerait bien sans doute pouvoir procéder également à ses propres constatations. Mais le cas des représentations sensorielles effectuées en l'absence de tout témoin ne sont pas les seules visées par l'article 2854, cet article englobe toutes les représentations sensorielles d'un objet d'un fait et d'un lieu. À cause précisément de la facilité avec laquelle il est possible de reproduire de façon sensorielle un objet, un fait ou un lieu d'intérêt pour un litige, il n'est pas possible de faire de la pertinence, le seul critère de la recevabilité en preuve des reproductions sensorielles. C'est le critère de l'utilité qui doit être alors déterminant. Il faut que la preuve testimoniale demeure le moyen privilégié lorsqu'il s'agit de prouver un fait ou l'état d'un objet ou d'un lieu. Le recours à une représentation sensorielle à la place ou en plus d'un témoignage ne doit être permis que lorsque cette représentation est susceptible de transmettre une information qu'un témoignage seul ne pourrait pas livrer.

Ce critère de l'utilité doit également s'appliquer lorsqu'il s'agit de choisir entre différentes formes de preuve matérielle. Un tribunal ne devrait pas avoir à descendre sur les lieux, si des photographies sont susceptibles de lui transmettre la même information.

Pour toutes ces raisons, nous estimons que le Code ne devrait pas faire de la présentation d'un élément matériel un moyen de preuve à part entière, mais un moyen de preuve subsidiaire à la preuve testimoniale. C'est pourquoi, à notre avis, le Code aurait dû s'abstenir de consacrer la présentation d'un élément matériel comme un moyen de preuve autonome et à part entière. Il aurait même été préférable, selon nous, de laisser au *Code de procédure civile* le soin de réglementer ce mode particulier de preuve, car c'est surtout sur le plan pratique que la preuve matérielle soulève des problèmes. À tout le moins, le Code aurait dû reconnaître la primauté de l'écrit pour la preuve des actes juridiques et la primauté de la preuve testimoniale pour la preuve des faits matériels. Nous aurions aimé, par exemple, que la disposition suivante ait été insérée à l'article 2868 à la place de celle qui s'y trouve.

> Un fait ne peut faire l'objet d'une preuve par présentation d'un élément matériel que dans les cas où la preuve testimoniale est recevable et seulement si le tribunal la juge utile.

Le fait que le *Code civil du Québec* ait attribué au procédé de preuve qui consiste dans la présentation d'un élément matériel une valeur égale sinon supérieure aux autres procédés de preuve, aurait dû normalement entraîner une modification substantielle des règles d'administration de la preuve pour tenir compte de cette réalité nouvelle. Or, il n'en est rien. L'introduction de ce nouveau procédé de preuve s'est traduite par deux ajouts à l'article 403 C.p.c.[81]. Le premier consiste dans l'insertion des mots «ou d'un autre élément matériel de preuve» après le mot «photographie» dans le premier alinéa de l'article en question et l'autre, dans l'ajout, à la septième ligne du même alinéa, après le mot «dossier», de ce qui suit: «; s'il s'agit d'un élément de preuve autre qu'un document, l'objet doit être mis à la disposition de la partie adverse». Quant à la première modification, elle vise à étendre le régime spécial de l'article 403 C.p.c., concernant la preuve de l'authenticité d'un document et d'une photographie, à la preuve de l'authenticité de tout élément matériel. On sait qu'aux termes de cet article, une partie peut, par avis écrit, mettre la partie adverse en demeure de reconnaître la véracité ou l'exactitude d'un document, d'un plan ou d'une photographie qu'elle indique afin de chercher à obtenir de cette partie un aveu à ce sujet et d'être ainsi dispensée de prouver ce fait. En effet, à défaut par cette partie de faire signifier à l'auteur de la mise en demeure une déclaration sous serment niant que la pièce soit vraie ou exacte, ou précisant les raisons pour lesquelles elle ne peut l'admettre, la véracité ou l'exactitude de la pièce sera censée admise. De plus, le même article précise que le refus injustifié de reconnaître la véracité ou l'exactitude d'une pièce peut entraîner condamnation aux dépens qu'il occasionne.

L'idée à la base de cette procédure, c'est de dispenser un plaideur de prouver un fait que la partie adverse ne saurait raisonnablement contester. En effet, dans le cas d'un document, d'un plan ou d'une photographie, un simple examen visuel permet, dans la grande majorité des cas de voir, s'il est authentique ou non. Dans ces conditions, il est normal qu'on puisse exiger de celui à qui on oppose un document, un plan ou une photographie de dire s'il insiste pour que leur authenticité soit prouvée. Mais ce qui est vrai pour les documents, les plans et les photographies, ne l'est pas pour tous les autres «éléments matériels» qui peuvent être produits en preuve. Nous pensons notamment aux enregistrements sonores et visuels. L'authenticité de ces enregistrements dépend nécessairement des conditions dans lesquels ils ont été effectués, tel que le juge Gendreau l'a bien souligné dans l'affaire *Cadieux* c. *Service de Gaz naturel Laval Inc*[82]:

> Si l'enregistrement audio est une technique fiable il remplace même les sténographes officiels dans les palais de justice - son utilisation est sujette et propice à tous les abus. La machine audio ou vidéo est soumise à son opérateur. Plus il sera habile et plus son équipement sera sophistiqué, plus il lui sera possible de truquer l'enregistrement ou, plus subtilement, de donner à un aspect ou à une partie de l'entretien un relief qu'il n'avait pas en réalité. Un autre groupe de problèmes se rattache à la conservation du document et sa toujours possible altération qui, si elle est faite par un technicien compétent et bien outillé, sera difficilement décelable.
>
> Aussi, la production d'un enregistrement mécanique impose à celui qui la recherche la preuve, d'abord, de l'identité des locuteurs, ensuite, que le document est parfaitement authentique, intégral, inaltéré et fiable et, enfin, que les propos sont suffisamment audibles et intelligibles. Les conséquences d'une erreur dans l'appréciation du document subséquemment admis en preuve sont si importantes que le juge doit être «entièrement convaincu», pour reprendre les mots du juge Pinard dans *Hercy* c. *Hercy* (déjà cité). Cette conviction n'est certes pas régie par la règle du droit criminel, mais le juge devra ici exercer sa discrétion avec une grande rigueur.
>
> Sans proposer de règles ou normes précises, laissant aux plaideurs le soin de faire leur démonstration, la preuve du requé-

> rant devrait néanmoins être conduite de manière à entraîner une réponse affirmative aux critères que j'ai énumérés plus tôt. Quant à celui à qui on oppose ce moyen de preuve, il devrait lui être possible, s'il le demande, d'obtenir le document pour l'examiner personnellement ou avec l'aide d'experts. Il appartiendra alors au juge de définir les conditions de cet examen afin d'éviter toute altération[83].

Tel qu'il appert de ce passage des notes du juge Gendreau, l'authenticité d'un enregistrement audio ou d'un enregistrement vidéo est un fait qui ne se présume pas mais qui doit être démontré. C'est pourquoi nous trouvons très regrettable que ce fait n'ait pas été pris en compte par le législateur et qu'un régime spécial n'ait pas été prévu à cet effet.

Ce n'est pas la seule omission que nous regrettons. Puisque le *Code civil du Québec* attribue à la présentation d'un élément matériel une valeur comparable à celle de l'écrit, il n'y a aucune raison que ce procédé ne soit pas assujetti en ce qui concerne sa mise en oeuvre durant le procès à des règles comparables à celles régissant l'écrit. Tout comme dans le cas des écrits, une partie devrait avoir l'obligation d'alléguer dans ses pièces de procédure «les éléments matériels» auxquels elle entend avoir recours. Lorsque ces «éléments matériels» consistent en une «représentation sensorielle», la partie devrait avoir l'obligation de les produire au greffe et en cas de défaut, la partie adverse devrait pouvoir en demander, par requête, la production. De même, la procédure de l'assignation pour production de documents aurait dû être modifiée de manière à pouvoir s'appliquer dans le cas des «éléments matériels». L'absence d'une réglementation adéquate au *Code de procédure civile* concernant l'administration d'une preuve par présentation d'un élément matériel, va imposer aux tribunaux l'obligation d'user de leur pouvoir créateur pour suppléer à cette carence.

Partie III - le régime de la recevabilité des éléments et des moyens de preuve

Le *Code civil du Québec* définit non seulement la nature et la force probante de chacun des cinq procédés de preuve, mais réglemente également les conditions dans lesquels il sera possible de recourir à l'un ou l'autre de ces procédés pour faire la démonstration d'un fait en justice. Cette réglementation forme le titre troisième du livre *De la preuve*. Ce titre est divisé en deux chapitres, le premier consacré à la recevabilité des éléments de preuve et le deuxième, à la recevabilité des moyens de preuve. Nous allons adopter le même plan pour le traitement de cette matière.

Sous-Partie I- Les règles concernant la recevabilité des éléments de preuve

L'article 2857 pose la règle que la preuve de tout fait pertinent au litige est recevable et peut être faite par tous moyens. En fait, cet article exprime deux règles: la règle de la pertinence et le principe de la liberté des moyens de preuve. La première règle codifie le droit actuel, la seconde introduit un principe nouveau. Dans le droit actuel, le principe de la liberté des preuves n'existe qu'en ce qui concerne la preuve des faits matériels et la preuve des actes juridiques en matières commerciales. Dans les matières civiles, l'article 1233 C.c.B.C. *in fine* exige que la preuve se fasse au moyen d'un écrit ou du serment de la partie adverse.

L'article 2858 apporte une première restriction au principe selon lequel tout fait pertinent au litige est recevable. Cette exception concerne les éléments de preuve qui ont été obtenus dans des conditions qui portent atteinte aux droits et libertés fondamentaux et dont l'utilisation serait susceptible de déconsidérer l'administration de la justice. Par rapport à l'article correspondant de l'Avant-projet de loi, soit l'article 3040, l'article 2858 introduit un élément nouveau: l'obligation du tribunal de sanctionner d'office les atteintes aux droits et libertés fondamentaux.

Sous le droit actuel, selon l'opinion dominante[84], un élément de preuve obtenu en violation d'un droit garanti par la *Charte canadienne des droits et libertés*[85] ne pourrait pas être écarté en vertu de l'article 24 de cette Charte parce que la Charte canadienne ne s'appliquerait pas dans les litiges privés vu la décision de la Cour suprême dans l'affaire *S.D.G.M.R.* c. *Dolphin Delivery Ltd.*[86]. Ce qui est certain toutefois, c'est que cet article ne saurait s'appliquer lorsque l'atteinte à un droit garanti par cette Charte est imputable à un simple particulier[87].

Par ailleurs, comme la *Charte des droits et libertés de la personne*[88] ne contient aucune disposition similaire à l'article 24 de la Charte canadienne, un élément de preuve obtenu en violation d'un droit garanti par la Charte québécoise, à l'exception d'un élément de preuve obtenu en violation du droit au secret professionnel, ne devient pas, semble-t-il, pour autant irrecevable[89].

L'article 2858 vient compléter en quelque sorte les dispositions de la Charte québécoise. De plus, il pourrait permettre de déclarer irrecevable, dans un litige civil, une preuve qui aurait été obtenue dans des conditions qui ont porté atteinte aux droits garantis par la Charte canadienne, advenant que la thèse selon laquelle l'article 24 de cette charte est inapplicable dans les procès civils s'avérerait bien fondée.

Les droits garantis par la Charte québécoise qui, par le biais de l'article 2858, pourront être sanctionnés sur le terrain de la preuve sont notamment les suivants: le droit au respect de la vie privée (article 5); le caractère inviolable de la demeure (article 5 et 8); le droit à l'avocat (article 29) et la protection contre les fouilles abusives (article 24.1). Quant au droit au secret professionnel, l'article 9 de la Charte lui assure déjà une protection efficace.

Il y a lieu de souligner que le droit à la vie privée, en plus d'être un droit garanti par la Charte québécoise, fait également l'objet d'une réglementation aux articles 35 à 41 du *Code civil du Québec*. Aux termes de l'article 36 C.c.Q., peuvent notamment être considérés comme des atteintes à la vie privée d'une personne, le fait d'intercepter ou d'utiliser volontairement une communication privée ainsi que le fait de surveiller sa vie privée par quelque moyen que ce soit. En vertu du droit actuel et en l'absence d'un texte aussi explicite, la Cour d'appel, a jugé qu'un enregistrement clandestin d'une conversation effectuée par l'un des interlocuteurs n'est pas en soi une violation du droit à la vie privée[90]. De plus, dans l'affaire *Roy* c. *Saulnier*[91], cette même cour a considérée qu'un enregistrement clandestin effectué par un employeur de conversations téléphoniques d'un employé avec des clients ne constituait pas une atteinte au droit à la vie privée. Il nous paraît y avoir une certaine contradiction entre cette jurisprudence et l'extension que donne à la notion de vie privée, l'article 36 C.c.Q.

L'Avant-projet de loi comportait une autre restriction au principe de la pertinence en permettant au tribunal de déclarer irrecevables les éléments de preuve ayant une importance minime et négligeable par rapport à la question principale en litige si cette preuve était susceptible d'entraîner la confusion ou de causer un préjudice grave à la partie adverse[92]. Par crainte, semble-t-il, des difficultés d'interprétation que cette disposition aurait pu soulever, on a jugé à propos de ne pas la conserver. Nous croyons que, même en l'absence dans le Code d'une autorisation explicite à cet égard, un tribunal va continuer d'avoir la discrétion d'exclure une preuve dont la pertinence est minime, si les fins de la justice paraissent l'exiger.

Sous-partie II- Le nouveau régime de la recevabilité des moyens de preuve

Le Code apporte des modifications substantielles à la recevabilité des moyens de preuve. Pour mieux en juger, nous allons traiter du sujet dans l'optique du droit actuel, en considérant successivement les six questions suivantes:

1- La recevabilité des moyens de preuve pour prouver des faits matériels;

2- La recevabilité des moyens de preuve pour prouver les actes juridiques;

3- La recevabilité des moyens de preuve pour contredire les termes d'un écrit valablement fait;

4- La règle de la meilleure preuve;

5- La règle de la preuve par ouï-dire;

6- La sanction des règles concernant la recevabilité des moyens de preuve.

Chapitre I. Le régime de la recevabilité des moyens de preuve pour prouver un fait matériel

Dans le droit actuel, le fait matériel se prouve au moyen de l'aveu, des présomptions et des témoignages, à l'exclusion de la preuve écrite. C'est la prohibition du ouï-dire qui justifie l'exclusion de principe de la preuve écrite pour prouver un fait matériel. En effet, la preuve écrite, dans le cas d'un fait matériel, réside nécessairement en la mise par écrit par un témoin, de la perception qu'il a eue de ce fait. Il s'agit en d'autres termes d'un témoignage écrit qui demeure irrecevable en vertu de la prohibition du ouï-dire. Or, comme le Code élargit les cas dans lesquels la preuve par ouï-dire est recevable, le recours aux témoignages écrits en sera, en conséquence, facilité.

En consacrant la présentation d'un élément matériel comme un moyen de preuve autonome et distinct des procédés de preuve traditionnels et en subordonnant la recevabilité de ce nouveau moyen de preuve au seul critère de pertinence, le Code se trouve à opérer un dédoublement des moyens de preuve lorsqu'il s'agit de prouver un fait matériel. En effet, tel que nous l'avons déjà souligné, dans tous les cas où une preuve par présentation d'un élément matériel sera possible, la même preuve pourra être faite par des témoins. Bien plus, comme le Code attribue à la représentation sensorielle d'un objet la même valeur qu'à l'objet lui-même, le Code se trouve à favoriser le recours à des preuves matérielles cumulatives pour prouver un même fait.

Chapitre II. Le régime de la recevabilité des moyens de preuve pour prouver un acte juridique

Le Code modifie substantiellement les règles concernant la recevabilité des moyens de preuve pour prouver un acte juridique. Dans le droit actuel, un régime différent s'applique selon qu'il s'agit de prouver un acte en matière civile ou un acte en matière commerciale. Dans le Code, la notion «d'acte passé dans le cours des activités d'une entreprise» a été substituée à celle «d'acte de commerce». C'est surtout à propos de la recevabilité des moyens de preuve que l'application des règles du droit transitoire prend une grande importance. À ce sujet, il convient de rappeler qu'en principe, ce sont les règles de preuve de la loi nouvelle qui vont s'appliquer aux situations en cours lors de la mise en vigueur du nouveau Code[93], mais que ce principe comporte deux exceptions qui sont énoncées à l'article 141 de la *Loi sur l'application de la réforme du Code civil*[94]. En vertu de cet article, en matière de preuve préconstituée et de présomptions légales, ce sont les règles du droit antérieur qui vont continuer de s'appliquer. D'où la question de savoir ce qu'il faut entendre par l'expression «en matière de preuve préconstituée»?

À notre avis, cette expression vise, toutes les règles qui, dans le Code actuel, ont pour objet soit d'imposer aux parties l'obligation de préconstituer la preuve d'un acte juridique au moyen d'un écrit, soit de les dispenser d'une telle obligation. Prenons le cas de l'article 1233 C.c.B.C. Cet article ayant pour objet de déterminer dans quels cas une partie doit ou non préconstituer la preuve d'un acte juridique au moyen d'un écrit, il contient de fait une réglementation «en matière de preuve préconstituée». On peut en dire autant des articles 1234, 1235, 1236, 1237, 1237.1 et 1244 C.c.B.C. De même la règle de la meilleure preuve énoncée à l'article 1204, dans la mesure où elle se rapporte à la preuve secondaire d'une preuve préconstituée se rapporte également à la «matière de la preuve préconstituée». En ce qui concerne la recevabilité des moyens de preuve, il n'y a à vrai dire que la prohibition de la preuve par ouï-dire qui ne soit pas «en matière de preuve préconstituée», vu que cette règle se rapporte à la preuve testimoniale.

Si notre interprétation est exacte, cela voudrait dire que les dispositions du *Code civil du Bas Canada* concernant la recevabilité des moyens de preuve, vont continuer de s'appliquer à tous les actes juridiques conclus avant l'entrée en vigueur du *Code civil du Québec*. Le nouveau régime concernant la recevabilité des moyens de preuve ne va donc s'appliquer qu'aux actes juridiques passés après la mise en vigueur du nouveau Code. Pour ce qui est des faits matériels, comme dans le droit actuel, l'obligation d'en préconstituer la preuve au moyen d'un écrit n'existe pas, c'est le droit nouveau qui devrait leur être applicable. La seule exception à cette règle concernerait les représentations faites, en matière commerciale, en vue de faire obtenir de l'argent, des effets et du crédit à une personne. Comme ces faits doivent, en vertu de l'article 1235 C.c.B.C., être prouvés par témoins, cette règle devrait continuer à s'appliquer aux faits survenus avant l'entrée en vigueur du nouveau Code.

Le nouveau régime, pour ce qui est des actes juridiques, repose sur la distinction entre les actes ordinaires et les actes d'entreprise. Nous allons donc voir, dans un premier temps, le régime applicable aux actes ordinaires et, dans un deuxième temps, le régime applicable aux actes d'entreprise.

Section I- Le régime de la recevabilité des moyens de preuve des actes juridiques ordinaires

Dans le droit actuel, le principe de base est que la preuve des actes juridiques doit se faire au moyen d'un écrit ou du serment de la partie adverse (art. 1233 C.c.B.C. *in fine*). Ce principe souffre exception dans quatre cas:

1- Lorsqu'il s'agit d'un acte dont la valeur n'excède pas 1000$;

2- Lorsque la partie réclamante a été dans l'impossibilité de se procurer une preuve écrite;

3- Lorsque la preuve écrite a été perdue par cas imprévu; et

4- Lorsqu'il existe un commencement de preuve par écrit.

Le Code tout en retenant la prohibition de principe de la preuve testimoniale, a assorti cette prohibition d'exceptions dont la portée diffère des exceptions actuelles.

Par. 1. La prohibition de principe de la preuve testimoniale

Dans le *Code civil du Québec*, le régime applicable aux actes juridiques est exprimé aux articles 2857, 2861 et 2862. L'article 2857 énonce le principe que la preuve peut être faite par tous moyens. L'article 2862 pose une exception à cette règle en déclarant que la preuve d'un acte juridique ne peut, entre les parties, se faire par témoignage lorsque la valeur du litige excède 1500$. Le deuxième alinéa du même article prévoit, toutefois, que cette prohibition cesse lorsqu'il y a un commencement de preuve et l'article 2861 ajoute qu'il en est de même lorsqu'il a été impossible à une partie pour une raison valable de se ménager une preuve écrite d'un acte juridique. Déjà, au niveau du plan, il y a lieu de critiquer la place de l'article 2861 dans l'agencement des règles. Comme cet article énonce une exception au principe posé au premier alinéa de l'article 2862, il devrait venir après et non avant l'article 2862.

Quant au fond, maintenant, constatons qu'à la différence du droit actuel, le Code n'impose pas aux parties l'obligation de préconstituer la preuve d'un acte juridique au moyen de la rédaction d'un écrit. Il se contente uniquement de prohiber le recours à la preuve testimoniale pour le prouver. L'article 2867 du Code étend cette prohibition à l'aveu extrajudiciaire, tout comme le fait, l'article 1244 du Code actuel. Toutefois, alors que présentement la prohibition de la preuve testimoniale a une portée générale et s'applique même lorsque les parties à un acte juridique veulent opposer cet acte à un tiers, selon le nouveau Code, la prohibition ne s'appliquera qu'entre les parties.

Le Code demeure silencieux à propos de la preuve par présomption. On sait qu'actuellement la jurisprudence ne permet pas qu'on puisse recourir à la preuve testimoniale en vue d'établir les indices d'une présomption si cette présomption vise à établir un fait au sujet duquel la preuve testimoniale n'est pas recevable[95]. En vertu du principe de la liberté des preuves posé à l'article 2857, on pourrait prétendre que cette jurisprudence n'aura plus sa raison d'être. Mais on peut tout aussi bien soutenir le contraire au nom du principe qu'on ne peut faire indirectement ce qu'on ne peut pas faire directement, principe qui s'applique tout autant sous le *Code civil du Québec* que sous le Code actuel.

Ce qui apparaît certain cependant c'est que la preuve d'un acte juridique en vertu du Code, pourra se faire par la présentation d'un élément matériel ou plus précisément au moyen d'un enregistrement sur bande audio ou sur bande vidéo des paroles par lesquelles la volonté de l'auteur de cet acte se sera exprimée.

Il y a lieu de rappeler que le Code en autorisant, dans tous les cas, le recours à un enregistrement pour prouver un acte juridique, se trouve par le fait même à diminuer le rôle qui a été dévolu jusqu'à maintenant à l'écrit comme mode de preuve de l'acte juridique. De ce fait, l'écrit va cesser d'être le mode de preuve privilégié de l'acte juridique.

Un enregistrement pourra servir de moyen de preuve d'un acte juridique de trois manières. Selon son contenu, il pourra soit faire preuve complète de cet acte, soit servir de commencement de preuve donnant ouverture à la preuve testimoniale (art. 2865), soit encore servir de fondement à une preuve par présomption.

Par. 2. Les exceptions à la prohibition de la preuve testimoniale

L'analyse des cas d'exception à la prohibition de la preuve testimoniale fait apparaître plusieurs modifications.

A. L'exception à la preuve testimoniale fondée sur un critère monétaire

Aux termes de l'article 2862, la preuve d'un acte juridique peut se faire par témoignage lorsque la valeur du litige excède 1500$. Dans le droit actuel, cette exception est exprimée différemment. Il y est dit que la preuve testimoniale est admise dans toute matière où le principal de la somme ou la valeur demandée n'excède pas 1000$. Une première constatation s'impose: le montant qui est de 1000$, dans le Code actuel, a été haussé à 1500$, dans le *Code civil du Québec*. De plus, alors que dans le droit actuel, c'est la valeur de l'acte juridique qui est déterminant, dans le nouveau Code, c'est la «valeur du litige». D'où le problème de savoir ce qu'il faut entendre par cette expression. Doit-on l'interpréter dans le même sens que l'expression «la valeur de l'objet du litige» que l'on trouve à l'article 25 C.p.c. concernant le droit d'appel? Si tel était le cas, cela voudrait dire que ce n'est pas la valeur de l'acte qui serait déterminant, mais la valeur du litige comme tel. Il en résulterait une modification substantielle du droit actuel. Cela voudrait dire que contrairement au droit actuel, ce n'est pas lors de la conclusion de l'acte qu'il faudrait se placer pour déterminer si la preuve testimoniale est admissible ou non, mais lors du procès. C'est dire que contrairement à ce qu'énonce l'article 1236 C.c.B.C., il serait désormais possible de prouver par témoins tout contrat dont la valeur excéderait le montant prescrit, lorsque la valeur de l'objet du litige serait inférieure à cette somme. Ainsi, un bailleur pourrait prouver par témoins un bail verbal dont la valeur excède 1500$, lorsqu'il réclame le paiement d'un loyer inférieur à cette somme. Il en serait de même de tout créancier en vertu d'un contrat à paiements différés. Il suffirait que la réclamation en justice soit pour moins de 1500$ pour qu'il y ait ouverture à la preuve testimoniale de ce contrat. Si le créancier obtenait alors un jugement favorable, ce jugement jouirait de l'autorité de la chose jugée quant à l'existence du contrat dans toute action future.

Si l'on considère maintenant le problème soulevé par la preuve d'un paiement, on constate que la modification entraînerait des résultats aussi étonnants. Sous le *Code civil du Bas Canada*, par application de l'article 1236 C.c.B.C., un débiteur peut toujours recourir à la preuve testimoniale pour prouver un paiement de moins de mille dollars. Il y a toutefois controverse sur la question de savoir si un débiteur peut prouver par témoins plusieurs paiements de moins de mille dollars en vue de démontrer l'extinction d'une dette excédant mille dollars[96]. Par application de la nouvelle règle, la preuve testimoniale d'un paiement de 1500$ ou moins ne serait jamais autorisée dans un litige ayant une valeur excédant cette somme. À l'inverse, la preuve testimoniale d'un paiement excédant 1500$ serait toujours reçue dans une action dont la valeur n'excède pas cette somme.

Pour ce qui est maintenant du recours collectif, comme l'article 1237 C.c.B.C. n'a pas été conservé, c'est également la valeur du litige et non plus la valeur du recours personnel du représentant qui serait déterminant.

En vertu du droit actuel, lorsqu'il s'agit d'évaluer une créance, on ne tient compte que du capital non des intérêts et lorsqu'il s'agit d'un paiement, cet acte s'apprécie dans les conséquences juridiques qu'on veut en déduire. Selon le *Code civil du Québec*, si c'est la valeur totale du litige qui importe, ces distinctions n'auront plus aucune importance.

Si l'on doit faire dépendre la recevabilité de la preuve testimoniale d'un acte juridique, non plus de sa valeur intrinsèque comme dans le droit actuel, mais de la valeur du litige dans lequel cet acte devra être prouvé, c'est la nature même de la règle prohibant la preuve testimoniale qui en serait altérée. Cette règle cesserait d'être une règle de fond, pour devenir une simple règle de procédure, vu que son application dépendrait du cadre procédural dans lequel elle serait invoquée. Comme il est impossible pour les parties de prévoir quel pourra être éventuellement ce cadre procédural, elles auraient à toutes fins pratiques l'obligation de toujours donner à cet acte la forme écrite ou, à tout le moins, de procéder à un enregistrement des paroles par lesquelles, elles l'auront exprimé.

Tel que nous venons de le démontrer, une interprétation littérale de l'expression «valeur du litige» entraînerait un bouleversement complet des règles actuelles. Les changements qui en résulteraient seraient tels qu'on peut se demander s'ils ont été vraiment voulus. Dans ces conditions, il est permis de penser que les tribunaux pourraient chercher à donner à cette expression un sens qui serait en harmonie avec le droit actuel, et ce d'autant plus qu'on ne voit vraiment pas l'intérêt qu'il y aurait de modifier de façon aussi substantielle notre droit sur ce point.

B. L'exception fondée sur l'impossibilité de se procurer une preuve écrite

Dans le droit actuel, l'exception fondée sur l'impossibilité de se procurer une preuve écrite regroupe les cas suivants: le bail par tolérance (art. 1233, par. 3), le dépôt nécessaire et le dépôt fait par des voyageurs dans une hôtellerie et autres cas de même nature (art. 1233, par. 4); le cas d'obligations résultant des quasi-contrats, délits et quasi-délits et dans tout autre cas où la partie réclamante n'a pu se procurer une preuve écrite (art. 1233, par. 5). Tous ces cas nous paraissent couverts par l'article 2861 qui s'énonce ainsi:

> 2861. Lorsqu'il n'a pas été possible à une partie, pour une raison valable, de se ménager la preuve écrite d'un acte juridique, la preuve de cet acte peut être faite par tous moyens.

Tel que nous l'avons déjà mentionné, cependant, cet article, parce qu'il énonce une exception à la règle posée au premier alinéa de l'article 2862, devrait venir après ce dernier article.

C. L'exception fondée sur la perte de l'écrit

En vertu du sixième paragraphe de l'article 1233 C.c.B.C., la preuve testimoniale est admissible dans les cas où la preuve écrite a été perdue par cas imprévu, ou se trouve en la possession de la partie adverse, ou d'un tiers, sans collusion de la part de la partie réclamante et ne peut être produite. Cette disposition énonce, en fait, trois cas d'exception à la règle de la meilleure preuve exprimée à l'article 1204 C.c.B.C. Dans le *Code civil du Québec*, la règle de la meilleure preuve a été reformulée au premier alinéa de l'article 2860 en ces termes:

> 2860. L'acte juridique constaté dans un écrit ou le contenu d'un écrit doit être prouvé par la production de l'original ou d'une copie qui légalement en tient lieu.

Le deuxième alinéa du même article énonce dans quels cas la preuve secondaire est permise en ces termes:

> Toutefois, lorsqu'une partie ne peut, malgré sa bonne foi et sa diligence, produire l'original de l'écrit ou la copie qui légalement en tient lieu, la preuve peut être faite par tous moyens.

Cet alinéa pose donc des conditions moins rigoureuses que ne le fait le Code actuel à la recevabilité d'une preuve secondaire. L'exigence de la perte par cas imprévu a disparu. Il suffira que le réclamant soit de bonne foi et qu'il démontre que malgré sa diligence il lui est impossible de produire le document requis pour qu'il y ait ouverture à la preuve secondaire. Vu la présomption de bonne foi établie à l'article 2805, le réclamant n'aura pas comme tel à prouver ce fait. Toutefois, il lui incombera de prouver diligence.

D. L'exception du commencement de preuve

Il n'y a aucun doute que dans le droit actuel, l'exception la plus importante à la prohibition de la preuve testimoniale réside dans le commencement de preuve par écrit. Ce commencement de preuve par écrit peut prendre des formes variées[97]. Il peut résulter:

1- d'un écrit émanant de la partie adverse;

2- de son témoignage;

3- d'un aveu qualifié; et

4- selon une certaine jurisprudence, d'un fait prouvé par de simples témoignages.

Le Code conserve la notion du commencement de preuve par écrit, mais en la dénommant plus justement «commencement de preuve». Parce que ce commencement de preuve peut consister en autre chose qu'un écrit, toute référence à l'écrit a, avec raison, été supprimée. L'exception du commencement de preuve est exprimée au deuxième alinéa de l'article 2862 en ces termes:

> Néanmoins, en l'absence d'une preuve écrite et quelle que soit la valeur du litige, on peut prouver par témoignage tout acte juridique dès lors qu'il y a commencement de preuve;(...)

À la différence du Code actuel qui ne définit pas le commencement de preuve par écrit, l'article 2865 propose la définition suivante:

> 2865. Le commencement de preuve peut résulter d'un aveu ou d'un écrit émanant de la partie adverse, de son témoignage ou de la présentation d'un élément matériel, lorsque tel moyen rend vraisemblable le fait allégué.

Lorsqu'on analyse les moyens qui peuvent servir de commencement de preuve, on constate que le Code consacre le droit actuel en ce qui concerne le recours à l'écrit et au témoignage émanant de la partie adverse. La possibilité qui existe actuellement de faire résulter un commencement de preuve d'un aveu qualifié demeure. Il y a lieu de souligner que dans le droit actuel, pour qu'un aveu qualifié puisse équivaloir à un commencement de preuve par écrit, il faut qu'il soit contenu dans un écrit ou dans le témoignage de la partie adverse. Il ne s'agit pas comme tel d'un moyen distinct de l'écrit ou du témoignage émanant de la partie adverse. Or selon la définition proposée, l'aveu en tant que tel, c'est-à-dire en tant que procédé distinct de l'écrit et du témoignage pourrait valoir comme commencement de preuve par écrit.

À la réflexion, cette référence à l'aveu ne modifie pas le droit existant. En effet, un aveu est soit judiciaire, soit extrajudiciaire. S'il est judiciaire, il n'y a aucune raison qu'il ne puisse servir de commencement de preuve par écrit. D'ailleurs, si le témoignage de la partie adverse peut servir de commencement de preuve par écrit, c'est parce qu'il est l'expression d'un aveu judiciaire de cette partie. Mais, le témoignage n'est pas la seule forme que peut revêtir l'aveu judiciaire. Il peut être écrit comme lorsqu'il est contenu dans les pièces de plaidoirie. Mais alors cet aveu se confondra avec le commencement de preuve résultant d'un écrit émanant de la partie adverse. Mais, un aveu judiciaire peut être fait de vive voix, à l'audience et en dehors de tout témoignage. C'est ce que reconnaît l'article 331 C.p.c. Or, il n'y a aucune raison de ne pas accorder à un tel aveu la même valeur qu'un aveu contenu dans un témoignage ou dans un écrit et c'est ce que vient reconnaître à notre avis la définition proposée. Quant à l'aveu extrajudiciaire, pour pouvoir servir de commencement de preuve, il est nécessaire, dans le droit actuel, qu'il soit contenu dans un écrit émanant de la partie adverse. Cette même solution devrait continuer de s'appliquer vu que l'article 2867 se trouve à reproduire l'article 1244 du Code actuel. L'article 2867 en exigeant que l'aveu, fait en dehors de l'instance où il est invoqué, soit prouvé par les moyens recevables pour prouver le fait qui en est l'objet, écarte la possibilité qu'une partie puisse prouver par témoins un aveu extrajudiciaire oral à titre de commencement de preuve. Toutefois, comme dans le droit actuel, la preuve testimoniale de cet aveu extrajudiciaire pourrait être rendue recevable par un commencement de preuve rendant cet aveu vraisemblable.

La définition proposée du commencement de preuve innove cependant en permettant qu'il puisse résulter de la présentation d'un élément matériel. Tel que nous l'avons vu précédemment, la preuve d'un acte juridique peut se faire au moyen de la présentation d'un élément matériel, cet élément matériel consistant dans un enregistrement des paroles par lesquelles l'auteur de l'acte aura exprimé sa volonté. Si cet enregistrement, pour une raison quelconque, ne permet pas d'apporter une preuve complète de l'acte juridique, mais suffit à le rendre vraisemblable, il en résultera un commencement de preuve donnant ouverture à la preuve testimoniale de cet acte.

Il n'y a pas seulement un enregistrement de conversations qui pourra être utilisé en tant qu'élément matériel pour établir un commencement de preuve d'un acte juridique. Par exemple, s'il s'agit de faire la preuve d'un contrat de servitude qui n'a pas été constaté par écrit, le commencement de preuve pourrait consister en un film vidéo montrant la situation des lieux ainsi que le comportement des parties si ces faits rendent vraisemblable l'existence du contrat allégué. Il y a lieu de souligner qu'il sera apparemment possible de recourir à la présentation d'un élément matériel pour établir l'existence de faits matériels rendant vraisemblable un acte juridique, sans qu'il soit permis pour autant de recourir à des témoignages pour prouver ces mêmes faits, car le Code ne permet pas en effet qu'un commencement de preuve puisse résulter de faits prouvés par de simples témoignages.

Dans le projet de l'O.R.C.C., l'article 68 du livre *De la preuve* déclarait qu'un commencement de preuve peut résulter d'un fait dont l'existence a clairement été démontrée. Le Code n'a pas retenu cette règle. On doit donc en déduire qu'un commencement de preuve ne saurait résulter de faits prouvés par de simples témoins. On sait que l'état du droit actuel sur cette question est incertain. La Cour d'appel, dans l'affaire *Sirois* c. *Parent*[98], semble avoir reconnu qu'un commencement de preuve par écrit peut résulter d'un fait matériel clairement établi dont on peut déduire l'existence probable sinon absolument certaine d'une convention. Mais nous croyons que cet arrêt a implicitement été désavoué par les arrêts subséquents de la Cour d'appel au sujet de la preuve par présomption. Tel que nous l'avons déjà mentionné, la Cour d'appel, partant du principe qu'on ne peut faire indirectement ce qu'on ne peut pas faire directement, a refusé qu'on puisse recourir à la preuve testimoniale pour établir le fondement d'une présomption si cette présomption vise à prouver un fait au sujet duquel la preuve testimoniale est prohibée. En vertu du même raisonnement, il doit être interdit de recourir à la preuve testimoniale pour établir un commencement de preuve donnant ouverture à la preuve testimoniale.

Section II- Le régime applicable aux actes d'entreprise

Un des points majeurs de la réforme du droit de la preuve porte sur le remplacement de la notion d'acte de commerce par la notion d'acte d'entreprise et par la suppression des exceptions contenues à l'article 1235 C.c.B.C. au principe de la liberté des preuves. Nous allons voir quelles sont les conditions d'application de ce régime spécial et ensuite, en quoi il consiste.

Par. 1. Conditions d'application du régime applicable aux actes d'entreprise

Les conditions d'application du régime spécial applicable aux actes d'entreprise sont au nombre de trois: il faut tout d'abord que l'acte concerne une entreprise; deuxièmement, que l'acte ait été passé dans le cadre des activités de cette entreprise et enfin troisièmement, il faut que la preuve vise à établir l'existence de cet acte à l'encontre de l'exploitant de cette entreprise.

A. Première condition: l'acte doit se rapporter à une entreprise.

Le Code civil définit ce qu'il faut entendre par l'exploitation d'une entreprise à l'article 1525 en ces termes:

> Constitue l'exploitation d'une entreprise l'exercice, par une ou plusieurs personnes, d'une activité économique organisée, qu'elle soit ou non à caractère commercial, consistant dans la production ou la réalisation de biens, leur administration ou leur aliénation, ou dans la prestation de services.

Sur la base de cet article, on peut donc définir l'entreprise comme une organisation ayant pour objet la poursuite d'une activité économique quelconque. Il y a organisation dès qu'il y a regroupement de personnes ou affectation de biens à la poursuite d'une activité. Sous le droit actuel, même si apparemment la jurisprudence paraît faire dépendre la commercialité de critères objectifs, soit les notions économiques de spéculation, de circulation et d'entremise, selon nous, c'est plutôt un critère subjectif, à savoir la notion d'entreprise commerciale qui remplit cette fonction[99]. En effet, même si théoriquement l'existence d'un acte isolé de commerce peut se concevoir, dans la très grande majorité des cas, un acte n'est réputé commercial que lorsqu'il s'intègre aux activités d'une entreprise commerciale. Aussi, en pratique, le problème de la qualification des actes consiste-t-il, non pas à distinguer un acte civil d'un acte de commerce, mais à distinguer les entreprises commerciales des entreprises civiles. Un acte qui procède d'une entreprise commerciale est réputé commercial, celui qui procède d'une entreprise civile ou qui est accompli en dehors de toute entreprise est réputé civil.

L'entreprise commerciale peut se définir comme une organisation à but lucratif ayant pour objet la production économique. Lorsque la condition du but lucratif n'existe pas, l'entreprise est réputée civile. C'est le cas des entreprises suivantes: l'État, les organismes publics, les coopératives, les associations et corporations à but non lucratif[100]. Par ailleurs si, en principe, toutes les entreprises à but lucratif ont vocation à la commercialité, certaines conservent un caractère civil par la tradition. Il en est notamment ainsi des entreprises dépendant d'une profession libérale, les exploitations agricoles et les entreprises artisanales. Quant aux entreprises immobilières, si pendant longtemps la tradition leur a conservé un caractère civil, la jurisprudence a fini par leur reconnaître un caractère commercial[101]. En vertu du *Code du Québec,* toutes les entreprises, qu'elles soient civiles ou commerciales seront soumises quant à la preuve au même régime. Notamment, la distinction entre les professions libérales et les professions commerciales va être abolie. Ainsi un acte accompli par un avocat dans le cours des activités de sa profession va être soumis quant à la preuve au régime des actes d'entreprise.

B- Deuxième condition: il doit s'agir d'un acte passé dans le cours des activités d'une entreprise

Que faut-il entendre par l'expression «tout acte juridique passé dans le cours des activités d'une entreprise»? Il s'agit en d'autres termes de déterminer à quelles conditions, un acte juridique passé par une entreprise devra être considéré comme «passé dans le cours de ses activités». Si l'acte en question est conforme à l'objet même de l'entreprise, il ne fait aucun doute qu'il devra être considéré comme ayant été passé dans le cours des activités de l'entreprise concernée. Ainsi, il y aurait certes lieu d'attribuer le caractère d'acte d'entreprise au contrat de construction conclu par un entrepreneur en construction, à l'achat et à la vente d'une automobile par un marchand d'automobiles; à l'acceptation d'un mandat par un agent immobilier, au prêt consenti par un banquier, à l'acceptation d'un mandat par un avocat, au contrat de soin conclu par un établissement hospitalier, etc.

Les actes juridiques dont la qualification soulève un problème sont ceux qu'une entreprise pose, non pas conformément à son objet, mais en vue d'en permettre l'accomplissement. On peut citer comme exemples les contrats suivants conclus par l'exploitant d'une entreprise pour les fins de son entreprise: les achats de meubles ou d'immeubles, la location de meubles ou d'immeubles, l'engagement de personnel, les emprunts, les contrats de publicité, etc. En vertu du droit actuel, lorsqu'une entreprise commerciale passe des contrats semblables, ceux-ci sont réputés commerciaux par application de la théorie de l'accessoire. D'où la question de savoir, si en vertu du *Code civil du*

Québec, l'expression «dans le cours des activités d'une entreprise» doit recevoir une interprétation large, ou au contraire une interprétation restrictive.

Notre première réaction a été de penser qu'il fallait adopter une interprétation large et ce par analogie avec la situation actuelle en ce qui concerne les actes de commerce. C'est pourquoi nous avons émis l'opinion que les actes posés en vue de favoriser la réalisation de l'objet d'une entreprise, devaient être considérés comme des actes passés dans le cours des activités de cette entreprise[102]. Mais la certitude du début a fait place au doute. Notre hésitation vient tout d'abord de la divergence entre la version française et la version anglaise au sujet de la définition de l'acte d'entreprise. En effet, l'expression: «acte juridique passé dans le cours des activités d'une entreprise» a pour correspondant, dans la version anglaise du Code, la formule suivante: *«a juridical act carried out in the ordinary course of business of an entreprise»*. Selon la version anglaise, il ne suffit pas que l'acte soit passé dans le cours des activités de l'entreprise, il faut de plus qu'il s'agisse d'un acte passé dans le cours «normal» des activités de cette entreprise. Une distinction est donc établie entre les activités normales et celles qui se situent en dehors de ce cours normal. Doit-on écarter d'emblée cette distinction, sur la base de la règle énoncée à l'article 40.1 de la *Loi de l'interprétation*[103] selon laquelle en cas de divergence entre le texte français et le texte anglais, le texte français prévaut? Nous ne le croyons pas, car ici, contrairement aux deux autres cas de divergences que nous avons déjà signalés, il n'est pas évident que le texte français corresponde bien à la volonté du législateur laquelle est souveraine en matière d'interprétation. D'où la nécessité de rechercher quelle est la fin que poursuit le législateur en recourant à l'expression «le cours des activités d'une entreprise» afin de déterminer s'il entendait ou non par là le «cours normal» de ces activités. À cette fin, il y a lieu de vérifier le contexte dans lequel cette même expression a été utilisée ailleurs dans le *Code civil du Québec*.

L'expression «dans le cours des activités d'une entreprise» se retrouve dans de nombreuses dispositions du *Code civil du Québec*[104]. Si dans la plupart des cas, le contexte ne permet pas de savoir si cette expression doit recevoir une interprétation large ou restrictive, il va différemment dans le cas des articles

2674 et 2700 relatifs à l'hypothèque. Ces deux articles traitent des conséquences qu'entraîne l'aliénation par l'exploitant d'une entreprise, d'un bien grevé d'une hypothèque selon que l'aliénation a, ou non, eu lieu «dans le cours des activités de l'entreprise». La règle applicable dans le premier cas est énoncée à l'article 2674 en ces termes:

> 2674. L'hypothèque qui grève une universalité de biens subsiste mais se reporte sur le bien de même nature qui remplace celui qui a été aliéné dans le cours des activités de l'entreprise.
>
> Celle qui grève un bien individualisé ainsi aliéné se reporte sur le bien qui le remplace, par l'inscription d'un avis identifiant ce nouveau bien.

À l'inverse, aux termes de l'article 2700, lorsque l'aliénation n'a pas été faite «dans le cours des activités de l'entreprise», l'hypothèque qui est inscrite sous le nom du constituant suit le bien pourvu que le créancier produise au registre des droits personnels et réels, un avis de conservation en la forme prescrite, dans le délai prévu à cet effet. D'où l'on voit que, dans ce contexte, l'expression «dans le cours des activités d'une entreprise» doit nécessairement recevoir une interprétation restrictive et comme désignant uniquement les activités qui correspondent à l'objet même de l'entreprise. Ainsi, si une hypothèque mobilière porte sur un camion, propriété d'une entreprise et que ce camion soit vendu, le sort de l'hypothèque va dépendre de l'objet même de cette entreprise. S'il s'agit d'une entreprise de vente de véhicules automobiles, le droit de suite n'existera pas vu qu'il s'agira d'une aliénation «dans le cours des activités de l'entreprise». Par ailleurs, s'il s'agit d'une entreprise de transport ou de toute autre entreprise n'ayant pas pour objet la vente de camions, le droit de suite va exister vu qu'il ne s'agira pas d'une aliénation «dans le cours des activités de l'entreprise».

Si l'on considère maintenant le problème soulevé par la vente, par une entreprise, d'un bien meuble qui ne lui appartient pas, nous nous trouvons dans une situation analogue à celle de l'aliénation d'un bien grevé d'une hypothèque. Dans les deux cas, il s'agit de savoir si le droit réel d'une personne sur le bien est opposable au tiers acquéreur de ce bien. Aux termes de l'article 1714, le propriétaire d'un bien meuble qui a été vendu «dans le cours des activités d'une entreprise», doit rembourser à l'acheteur de bonne foi le prix qu'il en a payé. L'analogie qui existe entre cette la vente de la chose d'autrui et la vente d'un bien grevé d'une hypothèque commande que l'expression «dans le cours des activités d'une entreprise» reçoive ici également une interprétation restrictive et ce, d'autant plus que dans le droit actuel, c'est seulement au cas de vente faite par un commerçant ou trafiquant en semblables matières que l'acheteur est tenu de rembourser à l'acheteur le prix qu'il en a payé[105].

Le *Code civil du Québec* établit par ailleurs une distinction entre les actes posés «pour le service ou l'exploitation d'une entreprise» et les actes posés «dans le cours des activités d'une entreprise». Ainsi au sujet de la solidarité, l'article 1525 énonce que celle-ci se présume entre les débiteurs d'une obligation contractée «pour le service ou l'exploitation d'une entreprise»[106]. Cette dernière expression a certes pour objet d'englober toutes les obligations contractées dans le cadre et pour les fins de l'entreprise et par contraste l'expression un acte juridique passé «dans le cours des activités d'une entreprise» acquiert un sens restrictif.

Même si rationnellement il nous apparaît souhaitable que le régime spécial concernant les actes d'entreprise s'étendent à tous les actes posés pour le service et l'exploitation d'une entreprise, il n'est pas certain que tel soit le cas en l'état actuel des textes. Il y a tout lieu de croire que ce sera l'une des toutes premières questions que les tribunaux auront à trancher suite à la mise en vigueur du *Code civil du Québec*. Il est évident que si la notion d'acte d'entreprise devait recevoir une interprétation restrictive, le droit de la preuve s'en trouverait grandement modifié. Ainsi une partie, afin de pouvoir prouver par témoins, contre l'exploitant d'une entreprise, un acte juridique qu'il a posé, devra démontrer que cet acte correspond à ceux que l'entreprise a pour objet de poser. Il en résultera que la preuve écrite sera exigée, en principe, de tout acte qui se rattache accessoirement aux activités d'une entreprise, tels les contrats de location d'espace de bureau, l'achat d'ameublement ou d'outillage, l'engagement de personnel, les emprunts, etc.

En vertu du droit actuel, par application de la théorie de l'accessoire, on considère que les actes suivants revêtent un caractère commercial: la souscription d'actions[107], le contrat d'achat-vente d'actions[108], le contrat de société commerciale[109] et l'achat et la vente d'un fonds de commerce. Même en vertu d'une interprétation large de notion d'acte d'entreprise, aucun de ces actes ne pourraient être qualifiés d'acte d'entreprise. Ces actes, comme tels, ne sont pas posés dans le cours des activités d'une entreprise et, en conséquence, seront soumis au régime des actes juridiques ordinaires. À ce propos, il convient de souligner que l'article 1767 définit la vente d'entreprise comme celle qui porte sur l'ensemble ou sur une partie substantielle d'une entreprise et qui a lieu en dehors du cours des activités du vendeur.

Dans le droit actuel, on considère également, par application de la théorie de l'accessoire qu'un acte accessoire à un acte de commerce est réputé commercial, même lorsqu'il est posé par un non-commerçant. Il en est notamment ainsi du mandat de vendre un fonds de commerce donné, par un commerçant, à un non-commerçant[110] ainsi que du cautionnement d'une dette commerciale par un non-commerçant[111]. Cette catégorie spéciale d'actes de commerce n'a pas d'équivalent en ce qui concerne les actes d'entreprise. Tout acte accessoire d'un acte d'entreprise sera assujetti au régime des actes civils ordinaires.

Qu'en est-il maintenant du problème des «actes apparents d'entreprise»? Dans le droit actuel, il est possible de concevoir qu'un acte puisse être considéré comme un acte de commerce par l'application de la théorie de l'apparence. Par exemple, si un non-commerçant achète un lot de 500 bicyclettes, on doit considérer, par application de la théorie de l'apparence qu'il pose un acte de commerce vu qu'une opération de cette importance relève des actes qui sont normalement posés par une entreprise qui exploite un commerce de bicyclettes. Nous croyons qu'en vertu du *Code civil du Québec*, un acte de cette nature devrait également être assimilé à un acte d'entreprise, par la théorie de l'apparence.

Reste le problème soulevé par la lettre de change, le chèque et le billet. La jurisprudence dans son ensemble[112] considère que la lettre de change, le chèque et le billet sont des actes de commerce par la forme. D'où la question de savoir, quelles sont les conséquences qui peuvent découler sur le plan de la preuve de la suppression par le Code de la notion d'acte de commerce et partant de la notion d'acte de commerce par la forme? On pourrait être tenté d'en déduire que ces actes vont désormais être considérés, sur le plan de la preuve, comme tout autre acte juridique et que le régime de preuve qui leur sera applicable va varier selon qu'il s'agira d'un acte d'entreprise ou non.

Il y a lieu toutefois de se demander s'il est bien au pouvoir de la législature québécoise de modifier le régime de preuve des lettres de change, chèques et billets, matière qui relève de la compétence du Parlement fédéral en vertu de l'*Acte constitutionnel de 1867*[113]. Selon nous, ce pouvoir ne lui appartient pas. C'est pourquoi, nous pensons que, même après la promulgation du *Code civil du Québec*, le régime de preuve des effets de commerce va continuer d'être régi par les articles 2340, 2341, 2342, 2346 et 2354 du *Code civil du Bas Canada*. Il y a lieu de rappeler que lors de l'adoption, en 1890, de la première *Loi sur les lettres de change*, le législateur fédéral a abrogé[114] les articles 2279 à 2354 C.c.B.C. «sauf en tant que ces articles ou quelques-uns d'entre eux, avaient trait à la preuve à l'égard des lettres de change, chèques et billets». Par l'effet de cette disposition les articles précités, dans la mesure où ils avaient trait à la preuve, ont été intégrés à la législation fédérale. Parce que ces articles forment partie de la législation fédérale, seul le Parlement fédéral est compétent pour les abroger.

C. Troisième condition: la preuve doit être faite à l'encontre de l'exploitant de l'entreprise

Pour que le régime d'exception s'applique, il ne suffit pas que l'acte juridique se rapporte à une entreprise et que cet acte ait été passé dans le cadre des activités de cette entreprise, il faut de plus que la preuve vise à établir l'existence de cet acte à l'encontre de l'exploitant de l'entreprise. En effet, en vertu de l'article 2862, le recours au témoignage est permis lorsqu'il s'agit de prouver contre une personne tout acte juridique passé par elle dans le cours des activités d'une entreprise. Pour bien saisir cette condition, il faut se rappeler que dans le cas des actes de commerce, il a lieu de distinguer entre les actes de commerce réputés tels à l'égard de toutes les parties à cet acte et les actes mixtes. En effet, sauf dans le cas de l'acte de commerce par la forme, la commercialité d'un acte dépend d'un critère subjectif, de sorte que pour procéder à sa qualification, il est nécessaire de l'apprécier par rapport à chacune des personnes qui y ont concouru. Lorsqu'après avoir fait cette analyse, il appert que l'acte revêt, par rapport à chacune, un caractère commercial, cet acte va être régi à l'égard de toutes les parties, par les règles de preuve du droit commercial. En revanche, si l'acte est réputé commercial à l'égard d'une partie et, civil quant à une autre, l'acte est alors dit mixte. Dans le droit actuel, en règle générale, lorsqu'un non-commerçant contracte avec un commerçant, l'acte est mixte. Par exception à cette règle, la loi répute acte de commerce à l'égard de toutes les parties, certains contrats d'un genre particulier. Une exception de ce genre se trouve énoncée au paragraphe 5 de l'article 2260 C.c.B.C. Elle concerne la vente entre un commerçant et non-commerçant qui est réputée dans tous les cas commerciale. Certaines exceptions de cette nature ont même été créées par la jurisprudence. Ces exceptions concernent notamment le contrat entre un agent de change et une partie civile[115], de même que le contrat d'affrètement[116].

L'article 2862 consacre, à propos des actes d'entreprise, la théorie des actes mixtes. En effet, pour qu'un acte d'entreprise puisse être prouvé par témoins, il faut qu'il ait cette qualité à l'égard de la personne à qui il est opposé. C'est dire que si un particulier passe un contrat avec une entreprise, le particulier va pouvoir recourir à la preuve testimoniale en vue d'en faire la preuve. À l'inverse, si c'est l'entreprise qui veut établir l'existence du contrat contre ce particulier, c'est le régime ordinaire qui va s'appliquer et le recours à la preuve testimoniale va être en principe prohibé. Advenant qu'il soit confirmé que l'expression «dans le cours des activités d'une entreprise» doit recevoir une interprétation restrictive, la théorie des actes mixtes va également s'appliquer dans des contrats entre entreprises. Par exemple, la vente d'un camion, par une entreprise qui a pour objet le commerce des véhicules automobiles, à une entreprise de transport aura un caractère mixte. La preuve à l'égard du vendeur sera régie par les règles applicables aux actes d'entreprise tandis que la preuve à l'égard de l'acheteur sera régie par les règles applicables aux actes civils ordinaires.

Contrairement au droit antérieur, la théorie des actes mixtes va s'appliquer dans tous les cas sans exception et notamment à propos de la vente entre un commerçant et un non-commerçant, de même qu'en ce qui concerne les contrats entre un agent de change et un particulier.

Par. 2. Le régime applicable à la preuve d'un acte d'entreprise

Tout comme dans le cas d'un acte juridique ordinaire, le régime de preuve des actes d'entreprise va varier selon que cet acte a été ou non rédigé par écrit. S'il a été rédigé par écrit, il devra, par application de l'article 2860, être prouvé par la production de l'original de cet écrit ou d'une copie qui légalement en tient lieu. Si l'acte n'a pas été rédigé par écrit, la preuve pourra être faite par preuve testimoniale. Le réclamant pourra également recourir à un aveu extrajudiciaire. Si cet aveu extrajudiciaire est écrit, l'original de cet écrit ou une copie qui légalement en tient lieu devra être produit (article 2860). S'il est oral, la preuve testimoniale sera autorisée par application de l'article 2867. L'acte juridique pourra également être prouvé au moyen d'une présomption de fait fondée sur des indices prouvés par témoins. La preuve de l'acte juridique pourra également être faite au moyen de la présentation d'un élément matériel.

Ce régime va s'appliquer à tous les actes d'entreprise sans exception. Notamment, les exceptions énoncées à l'article 1235 C.c.B.C. vont être abolies. C'est dire que les actes suivants, à condition d'avoir été passés dans le cours des activités d'une entreprise pourront se prouver par témoins: la renonciation à la prescription; les fausses représentations et les garanties ou assurances en faveur d'une personne dans le but de lui faire obtenir du crédit, de l'argent ou des effets et la vente d'effets ou de marchandises.

Il y a lieu de souligner, tel que nous l'avons vu précédemment, qu'en vertu de l'article 141 de la *Loi sur l'application de la réforme du Code civil*[117], ce nouveau régime concernant la preuve des actes d'entreprise ne s'appliquera qu'aux actes passés après la mise en vigueur du *Code civil du Québec*. Quant au régime de preuve qui est présentement applicable en matière commerciale, il va continuer de s'appliquer à tous les actes juridiques conclus antérieurement à cette date ainsi que dans le cas de fausses représentations ayant pour objet de faire obtenir de l'argent du crédit ou des effets à une personne.

Chapitre III. La recevabilité des moyens de preuve lorsqu'il s'agit de contredire les termes d'un écrit constatant un acte juridique

Dans le droit actuel, ce régime est exprimé à l'article 1234 C.c.B.C. en ces termes:

> 1234. Dans aucun cas la preuve testimoniale ne peut être admise pour contredire ou changer les termes d'un écrit valablement fait.

L'expression «dans aucun cas» a notamment pour effet d'exclure la preuve testimoniale même lorsqu'il existe un commencement de preuve par écrit. La prohibition de la preuve testimoniale décrétée par l'article 1234 C.c.B.C. s'applique non seulement entre les parties, mais également lorsqu'une partie tente de prouver contre un tiers que l'écrit ne reflète pas la véritable convention qui a été conclue. De plus, selon la jurisprudence, la prohibition de la preuve testimoniale s'applique également, tel que nous l'avons déjà mentionné, à la preuve des indices d'une présomption visant à contredire les termes d'un écrit.

Sur le premier point, il semble bien que le régime proposé confirme le droit actuel. L'article 2863 affirme que les parties à un acte juridique constaté par écrit ne peuvent, par témoignage, le contredire ou en changer les termes, sans faire de distinction selon que le litige oppose les parties entre elles ou une partie à l'écrit à un tiers. Sur le deuxième point, le droit actuel est profondément modifié vu qu'aux termes de l'article précité, le recours à la preuve testimoniale est autorisé lorsqu'il existe un commencement de preuve.

Quant à la question de savoir, si une preuve par présomption reposant sur des faits prouvés par témoins, est admissible pour contredire un écrit, elle n'est pas clairement résolue par le Code. Comme c'est uniquement la preuve testimoniale qui, d'après l'article 2863, est déclarée irrecevable, on pourrait croire que cette prohibition n'affecte pas la preuve par présomption vu le principe de la liberté des moyens de preuve affirmé par l'article 2857. Un doute toutefois subsiste. En se fondant sur le principe selon lequel on ne peut faire indirectement ce qu'on ne peut pas faire directement, la jurisprudence pourrait bien décider de reconduire sa jurisprudence actuelle concernant la preuve par présomption et refuser qu'une partie puisse recourir à la preuve testimoniale pour établir une présomption visant à contredire un écrit.

La plus importante modification proposée par le *Code civil du Québec* concerne la recevabilité de la présentation d'un élément matériel pour contredire les termes d'un écrit valablement fait. Tel que nous l'avons déjà mentionné, il s'agit d'une modification excessivement dangereuse pour la sécurité juridique.

Enfin, il y a lieu de mentionner qu'en vertu de l'article 2864, la preuve par témoins est admise lorsqu'il s'agit d'interpréter ou de compléter un écrit ou d'attaquer la validité de l'acte juridique qu'il constate. Il ne fait aucun doute qu'en vertu du droit actuel la preuve testimoniale est admissible lorsqu'il s'agit d'interpréter un écrit ou d'attaquer la validité de l'acte juridique qu'il constate. Lorsqu'il s'agit toutefois de compléter un écrit, la recevabilité de la preuve testimoniale dépend de l'état de l'écrit en question, car c'est seulement dans le cas d'un écrit apparemment incomplet que la preuve testimoniale est permise. Le projet de Code omettait cette précision[118] et il est heureux que l'article 2864 C.c.Q.[119] ait corrigé cette omission. En effet, la prohibition de la preuve testimoniale à l'encontre d'un écrit vise autant à protéger le contenu exprès que le contenu implicite du contrat qui y est exprimé[120]. Le contenu implicite d'un contrat, ce sont toutes les clauses qui s'y appliquent en vertu de l'équité de l'usage ou de la loi aux termes de l'article 1024 C.c.B.C. et de l'article 1434 C.c.Q. C'est ainsi que si un écrit constatant une vente ne contient rien au sujet de la garantie, on présumera que les parties ont entendu s'en rapporter aux dispositions légales à ce sujet. Aussi, une preuve qui viserait à démontrer que, malgré le silence de l'écrit au sujet de la garantie, la vente a été faite sans garantie, aurait pour objet, non pas de compléter l'écrit, mais de le contredire. L'article 2864 vient donc confirmer que ce n'est pas seulement le contenu exprès du contrat que le Code entend protéger, mais également son contenu implicite.

Il ne fait aucun doute, à notre avis, que l'article 1234 C.c.B.C. de même que les articles 2863 et 2864 se rapporte à la matière de la preuve préconstituée. L'écrit qui est rédigé en vue de constater un acte juridique est pas sa finalité même une «preuve préconstituée». Il s'ensuit que par application de l'article 141 de *Loi sur l'application de réforme du Code civil*[121], c'est le régime résultant de l'article 1234 C.c.B.C. qui va continuer de s'appliquer aux écrits qui auront été rédigés avant la mise en vigueur du *Code civil du Québec*. Le nouveau régime résultant des articles 2863 et 2864 C.c.Q. ne s'appliquera qu'aux écrits rédigés postérieurement à cette date.

Chapitre IV. Le régime de la règle de la meilleure preuve

La règle de la meilleure preuve que consacre l'article 1204 C.c.B.C. est exprimée d'une façon beaucoup plus explicite par l'article 2860 du Code en ces termes:

> 2860. L'acte juridique constaté dans un écrit ou le contenu d'un écrit doit être prouvé par la production de l'original ou d'une copie qui légalement en tient lieu.

En effet, l'article 1204 C.c.B.C., malgré la généralité de ses termes, ne s'applique qu'à la preuve écrite et il convenait de le dire clairement.

Le Code modifie le droit actuel sur deux points dont l'un concerne la preuve primaire et l'autre la preuve secondaire. Au sujet de la preuve primaire, le Code confère à la copie d'une reproduction de documents qui a été effectuée conformément aux articles 2840 à 2842, la même valeur qu'à l'original. Pour ce qui est de la preuve secondaire, le Code allège les conditions de recevabilité de cette preuve, en permettant que la preuve d'un document puisse être faite par tous moyens lorsqu'une partie ne peut, malgré sa bonne foi et sa diligence, produire l'original de l'écrit ou une copie qui légalement en tient lieu.

Lorsqu'on analyse l'article 2860 au regard de l'article 141 de la *Loi sur l'application de la réforme du Code civil*[122], il y a lieu de se demander si cet article est susceptible de s'appliquer aux écrits rédigés avant la mise en vigueur du *Code civil du Québec*. Cela revient à se demander si l'article 2860 se rapporte ou non à la «matière de la preuve préconstituée». L'article 2860 vise à réglementer deux situations distinctes: la preuve du contenu d'un écrit et la preuve d'un acte juridique constaté par écrit. Si en ce qui concerne la preuve du contenu d'un écrit, il s'agit d'une question étrangère à la matière de la preuve préconstituée, il en va différemment dans le second cas. C'est pourquoi nous pensons que lorsqu'il s'agit de la preuve d'un acte juridique constaté par écrit, c'est le régime des articles 1204 et 1233, paragraphe (6) C.c.B.C. qui va continuer de s'appliquer à tout écrit qui a été rédigé avant la mise en vigueur du nouveau Code. Toutefois, lorsqu'il s'agit simplement de la preuve du contenu d'un écrit, comme lorsqu'il s'agit de prouver le contenu d'un registre, c'est le nouveau régime tel que défini par l'article 2860 C.c.Q. qui sera applicable.

Section I - Le régime des copies de reproduction de documents

La réglementation concernant les copies de reproduction de documents se trouvent aux articles 2840 à 2842. Ces articles se trouvent, à toutes fins pratiques, à généraliser, en l'incorporant au Code civil, un régime d'exception dont la réglementation se trouve présentement à la *Loi sur la preuve photographique de documents*[123], loi qui sera abrogée dès la mise en vigueur du *Code civil du Québec*[124].

Il existe toutefois entre le régime proposé et les règles actuelles des divergences que nous nous proposons de souligner en étudiant successivement, les bénéficiaires du régime, les documents qui peuvent en faire l'objet, les règles quant à la reproduction et à la valeur probatoire des copies de reproduction.

Par. 1. Les bénéficiaires

La *Loi sur la preuve photographique de documents*[125] (ci-après désignée comme la Loi), confère à certaines institutions nommément désignées, de même qu'à tout organisme à qui cette loi est déclarée applicable par décret, le droit de procéder à la reproduction sur pellicule photographique des documents en leur possession, pour que cette reproduction tienne lieu des originaux et ce, afin de leur permettre de procéder à la destruction de ces originaux. Les institutions nommément désignées sont: le gouvernement du Québec, les commissions scolaires, les banques à charte fédérale, les compagnies d'assurance faisant affaires au Québec en vertu d'un permis émis sous l'empire de la *Loi sur les assurances*[126], les compagnies de fidéicommis enregistrées en vertu de la *Loi sur les compagnies de fidéicommis*[127]. Quant aux organismes à qui la Loi peut être déclarée applicable par décret, il s'agit de toute association, société, ou corporation publique ou privée qui n'y est pas spécialement mentionnée[128].

Si l'on examine maintenant quels sont les organismes qui en vertu du Code peuvent bénéficier du régime spécial concernant la reproduction des documents, on constate qu'il s'agit de l'Etat et de toute personne morale de droit public ou de droit privé. L'expression «l'État» désigne ici, selon toute vraisemblance l'État québécois. Quant à l'expression «personne morale de droit public ou de droit privé», il faut, pour son interprétation, s'en rapporter aux articles 298 et 299 C.c.Q. Selon l'article 298, les personnes morales ont la personnalité juridique et elles sont de droit public ou de droit privé. En vertu de l'article 299, les personnes morales sont constituées suivant les formes juridiques prévues par la loi et parfois directement par la loi. De ces dispositions , il résulte que, pour qu'une institution jouisse de la personnalité morale, il faut que cette personnalité lui ait été attribuée directement ou indirectement par la loi. Les sociétés et les associations, lorsque leur origine est purement contractuelle, ne jouissent pas de la personnalité morale, comme le confirme d'ailleurs l'article 2188 C.c.Q. en ses termes:

> 2188. La société est en nom collectif, en commandite ou en participation. Elle peut être aussi par actions; dans ce cas, elle est une personne morale.

Parce que les sociétés et les associations ne bénéficient pas de la personnalité morale, elles ne pourront donc pas se prévaloir du régime d'exception des articles 2840 à 2842. Il s'agit là d'un recul par rapport à la présente Loi.

Par ailleurs, comme le droit de procéder à la reproduction de documents est étendu à toutes les personnes morales de droit public et de droit privé sans distinction, il s'ensuit que même les personnes morales étrangères peuvent en bénéficier. Sur ce point, le Code fait preuve d'un libéralisme qui nous apparaît dangereux, surtout lorsqu'on tient compte de l'absence de toutes règles concernant les documents dont la reproduction est autorisée.

Par. 2. Les documents qui peuvent être reproduits

Selon la Loi actuelle, les documents qui peuvent être reproduits, puis détruits, sont tous les documents de plus de cinq ans de date[129], à l'exclusion des documents appartenant à un tiers et qui doivent lui être remis. Quant au Code, il demeure silencieux sur la nature des documents qui peuvent être reproduits. Il y est question uniquement du mode de preuve d'un document qui a été reproduit ainsi que de la procédure à suivre lorsqu'il s'agit de procéder à la reproduction d'un document. D'où la question de savoir s'il suffit qu'un document ait été reproduit en conformité des règles qui y sont énoncées pour qu'on puisse le prouver selon le mode prévu à l'article 2840. Si tel est le cas, cela voudrait dire que toute personne morale pourrait, à sa seule discrétion, décider si un document doit être conservé tel quel ou simplement reproduit. Cette question se pose d'autant plus que dans l'Avant-projet, l'article 3018, auquel correspond maintenant l'article 2840 C.c.Q., exigeait que trois années se soient écoulées depuis la date d'un document avant que celui-ci puisse être reproduit.

Antérieurement à l'adoption de la *Loi sur l'application de la réforme du Code civil*[130], nous avons espéré que le silence du Code en ce qui concerne la nature des documents qui peuvent être reproduits, pourrait s'expliquer par le fait que cette question ferait éventuellement l'objet d'une réglementation appropriée dans une loi spéciale. Cette espérance s'est avérée vaine vu que la *Loi sur l'application de la réforme du Code civil*[131] se contente d'abroger purement et simplement la *Loi sur la preuve photographique des documents*[132]. Pour notre part, nous trouvons inconcevable que la loi puisse permettre que tout document sans distinction puisse, immédiatement après sa création, être reproduit, puis détruit. En effet, malgré les progrès considérables que la technique a réalisés dans le domaine de la reproduction des documents, il n'en demeure pas moins qu'une copie ne peut pas remplacer totalement un original lorsque l'authenticité de cet original est mise en question.

Par. 3. Les règles quant à la reproduction des documents

Au sujet de la reproduction, l'article 2841, à la différence de la Loi actuelle, n'impose pas le recours à la photographie. Selon cet article, tout procédé de reproduction peut être utilisé pourvu que ce procédé soit susceptible de reproduire fidèlement l'original, de constituer une image indélébile de celui-ci et de permettre de déterminer le lieu et la date de la reproduction.

Quant à la reproduction elle-même, elle doit, selon la Loi actuelle, être faite en présence de deux personnes spécialement autorisées à cette fin. Selon l'article 2841, la reproduction va pouvoir se faire en la présence d'un seul témoin autorisé. En vertu de l'article 2842, ce témoin, tout comme sous la Loi actuelle, devra, dans un délai raisonnable, attester la réalisation de cette opération dans une déclaration assermentée. Cette déclaration devra certifier de la fidélité de la reproduction et porter mention de la nature des documents reproduits et des lieu et date de la reproduction. Alors que, sous la Loi actuelle, la déclaration de reproduction doit être faite en double exemplaire, en vertu du Code, elle pourra être faite en un original simple.

Un autre point de divergence entre la Loi actuelle et le Code porte sur la destruction des documents une fois qu'ils ont été reproduits. Selon la Loi actuelle, la reproduction d'un document doit être suivie de sa destruction en présence de deux personnes spécialement autorisées à cette fin. Ces témoins doivent de plus attester de la réalisation de cette opération dans une déclaration assermentée. Vu que le Code ne fait plus de la destruction d'un document, une condition préalable à l'utilisation en preuve d'une copie d'une reproduction de ce document, il faut en déduire qu'une telle copie demeure recevable même lorsque l'original existe toujours. À notre avis, tant que l'original subsiste, une partie devrait toujours avoir le droit d'exiger qu'il soit produit et le recours à une copie ne devrait pas être permis.

Par. 4. Du mode de preuve des documents reproduits

Le mode de preuve d'un document reproduit est, selon le Code, similaire à celui défini par la Loi actuelle. L'article 2840 prescrit à ce sujet que la preuve se fait par le dépôt d'un extrait ou d'une copie de la reproduction et par le dépôt de l'original de la déclaration du témoin qui en a certifié la fidélité.

L'original de cette déclaration peut toutefois être remplacé par une copie ou un extrait certifié conforme à cet original. Aucune précision n'est cependant donnée quant à l'identité de la personne qui sera compétente pour attester la conformité d'une copie à l'original. Dans la Loi actuelle, il est prévu que, dans le cas des documents en la possession d'un organisme public, le Conservateur des archives nationales du Québec, possède une telle compétence et que, dans les autres cas, elle appartient au notaire qui a été choisi comme dépositaire des deux exemplaires des déclarations exigées par la Loi.

Il y a lieu également de rappeler que, contrairement à la Loi actuelle, la déclaration concernant la reproduction d'un document ne doit pas être accompagnée d'une déclaration portant que le document en question a été détruit.

Enfin, il convient de souligner que tant la Loi actuelle que le Code passent sous silence le problème de la conservation des reproductions et celui de la conformité de la copie à cette reproduction. En effet, il n'est pas suffisant qu'un document, à l'origine, ait été fidèlement reproduit, encore faut-il que le document qui est présenté comme une copie de cette reproduction, y soit conforme. Ceci implique que les reproductions soient confiées à la garde d'une personne responsable qui doit en assurer la conservation et à qui doit incomber d'en délivrer des copies ou des extraits conformes. Il faut regretter que le Code ne contienne aucune règle à ce sujet.

Section II- Des conditions d'ouverture à la preuve secondaire

Le Code modifie les conditions d'ouverture à la preuve secondaire. Dans le *Code civil du Bas Canada*, ces conditions sont énoncées à l'article 1204 ainsi qu'au paragraphe (6) de l'article 1233. C'est notamment le paragraphe (6) de l'article 1233 qui précise à quelles conditions une preuve secondaire est recevable lorsque l'original d'un document a été perdu. En vertu de cette disposition, c'est seulement au cas de perte d'un document par cas imprévu qu'une telle preuve est recevable.

Or, en vertu de l'article 2860, une preuve secondaire va devenir recevable si le réclamant démontre que malgré sa bonne foi et sa diligence, il ne peut produire l'original. Comme en vertu de l'article 2805, la bonne foi se présume, c'est dire qu'il suffira au réclamant de démontrer qu'il a fait diligence pour être admis à faire une preuve secondaire du document qu'il invoque. Est-ce que la diligence dont il s'agit à cet article réfère uniquement aux soins que le réclamant a mis à rechercher le document ou est-ce que qu'elle s'étend également aux soins qu'il a mis à sa conservation? Si le tribunal adoptait cette seconde interprétation, la situation ne serait guère différente de celle qui prévaut présentement. Celui qui a fait preuve de diligence dans la conservation d'un document peut toujours prétendre que son impossibilité de le produire provient d'un cas imprévu dont il ne peut être tenu responsable. Si la diligence devait se limiter à démontrer que des recherches infructueuses ont été entreprises pour trouver le document, alors il en résulterait un allégement des conditions d'ouverture à la preuve secondaire par rapport au droit actuel.

Chapitre V. La prohibition de la preuve par ouï-dire et ses exceptions

Section I - La prohibition de principe de la preuve par ouï-dire sous le droit actuel et selon le *Code civil du Québec*

La prohibition de la preuve par ouï-dire est une règle de preuve que nous avons hérité du droit anglais. En droit anglais, la prohibition de la preuve par ouï-dire constitue la principale exception à la règle de principe selon laquelle la preuve de tout fait pertinent au litige est recevable. Comme toutes les règles de preuve du droit anglais, la règle interdisant la preuve par ouï-dire a été élaborée par la jurisprudence. C'est la jurisprudence également qui a créé toute une série d'exceptions à cette règle pour déclarer admissibles certaines déclarations extrajudiciaires. Toutes ces exceptions ont été élaborées par la jurisprudence anglaise de façon ponctuelle et sans que les tribunaux aient été guidés par des principes directeurs[133].

Deux facteurs à notre avis ont contribué à introduire en droit québécois les règles du droit anglais concernant la preuve par ouï-dire. Il y a eu, tout d'abord, l'*Ordonnance de Carleton* qui a rendu le droit anglais applicable dans les matières commerciales. Mais le facteur déterminant a été l'adoption par le droit québécois du système anglais d'administration des preuves et, plus particulièrement, l'adoption des règles d'administration de la preuve testimoniale. C'est d'ailleurs sur ces règles contenues au *Code de procédure civile* que, dans l'affaire *Royal Victoria Hospital* c. *Morrow*[134], la Cour suprême s'est fondée pour affirmer que la règle du droit anglais interdisant la preuve par ouï-dire faisait partie intégrante de notre droit.

Dans le *Code civil du Québec*, la prohibition de la preuve par ouï-dire a été codifiée au deuxième alinéa de l'article 2843 en ces termes:

> Il [le témoignage] doit, pour faire preuve être contenu dans une déposition faite à l'instance, sauf du consentement des parties ou dans les cas prévus par la loi.

Tant sous le droit actuel qu'en vertu du *Code civil du Québec*, la prohibition de principe de la preuve par ouï-dire est assortie d'exceptions. Si en ce qui concerne la prohibition comme telle, le Code ne fait que confirmer le droit existant, on va voir qu'il en va différemment en ce qui concerne le régime des exceptions.

Section II - Le régime des exceptions à la prohibition de la preuve par ouï-dire

Par. 1. Le régime des exceptions selon le droit actuel

Sous le Code actuel, les exceptions à l'interdiction de la preuve par ouï-dire peuvent être rangées en deux catégories: les exceptions codifiées, c'est-à-dire celles qui résultent d'une disposition expresse de la loi et les exceptions non codifiées, c'est-à-dire celles qui trouvent leur source en droit en anglais.

Les exceptions non codifiées sont de loin les plus nombreuses et les plus importantes. Évidemment, il n'y a pas lieu de rappeler ici chacune de ces exceptions et d'en définir les conditions d'application. Il importe toutefois de s'interroger sur le caractère limitatif ou non de cette liste d'exceptions.

— La liste des exceptions à l'interdiction de principe de la preuve par ouï-dire a-t-elle un caractère limitatif?

En droit anglais, toutes les exceptions à la prohibition du ouï-dire ont été élaborées par la jurisprudence de façon ponctuelle et sans que les tribunaux aient été guidés par des principes directeurs. La Chambre des lords traitant de l'état du droit anglais concernant la prohibition de la preuve par ouï-dire, a déclaré, par un jugement majoritaire, dans l'affaire *Myers* c. *D.P.P.*[135], que l'état du droit à ce sujet avait atteint au XIXe siècle son stade ultime de développement et qu'il n'appartenait plus aux tribunaux, mais au législateur, de créer de nouvelles exceptions, les tribunaux devant se contenter désormais de gérer les exceptions déjà reconnues. Toutefois, dans l'affaire *Ares* c. *Venner*[136], la Cour suprême du Canada a refusé d'adhérer à une doctrine aussi rigide et s'est ralliée à la position des juges minoritaires dans l'affaire *Myers*[137]. Elle a jugé en conséquence que nos tribunaux possèdent le pouvoir de créer de nouvelles exceptions. Puis, exerçant ce pouvoir, elle a affirmé que les dossiers d'hôpitaux y compris les notes des infirmières, rédigés au jour le jour par une personne qui a une connaissance personnelle des faits et dont le travail consiste à faire les écritures ou rédiger les dossiers doivent être reçus en preuve comme preuve *prima facie* des faits qu'ils relatent. La Cour suprême a confirmé le pouvoir créateur des tribunaux en ce qui concerne les exceptions à la prohibition de la preuve par ouï-dire dans les affaires *R.* c. *Khan*[138], *R.* c. *Seaboyer*[139] et *R.* c. *Smith*[140]. Dans cette dernière affaire, la Cour suprême a notamment affirmé:

> La preuve par ouï-dire des déclarations faites par des personnes non disponibles pour témoigner au procès devrait généralement être admissible, lorsque les circonstances dans lesquelles les déclarations ont été faites satisfont aux critères de nécessité et de fiabilité énoncés dans l'arrêt *Khan*, et sous réserve du pouvoir discrétionnaire résiduel que possède le juge du procès d'exclure la preuve lorsque sa valeur probante est faible et que l'accusé pourrait subir un préjudice indu[141].

Même si l'arrêt *Ares* c. *Venner*[142] a été rendu en appel d'une décision de la Chambre d'appel de la Cour suprême de l'Alberta, et que les autres arrêts ont été rendus en matière criminelle, il ne fait aucun doute que ces décisions font également autorité en droit civil québécois. En effet, dans la mesure où les exceptions à la prohibition de la preuve par ouï-dire en droit civil québécois relèvent de la common law, toute décision de la Cour suprême ayant pour effet d'expliciter les règles de la common law à ce sujet, doit recevoir application au Québec. C'est ainsi que par l'effet de l'arrêt *Ares*[143], le droit québécois s'est trouvé à s'enrichir d'une nouvelle exception: soit celle relative aux dossiers hospitaliers, exception à laquelle nos tribunaux ont d'ailleurs donné effet[144].

L'arrêt *Ares*[145] a entraîné un autre résultat. Il s'est trouvé à investir nos tribunaux du pouvoir de créer de nouvelles exceptions à l'interdiction de la preuve par ouï-dire. C'est en invoquant l'autorité de cet arrêt que la Cour supérieure a permis à un assureur de se servir du rapport d'un inspecteur municipal des bâtiments pour établir que l'immeuble de son assuré était inoccupé au moment d'un incendie, sans exiger la démonstration de l'impossibilité de faire comparaître comme témoin l'auteur de ce rapport[146]. C'est également en s'appuyant sur l'autorité de l'arrêt *Ares*[147] que le Tribunal de la jeunesse, a créé une nouvelle exception à la prohibition du ouï-dire au profit des déclarations des enfants en bas âge au sujet des abus sexuels dont ils auraient été victimes[148]. C'est cette jurisprudence qui est à l'origine des modifications qui ont été apportées à la *Loi sur la protection de la jeunesse*[149] en vue précisément de permettre l'utilisation en preuve de telles déclarations. Cette réglementation se trouve aux articles 85.1 à 85.6 de cette loi. Par ailleurs, il n'est pas sans intérêt de constater que la Cour suprême, dans l'affaire *R.* c. *Smith*[150], se trouve à avoir donné un effet anticipé aux règles du *Code civil du Québec* concernant les conditions d'admissibilité d'une preuve par ouï-dire, vu que cette cour, a défini ces conditions dans des termes similaires à ceux que contient l'article 2870 C.c.Q.

Par. 2. Le régime des exceptions à la prohibition du ouï-dire selon le *Code civil du Québec*

Relevons tout d'abord que le Code confirme le droit existant en ce qui concerne la preuve par ouï-dire qui est admise du consentement des parties. Là ou le Code diffère du droit actuel, c'est en ce qui concerne les autres exceptions. En effet, les rédacteurs du Code, au lieu de chercher à codifier chacune des exceptions reconnues, ont préféré énoncer à quelles conditions une déclaration extrajudiciaire peut être admissible en preuve à titre d'exception à la prohibition de la preuve par ouï-dire. Pour les fins de la détermination de ces conditions, ils ont établi une distinction entre les déclarations extrajudiciaires d'une personne qui ne comparaît pas comme témoin et les déclarations extrajudiciaires d'une personne qui comparaît comme témoin. L'article 2870 traite des déclarations de la première catégorie et l'article 2871 des déclarations de la deuxième catégorie.

A. Le régime des déclarations d'une personne qui ne comparaît pas comme témoin

Pour ce qui est des déclarations d'une personne qui ne comparaît pas comme témoin, l'article 2870 pose des conditions de fond et des conditions de procédure.

I - Conditions de fond

L'article 2870 impose deux conditions: une condition de nécessité et une condition de fiabilité. Il s'agit, en fait, des deux conditions qui apparaissent comme le dénominateur commun des exceptions créées par la jurisprudence anglaise au sujet des déclarations de personnes décédées et que la Cour suprême vient de consacrer dans l'arrêt *R.* c. *Smith*[151].

a) Condition de nécessité

Pour que la déclaration d'une personne qui ne comparaît pas comme témoin soit recevable, il faut comme première condition qu'il soit impossible d'obtenir la comparution du déclarant comme témoin, ou déraisonnable de l'exiger. Il s'agit de la condition de nécessité.

Toutefois, il y a lieu de souligner que, contrairement aux règles traditionnelles, ce n'est pas uniquement le décès du déclarant, mais également l'impossibilité pour toute autre raison valable d'obtenir sa comparution, qui rend sa déclaration recevable en preuve. Cette impossibilité pourrait résulter de la maladie, de l'éloignement ou encore de l'impossibilité de l'identifier ou de la retracer.

Selon l'article 2870, la condition de nécessité est également satisfaite lorsqu'il est déraisonnable d'exiger la comparution du déclarant comme témoin. Cette situation pourrait notamment se présenter à propos d'annotations ou d'écritures faites de façon systématique dans un registre lorsqu'il y a lieu de présumer que celui qui les a faites n'a pas pu conserver un souvenir précis des faits qu'il y a consignés. Ce serait le cas, par exemple, des entrées faites méthodiquement par les infirmières dans les dossiers d'hôpitaux.

b) Condition de fiabilité

Comme deuxième condition, il faut que les circonstances entourant la déclaration donne à celle-ci des garanties suffisamment sérieuses pour pouvoir s'y fier. Cette exigence correspond à la condition de fiabilité qui est commune à toutes les exceptions que la jurisprudence anglaise a élaborées au profit des déclarations de personnes décédées.

Il existe toutefois trois cas dans lesquels cette condition de fiabilité est présumée satisfaite: i) lorsqu'il s'agit de documents élaborés dans le cours des activités d'une entreprise; ii) lorsqu'il s'agit de documents insérés dans un registre dont la loi exige la tenue; et iii) lorsqu'il s'agit de déclarations spontanées et contemporaines de la survenance des faits.

1) Cas dans lesquels une déclaration est présumée fiable

i - Les documents d'entreprise

L'article 2870 crée une présomption de fiabilité en faveur des documents élaborés dans le cours des activités d'une entreprise. Par cette présomption, les documents d'entreprise se trouvent à bénéficier d'un traitement de faveur qui contraste avec la méfiance dont ils sont entourés sous le Code actuel. En effet, en vertu de l'article 1227 C.c.B.C., les registres et papiers domestiques ne peuvent faire foi en faveur de leur auteur. C'est pourquoi, il est douteux, sous le droit actuel, qu'une entreprise, en vue de prouver un fait contre un tiers, puisse se prévaloir de l'exception des déclarations dans l'exécution des fonctions. Or, tel que nous l'avons vu précédemment, l'article 1227 n'a pas été conservé dans le Code. On lui a substitué l'article 2832 selon lequel l'écrit, ni authentique ni semi-authentique, qui rapporte un fait peut, sous réserve des règles contenues dans ce livre, être admis en preuve à titre de témoignage ou à titre d'aveu contre son auteur. Les cas dans lesquels un écrit de ce genre peut être admis à titre de témoignage se trouvent précisés aux articles 2870 et 2871. L'un de ces cas concerne les documents élaborés dans le cours des activités d'une entreprise vu qu'en vertu de l'article 2870 ils bénéficient d'une présomption de fiabilité.

ii - Les documents insérés dans un registre dont la tenue est exigée par la loi

L'article 2870 confère également une présomption de fiabilité aux documents insérés dans un registre dont la tenue est exigée par la loi. Que faut-il entendre par l'expression «un registre dont la tenue est exigée par la loi»? S'agit-il uniquement des registres à caractère public ou s'agit-il également des registres privés? S'il s'agit des registres publics, la disposition nous apparaît inutile. En effet, les seuls registres de cette nature concernent les registres de l'état civil et les registres des droits soumis à la publicité. Comme ces registres revêtent un caractère authentique, ils font preuve de tous les faits que l'officier public doit y consigner, tel que l'affirme l'article 2818. C'est donc le régime des écrits instrumentaires qui s'applique à ces registres et non celui de la preuve testimoniale.

Si, par ailleurs, ce sont les registres privés dont la loi requiert la tenue qui sont visés, tels les registres dont la tenue est exigée par la *Loi sur les compagnies*[152], il est permis de se demander si tous les documents insérés dans des registres de ce genre peuvent *a priori* être présumés fiables. Seul un inventaire de tous ces documents pourrait permettre de répondre à cette question, inventaire auquel, pour notre part, nous n'avons pas procédé. Il est également très difficile de savoir ce qu'il faut entendre par «document inséré dans un registre». Pour ces raisons, il nous apparaît très difficile de définir la portée exacte de cette exception particulière.

iii - Les déclarations spontanées et contemporaines de la survenance des faits.

La troisième catégorie de déclarations auxquelles l'article 2870 attribue une présomption de fiabilité concerne les déclarations spontanées et contemporaines de la survenance des faits. Selon le droit actuel pour qu'une déclaration de cette nature soit recevable en preuve à titre d'exception à la prohibition de la preuve par ouï-dire, elle doit satisfaire à des conditions très strictes. Elle doit émaner d'une personne en état de choc et porter sur les circonstances de l'événement qui l'a provoqué. Il doit de plus y avoir une telle relation de cause à effet entre l'événement et la déclaration qu'il soit impossible que le déclarant ait pu réfléchir à ce qu'il a dit[153]. Si ces conditions sont réunies, la déclaration est admissible en tant que telle en vue de prouver les faits qui y sont énoncés. Elle demeure recevable même lorsque le déclarant est une personne qui serait disponible pour rendre témoignage. Elle le demeure également lorsqu'elle émane d'une personne qui ne serait pas compétente à rendre témoignage, comme dans le cas où le déclarant est un enfant en bas âge.

Or, en vertu de l'article 2870, l'exception des déclarations spontanées et contemporaines comporte de nouvelles exigences tant en ce qui concerne la compétence à témoigner qu'au sujet de la disponibilité comme témoin du déclarant. Parce que cet article exige que la déclaration ait été faite par une personne qui aurait été compétente à témoigner sur les faits qui y sont énoncés, il s'ensuit que cette exception ne pourra plus s'appliquer dans le cas d'une déclaration émanant d'un enfant qui serait trop jeune pour venir témoigner. De même, pour qu'une déclaration spontanée puisse être recevable en preuve en vertu de l'article 2870, il va falloir que le déclarant ne soit pas disponible pour venir témoigner ou qu'il soit déraisonnable de l'exiger. Lorsque le déclarant comparaît comme témoin, c'est seulement à titre de déclaration antérieure et sujette aux conditions de l'article 2871 qu'elle pourra être recevable.

Il y a lieu également de se demander si en ce qui concerne la déclaration comme telle, le Code se trouve à confirmer le droit existant. En d'autres termes, faut-il interpréter l'expression «déclaration spontanée et contemporaine» comme consacrant le droit actuel à ce sujet? Nous le croyons. Selon nous, en effet, une déclaration ne doit pas être admissible du seul fait qu'elle est spontanée et contemporaine de la survenance d'un événement; il faut de plus que les conditions qui sont présentement exigées d'une telle déclaration soient satisfaites.

2) Les déclarations admissibles sur preuve de leur fiabilité

En dehors des trois cas que nous venons d'analyser, toute autre déclaration faite par une personne qui ne comparaît comme témoin, ne peut être admise à titre de témoignage que sur preuve qu'elle a été faite dans des circonstances qui lui donnent des garanties suffisamment sérieuses pour pouvoir s'y fier. Il ne fait aucun doute, selon nous, que cette exigence devrait être considérée satisfaite en ce qui concerne toutes les déclarations qui, en vertu du droit actuel, sont recevables en preuve à titre d'exceptions à la prohibition de la preuve par ouï-dire. Toutes ces déclarations, en effet, ont en commun le fait qu'elles offrent de sérieuses garanties d'exactitude. En dehors de ces déclarations, il appartiendra à la jurisprudence de déterminer sur la base du critère de la fiabilité énoncé par le Code, celles qui seront également recevables à titre d'exceptions à la preuve par ouï-dire.

On sait que, présentement, en vertu de la jurisprudence de la Cour suprême[154], jurisprudence à laquelle nous avons déjà fait allusion, nos tribunaux possèdent déjà le pouvoir de créer de nouvelles exceptions, mais qu'ils font preuve d'une très grande retenue à ce sujet. Cette attitude va-t-elle changer? Comme, à notre avis, le Code manifeste une volonté de la part du législateur d'autoriser plus librement le recours à la preuve par ouï-dire, il faut espérer que nos tribunaux ne se montreront pas trop conservateurs dans l'application des nouvelles règles.

II - Conditions de procédure

L'article 2870 impose des conditions de procédure pour qu'une déclaration faite par une personne qui ne comparaît pas comme témoin puisse être admise à titre de témoignage. Cet article, en effet, exige avant qu'on puisse faire la preuve d'une telle déclaration que celle-ci soit autorisée par le tribunal sur demande spéciale à cet effet et après avis à la partie adverse. L'objet de cette autorisation préalable est évidemment de permettre au tribunal de vérifier si les conditions d'admissibilité de la preuve sont bien satisfaites. On se serait attendu à ce que la *Loi sur l'application de la réforme du Code civil*[155] contienne une réglementation appropriée de cette demande spéciale dont fait état l'article 2870 C.c.Q. Or, il n'en est rien. Mais ce qui est plus grave, cette loi commet l'erreur de confondre les déclarations qui, en vertu du *Code civil du Québec*, peuvent être admises à titre de témoignages avec les rapports qui, en vertu de l'article 294.1 C.p.c., peuvent être admis pour tenir lieu de témoignage de leur auteur. En effet, en vertu de l'article 255 de la loi précitée, le paragraphe introductif de l'article 294.1 C.p.c. sera modifié de façon à ce que ce paragraphe débute ainsi:

> 294.1. Le tribunal peut accepter *comme déclarations celles prévues au livre De la preuve au Code civil du Québec*, notamment un rapport médical ou le rapport d'un employeur sur l'état du traitement ou des autres avantages dont bénéficie un employé pour tenir lieu du témoignage du médecin ou de l'employeur qui l'a signé... (les italiques sont les nôtres)

Les déclarations prévues au livre *De la preuve* du Code civil, sont recevables en preuve à titre de témoignage parce qu'elles satisfont aux conditions de nécessité et de fiabilité prescrites à ce sujet par le Code. Quant aux rapports énumérés à l'article 294.1, ils sont admissibles pour tenir lieu du témoignage de leur auteur sur la base du consentement de la partie adverse. Une partie peut toujours refuser ce consentement et exiger que l'auteur du rapport vienne témoigner. Seule une méconnaissance du régime propre à chacune de ces deux catégories de déclaration peut expliquer qu'on ait pu ainsi les confondre.

B. L'exception relative aux déclarations antérieures d'une personne qui comparaît comme témoin

En vertu de l'article 2871, lorsqu'une personne comparaît comme témoin, ses déclarations antérieures sur des faits au sujet desquels elle peut légalement déposer, peuvent être admises à titre de témoignages à la seule condition de présenter des garanties suffisamment sérieuses pour pouvoir s'y fier. La recevabilité en preuve de telles déclarations n'est pas assujettie à un contrôle préalable du tribunal. Sous le droit actuel, la prohibition de la preuve par ouï-dire s'oppose à ce qu'un témoin puisse référer à ses propres déclarations antérieures en vue de prouver un fait en litige. De plus, un témoin ne peut, en vue de rehausser sa propre crédibilité, invoquer ses propres déclarations antérieures. C'est seulement lorsque la partie adverse cherche à miner la crédibilité d'un témoin en lui imputant une fabrication récente de témoignage, que celui-ci peut invoquer ses déclarations antérieures compatibles avec son témoignage en vue de repousser cette attaque contre sa crédibilité.

Ces deux règles devront être revues à la lumière de l'article 2871 vu qu'en vertu de cet article, toute déclaration antérieure d'un témoin est admissible à titre de témoignage, si cette déclaration présente des garanties suffisamment sérieuses pour qu'on puisse s'y fier. Il incombera évidemment à la jurisprudence de définir en quoi vont consister ces garanties, mais d'ores et déjà, il est permis de penser que les déclarations qui, aux termes de l'article 2870, sont présumées fiables, vont bénéficier de la même présomption lorsqu'elles seront offertes à titre de témoignages en vertu de l'article 2871.

Aussi, le principal problème que soulève l'article 2871 est-il celui de savoir si la fiabilité d'une déclaration antérieure doit se décider en vertu des mêmes critères que ceux applicables à la déclaration d'une personne non disponible pour rendre témoignage. En d'autres termes, est-il possible qu'une déclaration soit admissible en preuve à titre de déclaration antérieure lorsque son auteur comparaît comme témoin, alors qu'elle ne le serait pas aux termes de l'article 2870 si son auteur n'était pas disponible pour venir témoigner?

En théorie, il serait justifiable qu'un régime plus libéral s'applique aux déclarations antérieures d'un témoin, vu qu'il est alors possible de contre-interroger ce témoin au sujet de cette déclaration. Au niveau des textes toutefois, il n'est pas évident que telle soit l'intention du législateur. En vertu de l'article 2871, une déclaration peut être admise à titre de témoignage si elle présente des garanties suffisamment sérieuses pour pouvoir s'y fier. En vertu de l'article 2870, une déclaration peut être admise à titre de témoignage si les circonstances entourant la déclaration donnent à celle-ci des garanties suffisamment sérieuses pour pouvoir s'y fier. Dans le premier cas, la déclaration doit présenter des garanties suffisamment sérieuses pour pouvoir s'y fier, alors que dans le second cas, ce sont apparemment les circonstances entourant la déclaration qui doivent lui donner des garanties suffisamment sérieuses pour qu'on puisse s'y fier. Toutefois, comme la fiabilité d'une déclaration dépend toujours des circonstances dans lesquelles elle a été faite, les deux articles se trouvent à exprimer, à notre avis, la même idée, mais en utilisant des formules différentes.

C. La preuve d'une déclaration extrajudiciaire offerte à titre de témoignage

Une déclaration extrajudiciaire ne peut faire preuve que si au préalable elle est elle-même prouvée. Les articles 2872 à 2874 énoncent de quelle manière une déclaration extrajudiciaire doit être prouvée. Ces articles établissent une distinction entre la déclaration orale et la déclaration écrite.

I - La preuve d'une déclaration extrajudiciaire écrite

Selon l'article 2872, lorsque la déclaration extrajudiciaire a été faite par écrit, elle doit être prouvée par la production de cet écrit. Il s'agit d'une application particulière de la règle générale affirmée à l'article 2860 selon laquelle le contenu d'un écrit doit être prouvé par la production de l'original ou d'une copie qui légalement en tient lieu. Doit être considérée comme faite par écrit, la déclaration qu'une personne a écrite elle-même, que ce soit sous forme manuscrite ou autrement, de même que celle qu'elle a reconnue exacte en la signant.

II- La preuve d'une déclaration orale offerte à titre de témoignage

En vertu de l'article 2872, toute déclaration orale offerte à titre de témoignage doit en principe être prouvée par la déposition de l'auteur ou de ceux qui en ont eu personnellement connaissance. Ce principe comporte toutefois trois exceptions.

a) Le principe

Afin d'éviter le ouï-dire dans le ouï-dire, le Code exige que toute déclaration orale offerte à titre de témoignage soit prouvée par la déposition de l'auteur ou de ceux qui en ont eu personnellement connaissance. Évidemment, la preuve d'une déclaration orale par la déposition de son auteur ne sera possible que dans le cas où il s'agit d'une déclaration antérieure d'une personne qui comparaît comme témoin. Lorsque la déclaration émane d'une personne qui ne comparaît pas comme témoin, il sera nécessaire de recourir aux témoignages des personnes qui ont été elles-mêmes témoins de cette déclaration.

b) Les exceptions

Par exception au principe que toute déclaration orale doit se prouver par la déposition de l'auteur ou de ceux qui en ont eu personnellement connaissance, l'article 2873 permet qu'une déclaration orale puisse être prouvée par écrit dans deux cas particuliers. Le premier concerne la déclaration consignée dans un écrit par une personne autre que celle qui l'a faite lorsque le déclarant a reconnu qu'il reproduisait fidèlement sa déclaration. Par exemple, une personne relève le numéro de plaque d'un véhicule automobile et demande à une autre personne de le noter. Celle-ci le note et lit à haute voix le numéro qu'elle a inscrit et le premier en confirme l'exactitude. La preuve de la déclaration orale de celui qui a fait le relevé du numéro pourra se faire par la production de l'écrit où ce numéro a été consigné. Pour que l'exception s'applique, il ne faut pas que l'auteur de la déclaration orale ait approuvé par sa signature le contenu de l'écrit, car il s'agirait alors d'une déclaration écrite et non d'une déclaration orale consignée par écrit.

Le deuxième cas prévu par l'article 2873 est celui de l'écrit qui a été rédigé à la demande du déclarant par une personne qui agissait dans l'exercice de ses fonctions, s'il y a lieu de présumer, eu égard aux circonstances, que l'écrit reproduit fidèlement la déclaration. Par exemple, si deux personnes procèdent ensemble à faire l'inventaire d'un commerce et que l'une d'elles compte les articles et que l'autre les inscrit, l'écrit pourra faire preuve des déclarations de celui qui a procédé au décompte de la marchandise. Dans le cas des activités d'une entreprise, il arrive que la personne qui fait les entrées dans les registres n'est pas celle qui a une connaissance personnelle des faits qui y sont consignés. Dans un tel cas, le registre pourra être utilisé comme preuve des déclarations faites au teneur de livres sur preuve que cet écrit satisfait bien aux conditions du deuxième alinéa de l'article 2873.

Le troisième cas d'exception concerne la déclaration qui a été enregistrée sur ruban magnétique ou par une autre technique d'enregistrement à laquelle on peut se fier. Cette déclaration pourra être prouvée par la présentation de l'enregistrement, à la condition toutefois, qu'une preuve distincte en établisse l'authenticité.

Chapitre VI. La sanction des règles de preuve

L'article 2859 consacre la règle actuelle selon laquelle le tribunal ne peut sanctionner d'office les règles concernant la recevabilité des moyens de preuve, lorsqu'une partie présente fait défaut de les invoquer. On peut se demander, toutefois, pourquoi cet article réfère à «une partie présente ou représentée». Les mots «ou représentée» nous paraissent superflus. Une partie peut être présente soit personnellement ou par un représentant. Ainsi, à l'article 2810, il est dit que le tribunal peut, en toute matière, prendre connaissance des faits litigieux en présence des parties ou lorsque celles-ci ont été dûment appelées. L'expression «en présence des parties» signifie les parties étant présentes elles-mêmes ou représentées. Il n'y a pas lieu de donner à l'expression «une partie présente» de l'article 2859 une signification différente. Il y aurait donc lieu de supprimer les mots «ou représentée» de l'article 2859.

Une autre anomalie concerne l'article 2866. Cet article correspond à l'article 1240 C.c.B.C. et n'est pas à sa place dans le cadre du chapitre traitant de la recevabilité des moyens de preuve. La règle énoncée à l'article 1240 C.c.B.C. a pour objet, tel que nous l'avons vu précédemment, d'attribuer le caractère de présomption irréfragable à toute présomption légale lorsqu'à raison de telle présomption, la loi annule certains actes ou refuse l'action en justice, sans avoir réservé la preuve contraire. L'article 2866 conserve la même finalité. C'est au chapitre troisième «De la présomption» du titre deuxième que cet article aurait dû être inséré. C'est pourquoi nous considérons que la règle énoncée à l'article 2859 ne saurait s'appliquer lorsqu'une preuve est offerte à l'encontre d'une présomption visée par l'article 2866. En effet, parce que toute présomption irréfragable exprime une règle d'ordre public, il incombe au tribunal de l'appliquer d'office.

Conclusion

Sur le strict plan de la forme, le Code, dans son ensemble, est excellent. La division de la matière en trois titres a permis un regroupement logique des règles.

Quant au fond, le Code appelle plus de réserves. En effet, si certaines des réformes proposées méritent d'être approuvées, plusieurs, en revanche, nous paraissent critiquables. Parmi les aspects positifs, il y a lieu de relever les suivants: la clarification apportée à la réglementation des actes authentiques, la reconnaissance expresse que la preuve de la date d'un écrit sous seing privé peut se faire par tous moyens; l'attribution du caractère d'acte semi-authentique à tous les actes émanant d'un officier public étranger; la répudiation de la jurisprudence actuelle de la Cour d'appel en ce qui concerne la force probante des aveux extrajudiciaires; la codification de la règle de la pertinence; l'attribution au tribunal du pouvoir d'exclure un élément de preuve qui a été obtenu dans des conditions qui portent atteinte aux droits et libertés fondamentaux lorsque son utilisation serait susceptible de déconsidérer l'administration de la justice; l'atténuation apportée à la règle présentement exprimée à l'article 1234 C.c.B.C. en rendant recevable la preuve testimoniale pour contredire un écrit lorsqu'il existe un commencement de preuve; la codification de la règle selon laquelle un tribunal ne peut sanctionner d'office les règles concernant la recevabilité des moyens de preuve et l'élaboration de nouvelles règles en ce qui concerne les exceptions à la prohibition de la preuve par ouï-dire. S'il faut également se réjouir que le nouveau Code ait substitué la notion d'acte d'entreprise à celle d'acte de commerce, il doit être sévèrement critiquer pour avoir apparemment restreint le régime d'exception qui leur est applicable en matière de preuve, aux seuls actes passés dans le cours normal des activités d'une entreprise.

D'autres modifications appellent également des réserves. Nous regrettons notamment que l'article 2862 ait retenu la valeur du litige et non pas la valeur de l'acte juridique comme critère permettant de déterminer dans quels cas la preuve testimoniale d'un acte juridique est ou non recevable. Par ailleurs nous ne pouvons comprendre que le nouveau Code accorde à toute reproduction de document faite en conformité des articles 2840 à 2842, la même valeur qu'à l'original.

Mais de tous les changements proposés, ceux qui, selon nous, soulèvent le plus d'interrogations, sont d'une part, le nouveau pouvoir que le Code attribue au tribunal dans la recherche de la vérité et, d'autre part, l'importance conférée à la présentation d'un élément matériel en tant que procédé de preuve. Sur le premier point, en effet, il nous apparaît contraire au caractère accusatoire de notre système d'administration de la preuve, de conférer au tribunal, tel que l'affirme l'article 2810, le pouvoir, en toute matière, de prendre connaissance des faits litigieux, en présence des parties ou lorsque celles-ci ont été dûment appelées. Quant au nouveau moyen de preuve dénommé «présentation d'un élément matériel», le Code, non seulement le consacre en tant que procédé autonome et distinct des procédés traditionnels, mais le déclare librement recevable à toutes fins. Ce changement, à notre avis, porte atteinte à la primauté de l'écrit en tant que moyen de preuve d'un acte juridique et diminue la valeur de la preuve testimoniale en tant que moyen de preuve des faits matériels. À tout le moins cette réforme aurait dû se traduire par l'introduction de nouvelles règles en ce qui concerne l'administration de la preuve. Or, tel n'a pas été le cas et c'est donc aux tribunaux qu'il reviendra de compléter l'oeuvre du législateur.

Notes

* Le présent exposé constitue une version modifiée de l'article suivant: L. DUCHARME, «Le nouveau régime de la preuve en matières civiles selon le Code civil du Québec», (1992) 23 *R.G.D.*, 5.

1. Projet de loi 125, (sanctionné le 18 décembre 1991), 1re session, 34e législature (Qué.).
2. *Avant-projet portant réforme du droit de la preuve et de la prescription et du droit international privé*, (présenté le 16 juin 1988), 2e session, 33e législature (Qué.).
3. L.Q., 1992, c. 57.
4. L.R.., c. R-18.1.
5. *Id.*, art. 20.
6. *Canadian National Steamship Co.* c. *Watson*, [1939] R.C.S. 11.
7. Précitée, note 3.
8. *Ibid.*, art. 603.
9. L.R.Q., c. I-16.

10. Il s'agit des articles 2811, 2819, 2826, 2829, 2831, 2837, 2838, 2839, 2860, 2861, 2862, 2863 et 2864.
11. Il s'agit des articles 2803, 2804, 2808, 2810, 2811, 2818, 2821, 2832, 2843, 2844, 2846, 2847, 2850, 2854, 2857, 2865, 2868, 2870 et 2871.
12. C. FABIEN, «L'utilisation par le juge de ses connaissances personnelles dans le procès civil», (1987) 66 *R. du B. can.* 433, pp. 452 et ss.
13. *Roberge* c. *Bolduc*, [1991] 1 R.C.S. 374, p. 431.
14. C. FABIEN, *loc. cit.*, note 12, p. 467.
15. *Id.*, pp. 452 et ss.
16. *C.U.M.* c. *Les Propriétés Guenter Kaussen*, [1987] R.J.Q. 2641 (C.P.).
17. *Process Piping Specialties Inc.* c. *Banque canadienne impériale de Commerce*, [1986] R.J.Q. 2429 (C.S.).
18. *O'Brien* c. *R.*, J.E. 87-1202 (C.A.).
19. *Daoust* c. *Bérubé*, [1978] C.S. 618.
20. *Ville de Baie-Comeau* c. *D'Astous*, [1992] R.J.Q. 1483.
21. C. FABIEN, *loc. cit.*, note 12, p. 454.
22. *Commission scolaire Chomedey de Laval* c. *Sylvestre*, J.E. 83-488 (C.S.).
23. *Commonwealth Shipping Representative* c. *P. & O. Branch Service*, [1923] A.C. 191.
24. C. FABIEN, *loc. cit.*, note 12, p. 458.
25. *Id.*, p. 468.
26. *O'Brien* c. *R.*, *supra*, note 18.
27. *Daoust* c. *Bérubé*, *supra*, note 19.
28. Les arguments en sens contraire proposés par le professeur Fabien ne nous paraissent pas convaincants: C. FABIEN, *loc. cit.*, note 12, pp. 464 et 465.
29. *Ibid.*, p. 467.
30. Voir en ce sens: *Ville de Baie-Comeau* c. *D'Astous*, *supra*, note 20, p. 1488.
31. Voir en ce sens, *ibid.*, p. 471.
32. *Ibid.*, p. 473 (les italiques sont les nôtres).
33. Précitée, note 3.
34. *Hamel* c. *Brunelle*, (1977) 1 R.C.S. 147; *Montana* c. *Les Développements du Saguenay Ltée*, (1977) 1 R.C.S. 32; *Girard* c. *Gariépy*, [1975] C.A. 706.
35. Précitée, note 3, art. 171.
36. G. CORNU, «Rapport de synthèse», dans *Les rôles respectifs du juge et du technicien dans l'administration de la preuve*, Paris, P.U.F., 1976, p. 111.
37. Précitée, note 9.
38. Voir à ce sujet: L. DUCHARME, «Le nouveau régime de la preuve en matières civiles selon le *Code civil du Québec*», (1992) 23 *R.G.D.*, 5, aux pp. 22 à 26.
39. Art. 89 C.p.c., tel que modifié par l'art. 199 de la *Loi sur l'application de la réforme du Code civil*, précitée, note 3.

40. Voir le premier paragraphe de l'article 200 de la *Loi sur l'application de la réforme du Code civil*, précitée, note 3, dont l'objet est de supprimer le premier et le troisième paragraphe du texte actuel de l'article 90 C.p.c.
41. 22 Vict., c. 50, art. 1.
42. [1870] L.R. 3 P.C. 331.
43. *Ibid.*, p. 343.
44. Précitée, note 42.
45. L.R.O. 1990, c. N.6; Voir concernant les pouvoirs d'un notaire de common law: B. W. RUSSELL, *Office and Practice of a Notary of Canada (Excepting Province of Quebec)*, 2e éd., Toronto, The Carswell Co., Ltd., 1927, pp. 18-32.
46. Selon les informations que nous avons obtenues, les futurs avocats de cette province, quelques semaines avant leur admission au Barreau, reçoivent un formulaire que ceux qui désirent pouvoir agir comme notaire de common law doivent compléter. Il semble que la plupart retournent ce formulaire avec les frais requis et obtiennent ainsi le mandat qui leur permet d'agir en cette qualité.
47. Association des juristes d'expression française de l'Ontario et Centre de traduction et de documentation juridiques, *Guide du praticien*, t. III, Ottawa, A.J.E.F.O., 1983, pp. comm 5-12 et comm 5-13, qui consiste surtout en une traduction des formules que l'on retrouvent aux tomes 1 et 2 de la collection O'Brien's publiée par Canada Law Books.
48. *Ibid.*
49. *Canadian Car* c. *Dumdaze*, (1922) 34 B.R. 281; A. NADEAU et L. DUCHARME, «La preuve en matières civiles et commerciales», dans *Traité de droit civil du Québec*, t. 9, Montréal, Wilson & Lafleur Ltée, 1965, n° 345, p. 268.
50. *Le Petit Robert*, au mot «marque».
51. Voir article 89 C.p.c., tel que modifié par la *Loi sur l'application de la réforme du Code civil*, précitée, note 3, art. 199.
52. Voir sur cette question: L. DUCHARME, *Précis de la preuve*, 3e éd., Montréal, Wilson et Lafleur Ltée, (1986), n° 164 et s., pp. 86 et ss.
53. *New York Central System* c. *Sparrow*, [1957] B.R. 808.
54. *Office de la Construction du Québec* c. *Entreprises E. Lachance Inc.*, [1979] C.P. 206.
55. *Savard* c. *Tremblay*, [1960] C.S. 693; *Malo* c. *Dalpé*, [1948] C.S. 145.
56. *Roy* c. *Chartier*, [1958] B.R. 406.
57. *Bercovici* c. *Guardian Insurance Co.*, (1941) 71 B.R. 267, p. 276.
58. *Arnold Farms* c. *Déziel*, [1962] R.L.n.s. 427 (C.S.); *Fortin* c. *Robert*, [1975] C.S. 1192.
59. Sur les difficultés de preuve que soulèvent les inscriptions informatiques en regard du droit actuel, voir: F. CHAMPIGNY, *Informatique et preuve en droit civil québécois*, Cowansville, Les Éditions Yvon Blais Inc., 1988.
60. Pour une analyse des problèmes juridiques soulevés par les opérations effectuées au moyen d'une carte de paiement, voir: N. L'HEUREUX et L. LANGEVIN, «La pratique des cartes de paiement au Québec: l'apport du

droit comparé», (1990) 50 *R. du B.* 237; N. L'HEUREUX ET L. LANGEVIN, *Les cartes de paiement, aspects juridiques*, Ste-Foy, Les Presses de l'Université Laval, 1991.
61. *La Semaine juridique*, 1988. II. J. 20984.
62. N. L'HEUREUX ET L. LANGEVIN, *op.cit.*, note 60, p. 59.
63. *Le Petit Robert*, au mot «Intelligible».
64. Précitée, note 3, art. 199.
65. Les auteures N. L'Heureux et L. Langevin mettent toutefois en doute la légalité d'une telle convention parce que, selon elles, les règles de preuve auraient un caractère d'ordre public, argument que nous ne pouvons admettre: N. L'HEUREUX ET L. LANGEVIN, *op. cit.*, note 60, p. 62 et ss.; N. L'HEUREUX ET L. LANGEVIN, *loc. cit.*, note 60, pp. 264 et ss.
66. [1974] R.C.S. 501.
67. Cet article sera abrogé lors de la mise en vigueur du *Code civil du Québec*: *Loi sur l'application de la réforme du Code civil*, précitée, note 3, art. 254.
68. Cet article sera abrogé lors de la mise en vigueur du *Code civil du Québec*: *Loi sur l'application de la réforme du Code civil*, précitée, note 3, art. 259.
69. *Faubert* c. *Poirier*, [1959] R.C.S. 459 inf. [1956] B.R. 551; *Boulay* c. *Stelco Inc.*, J.E. 88-900 (C.S.); *Renovest Plus Inc.* c. *Violet Jost*, [1989] R.J.Q. 2226 (C.S.).
70. *Beaudoin* c. *Bostwick*, (1925) 40 B.R. 113, p. 117 conf. par [1926] S.C.R. 546; *Mercier* c. *Hébert*, (1939) 77 C.S. 471.
71. *In re Gérard Nolin Ltée: B.C.N.* c. *Bellavance*, [1979] C.A. 168, pp. 176 et 177.
72. Précitée, note 3.
73. *122510 Canada Inc.* c. *Centre commercial Deux-montagnes*, [1990] R.D.J. 121 (C.A.).
74. L. DUCHARME, *Précis de la preuve*, *op. cit.*, note 52, nos 298 et 299, pp. 138 et 139.
75. P. PATENAUDE «Les nouveaux moyens de reproduction et le droit de la preuve», (1986) 46 *R. du B.* 773.
76. *Ibid.*, p. 782.
77. C. FABIEN, *loc. cit.*, note 12, p. 475.
78. J.-C. ROYER, *La preuve civile*, Cowansville, Les Éditions Yvon Blais Inc., 1987, p. 329. Voir également G.D. NOKES, «Real Evidence», (1949) 65 L.Q.R. 57.
79. J.H. WIGMORE, *A Treatise on the Anglo-American System of Evidence in Trials at Common Law*, 3e éd., Boston, Little Brown, 1940, vol. 4, par. 1858, p. 790.
80. *Bourlos* c. *Parc Belmont Cie Ltée*, [1979] C.S. 1142; *Dreckman* c. *Bonar & Bemish ltd*, (1973) 8 R.J.T. 339 (C.S.); *Gélinas* c. *Lecavalier Transfer Inc.*, [1982] C.S. 643; *Lafrenière* v. *Baie Comeau Co.*, [1968] R.P. 49 conf. par [1968] B.R. 49; *Marino* c. *Corporation d'immeubles Elri*, J.E. 82-496 (C.S.); *Morissette et Dame Bienvenue* c. *Bessette*, [1971]

C.A. 356; *Pichard* c. *Institut Yvan Coutu Inc.*, [1975] C.S. 410 et *Yves Germain Inc.* c. *Farrah*, [1982] C.S. 502.
81. *Loi sur l'application de la réforme du Code civil*, précitée, note 3, art. 269.
82. [1991] R.J.Q. 2490 (C.A).
83. *Id.*, pp. 2494 et 2495.
84. P. PATENAUDE, *La preuve, les techniques modernes et le respect des valeurs fondamentales*, Sherbrooke, Les Editions de l'Université de Sherbrooke, 1990, p. 97; *Roy* c. *Saulnier*, [1992] R.J.Q. 2419 (C.A.); *Compagnie de protection électrique* c. *Dominion et Fraternité Int.*, [1988] T.A. 924 (enregistrement vidéo clandestin); *Fraternité des policiers et pompiers de Sorel Inc.* c. *Dupuis*, J.E. 88-642 (C.S.); *Re Greater Niagara Transit Commission and Amalgamated Trade Union, Local 1582*, (1988) 61 O.R. 565 (H.Ct.Div.Ct); *Troy Runolfson c. Saskatchewan Government Ins.*, (1990) 78 Sask. R. 142 (prise de sang sans consentement). Voir également les affaires suivantes où une preuve découlant d'une prise de sang effectuée sans consentement a été reçue sans que sa légalité n'ait été contestée: *Gagnon* c. *L'Union-vie, compagnie mutuelle d'ass.*, J.E. 88-1308 (C.S.); *Bélanger* c. *La Survivance, compagnie d'assurance-vie*, J.E. 90-893 (C.S.).
85. *Loi constitutionnelle de 1867*, 30 & 31 Vict., R.-U., c. 3.
86. [1986] 2 R.C.S. 138.
87. *Compagnie de protection électrique* c. *Dominion et Fraternité Int.*, *supra*, note 84 (enregistrement vidéo clandestin); *R.* c. *Desroches*, J.E. 89-627 (C.Q.) (fouille d'un porte-documents).
88. L.R.Q., c. C-12.
89. *Roy* c. *Saulnier*, *supra*, note 84; Décision *Fraternité des policiers*, *supra*, note 84; Décision *Compagnie de protection électronique*, *supra*, note 84; *Contra*: J.-M. BRISSON, «L'admissibilité d'une preuve obtenue en violation de la Charte des droits et libertés de la personne», (1989) 49 *R. du B.* 606, p. 621.
90. *Cadieux* c. *Service de gaz naturel Laval Inc.*, *supra*, note 82.
91. *Supra*, note 84.
92. Art. 3041 de l'*Avant-projet de loi portant réforme du droit de la preuve et de la prescription et du droit international privé*, précité, note 2.
93. C'est ce qui résulte des articles 3, 4 et 9 de *Loi sur l'application de la réforme du Code civil*, précitée, note 3.
94. *Ibid.*
95. *Matte* c. *Matte*, [1962] B.R. 521; *Dame Borduas* c. *Ouimet*, [1973] C.A. 163; *Malky* c. *Gauthier*, [1978] C.A. 510.
96. L. DUCHARME, *op. cit.*, note 52, p. 154, n°s 329 et 330.
97. *Ibid.*, n°s 351 et ss., pp. 161 et ss.
98. [1954] B.R. 91.
99. L. DUCHARME, *Précis de la preuve, op. cit.*, note 52; L. DUCHARME, *De l'acte de commerce en droit québécois*, thèse de doctorat, texte manuscrit, Université de Montréal, 1976.
100. L. DUCHARME, *op. cit.*, note 52, p. 176, n° 385.

101. *Id.*, p. 176, n° 386.
102. L. DUCHARME, *loc. cit.*, note 38, p. 62.
103. Précitée, note 9.
104. Voir notamment à ce sujet les articles suivants: 1714, 2032, 2674, 2700, 2732, 2830, 2831, 2862, 2870, 3113 et 3114.
105. Articles 1489 et 2268 C.c.B.C.
106. Voir les articles suivants du nouveau Code où cette même expression est utilisée: 1745, 1750, 2221, 2254 et 2274.
107. *Grobstein* c. *Jacobsen*, [1960] C.S. 177.
108. *Solidarité, compagnie d'assurance sur la vie* c. *Société Nationale de Fiducie*, [1975] C.A. 4; *Kaufman* c. *Weissfeld*, [1972] C.A. 462.
109. *Wibert* c. *Cantin*, [1973] C.A. 462; *Pelletier* c. *Russel*, [1974] C.A. 113.
110. *Tremblay* c. *Lefebvre*, [1968] C.S. 398.
111. *Raymond* c. *International Video Corporation of Canada Ltd.*, [1974] C.A. 501; *Canadian Petroleum Ltd.* c. *Bernard*, [1972] C.A. 854.
112. *Montenay* c. *Imbrook Properties Ltd.*, [1989] R.J.Q. 846 (C.A.); L. DUCHARME, *op. cit.*, note 52, p. 177, n° 388.
113. *Loi constitutionnelle de 1867*, précitée, note 85.
114. (1890) 53 Vict., c. 33.
115. Voir notamment l'arrêt *Forget* c. *Baxter*, [1900] A.C. 467 (P.C.).
116. *United Nations* c. *Allied Steamsphip Lines*, [1957] C.S. 372.
117. Précitée, note 3.
118. L'article 2850 du Projet (maintenant l'article 2864 C.c.Q.) s'énonçait ainsi: «La preuve par témoignage est admise lorsqu'il s'agit d'interpréter ou de compléter un écrit ou d'attaquer la validité de l'acte juridique qu'il constate».
119. C'est donc à tort que, dans notre commentaire concernant la réforme du droit de la preuve, nous avons reproché à l'article 2864 C.c.Q. de ne pas préciser que c'est seulement lorsqu'un écrit est apparemment incomplet que le recours à la preuve testimoniale est permis pour le compléter: L. DUCHARME, *loc. cit.*, note 52, p. 66.
120. L. DUCHARME, *op. cit.*, note 52, n°s 429 et ss., pp. 195 et ss.
121. Précitée, note 3.
122. *Ibid.*
123. L.R.Q., chap. P-22.
124. *Loi sur l'application de la réforme du Code civil*, précitée, note 3, art. 656.
125. Précitée, note 123.
126. L.R.Q., c. A-32
127. L.R.Q., c. C-41.
128. *Ibid.*, art. 6.
129. Dans le cas des documents mentionnés dans l'annexe à la *Loi sur les archives nationales*, L.R.Q., c. A-21.1, un délai différent s'applique, soit celui fixé à cette annexe.
130. Précitée, note 3.
131. *Ibid.*

132. *Ibid.*, art. 656.
133. *Myers* c. *D.P.P.*, [1965] A.C. 1009.
134. [1974] R.C.S. 501.
135. [1965] A.C. 1009.
136. [1970] R.C.S. 608.
137. *Myers* c. *D.P.P.*, *supra*, note 133.
138. [1990] 2 R.C.S. 531.
139. [1991] 2 R.C.S. 577.
140. [1992] 2 R.C.S. 915.
141. *Ibid.*, 937.
142. *Supra*, note 136.
143. *Ibid.*
144. *Côté* c. *Hansebout*, J.E. 84-271 (C.S.); *Montplaisir* c. *Gélinas*, [1981] R.L. 251 (C.S.); *Zappavigna* c. *Ville de Montréal*, [1979] R.P. 257 (C.S.).
145. *Ares* c. *Venner*, *supra*, note 136.
146. *Nicholas* c. *Commercial Union Assurance Co. Ltd*, [1979] C.S. 370.
147. *Ares* c. *Venner*, *supra*, note 136.
148. L. DUCHARME, «La prohibition du ouï-dire et les déclarations des enfants en bas âge au sujet des abus sexuels dont ils auraient été victimes», [1987] *R.G.D.* 563.
149. L.R.Q., c. P-34.1.
150. *Supra*, note 140.
151. *Ibid.*
152. L.R.Q., c. C-38.
153. Voir notamment à ce sujet, les arrêts suivants: *Ratten* c. *The Queen*, [1972] A.C. 372 (C.P.) et *R.* c. *Khan*, *supra*, note 138.
154. *R.* c. *Smith*, *supra*, note 140; *R.* c. *Khan*, *supra*, note 138; *Ares* c. *Venner*, *supra*, note 136.
155. Précitée, note 3.

Table des matières

De la prescription

*François Frenette**

Livre huitième
De la prescription

Introduction

1. Le terme prescription désigne tout à la fois un mode d'acquisition des droits réels et un mode d'extinction de droits personnels et réels dont le dénominateur commun est l'écoulement du temps. Ce dénominateur commun n'explique pas tout cependant, car l'une des prescriptions, l'acquisitive, a la possession comme fondement et l'autre, l'extinctive, l'inaction du titulaire du droit. Le fil du temps n'en demeure pas moins suffisamment important pour justifier, d'une part, le rassemblement de toutes les règles relatives aux deux sortes de prescription dans un même Livre et, d'autre part, le traitement sous un même Titre des dispositions communes tant à la prescription acquisitive qu'extinctive. Ce qui distingue l'une et l'autre de ces prescriptions fait ensuite et comme il se devait l'objet de Titres différents.

2. Dans son ensemble, l'approche suivie par le législateur en matière de prescription au Code civil du Québec diffère peu de celle qui avait été retenue au Code civil du Bas-Canada. Au détail toutefois, les changements sont nombreux. Les dispositions afférentes à la possession et plus particulièrement aux qualités de la possession[1] ne figurent plus sous le couvert de la prescription. Elles appartiennent désormais au Livre Des Biens[2] parce que la possession est considérée comme l'exercice

* LL.D., notaire, professeur, Faculté de droit, Université Laval.

de fait d'un droit réel. Les délais de prescription ont été par ailleurs comprimés et uniformisés. Enfin et dans un effort d'actualisation assez perceptible, le régime général de la prescription a été dépouillé des règles désuètes qui l'encombraient depuis un certain temps.

Titre Ier - Du régime de la prescription

3. Le premier titre en matière de prescription traite des règles communes à la prescription acquisitive aussi bien qu'à la prescription extinctive. Il y est question non seulement des préceptes fondamentaux applicables, mais également de modes de fonctionnement prenant en compte la renonciation, l'interruption et la suspension de la prescription .

Chapitre Ier - Dispositions générales

4. À l'instar du Code civil du Bas-Canada, le Code civil du Québec contient moins une définition de la prescription qu'une description de celle-ci en fonction de ses effets possibles: acquisition d'un droit ou libération d'une obligation suite au passage du temps et moyennant le respect de certaines conditions, conditions qui diffèrent selon qu'il s'agisse de prescription acquisitive ou de prescription extinctive. L'article 2875 C.c.Q. sert donc surtout à souligner l'importance du facteur temps dans l'une et l'autre sorte de prescription qui sont, quant à elles, définies dans les titres subséquents, i.e les Titres IIe et IIIe.

5. Le domaine d'application de la prescription quant aux choses et quant aux personnes n'a été ni rétréci ni élargi par le Code civil du Québec. Ce domaine n'est toutefois plus circonscrit par la technique du cas par cas, mais plutôt par une approche synthétique.

6. Ainsi et dans un premier temps, le texte de l'article 2876 C.c.Q. contient *en germe*, du fait de l'imprescriptibilité des choses y nommées, la règle voulant que toute chose soit en principe susceptible de prescription. L'imprescriptibilité d'exception à l'égard de certaines choses y est de plus énoncée en fonction non plus de la qualité de leur propriétaire (i.e l'État ou

l'Église), mais bien en raison du caractère même de ces choses, soit la non-commercialité, l'incessibilité ou l'inappropriabilité, et cela que tels traits existent par nature ou soient le résultat d'une affectation.. Au résultat, le contenu de base des articles 2201 à 2221 C.c.B.-C. se trouve résumé en une seule disposition dont la portée est évidente, notamment, aux articles 913, 915-916 et 938 du Code civil du Québec.

7. Dans un deuxième temps, le texte de l'article 2877 C.c.Q. énonce pour sa part la règle de principe voulant que la prescription court en faveur ou contre tous, l'État y compris. La nouveauté en l'espèce tient à la formulation de la règle davantage qu'à son contenu. L'article évoque l'existence d'exceptions au principe sans toutefois les définir ou en fournir un aperçu comme cela est fait dans l'article précédent[3]. Les bénéficiaires d'exception sont énumérés aux articles 2904 C.c.Q. et suivants. À ces personnes, il faut ajouter l'État, pourtant transformé en sujet de droit ordinaire, là où la loi le prévoira expressément.

8. L'article 2878 C.c.Q. reprend le contenu des articles 2188 et 2267 du Code civil du Bas-Canada. Le tribunal ne peut suppléer d'office le moyen résultant de la prescription parce que cette dernière constitue un moyen d'action ou de défense relatif à des intérêts privés. Les intéressés eux-mêmes doivent donc veiller à l'invoquer au besoin. La déchéance ou forclusion d'un recours est par ailleurs d'ordre public, ce qui explique l'obligation d'agir du tribunal.

9. Le mode de calcul de la prescription demeure inchangé sous le nouveau Code. Il se compte toujours par jour et par jour entier uniquement. Le premier jour est exclu et le dernier doit être entièrement révolu pour que la prescription soit acquise. Le deuxième alinéa de l'article 2879 C.c.Q. introduit toutefois un adoucissement à la rigueur de la méthode quand le dernier jour du délai tombe un samedi ou un jour férié. Il y a alors prorogation du délai au premier jour ouvrable qui suit.

10. Le point de départ des délais de prescription n'est pas arrêté de façon précise au Code civil du Bas-Canada. L'article 2880 C.c.Q. comble cette lacune en formulant une disposition de principe pour chacune des sortes de prescription. Pour la prescription acquisitive, le point de départ du délai est fixé au moment de la dépossession du propriétaire, et non à celui de

l'entrée en possession du possesseur lui-même. La dépossession doit être tant matérielle que juridique. Ainsi, elle correspondra en réalité au début de la possession utile de celui qui exerce de fait un droit réel dont il se veut titulaire[4] et il n'y aura plus de décalage possible entre le moment où la prescription commence à courir contre le propriétaire et celui où elle commence à s'accomplir en faveur du possesseur. Quant à la prescription extinctive, le deuxième alinéa de l'article 2880 C.c.Q. fixe le point de départ au jour où le droit d'action a pris naissance.

11. Le chapitre Ier sur les dispositions générales du régime de la prescription se termine par la réédition de l'article 2246 C.c.B.-C. sous une forme simplifiée et par un emprunt au Code civil français. Dans les deux cas, il s'agit de mesures ayant trait à l'efficacité de la prescription comme moyen de défense. D'une part et s'inspirant de l'article 2224 C.c.f., le législateur précise que le fait de la prescription peut être soulevé à n'importe quelle étape de la procédure, fut-ce après la défense au fond ou en appel[5]. D'autre part et conformément à l'idée déjà véhiculée par l'article 2246 C.c.B.-C., le législateur rappelle que les exceptions, i.e les moyens de défense aux actions en justice, sont perpétuelles bien que les demandes en justice elles-mêmes soient temporaires[6]. L'imprescriptibilité des exceptions ne fait toutefois pas revivre l'action directe relative au moyen d'exception invoqué et reçu.

Chapitre IIe - De la renonciation à la prescription

12. Le sujet de la renonciation à la prescription acquise fait l'objet d'un titre distinct au Code civil du Québec, ce qui n'est pas le cas au Code civil du Bas-Canada. La matière de la renonciation à la prescription n'est toutefois pas nouvelle. En effet, les articles du chapitre IIe reproduisent, parfois textuellement, le contenu des articles 2184 à 2187 et 2264 C.c.B.-C. Partant, la renonciation anticipée à la prescription est toujours interdite et sanctionnée d'une nullité d'ordre public[7], alors que la renonciation en cours de délai demeure permise parce qu'elle constitue une cause d'interruption de la prescription[8]. La renonciation à la prescription acquise requiert encore la capacité d'aliéner, non pas vraiment parce que telle renonciation constitue un acte d'aliénation en soi, mais plutôt parce qu'elle produit des

conséquences équivalentes en empêchant un bien d'entrer dans le patrimoine du renonçant[9]. La renonciation à la prescription acquise demeure également, dans son expression, en principe libre de toute exigence de forme car son bénéficiaire peut manifester sa volonté d'y renoncer par tout moyen[10]. Enfin, la protection accordée à ceux qui auraient intérêt à invoquer prescription acquise est maintenue[11], ce que confirme l'interdiction faite au bénéficiaire de la prescription acquise de porter, par son inaction, voire sa renonciation, préjudice aux droits de ses créanciers notamment.

13. Deux nouveautés et un ajustement ont été néanmoins introduits en la matière. D'abord, à l'article 2884 C.c.Q., il y a la prohibition faite de modifier les délais de prescription prévus par la loi. Pour le législateur, allonger ou raccourcir un délai par convention constitue en fait une dérogation indirecte à l'article 2883 C.c.Q. Quant à l'article 2885, il stipule en son deuxième alinéa que la renonciation à la prescription acquise doit être publiée lorsqu'elle a trait à des droits réels immobiliers. Cet ajout au droit présentement en vigueur conduit à imposer une exigence de forme en la matière car il sera impossible de procéder à publication sans un écrit[12], écrit constatant une renonciation qui sera alors forcément expresse. Influencé par l'article 2203 du Code civil français et suscité sans doute par la capacité d'aliéner normalement requise[13], le nouvel ajout pousse aussi peut-être un peu trop loin le rapprochement entre la renonciation à la prescription acquise de droits réels immobiliers et la translation de tels droits. Outre que ce rapprochement peut soulever des difficultés d'interprétation lors de la lecture de la fiche immobilière afférente aux droits réels en question et que l'application possible d'un droit de mutation sera envisagée par certaines personnes, il est difficile de croire que le facteur de la publicité ne sera par ailleurs pas sans effet sur l'application des articles 2887 et 2888 C.c.Q.

14. La réserve prévue à l'article 2264 C.c.B.-C. quant à la prescription de dix ans en faveur des tiers n'a pas été retenue au nouveau Code parce que la prescription de dix ans[14] vient remplacer celle de trente ans comme délai général. La référence à la novation disparaît de plus parce qu'il n'y a aucune relation causale entre la prescription et ce mode d'extinction des obligations. Ainsi simplifiée, la règle de l'article 2264 C.c.B.-C.

devient tout bonnement «Après la renonciation, la prescription recommence à courir par le même laps de temps[15].»

Chapitre IIIe - De l'interruption de la prescription

15. L'interruption a pour effet d'arrêter la marche du temps qui courait en vue de l'acquisition d'un droit ou de l'extinction d'une obligation. Mieux, elle réduit à néant le délai déjà écoulé. Ce trait la distingue nettement de la suspension de la prescription, où le passé est préservé, et justifierait la préséance accordée à l'interruption dans le traitement des deux institutions qui influent sur le facteur temporel en matière de prescription.

16. Le chapitre sur l'interruption de la prescription au Code civil du Québec reprend, parfois sous une forme et dans un ordre légèrement différent, l'essentiel de ce qui est exposé sur la question au Code civil du Bas-Canada. Sur le fond, il y a peu ou pas de distinction à faire et il importe tout au plus de signaler certaines différences d'ordre mécanique.

17. Pour l'interruption naturelle, c'est-à-dire celle qui résulte d'un simple fait, le législateur distingue désormais entre la prescription acquisitive et extinctive. Ainsi, l'article 2890 C.c.Q., qui reproduit substantiellement l'article 2223 C.c.B.-C., limite la perte de jouissance du bien pendant plus d'un an au seul domaine de la prescription acquisitive. Inspiré des articles 479 et 562 C.c.B.-C., l'article 2891 C.c.Q. reconnaît par ailleurs que l'interruption naturelle en matière de prescription extinctive résultera de la reprise d'exercice du droit qui était en voie de perdition du fait de l'inactivité de son titulaire. La nouvelle distinction est, nous semble-t-il, on ne peu plus opportune.

18. La première cause d'interruption civile de la prescription demeure le dépôt d'une demande en justice[16]. Le délai de soixante jours pour la signification de la demande ne se compte toutefois plus à partir du dépôt de celle-ci, mais plutôt à partir de la date d'expiration du délai de prescription afférent au droit visé[17].

19. Le deuxième alinéa de l'article 2892 C.c.Q. conserve la même liste des actes de procédure assimilés à une demande en justice par le quatrième alinéa de l'article 2224 C.c.B.-C., en y

ajoutant toutefois l'avis d'une partie de soumettre un différend à l'arbitrage[18]. Encore faudra-t-il que «cet avis expose l'objet du différend qui y sera soumis et qu'il soit signifié suivant les règles et dans les délais applicables à la demande en justice[19]».

20. La liste des hypothèses énumérées à l'article 2226 C.c.B.-C. et suivant lesquelles l'interruption est considérée comme non avenue, est par ailleurs écourtée. En effet, l'annulation de la procédure ou de l'assignation pour défaut de forme n'est pas retenue. Cette éventualité fait plutôt l'objet d'une nouvelle disposition qui prolonge de trois mois l'effet interruptif produit par la demande originaire[20]. Dans tous les cas où la décision ne porte pas sur le fond du litige, défaut de forme y compris, il est apparu équitable d'accorder un délai supplémentaire de trois mois au demandeur pour faire à nouveau valoir son droit. Ce délai additionnel lui est accordé tant lorsque la prescription est acquise à la date du jugement portant rejet que lorsqu'elle doit être acquise dans moins de trois mois de la date de ce jugement. Le deuxième alinéa de l'article 2895 C.c.Q. établit la concordance avec l'article 2892 en étendant la nouvelle règle à l'arbitrage[21].

21. L'article 2896 C.c.Q. ajoute au texte de la disposition du deuxième alinéa de l'article 2224 C.c.B.-C. en stipulant que l'interruption de prescription qui survient à l'occasion d'une demande en justice se poursuit soit «jusqu'au jugement passé en force de chose jugée», soit, et ce qui est nouveau, «jusqu'à la transaction intervenue entre les parties[22]».

22. Enfin et dorénavant, la prescription recommencera toujours à courir par le même laps de temps après une interruption[23]. Le laps de temps plus long prévu aux articles 2255 et 2264 C.c.B.-C. en matière de prescription acquisitive des droits réels immobiliers a disparu parce que le délai de droit commun est fixé maintenant à dix ans dans tous les cas[24] et parce que la bonne ou mauvaise foi du possesseur n'a plus d'influence sur la durée du délai de prescription acquisitive du droit de propriété dans un immeuble.

Chapitre IVe - De la suspension de la prescription

23. La suspension interrompt également la marche du temps qui court en vue de l'acquisition d'un droit ou de l'extinction d'une obligation. Contrairement à l'interruption, elle peut même empêcher que le délai de prescription commence à courir. Là cependant où ce délai avait déjà commencé à courir et contrairement à nouveau à l'interruption, la suspension qui survient n'efface pas le bénéfice du temps écoulé. Cette situation dérogatoire au principe de l'universalité de la prescription quant aux personnes contenue à l'article 2877 C.c.Q., a pour fondement l'équité à l'égard de ceux et celles qui sont soit hors d'état de se prémunir contre les effets de la prescription, soit dans une situation où il serait délicat d'employer les moyens de se prémunir contre les effets de la prescription.

24. Le régime d'exception établi au profit de certaines personnes comporte, au Code civil du Québec comme au Code civil du Bas-Canada, deux volets, l'un consacré à l'énoncé d'une règle générale devant couvrir tous les cas d'exception au principe de l'article 2877 C.c.Q, l'autre dédié à un petit nombre de cas de suspension automatiques spécifiquement identifiés.

25. Là où le Code civil du Bas-Canada accorde le bénéfice de la suspension de la prescription à toutes personnes «dans l'impossibilité absolue en droit ou en fait d'agir par elles-mêmes» ou par l'intermédiaire d'autrui[25], l'article 2904 du C.c.Q. reconnaît cet avantage uniquement à ceux et celles «qui sont dans l'impossibilité en fait d'agir» par eux-mêmes ou par leur représentant attitré[26]. La correction vient mettre le texte de loi en accord avec l'opinion généralement admise de l'inexistence de cas d'impossibilité de droit autres que ceux mentionnés au Code[27]. Quant aux cas d'impossibilité de fait d'intervenir pour interrompre la prescription, ils sont depuis toujours laissés à la souveraine appréciation du tribunal. L'impossibilité d'agir doit être absolue, comme la séquestration suite à un enlèvement. Et l'ignorance de l'existence de son droit, faut-il ajouter, ne peut constituer une cause de suspension parce que cela est contraire au principe même de la prescription.

26. La liste des personnes bénéficiant d'une faveur législative face à la prescription[28] demeure sensiblement la même, mais

l'effet de ce bénéfice a été circonscrit dans la plupart des cas. Ainsi, l'enfant à naître[29] et les époux[30] continuent de profiter d'une suspension de la prescription à l'égard de tout droit, personnel ou réel. L'article 2906 C.c.Q. requiert désormais cependant que les époux fassent vie commune. La suspension de la prescription est également maintenue en faveur du mineur et du majeur sous tutelle ou curatelle[31], mais non plus en faveur du majeur inapte à consentir n'ayant pas fait l'objet d'une mesure de protection. Mineur et majeur protégés jouiront toutefois de cet avantage uniquement à l'égard des recours qu'ils peuvent avoir contre leur représentant aux biens ou à la personne[32]. Enfin, la protection accordée à l'héritier bénéficiaire à l'égard de ses créances contre la succession est étendue à tous les héritiers parce que le nouveau droit successoral opère séparation des patrimoines en tout instance de cause, et ce jusqu'à la liquidation de la succession[33]. La survie des créances de l'héritier contre la succession n'est donc plus problématique. Seul le recouvrement peut l'être dans certains cas.

27. Les dispositions relatives au recours collectif[34] et aux créances solidaires et individuelles[35] ont simplement fait l'objet d'une reformulation[36]. Par ailleurs, les articles 2235, 2236 et 2238 C.c.B.-C. ont été supprimés soit parce que la règle était jugée désuète, soit qu'elle n'était plus nécessaire sur le plan de l'énonciation en raison de l'économie générale du nouveau Code.

Titre IIe - De la prescription acquisitive

28. La matière de la prescription acquisitive est traitée en deux titres distincts: un premier consacré à ses conditions d'exercice et un second aux délais requis en l'espèce. Le premier chapitre reprend substantiellement ce qui est aujourd'hui connu. Le deuxième chapitre par ailleurs modifie les délais familiers et introduit en matière immobilière une relation entre la prescription et le régime de la publicité.

Chapitre I - Des conditions d'exercice de la prescription acquisitive

29. L'article 2875 C.c.Q. définissant la prescription par ses effets met l'accent sur le facteur temporel et renvoie pour le reste «aux conditions déterminées par la loi». Pour la prescription acquisitive permettant d'acquérir non seulement la propriété mais aussi l'un de ses démembrements[37], il n'est en principe qu'une seule autre condition requise: la possession[38], c'est-à-dire l'exercice de fait précisément du droit de propriété ou de l'un de ses démembrements dont on se veut titulaire[39].

30. La possession et les qualités qu'elle doit revêtir pour être utile aux fins d'acquisition de droits réels[40], font l'objet de dispositions particulières qui se trouvent dorénavant en matière de Biens et non de Prescription. Ces qualités, sur lesquelles le législateur insiste et auxquelles il renvoit[41], sont demeurées inchangées si ce n'est que l'«animus» est formulé autrement et que l'exigence concernant l'absence d'interruption[42] a été retranchée parce qu'elle n'a aucunement trait à la qualité même de la possession[43].

31. N'ayant pas à aborder directement la possession par ses tenants et aboutissants, le législateur s'attarde d'abord à la jonction de possession. Il réitère la règle de l'article 2200 C.c.B.-C. en remplaçant le terme «successeur» par celui d'«ayant cause» et omet la réserve superfétatoire à l'égard de l'ayant cause universel ou à titre universel. Par delà ces retouches d'ordre mineur où rien ne paraît changé, il faut toutefois signaler que le deuxième alinéa de l'article 926 C.c.Q., qui est de droit nouveau, modifie complètement la portée de la règle voulant que l'ayant cause universel ou à titre universel continue la possession de son auteur. En effet,ce dernier ne souffre plus «des vices dans la possession de son auteur». Partant, l'ayant cause universel ou à titre universel peut profiter de la possession utile de son auteur ou, si elle était viciée, commencer sa propre possession utile. C'est donc dire qu'il n'y a plus d'intérêt pratique à distinguer en matière de possession entre l'ayant cause à titre particulier et l'ayant cause universel ou à titre universel. Tous les ayants cause prescriront par le même temps à l'avenir.

32. Prenant assise sur la possession utile, la prescription acquisitive ne peut toujours pas avoir pour fondement la détention précaire, cet état de disgrâce aux antipodes de la possession parce qu'il emporte reconnaissance d'un domaine supérieur. L'article 2913 C.c.Q. le rappelle. Le détenteur conserve néanmoins l'avantage d'un revirement de fortune grâce à l'interversion de titre provenant, comme le prévoient en d'autres mots les articles 2205 et 2208 du C.c.B.-C., soit d'une cause émanant d'un tiers, soit d'un acte du détenteur lui-même témoignant sa volonté d'exercer de fait le droit réel pour son propre compte[44]. Le propriétaire en titre doit toutefois avoir connaissance du nouveau titre ou de l'acte inconciliable du détenteur pour que la possession soit utile aux fins de prescription[45].

33. Le chapitre relatif aux conditions d'exercice de la prescription acquisitive se termine sur une version simplifiée des premier et sixième alinéas de l'article 2206 C.c.B.-C. fixant le début de la prescription du grevé contre l'appelé à l'instant qui suit l'ouverture de la substitution. Cette version simplifiée est, comme le texte originaire d'ailleurs, malheureusement logée à mauvaise enseigne car c'est de suspension de prescription dont il est vraiment question. Le cas de l'appelé à l'égard du grevé avant l'ouverture de la substitution ne diffère pas des instances particulières prévues aux articles 2905 et suivants du nouveau Code. Certes, la suspension a un effet relatif en l'espèce, mais elle n'en est pas moins certaine.

Chapitre IIe - Des délais de la prescription acquisitive

34. L'Ancien droit connaissait des prescriptions centenaires, voire immémoriales. Les articles 2245 et 2270 du Code Civil du Bas-Canada y font référence. Le législateur de 1866 les avait repoussées au profit, en matière de prescription acquisitive, de trois délais: l'un, de portée générale, d'une durée de trente ans qui procure un titre au possesseur d'immeuble[46], l'autre, de portée plus restreinte, d'une durée de dix ans qui corrige et confirme le titre du possesseur de bonne foi d'immeuble en qualité de propriété[47] et, enfin, un dernier d'une durée de trois ans qui consacre la propriété jusqu'alors présumée en faveur du possesseur d'un bien meuble. De ces trois délais de trente, dix et trois ans, le législateur passe maintenant à deux délais: un de dix ans

pour tout ce qui n'est pas autrement fixé par la loi[48], l'autre de trois ans pour ce qui a trait à l'acquisition des biens meubles[49].

35. L'article 2919 C.c.Q. ne fait pas que retenir le délai de trois ans prévu à l'article 2268 C.c.B.-C. pour la prescription acquisitive des meubles. Il continue d'exiger un calcul du délai de prescription à compter d'une dépossession plutôt que d'une possession et requiert toujours la bonne foi[50] de la part du possesseur pour qu'il puisse bénéficier de la prescription. La revendication du propriétaire avant l'accomplissement du délai demeure possible hormis le cas de l'acquisition du bien sous l'autorité de la justice. L'exception en matière de commercialité envisagée par les troisième et quatrième alinéas de l'article 2268 C.c.B.-C. disparaît cependant. Enfin, il n'est pas du tout certain que l'élimination du qualificatif «corporel» employé au deux premiers alinéas de l'article 2268 C.c.Q. signifie un élargissement du domaine d'application traditionnel de la prescription acquisitive en fait de meubles. En effet, l'article 2919 C.c.Q. ne réfère à nul autre droit que celui de la propriété et il n'est pas plus réaliste et exact de parler de «propriété de créances» que de «propriété de démembrements sur des biens meubles».

36. Le législateur fixe le délai de droit commun de la prescription acquisitive à dix ans parce qu'il estime ce laps de temps dorénavant suffisant, avec les moyens d'information et de communication aujourd'hui disponibles, pour que le titulaire véritable du droit se manifeste, fasse valoir sa qualité et retrouve son bien par voies de droit appropriées. Ce laps de temps est aussi jugé assez long de nos jours pour créer une apparence de droit suffisante en faveur du possesseur, apparence dont il faut au demeurant favoriser le plus tôt possible sa mise en accord avec le droit. Reste enfin que l'immeuble ne constitue plus en notre société la valeur économique par excellence méritant protection particulière. Il est devenu une valeur parmi tant d'autres biens. Pour le législateur il apparaît donc maintenant plus important d'assurer la sécurité de la transaction ayant trait à l'immeuble que d'assurer la sauvegarde même de la valeur de l'immeuble. Ce besoin appelle d'abord un délai de prescription plus court que trente ans. Mais le législateur fera mieux comme nous le verrons.

37. Le délai général de dix ans est appliqué à la prescription acquisitive d'un immeuble possédé *à titre de propriétaire*[51]. Si cet immeuble est immatriculé[52] (c'est-à-dire s'il est situé en position relative sur un plan de cadastre, avec indication de ses limites, ses mesures et sa contenance et avec désignation par numéro distinct, identification de son propriétaire et indication de son mode d'acquisition comprenant le numéro d'inscription du titre) sa prescription acquisitive n'est cependant possible que dans la mesure où le registre foncier ne révèle pas qui en est le propriétaire ou permet plutôt de conclure que l'immeuble est devenu un bien sans maître ou encore que lorsque le propriétaire en titre était décédé ou absent au début de la possession utile de dix ans[53]. Que l'immeuble soit ou non immatriculé, une possession à titre de propriétaire pendant dix ans ne suffira pas d'ailleurs. Le possesseur devra également obtenir un jugement pour acquérir la propriété[54].

38. Il sied ici de souligner que le texte de l'article 2918 C.c.Q. vise uniquement l'acquisition du *droit de propriété* dans un immeuble par une possession utile de dix ans. S'il importe peu que le possesseur de l'immeuble non immatriculé ait ou non un titre en l'espèce, il faut aussi et par ailleurs noter que la disposition *suppose absence de titre de la part du possesseur de l'immeuble immatriculé* puisque la prescription acquisitive de la propriété est alors limitée au cas où le titre du propriétaire de cet immeuble n'est pas publié[55] ou, étant publié, aux trois cas d'exception spécifiquement mentionnés à la fin du deuxième alinéa de l'article 2918 C.c.Q. Le libellé du deuxième alinéa de l'article 2944 C.c.Q. confirme pareille restriction tout en commandant l'application d'une autre règle si le possesseur avait un titre.

39. Qu'en est-il donc effectivement des autres éventualités, soit d'une part la prescription acquisitive du droit de propriété par le possesseur d'un immeuble immatriculé détenant titre et d'autre part, en prenant en compte successivement l'immatriculation et la non immatriculation de l'immeuble, la prescription acquisitive des démembrements de la propriété par un possesseur avec ou sans titre. La question réfère évidemment à l'existence d'un titre publié, car le titre non publié équivaut à absence de titre dans l'économie générale du nouveau Code civil.

40. La prescription acquisitive du droit de propriété dans un immeuble immatriculé par un possesseur détenant un titre se fera par dix ans. La publication du titre d'acquisition du possesseur, publication effectuée dans le respect des articles 3008, 3010 et 3013 du Code civil du Québec[56], permettra d'abord à ce dernier d'être «maintenu dans son droit[57]». L'inscription du titre d'acquisition au registre foncier accordera de plus au possesseur le bénéfice d'une présomption simple d'existence de propriété en sa faveur[58]. Cette présomption d'existence deviendra ensuite irréfragable après dix ans si l'inscription du droit de propriété n'est pas contestée au cours de cette période[59]. *La publication incontestée du droit pendant dix ans se superpose donc à la possession utile requise pour prescrire acquisitivement et vient dispenser en l'espèce de l'obligation d'obtenir un jugement.* La contestation du titre d'acquisition du possesseur dans les dix ans de son inscription au registre foncier n'entraînera pas, au demeurant, une interruption de la prescription si la demande est rejetée[60] et le possesseur avec titre, qui n'a forcément pas pu alors opposer prescription acquise, devra attendre l'accomplissement du délai pour profiter de la présomption irréfragable de l'existence de son droit de propriété en l'immeuble[61]. Si la demande en justice est accueillie par ailleurs, elle privera à tout jamais le possesseur de la possibilité de jouir de la présomption irréfragable visée par le deuxième alinéa de l'article 2944 C.c.Q. Son titre d'acquisition ayant été publié, ce possesseur sera cependant «maintenu dans son droit» par application de l'article 2962 C.c.Q. et la propriété en l'immeuble n'interviendra qu'à la suite d'une demande en justice[62], présentée après une possession utile de dix ans[63] calculée à partir de la date du recours ayant opéré interruption de la prescription[64].

41. La prescription acquisitive des démembrements de la propriété par un possesseur sans titre est une hypothèse farfelue parce qu'aucune personne censée ne songe à l'exercice de fait d'un diminutif de la propriété en vue de son acquisition par prescription alors qu'il peut tout autant et pour la même peine obtenir la propriété du bien. Il faut de plus signaler que le droit d'usage non établi à titre cessible et la servitude ne sont pas susceptibles de prescription en vertu des articles 1173, 1181 (1) et 2876 du nouveau Code. Ceci étant, considérons à présent la prescription acquisitive des autres démembrements de la propriété par un possesseur détenant titre[65].

42. La prescription acquisitive d'un démembrement de la propriété dans un immeuble immatriculé ou non immatriculé se fera par dix ans dans les deux cas. La publication du titre d'acquisition du possesseur conformément aux articles 3008, 3010 et 3013 C.c.Q., procurera l'avantage d'une présomption simple de l'existence du démembrement au nom de ce dernier[66]. Ne bénéficiant pas de l'effet du deuxième alinéa de l'article 2944 C.c.Q., le possesseur devra toutefois obtenir un jugement après une possession utile et incontestée de dix ans[67] pour pouvoir considérer le démembrement comme étant sien. La contestation du titre d'acquisition du possesseur avant l'accomplissement du délai de dix ans emportera bien entendu interruption de la prescription s'il est fait droit à la demande présentée. Cette interruption sera normalement fatale[68] au possesseur dont le titre est afférent à un immeuble non immatriculé, alors que celui dont le titre est afférent à un immeuble immatriculé pourra exiger d'être «maintenu dans son droit[69]». Dans ce dernier cas, la prescription acquisitive du démembrement ne surviendra qu'après une possession utile de dix ans[70] à compter de l'interruption survenue[71] et qu'à la condition pour le possesseur d'obtenir reconnaissance judiciaire.

Titre IIIe - De la prescription extinctive

43. Simplicité et clarté sont les deux épithètes qui conviennent le mieux pour décrire le Titre IIIe du Livre VIIIe sur la prescription. Complétant l'article 2875 C.c.Q., la première disposition du titre vient définir la prescription extinctive d'une manière plus ramassée qu'au Code civil du Bas-Canada en précisant qu'elle «est un moyen d'éteindre un droit par non-usage ou d'opposer une fin de non-recevoir à une action[72]».

44. Les autres dispositions du Titre IIIe témoignent de l'effort d'uniformisation et de systématisation poursuivi par le législateur en la matière. Les six délais de prescription extinctive présentement reconnus au Code de 1866[73] sont en effet réduits à trois seulement et la distinction actuellement faite entre le contractuel et l'extra-contractuel disparaît tout simplement.

45. À l'instar de la règle posée en matière de prescription acquisitive, l'article 2922 C.c.Q. fixe le délai de droit commun de la

prescription extinctive à dix ans. Ce délai de dix ans était nécessaire en raison de la complémentarité des deux sortes de prescription sur le terrain des droits réels immobiliers. Les changements survenus dans notre société depuis la codification de 1866, notamment aux plans de la communication, de l'information et des valeurs surtout, rendaient également difficile, voire ridicule le maintien d'un délai général à trente ans. Le délai de dix ans traduit mieux les mœurs d'un temps et d'une société qui tolèrent moins longtemps l'inaction.

46. La prescription longue durée de dix ans s'applique aux actions tendant à faire valoir un droit réel immobilier ainsi qu'au droit résultant d'un jugement[74]. Dans ce dernier cas, il s'agit d'une reprise du premier alinéa de l'article 2265 C.c.B.-C., exception faite de la poursuite non déclarée périmée, et le jugement visé est celui qui forme un nouveau titre de créance et qui a force exécutoire.

47. Outre le délai de droit commun de dix ans, le législateur introduit un sous-délai d'extinction de la prescription du même ordre d'une durée de trois ans pour toute action tendant «à faire valoir un droit personnel ou un droit réel mobilier»[75]. De droit nouveau, l'article 2925 C.c.Q. nivelle toutes les différences connues concernant les courtes prescriptions. L'intérêt à la stabilité et célérité dans les affaires courantes ainsi que des exigences sur le plan de la preuve et sa conservation, servent de fondement au nouveau délai de trois ans.

48. La disposition introduisant le sous-délai de droit commun de trois ans est rédigée en des termes autorisant l'exception[76]. Ces exceptions, où la prescription annale est celle qui aura cours, sont prévus aux articles 2928 et 2929 du Code civil du Québec. Il s'agit du cas de la prestation compensatoire où la demande du conjoint survivant devra être intentée dans l'année du décès de son époux(se) et du cas d'atteinte à la réputation où le recours doit être institué dans l'année de la connaissance acquise du fait préjudiciable par la personne diffamée. Une prescription annale, faut-il aussi ajouter, est prévue au deuxième alinéa de l'article 2923 C.c.Q. pour ce qui a trait aux actions possessoires. Le délai d'un an à compter du trouble ou de la dépossession qui figurait au Code de procédure civile a

tout bonnement été incorporé au nouveau Code civil pour servir de complément à l'article 929 C.c.Q. situé au Livre Des Biens.

49. La plupart des autres dispositions du Titre IIIe traitent du point de départ de la prescription extinctive. Ainsi, l'article 2926 C.c.Q., qui est de droit nouveau, établit que le délai d'action court à compter du jour où le préjudice moral, corporel ou matériel se manifeste pour la première fois lorsque tel préjudice connaît une manifestation graduelle ou tardive. Avant tel jour, la personne ayant subie le préjudice bénéficie d'une suspension parce qu'elle est dans l'impossibilité en fait d'agir. Cette règle est complétée par l'article 2930 C.c.Q. privant d'effet toute disposition contractuelle qui, en matière de préjudice *corporel*, obligerait la personne lésée à intenter son recours dans un délai inférieur à trois ans ou prévoirait l'envoi d'un avis préalable d'exercice qui aurait pour conséquence d'écourter le délai applicable de trois ans.

50. L'article 2927 C.c.Q., qui est une reprise partielle de l'article 2258 C.c.B.-C. et qui unifie l'action en nullité d'un contrat et les prescriptions afférentes aux droits et recours personnels, fixe le point de départ du délai de prescription au moment de la connaissance acquise de la cause de nullité ou à celui correspondant à la cessation de la violence ou de la crainte. L'article 2931 C.c.Q. n'est, au demeurant, que la version moderne de l'article 2266 C.c.B.-C. reconnaissant l'existence de multiples points de départ de la prescription extinctive pour les paiements dûs dans les contrats à exécution successive. Enfin, l'article 2932 C.c.Q., qui représente un ajout aux dispositions du Code de 1866 et constitue une application particulière du deuxième alinéa de l'article 2880 C.c.Q., précise que le délai de prescription court à partie du jour où l'obligation est devenue exigible pour l'action en réduction de toute obligation s'exécutant de manière successive.

51. Le Titre IIIe sur la prescription extinctive se termine par un rappel de la règle du troisième alinéa de l'article 2203 C.c.B.-C. à l'effet que la quotité et les arrérages de prestation dûs par un détenteur sont prescriptibles bien que l'obligation à la prestation elle-même ne l'est pas. La disposition est ainsi ramenée sous le couvert de la prescription extinctive alors qu'elle était logée à l'enseigne de la prescription acquisitive au Code civil du Bas-Canada.

Conclusion

52. Outre ce qui précède et qui sert à mieux mesurer l'écart entre le Code civil du Québec et le Code civil du Bas-Canada, il faut en conclusion prendre en compte l'impact de la Loi sur l'application de la réforme du Code civil adoptée et sanctionnée le 18 décembre 1992[77]. Le cas de la prescription acquisitive de la propriété d'un immeuble est envisagé à l'article 143 de la Loi. Le deuxième alinéa de cet article consacre la faculté du possesseur ayant acquis la propriété de l'immeuble par prescription lors de l'entrée en vigueur du nouveau Code, de pouvoir obtenir simple reconnaissance judiciaire de tel droit ainsi et déjà acquis. Le premier alinéa du même article impose par ailleurs l'application de l'article 2918 (1) C.c.Q. quand la prescription de la propriété dans l'immeuble n'est pas encore acquise au moment de l'entrée en vigueur du nouveau Code. Conséquemment, le possesseur n'acquerra alors, après une possession utile selon le délai prescrit, la propriété dans l'immeuble que par la voie et la grâce du jugement qu'il aura demandé et obtenu.

53. Deux autres dispositions doivent être également considérées, soit les articles 3 et 6 de la Loi sur l'application de la réforme du Code civil. Le premier de ces articles traite de l'effet d'application immédiat de la Loi en prévoyant que «les situations en cours de création ou d'extinction sont, quant aux conditions de création ou d'extinction qui n'ont pas encore été remplies, régies par la loi nouvelle». L'article 6 pour sa part traite spécifiquement des délais. Un délai plus long prévu par le nouveau Code s'applique aux situations en cours en tenant compte du temps déjà écoulé. Un délai plus court stipulé par le nouveau Code s'appliquera également aux situations en cours, mais à compter de l'entrée en vigueur du nouveau Code seulement et sans préjudice à l'ancien délai si le nouveau devait avoir pour effet de le proroger. Enfin, tout nouveau délai introduit par le Code civil du Québec court à compter de la date d'entrée du nouveau Code, même si le nouveau délai, qui ne doit pas être écoulé évidemment, prend comme point de départ un événement survenu avant la date d'entrée en vigueur du fameux Code.

Notes

1. Articles 2992-2200 C.c.B.-C.
2. Articles 921-933 C.c.Q.
3. Article 2876 C.c.Q.
4. Article 920 C.c.Q.
5. Article 2881 C.c.Q.
6. Article 2882 C.c.Q. Par exemple, la défense de compensation basée sur un billet aujourd'hui prescrit, mais qui ne l'était pas lorsque la dette du défendeur était devenue exigible.
7. Article 2883 C.c.Q.
8. Articles 2883 et 2898 C.c.Q.
9. P. Martineau, *La prescription*, Montréal, P.U.M., 1977, n° 225.
10. Article 2885 (1) C.c.Q. Les exigences en matière de publicité obligeront à renonciation expresse.
11. Article 2887 C.c.Q.
12. Article 2881-2887 C.c.Q.
13. Article 2886 C.c.Q.
14. Article 2917 C.c.Q.
15. Article 2888 C.c.Q.
16. Article 2892 C.c.Q.
17. Article 2892 (1) C.c.Q.
18. Article 2892 (2) C.c.Q.
19. Article 2892 (2) C.c.Q.; l'arbitrage est également pris en compte à l'article 2895 (2) C.c.Q.
20. Article 2895 C.c.Q.
21. Article 2895 (2) C.c.Q.: «Il en est de même en matière d'arbitrage; le délai de trois mois court alors depuis le dépôt de la sentence, la fin de la mission des arbitres ou la signification du jugement d'annulation de la sentence».
22. Article 2896 C.c.Q.
23. Article 2903 C.c.Q.
24. Article 2917 C.c.Q.
25. Article 2232 (1) C.c.B.-C.
26. Article 2904 C.c.Q.
27. P.B. Mignault, *Le droit civil canadien*,T. 9, Montréal, Théoret, 1897, p. 452; P. Martineau, *La prescription*, Montréal, P.U.M., 1977, n°s 215 et 343.
28. Le cas de ces personnes ne constitue pas l'illustration d'une impossibilité d'agir.
29. Article 2905 C.c.Q.
30. Article 2906 C.c.Q.
31. Article 2905 (2) C.c.Q.
32. Article 2905 (2) C.c.Q.
33. Article 780 C.c.Q.
34. Article 2233a C.c.Q.
35. Article 2239 C.c.B.-C.

36. Articles 2908 et 2909 C.c.Q.
37. Article 2910 C.c.Q., à l'exclusion du droit d'usage non établie à titre cessible et de la servitude [arts 1173, 1181 (2) et 2876 C.c.Q.].
38. Article 2911 C.c.Q.
39. Article 921 C.c.Q.
40. Articles 930 et 2911 C.c.Q.
41. Article 2911 C.c.Q.
42. Article 2193 C.c.B.-C.
43. P. Martineau, *La prescription*, Montréal, P.U.M., 1977, nº 86.
44. Article 2914 (1) C.c.Q.
45. Article 2914 (2) C.c.Q.
46. Article 2242 C.c.B.-C.
47. Article 2251 C.c.B.-C.
48. Article 2917 C.c.Q.
49. Article 2919 C.c.Q.
50. L'article 2920 C.c.Q. qui réfère également à la bonne foi, s'applique uniquement en matière mobilière. En effet, la bonne foi n'est ni une condition requise pour prescrire ni un vice de possession en matière immobilière. *Supra*, nº 22.
51. Article 2918 C.c.Q.
52. Article 3026 C.c.Q.
53. Article 2918 (2) C.c.Q.
54. Article 2918 (1) et (2) C.c.Q. C'est par ce jugement que le possesseur acquiert véritablement la propriété.
55. Ce qui exclut également et forcément la publication du titre du possesseur, fut-il vicié.
56. Ces articles excluent à toute fin pratique l'acquisition «a non domino».
57. Article 2962 C.c.Q.
58. Article 2944 (2) C.c.Q. Avant l'accomplissement des 10 ans, la présomption d'existence est forcément réfragable.
59. Article 2944 (2) C.c.Q.
60. Articles 2892 et 2894 C.c.Q.
61. Article 2944 (2) C.c.Q. Il profitera aussi de la dispense de se pourvoir en justice pour obtenir titre.
62. Article 805 C.p.C. tel qu'amendé par L.Q., 1992, c.57, a.367.
63. Article 2917 C.c.Q., c'est le délai de droit commun.
64. Article 2903 C.c.Q.
65. Soit l'usage établi à titre cessible, l'usufruit et l'emphytéose.
66. Article 2944 (1) C.c.Q.
67. Article 2917 C.c.Q., c'est le délai de droit commun.
68. Pour que l'interruption ne soit pas fatale, il faudrait imaginer absence d'exécution de jugement et maintien «de facto» du possesseur sur les lieux. Un autre dix ans de possession utile plus un jugement seraient alors requis.
69. Article 2962 C.c.Q. La disposition de la loi vaut tout autant pour les démembrements que pour la propriété dans l'immeuble immatriculé.

70. Article 2917 C.c.Q., c'est le délai de droit commun.
71. Article 2903 C.c.Q.
72. Article 2921 C.c.Q.
73. Soit: 1, 2, 3, 5, 10 et 30 ans.
74. Articles 2923 (1) et 2924 C.c.Q.
75. Article 2925 C.c.Q.
76. Article 2925 C.c.Q.: «L'action qui tend à faire valoir un droit personnel ou un droit réel mobilier et *dont le délai de prescription n'est pas autrement fixé* se prescrit par trois ans.»
77. L.Q., 1992, c.57.

Table des matières

De la publicité des droits

*Camille Charron**

Livre neuvième du projet de loi 125 (L. Qué. 1991, c. 64 sanctionné le 18 décembre 1991)

Avant-propos

Le gouvernement a adopté et sanctionné le nouveau Code civil du Québec le 18 décembre 1991 et projette son entrée en vigueur, du moins pour sa plus grande partie, pour le début de l'année 1994. Après avoir invité les chambres professionnelles et autres groupes intéressés à soumettre des rapports sur les projets de loi antérieurs, dans des délais parfois très brefs à respecter, le texte «définitif» fait maintenant l'objet d'études et de commentaires sous forme de cours destinés à tous les juristes, juges, praticiens ou professeurs et, éventuellement, aux étudiants en droit. Le gouvernement souhaite avec raison que les professionnels du droit assimilent le mieux possible la législation nouvelle pour le plus grand bien de la population, mais leur a fourni bien peu d'instruments pour faciliter leur travail. Le livre De la publicité des droits dont la connaissance et la mise en pratique dépend étroitement des règlements qui le compléteront et dont l'entrée en vigueur sera échelonnée sur un calendrier assez élastique, souffre particulièrement de la date tardive où l'on a pu prendre connaissance de la *Loi sur l'application de la réforme du Code civil* et de l'ignorance complète des règlements au moment d'écrire ces lignes. C'est donc sous toutes réserves que cette étude sommaire du livre neuvième du Code civil du Québec est offerte, dès avant la connaissance des

---

* Notaire honoraire et professeur.

importants règlements qui auront une influence capitale sur l'usage efficace des bureaux de la publicité des droits.

Introduction

1. Le Livre neuvième du nouveau Code civil du Québec apporte des modifications et des additions importantes au domaine de la publicité des droits. C'est avec raison qu'on a remplacé le titre «De l'enregistrement des droits réels» par le nouveau titre, qui tient mieux compte de tout ce qui doit maintenant être publié, tel qu'en font foi, de façon très générale, les articles 2938 à 2940 du Code civil du Québec[1].

2. Mais la révolution n'est pas complète. C'est à tort que certains écrits émanant du gouvernement (et repris par quelques auteurs) émettent l'opinion que l'on passe d'un système d'enregistrement «de documents» à un système d'enregistrement «de droits». On a toujours enregistré des droits (acquis ou transmis) ou des renonciations à des droits de même que des avis d'exécution de droits[2].

3. Ces droits, ne pouvant être publiés dans l'abstrait, se matérialisent sur du papier. Mais ce n'est pas le papier ou l'encre qu'on enregistre mais bien les droits mentionnés dans l'acte.

4. La véritable modification, en droit substantif, provient de l'obligation d'inscrire tous les droits au registre approprié[3] alors que dans le Code du Bas-Canada, malgré la rédaction de l'article 2132 al. 2 C.c., tous les renseignements importants n'apparaissent pas toujours à l'index des immeubles. Ainsi, lors d'une aliénation, le droit de propriété va changer de mains mais, dans le même acte, le vendeur peut stipuler une servitude, un usufruit, une clause résolutoire voire une hypothèque; l'étendue de tous ces droits n'est pas toujours «facile» à déceler à l'index malgré les termes de l'article 2171 C.c. Il faut vérifier nombre de détails dans l'acte lui-même, dont la désignation d'une partie de lot, la capacité des parties etc.

5. Le nouveau droit, comme nous le verrons plus loin, vise à assurer une plus grande sécurité des titres, tout en permettant des recherches plus faciles lorsque tout le support informatique sera bien installé.

6. Les principaux moyens d'atteindre ce but sont les suivants:

a) Les immeubles objets de droits à publier doivent être des lots complets, immatriculés au cadastre, sauf de rares exceptions[4], bien que les seuls textes du Code civil ne soient pas concluants à ce point de vue.

b) Les actes destinés à la publicité foncière doivent d'abord être attestés, le plus souvent par un notaire, un avocat, un arpenteur-géomètre ou un officier public, selon le cas, avant de servir à l'inscription ou à la suppression d'un droit dans le registre[5].

c) L'officier de la publicité des droits doit ensuite vérifier si la réquisition satisfait aux dispositions de la loi et des règlements et, plus particulièrement, doit vérifier le dernier titre enregistré[6].

d) Enfin, un rapport d'actualisation notarié des droits ou un jugement qui en tient lieu doit être inscrit en certains cas[7].

Pour respecter l'uniformité demandée dans ces premiers cours sur le nouveau Code civil du Québec, nous étudierons le Livre neuvième dans l'ordre de ses titres:

I- Domaine de la publicité

II- Effets de la publicité

III- Modalités de la publicité

IV- L'immatriculation des immeubles

V- La radiation

Nous terminerons par des commentaires de la *Loi sur l'application...*, pour mieux connaître les véritables règles en vigueur dans les années qui viennent.

Avertissement

7. Les quelques travaux de doctrine qui existent déjà sur les nouvelles règles de publicité traitent parfois du Rapport de l'Office de révision du Code civil, parfois de l'avant-projet de loi sur le droit des sûretés réelles et de la publicité de 1986, parfois sur le projet de loi 125 de 1990. Les mémoires de la Chambre

des notaires, du Barreau et d'autres groupes consultés portaient sur les mêmes textes. Il faut donc consulter ces sources avec prudence, car des modifications importantes ont été apportées aux premières règles suggérées, sans oublier que les numéros d'articles ne sont plus les mêmes. On peut mentionner, comme exemple, que l'article 2954 du projet de 1990 prévoyait trois registres principaux: le registre foncier, le registre des droits réels mobiliers et le registre des droits personnels de même que deux fichiers des adresses, l'un pour le registre foncier, l'autre pour celui des droits réels mobiliers; par ailleurs, le chapitre quatrième du titre troisième était intitulé «Du fichier des adresses».

8. Dans le C.c.Q. (projet de 1991) l'article 2969 (correspondant à l'article 2954 de 1990) ne prévoit que deux registres principaux: le registre foncier et le registre des droits personnels et réels mobiliers; il ne fait aucune allusion à un fichier des adresses; le chapitre quatrième du titre troisième s'intitule maintenant «De l'inscription des adresses» et l'article 3023 *in fine* semble faire référence aux deux registres principaux. D'autres registres pourront être ajoutés en vertu de la loi ou des règlements.

Titre premier: Du domaine de la publicité

Ch. 1- Dispositions générales

9. Le législateur a enfin exprimé clairement, à l'article 2934, que la publicité résulte de l'inscription faite sur le registre approprié, sauf exception prévue par la loi. Il a ainsi confirmé ce qui était soutenu par la doctrine et la jurisprudence dominante depuis l'adoption de l'article 2174c en 1947 et son report à l'article 2132 C.c. en 1948[8], qui s'ajoutait aux articles 2161 al. 2 et 2171 C.c.

10. Cette règle est maintenant claire et permet au législateur de stipuler tout aussi clairement à l'article 2944 al. 2 une présomption irréfragable de l'existence d'un droit lorsque certaines conditions sont respectées.

11. L'article 2935 reprend, avec des corrections mineures, l'article 2087 C.c. pour rappeler que toute personne peut requérir

la publication d'un droit. Comme cela est vrai pour les mineurs et les majeurs sous protection, l'on peut, par conséquent, leur opposer le défaut de publicité, ce que l'article 2964 prévoit expressément. Les inaptes qui pourraient en souffrir conserveront leur recours contre les tuteurs ou curateurs négligents.

12. L'article 2936, par contre, introduit une prohibition d'ordre public qui vise à mettre fin à certaines clauses parfois insérées dans des conventions[9]. On note que la prohibition vise autant les droits «admis» que soumis, par exemple le droit de préinscription des articles 2966 et 2967 C.c.Q.

13. L'article 2937, sur le renouvellement de la publicité, ne reprend pas les textes des articles 2081a al. 3 et 4 et 2131 al. 3 et 4 C.c., mais doit être complété par l'article 2942 C.c.Q.

14. Selon 2942, le renouvellement se fera par un avis de la manière prescrite par un règlement.

15. On se demande tout de même pourquoi le renouvellement automatique prévu par le dernier alinéa de l'article 2081a C.c. n'a pas été incorporé au nouveau droit. L'obligation, pour fins d'efficacité et de rapidité, d'asservir le droit de la publicité à la technique informatique impose même des modifications au fond de ce droit. L'abandon du renouvellement par assumation en est probablement un exemple. «L'avis» sert mieux le besoin d'attirer l'attention de l'officier de la publicité pour assurer l'inscription du renouvellement.

16. Il convient aussi, avant de passer au chapitre suivant, de rappeler que les dispositions du livre «De la publicité des droits» visent autant la publicité des droits personnels et réels mobiliers que celle des droits immobiliers, sauf quand le contexte indique clairement le contraire. Le projet de loi 38 de 1992 (L. Qué., c. 57) sur l'application de la réforme et le droit transitoire comporte d'ailleurs les articles 157 à 164 traitant des droits personnels et réels mobiliers obtenus sous l'ancienne loi.

Ch. 2- Des droits soumis à la publicité

17. Le législateur, dans un louable effort de synthèse, a délimité le domaine de la publicité des droits par des énumérations de principe que l'on retrouve aux articles 2938 et 2939[10]. Ces

énumérations ne sont pas exhaustives. On retrouve ailleurs dans le Code (comme on en retrouvera aussi dans maintes autres lois) des références à l'obligation de publier certains droits. Par exemple les articles 1214, 1218 al. 2 et 2961 C.c.Q., relatifs à la stipulation d'inaliénabilité et à la substitution viennent préciser l'article 2939. Rien de très nouveau ici, mais la synthèse est bienvenue.

18. Il faut cependant noter des additions à ce domaine. Outre les nombreux droits personnels ou réels mobiliers qui devront être inscrits dans leur registre propre et les avis dont la préinscription était déjà imposée par le Code du Bas-Canada et le Code de procédure[11], on trouve maintenant, à l'article 2940 C.c.Q. que les transferts d'autorité relatifs à des immeubles par le gouvernement du Québec au gouvernement du Canada ou par l'un des gouvernements à des personnes morales de droit public, et inversement, *sont admis* à la publicité. Les mots *sont admis* employés à l'article 2940, contrairement aux mots «*sont soumises*» employés à l'article 2938, signifieraient que les droits transmis sous 2940 seraient opposables même sans publication.

19. Une nouvelle préinscription s'ajoute aussi à celles déjà connues[12]: l'article 2966 se lit comme suit:

> Toute demande en justice qui concerne un droit réel soumis ou admis à l'inscription sur le registre foncier, peut, au moyen d'un avis, faire l'objet d'une préinscription.
>
> La demande en justice qui concerne un droit réel mobilier qui a été inscrit sur le registre des droits personnels et réels mobiliers, peut aussi, au moyen d'un avis, faire l'objet d'une préinscription.

Nous y reviendrons en étudiant les articles 2966 à 2968 dans le titre deuxième.

20. Selon l'article 3015, un avis de changement de nom se publie aussi dans l'un ou l'autre registre.

Titre deuxième: Des effets de la publicité

21. Du point de vue du fond du droit, ce titre est le plus important parce qu'il apporte enfin des précisions sur la véritable nature du droit de la publicité, qui n'a pas toujours été bien comprise par nos tribunaux. Il le fait principalement en stipulant sur la qualité de la présomption de connaissance des tiers à l'égard d'un droit inscrit (art. 2943) et sur la fiabilité des registres pour ceux qui les consultent avant d'y inscrire leurs propres droits (art. 2962).

Ch. 1- De l'opposabilité

22. Après avoir rappelé à l'article 2941, la règle habituelle qui veut que la publicité rende le droit opposable aux tiers, encore qu'entre les parties il produise ses effets sans publication sauf exception (par exemple 1062 C.c.Q.), le législateur a mis fin aux hésitations jurisprudentielles en édictant l'article 2943:

> Un droit qui est inscrit sur le registre foncier à l'égard d'un immeuble qui a fait l'objet d'une immatriculation est réputé connu de celui qui acquiert ou publie un droit sur le même immeuble.
>
> Un droit inscrit sur le registre des droits personnels et réels mobiliers, ou sur le registre foncier à l'égard d'un immeuble non immatriculé, est présumé connu de celui qui acquiert ou publie un droit sur le même bien.

23. On notera la distinction[13] entre les droits *réputés* ou *présumés* connus selon qu'ils se rapportent aux droits inscrits au registre foncier à l'égard d'un immeuble immatriculé ou aux autres droits. Le but de la publicité des droits n'a jamais été de porter instantanément à la connaissance de tous les citoyens de la terre le droit inscrit mais bien de rendre ce droit accessible (et opposable) au tiers, c'est-à-dire à toute autre personne qui voudrait à son tour inscrire un droit. L'arrêt *Imperial Oil Enterprises*, (1977) C.S. 920 a bien rappelé ce principe.

24. Cet article, qui protège le détenteur du droit inscrit, est complété par les articles 2962 et 2964, qui protègent le tiers qui prend le temps de se renseigner:

2962. Celui qui acquiert un droit réel sur un immeuble qui a fait l'objet d'une immatriculation, en se fondant de bonne foi sur les inscriptions du registre, est maintenu dans son droit, si celui-ci a été publié.

2964. Le défaut de publicité peut être opposé par tout intéressé à toute personne, même mineure ou placée sous un régime de protection, ainsi qu'à l'État.

25. On remarque, à l'article 2962, une innovation qui s'est fait attendre. Dans le Code du Bas-Canada, à l'article 2085, et jusque dans le projet de loi 125 de 1990, à l'article 2947, on n'accordait pas à l'acquéreur à titre gratuit la même protection qu'à l'acquéreur à titre onéreux, ce qui risquait de créer entre plusieurs acquéreurs (et leurs créanciers garantis) des situations intenables[14].

26. Le législateur a remédié à cette situation injuste en enlevant les mots «à titre onéreux» du texte de la législation et en modifiant le reste pour que le nouvel article 2962 ne retienne plus une exception blessante pour les donataires. Malgré les précisions apportées par les nouvelles règles, et le caractère formaliste du droit de la publicité, on fait encore allusion à la «bonne foi» dans la façon de se servir du registre (Art. 2962; intitulé du chapitre quatrième du titre deuxième; art. 3075 al. 2). C'est une façon de préciser ce que la jurisprudence avait décidé à bon droit: la fraude prouvée l'emporte sur les règles de la publicité, en ce qui concerne le fraudeur.

27. L'article 2942 indique une seule façon de renouveler la publicité d'un droit pour lui faire conserver son opposabilité et son rang, soit un avis dont les règlements dicteront la forme. Une attestation par témoins et déclaration assermentée sera peut-être imposée (Art. 2995 al. 2).

28. La publicité apportera, par ailleurs, un effet nouveau et important sous certaines conditions exprimées à l'article 2944, qui mérite d'être cité au long:

> L'inscription d'un droit sur le registre des droits personnels et réels mobiliers ou sur le registre foncier emporte, à l'égard de tous, la présomption simple de l'existence de ce droit.
>
> L'inscription sur le registre foncier d'un droit de propriété dans un immeuble qui a fait l'objet d'une immatriculation, si

elle n'est pas contestée dans les dix ans, emporte de même présomption irréfragable de l'existence du droit.

29. La force probante des registres est donc ainsi exprimée: d'abord, pour toutes les inscriptions, présomption simple de l'existence du droit; la preuve contraire est toujours admise, sauf quand le deuxième alinéa s'applique. Ce dernier prévoit un cas particulier: inscription au registre *foncier* d'un droit *de propriété* dans un immeuble *immatriculé* non contestée dans les dix ans.

30. Il s'agit là d'un genre de prescription, même sans possession. De là, les précautions à prendre par l'officier de la publicité avant de faire des inscription[15] pour s'assurer que le titre sera inattaquable. Cet article est dans la lignée des articles concernant la prescription[16].

31. Un doute pourrait subsister cependant sur le sens du mot «propriété», suite à l'omission dans le texte actuel des mots «ou d'un démembrement de ce droit» qui apparaissaient à l'article 2928 du projet de loi 125 de 1990. Serait-ce dire que le gouvernement aurait décidé que, le plus comprenant le moins, le mot propriété, seul, est suffisant pour comprendre ses démembrements? Ou le gouvernement a-t-il enlevé cette protection à l'usufruit, à l'usage, aux servitudes personnelles et à l'emphytéose? Il semblerait que le démembrement, temporaire de sa nature, puisse être la cible de la prescription extinctive et qu'on l'ait retranché pour cette raison.

32. Toute cette nouvelle protection accordée à ceux qui se fondent sur les inscriptions (art. 2962) et dont le titre est ensuite inscrit (art. 2943 et 2944) n'empêche pas des vices de titres d'exister en certains cas, sans qu'ils apparaissent au registre. Par exemple, l'incapacité des parties, le mauvais usage des pouvoirs sous les régimes matrimoniaux ou de ceux de l'exécuteur testamentaire sont tous des vices qui peuvent affecter une convention et ne pas apparaître au registre. Le titulaire inscrit sera maintenu dans son droit et le tiers lésé n'aura que des recours en dommages et intérêts contre le professionnel rédacteur ou vérificateur (attestation) de l'acte ou contre l'officier de la publicité qui a mal inscrit.

33. D'autre part, l'article 2944 est susceptible de causer des dommages aux anciens propriétaires, suite à des erreurs ou à

des fraudes, malgré les mesures de sécurité prévues. Deux moyens permettent de protéger tout propriétaire inscrit:

34. a) Le droit nouveau prévoit que tout «titulaire d'un droit réel» ou encore toute personne intéressée peut requérir l'inscription de son adresse afin d'être notifié de certains événements qui touchent son droit[17]. La permission de se servir de l'avis d'adresse a donc été étendue à d'autres personnes que les seuls créanciers. Pourquoi les propriétaires ne s'en serviraient-ils pas?

35. b) Le second moyen repose sur les avis de cotisation pour taxes municipales. Tout propriétaire vigilant qui ne reçoit plus son avis coutumier devrait se renseigner dans les plus brefs délais auprès de la municipalité pour savoir qui reçoit maintenant cet avis et pourquoi. Depuis la nouvelle rédaction de l'article 50 de la *Loi sur les bureaux d'enregistrements*[18], les régistrateurs ne donnent peut-être pas toujours avis par écrit, à la municipalité, des aliénations d'immeubles, mais la *Loi autorisant les municipalités à percevoir un droit sur les mutations immobilières*[19], maintenant d'application générale, doit atteindre le même but et permettre au greffier ou au secrétaire-trésorier de changer le nom du débiteur des taxes.

36. Si ces deux mesures ne suffisent pas, compte tenu de l'état actuel des textes, il y aurait peut-être lieu de prévoir une règle qui assurerait, à coup sûr, que l'inscription de tout droit mentionné à l'article 2944 al. 2, soit portée à la connaissance de la municipalité lorsque telle inscription a une influence sur l'identité du débiteur des taxes[20].

Ch. 2- Du rang des droits

37. Comme le droit de la publicité dépend étroitement de la technique employée ou des «outils» mis à la disposition de l'officier de publicité, il convient de rappeler que lorsque le nouveau système sera entièrement opérationnel les registres qui nous étaient familiers jusqu'alors seront remplacés. Un des premiers à disparaître sera le livre de présentation, index strictement chronologique, dans lequel tous les documents présentés pour enregistrement sont inscrits dans l'ordre de leur présentation selon la date, l'heure et la minute.

38. Ce registre, qui peut servir à établir le rang des droits, sera remplacé par le «bordereau de présentation» dont le nouveau Code fait état principalement aux articles 2945, 2971 et 3007 C.c.Q. Ce bordereau est fait nécessairement en deux exemplaires dont l'un est remis à celui qui fait la réquisition d'inscription et l'autre doit être conservé au bureau de la publicité à titre de document public (2971 et 3021).

39. On se rappelle la complexité des multiples règles[21] établissant le rang des droits et l'état de collocation dans le Code civil du Bas-Canada, le Code de procédure et les lois statutaires. Le Code civil du Québec conserve la règle générale mais simplifie grandement les règles particulières. Il faut espérer que le Code de procédure et les autres lois emboîteront le pas.

40. L'article 2945 établit la règle:

> À moins que la loi n'en dispose autrement, les droits prennent rang suivant la date, l'heure et la minute inscrites sur le bordereau de présentation, pourvu que les inscriptions soient faites sur les registres appropriés.
>
> Lorsque la loi autorise ce mode de publicité, les droits prennent rang suivant le moment de la remise du bien ou du titre au créancier.

Le rang s'établit donc en fonction de la présentation de la réquisition, mais sous condition suspensive de l'inscription, de laquelle résulte la publicité comme le dicte l'article 2934. La règle s'applique intégralement à deux titres d'acquisition provenant d'un même auteur (Art. 2946).

41. Les premiers mots de l'article 2945 renvoient aux cas particuliers, dont l'un apparaît au deuxième alinéa du même article, qui nous rappelle, entre autres, les articles 2703 et 2707, qui traitent de l'hypothèque mobilière avec dépossession[22].

42. L'article 2947 mérite réflexion, si on le compare avec l'article 2130 C.c., dont les alinéas 4 et 5 se lisaient comme suit:

> Si néanmoins deux titres créant hypothèque sont entrés au même moment, ils viennent ensemble par concurrence.
>
> Si un titre d'acquisition et un titre créant hypothèque relativement au même immeuble sont entrés en même temps, la priorité du titre établit le droit de préférence.

L'article 2947 C.c.Q. semble modifier ces règles mais sans aller jusqu'à préciser le rang des droits s'ils ne sont pas de même nature:

> Lorsque des inscriptions concernant le même bien et des droits de même nature sont requises en même temps, les droits viennent en concurrence.

43. Cela signifierait que deux droits de propriété accordés à des personnes différentes sur un même bien seraient concurrents, même si la date de chaque titre est différente; le Code du Bas-Canada est muet sur cette question. On compte encore, apparemment, sur la rareté d'une telle éventualité. D'autre part, qu'arrive-t-il maintenant si un droit d'hypothèque et un droit de propriété accordé à un tiers qui n'est pas ce créancier sont inscrits en même temps , vu que le cinquième alinéa de l'article 2130 C.c. n'est pas repris? La date du titre ne semble plus avoir d'importance et il ne s'agit pas de droits de même nature. C'est au tour du Code du Québec d'être muet sur une question tout aussi importante!

44. Par contre, l'article 2948 C.c.Q. innove à deux points de vue. D'abord il permet de créer une hypothèque sur le bien d'autrui sans que le débiteur n'y détienne déjà un droit suspendu ou résoluble, en contradiction apparente avec la règle de l'article 2038 C.c.[23]. Ensuite il précise, d'accord avec la jurisprudence dominante sur l'interprétation de l'article 2098 al. 7 C.c., que les hypothèques inscrites avant le titre du constituant «prennent rang suivant l'ordre de leur inscription respective».

45. Les autres articles du même chapitre précisent le rang des différentes sortes d'hypothèques. (Il faut se rappeler aussi le rang des «priorités», tel qu'établi au livre Des priorités et des hypothèques).

46. Est ainsi réglé le rang des hypothèques affectant:

a) Une universalité d'immeubles présents — Article 2949 al. 1 C.c.Q.

b) Les immeubles acquis postérieurement à l'inscription de l'acte constitutif, selon que les nouveaux immeubles sont situés dans la même division d'enregistrement ou dans une autre — Article 2949 al. 2 et 3. (On reprend ici, en l'adaptant, l'article 2120a C.c.).

c) Une universalité de meubles — Article 2950 C.c.Q.

d) Un meuble qui, par son incorporation à un immeuble, perd son individualité (contrairement à la situation prévue à l'article 2672 C.c.Q.). Cette hypothèque devient alors immobilière et prend le rang de son inscription au registre foncier — Articles 2796, 2945 et 2951 C.c.Q.

e) Un immeuble construit ou rénové par les personnes à qui une hypothèque légale est accordée — Article 2952. Les derniers mots de l'article sont de droit nouveau. On ne distingue plus entre les catégories de personnes: entre elles, ces hypothèques viennent en concurrence, proportionnellement à la valeur de chacune des créances. Cet article complète les articles 2726 à 2728 C.c.Q.

f) Des meubles qui ont été transformés, mélangés ou unis, créant ainsi un meuble nouveau — Article 2953.

g) Le meuble d'autrui ou un meuble à venir — Article 2954.

47. Les deux derniers articles (2955 et 2956) traitent du rang de l'hypothèque ouverte et de la possibilité, pour les créanciers, de faire des interversions de rang.

48. La plupart des articles énumérés dans cette liste reprennent la règle générale de l'article 2945: les droits prennent rang suivant la date, l'heure et la minute inscrites sur le bordereau de présentation, si le titre du constituant apparaît déjà. Lorsque l'hypothèque prend rang à compter de l'inscription de ce titre, elle ne primera pas l'hypothèque créée en faveur du vendeur dans l'acte d'acquisition du constituant — Article 2948 al. 1. Il faut rappeler ici que, entre le projet 125 de 1990 et l'adoption du projet 125 de 1991, l'hypothèque légale du vendeur d'immeuble est disparue et seul le vendeur de meubles jouit d'une «priorité». L'hypothèque du vendeur d'immeuble doit donc être stipulée dans l'acte, qui nécessite alors la forme notariée en minute[24].

49. Autres exceptions à la règle générale:

— L'hypothèque légale des constructeurs prend rang avant toute autre hypothèque publiée, pour la plus-value apportée à l'immeuble — Article 2952. Elle subsiste sans publicité jusqu'à trente jours après la fin des travaux, mais doit être publiée pour être conservée plus longtemps[25].

— Les hypothèques grevant des meubles mélangés ou unis prennent le rang de la première hypothèque publiée, pourvu que la publicité de l'hypothèque de chaque meuble mélangé ou uni soit renouvelée sur le meuble nouveau. Elles seront toutes en concurrence, proportionnellement à la valeur de chaque ancien meuble — Article 2953.

50. L'hypothèque du meuble d'autrui suit une règle différente de celle de l'immeuble d'autrui : elle prend rang à compter de son inscription, mais «après l'hypothèque du vendeur créée dans l'acte d'acquisition du constituant si cette hypothèque est publiée dans les quinze jours de la vente» — Article 2954. On trouve ici un délai dont profite le vendeur, lorsqu'une hypothèque est expressément stipulée dans l'acte. Si le vendeur laisse écouler le délai, son hypothèque passe au second rang.

51. Cette faveur est accordée à tout vendeur, que la vente soit faite à une personne physique ou morale qui exploite ou non une entreprise. L'article 2939, dans le projet de 1990, se lisait «l'hypothèque du vendeur *résultant* du titre du constituant», parce que le vendeur de tout bien jouissait d'une hypothèque légale (art. 2707 et 2712 du projet de 1990), qui n'a pas été retenue dans le projet de 1991. Cela n'empêche pas tout vendeur de bien meuble de stipuler une hypothèque mobilière, mais il existe une règle spéciale pour celui qui vend un bien meuble à une personne physique qui n'exploite pas une entreprise; ce vendeur jouit maintenant d'une «priorité» (Art. 2651 C.c.Q.) qui n'a pas besoin d'être publiée (Art. 2655) et qui passe avant les autres hypothèques, quelle que soit leur date (Art. 2657).

52. Pour le bien des usagers de la publicité et celui des examinateurs de titres il faut espérer que les vendeurs de biens meubles feront appel le moins souvent possible à la «priorité» de l'article 2651 car l'efficacité et l'équité du système repose en grande partie sur le plus petit nombre possible d'exceptions aux règles d'inscription. L'on sait qu'en vertu d'un certain nombre de lois statutaires favorisant la couronne au détriment des contribuables, ces exceptions sont déjà assez nombreuses.

53. Il importe de rappeler les propos fort judicieux de Me Suzanne Potvin-Plamondon[26]:

> ...rappelons-nous que le régime de publicité des droits mobiliers demeure un régime partiel dans le sens que les titres d'acquisitions des biens hypothéqués ne sont pas publicisés. En conséquence, le régime des sûretés mobilières doit surmonter quant à ses effets, les difficultés inhérentes à la nature même des biens meubles soit:
>
> — les difficultés résultant de l'identification des biens meubles;
>
> — celles d'en suivre les déplacements, les possesseurs ou acquéreurs.

54. L'hypothèque ouverte, quant à elle, est soumise à deux règles différentes: son rang dépend de l'inscription de l'avis de clôture, sauf si plusieurs hypothèques ouvertes ont fait l'objet d'un avis de clôture sur le même bien; leur rang dépend alors de leur inscription respective — Articles 2955, 2715, 2716 et 2755 C.c.Q.

55. Pour chacune des hypothèques on indique la façon d'en obtenir l'inscription, soit au registre foncier, soit au registre des droits réels mobiliers. Tous ces détails techniques seront plus facilement assimilés lorsque nous aurons pris connaissance des nouveaux registres, des fiches immobilières, des fiches des droits personnels et réels mobiliers et de la façon de faire les réquisitions[27].

Ch. 3- De certains autres effets

56. Le chapitre troisième du titre deuxième (Des effets...) reprend principalement des règles du Code du Bas-Canada en les adaptant au nouveau livre De la prescription en ce qui concerne les délais, mais présente aussi deux innovations, l'une sur les effets de la publicité à l'égard de la prescription et l'autre, concernant les délais d'inscription de la substitution.

57. L'article 2957, comme l'article 2095 C.c., expose d'abord que la publicité n'interrompt pas le cours de la prescription. C'est le deuxième alinéa qui est de droit nouveau:

Néanmoins, tant qu'elle subsiste, la publicité du droit de propriété dans un immeuble qui a fait l'objet d'une immatriculation interrompt la prescription acquisitive de ce droit.

Il s'agit toujours d'un immeuble immatriculé mais, contrairement à l'article 2942 du projet de 1990, on a limité cette règle au seul droit de *propriété*. Ce deuxième alinéa suit la logique des articles 2918, 2943 et 2944 C.c.Q. En effet, le possesseur qui fait sa demande en justice en vertu de l'article 2918 sans d'abord consulter le registre va se heurter à la présomption de connaissance édictée à l'article 2943 lorsqu'il voudra publier son jugement; il n'aura pas la bonne foi exigée par l'article 2962. En outre, le possesseur ne pourra prescrire la propriété d'une partie du lot, le morcellement en étant défendu (Art. 3043 et 3054). Il faut toutefois rappeler les deux exceptions prévues à l'article 2918 al. 2: le possesseur peut prescrire lorsque «le propriétaire était décédé ou absent au début du délai de dix ans, ou s'il résulte du registre foncier que cet immeuble est devenu un bien sans maître».

58. On peut ajouter ici, comme sous l'article 2944, que le mot propriété ne comprend pas des démembrements. Le texte de 1990 allait plus loin en accordant la même protection à tout «droit réel immobilier». Quant au droit hypothécaire, il reste à son créancier le recours en justice de l'article 2735 C.c.Q., qui interrompt la prescription ou, lorsque tel recours n'est pas vraiment nécessaire, le renouvellement de son inscription, sous l'article 2942.

59. L'article 2958 prend sa source dans les articles 2090 et 2091 C.c. pour protéger le créancier qui obtient l'inscription d'un procès-verbal de saisie, contre les droits publiés ultérieurement, si la saisie est suivie d'une vente en justice. Le mot «saisie» ne comprend pas, apparemment, les préavis d'exercice d'un droit hypothécaire, qui ont pourtant besoin d'être publiés aussi[28], puisque l'article 2958 ne répète pas le deuxième alinéa de l'article 2943 du projet de 1990 qui accordait une protection semblable à ces préavis, et que l'article 3000 C.c.Q. distingue l'avis de vente forcée des autres avis prescrits au livre Des priorités et des hypothèques. Il reste cependant, à celui qui se sert d'un préavis, la protection des articles 2760 et 2968 al. 1 C.c.Q.

60. Les articles 2959 et 2960 maintiennent les principes du Code du Bas-Canada exprimés aux articles 2122 à 2125a, mais en ramenant le délai à trois ans, le tout visant les arrérages d'intérêts ou de rente.

61. L'article 2961, sur la substitution, reprend l'article 943 C.c. pour accorder aux biens acquis en remploi la protection dont jouit la substitution elle-même. Cet article complète l'article 1218 C.c.Q. qui impose la publicité de la substitution, et ajoute deux choses:

62. a) L'article 2961 tient compte de la nouvelle philosophie du droit des substitutions, qui permet au grevé d'aliéner les biens à titre onéreux, de les hypothéquer et de les louer. Les biens «constituent plutôt qu'une masse durable de biens existants en nature, un fonds économique ou un fonds de valeur, à contenu variable, mais toujours affecté au profit éventuel de l'appelé»[29]. C'est ce qu'indiquent clairement, à certaines conditions, les articles 1227 à 1233 et 1244 C.c.Q.

63. b) Les délais fort vagues accordés pour la publicité de la substitution par le Code du Bas-Canada, selon qu'elle était créée par un don entre vifs ou par testament[30], ont été abandonnés à bon droit. On pourrait donc publier la substitution elle-même au moment où on publie le remploi. Cela explique le deuxième alinéa de l'article 2961, qui précise que cette publicité (à quelque moment qu'elle arrive) ne porte pas atteinte aux droits des tiers qui ont déjà publié les droits qu'ils tiennent du grevé.

64. Il reste que la substitution et, le cas échéant, les remplois devraient être publiés le plus tôt possible, pour la protection de l'appelé et pour diminuer la responsabilité du grevé sous les articles 1231 et 1238 C.c.Q. Il faut admettre, cependant, que le remploi ne sera pas toujours publié; s'il y a simple vente et que le grevé reçoit l'argent et le garde, contrairement aux prescriptions de l'article 1230, il n'y aura pas de nouvelle publicité.

65. Le nouveau Code du Québec ne contient aucun article prévoyant expressément la publicité de l'ouverture de la substitution en faveur de l'appelé. Il faudra faire appel aux articles qui traitent de l'extinction des droits et de la radiation de leur inscription, tels les articles 2938, 2939 et 3067 C.c.Q.

Ch. 4- De la protection des tiers de bonne foi

66. L'article 2962 a attiré notre attention lors de nos commentaires sur les articles 2943 et 2944[31]. Tous ces nouveaux articles appliquent le même principe: les tiers doivent toujours pouvoir se fier aux registres. L'article 2962 vise particulièrement l'acquéreur d'un droit réel sur un immeuble immatriculé. Cet acquéreur n'est pas obligé de consulter les autres documents et les pièces justificatives sauf si, au vu du registre lui-même, un doute important peut s'élever sur la valeur de ses inscriptions.

67. L'article 2963, qui reprend en partie l'article 2085 C.c., mais sans répéter la honteuse distinction entre les acquisitions onéreuses et gratuites, confirme le principe de l'article 2934 C.c.Q. à l'effet que la publicité résulte de l'inscription au registre et non d'une quelconque connaissance d'une convention non publiée ou d'un acte de possession en train de se dérouler. Grâce aux articles 2958 et 2963, un tiers-saisissant qui se fie sur le registre ne se fera plus dire qu'il y a saisie *super non domino*[32].

68. Le législateur édicte à l'article 2964 (opposabilité aux inaptes), mais dans une forme différente, pour tenir compte du nouveau vocabulaire, l'essentiel de l'article 2086 C.c. C'est le corollaire de l'article 2935 C.c.Q., mentionné ci-haut, au paragraphe 11.

69. Une erreur étant toujours possible malgré les précautions prises par le nouveau droit pour assurer la fiabilité des registres, les recours aux tribunaux sont tout de même ménagés dans plusieurs articles qui méritent d'être regroupés pour mieux en apprécier toute la portée.

> Art. 2965. Tout intéressé peut demander au tribunal, en cas d'erreur, de faire rectifier ou radier une inscription.
>
> Art. 3063. La radiation d'une inscription peut être ordonnée par le tribunal lorsque l'inscription a été faite sans droit ou irrégulièrement, sur un titre nul ou informe, ou lorsque le droit inscrit est annulé, résolu, résilié ou éteint par prescription ou autrement.

Elle est aussi ordonnée lorsque l'immeuble sur lequel une déclaration de résidence familiale avait été inscrite a cessé de servir à cette fin.

Art. 3064. La radiation de l'inscription d'un jugement passé en force de chose jugée, qui rectifie ou annule une inscription, peut aussi être ordonnée par le tribunal lorsque le jugement porte atteinte soit aux droits d'un tiers de bonne foi qui s'est fié au registre et qui a acquis un droit réel sur un immeuble qui a fait l'objet d'une immatriculation, soit aux droits de ses ayants cause, même à titre particulier.

Art. 3073. La réquisition fondée sur un jugement qui ordonne la radiation d'un droit publié ou la réduction d'une inscription n'est admise que si ce jugement est passé en force de chose jugée.

L'exécution provisoire n'est pas admise lorsque le jugement porte sur la rectification, la réduction ou la radiation d'une inscription.

Le greffier du tribunal est tenu de délivrer un certificat attestant que le jugement n'est pas susceptible d'appel ou que, les délais d'appel étant expirés, il n'y a pas eu d'appel ou encore qu'à l'expiration d'un délai de trente jours de la date du jugement aucune demande en rétractation de jugement n'a été présentée.

Art. 3075. L'inscription de la radiation faite sans droit ou à la suite d'une erreur est radiée sur ordonnance du tribunal, à la demande de toute personne intéressée.

L'inscription de l'ordonnance ne peut porter atteinte aux droits du tiers de bonne foi qui a publié son droit après la radiation faite sans droit ou à la suite d'une erreur.

70. Les seules véritables nouveautés que cette législation apporte sont les suivantes: sous l'article 2965, le tribunal peut maintenant ordonner des rectifications en plus des radiations; sous l'article 3073 al. 1, il peut simplement «réduire» une inscription au lieu de la radier au complet; sous 3073 al. 2, est prohibée l'exécution provisoire d'un jugement de rectification, de réduction ou de radiation, ce qui confirme l'interprétation *a contrario* de l'article 547 du Code de procédure, de même que la jurisprudence française sur un sujet semblable[33]; enfin, l'article 3075 al. 2 exprime en toutes lettres ce que la jurisprudence

avait déjà reconnu[34]: le tiers qui s'est fié à une radiation dûment exécutée ne doit pas souffrir lorsque cette radiation est annulée, (à moins qu'il ne soit complice de la radiation fautive — de là, l'exigence de sa bonne foi).

71. Pour le reste, l'essentiel de ce qu'expriment les articles transcrits ci-dessus se retrouve aux articles 2101, 2148 à 2150 et 2153 C.c. ainsi que dans le Code de procédure, aux articles 482 à 490 et 805 (ce dernier article étant remplacé par l'article 804 dans le nouveau droit, en vertu de l'article 367 de la *Loi sur l'application de la réforme...* (1992, c. 57)).

72. Il reste à rappeler que toute demande faite en vertu des nouveaux articles peut concerner un droit réel mobilier ou immobilier ou un droit personnel et que la possibilité de ces recours n'empêchent pas les parties d'agir personnellement, par convention ou unilatéralement au lieu de s'adresser à la cour.

Ch. 5- De la préinscription

73. Bien que le mot «préinscription» ne soit pas employé dans le Code civil du Bas-Canada ni dans le Code de procédure ou la *Loi sur la faillite*[35], on trouve déjà des applications de cette technique aux articles 1040a (avis d'exécution de la clause résolutoire ou de dation en paiement), 2111 et 2112 (avis d'empêchement d'enregistrer un testament), 2161d (les avis de saisie et de vente aux enchères par différentes autorités), tous du Code civil; 813.4 Code de procédure (avis des demandes en séparation de biens, en séparation de corps, en nullité de mariage ou en divorce); 74(3) de la *Loi sur la faillite* (avis du syndic au régistrateur); sans oublier la déclaration de résidence familiale et les avis d'adresse.

74. Le chapitre cinquième élargit le domaine de la préinscription de deux façons: a) on adopte comme principe que toute demande en justice qui concerne un droit réel *soumis ou admis* à l'inscription sur le registre foncier et toute demande en justice qui concerne un droit réel mobilier *qui a été inscrit* sur le registre des droits personnels et réels mobiliers peuvent faire l'objet d'une préinscription; b) on attache à cette préinscription, lorsque la demande réussit en cour ou suite à une transaction, une conséquence importante concernant le rang dudit droit, publié

dans les trente jours de l'obtention du jugement passé en force de chose jugée ou de la transaction. C'est l'objet des articles 2966 et 2968 al. 1. Les droits doivent être publiés trente jours après que le jugement a obtenu force de chose jugée; règle générale, donc, soixante jours après la date du jugement, ou sur preuve d'absence, de rejet ou d'abandon de l'appel.

75. La préinscription, mesure conservatoire et facultative, n'accorde aucun droit immédiat sur le bien; elle est conditionnelle à une seconde inscription qui viendra plus tard. Mais d'ici là, les tiers sont avertis que toute inscription postérieure peut se retrouver primée ou sans effet par l'inscription éventuelle du jugement ou de la transaction qui en tiendra lieu.

76. L'article 2967, à l'instar de l'article 2111 C.c., permet de protéger un droit testamentaire par la préinscription d'un avis «dans l'année qui suit le décès». Le délai de six mois prévu dans l'article 2111 C.c. est porté à un an. Pourquoi? Probablement pour trouver un moyen terme entre le délai de six mois accordés lorsque le décès a lieu au Canada, le délai de trois ans, s'il a lieu hors du Canada, et le délai maximum de cinq ans, tous mentionnés aux articles 2110, 2111 et 2112 C.c. Il s'agissait de *délais-faveur* permettant le dépôt du testament cinq ans après l'ouverture de la succession, dans les cas limites, avec effet rétroactif. Même si les cas de recélé ou autre empêchement restent l'exception, les héritiers testamentaires pouvaient toujours profiter du délai de six mois de l'article 2110, laissant le sort des droits en suspens; les tiers ne pouvaient contracter avec tout héritier *ab intestat* ou légataire apparent pendant ce délai et être sûrs de leurs droits.

77. Notons que dans le droit nouveau aucun délai n'est prévu pour la publicité du testament lui-même. Supposons qu'aucune préinscription n'ait lieu pendant l'année mais que deux testaments soient inscrits à des dates différentes, pendant l'année ou après, et supposons que le dernier inscrit soit, en fait, le plus récent rédigé par le testateur, avec révocation des testaments antérieurs, comment décider alors des droits des uns et des autres? Quant aux héritiers et légataires entre eux, la règle du premier inscrit devra céder le pas à celle de la pétition d'hérédité des articles 626 à 629 C.c.Q. qui réfèrent eux-mêmes aux articles 1699 à 1707 relatifs à la restitution des prestations. Les

tiers qui auraient contracté avec les bénéficiaires du premier testament inscrit ne devraient pas en souffrir, en l'espèce. Il semble, d'ailleurs, que les testaments seront rarement inscrits et que la déclaration de transmission fera foi des droits des légataires et héritiers dans la plupart des cas (Art. 2998 et 2999).

78. En matière de succession, la préinscription n'est offerte que dans les cas d'empêchement de publier des droits testamentaires. Lorsque l'on ne connaît même pas l'existence d'un testament, on n'en connaît pas le contenu; ce n'est pas là un empêchement. On ne pourra se servir de la préinscription qu'après la découverte du testament et alors qu'un autre obstacle nous empêche de l'inscrire lui-même avant la fin de l'année.

79. Un doute assaille le lecteur lorsqu'il rapproche l'article 2967 et l'article 2968 al. 2. Le législateur semble avoir fait une erreur en traitant de la même façon une demande en justice et une ouverture de succession. S'il est normal que l'inscription définitive du jugement ou de la transaction rétroagisse au moment de la préinscription, il est plus surprenant de voir la rétroactivité des droits testamentaires s'arrêter aussi à une préinscription au lieu de remonter, comme dans le Code du Bas-Canada, à l'ouverture de la succession. Mais c'est à bon escient que le législateur agit ainsi.

80. Cela voudrait dire que le délai d'un an qui suit le décès, accordé à l'article 2967, est un délai-déchéance: passé ce temps, on ne peut plus préinscrire. D'autre part, la préinscription dans le délai d'un an ne préserve pas les droits à compter de l'ouverture de la succession. Une fois le testament publié dans le délai indiqué en l'article 2168 al. 2, les droits sont réputés publiés depuis la préinscription seulement. On pourrait donc trouver, par ordre chronologique, la situation suivante: des tiers contractent avec des héritiers ou légataires apparents[36] dont les droits sont inscrits, pendant qu'un autre héritier est empêché de publier ses droits; ce dernier se sert ensuite de la préinscription, dix mois après l'ouverture de la succession; quoiqu'il arrive par la suite, les droits des tiers, dûment inscrits lors de leur acquisition, sont protégés par l'article 2962, et par l'article 2968 al. 2 qui suit la même logique en accordant la rétroactivité au jour de la préinscription seulement. Si les héritiers apparents ont dilapidé le produit de l'aliénation des biens de la succession, le

véritable héritier n'a plus de recours efficace, à moins de pouvoir prouver fraude de la part des tiers.

Titre troisième:Des modalités de la publicité

81. Le titre troisième du Livre de la publicité des droits est celui qui montre le mieux les moyens adoptés par le législateur pour réaliser la nouvelle philosophie établie dans les titres premier et deuxième: certitude des droits publiés, facilité de recherche, rang des droits et protection de tous les intéressés. Ces moyens sont principalement la mise en place de nouveaux registres (qui ne seront plus de simples index), les nouvelles façons de demander l'inscription des droits, l'attestation de l'identité des parties et du contenu des actes et les nouveaux devoirs imposés à l'officier de la publicité accompagnés du droit de refuser une inscription si le droit du constituant ou du dernier titulaire n'est pas déjà inscrit.

Ch. 1- Des registres où sont inscrits les droits

Section I - Dispositions générales

82. Le Code indique d'abord, à l'article 2969, la localisation des registres; une division d'enregistrement devient une «circonscription foncière» et dans chaque circonscription sera tenu un registre foncier. Par contre le registre des droits personnels et réels mobiliers est un registre central que tiendra un seul bureau, désigné par le ministre de la Justice. Ce sont là les deux principaux registres mais non les seuls, car la loi ou les règlements pourront prescrire la tenue de tout autre registre nécessaire[37].

83. Les mentions que l'on retrouve, sous la Code du Bas-Canada, à l'index des immeubles et au registre minier seront regroupées au registre foncier avec, évidemment, la nouvelle inscription des droits. Le registre des droits personnels et réels mobiliers remplacera le registre des cessions de biens en stock et les registres des nantissements en plus de recevoir toutes les nouvelles hypothèques mobilières et les droits personnels. Lorsqu'un acte accordera à la fois des droits mobiliers et immobiliers, les inscriptions se feront dans les deux registres. Ainsi

un avis de tout contrat de mariage doit être inscrit au registre des droits personnels, (article 442 C.c.Q.); les donations que ce même contrat peut contenir seront inscrites dans les deux registres si elles affectent immédiatement les deux sortes de droits[38].

Section II - Du registre foncier

84. Les articles 2972 à 2976 nous donnent les informations suivantes:

85. Le *registre* foncier est constitué d'autant de *livres* fonciers qu'il y a de cadastres dans le ressort du bureau et d'un livre additionnel pour toute la portion du territoire qui ne serait pas cadastrée — art. 2972 et 2976.

86. Chaque livre foncier comprend, à son tour, un nombre illimité de *fiches immobilières*, chacune d'elles correspondant d'abord à un lot immatriculé — 2972 al. 2. Le livre foncier pour la portion non cadastrée comprend des fiches immobilières correspondant aux immeubles non immatriculés mais ayant une identité distincte, selon l'occupation, les propriétaires etc.

87. Les fiches immobilières se divisent en trois catégories:

a) les fiches principales fondées sur les lots ou sur les droits immatriculés (art. 2972 al. 2, 3038-1°, 3039) ou non immatriculés (art. 2976 al. 2).

b) les fiches principales désignées sous un numéro d'ordre (art. 2976 al. 3, 2977, 3040 al. 1 *in fine*).

c) les fiches complémentaires établies pour tenir compte des démembrements ou servitudes personnelles créés sur un immeuble, tels l'emphytéose, l'usufruit ou l'usage, la convention d'indivision avec attribution de jouissance exclusive. La fiche complémentaire peut, à son tour, donner naissance à une fiche complémentaire nouvelle (ou secondaire) — Art. 2973, 2974, 2975.

88. Mais des distinctions s'imposent. La fiche complémentaire est parfois obligatoire, parfois facultative. L'article 2973 l'impose dès qu'il y a création d'un droit d'emphytéose. Le praticien doit le savoir d'avance, car sa réquisition d'inscription «doit indiquer à l'officier» les inscriptions faites sur la fiche

principale à reporter sur la fiche complémentaire. Par contre, en matière d'usufruit ou d'usage, et dans les autres cas prévus par l'article 2974, l'officier n'établira une fiche complémentaire que si «les règlements... le permettent et qu'il y a réquisition expresse à cet effet».

89. Le sens du deuxième alinéa de l'article 2973 est plus obscur. Cet aliéna commence par les mots «Il en est de même...»; mais on ne sait pas si cette expression se rapporte à tout le premier alinéa ou à une partie d'icelui. Vu que le deuxième alinéa exige une réquisition expresse d'établissement d'une fiche complémentaire alors que le début du premier alinéa impose cet établissement, il y a lieu de croire que les premiers mots du deuxième alinéa ne visent que la dernière phrase du premier alinéa. Pour plus de clarté, cette dernière phrase aurait dû faire partie du deuxième alinéa. Quoiqu'il en soit, le deuxième alinéa permet d'établir une fiche complémentaire pour chaque partie de l'immeuble qui fait l'objet d'une jouissance exclusive.

90. C'est l'article 2975 qui indique, à sa façon, le but des fiches complémentaires: empêcher l'accumulation, sur la fiche principale, d'inscriptions de droits qui ne concernent pas directement l'immeuble ou sa propriété. Les cessions de l'emphytéose ou les sûretés qui peuvent l'affecter n'apparaîtront que sur la fiche complémentaire. Même chose pour les droits exclusifs dans une indivision. On applique ici, en l'adaptant, la règle de l'article 1061 C.c.Q., qui permet de ne pas décrire les parties communes lorsqu'on inscrit un droit qui concerne une partie privative.

91. Les fiches complémentaires, temporaires de leur nature, sont appelées à être «clôturées» comme le signale le deuxième alinéa de l'article 2975. La création des droits qui ont donné lieu à leur naissance (emphytéose, usufruit, indivision ou autre) apparaissant à la fiche principale, il faudra procéder à la radiation de leur inscription lors de la «clôture» de la fiche complémentaire.

92. Avant de commenter les articles 2976 et suivants, il sied de comparer dès maintenant un certain nombre d'articles qui traitent de droits spécifiques qui doivent être publiés au registre foncier, soit:

a) le droit réel d'exploitation de ressources de l'État que la loi déclare propriété distincte de celle du sol sur lequel il porte[39];

b) un réseau de services publics tel qu'un réseau de voies ferrées, de télécommunication par câble, de distribution d'eau, de lignes électriques, de canalisations pour le transport de produits pétroliers ou l'évacuation des eaux usées. (Art. 3031).

93. Selon les articles 2976 al. 3, 2977, 2978 al. 2, 3034, 3035, 3038-2° *in fine* et 3040, une fiche immobilière «sous un numéro d'ordre» peut être établie pour désigner l'assiette d'un droit réel d'exploitation de ressources de l'État ou un réseau de services publics; selon les articles 3031, 3038-1° et 3039, l'assiette d'un tel droit ou d'un réseau peut être «immatriculée», ce qui lui assurera une fiche immobilière sous ce numéro d'immatriculation.

94. Il est peu probable que l'assiette d'un droit réel d'exploitation ou qu'un réseau de services publics reçoive une immatriculation lorsque les immeubles affectés sont situés dans un territoire non cadastré; l'un ou l'autre recevrait plutôt un numéro d'ordre. Inversement, dans un territoire cadastré, ces biens devraient être immatriculés mais la loi n'en fait pas une obligation; ils peuvent encore recevoir un numéro d'ordre comme le rappelle l'article 2976 al. 3.

95. Mais chacun de ces droits ou réseaux devra, pour être opposable aux tiers, finir par être inscrit sur une fiche immobilière[40], laquelle fait partie d'un livre foncier. L'immatriculation du droit réel d'exploitation apparaît sur le plan cadastral, au même titre que les lots ordinaires; en outre, cette immatriculation comprend la désignation des immeubles sur lesquels s'exerce le droit d'exploitation «afin que les concordances soient portées sur le registre foncier» (3039 al. 2 et 3040 al. 2). On saura donc, en consultant la fiche d'un lot, si ce dernier est affecté d'un droit d'exploitation et quelle en est l'immatriculation; avec ce renseignement, on trouvera les autres détails (ventes, hypothèques...) sur la fiche particulière du droit immatriculé. Si on connaît d'avance ce numéro d'immatriculation, on n'a pas besoin de passer par les fiches principales. La fiche relative au droit d'exploitation constitue une autre sorte de fiche

«complémentaire», appelée à disparaître (à être «clôturée») lorsque, après la révocation ou l'abandon du droit, son immatriculation sera annulée (3071 al. 3). Cette fiche, durant son existence, fera partie du livre foncier relatif à son cadastre.

96. Un droit d'exploitation est susceptible, par son assiette, de dépasser la frontière d'un cadastre et de faire partie d'un deuxième, ou même d'un troisième cadastre; le cas échéant lui donnera-t-on une seule immatriculation? et à quel cadastre le rattachera-t-on? Le droit commun (art. 2970) et la logique dicteraient que l'on donne à un tel droit deux ou trois immatriculations, puisqu'il faut aussi désigner les immeubles sur lesquels il s'exerce, pour fins de concordance (3039 al. 2). Un droit d'exploitation pourrait même dépasser la limite d'une «circonscription foncière» et apparaître dans deux bureaux de la publicité.

97. Les mêmes remarques s'appliquent à l'immatriculation d'un réseau de services publics[41], sauf que sa révocation ne semble pas prévue, du moins pas dans le Code du Québec.

98. En l'absence d'immatriculation, on devra apparemment obtenir une fiche sous «numéro d'ordre», selon les articles 3034, 3035, 3038 *in fine* et 3040. Cette partie de la loi est d'ailleurs ambiguë. Nous en traitons plus longuement aux paragraphes 152 à 154 de notre texte. Nous revenons maintenant aux articles 2976 et suivants.

99. L'article 2976 nous apprend que pour toutes les parties de terrain qui ne sont pas cadastrées, dans une circonscription, le registre ne comprend qu'un seul livre foncier, ce dernier comprenant autant de fiches immobilières qu'il y a d'immeubles non immatriculés. Les mots «une portion du territoire» ne signifient pas qu'elle doive être continue, tout d'un bloc, mais visent plutôt toutes les parcelles de terrain non cadastrées, qu'elles soient contiguës ou non. Tout ce qui n'est pas cadastré relève du même livre foncier et toute fiche immobilière est désignée par un numéro d'ordre (2977).

100. Il faut souligner le texte du troisième alinéa de l'article 2976: les fiches immobilières établies sous un numéro d'ordre (ne pas confondre avec une immatriculation) pour un droit réel d'exploitation ou pour un réseau de services publics font partie

de ce livre foncier, peu importe que ce droit s'exerce, ou que le réseau soit situé, en territoire cadastré ou non. Le troisième alinéa de l'article 2976 constitue, par son texte, un exemple de ce que visent les mots «le cas échéant, lorsque la loi le permet, en territoire cadastré» de l'article 2977.

101. L'article 2978 fournit un allégement aux règles des articles 2976 al. 2, 3036 et 3037 en permettant de grouper des immeubles non immatriculés, à certaines conditions, pour pouvoir inscrire sur une seule fiche les droits qui les affectent. Cette pratique va faciliter à la fois la rédaction des désignations, l'inscription des droits et les recherches. Sur réquisition du propriétaire, désignant le nouvel immeuble et indiquant les fiches à être remplacées et les droits à reporter sur la nouvelle fiche, l'officier de la publicité indiquera la concordance de la nouvelle fiche avec les anciennes et procédera au report des inscriptions. Un titulaire de droits réels d'exploitation peut aussi se servir de cette procédure à des conditions semblables.

102. Inversement, tout morcellement d'un immeuble non immatriculé donne lieu à l'établissement de nouvelles fiches (Art. 2979). Le même phénomène est d'ailleurs imposé à un morcellement de lot immatriculé, aux termes des articles 3043 à 3045 et 3054 à 3056 que nous étudierons sous le titre quatrième, en nous questionnant sur la véritable portée de la règle du «morcellement», selon qu'il s'agit d'inscrire une acquisition ou tout autre droit.

Section III - Du registre des droits personnels et réels mobiliers.

103. Sous l'article 2980, il faut rappeler que les deux registres prévus par le projet de loi 125 de 1990 ont été ramenés à un seul, que celui-ci est unique (contrairement au registre foncier — un par circonscription), donc tenu à un seul bureau, à l'instar du registre des cessions de biens en stock qu'il remplace, et qu'il est constitué, non pas de «livres» personnels ou réels mais seulement de «fiches». Malgré la division que semble indiquer l'article 2980 entre deux sortes de fiches, personnelles et réelles, les fiches tenues sous le nom des personnes nommées dans la réquisition ou celui des constituants devraient se retrouver en nombre plus important que les autres, car les fiches

réelles ne pourront servir que pour l'hypothèque mobilière de catégories de biens ou d'universalités, ou encore de biens meubles individuels faciles à identifier, comme un bien qui porte un numéro de série précis (automobile ou autre) ou qui est facile à reconnaître de sa nature, comme une oeuvre d'art d'un grand maître.

104. Outre de remplacer le registre des cessions de biens en stock, le nouveau registre servira à publier les hypothèques mobilières appelées à détrôner les divers nantissements, de même que les sûretés consenties en vertu de la *Loi sur les pouvoirs spéciaux des corporations*[42], les nouvelles hypothèques mobilières prévues par le nouveau Code et les droits et avis personnels[43]. Les règlements fourniront des détails additionnels sur la teneur des fiches.

Ch. 2- Des réquisitions d'inscription

Section I - Règles générales

105. Pour atteindre les buts de sécurité, de protection et d'opposabilité visés par le nouveau système de publicité des droits, l'article 2981 nous énumère, d'entrée de jeu, les principales mentions d'une «réquisition d'inscription», auxquelles s'ajoutera parfois celle prévue par l'article 2982 al. 3. On en dénombre cinq:

a) La désignation des titulaires et constituants des droits; on voit par d'autres articles que cette désignation va jusqu'à exiger le lieu et la date de naissance des personnes.

b) La qualification des droits; cession de la propriété ou d'un démembrement, hypothèque, saisie pour vente aux enchères etc.

c) La désignation des biens, meubles ou immeubles.

d) Tout autre fait pertinent: date, état civil ou matrimonial, voire la nationalité.

e) La date extrême d'effet, dont nous reparlerons sous l'article suivant (2982).

106. La précision sera de rigueur, car seuls les droits qui doivent être inscrits sur le registre seront publiés et opposables.

Même si un document demeure au bureau pour faire partie des archives, c'est la consultation du registre qui fera foi et qui protégera les parties et les «tiers de bonne foi». On ne recourra pas aux pièces justificatives; ni même à la réquisition elle-même sauf si elle est nécessaire pour préciser, par exemple, l'assiette d'une servitude lorsqu'elle n'affecte pas le lot complet.

107. L'article 2982 indique la forme que devra adopter la réquisition d'inscription. Il s'agira de l'acte lui-même ou d'un extrait authentique[44] s'ils ne contiennent que l'information prescrite, d'un sommaire qui résume le document un peu à la façon des anciens bordereaux (art. 2136 et suiv. C.c.) ou, lorsque la loi le prévoit, d'un simple avis, comme en exigent les articles 2757 et suivants et 2983 C.c.Q. Si on se sert du sommaire, on doit l'accompagner du document qu'il résume — art. 2985. On ne pourra pas toujours choisir indifféremment l'une ou l'autre forme, comme nous le verrons ci-après.

108. Le troisième alinéa de l'article 2982 est de droit nouveau; il permet de fixer dans la réquisition la date extrême d'effet de l'inscription lorsqu'il s'agit d'un droit sur lequel les parties s'entendent pour en déterminer précisément la durée ou d'une restriction au droit de disposer qui mérite aussi d'être limitée, le tout en égard au registre foncier. Ce choix s'ajoute aux délais de péremption prévus par la loi[45] et prépare la voie à la nouvelle forme de radiation, la «radiation d'office» dont il est question à l'article 3059[46]. Il sera possible, de la sorte, de nettoyer le registre foncier sans toujours faire appel au créancier, à la cour ou à une réquisition de radiation légale.

109. Eu égard aux droits personnels et réels mobiliers, l'article 2983 indique le mode de réquisition (l'avis) et le lieu où elle doit être produite (le registre central prévu par l'article 2969 al. 2). La loi ou les règlements peuvent imposer un autre mode. Pour les droits ou les restrictions à durée déterminée, le deuxième alinéa de l'article 2983 *exige* que la réquisition fixe la date extrême d'effet de l'inscription, contrairement à l'article 2982 qui, pour les droits réels immobiliers, *permet* de fixer cette date. L'indication de présenter «un seul exemplaire» au registre central des droits personnels et réels mobiliers ne signifie pas, *a contrario*, que les réquisitions destinées au registre foncier

doivent toujours être présentées en multiples exemplaires ou accompagnées d'autres documents quand la loi ou les règlements ne l'exigent pas[47].

110. Il est bon de rappeler que l'hypothèque mobilière avec dépossession (ci-devant «gage[48]») ne nécessite pas d'écrit, qu'elle est publiée par la seule détention du bien ou du titre, mais qu'elle peut faire l'objet d'une publicité au registre (article 2707), même si elle est verbale, puisque la réquisition d'inscription se fera sous forme d'avis, selon l'article 2983[49].

111. L'article 2984, article de renvoi, ne suscite pas de longs commentaires, sauf à souligner que si toute réquisition devra être signée et présentée, l'attestation ne sera pas toujours exigée, vu qu'elle n'est pas imposée pour l'inscription sur le registre des droits personnels et réels mobiliers — article 2995 C.c.Q.

112. Les articles 2985 et 2987 reprennent les règles connues sur l'enregistrement par bordereau dans le Code du Bas-Canada en édictant de présenter, avec le sommaire, le document qui en fait l'objet, et en permettant de se servir d'un seul sommaire lorsque le droit est constaté dans plusieurs documents, lesquels devront tous accompagner le sommaire.

113. L'article 2986 énonce expressément ce qui découle de plusieurs autres articles du même livre, soit que seuls les droits énoncés à la *réquisition* seront publiés (et, par conséquent, opposables). Il ajoute cependant qu'il sera parfois permis de faire référence, dans *l'inscription*, au document en vertu duquel elle est requise, pour préciser l'assiette ou l'étendue d'un droit.

Section II - Des attestations

114. Presqu'entièrement de droit nouveau, cette section introduit, dans le livre De la publicité des droits, un des moyens qui permet d'assurer la force probante des inscriptions en ménageant l'intervention du notaire, de l'avocat ou d'autres officiers à la plupart des réquisitions d'inscriptions soit en conservant, pour certains actes seulement, l'attestation par deux témoins dont l'un sous serment. Cette section ne vise que l'inscription, la suppression d'un droit ou la réduction d'une inscription *sur le registre foncier*.

115. L'attestation que l'on demande au notaire, aux termes de l'article 2988, n'ajoute qu'une chose aux exigences de la *Loi sur le notariat*: le notaire doit vérifier, le cas échéant, que le titre du constituant ou du dernier titulaire du droit est déjà publié. Cela dépasse un peu les demandes faites à l'officier de la publicité par l'article 3013 et facilitera le travail de cet officier. Ce devoir n'est cependant pas imposé à l'arpenteur-géomètre, qui reste tenu d'attester, comme le notaire, l'identité, la qualité et la capacité des parties et, le cas échéant, que le document traduit la volonté des parties. C'est ce que lui impose l'article 2989.

116. L'article 2990 enjoint aux officiers qu'il énumère d'attester l'identité des personnes visées par ceux de leurs actes qui sont soumis à la publicité foncière (par exemple, avis de faillite, procès-verbaux de saisie...).

117. L'acte sous seing privé reçoit une attention particulière sous l'article 2991, de droit nouveau. D'abord, l'attestation par deux témoins dont l'un sous serment est remplacée par l'attestation par un notaire ou un avocat qu'il a fait toutes les vérifications imposées au notaire par l'article 2988, en y ajoutant celle de la forme de l'acte[50]. En outre, l'acte lui-même doit indiquer la date et le lieu où il a été dressé. Le deuxième alinéa impose l'utilisation du sommaire comme réquisition si l'acte sous seing privé contient des informations autres que celles qui sont prescrites par règlement.

118. Dans les articles étudiés ci-dessus, on impose toujours la vérification de l'identité des parties sans préciser les moyens de le faire, dans un pays où les citoyens ne possèdent pas de «papiers» d'identité comparables à ceux que l'on retrouve en certains autres pays, particulièrement en Europe. Nul doute qu'un règlement viendra ajouter des précisions à ce sujet. L'on sait déjà que certaines réquisitions devront mentionner la date et le lieu de naissance des personnes qui y sont nommées comme éléments de l'identification — Articles 2999 et 3005 C.c.Q.

119. Si la réquisition prend la forme d'un sommaire, le notaire ou l'avocat devra attester aussi l'exactitude du contenu du sommaire, selon l'article 2992. D'après l'article 2993, toute attestation prendra la forme d'une déclaration qui énonce aussi

les nom, qualité et domicile de son auteur. On ne précise pas si elle se fera au bas de l'acte, de l'extrait, du sommaire ou, le cas échéant, de l'avis qui servira de réquisition ou si un document distinct devra être présenté. Ne croyant pas que le législateur tienne à multiplier les documents qui devront rester au bureau, nous favorisons la première hypothèse.

120. L'article 2994, qui n'avait pas son équivalent dans le projet 125 de 1990, est plus important qu'il n'en a l'air. Il répond à une question soulevée par l'étude de l'article 2974 du projet de 1990 (qui énonçait sensiblement les mêmes devoirs que l'article 2991 al. 1 C.c.Q.) et d'autres articles qui prohibaient toute inscription en l'absence d'attestation. La question était la suivante: si l'acte sous seing privé ne contient pas de date et de lieu et que les parties sont décédées, absentes ou devenues incapables depuis sa rédaction, cet acte ne sera pas publiable. Que faire alors pour assurer un bon titre à la personne qui a acquis en vertu de cet acte et dont il s'agit peut-être maintenant de régler la succession. Ses droits et ceux de ses héritiers seront-ils perdus? Qu'arrivera-t-il également si on ne peut réunir *toutes* les parties, si l'une des parties a changé d'idée depuis la confection de l'acte, a découvert des vices cachés affectant l'immeuble acquis ou invoque maintenant erreur ou autre cause de nullité des contrats? L'article 2994 C.c.Q. offre une solution partielle au problème, qui peut d'ailleurs affecter aussi des jugements ou d'autres actes authentiques. La réquisition d'inscription relative à un acte qui n'a pas été attesté doit prendre la forme d'un sommaire, et l'attestation portera alors sur l'identité, la qualité et la capacité des parties *au sommaire* ainsi que sur l'exactitude de son contenu. En l'absence du règlement qui dictera la forme d'un sommaire, une interprétation littérale du deuxième alinéa de l'article 2994 nous laisserait croire que le sommaire (contrairement à l'ancien bordereau) ne pourrait pas être préparé par une personne seule. Pourtant, l'article 2992 semble bien indiquer le contraire. Quant au fond, l'article 3005 C.c.Q. permet au notaire et à l'avocat d'inclure au sommaire certains renseignements qui n'apparaissent pas à l'acte original. La solution est partielle parce que l'obligation de trouver la date et le lieu dans l'acte original va faire obstacle à toute publicité en l'absence de l'un ou l'autre de ces renseignements. Dans le Code du Bas-Canada,

l'enregistrement permettait justement de donner une date à un acte qui en était dépourvu (Art. 1225 C.c.).

121. L'article 2995 énonce d'abord qu'aucune attestation n'est requise en ce qui concerne la publicité sur le registre des droits personnels ou réels mobiliers. Il continue en conservant l'ancien système d'attestation par témoins et affidavit, si l'acte n'est pas déjà notarié, pour inscription au registre foncier des déclarations de résidence familiale, des baux immobiliers et des avis *autres que* celui d'inscription d'hypothèque légale ou mobilière, ou de l'avis cadastral de l'inscription d'un droit, pour lesquels une attestation par notaire ou avocat sera encore nécessaire[51]. L'avis d'inscription d'une hypothèque «mobilière» sur le registre foncier vise, en fait, une hypothèque devenue immobilière dont fait état l'article 2951 C.c.Q. Elle concerne un bien meuble qui a perdu son individualité, contrairement à celui dont on parle à l'article 2672 C.c.Q.

Section III -De certaines règles d'inscription

122. L'article 2996 reprend l'article 2173.7 C.c. en ajoutant l'obligation d'accompagner le procès-verbal de bornage du plan qui s'y rapporte. Il y aura donc toujours deux documents à présenter intégralement, complétés par l'attestation imposée à l'arpenteur-géomètre (art. 2989). Deux autres s'y additionneront si, d'occasion, un jugement doit homologuer le tout, car un jugement ne peut être inscrit que par sommaire (2994) et doit être déposé en même temps que celui-ci (2985). Si le procès-verbal ne peut mentionner que la limite des propriétés bornées coïncide avec les limites cadastrales des mêmes lots, aucune inscription ne sera faite avant que le cadastre lui-même soit modifié et qu'avis de cette modification soit inscrit sur le registre foncier, en application de la règle énoncée à l'article 3045. Dans un cas, le procès-verbal confirme le titre des parties; dans l'autre il constitue leur nouveau titre. C'est l'article 978 al. 3 C.c.Q., qui en exige la publicité et l'article 2941 le rend opposable aux tiers.

123. Comme dans le droit précédent (Art. 2129a C.c.) lorsqu'une loi exige le dépôt d'un plan autre qu'un plan de cadastre, ce dépôt vaut publicité pourvu qu'il soit accompagné d'un avis désignant l'immeuble visé, tel avis devant être attesté par

deux témoins dont l'un sous serment. L'article 2997, par l'emploi du mot «avis», nous rappelle l'article 2995 al. 2 *in fine*.

124. Les articles 2998 et 2999 proposent des changements à la publicité des transmissions de droits par succession. Malgré la lourdeur des nouvelles procédures de liquidation[52], que les héritiers auraient parfois avantage à éviter comme le leur permet maintenant l'article 779 C.c.Q, il importe de publier le plus tôt possible les droits de chacun, pour éviter de se faire damer le pion par un héritier apparent à qui les tiers feraient confiance, sur la foi des droits inscrits (art. 2962).

125. D'abord, il n'y a plus de délai-faveur à compter de l'ouverture d'une succession pour publier un testament. Ensuite, dans la plupart des cas, le testament ne sera pas publié de toutes façons, car les droits seront conservés par l'inscription de la déclaration de transmission et non par celle du testament[53]. Cela dit, les articles 2998 et 2999 distinguent les droits immobiliers des droits mobiliers et impose le contenu de la déclaration de transmission, outre d'en indiquer la forme.

126. Quant au défunt: nom et adresse, date et lieu de sa naissance et de son décès, son état civil et son régime matrimonial et, enfin, sa nationalité. Cette dernière précision permet d'évaluer l'application de certaines règles de droit international privé[54]. La transmission doit aussi préciser la nature légale ou testamentaire de la succession, la qualité d'héritier, de légataire particulier ou de conjoint, le degré de parenté (le cas échéant) de chacun avec le défunt, les renonciations déjà faites et publiées (2938) sans compter celles que l'on peut faire dans l'acte même, enfin la désignation des biens et des personnes visées ainsi que le droit de chacun dans les biens.

127. La forme notariée en minute servira pour les droits immobiliers. En matière mobilière, la déclaration se fera au moyen de l'avis, mais ne sera inscrite que dans les trois cas prévus par l'article 2998 al. 2: transmission d'une créance hypothécaire, restriction au droit de disposer ou préinscription. Les droits «dans un immeuble» comprennent tout droit réel, tel l'hypothèque, l'usufruit etc. (Art. 904 C.c.Q.). D'autre part, la substitution de tout bien doit aussi être publiée (Art. 1218 et 2961). On ne le répète pas ici expressément, mais on y réfère par les mots «le droit de chacun dans les biens», à la fin de l'article 2999.

128. Le premier alinéa de l'article 3000, inspiré de l'article 2161d C.c., en synthétise les alinéas un, deux et quatre pour arriver à une règle générale sur les avis de vente forcée, comprenant la première vente (adjudication) pour défaut de paiement de l'impôt foncier[55], et y ajoute les avis prescrits au livre Des priorités et des hypothèques[56]. Rappelons que, à défaut de mention ou de contexte au contraire, les textes que nous étudions concernent autant les droits mobiliers que les droits immobiliers.

129. Le deuxième alinéa de l'article 3000 C.c.Q. de nature différente, impose à la personne qui a procédé à une vente forcée de la publier avant d'en délivrer copie à l'acquéreur, reprenant le droit antérieur en le généralisant pour couvrir le même domaine que le premier alinéa; l'on sait que le créancier hypothécaire d'une entreprise a maintenant le pouvoir de procéder à la vente des biens de son débiteur, de gré à gré ou aux enchères — Article 2784 et suiv. C.c.Q.

130. Les exigences de l'article 3001 constitueront une assurance de plus que les adjudications pour défaut de paiement de l'impôt foncier auront été faites avec assez de soins pour éviter des annulations subséquentes pour erreur sur l'immeuble ou pour défaut d'avoir avisé les bonnes personnes. L'obligation d'ajouter, aux mentions habituelles, le nom du dernier propriétaire, son mode d'acquisition et le numéro d'inscription de son titre devrait inciter les officiers saisissants à prendre toutes les précautions voulues. Il est bon de souligner que les modalités d'inscription énumérées dans la loi ou un règlement sont impératives dans la plupart des cas et permettront à l'officier de la publicité de refuser l'inscription si elles n'ont pas été suivies[57]. L'article 3001 s'inscrit aussi dans la philosophie du nouveau système, qui veut procurer la clarté du titre, son opposabilité ainsi que la protection des tiers de bonne foi.

131. De concert avec l'article 2968 al. 1, l'article 3002 nous permet de souligner une importante distinction entre le C.c.Q. et le Code civil du Bas-Canada relativement à la publicité d'un jugement. Alors que le Code du Bas-Canada imposait un délai d'attente aux jugements seulement lorsqu'ils étaient déposés pour fins de radiation (art. 2153 C.c.), le Code du Québec étend cette obligation à tout jugement, selon les articles 2968 al. 1,

3002, 3064 et 3073. Ainsi, même les jugements en reconnaissance du droit de propriété (art. 2918), en rectification (art. 2965) ou statuant sur tout droit réel immobilier ou mobilier (art. 2966) devront d'abord avoir force de chose jugée avant de pouvoir être inscrits. Les buts de fiabilité des registres et de protection des tiers justifient cette nouvelle règle.

132. Les articles 3003 et 3004 imposent à la cession de créance hypothécaire et à la subrogation les règles de publicité déjà connues sous l'article 2127 C.c. ou tenant compte du bien affecté, meuble ou immeuble, et de la possibilité d'une garantie existant sans aucun écrit[58]. La publicité d'une subrogation qui ne serait constatée par aucun acte se fera alors au moyen d'un avis énonçant les causes de la subrogation. L'état certifié visé par l'alinéa deuxième de l'article 3003 est celui que l'officier de la publicité doit remettre à tout requérant d'inscription aux termes de l'article 3011 et constitue l'une des preuves de cession prévues à l'article 1641 C.c.Q.

133. L'article 3005 al. 1 reprend partie de l'article 2139 al. 4 C.c., pour permettre au notaire qui atteste un sommaire d'ajouter, dans ce dernier, la description du lot immatriculé ou, le cas échéant, l'indication des tenants et aboutissants lorsque ces mentions n'apparaissent pas dans le document résumé. Le même article innove, en reconnaissant que certaines fiches immobilières portent un numéro d'ordre, lequel peut aussi s'ajouter au sommaire[59]. Le deuxième alinéa permet à l'avocat comme au notaire d'ajouter au sommaire qu'il atteste les dates et lieux de naissance des personnes et les déclarations exigées pour certaines mutations immobilières.

134. Comme les documents doivent être accessibles sous l'une des langues officielles, le dernier article du chapitre deuxième du titre troisième (art. 3006) exige que ceux qui accompagnent une réquisition, s'ils sont rédigés dans une langue étrangère, soient complétés par une traduction certifiée au Québec. Un règlement précisera probablement les modalités de ce vidimus.

Ch. 3- Des devoirs et fonctions de l'officier de la publicité

Ch. 4- De l'inscription des adresses

135. Les chapitres troisième et quatrième du titre des modalités de la publicité méritent d'être réunis. En fait, des deux articles du chapitre quatrième, le premier (3022) aurait mieux sa place dans le chapitre deuxième (des réquisitions d'inscription) et le second (3023) dans le chapitre troisième (des devoirs et fonctions de l'officier de la publicité). Quoiqu'il en soit, ces deux chapitres comportent fondamentalement quatre idées, que nous étudierons comme suit:

1er La réception des documents et sa preuve;

2e La vérification et les pouvoirs qui l'accompagnent;

3e L'inscription et les devoirs de l'officier;

4e La responsabilité de l'officier.

1er La réception des documents et sa preuve

136. Le législateur traite de la réception des documents aux articles 3007 et 3012, auxquels il faut ajouter les articles 2945, 2947 et 2971[60] vu que le moment de réception est le principal facteur influençant le rang des droits. L'officier qui reçoit les réquisitions doit délivrer à celui qui «les présente» un bordereau de présentation dont un exemplaire demeure au bureau de la publicité; le bordereau indique la date, l'heure et la minute de la présentation de chaque réquisition et les mentions nécessaires pour identifier cette dernière, i.e. nature de l'acte, sa date, droits à être publiés, forme de la réquisition (acte, extrait, sommaire ou avis) et autres détails nécessaires qui seront précisés par règlement.

137. L'article 3012 ajoute que le moment de la présentation est celui de la réception de la réquisition par l'officier «chargé de la tenue du registre approprié» c'est-à-dire, pour les droits personnels et réels mobiliers, l'officier du seul bureau où ces droits peuvent être publiés alors que pour les droits immobiliers il s'agira de l'officier de la circonscription foncière dans le

ressort de laquelle ces droits devront être inscrits. Le même article stipule sur les réquisitions présentées simultanément, par la poste ou autrement, et sur celles «acheminées en bloc par un moyen technologique» qui seront aussi considérées comme présentées simultanément et porteront le moment de la réception de la dernière réquisition ainsi acheminée. Quant à celles présentées en dehors des heures prévues, elle seront réputées présentées à l'heure de la reprise des activités de présentation.

2e *La vérification et les pouvoirs qui l'accompagnent*

138. Pour assurer l'exactitude et la force probante des registres, le législateur impose à l'officier de la publicité de vérifier à son tour certains détails de fond et de forme, selon les termes des articles 3008, 3013 et 3014. La réquisition est-elle conforme aux dispositions de la loi et des règlements et est-elle accompagnée des documents nécessaires (ex. articles 2730 al. 2 et 3062 al. 2), le cas échéant; l'article 3008 demande à l'officier de s'en assurer. L'article 3013, pour sa part, oblige l'officier à vérifier si le titre du constituant ou du dernier titulaire du droit apparaît au registre foncier, avant d'y inscrire les nouveaux droits indiqués sur la réquisition. Le même article prévoit cependant des exceptions: a) le tribunal peut en ordonner autrement; b) si c'est l'État qui consent un titre originaire, le titre de l'État est présumé; c) la règle ne vise pas les baux immobiliers, les hypothèques[61], ni les droits acquis sans titre, notamment par accession naturelle. On suppose tout de même que les droits acquis sans titre seront un jour confirmés par jugement ou procès-verbal de bornage vu qu'il faudra bien leur donner une immatriculation, un numéro d'ordre ou une autre désignation.

139. L'article 3014, enfin, requiert de l'officier qu'il vérifie le numéro d'inscription d'un titre de créance avant d'inscrire une subrogation, une cession de créance ou un renouvellement de publicité[62].

140. Les devoirs de l'officier sont un peu atténués par le texte de l'article 3009, qui tient pour vérifiées *l'identité et la capacité* des parties lorsque la réquisition d'inscription sur le registre foncier a été attestée par un avocat ou un notaire ou qu'un procès-verbal de bornage a été attesté par un arpenteur-

géomètre. *L'identité* seule est tenue pour vérifiée si elle est attestée par une des personnes visées à l'article 2990. Enfin le sommaire attesté par un avocat ou un notaire est aussi tenu pour être exact. Pour les réquisitions d'inscription sur le registre foncier attestées par témoins ou pas attestées de même que pour celles qui portent sur le registre des droits personnels et réels mobiliers, l'identité des parties est présumée exacte et leur capacité tenue pour vérifiée.

141. En augmentant ainsi les devoirs de l'officier, le législateur n'a pas manqué d'accroître aussi ses pouvoirs. Les articles 3010, 3013 et 3014 *in fine* l'obligent à refuser l'inscription lorsque la réquisition ne respecte pas les normes ou que le titre antérieur n'est pas inscrit lorsqu'il devrait l'être, ou qu'il y a inexactitude. L'officier doit cependant informer le requérant des motifs du refus.

142. L'article 3016, que l'on dit de droit nouveau, régularise en fait une certaine pratique en l'encadrant pour assurer l'exactitude des registres. L'officier peut rectifier une erreur matérielle dans un registre ou un certificat d'inscription[63]. Il le fait d'office ou sur demande d'un requérant qui a constaté l'inexactitude. Il peut même faire une inscription qui a été omise, mais il doit la placer «à la suite de la dernière figurant sur le registre», ce qui ne risque pas de chambarder le rang des droits déjà inscrits auxquels les tiers ont accordé leur confiance (2962). En outre, dans tous les cas, l'officier indique la date, l'heure et la minute de la rectification ou de l'inscription.

3er L'inscription et les devoirs de l'officier

143. Les vérifications faites, l'officier procède aux inscriptions (3007 al. 2 et 3021, 2° et 3°), qu'elles concernent des droits relevant d'un registre ou de l'autre, un avis de changement de nom d'un détenteur ou constituant de droit (3015) ou l'avis de changement de nom ou d'adresse d'une personne qui a fait inscrire son adresse (3023). La généralité du mot «personne» employé aux articles 3015 et 3023 inclut à la fois les personnes physiques et les personnes morales; seul le mode de preuve du changement de nom variera. Le droit de faire inscrire son adresse étant accordé à «toute personne intéressée», en vertu de l'article 3022, on suppose que le propriétaire d'un immeuble

pourrait donner avis de son adresse de façon à être averti de toute inscription pouvant mettre son titre en danger. Il serait ainsi prévenu de toute fraude ou erreur qui pourrait donner ouverture à l'application de l'article 2944 al. 2.

144. En vertu dudit article 3022, les titulaires de droits réels mobiliers ou de droits personnels immobiliers pourraient aussi donner leur adresse, qui apparaîtra au registre approprié, car aucun fichier spécial n'est prévu. Malgré que les «créanciers prioritaires» semblent avoir accès à l'avis d'adresse, le deuxième alinéa de l'article 3022 met ce droit en péril en statuant que l'inscription de l'adresse vaut «tant que subsiste la publicité du droit auquel elle se rapporte». Or, sauf pour la priorité de l'État (art. 2654), les créances prioritaires n'ont pas besoin d'être publiées (Art. 2655) pour être opposables. Il y aurait peut-être lieu, en attendant une correction à l'article 3022 al. 2, de publier les priorités même si ce n'est pas nécessaire, vu que l'article 2655 ne le défend pas. Enfin, la généralité de l'article 3022 serait-elle menacée par les limites de l'article 3017, qui énonce un nombre restreint de dangers pouvant guetter un immeuble?

145. Les autres devoirs de l'officier de la publicité sont indiqués aux articles 3011, 3017, 3018, 3019 et 3021. On y apprend qu'il doit fournir un état certifié de l'inscription[64], certificat qu'il peut aussi apposer sur la copie de la réquisition qui demeure au bureau (3011) et que l'un des anciens certificats de recherche, plus ou moins tombés en désuétude, reprendra vie en vertu de l'article 3019. D'autre part, son obligation de notifier ceux qui ont obtenu l'inscription de leur adresse est maintenue sous l'article 3017, qui laisse à un règlement le soin d'établir le mode de notification. L'article 3018 vise, à l'heure de l'ordinateur, à limiter la collecte de renseignements fondée sur le nom d'une personne, sauf s'il s'agit d'un immeuble situé en territoire non cadastré ou d'un droit d'exploitation des ressources de l'État ou d'un réseau de services publics non immatriculé. Enfin, l'article 3021 énumère les devoirs de conservation des documents et des inscriptions, tout en répétant les défenses habituelles sur le transport des registres et documents en dehors du bureau et sur la correction et la modification des plans par l'officier.

4e *La responsabilité de l'officier*

146. L'officier est responsable de ses actes comme toutes les personnes à qui l'immunité n'est pas accordée, mais il n'est pas responsable des suites d'une erreur qui n'est pas de son fait, dans l'identification d'une personne ou la désignation d'un bien. C'est l'article 3020 qui lui accorde cette protection.

Ch. 5- Des règlements d'application

147. Comme c'est la loi qui doit prévoir les pouvoirs de réglementation et les personnes qui les exerceront, le dernier chapitre du titre troisième stipule que c'est le gouvernement qui pourra légiférer sur tous les sujets énumérés à l'article 3024, alors que le ministre de la Justice conserve le droit de modifier, par arrêté, les heures d'ouverture de tout bureau. Notamment, en matière de publicité mobilière, le gouvernement peut déterminer les normes et les critères permettant l'individualisation particulière d'un bien meuble et son identification spécifique de même que les catégories et les abréviations qui peuvent être utilisées pour désigner un bien meuble.

Titre quatrième: De l'immatriculation des immeubles

Ch. 1- Du plan cadastral

148. Dans le Code civil du Québec, on ne parle plus de préparation de cadastre, comprenant un plan et un livre de renvoi, mais plutôt de l'immatriculation des immeubles. Les principales différences d'avec le système antérieur sont les suivantes, dont la première est connue depuis le 1er octobre 1985, date de l'entrée en vigueur de la *Loi favorisant la réforme du cadastre québécois*:

— Le livre de renvoi n'existe plus; on place un plus grand nombre de renseignements sur le plan lui-même.

— Le plan indique, entre autres, le nom du propriétaire, le mode d'acquisition, le numéro d'inscription du titre et certaines concordances (Art. 3026).

— Le plan n'entrera en vigueur que le jour de l'établissement de la fiche immobilière au registre foncier (Art. 3028) et il fera alors «partie du registre foncier» (Art. 3027).

— L'assiette d'un droit réel d'exploitation de ressources de l'État ainsi que celle d'un réseau de services publics peuvent être immatriculées (Art. 3031).

— Le consentement des créanciers hypothécaires et du bénéficiaire d'une déclaration de résidence familiale est nécessaire pour l'obtention par le propriétaire d'une modification cadastrale qui entraîne une nouvelle numérotation (Art. 3044), consentement non nécessaire lors d'une expropriation (Art. 3042 al. 1 *in fine*).

— La désignation d'une partie de lot par distraction des parties de ce lot, ou par la seule mention du nom des propriétaires voisins, n'est pas admise (Art. 3037 al. 2).

149. Quant au reste, malgré une rédaction un peu différente, le titre quatrième reprend sensiblement le droit antérieur. L'immeuble, en surface, en hauteur ou en profondeur étant l'objet principal de la publicité des droits immobiliers, doit être identifié; c'est là le but du cadastre qui, quoiqu'on en fasse une «partie du livre foncier», constitue d'abord un objet matériel, un plan. Pour bien comprendre le titre de l'immatriculation, il est bon de rappeler certains textes dont nous avons déjà fait état:

150. Dans le bureau de chaque circonscription foncière, on trouve un registre foncier (Art. 2969); ce registre, à son tour, comprend:

— Un livre foncier par cadastre de quartier, de canton, de paroisse etc. (Art. 2972).

— Un seul livre foncier pour toute la partie non cadastrée (s'il en est) de la circonscription (Art. 2976).

Un livre foncier pour une partie cadastrée comprend:

— Des fiches par numéro d'immatriculation (Art. 2972 al. 2, 3028).

— Des fiches par numéro d'ordre (Art. 2976 al. 3 et 2977).

Un livre foncier pour une partie non cadastrée comprend des fiches par numéro d'ordre (Art. 2976 al. 2 et 2977).

151. Les fiches par numéro d'immatriculation peuvent concerner:

— Les lots ou parties privatives décrits sur le plan (Art. 3026, 3028, 3041);

— L'assiette d'un droit d'exploitation de ressources de l'État (Art. 3031 et 3039);

— L'assiette d'un réseau de services publics (Art. 3031 et 3038).

Les fiches par numéro d'ordre peuvent concerner:

— Les lots non cadastrés (Art. 2976 al. 2, 2977);

— L'assiette d'un droit d'exploitation de ressources de l'État (Art. 2976 al. 3, 2977 et 3034);

— L'assiette d'un réseau de services publics (Art. 2976 al. 3, 2977 et 3034.

On se rappelle aussi la possibilité de fiches complémentaires et de fiches complémentaires nouvelles (Art. 2973 al. 1, 2974 et 2975)[65].

152. Les conséquences de l'immatriculation sont plus sérieuses qu'autrefois et plus exigeantes pour l'usager. Pour assurer la certitude des titres, faciliter les recherches et éviter la situation où de nombreuses chaînes de titres se côtoyaient sur un même lot morcelé en plusieurs parties, il sera dorénavant impossible de publier un droit de propriété sans identifier l'immeuble par un ou plusieurs numéros distincts, en territoire cadastré[66]. La même règle s'applique à une déclaration de copropriété ou de coemphytéose. Le «numéro distinct» n'exclut pas le numéro de subdivision (Art. 3043)[67]. À défaut de la bonne désignation, la réquisition d'inscription sera refusée si elle n'est pas *accompagnée* d'un avis cadastral (art. 3033) donnant la désignation imposée[68].

153. La règle de l'article 3030 ne vise cependant que le droit de propriété. Il semble y avoir contradiction entre cet article et les articles 3032 et 3033, qui ne distinguent pas la sorte de droit.

154. Une lecture attentive des articles du titre quatrième portant sur le cadastre, sur ses modifications et sur les parties de lot ne

nous satisfait pas complètement sur l'étendue de la prohibition de décrire des parties de lot. Les articles 3030 et 3054 ne visent que le droit de propriété ou «l'acquisition» d'une partie de lot, pendant que l'article 3034 al. 1 et 3 ne parle que du «morcellement» d'un lot. Le mot morcellement (ou le verbe morceler employé aux articles 19 et 19.1 de la *Loi sur le cadastre*, c. C-1) est-il synonyme d'aliénation de propriété? Quant à l'article 3035, il ne régit qu'un immeuble non cadastré, un réseau ou un droit réel d'exploitation de ressources de l'État. Les autres droits pourraient s'inscrire sur des parties de lot, en respectant les articles 3036 et 3037 C.c.Q.

155. L'entrée en vigueur du plan cadastral par parties, telle que prévue à l'article 3028, risque aussi de causer des problèmes, compte tenu de l'obligation d'effectuer parfois le report des droits, conformément aux articles 3046 et suivants. Supposons le dépôt de plusieurs plans certifiés (Art. 3029) à un bureau de la publicité, les cinq, six et sept juin. Le 15 juin, aucune fiche n'a encore été établie, pour le lot 137 du dernier plan déposé (Art. 3028 al. 2). Le notaire doit rédiger une vente dudit lot 137; devra-t-il se servir de l'ancienne désignation? L'officier de la publicité attendra-t-il le report de droits pour établir une fiche? La vente ou la donation des lots ou la constitution d'une hypothèque ne se fera pas nécessairement dans l'ordre numérique des lots ou dans l'ordre des dépôts des plans; l'officier ne devrait pas être obligé d'établir des fiches dans cet ordre non plus. Le notaire sera peut-être forcé de se servir de l'ancienne désignation pour pouvoir inscrire les droits le plus tôt possible, et faire plus tard le report des droits, une fois que la fiche aura été établie.

156. Comme dernière remarque à propos de ce chapitre, soulignons l'ambiguïté de la version française du troisième alinéa de l'article 3034, rédigé comme suit:

> Après l'établissement de la fiche, toute personne qui rédige un acte soumis ou admis à la publicité est tenue de désigner l'immeuble qui a fait l'objet de l'établissement de la fiche par le numéro qui lui a été attribué et de préciser que celui-ci correspond en tout ou en partie à celui qui a justifié l'établissement de la fiche. Faute de ces précisions, l'inscription doit être refusée.

Normalement, dans la première phrase de cet alinéa, les mots «*celui-ci*» devraient représenter les mots «*le numéro*» qui les précèdent de peu; mais cela n'a pas de sens. Vu l'importante sanction que la deuxième phrase impose, le sens de la première phrase mérite d'être précisé.

Ch. 2- Des modifications au cadastre

157. L'article 3045 se situe dans la lignée des articles 3026 et 3027. Comme le plan est appelé à faire partie du registre foncier, toute modification au plan qui ne change pas le numéro cadastral est indiquée au registre sous le numéro du lot visé. Mais s'il faut établir une nouvelle fiche par suite d'une nouvelle numérotation, l'officier doit indiquer sur la fiche les renseignements qui apparaissent sur le plan, concernant le propriétaire, le mode d'acquisition et le numéro d'inscription du titre, de même que la concordance entre l'ancien numéro et le nouveau. L'on voit aussi qu'il est possible de passer d'un numéro d'ordre à un numéro d'immatriculation[69].

Ch. 3- Du report des droits

158. La transition du système actuel au nouveau système se fera principalement au moyen d'un «rapport d'actualisation» notarié qui permettra à l'officier de la publicité d'effectuer le «report des droits» sur l'immeuble, sous le nouveau numéro d'immatriculation (art. 3046) ou même sur le même numéro, mais alors ce report se fera de l'index des immeubles au registre foncier.

159. Tôt ou tard après l'entrée en vigueur d'un plan par l'établissement d'une fiche immobilière (Art. 3028), un report des droits sera effectué, faute de quoi «aucun droit réel établi par convention» ne sera publié au registre foncier (Art. 3047). En attendant, l'officier pourra publier les droits non établis par convention. L'établissement d'une fiche suit toute nouvelle numérotation, qu'elle découle d'une subdivision (Art. 3043 al. 1 et 3), d'un remplacement de numéro, du passage d'un numéro d'ordre à un numéro d'immatriculation ou d'un plan tout à fait nouveau.

160. Mais il faut penser aussi que la rénovation cadastrale ne produira pas toujours des nouveaux numéros; l'article 9 de la *Loi favorisant la réforme du cadastre*, (c. R-3.1) stipule ce qui suit[70]:

> La rénovation cadastrale d'un territoire se fait par l'identification sur un plan du morcellement de ce territoire et, *s'il y a lieu*, par le changement des dénominations cadastrales *y compris les numérotations.*

C'est donc dire que le report des droits s'imposera même si un lot ne change pas de numéro, lorsqu'il faudra passer physiquement du système actuel (index des immeubles) au nouveau système (registre foncier).

161. La loi est sévère sur l'application du mécanisme du report des droits. Il faut noter les éléments suivants:

a) Le rapport d'actualisation doit obéir aux règles prévues à l'article 3048 et dans des règlements encore inconnus.

b) Il doit indiquer les droits subsistants, les droits incertains, les droits éteints autrement que par la radiation de même que les adresses inscrites qui correspondent à ces droits (Art. 3049). Les adresses non inscrites, que semble viser l'alinéa deuxième du même article, peuvent être difficiles à trouver.

c) Le rapport doit être motivé.

d) Les droits mentionnés sur le rapport sont inscrits et le rapport demeure au bureau de la publicité pour faire partie des archives.

e) Les droits non reportés sont éteints (Art. 3046 al. 3); le rapport est définitif et ne peut être modifié (Art. 3050), d'où une responsabilité écrasante pour le notaire.

162. Il ne faut pas confondre ce report des droits avec le renouvellement de la publicité (Art. 2937 et 2942), malgré la sanction qui frappe les droits non reportés. Si ces droits sont éteints, cela ne veut pas dire, *a contrario*, que les droits reportés sont renouvelés mais seulement qu'ils affectent maintenant soit un bien portant une nouvelle numérotation, soit un bien qui a conservé son identification mais dont la publicité apparaît maintenant au registre foncier.

163. L'imposition du report des droits est justifiée par le but visé: s'assurer que le registre ne contient que les droit subsistants et éviter les multiples examens de titres.

164. Les autres articles de ce chapitre (3051 à 3053) énumèrent les devoirs de l'officier, notamment à l'égard des titulaires de droits incertains et permettent la radiation:

a) de l'inscription des droits incertains, après un certain délai;

b) des préinscriptions de demandes en justice;

c) du «*caractère provisoire*» de l'inscription du droit incertain, ce qui redonne au droit son caractère de certitude.

Ch. 4- Des parties de lot

165. Ce chapitre pose une règle et des exceptions. La règle: on ne peut publier *l'acquisition* d'une partie de lot; dans ce cas, il faut nécessairement faire une modification cadastrale (Art. 3054) et référence à la modification doit être contenue au rapport d'actualisation. Certains autres droits peuvent affecter une partie de lot, par exemple une servitude. Les exceptions concernent une partie de lot située en zone agricole ou située à plus de 345 kilomètres du bureau de sa circonscription; elles dépendent cependant de l'obtention d'un décret publié dans la Gazette officielle (Art. 3055) et l'inscription ainsi permise est temporaire car l'officier va transmettre copie du document favorisé au ministre qui procède à la modification cadastrale nécessaire (Art. 3056). Cela implique ensuite la préparation d'un rapport d'actualisation prévu aux articles 3046 et 3047.

166. L'article 3055 indique que la permission du ministre est accordée dans un territoire «qui a fait l'objet d'une rénovation cadastrale». Ces mots signifient-ils que l'on pourra se passer de cette permission dans un autre territoire pour acquérir des parties de lots ou que l'on ne pourra passer outre à la règle de l'article 3054 dans un territoire non rénové? Nous optons pour cette deuxième signification.

Titre cinquième: De la radiation

167. La radiation c'est l'anéantissement juridique de *l'inscription*, i.e. *de la publicité* d'un droit ou d'un avis (ou même, dans la nouvelle législation, de la qualité d'un droit, par exemple le «caractère provisoire» de l'inscription d'un droit incertain[71]. Cet anéantissement est *juridique* parce que la réquisition qui a obtenu l'inscription n'est pas détruite; l'inscription elle-même n'est pas effacée. Dans le fonctionnement normal du nouveau système, sur support informatique, on se serait attendu à ce que l'inscription à radier soit vraiment enlevée de la fiche, qu'elle disparaisse, pour que les registres ne conservent toujours que les renseignements pertinents. Mais cela n'est pas prévu. La radiation résultera encore d'une inscription additionnelle qui visera la suppression d'une inscription antérieure. Exceptionnellement, certaines inscriptions «disparaîtront», en n'étant pas reportées sur la nouvelle fiche (Art. 3046, al. 3). Aux sortes de radiations que nous connaissons déjà (volontaire, légale, judiciaire et législative[72]), le Code du Québec en ajoute une nouvelle: la «radiation d'office» permise à l'officier en certaines circonstances précises.

Ch. 1- Des causes de la radiation

168. C'est l'article 3057 qui fait dépendre la radiation d'une nouvelle inscription, laquelle est obtenue au moyen d'une réquisition faite selon les règles applicables à l'un ou l'autre registre. Cette réquisition doit donc aussi être attestée, sauf si elle vise le registre des droits personnels et réels mobiliers à moins qu'une loi ou un règlement en décide autrement[73]. L'attestation, faite par l'une des personnes mentionnées aux articles 2988 et 2991, évitera à l'officier de la publicité d'avoir à juger la capacité des parties (Art. 3009); les résolutions, procurations et autres documents semblables ne seront plus requis. D'autres preuves, cependant, le seront encore, telles les preuves de décès ou les copies de jugement exigées par les articles 2730 al. 2, 3062 al. 2 et 3067.

169. L'on connaîtra dorénavant sept sortes de péremption qui mènent à la radiation d'office:d'abord celles de trois ans (Art. 2800), de dix ans (Art. 2798) et de trente ans (Art. 2799) pour

les inscriptions de certaines hypothèques dont la publicité n'a pas été renouvelée à temps; ensuite, une autre de date limite variable, prévue dans la réquisition d'inscription (Art. 2982 al. 2 et 2983 al. 2). Il faut ajouter à ces cas celui de l'inscription d'un droit incertain qui n'a pas été confirmé (Art. 3051 al. 2 et 3052), celui de l'avis d'adresse qui perd son effet en même temps que la publicité du droit auquel il se rapporte (Art. 3022 al. 2) et celui des avis et préavis mentionnés à l'article 3069 al. 1 *in fine*. Dans tous ces cas l'officier a le pouvoir de radier d'office les inscriptions ainsi périmées; sa radiation doit être motivée et datée. Ce droit nouveau est édicté par les articles 3058 et 3059 al. 2. L'on sait que la «péremption» et la radiation qui peut s'ensuivre n'affectent pas le droit lui-même, qui peut toujours être réinscrit plus tard, ce qui ne constituerait pas un renouvellement, mais une nouvelle inscription prenant effet à compter de ce nouveau moment.

170. Mais il faut noter les exceptions prévues à l'article 3060, qui reprend sensiblement le droit précédent (Art. 2081a, al. 2 C.c.B.-C.) en l'adaptant à la nouvelle terminologie et en omettant, de la liste, les rentes substituées aux droits seigneuriaux.

171. Les articles 3061 et 3062 reprennent les principes des articles 2103 et 2148.1 C.c.B.-C. en les adaptant au nouveau droit, et en uniformisant certains délais qui ne l'avaient jamais été dans le Code du Bas-Canada[74]. Ainsi, l'hypothèque légale qui a remplacé le «privilège ouvrier» étant éteinte six mois après la fin des travaux (Art. 2727 al. 3), sauf si le créancier a publié une action ou un préavis d'exercice d'un droit hypothécaire, son inscription sera radiée à la réquisition de tout intéressé. Le même principe régit l'hypothèque légale «du syndicat des copropriétaires», trois ans après son inscription, car l'article 2729 permet de couvrir, par cette hypothèque, les charges et créances de l'année en cours et celles des deux années qui suivent. Il va sans dire que la radiation volontaire est toujours possible dans ces cas-là aussi. Si une action a été publiée, il faut attendre le jugement ou le certificat du greffier attestant que l'action a été discontinuée. Quant à la déclaration de résidence familiale, une condition est ajoutée à l'une des causes de radiation (le décès d'un conjoint) en ce qu'on exige maintenant que sa succession soit liquidée. On ne sait pas pourquoi cette condition est ajoutée. Le deuxième alinéa de

l'article 3062 énumère les documents qui doivent accompagner la réquisition de radiation.

172. L'article 3063 (sur la radiation judiciaire) prend sa source dans les articles 805 du Code de procédure et 2150 du Code civil du Bas-Canada[75]. Il est complété par l'article 3073 qui édicte que tel jugement doit être passé en force de chose jugée et que son exécution provisoire n'est pas admise.

173. L'article 3064, de droit nouveau, renforce les principes des articles 2962 et 2965 (protection des tiers de bonne foi). Cet article a été rendu nécessaire à la suite d'une certaine jurisprudence qui ne faisait pas de distinction entre les causes de résolution expresses, dûment publiées (ex. clause résolutoire) et les causes occultes tels les vices de consentement ou de capacité qui n'apparaissaient pas à l'acte mais qui pouvaient en entraîner la nullité. Des tiers acquéreurs de droits réels qui s'étaient fiés sur les titres publiés pouvaient ainsi perdre leurs droits lorsque le titre de leur auteur, apparemment valable, était annulé et que radiation de l'enregistrement des actes subséquents était ordonnée. L'article 3064 protégera ces tiers acquéreurs de droits réels. De même ils seront protégés si une action est déjà prise au moment où ils font leurs recherches et que cette action n'a pas été inscrite; et si elle l'a été, ils en prendront connaissance (Art. 2966 et 2968).

174. L'article 3065, conformément à la doctrine, a ajouté le mot «totale» que l'on ne trouvait pas à l'article 2148 al. 2 C.c.B.-C. pour obtenir radiation volontaire avec une quittance. La quittance partielle n'obtiendra qu'une «réduction» d'inscription. Le second alinéa de l'article 3065 ajoute que le créancier doit faire inscrire la quittance «s'il reçoit la somme suffisante pour acquitter les frais d'inscription et les frais d'acheminement de la réquisition», ce qui ne fait que répéter le droit actuel avec des nouveaux mots. Mais le dernier membre de phrase de cet alinéa, d'ordre public, est nouveau: il ne peut exiger aucune autre somme, malgré toute stipulation contraire». Par ailleurs, les «frais d'acheminement» comprennent maintenant, outre les frais de poste toujours possibles, l'utilisation d'un moyen technologique prévu par l'article 3012.

175. L'article 3066 est appelé à remplacer l'article 21 de la *Loi sur les dépôts et consignations* en ce qui concerne les radiations

qui peuvent découler de cette loi[76]. De toutes façons, ces radiations étaient le plus souvent partielles parce qu'elles ne pouvaient annuler que l'enregistrement de la garantie «de la créance» et non des clauses accessoires. Comme les radiations partielles sont devenues des «réductions», c'est de celles-ci que l'article 3066 nous entretient, en complétant l'article 2678 al. 2 de la façon suivante:

> La réduction de l'hypothèque garantissant la créance que la consignation d'une somme d'argent est destinée à payer, se fait par l'inscription du jugement qui déclare les offres valables et qui, le cas échéant, détermine la personne qui a droit à la somme consignée, ou par l'inscription du jugement qui autorise, à la demande du débiteur, la réduction de l'hypothèque et le report de celle-ci sur le bien offert ou consigné.

On y prévoit deux façons d'obtenir la réduction d'une hypothèque qui garantit le paiement d'une créance.

a) Le débiteur offre et consigne une somme d'argent (ou un chèque certifié... Art. 1574 C.c.Q.) et le juge déclare les offres valables. Le jugement étant dûment inscrit, l'hypothèque est réduite d'autant.

b) Le débiteur demande que l'hypothèque soit reportée sur un autre bien qu'il offre ou consigne; le juge autorise le tout et l'inscription du jugement permet la réduction de l'hypothèque sur le bien antérieur.

176. L'article 3066, en ne distinguant pas, s'applique aux hypothèques tant mobilières qu'immobilières. Il est peut-être utile de rappeler, en regard de la *Loi sur les dépôts et consignations*, l'article 28 de ladite loi, qui risque de nuire au débiteur qui veut faire les offres s'il est aussi débiteur du gouvernement[77]:

> Il est loisible au gouvernement d'autoriser le ministre des Finances à retenir, sur tout dépôt fait au ministre des Finances, en vertu d'une loi ou autrement, le montant de toute créance qui peut être due à la couronne *par la personne qui a fait le dépôt ou à qui le dépôt est payable*, et d'appliquer cette somme à l'acquittement de cette créance. (Nous avons souligné)

Ch. 2- De certaines radiations

177. Les articles 3067 et 3068 reprennent les alinéas quatre, cinq et trois, dans cet ordre, de l'article 2151 C.c.B.-C. pour indiquer les façons de radier l'inscription d'un droit viager, de l'hypothèque qui le garantit et de l'hypothèque en faveur de l'État. Pour plus de précisions on a ajouté, aux anciens textes, la possibilité de radiation volontaire, qui allait de soi mais que l'article 2151 C.c.B.-C. ne mentionnait pas. Pour l'hypothèque de l'État, on a remplacé «un ordre du gouverneur en conseil» par «une copie d'un décret du gouvernement, certifiée par le greffier du conseil exécutif».

178. Les articles 3069 et 3070 reprennent, en des termes qui tiennent mieux compte du droit nouveau, l'essentiel des articles 2157, 2161d, 2161g, 2161h, 2161i et 2161k C.c.B.-C. qui traitent des différentes ventes avec effet de décret et de la radiation de l'inscription des droits éteints, des procès-verbaux, des avis et préavis institués par le nouveau Code. On y trouve aussi d'autres cas de radiation d'office par l'officier. L'article 3070 régit la radiation des préavis de vente et de l'adjudication pour défaut de paiement de l'impôt foncier, répétant en partie le texte de l'article 3069 al. 1.

179. L'article 3071 apporte plus de nouveauté, car il traite de la radiation de l'inscription d'un droit réel d'exploitation des ressources de l'État. Il mérite d'être cité au long:

> L'inscription d'un droit réel d'exploitation de ressources de l'État est radiée, lorsque le ministre responsable de la loi qui régit ce droit avise l'officier de la publicité des droits de l'abandon ou de la révocation du droit qui n'est pas exempté de l'inscription.
>
> L'avis doit désigner le droit abandonné ou révoqué et identifier la fiche immobilière visée; l'abandon ou la révocation est inscrite sur cette fiche, ainsi que sur celle de l'immeuble sur lequel s'exerçait le droit.
>
> Lorsque l'abandon ou la révocation concerne un droit dont l'assiette a été immatriculée, l'officier en donne avis au ministre responsable du cadastre afin qu'il puisse, d'office, annuler l'immatriculation du droit.

Cette radiation, comme on le voit, aura aussi une influence sur le cadastre dans les cas où l'assiette du droit a été immatriculée: on annulera cette immatriculation.

Ch. 3- Des formalités et des effets de la radiation

180. L'article 3072 édicte que la réquisition qui vise une réduction suit les mêmes règles que celle qui vise une radiation, tel que prévu à l'article 3057. Les deux articles rappellent implicitement du chapitre des réquisitions, les articles 2981 à 2995.

181. Des trois derniers articles, deux choses seulement méritent l'attention: l'exécution provisoire des jugements qui ordonnent rectification, réduction ou radiation n'est pas admise (Art. 3073 al. 2) et la radiation d'une radiation ne peut nuire aux tiers de bonne foi qui se sont fiés au registre et qui ont publié leur droit après la première radiation. Pour être de bonne foi, ces tiers ne devront pas avoir participé à la radiation fautive.

182. Voilà l'essentiel des remarques que suscite une première étude du livre De la publicité des droits, du Code civil du Québec. Cette étude doit être complétée par des commentaires sur la *Loi sur l'application de la réforme du Code civil*

Loi sur l'application de la réforme du code civil (L. Qué. 1992, c. 57); entrée en vigueur: à venir

Introduction

183. Le livre De la publicité des droits est probablement celui dont l'application sera la plus ardue, attendu qu'on ne pourra le mettre en vigueur au complet en même temps que l'ensemble du nouveau code. Deux facteurs s'opposent à la réalisation des nouveaux principes dans leur intégralité: le cadastre n'est pas suffisamment précis pour donner les garanties de «certitude des droits» recherchées et le support informatique n'est pas en place. Les règles de droit transitoire feront donc autorité pendant longtemps en cette matière qui dépend beaucoup des formules et de la procédure. Il y a lieu de donner un aperçu de ces règles, d'abord en ce qui concerne la publicité foncière, pour

terminer avec la publicité des droits personnels et réels mobiliers. Elles font l'objet de la section neuvième du chapitre deuxième du titre premier de la *Loi sur l'application de la réforme du Code civil*[78], que nous citerons sous l'abréviation «c. 57» ou chapitre 57.

§ 1. Publicité foncière

184. Il convient d'abord de citer les premiers articles de la section neuvième du chapitre 57 :

> 144. L'introduction, dans une circonscription foncière, du registre foncier constitué de livres fonciers comportant des fiches immobilières, conformément à l'article 2972 du nouveau code, est rendue publique par la publication, par le ministre de la Justice, à la *Gazette officielle du Québec*, d'un avis indiquant que le registre foncier, au sens de ce code, est pleinement opérationnel à compter de la date qu'il indique quant à la publicité des droits qui concernent les immeubles ou le territoire que l'avis désigne. Un avis de cette publication est donné dans un quotidien ou hebdomadaire circulant dans la circonscription foncière visée.
>
> L'avis publié à la *Gazette officielle du Québec* contient la description du territoire de la circonscription foncière qui fait l'objet de l'introduction du nouveau registre foncier et indique le siège du bureau de la publicité des droits; il peut aussi faire référence au règlement descriptif du territoire des circonscriptions foncières qui seront pourvues du nouveau registre foncier.
>
> 145. Jusqu'à ce que, dans une circonscription foncière, le registre foncier soit constitué de livres fonciers comportant des fiches immobilières, conformément à l'article 2972 du nouveau code, l'application des dispositions du livre neuvième de ce code est subordonnée aux dispositions de la présente section.
>
> Le registre foncier prend, dans ces circonscriptions, la forme de l'index des immeubles, si cet index était déjà établi, et, le cas échéant, du registre minier ou du registre des réseaux de services publics et des immeubles situés en territoire non cadastré.

146. Sont maintenus dans chaque circonscription foncière où il n'y a pas de registre foncier au sens de l'article 2972 du nouveau code, l'index des immeubles, les plans cadastraux et, le cas échéant, les livres de renvoi existants, le registre minier et le fichier qui complète celui-ci, de même que l'index des noms et le registre complémentaire des mentions faites en marge des réquisitions faisant partie des archives du bureau.

Nonobstant l'article 3035 du nouveau Code, jusqu'à ce qu'une fiche soit établie pour un immeuble situé en territoire non cadastré, la réquisition qui ne constate pas un droit réel établi par une convention mais qui concerne l'immeuble donne lieu à une inscription à l'index des noms.

À compter de l'entrée en vigueur de la présente section, le registre minier sera connu sous le nom de registre des droits réels d'exploitation de ressources de l'État et le fichier personnel des titulaires de droits miniers sera connu sous le nom de Répertoire des titulaires de droits réels.

147. L'index des immeubles, les plans cadastraux et, le cas échéant, les livres de renvoi existants, le registre des droits réels d'exploitation de ressources de l'État et le Répertoire qui complète celui-ci sont maintenus dans tous les bureaux de la publicité des droits, jusqu'à ce que chacun des immeubles qui y sont respectivement portés ait fait l'objet de l'établissement d'une fiche immobilière au registre foncier au sens de l'article 2972 du nouveau code.

148. Il est tenu au bureau de chaque circonscription foncière où il n'y a pas de registre foncier, au sens de l'article 2972 du nouveau code, un registre des réseaux de services publics et des immeubles situés en territoire non cadastré.

Ce registre comprend autant de fiches établies sous un numéro d'ordre qu'il y a d'immeubles situés en territoire non cadastré et de réseaux de services publics dans le ressort du bureau. Le Répertoire des titulaires de droits réels prévu au troisième alinéa de l'article 146 complète le registre.

Ce registre et le Répertoire qui le complète sont maintenus jusqu'à ce que chacun des immeubles qui y sont portés ait fait l'objet de l'établissement d'une fiche immobilière au registre foncier au sens du nouveau code.

185. On trouve dans l'article 144 et dans les premiers mots de l'article 145 un indice important: il est loisible au gouvernement par l'entremise du ministre de la Justice, d'introduire le registre foncier, base du nouveau système, à des dates différentes sur des territoires choisis en fonction des services informatiques disponibles, sans oublier l'état de la rénovation cadastrale, bien que celle-ci puisse être complétée en certains endroits sans pour autant donner lieu à l'implantation du nouveau système. C'est donc partout où le registre foncier visé par l'article 2972 ne servira pas encore que les règles du droit transitoire s'appliqueront pour altérer la procédure ou les effets du droit projeté, en tout ou en partie, selon les titres ou les chapitres du livre neuvième du code[79].

186. Le client continuera de faire usage des instruments de travail familiers suivants:

— Les plans cadastraux et les livres de renvoi existants;

— L'index des immeubles;

— L'index des noms;

— Le registre des droits réels d'exploitation de ressources de l'État;

— Le registre complémentaire des mentions en marge.

L'officier devra ajouter un index des immeubles réservé aux lots paraissant sur un plan rénové, selon les directions de l'article 19.1 de la *Loi favorisant la réforme du cadastre québécois* (C. R-3.1), ajouté par le chapitre 29 des lois de 1992, en vigueur depuis le 23 juin 1992.

Se joindra à ce matériel le registre des réseaux de services publics et des immeubles situés en territoire non cadastré. Ce dernier registre et le registre des droits réels d'exploitation sont complétés par un Répertoire des titulaires de droits réels qui tient lieu de fichier personnel[80]. En suivant le plan du Code civil du Québec au livre De la publicité des droits, on peut commenter comme suit les effets de la *Loi sur l'application...* pendant la phase I.

C.c.Q., livre neuvième, titres I et II

187. Malgré le texte de l'article 2934 C.c.Q., la publicité résultera, selon l'article 149, c. 57, d'une inscription sommaire à l'index des immeubles ou au registre qui fait référence à la réquisition; mais la consultation du registre doit être complétée par l'analyse de la réquisition elle-même, faute de quoi le chercheur qui s'en abstient n'aura pas la bonne foi requise (Art. 149 al. 3). Cette bonne foi, cependant ne sera pas mise en doute par le seul fait que l'immeuble, pendant cette période, ne sera pas considéré comme immatriculé pour l'application des articles 2943 et 2962 (Art. 155-1°, c. 57). Tout simplement, sous l'article 2943, le droit ne sera pas «réputé» connu. Il reste que le lot considéré comme «non immatriculé» par l'article 155-1°, c. 57 peut très bien porter un numéro cadastral et être l'objet d'inscription à l'index des immeubles. De même, sous l'article 2962, le tiers qui se fie «sur les inscriptions du registre» (l'index des immeubles, pour l'instant) démontre qu'il s'est renseigné et sa mauvaise foi devra être prouvée. En d'autres termes, la bonne foi de celui qui a fait ses recherches et la mauvaise foi de celui qui ne s'est pas renseigné continueront d'être présumées comme en droit actuel, tel que défini par la meilleure jurisprudence[81].

188. L'article 153-2°, c. 57 conserve la règle de renouvellement des articles 2172 et 2173 C.c., quant au délai accordé (2 ans), mais en imposant l'usage de l'avis prescrit par l'article 2942 du nouveau code. La répétition des mots «tout droit réel sur» un immeuble indique le maintien du *statu quo*, en ce que le droit de propriété n'a pas à être renouvelé[82].

189. Parmi les nouveaux effets attributifs de droits conçus par le Code du Québec, on en trouve deux dont la naissance sera retardée, vu le texte de l'article 155-1°, c. 57: la présomption irréfragable de l'existence du droit dont l'inscription n'est pas contestée dans les dix ans (Art. 2944 al. 2) et l'impossibilité de prescrire la propriété d'un immeuble (Art. 2957 al. 2). Ces deux effets sont suspendus pendant la phase I.

C.c.Q., livre neuvième, titre troisième

Ch. 1 et 2

190. Comme nous l'avons vu aux articles 145 à 150 cités au paragraphe 184 de notre texte, le registre foncier informatisé au

sens des articles 2972 et 2969 C.c.Q. prend la forme de l'index des immeubles, du registre d'exploitation des droits réels et du registre des réseaux de services publics et des immeubles non cadastrés. Il s'ensuit que les immeubles qui seront immatriculés (Art. 3026, 3028 C.c.Q.) pendant la phase I, dans un territoire donné, seront portés à l'index des immeubles (Art. 152 al. 1, c. 57) ces immeubles devraient comprendre les assiettes des droits réels d'exploitation et celles des réseaux de services publics qui seraient immatriculées sous l'article 3031 C.c.Q.; les droits réels d'exploitation (non immatriculés) qui seront constitués apparaîtront sur une fiche du registre des droits réels d'exploitation (Art. 152 al. 2) mais ne seront opposables aux tiers «qu'à compter de l'établissement de la concordance avec l'index des immeubles» (Art. 151)[83]; enfin, par les mots «fiches immobilières» de l'article 2972 al. 2 C.c.Q. il faut entendre les feuillets de l'index des immeubles et des deux autres registres mentionnés au début du présent paragraphe (Art. 154-1°, c. 57). D'autre part, les fiches complémentaires et les fiches complémentaires nouvelles imaginées par les articles 2973 à 2975 C.c.Q. ne connaîtront pas de feuillets équivalents durant la phase I (Art. 155-2°, c. 57) bien que la fiche du registre des droits réels d'exploitation constitue déjà une sorte de fiche complémentaire puisque la concordance doit en être établie avec l'index des immeubles (Art. 151). De même, les fiches immobilières du livre foncier unique mentionné à l'article 2976 C.c.Q. correspondant aux immeubles non immatriculés s'entendront des feuillets du registre des réseaux de services publics et des immeubles situés en territoire non cadastré (Art. 148 et 154, al. 1, c. 57) pendant que les fiches établies sous un numéro d'ordre pour les droits réels d'exploitation ou les réseaux de services publics feront partie, respectivement, du registre des droits réels d'exploitation et du registre des réseaux de services publics (Art. 146, 148, 149 et 154-1°, c. 57).

191. Quant aux réquisitions détaillant les droits que l'on veut publier (Art. 2981 et 2982 C.c.Q.), elles devront être suffisamment claires pour laisser savoir à l'officier de la publicité lequel des trois registres doit recevoir les inscriptions demandées, outre l'index des noms ou le répertoire des titulaires de droits réels (Art. 149, 146 et 148, c. 57)[84]. Il est prévu que l'officier, à partir d'une même réquisition, fera une inscription distincte pour chaque droit qui mérite publication, par exemple le droit

de propriété (vente, donation...), une hypothèque, un droit de résolution, une servitude. On trouvera donc, parfois, dans un registre, des mentions étalées sur plusieurs lignes du feuillet, tirées d'une même réquisition. La procédure d'attestation prévue aux articles 2988 et suivants du nouveau code sera exigée dès l'entrée en vigueur du code, mais *les actes faits avant* cette entrée en vigueur n'auront pas besoin de l'attestation du notaire ou de l'avocat exigée par les articles 2992 à 2995, 3005 et 3009 C.c.Q. En outre, la mention expresse imposée aux arpenteurs-géomètres par l'article 2996 al. 1 *in fine* et la sanction qui l'accompagne à l'alinéa deuxième du même article ne s'appliqueront que dans un territoire ayant fait l'objet d'une rénovation cadastrale (Art. 155-3°, c. 57). Enfin, les certificats d'inscription des articles 3003 et 3011 C.c.Q. se résumeront, pendant la phase I, à un certificat apposé sur le double de la réquisition présentée (Art. 154-2°, c. 57).

Ch. 3, 4 et 5

192. Dès l'entrée en vigueur du Code civil du Québec, le bordereau de présentation créé par l'article 3007 C.c.Q. remplacera le livre de présentation, mais la publicité résultera d'une inscription sommaire à l'index des immeubles ou dans l'un des autres registres, à l'index ou au répertoire mentionné aux articles 146 à 148, c. 57. Cependant les inscriptions ne se feront pas toujours dans l'ordre de présentation des réquisitions. Il y a lieu de citer, à ce sujet, l'article 165 al. 1, c. 57, qui concerne toutes les sortes de publicité et l'article 159 al. 2 qui vise plutôt le registre des droits personnels et réels mobiliers:

> 165 al. 1, c. 57: Le gouvernement peut, pour tenir compte du maintien temporaire des registres actuellement en usage dans les bureaux, prendre, par règlement, toute mesure nécessaire à l'application de la présente section, y compris édicter des dispositions différentes de celles prévues au livre neuvième du nouveau code, notamment pour tenir compte, dans l'application du second alinéa de l'article 3007 et de l'article 3024 de ce code, des contraintes de fonctionnement de certains bureaux de la publicité des droits et pour assurer, dans ces bureaux, l'application des nouvelles règles de la publicité.

> 159 al. 2, c. 57:Durant les quinze mois qui suivent l'entrée en vigueur de la loi nouvelle, l'officier peut, nonobstant le

deuxième alinéa de l'article 3007 du nouveau code, si les circonstances l'exigent, *traiter en priorité les réquisitions d'inscription qui ne prennent pas la forme d'un avis de renouvellement*. Tout relevé des droits inscrits sur le registre des droits personnels et réels mobiliers doit indiquer les dates de certification spécifiques aux différentes inscriptions[85].

193. Il ressort de ces textes que l'ordre des inscriptions pourra être interverti, pour des raisons valables. Ainsi les réquisitions d'inscriptions qui ne sont pas de simples avis de renouvellement pourront être traitées en priorité par l'officier de la publicité chargé du registre des droits personnels et réels mobiliers (Art. 159 al. 2, c. 57). L'article 165 c. 57 ouvre la voie à d'autres cas du même genre; par exemple l'on traiterait les réquisitions d'inscription de droits avant celles qui visent les radiations. De toutes façons, le rang des droits continuera de s'établir selon les articles 2945 et suivants du Code civil du Québec, compte tenu des règles du chapitre 57 pour les droits inscrits sous l'ancien Code et sous réserve de ce qui suit.

194. L'officier de la publicité n'aura pas à effectuer les vérifications de titre exigées par les articles 3013 et 3014 C.c.Q., mais pendant cette période on applique à tout droit réel établi par une convention la règle de l'article 2948: son inscription ne prendra effet qu'à compter de l'inscription du titre du constituant, le tout tel qu'édicté par les articles 155-4° et 150, c. 57. D'autre part, l'officier n'aura peut-être pas à faire la notification prévue à l'article 3017 C.c.Q. si, lors d'un renouvellement accompli selon l'article 2942 C.c.Q. ou selon l'article 153-2°, c. 57, le créancier n'a pas requis aussi l'inscription de son adresse. Ce qui est vrai pour les droits personnels et réels mobiliers en vertu de l'article 159 al. 3, c. 57, l'est aussi pour les droits immobiliers même si le chapitre 57 ne s'en exprime pas expressément.

195. «L'état certifié» des droits qui est appelé, en vertu de l'article 3019 C.c.Q., à remplacer les certificats de recherche de l'article 2177 C.c. (et, heureusement, les horribles photocopies de l'index des immeubles,) s'entendra, d'après le texte un peu confus de l'article 154-3°, c. 57 de l'état des droits qui grèvent un immeuble déterminé «ou à l'égard du propriétaire de l'immeuble dans la demande écrite qui est faite qui désigne le propriétaire et l'immeuble visé». L'on passe de quatre sortes de

certificats prévus à l'article 2177 C.c.à deux sortes, la deuxième semblant viser les seuls droits accordés par un propriétaire donné.

196. Pour ce qui est de l'inscription des adresses, l'article 3022 C.c.Q. ajoute un certain nombre de personnes aux créanciers hypothécaires ou privilégiés déjà connus et à ceux qui bénéficient d'une déclaration de résidence familiale; mais il semblerait que, pendant la phase I, la procédure actuelle se prolongera et que «la manière prévue par les règlements» ne modifiera pas cette procédure avant l'introduction du registre foncier au sens de l'article 2972 C.c.Q. Quant au devoir de notification de l'officier, nous en avons traité au paragraphe 194 ci-dessus, qui tient compte du deuxième alinéa de l'article 3022 dans le contexte d'un oubli de renouveler la publicité du droit lui-même ou celle de l'adresse.

C.c.Q. livre neuvième, titre quatrième

197. Le droit transitoire ramène la règle de l'article 2174 al. 4 C.c. en mettant de côté celle de l'article 3027 al. 2 C.c.Q. pour énoncer plutôt, à l'article 153-3° c. 57, que «la présomption d'exactitude qui s'attache au plan cadastral ne prime pas les titres».

198. La *Loi sur l'application de la réforme...* passe sous silence un aspect du chapitre du plan cadastral qui nous paraît important. L'article 3028 al. 1 C.c.Q. se lit comme suit:

> Le plan cadastral entre en vigueur le jour de l'établissement de la fiche immobilière au registre foncier du bureau de la publicité des droits[86].

Ce texte ne reçoit aucun commentaire spécifique dans ladite loi. Deux explications sont possibles. Ou il faut nous retourner vers les articles 145 al. 2, 146 al. 1, 147, 152 al. 1 de ladite loi (c. 57 de 1992) et vers l'article 15 de la *Loi favorisant la réforme du cadastre québécois* (c. R-3.1) pour conclure que, faute de véritable fiche immobilière, la règle de l'article 2169 C.c. va s'appliquer pendant la phase I: tout plan va prendre effet le jour de son dépôt au bureau de la «division d'enregistrement» i.e. de la circonscription foncière. Ou, la fiche étant le feuillet du registre (Art. 154-1°, c. 57) l'article 3028 al. 1 s'adapte au registre visé et impose sa règle. Nous préférons la première explication.

199. L'article 155-3° c. 57 limite la prohibition de publier un droit «de propriété» sur partie de lot en territoire cadastré, contenue à l'article 3030 C.c.Q., aux territoires qui ont fait l'objet d'une rénovation cadastrale. La prohibition, d'ailleurs, ne semble pas viser les autres droits[87]; il faudra alors respecter les directives des articles 3036 et 3037 C.c.Q., pour désigner l'immeuble.

200. À l'instar de l'article 3028, l'article 3031 C.c.Q. ne reçoit aucun commentaire spécifique dans la loi sur l'application de la réforme. C'est pourquoi nous avons conclu, au paragraphe 190 de notre texte, que les droits accordés sur des assiettes de droits réels d'exploitation ou de réseaux de services publics qui ont été immatriculées seront inscrits à la feuille de l'index des immeubles qui a reçu telle immatriculation. Le registre des droits réels d'exploitation et celui des réseaux de services publics serviront pour ceux de ces droits qui n'ont reçu qu'un numéro d'ordre (Art. 148, et 154-1°, c. 57).

201. De l'article 3035 C.c.Q., seuls les mots «immeuble situé en territoire non cadastré» sont visés par l'article 146 al. 2, c. 57, qui permet la publicité d'une réquisition «qui ne constate pas un droit réel établi par une convention», même en l'absence de fiche référant à cet immeuble; mais alors l'inscription est cantonnée à l'index des noms. Pour les autres droits, (la réquisition relative à un réseau ou à un droit réel d'exploitation, ou encore la réquisition qui constate un droit réel établi *par convention* sur un immeuble situé en territoire non cadastré) l'article 3035 C.c.Q. conserve toute sa force prohibitive. Il faut cependant rappeler que l'importante «fiche» s'entendra, pendant la phase I, d'un feuillet du registre des droits réels d'exploitation ou du registre des réseaux de services et des immeubles situés en territoire non cadastré (Art. 154-1°, c. 57).

202. L'article 155-3°, c. 57 stipule que le troisième alinéa de l'article 3043 et l'article 3054 C.c.Q. ne s'appliquent que dans un territoire qui a fait l'objet d'une rénovation cadastrale. Il est donc permis, pendant la phase I, de ne pas immatriculer toutes les parties d'un lot et d'obtenir l'inscription de l'acquisition d'une partie de lot. De même, comme on ne connaîtra pas,

pendant la même période, de fiche immobilière au sens de l'article 2972 C.c.Q., l'officier n'inscrira pas sur les feuillets de l'index des immeubles, lors d'une nouvelle numérotation cadastrale, la désignation du propriétaire, le mode d'acquisition et le numéro d'inscription du titre (Art. 155-5°, c. 57). Seules les concordances entre l'ancien numéro et le nouveau continueront d'être établies, tel que prévu tant par l'article 2174b al. 5 C.c., que par l'article 3045 C.c.Q. *in fine.*

203. La mise en vigueur de tout le chapitre troisième du titre quatrième, soit les articles 3046 à 3053 C.c.Q., est suspendue par l'article 155-6°, c. 57. Donc, pendant la phase I, il n'y a pas lieu au report de droits.

C.c.Q. livre neuvième, titre cinquième

204. Au titre cinquième, on note d'abord que la radiation d'office ne s'appliquera pas, nonobstant les articles 3058 et 3059 al. 2 C.c.Q. (Art. 155-2°, c. 57), qu'elle sera remplacée par une réquisition présentée par toute personne intéressée (Art. 153-1°, c. 57) et, ensuite, que la radiation en marge des documents et des réquisitions, accompagnée d'une référence sur le registre approprié, sera maintenue, au lieu de ce que prévoit l'article 3057 C.c.Q. (Art. 154-4°, c. 57).

205. Pour terminer l'étude du droit transitoire traitant de la publicité foncière, il faut ajouter que l'article 155-2°, c. 57, met en suspens l'application de l'article 3064 C.c.Q. qui traite de la radiation judiciaire de l'inscription d'un jugement de rectification ou de radiation. Les motifs de cette suspension nous échappent. L'article 3064 mériterait d'entrer en vigueur dès la phase I.

§ 2. Publicité des droits personnels et réels mobiliers

206. L'entrée en vigueur du nouveau registre des droits personnels et réels mobiliers sera annoncée (comme celle d'un registre foncier — art. 144, c. 57) au moyen d'un avis publié à la Gazette officielle du Québec, par le ministre de la Justice, indiquant que le nouveau registre est (ou sera) pleinement opérationnel à compter de la date qu'il indique. Le même avis apparaîtra dans les quotidiens publiés au Québec ou, s'il y a lieu, y circulant. Ce renseignement est malheureusement plus

ou moins caché dans l'article 162 al. 1, c. 57, qui traite en même temps de la publicité de certains droits spécifiques tels les droits découlant de clauses de réméré, de ventes à tempérament, de crédit-bail ou d'insaisissabilité. La clarté y aurait gagné si on avait séparé ces deux sujets. Quoiqu'il en soit, en attendant la date choisie par le ministre, le registre des cessions de biens en stock et les registres des nantissements agricoles et forestiers ou commerciaux continuent de servir. L'article 2938 al. 3 et l'article 2939 C.c.Q. ne reçoivent pas application et le préavis d'exercice d'un droit hypothécaire n'a pas à être inscrit (Art. 162 al. 2, c. 57).

207. Dès l'entrée en vigueur de la loi nouvelle, les registres des nantissements et le registre des cessions de biens en stock sont «réputés clôturés» (Art. 161 al. 1, c. 57). Dès lors, il faut distinguer les droits et devoirs des officiers de la publicité, anciens et nouveaux, et les droits et devoirs des autres personnes intéressées.

A- Les officiers.

208. L'officier dépositaire de ces registres peut continuer, pendant un délai de *douze mois* d'y faire des radiations ou des réductions d'hypothèques (Art. 161 al. 1). Il peut aussi y apporter des corrections «en application de l'article 3016» C.c.Q. (Art. 161 al. 2). Il est difficile de savoir si la référence à l'article 3016 ajoute, au mot «correction», la permission de faire les inscriptions omises. On ignore aussi si la limite de douze mois du premier alinéa de l'article 161 s'applique aux corrections permises par le deuxième alinéa.

209. Surprenante, aussi, est la disposition de l'article 164 al. 2. c. 57, qui traite plutôt d'une période de *quinze mois* stipulée au premier alinéa de l'article et qui se lit comme suit:

> L'officier de la publicité dépositaire de ces registres ou qui était habilité à y faire des inscriptions peut, pendant cette période, délivrer des relevés certifiés des droits subsistants quant aux droits créés avant l'entrée en vigueur de la loi nouvelle et traiter les réquisitions en réduction ou en radiation qui s'y rapportent.

L'article 161 lui défend de faire des radiations après douze mois de l'entrée en vigueur et l'article 164 lui permet d'en faire pendant trois mois additionnels. Est-ce une erreur comme celle à laquelle nous avaient habitués les articles 2013e et 2103 C.c. ou y a-t-il un motif derrière cette disparité? Quant à l'officier chargé du nouveau registre, avec une logique inattaquable, on ne lui permet de délivrer des états certifiés des droits inscrits sur *ce registre* que s'ils ont été publiés ou renouvelés après l'entrée en vigueur de la loi nouvelle; auraient-ils pu l'être avant? En d'autres termes, il ne peut délivrer des états certifiés des droits inscrits sur ce registre *que s'ils sont inscrits sur ce registre* (Art. 164 al. 3, c. 57). En outre, cette directive ne vaut que pour la période de quinze mois mentionnée ci-haut. Serait-ce dire qu'après quinze mois l'officier pourra délivrer des états des droits non inscrits sur le registre?

210. Eu égard aux nouvelles réquisitions elles-mêmes, l'article 159 al. 2, c. 57 autorise l'officier, nonobstant le deuxième alinéa de l'article 3007 C.c.Q., à traiter les réquisitions d'inscription de droits avant les avis de renouvellement, le tout pendant une même période de *quinze mois* à compter de l'entrée en vigueur de la loi nouvelle. Tout relevé des droits devra cependant indiquer les dates de certification spécifique aux différentes inscriptions. Il va sans dire que, en tout temps après l'entrée en vigueur, la notification aux créanciers prévue par l'article 3017 C.c.Q. ne sera faite qu'à ceux dont les droits et l'adresse ont été inscrits sur le nouveau registre (Art. 159 al. 3, c. 57).

B- Les autres personnes intéressées

211. Le premier devoir des créanciers de cession de biens en stock ou de nantissements consiste à renouveler la publicité de leurs droits sur le nouveau registre; un délai-faveur de *douze mois* leur est accordé pour ce faire (Art. 157 al. 1, c. 57). Mais, et on retrouve ici la disparité déjà soulignée, en l'absence de ce renouvellement, leurs droits n'auront, à l'expiration de *quinze mois* de l'entrée en vigueur de la loi nouvelle, aucun effet à l'égard des créanciers ou acquéreurs subséquents dont les droits sont inscrits. Le principe est clair; on reprend celui de l'article 2173 C.c. C'est la différence de délai, de douze à quinze mois, qui est difficile à expliquer.

212. La référence à l'hypothèque testamentaire (Art. 157 al. 1 *in fine*) qui aurait besoin d'être renouvelée au registre des droits

réels mobiliers surprend tout autant. Sous le Code du Bas-Canada, l'hypothèque testamentaire ne peut affecter des biens meubles. Sous l'article 43, c. 57, l'on trouve qu'une hypothèque testamentaire stipulée d'après l'article 880 C.c., dans une succession qui s'ouvrira après l'entrée en vigueur de la loi nouvelle, sera réputée imposer la constitution d'une hypothèque *immobilière* conventionnelle. On se demande alors quelle hypothèque testamentaire devenue conventionnelle en vertu de la loi nouvelle (Art. 134, c. 57) et, donc, inscrite à l'index des immeubles ou au registre foncier, pourrait devoir être renouvelée au registre des droits réels mobiliers. On peut cependant penser que, le nouveau code et la loi sur son application étant déjà connus, on commencerait à stipuler des hypothèques mobilières dans les testaments qui pourraient ne prendre effet qu'après l'entrée en vigueur de la loi nouvelle; dans ce cas, une telle hypothèque serait reconnue mais transformée en hypothèque mobilière conventionnelle (à l'instar de l'autre — Articles 43 et 134-2°, c. 57) et ensuite renouvelée selon l'article 157 al. 1 *in fine*, c. 57. Le dit article 43 devrait être modifié pour couvrir l'hypothèque mobilière.

213. L'inscription de l'avis de renouvellement dans le délai de *douze* mois conserve à la sûreté, nonobstant l'article 2942 C.c.Q. le rang qu'elle avait à la date de la première publication antérieure, sans égard aux autres dates de publication (Art. 157 al. 2, c. 57). On peut rapprocher ce texte de celui de l'article 159 al. 1:

> Il suffit d'un seul avis lorsque la sûreté mobilière dont on entend renouveler la publicité a été publiée, conformément à la loi ancienne, dans plusieurs circonscriptions foncières. L'avis fait alors mention des diverses circonscriptions foncières et indique les dates et numéros d'inscription respectifs de la sûreté.

La dernière phrase de cet alinéa mentionne que l'avis doit indiquer les dates et les numéros d'inscription respectifs de la sûreté. La dernière phrase de l'article 157 al. 2 et la dernière phrase de l'article 159 al. 1 réfèrent probablement au fait que le nantissement commercial peut être publié dans plus d'une division d'enregistrement, à des dates différentes. C'est la première de ces dates qui serait protégée par l'avis de renouvellement prévu par ces deux articles.

214. À défaut de renouvellement, outre la perte de la publicité ou du rang du droit possible, aucune réquisition qui renvoie à un droit qui n'apparaît pas au registre ni aucun préavis d'exercice d'un droit hypothécaire ou autre avis, ne peut être inscrit (Art. 158 et 162 al. 3, c. 57).

215. L'article 162 rappelle que certains droits qui peuvent exister et être opposables sans enregistrement, avant la mise en vigueur de la nouvelle loi, devront être publiés dans les douze mois de la mise en vigueur pour conserver leur opposabilité. L'article fait référence, particulièrement, à la vente à tempérament (Art. 1745 et 1749 C.c.Q. et 98 c. 57), à la vente à réméré ou avec faculté de rachat (Art. 1750 et 1751 C.c.Q. et 98 c. 57), au droit de propriété du crédit-bailleur (Art. 1847 C.c.Q. et 107 c. 57) et à la stipulation d'insaisissabilité (Art. 2649 C.c.Q. et 137 c. 57). En exigeant le renouvellement «au registre approprié», l'article 162 c. 57 vise tant les droits mobiliers qu'immobiliers.

216. Les personnes intéressées devront, pendant les *quinze mois* qui suivront l'entrée en vigueur de la loi nouvelle, continuer de consulter les anciens registres et l'index des noms en plus du nouveau registre lorsqu'il s'agit de droits dont la publicité devrait être renouvelée (Art. 164 al. 1) et pourront consulter en tout temps les anciens registres pour les droits dont la loi nouvelle n'exige aucun renouvellement d'inscription (Art. 160 c. 57).

217. On peut mentionner, en terminant, que les avis de contrat de mariage ou de modification d'un contrat inscrits au registre central des régimes matrimoniaux seront portés d'office au nouveau registre des droits personnels et réels mobiliers (Art. 163).

§ 3. Règlements

218. Les articles 165 et 166, disposent du pouvoir de réglementation du gouvernement pour faciliter l'application de la loi nouvelle et du droit intérimaire pour le plus grand bénéfice des usagers, en tenant compte des contraintes de fonctionnement de certains bureaux.

Résumé des règles de droit transitoire

219. Sous réserve du fait qu'un résumé, toujours incomplet, risque d'induire en erreur, nous nous permettons tout de même de synthétiser les articles du chapitre 57 qui visent le livre De la publicité des droits.

220. L'entrée en vigueur des registres fonciers au sens de l'article 2972 C.c.Q. et du registre des droits personnels et réels mobiliers se fera sur avis du ministre de la Justice, publié dans la Gazette Officielle du Québec et dans d'autres journaux. D'ici là:

A- Publicité foncière

221. Les anciens registres des bureaux d'enregistrement continueront de servir, y compris le registre minier (qui change de nom); on y ajoute le registre des réseaux de services publics et un Répertoire des titulaires de droits réels, de même que l'index des immeubles réservé aux lots rénovés (L. Qué., 1992, c.29, art. 27).

222. La publicité résultera d'une inscription au registre approprié, pourvu que l'on consulte la réquisition d'inscription. L'opposabilité sera la même qu'aujourd'hui, tout comme la bonne foi (présumée). Mais certains nouveaux effets sont suspendus: la présomption irréfragable de l'existence d'un droit et l'empêchement de prescrire un lot immatriculé ne s'appliqueront pas.

223. Les fiches immobilières seront représentées par les feuillets des registres actuels et ceux du registre des réseaux de services publics. Aucune fiche complémentaire n'accompagnera les premières. Les nouveaux modes de réquisition seront en vigueur et devront détailler les droits à inscrire, que l'officier inscrira séparément; le cas échéant on pourra indiquer la date extrême d'effet du droit. L'officier ne contrôlera pas l'inscription du titre antérieur. La procédure d'attestation s'impose aussi, mais pas pour les actes faits avant l'entrée en vigueur du code.

224. Le «bordereau de présentation» remplace le livre de présentation et fait foi de la date, de l'heure et de la minute de

publicité du droit, sauf si le titre du constituant n'est pas encore publié. L'inscription des adresses suivra la procédure actuelle.

225. La présomption d'exactitude du plan ne primera pas les titres. On continuera de désigner des parties de lot, sauf en territoire rénové. Le renouvellement des droits jouira du délai de deux ans, mais se fera par avis seulement. Le report des droits ne sera pas exigé. Le moment d'entrée en vigueur du plan cadastral reste incertain (voir notre paragraphe 198 ci-haut).

226. La radiation d'office attendra l'entrée en vigueur des nouveaux registres. La radiation en marge des documents sera maintenue pendant la phase I.

B- Publicité des droits personnels et réels mobiliers

227. Le nouveau droit concernant cette publicité devrait entrer en vigueur au complet beaucoup plus tôt que celui de la publicité foncière. C'est pourquoi la loi sur l'application traite surtout de la clôture des registres de cession de biens en stock et des registres de nantissement, des délais de renouvellement d'inscription (y compris le renouvellement de l'hypothèque testamentaire mobilière), des devoirs de l'officier pendant 12 ou 15 mois et de l'obligation de continuer à consulter les anciens registres durant les quinze mois qui suivront l'entrée en vigueur.

Conclusion

Vu l'impossibilité de consulter les règlements qui complètent cette partie du Code civil du Québec, un certain nombre d'interrogations demeurent sans réponse précise. On pense, notamment aux suivantes:

— Comment le registre foncier peut-il démontrer que le bien est devenu sans maître? (Art. 2918 *in fine* C.c.Q.).

— La radiation permettra-t-elle de nettoyer le registre, c'est-à-dire de faire disparaître l'inscription d'un droit? Les articles 3057 et 3059 al. 2 *in fine* semblent indiquer le contraire.

— Sera-t-il impossible de publier un acte sous seing privé qui ne contient pas de date ou de lieu? (Art. 2991).

— Les testaments devront-ils être déposés avec la déclaration de transmission? (Art. 2998 et 2999).

— Une fois que tout le système sera opérationnel, la désignation de parties de lot, en territoire cadastré, sera-t-elle permise et dans quels cas? (Art. 3030, 3035 à 3037 et 3054 C.c.Q.).

— La radiation suite à l'extinction par confusion sera-t-elle possible? (Art. 1686).

Nonobstant ces questions et quelques autres points obscurs, le livre de la Publicité des droits devrait assurer la certitude des titres, augmenter l'efficacité de tout le système et mettre fin aux longues recherches qui ne débouchaient pas toujours sur des rapports de titres satisfaisants.

Le tout se fera au prix d'une responsabilité accrue de la part des notaires et avocats.

Notes

1. Le projet de loi 125 adopté en 1991 (L. Qué., c. 64) sera dorénavant cité sous les initiales C.c.Q. pour plus de brièveté.
2. Le législateur a toujours précisé que ce sont «les droits» qui ont besoin d'être enregistrés et que la radiation n'efface que l'enregistrement du droit et non le droit lui-même. Voir, entre autres, les articles 2082, 2083, 2085, 2088, 2092, 2100, 2129d, 2129k, 2129*l*, 2136, 2139 al. 9, 2148, 2148.1, 2150, 2152a, 2161d, C.c.
3. Voir les articles 2934, 2943, 2970 et 2981 C.c.Q. Il faut rappeler que le système du Code civil du Bas-Canada va continuer d'être en vigueur tant qu'il n'y aura pas eu report des droits sur les nouvelles fiches immobilières, le tout sous réserve des règles de droit transitoire.
4. Articles 3030, 3043, 3054 C.c.Q.
5. Articles 2988 à 2995 C.c.Q.
6. Articles 3008 et 3013 à 3015 C.c.Q.
7. Article 3046 et suiv., C.c.Q.
8. L. Qué. 1947, 11 Geo. VI, c. 72; L. Qué. 1948, 12 Geo. VI, c. 45. J.-F. DELAGE, Y. DESJARDINS, D.-C. LAMONTAGNE et al., *La publication des droits*, R.D., Titres immobiliers, Doctrine, doc. 2, n° 54 et jurisprudence citée. Une partie de la doctrine et de la jurisprudence antérieures à la mise en vigueur de ces lois de 1947 et 1948 a donc perdu de son autorité.
9. Art. 2936: «Toute renonciation ou restriction au droit de publier un droit soumis ou admis à la publicité, ainsi que toute clause pénale qui s'y rapporte, sont sans effet.»

10. D'autres auteurs avaient fait un effort semblable à partir de textes éparpillés ici et là dans le Code civil du Bas-Canada et dans d'autres lois; voir: R. LANDRY, *La publicité des droits réels immobiliers en droit civil*, dans Travaux du deuxième colloque international de droit comparé, (Collection des travaux de la Faculté de droit de l'Université d'Ottawa - IV) Montréal, Wilson et Lafleur, 1965, p. 7. C. CHARRON, *La publicité foncière au Québec, qualités et défauts*, (1971-72) 74 R. du N. 251, pp. 263 et 264.
11. Articles 1040a, 2161d C.c.B.-C., 813.4 C. proc., entre autres.
12. On trouvait déjà des demandes à cet effet en 1969: S. WEBER, «Le régistrateur doit-il être mis en cause dans une action hypothécaire? (1969) 29 R. du B. 535.
13. Voir article 2847 al. 2, C.c.Q.
14. Voir Jean GAGNON, *L'examen des titres immobiliers*, Sherbrooke, 1987, Quid Juris Inc. pp. 75-76 et note (130). C. CHARRON, *loc. cit.* note 10, pp. 270-271.
15. Voir les articles 3026 et suiv. sur l'immatriculation, 2988 et suiv. sur les attestations requises, 3008, 3013 à 3015 sur les vérifications imposées à l'officier et 3046 et suiv. sur le report des droits.
16. Voir article 2918 et 2957 al. 2. On ne peut prescrire un immeuble immatriculé sur lequel apparaît une inscription de propriété, sauf si le propriétaire est décédé ou absent depuis dix ans ou que l'immeuble est sans maître sur le vu du registre foncier lui-même.
17. Article 3022 C.c.Q.
18. L.R. Qué., c. B-9. L'article 50 de cette loi deviendra l'article 11 de la *Loi sur les bureaux de la publicité des droits* (Art. 446 et 447, c. 57).
19. L.R. Qué., c. M-39.
20. Denys Claude LAMONTAGNE et C. CHARRON, *Étude critique du Livre neuvième, De la publicité des droits, du projet de loi 125 (de 1990)*, (1992) 1 R.D.I. 169, p. 172.
21. C. CHARRON, *loc. cit.* note 10, pp. 261 et 262.
22. Art. 2703: «L'hypothèque mobilière avec dépossession est publiée par la détention du bien ou du titre qu'exerce le créancier, et elle ne le demeure que si la détention est continue».
Art. 2707: «L'hypothèque mobilière avec dépossession peut être postérieurement à sa constitution, publiée par inscription, pourvu qu'il n'y ait pas interruption de publicité».
23. Il ne faut pas oublier que, malgré une pratique répandue, le *Code du Bas-Canada* n'a jamais été modifié, au chapitre des hypothèques (art. 2038) pour permettre de faire en ce domaine ce que les articles 1488 et 773 acceptaient, en matière de vente ou de donation du bien d'autrui. Mais on trouve justification à la pratique en lisant le dernier alinéa de l'article 2098 C.c. et en pensant que l'article 2037 C.c. renvoie indirectement aux articles 1488 et 773.
24. Voir les articles 2724, 2651 et 2693 C.c.Q.
25. Voir les articles 2726 à 2728 C.c.Q. pour autres détails.
26. Suzanne POTVIN-PLAMONDON, «Les sûretés: l'hypothèque mobilière à l'âge de l'ordinateur», dans *Conférences sur le nouveau Code*

civil du Québec, Cowansville, Les Éditions Yvon Blais Inc., 1992, p. 192. Le gouvernement a d'ailleurs le droit de réglementer l'identification des biens meubles. Voir l'article 3024 C.c.Q.

27. Ces règles se trouvent au titre troisième et seront complétées par des règlements à venir.

28. Articles 2757 et 3000 C.c.Q.

29. John E. C. BRIERLEY, *Substitution, stipulations d'inaliénabilité, fiducies et fondations»*, (1988) 3 C.P. du N. 243, p. 257, n° 9.

30. Voir les articles 940, 941, 2108 à 2113 C.c., qui renvoient les uns aux autres et aux dispositions contenues au titre des donations, en distinguant entre différentes sortes de tiers et autres intéressés.

31. Voir les paragraphes 24, 25, 26 et 32.

32. *Dufresne* c. *Dixon*, (1890) 16 S.C.R. 596. Ce saisissant n'aurait pas dû se le faire dire à cette époque non plus, si la nature de notre système d'enregistrement avait été mieux comprise.

33. D.C. LAMONTAGNE, «L'exécution provisoire et la radiation judiciaire», (1979) 39 *R. du B.* 959.

34. *Gervais* c. *Charbonneau*, (1910) 38 C.S. 330 (Rev.), p. 341 et suiv. Dans ce jugement, comme dans l'article 3075 al. 2 C.c.Q., le tiers protégé a publié son droit après l'inscription de la radiation. Si son droit avait été inscrit avant la radiation contestée, l'annulation de cette dernière ramènerait le droit dudit tiers à son état antérieur. C'est là une distinction importante, appliquée par le tribunal dans *Unity Bank of Canada* c. *The Royal Trust*, (1979) C.A. 149.

35. S.R. Can. c. B-3, modifié par S. can., 1992, c. 22, en vigueur le 30 novembre 1992..

36. Légataires ou héritiers en vertu d'un testament qui ne serait pas le dernier en date, ou héritiers *ab intestat*.

37. À titre d'exemple voir, dans le droit actuel, l'article 200 du *Code municipal*, obligeant le régistrateur à garder un registre dans lequel il mentionne les procès-verbaux, actes d'accord ou règlements relatifs aux chemins, aux ponts et aux cours d'eau.

38. Voir les articles 1824, 2938 et 2970 C.c.Q.

39. Article 3031 C.c.Q. et *Loi sur les mines*, L.R.Q., c. M-13.1, article 8 et 9. L'article 8 de la *Loi sur les mines* énumère quatorze droits miniers qui sont des droits réels immobiliers, lesquels sont déclarés propriété distincte par l'article 9. L'article 10 de la même loi exempte cependant d'enregistrement sept d'entre eux, de même qu'un huitième (le bail d'exploitation de substances minérales de surface à la condition que le bail soit «non exclusif»).

40. Si on se fie au seul article 3035. Voir les paragraphes 152 à 154 de notre texte.

41. Voir les articles 3031, 3035 et 3038.

42. L.R.Q., c. P-16.

43. Par exemple: changement de nom (3015), renonciation à succession ... (2938), contrat de mariage (442), avis de clôture d'inventaire ou de compte 795 et 822.

44. L'extrait respectera les directives de l'article 2817 C.c.Q.

45. Voir, par exemple, les articles 2798 à 2800 C.c.Q. pour les délais de 10 ans, 30 ans et 3 ans imposés, respectivement, à l'hypothèque mobilière, à l'hypothèque immobilière et à l'hypothèque légale du syndicat des copropriétaires, sauf procédures de renouvellement ou de conservation.
46. D'autres radiations d'office sont prévues aux articles 3051 al. 2 *in fine*, (visant à éliminer l'inscription des «droits incertains» inclus dans le rapport d'actualisation) et 3069 al. 1.
47. Pour des textes qui l'exigent, voir les articles 2730 al. 2, 2985, 3062 al. 2 et 3067 C.c.Q.
48. Article 2702 à 2709 C.c.Q.
49. Voir Suzanne POTVIN-PLAMONDON, *loc. cit.*, note 26, p. 195, qui traite alors des articles correspondants du projet 125 de 1990.
50. Le mot «forme» a deux sens. Si l'acte fait sous seing privé aurait dû l'être en forme authentique (donation, renonciation à succession ..., hypothèque immobilière ...) le «témoin» devra immédiatement indiquer aux parties son invalidité. Mais il y a plus: le gouvernement peut, par règlement, déterminer la forme et le contenu des réquisitions et des autres documents qui ne sont pas déjà régis par la loi; cette forme aussi nécessitera «attestation». Voir l'article 3024 C.c.Q.
51. On peut noter aussi que l'article 156 de la *Loi sur l'application de la réforme* (projet de loi 38, c. 57 de 1992) exempte de la nouvelle attestation les actes faits avant l'entrée en vigueur du nouveau droit.
52. Voir les articles 776 à 835 C.c.Q.
53. L'inscription du testament même n'aura plus guère lieu que dans les cas où la préinscription aura été nécessaire. Voir les articles 2967 et 2968 al. 2 C.c.Q.
54. Voir les articles 3098 à 3101 C.c.Q.
55. Cela est confirmé par le texte des articles 3017 et 3070 C.c.Q.
56. Le troisième alinéa de l'article 2161d, oublié (comme le troisième alinéa de l'article 2161[e]) dans le Code civil après la disparition de la «ratification de titre» (du Code de procédure) en 1966, n'a plus d'objet.
57. Voir les articles 3008, 3010, 3013 et 3014 C.c.Q.
58. Nous en avons traité au paragraphe 110 de nos commentaires.
59. Nous avons étudié les sortes de fiches, principalement aux paragraphes 87, 93, 98 à 100 du texte, en commentant les articles 2976 à 2978, 3031, 3034 à 3038, 3039 et 3040 C.c.Q.
60. Nous avons traité de ces trois derniers articles aux paragraphes 37 à 43 de notre texte.
61. L'on sait que le Code civil du Québec prévoit expressément la possibilité de publier une hypothèque avant que le débiteur-constituant ait acquis l'immeuble affecté. Voir les articles 2948 et 2949 al. 2 et 3 et les paragraphes 44, 46, 48 de notre texte.
62. Voir les articles 1455, 1642 et 3003 C.c.Q.
63. Ce certificat est prévu à l'article 3011 C.c.Q.
64. Ce certificat, qui relate les *inscriptions faites*, pourrait apparaître sur le bordereau de présentation remis au requérant ou sur une copie de la réquisition (copie authentique ou extrait, sommaire) ou tout autre docu-

ment remis à l'intéressé, mais devra attendre la réalisation des inscriptions. Il ne sera remis, évidemment, que si la réquisition est acceptée.
65. Voir les paragraphes 87 à 91 de notre texte.
66. C.c.Q., articles 3030, 3032, 3033 et 3054.
67. Il faut alors subdiviser tout le lot, c'est-à-dire immatriculer toutes les parties du lot. Voir article 3043 al. 3 C.c.Q. En outre, l'article 19.1 de la *Loi sur le cadastre* (c. C-1) défend de subdiviser de nouveau une subdivision en territoire où le plan a été rénové; il faut plutôt remplacer la numérotation.
68. Cet avis, qui devra lui-même être attesté, selon le cas, par l'une des personnes prévues aux articles 2990 et 2995 C.c.Q., servira dorénavant pour les hypothèques comme pour les autres droits et toute personne pourra s'en servir (shérif, syndic ou autre), contrairement à ce qu'imposait l'article 2168 al. 3 C.c.B.-C.
69. Nous avons rappelé les deux autres articles de ce chapitre aux paragraphes 152 et 148 de notre texte.
70. Nous avons souligné.
71. C.c.Q. article 3053.
72. La radiation législative est celle que le législateur lui-même ordonne, au moyen d'une loi spéciale qui peut viser tout aussi bien un grand nombre d'inscriptions (éparpillées dans plusieurs circonscriptions) qu'une inscription particulière intéressant une seule personne. Voir à ce sujet : S.R.Q. 1941, c. 322; L. Qué., 1951-52, c. 3, article 17; L. Qué., 1951-52, c. 4, article 14; L. Qué., 1977, c. 95, article 4.
73. Voir les articles 2981 à 2984 et 2995 C.c.Q.
74. Se rappeler le délai de trois mois de l'article 2013e, al. 5 et celui de six mois 2103-4e C.c.B.-C.
75. L'article 367 de la *Loi sur l'application de la réforme du Code civil* (L. Qué. 1992, c. 57, P.L. 38) remplace les articles 805 à 807 du Code de procédure par les articles 804 à 808, plus complets et mieux adaptés au droit nouveau. Pour un regroupement des différents articles du livre De la publicité qui traitent des recours aux tribunaux, voir les paragraphes 69 à 72 de notre texte.
76. L. Qué., c. D-5.
77. *Ibid.*, article 28.
78. L. Qué., 1992, c. 57 (P.L. 38).
79. Pour éviter des périphrases, les mots «la phase I» désigneront, pour tout territoire où le registre foncier nouveau n'a pas été introduit sur avis du ministre de la Justice, la période pendant laquelle les articles 145 à 166 de la *Loi sur l'application de la réforme* ... modifieront ou évinceront les articles du Code du Québec.
80. On connaît déjà ce fichier, introduit par les articles 2129n et 2129o C.c.
81. *Baril* c. *Bolduc*, (1952) B.R. 611; *Boulet* c. *McCrea*, (1940) 69 B.R. 455; *Groulx* c. *Bricault*, (1921-22) 63 R.C.S. 32; *Lamarre* c. *Guibord*, (1928) 45 B.R. 245; *Meloche* c. *Simpson*, (1898-99) 29 R.C.S. 375.

82. P.B. MIGNAULT, *Le droit civil canadien*, T. 9, Montréal, Wilson et Lafleur, 1916, p. 321. *Fortin-Lauzier* c. *Charron*, (1935) 41 R.L. (C.S.) 247.
83. On trouve ici une allusion aux articles 3031 et 3039 C.c.Q.
84. Il faut se rappeler que les nouvelles règles des réquisitions, notamment les articles 2981 à 2987 C.c.Q., s'appliqueront dès l'entrée en vigueur du code, sauf indication contraire dans des règlements inconnus au moment d'écrire ces lignes.
85. Nous avons souligné.
86. Nous avons commenté cette entrée en vigueur «par parties» au paragraphe 155 de notre texte.
87. L'article 3054 C.c.Q. aussi ne prohibe que la publicité d'une «acquisition» de partie de lot. On trouve à l'article 3043 al. 1 et 3 du Code civil du Québec un texte semblable à celui de l'article 19 de la *Loi sur le cadastre* (c. C-1), défendant le «morcellement» d'un lot autrement que par subdivision de tout le lot ou par remplacement, lorsque le territoire a fait l'objet d'une rénovation cadastrale. Mais le mot «morcellement» ne vise-t-il, lui aussi, que l'aliénation d'un droit de propriété? Si la *Loi sur le cadastre* est destinée à compléter le Code civil sur ce point, le Code civil devrait y faire référence, pour plus de clarté.

Table des matières

Droit international privé

*H. Patrick Glenn**

Livre dixième
Du droit international privé[1]

Titre premier: introduction et dispositions générales

1. Histoire et méthodes. Le droit international privé, qui doit ses origines aux démarcations territoriales en Europe à partir du XIIIe siècle, s'occupe des situations juridiques qui présentent un élément d'extranéité. Quelle loi est applicable à une telle situation? Quel tribunal est compétent pour statuer? Quel effet doit-on donner au jugement déjà rendu à l'étranger? Ce sont les questions classiques de la matière qui sont l'objet des trois principaux Titres (après un premier Titre consacré aux Dispositions générales) du Livre Dixième du *Code civil du Québec*.

Comment décider sur la loi applicable à une situation juridique présentant un élément d'extranéité? C'est la question qui a provoqué les plus grandes controverses pendant l'histoire du sujet. S'il y a des indications que les questions de compétence judiciaire revêtent plus d'importance aujourd'hui qu'auparavant, il n'empêche que le *Code* s'occupe surtout de la question de la loi applicable, dans les 51 articles du deuxième Titre.

À travers l'histoire du sujet, deux méthodes principales ont été déployées pour déterminer la loi applicable. La tension entre ces deux méthodes se retrouve dans les premiers articles du Livre Dixième. Ainsi, au XVIe siècle, Coquille enseignait que certaines dispositions ou actes devraient être régis par la loi du domicile de l'acteur. On voit dans cet enseignement l'idée qu'il

* Titulaire de la chaire Peter M. Laing, Faculté de droit et Institut de droit comparé, Université McGill.

existe des *règles formelles* qui rattachent des questions juridiques à des normes applicables (qu'elles soient nationales, provinciales ou autres). Coquille enseignait aussi, cependant, qu'il est permis de chercher l'intention ou le but du créateur d'une norme pour savoir dans quelle mesure la norme s'applique à une situation présentant un élément d'extranéité. On voit dans cet enseignement l'idée d'une simple *méthode d'interprétation* qui permettrait de déterminer la loi applicable par l'interprétation même des lois en présence. Il existerait donc, d'une part, des règles formelles de droit international privé qui rattacheraient des questions à résoudre à des normes applicables et, d'autre part, une simple méthode d'interprétation des normes en présence pour déterminer le champ de leurs applications respectives.

Jusqu'au XIXe siècle, il paraît que la méthode de l'interprétation des normes a dominé la méthodologie du sujet. Il y avait ainsi une *théorie des statuts* qui permettait de décider si les statuts ou les lois de chaque juridiction était extra-territoriaux ou purement locaux dans leur application, selon le but ou l'objectif de chaque loi. Une loi ou un statut était de nature personnelle et extra-territoriale si elle visait les attributs d'une personne de façon permanente[2]. Par contre, si la loi ne visait que les biens, elle serait de nature réelle ou d'application purement locale. On permettait ainsi à chaque loi d'être appliquée selon ses propres objectifs et on a qualifié la méthode comme étant de nature *unilatérale*, car il reviendrait à chaque législateur de déterminer l'application dans l'espace de ses propres lois. Cependant, la théorie des statuts n'entraînait pas de conflits irréconciliables, car c'était l'époque du *ius commune* européen. Il existait donc une harmonisation importante des lois en présence et ce droit commun existait comme cadre juridique supranational pour contrôler la tendance unilatéraliste de la théorie des statuts. Les premiers écrits sur le sujet furent donc des commentaires sur le domaine d'application du Code de Justinien, ce qui impliquait des limites sur l'application des statuts locaux. La méthode d'interprétation, de tendance unilatéraliste, fut donc contrebalancée par le droit de caractère paneuropéen.

Le XIXe siècle, cependant, a vu la fin du *ius commune* européen et la montée de l'idée de droits nationaux de caractère systématique et complet, produit du législateur ou du juge national. En réaction contre ce mouvement, et grâce à l'influence du romaniste allemand Savigny, le droit international privé de tous les pays s'est orienté vers la formulation de règles formelles de nature bilatérale, qui avaient comme objectif de rattacher de façon objective toutes les situations juridiques au droit d'un pays donné. Les règles sont considérées comme bilatérales parce qu'elles placent le droit local et le droit étranger sur un pied d'égalité devant la situation internationale. En l'absence de droit commun entre les nations, l'ordre juridique serait basé sur l'application de telles règles objectives. La méthode unilatéraliste fut à proscrire, dès l'emergence de l'idée des États souverains. Les conflits de lois ne pouvaient pas être résolus par ceux qui étaient à l'origine des conflits.

Au Québec la théorie des statuts est implicite dans la rédaction, par exemple, de l'article 6 du *Code civil du Bas Canada* de 1866 («Les lois du Bas Canada régissent les biens immeubles qui y sont situés.... Les lois du Bas Canada relatives aux personnes sont applicables....») et a été expressément adopté par la doctrine du XIXe siècle[3]. Par contre, la notion de règles formelles de rattachement se retrouve dans les articles 7 et 8 du *Code civil du Bas Canada* (actes juridiques soumis à la loi d'une juridiction donnée), dans l'articulation de beaucoup de règles jurisprudentielles pendant le dernier siècle, et dans l'idée actuelle d'une codification des règles de droit international privé.

2. Au XXe siècle. La codification du droit international privé au Québec s'inscrit dans un mouvement important de codification du sujet dans les pays de tradition civiliste (bien que la France résiste toujours à ce mouvement)[4]. La codification s'avère cependant difficile, car on a assisté au XXe siècle à un éclatement méthodologique du sujet, dont les retombées sont loin d'être pleinement appréciables aujourd'hui. En Europe, au début du siècle, Pillet a revivifié la théorie des statuts en abandonnant les catégories traditionnelles du statut réel et du statut personnel en faveur d'une recherche plus libre du «but social» des lois nationales et en donnant préférence à la loi de l'État ayant le plus grand intérêt dans l'application de sa loi[5]. Le règne des règles bilatérales de rattachement fut ébranlé aussi dans les années quarante par l'émergence de l'idée de «rattachements spéciaux» de certaines questions précises à la loi nationale qui cherchait une réglementation impérative de ces questions, malgré leurs dimensions internationales. En France, dans les années soixante, M. Francescakis a articulé l'existence de lois dites «d'application immédiate» qui écarteraient l'application des règles bilatérales de rattachement en faveur de l'application d'une loi du for qui intéresserait «l'organisation étatique[6]». C'est cette idée que consacre législativement l'art. **3076** du *Code civil du Québec*. À partir des années soixante, la jurisprudence aux États-Unis a commencé à suivre la théorie dite des «intérêts gouvernementaux» prônée par Curry, qui a recommandé l'abandon de toutes les règles formelles de rattachement en faveur de l'application de la loi de l'État le plus intéressé dans l'application de sa loi, en reconnaissant que ce serait dans la plupart des cas la loi du for[7]. Ainsi on peut parler d'un certain renouveau de l'unilatéralisme, unilatéralisme qui ne serait pas encadré par le *ius commune* d'autrefois, mais qui serait limité quand même par certains développements juridiques modernes.

Le mouvement contemporain de codification du droit international privé représente ainsi une réaffirmation de l'importance de règles formelles et bilatérales de rattachement. Si les codifications contemporaines, comme celle du Québec ou de la Suisse, ouvrent la porte à l'interprétation unilatérale, elles le font néanmoins dans un cadre de règles formelles. Aussi, dans les pays de nature fédérale ou confédérale, les constitutions fournissent des principes généraux qui limitent l'application dans l'espace des lois des États ou des provinces membres[8]. Le droit de la Communauté économique européenne joue le même rôle en Europe. On commence aussi à voir l'influence grandissante sur le droit international privé des normes transnationales qui garantissent les droits et libertés de la personne[9].

3. Les règles de rattachement du Code civil[10]. Les règles de rattachement existent en petit nombre par rapport aux règles de droit civil. Elles ont comme fonction de rattacher des questions juridiques (groupées selon les catégories établies par les règles de rattachement) à un droit national ou provincial par l'emploi d'un facteur de rattachement. Ainsi, selon l'article **3083**, l'état et la capacité d'une personne physique sont régis par la loi de son domicile. Dans cette règle de rattachement les questions juridiques visées sont celles de l'état et de la capacité de la personne; le facteur de rattachement est le domicile[11]; et la loi applicable est celle de la juridiction dans laquelle la personne est domiciliée. C'est la forme classique et tripartite de la règle de rattachement, qui nécessite, pour son application, la *qualification* du problème à résoudre (le problème que j'ai devant moi est-il un problème de l'état ou de la capacité de la personne?); la détermination du facteur de rattachement (quel est le domicile de la personne en cause?) et l'identification et l'application des règles indiquées par la règle de rattachement (si l'individu est domicilié en France, dois-je appliquer uniquement le Code civil français ou aussi le droit international privé français, ce qui permettrait le *renvoi* du problème par le droit international privé français au for ou à un pays tiers?).

Pour des raisons d'efficacité et de simplicité, on a toujours voulu restreindre le nombre des règles de rattachement. Ce faisant on met l'accent sur le processus de qualification, sur la détermination du facteur de rattachement et sur l'identification des règles à appliquer. Le premier Titre du Livre Dixième sur le droit international privé consacre donc certains articles à ces techniques, sur lesquels on reviendra dans les prochaines paragraphes. Il faut constater, cependant, que les règles de rattachement du *Code civil* sont devenues plus complexes que les règles simples d'autrefois. Elles sont d'abord plus nombreuses, et les catégories juridiques visées sont donc plus raffinées. Elles adoptent aussi quelquefois des facteurs de rattachement multiples («en cascade» selon la doctrine allemande), ou disjonctif (l'un ou l'autre selon...), ce qui nécessite un critère de choix entre les facteurs de rattachement possibles. En plus, si les règles de rattachement ont été traditionnellement «aveugles» (en s'appliquant sans égard au résultat concret de la cause), les règles du nouveau *Code* ouvrent souvent l'œil à la justice «matérielle» et dictent le choix de la loi applicable en fonction d'un résultat concret recherché, ce qui lie le droit international privé au processus contemporain d'harmonisation des lois. Le droit international privé devient donc plus complexe dans ses méthodes internes et dans sa tolérance pour d'autres méthodes de résolution de conflits.

La complexité du nouveau droit international privé découle cependant surtout du jeu entre les règles de rattachement (dans toute leur complexité) et le processus d'interprétation unilatérale. Ainsi le premier Titre du Livre Dixième sur le droit international privé consacre plusieurs articles au fonctionnement des règles de rattachement et plusieurs articles sur cette méthode alternative d'interprétation qui, exceptionnellement, aura comme effet d'écarter les règles de rattachement du *Code*. On examinera d'abord les articles **3078, 3077 et 3080** qui concernent le fonctionnement des règles de rattachement; ensuite, on examinera les articles qui autorisent des méthodes supplétives.

4. La qualification. L'article **3078** nous informe que la qualification est «demandée au système juridique du tribunal saisi». La solution semble aller de soi, car la qualification de la nature du problème à résoudre est logiquement la première étape dans l'application d'une règle de rattachement; aucun «système juridique» étranger n'est désigné comme pertinent avant que ce processus de qualification n'ait lieu. On a pourtant avancé dans le passé des arguments en faveur d'un processus de qualification par une loi étrangère, afin d'éviter des distorsions dans l'application de cette loi. Si la loi étrangère appliquée au fond se déclare inapplicable à cause d'une qualification différente du problème, n'y aurait-t-il pas une distorsion dans l'application de cette loi? Chaque loi ne doit-elle pas contrôler son propre champ d'application en qualifiant elle-même les questions auxquelles elle est applicable? On veut, certes, éviter de telles distorsions dans l'application d'une loi étrangère, mais la désignation d'une loi étrangère comme pertinente au problème présuppose une qualification initiale du problème. On revient donc à la qualification par la *lex fori*, solution consacrée par l'article **3078**.

Si la qualification se fait par le tribunal saisi et selon le «système juridique» de ce tribunal, le processus de qualification reste cependant ouvert. L'article **3078** élargit le processus en nous disant que la loi étrangère peut être prise en considération lorsque le tribunal ignore une institution juridique ou ne la connaît que sous une désignation ou avec un contenu distinct. Plus généralement, les qualifications qui existent en droit civil interne ne doivent pas nécessairement être adoptées en droit international privé[12], et il semble inévitable que le processus de qualification soit informé par les arguments fondés sur l'interprétation des lois en cause, sur la recherche du but social du législateur. Les nouvelles dispositions impératives du *Code civil du Québec* en matière de patrimoine familial constituent-elles des effets de mariage ou des éléments du régime matrimonial sur le plan du droit international privé? On cherche à résoudre le problème en s'appuyant, entre autres choses, sur la solution qui satisferait le plus l'intention du législateur québécois[13]. Nous reviendrons sur ces méthodes de qualification lors de l'examen du domaine d'application des règles particulières de rattachement.

L'article **3078**, al.1, est complété par l'énoncé que la qualification des biens, comme meubles ou immeubles, est demandée à la loi de leur situation. La règle n'a d'importance pratique que dans le domaine des successions, où il existe des règles de rattachement différentes pour les meubles et les immeubles[14]. Ailleurs, en matière de droits réels, c'est la loi de la situation des biens qui s'appliquent, tant pour les meubles que pour les immeubles[15].

5. Les facteurs de rattachement. Les règles de rattachement font appel à plusieurs facteurs de rattachement, dont le plus fréquemment utilisé est le domicile, déjà utilisé dans l'ancien droit français. Si la nationalité a remplacé le domicile comme facteur de rattachement dans beaucoup de pays au XIXe siècle, le domicile refait surface dans certaines codifications modernes du droit international privé, notamment en Suisse. Pour la définition du domicile, voir la discussion des articles **75-83** du Livre Premier du *Code*. La discussion des autres facteurs de rattachement (situation des biens, lieu d'un fait juridique, etc.) se fera à l'examen des règles qui font appel à ces notions.

6. La détermination de la loi applicable et le renvoi. Les règles de rattachement font référence à un corps donné de normes, mais la détermination précise du contenu de ce corps de normes n'est pas toujours facile. Pour les États composés de plusieurs unités territoriales ayant des compétences législatives distinctes (les États-Unis, la Suisse, etc.), l'article **3077** dispose que chaque unité territoriale est considérée comme un État et il va de soi que dans les domaines de compétence fédérale, c'est la loi nationale qui est visée. Pour des juridictions où il existe des statuts personnels internes, applicables dans la plupart des cas selon la réligion, l'article **3077**, al. 2, laisse la détermination de la loi applicable aux règles en vigueur dans cet État. À défaut de telles règles (le cas sera très rare), la référence vise le corps de normes ayant les liens les plus étroits avec la situation.

Le renvoi est exclu par l'article **3080** du *Code*, qui précise que la loi étrangère désignée par l'une des règles de rattachement du *Code* est le droit interne de cet État à l'exclusion de ses règles de conflit de lois. On a fait usage du renvoi dans le passé en droit québécois[16], et l'article peut être considéré comme du droit nouveau. Cependant, les autres dispositions générales en matière du droit international privé redonnent beaucoup de la flexibilité perdue par l'élimination de la notion complexe du renvoi. Il faut donc se tourner vers ces autres dispositions.

7. Les méthodes alternatives et les clauses d'exception. L'application des règles de rattachement du *Code* est tempérée par plusieurs articles qui admettent le recours à des méthodes alternatives de résolution des conflits ou qui permettent tout simplement d'écarter l'application d'une loi désignée par la règle de rattachement. Il s'agit des articles **3076, 3079, 3081 et 3082**, qui concernent respectivement les lois dites d'application immédiate (du for et des autres juridictions), l'ordre public et le principe de la proximité. Ces articles sont de caractère général; ils peuvent trouver application dans tous les domaines du droit international privé.

8. Les lois d'application immédiate. L'article **3076** consacre législativement la méthode des lois d'application immédiate. Si le modèle de l'article serait l'article 18 de la *Loi fédérale sur le droit international privé* suisse[17], l'on reconnaît dans l'expression la notion unilatéraliste préconisée par M. Francescakis en France depuis les années soixante pour permettre l'application des lois du for qui seraient «des lois de police et de sûreté» ou qui intéresseraient plus généralement «l'organisation étatique». C'est la version moderne de la théorie des statuts, reçue autrefois en Nouvelle-France et jamais absente de la discussion des méthodes de résolution des conflits[18]. Puisqu'il s'agit d'une méthode d'interprétation des lois en présence, en fonction «de leur but particulier» selon l'article **3076**, il n'y a pas de règles qui déterminent l'application de ces lois. Il faut chercher, dans tous les cas, si le but particulier de chaque loi commande son application dans le cas précis. Ce sera le cas notamment quand le législateur a pris soin de préciser que telle ou telle loi s'applique nonobstant les règles codifiées du droit international privé[19]. En dehors des cas d'une indication explicite de l'intention du législateur, la détermination des lois d'application immédiate est fort difficile. En Suisse, on se sert des critères généraux de «la sauvegarde de l'organisation politique, sociale et économique du pays», ou de «dispositions fondées sur le bien-être de la collectivité *(publica utilitas)*, qu'elles revêtent un caractère de politique, de police ou d'économie[20]». On donne comme exemples des règles sur l'acquisition d'immeubles par des personnes domiciliées à l'étranger (applicables même si le contrat serait regi par un droit étranger)[21]; des mesures relatives à la préservation de la concurrence et à la limitation, voire l'interdiction des arrangements cartellaires; la réglementation douanière; les règles sur la nationalisation de biens appartenant aux étrangers ou sur l'interdiction de commerce avec l'ennemi[22]. Il ressort de ces exemples qu'il s'agit souvent de lois qui doivent *nécessairement* s'appliquer à la situation internationale, sans quoi elles serait dépourvues de toute utilité. Dans le langage de Pillet il y aurait une déperdition d'autorité de la loi qui serait totale; c'est cette *nécessité* de faire application de la loi, pour qu'elle garde un effet quelconque, qui est le guide le plus certain pour l'identification des lois visées par l'article **3076.**

Dans d'autres situations, l'existence d'une loi d'application immédiate est plus discutable. Ce sont des cas où la loi perdrait *partiellement* son efficacité en n'étant pas appliquée à une situation internationale, mais où on ne saurait dire que la déperdition de son autorité est totale. Ainsi, en matière de protection des consommateurs, on peut avancer l'hypothèse que la *Loi sur la protection du consommateur*[23] a comme objectif de protéger les consommateurs domiciliés au Québec et devrait donc s'appliquer aux contrats de consommation conclus par des domiciliés du Québec à l'étranger. Même en n'étant pas appliquée dans de telles situations, cependant, la loi garde beaucoup de son effet car elle s'applique intégralement aux contrats de consommation conclus au Québec par des domiciliés du Québec. Le but particulier d'une telle loi commande-t-il son application extra-territoriale? On admettrait le recours aux travaux préparatoires pour le savoir[24], mais les travaux préparatoires sont souvent muets sur la question. Faute d'indications plus précises de son but particulier, la jurisprudence au Québec tend actuellement à rejeter l'application impérative de la *Loi sur la protection du consommateur* dans des situations présentant un élément d'extranéité[25].

On considère néanmoins que certains domaines du droit civil se prêtent particulièrement à l'existence de lois d'application immédiate, notamment quand il s'agit de protéger certaines catégories de personnes (consommateurs, travailleurs, locataires, jeunes et autres). Il faut donc examiner cette possibilité dans ces domaines précis et dans d'autres domaines au besoin. Trois remarques d'ordre général s'imposent cependant. Premièrement, il est difficilement concevable qu'une loi québécoise soit applicable impérativement sur le plan international si elle n'est pas clairement d'application obligatoire sur le plan interne; et même le caractère impératif d'une loi sur le plan interne n'est pas concluant sur le plan international (l'exemple évident étant la législation sur la protection du consommateur)[26]. Deuxièmement, le débat sur les lois d'application immédiate a lieu maintenant dans le cadre de la codification du droit international privé au Québec. Il ne s'agirait donc pas de s'adonner exclusivement à l'examen des «intérêts gouvernementaux» en rendant inapplicables la plupart des règles de rattachement de la codification. En codifiant, d'ailleurs, le législateur s'est révélé sensible à l'existence de règles de caractère impératif. Ainsi, beaucoup de règles de rattachement sont conçues en termes de politiques législatives matérielles qui sont privilégiées par le législateur. En matière de protection des consommateurs, la protection accordée par la loi de la résidence du consommateur se trouve ainsi garantie dans une certaine mesure par la règle de rattachement[27]. Si la règle de rattachement est ainsi déjà inspirée par une politique législative matérielle, il y a moins besoin de rechercher cette politique dans des règles internes qui sont silencieuses sur la question. Troisièmement, les normes provinciales restent soumises, en ce qui concerne leur application territoriale, aux contraintes de la Constitution et notamment à celles qui sont inhérentes à l'article 92(13) de la *Loi constitutionnelle de 1867*, qui limite le pouvoir législatif provincial aux questions de propriéte et de droits civils «dans la province»[28].

9. Les dispositions impératives de la loi d'un autre État. Par mesure de réciprocité, le nouveau *Code* reconnaît aussi la possibilité de faire application des lois étrangères d'application immédiate. C'est l'article **3079** qui introduit cette possibilité, en permettant (mais non pas en exigeant) l'application d'une disposition impérative d'un autre État, à condition i) que «des intérêts légitimes et manifestement prépondérants l'exigent» et ii) que la situation devant la cour «présente un lien étroit» avec la loi de cet État. Le deuxième alinéa de l'article nous renvoie au but de la disposition étrangère (donc, à l'intention législative étrangère) aussi bien qu'aux conséquences qui découleraient de son application, pour en décider. La règle de rattachement peut donc être écartée par l'effet d'une volonté législative étrangère; on bilatéralise, pour ainsi dire, l'unilatéralisme d'autrefois. L'article est inspiré surtout par l'article 19 de la *Loi fédérale sur le droit international privé* suisse[29] et par l'article 7 de la Convention de Rome du 19 juin 1980 sur la loi applicable aux obligations contractuelles[30], et suit de près leur libellé. On cite, comme exemples possibles de l'emploi de l'article **3079**, l'application des dispositions d'un État tiers interdisant l'exportation de biens culturels, ou l'application des dispositions impératives de la loi du lieu d'exécution d'un contrat (contrôle des changes, interdiction d'importation de certains produits, etc.).

10. L'ordre public. Les règles de rattachement étant «aveugles» par leur nature, en n'indiquant que le corps de règles à appliquer sans se préoccuper du résultat matériel de leur application, tout recours aux règles de rattachement comporte une réserve, qui est celle de l'ordre public du for, consacrée par l'article **3081**. En faisant un «saut dans l'inconnu», selon l'expression de la doctrine allemande, on s'offre le luxe d'une corde de sauvetage. L'ordre public du for joue ici un rôle négatif, en écartant l'application d'une loi «normalement compétente» selon les règles de rattachement. L'importance de cette exception à l'application des règles de rattachement est réduite cependant par la possibilité de faire appel immédiat à l'ordre public du for sous forme de règles d'application immédiate (art. **3076**).

Le texte de l'article **3081** indique aussi le caractère exceptionnel de son application. Ainsi il ne s'agit pas de rejeter la loi étrangère en fonction de son contenu, de façon abstraite, mais plutôt de la rejeter à cause du ***résultat*** de son application dans le cas précis, ce qui permet un appréciation beaucoup plus flexible de l'ensemble de la situation juridique. Comme le constatent MM. Batiffol et Lagarde, si le résultat de l'application de la loi étrangère est proche de celui que l'on aurait obtenu avec le droit du for, mieux vaut fonder la solution sur le droit étranger pour améliorer les chances de sa reconnaissance à l'étranger[31]. Aussi, on n'écarte la loi étrangère au nom de l'ordre public que dans les cas où son application serait «manifestement» incompatible avec l'ordre public du for, et cet ordre public est celui qui est «entendu dans les relations internationales». Comme dans le cas des règles d'application immédiate, toute règle du for de nature obligatoire ne serait pas d'ordre public tel qu'il est entendu dans les relations internationales. Pour reprendre l'exemple de la législation sur la protection des consommateurs, cette législation est obligatoire et d'ordre public pour les causes purement internes; son caractère obligatoire s'affaiblit cependant dans la mesure où la cause présente un élément d'extranéité[32]. On ne protège pas tous les consommateurs du monde.

On enseigne aussi que l'effet de l'ordre public est attenué quand il s'agit de reconnaître des droits qui auraient été acquis valablement à l'étranger (en vertu des règles de rattachement et l'application de la loi normalement compétente). On reconnaîtra ainsi le mariage polygamique célébré à l'étranger en conformité avec les lois normalement compétentes; l'ordre public du for exclurait cependant la célébration d'un tel mariage dans la juridiction du for, même en conformité avec la loi personnelle des parties.

Quant à la définition de l'ordre public tel qu'il est entendu dans les relations internationales, on aura recours aux principes juridiques fondamentaux du droit du for, notamment aux principes consacrés par les chartes québécoise et canadienne en matière de droits et libertés de la personne.

11. Le principe de proximité. L'article **3082** formule une dernière exception à l'application des règles normales de rattachement. Il s'agit d'une clause dite «d'exception» qui donnerait effet au principe de proximité qui informe toutes les règles de rattachement. Ainsi, on n'appliquera pas la loi désignée par la règle de rattachement si cette loi n'a qu'un «lien éloigné» avec la situation juridique à résoudre, qui serait elle «en relation beaucoup plus étroite avec la loi d'un autre État[33]».

L'adoption d'une telle clause d'exception représente un effort pour assouplir l'application des règles de rattachement, surtout là où une règle «manque manifestement son but de désigner la loi avec laquelle une affaire a le plus de liens[34]». Ce sera le cas surtout dans des situations où la simplicité de la règle de rattachement ne répond pas à la complexité de la situation ou aux agissements des parties. La clause d'exception remplacerait donc, et plus efficacement on espère, des notions telles que le renvoi, la question préalable et la fraude à la loi[35].

Ainsi, si le droit international privé de la juridiction dont la loi est applicable désigne une autre loi, cette autre loi pourrait, compte tenu de l'ensemble des circonstances, se trouver en relation plus étroite avec la situation juridique à résoudre. Il ne s'agirait pas de suivre mécaniquement un renvoi par le droit international privé étranger, ce qui est exclu par l'article **3080**, mais d'admettre dans les circonstances de la cause que la loi désignée par le droit international privé étranger se trouve en relation plus étroite avec la situation à résoudre.

Si une question à résoudre ne constitue qu'une question préalable à la résolution d'une autre question, principale, régie par une loi étrangère, il y aurait peut-être lieu d'appliquer à la question préalable la loi qui serait applicable selon le droit international privé de la loi étrangère applicable à la question principale. On cite souvent à cet égard la décision de la Cour suprême du Canada dans l'affaire *Schwebel* v. *Ungar*[36], dans laquelle, selon l'analyse qui en est souvent faite, on n'a pas appliqué les règles de droit international privé normalement applicables à la reconnaissance d'un divorce étranger parce que la validité du divorce étranger se posait comme question préalable à la question principale, à savoir la validité d'un mariage régi par un droit étranger. Si la cause est ainsi une cause étrangère, on renoncerait à l'application intégrale des règles de rattachement du for à toutes les questions à résoudre dans le cadre de la cause étrangère.

La clause d'exception pourrait aussi trouver application dans les cas typiques de fraude à la loi. Si on change son domicile dans l'unique but d'éviter l'application de la loi de son domicile à une question de l'état ou de la capacité de la personne, la nouvelle *lex domicilii* n'a qu'un lien artificiel et éloigné avec la situation à résoudre; la loi du domicile original se trouve en relation plus étroite avec la situation et devrait toujours être appliquée.

En vertu de son dernier alinéa, la clause d'exception est inapplicable cependant quand les parties ont expressément désigné la loi applicable dans un acte juridique.

12. La preuve de la loi étrangère. Rappelons qu'en vertu de l'article **2809** (voir la discussion, *supra*), le droit étranger n'est appliqué que dans le cas où il est allégué par l'une des parties. Dans ce cas, le tribunal peut prendre connaissance d'office du droit étranger ou demander que la preuve en soit faite. Sans invocation du droit étranger, c'est le droit en vigueur au Québec qui s'applique[37].

Titre deuxième: des conflits et de la conciliation des lois

13. Le choix de la loi applicable. Le deuxième Titre du Livre Dixième sur le droit international privé porte uniquement sur la détermination de la loi applicable à une situation présentant un élément d'extranéité. On présume donc, dans la discussion qui suit, que la compétence des autorités du Québec est déjà établie, selon les critères établis par les articles **3134** à **3154**[38], et que l'une des parties a allegué un droit étranger, ce qui justifie le recours aux règles de rattachement de ce titre[39].

Chapitre Premier: Du statut personnel

14. Le statut personnel. Dans l'histoire du droit international privé, la notion d'un «statut personnel» visait surtout une loi dont l'objectif touchait à la personne en tant que telle. Aujourd'hui, l'expression est entendue dans un sens plus général comme l'ensemble des matières régies par la loi personnelle. Ce premier chapitre vise donc l'ensemble du droit des personnes et de la famille.

Section I: Dispositions générales

15. L'état et la capacité. Le premier alinéa de l'article **3083** reflète la tradition personnaliste du droit international privé en France et au Québec. Pour éviter la fragmentation juridique et assurer une certaine stabilité dans la protection offerte par la loi personnelle, le statut personnel est conçu de façon large, englobant toute les questions qui toucheraient soit à l'état soit à la capacité de la personne. On écarte donc, en principe, le territorialisme, dominant dans le passé dans les pays de common law où la notion d'une loi personnelle est d'origine récente et ne s'étend pas à l'ensemble des questions d'état et de capacité. Cependant, les concepts larges de personnalité et de territorialité ne sont que des points de départ du raisonnement juridique dans ce domaine, car la complexité des relations personnelles a mené à la création de règles plus précises, qui raffinent l'application des principes et y créent des exceptions, ce qui ressort de l'ensemble des dispositions de ce chapitre.

16. La personne morale. L'état et la capacité de la personne morale font partie aussi du statut personnel et, selon le deuxième alinéa de l'article **3083**, ils sont régis par la loi de l'État en vertu de laquelle la personne morale est constituée[40]. Dans le cas d'une personne morale qui n'est pas constituée selon le droit québécois, ce sera donc pour la loi constitutive étrangère, ou la loi fédérale dans le cas d'une société par actions incorporées au niveau fédéral, d'établir l'existence ou la dissolution de la personne morale, sa capacité d'agir en justice, les limites de son pouvoir d'agir (les principes de spécialité en droit français et d'*ultra vires* dans les pays de common law), et les pouvoirs de ses officiers.

Cependant, l'application pure et simple de la loi constitutive de la personne morale doit être nuancée de deux façons. D'abord, l'activité d'une personne morale est souvent assujettie à la loi du lieu où elle exerce cette activité, soit parce que des textes précis ont été promulgués dans cette juridiction, lesquels visent les sociétés étrangères en tant que telles, soit parce qu'une règle de conflits de lois admet l'application de cette loi à l'activité de la personne morale, soit encore parce que le droit applicable aux personnes morales dans le lieu de son activité est considéré comme «d'application immédiate[41]». L'état et la capacité de la personne morale seraient ainsi établis selon la loi constitutive, mais la personne morale ne pourrait pas outrepasser le traitement de la personne morale qui est admis dans le lieu d'exercice de son activité. Ainsi, le deuxième alinéa de l'article **3083** dispose que l'application de la loi constitutive de la personne morale est «sous réserve, quant à son activité, de la loi du lieu où elle s'exerce.» La règle est bilatérale et s'applique tant aux sociétés étrangères exercant une activité au Québec qu'aux compagnies québécoises exercant une activité à l'étranger. Que sont cependant les textes du lieu de l'activité qui s'appliquent en vertu de la réserve de l'article **3083**? Le projet de l'Office de révision du Code civil parlait des «dispositions expresses» de la loi du lieu d'exercice de l'activité. La formulation de la réserve de l'article **3083** est plus large. Sont donc visés les textes tels que la *Loi des compagnies étrangères* du Québec[42], qui visent expressément les compagnies étrangères, mais ensuite aussi la totalité de la législation portant sur les activités des personnes morales, ou du moins ces textes qui seraient considérés comme «d'application immédiate[43]».

Ensuite l'application de la loi constitutive de la personne morale est soumise aussi à l'exception prévue par l'article **3087** de ce chapitre, qui constitue une exception générale à la reconnaissance des incapacités; nous en discuterons plus loin.

17. L'urgence et les inconvénients sérieux. L'application d'une loi personnelle étrangère s'avère difficile dans certains cas. Le contenu doit souvent être établi par des experts, et les institutions protectrices étrangères (conseils de famille, etc.) peuvent être dépourvues de moyens pour exercer leurs pouvoirs à l'étranger. La protection des incapables faisant partie du statut personnel (en vertu des articles **3083** et **3085**), l'article **3084** prévoit donc un assouplissement à l'application de la loi personnelle, en admettant l'application de la loi du for pour mieux assurer la protection d'une personne ou de ses biens «en cas d'urgence ou d'inconvénients sérieux». Il y aura donc application disjonctive, soit de la loi du domicile, soit de la loi du for, selon le besoin immédiat de protection qui se présente dans le cas précis. L'adoption des critères d'urgence ou d'inconvenients sérieux pour déterminer quelle loi à appliquer semble écarter la notion que les lois québécoises en matière de protection de la jeunesse sont des lois «d'application immédiate», solution envisagée auparavant par la jurisprudence[44]. La loi du for ne s'appliquera qu'en cas de besoin (le critère est matériel); dans les situations plus stables, on continuera à respecter le rattachement personnel en appliquant la loi du domicile.

Ce qui constitue l'urgence ou des inconvénients sérieux sera établi par la jurisprudence. Le *Code civil du Bas Canada* a admis un principe semblable à l'article 348a; l'exception d'urgence est bien connu en droit international privé français[45].

Section II: Dispositions particulières

18. Des incapacités. Reflet du rattachement général de la capacité à la loi du domicile, effectué par l'article **3083**, l'article **3085** précise que le régime de protection des majeurs protégés et des mineurs est soumis à la loi du domicile des personnes qui en font l'objet. Le régime de protection établi par la loi du domicile suit ainsi la personne dans ses déplacements; le niveau de protection assuré par cette loi serait donc en principe garanti. La loi du domicile s'appliquerait ainsi à une gamme de questions, telles les causes qui justifient la mise en œuvre d'un système de protection, les personnes ayant qualité pour provoquer ces mesures, le mode de désignation des organismes de protection, et les prérogatives et les modes de fonctionnement de ces organismes. Le juge au Québec peut jouer un rôle dans l'instauration d'un tel régime; il ne s'agit pas uniquement de reconnaître le régime déjà établi à l'étranger.

L'on a déjà vu, cependant, que l'application de la loi personnelle peut être écartée en cas d'urgence ou d'inconvénients sérieux[46]. Le majeur protégé ou le mineur qui se trouve au Québec peut ainsi bénéficier, à titre provisoire, de l'application de la loi québécoise. L'article **3085**, al.2, apporte une précision supplémentaire à cette exception générale à l'application de la loi personnelle en prévoyant la nomination au Québec d'un tuteur ou d'un curateur pour le mineur ou le majeur protégé domicilié hors du Québec au cas où la loi du domicile ne pourvoit pas à ce qu'il ait un représentant[47]. Dans ce cas, l'application du droit québécois pourrait être prolongée dans le temps.

La reconnaissance des incapacités établies par une loi personnelle étrangère est finalement tempérée par les articles **3086** et

3097, qui consacrent le principe de l'ignorance excusable de la loi étrangère. Puisqu'un contractant local peut légitimement ignorer que son cocontractant étranger ne jouit pas d'une capacité pleine et entière, la jurisprudence française, à partir de la décision de la Cour de cassation dans l'affaire *Lizardi*[48], a souvent admis la validité des engagements de l'incapable étranger dans les cas où le cocontractant local ignorait, de façon excusable, l'existence de l'incapacité étrangère. Le critère est matériel; il faut chercher dans les circonstances particulières de chaque cause et dans la conduite des parties s'il y a des raisons pour faire respecter l'incapacité (état de connaissances du cocontractant local, importance du contrat, etc.)[49]. L'article **3087** étend le principe de l'ignorance excusable à la reconnaissance des restrictions au pouvoir de représentation des représentants des personnes morales, comme le fait l'article 158 de la *Loi fédérale sur le droit international privé* suisse[50].

19. Du mariage — les conditions de fond. Le mariage étant un élément essentiel du statut personnel, il est en principe régi par la loi du domicile, du moins pour ce qui concerne ses conditions de fond (art. **3088**, al.1). La règle est très répandue dans le monde, mais il faut noter que le droit des États des États-Unis soumet, non sans exception, les conditions de fond du mariage au droit du lieu de célébration[51]; il y a ainsi de sérieux problèmes de co-ordination des règles de droit internatonal privé.

Les conditions de fond du mariage célébré à l'étranger entre deux personnes domiciliées au Québec seront en principe soumises au droit québécois. La tentative de deux domiciliés du Québec de changer leur domicile dans l'unique but d'échapper à ces conditions de fond (cas classique de fraude à la loi) sera contrée par le rejet de l'effort d'acquérir un nouveau domicile (art. **76** — absence de «l'intention d'en faire son principal établissement») et par l'application du principe de proximité de l'article **3082** (lien trop «éloigné»). Le cas de deux domiciliés d'un État des États-Unis qui se marient en dehors de l'État de leur domicile en violation des conditions de fond de cet État est plus difficile. Un tribunal du Québec appliquerait-il la *lex domicilii* qui se déclare inapplicable? On n'applique pas les règles étrangères du droit international privé (art. **3080**), mais la *lex domicilii* représente-elle un lien trop éloigné (art. **3082**) dans un tel cas? La solution dépendra d'une analyse précise du comportement des parties et de la nature de l'empêchement en cause.

Le mariage touchant deux personnes, il y a souvent deux *lex domicilii* à appliquer. Le mariage étant durable dans le temps, les *lex domicilii* peuvent changer. Même en l'absence d'un conflit de règles de droit international privé, l'application de la règle de l'article **3088** peut ainsi être difficile. Il faut aussi prendre en considération l'application possible des dispositions générales du Livre Dixième. Dans le cas du mariage de deux personnes ayant des domiciles différents, on enseigne que les deux *lex domicilii* s'appliquent distributivement, c'est-à-dire à chaque personne sa propre loi. Ni l'une ni l'autre ne doit répondre aux critères de l'autre loi. Cependant, certains empêchements sont formulés explicitement, ou implicitement, en rapport aux caractéristiques de l'autre futur époux, ou aux relations préexistantes entre les deux (interdiction de se marier avec une personne divorcée, interdiction de se marier avec une personne liée par le sang, etc). L'application de la règle de rattachement est donc nécessairement complétée par l'interprétation des règles de fond. Ainsi, un majeur québécois peut-il se marier avec une jeune fille de dix ans dont la loi du domicile permet le mariage des jeunes? La condition d'âge qui existe dans le droit du Québec vise-t-elle uniquement le domicilié du Québec ou plus généralement le *mariage* des domiciliés du Québec et donc les caractéristiques de l'autre partie? L'on soutient que l'ensemble des conditions de fond du mariage sont d'ordre public et doivent donc être interprétées de façon large et bilatérale[52]; on arriverait de cette façon à l'application cumulative des deux lois en présence. Le mariage devait répondre à la totalité des conditions de fond des deux lois personnelles en présence. La jurisprudence au Québec ne semble pas avoir dû s'occuper de ces problèmes qui ont donné lieu, dans le passé, à une jurisprudence relativement abondante à l'étranger.

La question se pose aussi de savoir si la *lex domicilii* acquise par les époux subséquemment au mariage peut jouer un rôle dans la détermination de la validité du mariage. De prestigieux auteurs — Bartin en France, Savigny en Allemagne, Cheshire en Angleterre — ont préconisé l'application de la loi du domicile matrimonial, et tant la jurisprudence québécoise que la jurisprudence française ont admis cette possibilité[53]. L'article **3088** ne semble pas exclure cette solution par la simple référence aux «futurs époux». On vise d'abord le mariage *à célébrer*; même après la célébration, on ne saurait jusqu'au jugement s'ils sont de véritables époux. L'article **3082** (principe de proximité) trouverait peut-être application si les parties avaient quitté la *lex domicilii* dès le mariage pour vivre ensuite pendant longtemps dans une autre juridiction avant que la question de nullité ne se pose. Le lien le plus étroit ne deviendrait-il plus évident avec le passage du temps?

Les conditions de fond visées par la règle de rattachement sont notamment celles de l'âge, de la différence des sexes, de l'existence d'un mariage préexistant (l'ordre public de l'article **3081** empêcherait la célébration au Québec d'un mariage polygamique selon la loi personnelle étrangère des parties, mais n'excluerait pas la reconnaissance au Québec d'une telle union célébrée à l'étranger) et le consentement (des parties et de leurs parents).

20. Du mariage — les conditions de forme. Quant à la forme du mariage, la règle traditionelle (*locus regit actum*) relie les questions de forme à la loi du lieu de célébration. Dans l'affaire *Berthiaume* c. *Dastous*, le Conseil privé a décidé qu'il s'agit d'une règle impérative, et que le mariage purement religieux en France de deux domiciliés du Québec était nul en vertu des règles françaises, malgré la validité du mariage religieux selon le droit québécois[54]. La règle serait impérative parce que la célébration du mariage est liée aux pouvoirs étatiques et ecclésiastiques; on ne saurait imposer une solution autre que celle qui respecte les règles (qui ont implicitement un caractère de droit public) du lieu de célébration.

On fait valoir cependant, sur le plan du droit interne, qu'un principe rigide de laïcité du mariage, tel qu'il existe dans certains pays, ne respecte pas suffisamment le mariage religieux. On admettrait donc le mariage consulaire ou l'on permettrait, pour valider la mariage, l'application aux conditions de forme de la loi personnelle étrangère des parties ou de l'une d'elles. Au Québec, où le mariage peut être célébré civilement ou selon des rites religieux divers, cet assouplissement des règles de droit international privé est moins impératif, car le choix des formes de mariage existe déjà dans le droit interne. L'article **3088**, al.2, peut être vu cependant comme un changement de la règle *locus regit actum*, mais le libellé de l'article est ambigu.

L'article dispose que les conditions de forme sont régies «par la loi du lieu de [la] célébration ou par la loi de l'État du domicile ou de la nationalité de l'un des époux.» Ainsi, plusieurs lois peuvent régir les conditions de forme, mais l'article n'indique pas laquelle et il ne fournit pas de critère pour le choix. En consultant le Projet de loi 125[55], l'on voit que l'article correspondant, l'article 3064, ne donnait compétence qu'à la *lex loci celebrationis*. L'Avant-projet de loi de 1988[56] comprenait, par contre, une clause (article 3452, al. 2) à l'effet que «[l]e mariage est en outre valable s'il est célébré à l'étranger conformément à la loi de l'État du domicile ou de la nationalité de l'un des époux.» Ce critère qui est celui de valider le mariage n'est pas adopté cependant par l'actuel article **3088**, de sorte que la loi du domicile ou la loi de la nationalité pourrait soit valider soit invalider le mariage pour vice de forme et cela, pour un mariage célébré soit au Québec soit à l'étranger. En l'absence d'une règle de rattachement claire, on aura recours à l'interprétation des textes en cause et, reflet des tendances générales du droit de la famille, on n'annulera pas un mariage à la légère. C'est donc en examinant les buts particuliers des textes du droit du Québec (art. **3076**), les dispositions impératives de la loi d'un autre État (art. **3079**), l'ordre public dans le sens international (art. **3081**) et le principe de proximité (art. **3082**) que l'on résoudra le problème des conditions de forme du mariage. C'est d'ailleurs la solution retenue dans l'affaire *Berthiaume* c. *Dastous*[57], ce qui a mené à l'époque à la règle *locus regit actum*. Il faut noter que l'article **3088**, al. 2, aura une importance accrue en vertu de son application rétroactive[58].

21. Des effets du mariage. Le mariage qui existe n'aura pas d'effets constants et permanents. L'on admet plutôt que le mariage soit le reflet de la sociéte dans laquelle il se produit. Ainsi, si la validité du mariage quant aux conditions de fond est détérminée une fois pour toutes par la loi applicable à l'état de la personne[59], les effets du mariage seront détérminés par la loi du domicile actuel des époux et seront donc variables selon le domicile (art. **3089**, al. 1). Puisque les époux peuvent être domiciliés à des endroits différents, l'article **3089**, al. 2, fournit une suite d'autres facteurs de rattachement, «en cascade.» Quand il n'y aura pas de domicile commun, on appliquera la loi de la résidence commune; quand il n'y en a pas, ce sera la loi de la *dernière* résidence commune; dans l'absence d'une dernière résidence commune, on appliquera la loi du lieu de la célébration du mariage.

Il y a peu de jurisprudence sur les effets du mariage en droit international privé. On enseigne que la notion comprend les rapports personnels des époux (devoirs d'assistance, de cohabitation et de fidelité), le statut personnel de la personne mariée en tant que telle (nom de la personne mariée, capacité de la femme mariée, émancipation par le mariage), et certains rapports patrimoniaux des époux, notamment ceux qui ne sont pas inclus dans le régime matrimonial (contrats entre époux, hypothèque légale)[60]. Il faut noter que certains effets du mariage ont aussi leur propre règle de conflit. C'est le cas notamment pour l'obligation alimentaire. Le divorce, qui peut être vu comme effet ultime du mariage, reste l'objet de la législation fédérale.

La question se pose actuellement de savoir si des normes qui créent un patrimoine familial obligatoire, comme c'est le cas en droit interne québécois, font partie des effets du mariage ou plutôt du régime matrimonial sur le plan du droit international privé[61]. La réponse à la question aurait des conséquences importantes. Si la qualification en faveur des effets du mariage l'emporte, les époux dont le régime matrimonial est soumis à une loi étrangère qui s'installent au Québec se verraient soumis au régime du patrimoine familial obligatoire. On arriverait à la même solution en qualifiant les textes québécois sur le patrimoine familial comme des lois «d'application immédiate», applicables à tous les époux domiciliés au Québec lors de la dissolution de leur mariage[62]. De même, les époux domiciliés au Québec lors de leur mariage perdraient le bénéfice du patrimonial familial obligatoire en établissant leur domicile ailleurs. L'article **3089** parle des effets du mariage et «notamment ceux qui s'imposent à tous les époux quel que soit leur régime matrimonial». L'on sait qu'en droit interne le patrimoine familial s'impose à tous les époux quel que soit leur régime matrimonial, ou du moins tous ceux qui n'ont pas écarté son application quand cette possibilité était offerte lors de la promulgation de la loi[63]. Cependant, l'on sait que les qualifications du droit interne ne s'imposent pas en droit international, justement parce que le problème a une dimension internationale, et le texte de l'article lui-même n'impose pas une telle qualification. L'article nous indique que ce sont les effets du mariage, et notamment ceux qui s'imposent à tous les époux, qui sont régis par la loi du domicile, mais la question est précisément de savoir si le patrimoine familial *est* un effet de mariage. S'il s'agit d'un effet de mariage, son caractère contraignant le range indiscutablement sous le contrôle de la loi du domicile actuel. Il y a cependant des règles impératives applicables aux relations des époux qui ne relèvent pas des effets du mariage. L'Italie imposait autrefois des règles obligatoires pour tout régime matrimonial (en interdisant notamment une communauté qui comprendrait plus que les acquêts)[64]. Malgré le caractère obligatoire de ces règles, la jurisprudence française a maintenu la qualification en faveur du régime matrimonial. Ainsi, le critère ultime pour effectuer la qualification serait le caractère patrimonial de l'enjeu, domaine par excellence du régime matrimonial.

Dans ce débat, on ne peut cependant perdre de vue les dispositions générales du Livre Dixième. Dans un débat si équilibré, il y aura lieu de nuancer. Doit-on faire un choix global imposant dans tous les cas qu'on appliquera soit le patrimoine familial québécois, soit le régime matrimonial étranger? Ne pourrait-on pas appliquer l'un ou l'autre selon les circonstances, internationales, de chaque cause? Si le patrimoine familial obligatoire fait partie des effets du mariage, on pourrait néanmoins faire application de la loi du régime dans le cas d'un couple fraîchement arrivé au Québec ayant choisi en connaissance de cause un régime matrimonial différent mais qui protégerait de façon adéquate les deux époux lors de la dissolution du mariage. La loi du régime matrimonial serait la loi qui présente le lien le plus étroit avec la situation, selon le critère de l'article **3082**. Si l'on décide qui le patrimoine familial entre en principe dans le régime matrimonial, n'y aura-t-il pas lieu de faire application du patrimoine familial québécois lors de la dissolution du mariage d'un couple installé au Québec depuis longue date et dont l'application du régime matrimonial créerait une inégalité dans le traitement des époux. Le but particulier (art. **3076**) du régime québécois ne justifierait-il pas son application dans un tel cas?

22. La séparation de corps et la filiation. Les règles de rattachement applicable en matière de séparation de corps et de filiation sont caractérisées par leur souplesse, par l'emploi de rattachements alternatifs («en cascade») et, dans le cas de la filiation, de l'articulation d'objectifs matériels. Dans les deux domaines, d'ailleurs, les conflits de lois qui se présentent devant les tribunaux du Québec se font de plus en plus rares. En matière de séparation de corps, on appliquera la loi du domicile commun des parties, faute de quoi c'est la loi de la résidence commune qui sera applicable, suivie ensuite, en cas de besoin, par la loi de la dernière résidence commune et par la loi du for (art.**3090**, al. 1 et 2). Puisque la compétence des autorités du Québec sera établie sur la base du domicile ou de la résidence au Québec d'une seule des parties (art. **3146**), l'application de la loi étrangère sera donc licite à l'avenir, malgré le rôle exclusif joué dans le passé par la loi du for. Les effets de la séparation de corps seront ceux que prévoit la loi appliquée à la séparation de corps (art. **3090**, al. 3).

En matière de filiation la politique matérielle de favoriser l'intérêt de l'enfant permet au tribunal de choisir la loi du domicile ou de la nationalité de l'enfant ou de l'un de ses parents, lors de la naissance de l'enfant, selon celle qui est la plus avantageuse pour l'enfant (art. **3091**, al. 1). Les effets de la filiation (garde, autorité parentale et obligation alimentaire) sont en principe ceux que prévoit la loi du domicile de l'enfant (art. **3091**, al. 2).

23. L'adoption. La règlementation de l'adoption internationale est complexe car, à côté des règles de droit international privé, il existe souvent des règles de caractère administratif ou matériel ayant comme objet l'élimination du trafic international d'enfants et les adoptions abusives ou frauduleuses. L'idée de la recherche du meilleur intérêt de l'enfant, consacrée par plusieurs conventions internationales, influence aussi la démarche des tribunaux[65].

Après une décennie d'activité législative et judiciaire mouvementée, caractérisée par des efforts de canaliser toute adoption internationale à travers des services étatiques, le régime actuel de l'adoption internationale est relativement libéral et souple[66]. C'est dire que les parties à l'adoption internationale assument elles-mêmes une plus grande responsabilité. D'après les articles **563** à **565** du *Code civil*, l'adoption d'un enfant domicilié hors du Québec est précédée par une évaluation psychosociale effectuée dans les conditions prévues par la loi québécoise, mais les démarches en vue de l'adoption peuvent être effectuées soit par l'adoptant soit par le ministère de la Santé et des Services sociaux du Québec ou par un organisme agréé en vertu de la loi québécoise. L'adoption d'un enfant domicilié hors du Québec doit être prononcée judiciairement, soit à l'étranger, soit au Québec (art. **565**)[67]. On arrive donc aux questions de la compétence des autorités québécoises et étrangères en la matière (ce qui sera discuté plus loin)[68] et de la loi applicable à l'adoption.

Comme dans le cas du mariage, il s'agit de reconcilier l'application possible de plusieurs lois personnelles à une seule institution affectant l'état de la personne. Dans le passé on adoptait en droit québécois une approche juridictionnelle en appliquant uniquement le droit du for, ce qui correspondait dans la plupart des cas à la loi du domicile des adoptants[69]. En 1983, après la décision de la Cour suprême du Canada dans l'affaire *Paquette* c. *Galipeau*[70], qui a admis la pertinence de la loi du domicile, l'article 596, al. 2, du *Code civil du Québec* fut adopté, soumettant les règles relatives au consentement à l'adoption et à l'adoptabilité de l'enfant à la loi de son domicile. L'essentiel de ce texte est repris maintenant dans l'article **3092**. Ainsi, le consentement de l'adopté, de ses parents ou de son tuteur seront soumis à la loi de son domicile, aussi bien que son admissibilité à l'adoption[71]. La loi du domicile des adoptants reste cependant présente et sera appliquée à leur état en vertu de l'article **3083.** Il semble que c'est donc la loi du domicile des adoptants, qui en plus sera le lieu d'accueil de l'enfant, qui déterminera l'aptitude des adoptants à effectuer l'adoption[72].

En vertu de l'article **3092**, al. 2, les effets de l'adoption sont soumis à la loi du domicile de l'adoptant. C'est donc cette dernière loi qui régira des questions cruciales telles que l'existence d'un lien entre adoptant et adopté, sa durée, sa révocabilité ou son irrévocabilité, comme le maintien ou la disparition du lien qui unissait l'adopté et sa famille d'origine[73]. L'application de la règle de rattachement se fait toujours sous réserve, cependant, de l'application possible des dispositions générales du Livre Dixième.

24. La garde. L'article **3093** dispose que la garde de l'enfant est régie par la loi de son domicile. Les questions de garde entrent donc dans le statut personnel et l'application pure et simple des textes de la loi du for est écartée. C'est l'effet principal et bénéfique de l'article **3093**. Les questions de garde sont cependant complexes, pour plusieurs raisons. D'abord, en cas de contestation de la garde, il est souvent très difficile de savoir où l'enfant est domicilié. L'article **80** fixe le domicile du mineur non émancipé chez son tuteur et crée une présomption qu'il est domicilié chez celui de ses parents avec lequel il réside habituellement au cas où les parents n'ont pas de domicile commun. Le tribunal peut cependant fixer autrement le domicile de l'enfant, toujours selon l'article **80**. Dans ces circonstances, la décision qui porte sur la garde ressemble souvent à une décision sur le domicile de l'enfant, surtout dans le cas d'enlèvements successifs de l'enfant par l'un et l'autre des parents. Ensuite, il faut juger de l'effet des dispositions générales du Livre Dixième, notamment du principe de proximité de l'article **3082**. Pour toutes ces raisons, le critère du meilleur intérêt de l'enfant restera primordial en statuant sur la garde de l'enfant dans une situation internationale ou interprovinciale[74].

Il faut noter que l'article **3093** vise les demandes de garde indépendantes des action en séparation de corps ou en divorce, mais que le même critère du meilleur intérêt de l'enfant est primordial au niveau fédéral. Dans le cas de l'enlèvement d'un enfant d'un État désigné, il y aura lieu aussi d'appliquer la *Loi sur les aspects civils de l'enlèvement international et interprovincial d'enfants*[75]. L'objet de cette loi est d'assurer le retour au lieu de leur résidence habituelle des enfants déplacés ou retenus au Québec en violation d'un droit de garde, mais permet aussi de refuser le retour si certaines conditions matérielles qui touchent au meilleur intérêt de l'enfant sont respectées[76].

25. L'obligation alimentaire. Les obligations alimentaires sont d'exécution difficile, même sur le plan interne. Quand le débiteur peut se servir d'une frontière politique comme moyen de défense supplémentaire, les obstacles à l'exécution deviennent encore plus importants. Compte tenu de cette réalité, les articles

3094 et **3095** sont fortement influencés par une politique qui favorise le créancier de l'obligation alimentaire, quitte à restreindre dans une certaine mesure le cercle de créanciers qui peuvent profiter de cette politique.

Ainsi, l'article **3094** soumet l'obligation alimentaire en principe à la loi du créancier (ce qui peut souvent être favorable à ce dernier), mais admet, dans le cas où cette loi ne permet pas d'obtenir d'aliments, que c'est la loi du débiteur qui s'applique. En principe, les conflits de lois sont donc résolus tout simplement en faveur de l'une des parties. La solution s'inspire directement de la Convention de La Haye du 2 octobre 1973 qui, elle aussi, adopte des rattachements disjonctifs dans le but de favoriser le recouvrement des aliments. Cependant, la loi du domicile du débiteur joue aussi un rôle, restrictif, car l'article **3095** admet l'application de cette loi pour écarter la créance alimentaire d'un collatéral ou d'un allié. L'article vise, encore une fois, un résultat matériel, et a comme effet d'éliminer des conceptions trop larges de l'obligation alimentaire, considérées comme exorbitantes de la définition actuelle de la famille. Encore une fois, la solution s'inspire directement de la Convention de La Haye du 2 octobre 1973.

Comme dans tous les domaines, l'ordre public peut intervenir en matière d'obligations alimentaires. La Convention de La Haye du 2 octobre 1973 est intéressante à cet égard, car son article 11 précise que même si la loi applicable en dispose autrement, il doit être tenu compte des besoins du créancier et des ressources du débiteur dans la détermination du montant de la prestation alimentaire. La solution accentue encore une fois le caractère matériel des règles du droit international privé dans ce domaine.

En vertu de l'article **3096** les règles susmentionnées ne sont applicables qu'à l'égard des demandes d'aliments indépendantes des demandes de divorce, de séparation de corps ou de nullité de mariage. Dans tous ces cas, la demande d'aliments est régie par la loi applicable à la demande principale.

Chapitre Deuxième: du statut réel

26. Le statut réel. Reflet d'une tradition presque millénaire, ce deuxième Chapitre du deuxième Titre portant sur les conflits de lois reprend la deuxième grand catégorie du sujet, celle du statut réel. Cette notion visait à l'origine les lois ou les statuts qui avaient comme objet les biens. Comme la notion du statut personnel, elle s'est transformée pour indiquer maintenant la totalité des matières ou des sujets qui sont soumis à la loi qui gouverne les biens, c'est-à-dire la *lex rei sitae*, la loi de leur situation. Seront donc examinées successivement la disposition générale de la matière, les successions, les sûretés mobilières et la fiducie.

Section I: Disposition générale

27. Les droits réels. S'alignant sur le principe établi depuis longue date, du moins pour ce qui concerne les immeubles, l'article **3097** soumet les droits réels ainsi que leur publicité à la loi du lieu de la situation du bien qui en fait l'objet. Ainsi, les droits réels dans les biens situés au Québec seront gouvernés par le droit du Québec. Si, à l'inverse, le statut des biens situés à l'étranger est également régi par la *lex rei sitae,* cette règle trouvera relativement peu d'application par les tribunaux du Québec, qui sont en principe incompétents pour ce qui concerne les biens situés à l'étranger (art. **3152**, *a contrario*). La situation des biens sera nécessairement déterminée par le juge du for en s'inspirant des règles du for développées à cette fin. Pour les biens corporels, il y aura peu de problèmes; pour les biens incorporels, on aura recours au principe de l'*efficacité*. Le bien sera situé là où il peut être l'objet d'un contrôle efficace. L'exemple le plus courant est constitué par les actions des sociétés, qui seront situées au lieu où elles peuvent être objet d'un transfert effectif[77].

L'article **3097** innove cependant en ce qui concerne les meubles, car l'article 6, al. 2, du *Code civil du Bas Canada* soumettait, en application de la vieille maxime *mobilia sequuntur personam*, les biens meubles à la loi du domicile de leur propriétaire. Acceptable pour ce qui concerne les biens meubles faisant partie d'une universalité (notamment les successions), la règle posait de graves difficultés pour la détermination des droits réels dans les meubles considérés *ut singuli*[78]. Ainsi, l'article **3098** pose la même règle pour les immmeubles et les meubles; la loi compétente sera celle en vigueur là ou les biens peuvent être l'objet d'un contrôle réel et efficace. C'est la raison pour l'acceptation quasi universelle de la règle.

L'application de la règle reste complexe, cependant, pour ce qui concerne les meubles, car les conflits de lois dans l'espace sont souvent accompagnés d'un conflit de lois dans le temps (un conflit mobile). Il faut décider, au cas où le meuble objet de certains droits réels a été transporté d'une juridiction à une autre, où certains nouveaux droits réels ont pu être créés, entre la loi de la situation actuelle du meuble et la loi de la situation antérieure. De façon générale, on appliquera la *lex rei sitae* du dernier lieu où un transfert créateur de droits réels a eu lieu. Un certain équilibre est ainsi créé entre les titulaires originaux de droits réels, selon une première *lex rei sitae*, et ceux qui aurait acquis, en toute innocence, des droits réels selon la nouvelle *lex rei sitae*. Au cas où un meuble grevé d'un droit réel à l'étranger est apporté au Québec, le titulaire de ce droit réel pourrait en jouir au Québec, tant et si longtemps qu'il n y a pas de transfert effectué au Québec en faveur d'un nouvel acquéreur dans cette juridiction[79]. Dans la mesure où le droit québécois accorde des droits réels à ce nouvel acquéreur, cependant, ce sont ces droits qui auront priorité sur ceux qui auront été acquis en vertu de la *lex rei sitae* originale[80].

Le rôle important ainsi accordé à la loi d'une nouvelle situation du meuble accentue l'importance des frontières étatiques et déstabilise les droits originairement acquis, dans un autre lieu, dans le bien meuble. On verra qu'en matière de surêtés mobilières on essaie de coordonner de manière plus précise l'application des lois successives de la situation du bien. Dans le cas de meubles de valeur qui ne sont pas l'objet de surêtés mobilières, les règles de droit international privé permettent de «laver» un bien par son transport dans une autre juridiction et son transfert dans des conditions qui satisfont le droit local. Dans quelle mesure les dispositons générales du droit international privé permettent-elles de lutter contre ces agissements? On pense immédiatement à la notion de fraude à la loi, mais la fraude aurait été commise par le transporteur du bien et non pas par l'acquéreur innocent. En plus, les règles de droit privé portant sur les droits réels dans les meubles n'ont jamais (sauf erreur) été considérées comme des règles impératives, de sorte qu'il n'y a pas eu application de la notion de fraude à la loi dans de telles situations dans le passé. Les mêmes problèmes se posent au sujet de l'application possible des articles **3076** (lois d'application immédiate du for) et **3079** (lois impératives d'un autre État). Il semble aussi difficile de conclure que la loi de la nouvelle situation du bien n'a qu'un lien éloigné avec la situation, de sorte que l'article **3082** serait lui aussi d'application difficile. La protection des biens meubles de valeur, notamment des biens culturels, serait donc laissée à la coopération internationale et à des lois spéciales qui touchent à des catégories précises de biens en vue de leur protection sur le plan international. Seul ce type de loi semble correspondre aux critères des articles **3076** et **3079**.

Les matières qui tombent dans le statut réel doivent être distinguées de celles qui tombent dans le statut personnel (notamment la capacité et les effets du mariage) et le statut des obligations (le contrat, les régimes matrimoniaux). Il y aurait donc des problèmes de qualification aux frontières de ces statuts. Le problème le plus courant, c'est la délimitation entre les droits réels et les droits contractuels par rapport aux biens. Entre les parties au contrat, et pour les remèdes d'ordre contractuel, on aura souvent recours à la qualification contractuelle, ce qui a des conséquences importantes quant à la compétence des tribunaux[81]. Il faut aussi se rappeler que la qualification des biens comme meubles ou immeubles est demandée à la loi du lieu de leur situation (art. **3078**). Etant donné l'incompétence de principe des tribunaux du Québec à l'égard des droits réels dans des biens situés à l'étranger, il y aura peu d'occasions de suivre cette règle de qualification.

L'article **3097**, al. 2, crée une règle particulière, de droit nouveau, pour les biens en transit. Puisque la situation de tels biens est souvent fortuite, on appliquera la loi du lieu de leur destination.

Section II: Dispositions particulières

28. Les successions — la scission et ses tempéraments[82]. L'article **3098** continue la tradition du droit français, établie depuis le XIVe siècle, qui est celle de la *scission* de la succession. On divise ainsi la succession en immeubles et en meubles; les premiers sont soumis à la loi de la situation de l'immeuble, les seconds à la loi du domicile du défunt (et cela pour les successions testamentaires aussi bien que pour les successions *ab intestat*). La solution alternative est celle de l'*unité* de la succession, selon laquelle une seule loi (celle de la nationalité, du domicile ou de la résidence habituelle) serait applicable à la totalité de la succession. Favorisé par les pays ayant adopté la nationalité comme facteur de rattachement, et adopté récemment par la Convention de La Haye du 1er août 1989, le principe de l'unité de la succession n'a cependant pas reçu l'approbation du législateur. En effet, on peut reprocher à la solution de ne pas refléter le contrôle absolu exercé sur les immeubles par la loi de leur situation et de ne pas pouvoir créer une véritable unité, étant donné l'inévitable diversité de juridictions appellées à jouer un rôle dans une succession internationale.

En revanche, les articles **3098** et **3099** innovent dans une certaine mesure en octroyant un choix (limité) au défunt quant à la loi applicable à sa succession, ce qui peut favoriser l'unité de la succession. Ce choix est cependant restreint par le désir de ne pas permettre à un testateur d'écarter trop facilement les règles protectrices de la loi normalement applicable. Le rôle de la volonté de l'individu doit donc être examiné de plus près, pour voir son effet sur la *scission* de la succession et sur l'application des règles protectrices du droit normalement applicable.

On admet depuis fort longtemps que la liberté testamentaire est celle qu'admet la loi de la succession. Un testateur ne pourrait ainsi échapper à la création d'une quotité indisponible en faveur des membres de sa famille en choississant une loi plus favorable à la liberté testamentaire. En revanche, dans la mesure où la loi de la succession admet la liberté testamentaire, cette liberté peut être exercée selon la volonté du testateur. Il pourrait donc, pour les biens disponibles, établir les parts de chaque héritier ou simplement choisir une loi étrangère dont les textes serait incorporés dans la volonté du testateur. Les articles **3098** et **3099** élargissent maintenant le pouvoir de l'individu de choisir la loi applicable à sa succession (la *professio juris*). Il pourrait ainsi choisir une seule loi pour régir la totalité de la succession (la liberté favorise ainsi l'unité), à condition que cette loi soit celle de l'État de sa nationalité ou de son domicile au moment de la désignation ou de son décès. Il pourrait aussi (l'unité est brisée de nouveau) choisir la loi de la situation d'un immeuble qu'il possède, mais en ce qui concerne cet immeuble seulement. Le choix de la loi de la situation d'un immeuble ne dédouble pas sa désignation par l'article **3098** car le choix dans ce cas est par exception au choix de la loi de la nationalité ou du domicile pour gouverner ce qui reste de la succession. Il y aurait donc application de la loi choisie, sauf si le testateur choisit en même temps de soumettre des immeubles particuliers à la loi de leur situation. Le Français domicilié au Québec propriétaire d'un immeuble en Floride peut donc à l'avenir décider: i) de ne pas choisir la loi applicable, ce qui mènerait à l'application du droit québécois (pour les meubles) et du droit de la Floride (pour l'immeuble); ii) de choisir la loi française (qui serait en principe applicable à la totalité de la succession); ou iii) de choisir la loi française pour toute la succession sauf pour l'immeuble sis en Floride, qui resterait soumis à la loi de la Floride. Le choix pour le domicilié du Québec est cependant moins large. Il peut choisir le droit du Québec, qui serait applicable à l'ensemble de la succession, ou laisser s'appliquer la solution de principe (*lex domicilii* pour les meubles, loi de la situation pour les immeubles).

La désignation, faite par testament avant la date d'entrée en vigueur de la loi nouvelle, de la loi applicable à la succession qui s'ouvre postérieurement à cette date a plein effet, pourvu que les conditions prévues par le second alinéa de l'art. **3098** soient remplies[83].

Cependant, le choix permis à l'individu par l'article **3098**, al. 1, est limité de façon importante par l'article **3099**, à tel point que l'on peut se demander dans quelle mesure il s'agit de solutions nouvelles. Car l'article **3099** préserve, malgré le choix effectué par le testateur, tous les avantages qui auraient été accordés à un conjoint, à un enfant ou à certains autres héritiers désignés par la loi successorale normalement compétente. L'article **3099** vise notamment la réserve traditionnelle qui existe dans plusieurs pays en faveur du conjoint et des enfants et déclare le choix du défunt sans effet dans la mesure où il prive ces héritiers, «dans une proportion importante», de ce qu'ils auraient normalement reçu. L'article **3099**, al. 2, vise les «régimes successoraux particuliers» de certains États, qui resteraient applicables malgré le choix du testateur pour assurer la «destination économique, familiale ou sociale» des biens en cause. La ferme familiale garderait donc son statut, aussi bien que tout autre bien soumis à un tel régime particulier.

29. Les successions — le nouveau droit de prélèvement. Que la loi applicable soit celle qu'a choisie le testateur ou celle que désignent les règles de rattachement, il est possible que le tribunal du Québec soit dans l'impossibilité de faire respecter la loi successorale quand il s'agit de biens situés à l'étranger[84]. L'article **3100** apporte une solution à ce problème en créant un *droit de prélèvement*, inspiré de façon générale par celui qui existe en droit français mais s'écartant, de façon importante, du modèle français. En effet, le droit de prélèvement qui existe en droit français bénéficie uniquement aux Français et écarte la loi successorale étrangère pour accorder aux Français les mêmes droits qu'auraient accordés le droit français et un droit de prélèvement sur les biens situés en France comme moyen de faire prévaloir ces droits. Il s'agit donc d'une règle matérielle, très critiquée en France pour son caractère nationaliste[85]. Le prélèvement autorisé par l'article **3100** existerait cependant pour mieux donner effet à la loi successorale et non pas pour écarter son application. Il bénéficierait d'ailleurs à tout héritier désigné par la loi successorale. Ainsi, dans le cas de la succession d'une personne domiciliée au Québec laissant un immeuble au Québec et des meubles situés à l'étranger, les héritiers pourraient exercer leur droit de prélèvement sur l'immeuble situé au Québec dans la mesure où leurs droits successoraux sur les meubles situés à l'étranger ne peuvent être réalisés. Ce serait aussi le cas pour la succession d'une personne domiciliée à l'étranger laissant un immeuble au Québec, au cas où il peut être établi que l'application de la loi successorale sur les biens situés à l'étranger n'a pu se réaliser. Dans tous les cas cependant, il s'agit de corriger la non-application de la loi successorale et non pas d'écarter son application, notamment en faveur du droit québécois. Il faut noter que l'article **3100** serait applicable aux successions ouvertes avant la date d'entrée en vigueur du *Code civil du Québec*, quant aux biens situés au Québec et dont le partage n'est pas encore commencé à cette date[86].

30. Les successions — problèmes de qualification. L'application de la loi successorale est souvent troublée par des problèmes difficiles de qualification. D'abord, il faut rappeler la règle de l'article **3078**, al. 2, qui dispose que la qualification des biens, comme meubles ou immeubles, est demandée à la loi du lieu de leur situation. Cette notion existe dans le droit international privé de plusieurs pays comme exception à la règle que la qualification s'effectue selon la *lex fori*, et comme reconnaissance du contrôle exercé sur les biens par la loi de leur situation[87]. Il faut noter qu'il ne s'agit pas de qualifier selon le droit applicable au fond de la matière (pour le moins logiquement difficile), mais simplement de qualifier selon la loi de la situation des biens. On appliquera donc la loi du for pour établir la situation, pour suivre ensuite la qualification de ce lieu quant à la nature des biens. Si la loi du lieu les qualifie comme meubles (par exemple, qualification du droit français pour les actions dans une société civile donnant droit à la jouissance d'un appartement), on fera application de la *lex domicilii* du défunt; dans le cas d'une qualification des biens comme immeubles, on fera application de la loi de la situation.

L'application de la loi successorale doit souvent aussi être coordonnée avec l'application d'autres lois, compétentes selon d'autres règles de rattachement à d'autres éléments du litige. C'est dire, selon l'expression classique, qu'il y aura souvent un *dépeçage* des éléments du litige pour permettre l'application de plusieurs règles de rattachement et plusieurs lois matérielles. Ce dépeçage découlera du processus de qualification des questions à résoudre à l'intérieur d'un litige, et peut entraîner aussi l'application des dispositions générales du Livre Dixième. Quelques exemples seulement de ce processus de qualification peuvent être indiqués. Ainsi, la loi successorale (qui est définie par les articles **3098** et **3099**) sera applicable à une gamme de questions qui constitue le nœud du régime successoral, telles que l'ouverture de la succession, la vocation héréditaire et les qualités requises pour succéder, les restrictions à la liberté de tester, la quotité disponible et l'existence d'une réserve, la possibilité de faire des pactes sur succession future, et d'autres questions encore[88]. En revanche, le droit qui régit l'état de la personne restera compétent pour déterminer la qualité des époux ou la validité d'une adoption; le droit applicable au régime matrimonial sera appliqué pour liquider le régime matrimonial avant de procéder à la distribution des biens de la succession[89]; le droit régissant les effets du mariage pourrait trouver application pour régler certaines questions d'ordre patrimonial[90]; le droit applicable aux obligations déterminera l'existence et le contenu des créances transmissibles. Il faudra envisager aussi l'application de l'article **3082** pour résoudre certaines questions complexes. Par exemple, si la succession est régie par une loi étrangère, il y aurait peut-être lieu de reconnaître que c'est la loi désignée par cette juridiction pour les questions dites «préalables», telles que l'adoption ou le mariage, qui présente le lien le plus étroit avec la situation et non la loi désignée par la règle de rattachement du Québec. Il ne s'agit pas de renvoyer la question préalable, de façon mécanique, à une autre loi (ce qui serait exclu par l'article **3080**), mais de reconnaître un lien plus étroit dans les circonstances particulières du litige[91].

31. Les successions — pouvoirs d'administration. Quant à l'administration de la succession, le droit actuel fait dépendre les pouvoirs d'un administrateur ou d'un liquidateur de la loi successorale, en suivant le principe général que les pouvoirs de représentation sont régis par le droit applicable au fond du rapport juridique entre le représentant et le représenté[92]. L'article **3101** confirme implicitement le droit actuel en disposant, de façon supplémentaire, qu'un administrateur ou un liquidateur peut être nommé suivant la loi du Québec au cas où la loi régissant la succession n'y pourvoit pas.

Les questions relatives à la forme des testaments seront abordées lors de la discussion de la forme des actes juridiques[93].

32. Les sûretés mobilières — leur régime particulier. Rappelons que la règle principale en matière de droits réels (l'art. **3073**) donne compétence à la loi du lieu de la situation du bien qui en fait l'objet, et qu'en cas de transfert du bien d'une juridiction à une autre, c'est la nouvelle *lex situs* qui déterminera la validité de tout transfert à une tierce personne.

Les droits réels dans les meubles sont donc instables; ils peuvent être effacés par le transert du bien et sa vente dans une autre juridiction. Pour redresser la balance, la plupart des juridictions en Amérique du Nord (suivies dans une certaine mesure par les pays européens) ont instauré un régime particulier, d'une certaine complexité, pour gouverner les sûretés mobilières. Le régime instauré varie dans ses détails de juridiction à juridiction, mais celui qui est établi par les articles **3102** à **3106** du *Code civil* s'apparente à celui du *Uniform Commercial Code* des États-Unis et à ceux des *Personal Property Security Acts* des provinces canadiennes de common law. La *Loi fédérale sur le droit international privé* suisse[94] a aussi influencé le législateur québécois.

Le régime particulier qui gouverne les sûretés mobilières peut être résumé de façon générale. Les biens soumis à des sûretés sont ainsi divisés en trois groupes, selon leur degré de mobilité (les contenants qui traversent régulièrement les États américains ne sont pas soumis au même régime que l'équipement lourd qui est quasiment inamovible). Pour chaque groupe, une règle de rattachement est indiquée qui s'appliquera à la validité de la sûreté. Ensuite, l'application extraterritoriale de cette loi est admise pour une période limitée (en principe 30 jours), au détriment de tout acquéreur dans le nouveau lieu de situation du bien, si le créancier effectue la publicité requise pour faire respecter sa créance dans le nouveau lieu de situation du bien. Finalement, la protection accordée au créancier initial par cette extraterritorialité est retirée si la vente s'effectue dans le cours des activités du constituant de la sûreté. On examinera donc successivement la réglementation des trois groupes de biens meubles, qui sont: i) les biens ordinaires, ii) les biens destinés à être transportés dans un autre État, et iii) les biens ordinairement utilisés dans plus d'un État (le *rolling stock*).

Il faut noter cependant, avant d'examiner cette réglementation, que le créancier d'un droit réel établi par une sûreté mobilière qui ne peut pas se prévaloir de la protection offerte par les textes portant sur les sûretés mobilières, ne perd pas automatiquement son droit réel par le seul déplacement du bien objet de la sûreté dans une autre juridiction. Selon les principes déjà examinés (voir l'art. **3097**, *infra*), le droit réel crée par la sûreté établie à l'étranger continuera d'être respecté dans le lieu de la nouvelle situation du bien, tant et si longtemps qu'il n'est pas effacé par la constitution de nouveaux droits réels par la nouvelle *lex situs*. C'est pour le cas où l'application de la nouvelle *lex situs* efface les droits préalablement acquis à l'étranger que le régime particulier des sûretés mobilières a été créé.

33. Les sûretés mobilières — les biens ordinaires. Pour les meubles ordinaires, la validité d'une sûreté mobilière est établie selon l'article **3102** par la loi de l'État de la situation du bien qu'elle grève au moment de sa constitution. C'est donc la règle de rattachement de base. Pour éviter, cependant, que l'importance ainsi donnée à la loi de la première situation du bien écarte toute possibilité de faire application de la loi d'une situation ultérieure, au profit de l'acheteur local, l'alinéa 2 de l'article **3102** précise que la publicité et les effets de la sûreté sont cependant régis par la loi de l'État de la situation actuelle du bien grevé. Dans le cas d'un bien meuble situé au Québec au moment du litige, ce sera donc au droit du Québec d'organiser un régime de publicité pour la sûreté mobilière valablement créée à l'étranger. C'est ce que fait l'article **3104**.

L'article **3104** a comme effet de prolonger la protection accordée par la publicité effectuée dans l'État d'origine de la sûreté, à condition que la sûreté soit l'objet d'une publication au Québec dans une période de temps qui sera, dans la plupart des cas, de 30 jours. Le créancier à l'étranger doit donc surveiller la situation du bien objet de la sûreté et réagir, dans une période de 30 jours, si le bien est transporté au Québec. Au cas où la publication est effectuée au Québec à l'intérieur de cette période, toute vente ou tout transfert effectué au Québec n'aura pas de priorité sur la sûreté étrangère, même si elle est effectuée avant la publication au Québec. Il est à noter que la période de 30 jours peut être raccourcie si la publicité cesse d'avoir effet dans l'État d'origine avant cette date (art. **3104**, para. 1) ou si un délai de quinze jours s'est écoulé depuis le moment où le créancier a été avisé que le bien est parvenu au Québec (art. **3104**. para. 3). L'acheteur au Québec saura ainsi, si le bien est situé au Québec depuis plus de 30 jours sans être objet d'une sûreté publiée au Québec, qu'il deviendra propriétaire du bien selon les conditions du droit québécois.

Les créanciers avisés pourront ainsi se protéger contre le déplacement des biens objets de sûretés. En revanche, la protection accordée à l'acheteur local est renforcée par le deuxième paragraphe de l'article **3104**, qui interdit l'opposabilité de la sûreté à l'acheteur qui a acquis le bien dans le cours des activités du constituant de la sûreté. Une protection semblable est accordée aux consommateurs locaux par les textes des autres juridictions en Amérique du Nord[95].

34. Les sûretés mobilières — les biens destinés à un autre lieu. La situation de certains biens est tellement précaire que l'on choisit d'autres points de rattachement que celui de leur situation actuelle. Ainsi, pour les biens meubles dont le transport dans un autre État est déjà envisagé lors de la création d'une sûreté mobilière, l'article **3103** permet qu'ils soient grevés d'une sûreté suivant la loi de l'État de leur destination. Le point de rattachement est donc la loi de la situation *future* des biens.

On peut donc créer une sûreté au Québec sur le meuble en Ontario en train d'être transporté au Québec, et la publicité de la sûreté aura lieu au Québec selon la loi québécoise. Cependant, toujours selon l'article **3103**, la protection accordée par cette publicité préalable dans la juridiction de la destination des biens tombe si le bien n'arrive pas à la destination prévue dans les 30 jours suivant la constituion de la sûreté. On retombe, dans un tel cas, dans le droit commun; le bien pourra être transféré de façon valable selon la *lex situs* actuelle. Il faut noter que l'article **3103** est rédigé de façon réstrictive par rapport à l'article **3104** (et, on le verra, par rapport à l'article **3106**). Ainsi, on ne prévoit pas la *republication* de la sûreté créée à l'origine dans le lieu de la destination des biens. Le vendeur new-yorkais de biens destinés à l'Ontario peut créer une sûreté selon le droit de l'Ontario, et effectuer la publicité de la sûreté en Ontario, mais la republication de cette sûreté au Québec, au cas où les biens sont transportés par la suite au Québec, n'est pas prévue par l'article **3103** et semble effectivement exclue par le libellé des articles **3104** et **3106**.

35. Les sûretés mobilières — les biens ordinairement utilisés dans plus d'un État. La troisième catégorie de biens visés par le régime des sûretés mobilières est celle des biens qui sont très mobiles à cause de leur emploi régulier dans plus d'en État (le *rolling stock*). Le rattachement à la situation de ces biens a peu de sens, car la situation est souvent fortuite et de très courte durée. On choisit donc, comme rattachement principal, le domicile du constituant de la sûreté au moment de sa constitution, rattachement qui sera souvent affiché, par exemple, sur la porte du camion-remorque objet de la sûreté. Le déplacement du bien n'aura donc pas d'effet sur la sûreté valable selon cette *lex domicilii*. En revanche, le domicile n'étant pas un rattachement stable, il a fallu prévoir l'effet d'un changement de domicile par le débiteur-constituant sur la sûreté créée valablement selon la première *lex domicilii*. C'est ce qui est fait par l'article **3105**, al. 2, et l'article **3106** (qui sont le reflet exact des articles **3102**, al. 2, et **3104**), consacrés au changment de la *lex rei sitae*.

Ainsi, selon l'article **3105**, al. 2, le rôle de la première *lex domicilii* est limité à l'établissement de la validité de la sûreté; sa publicité et ses effets sont régis par la loi de l'État du domicile actuel du constituant. Pour le cas de l'acquisition d'un nouveau domicile au Québec, le créancier peut effectuer une republication de sa sûreté au Québec pour obtenir la protection offerte par la publicité au Québec, même à l'égard de ventes ou de transferts effectués avant la republication au Québec, si la republication est effectuée dans les délais prescrits par l'article **3106**, para. 1, 2 et 3. Comme dans le cas de l'article **3104**, le délai est en principe de 30 jours, mais serait raccourci si la publicité dans l'État de l'ancien domicile cesse d'avoir effet avant cette date (art. **3106**, para. 1) ou si un délai de 15 jours s'est écoulé depuis que le créancier a été avisé du nouveau domicile du constituant au Québec (art. **3106**, para. 3). Autre reflet de l'article **3104**, la protection ainsi accordée au créancier du constituant nouvellement domicilié au Québec tombe si le bien est acheté au Québec dans le cours des activités du constituant (art. **3106**, al. 2).

Le régime ainsi applicable aux sûretés qui grèvent des biens ordinairement utilisés dans plus d'un État ne s'étend pas cependant à une sûreté qui grève une créance ou un meuble incorporel constaté par un titre au porteur, ni à la sûreté publiée par la détention du titre qu'exerce le créancier. La situation des ces biens pouvant être établie selon le principe de l'effectivité du contrôle exercé sur eux, et n'étant pas fortuite, les sûretés qui les grèvent sont considérées comme des sûretés qui grèvent des biens ordinaires, régies par les articles **3102** et **3104**.

36. De la fiducie. L'importance internationale de la fiducie justifie sa reconnaissance par des règles de rattachement autonomes dans le Livre Dixième du *Code civil.* La fiducie doit donc être traitée comme une institution distincte de l'acte juridique dont elle est issue (testament, donation ou contrat) et des régimes juridiques qui peuvent l'entourer (successions, régimes matrimoniaux, ou effets de mariage). Cette démarcation ne sera pas toujours facile, mais elle est dictée par l'existence de règles de rattachement différentes. Ainsi, par exemple, la question de la disponibilité de biens resterait soumise au régime successoral; la liquidation d'un régime matrimonial à la loi du régime; et les effets non patrimoniaux du mariage à la loi régissant les effets du mariage. Les questions qui se rapportent à la validité et à l'administration d'une fiducie sont donc celles qui présument que la disponibilité des biens est déjà établie; il s'agira des règles qui concernent plus particulièrement la fiducie en tant que telle. La fiducie est-elle permise? Est-elle limitée dans sa durée? Quelle est l'interprétation qu'il faut donner à l'acte juridique dont elle est issue? Que sont les obligations des fiduciaires? Ce sont les questions qui seraient soumises à la loi qui gouverne la fiducie en tant que telle.

Le caractère autonome de l'institution de la fiducie ressort aussi de l'absence de toute distinction dans l'article **3107** entre meubles et immeubles. Ainsi, la fiducie sera considérée comme une unité (la scission traditionnelle du droit des successions est écartée) régie par une seule loi. Les immeubles ne seront pas soumis exclusivement à la loi de leur situation. La loi applicable à une fiducie étrangère serait donc applicable à l'égard des immeubles situés au Québec et la loi québécoise qui gouverne une fiducié québécoise sera appliquée par un tribunal du Québec même à l'égard d'immeubles situés à l'étranger. La nature particulière de la fiducie permet cette déviation des règles traditionnelles du statut réel, car il s'agira souvent de faire application des règles qui font ressortir le caractère obligationnel de la fiducie. Il y aura donc souvent une obligation de caractère *in personam* (qui pèse, par exemple, sur les fiduciaires) dont le respect peut être assuré par un tribunal du Québec même à l'égard d'un immeuble situé à l'étranger.

37. De la fiducie — le rôle de la loi d'autonomie. La règle de rattachement établie pour la fiducie s'apparente donc aux règles générales applicables aux actes juridiques[96]. Une place large est créée pour la loi d'autonomie et le rattachement adopté pour suppléer à l'autonomie est extrêmement souple. Ainsi, selon l'article **3107**, ce sera la loi d'autonomie qui gouverne la fiducie, qu'elle résulte d'une désignation expresse dans l'acte constitutif (contrat, donation ou testament), ou qu'elle résulte d'une façon certaine des dispositions de cet acte. Un testament, ou un contrat, peut donc valablement inclure une clause qui désigne la loi applicable à la fiducie qu'il crée. En l'absence d'une telle clause expresse, le choix du testateur ou des cocontractants peut ressortir du langage et du contenu de leur acte. On aura recours au droit international privé des obligations contractuelles pour mieux éclairer le choix implicite effectué par le constituant de la fiducie. Le choix du constituant de la fiducie est-il illimité? Le domicilié du Québec qui veut créer une fiducie administrée au Québec par un fiduciaire domicilié au Québec qui porte sur des biens situés au Québec au bénéfice de personnes domiciliées au Québec peut-il choisir la loi des Bahamas pour régir le *trust* qu'il veut établir selon cette loi? On retrouvera ce même problème dans le droit international privé des obligations. Comme élément d'extranéité, il n'y a que la volonté de l'auteur de l'acte juridique. Quand la loi québécoise est d'ordre public sur le plan interne, cette loi doit s'appliquer à cette situation purement interne, malgré la volonté de l'acteur. Sinon, il n'y aurait plus d'ordre public en droit interne. Dans le langage traditionnel du droit international privé, il y aurait fraude à la loi puisque l'on cherche à éviter la loi (impérative) normalement applicable. Dans le contexte des dispositions générales du Livre Dixième du *Code civil*, il y aura lieu de faire application de l'article **3082** et déclarer que la loi choisie par le constituant de la fiducie ne présente qu'un lien éloigné avec cette loi. L'article **3076** se trouve applicable aussi, car le but de la règle interne qui est d'ordre public est justement de régler de façon impérative ces situations qui sont entièrement liées, de façon objective, au droit en vigueur au Québec.

38. De la fiducie — le lien le plus étroit. En l'absence de choix, exprès ou implicite, de la loi applicable et dans le cas où la loi désignée ne connaît pas l'institution, il y aura lieu de rechercher, pour la fiducie créée par acte juridique, la loi qui présente avec elle les liens les plus étroits. Le libellé de l'article **3107** est le même que celui que l'on retrouve dans l'article **3112** à l'égard des actes juridiques en général. Le deuxième alinéa de l'article **3107** précise, de façon non exclusive, les éléments qui sont pertinents dans la recherche des liens les plus étroits. Il n'y aura pas lieu d'accorder de priorité particulière à l'un ou à l'autre des ces éléments. La souplesse qui est donc inhérente à cette recherche libre des liens les plus étroits écarterait la nécessité de faire appel aux dispositions générales pour corriger la désignation initiale de la loi compétente.

Pour la fiducie qui ne résulte pas d'un acte juridique, le Livre Dixième n'articule pas de règle de rattachement préçise. Dans les juridictions de common law, où le *trust* est pourtant connu depuis fort longtemps, on admet qu'il y a peu ou pas de jurisprudence sur cette question. On préconise l'application de la loi applicable en matière d'enrichissement sans cause (*restitution*), voyant dans les *trust*s dits *resulting* ou *constructive* l'application des principes qui sont ceux de l'enrichissement sans cause. Le *trust* qui ne résulte pas d'un acte juridique (le *trust* informel) n'aurait donc pas de statut particulier en droit international privé, mais serait intégré au domaine d'application des autres règles de rattachement. On ne peut donc pas exclure non plus les règles du statut réel dans la mesure où le *trust* informel donne lieu à des droits réels dont le respect est recherché devant les tribunaux.

39. De la fiducie — dépeçage et déplacement. La souplesse qui prévaut dans la détermination de la loi applicable à la fiducie est accentuée par la possibilité, expressément reconnue par l'article **3107**, al. 3, d'effectuer un dépeçage entre les éléments de la fiducie pour appliquer deux ou même plusieurs lois à ces éléments distincts. Pour des raisons de simplicité et d'économie, on ne multipliera pas les lois applicables. Toutefois, la séparation de l'administration de la fiducie de ses autres éléments étant expressément envisagée par l'article **3107**, al. 3, on peut prévoir qu'il y aura des fiducies créées au Québec dont la validité sera régie par le droit québécois mais dont l'administration sera soumise à une loi différente. L'administration d'immeubles situés en Floride et objet d'une fiducie québécoise pourrait donc être soumise à la loi de la Floride.

Selon l'article **3108**, al. 1, cependant, ce sera la loi qui régit la fiducie qui déterminera si la question posée concerne la validité ou l'administration de la fiducie. La cohérence de la loi de la fiducie doit être respectée au moins dans cette mesure, et même la volonté explicite du créateur de la fiducie ne peut pas la dépecer de telle manière qu'elle n'est plus reconnaissable par la loi qui la gouverne.

Puisque la fiducie est durable dans le temps, il faut aussi envisager son déplacement dans l'espace. Elle peut s'étendre à de nouveaux biens; son administration peut être déplacée; les bénéficiaires peuvent changer ou se déplacer. La règle de rattachement ne prévoit pas que la loi qui gouverne la fiducie soit changée directement par de telles variations. Elle permet, cependant, que la loi applicable soit changée selon les conditions de la loi applicable à l'origine à la fiducie (voir l'article 3108, al. 2). Il y aura donc des fiducies dont la loi applicable est immuable; d'autres seront soumises à des lois différentes dans la mesure où ce déplacement est admis par la loi applicable à l'époque des changements en cause.

Chapitre troisième: Du statut des obligations

40. Le statut des obligations. Dans le statut des obligations, il y a eu moins de constance dans le choix de la loi applicable que dans les cas du statut personnel et du statut réel. Attaché d'abord à la *lex loci contractus* en matière contractuelle, le droit international privé continental s'est orienté au XVIe siècle, sous l'influence de Dumoulin, vers la compétence de la «loi d'autonomie», aujourd'hui largement établie[97]. Les articles du Livre Dixième consacrés au statut des obligations contractuelles confirment son rôle et son importance. Dans leur ensemble ils représentent un effort de préciser les moyens de détermination de la loi d'autonomie pour des obligations diverses, en l'absence de choix explicite, mais aussi d'écarter son application en faveur de certaines politiques législatives particulières. La fluidité du principe de la loi d'autonomie, et la précision des exceptions apportées à son application, n'éliminent cependant pas la nécessité de recourir à des dispositions générales pour corriger l'application des règles de rattachement.

Section I: Dispositions générales

41. De la forme des actes juridiques. Historiquement, la forme d'un acte juridique a été soumise à la loi du lieu où il a été passé (la *lex loci celebrationis*); le débat s'est centré sur le caractère obligatoire ou optionnel de la règle. En matière testamentaire, la jurisprudence a opté pour son caractère optionnel en admettant l'application de la loi du domicile pour valider le testament, rédigé à l'étranger, d'un domicilié du Québec[98]. On préconisait la même souplesse en matière d'obligations contractuelles. Le recours à la loi locale se fait pour faciliter la confection de l'acte; rien ne devrait empêcher l'application d'une autre loi reliée à l'acte, pour donner suite à l'intention des parties.

L'article **3109** a comme effet d'élargir remarquablement les lois potentiellement applicables à la forme des actes juridiques, pour favoriser leur validité. La fonction protectrice des règles de forme est donc largement abandonnée sur le plan international; la protection nécessaire serait fournie par les règles applicables au fond de l'acte. Ainsi, l'article **3109** soumet la forme de l'acte juridique en principe à la *lex loci celebrationis*. Cette loi, et cette loi seule, peut avoir comme effet d'invalider l'acte pour vice de forme. En revanche, on peut avoir recours à un total de six autres lois dans le but de *valider* l'acte juridique qui serait non valable selon la *lex loci celebrationis*. Il s'agit donc de rattachements alternatifs et optionnels adoptés dans l'unique but de valider l'acte. Les lois qui pourraient ainsi sauver la forme de l'acte sont, selon le deuxième alinéa de l'article **3109**, la loi applicable au fond de l'acte, la loi du lieu où sont situés les biens qui en font l'objet, ou la loi personnelle (du domicile ou de la nationalité) de l'une des parties lors de la conclusion de l'acte. Un contrat conclu à New York entre un domicilié du Québec et un domicilié de l'État du Connecticut pour l'achat d'un appartement en Floride ne pourrait être invalidé pour vice de forme que par la loi new-yorkaise[99]. Même dans un tel cas, cependant, le contrat pourrait être sauvé par l'application de la loi du Québec, de la loi du Connecticut, de la loi du contrat (qui pourrait être choisie par les parties), ou par la loi de la Floride. En matière testamentaire (c'est le principe de *favor testamenti* qui joue), on ajoute, selon l'article **3109** et encore uniquement pour valider le testament, l'application possible de la loi du domicile ou de la nationalité du testateur soit au moment où il a disposé, soit au moment de son décès. L'invalidité pour vice de forme sera rare à l'avenir. Il est toutefois à noter qu'à l'opposé de la Convention de La Haye du 5 octobre 1961 sur la forme des dispostions testamentaires, la loi de la résidence habituelle n'a pas été retenue.

La multiplication de lois applicables pour valider la forme de l'acte juridique rend plus aiguë la distinction entre le fond et la forme[100]. Il faut noter, cependant, que l'article **3109** n'a pas d'effet rétroactif et que les actes juridiques conclus avant la mise en vigueur du nouveau *Code civil* resteront soumis aux règles de droit international privé applicables lors de leur rédaction.

42. Des actes publics ou authentiques. Au cas où les parties concluent leur acte devant un notaire ou un officier public, la question se pose de savoir dans quelle mesure la loi qui régit les pouvoirs de l'officier public peut affecter la validité de l'acte. Puisque plusieurs lois peuvent maintenant être appliquées pour valider un acte juridique, il est fort probable que l'une de ces lois coïncidera avec la loi qui gouverne les pouvoirs de l'officier public. Ainsi, selon l'article **3110** (qui reprend l'ancien article 1208 du *Code civil du Bas Canada*), un notaire québécois peut valablement recevoir un acte juridique hors du Québec qui porte sur un droit réel dont l'objet est situé au Québec, ou lorsque l'une des parties y a son domicile. De même, le testament fait au Québec selon la loi nationale du testateur devant un consul étranger compétent selon la loi étrangère qui gouverne ses pouvoirs, serait valable. L'acte public serait cependant non valable en deux situations: i) si l'officier public n'avait pas la compétence requise selon la loi applicable à l'existence de ses pouvoirs (et cela même si l'acte est valable selon la loi applicable à sa forme); ii) si la loi de l'officier instrumentant, appliquée aux conditions de forme, n'est pas l'une des lois applicables selon l'article **3109**. Le notaire québécois ne peut donc recevoir d'actes juridiques en dehors du Québec que dans les situations prévues par l'article **3110** (il ne peut pas instrumenter en dehors du Québec simplement parce que le droit québécois est applicable au fond de l'acte). De même, l'officier public étranger, instrumentant au

Québec ou à l'étranger, ne peut conférer la validité formelle à un acte juridique en le recevant si l'acte juridique n'est pas valable selon l'une des lois applicables à sa forme[101].

43. Du fond des actes juridiques. Les articles **3111** à **3113** établissent un régime général qui s'applique à la détermination de la loi applicable au fond des actes juridiques. Ces articles trouveront application surtout dans le domaine contractuel, mais ils s'appliqueront également, par exemple, à la donation. Ils reprennent certains principes déjà examinés en matière successorale (art. **3098**) et en ce qui concerne la fiducie (art. **3107**).

Les articles **3111** à **3113** doivent être complétés par les dispositions particulières qui gouvernent certains contrats spéciaux (art. **3114** à **3124**) et par les dispositions générales du Livre Dixième (art. **3076** à **3082**). L'ensemble des dispositions ainsi applicables aux actes juridiques (régime général, dispositions particulières, dispositions générales) s'inspire sensiblement de la Convention de Rome du 19 juin 1980 sur la loi applicable aux obligations contractuelles, convention entrée en vigueur le 1er avril 1991[102]. Le droit international privé au Québec s'harmonise donc largement avec celui des pays européens.

44. Du fond des actes juridiques — la loi d'autonomie. Dans la plupart des pays il est admis que l'intention des parties est d'une importance primordiale dans l'établissement de la loi applicable à leur contrat. Des nuances s'imposent cependant. Selon certains, les parties seraient entièrement libres de choisir la loi applicable à leur contrat (la thèse subjectiviste — on verra les conséquences qui en découlent). Pour d'autres, les parties, déjà nécessairement soumises à un lien juridique, ne pourraient que localiser le contrat par leur choix et cette localisation serait toujours soumise à l'appréciation du juge (la thèse objectiviste). L'article **3111**, dans son ensemble, s'inspire fortement de la thèse subjectiviste et semble même aller au-delà de la Convention de Rome à cet égard. En revanche, comme dans la Convention de Rome, les dispositions particulières, applicables à certains contrats spéciaux, ont comme effet de limiter de façon importante le choix des parties quand il s'agit de ces contrats. Il y a donc une place importante accordée à l'autonomie des parties; cette autonomie est limitée non pas de façon générale et objective, mais selon le domaine contractuel en cause.

Le premier alinéa de l'article **3111** dispose que l'acte juridique est régi «par la loi désignée expressément dans l'acte». Le choix des parties porte directement dans ce cas sur la loi applicable, qui devient applicable uniquement à cause de ce choix. Il n'y aurait pas une simple localisation du contrat en vertu de laquelle la loi applicable serait établie par le juge. Le caractère subjectif de l'article **3111** est confirmé par d'autres de ses éléments. Ainsi, le choix est valable même si l'acte ne présente pas un élément d'extranéité (art. **3111**, al. 1); deux cocontractants domiciliés au Québec peuvent conclure un contrat à executer au Québec et soumettre le contrat à la loi new-yorkaise, ou à toute autre. Seules les dispositions impératives de la loi de l'État qui s'appliquerait en l'absence de désignation ne peuvent pas être évitées de cette façon (art. **3111**, al. 2). La fraude à la loi est ainsi sanctionnée; en dehors du cas de l'intention frauduleuse, le choix des parties est libre[103]. De même, encore en suivant la Convention de Rome, les parties peuvent désigner expressément la loi applicable à la totalité ou à une partie seulement d'un acte juridique. Le dépeçage est toléré, ce qui affaibli la notion d'un contrat qui dans son ensemble est soumis à une seule loi étatique. Le caractère subjectif du régime général est accentué aussi par l'article **3112**, qui va à l'encontre de la Convention de Rome en écartant la loi choisie par les parties si la loi désignée rend l'acte juridique invalide (en concluant un acte juridique, les parties n'auraient pas voulu sa nullité)[104]. Le caractère subjectif des articles **3111** et **3112**, quant au choix des parties, semble laisser ouverte la possibilité que les parties peuvent choisir un droit non étatique (la *lex mercatoria*) ou même adopter une clause excluant l'application de tout droit étatique (le contrat dit «sans loi»). De telles clauses sont souvent suivies par des arbitres, avec l'approbation implicite et même quelquefois explicite des tribunaux, notamment en France et en Angleterre[105].

Ainsi, l'acte juridique serait soumis largement, et en principe, à la volonté des parties quant à la loi applicable. Seules les dispositions générales ou celles (particulières) qui visent certains contrats spéciaux viendraient limiter ce choix. En revanche, on pourrait conclure que le choix étant fait par les parties, ce choix a comme effet de désigner la loi applicable et non pas uniquement les règles matérielles de cette loi lors du choix.

Selon l'article **3111**, l'acte juridique «est régi par la loi désignée». Des changements effectués à cette loi après son choix seraient donc applicables.

Le choix des parties peut être fait expressément ou «résulte d'une façon certaine des dispositions de cet acte» (art. **3111**, al. 1). Serait donc exclu le choix «implicite» qui résulterait, par exemple, du choix du for. Serait exclue également, à l'encontre de la Convention de Rome[106], toute considération des circonstances de la cause (par opposition avec l'acte lui-même) pour établir le choix non express des parties. Le choix non express doit donc découler de l'acte lui-même en vertu des indications précises, telles que l'emploi d'un contrat type utilisé dans une juridiction précise, ou des références aux articles d'un code civil particulier.

45. Du fond des actes juridiques — à défaut de choix. Dans le cas où il n'y a pas de choix (explicite ou implicite) des parties ou dans le cas, comme on l'a vu, où la loi choisie rend l'acte juridique invalide, c'est le juge qui doit localiser l'acte juridique en établissant l'État qui présente les liens les plus étroits avec lui (art. **3112**). La recherche des liens les plus étroits est très libre et s'étendra à la nature de l'acte et à toutes les circonstances qui l'entourent. On prendrait en considération: le lieu de conclusion, le lieu d'exécution principal et la situation de l'objet de l'acte; le domicile, la résidence, la nationalité et le centre d'affaires des parties; la forme de la rédaction de l'acte; la monnaie de paiement; la langue employée; la teneur des lois en conflit; les clauses d'arbitrage ou attributives de juridiction; et enfin l'attitude des parties. L'importance relative de ces indices serait laissée à l'appréciation du juge. Puisque le processus est souvent délicat, les indices se trouvant distribués de façon équilibrée, l'article **3113** vient créer une présomption pour faciliter la tâche, en se servant de la notion de la prestation caractéristique de l'acte.

46. Du fond des actes juridiques — la prestation caractéristique. Inspiré de l'article 117 de la *Loi fédérale sur le droit international privé* suisse[107], dont le principe est incorporé aussi dans l'article 4 de la Convention de Rome du 19 juin 1980, l'article **3113** dispose que les liens les plus étroits sont présumés exister avec la loi de l'État de *résidence* de la partie qui doit fournir la *prestation caractéristique* de l'acte. L'article innove en désignant la résidence comme facteur de rattachement (qui devient l'établissement de l'entreprise dans le cas d'un acte conclu dans le cours des activités de l'entreprise). Il innove surtout cependant en adoptant la notion de prestation caractéristique, développée d'abord par la jurisprudence suisse avant d'être incorporée dans la législation nationale et internationale. La prestation caractéristique de l'acte, c'est la prestation qui le distingue des autres actes juridiques; en général c'est la prestation pour laquelle le paiement est dû. L'article 117 de la *Loi fédérale* suisse donne les exemples suivants: i) la prestation de l'aliénateur, dans les contrats d'aliénation; ii) la prestation de la partie qui confère l'usage, dans les contrats portant sur l'usage d'une chose ou d'un droit; iii) la prestation de service dans le mandat, le contrat d'entreprise et d'autres contrats de prestation de service; iv) la prestation du dépositaire, dans le contrat de dépot; v)la prestation du garant ou de la caution, dans les contrats de garantie ou de cautionnement. La loi ainsi désignée sera souvent celle de la résidence d'un professionnel qui fournit les biens ou les services objet du contrat. Cette loi ne serait pas nécessairement plus favorable au professionnel que celle de l'acquéreur; le contrat de consommation est d'ailleurs l'objet de dispositions particulières. Il y aura cependant des contrats où la prestation caractéristique manque (l'échange) ou ne peut être établie (contrats de société, d'association, conventions matrimoniales, contrats complexes). On reviendra dans ces cas à la recherche libre des liens les plus étroits (art. **3112**).

47. Du fond des actes juridiques — les qualifications. La loi applicable au fond des actes juridiques régira les conditions de sa validité et ses effets. Seront exclus du domaine d'application de cette loi la capacité des parties, les pouvoirs exercés par les représentants, les conditions de forme, la création et l'effet des droits réels et la transmission successorale des créances.

48. Du fond des actes juridiques — l'application des dispositions générales. Malgré la souplesse des textes portant sur la détermination de la loi applicable au fond des actes juridiques, il y aura lieu dans certains cas de faire application des dispositions générales du Livre Dixième. Ainsi, même en dehors du droit de la consommation, du droit du travail ou du droit de l'assurance, où l'application des règles protectrices est préservée par les articles **3117** à **3119**, il est possible qu'une loi du for écarte l'application de la loi normalement applicable, en raison de son but particulier (art. **3076**). Un exemple se trouve dans la décision de la Cour suprême du Canada écartant la loi du Nouveau-Brunswick choisie par les parties en faveur de l'application impérative d'une loi de l'Alberta visant la protection de détaillants locaux de machinerie agricole, loi dont l'effet serait à toutes fins utiles éliminé si elle ne s'appliquait pas aux contrats interprovinciaux ou internationaux[108]. On revient à la notion de l'application *nécessaire* de la loi. La loi étrangère serait aussi écartée si son application conduisait à un résultat manifestement incompatible avec l'ordre public tel qu'il est entendu dans les relations internationales (art. **3081**), mais il y a lieu de constater que la Cour d'appel a déjà jugé que l'ordre public ne s'oppose pas à l'exemplification au Québec d'un jugement étranger ordonnant le paiement d'une dette de jeu[109].

L'application d'une loi étrangère d'application immédiate (art. **3079**) est envisagée par les auteurs de la Convention de Rome en matière contractuelle. Ainsi, les règles impératives de la loi du lieu d'exécution du contrat peuvent être appliquées en écartant la loi normalement compétente (l'article 10, para. 2 de la Convention de Rome dispose que l'on «aura égard» à la loi du lieu d'exécution pour certaines matières). De même, la loi du lieu de provenance de certains biens (culturels, par exemple) pourrait être appliquée de façon impérative[110]. En revanche, les règles étrangères de droit international privé (et ainsi le renvoi) serait toujours exclues en vertu de l'article **3080**, solution déjà acquise d'ailleurs en matière contractuelle où le choix des parties est présumé se diriger vers le droit matériel.

Finalement, l'application de l'article **3082** (le principe de proximité) doit être envisagée dans certains circonstances, notamment pour renverser la présomption de l'article **3113** en faveur de la loi de la résidence de la partie qui doit fournir la prestation caractéristique de l'acte. Dans bien des cas (ceux où il existe une prestation caractéristique), l'article **3113** remplacerait la recherche libre des liens les plus étroits prévue par l'article **3112**. La souplesse est ainsi remplacée par la force de la présomption. Il y aura toutefois des cas où la présomption n'aura pas l'effet escompté. Pour reprendre un exemple européen, en le remettant dans le contexte québécois, si deux cocontractants montréalais contractent pour la livraison de machinerie lourde à Bromont, dans l'Estrie, livraison qui sera effectuée par l'établissement de l'un des cocontractants situé à St. Albans, dans l'État du Vermont, ce sera le droit québécois qui présente les liens les plus étroits avec le contrat malgré la présomption en faveur du lieu d'établissement de la partie qui fournit la prestation caractéristique[111]. La présomption pourrait être renversée aussi pour des contrats ayant pour objet un immeuble (la Convention de Rome crée une présomption spéciale dans le cas d'un tel contrat en faveur de la loi du pays où est situé l'immeuble)[112]. Dans le cas de la *vente* d'un immeuble, l'importance de la loi de la situation est confirmée par l'article **3114** relatif à la vente.

Section II: Dispositions particulières

49. De la vente. La vente internationale a été l'objet de multiples efforts d'harmonisation internationale ces dernières années. Le droit du Québec reflète ces développements de deux façons. D'abord, le Québec a adopté les dispositions de la Convention des Nations Unies sur les contrats de vente internationale de marchandises (la Convention de Vienne, 1980)[113]; ensuite, les textes du Livre Dixième qui portent sur la vente s'inspirent fortement des Conventions de La Haye sur la vente internationale. Puisque la Convention de Vienne jouera un rôle très important à l'avenir, et est déjà en vigueur pour un grand nombre de pays, il y a lieu de déterminer les relations entre la Convention et les articles du Livre Dixième portant sur la vente.

50. De la vente — la Convention de Vienne. La Convention de Vienne établit un droit commun matériel pour les ventes internationales de marchandises auxquelles elle s'applique[114]. La vente de certains biens est exclue du domaine de la Convention, notamment les valeurs mobilières, l'électricité, les monnaies et les biens destinés à un usage personnel. Sont également exclu de son domaine les contrats de fourniture de services. La Convention s'applique à la formation des contrats de vente internationale et aux droits et obligations que ces contrats font naître entre le vendeur et l'acheteur. En revanche, la Convention ne s'applique ni à la validité du contrat ni au transfert de propriété. Comme elle s'applique aux contrats de vente *internationale*, le Convention ne s'applique pas aux ventes interprovinciales, qui restent soumises au droit commun et notamment aux règles de rattachement du Livre Dixième.

L'intégration de la Convention dans le droit québécois n'élimine pas le droit international privé dans le domaine des contrats de vente internationale. En effet, la Convention n'est pas d'application universelle et admet expressément que les parties peuvent écarter son application. Il faut donc établir le domaine de la Convention par rapport aux règles de droit international privé, en envisageant d'abord la situation où les parties exercent leur faculté de choix et ensuite la situation où aucun choix n'est exprimé.

Les parties au contrat de vente internationale peuvent écarter l'application de la Convention, en tout ou en partie, en conformité avec l'article 6 de la Convention. La validité du choix fait par le contractant québécois avec son cocontractant étranger sera donc soumise aux règles du Livre Dixième (et notamment aux arts. **3114** et **3111** qui autorisent, en principe, ce choix). Il faut noter à cet égard que les contrats de consommation et d'assurance sont l'objet d'autres dispositions, plus précises[115], et que les restrictions apportées à la liberté de choix dans ces domaines ne sont pas d'application générale. Les parties peuvent donc choisir un droit national pour gouverner leur contrat, ou peuvent simplement exclure l'application de la Convention, en laissant la détermination de la loi applicable au juge. L'exclusion de la Convention peut aussi être tacite, par l'adoption, par exemple, de clauses conventionelles incompatibles avec la Convention. On discute la question de savoir si le choix d'un droit national ayant adopté la Convention («Le contrat est soumis au droit français») vaut acceptation de la Convention ou non. Seule une référence à un corpus précis de droit national interne («le code civil français») exclut avec certitude l'application de la Convention dans un tel cas. Si les parties sont libres d'exclure l'application de la Convention, elles sont libres aussi de l'adopter, par prorogation, dans les circonstances où elle ne serait pas normalement applicable. La Convention pourrait ainsi devenir un droit commun en dehors des États contractants, si elle est acceptée dans le commerce international. Le choix de la Convention par des parties qui n'y seraient pas assujetties ne représenterait pas le choix d'une loi non étatique, car la

Convention est incorporée dans le droit national de beaucoup d'États. En revanche, le choix serait limité par toute loi d'application impérative qui s'appliquerait aux parties.

Au cas où les parties n'ont pas exprimé de choix quant à l'application de la Convention, elle sera applicable en deux situations, selon l'article premier de la Convention. La première situation, selon l'article 1a, c'est celle dans laquelle les parties ont leur établissement dans des États différents et ces États sont des États contractants. La grande partie des partenaires commerciaux du Québec étant parmi les États contractants, la Convention devient donc le droit commun pour la plupart des ventes internationales impliquant une partie établie au Québec. Les règles de droit international privé gardent une importance seulement pour les matières non couvertes par la Convention. La deuxième situation dans laquelle la Convention s'applique, selon son article 1b, c'est celle où les parties ne sont pas établies dans des États différents ayant adhéré à la Convention mais où le droit international privé du for mène à l'application de la loi d'un État contractant. Ainsi, les règles de droit international privé gardent ici une certaine importance, mais pour assurer l'application de la Convention. Par exemple, si une partie établie au Québec contracte avec un cocontractant établi en pays X non contractant, mais que les parties choisissent le droit français pour régir leur contrat ou que le droit français s'avère être le droit qui présente les liens les plus étroits avec le contrat, ce sera la Convention qui s'applique et non pas les règles du Code civil français[116]. Ou encore si des parties établies dans des États non contractants choisissent le droit du Québec pour régir leur contrat, ce seront les règles de la Convention qui s'appliquent.

51. De la vente — les règles de rattachement. Les règles de rattachement en matière de vente s'appliquent donc là où la Convention n'est pas initialement applicable, soit pour désigner une loi interne, selon la méthode traditionnelle, soit pour désigner la Convention qui est incorporée dans une loi interne. L'article **3114** reflète les principes généraux du domaine contractuel, établis par les articles **3111** à **3113**, en permettant d'abord que les parties choisissent la loi applicable et, en l'absence de choix, en désignant la loi de la résidence de la partie obligée de fournir la prestation caractéristique du contrat

— la loi de la résidence du vendeur. Cependant, dans un esprit d'équilibre (on ne peut pas conclure que l'une ou l'autre des parties est ainsi favorisée sur le fond), l'article **3114** prévoit l'application de la loi de la résidence de l'acheteur dans les trois cas indiqués, c'est-à-dire où: i) des négociations ont été menées et le contrat a été conclu dans cet État; ii) le contrat prévoit expressément que l'obligation de délivrance doit être exécutée dans cet État; ou iii) le contrat est conclu sous les conditions fixées principalement par l'acheteur, en réponse à un appel d'offres. En suivant encore une fois le modèle de la Convention de Rome, l'article **3114** soumet la vente d'un immeuble, en l'absence de désignation par les parties, à la loi de l'État où il est situé. L'article **3115** vient compléter les textes applicables à la vente internationale en précisant que la vente aux enchères ou la vente réalisée dans un marché de bourse sont régies par la loi de l'État où sont effectuées les enchères ou celle de l'État où se trouve la bourse, en l'absence de désignation par les parties. Malgré la souplesse de ces textes, l'on ne peut écarter l'application possible des dispositions générales du Livre Dixième. Le domaine d'application de la loi applicable à la vente n'est pas précisé par les textes et sera établi par la jurisprudence[117].

52. De la représentation conventionnelle. La représentation conventionnelle (le mandat est le cas typique) suppose l'existence de trois parties — le représenté, le représentant et le tiers avec lequel le représentant traite[118]. Le choix de la loi applicable à ces relations multiples est toujours difficile et complexe, et il y a peu de consensus sur le sujet en droit international privé dans les divers pays. On distingue généralement entre les relations dites «internes», celles entre le représenté et le représentant, et celles dites «externes», entre le représentant et le tiers. Les relations internes sont soumises à la loi qui gouverne les relations contractuelles entre le représenté et le représentant. Dans le Livre Dixième, il n'y a pas de texte précis pour ces relations; on tombe dans le domaine général des articles **3109** à **3113**. Pour les relations externes, des solutions diverses se présentent; l'article **3116** établit une *via media* entre elles.

En effet, on peut envisager les relations externes de deux façons opposées. Les pouvoirs que le représentant peut exercer à l'égard des tiers sont en fonction du contrat initial de représentation; ils devraient donc être déterminés par application de la loi applicable à ce contrat[119]. Dans le sens opposé, on peut voir le pouvoir du représentant comme une condition de validité du contrat qu'il conclut avec le tiers, donc régi en principe par la loi applicable à ce nouveau contrat[120]. Les deux positions se prètent à la critique. L'application de la loi du contrat de représentation viendrait troubler la sécurité des transactions entre le tiers et le représentant, sans que le tiers ait la possibilité de prendre connaissance de l'application possible d'une loi étrangère. L'application de la loi du nouveau contrat permettrait au tiers et au représentant de convenir de l'application d'une nouvelle loi, inconnue du représenté qui se trouverait lié dans des conditions imprévisibles lors de la conclusion du contrat de représentation. L'article **3116** écarte ainsi ces deux solutions en adoptant une autre inspirée, en partie, de la Convention de La Haye de 1978 sur la loi applicable aux contrats d'intermédiaires et à la représentation. En principe, la loi applicable aux relations externes sera la loi choisie par le représenté et le tiers. En l'absence de choix, c'est la loi de l'État où le représentant qui a agi qui sera compétente (le choix fait par le tiers et le représentant est donc exclu), à condition que soit le représenté soit le tiers ait son domicile ou sa résidence dans cet État. On exclut donc la loi applicable aux deux relations — existant et à créer — pour localiser les relations externes de façon indépendante, selon le lieu d'activité du représentant, renforcé par le domicile ou la résidence du représenté ou du tiers. Le tiers et le représenté peuvent raisonnablement prévoir l'application de cette loi. La solution en est une de compromis. Dans les cas précis, son effet peut être corrigé par l'application des dispositions générales. Il est à noter aussi qu'aucune solution n'est indiquée pour le cas où ni le represénté ni le tiers n'a son domicile ou sa résidence dans le lieu d'activité du représentant; dans ce cas on recherchera la loi qui présente les liens les plus étroits (art. **3112**).

53. Du contrat de consommation. Suivant de près le modèle de l'article 5 de la Convention de Rome[121], l'article **3117** crée un régime particulier en droit international privé pour le contrat de consommation. La politique législative matérielle de protection du consommateur trouve donc son reflet sur le plan du droit international; la jurisprudence avait déjà dû se préoccuper de la question[122].

L'article **3117** permet que les parties désignent la loi applicable à leur contrat de consommation[123]. Ce choix ne sera pas sans conséquences; le contrat de consommation sera effectivement régi par cette loi, la protection matérielle du consommateur s'effectuant par exception à son application. En effet, la loi choisie par les parties ne sera écartée que dans la mesure où son choix prive le consommateur de la protection accordée par les dispositions impératives de la loi de sa résidence et cela, seulement si le contrat présente d'autres liens avec sa résidence. Encore selon l'article **3117**, la protection accordée par la loi de la résidence du consommateur ne sera assurée que dans les cas où une offre spéciale ou une publicité a été effectuée dans le lieu de sa résidence et où le consommateur y a effectué les actes nécessaires à la conclusion du contrat ou la commande y a été reçue. Par extension de ce principe, la protection accordée par la loi de la résidence du consommateur sera assurée aussi au cas où le consommateur a été incité par son cocontractant à se rendre dans un État étranger afin d'y conclure le contrat (art. **3117**, al. 2).

Ainsi, pour résumer l'effet de l'article **3117**, la loi désignée par les parties sera appliquée à moins qu'une «comparaison concrète»[124] ne démontre que la loi de la résidence du consommateur fournit une meilleure protection au consommateur sur la question litigieuse. Cette protection ne sera assurée, cependant, que dans le cas où le contrat présente un lien important avec la résidence du consommateur — par exemple, le contrat est la suite de la circulation chez le consommateur d'un catalogue de ventes ou d'une offre de contrat et le consommateur y a apposé sa signature; ou encore, si le contrat y avait été normalement conclu, sauf pour l'incitation faite à conclure le contrat à l'étranger. Le simple fait pour le consommateur résidant au Québec de conclure un contrat de consommation à l'étranger n'assure pas l'application des règles protectrices de la législation québécoise[125].

En l'absence d'un choix fait par les parties, cependant, l'article **3117**, al. 3, crée une règle de rattachement spécial pour le contrat de consommation, en le soumettant à la loi de la résidence du consommateur dans les circonstances déjà examinées. En dehors de ces circonstances, l'on cherchera la loi qui présente les liens les plus étroits avec le contrat (art. **3112**).

Les règles posées par l'article **3117** sont bilatérales; elles s'appliquent aux contrats de consommation conclus par les résidents du Québec et par ceux d'autres juridictions. Le régime spécial ainsi créé diminue fortement la possibilité de l'application des dispositions générales du Livre Dixième. Pour la définition du contrat de consommation sur le plan international et interprovincial, on aura recours à celle fournie par la *Loi sur la protection du consommateur* du Québec et à celle fournie par la Convention de Rome.

54. Du contrat de travail. Comme le contrat de consommation, le contrat de travail bénéficie d'un régime particulier, établi par l'article **3118**, qui suit de près le modèle établi par l'article 6 de la Convention de Rome en matière de contrats de travail. Le régime suit en général, d'ailleurs, celui que le législateur a établi pour les contrats de consommation: acceptation en principe de la loi d'autonomie; préservation de la protection accordée par la loi la plus apte à fournir une telle protection; application de cette dernière loi au cas où les parties n'ont pas exprimé un choix.

Ainsi, selon l'article **3118**, l'application de la loi choisie par les parties (qui reste applicable à l'ensemble du contrat) ne peut pas priver le travailleur de la protection accordée par les dispositions impératives de la loi la plus apte à le protéger. La définition de cette dernière loi est plus difficile, cependant, que celle de la loi la plus apte à protéger le consommateur. En effet, si le contrat de consommation est en général un contrat instantané, le contrat de travail est souvent un contrat de longue durée dont l'exécution peut être dispersée dans plusieurs juridictions. Au lieu de faire référence à la loi de la résidence du travailleur, on a choisi plutôt la loi de l'État où il accomplit habituellement son travail, comme loi qui est la plus prévisible par lui. Cette loi s'applique même si le travailleur est affecté à titre temporaire dans un autre État. Au cas où le travailleur n'accomplit pas habituellement son travail dans un même État (les membres d'équipage des lignes aériennes, par exemple), c'est la loi de l'État où son employeur a son domicile ou son établissement qui s'applique. Au cas où les parties n'ont pas désigné la loi applicable, c'est soit la loi du lieu habituel du travail, soit la loi de l'État du domicile ou de l'établissement de l'employeur qui s'applique, selon les circonstances déjà indiquées.

Le caractère extrêmement variable des contrats de travail, et la diversité des lois qui les réglementent, permettent d'envisager l'application des dispositions générales du Livre Dixième. Ainsi, au cas où un contrat de travail est conclu sans désignation de la loi applicable entre un établissement québécois et un travailleur domicilié au Québec pour effectuer du travail dans un pays étranger pour une période limitée de deux ans, le salaire étant versé en dollars canadiens dans un compte bancaire situé au Québec, il y aurait lieu de conclure que la situation présente un lien beaucoup plus étroit avec la loi du Québec (art.**1382**) et appliquer cette loi au lieu de celle du lieu du travail.

55. Du contrat d'assurance terrestre. Le même but matériel de protection inspire l'article **3119** en matière d'assurance terrestre, qui reprend l'essentiel des articles 2496 à 2498 du *Code civil du Bas Canada*. Le résident du Québec se voit protégé par la loi du Québec pour tout contrat d'assurance auquel il souscrit au Québec, dès lors qu'il fait la demande au Québec ou que l'assureur y signe ou y délivre la police. De même, la loi du Québec s'applique s'il s'agit d'une assurance portant sur un bien ou un intérêt situé au Québec, dès lors que le preneur fait la demande au Québec ou que l'assureur y signe ou y délivre la police. Toute convention contraire sera sans effet; la loi d'autonomie est cette fois complètement écartée. Il est à noter que, à l'opposé de l'article 2496 du *Code civil du Bas Canada*, la personne domiciliée au Québec sans y être résidente ne bénéficie pas de la protection accordée par l'article **3119**.

Le contrat d'assurance collective, souscrit par exemple par un employeur au bénéfice de ses employés, est aussi régi de façon impérative par la loi du Québec dès que l'adhérent a sa résidence au Québec au moment de son adhésion (art. **3119**, al. 2). Dans le cas d'un contrat soumis impérativement à la loi du Québec en vertu de cet article, et dans le cas de tout autre contrat soumis à cette loi, les sommes payables en vertu du contrat sont payables au Québec (art. **3119**, al. 3).

La protection ainsi accordée par l'article **3119** est uniquement celle que fournit le droit québécois, l'article étant unilatéral dans sa formulation. Au cas d'un contrat d'assurance qui ne tombe pas dans le domaine de l'article **3119,** il y aura lieu de faire application des principes généraux applicables dans le domaine contractuel en droit international privé (art. **3109** à **3113**), corrigés éventuellement par les dispositions générales du Livre Dixième[126].

56. De la cession de créance. La cession de créance représente un acte juridique complexe, qui peut engager de multiples parties et mettre en jeu de multiples lois. L'article **3120** ne dit rien au sujet de la loi applicable aux rapports entre cédant et cessionnaire; sa détermination sera régie par les principes généraux en matière contractuelle. Le choix des parties est donc permis. En l'absence de choix, si la prestation caractéristique du contrat de cession est la fourniture de la créance (ce qui indique la loi de la résidence du cédant), l'on ne peut pas exclure l'application de la loi qui gouverne la créance cédée, comme ayant une relation plus étroite avec la situation que celle de la loi de la résidence du cédant (art. **3082**)[127].

Quant au caractère cessible de la çréance, ainsi que les rapports entre le cessionnaire et le débiteur cédé, l'article **3120** suit encore le modèle de la Convention de Rome en soumettant ces questions à la loi qui régit les rapports entre le cédé et le cédant[128]. On ne veut pas voir imposées au débiteur des conditions de cession qui sont celles d'une loi qu'il ignore. La Convention de Rome précise en outre que les «conditions d'opposabilité de la cession au débiteur et le caractère libératoire de la prestation faite par le débiteur» sont également soumis à la loi qui régit la créance cédée. Rien dans l'article **3120** ne s'oppose à cette définition du domaine de la loi applicable. Il faut noter à cet égard que l'article **1641** établit les conditions d'opposabilité en droit québécois et cela, même pour la situation où le débiteur «ne peut être trouvé au Québec». Ce texte ne serait cependant pas applicable si les conditions d'opposabilité sont soumises à une loi étrangère qui gouverne la créance cédée.

L'article **3120** est muet sur la question de l'opposabilité de la cession aux tiers, notamment aux créanciers du cédant. La jurisprudence française applique la loi du domicile du débiteur cédé[129]. La solution paraît plus raisonnable que celle de l'application de la loi de la créance. Les créanciers ignorent la loi qui gouverne la créance; en revanche, ils peuvent s'informer sur la loi du domicile du débiteur, lieu éventuel d'exécution de la créance.

57. De l'arbitrage. L'arbitrage est fondé non pas sur l'autorité étatique mais sur la volonté des parties. L'article **3121** consacre donc le rôle de la loi d'autonomie pour tout conflit de lois portant sur une convention d'arbitrage.

La convention d'arbitrage sera constituée dans la plupart des cas par une clause d'arbitrage dans un contrat international. Il est unanimement admis, cependant, que la clause d'arbitrage est autonome du contrat qui la contient. Sa validité est indépendante de celle du contrat; la loi qui la régit doit être déterminée de façon indépendante de la détermination de la loi qui gouverne le contrat[130]. Le choix des parties étant admis, ils jouiront de la même liberté de choix que dans le domaine contractuel en général; ils peuvent notamment choisir de ne pas soumettre leur convention d'arbitrage à une loi étatique, mais préférer leurs propres règles ou le règlement d'une institution d'arbitrage[131]. Comme pour le contrat ordinaire, le désignation des parties peut résulter «d'une façon certaine des dispositions» de la convention (art. **3111**). Ne constituerait pas une désignation, cependant, le simple choix d'un lieu où l'arbitrage se déroulera.

En l'absence d'une désignation par les parties, c'est la loi applicable au contrat principal qui s'appliquera. S'il n'y a pas de contrat principal, on peut envisager l'application de la loi applicable à l'objet du litige, ce qui est la solution de l'article 178 de la Loi féderale suisse. La règle de l'article **3121** est bilatérale; elle détermine donc les conditions d'application du droit québécois aux arbitrages mais aussi les conditions d'application de tout autre droit, étatique ou non. Au cas où la loi applicable au contrat principal (ou à l'objet du litige) a comme effet d'invalider la convention, on appliquera la loi de l'État où l'arbitrage se déroule. Il faut envisager la même situation au cas où la loi désignée par les parties aurait l'effet d'invalider la convention, en faisant application du principe de l'article **3112**. Au cas où l'arbitrage se déroule en plusieurs endroits, on cherchera la loi du lieu qui présente les liens les plus étroits (art. **3112**).

Le droit désigné par les parties comme applicable à la convention d'arbitrage sera applicable pour déterminer l'arbitrabilité du litige, la validité quant au fond de la convention[132], le déroulement de l'arbitrage depuis l'organisation du tribunal arbitral jusqu'au délibéré des arbitres et la régularité et la forme de la sentence[133]. En l'absence de désignation cependant, la procédure et le déroulement de l'arbitrage seront régis par la loi de l'État où l'arbitrage se déroule[134]. Les conditions de forme de la convention d'arbitrage elle-même, cependant, seront régies en conformité avec l'article **3109**.

58. Du régime matrimonial. Dans la tradition civiliste, le régime matrimonial fait partie du statut des obligations depuis au moins quatre siècles. C'est dire que l'on a reconnu la nécessité d'un *régime*, ce qui écarte en principe le statut des biens et la loi du lieu de la situation des biens, mais l'on a aussi reconnu l'importance de la loi d'autonomie dans la réglementation des relations patrimoniales des époux. Ces relations patrimoniales ne seraient pas de l'essence du mariage; elles pourraient varier selon le choix des époux. Si certains pays ont insisté sur le caractère obligatoire d'un régime matrimonial particulier, la loi d'autonomie s'est affirmée tout de même sur le plan international, le caractère impératif d'un régime particulier étant limité aux situations purement internes. Aujourd'hui l'importance de la loi d'autonomie est très largement admise dans le droit international privé, et son importance est réaffirmée par les articles **3122-3124**. Dans les divers droits internes, cependant, l'on assiste aujourd'hui à une multiplication de lois ayant comme objectif l'établissement d'un équilibre entre les époux à la dissolution de leurs relations patrimoniales. Ces lois cherchent à corriger l'effet d'un régime matrimonial ou de soustraire certains biens de son domaine; on a déjà vu le phénomène en examinant les effets du mariage (art. **3089**). Il y aura lieu donc d'examiner l'aptitude de la loi d'autonomie à régir le régime matrimonial avant de considérer des tempéraments nécessaires dans son application.

59. Du régime matrimonial — la loi applicable. L'article **3122** soumet la détermination de la loi applicable au régime matrimonial conventionnel aux règles générales applicables au fond des actes juridiques. Il y a donc liberté de choix; la loi applicable peut être désignée expressément dans le contrat de mariage ou résulte d'une façon certaine des dispositions de cet acte (art. **3111**). Le seul choix des parties ne suffit pas, cependant, pour écarter les dispositions impératives d'une loi normalement applicable, en l'absence de tout élément d'extranéité, car l'application de ces dispositions est préservée par l'article **3111**, al. 2. Ainsi, deux domiciliés du Québec qui se marient au Québec et dont le mariage se dissout au Québec ne peuvent échapper aux dispositions impératives du droit québécois, notamment en ce qui concerne la prestation compensatoire et le patrimoine familial. Quelle que soit la qualification donnée à ces institutions juridiques (régime matrimonial ou effet de mariage), leur caractère impératif aurait prépondérance sur toute volonté contraire exprimée par les époux. Par contre, la loi d'autonomie reprend son rôle traditionnel dès qu'un élément d'extranéité se présente, sous forme, par exemple, du domicile étranger ou de la nationalité étrangère de l'un des époux, ou de la situation étrangère des biens objets du régime. La loi qui serait ainsi choisie par les époux reste applicable au régime matrimonial, malgré tout changement ultérieur du domicile ou de la nationalité des époux[135]. En l'absence de désignation de la loi applicable par les époux dans leur contrat de mariage, ce sera la loi qui présente les liens les plus étroits avec cet acte qui lui sera applicable (art. **3112**).

S'il n'y a pas de convention matrimoniale, l'article **3123** dispose que c'est la loi du domicile des époux au moment du mariage qui gouvernera leur régime matrimonial. Il s'agit d'une localisation qui reflète l'intention présumée des époux. Puisqu'il s'agit du domicile des parties au moment de leur mariage, l'établissement par les époux d'un premier domicile matrimonial ne peut pas influencer la détermination de la loi applicable, et cela à l'opposé du droit international privé français[136]. On peut chercher d'autres éléments de localisation seulement au cas où les époux sont domiciliés dans des États différents lors du mariage. Dans ce cas, on appliquera la loi de leur première résidence commune ou, à défaut, la loi de leur nationalité commune ou, à défaut, la loi du lieu de la célébration du mariage (art. **3123**, al. 2).

La détermination de la loi applicable en l'absence d'une convention matrimoniale reflète une option législative en faveur de la stabilité des relations patrimoniales des époux, qui sont présumés avoir fait référence aux dispositions matérielles de la loi applicable lors de la célébration du mariage, et qui sont censés s'appuyer sur ces dispositions pendant la durée du mariage. On exclut donc les circonstances postérieures à la fixation initiale de la loi applicable au régime, rejoignant en cela le droit international privé français où l'on enseigne que la solution découle non pas de l'idée de l'immutabilité des conventions matrimoniales, mais simplement du caractère impérativement permanent du rattachement — lui-même fondé sur la notion de stabilité[137]. Le choix du législateur québécois se distingue d'une certaine tendance, notamment dans les juridictions de common law en Amérique du Nord et en droit suisse, de faire application du domicile des époux lors de la dissolution du mariage[138]. Par contre, en revenant au principe d'autonomie des parties, on envisage la modification conventionnelle du régime matrimonial (conventionnel ou légal), en soumettant la validité d'une telle modification conventionnelle non pas à la loi du régime mais à la loi du domicle des époux au moment de la modification (art. **3124**). Les époux ne se verraient donc pas liés par une immutabilité dictée par une loi initialement compétente; leur liberté d'effectuer un changment de régime serait fonction de leur milieu social actuel. Au cas où les époux seraient domiciliés dans des États différents, on appliquera, à cette question de modification conventionnelle, la loi de leur résidence commune ou, à défaut, la loi qui gouverne leur régime.

60. Du régime matrimonial — éviction de la loi normalement applicable. La loi qui gouverne le régime matrimonial s'appliquera en principe aux relations patrimoniales des époux, sauf pour ce qui concerne l'obligation alimentaire. Cette loi peut cependant être écartée, soit par le jeu des dispositions générales du Livre Dixième, soit par une qualification différente de certaines relations patrimoniales (notamment si on les qualifie comme des effets de mariage)[139].

Une première difficulté concerne le *conflit dans le temps* qui peut découler du rattachement permanent du régime matériel. Au cas où la loi du régime subit un changement (c'est le cas pour toutes les provinces de common law qui ont passé d'un régime légal de séparation de biens à un régime de type communautaire pendant les années soixante-dix et quatre-vingt), doit-on suivre les dispositions transitoires de la loi du régime, ce qui conduit souvent à l'application rétrospective des nouveaux textes? C'est la solution de principe généralement admise en droit international privé. Au cas, cependant, où les époux ont quitté le lieu de leur domicile matrimonial avant le changement de la loi normalement applicable, ceci mène à un bouleversement de leur régime matrimonial par la loi d'une juridiction avec laquelle ils n'ont plus aucun contact et avec laquelle ils ont peut-être délibérément rompu tous les liens (c'est souvent le cas des réfugiés politiques). Par contre, insister sur l'application du régime initial consiste à faire application d'un régime pétrifié, qui ne serait le droit que pour des expatriés de la juridiction et uniquement devant les cours étrangères. La Cour d'appel, face à ce dilemme, a décidé dans l'affaire *J.L.P.* c. *D.E.M.*[140] de ne pas faire application des textes adoptés dans la juridiction du domicile matrimonial des époux après l'établissement de leur domicile au Québec, tout en laissant ouverte la possibilité de faire application de la loi québécoise pour certaines questions. Dans les circonstances, les époux avaient quitté le domicile matrimonial quelques années après le mariage et se sont installés au Québec bien avant le changment de la loi du régime matrimonial et bien avant le litige. L'on peut voir dans la décision une application possible du principe de proximité de l'article **3082**. Il n'y avait plus de liens entre les parties et la loi du domicile matrimonial lors du changement de la loi; ayant égard à l'intention probable des parties, le régime initial resterait donc en principe applicable; ce régime a pu être écarté par le droit québécois étant donné l'établissement, de longue durée, des parties au Québec; dans les circonstances précises de la cause, il n'y avait pas lieu de faire intervenir la loi québécoise.

Le droit québécois peut donc intervenir au cas où le dernier domicile matrimonial des époux est le Québec, par le jeu des dispositions générales du Livre Dixième. Il peut intervenir aussi, cependant, par une qualification des relations patrimoniales en cause comme relevant des effets de mariage. L'on a déjà vu une tendance en ce sens quant à la qualification de la prestation compensatoire et du patrimoine familial (art. **3089**). En adoptant une telle qualification cependant, on ne peut pas exclure l'application des dispositions générales du Livre Dixième, ce qui permettrait l'application de la loi du régime à ces questions au cas où, «compte tenu de l'ensemble des circonstances» (art. **3082**), cette loi est en relation beaucoup plus étroite avec la situation. Le rattachement du régime matrimonial à la loi du domicile matrimonial ne serait pas ainsi vidé de toute importance; la loi du régime resterait applicable même pour des questions de patrimoine familial, à condition que le principe de proximité soit satisfait.

61. De certaines autres sources d'obligation. Les obligations fondées sur l'idée de l'enrichissement sans cause ont donné lieu à peu de jurisprudence en droit international privé, sans doute à cause de la généralité des principes que l'on retrouve en la matière. C'est aussi que les juridictions de common law se rapprochent aujourd'hui de celles de droit civil. Le législateur a tout de même créé une règle de rattachement pour les obligations ayant un tel fondement. Par sa généralité, la règle laisse toutefois certaines questions ouvertes.

Ainsi, l'article **3125** dispose que les obligations fondées sur la gestion d'affaires, la réception de l'indu ou l'enrichissement injustifié sont régies par la loi du lieu de survenance du fait dont elles résultent. Puisque, de façon générale, l'enrichissement sans cause résulte à la fois d'un enrichissement et d'un appauvrissement, ou paiement, il est évident que ces deux événements peuvent avoir lieu dans des endroits différents. On cherchera, dans un tel cas, la juridiction qui présente les liens les plus étroits avec la situation. Certaines formes d'enrichissement peuvent d'ailleurs être qualifiées comme éléments d'une relation juridique préexistante entre les parties. Il en est ainsi avec le *trust* non formel (*resulting* ou *constructive trust*) de la common law, applicable en matière de relations patrimoniales familiales. Malgré qu'un tel *trust* soit fondé sur l'idée d'enrichissement sans cause, la jurisprudence québécoise a déjà vu un tel *trust*, appliqué dans un contexte familial, comme élément du régime matrimonial des parties[141]. La loi applicable à un autre rapport juridique préexistant, notamment un contrat dont la déclaration de nullité donne lieu à un enrichissement injustifié, peut aussi se révéler en relation plus étroite avec la situation, ce qui justifierait l'application du principe de proximité de l'article **3082**.

62. De la responsabilité civile. Préconisée depuis fort longtemps par la doctrine continentale, l'application en matière de responsabilité civile de la loi du lieu du délit (la *lex loci delicti*) a toujours recontré des obstacles. À l'époque du *jus commune*, la doctrine elle-même se demandait si la loi du lieu du délit était conforme ou contraire au droit commun, ou si l'étranger a connu ou non son contenu[142]. Sur le plan de la pratique judiciaire, l'application de la loi étrangère du lieu du délit restait souvent lettre morte, face à l'incompétence des tribunaux à l'égard des actes illicites commis à l'étranger, ce qui a mené à l'application exclusive de la loi du for conçue comme loi de police pour les actes commis sur le territorire du for[143]. Au XXe siècle l'application de la *lex loci delicti* en tant que telle est devenue possible, grâce à l'élargissement de la compétence des tribunaux, et sa compétence a été affirmée par de nombreuses cours suprêmes[144]. En même temps cependant, étant données les conditions du transport moderne et l'internationalisation de la vente des produits, la *lex loci delicti* s'est révélée de plus en plus fortuite. Dans les conventions internationales, des efforts importants ont été entrepris pour établir des règles de rattachement plus spécialisées et plus nuancées.

Dans ses articles **3126** à **3129** le Livre Dixième suit ce mouvement contemporain vers une compétence, nuancée, de la *lex loci delicti*, avec une gamme d'exceptions permettant le recours à d'autres lois.

63. De la responsabilité civile — le rôle de la *lex loci delicti*. Selon l'article **3126**, c'est la loi de l'État où «le fait générateur» du préjudice est survenu qui s'applique à l'obligation de réparer le préjudice causé à autrui. On exclut donc l'application de la loi du for en tant que telle; le délit sera jugé en principe selon son milieu social. Dans les cas simples, ce sera l'acte fautif du défendeur qui cause un préjudice direct et immédiat au demandeur qui localisera les questions de responsabilité. La notion d'un «fait générateur» du préjudice n'est cependant pas définie et dans des cas plus complexes elle se prête à une certaine ambiguïté. Il est à noter que l'article **3126** parle d'un «fait» générateur et non d'un «acte» générateur; et qu'il s'agit d'un fait qui engendre non la responsabilité mais le préjudice. Si l'on prend le cas classique d'une usine dans un État *A* dont les polluants rendent insalubres les eaux dans un État *B*[145], où survient le fait générateur de préjudice? La lecture littérale du texte suggère que le fait générateur est survenu dans l'État *B*. S'il n y a pas d'acte commis dans l'État *B* il y a au moins un fait, l'existence des polluants, et ce fait a engendré le préjudice[146]. Cette interprétation mène à la conclusion, cependant, que le lieu du délit correspond toujours au lieu du préjudice, ce qui serait démenti par la deuxième phrase du premier alinéa de l'article **3126** selon laquelle, si le préjudice est apparu dans un autre État, la loi de cet État s'applique si l'auteur devait prévoir que le préjudice s'y manifesterait. Ainsi le «fait générateur» peut être séparé du préjudice et doit être compris dans le sens d'un fait ***visé par une règle de responsabilité*** comme générateur de préjudice[147]. Dans le cas de l'usine polluante, le fait générateur pourrait ainsi être l'acte fautif d'un employé survenu dans l'État *A* où l'activité nuisible (critère de responsabilité objective) d'exploiter une usine polluante près des eaux transfrontalières, encore dans l'État *A*. En faisant application de la deuxième phrase du premier alinéa de l'article **3126**, la loi de l'État *B* serait cependant applicable dans le cas où le défendeur devait prévoir que le préjudice s'y manifesterait, mais pas autrement. L'article reflète donc une certaine préférence pour la loi du lieu où le défendeur est situé (et sur laquelle il pourrait normalement s'appuyer pour établir sa conduite). Cette préférence s'efface cependant devant la prévisibilité de dommage ailleurs. Au cas où la responsabilité du défendeur serait engagée par l'entremise d'un tiers (enfant, préposé), le fait générateur visé par une règle de responsabilité comme générateur de préjudice serait le contrôle ou la surveillance exercé, ou mal exercé, dans le lieu où le préjudice survient.

L'application de la *lex loci delicti* est tout simplement écartée, cependant, en vertu du deuxième alinéa de l'article **3126**, au cas où l'auteur et la victime ont leur domicile ou leur résidence dans le même État, en faveur de la loi de cet État. Le lieu du délit est vu comme relativement fortuit dans le cas d'un tel rattachement personnel commun[148]. Dans tous les cas, cependant, l'application des dispositions générales du Dixième Livre restent potentiellement applicable.

64. De la responsabilité civile — la responsabilité du fabricant. L'on a vu en examinant l'article **3126** qu'il faut souvent choisir entre la loi du lieu du préjudice et la loi du lieu du fait générateur du préjudice. En matière de responsabilité du fabricant, le lieu du préjudice est souvent éloigné du lieu de fabrication et le même choix pourrait donc s'imposer. Cependant, le droit de la responsabilité du fabricant s'est beaucoup raffiné dans les dernières décennies et l'article **3128** constitue un régime particulier pour résoudre les conflits dans ce domaine.

De façon générale, on a vu une expansion de la responsabilité du fabricant dans les divers droits nationaux, mais cette expansion s'est effectuée de deux façons. D'une part, il y a eu une croissance de la responsabilité dite objective, pour le dessein et la fabrication de produits défectueux (notamment aux États-Unis et dans le Communauté européenne); d'autre part, il y a eu un raffinement de la responsabilité fondée sur la notion de faute, notamment par le développement de l'idée de faute dans le processus de distribution du bien (fondée surtout sur l'obligation de renseignement du fabricant). Si la production d'un produit défectueux se localise chez le fabricant, la faute dans la distribution survient là où le produit se vend, de sorte que le consommateur peut se fonder sur des critères multiples de responsabilité qui peuvent prendre naissance dans des endroits différents[149]. L'automobile a été fabriquée dans l'État *A* mais c'est dans l'État *B*, où elle a été vendue, que le fabricant n'a pas donné l'avertissement requis quant à son entretien. Le choix qui se présente ainsi au demandeur est reflété par l'article **3128** qui dispose que la responsabilité du fabricant est régie, au choix de la victime, soit par la loi de l'État dans lequel le fabricant a son établissement ou, à défaut, sa résidence; soit par la loi de l'État dans lequel le bien a été acquis[150]. C'est donc le choix du demandeur qui sera primordial pour la détermination de la loi applicable, et le principe de proximité de l'article **3082** permet d'envisager que ce choix pourrait s'exercer même en faveur d'autres lois. Si le bien est acquis dans une juridiction donnée mais ramené aussitôt au lieu de la résidence de l'acquéreur, et le vice cause du préjudice a dû être objet d'un avertissement ou d'un rappel après la date de l'acquisistion initiale, il semble bien que la situation se trouve en relation beaucoup plus étroite avec la loi de la résidence qu'avec la loi du lieu d'acquisition.

Il faut noter que la responsabilité du fabricant est régie selon ces principes «quelle qu'en soit la source». On écarte ainsi la loi normalement applicable aux relations contractuelles entre les parties et la loi qui serait normalement applicable à leurs relations quasi délictuelles, pour permettre le choix de la victime dans les limites indiquées.

65. De la responsabilité civile — matière première provenant du Québec. Le choix offert par l'article **3128** à la victime d'un produit défectueux serait écarté, cependant, par l'article **3129** quand il s'agit d'un préjudice subi au Québec ou hors du Québec et résultant soit de l'exposition à une matière première provenant du Québec, soit de son utilisation. Dans un tel cas, c'est le *Code civil du Québec* qui s'applique de façon impérative. L'essentiel de l'article **3129** fut adopté en 1989 par une loi particulière que le législateur a jugé bon d'incorporer dans le texte du *Code civil*[151].

66. De la responsabilité civile — problèmes de qualification. Les questions de responsabilité civile se posent souvent dans le cadre de relations juridiques préexistantes. Sur le plan international, il y a donc des problèmes de qualification, car les relations juridiques préexistantes seront régies par leur propre loi et il faudra départager les rôles respectifs de la loi de la relation juridique préexistante et de la loi applicable à la responsabilité civile. Quand la question de responsabilité se pose entre époux, entre parent et enfant, ou entre cocontractants, doit-on appliquer la loi du lieu du délit ou la loi qui régit la relation préexistante? Le demandeur qui subit un préjudice «par ricochet» (l'enfant qui subit un préjudice suite au décès de son parent) verra-t-il sa demande soumise entièrement à la loi du délit ou y aura-t-il lieu de faire intervenir la loi qui gouverne la relation préexistante[152]? La responsabilité pour autrui (préposé, enfant) est-elle soumise à la loi du délit ou doit-on faire application de la loi qui gouverne les relations entre l'acteur et le défendeur? Pour toutes ces questions, il y aura lieu de faire application, en principe et dans la mesure souhaitable, des solutions jurisprudentielles déjà acquises. À l'opposé de la *Loi fédérale sur le droit international privé* suisse, le Livre Dixième ne pose pas de solution de principe pour ces questions[153]. On a déjà signalé, cependant, que la victime qui poursuit le fabricant jouit d'une option particulière et n'est pas liée par la loi normalement applicable à ses relations contractuelles ou délictuelles[154]. De plus, selon l'article **3127,** lorsque l'obligation de réparer un préjudice résulte de l'inexécution d'une obligation contractuelle, les prétentions fondées sur l'inéxecution sont régies par la loi applicable au contrat. Cet article ne semble pas exclure que le demandeur choisisse plutôt la qualification délictuelle, car son allégation dans un tel cas est à l'effet que l'obligation de réparer résulte non pas de l'inéxecution d'une obligation contractuelle mais de l'inexécution d'une obligation délictuelle, avoisinante[155]. L'article aurait comme effet principal de préserver dans le domaine de la loi contractuelle les prétentions de caractère véritablement contractuelles (perte de valeur du bien dont la défectuosité aurait causé un dommage, dans une action par l'acheteur contre un vendeur non fabricant)[156].

Les articles du Livre Dixième portant sur la responsabilité civile n'auront pas d'effet sur le régime particulier qui gouverne les accidents d'automobile, en vertu de la *Loi sur l'assurance automobile*[157]. Aucune action en justice au Québec n'est permise en raison d'un dommage corporel causé par une automobile, au Québec ou à l'étranger. En revanche, la victime d'un accident survenu hors du Québec peut bénéficier de l'indemnisation prévue par la loi du Québec tout en conservant ses recours en vertu de la loi du lieu de l'accident[158].

67. De la preuve. Les règles du droit de la preuve sont de caractère variable. Quelquefois liées au fond (présomptions irréfragables), quelquefois un reflet des rôles professionnels (pouvoir d'interroger), leur traitement en droit international privé n'a pas toujours été constant[159]. L'article **3130** reflète cette ambivalence en établissant la compétence en principe de la loi applicable au fond du litige, tout en admettant l'application des règles du tribunal saisi qui sont plus favorables à l'établissement de la preuve. Le régime de la preuve est ainsi assez libéral; quelques précisions seront quand même utiles.

Il faut d'abord rappeler qu'en l'absence d'une allégation du droit étranger, le tribunal appliquera la loi du for[159]. Dans la grande majorité des cas où les questions de preuve ne résoudront pas directement le litige, le tribunal ne se préoccupera donc pas du droit étranger. Ensuite, il semble possible de distinguer entre le droit de la preuve proprement dit et le droit portant sur l'*administration* de la preuve. Dans le cas où le litige comporte un élément d'extranéité, le tribunal ne doit pas abandonner ses techniques normales d'administration de la preuve, simplement parce que l'une des parties a invoqué une règle étrangère de la preuve. Selon l'expression de MM. Batiffol et

Lagarde, le juge ne doit pas «statuer suivant des formes qu'il ignore[161]». Le caractère accusatoire ou investigatif de la production de la preuve ne sera donc pas régi en principe par la loi applicable au fond du litige; la loi du for sera applicable, qu'elle soit plus favorable ou non à l'établissement de la preuve.

En revanche, pour ce qui concerne la charge et l'objet de la preuve, le rôle accordé aux présomptions, et l'admissibilité des moyens de preuve, l'article **3130** établit la compétence initiale de «la loi qui s'applique au fond du litige», en n'admettant l'application de la loi du for que pour favoriser l'établissement de la preuve. L'expression «la loi qui s'applique au fond du litige» doit être entendue dans un sens large, par opposition à la loi du for. Ainsi, dans le cas de la preuve d'un acte juridique, dont la forme sera régie par l'une des lois désignées par l'article **3109**, la preuve de cet acte pourra être faite en conformité avec l'une des lois ainsi désignées.

68. De la prescription. L'article **3131** établit une règle simple en matière de prescription, à savoir que la prescription est régie par la loi qui s'applique au fond du litige. En matière de prescription acquisitive, ce sera la loi du lieu de la situation du bien qui en fait l'objet (art. **3097**). En matière de prescription extinctive, on fera application de la loi compétente en vertu des règles de rattachement du Livre Dixième. La règle ainsi établie suit le développement international à cet effet, en écartant la loi du for[162] et la loi du domicile du débiteur[163]. L'article **3131** a comme effet d'abolir le régime, plutôt complexe, des articles 2189-2191 du *Code civil du Bas Canada*. Encore une fois, il faut donner un sens large à l'expression «la loi qui s'applique au fond du litige.» L'action en nullité pour vice de forme serait ainsi prescrite par la loi régissant la nullité.

Chapitre quatrième: Du statut de la procédure

69. Le rôle de la loi du for. L'article **3132** reprend le principe du droit actuel, reconnu ailleurs, que la procédure est régie par la loi du tribunal saisi. Fondé sur les idées parallèles que les actes s'apprécient localement et que le juge agit selon la loi dont découle ses pouvoirs, le principe ne soulève pas de contestation. Son effet est renforcé dans certains domaines processuels par le caractère matériel des règles qui visent l'élément d'extranéité (par exemple, le cautionnement pour frais, art. 65 *C.p.c.*).

Il n'empêche que l'application de la règle soulève des difficultés. Il y a d'abord des difficultés de qualification créées par la nécessité de distinguer entre le fond et la procédure. L'on a déjà vu que la preuve (mais non son administration, art. **3130**) et la prescription (art. **3131**) relèvent de la loi qui s'applique au fond du litige. La capacité d'agir en justice est régie par la loi du domicile (art. **3083**) et l'on enseigne que la qualité d'agir et l'intérêt d'agir seraient régies par la loi applicable à la relation de représentation[164].

Il y a aussi le problème de la coordination de l'entraide judiciaire[165]. Un nombre croissant de litiges supposent l'obtention de la preuve outre-frontières, ce qui soulève le problème de l'extraterritorialité des procédures du for saisi, aussi bien que la reconnaissance ailleurs de ces procédures. L'extraterritorialité des procédures américaines de *discovery* a suscité beaucoup de difficultés à cet égard et de nombreuses juridictions, y compris le Québec, ont légiféré pour bloquer l'application extraterritoriale de procédures étrangères d'enquête ou de *discovery*[166]. La jurisprudence québécoise n'a cependant pas insisté sur l'application extraterritoriale du *subpoena duces tecum* québécois[167], et la législation québécoise a été reconnue et appliquée dans les autres provinces canadiennes[168]. La pertinence de la Constitution a déjà été soulevée dans la jurisprudence quant à l'extraterritorialité des procédures provinciales[169].

70. La procédure de l'arbitrage. L'on a déjà vu que les parties peuvent désigner la loi applicable à la convention d'arbitrage et que ce choix peut s'étendre à la procédure de l'arbitrage (art. **3121**). Dans le cas où les parties n'ont pas désigné une loi pour régir la convention d'arbitrage, celle-ci est cependant soumise en principe à la loi applicable au contrat principal. L'article **3133** vient tempérer l'application de la loi du contrat principal en précisant que la procédure de l'arbitrage dans un tel cas sera soumise à la loi de l'État où il se déroule, dans le but de faciliter le déroulement des procédures. Il est à noter, à l'opposé de certains autres modèles d'arbitrage, que ce texte n'autorise pas les arbitres à établir leur propre mode de procédure.

Titre troisième: De la compétence internationale des autorités du Québec

71. La compétence internationale. Les troisième et quatrième Titres du Livre Dixième traite de la compétence internationale (des autorités du Québec et des autorités étrangères) et de la reconnaissance et de l'exécution des décisions étrangères. Ces matières sont d'une importance croissante de nos jours, résultat de la facilité des communications internationales, de l'élargissement des compétences territoriales des tribunaux étatiques et du niveau actuel d'harmonisation des droits nationaux. Les conflits de lois vont diminuant mais les questions tactiques quant au choix du for, plus large qu'autrefois, sont vues comme primordiales par les parties. On constate donc deux grandes tendances dans le domaine. Il y a d'abord une plus grande collaboration judiciaire sur le plan international, qui se traduit surtout par un accueil plus ouvert de la décision étrangère. Il y a aussi cependant une plus grande combativité des parties quant au for initial, ce qui se traduit par des contestations de plus en plus fréquentes *in limine litis*, allant jusqu'aux efforts d'enjoindre localement l'action intentée à l'étranger. La discretion judiciaire vient jouer un rôle important dans cette guérilla juridictionnelle; il y a donc multiplication des clauses générales dans les textes (voir les Dispositions générales, art. **3134** et s.) qui portent sur la compétence internationale.

Le troisième Titre du Livre Dixième établit les critères de la compétence internationale des autorités du Québec. Ce faisant, le Titre rompt avec la tradition de faire application, sur le plan international et par analogie, des dispositions du Code de procédure civile (art. 68-75) applicables en matière de compétence *ratione personae* sur le plan interne. Dorénavant la compétence internationale jouit d'un statut autonome quant à ces sources et à ces critères. Les règles du troisième Titre sont d'ailleurs de caractère général. En parlant simplement des «autorités du Québec», sans autre précision, le troisième Titre établit les critères de compétence internationale des autorités judiciaires et administratives du Québec. La compétence internationale des autorités du Québec étant établie, la démarcation des compétences judiciaires et administratives se fera selon les critères de la compétence *ratione materiae* du droit interne.

Chapitre Premier: Dispositions générales

72. Le principe du juge naturel du défendeur. L'article **3134** reprend la règle classique du droit romain, du droit canonique, et de l'ancien droit français, reçue en Nouvelle-France et maintenue depuis, à l'effet que les autorités du domicile du défendeur sont compétentes pour toute action à son égard (*actor sequitur forum rei*). Reformulée de façon unilatérale, la règle veut que les autorités du Québec soient compétentes lorsque le défendeur a son domicile au Québec. Il est à noter que la règle aura désormais un caractère subsidiaire. En effet, depuis le XIXe siècle, d'autres chefs de compétence ont été ajoutés pour élargir la compétence territoriale des tribunaux[170] et les chefs de compétence applicables dans les domaines différents de droit ont été l'objet d'une délinéation précise. On n'appliquera donc l'article **3134** qu'à défaut d'autres dispositions.

73. Forum non conveniens. La notion de *forum non conveniens* doit ses origines, semble-t-il, au droit écossais. Elle a été développée surtout dans le droit des États-Unis[171] et s'est implantée dans d'autres juridictions de la common law au cours des dernières décennies. Elle peut être vue comme une réaction judiciaire à l'expansion de la compétence internationale des tribunaux qui a eu lieu pendant le dernier siècle. Elle permet au juge de décliner l'exercice de sa compétence si, dans le langage de l'article **3135**, les autorités d'un autre État sont mieux à même de trancher le litige. Il s'agirait donc, malgré son caractère discrétionnaire, d'une mesure de collaboration judiciaire internationale. Les pays continentaux, dont les chefs de compétence seraient plus circonscrits, ne connaissent pas la notion en principe, mais elle commence à apparaître dans la jurisprudence[172]. Au Québec, le *forum non conveniens* a déjà fait l'objet de décisions judiciaires, en majorité opposées à son existence en droit québécois[173]. La codification des chefs de compétence internationale effectuée par le deuxième Chapitre de ce Titre est donc devenue l'occasion de sa consécration officielle, par l'effet de l'article **3135**.

L'application de la notion de *forum non conveniens* sera tout de même exceptionnelle et uniquement à la demande d'une partie (art. **3135**). Le caractère abusif ou vexatoire du choix du for par le demandeur sera décisif pour son exercice, mais le tribunal prendrait en considération aussi une gamme d'autres facteurs pour décider si le tribunal d'un autre État est mieux situé pour trancher le litige. Ces facteurs comprennent, notamment, le lieu de résidence des témoins (y compris les témoins experts), la situation des autres éléments de preuve, le lieu de conclusion et de performance du contrat qui a donné lieu à la demande, l'existence et le contenu d'une autre action déjà intentée à l'étranger (voir aussi l'art. **3137**), le progrès déjà effectué dans la poursuite d'une action étrangère, la situation des biens appartenant au défendeur, la loi applicable au litige, et tout avantage dont jouit le demandeur dans le for choisi[174]. L'application de la notion est cependant contestable au cas où le for est choisi en conformité d'une convention portant sur le choix du for.

74. Le for de nécessité. En suivant encore une fois le modèle suisse, notamment l'article 3 de la *Loi fédérale sur le droit international privé*[175], l'article **3136** crée un for dit «de nécessité» au Québec, au cas où une action à l'étranger se révèle impossible ou si on ne peut exiger qu'elle y soit introduite. Cette compétence existerait bien qu'une autorité québécoise ne soit pas ordinairement compétente pour connaître le litige, mais elle exigerait quand même que le litige présente «un lien suffisant» avec le Québec (art. **3136**). Le for ainsi créé est un for subsidiaire, mais il s'agit d'éviter un déni de justice et non pas simplement d'accommoder l'une des parties[176]. L'on donne les exemples en droit suisse du réfugié qui ne peut pas poursuivre dans le pays dans lequel il a été persécuté, ou la demande urgente qui ne pourrait pas être entendue à temps à l'étranger[177]. La Cour d'appel a reconnu aussi que la compétence des tribunaux du Québec en matière de garde peut exister sur la base de la simple présence de l'enfant au Québec, au cas où il existe un danger immédiat, manifeste et sérieux[178].

75. Litispendance. L'on a déjà vu, en vertu de l'introduction de la notion de *forum non conveniens* en droit québécois (art. **3135**), que les autorités québécoises n'exerceront pas leur compétence si les autorités d'un autre État sont mieux à même de trancher le litige. L'article **3137** vient renforcer cette collaboration avec les autorités étrangères en permettant à l'autorité québécoise de surseoir à statuer en cas de litispendance sur le plan international. L'article **3137** représente du droit nouveau;

il est lié aussi à l'exclusion de la révision au fond des décisions étrangères (art. **3155**).

Ainsi, l'autorité québécoise peut surseoir à statuer si une autre action entre les mêmes parties, fondée sur les mêmes faits et ayant le même objet, est déjà pendante devant une autorité étrangère. Cette discrétion sera exercée à la demande d'une partie et uniquement dans le cas où l'action étrangère peut donner lieu (ou a déjà donné lieu) à une décision pouvant être reconnue au Québec (art. **3137**; pour les conditions de reconnaissance, voir les art. **3155** et s.). L'exception de litispendance devient donc applicable, de façon générale, à l'égard des actions intentées au Québec devant les autorités québécoises, devant la Cour fédérale, devant les autorités des autres provinces canadiennes et devant les autorités étrangères[179].

Il faut souligner cependant le caractère discrétionaire de l'exception de litispendance sur le plan international. Même en cas de litispendance, l'autorité québécoise peut permettre la poursuite de l'action au Québec si elle juge, par exemple, que le for étranger est un *forum non conveniens*. Il faut noter aussi que l'article **3137** permet à l'autorité québécoise de surseoir à statuer mais n'autorise pas le rejet de l'action (*cf.* art. 165, *C.p.c.*). Au cas où l'autorité étrangère conclut à sa propre incompétence, l'action au Québec peut toujours ainsi être poursuivie. La jurisprudence a admis aussi l'existence d'un pouvoir discrétionnaire de surseoir à statuer en cas de simple «connexité» entre deux actions intentées séparément au Québec et dans une autre province canadienne[180]. Rien ne semble exclure l'application de ce pouvoir, fondé sur les articles 20 et 46 du *Code de procédure civile*, aux cas de connexité qui se posent sur le plan international.

Si les tribunaux du Québec peuvent ainsi empêcher la multiplication des poursuites sur le plan international en refusant l'exercice de leur propre compétence, la question se pose de savoir s'ils peuvent aussi interdire la poursuite d'une action étrangère en donnant la priorité à leur propre compétence. La Cour d'appel a déjà donné une indication dans ce sens en autorisant une injonction qui empêchait une partie de se prévaloir d'une injonction étrangère qui elle-même cherchait à empêcher des poursuites au Québec[181].

76. Mesures provisoires ou conservatoires. Suivant encore le modèle suisse, et notamment l'article 10 de la *Loi fédérale sur le droit international privé*, l'article **3138** crée une compétence générale de la part des autorités québécoises permettant d'ordonner des mesures provisoires ou conservatoires, et cela même en l'absence de compétence pour connaître du fond du litige. Cette compétence peut notamment être exercée au cas où l'autorité du Québec décline d'exercer sa compétence pour le motif qu'elle est un *forum non conveniens*. Toute mesure provisoire ou conservatoire peut être ordonnée en vertu de l'article **3138**. En droit suisse, on donne les exemples des saisies conservatoires[182], des mesures pour assurer le respect des effets de mariage et des obligations alimentaires[183], et des mesures pour assurer la protection des biens successoraux d'un défunt mort domicilié à l'étranger[184]. On peut envisager un certain cumul de l'application de l'article **3138** avec celle de l'article **3140** (cas d'urgence ou d'inconvénients sérieux). L'article **3138** n'autorise, cependant, que l'ordonnance de mesures provisoires ou conservatoires.

77. La demande incidente ou reconventionnelle. En cas de connexité de demandes multiples, la plupart des sytèmes processuels admettent la possibilité de joindre les demandes. La jonction à son tour peut avoir des conséquences juridictionnelles. L'article **3139** admet ainsi que l'autorité québécoise, compétente pour la demande principale, est compétente pour la demande incidente ou reconventionnelle.

En cas de demande incidente en garantie, la solution a déjà été admise par la Cour suprême du Canada, qui a permis l'application de l'article 71 *C.p.c.* sur le plan international[185]. Il y a donc compétence de la part des autorités québécoises à l'égard d'un fabricant étranger qui devient défendeur contre une demande incidente en garantie intentée par un détaillant, lui-même défendeur dans une action principale dont les autorités québécoises sont valablement saisies. L'action en garantie présuppose l'existence d'un lien de connexité entre l'action en garantie et l'action principale[186].

De même, en cas d'une demande reconventionnelle la connexité exigée par l'article 172 *C.p.c.* entre la demande principale et la demande reconventionnelle justifie la compétence des autorités du Québec, pour ce qui concerne la demande reconventionnelle, dès qu'elles ont compétence pour la demande principale.

L'article **3139** n'admet pas, cependant, la prorogation légale de compétence en cas de simple jonction de défendeurs. Ainsi, la solution jurisprudentielle qui consistait à ne pas appliquer l'article 75 *C.p.c.* sur le plan international est implicitement confirmée[187]. La question de savoir s'il y a prorogation légale de compétence en cas de jonction de causes d'action contre un seul défendeur est plus discutable. Si la solution a pu être préconisée pour le cas international sous le régime de l'article 72 *C.p.c.*[188], le caractère exhaustif du Livre Dixième excluerait maintenant toute initiative judiciaire dans ce sens.

78. Le cas d'urgence ou d'inconvénients sérieux. L'on a déjà vu que pour assurer la protection d'une personne ou de ses biens, l'article **3084** autorise l'application de la loi du tribunal saisi, à titre provisoire, en cas d'urgence ou d'inconvénients sérieux. L'article **3140** vient compléter l'article **3084** en établissant la compétence des autorités du Québec pour agir dans de telles circonstances. On envisage surtout la protection des mineurs et des majeurs protégés, et de leurs biens. Le langage de l'article est cependant large. On ne peut pas exclure son application à d'autres situations, notamment aux cas de contestation de la garde d'un enfant[189].

Chapitre Deuxième: Dispositions particulières

79. Les dispositions particulières du deuxième Chapitre traitent de la compétence des autorités du Québec en matière d'actions personnelles à caractère extrapatrimonial et familial, en matière d'actions personnelles à caractère patrimonial et en matière d' actions réelles et mixtes. Pour la distinction historique entre les actions personnelles, réelles et mixtes, on aura recours à la jurisprudence ayant trait à cette question sous les articles 68-75 *C.p.c.* Les chefs de compétence établis dans ce chapitre sont complétés par les dispositions générales du chapitre Premier (art. **3134-3140**).

Section I: Des actions personnelles à caractères extrapatrimonial et familial

80. Le domicile comme chef de compétence. Reprenant l'essentiel de l'article 70 *C.p.c.*, l'article **3141** établit la compétence des autorités du Québec pour connaître des actions personnelles à caractère extrapatrimonial et familial, lorsque l'une des personnes concernées est domiciliée au Québec. Le chef de compétence ainsi établi jouera un rôle subsidiaire dans les domaines extrapatrimoniaux et familiaux, étant donné la délinéation plus précise des chefs de compétence, pour des actions particulières, dans les articles suivants. Les actions visées par l'article sont celles qui ont un caractère «extrapatrimonial *et* familial», mais les travaux préparatoires et l'inclusion de l'article **3143** (obligations alimentaires) dans cette même section indiquent qu'il faut comprendre l'article comme visant toute action personnelle à caractère extrapatrimonial et toute action personnelle à caractère familial. La compétence pour des actions portant sur le nom ou sur l'absence serait ainsi établie selon l'article **3141**. Ne seraient toutefois pas comprises les actions visant la protection des biens des mineurs ou des majeurs protégés, ces actions n'étant de nature ni extrapatrimoniale ni familiale.

La compétence étant fondée sur le domicile de «l'une des personnes concernées», le demandeur peut saisir les autorités du Québec sur la base du domicile du demandeur ou du défendeur au Québec, ou sur la base du domicile au Québec de toute autre «personne concernée». Le mineur domicilié au Québec mais dépourvu de protection adéquate serait ainsi une «personne concernée» bien qu'incapable d'agir en son propre nom. Il faut rappeler que la compétence des tribunaux du Québec en matière de divorce relève de la législation fédérale.

81. La garde. Si dans le passé l'article 70 *C.p.c.* permettait d'établir la compétence des tribunaux du Québec en matière de garde sur la base du domicile au Québec de l'une ou de l'autre des parties au litige, l'article **3142** innove en établissant le chef de compétence du domicile de l'enfant dont la garde est en cause. La formulation de l'article **3142** exclut, d'ailleurs, le recours à l'article **3141** et au domicile d'une personne autre que l'enfant qui serait «concerné» par le litige. En combinaison avec l'article **3093**, l'article **3142** établit le domicile de l'enfant comme seul facteur de rattachement pour déterminer la compétence juridictionnelle et la loi applicable en matière de garde. Il faut rappeler, cependant, qu'en vertu de l'article **80** l'enfant est présumé domicilié chez celui de ses parents avec lequel il réside habituellement. En cas de contestation de la garde, la résidence habituelle de l'enfant n'est pas toujours facile à établir et le jugement de garde dans de telles circonstances ressemble à une décision sur le domicile de l'enfant. C'est pourquoi le meilleur intérêt de l'enfant doit être pris en considération sur le plan de la compétence juridictionnelle aussi bien que sur celui de la loi applicable. Même au cas où l'on conclut préalablement que l'enfant est domicilié en dehors du Québec, les autorités québécoises peuvent être saisies si elles constituent un forum de nécessité (art. **3136**), pour ordonner des mesures provisoires ou conservatoires (art. **3138**) ou, en cas d'urgence ou d'inconvénients sérieux, pour prendre les mesures nécessaires à la protection de l'enfant (art. **3140**). L'article **3142** ne vise, cependant, que les demandes de garde indépendantes des actions en séparation de corps ou en divorce.

82. L'obligation alimentaire. En conformité avec la politique générale de l'article **3094**, qui est celle de favoriser le recouvrement des aliments, l'article **3143** multiplie les chefs de compétence des autorités québécoises en matière d'aliments. Comme dans le passé, cette compétence peut être établie sur la base du domicile de l'une ou de l'autre des parties[190], mais l'article **3143** y ajoute la résidence de l'une d'elles comme chef supplémentaire de compétence. La résidence doit être comprise dans le sens de l'article **77**, c'est-à-dire le lieu où la personne demeure de façon habituelle. Le résident ou le domicilié du Québec n'est ainsi jamais obligé d'intenter son action en recouvrement d'aliments à l'étranger. Il s'agit dans tous les cas d'actions en matière d'aliments, c'est-à-dire de demandes d'aliments indépendantes des demandes de séparation de corps, de divorce ou de nullité de mariage. Les mêmes chefs de compétence s'appliquent pour la demande de révision d'un jugment étranger rendu en matière d'aliments qui peut être reconnu au Québec (voir l'art. **3160**).

83. La nullité du mariage. En matière de nullité de mariage, l'article **3144** maintient la compétence des autorités québécoises fondée sur le domicile de l'une ou de l'autre des parties (art. 70 *C.p.c.*). Sont ajoutés comme nouveaux chefs de compétence la résidence de l'un des époux au Québec ou la célébration du mariage au Québec. La résidence, selon l'article **77**, est le lieu où la personne demeure de façon habituelle. Les tribunaux du Québec peuvent donc annuler le mariage de personnes qui ne sont pas domiciliées au Québec, mais cette compétence peut toujours être déclinée pour le motif de *forum non conveniens* si les autorités d'un autre État sont mieux à même de trancher le litige (art. **3135**) et s'il y a peu de chances que le jugement québécois soit reconnu par les autorités de la loi du domicile. La compétence fondée sur la simple célébration du mariage au Québec paraît plus radicale, mais la solution est admise ailleurs et il faut rappeler que le mariage peut être nul en vertu de la loi québécoise, appliquée en tant que *lex loci celebrationis*.

84. Les effets du mariage. Les règles qui établissent les effets du mariage ayant souvent un but protecteur, l'article **3145** élargit les chefs de compétence pour permettre aux autorités du Québec d'être saisies lorsque l'un des époux a son domicile ou sa résidence au Québec. Comme c'est le cas avec l'obligation alimentaire, le résident ou le domicilié du Québec ne sera donc jamais obligé d'intenter son action en matière d'effets du mariage à l'étranger.

L'on a déjà vu qu'il y a peu de jurisprudence en matière d'effets du mariage en droit international privé[191]. La question de la qualification du patrimoine familial obligatoire comme effet du mariage ou élément du régime matrimonial ne semble pas présenter un intérêt pratique prononcé pour ce qui concerne la compétence juridictionnelle, car l'on verra qu'en matière de régime matrimonial la compétence des autorités du Québec peut également être fondée sur le domicile ou la résidence de l'un des époux au Québec (voir art. **3154**). La compétence qui découle de l'article **3145** doit toujours être évaluée, d'ailleurs, en vue des critères de *forum non conveniens* (art. **3135**) et du forum de nécessité (art. **3136**).

85. La séparation de corps. En suivant l'élargissement de la compétence des tribunaux du Québec en matière de divorce (domaine de compétence fédérale), l'article **3146** autorise les autorités du Québec de statuer sur la séparation de corps lorsque l'un des époux a son domicile ou sa résidence au Québec à la date de l'introduction de l'action. Il faut rappeler que la résidence, telle que définie par l'article **77,** est le lieu où la personne réside de façon habituelle. L'autorité saisie de l'action principale aura également compétence sur les mesures accessoires telles la dissolution du régime matrimonial, l'obligation alimentaire et la garde des enfants.

86. Filiation et adoption. Les actions relatives à la filiation ont comme object l'état de la personne, sans nécessairement chercher une protection immédiate pour la personne concernée. La compétence des autorités du Québec est donc, selon l'article **3147**, al. 1, fondée sur le domicile et non sur la résidence, comme c'est le cas pour les actions relatives à la garde (art. **3142**). S'agissant des relations d'état entre l'enfant et ses parents, la compétence peut être fondée sur le domicile de l'enfant ou de l'un de ses parents[192]. Puisqu'il s'agit de savoir qui est le parent de l'enfant, le domicile parental — aux fins de la compétence juridictionnelle — sera celui du parent présumé lors de l'introduction de l'action.

De même, la compétence en matière d'adoption est fondée sur le domicile et sera établie sur la part des autorités québécoises si l'enfant ou le demandeur est domicilié au Québec. C'était déjà la solution de l'article 70 *C.p.c.*, ce qui permet l'adoption au Québec d'un enfant domicilié à l'étranger par un domicilié du Québec, et l'adoption au Québec d'un enfant domicilié au Québec par une personne domiciliée à l'étranger.

Section II: Des actions personnelles à caractère patrimonial

87. Critères de compétence. Les critères de compétence pour les actions personnelles à caractère patrimonial ont connu une expansion importante au cours du XXe siècle, au Québec et ailleurs, en suivant le développement du commerce international. Au Québec, les multiples chefs de compétence énumérés par l'article 68 *C.p.c.* ont été interprétés de façon libérale par les tribunaux[193]. Ailleurs en Amérique du Nord la multiplication des chefs de compétence territoriale a été même plus prononcée[194]. La réforme des chefs de compétence internationale effectuée par l'article **3148** est relativement modeste. Deux chefs de compétence, considérés comme trop fortuits, ont été éliminés: la situation au Québec de biens possédés par le défendeur et la conclusion d'un contrat au Québec. Les parties peuvent aussi exclure la compétence des autorités du Québec par convention, ce qui n'était pas possible auparavant (art. **3148**, al. 2). En revanche, un nouveau chef de compétence a été créé — l'exercice d'une activité au Québec d'une personne morale qui y a un établissement — et un autre — la cause d'action ayant pris naissance au Québec — a été élargi. Il y aura lieu d'examiner chacun des chefs de compétence énumérés par l'article 3148, tout en rappelant que leur application peut être tempérée selon les dispositions générales de ce chapitre, notamment par les notions de *forum non conveniens* (art. **3135**) et du forum de nécessité (art. **3136**).

88. Domicile et résidence du défendeur. L'article **3148**, para.1 maintient la tradition exprimée par la maxime *actor sequitur forum rei*. Le domicile du défendeur au Quebec reste donc un chef de compétence internationale, suppléé, comme c'était déjà le cas en vertu de l'article 68 *C.p.c.*, par la résidence du défendeur comme chef de compétence supplémentaire[195]. La personne physique ou morale domiciliée au Québec peut donc être assignée devant les autorités du Québec. La personne morale est domiciliée, selon l'article **307**, aux lieu et adresse de son siège. Il s'agit du lieu de la direction et de la prise des décisions importantes qui concernent la personne morale, qui ne correspond pas nécessairement avec le lieu de sa création[196].

89. Activité d'une personne morale établie au Québec. L'article **3148**, para. 2, établit un nouveau chef de compétence internationale qui est celui de l'exercice d'une activité au Québec d'une personne morale y ayant un établissement. Il faut cependant que la contestation soit relative à l'activité que la personne morale exerce au Québec. Si ce chef de compétence est nouveau, il n'est pas évident que la compétence des autorités du Québec en soit élargie. Auparavant, cette compétence a pu être fondée dans la plupart des cas sur la présence au Québec des biens d'une telle personne morale, et la compétence ainsi établie n'était pas limitée à l'activité de la personne morale au Québec. Le nouveau chef de compétence exige donc un lien plus substantiel entre la personne morale étrangère et le Québec pour fonder la compétence des autorités du Québec.

90. Elément d'une cause d'action localisé au Québec. L'article 68 C.p.c. autorisait la compétence internationale des tribunaux du Québec au cas où «toute la cause d'action» a pris naissance au Québec. Dans le cas d'événements transfrontaliers, les tribunaux ont permis au demandeur de définir sa cause d'action de façon étroite, en ne se plaignant que des actes ou des omissions survenus au Québec, pour satisfaire à cette exigence de l'article 68[197]. L'article **3148**, para. 3, abandonne l'exigence que toute la cause d'action prenne naissance au Québec, pour autoriser la compétence internationale des autorités québécoises au cas où un seul élément, significatif, de la cause d'action est localisé au Québec. Il y a donc élargissement de la compétence internationale des autorités québécoises. À l'avenir, cette compétence peut être fondée sur: une faute commise au Québec (même au cas où le dommage a eu lieu à l'étranger); un préjudice subi au Québec (même au cas où l'acte, l'omission ou l'activité du défendeur a eu lieu à l'étranger); un fait dommageable qui s'est produit au Québec (attirant une responsabilité sans faute, même si le dommage a lieu à l'étranger); ou une obligation découlant d'un contrat, quand cette obligation devait être exécutée au Québec. Il ne semble pas qu'il soit nécessaire, dans ce dernier cas, que la cause d'action soit fondée sur la violation de l'obligation qui devait être exécutée au Québec, car dans ce cas il s'agirait d'une faute commise au Québec (déjà un chef de compétence). L'obligation contractuelle de payer une somme d'argent au Québec fonde donc la compétence des autorités du Québec, même au cas où toutes les autres obligations du contrat doivent être exécutées à l'étranger. La complexité des litiges contemporains en matière de responsabilité civile ouvre la possibilité que l'application de l'article **3148**, para. 3, en particulier, soit tempérée par les notions de *forum non conveniens* et de forum de nécessité (art. **3135** et **3136**).

91. Prorogation de compétence. En conformité avec la possibilité d'élection de domicile qui existait sous le régime de l'article 68 C.p.c., confirmée sur la plan international par la Cour suprême du Canada dans l'affaire *Alimport*[198], l'article **3148**, para. 4, admet que les parties peuvent, par convention, soumettre à la compétence des autorités québécoises les litiges nés ou à naître entre elles à l'occasion d'un rapport de droit déterminé. La solution est largement admise à l'étranger et s'inspire aussi de la Convention de La Haye sur les accords d'élection de for, du 25 novembre 1965. Il est à noter qu'il n'y a aucune nécessité de connexité entre le for québécois et le litige à résoudre, bien qu'un contrôle sur les cas de prorogation peut toujours être exercé, exceptionnellement, en vertu de la notion de *forum non conveniens* (art. **3135**).

92. Reconnaissance de compétence. La compétence *ratione personae* ou territoriale n'ayant pas un caractère d'ordre public, la reconnaissance par le défendeur de la compétence des tribunaux du Québec a toujours eu l'effet de fonder cette même compétence. Le résultat découlait du caractère impératif des délais du *Code de procédure civile* pour soulever l'incompétence *ratione personae*. L'incompétence *ratione personae* est couverte par la comparution du défendeur et son omission de l'invoquer dans le délai prescrit[199]. L'article **3148**, para. 5 consacre ce même principe sur le plan international. Aucune formalité n'est donc requise pour la reconnaissance de compétence par le défendeur; elle sera présumée par son omission de soulever une exception déclinatoire dans les délais requis. Il faut noter, cependant, qu'en cas d'incompétence des autorités du Québec découlant d'une clause compromissoire en faveur d'un arbitre, la Cour suprême a jugé qu'il s'agit d'une incompétence *ratione materiae* qui peut être soulevée par le défendeur à tout moment[200].

93. Dérogation de compétence. Sous le régime de l'article 68 *C.p.c.* les parties n'avaient pas le droit de déroger à la compétence des tribunaux du Québec, les chefs de compétence de l'article 68 s'appliquant «nonobstant convention contraire». La reconnaissance de l'arbitrage, domestique et international, en droit québécois a créé une première exception à ce principe, confirmée par la Cour suprême du Canada dans l'affaire *Zodiak.*[201]. Une fois admis que les parties pouvaient déroger à la compétence des tribunaux du Québec en faveur d'un arbitre étranger, il restait peu de raisons pour exclure la dérogation en faveur d'un tribunal étranger. L'article **3148**, para. 2, consacre cette évolution en admettant que les parties peuvent choisir, par convention, de soumettre les litiges nés ou à naître entre elles, à propos d'un rapport juridique déterminé, à une autorité étrangère ou à un arbitre, excluant par cette même convention la compétence des autorités québécoises. La question de savoir s'il y a effectivement dérogation dans un cas précis sera décidée en fonction du libellé de la clause juridictionnelle adoptée par les parties. Même en face d'une clause de dérogation de compétence, le défendeur peut toujours changer d'avis et reconnaître, en contestant sur le fond, la compétence des autorités québécoises. L'autorité québécoise peut aussi, exceptionnellement, se déclarer un forum de nécessité (art. **3136**) même en face d'une clause de dérogation de compétence.

94. Contrats de consommation et de travail. Dans le même but de protection qui a inspiré les articles **3117** et **3118** (en matière de loi applicable), l'article **3149** crée un for particulier pour connaître des actions fondées sur un contrat de consommation ou un contrat de travail. Ainsi, de telles actions peuvent être intentées devant les autorités québécoises si le consommateur ou le travailleur a son domicile ou sa résidence au Québec. L'article, de droit nouveau, bénéficie au consommateur ou au travailleur en tant que demandeur; la poursuite du consommateur ou du travailleur domicilié ou résidant au Québec est fondée sur l'article **3148**, para. 1. Ce for particulier s'ajoute aux fors de droit commun (art. **3148**). Le consommateur qui n'est pas domicilié ou qui ne réside pas au Québec peut ainsi intenter un procès au Québec si un autre chef de compétence est établi. L'article s'inspire des articles 114 et 115 de la *Loi fédérale de droit international privé* suisse[202]. À l'opposé de la loi suisse, le lieu où le travailleur accomplit habituellement son travail n'a pas été retenu comme for particulier. La renonciation du consommateur ou du travailleur à cette compétence ne peut lui être opposée (art. **3149**, *in fine*). Sont donc exclues les clauses de dérogation de for contenues dans des contrats, d'adhésion ou autre, qui visent à priver le consommateur ou le travailleur de la possibilité d'intenter son action à son domicilie ou à sa résidence.

95. Contrats d'assurance. Le for particulier de l'article 69 C.p.c. en matière d'assurance est continué et même élargi dans une certaine mesure par l'article **3150**. L'article 69 *C.p.c.* autorisait l'action devant les tribunaux du Québec au cas où l'assuré était domicilié au Québec[203] et, dans le cas d'une assurance sur les biens, quand le sinistre a eu lieu au Québec. Sous l'article **3148**, l'action fondée sur un contrat d'assurance donne lieu à la compétence des autorités québécoises lorsque le titulaire, l'assuré ou le bénéficiaire a son domicile ou sa résidence au Québec, lorsque le contrat porte sur un intérêt d'assurance qui y est situé, ou encore lorsque le sinistre y est survenu. Ces chefs de compétence s'ajoutent à ceux que prévoit l'article **3148**. En revanche, et malgré le but protecteur de l'article **3150**, la renonciation à ce for particulier est devenu possible[204]. La renonciation incluse dans le contrat d'assurance ne lierait cependant que les parties au contrat.

96. Matière première provenant du Québec. L'article **3151** établit, en principe, la compétence exclusive des autorités québécoises pour connaître en première instance une action fondée sur la responsabilité civile visée par l'article **3129**, soit celle basée sur le préjudice subi au Québec ou hors du Québec et résultant soit de l'exposition à une matière première provenant du Québec, soit de son utilisation[205]. L'exclusivité de la compétence ainsi accordée aux autorités du Québec excluerait toute compétence de la part des autorités étrangères à l'égard de telles actions. Puisque l'on ne peut pas empêcher les tribunaux étrangers de se saisir, la sanction de la violation de l'article viendrait de la non-reconnaissance du jugement étranger rendu en violation de l'article (voir l'art. **3165**, para. 1). Les autorités du Québec seraient donc universellement et exclusivement compétentes pour juger des actions fondées sur la responsabilité civile liéé aux matières premières provenant du Québec. La portée universelle et exclusive de la compétence des autorités du Québec pose évidemment la question de la constitutionnalité du texte[206]. Par contre, il ne vise pas les actions fondées sur les contrats d'assurance qui couvriraient la responsabilité civile découlant soit de l'exposition à une matière première provenant du Québec soit de son utilisation.

Section III: Des actions réelles et mixtes

97. Actions réelles. L'article **3152** établit la compétence des autorités du Québec pour connaître d'une action réelle portant sur un bien situé au Québec, que le bien soit meuble ou immeuble. *A contrario*, et selon la jurisprudence établie depuis longue date[207], les autorités du Québec sont incompétentes pour connaître d'une action réelle portant sur un bien situé à l'extérieur du Québec. La règle est fondée sur la quasi-impossibilité qu'un jugement québécois portant sur un droit réel sur un bien situé à l'étranger soit reconnu à l'étranger, du moins pour ce qui concerne les immeubles. C'est le droit du for qui est applicable pour décider de la situation du bien[208]. Si les autorités québécoises appliqueront le droit québécois en tant que *lex rei sitae* dans la plupart des cas, un droit étranger peut être appliqué en matière des droits réels portant sur des biens en transit (art. **3097**). S'il s'agit d'une action réelle mobilière, il y aura lieu de noter la jurisprudence sous l'article 68 *C.p.c.* voulant que le chef de compétence internationale qui est celui de la situation de biens meubles au Québec exige que les biens soient saisis avant l'introduction de l'action[209].

Par contre, les autorités du Québec seront compétentes dans le cas d'un litige portant sur un bien situé à l'étranger si l'action peut être qualifiée comme personnelle ou mixte et un autre chef de compétence établi[210].

98. En matière successorale. En droit interne, la succession est conçue comme une universalité pour en faciliter la transmission, la liquidation et le partage. L'on a déjà vu cependant que l'unité de la succession est brisée sur le plan international par le principe de la scission de la succession, c'est-à-dire par l'application de la *lex rei sitae* à la succession aux immeubles et l'application de la dernière *lex domicilii* du défunt à la succession aux meubles (voir l'art. **3098**). Si plusieurs lois peuvent ainsi être applicables à la succession, il serait tout de même possible que la compétence internationale en matière successorale soit unifiée, si tous les États reconnaissaient la compétence de l'un d'eux pour statuer sur la succession, selon les lois différentes applicables au fond. C'est dans cet espoir, sans doute quelque peu illusoire, que les règles sur la compétence internationale en matière successorale envisagent une compétence très large de la part des autorités du Québec, quant aux biens situés au Québec et à l'étranger. La succession liée au Québec de façon importante peut donc être l'objet d'une appréciation judiciaire d'ensemble, et le jugement québécois exécuté à l'étranger en cas de besoin. C'était déjà la philosophie de l'article 74 *C.p.c.*, bien que la jurisprudence n'ait pas donné plein effet à cet article.

Ainsi l'article **3152** établit non moins de quatre chefs de compétence internationale en matière successorale et ne limite cette compétence aux biens situés au Québec que dans un seul cas. Les autorités québécoises seront compétentes lorsque la succession est ouverte au Québec[211], lorsque le défendeur ou l'un des défendeurs y a son domicile ou, encore, lorsque le défunt a choisi le droit québécois pour régir sa succession[212]. Elles le seront aussi lorsque des biens du défunt sont situés au Québec, aux fins de statuer sur la dévolution ou la transmission de ces biens. La question qui se pose relativement aux trois premiers de ces chefs de compétence est de savoir si les tribunaux accepteront de statuer quant aux biens situés à l'étranger. La jurisprudence a toujours répondu de façon négative à cette question quant aux immeubles, voyant implicitement l'action successorale comme une action réelle régie par le principe de l'article **3152**[213]. En faisant application de l'article **3135** une autorité québécoise pourrait aussi se déclarer *forum non conveniens* à l'égard d'une demande successorale se rapportant à des biens situés à l'étranger. Même en cas de refus de statuer, cependant, il y aura possibilité d'apporter des correctifs même à des biens situés au Québec, en vertu de l'article **3100**.

99. En matière de régime matrimonial. Comme dans le cas des successions, on peut envisager le régime matrimonial comme une universalité, sur le plan de la compétence internationale, pour faciliter une appréciation d'ensemble, par un seul tribunal, des relations patrimoniales des époux sans égard à la situation des biens. Le jugement de ce tribunal qui exerçe une compétence sur la totalité du régime serait donc exécuté à l'étranger en cas de besoin. L'article **3154**, para. 1, établit ainsi une compétence large de la part des autorités québécoises en matière de régimes matrimoniaux, et harmonise en même temps cette compétence avec la compétence exercée en matière successorale[214]. Ainsi en cas de dissolution du régime par le décès de l'un des époux, la compétence des autorités québécoises sera établie en matière de régime matrimonial si ces mêmes autorités sont compétentes quant à la succession de cet époux. Sont applicables en matière de régime matrimonial tous les chefs de compétence de l'article **3153** et les autorités québécoises seront ainsi compétentes pour procéder à la liquidation de toutes les relations patrimoniales des époux. Comme dans le cas de la compétence en matière successorale cependant, la question se pose de savoir si cette possibilité sera exercée à l'égard des immeubles situés à l'étranger.

Les autorités québécoises sont compétentes aussi, en vertu du deuxième paragraphe de l'article **3154**, si l'objet de la procédure ne concerne que des biens situés au Québec. Cette compétence pourrait être invoquée soit pour effectuer une dissolution du régime, soit pour effectuer un acte dans l'administration du régime.

Dans les autres cas, notamment en cas de dissolution du régime par un jugement de divorce, les autorités québécoises sont compétentes en vertu de l'article **3154**, al. 2, lorsque l'un des époux a son domicile ou sa résidence au Québec à la date de l'introduction de l'action. La compétence d'un tribunal du Québec en matière de divorce entraîne donc nécessairement la compétence de ce même tribunal en matière de régime matrimonial[215]. En outre, les autorités québécoises seront compétentes en matière de demandes de séparation de biens, même si la compétence en matière de divorce n'est pas établie, sur la base du domicile ou de la résidence de l'un des époux au Québec lors de l'introduction de l'action. L'exercice de cette compétence à l'égard des immeubles situés à l'étranger reste cependant incertain.

Titre quatrième: De la reconnaissance et de l'exécution des décisions étrangères et de la compétence des autorités étrangères

100. Le quatrième Titre du Livre Dixième effectue une réforme importante du droit portant sur la reconnaissance et l'exécution des jugements étrangers. Dorénavant la reconnaissance et l'exécution des jugements étrangers seront rendues plus faciles, notamment en vertu de la suppression de la condition de compétence législative (art. **3157**) et de la révision au fond (art. **3158**). Les décisions des autorités étrangères seront traitées aussi sur un pied d'égalité avec les jugements des autorités des autres provinces canadiennes[216]. Ce régime plus favorable aux jugements étrangers n'est cependant pas applicable aux décisions déjà rendues lors de l'entrée en vigueur de la loi nouvelle ni aux instances alors en cours devant les autorités étrangères[217].

Le régime établi par le quatrième Titre s'applique à l'égard des décisions des autorités étrangères, et la notion d'une «autorité étrangère» n'est pas limitée à une instance judiciaire. L'autorité étrangère pourrait donc être une autorité administrative, législative ou religieuse. Dans tous les cas, cependant, il doit s'agir de la reconnaissance ou de l'exécution d'une décision étrangère *de droit privé*, l'autorité du *Code civil* ne s'étendant pas aux matières de droit public[218]. D'ailleurs, la reconnaissance et l'exécution des sentences arbitrales restent soumises aux dispositions du *Code de procédure civile*[219], et la reconnaissance des décisions étrangères en matière d'adoption est soumise aux conditions supplémentaires des articles **563-565** et **574**.

Quant à la structure du quatrième Titre, il faut noter l'interdépendence de ses deux chapitres et le rapport entre ce quatrième Titre et le troisième Titre consacré à la compétence des autorités du Québec. En effet, le premier Chapitre du quatrième Titre établit les conditions de la reconnaissance et de l'exécution des décisions étrangères, en renvoyant au deuxième Chapitre pour les critères de compétence des autorités étrangères. Ce deuxième Chapitre lui-même renvoie au troisième Titre sur la compétence des autorités du Québec, car la compétence des autorités étrangères est établie suivant les règles de compétence applicables aux autorités québécoises (art. **3164**). Si ce quatrième Titre ne contient pas de dispositions générales, les dispositions générales du troisième Titre peuvent trouver tout de même application dans la détermination de la compétence de l'autorité étrangère.

Chapitre Premier: De la reconnaissance et de l'exécution des décisions étrangères

101. Le principe de reconnaissance et d'exécution. L'article **3155** établit une présomption en faveur de la reconnaissance et de l'exécution de la décision étrangère en disposant que la décision rendue hors Québec est reconnue et, le cas échéant, déclarée exécutoire, sauf dans les cas énumérés de façon exhaustive par l'article **3155** lui-même[220]. Dans le cas d'une décision étrangère dont on demande l'exécution au Québec on procédera, selon les nouvelles dispositions du *Code de procédure civile* portant sur la reconnaissance et l'exécution des décisions étrangères[221], par requête devant le tribunal québécois approprié. Ce sera aussi la procédure à suivre dans le cas d'une demande de la simple reconnaissance d'un jugement étranger portant, par exemple, sur l'état de la personne. Pour que la reconnaissance ou l'exécution soit refusée, il faut que le cas tombe parmi ceux qu'énumère l'article **3155**, cette détermination étant faite d'office par le tribunal québécois. Ce faisant, cependant, le tribunal aura recours à la présomption de validité des actes semi-authentiques établie par les articles **2822** et **2825**.

Quelle est l'autorité au Québec d'une décision étrangère n'ayant pas été l'objet d'un jugement de reconnaissance ou d'exécution de la part d'un tribunal du Québec? La décision étrangère peut être reconnue par toute autre «autorité du Québec», selon ses propres procédures et sans qu'une requête en vertu du *Code de procédure civile* soit intentée, à condition que la décision satisfasse aux exigences de l'article **3155**[222]. L'autorité ayant la responsabilité de procéder à la reconnaissance peut aussi s'appuyer sur la présomption de validité des articles **2822** et **2825**. Il y aura aussi des cas où l'autorité québécoise n'exige pas la preuve qui serait constituée par la décision étrangère avant d'exercer sa propre compétence. Le régime instauré par l'article **3155** est caractérisé ainsi par sa souplesse et offre à la fois la possibilité de reconnaissance et d'exécution par la voie judiciaire et la possibilité d'autres formes de reconnaissance[223]. En vertu de l'article **565**, cependant, la décision d'adoption prononcée à l'étranger doit faire l'objet d'une reconnaissance judiciaire au Québec.

102. Motifs de refus: l'incompétence. La reconnaissance et l'exécution de la décision étrangère doit être refusée par l'autorité du Québec si l'un des cas énumérés par les six paragraphes de l'article **3155** se présente. Ainsi, en vertu de l'article **3155**, para. 1, l'incompétence de l'autorité de l'État d'origine de la décision étrangère fera obstacle à sa reconnaissance et à son exécution au Québec, et on aura recours au deuxième Chapitre du quatrième Titre pour la détermination de la compétence de l'autorité étrangère.

103. Manque de finalité. La reconnaissance et l'exécution seront refusées aussi si la décision est susceptible d'un recours ordinaire, ou n'est pas définitive ou exécutoire au lieu où elle a été rendue (art. **3155**, para. 2). Il faut donc examiner la décision étrangère selon les règles de procédure de son lieu d'origine. On n'accueillera pas la décision étrangère si l'une ou l'autre de ces conditions de refus est établie. Le texte est donc sévère et l'on refusera de reconnaître certaines décisions étrangères malgré leur caractère exécutoire dans l'État d'origine. Ainsi si la décision étrangère est exécutoire dans l'État d'origine malgré la possibilité d'appel (la position de certains pays de common law), on refusera néanmoins de l'accueillir. C'est aussi le cas avec la décision étrangère qui serait exécutoire et non susceptible d'un recours mais qui pourrait être l'objet d'une révision ultérieure (mesures provisionnelles ou conservatoires, notamment)[224]. L'exigence du caractère définitif du jugement étranger est assoupli, cependant, en matière d'aliments (voir l'art. **3160**).

104. Principes essentiels de la procédure. La décision étrangère sera inefficace au Québec aussi dans le cas où elle est rendue en violation des principes essentiels de la procédure (art. **3155**, para. 3). Il s'agit de certains principes larges, tel le droit d'être assigné avant son procés ou le droit de faire valoir ses moyens[225]. En revanche, le fait que le juge ou les avocats aient joué un rôle différent dans la procédure étrangère ne constituerait pas une violation d'un principe essentiel de la procédure. Une fraude commise dans la procédure rendrait nulle la décision étrangère.

105. Chose jugée et litispendance. L'accueil positif de la décision étrangère sera refusé aussi en cas de chose jugée ou de litispendance, constituée par une décision québécoise ou par une action pendant devant une autorité québécoise, première saisie (art. **3155**, para. 4). L'autorité étrangère est donc tenue de respecter la priorité dans le temps des autorités québécoises dans la même mesure que les autorités québécoises respectent en principe la sienne, en vertu de l'article **3137**. Ainsi dans tous les cas où l'autorité étrangère est saisie la dernière, la reconnaisssance ou l'exécution de sa décision sera refusée, même si sa décision précède la décision des autorités québécoises. Au cas où l'autorité étrangère est saisie la première, sa décision ne sera reconnue ou exécutée que dans le cas où elle a précédé la décision des autorités québécoises. Dans le cas où l'autorité étrangère a été saisie la première, cependant, il est fort possible que l'autorité québécoise aurait sursis à statuer en vertu de l'article **3137**. La reconnaissance sera refusée aussi au cas où le litige a été jugé préalablement dans un État tiers et la décision de cet État remplit les conditions nécessaires pour sa reconnaissance au Québec.

106. L'ordre public. L'ordre public interviendra aussi comme motif de refus de reconnaissance et d'exécution de la décision étrangère (art. **3155**, para. 5). Comme dans le domaine du choix de la loi applicable, cependant, l'intervention de l'ordre public est restreinte[226]. Ainsi il ne s'agit pas d'évaluer le *contenu* de la loi étrangère contre l'ordre public du for mais seulement le *résultat* de son application dans le cas précis. Aussi, le rejet de la décision étrangère n'aura lieu que dans le cas où son résultat est *manifestement* incompatible avec l'ordre public, et la notion d'ordre public qui prévaut est celle que est entendue dans les relations internationales. Le caractère impératif d'une loi québécoise pour un cas purement interne ne pose pas en soi d'obstacle à la reconnaissance d'une décision étrangère dont le résultat serait incompatible avec cette loi. S'agissant dans tous les cas de la reconnaissance de droits qui auraient été acquis à l'étranger en vertu de la décision étrangère, reconnaissable selon les autres règles sur la reconnaissance des jugements étrangers, on peut conclure aussi que l'ordre public, même tel qu'il est entendu dans les relations internationales, a un effet atténué à l'égard des décisions étrangères. La décision étrangère dont le résultat serait incompatible avec une règle québécoise d'application immédiate (pour un tribunal québécois) ne doit pas être écartée pour ce motif[227].

Pour le contenu de l'ordre public tel qu'il est entendu dans les relations internationales, on aura recours aux décisions prises en vertu de l'article **3081** et aussi aux principes consacrés par les chartes québécoise et canadienne en matière des droits et libertés de la personne. Déjà au XIXe siècle la Cour d'appel a refusé de reconnaître la décheance des droits civils d'une personne condamnée pénalement à l'étranger[228]. Plus récemment la Cour d'appel a décidé que l'ordre public ne s'oppose pas à la reconnaissance des jugements étrangers permettant le recouvrement de dettes de jeu[229].

107. Obligations fiscales en général. Les obligations fiscales découlant de règles de droit public, il est normal que la reconnaissance et l'exécution de ces obligations soient refusées au Québec quand elles sont fondées sur une décision étrangère[230]. L'article **3155,** para. 6, vient confirmer ce principe. Une exception importante est toutefois créée subséquemment par l'article **3162.**

108. Autres critères: décisions rendues par défaut. L'article **3156** précise, en matière de décisions rendues par défaut, les exigences des principes essentiels de la procédure (voir l'article **3155,** para. 3) dans la reconnaissance et l'exécution des décisions étrangères. Ainsi c'est au demandeur de l'accueil positif d'une telle décision de prouver que l'acte introductif d'instance a été régulièrement signifié à la partie défaillante. La signification doit être valable selon la loi du lieu où elle a été rendue et la preuve offerte doit donc être adéquate selon cette loi. Même si le défendeur est domicilié au Québec, la validité de la signification sera donc jugée selon la loi étrangère. Le défendeur défaillant peut tout de même prouver que la signification selon la loi étrangère était déficiente, dans le sens qu'il n'a pu prendre connaissance de l'acte introductif ou n'a pu disposer d'un délai suffisant pour présenter sa défense. La déficience matérielle de la signification permettra ainsi à l'autorité québécoise de refuser la reconnaisance ou l'exécution de la décision étrangère, malgré la validité de la signification selon la loi du lieu où elle a été rendue.

109. Rejet de la condition de la compétence législative. En droit français l'exécution d'un jugement étranger sera refusée si le tribunal ayant rendu le jugement a appliqué une loi autre que celle qui aurait été applicable selon le droit français[231]. La règle s'explique en partie, en droit français, par le peu de contrôle exercé par les tribunaux français sur la compétence des tribunaux étrangers ayant statué[232]. Ouverts aux décisions des tribunaux du monde, sans contrôle de leur compétence, les tribunaux français contrôlent plutôt la loi appliquée. Au Québec, où l'on contrôle par des critères québécois la compétence de l'autorité étrangère, il y a peu de justification pour un contrôle supplémentaire de la loi appliquée par cette autorité. Une certaine jurisprudence aurait cependant admis le contrôle de la compétence législative acceptée par le tribunal étranger[233]. L'article

3157 rejette de façon générale cette exigence que l'autorité étrangère ait agi en conformité avec les règles québécoises de droit international privé. En matière d'adoption, cependant, l'article **574** exige que les règles concernant le consentement à l'adoption et à l'admissibilité à l'adoption de l'enfant aient été respectées. Ces règles étant celles que dictent l'article **3092**, le contrôle de la compétence législative reste en vigueur en matière d'adoption.

110. Rejet du pouvoir de révision au fond. Le droit international privé français admettait aussi le pouvoir du juge de l'exequatur de réviser le fond du jugement étranger. Ce pouvoir, partiellement codifié dans le *Code Marillac* de 1629[234], a été reçu en Nouvelle-France et fut finalement codifié dans l'article 178 *C.p.c.* Aboli en France en 1964[235], l'article **3158** l'élimine aussi, de façon générale, au Québec. En matière d'adoption, cependant, l'article **574** exige que l'autorité québécoise s'assure que les règles concernant le consentement à l'adoption et l'admissibilité à l'adoption de l'enfant ont été respectées.

111. Jonction de demandes. Les systèmes processuels contemporains sont souvent accueillants par rapport à la jonction de demandes, contre un seul ou plusieurs défendeurs, dans une seule action. L'article **3159** reconnaît ce phénomène et permet à l'autorité québécoise saisie d'une demande de reconnaissance ou d'exécution de dissocier les demandes pour accorder une reconnaissance ou une exécution partielle. Cet accueil partiel de la décision étrangère sera souhaitable quand il y aura un motif de non-reconnaissance ou de non-exécution à l'égard de l'une des demandes, mais non à l'égard des autres. Par exemple, la compétence internationale de l'autorité étrangère peut manquer à l'égard de l'une des demandes mais non à l'égard des autres[236], ou l'ordre public québécois peut s'opposer à la reconnaissance ou à l'exécution de l'une seule des demandes. Si l'article **3159** permet explicitement l'accueil partiel de la décision étrangère quand la décision étrangère statue sur plusieurs demandes, il ne faut pas exclure la possibilité d'un tel accueil partiel au cas où la décision ne statue que sur une seule demande[237].

112. En matière d'aliments. L'on a déjà vu que la décision étrangère qui n'est pas définitive ne peut être reconnue ou déclarée exécutoire (art. **3155,** para. 2). Cette règle générale a posé des problèmes graves pour ce qui concerne le recouvrement d'aliments, car les décisions qui accordent des aliments sont en général susceptibles de révision, bien qu'exécutoires dans leur État d'origine. La jurisprudence au Québec n'a accordé l'exécution de jugements étrangers en matière d'aliments que pour les arrérages, à moins que le jugement ait tombé dans le champ d'accords bilatéraux ou multilatéraux[238]. Faute de pouvoir faire reconnaître son jugement étranger, le créancier alimentaire se trouvait dans la nécessité de commencer une nouvelle action au Québec. L'article **3160** apporte un changement important au droit actuel et constitue une dérogration au principe de l'article **3155**, para. 2, en permettant que la décision étrangère qui accorde des aliments puisse être reconnue et déclarée exécutoire pour les versements échus et à échoir. Au cas où la décision étrangère serait révisée subséquemment dans l'État d'origine, la partie avantagée par cette révision pourrait demander la reconnaissance et l'exécution de la nouvelle décision étrangère. S'il n'y a pas de révision à l'étranger, les autorités québécoises sont elles-mêmes compétentes pour réviser la décision étrangère si l'une des parties a son domicile ou sa résidence au Québec (art. **3143**).

113. La monnaie étrangère. Depuis 1971 le monde a connu des taux de change flottants. Le créancier d'une décision étrangère libellée en monnaie étrangère peut ainsi voir sa créance augmenter ou diminuer en valeur par rapport à la monnaie du for, selon les variations des taux de change. La décision étrangère étant pour une somme fixe d'argent, en monnaie étrangère, la valeur éventuelle de cette créance dépendra de la date de sa conversion à la monnaie du for. En cas de dévaluation de la monnaie du for, le créancier sera avantagé par une date de conversion qui est la plus récente possible, notamment la date du jugement de reconnaissance et d'exécution dans le for[239]. En cas de revalorisation de la monnaie du for, le créancier sera avantagé par une date de conversion antérieure, notamment la date de la faute ayant entraîné la responsabilité du débiteur. On pourrait laisser le choix de la date de la conversion au créancier[240], mais cette solution met tout le risque des changements dans le taux de change sur le débiteur. La solution adoptée par l'article **3161** est intermédiaire. La date imposée est celle du jour où la décision est devenue exécutoire au lieu où elle a été rendue[241].

Les intérêts que la décision étrangère peut porter seront déterminés par loi de l'autorité qui l'a rendue, jusqu'à sa conversion (art. **3161**, al. 2). Cette loi déterminera ainsi si des intérêts sont dus, la date du commencement de leur calcul, et leur taux. La loi étrangère contrôle donc la fixation du montant de la dette en monnaie étrangère, à la date de sa conversion par l'autorité québécoise en monnaie canadienne (au cours du jour où la décision étrangère est devenue exécutoire). À partir de la date de conversion, les intérêts seront ceux qui sont payables sur une décision rendue par une autorité québécoise.

114. Décisions en matière fiscale. La règle de la non-reconnaissance des décisions étrangères en matière fiscale étant établie par l'article **3155**, para. 6, l'article **3162** vient créer une exception, potentiellement importante, en permettant à l'autorité du Québec de reconnaître et de sanctionner les obligations découlant des lois fiscales d'un autre État, sur la base de la réciprocité. La reconnaissance et l'exécution d'une décision étrangère[242] en matière fiscale serait donc possible à condition qu'une décision québécoise en matière fiscale puisse bénéficier du même traitement dans l'État étranger. Le traitement favorable accordé aux décisions des autorités des autres provinces canadiennes, en vertu de l'article 21 *C.p.c.*, est ainsi étendu à tous les États étrangers[243]. Cependant, la décision étrangère manifestement incompatible avec l'ordre public tel qu'il est entendu dans les relations internationales pourrait toujours être écartée en vertu de l'article **3155**, para. 5. De même, la décision étrangère rendue en violation des principes essentiels de la procédure sera écartée en vertu de l'article **3155**, para. 3[244]. Si les décisions étrangères peuvent ainsi être accueillies au Québec en matière fiscale, sur la base de la réciprocité, il y a peu d'indications d'une telle ouverture à l'étranger[245].

115. Transactions exécutoires. L'accueil fait aux décisions étrangères par les textes de ce Chapitre est étendu par l'article **3163** aux transactions étrangères qui seraient exécutoires au lieu de leur origine. La transaction consensuelle est ainsi assimiliée à une décision — judiciaire, administrative ou législative; le caractère exécutoire de la décision dans l'État d'origine ouvre la possibilité de la reconnaissance et de l'exécution au Québec. La transaction étrangère ayant été l'objet d'une homologation judiciaire à l'étranger sera donc reconnaissable au Québec dans la mesure où l'homologation étrangère rend la transaction exécutoire. L'article **3163** n'exige pas, cependant, l'intervention judiciaire étrangère pour permettre la reconnaissance ou l'exécution de la transaction étrangère[246]. La transaction étrangère qui bénéficierait de la force exécutoire de certains actes authentiques étrangers pourrait aussi être reconnue et exécutée au Québec. Si la révision au fond d'une telle transaction est exclue par l'article **3158**, sa reconnaissance ou son exécution au Québec exigerait quand même le respect des principes essentiels de la procédure (art. **3155**, para. 3).

Chapitre deuxième: De la compétence des autorités étrangères

116. Le principe du miroir. L'article **3155**, para. 2, établissant la compétence des autorités étrangères comme condition de la reconnaissance et de l'exécution de leur décision au Québec, le deuxième Chapitre de ce quatrième Titre fixe les critères de compétence étrangère qui seront acceptés par les autorités du Québec (la compétence «indirecte»). La structure de ce deuxième Chapitre est pourtant complexe.

Le principe qui domine est celui dit du «miroir»[247], selon lequel les chefs de compétence des autorités étrangères seraient établis suivant les règles de compétence applicables aux autorités québécoises (art. **3164**). Ce principe doit cependant être qualifié de plusieurs façons. D'abord, il faut rappeler que la compétence des autorités québécoises s'établit non pas uniquement sur la base de chefs précis de compétence, mais aussi selon les dispositions générales du chapitre Premier du troisième Titre (art. **3134-3140** — *forum non conveniens*, forum de nécessité, litispendance, mesures provisoires ou conservatoires, demande incidente, urgence ou inconvénients sérieux). Pour évaluer la compétence étrangère, l'on doit tenir compte de l'application possible de ces critères généraux par l'autorité étrangère[248]. En deuxième lieu, la compétence étrangère ne sera reconnue, selon le langage même de l'article **3164**, que dans la mesure où le litige se rattache d'une façon importante à l'État dont l'autorité a été saisie. Ensuite, le principe du miroir est ajusté, mais non écarté nécessairement, dans certains cas précis par les articles subséquents du chapitre Deuxième (art. **3165-3168**).

117. Le principe du miroir et les dispositions générales. En vertu de l'article **3164**, tous les chefs de compétence des autorités québécoises (art. **3141-3154**) deviennent aussi des chefs de compétence des autorités étrangères. Cependant, puisque c'est le troisième Titre tout entier qui s'applique pour déterminer la compétence de l'autorité étrangère, et puisque les autorités québécoises peuvent écarter ces chefs de compétence en vertu de ce troisième Titre, les autorités étrangères peuvent exercer cette même liberté pour écarter les chefs précis de compétence. La compétence de l'autorité étrangère s'apprécie non pas de façon large, selon les rattachements admis par les divers chefs de compétence, mais selon les circonstances précises de chaque affaire. Il s'agit de savoir si l'autorité québécoise aurait accepté ou non d'exercer sa compétence dans de telles circonstances. Le principe du miroir devient celui d'un «petit miroir» qui reflète les circonstances particulières de la cause à la lumière des dispositions générales. Ainsi l'autorité québécoise pourrait permettre à l'autorité étrangère d'exercer une compétence qui va au-delà des chefs de compétence admis par les articles **3141-3154**, si l'autorité québécoise aurait agi de la même façon. L'autorité québécoise pourrait aussi rejeter la compétence de l'autorité étrangère, même fondée sur un chef de compétence admis, si l'autorité québécoise aurait décliné l'exercice d'une telle compétence selon les critères de l'un des dispositions générales du troisième titre (notamment *forum non conveniens* (art. **3135**) ou litispendance (art. **3137**))[249].

118. Le principe du miroir et le rattachement étranger important. Le principe du miroir est qualifié aussi par la condition que «le litige se rattache d'une façon importante à l'État dont l'autorité a été saisie.» Deux possibilités sont à envisager à cet égard. Selon la première, l'autorité étrangère aurait exercé sa compétence selon l'un des chefs de compétence établis par les articles **3141-3154**. Cette compétence étrangère peut être écartée faute de rattachement important à l'État de l'autorité étrangère. Ce qui constitue un rattachement «important» n'est pas précisé par le texte, mais le critère semble différent de ceux, déjà applicables, des dispositions générales du troisième Titre. Au cas où l'autorité étrangère voit l'action successorale comme une action mixte et statue sur la succession de biens immobiliers situés au Québec, l'autorité québécoise pourrait ainsi refuser la reconnaissance et l'exécution de la décision étrangère, sans invoquer la notion de *forum non conveniens*, faute de rattachement important entre l'autorité étrangère et les immeubles objets du litige, situés au Québec.

La deuxième possibilité à envisager serait celle où la compétence de l'autorité étrangère ne serait justifiable que sur la base des dispositions générales du troisième Titre (le «petit miroir»). Puisque cette justification de la compétence étrangère est fondée sur l'idée que l'autorité québécoise aurait elle-même exercé sa compétence dans de telles circonstances, il semble peu probable que le rattachement du litige avec l'État de l'autorité étrangère ne soit pas jugé d'une importance adéquate.

119. Le miroir ajusté — les règles particulières. Puisque la compétence des autorités étrangères est établie suivant les règles de compétence applicables aux autorités québécoises, certains chefs de compétence utilisés à l'étranger mais non au Québec seraient nécessairement refusés dans le processus de reconnaissance et d'exécution des décisions étrangères au Québec. Si ces chefs de compétence étrangère ne sont pas exorbitants, cependant, il y aura lieu de les reconnaître comme chefs de compétence supplémentaires. C'est le cas notamment du chef de compétence qui est celui de la nationalité. En plus, certains chefs de compétence québécois ont été jugés potentiellement dangereux quand leur application est admise globalement. Des tempéraments aux chefs de compétence québécoise sont donc prévus quand il s'agit de leur application pour déterminer la compétence des autorités étrangères. Les articles **3165-3168** effectuent ces ajouts et ces tempéraments au principe du miroir, en établissant des règles particulières pour la compétence internationale à l'égard de certaines actions.

Les règles particulières n'ont pas, cependant, un caractère exclusif. Leur application reste soumise aux dispositions générales du troisième Titre du Livre Dixième et cela, en vertu toujours de l'article **3164**[250]. Il y a donc lieu d'établir la nature des ajouts et des tempéraments faits au principe du miroir et aussi d'apprécier l'application possible des dispositions générales.

120. La compétence exclusive. L'article **3165** écarte en principe la compétence d'une autorité étrangère quand cette compétence aurait été exercée en violation d'une compétence exclusive d'une autorité autre que celle dont la décision est l'objet de la requête en reconnaissance ou en exécution[251]. L'incompétence de l'autorité étrangère ayant rendu la décision sera relevée d'office par le juge au Québec. La compétence exclusive qui écarte la compétence de l'autorité étrangère ayant rendu la décision peut être celle des autorités québécoises, d'une autorité étrangère ou d'un arbitre.

La compétence exclusive des autorités québécoises peut découler soit de la matière soit d'une convention entre les parties (art. **3165**, para. 1). L'article **3151** crée, par exemple, ce qui est en principe une compétence exclusive de la part des autorités québécoises pour connaître d'une action fondée sur la responsabilité prévue par l'article **3129** (matières premières provenant du Québec). En cas d'élection d'un for québécois par convention, la compétence ainsi établie en faveur des autorités québécoises (voir l'art. **3148**, para. 4) sera exclusive ou non selon les termes mêmes de la convention.

La compétence de l'autorité étrangère peut être écartée aussi si elle est exercée en violation d'une compétence exclusive admise par le droit du Québec en faveur d'une autorité étrangère. Le seul exemple possible d'une telle compétence exclusive étrangère, du moins selon le Livre Dixième du *Code Civil*, serait une compétence étrangère équivalant à celle que l'article **3151** édicte en faveur des autorités québécoises. Les autres compétences établies par le Livre Dixième ne sont pas désignées comme exclusives. L'élection conventionnelle par les parties d'un for exclusif étranger sera elle aussi sanctionnée par la non-reconnaissance de la décision étrangère rendue en violation de cette élection de for (art. **3165**, para. 2).

De même, la convention des parties qui attribue une compétence exclusive à un arbitre pour résoudre leur litige fera échec à la reconnaissance ou à l'exécution d'une décision étrangère rendue en violation de cette convention (art. **3165**, para. 3). La reconnaissance de telles conventions par le droit du Québec découle de l'article **3148**, al. 2 (incompétence des autorités du Québec au cas où les parties ont choisi, par convention, de soumettre leur litige à un arbitre).

Dans tous ces cas cependant, l'incompétence de l'autorité étrangère peut être guérie en faisant appel aux dispositions générales du premier Chapitre du troisième Titre et cela, en vertu du principe du miroir consacré par l'article **3164**[252]. La compétence de l'autorité étrangère pourrait donc se justifier, même face à une compétence exclusive québécoise ou étrangère, par exemple, sur la base d'un forum de nécessité (art. **3136**), ou pour prendre des mesures provisoires ou conservatoires (art. **3138**), ou pour protégér une personne ou ses biens (art. **3140**).

121. En matière de filiation et d'adoption. En matière d'état de la personne, plusieurs pays ont adopté la nationalité comme facteur de rattachement, à la fois pour déterminer la loi applicable et pour établir la compétence internationale. L'article **3166** reconnaît l'importance de ce chef de compétence internationale en l'ajoutant, aux fins de la compétence indirecte, à ceux qui sont utilisés pour déterminer la compétence des autorités québecoises, soit le domicile de l'enfant ou de l'un de ces parents. La nationalité peut être celle de l'enfant ou de l'un de ses parents. Comme c'est le cas pour la détermination de la compétence des autorités québécoises, le domicile ou la nationalité peut être celui d'une personne qui est présumée parente lors de l'introduction de l'action. Le domicile ou la nationalité qui sert comme chef de compétence indirecte peut-il être celui d'une personne dont la parenté serait établie par la décision étrangère? Le libellé de l'article **3166** n'exclut pas cette possibilité[253].

Il faut rappeler les conditions particulières à l'adoption d'un enfant domicilié hors du Québec, notamment pour la reconnaissance d'une décision d'adoption rendue hors du Québec, qui sont établies par les articles **563-565** et **574**[254].

122. En matière de divorce. L'article **3167** établit des règles particulières pour la reconnaissance des décisions étrangères de divorce. On se rappelera qu'en matière d'état de la personne il ne s'agira souvent que de la reconnaissance de la décision étrangère et non pas de son exécution. Cette reconnaissance peut être judiciaire ou non judiciaire[255]. De même, la décision étrangère peut être celle de toute «autorité», que cette autorité soit judiciaire, administrative, législative ou religieuse[256].

Les chefs de compétence indirecte établis par l'article **3167** sont les suivants: le domicile de l'un des époux dans l'État où la décision a été rendue; la résidence (habituelle) de l'un des époux dans cet État depuis au moins un an avant l'introduction de l'action; ou la nationalité commune des deux époux qui est celle de ce même État. Dans le cas du domicile et de la nationalité, le lien avec les autorités de l'État ayant prononcé la décision doit exister lors de l'introduction de l'action ou au moins lors de la décision. L'acquisition ultérieure d'un domicile dans cet État, ou l'acquisition ultérieure de sa nationalité, ne devrait pas permettre la reconnaissance de la décision. Autrement, l'état de la personne deviendrait hautement instable, susceptible de changement selon les déplacements de l'individu.

En ajoutant la nationalité aux chefs de compétence que les autorités étrangères peuvent exercer en matière de divorce, aux fins de la reconnaissance de leurs décisions au Québec, l'article **3167** va au-delà des chefs de compétence des tribunaux du Québec en matière de divorce en vertu de la législation fédérale[257]. Le miroir est ainsi ajusté en faveur des autorités étrangères. L'ajout de la nationalité aux chefs de compétence indirecte va aussi au-delà des régles législatives fédérales en matière de reconnaissance des divorces étrangers[258]. Il ne faudrait pas conclure, cependant, que l'article **3167** soit inconstitutionnel pour cette raison, car la jurisprudence des autres provinces admet la compétence étrangère en matière de divorce au cas où un «lien réel et substantiel» existe entre les parties et l'autorité étrangère ayant accordé le divorce[259]. La nationalité commune des deux parties représenterait dans la plupart des cas un tel «lien réel et substantiel» et serait ainsi compatible avec la loi fédérale. Au cas où la nationalité étrangère aurait été acquise uniquement pour faciliter le divorce, cependant, la décision étrangère ne devrait pas être reconnue[260]. Le refus de reconnaissance dans ce dernier cas se ferait en vertu de l'article **3135** (*forum non conveniens*), applicable à l'égard des autorités étrangères selon l'article **3164** (le «petit miroir»).

L'article **3167** adopte la position de la jurisprudence antérieure à l'effet qu'une décision étrangère de divorce sera reconnue au Québec si elle est accordée ou si elle est *reconnue* par les autorités ayant la compétence internationale requise[261]. Appliqué dans le passé pour permettre la reconnaissance de la décision qui est reconnue par les autorités du domicile des époux, le principe permet désormais la reconnaissance de la décision qui est reconnue par les autorités du domicile, de la résidence (habituelle) ou de la nationalité commune des époux. Encore une fois, il s'agit de l'État du domicile de l'un des époux ou de leur nationalité commune lors du prononcé de la décision étrangère. Dans le cas où c'est l'État de la résidence habituelle qui a reconnu la décision étrangère, cette résidence devait exister dans l'État reconnaissant depuis au moins un an avant l'introduction de l'action.

Souvent la reconnaissance d'une décision étrangère de divorce se pose comme question préalable à la résolution d'une autre question — vue comme la question principale du litige — telle que la validité d'un mariage subséquent ou la détermination des droits successoraux. On fait souvent valoir que dans le cas où la question principale serait soumise à une loi étrangère, les règles de reconnaissance du divorce étranger devraient être celles du droit étranger applicable à la question principale et non pas celles du for[262]. On renoncerait ainsi à l'application de l'article **3167** dans le cadre d'un litige relevant d'un droit étranger. Cette solution resterait possible en faisant appel à l'article **3136** (le for de nécessité)[263], qui permettrait de reconnaître la décision étrangère même en l'absence des chefs de compétence indirecte établis par l'article **3167**.

L'article **3167** n'a pas d'effet rétrospectif. Les divorces prononcés à l'étranger avant sa mise en vigueur continueront à être reconnus ou non selon les règles de reconnaissance en vigueur au Québec lors du prononcé de la décision étrangère de divorce.

123. Les actions personnelles à caractère patrimonial. Selon la jurisprudence antérieure, les chefs de compétence indirecte pour des actions personnelles à caractère patrimonial étaient les suivants: le domicile du défendeur dans la juridiction du tribunal qui a prononcé le jugement, une cause d'action qui y a pris naissance (si le défendeur y a reçu personnellement signification de la demande), des biens du défendeur dans la juridiction étrangère et la soumission des parties à la juridiction du tribunal étranger[264]. Tout en éliminant le chef de compétence de la présence des biens à l'étranger (jugé trop arbitraire dans ses effets), l'article **3168** élargit les chefs de compétence des autorités étrangères qui seront admis par les autorités québécoises. La compétence qui peut ainsi être exercée par les autorités étrangères est cependant moindre que celle qui peut être exercée par les autorités québécoises[265].

Les chefs de compétence établis par les six paragraphes de l'article **3168** peuvent être regroupés autour de trois moyens de rattachement au for étranger: le défendeur lui-même, la cause d'action et l'accord des parties.

124. Le domicile et l'établissement du défendeur. L'article **3168**, para. 1 continue la tradition millénaire représentée par la maxime *actor sequitur forum rei.* Les autorités du domicile du défendeur auront donc toujours compétence aux yeux des autorités du Québec. En revanche, si les autorités du Québec peuvent exercer leur compétence sur la base de la résidence du défendeur au Québec (voir l'art. **3148**, para. 1), les autorités étrangères ne peuvent en faire autant. Si la résidence du défendeur est ainsi exclue comme chef de compétence indirecte, il en est nécessairement de même pour ce qui concerne la simple présence du défendeur dans le for étranger, même accompagnée par la signification de l'action dans ce lieu (critère traditionel de compétence des tribunaux de common law).

En revanche, le deuxième paragraphe de l'article **3168** ouvre la possibilité de fonder la compétence de l'autorité étrangère sur l'établissement du défendeur dans l'État où la décision a été rendue, du moins dans le cas où la contestation est relative à son activité dans cet État. À l'opposé de l'article **3148**, para. 2 (applicable aux autorités québécoises), l'article **3168**, para. 2, n'est pas limité au seul cas de la personne morale. L'établissement d'une personne physique ou morale dans le for étranger constitue donc un chef de compétence indirecte. Ce chef de compétence qui est celui d'un établissement s'apparente à celui de la résidence, mais il faut rappeler que l'établissement ne suffit pas à lui seul. Il faut en plus que la contestation soit relative à l'activité du défendeur dans le for étranger. La notion de ce qui est un établissement doit être élaboré par la jurisprudence[266].

125. La cause d'action. À l'opposé de l'art. 68 *C.p.c.*, l'art. **3168** ne s'exprime pas en termes de la cause d'action comme chef de compétence, mais plutôt en termes des *constituants* de la cause d'action comme chefs multiples de compétence. Il semble cependant que l'effet des paragraphes 3 et 4 de l'article **3168** (plus restrictifs que l'article **3148**, para. 3 et 4, applicables à la compétence des autorités québécoises) revienne essentiellement à l'idée que ce n'est que la cause d'action toute entière qui peut servir comme chef de compétence indirecte. Ainsi l'article **3168**, para. 3, exige que le préjudice et la faute ou le fait dommageable qui l'a causé aient eu lieu dans le for étranger pour que la compétence indirecte soit établie. Chacun, préjudice, faute ou fait dommageable, ne serait pas un rattachement adéquat, même s'ils étaient admis individuellement pour établir la compétence des autorités québécoises (art. **3148**, para. 3). Le demandeur étranger aurait toujours la possibilité, cependant, d'articuler sa cause d'action de façon étroite pour fonder la compétence de l'autorité étrangère[267].

Le quatrième paragraphe de l'article **3168** permettrait d'établir la compétence des autorités étrangères si les obligations découlant d'un contrat devaient être exécutées dans le for étranger. Il faut noter qu'il s'agit de toutes les obligations découlant du contrat et non pas une seule de ces obligations, comme c'est le cas pour établir la compétence des autorités québécoises (art. **3148**, para. 4). Les obligations du contrat devant toutes être exécutées dans le for étranger, la non-exécution ou l'exécution fautive de l'une d'elles sera située aussi dans le for étranger. On peut toutefois envisager une situation où le préjudice découlant d'une telle faute a eu lieu dans un autre État et, dans ce cas, il ne serait pas nécessaire que tous les éléments de la cause d'action aient eu lieu dans le for étranger pour justifier sa compétence.

126. L'accord des parties. Comme c'est le cas pour les autorités québécoises (art. **3148**, para. 4 et 5), la compétence des autorités étrangères peut se fonder uniquement sur la volonté des parties. Cette volonté peut s'exprimer sous forme d'un accord en vertu duquel les parties soumettent les litiges nés ou à naître entre elles, à l'occasion d'un rapport de droit déterminé, à la compétence des autorités étrangères (art. **3168**, para. 5). La compétence exercée à l'étranger en vertu d'un tel accord sera respectée par les autorités du Québec. En revanche, l'accord des parties ne peut déroger à la compétence des autorités du domicile du consommateur ou du travailleur[268]. Ainsi le consommateur ou le travailleur pourra toujours poursuivre au lieu de son domicile étranger[269], et la compétence des autorités de cet État sera respectée par les autorités québécoises, mais il peut valablement conclure un accord de prorogation de compétence qui admettrait la compétence des autorités d'un autre État[270].

Le défendeur peut aussi reconnaître la compétence des autorités étrangères devant lesquelles le demandeur a entamé le litige. Cette reconnaissance sera établie notamment si le défendeur comparaît et procède au fond ou s'il comparaît et ne soulève d'exception déclinatoire dans les délais requis.

127. Le principe du miroir en matière d'actions personnelles à caractère patrimonial. Pour les raisons déjà indiquées[271], les chefs de compétence établis par l'article **3168** doivent être appréciés à la lumière des dispositions générales du premier Chapitre du troisième Titre. Ainsi, dans les circonstances précises de l'affaire, la compétence étrangère fondée sur l'un des chefs de compétence de l'article **3168** peut être écartée lorsque l'autorité québécoise n'aurait pas exercé sa compétence dans un telle situation, notamment pour le motif de *forum non conveniens* ou de litispendance. De même, la compétence de l'autorité étrangère peut être reconnue quand l'autorité québécoise aurait exercé sa compétence dans une telle situation comme forum de nécessité, pour ordonner des mesures provisoires ou conservatoires, pour statuer sur une demande incidente ou reconventionnelle, ou en cas d'urgence ou d'inconvénients sérieux, pour protéger une personne ou ses biens.

Notes

1. Dans le cadre de ce commentaire les livres suivants seront cités par le seul nom de leurs auteurs suivi, le cas échéant, par la date de publication: B. AUDIT, *Droit international privé*, Paris, Economica, 1991; H. BATIFFOL & P. LAGARDE, *Droit international privé*, 7e éd., t. I (1981) & t. II (1983), Paris, L.G.D.J.; A. BUCHER, *Droit international privé*

suisse, t. II, «Personnes, Famille, Successions», Bâle et Francfort-sur-le-Main, Helbing & Lichtenhahn, 1992; J.-G. CASTEL, *Droit international privé québécois*, Toronto, Butterworths, 1980; *Dicey and Morris on the Conflict of Laws* (L. Collins, dir.), 11e éd., t. 1 & 2, Londres, Stevens & Sons, 1987 (avec 4e supplément, 1991); E. GROFFIER, *Précis de droit international privé québécois*, 4e éd., Cowansville, Editions Yvon Blais, 1990; E. GROFFIER (1993), *La réforme du droit international privé québécois*, Cowansville, Editions Yvon Blais, 1993; W. S. JOHNSON, *Conflict of Laws*, 2e éd., Montréal, Wilson & Lafleur, 1962; F. KNOEPFLER & P. SCHWEIZER, *Précis de droit international privé suisse*, Berne, Éditions Staempfli, 1990; Y. LOUSSOUARN & P. BOUREL, *Droit international privé*, 3e éd., Paris, Dalloz, 1988; J. G. McLEOD, *The Conflict of Laws*, Calgary, Carswell Legal Publications, 1983; P. MAYER, *Droit international privé*, 4e éd., Paris, Montchrestien, 1991; ; F. RIGAUX, *Droit international privé*, t. I, 2e éd. (1987) «Théorie générale», t. II (1979) «Droit positif belge», Bruxelles, Maison F. Larcier; A.K. SCHNYDER, *Das neue IPR-Gesetz*, 2e éd., Zürich, Schulthess, 1990; E. F. SCOLES & P. HAY, *Conflict of Laws*, Lawyers' Edition, St. Paul, Minnesota, West Publishing, 1984. Voir aussi, sur le Livre Dixième du Code civil du Québec portant sur le droit international privé, E. GROFFIER, «La réforme du droit international privé québécois», (1992) 52 R. *du B.* 607; J.-G. CASTEL, «Commentaire sur certaines dispositions du Code civil du Québec se rapportant au droit international privé», *Clunet* 1992.625. Pour le projet de l'Office de révision du Code civil, voir Office de révision du Code civil, *Rapport sur le Code civil du Québec*, vol I., «Projet du Code civil», vol. II, «Commentaires», Québec, Editeur officiel, 1978.

2. Sur les origines historiques du statut personnel et du statut réel voir BATIFFOL et LAGARDE, para. 217.

3. Voir T.J.J. LORANGER, *Commentaire sur le Code civil du Bas-Canada*, Montréal, 1873, aux p.163 et s. («Statuts personnels, réels et mixtes...»).

4. Voir, sur l'histoire de la codification au Québec, GROFFIER (1993), aux p. 1 & 2. La codification au Québec s'inspire largement des Conventions de La Haye en matière de droit international privé et de la *Loi fédérale sur le droit international privé* suisse, votée le 18 décembre 1987. Pour le texte de cette dernière loi, voir *Rev. crit. de d.i.p.* 1988.409; A. BUCHER, *Droit international privé [:] Loi fédérale et Conventions internationales, Recueil de textes*, Bâle et Francfort-sur-le-Main, Helbing & Lichtenhahn, 1988; et les commentaires de F. KNOEPFLER & P. SCHWEIZER, A. VON OVERBECK et S. STOJANOVIC, *Rev. crit. de d.i.p.* 1988.207, 237 et 261.

5. A. PILLET, *Traité pratique de droit international privé*, t.I, Grenoble/ Paris, 1923, aux p. 105 et 106. Ailleurs, Pillet a reformulé sa méthode comme étant celle de réduire «...à la moindre mesure la déperdition d'autorité qui résulte pour une loi de son emploi dans les rapports internationaux.» Voir A. PILLET, *Principes de droit international privé*,

Paris, Pedone, 1903, à la p. 266. PILLET préfigurait ainsi le mouvement en faveur des «*governmental interests*» aux États-Unis et aussi plus particulièrement la notion d'évaluer le «*comparative impairment*» venant de la non-application des lois en présence. Sur cette dernière notion et sur l'adoption d'un principe pareil de l'application de la loi de «l'État dont les intérêts se trouveraient le plus gravement entravés si sa loi n'était pas appliquée à la situation considérée» par le nouveau code louisianais de droit international privé, voir S. Symeonides, «Les grands problèmes de droit international privé et la nouvelle codification de Louisiane», *Rev. crit. de d.i.p.* 1992.223, aux p. 233 et 234.

6. Ph. FRANCESCAKIS, «Quelques précisions sur les "lois d'application immédiate" et leurs rapports avec les règles de conflits de lois», *Rev. crit. de d.i.p.* 1966.1.

7. B. CURRIE, *Selected Essays on the Conflict of Laws*, Durham, Duke University Press, 1963. La méthode d'analyse des intérêts des États ou des gouvernements est évidemment très près de l'analyse économique du droit qui se fait présentemment aux États-Unis. Voir R. POSNER, *The Federal Courts [:] Crisis and Reform*, Cambridge, Harvard University Press, 1985, aux p. 304-307. La question se pose ainsi de savoir si une philosophie particulière du droit est adéquate pour régir tous les conflits de lois pouvant se présenter. On peut évidemment poser la même question au sujet des autres méthodes de résolution de ces conflits.

8. Sur les rapports entre le droit constitutionnel et le droit international privé au Canada, voir GROFFIER (1993), aux p. 9-16.

9. Voir, par exemple, D. COHEN, «La Convention européenne des droits de l'homme et le droit international privé français», *Rev. crit. de d.i.p.* 1989.451. Au Canada les garanties de la liberté de circulation et d'établissement qui se trouvent à l'article 6 de la *Charte canadienne des droits et libertés* commencent aussi d'avoir leur effet sur la réglementation provinciale de certaines questions.

10. Sur la structure, l'interprétation et l'application des règles de rattachement en général, voir GROFFIER, aux p. 21-116.

11. Un facteur de rattachement est toujours composé d'un sujet et d'un attribut du sujet. Exemples : le domicile d'une personne, la situation d'un bien, le lieu de confection d'un testament, etc.

12. Voir BATIFFOL & LAGARDE, para. 563, note 6 («...il n'est pas dit que les qualifications du droit civil s'imposeront....»); GROFFIER (1993), à la p. 34 («... qualifications assouplies, pour les fins du droit international privé.»).

13. Voir la discussion des articles **3088** et **3122-3124**, *infra*.

14. Voir la discussion des articles **3098-3101**, *infra*, notamment au paragraphe 30.

15. Voir la discussion de l'article **3097**, *infra*.

16. *Ross* c. *Ross*, (1895-96) 25 R.C.S. 307, conf. (1893) 2 B.R. 413 (validité formelle d'un testament régi par le lieu de confection du testament, en l'occurrence l'État de New York qui n'admettait pas la validité du testament olographe admise au Québec mais qui admettait l'application

de la loi du domicile pour déterminer la validité formelle des testaments des personnes non domiciliées dans l'État de New York).
17. Voir *supra*, para. 2.
18. Voir les arguments avancés dans l'affaire *Berthiaume* c. *Dastous*, (1928) 66 C.S. 241, (1928) 45 K.B. 391, (1929) 47 B.R. 533 (C.P.) en faveur de l'application du *Code civil du Bas Canada* à la célébration du mariage en France de deux domiciliaires du Québec, nonobstant la règle *locus regit actum*.
19. Ce sera aussi le cas pour les traités internationaux valablement mis en œuvre et liant le Québec, en vertu du principe que les dispositions particulières ont préséance sur les dispositions générales.
20. Conseil fedéral suisse, *Message du 10 novembre 1982 concernant une loi fédérale sur le droit international privé*, à la p. 50. L'article 18 de la Loi suisse (citée *supra*, para. 2) dispose : «Sont réservées les disposition impératives du droit suisse qui, en raison de leur but particulier, sont applicables quel que soit le droit désigné par la présente loi.»
21. *Ibid.*, à la p. 50.
22. KNOEPFLER & SCHWEIZER, aux p. 126 et 127.
23. L.R.Q., c. P-40.1.
24. *Société Asbestos Limitée* c. *Société Nationale de l'Amiante*, [1980] C.S. 331.
25. Voir la jurisprudence citée dans la discussion de l'article **3117**, *infra*.
26. Voir la discussion de l'ordre public, *infra*, para. 10.
27. Voir l'article **3117** et, pour d'autres exemples, les articles **3118** (contrat de travail), **3119** (contrat d'assurance terrestre) et **3099** (protection en matière successorale).
28. Sur les relations entre le droit international privé et le droit constitutionnel, voir *R.* c. *Thomas Equipment Co.*, [1979] R.C.S. 529 (loi albertaine exigeant le rachat de certains machines agricoles par leur fabricant tenue applicable à un fabricant du Nouveau-Brunswick); *Interprovincial Cooperatives Ltd.* c. *La Reine*, [1976] 1 R.C.S. 477 (loi manitobaine promulguée pour assurer la protection de l'industrie de la pêche contre les effets de la pollution tenue inapplicable à des pollueurs situés en Ontario et en Saskatchewan, malgré le texte explicite de la loi).
29. Citée *supra*, para. 2.
30. Voir la discussion des articles **1311** et **1312**, *infra*.
31. BATIFFOL & LAGARDE, para. 358.
32. Voir *Belisle National Leasing* c. *Bertrand*, [1991] R.J.Q. 194 (C.S.) (*Loi sur la protection du consommateur* non pas d'ordre public dans le sens international).
33. L'article **3082** s'inspire de l'article 15 de la *Loi fédérale sur le droit international privé* suisse, citée *supra*, para. 2. Voir C.E. DUBLER, *Les clauses d'exception en droit international privé*, Genève, Georg, 1983, avec les références.
34. A. VON OVERBECK, «Le projet suisse de loi sur le droit international privé [:] Une codification nationale d'inspiration internationaliste?», in *Liber Memorialis François Laurent 1810-1887*, Bruxelles, Story-Scientia, 1987, p. 1181, à la p. 1190.

35. VON OVERBECK, *loc. cit.*; DUBLER, *supra*, à la p. 100. Ces auteurs ne remplaceraient pas la notion de fraude à la loi par la clause d'exception; la fraude à la loi garderait sa propre autonomie. On pourrait adopter la même solution au Québec. En l'absence d'articulation formelle de la notion de fraude à la loi dans le Livre Dixième cependant, la clause d'exception pourrait trouver application dans les situations où la fraude à la loi est manifeste.
36. [1965] R.C.S. 148. Sur le problème de la «question préalable», voir GROFFIER, aux p. 65-68.
37. Voir, sur la preuve de la loi étrangère, GROFFIER (1993), aux p. 41-46.
38. Voir la discussion, *infra.*
39. Voir la discussion *supra*, para. 12.
40. Voir GROFFIER, para. 149; A. PRUJINER, «La personne morale et son rattachement en droit international privé», (1990) 31 *C. de D.* 1049; J. TALPIS, «Les aspects juridiques de l'activité des sociétés et corporations étrangères au Québec», (1976) *C.P. du N.* 215.
41. Voir, sur cette notion, para. 8, *supra.*
42. L.R.Q., c. C-46.
43. Voir, pour d'autres exemples de l'application du droit québécois à l'activité au Québec des personnes morales étrangères, CASTEL, aux p. 340-343.
44. Voir *Protection de la jeunesse — 44*, [1981] T.J. 2073; et sur l'application disjonctive de la loi du for ou de la loi du domicile, H.P. GLENN, «Méthodologie conflictuelle et protection de l'incapable étranger», (1985) 26 *C. de D.* 1031. Pour le rôle de l'intérêt de l'enfant dans le choix du régime de protection, voir *Protection de la jeunesse — 222*, [1986] R.J.Q. 2541 (C.S.).
45. Voir BATIFFOL & LAGARDE, para. 500 (faisant référence au même principe dans la Convention de La Haye du 5 octobre 1961); MAYER, para. 516 et 529; H.P. GLENN, *La capacité de la personne en droit international privé français et anglais*, Paris, Dalloz, 1975, para. 149-151.
46. Voir la discussion de l'article **3084**, *supra.*
47. L'article reprend l'essentiel de l'article 348a du *Code civil du Bas Canada* et, comme l'article 348a, est permissif et non pas obligatoire quant à la nomination d'un tuteur ou curateur. Pour les cas où la loi étrangère «ne pourvoit pas à ce qu'il y ait un représentant», voir GLENN (1985), *supra*, para. 17, aux p. 1037-1039.
48. Req., 16 janv. 1861, D.1861.1.193, S. 1861.1.305.
49. Selon l'arrêt *Lizardi*, il s'agit de savoir si le contractant local a agi «sans légereté, sans imprudence et avec bonne foi.» L'article **3086** trouve écho dans l'article 36 de la *Loi fédérale sur le droit international privé* suisse, citée *supra*, para. 2, qui précise que la règle ne s'applique pas aux actes juridiques relevant du droit de la famille, du droit successoral ou des droits réels immobiliers. Pour la jurisprudence *Lizardi* en France voir BATIFFOL et LAGARDE, para. 491; GLENN (1975), *supra*, para. 17, aux para. 129-135.

50. Citée *supra*, para. 2.
51. Voir L. PALSSON, *Marriage in Comparative Conflict of Laws: Substantive Conditions*, The Hague, Martinus Nijhoff, 1981.
52. Voir J.-M. BISCHOFF, «Mariage», Encyclopédie Dalloz, Droit international.
53. *Varju* c. *Juhasz*, [1964] C.S. 636; Trib. Montpellier 18 mars 1920, S. 1921.2.11, Clunet 1920.633.
54. (1929) 47 B.R. 533, [1930] A.C. 79.
55. *Code civil du Québec*, Projet de loi 125, 1ère session, 34e législature (Québec), Éditeur officiel du Québec, 1991.
56. *Avant-projet de loi portant réforme au Code civil du Québec, du droit de la preuve et de la prescription et du droit international privé*, 2e session, 33e législature, Éditeur officiel du Québec, 1988.
57. *Supra*, para. 8.
58. Voir l'art. 152 de la *Loi sur l'application de la réforme du Code civil*, L.Q. 1992, c. 57.
59. Voir la discussion, *supra*, para. 19 sur la détermination de cette loi. Même au cas où on appliquerait la loi dite du domicile matrimonial, c'est cette loi qui resterait définitivement applicable aux conditions de fond du mariage, et les changements subséquents de domicile n'auront pas d'effet sur la loi applicable.
60. MAYER, para. 566.
61. Voir, pour le débat sur cette question, GROFFIER (1993), aux p. 65-72.
62. Voir la décision de la Cour supérieure dans l'affaire *Droit de la famille no 1636*, 16 juillet 1992, no 500-12-195509-918, J.E. 92-1273, qui applique le régime du patrimoine familial obligatoire à un couple venu au Québec de l'Ontario, pour la raison que «la loi 146 C.C.Q. est une loi d'ordre public.» Ce faisant, la Cour ne fait pas la distinction, essentielle, entre l'ordre public interne et l'ordre public tel qu'il est entendu dans les relations internationales (art. **3081**). Le régime du patrimoine familial pourrait être de l'ordre public dans le sens international, ou une loi «d'application immédiate» dans le sens de l'article **3076**. Cependant, on ne peut guère dire que son application au cas d'un couple marié venu de l'étranger est *nécessaire* pour empêcher la déperdition totale de l'autorité de la loi (voir la discussion des critères des lois d'application immédiate, *supra*, para. 8). Les textes portant sur le patrimoine familial obligatoire auront un effet trés important et une très grande autorité pour la totalité des époux mariés au Québec qui restent au Québec. Serait-il autrement «nécessaire» que tous les époux domiciliés au Québec dont le mariage est dissous par les tribunaux du Québec soient soumis aux effets de la loi? Cet argument est rejeté cependant par le choix qui a été donné aux époux québécois, pour une période limitée, de se soustraire à l'effet de la loi (voir la discussion inf*ra*), de sorte que dans les années à venir il y aura beaucoup de mariages dissous au Québec qui ne seront pas soumis au régime du patrimoine familial obligatoire. La loi n'est pas d'application uniforme au Québec, même pour les époux qui ont toujours été domiciliés au Québec.

63. Voir la *Loi modifiant le Code civil du Québec et d'autres dispositions législatives afin de favoriser l'égalité économique des époux*, L.Q. 1989, c. 55, art. 42, al. 1. Certaines autres possibilités de rénonciation sont offerts aussi par la loi, selon des conditions formelles onéreuses. Voir les art. **423** et **424** du *Code civil du Québec.*
64. BATIFFOL & LAGARDE, para. 628.
65. Voir, pour la pertinence de l'intérêt de l'enfant dans le cas d'une adoption internationale, *Droit de la famille — 798*, [1990] R.J.Q. 1186.
66. Voir D. PARÉ, «L'adoption internationale», (1991) 2 *C.P. du N.* 91.
67. Voir, cependant, pour des dispositions particulières, la *Loi sur les adoptions d'enfants domiciliés en République populaire de Chine*, L.Q. 1992, c. 41.
68. Voir la discussion des articles **3147** et **3164**, *supra.*
69. L'application de la loi du for reste la règle dans plusieurs pays, mais l'application exclusive de la loi du for est tempérée par l'attention portée dans le droit du for au meilleur intérêt de l'enfant, ce qui permet de prendre en considération une loi étrangère qui répond mieux au meilleur intérêt de l'enfant. Voir en général J.-M. BISCHOFF, «L'adoption internationale», dans Association québécoise de droit comparé/Centre de recherche en droit privé et comparé du Québec, R*apports généraux au XIII*^e^ *Congrès international de droit comparé/ XIIIth International Congress General Reports*, Montréal, Éditions Yvon Blais, 1992, à la p. 185.
70. [1981] 1 R.C.S. 29.
71. PARÉ, *supra*, para. 51; GROFFIER, à la p. 141; *Droit de la famille — 553*, [1988] R.J.Q. 2920.
72. GROFFIER, à la p. 141; *cf.* PARÉ, *supra*, para. 52, qui soumettrait aux règles du pays étranger «les exigences matérielles, sociales et civiles auxquelles devront satisfaire les adoptants telles que l'âge, l'état civil, la religion, la race, l'orientation sexuelle, le nombre d'adoptants et leur situation financière.» Cette dernière position, qui revient à soumettre toutes les conditions de l'adoption à la loi du domicile de l'adopté, écarte sans raison évidente la loi des adoptants.
73. Voir J.-M. BISCHOFF, *supra*, à la p. 198.
74. Voir, pour la nécessité d'examiner le dossier en fonction de l'unique intérêt de l'enfant, dans une affaire de garde internationale, *Droit de la famille — 1518* (C.A.), J.E. 92-1173; pour le même phénomène ailleurs, H.P. GLENN, «Le droit international privé du divorce et de la filiation adoptive : un renversement de la méthodologie conflictuelle», (1988) 19 *R.G.D.* 359, aux p. 364-367.
75. L.R.Q., c. A-23.01. Sur l'application de la Loi, voir D*roit de la famille — 1427*, [1991] R.J.Q. 2252; *Droit de la famille — 323*, [1987] R.J.Q. 157.
76. Voir les articles 21 et 22 de la Loi, *supra.*
77. Pour la localisation des biens voir CASTEL, à la p. 683 et s.; GROFFIER, aux p. 253 et 254.

78. Voir J. TALPIS, «The Law Governing the "Statut Réel" in Contracts for the Transfer Inter Vivos of Moveables ut Singuli in Quebec Private International Law», (1972) 13 *C. de D.* 305.
79. Voir, pour le respect au Québec du droit réel acquis en Ontario, en l'absence de tout transfert au Québec, *Union Acceptance Corp. Ltd.* c. *Guay*, [1960] B.R. 827; pour le refus d'accorder des droits réels reconnus au Québec quand il s'agissait de biens meubles importés des États-Unis, encore en l'absence de tout transfert au Québec, *The Rhode Island Locomotive Co.* c. *The South Eastern Rly Co.,* (1887) 31 L.C.J. 86.
80. Voir *Reid* c. *Favor*, [1955] C.S. 370.
81. Voir la discussion de l'article **3152**, *infra*; pour l'application du droit québécois (droit du contrat) à la vente d'un immeuble situé en Saskatchewan, voir *Lamothe* c. *Hébert*, (1918) 24 R.L.(n.s.) 182.
82. Voir E. GROFFIER, «Le nouveau droit international privé des successions», in *Mélanges G. Brière*, 1993.
83. Art. 153, *Loi sur l'application de la réforme du Code civil*, L.Q. 1992, c. 57.
84. Voir la discussion de la compétence des autorités du Québec en matière successorale, en vertu de l'article **3153**.
85. Voir MAYER, à la p. 500 («[C'] est en tout cas un système nationaliste qui, à ce titre, ne peut être que critiqué, et dont il faut souhaiter la disparition».).
86. Voir l'article 154 de la *Loi sur l'application de la réforme du Code civil*, L.Q. 1992, c. 57.
87. Voir les références et la discussion dans BATIFFOL et LAGARDE, paras. 298 et 638-1; *adde*, DICEY & MORRIS, Rule 114. Si la jurisprudence française a reconnu le rôle de la loi de la situation, MM. BATIFFOL et LAGARDE, tout en reconnaissant que la question reste discutée, feraient prévaloir la loi du for chaque fois que le choix d'une règle de rattachement est en jeu. La qualification par la loi de la situation se limiterait au cas où il s'agirait uniquement d'appliquer du droit interne de ce lieu. En adoptant cependant ce qui était au début une recommandation de l'Office de révision du Code civil, le législateur semble avoir adopté le rôle plus large de la loi de la situation préconisée par l'Office. Voir Office de révision du Code civil, supra, note 1, vol. I, à la p. 597; vol II, t. 2, à la p. 986, où la règle est expliquée comme changement du droit actuel, qui consisterait dans l'application de la loi du for.
88. Voir GROFFIER (1993), aux p. 91 et 92; J. TALPIS & G. GOLDSTEIN, «Analyse critque de l'avant-projet de loi du Québec en droit international privé», (1989) 91 *R. du N.* 293, aux p. 469 et 470.
89. L'on reconnait qu'il y aura souvent lieu «d'ajuster» l'application successive de la loi applicable au régime matrimonial et de la loi successorale, pour mieux refléter les buts sociaux des lois en présence. Certains droits ainsi protègent l'époux survivant par les règles de caractère successoral, d'autres par le biais du régime matrimonial. Au cas où les époux seraient domiciliés dans une juridiction qui accorde à l'époux survivant une part successorale mais où la succession est composée d'un

immeuble situé dans une juridiction qui protège l'époux survivant par le biais du régime matrimonial, l'application mécanique des règles de rattachement aurait comme effet d'enlever toute protection à l'époux survivant, malgré les buts protecteurs des deux lois en présence (dissolution du régime matrimonial par la loi du domicile, qui n'accorde rien; distribution des biens successoraux par la loi successorale, qui n'accorde rien). On résoudrait ce problème d'application successive des deux lois en visant le résultat matériel recherché par chaque loi. Le conflit de lois serait artificiel. On fera application soit de l'une, soit de l'autre; ou on fera prévaloir le résultat matériel le plus approprié dans les circonstances.
90. Voir la discussion de l'article **3089**, *supra*.
91. L'article **3082** couvrirait donc en partie les situations où une «question préalable» se présente. Pour cette notion en droit international privé, voir GROFFIER, aux p. 65-68.
92. GROFFIER, aux p. 171 et 172.
93. Voir la discussion de l'article **3109**, *infra*.
94. Citée *supra*, para. 2.
95. Voir SCOLES & HAY, à la p. 740 et, en Ontario, l'article 5(2) de la *Personal Property Security Act*, S.O. 1989, c. 16. Il faut noter que les périodes de temps pour effectuer la publicité en dehors de l'État d'origine varient d'une juridiction à l'autre. Le créancier québécois aura en principe quatre mois pour effectuer la publicité de sa sûreté aux États-unis (le temps est prolongé à cause de la multiplicité de juridictions); en Ontario, le délai est en principe de 60 jours, mais il est réduit à 20 jours pour le vendeur du Québec qui veut exercer son droit de revendiquer en Ontario des biens non payés. Voir la Pe*rsonal Property Security Act*, S.O. 1989, c. 16, art. 5(5).
96. Voir *infra*, articles **3111** et **3112**. Les articles **3107** et **3108** sont largement inspirés aussi de la Convention de La Haye du 1er juillet 1985.
97. Voir BATIFFOL et LAGARDE, para. 216 et 568; et pour la situation contemporaine en droit international privé comparé, H. BATIFFOL, *Les contrats en droit international privé comparé*, Institut de droit comparé, Université McGill, Montréal, 1981.
98. *Ross* c. *Ross,* (1895-96) 25 R.C.S. 307; *Bellefleur* c. *Lavallée,* [1957] R.L. 193 (C.A.).
99. Il faut noter, à cet égard, la suppresion, pendant les travaux parlementaires, de l'article 3085, al. 4, du Projet de loi 125, cité *supra*, para. 20, selon lequel : «Toutefois, tout contrat ayant pour objet un immeuble est soumis aux règles de forme de la loi du lieu où l'immeuble est situé.»
100. Sur la qualification à donner à la prohibition des testaments conjoints, voir GROFFIER (1993), à la p. 85.
101. Il faut noter à cet égard la non-promulgation de l'article 3086 du Projet de loi 125, cité *supra*, para. 20, qui aurait permis de valider la forme d'un acte juridique par la loi applicable aux pouvoirs conférés par un agent diplomatique ou consulaire.
102. Voir, pour le texte de la Convention, A. PRUJINER, *Treaties and International Documents used in International Trade Law—Traités et*

documents internationaux usuels en droit du commerce interntional, Montréal, 1992; *Rev. crit. de d.i.p.* 1980.875; *Clunet* 1991.839; et les commentaires de P. LAGARDE, «Le nouveau droit international privé des contrats après l'entrée en vigueur de la Convention de Rome du 19 juin 1980», *Rev. crit. de d.i.p.* 1991.287; J. FOYER, «Entrée en vigueur de la Convention de Rome du 19 juin 1980 sur la loi applicable aux obligations contractuelles», *Clunet* 1991.601. Pour l'état des ratifications de la Convention voir *Rev. crit. de d.i.p.* 1992.608.

103. Voir le texte radicalement différent de l'article 3477 de l'Avant-projet de loi de 1988, cité *supra*, para. 20 : «L'acte juridique présentant un élément d'extranéité est régi par la loi désignée expressément dans l'acte ....» Le texte actuel de l'article 3111 s'inspire de l'article 3 de la Convention de Rome, et reflète le caractère supplétif du droit des obligations. Si les parties peuvent écrire ce qu'elles veulent dans les clauses matérielles du contrat, ne peuvent-elles pas le faire en faisant référence à une loi étrangère? En revanche, on ne permet pas le contournement, soit par la rédaction de clauses matérielles, soit par choix d'une loi étrangère, des textes qui sont impératifs pour la situation interne. On a déjà vu le même principle en matière de fiducie (art. 3107).

104. Pour la Convention de Rome, voir l'article 8, para. 1, soumettant «l'existence et la validité du contrat ou d'une disposition de celui-ci [...] à la loi qui serait applicable en vertu de la présente convention si le contrat ou la disposition étaient valables»; et la discussion de LAGARDE, *supra*, para. 43, à la p. 326.

105. En France, voir Civ., 9 déc. 1981, *Fougerolles*, *Clunet* 1982.931; Civ., 9 oct. 1984, *Norsolor*, *D.*1985.II. 101, *Clunet* 1985.680, *Rev. crit. de d.i.p.* 1985.551; Paris, 13 juill. 1989, *Cia Valenciana*, *Rev. crit. de d.i.p.* 1990.305; en Angleterre, *Deutsche Schachtbau-und Tiefbohrgesellschaft m.b.H. (D.S.T.)* v. *Ras Al Khaimah National Oil Co. (Rakoil)*, [1987] 2 All E.R. 769, [1987] 2 Lloyd's Rep. 246 (C.A.). En droit suisse, voir aussi A. BUCHER, *Le nouvel arbitrage international suisse*, Bâle et Francfort-sur-le Main, Helbing & Lichtenhahn, 1988, aux p. 100 et 101. Selon la plupart des commentateurs la Convention de Rome ne condamnerait pas un tel choix, mais laisserait son effet à être déterminé par la loi qui serait applicable sans choix. Voir LAGARDE, *supra*, para. 43, aux p. 300 et 301, avec les références. Sur la pratique internationale en matière de contrats, voir G. DELAUME, *Law and Practice of Transnational Contracts*, New York, 1988; et sur les développements récents en matière de *lex mercatoria*, J. BÉGUIN, «Le développement de la *lex mercatoria* menace-t-il l'ordre juridique international?», (1985) 30 *R. D. McGill* 478.

106. Voir l'article 3, para. 1.

107. Citée *supra*, para. 2.

108. *R.* c. *Thomas Equipment Ltd.*, [1979] 2 R.C.S. 529; 96 D.L.R. (3d) 1, commenté par H.P. GLENN, (1981) 59 *R. du B. can.* 840.

109. *Auerbach* c. *Resorts International Hotel Inc.* (C.A. Montréal, 1991-12-10), J.E. 92-116. Voir aussi *Trump's Castle Associates* c. *Lauzon*, J.E. 93-149 (C.Q.).

110. En ce sens, P. LAGARDE, *supra*, para. 43, p. 322.
111. Voir aussi, pour l'une des premières applications de la Convention de Rome, écartant la résidence habituelle de la partie qui devait fournir la prestation caractéristique (une caution, dans les circonstances de la cause) en faveur de la loi du pays qui présentait les liens les plus étroits avec le contrat, Versaille 6 févr. 1991, *J.C.P.* II. 21972.
112. Article 4, para. 3, de la Convention. Le fait qu'un tel texte particulier n'a pas été adopté dans le Livre Dixième ne semble pas exclure une telle conclusion. La Convention de Rome, s'appliquant uniquement en matière contractuelle, est beaucoup plus détaillée que les dispositions du Livre Dixième dans le domaine contractuel.
113. Voir la *Loi concernant la Convention des Nations Unies sur les contrats de vente internationale de marchandises*, L.Q. 1991, c. 68. La loi est entrée en vigueur le 18 décembre 1991. Pour le texte voir aussi PRUJINER, *supra*, para. 43. La Convention a été aussi adoptée par toutes les provinces canadiennes et par le Parlement fédéral. Voir notamment la L*oi de mise en œuvre de la Convention des Nations Unies sur les contrats de vente internationale de marchandises*, S.C. 1991, c. 13.
114. Sur la Convention, voir C. SAMSON, «L'harmonisation du droit de la vente internationale de marchandises entre pays de droit civil et pays de common law», in *Droit contemporain/ Contemporary Law*, Cowansville, Yvon Blais Inc., 1992, p. 100; *ibid.*, «Les conséquences de la Convention des Nations Unies sur les contrats de vente internationale de marchandises sur l'élaboration du contrat de vente de marchandises», [1992] *C.P. Du N.* N° 1; *ibid.*, «La Convention des Nations Unies sur les contrats de vente internationale de marchandises : étude comparative des dispositions de la Convention et des règles de droit québécois en la matière», (1982), 23 C. de D. 919; L. PERRET & N. LACASSE (dir.), *Actes du colloque sur la vente internationale*, Montréal, Wilson & Lafleur, 1989.
115. Voir les arts. **3117** et **3119**.
116. Dans ce cas l'application de la Convention est favorisée. Ce n'est pas le cas où il s'agit de deux parties établies dans des États différents contractants, où le choix par exemple du «droit français» pourrait avoir comme effet d'écarter la Convention. Voir la discussion du paragraphe précédent.
117. À cet égard, voir les suggestions de MM. TALPIS et GOLDSTEIN, *supra*, para. 30, p. 484.
118. Voir J. TALPIS, «La représentation volontaire et organique en droit international privé québécois», (1989) 20 *R.D.U.S.* 89.
119. En ce sens, pour la position traditionnelle du droit français, voir BATIFFOL et LAGARDE, para. 603 (plus nuancée, cependant, quant au droit actuel et préconisant l'application de la jurisprudence *Lizardi*, *supra*, art. **3086**, pour protéger le tiers contre le manque de pouvoir du représentant imposé par une loi étrangère).
120. Voir, pour cette position en droit anglais, DICEY & MORRIS, p. 1341.
121. Citée *supra*, para. 43.

122. Voir, sur l'application de la *Loi sur la protection du consommateur* du Québec aux contrats internationaux ou interprovinciaux, *Bélisle National Leasing* c. *Bertrand*, cité *supra*, para. 10, et la jurisprudence y citée.
123. *Cf.*, pour la Suisse, l'article 120 de la *Loi fédérale sur le droit international privé*, citée *supra*, para. 2, qui interdit tout choix. Le modèle suisse n'a pas été suivi par la Convention de Rome, qui permet le choix tout en assurant la protection accordée par la loi de la résidence du consommateur. L'article **3117** établit donc un régime plus libéral que celui du droit interne, où le choix des parties est interdit par l'article 19 de la *Loi sur la protection du consommateur*, L.R.Q., c. P.40.1. Cet article ne s'appliquera donc qu'au contrat de consommation ne présentant pas d'élément d'extranéité.
124. LAGARDE, *supra*, para. 43, p. 314.
125. *Cf. General Motors Acceptance Corp. of Canada* c. *Beaudry*, [1977] C.S. 1017; non suivi dans *Bélisle National Leasing* c. *Bertrand*, *supra*, para. 10.
126. Voir, en ce sens, GROFFIER, p. 204, citant *Essiambre* c. *Mougeot*, [1976] C.A. 650; Office de révision du Code civil, *supra*, note 1, vol. II, t. 2, p. 996.
127. En ce sens, AUDIT, para. 762.
128. Voir la Convention de Rome, *supra*, para. 43, art. 12, al. 2.
129. AUDIT, para. 762; BATIFFOL & LAGARDE, para. 611.
130. Pour l'autonomie de la clause d'arbitrage et sa soumission à la loi de l'autonomie, voir GROFFIER, p. 205; CASTEL, p. 644 et 645; BATIFFOL & LAGARDE, para. 700 et 722. L'article **3121** suivant en partie les articles 176 et 178a de la *Loi fédérale sur le droit international privé* suisse, on consultera aussi A. BUCHER, *Le nouvel arbitrage international en Suisse*, cité *supra*, para.44. Pour le développment de l'arbitrage au Québec, notamment en matière internationale, voir J.E.C. BRIERLEY, «Une loi nouvelle pour le Québec en matière d'arbitrage», (1987) 47 R. *du B.* 259; *ibid.*, «"Equity and Good Conscience" and Amiable Composition in Canadian Arbitration Law», (1991) 19 *Can. Bus. Law J.* 461; N. ANTAKI & A. PRUJINER (dir.), *Actes du 1er Colloque sur l'arbitrage commercial international*, Montréal, Wilson & Lafleur, 1986; M. LALONDE, J. BUCHANAN, J. ROSS, «Domestic and International Commercial Arbitration in Quebec: Current Status and Perspectives for the Future», (1985) 45 *R.du B.* 705. Pour le droit français et international, voir R. DAVID, *L'arbitrage dans le commerce international*, Paris, 1982; J. ROBERT, *L'arbitrage : droit interne, droit international privé*, 5e éd., Paris, 1983.
131. CASTEL, à la p. 645, en cite des exemples; voir aussi, en droit suisse, BUCHER, *supra*, à la p. 43.
132. Sur ces notions voir BUCHER, *supra*, aux p. 37-47.
133. CASTEL, à la p. 645.
134. Voir l'article **3133**, *infra*.
135. Voir *Tétrault* c. *Baby*, (1940) 78 C.S. 280.

136. La loi applicable au régime matrimonial, en l'absence de convention matrimoniale, est celle du premier domicile matrimonial des époux. Tout changement ultérieur du domicile ou de la nationalité des époux serait cependant sans effet.
137. BATIFFOL & LAGARDE, t. II, para. 620.
138. Voir, pour les arguments en faveur d'un tel rattachement, J. TALPIS & G. GOLDSTEIN, *supra*, para. 30, aux p.499-503, avec des références.
139. Voir aussi la discussion de l'article **3125**, *infra*, pour la qualification possible du *trust* de la common law, applicable en matière de relations patrimoniales familiales, comme un instrument juridique pour empêcher un enrichissement injustifié.
140. [1985] R.D.J. 247. Pour la jurisprudence sur la question et des commentaires, voir GROFFIER, aux p. 77-87.
141. Voir *Droit de la famille — 389*, [1987] R.J.Q. 1852.
142. BATIFFOL & LAGARDE, para. 216.
143. Pour la France et la Belgique, voir BATIFFOL & LAGARDE, para. 557; RIGAUX, paras. 1367 à 1369. En Allemagne, Savigny prônait l'application de la loi du for en faisant l'analogie avec le droit pénal. En Angleterre, l'application de la loi du for en matière délictuelle représentait la continuation de l'exclusivité générale de la loi du for devant les tribunaux anglais.
144. Pour la France et la Belgique, au milieu de ce siècle, voir BATIFFOL & LAGARDE, para. 557; RIGAUX, para. 1369. En Angleterre, l'ouverture vers la *lex loci* a été plus partielle, ce qui a mené à une règle complexe faisant jouer à la fois la loi du for et la loi du lieu du délit, appliquée par la Cour suprême du Canada pour les causes venant du Québec. Voir *McLean c. Pettigrew*, [1945] R.C.S. 62; *O'Connor* c. *Wray*, [1930] R.C.S. 231. Depuis ce temps, les juridictions de la common law au Canada donnent de plus en plus d'importance à la l*ex loci delicti* (voir, par exemple, *Grimes* v. *Cloutier*, (1989) 61 D.L.R. 505, *Prefontaine* v. *Frizzle*, (1990) 65 D.L.R. (4th) 275, *Furlong* v. *Station Mont Tremblant Lodge*, (1991) 83 D.L.R. (4th) 750), tandis qu'aux États-Unis son rôle exclusif est bafoué par le processus de la recherche desdits «intérêts étatiques,» qui dicteraient une solution particulière pour chaque conflit de lois.
145. Voir, par exemple, *Interprovincial Co-operatives Ltd.* v. *The Queen*, [1976] 1 R.C.S. 477; (1975) 53 D.L.R. (3d) 321 (usines polluantes en Ontario et en Saskatchewan, pollution causant préjudice à l'industrie de pêche au Manitoba, action au Manitoba, loi du Manitoba trouvée non applicable par la Cour suprême).
146. Voir, en ce sens, l'article **1465** au sujet du «fait des biens».
147. La version anglaise de l'article **3126** va aussi dans ce sens, en parlant d'un «*injurious act*».
148. Le principe s'inspire de l'article 133, al. 1, de la *Loi fédérale sur le droit international privé* suisse, cité *supra*, para. 2, qui n'admet cependant l'application de la loi personnelle que dans le cas d'une résidence habituelle commune. Le droit international privé allemand fait application de la loi nationale commune en matière de responsabilité civile.

149. Sur cette notion de fautes «en cascade» voir H.P. GLENN, «La compétence internationale et le fabricant étranger», (1985) 45 *R. du B.* 567, notamment aux p. 576-586.
150. L'article s'inspire en partie de l'article 135 de la *Loi fédérale sur le droit international privé* suisse, citée *supra*, para 2. Il est à noter que la loi suisse, à l'opposé de l'article **3128**, écarte l'application de la loi du lieu d'acquisition du bien si l'auteur prouve que le produit a été commercialisé dans cet État sans son consentement.
151. Voir L.Q. 1989, c. 62, adoptant en même temps les art. 21.1 et 180.1 *C.p.c.*, qui seront abrogés lors de la promulgation du nouveau *Code civil*, mais dont l'essentiel est repris par les articles **3151** et **3165**, para. 1. Il est à noter, cependant, que sous le régime de l'article **3165** l'application par un tribunal étranger d'une loi autre que le *Code civil du Québec* à une telle demande de réparation n'a plus d'effet en soi sur la reconnaissance au Québec de la décision étrangère. *Cf.* l'art. 180.1, *C.p.c.* Sur l'histoire législative de l'article **3129**, voir H.P. GLENN, «La guerre de l'amiante», *Rev. crit. de d.i.p.* 1991.41.
152. Voir, pour le cas du préjudice subi par l'époux suite aux blessures subies par son épouse, et la qualification détaillée de chaque élément de la demande pour délimiter l'application de la loi délictuelle et la loi du domicile, *Lister* c. *McAnulty,* [1944] R.C.S. 317.
153. Voir l'article 133, al. 3, de la *Loi fédérale* suisse, citée *supra*, para. 2, qui dispose que : «Nonobstant les alinéas précédents [détermination de la *lex loci delicti*], lorsqu'un acte illicite viole un rapport juridique existant entre auteur et lésé, les prétentions fondées sur cet acte sont régies par le droit applicable à ce rapport juridique.»
154. Voir *supra*, art. **3128**.
155. Comparer le langage de l'article 133, al. 3, de la *Loi fédérale sur le droit international privé* suisse, *supra*, qui écarte de façon non équivoque l'option en déclarant seule applicable la loi applicable au rapport juridique préexistante. Voir aussi le langage plus explicite de l'article 1**458** qui, sur le plan interne, impose le régime contractuel. L'option du demandeur se justifie sur le plan international surtout par la présence de deux lois, dont chacune serait légitimement applicable selon les règles de droit international privé du for. Cependant, le contrat des parties aurait préséance dans la mesure qu'il s'étend à des obligations quasi délictuelles des parties.
156. Au cas où l'option serait exclue sur le plan international par l'effet de l'article **3127**, il faudrait aussi s'interroger sur le sens de l'article en soumettant les prétentions fondées sur l'inexécution à «la loi applicable au contrat.» En France on a conclu que c'est à la loi ainsi désignée de dire si elle accepte ou non l'option entre les deux responsabilités, comme question de droit interne. Voir LAGARDE, *supra*, para. 43, p. 293; Civ. 18 oct. 1989, *Rev. crit. de d.i.p.* 1990.712. Encore une fois, les solutions sont nécessairement plus flexibles sur le plan international que sur le plan interne.
157. L.R.Q., c. A-25.
158. Voir les articles 4 et 7 de la Loi, *supra.*

159. Sur la jurisprudence antérieure au Québec, voir GROFFIER, aux p. 46, 47, 182 et 183.
160. Voir *supra*, para. 12.
161. BATIFFOL et LAGARDE, para. 709.
162. Les juridictions de common law ont traditionnellement vu la prescription comme relevant du moins partiellement du statut de la procédure, régie par la loi du for, mais l'Angleterre a adopté le principe de la compétence de la *lex causae* en 1984. Voir DICEY & MORRIS, à la p. 190.
163. Pour la jurisprudence française qui admettait auparavant l'application de la loi de son domicile aux fins de protection, voir BATIFFOL & LAGARDE, para. 615 et 713. La jurisprudence contemporaine fait application, cependant, de la l*ex causae. Ibid.*
164. CASTEL, à la p. 742; BATIFFOL & LAGARDE, para. 702. *Cf. Samson* c. *Holden*, [1963] R.C.S. 373.
165. Voir la discussion dans GROFFIER, aux p. 230-236, avec les références.
166. Voir, au Québec, la *Loi sur les dossiers d'entreprise*, L.R.Q., c. D-12.
167. Voir *W. & H. Management International Ltd.* c. *Sterling Bank*, [1976] C.A. 848; *2632-7602 Québec Inc.* c. *Pizza Pizza Canada Inc.*, [1991] R.J.Q. 2951.
168. Voir *Hunt* v. *Lac d'Amiante du Québec Ltée*, [1991] 5 W.W.R. 475 (C.A. C.-Br., présentement en appel à la Cour suprême du Canada).
169. Voir *Dupont* c. *Tarongo Holdings Ltd.*, [1987] R.J.Q. 124 (signification hors de la juridiction n'est pas *ultra vires*).
170. Pour l'histoire de la croissance de la compétence territoriale des tribunaux du Québec, voir H.P. GLENN, «De la cause d'action et de la compétence internationale», (1982) 27 *R. D. McGill* 793 aux p. 797-799.
171. Voir, pour l'histoire de la notion, SCOLES & HAY, aux p. 363-364.
172. Voir la jurisprudence citée dans H. GAUDEMET-TALLON, «Le "forum non conveniens", une menace pour la convention de Bruxelles? (A propos de trois arrêts anglais récents)», *Rev. crit. de d.i.p.* 1991.493, à la p. 521. La Convention de Bruxelles n'incorpore pas le principe, étant donné le caractère circonscrit de ses chefs de compétence.
173. Voir les décisions citées dans GROFFIER, aux p. 244 et 245.
174. La Cour suprême des États-Unis a décidé cependant que le désavantage qui découle pour le demandeur de l'obligation de poursuivre dans un for étranger ayant une loi moins favorable que la loi du for ne devrait pas se voir accordé beaucoup de poids dans l'exercice de la discretion. Voir P*iper Aircraft Co.* v. *Reyno*, 454 U.S. 235 (1981). Pour les suites de la décision en droit américain, voir (1992) 105 H*arv. L. Rev.* 1813. Sur les facteurs soulevés par la jurisprudence au Québec et en Ontario, voir M. PEACOCK, «Doctrine of Forum Non Conveniens in Ontario and Quebec: The Two Solitudes», (1987) 47 R. *du B.* 111; K.N. FELDMAN & S.M. VELLA, «The Evolution of "Forum Conveniens": Its Application to Stays of Proceedings and Service Ex Juris», (1989) 10 *Advocates' Quarterly* 161.

175. Cité *supra*, para. 2. Le texte de l'article 3 se lit ainsi : «Lorsque la présente loi ne prévoit aucun for en Suisse et qu'une procédure à l'étranger se révèle impossible ou qu'on ne peut raisonnablement exiger qu'elle y soit introduite, les autorités judiciaires ou administratives suisses du lieu avec lequel la cause présente un lien suffisant sont compétentes.» Si le mot «raisonnablement» manque au texte de l'article **3136** dans la version française, il réapparaît dans la version anglaise de l'article.
176. BUCHER, p. 34.
177. Voir KNOEPFLER & SCHWEIZER, à la p. 199; SCHNYDER, à la p. 26.
178. *Droit de la Famille —323*, [1988] R.J.Q. 1542. Voir aussi l'exemple donné dans GROFFIER (1993), à la p. 132, d'une action intentée au Québec contre une société y possédant des biens importants alors qu'elle n'a pas, au lieu de son siège social, de biens saisissables.
179. Voir, pour les critères applicables dans la détermination de litispendance, *Rocois Construction Inc.* c. *Québec Ready Mix Inc.*, [1990] 2 S.C.R. 440; *St-John Shipbuilding Ltd.* c. *Groupe Mil inc.*, J.E. 91-1351 (C.A.).
180. *York-Hannover Developments Ltd.* c. *Commonwealth Insurance Co.*, J.E. 92-297 (C.A.).
181. *Johns-Manville Corporation* c. *The Dominion of Canada General Insurance Company*, (1991) 9 R.D.J. 616. L'article 758 C.*p.c.*, qui interdit l'injonction pour empêcher des procédures judiciaires, serait limité ainsi aux poursuites purement internes. Pour le développement de l'injonction empêchant des poursuites à l'étranger, voir T.C. HARTLEY, «Comity and the Use of Antisuit Injunctions in International Litigation», (1987) 35 A*m. J. Comp. L.* 487; V. BLACK, «The Antisuit Injunction Comes to Canada», (1988) 13 *Queen's L. J.* 103; G. BERMANN, «The Use of Anti-Suit Injunctions in International Litigation», (1990) 28 *Col. J. Trans. L.* 589; E. EDINGER, «Conflict of Laws—Jurisdiction—British Columbia Residents Bringing Action for Damages in Texas against Non British Columbia Resident Defendants—Defendants Seeking Anti-Suit Injunction in British Columbia: *Amchem Products* v. *Workers' Compensation Board*», (1992) 71 *R. du B. can.* 117; et la jurisprudence citée dans l'affaire *Johns-Manville* à la p. 623. Cf., cependant, *Amchem Products Inc.* c. *Colombie-Britannique (Workers' Compensation Board)* C.c.S. (22256, 1993-03-25) J.E. 93-674.
182. Conseil fédéral suisse, *Message du 10 novembre 1982 concernant une loi fédérale sur le droit international privé*, para. 213.11. Il est à noter que la compétence des autorités du Québec ne peut plus être fondée sur la situation des biens du défendeur au Québec (voir art. **3148**); ses biens au Québec pourraient cependant être saisis au Québec de façon provisoire pour faciliter l'exécution d'un jugement rendu ailleurs, sous réserve de toutes conditions requises pour effectuer une saisie conservatoire.
183. *Ibid.*, para. 233.2.
184. Schnyder, à la p.27.
185. *A.S.G. Industries Inc.* c. *Corporation Superseal*, [1983] 1 R.C.S. 781; [1983] R.D.J. 340. Sur la décision, voir H. P. Glenn, «La compétence

internationale et le fabricant étranger», (1985) 45 *R. du B.* 567, aux p. 573-576.
186. D. FERLAND, B. EMERY, & J. TREMBLAY, *Précis de procédure civile du Québec*, Montréal, Yvon Blais Inc., 1992, à la p. 194.
187. Sur cette jurisprudence, voir H.P. GLENN, *supra*, aux p. 570 et 571, avec les références.
188. Voir H.P. GLENN, *supra*, aux p. 571-573.
189. Voir, pour l'évaluation par la Cour supérieure du risque physique ou psychologique subi par des enfants dans une cause internationale de garde, *Droit de la famille—1694*, J.E. 92-1795.
190. Voir l'article 70 *C.p.c.*; *D.T.T.* c. *L.S.T.T.*, (1990) 8 R.D.J. 434 (action alimentaire des demandeurs, d'âge adulte, domiciliés au Québec, contre leur père domicilié au Nouveau- Brunswick).
191. Voir la discussion de l'article **3089**, *supra*.
192. Pour le domicile du mineur, voir l'article **80**.
193. *Wabasso Ltd.* c. *National Drying Machinery Co.*, [1981] 1 R.C.S. 578; *Air Canada* c. *McDonnell Douglas Corp.* [1989] 1 R.C.S. 1554.
194. Voir H. P. GLENN, *supra*, para. 72, pour les développements nord-américains et européens.
195. Pour la définition de la résidence, dans le sens de demeurer de façon habituelle, voir l'article **77**.
196. Voir CASTEL, aux p. 334-336.
197. Voir les affaires *Wabasso* et *McDonnell*, citées *supra*, para. 87.
198. *Alimport* c. *Victoria Transport Ltd.*, [1977] 2 R.C.S. 858; sur la décision voir H.P. GLENN, «Prorogation volontaire et compétence internationale», (1977) 23 *R. D. McGill* 125.
199. *Alimport* c. *Victoria Transport*, *supra*, para. 91.
200. *Zodiak International Productions Inc.* c. *The Polish People's Republic*, [1983] 1 R.C.S. 529.
201. *Supra*, para. 92.
202. Citée *supra*, para. 2.
203. Voir, pour l'application de l'article, *Madill* c. *Arsenault*, [1984] R.D.J. 458.
204. *Cf.* l'article 69 *C.p.c.* («Nonobstant convention contraire....») et l'article **3149** («...la renonciation du consommateur ou du travailleur à cette compétence ne peut lui être opposée.»).
205. Pour l'histoire législative de l'art. **3151**, voir la discussion de l'art. **3129**, *supra*.
206. Pour les critères de la constitutionnalité de la compétence extra-territoriale, voir *Dupont* c. *Taronga Holdings Ltd.*, [1987] R.J.Q. 124, et le jugement de la Cour suprême du Canada dans l'affaire *De Savoye* c. *Morguard Investments Ltd.*, [1990] 3 R.C.S. 1077.
207. Voir CASTEL, à la p. 354.
208. Voir, pour la localisation des biens, CASTEL, à la p. 683 et s.; GROFFIER, aux p. 253 et 254.
209. Voir *Brunet* c. *Chrysler Canada Ltd.*, J.E. 92-1462 (C.S.).

210. Voir *Babineau* c. *Railway Centre Park Co.Ltd.*, (1915) 47 C.S. 161; *Lamothe* c. *Hébert*, (1918) 24 R.L. (n.s.) 182. Pour le même principe en droit français, voir BATIFFOL & LAGARDE, para. 681.
211. C'est le cas, en vertu de l'article **613**, quand le défunt est mort domicilié au Québec.
212. Voir, pour la possibilité de choisir la loi applicable à la succession, la discussion de l'article **3098**, *infra*; et sur les conséquences de ce choix en matière de compétence, GROFFIER (1993), aux p. 145 et 146.
213. *Ross* v. *Ross*, (1894) 25 R.C.S. 307; voir aussi CASTEL, à la p. 691 et la jurisprudence citée. Pour le débat historique sur la nature de l'action, voir H. SOLUS & R. PERROT, *Droit judiciaire privé*, t. I, Paris, Sirey, 1961, aux p. 129-132.
214. L'article s'inspire de l'article 51 de la *Loi fédérale sur le droit international privé* suisse, citée *supra*, para. 2.
215. Voir l'article 3 de la *Loi sur le divorce*, S.C. 1986, c. 4, qui exige que l'un des époux ait résidé habituellement dans la province du tribunal saisi pendant au moins l'année précédant l'introduction de l'instance.
216. Ce qui n'était pas le cas sous le régime des articles 178-180 *C.p.c.*
217. Voir l'article 155 de la *Loi sur l'application de la réforme du Code civil*, L.Q. 1992, c. 57.
218. Voir GROFFIER (1993), à la p. 147; CASTEL, à la p. 836; MAYER, para. 353 et 472; LOUSSOUARN et BOUREL, à la p. 760. La même restriction s'applique en droit suisse, quand il s'agit de la reconnaissance et de l'exécution des décisions des «autorités judiciaires ou administratives» étrangères. Voir l'article 25 de la *Loi fédérale sur le droit international privé* suisse, citée *supra*, para. 2; SCHNYDER, à la p. 37.
219. Voir les articles 948-951.2.
220. L'accueil ainsi fait au jugement étranger est compatible avec l'ouverture prônée par la Cour suprême du Canada pour les provinces de common law, dans l'affaire *De Savoye* c. *Morguard Investments Ltd.*, [1990] 3 R.C.S. 1077, 76 D.L.R. (4th) 256, commentée par H.P. GLENN, (1992) 37 *R. D. McGill* 537. La Cour suprême a refusé d'établir des exigences constitutionnelles précises pour la reconnaissance et l'exécution des jugments étrangers, sans toutefois nier la pertinence de la Constitution pour contrôler les excès de compétence et les refus injustifiables de reconnaissance et d'exécution. Les dispositions du quatrième Titre s'inspirent largement de la Convention de La Haye sur la reconnaissance et l'exécution des jugements étrangers en matière civile et commerciale, conclue le 1er février 1971.
221. Voir les articles 787 et 788 nouveau *C.p.c.*, tel que prévu par la *Loi sur l'application de la réforme du Code civil, L.Q. 1992, c. 57.*
222. Voir aussi l'article 29, para. 3, de la *Loi fédérale sur le droit international privé* suisse, cité *supra*, para. 2 («Lorsqu'une décision étrangère est invoquée à titre préalable, l'autorité saisie peut statuer elle-même sur la reconnaissance.»).
223. Voir, pour la question de la reconnaissance des jugements étrangers portant sur l'état de la personne, GROFFIER, aux p. 280-283; et, avec des

critiques d'une pratique de reconnaissance informelle, G. GOLDSTEIN & J. TALPIS, *L'effet au Québec des jugements étrangers en matière des droits patrimoniaux*, Montréal, 1991, aux p. 66-81. Il ne semble pas, cependant, que l'article **3155** soit incompatible avec la reconnaissance informelle d'un jugement étranger par une autorité québécoise autre qu'un tribunal. L'article **3155** n'admettrait donc pas d'exception à son application («Toute décision....») mais son application varierait selon la procédure de l'autorité en cause.

224. Sur cette question l'article **3155**, para. 2, est donc plus sévère que l'article 25 de la *Loi fédérale sur le droit international privé* suisse, citée *supra*, para. 2, qui a pourtant servi de modèle. Articulé de façon positive, l'article 25 de la Loi suisse dispose que la décision étrangère est reconnue en Suisse «[s]i la décision n'est plus susceptible de recours ordinaire ou si elle est définitive.» Ainsi les deux conditions alternatives en Suisse sont des conditions de *reconnaissance*; au Québec, ce sont des conditions de *non-reconnaissance*. Si l'une ou l'autre est remplie au Québec, la décision étrangère n'est pas reconnue; si l'une ou l'autre est remplie en Suisse, la décision étrangère est reconnue. Sur le droit suisse, voir BUCHER, à la p. 37; SCHNYDER, à la p. 40. Sur la décision étrangère qui accorde des aliments, cependant, se reporter à l'article 3160.

225. Voir, pour le refus d'un tribunal anglais de reconnaître un jugement prononcé par un tribunal du Texas dans une affaire d'amiante, pour le motif que le jugement étranger n'était pas fondé sur une appréciation du dommage individuel subi par chaque demandeur, *Adams* v. *Cape Industries Plc.*, [1990] 1 Ch. 433. Dans le cas d'une décision étrangère rendue par défaut, voir aussi l'article **3156**.

226. Voir la discussion de l'article **3081**, *supra*.

227. *Cf.* l'art. 180.1 du *Code de procédure civile*, qui sera abrogé avec la mise en vigueur du nouveau *Code civil* et dont le texte à cet effet n'a pas été repris par le *Code civil*.

228. *Addams* c. *Worden*, (1856) 6 L.C.R. 237.

229. *Auerbach* c. *Resorts International Hotel Inc.*, [1992] R.J.Q. 302. Voir aussi, pour l'inopposabilité de l'ordre pubic au choix des demandeurs d'un tribunal susceptible de mieux servir leurs intérêts, *Turbide* c. *Chevarie*, [1992] R.J.Q. 745.

230. Voir la discussion *supra*, para. 100.

231. Voir BATIFFOL & LAGARDE, para. 726.

232. *Ibid*, para. 719 (au cas où les règles de compétence des tribunaux français n'accordent pas une compétence exclusive aux tribunaux français, la solution «possible et préférable» est d'admettre que la compétence du juge étranger se fonde sur sa propre loi).

233. Sur cette jurisprudence, voir GROFFIER, aux p. 311-313.

234. Voir JOHNSON, à la p. 766, pour l'histoire.

235. Par l'arrêt *Munzer* du 7 janvier 1964, *Clunet* 1964.302, *J.C.P.* 1964.II.13590, *Rev. crit. de d.i.p.* 1964.344. Voir BATIFFOL & LAGARDE, para. 716.

236. Il est à noter que la simple connexité entre des demandes n'est pas en soi un chef de compétence pour les autorités québécoises, sauf dans le

cas d'une demande incidente ou d'une demande reconventionnelle. Voir la discussion de l'article 3139, *supra*.

237. La Convention de La Haye du 1er février 1971 sur la reconnaissance et l'exécution des jugements étrangers en matières civile et commerciale, dont l'article 14 sert de modèle à l'article 3159, aurait laissé cette possibilité au droit du pays requis. Voir CASTEL, à la p. 860; pour la notion de l'exequatur partiel, voir BATIFFOL & LAGARDE, para. 727.

238. Voir GROFFIER, aux p. 306 et 307. Entre les provinces canadiennes l'exécution réciproque est cependant possible en vertu de la *Loi d'exécution réciproque d'ordonnances alimentaires*, L.R.Q. c. E-19, et les jugements français sont susceptibles d'exécution en vertu de l'Entente France-Québec. Voir la *Loi assurant l'application de l'entente sur l'entre-aide judiciaire entre la France et le Québec*, L.R.Q., c. A-20.1.

239. On arriverait au même résultat en permettant au jugement du for d'être libellé en monnaie étrangère, dans le montant établi par le jugement étranger. Cette solution serait cependant exclue au Canada par l'article 11 de la *Loi sur la monnaie et les changes*, L.R.C. 1985, c. C-52, à l'effet que toute somme d'argent doit être énoncée en monnaie canadienne dans les procédures judiciaires.

240. En ce sens, voir *Cohen* c. *Hill Samuel & Co.* [1989] R.J.Q.2078 (C.A.).

241. Voir déjà, en ce sens, *Kraft* c. *Otto*, [1978] C.S. 752; *Turbide* c. *Chevarie*, [1992] R.J.Q. 745 (C.S.). La solution imposée ne permet pas de nuancer la décision selon la conduite des parties en exécutant ou en poursuivant avec vigueur l'exécution de la dette. Il est souvent difficile, cependant, d'attribuer des délais judiciaires à la faute des parties, notamment sur le plan international. Sur le problème, voir GROFFIER, aux p. 308-310; B. RIORDAN, «The Currency of Suit in Actions for Foreign Debts», (1978) 24 R. D. *McGill* 422; R.A. BOWLES & C.J. WHELAN, «The Currency of Suit in Actions for Damages», (1979) 25 *R. D. McGill* 236; K. CHEBIL, «Les jugements relatifs aux créances libellées en monnaie étrangère en droit anglais, français et canadien», (1981) 27 *R. D. McGill* 299.

242. Si l'article 3162 ne parle pas expressément de décisions étrangères, son inclusion dans ce chapitre indique que sa portée ne vise pas autre chose que la reconnaissance et l'exécution d'une décision étrangère. En tout cas, toute poursuite par un gouvernement étranger pour une dette fiscale serait précédée d'une décision administrative quant à l'existence de l'obligation, et cette décision administrative, confirmée éventuellement par une instance judiciaire ou quasi judiciaire, serait l'objet de la requête en reconnaissance et en exécution au Québec. Pour l'importance des principes essentiels de la procédure pour la reconnaissance d'une décision administrative étrangère, voir la discussion in*fra* dans ce paragraphe.

243. En faveur de cette reconnaissance mutuelle, voir CASTEL, aux p. 84-89. La définition de ce qui est une loi fiscale sera demandée au droit du for, en vertu de l'article 3078. Sur cette définition, voir CASTEL, aux p. 87 et 89 (excluant les amendes et la peine de prison pour évasion fiscale).

244. Les principes essentiels de la procédure pourraient ainsi s'opposer à la reconnaissance et à l'exécution au Québec d'une décision administrative étrangère en matière fiscale n'ayant pas été l'objet de débat contradictoire devant une autorité judiciaire ou quasi judiciaire. Si toute «décision» étrangère est susceptible de reconnaissance et d'exécution au Québec, en vertu de l'article 3155, la décision administrative prise par une administration partie elle-même au litige serait contraire aux principes essentiels de la procédure.

245. En ce qui concerne les États-Unis, voir SCOLES & HAY, aux p. 948-950, 977 et 978 (reconnaissance sur la base de la réciprocité entre plusieurs États américains, mais non à l'égard des États étrangers); pour la France, AUDIT, aux p. 88, 243 («...en l'état du droit positif, la demande d'exécution d'un jugement fiscal serait certainement repoussée»); pour le Royaume-Uni, DICEY & MORRIS, aux p. 100-106; et pour les autres provinces canadiennes, MCLEOD, aux p. 209-213 (favorisant, cependant, plus de collaboration entre les provinces canadiennes en matière fiscale).

246. Voir, à l'opposé, l'article 19 de la Convention de La Haye conclue le 1er février 1971 sur la reconnaissance et l'exécution des jugements étrangers en matières civile et commerciale («Les transactions passées devant un tribunal au cours d'une instance et exécutoires dans l'État d'origine, seront déclarées exécutoires....»); et l'article 30 de la *Loi fédérale sur le droit international privé* suisse, citée *supra*, para. 2 («...la transaction judiciaire... est assimilée à une décision judiciaire...»).

247. L'on parle aussi quelquefois de «réciprocité» à cet égard, mais la notion de réciprocité s'applique mieux à l'idée que la décision étrangère sera reconnue au Québec si une décision québécoise rendue dans les mêmes circonstances serait reconnue à l'étranger (voir l'art. 3162). Puisque c'est l'autorité québécoise qui établit la compétence des autorités étrangères «suivant les règles de compétence applicables aux autorités québécoises», il ne semble pas nécessaire que l'autorité étrangère ait justifié sa compétence dans le langage et selon les critères des règles québécoises. L'autorité québécoise doit cependant vérifier que l'application des règles québécoises aurait mené à la compétence de l'autorité étrangère.

248. Voir aussi, en ce sens, GOLDSTEIN & TALPIS, *supra*, para 101, à la p. 270.

249. Si la litispendance se pose entre le Québec et le for de l'autorité étrangère, le résultat est déjà prévu par l'article 3155, para. 4. La litispendance peut exister aussi, cependant, entre l'autorité étrangère et les autorités d'un État tiers.

250. L'absence d'un caractère exclusif des articles 3165-**3168** est indiquée par l'élimination de la phrase «En l'absence de disposition particulière» du texte de ce qui est devenu l'article **3164**. Voir l'article 3141 du Projet de loi 125, cité *supra* para. 20. Le principe du miroir est devenu ainsi le principe dominant, et non pas simplement un principe supplémentaire, dans la détermination de la compétence étrangère. Les dispositions particulières des articles **3165-3168** écartent cependant les chefs de compétence applicables aux autorités québécoises dans les domaines qu'elles

indiquent, en vertu du principe de la primauté du texte spécial. Ainsi en l'absence de chefs de compétence spécifiquement établis pour établir la compétence des autorités étrangères, leur compétence sera établie selon les chefs de compétence des autorités québécoises. Une fois les chefs de compétence appropriés établis, la compétence des autorités étrangères dans le cas précis reste soumise aux autres règles de compétence des autorités québécoises (les dispositions générales).

251. L'article 3165 s'inspire de l'article 12 de la Convention de La Haye du 1er février 1971 sur la reconnaissance et l'exécution des jugements étrangers en matières civile et commerciale.

252. Voir la discussion de cet article pour l'application des dispositions générales.

253. *Cf.* l'article 76 du projet de l'Office de révision du Code civil, cité *supra*, note 1, vol. I, p. 614, qui admettait la compétence internationale de l'autorité étrangère au cas où l'enfant avait, «lors de la demande,» son domicile ou sa résidene dans le ressort de l'autorité saisie.

254. Voir aussi les dispositions particulières de la *Loi sur les adoptions d'enfants domiciliés en République populaire de Chine*, L.Q. 1992, c. 41; et sur leur application *Droit de la famille* — 1749, J.E. 93-460 (C.Q.).

255. Voir para. 101, *supra.*

256. Voir para. 100, *supra.*

257. Voir l'art. 3(1) de la *Loi sur le divorce*, S.C. 1986, c. 4, à l'effet que la compétence des tribunaux canadiens se fonde sur la résidence habituelle de l'un des époux dans la province pendant au moins l'année précédant l'introduction de l'instance.

258. Voir l'article 22(1) de la *Loi sur le divorce*, *supra*, qui prévoit la reconnaissance de la décision étrangère au cas où l'un des époux avait résidé habituellement dans la juridiction de l'autorité ayant rendu la décision pendant au moins l'année précédant l'introduction de l'instance.

259. Voir *Re Kish and Director of Vital Statistics*, (1973) 35 D.L.R. (3d) 530 (Alta.); *Bevington (Hewitson)* v. *Hewitson*, (1974) 47 D.L.R. (3d) 510 (Ont.); *Holub* c. *Holub*, (1976) 71 D.L.R. (3d) 698 (Man.).

260. Voir déjà dans ce sens, en critiquant «une nationalité opportuniste», *Claus* c. *Sonderegger*, [1979] C.A. 60 (M. le juge Mayrand).

261. Voir *Wheeler* c. *Sheehan*, [1961] C.S. 480; *Rubenfeld* c. *Rubenfeld*, C.S. Montréal, 1800015-75, 4 avril 1975.

262. Voir la discussion de la «question préalable», *supra*, para. 11.

263. Applicable en vertu de l'article 3155.

264. Pour la jurisprudence, voir GROFFIER, aux p. 285 et 286. Les chefs de compétence indirecte ainsi admis par les tribunaux du Québec étaient plus nombreux que ceux admis dans les provinces de common law (présence du défendeur dans la juridiction étrangère ou soumission du défendeur à sa compétence) avant le jugement de la Cour suprême du Canada dans l'affaire M*organd Investments Limited* c. *De Savoye*, *supra*, para. 101. Dans ce jugement la Cour suprême a établi le critère d'un «lien réel et substantiel» entre la cause et le for étranger pour justifier la compétence indirecte.

265. Voir l'art. 3148.
266. Pour le domicile de la personne morale, voir para. 88, *supra*. L'«établissement» de la personne morale serait autre chose que le domicile et rien n'empêcherait qu'une personne morale n'ait plusieurs «établissements».
267. Cela a déjà été accepté par les tribunaux québécois. Voir la discussion du para. 90, *supra*.
268. Cette compétence indirecte existe en vertu de l'application de l'article 3149 à la compétence des autorités étrangères, en vertu de l'effet miroir (art. **3164**).
269. La compétence des autorités étrangères du lieu de la *résidence* du consomateur ou du travailleur n'est pas protégée de la même façon, au contraire de la compétence des autorités québécoises à l'égard d'un consommateur ou d'un travailleur résidant au Québec (art. 3149).
270. Au cas où cet accord prévoit une compétence exclusive des autorités étrangères choisies, cette compétence exclusive excluerait la compétence des autorités de tout autre État, en vertu de l'article 3165, para. 2, sauf celle du domicile d'un consommateur ou d'un travailleur.
271. Voir la discussion de l'art. 3164.

Table des matières

Le Code Civil du Québec Interprétation des règles du droit international privé

J. A. Talpis et J.-G. Castel***

I. Introduction

A. Historique

1. Le 18 décembre 1991, le Québec s'est doté d'un nouveau Code civil dont le Livre dixième est consacré au droit international privé. D'autres parties du Code contiennent aussi des dispositions qui se rapportent à cette discipline[1].

2. Le Code civil est le fruit d'un long travail qui a débuté en 1955 lorsque le législateur québécois décida de faire procéder à la révision du Code civil du Bas Canada qui était en vigueur depuis 1866 afin qu'il devienne le reflet de la société québécoise en cette fin du vingtième siècle.

3. Dans ce but un Office de Révision du Code civil fut crée dont l'un des comités fut chargé de préparer un projet de réforme des règles du droit international privé en vigueur. Le projet de Code civil une fois terminé fut présenté à l'Assemblée nationale en 1977. Le Livre IX de ce projet était consacré au droit international privé. Après avoir été l'objet de bien des critiques et avoir subi un nombre considérable de modifications au point de le rendre méconnaissable, il est devenu le Livre dixième du Code civil.

---

* Professeur titulaire à la Faculté de droit de Université de Montréal, notaire, a participé en tant que conseiller du gouvernement à la préparation de l'Avant-projet de loi en droit international privé de 1988.

** Professeur titulaire, Osgoode Hall Law School, Université York, Toronto, avocat, ancien président du Comité de droit international privé de l'Office de révision du Code civil.

B. Sources

4. Les dispositions du nouveau Code civil consacrées au droit international privé ont des sources diverses. Il s'agit en premier lieu du projet de l'Office de révision du Code civil de 1977 et de la Loi fédérale suisse sur le droit international privé du 18 décembre 1987. Plusieurs articles s'inspirent des dispositions de la Convention de Rome du 19 juin 1980 sur la loi applicable aux obligations contractuelles. Certaines conventions élaborées par la Conférence de la Haye de droit international privé, notamment, celles de 1956, 1958 et 1973 sur les obligations alimentaires, de 1961 sur la protection des mineurs et sur la forme des dispositions testamentaires, de 1971 sur la reconnaissance et l'exécution des jugements étrangers en matière civile et commerciale, de 1973 sur la loi applicable à la responsabilité du fait des produits, de 1978 sur la représentation et sur les régimes matrimoniaux, de 1985 sur le *trust* et sur la vente internationale de marchandises, et de 1988 sur les successions à cause de mort ont aussi servi de modèle au législateur. Dans d'autres domaines les règles anciennes ont été maintenues. Enfin, pour les sûretés mobilières le législateur a tenu compte des lois en vigueur aux États Unis et dans les autres provinces du Canada.

C. Contenu

5. Le Code civil regroupe les règles du droit international privé qui se trouvaient éparpillées un peu partout dans le droit québécois. Ainsi, sont réunies non seulement les règles de conflits de lois, mais aussi celles qui se rapportent aux conflits de juridictions et à la reconnaissance et à l'exécution des décisions étrangères qui se trouvent présentement dans le Code de procédure civile.

D. But de cette étude et plan

6. Dans ce travail nous ne nous sommes pas livrés à une étude doctrinale des règles du droit international privé contenues dans le Code civil. Nous avons simplement cherché à comprendre leur sens et leur portée afin de guider les praticiens et les juges lorsqu'ils auront à résoudre des problèmes concrets. Pour faciliter l'analyse et la compréhension de ces règles, nous avons adopté l'ordre du Livre dixième du Code civil qui comprend quatre titres qui, suivant un plan très classique, traitent successivement des dispositions générales, des conflits de lois, de la compétence internationale des autorités du Québec, et des règles applicables à la reconnaissance et à l'exécution des décisions étrangères.

7. Avant d'aborder les conflits de lois, nous avons également examiné brièvement les articles consacrés au domicile et à la résidence des personnes physiques, à la preuve de la loi étrangère et aux actes passés hors du Québec.

E. Méthode d'interprétation propre au droit international privé

8. En appliquant les principes généraux d'interprétation du Code civil[2] aux règles du droit international privé, le juge sous réserve des restrictions constitutionnelles quant à la répartition des compétences[3], doit tenir compte des objectifs généraux et particuliers de cette branche du droit y compris les principes directeurs exposés plus loin dans cette étude[4].

F. Validité constitutionnelle des règles du droit international privé

9. Dans le domaine des conflits de juridictions, parmi les divers facteurs de rattachement qui fondent la compétence des autorités québécoises (arts. 3134 à 3154), ceux qui se trouvent dans les articles 3143, 3144, 3145, 3146, 3147, 3148, 3153, et 3154, de même que la compétence basée sur les articles 3136, 3138 et 3139, pourraient, selon la présence ou l'absence de facteurs de rattachements additionnels, être confrontés à la règle constitutionnelle posée par la Cour suprême du Canada dans l'arrêt *Morguard Invt. Ltd.* c. *De Savoye*[5] qui exige l'existence d'un lien «réel et substantiel» entre le défendeur, l'objet du litige ou l'action et le tribunal saisi[6]. Il pourrait en être de même en ce qui concerne les articles 3155 à 3168 qui traitent de la reconnaissance et de l'exécution des décisions étrangères et de la compétence des autorités étrangères, et de l'article 3076 qui étend la compétence législative du Québec. Il nous semble qu'excepté le cas de la compétence exclusive du Québec prévu par l'article 3151, l'article 3164 qui s'applique à la compétence des autorités étrangères, rencontre le critère constitutionnel, puisque le litige doit avoir été rattaché d'une façon importante à l'État dont l'autorité avait été saisie.

G. Nature de la codification des règles du droit international privé

10. Le nombre relativement élevé des règles contenues dans la partie du Code civil consacrée au droit international privé, montre que le législateur a adopté une position intermédiaire entre une codification très détaillée destinée à résoudre pratiquement tous les problèmes susceptibles de se présenter et une codification de caractère plus général, n'indiquant que les solutions de principe. Cette attitude, qui ne respecte pas entièrement une des caractéristiques importantes du droit civil, ne présente pas de dangers, car la clause d'exception de l'article 3082 permet de corriger les solutions qui pourraient découler de l'application de règles trop rigides.

H. Principes directeurs

1. Pluralité des méthodes

11. Les articles consacrés au droit international privé font appel à plusieurs méthodes pour résoudre les litiges qui contiennent un élément d'extranéité.

a) La méthode du conflit de lois

12. Cette méthode dite «classique» est la plus utilisée. Elle consiste à désigner indirectement la norme substantielle applicable. Cette désignation résulte de la localisation objective de la question de droit selon sa nature grâce à un facteur de rattachement qui relie cette question à un ordre juridique. La règle de conflit est bilatérale car elle désigne indifféremment selon les données de l'espèce, soit une loi étrangère, soit la loi du for (voir par ex., art. 3088). Parfois, cependant, la règle de conflit est unilatérale car elle ne délimite que la compétence de l'ordre juridique québécois auquel elle appartient (voir par ex., art. 3110).

b) La méthode des lois de police ou d'application immédiate ou nécessaire

13. Certaines dispositions impératives du droit interne québécois ou étranger, d'intérêt vital, peuvent être déclarées applicables à la question de droit, même si celle-ci est régie par la loi étrangère en vertu de la règle de conflit (voir par ex., arts. 3076 et 3079).

c) La méthode directe des règles matérielles

14. Elle consiste à élaborer des normes matérielles propre aux relations internationales. On peut citer à titre d'exemple, les lois fédérales qui traitent de la nationalité et de la condition des étrangers ainsi que certains articles du Code civil[7] ou du Code de procédure civile[8].

2. Adoption du principe de proximité

15. Les règles du droit international privé québécois accordent une place primordiale au principe de proximité qui veut qu'un rapport de droit soit régi par la loi du lieu avec lequel il entretient les liens les plus étroits et qu'un litige soit tranché autant que possible au for de plus proche. Le législateur s'est efforcé de concrétiser ce principe du lien le plus étroit par une série de règles de rattachement qui en donnent une interprétation plus précise. Il aurait été déplacé de réduire l'ensemble des règles de rattachement au seul principe général du lien le plus étroit ou le plus effectif car les parties et le juge désirent connaître à l'avance quels sont les points de repère normatifs et quelle est la marge d'interprétation. Les articles 3077, al.2, 3107 al.1 et 3112 énoncent ce principe directement tandis qu'il s'applique indirectement à titre d'exception en vertu des articles 3082, 3135 et 3136. Notons cependant que l'article 3082 ne tient compte que de la loi qui a une relation *plus* étroite avec une situation particulière. Il s'agit du principe de proximité modifié parce qu'on n'applique pas la loi qui a le lien *le plus* étroit avec la situation. Le principe de proximité n'explique pas à lui seul toutes les règles de rattachement qui sont contenues dans le Code civil.

3. *Dépeçage*

16. Le législateur a mis l'accent sur le dépeçage qui existe aussi en droit interne (par ex., arts. 1798 et 1805), et peut résulter, soit du fait du législateur (par ex., arts. 3076, 3079, 3091 et 3092), soit de celui des parties (par ex., art. 3111) ou du juge (par ex., arts. 3107 et 3082). L'application des règles transitoires du droit international privé peut aussi aboutir au dépeçage.

4. *Assouplissement de la théorie classique par l'examen du contenu de la loi applicable afin d'obtenir la solution matérielle recherchée*

17. Dans certains cas, la solution matérielle est l'objet de la règle de conflit (par ex., art. 3088, al.1, validité du mariage; art. 3091, al.1, établissement de la filiation; art. 3094, fourniture d'aliments; art. 3109, validité d'un acte; art. 3128, protection de la victime). Naturellement, exceptionnellement, le juge peut avoir recours à la loi du tribunal saisi en vertu des articles 3076, 3080 ou 3081. Quant à l'article 3082, il n'a pas pour but de corriger un résultat contraire à la justice.

5. *Recours aux rattachements alternatifs*

18. Dans certains cas, le juge pourra tenir compte des règles substantielles locales ou étrangères désignées par des rattachements alternatifs afin d'obtenir la solution matérielle recherchée (voir par ex., arts. 3088, 3091, 3109, et 3128).

6. *Importance du domicile et de la résidence habituelle en tant que facteurs de rattachement*

19. Un grand nombre de règles de conflit utilisent comme facteur de rattachement le domicile ou la résidence. Cette dernière est définie à l'article 77 comme étant le lieu où une personne demeure habituellement[9]. Le domicile est employé lorsqu'une plus grande stabilité est recherchée pour le rapport juridique. La résidence est utilisée comme facteur de rattachement dans le domaine des conflits de juridictions (par ex., arts. 3143 à 3146 et 3148), ou pour suppléer à l'absence d'un domicile commun (par ex., arts. 3123 et 3090), ou encore, lorsque les apparences extérieures créent des espoirs justifiés, comme c'est le cas dans le domaine des obligations contractuelles (arts. 3113, 3114, 3117 et 3118).

7. *Adoption de certaines règles unilatérales*

20. Le législateur s'écarte parfois du principe du lien le plus étroit qui est universaliste et bilatéral pour adopter des règles unilatérales (par ex., arts. 59, 60, 71, 92, 108, 137, 3084, 3104, 3106 et 3119).

8. *Absence de distinction entre conflits interprovinciaux et internationaux*

21. Les règles qui s'appliquent aux conflits interprovinciaux sont les mêmes que celles qui s'appliquent aux conflits internationaux. Les autres provinces et les États étrangers sont placés sur un pied d'égalité. Ce n'était pas le cas auparavant (voir arts. 178 à 180 du Code de procédure civile).

9. *Solution législative donnée à certaines questions controversées*

22. Dans beaucoup de domaines, le législateur ne s'est pas contenté de codifier le droit existant. Non seulement il a résolu plusieurs questions qui étaient controversées (par ex., le renvoi, art. 3080), mais il a adopté des règles complètement nouvelles qui souvent sont contraires à celles qui étaient en vigueur auparavant. Il en résulte que la jurisprudence antérieure ne peut servir à leur interprétation et qu'il faut rechercher les sources de ces règles et voir comment elles sont été appliquées dans les États qui les ont adoptées. Par contre, le législateur s'est délibérément abstenu de prendre position sur la question préalable, la fraude à la loi, les conflits mobiles[10], les conflits transitoires du droit étranger et l'adaptation. Ainsi, pendant un certain temps, la doctrine québécoise et étrangère pourra servir de guide au juge.

10. Protection de la partie faible

23. Dans l'interprétation de certaines règles nouvelles, le juge doit tenir compte du fait que celles-ci ont souvent un but social, par exemple la protection de la partie faible, que ce soit le consommateur, le créancier alimentaire, l'enfant, le lesé ou l'acquéreur de bonne foi. En effet, plusieurs dispositions traduisent nettement le souci du législateur de protéger certaines personnes en situation d'infériorité en raison du contexte international. Cette protection résulte, soit de l'adoption d'un facteur de rattachement plus commode pour la partie faible, soit du choix que la règle de conflit laisse entre des rattachements alternatifs. Par exemple, l'article 3084 qui traite du cas d'urgence ou d'inconvenients sérieux, l'article 3091 qui facilite l'établissement de la filiation, l'article 3094 qui favorise l'obtention d'aliments, les articles 3102, al.2, et 3105, al.2, qui protègent les tiers contre l'existence d'une hypothèque mobilière étrangère non publiée au Québec, les articles 3117 et 3118 qui protègent le consommateur et le travailleur, et enfin l'article 3128 qui favorise la victime d'un préjudice en matière de responsabilité du fait d'un produit. En cas de rattachements alternatifs, le juge pourra choisir celui qui permet l'application d'une loi dont le contenu matériel objectivement favorise le résultat souhaité par le législateur québécois. Exceptionnellement, c'est la partie faible qui choisira (art.3128).

11. Politique en faveur de la validité de certains actes

24. Plusieurs articles favorisent la validité de certain actes. Il en est ainsi pour la forme des actes juridiques (art.3109) et du mariage (art.3088, al.2), la reconnaissance du lien de filiation (art.3091), la validité de la convention d'arbitrage (art.3121), l'ignorance excusable de l'incapacité du co-contractant (art. 3086), les restrictions inconnues au pouvoir de représentation (art. 3087), et la validité des divorces étrangers (art. 3167). Lorsque la règle a pour but un certain résultat matériel, c'est le juge et non l'une des parties qui choisit parmi les facteurs de rattachement alternatifs. Cependant, son choix peut être limité par l'absence d'allégation d'une ou de plusieurs des lois potentiellement applicables.

12. Réaffirmation et extension du principe de l'autonomie de la volonté

25. Le législateur a étendu à d'autres domaines le principe de l'autonomie de la volonté qui s'appliquait déjà aux contrats (par ex., arts. 3098, 3107, 3111, 3121, 3148 et implicitement en vertu de l'art. 3083, al.2).

13. Moindre influence de la lex situs

26. La lex situs ne joue plus un rôle exclusif en ce qui concerne les questions qui se rapportent aux immeubles (voir par ex., arts. 3098, al.2, 3100, 3109 et 3153, al.1)[11].

14. Adoption de règles nouvelles qui traitent de la compétence internationale des tribunaux québécois et étrangers

27. Le législateur a remplacé les règles anciennes qui étaient, soit tirées du Code de procédure civile, soit d'origine jurisprudentielle, par des règles nouvelles spécialement conçues pour les litiges interprovinciaux et internationaux. Au stade du litige, le règlement des conflits de juridictions fait appel à une méthode flexible, puisque le tribunal québécois qui est saisi peut se déclarer *forum non conveniens* (art. 3135).

15. Libéralisation relative de la reconnaissance et de l'exécution des jugements étrangers

28. Le Code civil favorise la reconnaissance et l'exécution des jugements étrangers. Il n'est plus question de révision au fond et de contrôle de la compétence législative (arts. 3155 à 3168).

16. Droit public dans les conflits de lois

29. Certaines règles du droit public québécois ou étranger peuvent être appliquées en vertu des articles 3076, 3079 et 3162, par exemple, les lois étrangères sur le contrôle des changes. La modification de l'article 3442 de l'Avant-projet de 1988 est très significative car on a remplacé les mots «prise en considération» par «peut être donné effet».

17. Absence de discrimination

30. Le code civil ne contient aucune règle discriminatoire à l'égard des étrangers, ce qui est conforme à la disposition préliminaire du Code civil et au caractère bilatéral de la plupart des règles du droit international privé. Les articles 3088, 3089, 3090 et 3123 en ne donnant pas la préférence au domicile, à la résidence ou à la nationalité du mari consacrent le principe de l'égalité des époux. Dans le domaine de la compétence des autorités québécoises, les articles 3143, 3144, 3145, 3146, 3164 et 3167 tiennent compte du domicile ou de la résidence de chacun des époux.

18. Internationalisme

31. Les règles adoptées par le législateur reflètent d'une attitude internationaliste de sa part. Elles empêcheront le juge d'appliquer le plus souvent le droit québécois (voir par ex., arts. 3078 à 3081). Parfois, le tribunal pourra donner effet à une disposition impérative de la loi d'un État avec lequel la situation présente un lien étroit (art.3079). Le législateur reconnaît ainsi la légitimité de l'ordre public étranger. Il s'agit d'une innovation importante.

II. Dispositions générales: articles 3076 à 3082

A. Article 3076: règles québécoises d'application nécessaire

32. Dans cet article, le législateur reconnaît l'application immédiate et nécessaire de certaines règles matérielles de droit interne, même si selon la méthode classique, la loi d'un autre État pourrait s'appliquer. Le juge québécois doit donner à une règle matérielle interne, d'une manière unilatérale, un domaine d'application international, exorbitant par rapport à celui qui résulterait d'une qualification de la question selon sa nature. En dérogeant à la compétence de la loi étrangère normalement applicable, l'intérêt du Québec l'emporte sur une localisation objective de la question de droit. La règle de conflit applicable est remplacée par la loi du for. Dans la pratique, cette méthode consiste pour le juge saisi à déterminer, avant toute sélection d'une loi par ses règles de conflit, s'il se présente dans son propre ordre juridique une loi impérative d'application nécessaire.

33. Pour qu'une règle de droit interne en vigueur au Québec soit d'application nécessaire, il faut qu'elle soit impérative pour les situations internes qu'elle envisage et que son but, relatif à un intérêt vital pour le législateur l'ayant édicté, soit tel qu'il impose son application à l'espèce, indépendamment des éléments étrangers qui la distinguent. Peut-on déroger à cette règle sans remettre en cause la survie de l'ordre juridique québécois?

34. Notons que l'article 3076 parle des règles de droit et non de lois. Cette rédaction permet de tenir compte du fait que parfois ce ne sont que certaines dispositions d'une loi qui sont d'application nécessaire. En outre, ces règles ne sont pas toujours d'origine législative. Elles peuvent être jurisprudentielles, voire même réglementaires.

35. Il est rare que le législateur indique quelles sont les règles d'application nécessaire ainsi que leur champ d'application international. En l'absence d'indication expresse, c'est le juge qui déterminera quelles sont les règles impératives du for qui sont d'intérêt vital, et quel est leur champ d'application international.

36. Il nous semble que certaines règles impératives contenues dans des lois à but politique, économique et social peuvent à première vue entrer dans la catégorie des règles d'application nécessaire ainsi que les principes de base du droit québécois qui ont une valeur universelle, tels que les droits fondamentaux qui se trouvent dans la *Charte canadienne de droits et libertés*[12] et dans la *Charte des droits et libertés de la personne*[13]. La jurisprudence québécoise a reconnu que la *Loi sur la protection de la jeunesse*[14] est une loi d'application nécessaire. Cependant, nous sommes d'avis que l'article 3076 doit être interprété restrictivement comme c'est le cas dans les pays qui ont recours à cette méthode, pour ne tenir compte que des règles d'application nécessaire qui se rapportent à un authentique intérêt vital étatique et non privé.

37. Après avoir considéré le contenu de la règle et sa finalité, le juge en déterminera le domaine d'application nécessaire.

Cette détermination se fera unilatéralement et indépendamment des lois étrangères potentiellement applicables et de leur contenu. Le domaine d'application de la règle est soit territorial, soit personnel. Il devrait être restreint aux personnes plus au moins rattachées au territoire ou aux faits qui s'y produisent.

B. Article 3077: conflits interterritoriaux et interpersonnels

38. Cet article traite de la loi applicable dans le cas d'un État à système juridique non unifié. En effet, dans certains États, il n'existe pas un corps de règles unique pour toute la population, mais plusieurs corps de règles entre lesquels les questions de droit sont reparties, soit selon un critère territorial, par ex., suivant les provinces au Canada, soit selon un critère personnel, par ex., suivant une appartenance religieuse ou ethnique.

39. Dans les États fédéraux comme le Canada, selon le premier alinéa de l'article 3077, chaque unité territoriale est considérée être un État. Lorsque le facteur de rattachement est territorial, par exemple, le domicile, la résidence, le lieu de conclusion d'un acte et le lieu où est situé un bien, le rattachement est à l'unité territoriale où ils se trouvent. Cependant, lorsque le facteur de rattachement est la nationalité (par ex., arts. 3091, al.1, et 3123, al.2), ou une désignation maladroite de la loi «américaine» ou «canadienne», il n'y pas de solution.

40. Vu le silence du législateur, l'application du droit étranger des conflits internes s'impose au juge québécois. Cependant, si ce droit ne contient pas de règles pour résoudre la question, le principe de proximité devrait permettre la sélection d'un ordre juridique unique car, dans un État fédéré, le critère de la nationalité peut ne pas aboutir à cet ordre juridique unique s'il s'agit d'une matière qui ressort de la compétence législative des États qui font partie de la fédération.

41. Lorsque dans l'État désigné par la règle de conflit québécoise, les questions de droit sont reparties selon un critère personnel, le juge québécois doit, en vertu du deuxième alinéa de l'article 3077, appliquer le système juridique déterminé par les règles en vigueur dans cet État. La détermination de la règle matérielle emanant de cet État est abandonnée aux règles spéciales relatives aux conflits internes qui y sont en vigueur. Le critère étranger de rattachement, ethnie, religion, etc, est le seul qui puisse résoudre le conflit.

42. S'il n'existe pas de règles pour résoudre les conflits nés d'une diversité personnelle, par exemple, pour déterminer la validité d'un mariage entre deux personnes de confessions différentes, le juge québécois doit appliquer le système juridique qui a les liens les plus étroits avec la situation.

C. Article 3078: qualifications

43. La première phrase du premier alinéa de l'article 3078 adopte la qualification *lege fori* des questions de droit qui se posent dans un litige international ou interprovincial. Cette règle est bien établie au Québec et n'est plus guère contestée par la doctrine. La qualification ne concerne que la règle de conflit qui ne peut être que celle du Québec. Par conséquent, les catégories en présence sont celles qui font appel aux règles de conflit québécoises. La qualification permet la désignation du système juridique compétent selon les conceptions québécoises.

44. Avant d'appliquer la règle de conflit qui entre en jeu, le juge doit rechercher qu'elle est la catégorie dans laquelle il convient de classer la question de droit soulevée par le litige à caractère international or interprovincial (qualification primaire). Après avoir appliqué la règle de conflit appropriée, le juge doit déterminer quelles sont les dispositions du droit étranger désigné qu'il lui faut appliquer (qualification secondaire).

45. L'article 3078 ne distingue pas entre la qualification primaire et secondaire. On peut se demander si toutes deux doivent se faire *lege fori.* On pourrait tenir compte de la qualification *lege causae* au stade de la qualification des règles substantielles à l'intérieur de la loi désignée dans la mesure où elle ne met pas en cause la désignation de la loi applicable.

46. L'interprète, quant au classement d'une question de droit dans une des catégories du droit international privé québécois, doit tenir compte du caractère international du litige. Il doit se demander quelles sont les questions de droit que le législateur a voulu englober dans chaque catégorie pour laquelle il existe une règle de conflit. Il faut donc qu'il évite l'excessive prise en considération des classifications retenues par le droit interne québécois, car les objectifs du droit international privé ne sont pas ceux du droit interne. Il est donc nécessaire d'élargir les catégories internes québécoises pour qualifier les institutions étrangères. C'est ce qu'a fait le législateur en adoptant des catégories plus larges (par ex., arts.3102 et s., sûretés au lieu d'hypothèques, et art.3116, représentation conventionnelle au lieu de mandat). Une qualification autonome est nécessaire pour donner aux règles de conflit une élasticité indispensable. À titre d'exemple la définition de l'article 1384 ne devrait pas s'imposer pour appliquer l'article 3117.

47. La deuxième phrase du premier alinéa consacre la qualification d'un bien par la loi du lieu de sa situation. Il s'agit d'une exception au principe de la qualification *lege fori* afin d'assurer l'exécution du jugement là où se trouve le bien.

48. Le deuxième alinéa de l'article 3078 autorise le juge à ne pas se limiter aux critères d'ordre matériel de sa propre loi. Ceci peut se produire lorsqu'il doit statuer sur un litige concernant une institution étrangère dont la classification dans une catégorie de droit québécois est difficile car ce dernier peut ne pas connaître ou même interdire cette institution (par ex. la polygamie). Le juge peut donc tenir compte de la qualification étrangère.

D. Article 3079: règles impératives étrangères

49. Cet article de droit nouveau s'inspire du droit suisse (art.19, Loi fédérale sur le droit international privé). Lorsque une disposition étrangère impérative appartient au système juridique désigné par la règle de conflit bilatérale québécoise, le juge saisi doit l'appliquer sous réserve de l'exception d'ordre public. Ce n'est que lorsque un État tiers revendique dans certains rapports juridiques l'application exclusive d'une de ses dispositions impératives, que le juge québécois doit lui donner effet alors qu'elle ne serait pas normalement applicable en vertu de la règle bilatérale québécoise. Ne pas appliquer cette disposition reviendrait à ne pas aider l'État tiers à réaliser ses objectifs. Nous sommes en présence d'un bel exemple de coopération internationale totalement nouveau en droit québécois, qui permet aussi de faire échec à la fraude à la loi et à la course au for.

50. L'article 3079 qui complète l'article 3076 n'accorde pas un droit de cité illimité aux dispositions étrangères d'application nécessaire. Cependant, il s'applique même si la loi normalement compétente en vertu des règles de conflit québécoises est celle du Québec.

51. Les termes employés par l'article 3079, à savoir, «il peut être donné effet», permettent au juge de prendre une décision appropriée dans chaque cas d'espèce. En effet, il garde le contrôle de la légitimité de cette attribution de compétence législative exorbitante pour décider si l'application de la loi étrangère s'impose ou non.

52. Le juge n'a pas à rechercher d'office si, dans chaque cas d'espèce, une disposition impérative existe dans le droit d'un État tiers avec lequel la situation présente un lien étroit. Ce droit doit avoir été allégué, ce qui limite l'utilisation de cet article.

53. Il est bien évident que lorsque l'une des parties invoque une telle disposition, le juge ne peut l'appliquer que si le droit étranger s'étend au cas d'espèce, car elle pourrait être strictement territoriale et ne pas envisager une situation internationale.

54. Dans chaque cas d'espèce, le juge saisi aura à interpréter les expressions «intérêts légitimes et manifestent prépondérants» et «lien étroit». En outre, il devra s'informer du but de cette disposition dans le système juridique de l'État tiers. S'agit-il des intérêts légitimes et manifestement prépondérants des parties ou de l'une d'entre elles, du Québec, ou de l'État avec lequel la situation présente un lien étroit, qui exigent l'application de cette disposition? Nous estimons qu'il ne peut s'agir que des intérêts légitimes et manifestement prépondérants du Québec.

55. La question de savoir si une disposition étrangère est impérative doit être résolue en lui appliquant les critères du droit étranger. Il faut examiner chaque disposition dans son propre cadre afin de respecter la cohérence de l'ordre juridique étranger. Ainsi, le juge québécois appliquera la disposition impérative étrangère dans les mêmes conditions que le juge étranger de l'État dont elle émane.

56. Enfin, le juge doit déterminer quelles sont les conséquences qui découleraient de son application. Il s'agit des conséquences pour les parties, pour l'État tiers et pour le Québec. Le juge tiendra compte de l'attente des parties et également des intérêts légitimes et manifestement prépondérants du Québec. Dans certains cas, les conséquences qui découleraient de l'application de la disposition étrangère peuvent ne pas se justifier du point de vue du Québec.

57. Il nous semble que c'est surtout lorsque la localisation résulte en fait du choix des parties, par exemple, en matière contractuelle, qu'une disposition impérative étrangère pourra être appliquée par le juge québécois. À titre d'exemple, on pourrait citer le cas où une loi antitrust américaine rendrait le contrat nul ou encore le cas où il existerait une prohibition à l'exportation d'une oeuvre d'art qui est l'objet du contrat de vente. Il est donc nécessaire qu'un praticien qui prépare un contrat international s'assure de sa validité selon la loi du lieu de sa conclusion et de son exécution, et de toute autre loi qui a un lien suffisant avec lui, même si les parties désirent le soumettre expressent à une autre loi.

58. Si la disposition impérative de la loi de l'État tiers est contraire à l'ordre public du Québec tel qu'il est entendu dans les relations internationales, le juge québécois n'en tiendra pas compte (art. 3081).

59. Enfin, il est possible que dans certains cas exceptionnels, le juge se trouve en présence d'un conflit entre deux dispositions impératives étrangères à propos d'une même question de droit. S'il s'agit d'un conflit entre une disposition impérative d'application nécessaire du Québec et une disposition étrangère de même nature, le juge doit faire prévaloir les objectifs québécois et appliquer sa propre loi. Par contre, s'il s'agit d'un conflit entre deux lois impératives étrangères, il pourra examiner la nature et l'objet des dispositions en conflit, l'étroitesse du lien entre chacune d'elles et la question de droit, ainsi que les conséquences de son application ou de sa non application. Le juge québécois doit donner une interpretation restrictive à l'article 3079. Il faut que les dispositions impératives étrangères soient d'application nécessaire, c'est-à-dire se rapportent à un authentique intérêt vital étatique et non privé de l'État qui les a édictées. Dans tous les cas où le juge décide de donner effet à une disposition impérative étrangère, il devra rendre une décision équitable au regard du droit québécois et de la loi normalement applicable.

60. Vu les nombreuses conditions qui ont été posées par le législateur, il faut s'attendre à ce que cet article soit rarement utilisé.

E. Article 3080: renvoi

61. Cet article rejette la théorie du renvoi qui avait rarement été appliquée par la jurisprudence québécoise[15] et très critiquée par la doctrine[16]. Les complications causées par le renvoi ainsi que le besoin de sécurité juridique dans les relations internationales de droit privé, de certitude et de justice à la portée de toutes les bourses s'y opposent. En désignant la loi interne, l'article 3080 simplifie l'administration de la justice.

62. L'article 3082 permet d'atteindre le même résultat que le renvoi dans la mesure où le rattachement entre le pays normalement désigné par la règle de conflit et la situation est mince. Son rejet se justifie aussi par le recours dans le Code civil à des règles de conflit à rattachements alternatifs.

63. On peut se demander quelle est la portée exacte de la limitation aux «règles du droit interne» de l'État dont le système est désigné, «à l'exclusion de ses règles de conflits de lois». Nous sommes d'avis que l'article 3080 exclut toute règle de conflit bilatérale ou unilatérale du droit étranger. Par contre, le juge québécois devra tenir compte de la délimitation territoriale expresse de la règle ou loi interne étrangère applicable[17].

64. Par conséquent, il devra appliquer d'une manière réaliste les dispositions matérielles de la loi d'un État étranger qui régissent la question de droit qui lui est soumise[18]. Il respectera ainsi les dispositions autolimitatives étrangères. Agir de la sorte ne contrevient pas aux dispositions de l'article 3080. Le juge n'obéit pas à la règle de conflit étrangère. Il se contente seulement d'appliquer la disposition matérielle étrangère y compris son autolimitation territoriale.

65. À titre d'exemple, que pourrait-il faire d'autre lorsqu'il se trouve en présence d'une législation relative aux régimes matrimoniaux du type de la *Loi sur les biens matrimoniaux* du Nouveau-Brunswick[19] qui ne s'applique qu'aux époux ayant eu leur dernière résidence habituelle commune au Nouveau-Brunswick? Quelle solution adopter dans le cas d'époux qui avaient eu leur domicile commun du Nouveau-Brunswick au moment de leur mariage (art.3123) et dont la dernière résidence habituelle commune était au Québec? Puisque le renvoi est exclu, le juge pourrait examiner s'il existe, en dehors de cette loi spéciale, une solution de droit commun au Nouveau-Brunswick. Mais que décider s'il n'existe aucun droit commun applicable à la situation?

66. La première solution consisterait à utiliser la clause échappatoire de l'article 3082, bien que ce type de problème ne soit pas vraiment visé par cette disposition. Encore faut-il, pour que cette solution soit possible, qu'il existe un autre système juridique ayant des liens étroits avec le litige. Sinon, le juge pourrait appliquer artificiellement soit les autres dispositions matérielles du droit du Nouveau-Brunswick sans tenir compte des règles autolimitatives, soit celles du for à titre subsidiaire.

67. Quant aux «règles du droit interne», elles englobent les traités internationaux à condition qu'ils soient en vigueur dans l'État dont la loi s'applique, quelque soit le moyen utilisé pour leur mise en oeuvre.

F. Article 3081: ordre public

68. L'ordre public international québécois intervient pour corriger le résultat du fonctionnement de la règle de conflit. On écarte la loi étrangère pour la remplacer par une autre loi qui est celle du tribunal saisi, conformément à un objectif de justice matérielle. Ce n'est pas le contenu de la loi étrangère qui est visé en tant que tel mais ses effets.

69. La rédaction de l'article 3081 laisse à désirer. Il est question de loi. Que se passe-t-il lorsque le droit étranger est un droit coutumier? Il faut faire attention à la terminologie car les articles 3076 à 3081 utilisent, soit le mot loi, soit le mot droit. On doit donner au mot loi un sens très large.

70. L'article 3081 reconnaît qu'il existe une différence importante entre une situation comprenant un élément d'extraneité et une situation locale.

71. Le texte rejette la distinction entre l'ordre public «plein» et l'ordre public «atténué». Cependant, le législateur a voulu restreindre la portée de l'exception, ce qui est conforme au droit actuel[20]. Il n'est pas question d'atteintes légères. L'ordre public international est plus étroit que l'ordre public interne. Ainsi, il est possible que dans une matière donnée qui est d'ordre public au sens des relations internes, seules certaines règles soient d'ordre public au sens des relations internationales. En utilisant les mots «manifestament» et «relations internationales» le législateur désire inculquer au juge une attitude internationaliste.

72. L'application de la loi étrangère sous entend l'existence d'un lien suffisant entre la question de droit et l'ordre juridique québécois.

73. Notons que l'article 3155 qui traite des conditions de la reconnaissance et de l'exécution des décisions étrangères, au para.5 refuse tout effet à une décision dont le résultat est manifestement incompatible avec l'ordre public tel qu'il est entendu dans les relations internationales. On retrouve ici les mêmes dispositions que celles de l'article 3081.

G. Article 3082: clause échappatoire ou d'exception basée sur le principe de proximité

74. L'article 3082 réaffirme le principe de proximité qui postule l'application de la loi qui a les liens les plus étroits avec la situation juridique envisagée. Comme en droit suisse, ce principe général est devenu un élément essentiel du droit international privé québécois[21].

75. Dans le cadre de l'article 3082, il s'agit d'une clause échappatoire ou d'exception qui a pour but de corriger les règles de rattachement québécoises qui se trouvent dans le Livre dixième du Code civil, en raison d'un lien de la situation juridique beaucoup plus étroit avec une loi autre que celle désignée par la règle de conflit québécoise.

76. Le législateur exclut une règle générale dans la mesure où elle ne permet pas d'obtenir une solution satisfaisante dans une situation particulière. La loi normalement applicable n'est écartée que dans des cas exceptionnels, car les règles de conflit québécoises ne sont pas arbitraires et aboutissent presque toujours à l'application d'une loi qui a au moins certains liens importants avec la situation juridique.

77. L'article 3082 n'enlève pas une valeur obligatoire aux règles ordinaires de conflit du Québec. Il permet simplement au juge dans des cas extrêmes de s'écarter de ces règles pour créer une règle particulière applicable au cas qui lui est soumis. L'interprétation de l'article 3082 doit donc être restrictive afin d'éviter l'incertitude dans les relations juridiques internationales qui pourrait nuire au commerce international du Québec. Il ne faut pas que sous le couvert d'assurer la justice conflictuelle, l'exception devienne la règle et que le juge applique toujours la loi ayant les rapport les plus étroits avec une situation donnée.

78. Notons que l'article 3082 n'indique pas clairement si le juge doit appliquer la loi de l'État avec qui la situation se trouve en relation beaucoup plus étroite, mais cela est implicite. Il n'y a pas retour à la *lex fori*. Par contre, le juge ne peut pas soulever d'office la question de savoir si la loi d'un État qui a des liens plus étroits avec la situation a quelque titre à s'appliquer, à moins d'y avoir été invité par l'une des parties et que cette loi ait été alléguée par cette partie.

79. En principe, l'article 3082 ne vise que la rectification du choix de la loi désignée en raison de son manque de pertinence afin d'appliquer subsidiairement une loi plus pertinente du point de vue de la localisation objective. Il met la règle de conflit au premier plan alors que la réserve d'ordre public de l'article 3081 se fonde avant tout sur des considérations d'ordre matériel. Il en résulte que c'est au moment de la détermination de la loi applicable, et non après avoir pris connaissance du contenu de ses dispositions matérielles, que le juge doit théoriquement décider d'utiliser l'article 3082.

80. En restreignant le sens d'une règle de conflit défectueuse, l'article 3082 peut servir à combler les lacunes du droit international privé québécois puisqu'il autorise le juge à trouver une solution adéquate à un problème ponctuel qui n'est pas traité de façon satisfaisante par cette règle de conflit.

81. L'article 3082 permet de résoudre ou d'éviter les problèmes posés par la fraude à la loi, les conflits transitoires du droit étranger et les conflits mobiles, la question préalable, et les cas où un rapport juridique en soi indépendant est étroitement lié à un autre ou à plusieurs autres rapports juridiques formant un ensemble.

82. S'il est vrai que l'article 3082 permet d'améliorer la pertinence du lien entre la loi applicable et la situation juridique, par contre il crée une plus grande incertitude dans les relations juridiques internationales.

83. Le problème n'est pas vraiment de savoir quand appliquer la clause: il consiste plutôt à savoir dans quels cas ne pas s'en servir.

84. Il va de soi que l'article 3082 ne peut intervenir lorsque le juge se trouve en présence d'une loi québécoise d'application nécessaire (art.3076), lorsque la règle de conflit applique le principe de proximité (par ex., arts. 3079 et 3112), lorsque la règle de conflit est basée sur un résultat matériel (par ex., arts. 3088, al.2, 3091, 3109 et 3128), lorsque la règle de conflit est unilatérale (par ex., art. 3084), lorsque la loi applicable a été désignée dans un acte juridique (art. 3082, dernière phrase), lorsque la règle de conflit prévoit des rattachements alternatifs (par ex., art. 3128), et lorsque les règles du droit international privé se trouvent en dehors du Livre dixième du Code civil.

85. La loi choisie en vertu de l'article 3082 ne doit pas conduire à un résultat manifestement incompatible avec l'ordre public du Québec tel qu'il est entendu dans les relations internationales (art. 3081).

86. L'article 3082 aura pour effet de forcer les parties à choisir la loi applicable à leur rapport juridique afin d'éviter toute incertitude à ce sujet.

87. Enfin, la désignation dans un acte juridique doit comprendre la désignation implicite, c'est-à-dire, celle qui résulte d'une façon certaine des dispositions de l'acte.

III. Questions diverses

A. Rôle de la nationalité et sa détermination

88. Il peut résulter de l'application concurrente de deux législations nationales en matière de nationalité qu'à la suite de certains événements un individu relève d'une double nationalité. Quelle est celle dont doit tenir compte le juge québécois pour appliquer les articles 3088, al.2, 3091 , al.1, 3098, al.2, 3109, al.3, 3123, al.2, 3166 et 3167 du Code civil qui font appel à la nationalité comme facteur de rattachement[22]?

89. Lorsque la nationalité est retenue comme facteur de rattachement unique (par ex., art. 3123, al.2), le juge recherchera quelle est celle qui est la plus effective. Le lien juridique de la nationalité doit concorder avec le rattachement effectif de l'individu à l'État. Pour déterminer cette nationalité effective, il est nécessaire d'examiner la nature des liens qui unissent cet individu à chacune des nationalités qu'il possède. Il sera considéré comme ayant la nationalité de l'État avec lequel il a les liens les plus étroits. Le juge tiendra compte du domicile, de la résidence et du lieu où cet individu exerce son activité[23].

90. Par contre, lorsque la nationalité est retenue comme facteur de rattachement alternatif pour valider un acte, le juge pourra avoir recours à l'une ou à l'autre de ces nationalités (arts. 3088, 3091, al.1, 3109, 3166 et 3167).

B. Fraude à la loi ou à la juridiction

91. Le Code civil ne contient aucune disposition relative à la fraude à la loi ou à la juridiction. Cette exception englobe tous les cas où un individu change la localisation de l'élément de rattachement qui est retenu par la règle de conflit québécoise afin de se soustraire à la prohibition d'une loi normalement compétente ou à un tribunal normalement compétent. Ce rattachement frauduleusement crée entraîne son inefficacité[24].

92. Les tribunaux québécois ont rarement eu recours à la fraude à la loi car il est difficile de prouver l'intention frauduleuse.

93. En l'absence de règle législative, il est probable que le droit antérieur continuera à s'appliquer. Cependant, dans les cas assez rares où cette fraude pourrait intervenir vu les nombreux rattachements alternatifs prévus par le Code civil, le juge pourrait utiliser, soit l'article 3079 (disposition impérative de la loi étrangère), soit l'article 3082 (clause échappatoire), pour y faire échec. L'exception d'ordre public pourrait aussi s'appliquer (art. 3081). Enfin, les règles d'application nécessaire du Québec devraient pouvoir déjouer les manoeuvres des parties surtout dans le domaine des obligations contractuelles (art. 3076).

C. Conflit transitoire de droit international privé du for

94. La succession dans le temps des règles de droit dans un ordre juridique donné soulève le problème du conflit de lois dans le temps. Une règle de droit international privé peut être modifiée entre le moment où une question de droit a vu le jour et celui où elle est soumise au juge. Il s'agit de préciser sur le plan temporel si cette question est régie par la règle ancienne ou par la règle nouvelle.

95. Le législateur a adopté la solution traditionnelle[25] qui veut que l'on donne le même champ d'application dans le temps à la règle nouvelle de conflit de lois qu'à une règle substantielle interne qui serait adoptée dans la même matière[26]. Par exemple, à l'heure actuelle, en vertu de l'article 8 du Code civil du Bas Canada, dans le cas d'une vente conclue au Québec entre un acheteur qui réside au Québec et un vendeur qui réside en Ontario, à défaut de désignation expresse, c'est la loi québécoise qui est présumée s'appliquer. D'après le nouveau Code, c'est la loi ontarienne qui s'appliquera (art.3114). Par conséquent, les règles supplétives québécoises détermineront la portée, l'étendue et les effets du contrat en cours lors de l'entrée en vigueur du Code civil. Par contre, la loi ontarienne s'appliquera à l'exercice des droits et obligations qui en découlent.

96. Les objectifs du législateur dans le domaine du droit transitoire interne ne sont pas toujours identiques à ceux du droit international privé. Ainsi, lorsqu'en droit interne le législateur dispose que la loi nouvelle s'applique, c'est parce qu'elle est présumée être meilleure. Une telle présomption n'a pas lieu d'intervenir en droit international privé, car les règles de conflit sont indifférentes au contenu du droit qu'elles rendent applicables. En effet, le principe de la survie de la règle ancienne est plus fort en droit international privé qu'en droit interne surtout dans le domaine contractuel où le droit commercial international exige la stabilité et la prévisibilité des résultats[27].

97. L'article 5 de la Loi sur l'application de la réforme du Code civil[28] illustre bien les difficultés qui peuvent résulter de la transposition dans le cas d'un contrat régi par la loi de l'État X qui violerait les dispositions impératives du nouveau Code civil (par ex., arts.1436 et 1437). Si un tribunal devait transposer l'idée implicite de cette règle pour appliquer la nouvelle règle de conflit québécoise, on pourrait aboutir à un résultat moins favorable que celui qui découlerait de la disposition impérative québécoise. Il ne faut pas conclure que l'article 5 a pour effet de rendre la disposition impérative québécoise d'application nécessaire. Nous espèrons que cette transposition sera écartée par les tribunaux québécois.

98. La solution adoptée par le législateur en dépit de l'opposition de la Chambre des notaires va augmenter le dépeçage et créer un grand nombre de difficultés.

D. Articles 75 à 83: domicile et résidence

99. Avant d'aborder l'examen des articles du Code civil qui se rapportent aux conflits de lois, il est nécessaire de se pencher très brièvement sur les articles 75 à 83 qui traitent du domicile et de la résidence d'une personne physique, car, malgré les recommendations de la Chambre des notaires[29], le législateur n'a pas adopté de définition spéciale du domicile pour les fins du droit international privé.

100. Les articles 75 et 76 du Code civil du Québec sont pratiquement identiques aux articles 79, 80 et 81 du Code civil du Bas Canada avec la seule différence que par résidence, qui est l'un des éléments du domicile, il faut entendre la résidence habituelle (art. 77). Il en résulte que le domicile requiert toujours la recherche de l'*animus* et du *factum* pour déterminer le lieu du principal établissement. Le juge pourra donc avoir recours à la jurisprudence antérieure.

101. L'article 77 qui définit la résidence d'une personne rend sa preuve plus difficile puisqu'il s'agit du lieu où la personne demeure de façon habituelle, ce qui n'était pas le cas auparavant, la résidence *simpliciter* étant seule exigée. Il faut donc surmonter deux difficultés au lieu d'une. Enfin, lorsqu'il n'est pas possible d'établir le domicile avec certitude, c'est-à-dire lorsqu'on ne peut prouver l'intention, l'article 78 indique qu'il faut utiliser la résidence habituelle. Dans la pratique, il en résultera que le premier alinéa de l'article 78 deviendra la règle et les articles 75 et 76 l'exception.

102. À défaut de résidence habituelle l'article 78, al.2, énonce que la personne est réputée domiciliée au lieu où elle se trouve, ou s'il est inconnu, au lieu de son dernier domicile connu. Il aurait mieux valu renverser cet ordre, car le lieu où se trouve une personne a moins d'importance que celui du dernier domicile connu qui, par le jeu des articles 77 et 78, serait la dernière résidence habituelle. Ceci est logique puisque, normalement, lorsqu'il n'est pas possible de prouver le domicile actuel, cela veut dire que l'ancien domicile (*alias* ancienne résidence habituelle) n'a pas été changé.

103. Les articles 75 et 78 contiennent des règles qui sont archaïques et compliquées à appliquer mais qui aboutiront en fait à la règle souhaitée puisque l'exception deviendra la règle dans la plupart des cas. En effet, il sera toujours plus facile de prouver la résidence habituelle que la résidence plus l'intention de faire de celle-ci le principal établissement.

104. La résidence habituelle a pour avantage de pouvoir être prouvée objectivement en se basant sur des faits matériels, par exemple, le lieu où l'on habite, où l'on travaille. Le qualificatif «habituelle» indique que la résidence doit revêtir un certain caractère de permanence afin d'exclure tout changement de domicile qui ne correspondrait pas à la réalité. Quant au changement de domicile, il s'opère par l'établissement en un autre lieu de la résidence habituelle.

105. L'article 82 qui déclare que les époux peuvent avoir un domicile distinct, sans qu'il soit pour autant porté atteinte aux règles relatives à la vie commune, reconnaît l'égalité des époux.

106. Lorsque le Code civil utilise le mot «résidence» dans le Livre dixième sur le droit international privé, il s'agit de la résidence habituelle. Il n'est donc pas nécessaire d'y ajouter le qualificatif «habituelle»[30].

E. Articles 2807 et 2809: preuve de la loi étrangère

107. Avant d'aborder la preuve de la loi étrangère applicable en vertu d'une règle de conflit du Québec, se pose la question de savoir si le juge peut prendre connaissance d'office des règles du droit international privé en vigueur au Québec.

108. Lorsque les parties à un litige comprenant un élément d'extranéité ignorent les règles de conflit québécoises, l'article 2807 semble obliger le juge à suppléer à cette carence. Par contre, les traités et accords internationaux s'appliquant au Québec qui ne sont pas intégrés dans un texte de loi, ainsi que le droit international coutumier doivent être allégués (art. 2807, al.2).

109. Vu les termes de l'article 2809, on peut se demander si les parties ont la faculté de renoncer expressément ou implicitement à l'application des règles de conflit puisqu'en l'absence d'allégation de la loi étrangère applicable en vertu de ces règles, les dispositions matérielles du droit en vigueur au Québec s'appliquent. Si dans une situation juridique contenant un élément d'extranéité, le juge applique d'office la règle de conflit, il pourra se trouver confronté à une loi étrangère qui n'a pas été alléguée par les parties. Il lui sera impossible d'aller plus loin. Il aurait mieux valu que l'obligation faite au juge d'appliquer sa règle de conflit se complète par l'obligation de rechercher le contenu de la loi désignée par cette règle sans qu'il soit nécessaire pour l'une des parties de l'alléguer, ou encore par l'obligation pour le demandeur de fournir la preuve de son contenu sous peine de voir sa prétention rejetée[31]. Il en résulte qu'a l'heure actuelle par le biais de l'article 2809, les parties contrôlent l'application du droit étranger, ce qui ne semble pas avoir été l'intention du législateur[32].

110. L'article 2809 permet au juge de prendre connaissance d'office du droit des autres provinces ou territoires du Canada pourvu qu'il ait été allégué. Cette disposition étend à tous les tribunaux, la pratique suivie par la Cour suprême du Canada. Autre innovation, la même règle s'applique lorsqu'il s'agit du droit d'un État étranger. Notons que l'allégation n'est pas nécessaire en cas d'adoption internationale (arts. 568, al.2 et 574).

111. Par contre le juge peut demander que la preuve en soit faite, entre autres, par le témoignage d'un expert ou par la production d'un certificat établi par un jurisconsulte. L'insertion des mots «entre autres» devrait permettre la preuve du droit étranger par admission ou par consentement des parties dans les cas où son contenu ne se prête pas à la controverse.

112. Le recours au certificat qui ressemble au certificat de coutume admis en France, constitue une innovation majeure, même si les tribunaux québécois ont parfois accepté la preuve par déclaration assermentée d'un expert à condition que les parties aient consenti à ce genre de témoignage. Afin d'éviter la production de certificats contradictoires, un seul certificat devrait pouvoir suffire. Si la preuve par écrit de la loi étrangère est dorénavant admise, même si l'autre partie en conteste la teneur, le recours au certificat n'élimine pas nécessairement le contre-interrogatoire. La partie adverse devrait pouvoir exiger la comparution du jurisconsulte qui a fourni le certificat. Le législateur a sagement indiqué que le certificat doit émaner d'une personne et non d'une institution.

113. Dans la pratique non-contentieuse, le praticien se doit de connaître les règles de conflit québécoises et lorsque l'une d'entre elles désigne un droit étranger, il doit en informer les parties et en rechercher le contenu lui même ou avec leur aide. Si celles-ci ne désirent pas que ce droit étranger s'applique, elles devront l'indiquer expressément au praticien par écrit.

114. Le deuxième alinéa de l'article 2809 qui traite de l'absence d'allégation ou de preuve du contenu du droit étranger n'est pas assez précis[33]. Comme l'a indiqué la Cour fédérale dans *Amonsin* c. *«Mercury Bell»*[34], il n'est pas toujours bon d'appliquer toutes les dispositions du droit du for à une situation qui contient des éléments d'extranéité. Seuls les principes généraux de la *lex fori* devraient être retenus par le tribunal. Ainsi, il aurait été préférable que le législateur oblige les tribunaux, soit à appliquer «les principes généraux du droit en vigueur au Québec», soit à rejeter l'action.

F. Articles 2822-2825: actes semi-authentiques

1. Articles 2822 et 2825: documents publics étrangers

115. Tout acte ou document étranger quelque soit sa nature possède la qualité d'acte semi-authentique pourvu qu'il émane apparemment d'un officier public étranger compétent. Il s'agit entre autres, des actes de l'état civil[35], des actes administratifs et notariés, des actes judiciaires et des copies de ces actes. La copie d'un testament fait et déposé à l'étranger et, s'il y a lieu, sa vérification sont aussi des documents publics étrangers.

116. Quelque soit la loi applicable à la force probante des actes, l'article 2822 énonce une règle matérielle puisque ces actes et documents font preuve à l'égard de tous de leur contenu, sans qu'il soit nécessaire de prouver la qualité et la signature de l'officier public dont ils émanent. Cependant, cet article ne règle pas la question de leur validité.

117. La copie d'un document ou acte dont l'officier public étranger est le dépositaire légal fait également preuve, à l'égard de tous, de sa conformité à l'original et supplée à ce dernier, si elle émane apparemment de cet officier (Art. 2822).

118. Il n'est donc plus nécessaire de légaliser un acte pour qu'il fasse preuve de son contenu au Québec. Le législateur est allé plus loin que la Convention de la Haye du 5 octobre 1961 qui supprime l'exigence de la légalisation diplomatique ou consulaire des actes public étrangers. Cependant lorsque l'acte est contesté en suivant la procédure prescrite aux articles 89 et 90 du Code de procédure civile, il incombe à celui qui l'invoque de faire la preuve de son authenticité.

119. En vue d'éviter toute contestation devant les tribunaux basée sur l'article 2825, il est souhaitable d'obtenir la légalisation de ces actes comme c'est le cas sous l'empire du Code civil du Bas Canada.

120. Il est utile de rappeler que la légalisation est la formalité par laquelle est attestée la véracité de la signature et la qualité en laquelle le signataire de l'acte a agi et, le cas échéant, l'identité du sceau ou timbre dont cet acte est revêtu. Cette légalisation requiert la certification de la légalisation par l'autorité compétente de l'État concerné et pour l'acte notarié, celle de la Chambre des notaires étrangère et du consul canadien dans la circonscription dans laquelle l'acte a été reçu ou expédié.

121. Afin de renforcer la sécurité des droits, il est souhaitable de légaliser un acte avant sa publication dans les registres fonciers.

122. C'est au droit québécois qu'il revient de déterminer si l'acte émane apparemment d'un officier public compétent. Par conséquent, nous sommes d'avis que l'acte sous-seing privé dont seulement la signature est certifiée par l'officier public, par ex., un notaire public de *common law*, ne peut pas être assimilé à un acte semi-authentique. Le contenu d'un tel acte doit être prouvé par les parties de la même manière qu'un acte sous-seing privé.

123. À titre d'exemple, un contrat de mariage signé en Ontario par des futurs époux domiciliés au Québec devant témoins assermentés par un notaire public, demeure valide quant à sa forme en vertu de l'article 3109, mais la force probante de son contenu sera déterminée tout comme les actes sous-seing privé par la loi ontarienne.

124. Au Québec, pour que l'on puisse accorder les attributs et les effets d'un acte authentique, il faut que le «*nomen*» accompagne l'«essence» d'un acte notarié. Chaque situation où la question se présente doit être analysée séparément. L'équivalence peut être admise ou refusée selon la nature même de l'acte ainsi que la fonction du notaire étranger dans cet acte.

2. *Articles 2823 et 2825: procurations faites hors du Québec*

125. Selon le droit actuel, la procuration faite en dehors du Québec est *prima facie* valide, si les conditions énumérées par l'article 1220, para. 5 du Code civil du Bas Canada, ont été satisfaites. L'article 2823 modifie ce régime. Dorénavant, pour faire preuve à l'égard de tous, les procurations faites hors du

Québec devront être certifiées par un officier public compétent qui a vérifié l'identité et la signature du mandant.

126. Si comme nous l'avons indiqué plus haut, un acte reçu devant un notaire public de *common law* n'est pas un acte semi-authentique régi par l'article 2822, par contre la procuration est soumise à un régime d'exception. En effet, l'article 2823 confère une présomption d'authenticité à une procuration dûment certifiée par un notaire public de *common law*[36]. Cette procuration a la même valeur qu'un acte qui émane apparemment d'un officier public étranger compétent. En pratique, il est préférable d'obtenir la légalisation pour éviter la contestation (art. 2825).

127. Comme dans le cas de l'article 2822, c'est le droit québécois qui s'applique pour décider qui est un officier public étranger compétent. Soulignons aussi qu'une plus sérieuse vérification de la qualité de l'officier public s'impose, car il ne s'agit pas comme dans l'article 2822 d'un acte qui émane «*apparament* d'un officier public étranger compétent» mais d'un «officier public compétent».

128. L'article 2823 précise ce que doit contenir le certificat qui est exigé. L'officier public doit attester sous sa signature et avec indication de sa qualité qu'il a vérifié l'identité et la signature du mandant. On règle ainsi la confusion qui a régné jusqu'à ce jour car, pour certains, l'authenticité n'est que la déclaration assermentée d'un témoin qui a assisté à la signature de la procuration, et pour d'autres, c'est ce que le nouvel article 2823 exige. D'une part, la présence d'un témoin n'est plus requise et d'autre part, c'est l'officier public qui doit attester de l'identité du mandant et de l'authenticité de sa signature.

Toutefois, afin de bien s'assurer que la procuration faite hors du Québec en présence d'un notaire public de *common law* aura la force probante à l'étranger, nous estimons que le praticien doit toujours exiger la présence d'un ou deux témoins (même si cela n'est pas nécessaire selon le droit québécois), et obtenir l'assermentation du ou des témoins devant le même officier public qui atteste de l'identité du mandant et de l'authenticité de sa signature.

IV. Des conflits de lois

A. Du statut personnel

1. Dispositions générales

a) Article 3083: personne physique

129. En soumettant l'état et la capacité d'une personne physique à la loi de son domicile, le premier alinéa de l'article 3083 du Code civil énonce une règle bien établie au Québec[37].

130. L'article 3083 vise aussi bien les causes de l'incapacité que leur sanction. Il comprend la capacité de conclure un acte juridique quelque soit la matière à laquelle il se rapporte.

131. Le législateur s'abstient de réglementer entièrement la question du nom qui nous semble être soumise à la loi de l'État régisant le rapport juridique dont il est originairement issu, par exemple, en matière de filiation adoptive à la loi applicable aux effets de l'adoption (art. 3092, al.2) plutôt qu'à l'article 3083.

132. Les personnes de nationalité canadienne qui sont domiciliées au Québec depuis au moins un an peuvent changer leur nom (arts.59 et 60; voir aussi art. 71 pour le changement de sexe). Un changement de nom qui a lieu à l'étranger, doit être reconnu au Québec, s'il est conforme à la loi de l'État du domicile de la personne qui l'a obtenu.

133. Le régime de l'absence, relève aussi du statut personnel sous réserve de l'article 3084.

134. L'article 84 règle les conditions de l'absence d'une personne qui avait son domicile au Québec. Cet article ne contient pas une règle matérielle qui définit tous les cas d'absence.

Lorsqu'une personne est domiciliée à l'étranger, c'est la loi de ce domicile qui détermine si elle est absente ou non.

b) Article 3083: personne morale

135. Le législateur n'a pas retenu le deuxième alinéa de l'article 3450 de l'Avant-projet de 1988 qui permettait une interprétation large de la notion de «personne morale». Cela ne veut pas dire que l'article 3083, al.2, doive être interprété restrictivement. Toutes sortes d'entités légales sont visées.

136. Parmi les nombreux critères de rattachement pouvant s'appliquer à l'état et à la capacité d'une personne morale, le deuxième alinéa de l'article 3083 du Code civil a retenu celui du lieu où la société a été constituée ou organisée, consacré par le système anglo-saxon en vigueur dans toute l'Amérique du Nord. La loi de ce lieu est celle de l'État de l'enregistrement ou de la publication, lorsque de telles exigences sont imposées. Le critère de l'incorporation a pour avantage la simplicité, la clarté et l'unicité. Il garantit la sécurité juridique parce qu'il assure l'existence de la personnalité juridique et sert les intérêts des créanciers en leur permettant d'être certains que la société, une fois créée, continue à exister juridiquement en dehors de l'État où elle est incorporée[38]. Ce critère procède de l'autonomie de la volonté, puisque les fondateurs sont entièrement libres de décider de l'ordre juridique qui régira les formalités constitutives de la personne morale. La loi du lieu d'incorporation déterminera si un groupement ou une entité possède la personnalité juridique. Ainsi, un groupement constitué à l'étranger qui possède une personnalité juridique selon la loi compétente sera reconnu au Québec même s'il est inconnu du droit québécois[39]. Souvent, le siège social réel et le lieu d'incorporation correspondent. Une fois sa personnalité juridique reconnue au Québec, une société étrangère en tant que personne morale étrangère y sera traitée, sauf indication expresse en sens contraire, comme une personne physique étrangère.

137. La loi applicable à la société détermine ses conditions de constitution, sa capacité de jouissance, ses conditions de fonctionnement et de dissolution, la responsabilité de ses dirigeants et sa représentation. Cependant, la loi québécoise peut intervenir pour réglementer l'exercice de certaines de ses activités au Québec afin de protéger les tiers[40].

138. Si la personne morale étrangère n'avait pas la capacité de conclure un contrat avec une personne domiciliée au Québec, l'article 3086 pourra s'appliquer pour le valider[41].

139. Comme nous venons de l'indiquer, en principe, une société étrangère valablement créée est reconnue et peut agir au Québec dans les limites de la capacité qui lui est conférée par la *lex societatis* en suivant les règles de fonctionnement édictées par cette loi. Cependant, si cette société s'installe au Québec ou prétend s'immiscer, même de façon épisodique, dans une activité réglementée, le Québec est concerné, et ses lois ont vocation à s'appliquer. Elles peuvent comporter des règles discriminatoires et aussi constituer des lois d'application nécessaire qui régissent toute société québécoise ou étrangère exerçant une activité, quelle que soit la *lex societatis* (art. 3076).

c) Article 3084: urgence ou inconvénients sérieux

140. L'article 3084 qui, en cas d'urgence ou d'inconvénients sérieux fait intervenir la *lex fori*, est de droit nouveau. Il s'inspire de l'article 9 de la Convention de la Haye du 5 octobre 1961 concernant la compétence des autorités et la loi applicable en matière de protection des mineurs et en étend le bénéfice à toute personne capable ou incapable suivant la loi de son domicile. Il s'applique donc à celles qui sont visées par les articles 3083 et 3085 y compris les personnes morales.

141. Quoique la formulation de la règle soit bilatérale, seul le droit québécois s'applique. Il s'agit en fait d'une règle d'application nécessaire camouflée dont le domaine d'application est déterminé par la présence de la personne ou par la situation des biens au Québec.

142. En combinaison avec l'article 3085, al.2, il permet l'application de la loi du Québec à titre provisoire même dans le cas où la loi étrangère qui régit l'état et la capacité de la personne qui a besoin de protection prévoit la nomination d'un représentant ayant le droit d'agir pour elle au Québec ou ailleurs, afin d'assurer sa protection ou celle de ses biens.

143. L'article 3084 répond à un besoin évident, car l'établissement du système de protection envisagé par la loi du domicile d'un étranger, même capable[42], peut entraîner de longs délais, souvent causés, soit par la nécessité de rechercher le contenu de la loi applicable, soit par l'inaction des autorités étrangères compétentes, soit encore par un conflit entre plusieurs représentants désignés par des autorités différentes.

144. L'application à titre provisoire de la loi québécoise continuera jusqu'au moment où les autorités de l'État du domicile auront pris les mesures dictées par la situation à condition qu'elles soient efficaces et suffisantes (comme le précise l'article 18 de la *Loi sur le curateur public*)[43]. Il faut chercher à coordonner la solution québécoise avec la loi compétente, car le principe de l'urgence n'est qu'un assouplissement du principe général qui renvoie à la loi étrangère du domicile. Toutefois, on peut se demander si la loi québécoise s'appliquera à titre permanent lorsque la loi du domicile attribue aux autorités un rôle radicalement incompatible avec les pouvoirs conférés par la loi québécoise, ou lorsque les autorités étrangères compétentes refusent d'agir (voir aussi art.3101).

145. Même si l'intervention des services publics du Québec en vertu de lois particulières comme la *Loi sur la protection de la jeunesse*[44] et la *Loi sur le curateur public*[45], ne dépend pas normalement d'une règle de conflit, il est facile de justifier leur application sur la base de cet article lorsque cette intervention est provisoire et que la personne ou ses biens sont au Québec. Dans ce cas, le recours à l'article 3076 et la qualification comme loi d'application nécessaire de la *Loi sur la protection de la jeunesse* ne sont plus pertinents. Soulignons enfin que l'article 18 de la *Loi sur le curateur public* fait double emploi avec l'article 3084[46].

2. *Dispositions particulières*

a) Article 3085: incapacités — régime des majeurs protégés[47] et tutelle du mineur

146. Le premier alinéa qui a sa source dans l'article 6, dernier alinéa du Code civil du Bas Canada, est une application de l'article 3083. En principe, la protection des incapables fait partie du statut personnel car elle s'exerce exclusivement dans leur intérêt. Les règles applicables à l'organisation et au fonctionnement de la représentation du mineur ou du majeur protégé et celles applicables à l'assistance du mineur émancipé sont déterminées par la loi de leur domicile. Cette loi fixe les pouvoirs du tuteur ou du curateur sur la personne de l'incapable et sur ses biens. L'ancienne jurisprudence servira de guide au juge.

147. Le deuxième alinéa qui reprend en partie le texte de l'article 348*a* du Code civil du Bas Canada crée une exception à la règle générale voulant que la nomination d'un représentant à un incapable se fasse au lieu du domicile. Il ne s'applique que si la loi du domicile de l'incapable «ne pourvoit pas à ce qu'il ait un représentant». Le mot «pourvoit» semble indiquer qu'il s'agit d'une absence de dispositions législatives de protection et non d'un défaut de la part de l'incapable de se prévaloir de la protection organisée par la loi de son domicile. En effet, la nomination au Québec est facultative. Si la loi du domicile prévoit la nomination d'un représentant, le juge québécois doit surseoir à statuer jusqu'à ce que ce représentant ait été nommé à l'étranger, car il ne s'agit pas d'un cas d'urgence ou d'inconvénients sérieux auquel on appliquerait l'article 3084.

148. Lorsque la loi étrangère compétente est défaillante ou que le représentant nommé à l'étranger ne peut agir extraterritorialement, le juge québécois intervient pour protéger l'incapable qui possède des biens ou a des droits à exercer au Québec. Ces intérêts commandent à titre exceptionnel un rattachement différent. Le droit québécois s'applique alors à tous les aspects du régime de protection de l'incapable domicilié à l'étranger, tant en ce qui concerne les rapports entre l'incapable et son représentant ou l'autorité que ceux entre ces derniers et les tiers.

149. La référence au majeur protégé est excellente, car de nos jours, avec les progrès de la médecine, beaucoup de personnes qui sont maintenues artificiellement en vie ne peuvent plus manifester leur volonté. Un étranger de passage au Québec qui se trouve dans un état de coma dépassé peut avoir besoin de protection immédiate. L'article 3084 pourra être utilisé jusqu'à ce qu'il soit pourvu d'un représentant selon la loi de son domicile, tandis que l'article 3085 s'appliquera si cette loi ne pourvoit pas à ce qu'il en ait un.

150. À la fin des mesures, la loi compétente reprend son emprise. Une collaboration doit s'établir entre le représentant nommé en vertu de la loi compétente qui ne pouvait agir au Québec et le représentant ou autorité québécoise afin d'assurer la continuité du régime applicable à l'incapable.

b) Article 3086: ignorance excusable de la loi étrangère

151. Cet article pose une règle nouvelle dans le domaine des relations contractuelles qui s'inspire de l'affaire *Lizardi*[48]. Dans l'intérêt du commerce interne on tient compte de l'ignorance excusable de la loi étrangère afin d'assurer la sécurité des transactions. À titre d'exemple, vu que l'âge de la majorité n'est pas le même dans tous les États, on ne peut pas, chaque fois que l'on passe un contrat avec une personne, lui demander où se trouve son domicile et quel est le contenu matériel du droit qui y est en vigueur.

152. Lorsqu'une personne qui n'est pas capable selon la loi de son domicile a conclu un contrat au Québec avec une personne qui y est domiciliée, elle ne peut invoquer son incapacité pour échapper à ses obligations si elle était capable selon la loi québécoise, à moins que la personne avec qui elle a contracté connaissait ou aurait dû connaître cette incapacité au moment où le contrat a été conclu. La règle étant bilatérale, il en sera de même si le contrat est conclu par un mineur québécois dans un État étranger avec une personne qui y est domiciliée que l'âge de la majorité soit plus élevé ou plus bas qu'au Québec.

153. L'article 3086 s'applique à tous les actes juridiques bilatéraux. Il va donc plus loin que le droit suisse qui déclare que cette règle exceptionnelle ne s'applique pas aux actes juridiques relevant du droit de la famille, du droit successoral ou des droits réels immobiliers.

154. La règle s'applique à une personne morale constituée à l'étranger. Si elle n'avait pas la capacité de contracter avec une personne domiciliée au Québec, l'article 3086 peut sauver le contrat et malgré la complexité découlant du double régime en vigueur au Québec dans le droit des compagnies, le juge appliquera le régime provincial ou fédéral le plus favorable[49].

155. C'est à l'incapable de prouver que l'ignorance de l'autre partie n'est pas excusable. Par exemple, le co-contractant a agi de mauvaise foi, avec légereté ou avec imprudence car il aurait du connaître l'incapacité de son co-contractant. Le droit québécois et non celui du domicile du co-contractant doit s'appliquer pour décider si l'ignorance de l'incapacité est excusable, car il s'agit d'interpréter une règle de conflit québécoise. Si cette ignorance n'est pas excusable, on applique la loi du domicile de l'incapable pour déterminer si le contrat est nul. Le juge doit examiner les circonstances de chaque cas d'espèce minutieusement.

156. Quelles sont les précautions qui auraient du être prises par une personne raisonnable pour s'assurer que son co-contractant n'était pas incapable[50]? Il faut croire que l'importance de l'obligation souscrite, la possibilité qu'elle a eu de s'informer de la loi étrangère, et sa familiarité avec celle-ci, rendent la reconnaissance de l'incapacité équitable, mais que l'ignorance sera excusable pour les actes conclus rapidement ou qui sont de la vie courante des parties et pour lesquels des enquêtes sur la capacité constitueraient un véritable gène pour le commerce.

157. On peut se demander pourquoi le législateur, contrairement au droit suisse, exige que la loi du domicile du cocontractant capable coïncide avec celle du lieu de passation de l'acte, ce qui restreint considérablement la portée de cet article.

c) Article 3087: restriction des pouvoirs de représentation

158. Dans cet article le législateur réaffirme sa politique de sécurité des transactions. En effet, il s'agit du seul cas où le tiers est protégé lorsqu'un représentant légal a dépassé ses pouvoirs. Dans tous les autres cas, la loi applicable au régime, par ex., tutelle ou succession, déterminera les conséquences de l'acte juridique[51]. L'article 3087 peut s'appliquer à la représentation conventionnelle d'une personne morale[52].

d) Mariage. Article 3088: conditions de fond et de forme

159. Le premier alinéa de l'article 3088 retient la règle de conflit en vigueur au Québec. Les conditions de fond requises pour contracter un mariage dépendent de la loi personnelle, c'est-à-dire la loi du domicile des futurs époux. Lorsqu'ils ont des domiciles différents au moment de la célébration du mariage, la loi de leur domicile respectif s'applique distributivement aux conditions de fond du mariage qui les concernent individuellement, par exemple, âge, consentement, etc, qui sont des conditions de fond unilatérales. Par contre, la loi du domicile de chacun des futurs époux s'applique cumulativement aux conditions de fond qui les concernent tous les deux même si l'empêchement existe du fait d'un seul. Il s'agit des conditions de fond bilatérales telles que les empêchements qui résultent de la parenté ou de l'alliance, de la monogamie ou de la polygamie, ou de ceux qui se rapportent à la santé des futurs époux.

160. Cependant, une personne domiciliée à l'étranger et qui est déjà mariée ne peut contracter un nouveau mariage au Québec avant la dissolution du premier même si la loi personnelle des deux époux permet la polygamie. L'ordre public du Québec s'y oppose. Il en est de même d'un mariage entre deux personnes du même sexe. Par contre, on doit reconnaître certaines conséquences d'une union polygame régulièrement contractée à l'étranger et permise par la loi personnelle des époux.

161. Le législateur n'a pas jugé bon d'adopter la loi du premier domicile commun des époux ou le principe de proximité. Il n'a pas retenu non plus la proposition de la Chambre des notaires du Québec en faveur de rattachements alternatifs[53].

162. Le deuxième alinéa qui traite des conditions de forme (par ex., nécessité d'un mariage civil devant une autorité étatique, présence de témoins, publication des bans, inscription dans les registres, etc) adopte une règle qui n'existait pas en droit québécois. La règle *locus régit actum* n'est plus impérative comme c'était le cas auparavant[54] puisque un mariage célébré à l'étranger peut être valide, alternativement, si sa forme correspond à celle du lieu de célébration, ou à celle de la loi du domicile ou de la nationalité de l'un des époux[55]. Cet éventail très large favorise la validité formelle du mariage.

163. Si le mariage est célébré au Québec, les époux doivent-ils se conformer impérativement aux dispositions du Code civil (arts.365 à 377), ou bien peuvent-ils utiliser les formes édictées par la loi de leur domicile ou de leur nationalité? La règle posée par le deuxième alinéa étant bilatérale, on ne voit pas pourquoi les formes du Québec doivent s'imposer.

164. Les agents diplomatiques ou consulaires canadiens en poste à l'étranger ne sont pas habilités à célébrer le mariage de citoyens canadiens qui se trouvent à l'étranger. Quant aux agents diplomatiques ou consulaires étrangers en poste du Canada, ils peuvent célébrer au Québec le mariage de leurs ressortissants si leur droit les y autorise. Ce mariage devrait être reconnu valide en la forme en vertu du deuxième alinéa de l'article 3088.

165. Contrairement à l'intention du législateur, le libellé de cet alinéa pourrait être invoqué pour annuler un mariage qui ne serait pas valide selon la loi désignée par l'un des facteurs de rattachement alternatifs. Il aurait mieux valu utiliser les mots «Est néanmoins valable» (voir art. 3109 du Code civil du Québec et art. 3452, al.2 de l'Avant-projet de loi de 1988). Toutefois, la *favor validitatis* semble évidente[56].

Article 3089: effets du mariage

166. En vertu du premier alinéa de l'article 3089, les effets du mariage sont soumis à la loi de leur domicile commun qui est celle du milieu social dans lequel ils vivent. En l'absence de domicile commun, la cascade de rattachements, c'est-à-dire, résidence commune, dernière résidence commune, lieu de célébration, constitue une nette amélioration du droit actuel.

167. Par «effets qui s'imposent à tous les époux quelque soit leur régime matrimonial», il est probable que le législateur a voulu rejeter la théorie consacrée par l'arrêt *Palmer* c. *Mulligan*[57] qui donne un domaine large au régime matrimonial en y soumettant plusieurs aspects du régime primaire, par exemple le patrimoine familial. Toutefois, vu l'ambiguité du texte, la confusion des débats en Sous-commission et l'hésitation de la doctrine[58], on peut aussi soutenir que la question n'est pas définitivement réglée.

168. Ne rentrent pas dans la catégorie des effets du mariage, la filiation, l'autorité parentale, la dissolution du mariage, l'obligation alimentaire, et la garde des enfants pour lesquels il existe des rattachements distincts (arts. 3094 à 3096).

169. Quant aux effets du mariage putatif, font-ils partie des effets du mariage ou se rattachent-ils à la cause de nullité ou encore à la loi régissant l'effet réclamé? Il est difficile de déceler l'intention du législateur. Nous estimons qu'ils devraient faire partie des effets du mariage.

170. L'article 3089 ne précise pas à quel moment ces facteurs de rattachement doivent être pris en compte. Cela ne peut être qu'au moment où ces effets sont en cause.

171. L'union libre, qui dans certains pays est considérée comme un mariage, n'a pas retenu l'attention du législateur en tant qu'institution malgré sa prolifération au Québec pour des motifs variés. Seules certaines situations ont été réglées de façon ponctuelle en droit interne. Lorsque le juge québécois sera confronté à une union libre qui présente un élément d'extranéité, il devra appliquer les règles de conflit existantes. Il ne pourra pas créer une catégorie nouvelle avec des règles qui lui sont propres. Au niveau de sa formation, il est possible d'élargir la catégorie du mariage pour y faire entrer l'union libre même si l'application des règles sur le fond peut créer des situations inextricables. Quant au droit à des aliments résultant de l'union libre, on pourrait leur appliquer l'article 3094 par analogie. Un rattachement à la loi régissant une société de fait (art. 3083 par anologie), ou à celle régissant l'enrichissement injustifié (art. 3125), est aussi possible pour les effets patrimoniaux, par ex., le partage des biens, sous réserve de l'application d'une loi étrangère désignée par les parties à cette union. L'article 3098 déterminera la vocation successorale.

e) Art. 3090: séparation de corps

172. Cet article qui est de droit nouveau, applique à la séparation de corps la loi du domicile commun des époux au moment de l'introduction de l'action. À défaut, il y a encore une cascade de rattachements qui passe par la loi du lieu de leur résidence commune ou, à défaut, la loi de leur dernière résidence commune, ou à défaut, la loi du tribunal saisi.

173. Quant aux effets principaux ou accessoires, ils sont régis par la loi qui a été appliquée à la séparation de corps. Les commentaires se rapportant aux travaux préparatoires nous informent que ces effets comprennent la fin de l'obligation de faire vie commune, la séparation de biens, l'organisation de l'obligation alimentaire et de la garde des enfants. Si tel est le cas, il y a double emploi avec l'article 3096 pour l'obligation alimentaire. Cet article couvre probablement une réclamation d'aliments suite à un jugement local. De même, la séparation de biens est généralement une question de régime matrimonial.

174. En ce qui concerne les effets de la séparation sur les enfants, le deuxième alinéa de l'article 3090 peut entrer en conflit avec la loi applicable à la filiation (arts. 3091, 3092), à la garde (art. 3093), à l'obligation alimentaire (art.3094), et aux mesures de protection (art.3085).

175. Nous sommes d'avis que les mesures provisoires urgentes devraient être régies par la *lex fori* (art. 3084).

176. Ce sera au juge de décider s'il doit suivre ces commentaires et donner une interprétation large aux effets de la séparation de corps vis-à-vis des enfants.

177. Toutefois, nous sommes d'avis que les règles adoptées par le législateur étant dans leur intérêt, l'article 3090, al.2, ne devrait pas règler les effets qui s'y rapportent, car les enfants sont des êtres indépendants.

f) Filiation par le sang, filiation adoptive et garde

Article 3091: filiation par le sang

178. En vertu de cet article, l'établissement de la filiation ou sa contestation sont régis par la loi qui est la plus avantageuse pour d'enfant, choisie parmi six lois différentes. Le législateur a suivi la tendance actuelle qui reflète le désir de favoriser le bien être de l'enfant.

179. Il n'y a pas de hiérarchie: toutes les lois sont sur un pied d'égalité. Cependant, il nous semble que la loi qui donne à l'enfant les droits les plus étendus devrait être choisie par le juge.

180. Le législateur précise qu'il ne faut tenir compte que du domicile ou de la nationalité au moment de la naissance de l'enfant. On évite ainsi le conflit mobile.

181. En ce qui concerne les effets de la filiation, le deuxième alinéa de l'article 3091 les soumet à la loi du domicile de l'enfant. Le commentaire précise que celle-ci s'applique, au nom, à la garde, à l'autorité parentale, à l'obligation alimentaire, au droit de succéder, etc. Ce rattachement unique qui a le mérite d'éviter les questions préalables, ignore que les règles de rattachement qui s'appliquent aux successions, à la garde et à l'obligation alimentaire ont leur propre logique. Il vaudrait mieux n'appliquer la loi du domicile de l'enfant qu'en l'absence de dispositions expresses. Il est vrai que la loi du domicile s'applique à la garde. Si on devait suivre le commentaire, cela voudrait dire que l'article 3094, qui a pour origine la Convention de la Haye de 1956 sur la loi applicable aux obligations alimentaires envers les enfants et qui favorise le créancier d'aliments, ne s'appliquerait pas aux mineurs!

182. Quant au moment retenu, il ne peut s'agir que du domicile de l'enfant au moment de l'établissement de la filiation, c'est-à-dire au moment où ces effets sont en cause.

Article 3092: adoption

183. Le premier alinéa de cet article reprend le texte du deuxième alinéa de l'article 596 du Code civil du Québec avec des modifications terminologiques. La règle a été bilatéralisée. Les questions de consentement et d'admissibilité de l'adoption sont soumises à la loi du domicile de l'enfant. Le législateur n'a pas cru devoir retenir la recommandation faite par la Chambre des notaires qui visait à appliquer à la question de l'admissibilité à l'adoption, soit la loi du domicile de l'adoptant, soit celle de l'adopté et de l'adoptant[59].

184. Le Code civil du Québec contient aussi des règles matérielles qui s'appliquent à l'adoption par une personne domiciliée au Québec (arts. 563 à 565 et 568). Il s'agit de dispositions qui se combinent avec l'article 3092 pour faire échec à l'enlèvement d'enfants.

185. Le deuxième alinéa de l'article 3092, en soumettant les effets de l'adoption à la loi du domicile de l'adoptant, favorise l'intégration de l'enfant dans son nouveau milieu.

186. Comme dans le cas de la filiation, par souci d'uniformité, les effets de l'adoption sont régis par une loi unique qui englobe à la fois les effets intrinsèques à l'institution (maintien ou disparition du lien qui unissait l'adopté à sa famille d'origine, sa durée, sa révocation ou son irrévocabilité), et d'après les commentaires, quelques effets particuliers (garde, autorité parentale et obligation alimentaire). Toutefois, ici encore, nous préférons l'application des dispositions expresses du Code civil aux effets particuliers, comme l'avait prévu l'Avant-projet de 1988 (art. 3456, al.2).

Article 3093: garde

187. Cet article est de droit nouveau. Il semble ne s'appliquer qu'aux demandes de garde indépendantes des actions en séparation de corps ou en divorce, y compris la modification des jugements locaux et étrangers.

188. L'intérêt véritable de l'enfant qui est le critère généralement reconnu au Canada et ailleurs, est examiné à la lumière de la loi du lieu de son domicile entendu dans le sens des articles 75 et s., plus particulièrement l'article 80, c'est-à-dire le plus souvent la loi de sa résidence habituelle.

189. Le législateur n'a suivi ni les recommandations du Barreau du Québec en faveur de l'application de la *lex fori*, ni celles de la Chambre des notaires en faveur de la loi de la résidence habituelle.

190. Vu la règle énoncée par l'article 3093, on peut se demander si les effets de la filiation (arts. 3091 et 3092) englobent la garde. La question est sans grand intérêt puisque les effets de la filiation et de la garde sont régis par la loi du domicile de l'enfant. Tout au plus, il y a double emploi.

g) Obligation alimentaire

Article 3094: principe général

191. À l'heure actuelle, la loi qui régit le divorce ou la séparation de corps s'applique à l'obligation alimentaire qui en est l'accessoire. C'est aussi la solution adoptée par le Code civil (art.3090). Dans le cas d'une demande d'aliments indépendante d'une action d'état, les tribunaux québécois appliquent la loi du Québéc lorsque le débiteur s'y trouve même s'il n'y est pas domicilié. On écarte ainsi la méthode classique. Par contre, le débiteur qui se trouve en dehors du Québec n'est tenu que si la loi de son domicile connaît une telle obligation. Cette solution n'est pas satisfaisante[60]. La révision d'une décision étrangère qui accorde des aliments est généralement régie par la *lex fori*. À l'intérieur du Canada, il existe un régime particulier qui se rapporte à l'exécution réciproque d'ordonnances alimentaires[61].

192. Les articles 3094 à 3096 qui ne traitent que des pensions alimentaires indépendantes des demandes en divorce, en séparation de corps ou en nullité, créent une catégorie autonome intitulée «obligation alimentaire» qui n'est pas directement liée au statut personnel ou aux effets du mariage. Le législateur qui n'a pas adopté la théorie de la «meilleure loi», car il ne donne pas au créancier de l'obligation alimentaire la possibilité de choisir la loi qui lui est la plus favorable comme c'est le cas en matière de responsabilité du fabricant (art.3128). La loi applicable est celle du domicile du créancier. Cette loi ne lui est pas nécessairement la plus favorable mais représente pour lui celle avec laquelle il a les liens les plus étroits, car c'est là qu'il paye ses impôts et peut avoir droit à des avantages sociaux. Une loi subsidiaire s'applique si aucune pension n'est accordée par la loi désignée en premier lieu. Le créancier ne peut choisir la loi qui lui donnera la pension la plus importante. Ce faisant, le législateur, en voulant ménager les intérêts des deux parties, risque de priver le créancier de toute pension importante, si toutefois on interprète littéralement l'article 3094. En effet, il suffit qu'il ait droit à une pension — même négligeable — d'après la loi de son domicile pour ne plus pouvoir obtenir une pension plus importante en vertu de la loi du domicile du débiteur.

193. Par «créancier alimentaire», il faut entendre les époux, y compris les conjoints de fait, les descendants, les ascendants et les collatéraux sous réserve des dispositions de l'article 3095. C'est la loi du domicile du créancier qui détermine cette question.

194. Le créancier peut toujours changer de domicile pour obtenir des aliments de son débiteur, ce qui peut donner lieu à des conflits mobiles. Cependant, un changement de domicile ne modifie pas de plein droit un jugement déjà rendu.

Article 3095: exception

195. Cet article crée une exception à la règle posée par l'article 3094. Ce n'est qu'après avoir contesté sans succès l'existence d'une obligation alimentaire à sa charge selon la loi du domicile du créancier que le débiteur, s'il se trouve être un allié ou un collatéral de ce créancier, peut invoquer les dispositions de la loi de son domicile pour faire échec à la réclamation.

Article 3096: obligation alimentaire entre ex-époux

196. Cet article qui traite de l'obligation alimentaire réclamée indépendamment *après* un jugement de divorce, de séparation de corps ou d'annulation de mariage écarte les solutions du droit positif qui ne sont pas sujettes à la méthode classique.

197. Malgré les mots «applicable au divorce», il faut croire que, vu l'origine de la règle, tout comme l'article 8 de la Convention de la Haye de 1973, c'est la loi qui a été «appliquée» au divorce dont il s'agit. Cette interprétation constitue une exception à l'article 3080 sur le renvoi. Il en est de même en ce qui concerne l'article 3167.

198. L'article 3096 s'applique aussi à la modification d'une pension alimentaire en faveur des ex-époux. Par contre, pour les enfants, c'est l'article 3094 qui devrait s'appliquer. Il en résulte que la loi qui régit la pension alimentaire des ex-époux peut être différente de celle qui s'applique à un enfant en vertu d'un jugement étranger. On peut se demander pourquoi le législateur a instauré deux régimes dans le domaine des obligations alimentaires. Celui instauré par l'article 3094 aurait suffi. Cependant, il faut reconnaître que les considérations dont il faut tenir compte lorsqu'il s'agit d'ex-époux sont souvent différentes de celles qui se rapportent aux enfants qui fondent leur droit aux aliments sur la filiation.

B. Du statut réel

1. Disposition générale

Article 3097: principe

199. Le premier alinéa de cet article confirme un principe bien établi en droit international privé québécois en ce qui concerne les immeubles (voir art. 6, al. 1, du Code civil du Bas Canada). Par contre, pour ce qui est des meubles, il y a innovation. En soumettant les biens *ut singuli* à la loi du lieu de leur situation, le législateur met fin à la controverse qui existait sur le sens à donner à l'article 6, al. 2, du Code civil du Bas Canada qui déclarait que les biens meubles sont régis par la loi du domicile de leur propriétaire[62].

200. Le deuxième alinéa a été ajouté au projet initial à la demande de la Chambre des notaires pour remédier à l'insécurité juridique qui pourrait résulter de l'application du premier alinéa à des biens meubles en transit. La soumission de ces meubles à la loi du lieu de leur destination apporte une solution au conflit mobile en matière de droits réels.

201. À part l'insécurité résultant de la localisation fictive du *situs* pour les meubles incorporels[63] et les conflits mobiles (partiellement réduits par les arts. 3097 et 3102), la portée du domaine du statut réel continuera à poser des problèmes surtout en présence d'un acte juridique qui transfère des droits réels.

2. *Dispositions particulières*

a) Successions: articles 3098 à 3101

Article 3098: principe général

202. Cet article s'applique aux successions testamentaires, contractuelles, et *ab intestat*. Le premier alinéa est conforme au droit existant. Il perpétue le principe de la scission tout en permettant d'y déroger par le biais de la *professio juris* (art. 3098, al.2) malgré les recommendations de l'un des auteurs de cette étude et de la Chambre des notaires qui auraient préféré que le législateur s'inspire de la Convention de la Haye de 1988 sur la loi applicable aux successions à cause de mort et adopte, en accord avec la tendance actuelle, le principe de l'unité de la succession, un régime qui existe déjà pour les meubles en matière de régimes matrimoniaux[64].

203. Il ne s'agit pas de reprendre ici les arguments en faveur du principe de l'unité. Soulignons, cependant, qu'avec un rattachement unique à la loi de l'État avec lequel le défunt avait son «centre vie» lors de son décès, on aurait assuré le respect du principe de proximité qui constitue le fondement de la grande majorité des règles de conflit du Code civil. On aurait aussi eu une règle logique permettant d'apprécier globalement l'ensemble de la succession et de respecter les intérêts de la famille nucléaire et des créanciers du défunt. Le principe de l'unité évite les problèmes qui résultent d'une qualification des biens communs en meubles ou immeubles et leur transformation. Il ne présente pas de problèmes insurmontables, comme certains l'affirment, en ce qui concerne l'application du droit étranger à des immeubles situés au Québec ou ailleurs. Enfin, ce principe simplifie la planification successorale. Cependant, vu que toutes les autres provinces du Canada et tous les États des États-Unis d'Amérique suivent le système de la scission, et que la théorie du renvoi n'a plus cours en vertu de l'article 3080, la solution traditionnelle peut se justifier.

204. Pour appliquer le premier alinéa de l'article 3098, il est nécessaire tout d'abord de savoir où se trouvent les biens de la succession et qu'elle est leur nature, car de leur qualification dépendra la loi qui régira leur dévolution successorale. C'est le droit québécois qui doit indiquer le lieu où ces biens sont situés. La loi de ce lieu réglera la question de savoir si ce sont des meubles ou des immeubles.

205. L'article 3098 ne précise pas quel est le domaine de la loi successorale. Il nous semble que ce domaine comprend, conformément au droit actuel, entre autres, les dispositions impératives de la dévolution, y compris la vocation héréditaire, la créance alimentaire *post mortem*, les restrictions à la liberté de tester, la quotité disponible, le droit à une réserve, les successions contractuelles, la caducité et la nullité d'un legs, la révocation du testament ou d'un legs, et l'obligation du passif successoral.

206. Par contre, la capacité de recevoir ou de tester est soumise à la loi personnelle, c'est-à-dire à la loi du domicile de la personne en cause (art. 3083), tandis que la forme du testament ainsi que sa validité et son interprétation en tant qu'acte juridique sont régis par les articles 3109, 3111 et 3112.

207. Le deuxième alinéa de l'article 3098 corrige le principe de la scission en reconnaissant la *professio juris*. La loi choisie par le testateur s'applique à l'ensemble de la succession à condition que ce soit celle de l'État de sa nationalité ou de son domicile au moment de la désignation ou de son décès, sauf s'il désigne la loi du lieu de la situation d'un immeuble, auquel cas cette loi ne s'applique qu'à cet immeuble. Il s'agit d'une extension heureuse du principe de l'autonomie de la volonté et un premier pas timide en faveur du principe de l'unité vite contrecarré par la référence au *situs* de l'immeuble. L'éventail limité des solutions ne permet pas toujours d'appliquer la loi qui présente les liens les plus étroits avec le défunt. Prenons le cas d'un Québécois qui établit son domicile en France où il passe plusieurs années de sa vie professionnelle au cours desquelles il rédige un testament dans lequel il soumet sa succession à la loi française. Il rentre ensuite au Québec pour y vivre jusqu'à la fin de ses jours. Il est difficile de dire que la France est son «centre-vie» au moment de son décès. La *professio juris* n'est pas basée sur le principe de proximité. Il n'est donc pas nécessaire de désigner la loi qui présente les liens les plus étroits avec le défunt et sa famille au moment de la désignation. Cependant, à l'exception du cas de la désignation de la *lex rei sitae* pour un immeuble, chacun des quatre choix donnés au testateur se réfère à un État étroitement lié avec le défunt et sa famille.

208. Bien que selon l'article 3111, la désignation de la loi applicable dans un acte juridique inclut la désignation implicite, nous sommes d'avis que la *professio juris* doit être expresse. Cette interprétation restrictive donnée au deuxième alinéa de l'article 3098 découle de l'introduction limitée de cette institution dans le droit successoral alors que ce n'est pas le cas pour les contrats (à l'exception de l'article 3119), de son inclusion dans le chapitre deuxième «Du statut réel» où le législateur a dû préciser expressément la désignation implicite pour la fiducie (art.3107), et de la Convention de la Haye dont s'inspire cet article. Par conséquent, si le testament contient des dispositions du Code civil du Québec, sans désignation expresse de la loi applicable à la succession, le premier alinéa de l'article 3098 s'applique, même si le testament en tant qu'acte juridique doit être interprété par le droit québécois en vertu de l'article 3112. Pour les mêmes raisons, le troisième alinéa de l'article 3111 ne s'applique pas à la *professio juris*. Le deuxième alinéa de l'article 3098 n'a limité cette désignation que dans le cas d'un immeuble. Il est aussi probable que le deuxième alinéa de l'article 3111 ne s'applique pas non plus. Si on ne peut faire un choix partiel en présence d'éléments étrangers, il va de soi que l'on ne doit pas pouvoir le faire en l'absence d'éléments d'extranéité.

209. Une personne qui possède plusieurs nationalités devrait pouvoir désigner n'importe laquelle. Pour être efficace, la désignation doit se faire en termes clairs et précis car il se peut que sa nationalité au moment de la désignation ne soit pas la même que celle qu'il possèdera au moment de son décès. En cas de doute, l'article 3098, al. 1er, s'applique. Le testateur pourrait s'exprimer ainsi: «je désigne la loi française dont je possède présentement la nationalité pour régir ma succession.» Si le testateur s'est contenté de dire qu'il désigne la loi française, il suffira qu'il ait possédé la nationalité française ou qu'il ait été domicilié en France, soit moment de la désignation, soit au moment de son décès, pour que la désignation soit valable.

210. Les articles 3077 et 3098, al.2, permettent la désignation de la loi d'une unité territoriale d'un État fédéral. À titre d'exemple, la désignation de la loi du Québec par un étranger est valide si le défunt était domicilié au Québec au moment de la désignation ou de son décès. Le domicile pouvant s'établir rapidement, un nouvel immigrant aura la faculté de désigner immédiatement la loi québécoise. Si le défunt était un citoyen canadien qui n'avait jamais été domicilié au Québec, la désignation de la loi québécoise devrait être valide si, à un certain moment au cours de sa vie, autre que celui de la désignation ou du décès, il avait eu des liens substantiels avec le Québec. De même un citoyen canadien domicilié au Québec au moment de la désignation et au moment de son décès devrait pouvoir désigner, soit la loi du Québec, soit celle d'une autre province avec qui il avait les liens les plus étroits. Quoique ce cas ne se présentera probablement que rarement, nous somme d'avis que la désignation de la loi canadienne par un citoyen canadien devra être interprétée comme se rapportant à la loi de la province où il était domicilié au moment de la désignation ou de son décès. En l'absence de domicile, on appliquera la loi de la province avec laquelle il avait les liens les plus étroits. Lorsque deux lois différentes peuvent s'appliquer, en vertu de l'article 3098, al.2, car le défunt avait un domicile différent ou une nationalité différente au moment de la désignation et au moment de son décès, la désignation n'est pas valable car comment choisir entre les deux? Il faudra appliquer le premier alinéa de l'article 3098.

211. En adoptant la *professio juris*, le législateur a réformé d'une manière assez radicale le droit international privé des successions, car il a brisé le tabou de l'application exclusive de la *lex situs* aux immeubles.

212. Notons que l'article 168 du Projet de loi 38 donne plein effet aux désignations testamentaires faites avant l'entrée en vigueur du nouveau Code civil pourvu que les conditions prévues par le second alinéa de l'article 3098 soient remplies.

Article 3099: exception

213. Cet article généralise l'éviction de la loi désignée par le testateur et compromet sérieusement le principe de la *professio juris*. En vertu du premier alinéa, la désignation est sans effet, dans la mesure où la loi désignée prive le conjoint ou les enfants du défunt, dans une proportion importante, d'un droit de nature successorale auquel ils peuvent prétendre en l'absence d'une telle désignation. Peu importe que le conjoint ou les enfants aient des liens ou non avec la ou les lois écartées par la désignation. On présume une intention coupable de la part du testateur, une fraude à la loi, non seulement du for, mais à toute loi compétente en l'absence de désignation de telle ou telle loi. En outre, il est question de proportion importante et non pas de proportion *très* importante comme c'est le cas dans l'article 24 *d* de la Convention de la Haye. Il faut espérer que le juge n'écartera pas la *professio juris* simplement parce que le contenu de la loi désignée n'accorderait pas la même protection que la loi ou les lois autrement applicables. Cet emprunt à la Convention de la Haye aurait dû être fait dans l'esprit même de celle-ci, c'est-à-dire une réserve restrictive exceptionnelle qui constitue une sorte d'ordre public cristallisé, afin de ne pas compromettre une planification successorale efficace.

214. Dans le deuxième alinéa de l'article 3099, le législateur qui s'est inspiré de l'article 15 de la Convention de La Haye, fait intervenir la *lex situs* à titre exceptionnel. Étant donné que dans le droit de certains États, il existe des régimes successoraux particuliers qui organisent une dévolution indépendante du régime s'appliquant à tous les autres biens, il a été jugé opportun de retenir cette idée sur le plan international. L'intervention de la *lex situs* sera plus exceptionnelle qu'en vertu de l'article 15, vu que ce dernier prévoit son application même en cas de rattachement objectif. En réalité, les cas seront peu nombreux, car il n'est question que de régimes successoraux particuliers.

215. Le droit au partage du patrimoine familial bien qu'il s'ouvre au décès de l'un des conjoints, comme le droit au partage du régime matrimonial, ne constituent pas des droits de nature successorale.

216. Quant aux «régimes successoraux particuliers» mentionnés au deuxième alinéa de l'article 3099, il s'agit bien entendu des règles impératives de la *lex situs* qui attribuent certains biens à certaines personnes. L'article ne vise pas des mesures impératives telles que la réserve ou la créance *post mortem* dont le but est économique ou social, mais plutôt des dérogations spéciales fondées sur la nature ou le caractère du bien, par exemple une exploitation agricole familiale, son origine, par exemple le retour légal, ou son utilisation en commun par le successeur préféré et le défunt. Au Québec, l'attribution préférentielle de la résidence familiale au conjoint survivant (art. 856), ou d'une entreprise à l'héritier qui participait activement à son exploitation (art.858), ne constitue pas un régime successoral particulier[65]. Pour que l'attribution préférentielle soit considérée comme créant un régime successoral particulier, elle doit modifier la dévolution, ce qui écarte la plupart des attributions préférentielles du champ d'application de l'article 3099, al.2.

217. Enfin, dans les deux alinéa de l'article 3099, il est indiqué que la désignation «est sans effet dans la mesure où». Il nous semble que le législateur n'a pas voulu combiner la désignation avec les dispositions impératives de la loi autrement applicable (art.3099, al.1) ou de la *lex situs* (art. 3099, al.2). Si tel était le cas, la rédaction du texte aurait été identique à celle des articles 3117 et 3118[66]. En d'autres termes, toute désignation qui est contraire aux dispositions de l'article 3099 est nulle et sans effet quant à la loi successorale (art. 3099, al.1) et au régime successoral particulier (art. 3099, al.2).

Article 3100: prélèvement compensatoire

218. Cet article, de droit nouveau, contient une règle matérielle de conflit qui a pour but de garantir dans bien des cas la mise en oeuvre effective de la loi applicable. Il permet, entre autres, de modifier les parts lorsqu'il n'est pas possible d'atteindre des biens situés à l'étranger. On tiendra simplement compte de leur valeur. Le prélèvement compensatoire ou système de compensation indemnitaire a pour but d'ajuster ou de corriger les résultats qui découlent du non respect à l'étranger de la loi compétente en vertu des règles de conflit québécoises[67]. Le législateur a voulu s'assurer que l'on ne puisse pas échapper aux dispositions matérielles de la loi normalement applicable en vertu des règles de conflit québécoises. Ce prélèvement s'applique même si la loi successorale n'est pas celle du Québec et quelle que soit la justification du refus de reconnaître l'application de la loi ou des lois compétentes y compris celles qui selon l'article 3099 s'appliquent à titre de régime successoral particulier[68].

Article 3101: liquidateur ou administrateur québécois

219. Dans cet article, le législateur qui a comblé une lacune, n'envisage que le cas où la loi successorale étrangère requiert la présence d'un administrateur ou d'un représentant pour liquider la succession. Si la loi successorale attribue la saisine aux héritiers ou aux légataires eux-mêmes, il n'y a pas lieu de faire appel à l'article 3101 même si la présence d'un liquidateur semble être obligatoire selon le droit québécois.

220. L'article 3101 est silencieux quant à la loi applicable aux droits, pouvoirs et obligations du liquidateur ainsi nommé. Il faut croire que c'est la loi du Québec qui s'applique pour certains aspects du régime de liquidation, notamment la nomination du liquidateur, son obligation de faire l'inventaire, la transmission de l'actif y compris la saisine et l'administration des biens successoraux situés au Québec jusqu'au partage, ainsi que l'exercice des droits et actions du défunt au Québec. Toutefois, après la liquidation (art.815), la responsabilité des héritiers face aux dettes relève de la loi successorale.

221. Notons que lorsqu'un québécois décède en laissant des biens situés à l'étranger ou des créances contre des personnes qui ne résident pas au Québec, l'article 615 prévoit la possibilité d'obtenir des lettres de vérification.

222. Administration du bien d'autrui: articles 1299 et s.

Le régime institué par la Code civil est supplétif et ne s'applique pas extraterritorialement excepté dans les cas prévus par les articles 3085, al.2, et 3101.

b) Sûretés mobilières: articles 3102 à 3106

223. Les articles 3102 à 3106 s'inspirent de l'article 9-102 de l'*Uniform Commercial Code* des États-Unis d'Amérique, de l'*Uniform Personal Property Security Act* canadien et de la législation en vigueur dans le reste du Canada. Le législateur s'est efforcé d'uniformiser le droit. Certaines sûretés mobilières échappent aux règles du Code civil. Il s'agit de celles qui grèvent des navires[69] ou des aéronefs[70]. Cependant, contrairement à ce qui se passe dans le reste du continent nord-américain, les sûretés mobilières légales sont visées par les articles 3102 à 3106. Les sûretés qui grèvent les immeubles sont régies par l'article 3097.

224. À la base de toute opération de garantie consensuelle, il existe une relation juridique principale (prêt, vente, bail etc.). Le contrat principal est régi par la loi applicable selon les articles 3111 et s. La convention de garantie est l'accessoire de ce contrat principal. Si le contrat principal n'est pas valable, la convention de garantie est sans effet.

225. Le législateur a refusé d'appliquer à la validité d'une sûreté la loi d'autonomie, solution qui avait été retenue par certains arrêts[71]. Il a préféré classer la sûreté dans le domaine du statut réel comme l'avait réclamé la doctrine[72] et ainsi soumettre sa validité, soit à la loi de l'État de la situation du bien grévé, soit à la loi de l'État du domicile du constituant au moment de sa constitution.

226. Il n'est pas toujours facile de déterminer quel est le régime qui s'applique. Pour la sûreté qui grève un meuble corporel qui n'est pas ordinairement utilisé dans plusieurs États, celle qui grève un meuble incorporel constaté par un titre au porteur, et celle qui est publiée par la détention du titre qu'exerce le créancier, leur validité est régie par la *lex rei sitae* au moment de leur constitution (arts. 3102 et 3105). Pour la sûreté qui grève les autres meubles corporels et incorporels qui sont ordinairement utilisés dans plus d'un État, c'est la loi du domicile du constituant au moment de sa constitution qui s'applique.

227. Le mot «créancier», dans le troisième alinéa de l'article 3105, semble superflu. Il n'y a que deux exceptions à l'application de la loi du domicile du constituant **a)** la créance ou le meuble incorporel constaté par un titre au porteur et **b)** la créance publiée par la détention du titre qu'exerce le créancier. Le mot «créance» est superflu puisqu'il est compris dans «meuble incorporel». Autrement, il existe un conflit entre le premier et le troisième alinéa de l'article 3105.

228. Vu les rattachements différents pour des meubles corporels ordinairement utilisés dans plus d'un État (domicile, art. 3105) et ceux qui ne le sont pas (*situs*, art. 3102), il faut s'attendre à une certaine insécurité juridique: la qualification des biens dépend-t-elle du but de leur utilisation par le constituant ou objectivement de leur nature? Les biens envisagés par l'article 3105 sont ceux qui transitent d'un État à un autre dans le cours ordinaire du commerce et non pas les biens de consommation. Par conséquent, selon leur utilisation, les automobiles et les camions légers peuvent être régis soit par la *lex rei sitae*, soit par la loi du domicile du constituant.

229. Pendant une certaine période, il serait prudent pour les créanciers de respecter les exigences des deux régimes lorsqu'il s'agit de biens dont la qualification est contestable.

230. En vertu de l'article 3103, une sûreté peut être créée selon la loi de l'État de la destination du meuble grevé même s'il n'est pas en transit.

231. Précisons que pour les fins de l'application des articles 3102 et 3105, le meuble qui est en transit au moment où la sûreté est constituée est réputé être situé dans l'État du lieu de sa destination (art. 3097, al.2).

232. Selon le droit actuel, les tribunaux québécois reconnaissent les sûretés mobilières créées à l'étranger qui sont inconnues du droit québécois (par ex., le *chattel mortgage*) du moins entre les parties et vis-à-vis des créanciers ordinaires du constituant. En remplaçant l'expression «hypothèque mobilière» qui se trouvait dans l'Avant-projet de 1988 par «sûreté mobilière», le législateur exprime une volonté ferme de reconnaître les sûretés inconnues ou interdites au Québec. Par conséquent, aucune objection tirée de l'équivalence ne peut être retenue. On a du mal à croire que le législateur qui a adopté ces nouvelles règles afin de favoriser le développement du commerce international a voulu se limiter aux sûretés du Code civil.

233. Malgré l'adoption par le législateur de l'hypothèque mobilière sans dépossession, les tribunaux québécois seront appellés à se prononcer sur la validité et les effets des sûretés créées à l'étranger qui sont inconnues ou même interdites au Québec, car dans la plupart des États et provinces, tout accord quelque soit son nom ou sa forme qui à pour but de grever un bien meuble constitue une sûreté. Quoique le législateur n'ait pas retenu la présomption d'hypothèque en droit interne, il faut que ces sûretés mobilières étrangères soient envisagées d'un point de vue fonctionnel.

234. La publicité et ses effets sont régis par la loi de l'État de la situation actuelle du bien grevé (art. 3102, al.2.) ou par la loi de l'État du domicile actuel du constituant (art. 3105, al.2). Par dérogation, toujours dans une formulation bilatérale, une sûreté peut être publiée avant que le bien grevé arrive à sa destination (art. 3103).

235. Les règles unilatérales des articles 3104 et 3106 énoncent que les sûretés mobilières créées et publiées à l'étranger (*situs* ou domicile) sont réputées publiées au Québec depuis la date de la première publication à l'étranger sous réserve d'une publication effective dans la province avant la réalisation de la première de trois éventualités. Si la sûreté n'a pas été publiée au Québec, toute autre sûreté valablement créée et publiée avant devra prévaloir.

236. Les articles 3104 et 3106 posent comme condition la nécessité d'une publicité à l'étranger. Il s'agit de l'opposabilité («perfection») dans les pays de *common law*. Que faire si la loi étrangère considère que l'opposabilité est automatique dès la création de la sûreté? Nous sommes d'avis que l'on doit tenir compte des dispositions de la loi étrangère même si elles ne comportent pas une publicité dans le véritable sens du terme afin de favoriser le commerce international. On pourrait dans ce cas considérer que pour les fins des articles 3104 et 3106, la date de création est aussi celle de la publicité.

237. Soulignons que les sûretés mobilières créées à l'étranger devraient être publiées au Québec, même si elles ne sont pas des «hypothèques» ou des sûretés selon le droit interne québécois et que celui-ci n'exige pas de publicité. Prenons le cas d'une consignation qui n'est pas une véritable consignation mais une sûreté selon la loi étrangère du lieu de création; si le bien parvient au Québec, il faut la publier ici même si elle ne constitue pas une hypothèque (sûreté) et n'est donc pas sujette à la publicité. Il en est de même pour la sûreté créée conformément à l'article 3102 par un consommateur pour ses fins personnelles, malgré l'article 2683, dans la mesure où elle est permise par la loi applicable au contrat de consommation (art. 3117). Vu la protection du consommateur, le cumul devrait être requis. Les règles québécoises se rapportant à la publicité sont assez souples pour permettre la publication des sûretés étrangères (arts. 2981 à 2987)[73].

238. À l'heure actuelle, le créancier extra-provincial est mieux protégé contre le créancier ordinaire du constituant de la sûreté[74]. D'après le nouveau Code civil, il n'est protégé que pour une courte période s'il publie à temps. Par contre, le créancier extra-provincial qui n'est pas protégé contre une nouvelle sûreté mobilière créée ou née au Québec, ni selon le droit actuel[75], ni selon l'article 3466 de l'Avant-projet de 1988, peut, en vertu du nouveau Code, opposer ses droits aux créanciers subséquents s'il a publié à temps.

239. Selon le droit actuel, l'acquéreur de bonne foi est protégé contre la sûreté étrangère[76]. L'article 3466 de l'Avant-projet de 1988, retenait cette protection. Toutefois, d'après le Code civil, la protection de l'acheteur dépend de l'acquisition du bien grevé dans le cours des activités du constituant. Si c'est le cas, il n'est pas soumis à la sûreté créée par son vendeur au profit d'un tiers, même s'il a eu connaissance de son existence. Bien sûr, l'acheteur est en danger s'il acquiert un meuble en dehors du cours des activités du constituant, car alors, la sûreté publiée peut lui être opposable; mais comment peut-il s'assurer que le vendeur de qui il achète le meuble est le constituant de la sûreté? Il nous semble que la protection de l'acheteur, selon l'article 2700 du Code civil est meilleure, puisqu'il vise une aliénation dans le cours des activités de l'entreprise, peu importe par qui! Il faut croire qu'il s'agit d'une erreur de rédaction dans les articles 3104 à 3106. Autrement, l'acquéreur sera moins protégé alors qu'il a besoin de plus de protection. Il nous semble aussi que les biens acquis doivent comprendre les meubles d'inventaire.

240. Le Code ne contient pas de règles sur la loi applicable aux effets des sûretés constituées à l'étranger ou même au Québec. Les articles 3102, al.2 et 3105, al.2, ne traitent que des effets de la publication. Il nous semble que la politique de protection du commerce international poursuivie par le législateur devrait se traduire par l'application de la loi qui régit la validité d'une sûreté. Cette interpretation découle aussi de la suppression de la règle de l'Avant-projet de 1988 rattachant le contenu des droits réels à la loi de la situation actuelle ce qui comprenait probablement les «effets». Cette règle qui est en vigueur dans plusieurs pays européens fait que leurs tribunaux refusent la reconnaissance d'une sûreté étrangère qui ne correspond pas à une sûreté locale. Nous ne partageons pas l'opinion du Professeur Groffier qui soutient que les effets d'une sûreté envisagée par les articles 3105 et 3106 sont régis par la loi de l'État du domicile du constituant au moment où ces effets sont en cause, et implicitement que les effets d'une sûreté envisagée par les articles 3102 et 3103 sont régis par la loi de la situation du bien grevé, au moment où ces effets sont en cause[77].

241. La publicité est régie par les articles 3102, al.2 et 3105, al.2. Si l'ordre de priorité des sûretés ne tombe pas dans le domaine de la procédure, il faut lui appliquer soit la *lex rei sitae*, soit la loi du domicile du constituant au moment de la constitution afin d'éviter autant que possible les conflits mobiles. Le recours des créanciers hypothécaires (art.2748), l'extinction de la dette par la prise en paiement du bien grevé (art.2782), ainsi que l'exigence d'une autorisation du tribunal pour l'exercice du droit de prise en paiement (art.2778)[78], sont régis par la loi applicable à la validité de la sûreté. En conséquence, ces règles ne s'appliquent qu'aux hypothèques régies par le droit québébois[79]. Par contre, le préavis à l'exercice du droit hupothécaire prévu par le Code civil pourrait s'appliquer, si on estime qu'il s'agit d'une règle de procédure qui met en œuvre ce droit (art.2757)[80]. Cependant, il faut éviter d'appliquer systématiquement la *lex fori*. Plusieurs règles relatives aux mesures préalables à l'exercice des droits hypothècaires, par ex., l'article 2762, font corps avec les autres règles qui se rapportent à l'exécution des droits.

242. Il va de soi que la loi de l'État de la nouvelle situation du bien ou du nouveau domicile du constituant s'applique à la création de nouvelles sûretés.

243. Parmi les nouvelles règles de conflit qui s'appliquent aux sûretés, certaines favorisent le commerce local, par exemple le délai très court pour la re-publication de la sûreté créée à l'étranger et la protection minimum accordée à l'acheteur d'un bien grevé, les autres favorisent le commerce international. En général, ces règles sont satisfaisantes à condition que le nouveau système de publicité soit efficace. Cependant, pour les automobiles on aurait pu appliquer la loi du lieu de leur enregistrement et pour certains autres biens étendre l'empire de la loi du domicile du constituant.

c) Fiducie: articles 3107-3108

244. Les articles consacrés à la fiducie s'inspirent directement de la Convention de La Haye du 1er juillet 1985 relative au trust et à sa reconnaissance[81]. Vu l'insécurité juridique qui existait au Québec concernant les fiducies créés à l'étranger, le législateur a voulu les réglementer au niveau international afin de faciliter leur reconnaissance au Québec[82] et de permettre aux québécois d'utiliser la fiducie québécoise dans les situations internationales.

245. Par souci d'uniformité des concepts à l'intérieur du Code civil, le législateur n'a pas utilisé le mot «*trust*» qui décrit une institution plus large que la fiducie, comme le lui avait suggéré la Chambre des notaires[83]. Cette décision est regrettable car, vu l'isolement du Québec au milieu des provinces de *common law*, les cas posés aux tribunaux concerneront surtout des *trusts* de *common law*. C'est par une qualification libérale que l'on parviendra à contourner la difficulté.

246. Le législateur n'a pas jugé bon de réglementer le *constructive trust* de *common law* imposé par l'*Equity* à une personne dont il serait inconcevable qu'elle détienne un bien pour son bénéfice personnel autrement que par la voie de l'article 3125. L'article 3107 traite de la fiducie volontaire qui résulte d'un acte juridique par écrit ce qui comprend la fiducie créée par testament. Une *déclaration of trust* par écrit faite par le constituant[84], de même qu'un *resulting trust* qui peut naître lorsqu'un *express trust* a pris fin semblent être compris dans l'article 3107. Le *resulting trust* est un *trust* implicite mais qui découle d'un acte juridique. Même si le droit matériel québécois ne connaît pas ces catégories de *trusts*, ils doivent être reconnus à Québec s'ils sont valides d'après la loi qui les régit.

247. Une fiducie a nécessairement pour origine un acte de disposition de la part du constituant qui se sépare de biens pour les remettre au fiduciaire, par testament, donation ou tout autre acte juridique. Ce n'est que lorsque le problème de la validité de l'acte-support est résolu par la loi qui s'y applique que l'on tient compte de la loi applicable à la fiducie. Si le testament est nul aucune fiducie n'est créée.

248. L'article 3107 reconnaît le principe de l'autonomie de la volonté par le renvoi implicite à la règle générale qui détermine la loi applicable au fond des actes juridiques. En présence d'éléments d'extranéité, conformément aux principes généraux adoptés, le constituant peut choisir n'importe quelle loi et aucun lien objectif entre la fiducie et la loi désignée n'est exigé. En l'absence d'éléments d'extranéité, il est probable que la désignation demeure valide, mais sujette aux dispositions impératives de la loi qui s'appliquerait normalement.

249. Quant à la désignation de la loi applicable qui résulte des termes de l'acte, la référence à certaines dispositions d'une loi (par ex. le *Trustee Act*), ou au lieu d'administration des biens, pourrait constituer un indicatif certain de la volonté du constituant.

250. Lorsque la loi applicable n'a pas été désignée expressément ou implicitement, ou si la loi désignée ne connaît pas l'institution, ou encore, à notre avis, dans le cas où la loi désignée invalide la fiducie, le premier alinéa réaffirme la règle générale qui régit le fond des actes juridiques, c'est-à-dire la loi qui présente avec la fiducie les liens les plus étroits (art.3112). Cependant, contrairement à ce qui se passe en matière contractuelle (art. 3113), dans la recherche de ces liens, il n'est pas question de présomption en faveur de la loi de la résidence ou de l'établissement de la personne ou de l'entreprise qui doit fournir la prestation caractéristique, car cette présomption s'adapte mal à la fiducie (art. 3107, al. 2).

251. Afin de déterminer la loi qui a les liens les plus étroits, il est tenu compte de cinq indices qui sont plus particulièrement caractéristiques de la fiducie(art.3108). Cette liste établit une hiérarchie parmi ces différents indices dont certains font appel à la volonté du constituant. L'utilisation du mot «notamment» indique que cette liste n'est pas limitative. Ainsi, on pourra retenir d'autres indices, tels que le domicile du constituant, ou les conséquences qui découlent du choix d'une loi plutôt que d'une autre.

252. Le dépeçage est admis aussi bien dans le cadre du rattachement subjectif de l'article 3111 que dans celui du rattachement objectif de l'article 3107. Le législateur donne l'exemple le plus fréquent, car il est parfois souhaitable d'appliquer à l'administration de la fiducie une loi différente de celle qui régit sa validité. D'autres éléments de la fiducie peuvent aussi être isolés. Il vaut mieux que le constituant désigne lui-même la loi applicable à ces différents éléments (par ex., accumulation des revenus, administration des biens dans différents pays). Quoique le texte ne l'indique pas, le dépeçage par le juge ne devrait pas être possible lorsque le constituant a désigné la loi applicable à la fiducie. Cette interprétation est conforme à l'article 3082.

253. Par exception à l'article 3078, la loi applicable à la fiducie déterminera si une question relève de la validité ou de l'administration de la fiducie. La qualification se fait *lege causae* (art. 3108). La loi qui régit la validité de la fiducie détermine si cette loi ou celle applicable par dépeçage peut être remplacée par une autre loi et sous quelles conditions.

254. Dans le cas d'une fiducie créée par testament, la loi successorale et les lois qui régissent les effets patrimoniaux du mariage (régime ou effets) peuvent intervenir pour déterminer quels sont les biens dont le testateur peut disposer pour constituer le patrimoine fiduciaire. Cela ne veut pas forcement dire que ces biens ne peuvent pas faire partie d'une fiducie établie par contrat, mais simplement que ceux qui sont protégés peuvent les réclamer au fiduciaire.

255. L'article 3107 ne traite pas du domaine de la loi applicable qui en principe doit régir l'ensemble des problèmes relatifs à la fiducie: sa validité, son interprétation, sa durée, ses effets, sa modification, ainsi que son administration y compris les pouvoirs du fiduciaire.

256. Il faut croire que le *trust* étranger de *common law* doit être reconnu même s'il comprend des immeubles au Québec à condition d'être valide selon la loi compétente (arts. 3107 et 3111).

Les droits réels du nouveau Code civil comme ceux du droit actuel ne peuvent écarter les effets du *trust* de *common law* qui comprend la double propriété légale et équitable[85].

C. Statut des obligations

1. Dispositions générales

a) Forme des actes juridiques

Article 3109: forme des actes juridiques

257. Cet article qui vise à favoriser la validité de tous les actes juridiques adopte dans son premier alinéa la règle *locus regit actum* qui avait été consacrée par l'article 7 du Code civil du Bas Canada. La forme d'un acte juridique est régie par la loi du lieu où il est passé, c'est-à-dire la loi de l'État du lieu de conclusion du contrat ou, s'il s'agit d'un acte unilatéral, la loi de l'État où il est intervenu. La détermination du lieu de conclusion d'un contrat pose un problème lorsqu'il a été conclu entre des personnes qui se trouvaient dans des États différents. La solution est fournie par les nombreuses options sur la loi applicable qu'offre le deuxième alinéa de l'article 3109.

258. La règle *locus regit actum* n'est pas impérative (voir aussi art.3088, al.2). Le deuxième alinéa consacre le principe de l'application alternative de plusieurs lois dans le cas où l'acte n'est pas valable en la forme selon la loi du lieu où il est passé.

259. Le troisième alinéa a pour but de faciliter au maximum la validité formelle des dispositions testamentaires, puisqu'il y est déclaré qu'une disposition testamentaire peut, en outre, être faite dans la forme prescrite par la loi du domicile ou de la nationalité du testateur soit, au moment où il a disposé, soit au moment de son décès[86]. La *favor testamenti* se justifie par le fait que le testament est un acte de dernière volonté qui ne peut pas être refait lorsque sa validité, après le décès du testateur, est mise en cause.

260. Le législateur a bien fait de ne pas distinguer entre actes publics et actes privés car la notion d'acte public n'est pas connue de toutes les législations et elle pourrait poser de délicats problèmes de qualification. En outre, ce n'est pas parce qu'un officier public peut instrumenter seulement selon la loi dont il tient ses pouvoirs que la forme de l'acte est nécessairement soumise à cette loi. Si un notaire n'a pas respecté la loi dont il tient ses pouvoirs, le contrat qu'il a reçu ne pourra certes pas valoir comme acte authentique, mais il ne sera pas nul pour autant pourvu qu'une des lois mentionnées au deuxième alinéa n'exige pas la forme authentique pour ce type de contrat. Par contre, s'il s'est conformé à la *lex auctoris*, l'acte devra néanmoins être valable en vertu de l'article 3109 qui s'applique aux actes publics et privés.

261. Les effets, y compris la force exécutoire et probante des actes publics étrangers, doivent être régis par la *lex auctoris*.

262. Quant au sens du mot «forme», il se rapporte aux éléments extérieurs ou instrumentaires d'un acte juridique. Le législateur n'a pas pris position sur ce problème de qualification dont l'importance est réduite par le rapprochement dans une assez large mesure de la forme et du fond.

263. Nous regrettons que le législateur n'ait pas prévu le rattachement à la loi régissant le contrat de consommation ou le contrat de travail, car certains pays exigent l'observation de formes particulières afin de protéger le consommateur[87] ou le travailleur.

264. La loi du lieu où la publicité des droits résultant des actes juridiques passés à l'étranger est requise doit déterminer ses exigences et ses effets (arts. 3102, 2970, 2980 et 2982). Seul un notaire québécois pourra établir le rapport d'actualisation prévu par l'article 3048, car l'intérêt public est en jeu. Toutefois, les professionels étrangers doivent pouvoir établir les attestations visées par les articles 2988 et s. sous réserve des exigences de la pratique interjuridictionnelle.

265. Pour ceux qui soutiennent que l'hypothèque portant sur un immeuble au Québec doit être en forme notariée (arts. 3097, 3111, 3112 et 2693), celle qui est consentie à l'étranger devant un «notaire public» de *common law*, contrairement à l'article 2693, n'est pas valide. On ne reconnait l'équivalence que dans la mesure où l'acte répond aux éléments essentiels de l'acte notarié québécois. Néanmoins, nous sommes d'avis que l'exigence de la forme authentique relève de l'article 3109. L'acte est valide, mais il n'est que sous seing privé[88].

266. Le législateur n'a pas jugé utile d'incorporer dans le Code civil l'essence des dispositions de la Convention de Washington du 26 octobre 1973[89] portant loi uniforme sur la forme d'un testament international.

267. Aucune hiérarchie n'a été établie par le législateur entre ces différentes lois. Il suffit que l'acte soit valide selon l'une d'entre elles pour que soient écartées les causes de nullité en la forme de la *lex loci actus*.

268. Afin d'appliquer les dispositions de cet article, il est nécessaire de déterminer la loi qui régit le fond de l'acte en ayant recours aux articles 3111 à 3113. Quant aux autres facteurs de rattachement, ils sont aussi soumis à la loi qui leur est applicable.

269. Lorsque le fond d'un acte juridique est soumis à plusieurs lois en vertu de l'article 3111, al.3, laquelle faut-il appliquer à la forme de cet acte? Il paraît raisonnable d'appliquer la loi de fond qui régit la partie de l'acte à laquelle la condition de forme litigieuse se rapproche le plus.

270. Les articles 3076 et 3079 peuvent avoir un titre à s'appliquer pour écarter le système libéral de l'article 3109. En effet, il se peut que certaines règles de forme édictées par le Québec ou par l'État avec lequel l'acte présente un lien étroit, aient un caractère impératif si marqué qu'elles doivent recevoir application même si la loi québécoise ou celle dudit État n'est pas l'une de celles normalement applicables à la forme aux termes de l'article 3109.

Article 3110: acte reçu hors du Québec par un notaire du Québec

271. Un notaire québécois peut recevoir à l'étranger un acte en forme notariée qui aura au Québec une valeur authentique lorsqu'il porte sur un droit réel dont l'objet est situé au Québec, ou que l'une des parties y a son domicile. Cet article reproduit, avec certaines modifications de forme, le dernier alinéa de l'article 1208 du Code civil du Bas Canada.

b) Fond des actes juridiques: articles 3111-3113

Article 3111: liberté de désignation

272. Cet article qui s'applique à tous les actes juridiques bilatéraux et unilatéraux favorise l'autonomie de la volonté admise par le droit québécois actuel. La possibilité de choix illimité repose sur l'idée, confirmée par la pratique, que les parties n'agissent jamais d'une manière arbitraire ou capricieuse. S'il y a choix sans lien, c'est que les parties y ont intérêt. Peut être est-ce une loi neutre par rapport à des contractants appartenant à des États différents ou encore parce que cette loi réglemente particulièrement bien le type de contrat conclu. À titre d'exemple, on peut citer le contrat-type de vente de blé établi par la *London Corn Trade Association* qui contient une clause désignant le droit anglais. Les fondements théoriques du libre choix sont l'autonomie de la volonté et la prévisibilité du résultat. Le commerce international exige cette liberté.

273. Le premier alinéa autorise la désignation expresse ou implicite de la loi qui régit un acte juridique, qu'il présente ou non un élément d'extranéité. En principe, il est donc possible de désigner une loi qui peut n'avoir aucun rapport avec l'acte juridique sous réserve des articles 3076 et 3079. Cependant, si l'acte ne présente aucun élément d'extranéité, en vertu du deuxième alinéa, il demeure soumis aux dispositions impératives de la loi de l'État qui s'appliquerait en l'absence de désignation. Ici une distinction s'impose: une disposition est impérative dans le contexte de l'article 3111, al.2, si les parties ne peuvent y déroger dans une situation locale. Par contre, dans le cadre des articles 3076 et 3079, une disposition est impérative lorsque les parties ne peuvent y déroger par désignation d'une loi étrangère. Il est difficile de déterminer à l'avance les dispositions qui sont impératives ou d'application nécessaire. C'est pourquoi, dans des situations sans éléments d'extranéité, on peut s'attendre à une certaine incertitude jusqu'à ce que les tribunaux se prononcent.

274. Par élément d'extranéité, il faut entendre au moins un point de contact juridiquement pertinent avec un État étranger dans le contexte où la question se pose. Ainsi, pour les fins des articles 3111 à 3113, la résidence des parties contractantes dans des États différents, ou le fait que l'une ou plusieurs des obligations contractuelles doivent être exécutées dans des États différents constituent des éléments d'extranéité. On peut aussi tenir compte d'autres éléments puisque la présomption de l'article 3113 peut être écartée. Il faut penser «contrat international». C'est l'idée qui sous-tend la Convention de Rome d'où provient l'article 3111. Il ne faut pas interpreter l'élément d'extranéité trop littéralement car, vu l'absence de disposition concernant la fraude à la loi, il serait trop facile d'internationaliser une situation locale.

275. La désignation de la loi applicable se distingue de l'incorporation des dispositions d'une loi étrangère qui doit être permise par la loi applicable. Cette désignation se fera dans l'acte, c'est-à-dire au moment où il est passé et non après.

276. La désignation de la *lex mercatoria* pour régir le contrat semble être exclue. En effet, en vertu du premier alinéa de l'article 3111, les tribunaux québécois doivent appliquer une *loi*. Par contre, cette désignation est valable si le contrat contient une convention d'arbitrage. Ceci découle de l'article 2207. Nous estimons que si les parties désignent la *lex mercatoria* pour régir le contrat, cette désignation est valable dans la mesure où la loi objectivement applicable (arts. 3112 et 3113) l'admet par délégation et non par renvoi.

277. Quelle loi appliquer pour déterminer la validité de la désignation? Il nous semble logique d'avoir recours à la loi qui régit le fond de cet acte.

278. Le législateur ne mentionne pas la possibilité de changer de loi applicable au cours de la vie d'un acte juridique car cela découle naturellement du principe de l'autonomie de la volonté. On pourrait avoir recours à la loi qui régit l'acte de modification à condition de ne pas porter préjudice aux tiers.

279. La désignation résultant «d'une façon certaine des dispositions» de l'acte en l'absence de désignation expresse de la loi applicable, doit permettre au juge d'examiner toutes les dispositions matérielles de l'acte pour découvrir la volonté implicite ou présumée de celui ou ceux qui l'ont accompli. On ne passe pas directement du stade de la loi expressément désignée à la détermination objective de la loi qui a les liens les plus étroits avec l'acte. Il s'agit d'une recherche subjective limitée aux dispositions matérielles de l'acte.

280. Le cas le plus fréquent où le juge peut être amené à déduire le choix de la loi qu'il convient d'appliquer est celui où un contrat comporte une clause d'arbitrage ou une clause attributive de juridiction dans laquelle un État déterminé est désigné comme étant le siège de l'instance arbitrale ou juridictionnelle. Une telle clause permet de faire valoir qu'il convient d'appliquer la loi de l'État désigné au contrat en question. Un autre cas est celui où l'acte incorpore seulement les dispositions d'une loi étrangère. Par conséquent, la marge discrétionnaire dont dispose le juge est très étroite, car il n'est pas question de tenir compte de la nature de l'acte ou des circonstances de la cause. Seules les dispositions de l'acte comptent. Dans la plupart des cas, il sera impossible de découvrir la loi applicable des seules dispositions matérielles de l'acte d'autant plus que cela doit en résulter d'une «façon certaine».

281. Enfin, le troisième alinéa admet le dépeçage volontaire puisqu'il est possible de désigner la loi applicable à la totalité ou à une partie seulement de l'acte juridique. Il faut toujours qu'une loi s'applique à la validité à titre résiduaire en vertu d'un rattachement objectif ou subjectif. Le principe du dépeçage est directement lié au principe de l'autonomie de la volonté. Même s'il est rare dans les contrats internationaux, le dépeçage n'est pas limité aux règles supplétives. Les parties peuvent aussi vouloir éviter les règles impératives de la loi résiduaire. La désignation partielle est possible dans la mesure où elle aboutit à une solution cohérente, par exemple, le choix d'une loi pour régir les droits et obligations du vendeur et d'une autre pour régir ceux de l'acheteur peut donner lieu à des solutions contradictoires. Dans ce cas, il vaut mieux considérer qu'il y a absence de désignation.

282. Le dépeçage qui est effectué pour échapper à certaines dispositions impératives peut être neutralisé grâce aux articles 3076 et 3079.

283. Enfin, nous sommes d'avis que la désignation comprend la désignation implicite de la loi applicable au fond des actes juridiques même pour les articles 3114 à 3121, sauf pour la *professio juris* (art. 3098, al.2) et le choix du for (art.3148).

Articles 3112-3113: loi applicable à défaut de désignation

284. Notons que le législateur a eu raison de rejeter l'invalidité de l'acte qui résulte de l'application de la loi désignée afin de favoriser la validation des actes juridiques.

285. Ces articles, de droit nouveau, modifient le droit actuel qui est basé sur l'autonomie de la volonté. Ils ont pour but d'assurer aux parties une plus grande sécurité juridique. Ce but est atteint en restreignant la discrétion judiciaire dans la recherche des liens les plus étroits (art.3112) par le recours à la présomption de l'article 3113.

286. Lorsque le juge se livre à la recherche de la loi qui présente les liens les plus étroits avec l'acte, il doit en premier lieu tenir compte de la présomption que cet acte présente les liens les plus étroits avec la loi de l'État dans lequel la partie qui doit fournir la prestation caractéristique à sa résidence ou, si celui-ci est conclu dans le cours des activités d'une entreprise, son établissement (art.3113).

287. La notion de prestation caractéristique ne soulève aucune difficulté dans le cas de certains actes unilatéraux. Par contre, pour les actes bilatéraux tels que les contrats synallagmatiques, la contre prestation d'une des parties consiste habituellement en une somme d'argent. Cette prestation n'est pas nécessairement caractéristique du contrat. C'est la prestation pour laquelle le paiement est du, c'est-à-dire, selon les différentes catégories de contrats, la livraison d'objets mobiliers corporels, le transfert de la propriété, la fourniture d'un service, l'attribution de l'usage d'une chose, etc, qui constitue la prestation caractéristique[90]. En effet, il s'agit du centre de gravité et de la fonction socio-économique de l'opération contractuelle[91]. Dans le cas de certains contrats internationaux complexes, il n'est pas facile de déterminer quelle est la partie qui doit fournir la prestation caractéristique (voir par ex., contrat clés en mains, prêts syndiqués, accords de coopération, de licence, de recherche et développement, d'entente, de prise de participation, conventions d'exclusivité et concessions).

288. À propos de la localisation de l'établissement d'une entreprise à l'article 3113, on peut se demander si le législateur n'aurait pas du préciser, qu'en présence de plusieurs établissements, il s'agit de l'établissement *principal*, et aussi le moment où il faut en tenir compte, par ex., lors de la passation de l'acte, afin d'éviter les conflits mobiles. En effet, une entreprise peut avoir un établissement à son lieu d'incorporation et un autre à son lieu d'administration et de contrôle ou de production ainsi que des succursales ailleurs. Le lieu d'administration et de contrôle semble être le plus important. Cependant, lorsque l'acte prescrit que la prestation doit être fournie par un de ces établissements en particulier, on devrait appliquer la loi du lieu de cet établissement même si ce n'est pas l'établissement principal.

289. Étant donné que le rattachement objectif par le biais de la résidence ou de l'établissement de celui qui doit fournir la prestation caractéristique favorise le plus souvent la partie forte, le législateur en a exclu certains contrats lorsque l'une des parties a besoin d'une protection particulière (voir arts. 3116, 3117, 3118, 3119, 3120, 3121).

290. Dans le cas où la prestation caractéristique ne peut être déterminée par le juge ou ne peut s'appliquer, par exemple dans le cas de certains actes comme le testament ou le contrat de mariage, on revient à la règle générale de l'article 3112. La présomption est écartée et il est nécessaire de tenir compte de la nature de l'acte et des circonstances qui l'entourent pour déterminer la loi de l'État qui a les liens les plus étroits avec lui. Il s'agit, à titre d'exemple, des indices suivants: le lieu de conclusion, le lieu d'exécution principal, la situation de l'objet de l'acte, le domicile, la résidence, la nationalité et le centre d'affaires des parties, la forme de la rédaction de l'acte, la langue employée, la teneur des lois en conflit, les clauses d'arbitrage ou attributives de juridiction et l'attitude des parties postérieure à la conclusion de l'acte. Aucun de ces indices n'est décisif en soi. Leur importance relative est laissée à l'appréciation du juge.

291. La loi applicable en vertu de l'article 3113 est présumée être celle qui a les liens les plus étroits. Si l'une des parties refute cette présomption, le juge peut alors rattacher l'acte à une autre loi en vertu de l'article 3112. Par exemple, un résident du Québec contracte avec une entreprise ontarienne pour construire une propriété au Québec. Selon l'article 3113, la loi de l'Ontario est présumée s'appliquer malgré le fait que ce contrat peut présenter des liens plus étroits avec le Québec.

292. Le champ d'application des articles 3111, 3112 et 3113 est très large. Dans le domaine contractuel, la loi applicable au fond régit la formation du contrat, qui comprend le consentement des parties et donc les vices du consentement car ceux-ci tiennent aux circonstances de l'acte, les modalités de l'échange des consentements, particulièrement la détermination du temps et du lieu où il est intervenu, la licéité de l'objet du contrat, l'exigence d'une cause réelle et licite, et enfin les conditions de formation du contrat. Les effets du contrat, les droits et les obligations des parties qui en découlent, et, en vertu de l'article 3127, les conséquences de l'inexécution de ces obligations, sont aussi soumises à la loi applicable au fond. Les articles 3111, 3112 et 3113 s'appliquent à la donation et au régime matrimonial conventionnel. Quant au testament, il est soumis aux mêmes règles à l'exclusion de celle posée par l'article 3113 qui ne semble pas s'y appliquer. Il est possible que les articles 1435 à 1437 contiennent des règles d'application nécessaire qui s'imposent en vertu de l'article 3076, si le milieu québécois est suffisamment concerné, par exemple, un contrat est signé au Québec et la résidence ou le domicile du co-contractant désavantagé y est situé.

2. *Dispositions particulières*

a) Articles 3114-3115: vente

293. Ces articles s'inspirent principalement de la Convention de La Haye du 30 octobre 1985 sur la loi applicable aux contrats de vente internationale de marchandises.

294. Normalement, en l'absence de désignation par les parties, la vente d'un meuble corporel est régie par la loi de l'État où le vendeur avait sa résidence ou, si la vente est conclue dans le cours des activités d'une entreprise, son établissement, *au moment* de la conclusion du contrat. C'est la règle posée par l'article 3113. Le rattachement principal est donc la loi du vendeur. En effet, ce rattachement est souvent utilisé, non seulement sous forme de clause spéciale par les parties à un contrat, mais aussi par différents organismes internationaux, tels que la CEE, dans les conditions générales de leurs contrats. Il est normal d'appliquer la loi du vendeur, car celui-ci doit fournir la prestation caractéristique et assumer la plupart des obligations et par conséquent connaît facilement la nature de ses obligations. Quant à l'aheteur, il n'a qu'à payer le prix et prendre livraison de la chose vendue, par conséquent, la loi de l'acheteur ne s'applique qu'à titre exceptionnel.

295. En cas de multiples établissements, comment choisir? On pourrait retenir l'établissement qui est directement lié à l'obligation contractuelle. Par contre, le législateur a résolu le conflit mobile en précisant qu'il s'agit de la résidence ou de l'établissement au moment de la conclusion du contrat.

296. Il nous semble normal que dans l'un ou l'autre des cas mentionnés par la deuxième partie de cet article, la vente soit régie par la loi de l'État où l'acheteur avait sa résidence ou son établissement au moment de la conclusion du contrat. La vente étant intimement liée à l'acheteur, celui-ci peut légitimement estimer que le droit applicable est le sien. Le paragraphe 3, est basé sur deux idées. En premier lieu, l'acheteur qui fait un appel d'offres ne peut comparer ces offres que si elles sont toutes régies par la même loi. Deuxièmement, l'acheteur ne peut envisager un contrat que dans le cadre de la loi qu'il connaît au moment où il fait cet appel d'offres. Tous ceux qui répondent à cet appel doivent s'attendre à ce que la loi de l'acheteur s'applique à moins qu''une autre loi ait été exprésse-ment déclarée régir le contrat.

297. En ce qui concerne les paragraphes 1 et 3, le législateur a retenu la *lex loci actus* avec toutes les difficultés soulevées par les contrats entre absents à la lumière de la technologie moderne.

298. Nous ne répéterons pas les observations que nous venons de faire à propos de l'établissement qui sont également valables en ce qui concerne l'acheteur.

299. L'application de la *lex situs* aux obligations contractuelles qui découlent de la vente d'un immeuble (art. 3114, dernier al.) correspond dans la plupart des cas au désir des parties et con sacre en général le principe de proximité. Notons cependant, qu'il est toujours possible de désigner une loi différente, ce qui démontre que la *lex situs* a perdu du terrain au Québec. Pour les autres contrats d'aliénation ou d'utilisation d'immeubles, ce sont les articles 3112 et 3113 qui s'appliquent.

300. Il sera toujours possible d'invoquer l'article 3082 car l'article 3114 établit des règles rigides.

301. Le mot vente comprend aussi bien la vente civile que commerciale, qu'elle soit ou non assortie de services après vente. La vente commerciale embrasse la vente sur documents si on la considère comme une vente de marchandises que les documents représentent. Etant donné que la Convention des Nations Unies sur les Contrats de vente internationale de marchandises adoptée par le Québec[92] définit la vente de marchandises et que cette définition est tirée de la Convention de la Haye dont s'inspirent les articles 3114 et 3115, il est normal d'y avoir recours en cas de difficultés d'interprétation.

302. Quant aux ventes de meubles incorporels qui ne semblent pas rentrer dans le champ d'application de l'article 3114, elles sont soumises aux règles générales posées par les articles 3111 et s.

303. La Convention des Nations Unies sur les Contrats de vente internationale de marchandises régit exclusivement la formation du contrat de vente et les droits et obligations qu'un tel contrat fait naître entre le vendeur et l'acheteur. Elle s'applique à des parties qui ont leur établissement dans des États différents au moment de sa conclusion lorsque ces États sont des États contractants ou lorsque les règles de conflit du Québec mènent à l'application de la loi d'un État contractant (art.1). Les parties au contrat de vente peuvent exclure son application ou, sous certaines conditions, déroger à l'une quelconque de ses dispositions ou en modifier les effets (art.6). Dans le cas de ventes sujettes à la Convention (arts.1,2 et 3), il y a dépeçage: la formation du contrat et les droits et obligations des parties sont régies par la Convention et le reste par la loi applicable en vertu de l'article 3114.

304. La loi applicable à la vente en vertu des articles 3114 et 3115 devrait régir notamment: l'interprétation du contrat, les droits et obligations des parties et l'exécution du contrat (arts. 1740 et s.), la relativité du contrat, y compris la possibilité de recours contre les tiers (art.1730), le moment à partir duquel l'acheteur a droit aux produits et fruits des marchandises (art.1456), le moment à partir duquel l'acheteur supporte les risques relatifs aux marchandises (art.1456), et les conséquences de l'inexécution du contrat. D'autres lois peuvent aussi s'appliquer[93] dont certaines dispositions pourraient tomber dans le domaine des lois d'application nécessaire (art. 3076)[94].

b) Article 3116: représentation conventionnelle

305. En adoptant l'article 3116, le législateur a répondu à un besoin qui se faisait sentir depuis longtemps. En effet, si le rôle des agents, courtiers et autres représentants n'a cessé de croitre dans le domaine du commerce international, par contre l'insécurité qui existait quant à la loi applicable aux rapports entre le représenté ou le représentant et les tiers freinait ce commerce. L'utilisation des mots «représentation conventionnelle» au lieu de «mandat» exprime le désir de la part du législateur d'inclure dans cet article toutes les formes de représentation volontaire même celles qui sont inconnues au Québec.

306. L'article 3116 ne règle qu'un aspect de la représentation volontaire: la loi applicable à la relation externe. Il s'inspire de l'article 11 de la Convention de la Haye du 14 mars 1978 sur la loi applicable aux contrats d'intermédiaires et à la représentation. La représentation légale est sujette aux dispositions qui se rapportent à l'autorité parentale, au droit de la tutelle et au droit successoral. Le pouvoir de représentation des organes d'une société est régi par le droit des sociétés.

307. Dans la représentation volontaire, le représentant reçoit ses pouvoirs du représenté lui même, expréssement ou tacitement. Dans cette optique, il est parfaitement raisonnable d'y inclure la représentation directe ou parfaite et la représentation indirecte ou imparfaite. Le faux agent qui a outrepassé ses pouvoirs ou a agi sans pouvoirs mais avec l'apparence du pouvoir de représentation tombe aussi dans cette catégorie. Cette classification est valable que la représentation soit bénévole ou rémunérée, ou que le représentant soit un professionnel ou non, ou encore que l'acte envisagé soit civil ou commercial. Toutefois, il faut en exclure les distributeurs exclusifs et ceux qui exploitent une franchise, car ils agissent pour leur propre compte et assument tous les risques des contrats qu'ils passent. Enfin, soulignons que la loi applicable à une personne morale (art.3083) détermine si une personne physique est un organe. Si elle l'est, il s'agit de représentation légale parce que les pouvoirs de l'organe ne découlent pas de la volonté du représenté mais de la loi. Dans ce cas, l'article 3116 ne s'applique pas aux rapports externes. Il faut avoir recours à l'article 3087. Si la personne physique n'est pas un organe, il s'agit de représentation volontaire et l'article 3116 s'applique.

308. Il nous semble tout à fait normal de prévoir un rattachement unique pour les deux aspects de la représentation[95]. Il se justifie par le fait que dans la plupart des systèmes les deux aspects de la relation externe se complètent. Leur séparation par des rattachements différents pourrait avoir pour conséquence que le tiers n'aurait de recours ni contre le représenté, ni contre le représentant. Si la relation juridique n'a pas été complétée à cause de la faute du représentant, il est logique que le recours formé par le tiers contre lui soit soumis à la loi dont l'application est à l'origine de ce recours, c'est-à-dire le rapport représenté-tiers. Cette responsabilité échappe à l'article 3126. Dans cette optique, il serait mal venu d'interpreter

littéralement l'article 3116 qui semble permettre une désignation par le représenté et le tiers de la loi applicable aux rapports représentant-tiers. Cependant, si le représentant a accepté expressément ou s'il a pris connaissance de la désignation et qu'il maintient sa représentation, il accepte tacitement que la désignation touche ses rapports externes avec le tiers. Les rapports représentant-tiers qui sont régis par l'article 3116 comprennent la responsabilité du représentant à l'égard du tiers dans le cas où le représentant a dépassé ses pouvoirs ou a agi sans pouvoirs même si celle-ci découle de la loi.

309. Pourquoi avoir recours au domicile ou à la résidence? Un seul facteur de rattachement aurait suffi. Quant à la loi applicable à la relation interne représenté-représentant, ce sont les articles 3111 et s. qu'il faut consulter.

310. L'effet de la connaissance par le tiers des restrictions au pouvoir de représentation est régi par le droit matériel de la loi compétente, ce qui n'est pas le cas lorsque l'article 3087 s'applique.

311. Précisons que la responsabilité du représenté, quand le représent a agi sans pouvoirs ou a dépassé ses pouvoirs, constitue l'objet principal de l'article 3116.

312. Enfin, il nous semble que le régime du mandat donné en prévision de l'inaptitude du mandant (arts. 2166 à 2174), ne relève pas la représentation conventionnelle. Il s'agit plutôt d'un régime de protection de la personne du mandant soumis aux articles 3083 et 3085[96].

c) Article 3117: contrat de consommation

313. Les dispositions se rapportant au contrat conclu par un consommateur ont pour but la protection de la partie faible au contrat. Le législateur a rejetté la solution simple et claire de l'Avant-projet de 1988 qui écartait le choix de la loi applicable, pour la remplacer par une règle complexe dérivée de la Convention de Rome (art. 5(2)). Plus précisément, la désignation de la loi dans un tel contrat ne peut pas priver le consommateur de la protection qui lui est accordée par la loi du pays dans lequel il a sa résidence, probablement au moment de la conclusion du contrat, si certaines conditions sont remplies. Il semblerait qu'en l'absence de désignation expresse, la loi de la résidence du consommateur s'applique automatiquement dans les mêmes circonstances, autrement, la loi compétente sera déterminée par les articles 3111 à 3114.

314. La protection du consommateur est modérée. En effet, le législateur lui assure l'application d'une loi qui lui est familière et le recours à son for habituel (art.3149), sans pour autant exiger que la forme du contrat soit régie par cette loi.

315. Quoique la notion de «consommateur» ne soit pas définie à l'article 3117, le contexte semble indiquer qu'il faut entendre une personne physique. Ne devraient pas être inclus dans cette catégorie, les individus qui achètent des appareils ou qui obtiennent des services pour l'exercice de leurs activités professionnelles car ce ne sont pas des parties faibles.

316. Par offre spéciale au lieu de la résidence du consommateur, il faut entendre une offre adressée spécialement à celui-ci par la poste ou par démarchage.

317. Quant à la publicité, que ce soit par la presse, la télévision, ou la radio, par le cinéma ou par catalogues spécialement dirigés vers la résidence du consommateur, elle comprend la réclame pour une marchandise ou une prestation de services propres à éveiller en principe l'intention de contracter.

318. Les mots «actes» nécessaires comprennent notamment, un écrit ou une demande quelconque faits à la suite d'une offre ou d'une publicité. Cela évite le problème de la détermination du lieu de conclusion du contrat.

319. Le deuxième cas envisagé est celui où le consommateur a placé une commande auprès d'une succursale d'une société étrangère qui n'a pas fait de publicité dans l'État de la résidence du consommateur.

320. Le troisième cas est celui où le consommateur a été incité par la partie co-contractante à se rendre dans un État étranger pour y effectuer des achats. L'invitation du consommateur doit avoir été la raison déterminante de son voyage.

321. Nonobstant la règle de l'article 3117, dans 95% des cas, la conclusion du contrat au Québec par un consommateur qui y réside, aboutira à l'application du droit québécois et de la *Loi sur la protection du consommateur*. Si celui-ci a conclu le contrat en dehors du Québec, c'est la loi du lieu de l'établissement du commerçant qui s'appliquera (arts. 3111 à 3114).

322. La portée de la règle créera les même difficultés que connaît le droit actuel (par ex., les avis et la qualification de la réserve de propriété)[97].

d) Article 3118: contrat de travail

323. Cet article, de droit nouveau, procède du même esprit que l'article 3117. Il traite des contrats dits de protection. C'est le travailleur qui est la partie à protéger. Les parties peuvent choisir la loi qui est applicable au contrat individuel de travail, car l'article 3118 ne vise pas les conventions collectives qui sont régies par les articles 3111 et s. Cependant, ce choix ne peut avoir pour résultat de priver le travailleur de la protection que lui assurent les dispositions impératives contenues dans les lois de certains États désignés par cet article. Il est protégé dans la mesure où il ne peut pas obtenir moins que ce que lui procure ces lois, mais il peut aussi obtenir plus si la loi choisie lui est plus favorable. En effet, dans beaucoup d'États, il existe des dispositions impératives non susceptible d'être modifiées par convention entre les parties qui ont pour but de créer un équilibre des forces dans les négociations entre employeur et employé.

324. La loi choisie reste en principe applicable. Les dispositions impératives ne font qu'écarter les dispositions correspondantes de cette loi et s'appliquent à leur place. À défaut de désignation expresse, la référence à la convention collective pourrait suggérer une volonté implicite de soumettre le contrat de travail à la loi régissant celle-ci.

325. En l'absence de désignation par les parties, le juge doit appliquer, soit la loi de l'État où le travailleur accomplit habituellement son travail, soit celle de l'État où son employeur a son domicile ou son établissement. Nous estimons l'on devrait appliquer la loi du lieu de l'établissement qui a embauché le travailleur si ce lieu est différent de celui où se trouve l'établissement principal.

326. Le législateur aurait pu préciser à quel moment il faut tenir compte de ces facteurs de rattachement. Nous préférons le moment où les faits donnant naissance au litige se sont produits plutôt que celui où le contrat a été conclu.

327. Lorsque le travailleur n'accomplit pas habituellement son travail dans un seul État, le contrat de travail est soumis pour des raisons pratiques aux dispositions impératives de la loi de l'État où son employeur a son domicile ou son établissement. Cette justification prime la protection du travailleur qui peut ainsi être soumis à la loi du domicile de son employeur, établi dans un lieu où les charges sociales sont minimes. La résidence habituelle du travailleur aurait dû être retenue par le législateur.

328. Notons enfin qu'en ce qui concerne le travail exécuté sur une plate-forme pétrolière en haute mer, ou sur un navire, en l'absence de désignation par les parties, on ne peut appliquer au contrat que la loi de l'État où l'employeur qui a embauché le travailleur a son domicile ou son établissement[98].

329. L'article 3118 parle de contrat de travail plutôt que de relation de travail. Cela ne veut pas dire qu'il n'englobe pas les contrats nuls ainsi que les relations de travail de pur fait.

e) Article 3119: contrat d'assurance terrestre

330. Cet article reprend les dispositions des articles 2496 à 2498, et 2500 du Code civil du Bas-Canada avec des modifications de forme. Il n'a pas pour but de protéger l'assuré[99]. Les deux premiers alinéas sont très restrictifs puisqu'ils ne permettent pas aux parties dans certains cas de désigner la loi applicable ou, en l'absence de désignation, au tribunal d'appliquer le principe de proximité énoncé à l'article 3112. Le dernier alinéa de cet article est lui aussi indûment restrictif. Il méconnaît la pratique à l'effet que les polices d'assurance, particulièrement celles sur la vie, sont généralement payables, au choix du bénéficiaire, dans plusieurs États ou provinces. Cet alinéa jouera au détriment des compagnies d'assurances établies au Québec dans le cas où des personnes qui résident à l'étranger ou qui y possèdent des biens voudraient néanmoins soumettre leur contrat d'assurance au droit du Québec. Il est difficile de comprendre les raisons qui ont poussé le législateur à adopter ce texte si ce n'est le désir d'assujetir les compagnies d'assurance étrangères au droit québécois. Il est absurde d'appliquer la loi québécoise à un résident du Québec qui assure ses propriétés à l'étranger auprès d'une compagnie étrangère si celle-ci délivre la police au Québec. Cependant, la même règle existe dans la plupart des provinces du Canada[100].

331. En ce qui concerne le contrat d'assurance collective, il résulte des dispositions du deuxième alinéa que ce contrat pourrait être régi à la fois par la loi québécoise et une loi étrangère selon la résidence de l'adhérent au moment de l'adhésion!

332. Le contrat de consommation en droit interne (art.1384) ne devrait pas, au niveau du droit international privé, comprendre le contrat d'assurance terrestre qui est l'objet d'une disposition expresse (art.3119). En effet, les articles 3117 et 3119 ne peuvent pas s'appliquer tous les deux à la fois au même contrat.

333. Lorsque le contrat d'assurance ne contient pas d'élément québécois pertinent, ce sont les règles ordinaires du droit international privé québécois qui s'appliquent (arts. 3111 et s.).

f) Article 3120: cession de créance

334. Cet article qui s'inspire de l'article 12 de la Convention de Rome de 1980 semble avoir pour objet exclusif la cession volontaire de créance. Il n'est pas évident qu'il vise aussi le transfert légal d'une créance à la suite d'un paiement fait par une personne autre que le débiteur (par ex., la subrogation).

335. Le caractère cessible d'une créance et les rapports entre le cessionnaire et le débiteur cédé sont soumis à la loi qui régit les rapports entre le cédé et le cédant. Cette loi est déterminée par les règles de conflit ordinaires. Le législateur n'a pas adopté de règle spéciale pour déterminer la loi applicable aux conditions d'opposabilité de la cession au débiteur cédé et aux tiers. Nous sommes d'accord avec le professeur Goldstein que la meilleure solution serait d'appliquer la loi du lieu de la situation de la créance qui est celle du domicile du débiteur cédé pour déterminer les mesures de publicité destinées à permettre l'opposabilité de la cession aux tiers. Quant aux mesures d'information (la signification) qui permettent d'opposer la cession au débiteur cédé, elles devraient plutôt relever de la loi applicable à la créance cédée, comme le prévoit l'article 12 de la Convention de Rome[101].

336. Il nous paraît évident que les obligations entre le cédant et le cessionnaire d'une créance sont régies par la loi qui, en vertu des articles 3111 à 3113, s'applique à la convention de cession. C'est le cédant qui fournit la prestation caractéristique.

337. Les nouvelles règles du droit international privé ne traitent pas de la cession de dettes.

g) Article 3121: arbitrage

338. Dans le domaine de l'arbitrage, en l'absence de désignation expresse, il est normal de soumettre la convention d'arbitrage à la loi applicable au contrat principal auquel elle se rapporte. Ceci ne veut pas dire que la validité de la convention soit liée à la validité de ce contrat. Si cette convention ne se rapporte pas à un contrat, on lui appliquera les principes énoncés aux articles 3111 et 3112. L'article 3121 est basé en partie sur l'article 29 du projet de l'Office de révision du Code civil. Il es conforme à l'article 16(1) de la Loi type de la CNUDCI sur l'arbitrage commercial international de 1985 qui reconnaît l'autonomie de la convention d'arbitrage, principe adopté par l'article 2642 qui à notre avis contient une règle matérielle de conflit qui aurait dû faire partie du Livre dixième du Code civil. La clause résiduelle qui favorise la loi du siège de l'arbitrage est conforme à l'article 36(1) (a) (i) de la Loi type de la CNUDCI et à l'article V-1 (a) de la Convention de New York de 1958. Si les parties désignent une loi qui invalide la convention d'arbitrage, celle-ci devrait pouvoir être validée par application de la loi qui régit le contrat principal ou de la loi québécoise, si l'arbitrage doit avoir lieu au Québec.

h) Articles 3122 à 3124: régime matrimonial

339. Les articles 3122 à 3124 donnent une place centrale au facteur de rattachement du domicile matrimonial, assimilent les contrats de mariage aux autres contrats pour les fins de la détermination de la loi applicable au fond des actes, et adoptent le principe de l'immutabilité du régime légal soumis à la loi d'origine, sous réserve de modification conventionnelle, si la loi désignée le permet.

340. En créant cette nouvelle catégorie juridique autonome intitulée «régime matrimonial», le législateur n'a pas jugé utile de lui donner un caractère nettement international afin de respecter la qualification large qui a été adoptée par les tribunaux québécois pour toutes les questions de régime.

Article 3122: régime matrimonial conventionnel

341. La soumission du régime conventionnel à la loi régissant le fond des actes juridiques (art.3111 et s.) s'accorde avec la tendance internationale qui permet aux parties de désigner la loi applicable à leur régime matrimonial.

342. En présence d'éléments d'extranéité, le choix est illimité, ce qui permet aux époux de désigner une loi qui leur est favorable, sans que ce soit celle qui présente avec l'acte les liens les plus étroits ou même un lien quelconque. En réalité, les futurs époux choisissent généralement la loi du domicile de l'un d'entre eux ou encore celle de leur premier domicile commun. Ceci leur permet de faire coïncider la loi du régime matrimonial avec la loi applicable à leur succession ou à une fiducie.

343. En l'absence d'éléments d'extranéité, les futurs époux peuvent toujours désigner expressément une loi étrangère. Toutefois, leur régime matrimonial demeure soumis aux dispositions impératives de la loi qui s'appliquerait en l'absence de désignation (art.3111), ce qui invite au dépeçage dans une affaire sans éléments d'extranéité et crée une grande incertitude.

344. À défaut de désignation expresse, l'article 3111 exige l'application de la loi qui résulte d'une façon certaine des dispositions de l'acte. Il s'agit d'une recherche subjective de la désignation implicite limitée aux dispositions de cet acte, ce qui n'est pas le cas à l'heure actuelle en vertu de l'article 8 du Code civil du Bas Canada.

345. En l'absence de désignation expresse ou implicite, c'est la loi présentant les liens les plus étroits avec l'acte qui s'applique (art.3112). Il n'est pas nécessaire de se référer à la prestation caractéristique car comment la déterminer?

346. L'application du troisième alinéa de l'article 3111 au régime matrimonial conventionnel permet, par exemple, la désignation de différentes lois pour des biens situés dans différents États, ce qui complique considérablement la liquidation du régime. Notons que le dépeçage existe déjà en vertu du partage du patrimoine familial en droit interne québécois.

Article 3123: régime matrimonial légal

347. En rattachant le régime légal à la loi du domicile commun des époux au moment du mariage, l'article 3123, al.1, est conforme au droit actuel même s'il existe une tendance à le soumettre au premier domicile commun immédiatement après le mariage.

348. L'application de la loi de leur première résidence commune dans le cas où les futurs époux possèdent des domiciles différents au moment du mariage est une excellente solution. Les autres facteurs de rattachement alternatifs, nationalité et lieu de célébration du mariage sont vraiment les seuls dont on peut logiquement tenir compte à moins d'adopter le principe de proximité. Il faut reconnaître que le cas où les époux n'établiront pas de première résidence commune est plutôt exceptionnel.

349. L'appel, à titre subsidiaire, à la loi du lieu de célébration n'est pas très pertinent. Cependant, le facteur lieu de célébration du mariage existe toujours, il est fixe et facilement déterminable. Un problème apparaît lorsque des époux décident d'établir une première résidence commune dans un État après quelques années de mariage et qu'il est nécessaire de déterminer la loi qui régissait leur régime avant cette résidence. Doit-on appliquer la loi du lieu de leur nationalité commune? Si oui, cette loi va-t-elle changer si au bout de trois ou cinq ans, par exemple, ils établissent réellement cette première résidence commune, ou va-t-on garder la loi du lieu de leur nationalité commune? Si le juge décidait alors d'appliquer la loi de la première résidence commune, l'article 3123, al.2, permettrait une sorte de règle de mutabilité du régime. Il vaudrait mieux que la loi du lieu de leur résidence habituelle commune s'applique s'ils en ont établi une immédiatement après la célébration du mariage. À défaut, on aura recours aux autres rattachements.

350. Du point de vue du praticien, si des époux ont l'intention de voyager pendant plusieurs années après la célébration de leur mariage, la meilleure solution serait de leur faire signer un contrat de mariage dans lequel il choisiraient une loi fixe dans la mesure où la loi le permet selon l'article 3124.

Article 3124: modification conventionnelle du régime matrimonial

351. Nous regrettons que le législateur ait retenu le principe de l'immutabilité du régime ou de la permanence du rattachement sous réserve d'une modification conventionnelle en dépit des critiques exprimées par la quasi-totalité des juristes québécois.

352. À l'heure actuelle, les époux peuvent éviter d'être régis par une loi qui n'a plus de lien avec eux en changeant la loi applicable à leur régime par convention.

353. Dans l'article 3124, le législateur a fait sortir du domaine normal du régime matrimonial la possibilité de modifier celuici. Cet article constitue un compromis: la validité d'une modification conventionnelle est régie par la loi du domicile des époux au moment de la modification. S'ils sont domiciliés dans des États différents, la loi applicable est celle de leur résidence commune ou, à défaut, la loi qui gouverne leur régime.

354. Si la loi applicable permet la modification conventionnelle, elle déterminera les conditions requises pour cette modification et le contrôle de celle-ci, s'il en existe un, par une autorité.

355. L'admission de la mutabilité conventionnelle par la loi applicable permet aux époux de désigner une autre loi et un régime reconnu en vertu de celle-ci selon l'article 3112, même si la loi régissant la validité de la modification ne l'admet pas.

356. Á l'heure actuelle, la notion de régime matrimonial englobe la plupart des relations pécuniaires entre époux y compris les effets fondamentaux du régime, par exemple la répartition des biens en cas de partage et la charge du passif. Vu que le législateur n'a pas précisé que la règle posée par l'article 3089 ne s'applique qu'aux effets personnels du mariage, il est possible qu'un juge écarte du régime matrimonial plusieurs de ses aspects patrimoniaux, notamment le partage du patrimoine familial, pour les intégrer dans les effets du mariage. Ce serait regrettable. Nous estimons qu'il s'agit de règles qui sont, soit d'application nécessaire, soit rattachées au régime matrimonial[102].

357. Il est dommage que le législateur n'ait pas retenu la recommandation faite par la Chambre des notaires d'étendre au régime matrimonial le prélèvement compensatoire de l'article 3100.

i) Article 3125: certaines autres sources de l'obligation

358. La gestion d'affaires, la réception de l'indu et l'enrichissement injustifié sont des catégories juridiques connues dans le monde civiliste qui sont assez larges pour englober la notion de *restitution* ou de *quasi contract* de la *common law* qui a pour but de sanctionner tous les cas d'enrichissement injuste qui ne découlent pas d'un contrat ou d'un délit ou quasi-délit[103]. Le Code ne soumet pas l'enrechissement injustifié à la loi qui régit le rapport de droit entre les parties, solution retenue dans quelques arrêts[104].

359. Le facteur de rattachement choisi par l'article 3125 — le lieu de survenance du fait dont ces obligations résultent — nous paraît convenir pour la gestion d'affaires, mais devient ambigu lorsqu'il s'agit de déterminer le fait générateur de la réception de l'indu ou celui de l'enrichissement injustifié.

360. Dans tous les cas, il nous semble logique d'interpréter le lieu de survenance du fait dont elles résultent comme étant le lieu de l'enrichissement. Ce sera le lieu où le gérant a agi pour la gestion d'affaires, celui où le paiement indu a été reçu par le débiteur de l'obligation de remboursement, ainsi que celui où l'enrichissement s'est produit pour l'enrichissement injustifié. C'est l'enrichissement qui crée une obligation de restituer[105].

361. La loi applicable doit déterminer l'existence de l'obligation ainsi que les recours discrétionnaires ou équitables en cas d'inéxécution[106]. La *lex fori* ne doit intervenir que pour mettre en œuvre ces recours.

362. Même si le géré a connaissance de l'affaire (art.1482), la gestion spontanée volontaire sera régie par l'article 3125.

j) Articles 3126 à 3129: responsabilité civile

363. Le législateur a adopté des règles assez rigides qui s'écartent du principe des liens les plus étroits et du droit en vigueur. Cependant, ces articles ont le mérite de ne pas reconnaître le caractère exclusif de la loi du lieu de commission du fait générateur de préjudice.

Article 3126: principe général

364. Les juristes québécois ont toujours eu du mal pour s'entendre sur les règles applicables à la responsabilité civile[107]. Le Code civil a finalement tranché. Le législateur a adopté comme principe de base l'ancienne règle de la *lex loci delicti*, assorti de certains tempéraments. Ce principe veut que l'obligation de réparer le préjudice causé à autrui soit régie par la loi de l'État dans lequel est survenu le fait générateur de ce préjudice. Toutefois, si le préjudice a été subi dans un autre État, le droit de cet État est applicable si l'auteur devait prévoir que ce préjudice y serait subi. Le principe ainsi que l'exception sont fondés sur la notion de prévisibilité afin de permettre aux individus de s'assurer contre les dommages qui peuvent résulter de leurs actions ou omissions.

365. Notons que la version anglaise de l'article 3126, al.1, a omis le mot «there». Il s'agit d'une erreur manifeste et la version française doit prévaloir.

366. L'article 3126, de droit nouveau, adopte des règles qui sont très différentes de celles qui sont en vigueur dans le reste du Canada et en Angleterre où le principe de proximité, à titre d'exception[108], vient corriger la règle générale qui tient compte à la fois de la *lex fori* et de la *lex loci delicti* établie par *Phillips* c. *Eyre*[109] et appliquée au Canada dans *O'Connor* c. *Wray*[110].

367. Le fait générateur du préjudice comprend une action aussi bien qu'une omission[111].

368. La preuve de l'imprévisibilité ne sera pas toujours facile car dans tous les cas cette question doit être déterminée objectivement. Si l'auteur du fait générateur parvient à prouver qu'il était impossible dans les circonstances pour une personne raisonnable de prévoir que le résultat se produirait à cet endroit, c'est la loi du lieu où ce fait est survenu qui est applicable.

369. Si le préjudice est intervenu dans plusieurs États, par exemple, à la suite de propos diffamatoires, la victime devrait pouvoir invoquer la loi du lieu avec lequel elle est le plus intimement liée car c'est là qu'elle a subi le préjudice le plus important à sa réputation.

370. Si l'auteur et la victime ont leur domicile ou leur résidence dans le même État, c'est la loi de cet État qui s'applique. Cette exception est basée sur l'idée qu'il est plus pertinent d'appliquer la loi de leur véritable milieu social que celle du lieu où le fait générateur du préjudice est survenu, car ce lieu est souvent fortuit. En effet, c'est au lieu de leur véritable milieu social que les conséquences économiques du fait générateur du préjudice se font sentir. Cette règle est suivie dans plusieurs pays.

371. Lorsque l'auteur et la victime ont leur domicile dans le même État et une résidence commune dans un autre État, quelle loi appliquer? Le juge doit choisir en tenant compte de l'enracinement social des parties. La loi de la résidence habituelle doit l'emporter en vertu de l'article 3082.

372. Cependant, lorsque les règles des alinéas 2 et 3 s'appliquent, il faut aussi se référer à la loi du lieu de survenance du fait générateur du préjudice pour savoir si son auteur était fautif ou négligent, car les règles de sécurité et de comportement d'un individu ne peuvent être que celles en vigueur au lieu où il se trouve au moment où il agit.

373. Quant à la portée de l'article 3126, nous estimons que l'obligation de réparer le préjudice causé à autrui comprend entre autres, la responsabilité des commettants du fait de leurs préposés, l'action intentée à titre personnel par le conjoint et les ascendants ou descendants de la victime d'un accident mortel[112], la responsabilité des pères et mères du fait de leurs enfants, la responsabilité du propriétaire ou du gardien d'une chose[113], la responsabilité objective et la nature des dommages.

374. L'article 3126 ne s'applique pas aux entraves à la concurrence qui sont régies par le droit fédéral.

375. La concurrence déloyale et les atteintes publiques à la personnalité par voie de la presse, de la radio, de la télévision ou de tout autre moyen public d'information sont régies par l'article 3126.

376. Lorsque le fait générateur du préjudice survient en haute mer à bord d'un navire ou d'un aéronef, la loi de l'État où le fait générateur du préjudice s'est produit est celle de l'État d'immatriculation.

377. Enfin, si plusieurs individus ont participé au fait générateur du préjudice, nous estimons que la loi applicable doit être déterminée séparément pour chacun d'entre eux, quel qu'ait été leur rôle. La même solution s'impose lorsqu'il existe un seul auteur et plusieurs victimes dans les cas prévus par les alinéas 2 et 3.

378. L'application de l'article 3126 aux dommages qui résultent d'accidents spectaculaires de la circulation ferroviaire ou aérienne ou d'actes illicites en matière d'environnement peut s'avérer difficile et injuste pour les victimes, vu leur nombre élevé, dont les actions en responsabilité civile prennent le plus souvent la forme d'une demande collective. Bien sûr, dans certains cas, on pourra toujours avoir recours à l'article 3082 et, s'il s'agit de la responsabilité du fabricant, à l'article 3128. Cependant, nous estimons que le législateur devrait instaurer un régime spécial au moins en ce qui concerne la responsabilité pour dommages causés à l'environnement. On pourrait appliquer au choix du lésé, soit la loi de l'État où se trouve la résidence ou l'établissement du pollueur, soit celle de l'État dans lequel le résultat s'est produit. L'élection de droit par le lésé ne pourrait avoir qu'une influence positive sur la formation du droit de l'environnement.

k) Article 3127: rattachement accessoire

379. En soumettant l'inexécution d'une obligation contractuelle à un régime unique, on évite de passer par la qualification et les questions préalables[114]. Il est regrettable que le législateur n'ait pas étendu cette règle à d'autres rapports juridiques, par exemple, les réclamations entre conjoints ou parents ou les différends en matière de droits réels.

380. L'obligation de réparer un préjudice qui résulte de l'inexécution d'une obligation contractuelle présuppose l'existence d'un contrat qui est valide selon la loi qui lui est applicable. Ce contrat crée un lien suffisamment étroit entre les parties pour écarter tout recours basé sur l'article 3126. Ceci est dangereux lorsque la partie forte a imposé le choix de la loi applicable. Cependant, il ne faut pas oublier que la responsabilité du fabricant d'un bien meuble *quelle qu'en soit la source* est régie par l'article 3128 qui protège la partie faible.

l) Article 3128: responsabilité du fabricant d'un bien meuble

381. Cet article, de droit nouveau, déclare que la responsabilité du fabricant est régie, au choix de la victime, soit par la loi de l'État dans lequel le fabricant à son établissement ou, à défaut, sa résidence, soit par la loi de l'État dans lequel le bien est acquis, indépendamment de la source de la responsabilité qu'elle soit légale ou contractuelle. Il est donc possible pour le fabricant de connaître l'étendue de sa responsabilité potentielle et de s'assurer en conséquence. L'adoption d'une règle de conflit alternative indique clairement que l'objectif du législateur est de protéger la victime. Le législateur n'a pas retenu le facteur de prévisibilité comme c'est le cas en Suisse. La *lex loci delicti* est écartée afin de tenir compte du résultat matériel. Cependant, le législateur n'a pas facilité le travail de l'interprète, car il a omis d'indiquer quelles sont les situations envisagées par cette règle, contrairement à l'article 135 de la loi fédérale suisse sur le droit international privé dont elle s'inspire en partie, qui précise qu'il s'agit des «prétentions fondées sur un défaut ou une description défectueuse d'un produit». Toutefois, le mot «fabricant» suggère qu'il s'agit au moins des prétentions fondées sur un défaut de sécurité défini aux articles 1468 et 1469 du Code civil.Il aurait été préférable de retenir le lieu de fabrication plutôt que le lieu de la résidence ou de l'établissement du fabricant car un produit peut être fabriqué ailleurs. Quant au lieu où le bien a été acquis, il est parfois difficile de l'établir. En outre, ce lieu peut n'avoir aucun rapport significatif avec la chaine de production ou de distribution commerciale de ce bien.

382. Le mot fabricant comprend le fabricant de biens meubles finis ou de parties constitutives. Une interprétation libérale permet d'ajouter le producteur de biens meubles naturels bruts, le fournisseur de ces biens ou toute autre personne, y compris le grossiste, le détaillant, le réparateur et l'entrepositaire, constituant la chaîne de préparation et de distribution commerciale de biens meubles (voir art. 1468).

383. Par «bien meuble», il s'agit de n'importe quel produit qui est fabriqué, c'est-à-dire, en premier lieu, les produits industriels ou artisanaux. On doit pouvoir y inclure les matières premières et les produits de l'agriculture et de la pêche.

384. La victime peut être, soit l'acheteur d'un bien meuble, soit un tiers.

385. Vu que le législateur a tenu à protéger le lésé, une interprétation large et fonctionnelle doit être donnée au mot «acquis» qui a été mal choisi pour remplacer le lieu où le préjudice a été subi. Il en résulte que ce mot inclut le lieu où la personne qui a subi le préjudice a acquis le bien ou est entrée en sa possession (par. ex., le locataire ou l'acquéreur). Dans le cas du tiers lésé du fait d'un produit appartenant à une autre personne, quel est le lieu d'acquisition? Cela pourrait être, soit le lieu où le bien a été acquis, soit d'un point de vue fonctionnel, le lieu où il a été utilisé ou encore où le tiers a subi un préjudice. Nous estimons que l'on doit favoriser le lésé et par conséquent lui permettre de choisir la loi qui lui est la plus avantageuse.

m) La *Loi sur l'assurance automobile*[115] ainsi que la *Loi sur les accidents du travail et les maladies professionnelles*[116] contiennent des règles autolimitatives qui excluent l'application des règles ordinaires de conflit.

386. *Régimes spéciaux de responsabilité civile*

n) Article 3129: matières premières provenant du Québec

387. Cette règle unilatérale exorbitante du droit commun reprend l'essence de l'article 8.1 du Code civil du Bas-Canada et écarte les dispositions des articles 3126 et 3127 afin de protéger les intérêts du Québec[117]. Elle rend tous les articles relatifs à la responsabilité civile (arts. 1457 à 1481 et 1607 à 1625) d'application nécessaire.

388. Il existe des liens suffisants avec le Québec pour justifier la validité de ces règles du point de vue du droit constitutionnel.

o) Divers: action paulienne et action oblique

389. La question de savoir quelle est la loi applicable à l'action paulienne et à l'action oblique est controversée,. Nous sommes d'avis qu'il faut leur appliquer la loi de la créance protégée, car la politique québécoise est de donner effet aux droits valablement acquis et de favoriser le créancier.

p) Article 3130: preuve

390. Les différentes questions que posent l'étude de la preuve, objet et charge, admissibilité et force probante, administration et modalités de production, ne permettent pas de les soumettre à une loi unique. L'article manque de précision. Certaines matières sont régies par la loi du fond exclusivement. D'autres sont soumises à la règle alternative de la loi du fond ou de la *lex fori*. D'autres enfin, sont soumises exclusivement à la loi du tribunal saisi.

391. La loi applicable au fond s'applique exclusivement à l'établissement de la preuve, c'est-à-dire l'objet et la charge de la preuve. Ainsi, la loi du fond du litige qui n'est pas nécessairement la loi applicable au fond d'un acte juridique, concerne la détermination de la qualité des plaideurs et le fardeau de la preuve qui incombe à chaque partie. Les présomptions légales qui déplacent le fardeau de la preuve, par exemple, la présomption de faute, la présomption de survie, la présomption de filiation, la présomption de propriété basée sur la possession, etc, dépendent de la loi du fond.

392. Quant aux moyens de preuve (art. 2811) et leur admissibilité, ils sont soumis à la loi applicable au fond du litige sous réserve des règles du tribunal saisi. Ainsi, la preuve par témoins d'un accord verbal régi par le droit étranger ne pourra pas être écartée au motif que le droit québécois du tribunal saisi exige un écrit (art. 2862). On respecte ainsi les espoirs légitimes des parties. La règle alternative «sous réserve des règles du tribunal saisi qui sont plus favorables à son établissement» doit permettre la preuve par témoins selon le droit québécois du tribunal saisi (arts. 2862 et 2864), quelles que soient sur cette question les dispositions plus sévères de la loi étrangère qui régit le fond ou la forme de l'acte. En effet, il est normal de permettre la preuve d'un acte qui est valide en vertu des règles du droit international privé québécois. L'aveu judiciaire ou extra-judiciaire est aussi soumis à cette règle alternative.

393. La force probante du témoignage tombe exclusivement dans le domaine de la loi du for. Par contre, la force probante d'un écrit signé à l'étranger ne devrait jamais être soumise à la loi du for même si cette loi est invoquée parce que plus favorable. Cette question est controversée, mais la position généralement admise est que la force probante d'un acte est intimement liée au respect de certaines prescriptions de forme. Par conséquent, il serait déplacé de soumettre la force probante d'un acte à une autre loi que celle qui régit sa forme. La foi accordée à un acte public ou privé se mesure par référence aux méthodes admises pour le combattre. Lorsque l'écrit est accueilli comme moyen de preuve en vertu de la *lex loci actus*, il est logique d'appliquer cette loi pour déterminer quelles sont les méthodes utilisées pour en contester la véracité. Recourir à une autre loi, notamment la *lex fori*, risquerait de contrecarrer les espoirs légitimes des parties qui, lors de la rédaction de l'acte, sont censées avoir été informées de sa force probante. C'est donc l'article 3109 qui s'applique exclusivement à la force probante d'un écrit. Ainsi, lorsqu'un acte notarié étranger a plus de valeur qu'un acte notarié québécois et, contrairement au droit québécois, exige l'inscription en faux pour en contredire presque tous les éléments, la loi étrangère s'appliquera. Il va de soi que la loi québécoise régira la procédure à suivre pour attaquer la force probante de cet acte. Inversement, aucune inscription en faux ne sera nécessaire, en dépit du droit québécois, si la loi étrangère permet de contester l'acte sans avoir recours à cette procédure.

394. Quant à l'administration de la preuve et les modalités de production, il s'agit d'une question procédurale au sens le plus strict qui est également soumise à l'article 3132. Il est évident que c'est la *lex fori* qui détermine les formes de production des diverses sortes d'écrit, les procédures d'inscription de faux, et les formes de la prestation de serment, etc.

395. Le choix de la loi la plus favorable appartient à la partie qui veut établir un fait.

396. Notons que les articles 426 à 432 du Code de procédure civile traitent des commissions rogatoires pour recueillir le témoignage d'une personne qui réside hors du Québec. Il est aussi question d'adhérer à la Convention de la Haye de 1970 sur l'obtention des preuves à l'étranger en matière civile ou commerciale. Enfin, citons la *Loi sur les dossiers d'entreprises* qui interdit le transport de certains documents en dehors du Québec[118].

q) Article 3131: prescription

397. Cet article qui s'applique à la prescription acquisitive et extinctive, reprend en partie les principes énoncés dans les articles 2189 à 2191 du Code civil du Bas Canada et s'inspire de l'article 40 du projet de l'Office de révision du Code civil. À la loi qui attribue un droit, il appartient de fixer le délai dans lequel il est susceptible de s'exercer. Comme l'ont reconnu beaucoup d'auteurs, du moment que le rapport en cause est soumis à un régime juridique, ce régime doit être suivi dans toutes ses dispositions, car elles tiennent à la nature même de l'institution. En d'autres termes, la prescription ne peut être envisagée séparément du rapport de droit auquel elle est rattachée. Elle doit donc, sur le plan des conflits de lois, être régie par la loi reconnue applicable au rapport de droit dont elle dépend, même si, d'après cette loi, la prescription est qualifiée comme se rapportant à la procédure.

398. L'article 3097 applique la *lex situs* à l'acquisition par prescription de droits réels se rapportant à un immeuble, ce qui est déjà le cas au Québec (art. 2189, Code civil Bas Canada). En ce qui concerne les meubles cette solution est sujette à caution. Il est certain que la loi de l'État où se trouve le meuble au moment de l'acquisition par prescription de droits réels portant sur celui-ci s'applique. Lorsque la prescription n'a pas été entièrement acquise sous l'empire de cette loi, doit-on en tenir compte dans le calcul de la prescription sous l'empire de la loi de la nouvelle situation? Un tel cumul est possible à l'heure actuelle (art.2190, para.3, Code civil du Bas Canada).

399. Comme pour tous les conflits mobiles non réglés par le Code civil, les tribunaux devront apporter une solution à ces conflits, soit par transposition des principes du droit transitoire interne (Projet de loi 38), soit par l'adoption de principes propres au droit international privé. La première solution est possible, vu la volonté du législateur de régler les conflits transitoires de droit international privé du for par la transposition des principes applicables au droit interne. Dans cette optique, par transposition des articles 3 et 6 du Projet de loi 38, si la loi de la situation nouvelle du meuble allonge le délai de la prescription acquisitive par rapport à la loi de la situation antérieure, on joindra les deux et la prescription ne sera acquise que lorsque le nouveau délai sera écoulé en tenant compte du temps écoulé sous l'empire de la loi de la situation antérieure. Par contre, si la loi de la situation nouvelle du meuble abrège le délai de la prescription acquisitive par rapport à la loi de la situation antérieure, la prescription de la loi de la situation nouvelle s'appliquera et commencera à courir lors de l'arrivée du bien dans ce lieu. Cependant, si après le point de départ du nouveau délai, l'ancien délai expire, la prescription sera acquise à partir de ce moment. Les tribunaux québécois pourraient refuser de faire cette transposition et considérer que puisque le fondement essentiel de la prescription acquisitive repose sur les apparences et la possession dans un territoire donné (arts. 2880, 2890, 2910, 2912, 2914, 2918, 2919 et 2920), c'est la precription acquise sous l'empire de la loi du lieu de la situation nouvelle du meuble qui s'applique, peu importe qu'elle soit plus longue ou plus courte, à condition que la prescription en vertu de la loi de la situation antérieure n'ait pas été acquise au moment du déplacement du bien. Nous préférons cette dernière solution.

400. Le rattachement de la prescription à la loi qui s'applique au fond, solution qui prévaut dans une certain nombre d'États, y compris la France, fait que le juge québécois n'aura pas à se demander si une prescription étrangère qui fait partie de la loi applicable se rapporte à la procédure ou au fond du litige.

401. La loi applicable au fond détermine le délai de la prescription, son point de départ, son interruption et la renonciation. Cependant, les moyens d'interruption sont régis par la *lex fori* (art. 2892).

D. Statut de la procédure

1. *Article 3132: principe général*

402. La règle énoncée est conforme au droit en vigueur au Québec[119]. Cependant, son champ d'application fait l'objet d'une controverse. En outre, comment qualifier les dispositions de la loi étrangère et de la *lex fori* pour déterminer celles qu se rapportent au fond et celles qui se rapportent à la procédure? La qualification du for s'impose pour les règles locales. Par contre, pour les règles étrangères, quoiqu'il semblerait logique de les qualifier à la lumière des concepts du système juridique dont elle font partie, l'article 3078 impose aussi la qualification par la *lex fori*.

403. Pour des raisons d'ordre public et en vue des difficultés qui résulteraient si on devait appliquer trop librement les règles étrangères, les tribunaux du Québec ont souvent tendance à les qualifier comme se rapportant à la procédure afin de les écarter.

404. Nous estimons que la qualification des règles étrangères par la *lex fori* pour les classer dans le statut de la procédure doit varier selon les objectifs à atteindre, ce qui dépend, en dernière analyse, des espèces envisagées à la lueur, non seulement de l'ordre public international et de considérations sociales ou économiques, voire politiques, mais surtout des difficultés pratiques qui peuvent surgir dans l'application des dispositions de la loi étrangère compétente. Cette entorse à la méthode classique est conforme à l'esprit libéral qui anime les dispositions du Code civil dans le domaine du droit international privé.

405. Il faut éviter d'étendre le domaine de la procédure car les tribunaux ne doivent pas utiliser l'article 3132 comme prétexte pour appliquer le droit québécois. La procédure se rapporte essentiellement à la mise en oeuvre des droits. La qualité et la capacité pour agir ainsi que la prescription ne tombent pas dans le domaine de la procédure.

406. Il existe au Québec un certain nombre de règles matérielles de procédure civile internationale. À titre d'exemple, nous citerons celles qui se rapportent à la signification des actes à l'étranger (arts. 130, 132, 133, 134, et 137, Code de procédure civile), et au Québec (art.136, Code de procédure civile), celles qui se trouvent dans la Convention de la Haye de 1965 relative à la signification et à la notification à l'étranger des actes judiciaires et extrajudiciaires en matière civile ou commerciale en vigueur au Canada depuis 1989, et celles qui traitent de la caution pour la sûreté des frais de justice (art.65, Code de procédure civile).

2. *Article 3133: procédure de l'arbitrage*

407. Cet article, en ce qu'il reconnaît l'autonomie des parties dans le domaine de la procédure arbitrale, est conforme à l'article 19(1) de la Loi type de la CNUDCI sur l'arbitrage commercial international de 1985[120] . On devrait donc pouvoir avoir recours à cette source pour l'interpréter. Par contre, en l'absence de dispositions contractuelles, il n'est pas aussi libéral, qu'il s'agisse ou non d'un arbitrage qui met en cause des intérêts du commerce international[121]. Par procédure d'arbitrage, il faut entendre tout le déroulement de l'arbitrage depuis la nomination des arbitres jusqu'à la notification de la sentence, y compris les recours, à l'exclusion de ce qui tombe dans le domaine de l'article 3121 et de la reconnaissance et de l'exécution des sentences arbitrales.

V. Compétence internationale des autorités du Québec

408. Les règles contenues dans cette partie du Code civil sont des règles unilatérales qui déterminent la compétence internationale des autorités judiciaires québécoises. Elles sont basées sur l'existence d'un lien substantiel entre l'autorité saisie et les parties au litige ou le rapport juridique qui en est l'objet. Le législateur n'a pas utilisé des critères exorbitants.

A. Dispositions générales

Article 3134: principe général

409. Cet article confirme la règle traditionnelle[122] qui reconnaît la compétence générale de l'autorité du domicile du défendeur. Toutefois, cette règle n'a qu'une valeur subsidiaire par rapport aux autres règles contenues dans le Chapitre deuxième (arts. 3141 à 3154). L'article 3134 garantit le for du domicile dans tous les cas qui ne sont pas spécifiquement prévus. Ce principe s'applique aussi bien aux personnes physiques qu'aux personnes morales.

410. Le mot «autorité» a été utilisé pour englober à la fois les instances judiciaires et les instances administratives[123]. Il appartient au droit québécois de déterminer quelles sont les autorités habilitées à trancher le litige.

Article 3135: forum non conveniens

411. Cet article, de droit nouveau, qui fait le pendant à l'article 3082, met fin à la controverse qui existait au Québec au sujet de la doctrine du *forum non conveniens*[124]. Désormais, un tribunal québécois normalement compétent dans un litige peut s'en dessaisir au profit d'un tribunal étranger lorsque les circonstances sont telles que ce dernier à un meilleur titre à en juger. Ce pouvoir discrétionnaire qui ne doit être exercé qu'«exceptionnellement» *à la demande d'une partie*, devrait faciliter l'administration de la justice, surtout dans les cas où la compétence du tribunal est basée sur des facteurs de rattachement contestables (art.3148, para.3).

412. Quels sont les critères dont le tribunal doit tenir compte pour décliner sa compétence au motif qu'un tribunal étranger est «mieux à même» de trancher le litige? Le tribunal québécois doit-il évaluer objectivement ou subjectivement l'intérêt des parties et les impératifs de la justice? Qu'entend-t-on par «exceptionnellement».

413. La doctrine du *forum non conveniens* ne peut être invoquée que si le tribunal québécois est compétent. S'il ne l'est pas car les conditions de tel ou tel article sur lequel le demandeur s'est basé pour intenter son action ne sont pas remplies, l'article 3135 ne s'applique pas.

414. En premier lieu, il nous semble clair que c'est au défendeur qui s'oppose à l'exercice de la compétence ordinaire du tribunal québécois de prouver qu'il existe un tribunal étranger mieux à même de trancher le litige, c'est-à-dire plus naturel que le tribunal québécois.

415. Deuxièmement, il doit exister un tel tribunal. Lorsque le tribunal québécois compétent est le for naturel, c'est-à-dire celui qui a les liens les plus étroits avec l'action et les parties, il est difficile d'imaginer qu'il puisse se dessaisir en faveur d'un tribunal étranger. C'est ce qu'indique le mot «exceptionnellement». Nous sommes d'avis que l'article 3135 n'envisage que la situation où le tribunal québécois n'est pas le for naturel pour connaître du litige. Par contre, si le tribunal étranger est le for naturel, le tribunal québécois devrait, en principe, décliner sa compétence, à moins que la compétence des tribunaux québécois soit exclusive. Il est bien évident que le tribunal étranger doit être compétent selon ses propres règles.

416. Dans certains cas, l'article 3135 fait double emploi avec l'article 3137 qui traite de la litispendance.

417. Lorsque ni le tribunal québécois compétent, ni aucun tribunal étranger ne sont le for naturel, parce que le litige contient des éléments qui le rattachent à plusieurs États, par exemple, en cas d'une vente internationale de marchandises, il sera difficile pour le défendeur de convaincre le tribunal québécois qu'il existe un tribunal étranger qui est mieux à même de trancher le litige, surtout si le critère de rattachement sur lequel se fonde la compétence du tribunal québécois est plus pertinent que celui qui peut fonder la compétence d'un tribunal étranger.

418. Afin de déterminer si le tribunal étranger est mieux à même de trancher le litige dans l'intérêt des parties et des impératifs de la justice, il faut tenir compte non seulement des facteurs subjectifs qui rendront le procès plus commode et moins coûteux pour les parties, par exemple, tous les témoins se trouvent dans le ressort du tribunal étranger, mais aussi des facteurs objectifs tels que le domicile ou la résidence des parties, la loi applicable à l'acte juridique qui est l'objet du litige, etc, pour savoir s'ils ont un lien avec le Québec ou avec le tribunal étranger.

419. Si le tribunal québécois en vient à conclure qu'il est le seul à pouvoir trancher le litige au mieux des intérêts des parties et des impératifs de la justice, il doit refuser de décliner sa compétence.

420. Dans le cas contraire, il peut encore exercer sa compétence si le demandeur prouve que justice ne lui sera pas rendue à l'étranger, car il a un intérêt légitime à ce que l'affaire soit jugée au Québec, par exemple, il peut y obtenir des dommages intérêts plus importants, ou le jugement étranger ne pourra pas être reconnu au Québec. Cela dépend des circonstances.

421. Il faut partir du principe que le choix du tribunal par le demandeur ne doit être écarté qu'exceptionnellement lorsque le défendeur serait exposé à subir une injustice sévère à la suite de ce choix. Le tribunal québécois doit s'efforcer de rechercher un équilibre entre les avantages et les inconvénients pour les parties qui résultent du choix fait par le demandeur du tribunal québécois. Ce n'est que si cet équilibre est rompu en faveur du tribunal étranger qu'il doit décliner sa compétence.

Article 3136: for de nécessité

422. Cet article qui est basé sur l'article 3 de la Loi fédérale suisse sur le droit international privé, permet à un tribunal québécois qui normalement n'est pas compétent, d'entendre le litige pour éviter un déni de justice lorsque il est impossible ou difficile d'introduire une action à l'étranger, à condition que le litige ait un lien suffisant avec le Québec, par exemple, en cas de résidence temporaire de l'une des parties, ou si un acte juridique doit être utilisé au Québec, ou qu'il s'y trouve des biens. Vu le très grand nombre de facteurs de rattachement donnant compétence aux tribunaux du Québec, il s'agit de cas extrêmement rares.

423. C'est au demandeur de prouver que l'action à l'étranger se révèle impossible. S'agit-il d'une impossibilité légale basée sur l'absence de compétence juridictionnelle de tous les tribunaux étrangers ou seulement du for naturel, ou d'un tribunal qui a un lien avec le litige, ou encore d'un tribunal qui a déclaré nulle une clause d'élection de for, ou enfin d'une impossibilité pratique, par exemple, il existe un tribunal étranger légalement compétent mais l'administration de la justice est corrompue ou les frais de procédure sont exorbitants. La notion de déni de justice couvre une multitude de situations. Nous estimons que cette clause doit être interprétée restrictivement. Il ne peut s'agir que d'une impossibilité juridique se rapportant à la compétence du tribunal étranger qui a les liens les plus étroits avec le litige.

424. Les mots «si on ne peut exiger qu'elle y soit introduite» sont également difficiles à interpréter. Il existe bien un tribunal étranger qui est compétent, mais l'exercice de cette compétence est discrétionnaire ou encore le défendeur jouit de certaines immunités. Un autre exemple serait celui d'un réfugié qui ne peut agir dans le pays qu'il a fui. On pourrait aussi envisager les cas de force majeure, la guerre par exemple.

425. Il est possible qu'une décision rendue par un tribunal québécois sur la base de l'article 3135 ne sera pas reconnue à l'étranger.

426. L'exigence d'un lien suffisant avec le Québec ne rencontre les exigences du droit constitutionnel canadien que si ce lien est «réel et substantiel[125].» C'est pourquoi, les tribunaux devraient interpréter cet article restrictivement.

Article 3137: litispendance

427. Cet article, de droit nouveau, reconnaît l'exception de litispendance, que l'action soit pendante au Canada où à l'étranger. Il a pour but d'éviter la possibilité de jugements contradictoires. Un tribunal québécois doit pouvoir se dessaisir à raison de la saisine antérieure d'un tribunal étranger. Si l'exception est fondée, le conflit de juridictions est réglé; sinon, le cas de la contrariété des jugements ne peut pas se poser, puisque le jugement étranger ne sera pas reconnu dans la mesure où il irait à l'encontre du jugement québécois. L'exception de litispendance a le mérite d'éviter les frais et les pertes de temps.

428. L'action pendante devant une juridiction étrangère doit l'être entre les mêmes parties, fondée sur les mêmes faits et avoir le même objet que celle introduite subséquemment au Québec. C'est la loi québécoise qui détermine quand une action doit être considérée introduite au Québec, probablement lorsque le bref d'assignation est délivré (art.110, Code de procédure civile).

429. Pourvu que les parties soient les même dans les deux instances, il n'est pas nécessaire que le demandeur au Québec soit aussi, ou ait été, le demandeur à l'étranger. Cependant, s'il est demandeur devant les deux tribunaux, le tribunal québécois devrait se sentir plus libre de surseoir à statuer.

430. L'article 3137 exige aussi que cette action puisse donner lieu à une décision susceptible d'être reconnue au Québec. Ce ne sera pas toujours facile à prouver avant que la décision ait été rendue.

431. Quant à la phrase «ou si une telle décision a déjà été rendue», il doit s'agir d'une décision qui peut être reconnue au Québec même si cela n'est pas indiqué, car sinon elle n'aura pas l'autorité de la chose jugée et ne pourra pas faire échec à l'action intentée au Québec. Dans ce dernier cas, il ne sera même pas nécessaire d'avoir recours à l'exception de litispendance.

432. Le pouvoir du tribunal est discrétionnaire même si les conditions posées par l'article 3137 sont remplies. Le défendeur doit prouver que le tribunal étranger est le for naturel ou le for le plus approprié dans les circonstances. Les mêmes critères s'appliquent que ceux qui sont utilisées pour mettre en œuvre la doctrine du *forum non conveniens*, car chaque cas d'espèce doit être examiné à la lumière des circonstances.

Article 3138: mesures provisoires ou conservatoires

433. Cet article devrait permettre au juge québécois d'ordonner une saisie conservatoire des biens situés au Québec qui appartiennent à un débiteur qui est poursuivi à l'étranger même si celui-ci et son créancier ne sont pas domiciliés au Québec. Ce pouvoir exorbitant devra être exercé avec prudence. Ces mesures ne peuvent en aucun cas servir de fondement à une action au Québec. Enfin, le tribunal québécois ne peut utiliser cet article pour effectuer une saisie avant jugement de biens situés à l'étranger.

434. Notons que les articles 3137 et 3138 n'autorisent pas le tribunal à émettre une ordonnance d'injonction pour empêcher le demandeur à l'étranger d'y continuer son action. Le fondement d'une telle mesure est ailleurs. L'article 758 du Code de procédure civile n'a aucune portée extraterritoriale. Il n'interdit que les injonctions qui ont pour but d'empêcher de commencer des procédures judiciaires au Québec et ne s'applique pas aux procédures judiciaires qui y ont déjà été engagées. Par contre, la Cour supérieure du Québec qui possède les mêmes pouvoirs inhérents que les cours supérieures des autres provinces et du Royaume Uni, peut émettre une injonction dans des circonstances exceptionnelles pour empêcher une partie qui réside au Québec de commencer des procédures ou de les continuer dans une autre juridiction[126]. On aura recours aux critères utilisés par les tribunaux de common law[127]. Le tribunal québécois a aussi le pouvoir d'émettre une injonction pour empêcher le défendeur qui est poursuivi au Québec où il réside de disposer de ses biens qu'ils soient situés au Québec ou ailleurs[128].

Article 3139: demande incidente ou reconventionnelle

435. Cet article, qui s'inspire surtout de l'article 8 de la Loi fédérale suisse sur le droit international privé, prévoit une exception au principe que la compétence du tribunal québécois se détermine pour chaque demande en particulier.

436. Il va de soi, que la demande principale et la demande incidente ou reconventionnelle doivent être fondées sur le même rapport juridique. Elles n'ont pas à être de même nature mais elles doivent être connexes.

437. Quant aux éléments de la connexité qui doit exister entre les demandes, il faut examiner la jurisprudence québécoise qui se rapporte aux articles 71 et 172 du Code de procédure civile car le législateur est muet sur la question[129]. La demande principale et la demande incidente ou reconventionnelle doivent être fondées sur le même rapport juridique (par ex., une vente), de telle sorte que le jugement de l'une commande de trancher également le sort de l'autre. Il faut interpréter cet article restrictivement afin de ne pas étendre indirectement la compétence internationale des autorités québécoises. On ne peut y recourir si l'action est formée contre plusieurs défendeurs et seul l'un d'entre eux est domicilié au Québec.

Article 3140: mesures d'urgence

438. Cet article, de droit nouveau, a pour but de donner effet à l'article 3084 au plan de la compétence des autorités québécoises. Il devrait être interprété restrictivement car il crée une compétence exorbitante qui est dangereuse lorsque l'on tient compte des conséquences qui pourraient résulter des dispositions de l'article 3164. Les conditions d'application de cet article sont les suivantes: le tribunal québécois doit être normalement incompétent (de même qu'il y a absence de compétence législative québécoise dans les cas prévus par l'article 3084) et la lenteur inhérente à la saisine du tribunal étranger compétent doit empêcher un règlement immédiat des intérêts en jeu. La compétence exceptionnelle des tribunaux québécois se justifie alors pour protéger une personne ou ses biens. On citera à titre d'exemple, une demande d'aliments formulée par un enfant contre ses parents.

B. Dispositions particulières

1. *Actions personnelles à caractère extra-patrimonial et familial: articles 3141-3147*

439. Les règles contenues dans ces articles ne posent pas de problèmes particuliers d'interprétation. Elles confirment le principe général du rattachement soit au domicile, soit à la résidence habituelle. La compétence jurisdictionnelle concorde généralement avec la loi applicable au fond.

440. L'article 3141 pose la règle générale.

441. L'article 3142 retient comme facteur de rattachement le domicile de l'enfant. Or la tendance internationale est plutôt de favoriser la résidence habituelle. Ce facteur est notamment consacré dans les lois relatives à l'enlèvement d'enfant. En effet, l'enfant kidnappé doit être ramené devant le tribunal de sa résidence habituelle, considéré comme le mieux placé pour déterminer son intérêt qui seul doit prévaloir. Le deuxième alinéa de l'article 80 permet cependant de faire appel à la résidence habituelle dans les cas les plus fréquents. Notons que le tribunal québécois pourra toujours utiliser les articles 3135, 3136 et 3140[130] pour faire exception à l'article 3142. Nous estimons qu'il est implicite que l'article 3142 s'applique également à la compétence du tribunal québécois pour modifier un jugement étranger rendu en matière de garde, comme c'est le cas pour une demande de révision d'un jugement étranger rendu en matière d'aliments qui peut être reconnu au Québec en vertu de l'article 3143.

442. L'article 3145 qui fonde la compétence ordinaire des autorités québécoises dès que l'un des époux a son domicile ou sa résidence au Québec, peu importe que ce soit l'époux demandeur ou défendeur, s'applique également aux actions alimentaires entre époux en l'absence de divorce ou de séparation de corps et fait donc double emploi avec les articles 3141 et 3143.

443. L'autorité compétente, saisie en vertu de l'article 3146 en matière de séparation de corps, peut prendre des mesures accessoires telles que celles qui se rapportent aux aliments. En ce qui concerne la garde des enfants, la question reste posée[131].

444. En matière d'adoption, le directeur de la protection de la jeunesse peut être le demandeur.

2. *Actions personnelles à caractère patrimonial: articles 3148 à 3151*

445. L'article 3148 reprend en partie les dispositions de l'article 68 du Code de procédure civile et les adapte aux litiges qui comportent un élément d'extranéité. Le législateur n'a pas retenu la conclusion du contrat ou la possession de biens au Québec, ce qui est le cas à l'heure actuelle (art.68, paras. 1 et 3 du Code de procédure civile).

446. Le paragraphe 3 de l'article 3148 met fin à la controverse au sujet de l'interprétation à donner à l'article 68, paragraphe 2, du Code de procédure civile[132].

447. En vertu du quatrième paragraphe de cet article, les parties peuvent par convention soumettre aux autorités du Québec les litiges nés ou à naître en matière patrimoniale, ce qui comprend le domaine de la responsabilité civile contractuelle et extracontractuelle.

448. Le cinquième paragraphe de l'article 3148 qui traite de la reconnaissance tacite par le défendeur de la compétence de l'autorité saisie par le demandeur, envisage deux situations. La première est celle où l'autorité saisie n'est pas compétente *ratione personae* en vertu des règles du Code civil[133]. La comparution du défendeur qui procède au fond sans faire de réserve quant à la compétence constitue une reconnaissance implicite de la compétence de l'autorité québécoise. La deuxième est celle où l'autorité saisie est *prima facie* compétente en vertu des règles du Code civil mais le défendeur conteste cette compétence. Si l'autorité québécoise rejette l'exception, le défendeur sera lié par la décision même s'il n'a pas procédé au fond. Dans la première situation, le défendeur peut se permettre de ne pas comparaître du tout s'il ne possède pas de biens au Québec et qu'il n'existe aucun lien réel et substantiel entre l'autorité québécoise et l'action. Dans la deuxième situation, il est préférable qu'il conteste la compétence et qu'il procède au fond car dans le cas où son exception est rejetée, il est fort probable qu'un jugement par défaut sera reconnu dans les autres provinces du Canada[134].

449. Le dernier alinéa de l'article 3148 reconnaît aux parties le droit de dessaisir les autorités québécoises au profit d'un tribunal étranger ou d'un arbitre par une convention à cet effet, à moins que le défendeur n'ait reconnu la compétence des autorités québécoises. Cette reconnaissance a lieu lorsque le défendeur comparait volontairement et plaide au fond sans soulever l'absence de compétence des autorités québécoises en vertu de la convention d'élection de for. Notons qu'une clause d'élection de domicile est à éviter car elle ne remplit pas la même fonction qu'une clause d'élection de for. Une désignation implicite n'est pas possible.

450. Les clauses attributives de juridiction favorisent le développement du commerce international en permettant aux parties de prévoir à l'avance le for auquel elles soumettront leurs litiges, et d'assurer ainsi la reconnaissance et l'exécution de la décision. Elles évitent les procès multiples, longs et coûteux. En reconnaissant expressément leur validité, le législateur a voulu souligner le rôle des parties dans le domaine des conflits de juridiction comme il l'a déjà fait dans le domaine des conflits de lois.

451. Les restrictions qui sont apportées à la liberté des parties par l'article 3149 en ce qui concerne le contrat de consommation et le contrat de travail ne s'appliquent qu'aux conventions visées par le dernier alinéa de l'article 3148, car la convention dont il est question au quatrième paragraphe ne fait que confirmer la compétence des autorités du Québec. Les restrictions à la liberté de choix des parties ne sont énoncées que par rapport aux autorités québécoises. La désignation d'un tribunal arbitral semble permise.

452. L'article 3135 permet à l'autorité québécoise compétente en vertu des articles 3148, 3149 ou 3150 de décliner sa compétence. Cette possibilité n'existe pas en cas de compétence exclusive basée sur l'article 3151. Par ailleurs, l'article 3136 devrait théoriquement permettre à l'autorité québécoise de se déclarer compétente même en présence d'une clause d'élection de for étranger.

453. Par litige « à l'occasion d'un rapport de droit déterminé» (art. 3148, para. 2), ou «à propos d'un rapport juridique déterminé» (art. 3148, dernier al.), le législateur a voulu s'assurer que les parties ont conscience de la nature du rapport juridique pour lequel elles s'engagent à proroger le for. Il faut éviter de renoncer à son juge naturel pour un nombre indéterminé de litiges dans tous les domaines.

454. Les dispositions de l'article 3150 ne protègent pas l'assuré, car le législateur a omis les mots «nonobstant toute convention contraire» qui se trouvent à l'article 69 du Code de procédure civile dont s'inspire l'article 3150. Il sera toujours possible pour l'assureur d'imposer la désignation d'un for étatique ou arbitral qui lui est favorable.

455. Les articles 3148 à 3151 ne semblent pas violer les principes constitutionnels canadiens, car même dans le cas de compétence exclusive pour connaître de toute action fondée sur la responsabilité prévue à l'article 3129, chacun des facteurs de rattachement mentionnés constitue un lien réel et substantiel entre le tribunal québécois et l'objet du litige ou les personnes qui y sont parties. Si contrairement à l'article 3151, une action est intentée dans une autre province du Canada, le jugement ne sera pas reconnu au Québec, à moins qu'en vertu de ces principes le tribunal qui a rendu cette décision ait fondé sa compétence sur l'existence d'un lien réel et substantiel avec les parties ou l'objet du litige.

3. *Actions réelles et mixtes: articles 3152 à 3154*

456. L'article 3153 est plus libéral que l'article 74 du Code de procédure civile. Il s'accorde aussi avec l'article 3098.

457. Le lieu d'ouverture de la succession est celui du dernier domicile du défunt. La compétence des autorités québécoises lorsque la succession s'est ouverte au Québec s'étend à l'ensemble de la succession mobilière et immobilière quelque soit le lieu où se trouvent les biens qui en font partie.

458. Le second chef de compétence de l'article 3153, à savoir, le domicile du défendeur ou de l'un des défendeurs au Québec, a un caractère exorbitant. Il suffit d'imaginer la situation où un héritier domicilié au Québec y serait poursuivi (par ex., pour indignité), alors que le domicile de tous les autres héritiers, le dernier domicile du défunt et tous les biens de la succession seraient situés en Ontario. En vertu de cet article, l'autorité québécoise serait compétente pour régler *toute* la succession. Un jugement québécois rendu dans ces circonstances ne pourrait être reconnu, ni au lieu de la situation des biens, ni au lieu du dernier domicile du défunt. L'une des parties invoquerait probablement les dispositions de l'article 3135.

459. Dans le cas d'une *professio juris* en faveur de la loi québécoise, l'autorité québécoise est compétente en qualité d'autorité de l'État dont le défunt a choisi la loi.

460. Enfin, le dernier alinéa de l'article 3153 crée une compétence limitée aux biens situés au Québec. Quoique cette idée aille à l'encontre de l'unité de la succession, il faut reconnaître que la situation au Québec de quelques biens ne doit pas permettre au juge québécois de régler toute la succession, car celle-ci n'a pas un lien suffisant avec le Québec.

461. L'article 3154 qui traite de la compétence des autorités québécoises en matière de régime matrimonial envisage la dissolution du régime lors du décès de l'un des époux (para.1), lors d'un divorce, d'une séparation de corps ou de l'annulation du mariage (dernier al.), et la situation où il est demandé au tribunal québécois de juger du régime de certains biens, ou par exemple, de suppléer à l'autorisation de l'un des époux d'aliéner un immeuble (para.2). Il s'inspire de l'article 51 de la Loi fédérale suisse sur le droit international privé.

462. Le contenu de cet article est extrêmement bénéfique pour les plaideurs. En effet, la jonction des compétences pour les actions relatives au régime matrimonial et celles ayant pour conséquence la dissolution du régime (action en divorce, en séparation, en liquidation de succession, etc.) évite d'entamer des procédures devant des tribunaux différents. On évite aussi la possibilité de jugements contradictoires.

463. Il s'agit d'une sorte de clause d'adaptation en matière de compétence internationale et d'une application particulière du principe de la connexité des instances.

464. Notons que les États étrangers, les organisations internationales et les agents diplomatiques et consulaires qui les représentent bénéficient de certaines immunités de juridiction civile et d'exécution. Ces personnes ne bénéficient pas de l'immunité de juridiction dans les actions qui se rapportent à leurs activités commerciales[135].

465. Des règles spéciales s'appliquent à la compétence de la Cour fédérale dans le domaine du droit international privé[136].

VI. Reconnaissance et exécution des décisions étrangères et compétence des autorités étrangères: articles 3155 à 3168[137]

A. Reconnaissance et exécution des décisions étrangères

466. Les articles 3157 à 3160 qui sont très libéraux ne peuvent que favoriser la reconnaissance et l'exécution des décisions étrangères au Québec. Ils s'inspirent de la Convention de la Haye du 1er février 1971 sur la reconnaissance et l'exécution des jugements étrangers en matière civile et commerciale et s'alignent en partie sur la pratique suivie dans les autres provinces du Canada et aux États-Unis d'Amérique. Le développement du commerce international est à ce prix. Il résulte de ce nouveau régime libéral que les personnes qui résident au Québec doivent être vigilantes, et dans la plupart des cas se défendre à l'étranger si elles y sont poursuivies. On assistera probablement à une course au for malgré les restrictions contenues dans les articles 3164, 3155, al.3, et 3156. Dans les litiges internationaux, il faut donc s'attendre à une recrudescence des procédures destinées à faire échec à la demande, par exemple, le recours à l'ordonnance d'injonction, la doctrine du *forum non conveniens*, et l'exception de litispendance.

467. L'article 3155, al.1, qui distingue entre reconnaissance et exécution, n'indique pas clairement si la reconnaissance d'une décision étrangère est automatique sans intervention des tribunaux lorsqu'elle remplit les conditions requises par les paragraphes 1 à 6. Toutefois, l'article 3158 qui s'applique à une «demande» de reconnaissance ou d'exécution semble conforme au droit actuel. Il est certain que si cette décision doit être exécutée au Québec, le recours aux tribunaux est nécessaire. Notons que la version française est différente de la version anglaise. Enfin, le Projet de loi 38 traite aussi de la «demande» de reconnaissance[138].

468. Par «décision» rendue hors du Québec, il faut entendre non seulement celle qui a été rendue par un tribunal judiciaire, mais aussi par une autorité administrative ou religieuse, à condition qu'elle tranche une question de droit privé, par exemple en matière de divorce ou de nullité, qu'il s'agisse d'un acte de juridiction gracieuse ou contentieuse. Un acte notarié étranger qui a besoin d'être exécuté au Québec n'est pas une décision étrangère mais peut y être assimilé tout comme la transaction (art.3163). Quant à la sentence arbitrale étrangère, elle n'est pas visée car il ne s'agit pas d'une décision rendue par une autorité étatique. Des règles spéciales s'appliquent à sa reconnaissance et à son exécution[139].

469. L'article 3158 indique que l'autorité québécoise se limite à vérifier si la décision étrangère remplit les conditions énumérées à l'article 3155. Il en résulte que, sous réserve de ce qui est nécessaire pour assurer le fonctionnement efficace du contrôle de la régularité internationale d'une décision étrangère, le juge québécois n'a pas le droit d'examiner la valeur du dispositif sous le double rapport de l'appréciation des faits et de l'application des règles de droit. Il ne peut examiner que les aspects du fond de la décision qui se rapportent à la compétence internationale indirecte du juge étranger (art. 3155, para. 1), à la finalité du jugement et à sa conformité avec l'ordre public quant à la procédure (arts. 3155, para. 3, 3156) et au fond (art. 3155, para.5). Soulignons qu'il ne sera pas toujours facile de délimiter la frontière entre l'appréciation en droit du bien-fondé de la décision et le contrôle de sa régularité. Une certaine souplesse est necéssaire. Enfin, il faut souligner que malgré l'article 3158, en matière d'adoption l'article 574 permet une révision au fond limitée.

470. L'interprétation à donner au deuxième paragraphe de l'article 2 est que la décision étrangère doit avoir la force de la chose jugée. C'est le droit étranger qu'il faut consulter. Nous sommes d'avis qu'un jugement susceptible d'appel ou en appel ne peut pas être reconnu.

471. Le paragraphe 3 n'indique pas s'il s'agit des principes essentiels de la procédure en vigueur au lieu où la décision a été rendue ou au Québec. D'après les débats en Sous-commission parlementaire, il faudrait tenir compte des principes essentiels de la procédure universellement reconnus[140], notamment que le défendeur n'avait pas eu la possibilité d'être représenté ou de faire valoir tous ses moyens car il n'avait pas reçu la signification en temps utile. De même, si le débiteur canadien n'avait pas pu se défendre à l'étranger car il n'avait pas eu accès à des documents protégés par la *Loi sur les dossiers d'entreprise*[141], ou si le tribunal étranger avait refusé de permettre le témoignage en français avec l'aide d'un interprète, ce jugement ne sera pas reconnu au Québec.

472. Il nous semble qu'une citation irrégulière en vertu de la procédure étrangère ne peut être invoquée par la partie qui a procédé au fond sans faire de réserve.

473. Le paragraphe 4 règle d'une manière satisfaisante la contrariété des jugements et la litispendance. Par «première saisie», il s'agit du moment où le bref d'assignation est délivré (art. 110, Code de procédure civile).

474. Le paragraphe 5 consacré à l'ordre public fait le pendant de l'article 3081 qui traite de l'ordre public dans les conflits de lois. Vu les articles 3155, alinéa 3 et 3156, il s'agit de la conformité de la décision étrangère à l'ordre public quant au fond. On pourra aussi l'invoquer pour écarter le contenu d'une décision étrangère qui n'est pas conforme à une loi québécoise d'application nécessaire[142].

475. Le dernier paragraphe énonce le principe que les jugements fiscaux étrangers ne sont pas reconnus et exécutés[143] sauf ceux qui sont rendus dans des États qui reconnaissent et sanctionnent les obligations découlant des lois fiscales du Québec (art.3162). On étend aux États étrangers la règle de l'article 21 du Code de procédure civile.

476. L'article 3156 est de droit nouveau. La personne qui invoque une décision par défaut en sa faveur doit prouver que l'acte introductif d'instance avait été régulièrement signifié à la partie défaillante selon la loi du lieu où elle avait été rendue. Cependant, comme dans certains États cette signification se fait souvent de telle manière à passer totalement inaperçue, le défendeur peut faire échec à la reconnaissance de la décision en prouvant qu'étant donné les circonstances, il n'avait pas eu connaissance de l'acte introductif d'instance, ou n'avait pas disposé d'un délai suffisant pour présenter sa défense. Ces questions doivent être laissés à l'appréciation du juge car le défendeur peut s'être livré à certaines manoeuvres pour ne pas être touché par la simplification. Vu l'impossibilité de la révision au fond, il faut s'attendre à que cet article soit utilisé assez fréquemment.

477. Le taux de change qui prévaut à la date où la décision est devenue exécutoire au lieu où elle a été rendue adopté par l'article 3161 pour convertir en dollars canadiens la somme qui est exprimée en monnaie étrangère a sa source dans l'article 73 du projet de l'Office de révision du Code civil de 1977. Pour être équitable et protéger le créancier d'un débiteur récalcitrant, la conversion en monnaie canadienne devrait se faire au taux de change qui prévaut au moment du paiement effectif de la somme une fois la décision rendue exécutoire au Québec. C'est la pratique qui est suivie en Angleterre et en Ontario[144]. Pour donner plus de flexibilité au tribunal, on aurait du permettre au juge d'avoir recours à la date qui est la plus favorable au créancier afin d'inciter le débiteur à ne pas différer son paiement[145].

478. En ce qui concerne les intérêts, nous ne voyons pas pourquoi la loi québécoise devrait s'appliquer après la conversion au motif qu'il s'agit maintenant d'une décision rendue au Québec.

479. Comme pour la transaction, il nous semble que l'acte notarié authentique et exécutoire selon le droit étranger devrait pouvoir faire l'objet d'une exemplification au Québéc[146].

480. Le Code ne contient pas de règles relatives à la procédure de reconnaissance et d'exécution d'une décision étrangère. Celles-ci se trouvent dans le Projet de loi 38[147].

481. Des règles spéciales s'appliquent aux décisions étrangères en matière de droit antitrust et en matière de pollution[148].

482. Une ordonnance d'injonction émise à l'étranger dans le but d'empêcher le demandeur d'intenter ou de continuer une action devant les tribunaux québécois devrait pouvoir servir de base à l'obtention d'une nouvelle injonction au Québec. Quant à celle qui a pour but d'empêcher le défendeur de disposer de ses biens, elle pourrait justifier des mesures conservatoires au Québec en vertu de l'article 3138.

B. Compétence des autorités étrangères

483. À l'heure actuelle les tribunaux québécois n'utilisent pas le principe du miroir. Cependant, dans une certaine mesure, les règles spéciales qui déterminent la compétence indirecte des autorités étrangères ressemblent à celles qui déterminent la compétence directe des autorités québécoises. L'Avant-projet de loi de 1988 n'avait adopté le principe du miroir qu'à titre subsidiaire. Certaines règles de compétence indirecte, notamment, en matière familiale, étaient plus libérales que les règles de compétence directe, d'autres, par exemple, en matière patrimoniale, l'étaient moins. À la suite de soumissions contradictoires présentées par le Barreau et la Chambre des notaires pour ou contre l'extension de ce principe, le législateur a opté pour une solution de compromis. Le principe du mirroir, sujet à certaines conditions (art. 3164), s'applique aux matières autres que celles qui sont sujettes à des règles spéciales (arts.3166, 3167 et 3168).

484. L'autorité québécoise saisie d'une demande de reconnaissance ou d'exécution contrôle d'office la compétence des autorités étrangères.

485. Deux conditions doivent être remplies: premièrement, l'autorité étrangère doit avoir été compétente, soit en vertu des règles de compétence directe que nous avons examinées plus haut (arts. 3134 à 3154), soit en vertu des règles spéciales de compétence indirecte (arts. 3166 à 3168). Dans la plupart des cas, la compétence indirecte des autorités étrangères est appréciée selon les mêmes critères que la compétence directe des autorités du for dans le domaine du droit international privé. Cependant, comme les règles étrangères seront rarement identiques aux règles québécoises, nous estimons qu'il suffit que les faits qui ont donné lieu au litige soient de telle nature que s'ils s'étaient produits au Québec, une autorité québécoise aurait été compétente. L'équivalence du résultat matériel suffit. Par exemple, l'autorité étrangère était compétente en vertu de la nationalité des parties, tandis que l'autorité québécoise aurait été compétente sur la base de leur domicile. S'il se trouve que ces parties étaient également domiciliées dans le ressort de l'autorité étrangère, cette décision devrait remplir la première condition de la reconnaissance. Le juge québécois ne doit pas donner une interprétation étroite à l'article 3164. Deuxièmement, le litige doit se rattacher d'une façon importante à l'État dont l'autorité avait été saisie. Cette condition s'inspire de la formule adoptée par la Cour de cassation française dans l'affaire *Simitch*[149] avec une modification importante, puisque le législateur a remplacé les mots «d'une manière caractérisée» par «d'une façon importante». Cette condition s'applique aussi aux articles 3166 à 3168 même si l'article 3168 édicte des règles de compétence indirecte exclusives. Ceci est important vu les conditions très libérales qui s'appliquent à la reconnaissance et à l'exécution des décisions étrangères.

486. Par «façon importante», le législateur n'a pas voulu dire les liens *les* plus étroits avec l'autorité étrangère, car si c'était le cas, il aurait utilisé ces mots. Il s'agit *d'un* lien étroit ou, pour utiliser la formule adoptée par la Cour suprême du Canada dans

Morguard Invt. Ltd. c. *De Savoye*[150], un lien «réel et substantiel» entre le litige et l'État dont l'autorité a été saisie. Par litige, on doit entendre les parties et l'objet du litige[151].

487. Le juge québécois pour fonder la compétence de l'autorité étrangère pourrait tenir compte, non seulement des facteurs de rattachement pertinents, mais aussi des éléments du litige qui font que cette autorité était *forum conveniens*[152].

488. L'article 3165 assure le respect de la compétence exclusive des autorités québécoises et étrangères en raison de la matière ou d'une convention entre les parties. La compétence exclusive des autorités étrangères doit exister en vertu du droit québécois. Enfin une décision rendue par une autorité étrangère en violation d'une convention d'arbitrage qui est valide selon le droit québécois ne sera pas reconnue.

489. L'article 3165 ne s'applique qu'aux cas de compétence exclusive. Si les facteurs de rattachement sont alternatifs et que l'autorité étrangère qui a rendu la décision est compétente sur la base de l'un de ces facteurs de rattachement, sa compétence doit être reconnue si les conditions de l'article 3164 sont remplies.

490. Le défendeur ne peut pas renoncer à la compétence exclusive des autorités québécoises et se soumettre à celle des autorités étrangères.

491. L'article 3166 élargit la compétence des autorités étrangères en matière de filiation en ajoutant la nationalité comme facteur de rattachement alors que l'article 3147 n'utilise que le domicile. Cela se comprend car, au Canada, la nationalité se confond avec le domicile, tandis que beaucoup de pays qui ont une structure juridique unitaire utilisent la nationalité.

492. L'article 3167 qui fait double emploi avec l'article 22 de la Loi sur le divorce[153] et est probablement *ultra vires*, contient des dispositions légèrement différentes et plus précises que celles qui apparaissent dans la législation fédérale. Par exemple, il reconnaît la nationalité commune et le domicile de chacun des époux comme facteurs de rattachement.

493. Quant à la reconnaissance de la décision dans l'un des États mentionnés par cet article, elle vise les divorces religieux et le cas où une décision a été rendue par une autorité compétente sur une autre base. Cette dernière règle intègre la jurisprudence québécoise qui avait appliqué la règle anglaise du «renvoi de compétence[154].»

494. Soulignons que seule l'adoption prononcée judiciairement à l'étranger peut être reconnue au Québec (art.565)[155]. Cette règle restrictive déroge aux règles générales de compétence des autorités étrangères.

495. L'article 3168 consacré aux actions personnelles à caractère patrimonial a pour but de limiter la reconnaissance par les autorités québécoises de la compétence d'une autorité étrangère puisqu'en dehors des cas prévus, celle-ci ne peut être compétente aux yeux du Québec.

496. Si on compare les chefs de compétence retenus par cet article avec ceux de l'article 3148, on constate qu'ils ne sont pas toujours identiques.

497. Le paragraphe 1 de l'article 3168 ne retient pas la résidence du défendeur qui est remplacée par son établissement (para.2).

498. Le paragraphe 3 est totalement différent du paragraphe 3 de l'article 3148. En effet, l'article 3148 tient compte de trois chefs de compétence, à savoir, la faute, le préjudice et le fait dommageable. Par contre, l'article 3168 ne contient qu'un chef de compétence: le préjudice qui résulte soit d'une faute soit d'un fait dommageable. Tous doivent avoir eu lieu dans le même État tandis que dans le cas de l'article 3148, il suffit que l'un d'entre eux se soit produit au Québec. La compétence de l'autorité étrangère basée seulement, soit sur le lieu du préjudice, soit sur le lieu de la faute ou du fait dommageable, ne sera pas reconnue au Québec.

499. En ce qui concerne les obligations contractuelles, l'article 3148, paragraphe 3, ne requiert la présence au Québec que de l'une des obligations contractuelles, alors que l'article 3168, paragraphe 4 parle *des* obligations, ce qui veut dire que toutes doivent être exécutées dans le même État pour que les autorités de celui-ci soient compétentes.

500. Le paragraphe 5 de l'article 3168 qui correspond au paragraphe 4 de l'article 3148, qui traite du for contractuel, ne parle pas de convention ce qui semble être une omission. Cependant, le législateur a retenu de l'article 3149, le fait que ni le consommateur, ni le travailleur ne peuvent renoncer à la compétence de l'autorité de leur domicile. Par contre, il n'est plus question de résidence. Notons que les articles 3168, paragraphe 5 et 3149 ne contiennent pas des règles de compétence exclusive. Ils se contentent d'annuler toute renonciation à la compétence des autorités des lieux mentionnés. Enfin, ce paragraphe est sujet au critère de rattachement «de façon importante» de l'article 3164. Il vaudrait mieux que le tribunal québécois s'abstienne d'intervenir lorsque les parties se sont mises d'accord pour choisir une autorité étrangère. Il est regrettable que la terminologie employée par l'article 3168 soit différente de celle de l'article 3148 car cela prête à confusion.

501. Le dernier paragraphe de l'article 3168 qui traite de la soumission volontaire à l'autorité étrangère ne s'applique que lorsque cette autorité n'est pas compétente en vertu des paragraphes 1 à 5 et de l'article 3164. Si cette compétence existe déjà, il vaut mieux que le défendeur comparaisse. Si cette compétence est incertaine, le défendeur aura une décision importante à prendre: devra-t-il comparaître, par exemple, pour éviter la saisie des biens qu'il possède dans le ressort de cette autorité étrangère? La comparution pour contester la compétence de l'autorité étrangère ou pour protéger ses biens constitue-elle une reconnaissance de la compétence de l'autorité étrangère, surtout si la procédure étrangère ne prévoit pas une comparution limitée à ces questions? Il est certain que si le défendeur se défend sur le fond du litige, il reconnaît automatiquement la compétence de l'autorité étrangère (art. 3168, para.6). Il nous semble que l'article 3164 peut intervenir pour protéger le défendeur qui, à l'étranger, avait été obligé de comparaître dans certaines circonstances, si le litige ne se rattachait pas d'une façon importante à l'État dont l'autorité avait été saisie.

VI. Conclusion

502. La sécurité des transactions internationales et la prévisibilité de la loi applicable sont des impératifs fondamentaux du droit international privé. Ils nécessitent des règles de conflit précises et rigides. Dans le Code civil, cette politique de sécurité juridique s'est traduite par l'extension du domaine de l'autonomie de la volonté.

503. Pour le reste, dans les domaines où la désignation de la loi applicable n'est pas permise, il est certain que le Code n'assure pas un haut degré de sécurité juridique et de prévisibilité en raison des nombreux mécanismes dérogatoires qu'il contient, comme la clause échappatoire, et les règles d'application nécessaire du for et étrangères. Les règles qui se rapportent aux conflits de lois sont elles-mêmes flexibles, par exemple, en matière contractuelle, en raison de l'adoption de la notion de prestation caractéristique. L'introduction de la doctrine du *forum non conveniens* ajoute à cette incertitude au niveau de la compétence internationale des autorités québécoises.

504. Si le législateur a sacrifié un certain degré de sécurité juridique et de prévisibilité, c'est pour pouvoir atteindre un objectif encore plus important: permettre aux autorités québécoises de rendre une justice plus humaine. Cet objectif impose d'écarter l'application d'une loi désignée ou la compétence d'une autorité, lorsque la solution qui en résulterait ne correspondrait pas à l'idéal de justice qui est celui du Québec.

505. En général, le Code est assez favorable au développement des relations internationales et interprovinciales, notamment en raison de la flexibilité des règles de la partie générale, et de celles qui s'appliquent en matière d'obligations contractuelles et extracontractuelles, et de son libéralisme en matière de reconnaissance des décisions étrangères. De plus, il se rapproche de la common law sur certains points.

506. Les nouvelles règles du droit international privé ne seront appelées à connaître un très bel avenir que si elles sont interprétées de manière à promouvoir la coopération internationale et interprovinciale dans tous les domaines de l'activité humaine.

Notes

1. Voir arts. 59, 60, 71, 75 à 84, 92, 137 à 140, 226, 563 à 565, 568, 574, 575, 581, 696, 1574, 1641, 2807, 2809, 2812 à 2814, 2822 à 2825.

2. J.-L. Baudouin, «Le nouveau Code civil: interprétation et application», Journées Maximilien Caron, 13-14 mars 1992, Université de Montréal.
3. Voir para. 9, *infra*, et arrêts *Royal Bank of Canada* c. *The King*, [1913] A.C. 287; *Interprovincial Co-operatives Ltd.* c. *The Queen*, [1976] 1 R.C.S. 477; *Ladore* c. *Bennett*, [1939] A.C. 468; *Churchill Falls (Labrador) Corp.* c. *A.G.Nfld*, [1984] 1 R.C.S. 297.
4. J.-G. Castel, *Droit international privé québécois*, Toronto, Butterworths, 1980, p.80. Voir paras. 11 et s., *infra*.
5. [1990] 3 R.C.S. 1077. Aussi P. Hogg, *Constitutional Law of Canada*, Toronto, Carswell, 3e éd., 1992, p.327 et s.; E. Groffier, *La Réforme du droit international privé québécois*, Cowansville, Editions Yvon Blais Inc., 1992, nos 9-10.
6. Voir aussi *Dupond* c. *Taronga Holdings Ltd.* (1987), 49 D.L.R. (4th) 335, p. 339 (C.S. Qué.).
7. Par ex., arts. 84, 137 à 140, 276, 563, 565, 568, 575, 581, 696, 1574, 1641, 2807, 2809, 2812 à 2814, 2822, 2825, 3086, 3104, 3106 et 3110. Les règles du droit international privé québécois ne tiennent pas compte des règles autolimitatives du droit interne. L'Avant-projet était plus cohérent car l'art. 3439 faisait référence à ces lois.
8. Par. ex., arts. 65, 130, 132 à 134, 136 et 137, et 426 à 437.
9. Voir aussi J.-G. Castel, «Commentaires sur certaines dispositions du Code civil du Québec se rapportant au droit international privé» (1992), 119 *J.D.I.* 625.
10. Sauf certaines solutions ponctuelles: voir arts. 3091, 3097, al.2, 3102, 3106, al.1 et 3114.
11. Voir J. Talpis, «La maîtrise du sol en droit international privé», Journées camérounaises, février 1990, Numéro spécial (1991), 93 *R. du N. 55* où l'auteur démontre que la *lex rei sitae* est en train de perdre du terrain.
12. Loi de 1982 sur le Canada, Annexe B, 1982 (R.U.), ch. 11.
13. L.R.Q., ch. C-12.
14. L.R.Q., ch. P-34.1.
15. Voir par ex., *Ross* c. *Ross* (1893), 2 B.R. 413, conf. par (1896), 25 R.C.S. 307. Toutefois, il est admis implicitement par les arts. 3096 et 3167.
16. Voir J.-G. Castel, *Droit international privé québécois*, Toronto, Butterworths, 1980, p. 65. Cependant le prof. E. Groffier regrette sa disparition, «La réforme du droit international privé québécois» (1992), 52 *R. du B.* 607, p. 619.
17. Voir à ce sujet: J. Talpis et G. Goldstein, «Analyse critique de l'Avant-projet de loi du Québec en droit international privé» (1989), 91 *R. du N.* 293, p.321; R. de Nova, «Conflict of Laws and Functionally Restricted Substantive Rules» (1966), 54 *Cal. L.R.* 1569, p. 1570.
18. Sur l'étendue et le champ d'application de la loi étrangère, voir par ex., *Chanteclair Pontiac Buick Ltée.* c. *Ernst & Whinney*, [1984] R.L. 278 (C.S.).
19. L.N.B. 1980, ch. M-1.1, art. 44(1).

20. Voir par ex., *Resorts International Hotel Inc.* v. *Auerbach* (1992), 89 D.L.R. (4th) 688 (C.A.); *Droit de la Famille* - 1466, [1991] R.D.F. 492 (C.A.).
21. Pour une étude approfondie du principe de proximité voir P. Lagarde, «Le principe de proximité dans le droit international privé contemporain» (1986), 196 *R.C.A.D.I.* 13. et C.E. Dubler, *Les Clauses d'exception en droit international privé*, Genève, Librairie de l'Université, 1985, p.109 et s.
22. L'art.3082 pourrait aussi faire intervenir la nationalité.
23. Voir affaire *Nottebohm*, 1955 C.I.J. Rec.4.
24. J.-G. Castel, *Droit international privé québécois*, Toronto, Butterworths, 1980, p.95.
25. J.-G. Castel, *Droit international privé québécois*, Toronto, Butterworths, 1980, p.151.
26. Voir Loi sur l'application de la réforme du Code civil, Projet de loi 38, L.Q. 1992, ch.57, art. 4. Le commentaire déclare: «Une situation juridique qui comporte un élément d'extranéité sera gouvernée par ces mêmes règles au plan transitoire que s'il s'agissait d'une situation juridique de droit interne: Dans le même sens le nouveau Code suisse, art. 196.»
27. P. Lagarde, «Le droit transitoire des règles de conflit après les réformes récentes du droit de la famille», *Travaux du Comité français de droit international privé* (1977-79), p.93.
28. Projet de loi 38, art. 5 «Les stipulations d'un acte juridique antérieures à la loi nouvelle et qui sont contraires à ses dispositions impératives sont privées d'effet pour l'avenir.»
29. Voir *Mémoire* de la Chambre des Notaires.
30. Voir art. 77 et Assemblée Nationale, *Journal des débats*, Sous-commission sur les institutions, 3 déc. 1991, No.28, p. SCI-1131.
31. A. Ponsard, «L'office du juge et l'application du droit étranger» (1990), 79 *Revue critique de d.i.p.* 607.
32. Le législateur n'a pas retenu la recommendation de la Chambre des notaires de supprimer l'exigence de l'allégation du droit étranger, ce qui est la suite logique de l'obligation imposée au juge d'appliquer les règles de conflit québécoises.
33. Notons aussi que la version anglaise, à savoir, «cannot be established» est différente de la version française qui utilise les mots «n'a pas été établie». La version anglaise semble être plus proche de l'intention du législateur.
34. (1986), 66 N.R. 361.
35. Voir les règles spéciales des arts. 137 à 140 et E. Groffier, *La réforme du droit international privé québécois*, Cowansville, Editions Yvon Blais Inc., 1992, n°39.
36. L. Ducharme, «Le nouveau droit de la preuve en matières civiles selon *le Code civil du Québec*» (1992), 23 *R.G.D.* 5, p.28.
37. Art. 6, al.4 du Code civil du Bas Canada.
38. A. Prujïner, «La personne morale et son rattachement en droit international privé» (1988), 29 *C.de D.* 1097.

39. L'art. 318 pourrait s'appliquer à une société de fait étrangère par l'entremise des arts. 3087 ou 3116.
40. Voir aussi Loi des compagnies étrangères, L.R.Q. 1977, ch. C-46; Loi sur les valeurs mobilières, L.R.Q. 1977, ch. V-11, arts. 302 et s.; Loi sur les banques, L.R.C. 1985, ch. B-1, arts. 302 et s.; Loi sur les compagnies fiduciaires, L.R.C. 1985, ch. T-20, arts. 39-42, et J. Talpis, «Les aspects juridiques de l'activité des sociétés et corporations étrangères au Québec», [1976] *C.P. du N.* 215.
41. Voir paras. 154-159 *infra*.
42. Voir H.P. Glenn, *La capacité juridique de la personne en droit international privé français et anglais*, Paris, Dalloz, 1975, p. 131 et s. et «Méthodologie conflictuelle et protection de l'incapable étranger» (1985), 26 *C. de D.* 1031.
43. L.R.Q., ch. C-81.
44. L.R.Q., ch. P-34.1,
45. L.R.Q., ch. C-81.
46. «Dans la mesure où l'article 258 du Code civil du Québec ne peut s'appliquer à une personne qui, sans y être domiciliée, se trouve au Québec, le tribunal peut désigner le curateur public pour agir provisoirement comme curateur, tuteur ou conseil jusqu'à ce qu'elle soit prise en charge conformément aux lois de son domicile.» Art. 555, Projet de loi 38.
47. L'expression est mal choisie, car il s'agit aussi des majeurs qui ont besoin de protection.
48. Cour cass. Req. 16 janv. 1861, D.P. 1861.1.193. Voir aussi Convention de Rome du 19 juin 1980 sur la loi applicable aux obligations contractuelles, art.11.
49. J.Talpis, «La représentation volontaire et organique en droit international privé» (1989), 20 *R.D.U.S.* 89.
50. H.P. Glenn, *op.cit.*, note 42, *supra*, p.113.
51. L'art. 3086 ne traite pas du dépassement de pouvoirs par un représentant.
52. L'art. 3116 n'envisage que la représentation volontaire.
53. J. Talpis et G. Golstein, «Analyse critique de l'Avant-projet de loi du Québec en droit international privé» (1989), 91 *R.du N.* 293, p.343 et s.
54. Voir *Bethiaume* c. *Dastous*, [1930] A.C. 79.
55. En cas de double nationalité voir paras. 88 à 90, *supra*.
56. L'art. 167 du Projet de loi 38, L.Q. 1992, ch.57, applique l'art. 3088, al.2, à tout mariage célébré avant l'entrée en vigueur du Code civil.
57. [1985] R.D.J. 247.
58. E. Groffier, *La réforme du droit international privé québécois*, Cowansville, Editions Yvon Blais, 1992, nº 53; J. Talpis, «Champ d'application international des règles sur le partage du patrimoine familial» dans *Le partage du patrimoine familial et ses conséquences juridiques*, Cowansville, Editions Yvon Blais Inc., 1990; J. Talpis et G. Goldstein, «Le droit international privé québécois des régimes matrimoniaux après l'affaire *Palmer* c. *Mulligan*» (1986), 89 *R.du N.* 34.
59. L'application cumulative souhaitée est celle qui résulte de l'avant-projet de Convention de la Haye sur l'adoption interntionale, même si

l'accent n'est pas mis sur les règles de conflit mais plutôt sur le rôle des autorités centrales des pays d'acceuil et d'origine.

60. Voir E.Groffier, *Précis de droit international privé québécois*, Cowansville, Editions Yvon Blais Inc., 4e éd., 1990, nos 40 et 41.

61. Au Québec voir Loi d'execution réciproque d'ordonnances alimentaires, L.R.Q., ch. E-19. J.-G. Castel, *Droit international privé québécois*, Toronto, Butterworths, 1980, p.270.

62. Pour une étude détaillée voir J. Talpis, *The Law Governing the Statut Réel in Contracts for the Transfer inter vivos of Movables ut singuli in Quebec Private International Law*, Thèse de doctorat, Université de Montréal, 1970 (1972), 12 *C.de D.* 305.

63. Voir *Brunet* v. *Chrysler Canada Ltd.*, [1992] R.J.Q. 2276.

64. J. Talpis, «Quelques réflexions sur l'Avant-projet du droit international privé, notamment en matière de droit de la famille», [1989] 2 *C.P. du N.* 135; «The Convention of the Hague Conference on the Law Applicable to Succession to the Estates of Deceased Persons of October 20, 1988 from the Québec Perspective» (1990), 93 *R.du N.* 3; «The Hague Convention of August 1, 1989, on the Law Applicable to Succession to the Estates of Deceased Persons», *Conference Meridith* 1991, Planification successorale, Faculté de droit, Université McGill, Cowansville, Editions Yvon Blais Inc., 1992.

65. *Contra*: E. Groffier, *La réforme du droit international privé québécois*, Cowansville, Éditions Yvon Blais Inc., 1992, p.89.

66. *Contra*: E. Groffier, *La réforme du droit international privé québécois*, Cowansville, Éditions Yvons Blais Inc., 1992, p.89.

67. L'article 3100 s'inspire de la proposition faite par l'un des auteurs de ce travail à la Conférence de La Haye sur les successions. Voir J. Talpis «Quelques réflexions sur l'Avant-projet du droit international privé, notamment en matière de droit de la famille», [1989] 2 *C.P. du N. 135*. Voir aussi art. 22 (3), Matrimonial Property Act, R.S.N.S. 1989, ch. 275, pour une application de la règle dans le domaine matrimonial.

68. Notons que cet article s'applique aux successions ouvertes avant la date d'entrée en vigueur du nouveau Code civil quant aux biens situés au Québec et non encore partagés à cette date: Projet loi 38, L.Q. 1992, ch.57, art. 169.

69. Le Canada n'est pas lié par certaines conventions internationales qui traitent des hypothèques et privilèges maritimes, mais reconnait celles-ci lorsqu'elles sont valablement créées à l'étranger. Voir J.-G. Castel, *Canadian Conflict of Laws*, Toronto, Butterworths, 2e éd., 1986, nº 128, et *Canada* c. *Galaxias (Le)*, [1989] 1 C.F. 375 et *Metaxas* c. *Galaxias (Le)*, [1989] 1 C.F. 386 (Div. 1ère inst.).

70. Voir Convention relative à la reconnaissance internationale des droits sur aéronef de 1948 adoptée mais non en vigueur dans deux provinces, par ex., Aircraft Security Interests Act, S.P.E.I. 1988, ch.10. Il faut croire que les règles du Code civil s'appliquent.

71. Voir par ex. *Faubert* c. *Brown* (1938), 76 C.S. 328; *Union Acceptance Corp.* c. *Guay and McDonald*, [1960] B.R. 827; *General Motors*

Acceptance Corp. of Canada c. *Beaudry*, [1977] C.S. 1017; *Banque de Nouvelle Ecosse* c. *Fournier*, [1985] C.A. 301, et G. Khairallah, *Les sûretés mobilières en droit international privé*, thèse de doctorat, Université de Paris II, 1984.

72. Par. ex., J. Talpis, «Recognition on New-possessory Security Interests in Quebec Private International Law»(1979), 8 *R.D.U.S.* 165.

73. Voir aussi art.447 du Projet de loi 38 qui modifie la Loi sur les bureaux d'enregistrement, L.R.Q. ch.B-9 et les articles 157 à 166 du dit Projet consacrés à la publicité des droits personnels et réels immobiliers.

74. *Banque de Nouvelle Ecosse* c. *Fournier*, [1985] C. A.301, commentaire G.Goldstein (1986), 64 *R.du B. can.* 721.

75. J. Talpis, «Recognition of Non-possessory Security Interests in Quebec Private International Law» (1979), 8 *R.D.U.S.* 165.

76. *Bossé* c. *Garage Moreau Ltd.*, 1982, C.S., arrêt non rapporté, commentaire, G.Goldstein (1983), 29 *Rev. D. McGill* 164.

77. *La réforme du droit international privé québécois*, Cowansville, Éditions Yvon Blais Inc., 1992, pp.98-99.

78. Voir aussi *German Savings Bank* c. *Tétrault* (1905), 27 C.S. 447; *General Motors Acceptance Corp.* c. *Arnold*, [1984] R.L. 513, commentaire G. Goldstein (1984), 30 *Rev. D. McGill*; V. Nabban et J. Talpis, « Le droit international privé québécois et canadien de la protection juridique du consommateur» (1973), 33 *R. du B.* 330, p.348.

79. Contra voir E.Groffier, *La réforme du droit international privé québécois*, Cowansville, Éditions Yvon Blais Inc., 1992, p.98.

80. *General Motors Acceptance Corp.* c. *Breton*, [1986] R.J.Q. 781. *Contra*: *General Motors Acceptance Corp.* c. *Naud*, [1987] R.J.Q. 2661.

81. En vigueur depuis le 1er janvier 1993 dans plusieurs provinces: Alberta, Colombie-britannique, Île-du-Prince-Édouard, Nouveau-Brunswick et Terre-Neuve.

82. (1986), 75 *Revue critique d.i.p.* 770.

83. J. Talpis et G. Goldstein, «Analyse de l'Avant-projet de loi du Québec en droit international privé» (1989), 91 *R.du N.* 456, p.471.

84. Même si le droit interne limite l'établissement de la fiducie par contrat ou testament ou par la loi (art.1262), on peut penser que sa création par la loi pourrait découler de la modification d'une fiducie établie (arts. 1294 et 1298), ce qui n'a pas pour effet d'étendre le contenu de la catégorie de droit international privé (art.3107).

85. J. Talpis, «International and Transnational Estate Planning. A View from the Civil Law (and in particular Quebec Law» (1990-91), 10 *E.T.J.* 89.

86. On évitera ainsi l'interprétation restrictive donnée par le juge Toth dans l'affaire *Feltrinelli* c. *Barzini*, [1992] R.J.Q. 1525 (C.S.) où un testament en forme anglaise rédigé en Italie pour disposer de meubles au Québec, n'a pas été reconnu valide. L'art. 3109, als. 2 et 3 rendrait ce testament valide par réference à la citoyenneté canadienne et la situation des meubles au Québec. Notons que la version française du troisième alinéa est correcte alors que la version anglaise semble écarter l'application du deuxième alinéa pour les testaments.

87. Par ex., Loi sur la protection du consommateur, L.R.Q., ch. P-40.1.
88. En général voir J. Talpis, «Valeur et effet d'un document étranger reçu par le notaire», *20e Congrès de l'Union internationale du notariat latin*, Cartagène, Colombie, 27 avril-27 mai 1992, Rapport officiel, Thème IV, 235.
89. [1974] *Revue de droit uniforme* 62.
90. Assemblée nationale, *Journal des débats*, Sous-commission des institutions, 28 nov.1991, n° 27, p. SCI-1107. Art. 117, para.3 de la Loi fédérale suisse sur le droit international privé et art.4, para. 2. de la Convention de 1980 sur la loi applicable aux obligations contractuelles.
91. Voir M. Giuliano et P. Lagarde, Rapport concernant la Convention sur la loi applicable aux obligations contractuelles (1980), *Journal officiel des Communautés européennes*, No. C282/1, p.282/20.
92. L.Q. 1991, ch. 68.
93. Par ex., art. 3097. Voir J. Talpis, *The Law Governing the Statut Réel in Contracts for the Transfer inter vivos of Movables ut singuli in Quebec Private International Law*, Thèse de Doctorat, Université de Montréal, 1970 (1972), 12 *C.de D.* 305.
94. Par ex., arts.1730, 1767 et s., 1785 et s.
95. En général, voir J. Talpis, «La représentation volontaire et organique en droit international privé québécois» (1989), 20 *R.D.U.S.* 89.
96. Toutefois, d'autres lois pourraient aussi intervenir (arts. 3084, 3109, 3111, 3112 et peut être 3076 pour l'homologation).
97. Voir art. 138 de la Loi sur la protection du consommateur, L.R.Q., ch. P-34.
98. Voir cependant Loi sur l'application extracotière des lois canadiennes, L.C. 1990, c. 44, arts. 5 à 8.
99. Confirmé par l'art. 3150 par comparaison avec l'art. 3149 et par l'art. 69 du Code de procédure civile.
100. C. Brown et J.Menezes, *Insurance Law in Canada*, Toronto, Thomson Professional Publishers, 2e éd., 1991, pp.33 à 35.
101. G. Goldstein «Les règles générales du statut des obligations dans le droit international privé du nouveau Code civil du Québec» à paraître en 1993 dans la *R. du B.* L'art. 1641, al.2, établit une règle matérielle qui s'applique si le droit québécois régit l'opposabilité au débiteur et aux tiers.
102. J. Talpis, «Quelques réflexions sur le champ d'application international de la loi favorisant l'égalité économique des époux» (1989), 2 *C.P du N.* 134, nos 47 et s; «Champ d'application international des règles sur le partage du patrimoine familial» dans Barreau du Québec, Service de la formation permanente, *Le partage du patrimoine familial et ses conséquences juridiques*, 1990, Cowansville, Éditions Yvon Blais Inc., 1990.
103. Voir *Restatement of the Law, Second, Conflict of Laws 2d*, St. Paul, American Law Institute Publishers, 1971, s.221.
104. *Droit de la famille*-269, 1985, J.E. 86-194 et *Droit de la famille*-389, [1987] R.J.Q. 1852; J. Talpis, «International and Transnational Marital and Estate Planning. A View from the Civil Law (and in Particular Quebec Law)» (1990-91), 10 *E.T.J.* 89.

105. J.-G. Castel, *Droit international privé québécois*, Toronto, Butterworths, 1980, p.488.
106. J. Talpis et G. Goldstein, «Le droit international privé québécois des régimes matrimoniaux après l'affaire *Palmer* c. *Mulligan*» (1986), 89 *R.du N.* 70.
107. Voir J.-G. Castel, *Droit international privé québécois*, Toronto, Butterworths, 1980, p.447 et s.
108. Voir *Grimes* c. *Cloutier* (1989), 69 O.R. (2d) 641 (C.A.) et Dicey & Morris, *The Conflict of Laws*, London, Stevens & Sons, 11e éd., 1987, pp. 1365-66.
109. (1870), L.R. 6 Q.B.1, telle qu'intérprétée par *Machado* c. *Fontes*, [1897] 2 Q.B. 231. Cette dernière décision n'a plus cours en Angleterre: *Boys* c. *Chaplin*, [1971] A.C. 356 (Ch.L.).
110. [1930] R.C.S. 231. Voir aussi *McLean* c. *Pettigrew*, [1945] R.C.S. 62.
111. Voir *Wabasso Ltd.* c. *National Drying Machinery Co.*, [1981] 1 R.C.S. 578 qui traite de l'omission dans le contexte de l'art. 68, para.2, du Code de procédure civile.
112. La transmissibilité de l'action en réparation aux héritiers de la personne lésée relève de la loi successorale.
113. Si la responsabilité est fondée sur le droit de propriété, la *lex situs* peut intervenir seule ou avec d'autres lois.
114. Par ex., selon la loi applicable au contrat, on peut obtenir réparation pour un certain préjudice alors que la loi du délit l'interdit.
115. L.R.Q., ch. A-25.
116. L.R.Q., ch. A-3.001.
117. Voir H.P Glenn, «La guerre de l'amiante» (1991), 80 *Revue critique de d.i.p.* 41.
118. L.R.Q., ch. D-12 et E. Groffier, *Précis de droit international privé québécois*, Cowansville, Editions Yvon Blais Inc., 4e éd., 1990, no 240. Voir aussi Loi sur les mesures extraterritoriales étrangères, L.R.C. 1985, ch.F-29, art.3.
119. J.-G. Castel, *Droit international privé québécois*, Toronto, Butterworths, 1980, pp.70 et 737 et s.; E. Groffier, *Précis de droit international privé québécois*, Cowansville, Yvon Blais Inc., 4e éd., 1990, p.227 et s.
120. Arts. 940.6 et 940 du Code de procédure civile. Voir aussi art. 1926.6 du Code civil du Bas Canada repris par l'article 2643 du présent Code. Enfin, Loi fédérale suisse sur le droit international privé, art. 182.1.
121. Art. 19(2) de la Loi type et art.940.6 du Code de procédure civile. Voir aussi art.944.1.
122. Voir art.28 du Code civil du Bas Canada et art. 68.1 du Code de procédure civile.
123. Débats de l'Assemblée nationale, *Journal des débats*, Sous-commission des institutions, 3 décembre 1991, no 28, p. SCI-1124.
124. E. Groffier, *Droit international privé québécois*, Cowansville, Éditions Yvon Blais Inc., 4e éd., 1990, no 248; P. Meyer, «The Jurisdiction of the Courts as Affected by the Doctrine of Forum Non Conveniens» (1964), 24 *R.du B.* 565.

125. Voir para. 9, *supra*.
126. Voir *Johns-Manville Corps et Asbestos Co.* c. *The Dominion of Canada General Insurance Co.* (1991), nº 500-09-00372-912 (C.A.).
127. Voir par ex., *Amchem Prod. Inc.* v. *B.C. (W.C.B.)* (1990), 50 B.C.L.R. (2d) 218, 75 D.L.R. (4th) 1 (C.A.) et E. Edinger, Commentaires (1992), 71 *R. du B. Can.* 117.
128. Voir L. Collins, «The Territorial Reach of the Mareva Injunction» (1989), 105 *L.Q. R.* 262.
129. L'art. 3503 de l'Avant-projet de loi de 1988 était plus explicite car il utilisait le mot «connexité». Cependant, voir Commentaires détaillés sur les dispositions du Code civil.
130. Voir aussi Convention de la Haye sur les aspects civils de l'enlèvement international d'enfants du 25 octobre 1980, en vigueur au Québec, L.R.Q., ch. A-23-01.
131. Sur ce sujet voir E.Groffier, *La réforme du droit international privé québécois*, Cowansville, Édition Yvon Blais Inc. 1992, nº 115. Nous préférons une compétence basée sur le domicile de l'enfant au Québec. En l'absence de domicile on pourra toujours avoir recours aux arts. 3136 ou 3140.
132. Voir *Wabasso Ltd.* c. *The National Drying Machinery Co.*, [1981] 1 R.C.S. 578.
133. À l'heure actuelle voir arts. 68 et s. du Code de procédure civile (lieu d'introduction de l'action) et art. 163 (moyens déclinatoires).
134. *Morguard Invt. Ltd.* c. *De Savoye*, [1991] R.C.S. 1077, J.-G. Castel, «Recognitional Enforcement of a Sister-Province Default Money Judgment: Jurisdiction Based on Real and Substantial Connection» (1991), *Banking and Finance L. Rev.* 111; V. Black, «The Other Side of Morguard. New Limits on Jurisdiction» dans *22e Atelier annuel en droit commercial et en droit de la consommation*, McGill, Faculté de droit, 1992; J. Bloom, «Conflict of Laws-Enforcement of Extraprovincial Default Judgment-Real and Substantial Connection: *Morguard Investments Ltd.* v. *De Savoye»*, (1991), 70 *R. du Bar can.* 733; E. Edinger, «Morguard v. De Savoye: Effect on Recognition Rules and Constitutional Status» dans *22e Atelier annuel en droit commercial et en droit de la consommation*, McGill, Faculté de droit, 1992.
135. Voir Loi sur l'immunité des États, L.R.C. 1985, ch. S-18; Loi sur les missions étrangères et les organisations internationales, L.C. 1991, ch.41.
136. Loi sur la Cour fédérale, L.R.C. 1985, ch. F-7 et mod.; J.-G. Castel, *Canadian Conflict of Laws*, Toronto, Butterworths, 2ᵉ éd., 1985, paras. 127 et s.
137. Ces dispositions ne s'appliquent pas aux décisions déjà rendues lors de l'entrée en vigueur du nouveau Code civil et aux instances alors en cours devant les autorités étrangères. Projet de loi 38, L.Q. 1992, ch. 57, art. 170.
138. L.Q. 1992, ch.57, art. 367, qui remplace l'art. 785 du Code de procédure civile.
139. Voir les arts. 948 et s. du Code de procédure civile qui tiennent compte de la Convention pour la reconnaissance et l'exécution des

sentences arbitrales étrangères adoptée à New York, le 10 juin 1958.
140. Assemblée nationale, *Journal des débats*, Sous-commission des institutions, 3 déc. 1991, n° 28, pp. SCI 1141-1142.
141. L.R.Q., ch. D-12.
142. Voir E. Groffier, *La réforme du droit international privé québécois*, Cowansville, Éditions Yvon Blais Inc., 1992, n° 139.
143. J.-G. Castel, *Droit international privé québécois*, Toronto, Butterworths, 1980, pp. 84 et s.
144. English Practice Direction, [1976] 1 W.L.R. 83; Loi sur les tribunaux judiciaires, L.R.O. 1990, ch. C.43, art. 121. En général J.-G. Castel, *Canadian Conflict of Laws*, Toronto, Butterworths, 2e éd., 1985, n° 462.
145. Voir G.Golstein et J.Talpis, *L'effet au Québec des jugements étrangers en matière de droits patrimoniaux*, Montréal, Éditions Thémis, 1991, p.23 et *Cohen* c. *Hill et Samuel & Co.*, [1989] R.J.Q. 2078 (C.A.).
146. Voir par ex., Convention de Bruxelles du 27 septembre 1968, concernant la compétence judiciaire et l'exécution des décisions en matière civile et commerciale (1973), 62 *Revue Critique de d.i.p.* 132, titre IV, arts. 50-51.
147. L.Q. 1992, ch.57, art. 367 qui remplace les arts.785 et 786 du Code de procédure civile.
148. Voir G.Goldstein et J.Talpis, *L'effet au Québec des jugements étrangers en matière de droits patrimoniaux*, Montréal, Éditions Thémis, 1991, pp. 257 et s.
149. Cass. (1985), 112 *J.D.I.* 1985, note A. Huet.
150. [1991] 3 R.C.S. 1077.
151. Notons que la version anglaise utilise les mots «substantial connection» qui sont tirés de *Morguard Invt. Ltd.* c. *De Savoye*, *ibid.*
152. Voir Assemblée nationale, *Journal des débats*, Sous-commission des institutions, 9 déc. 1991, n° 32, p.SCI-1316.
153. S.R.C. 1985 (2e supp.), ch. 3. La disposition qui indique que ces règles n'ont pas pour effet de porter atteinte aux autres règles relatives à la reconnaissance des jugements étrangers ne peut valider l'article 3167.
154. *Armitage* c. *Attorney General*, [1906] P.135.
155. À l'exception de la Chine: Loi sur les adoptions d'enfants domiciliés en République populaire de Chine, L.Q. 1992, ch.41.

Bibliographie

Beaudouin, J.-L., «Le nouveau Code civil: interprétation et application», Journées Maximilien Caron, 13-14 mars 1992, Université de Montréal.

Black, V., «The Other Side of Morguard. New Limits on Jurisdiction» dans *22e Atelier annuel en droit commercial et en droit de la consommation*, McGill, Faculté de droit, 1992.

Bloom, J., «Conflict of Laws-Enforcement of Extraprovincial Default Judgment-Real and Substantial Connection: *Morguard Investments Ltd.* v. *De Savoye*» (1991), 70 *R. du Bar can.* 733.

Brown, C. et Menezes J., *Insurance Law of Canada*, Toronto, Thomson Professional Publishers, 2e éd., 1991.

Castel, J.-G., *Canadian Conflict of Laws*, Toronto, Butterworths, 2e éd., 1985.

Castel, J.-G., *Droit international privé québécois*, Toronto, Butterworths, 1980.

Castel, J.-G., «Commentaire sur certaines dispositions du Code civil du Québec se rapportant au droit international privé» (1992), 119 *J.D.I* 625.

Castel, J.-G., «Recognition and Enforcement of a Sister-Province Default Money Judgment: Jurisdiction Based on Real and Substantial Connection» (1991), 7 *Banking and Finance L.Rev.* 111.

Collins, L., «The Territorial Reach of the Mareva Injunction» (1989), 105 *L.Q. R.* 262.

De Nova, R., «Conflict of Laws and Functionally Restricted Substantive Rules» (1966), 54 *Cal. L.R.* 1569.

Dubler, C.E., *Les clauses d'exception en droit international privé*, Genève, Librairie de l'Université, 1985.

Ducharme, L., «Le nouveau droit de la preuve en matières civiles selon le Code civil du Québec» (1992), 23 *R.G.D.* 5.

Edinger, E., «Morguard v. De Savoye: Effect on Recognition Rules and Constitutional Status» dans *22e Atelier annuel en droit commercial et en droit de la consommation*, McGill, Faculté de droit, 1992.

Glenn, H.P., «La guerre de l'amiante» (1991), 80 *Revue Critique de d.i.p.* 41.

Glenn, H.P., *La capacité juridique de la personne en droit international privé français et anglais*, Paris, Dalloz, 1975.

Glenn, H.P., «Méthodologie conflictuelle et protection de l'incapable étranger» (1985), 26 *C.de D.* 1031.

Goldstein, G., et Talpis J., *L'effet au Québec des jugements étrangers en matière de droits patrimoniaux*, Montréal, Thémis, 1991.

Goldstein, G., «Construction internationale et la responsabilité civile du constructeur: les perspectives en droit international privé québécois»(1991), 22 *R.D.U.S.* 297.

Groffier, E., «Les mariages transnationaux et la planification successorale», *Conférences Meredith*, 1991. *Planification successorale*, Faculté de Droit, Université McGill, Cowansville, Éditions Yvon Blais Inc., 1992.

Groffier, E., «La réforme du droit international privé québécois», (1992), 52 *R. du B.* 607.

Groffier, E., *La réforme du droit international privé québécois*, Cowansville, Éditions Yvon Blais Inc., 1992.

Groffier, E., *Précis de droit international privé québécois*, Cowansville, Éditions Yvon Blais Inc., 4e éd., 1990.

Hogg, P., Constitutional Law of Canada, Toronto, Carswell, 3e ed., 1992.

Khairallah, G., *Les sûretés mobilières en droit international privé*, Thèse de doctorat, Université de Paris II, 1984.

Lagarde, P., «Le principe de proximité dans le droit international privé» (1986), 196 *R.C.A.D.I.* 13.

Lagarde, P., «Le droit transitoire des règles de conflict après les rèformes récentes du droit international privé», *Travaux du Comité français de droit international privé* (1977-79).

Meyer, P., «The Jurisdiction of the Courts as Affected by the Doctrine of Forum Non Conveniens» (1964), 24 *R.du B.* 565.

Nabban, V., et Talpis, J., «Le droit international privé québécois et canadien de la protection du consommateur» (1973), 33 *R.du B.* 330.

Pépin, M., «Commentaire de l'avant-projet portant réforme au droit international privé» (1991), 5 *R.J.E.U.L.* 3.

Ponsard, A., «L'office du juge et l'application du droit étranger» (1990), 79 *Revue critique de d.i.p.* 607.

Prujïner, A., «Le statut des obligations en droit international privé» (1988), 29 *C. de D. 1097.*

Prujïner, A., «La personne morale et son rattachement en droit international privé» (1990), 31 *C.de D.* 1049.

Restatement of the Law Second, Conflict of Laws 2d., St Paul, American Law Institute Publications, 1991.

Talpis, J., «International and Transnational Marital and Estate Planning, a View from the Civil Law (and in Particular Quebec Law)» (1990-91), 10 *E.T.J.* 89.

Talpis, J., «La représentation volontaire et organique en droit international privé québécois» (1989), 20 *R.D.U.S.* 89.

Talpis, J. «Quelques réflexions sur l'Avant-projet du droit international privé, notamment en matière de droit de la famille», [1989] 2 *C.P. du N.* 135.

Talpis, J., «Quelques réflexions sur le champ d'application international de la loi favorisant l'égalité économique des époux», [1989] 2 *C.P. du N.* 135.

Talpis, J., «Recognition of Non-possessing Security Interest in Quebec Private International Law» (1979), 8 *R.D.U.S.* 165.

Talpis, J., «Champ d'application international des règles sur le partage du patrimoine familial» dans *Barreau du Québec*, Service de la formation permanente, *Le partage du patrimoine familial et ses conséquences juridiques*, Cowansville, Éditions Yvon Blais Inc., 1990.

Talpis, J., «The Convention of the Hague Conference on the Law Applicable to Succession to the Estates of Deceased Persons of October 20, 1988 from the Quebec Perspective» (1990), 93 *R.du N.* 3.

Talpis, J., *The Law governing the Statut Réel in Contracts for the Transfer inter vivos of Movables ut singuli in Quebec Private International Law*, Thèse de doctorat, Université de Montréal, 1970 (1972), 12 *C.de D.* 305.

Talpis, J., «Valeur et effet d'un document étranger reçu par le notaire», *20e Congrès de l'union internationale du notariat latin*, Cartagène, Colombie, 17 avril-17 mai 1992. Rapport officiel, Thème IV, 235.

Talpis, J., «The Hague Convention of August 1, 1989, on the Law Applicable to Succession to the Estates of Deceased Persons», *Conférence Meredith*, 1991, *Planification successorale*, Faculté de droit, Université McGill, Cowansville, Éditions Yvon Blais Inc., 1992.

Talpis, J., «The Civil Law Heritage in the Transformation of Quebec Private International Law» (1992), 84 *Law Library Journal* 177.

Talpis, J., «La maîtrise du sol en droit international privé», Journées camérounaises, février 1990, Numéro spécial (1991), 93 *R. du N.* 55.

Talpis, J., «Les aspects juridiques de l'activité des sociétés et corporations étrangères au Québec», [1976] *C.P. du N.* 215.

Talpis J., et Goldstein, G., «Analyse critique de l'Avant-projet de loi du Québec en droit international privé» (1989), 91 *R. du N.* 293, 456, 606.

Talpis J., et Goldstein, G., «Le droit international privé québécois des régimes matrimoniaux après l'affaire Palmer c. Mulligan» (1986), 89 *R. du N.* 34.

Table des matières

Le droit transitoire relatif à la réforme du Code civil

Pierre-André Côté et Daniel Jutras***

1. Le titre I de la *Loi sur l'application de la réforme du Code civil*[1] regroupe, sous la rubrique «Dispositions transitoires», les mesures qui doivent assurer le passage du droit actuel au droit nouveau qui découle de la réforme du Code civil. Ces dispositions énoncent donc le droit transitoire relatif à la réforme du Code civil.

2. C'est l'objet de la présente étude de rendre compte de ces dispositions transitoires, dont il convient tout d'abord de préciser la portée. Elles ont pour objectif de régler les difficultés soulevées par l'application dans le temps des règles nouvelles liées à la réforme du Code civil. Ce droit nouveau, la loi d'application le désigne, aux articles 2 et 3, par l'expression «loi nouvelle». Il est important de souligner que la loi nouvelle, c'est à la fois davantage et moins que le nouveau code. C'est davantage que le nouveau code, car la loi nouvelle (c'est-à-dire, au fond, le nouveau droit) n'est pas entièrement contenue dans le *Code civil du Québec:* de nouvelles règles résultent aussi des modifications corrélatives à la réforme du code qui sont prévues aux titres II et III de la loi d'application et qui ont trait l'un, aux modifications au Code de procédure civile et l'autre, aux modifications aux autres lois. La loi d'application régit l'application dans le temps de ces nouvelles règles. La loi nouvelle, c'est aussi moins que le nouveau code puisque toutes les dispositions du nouveau code n'énoncent pas des règles nouvelles: plusieurs reprennent simplement le droit antérieur tel qu'il se dégage des codes civils actuels, de la jurisprudence ou des lois particulières. Dans la mesure où le nouveau code ne modifie pas le

* Professeur, Université de Montréal.
** Professeur, Université McGill.

droit antérieur, son application ne devrait pas soulever de problèmes de droit transitoire[2].

3. Même si toutes les dispositions du nouveau code ne sont pas visées par les dispositions transitoires, on se sera rendu compte de l'ampleur de la tâche qui confrontait les rédacteurs dans l'élaboration du droit transitoire applicable à la réforme du Code civil. Le droit québécois n'a sans doute jamais vécu un changement aussi profond, un changement susceptible de susciter des problèmes d'application temporelle d'une telle importance et d'une telle diversité. Il a fallu identifier les difficultés et leur apporter des solutions qui devaient être aussi claires que possible pour réduire les incertitudes et l'éventualité de litiges, et qui devaient aussi établir un délicat dosage entre le souci de donner au nouveau droit une large portée et celui de tenir compte des attentes légitimes qui ont pu se former sous le régime de la loi ancienne.

4. Les objectifs du présent cours sont modestes. Il vise à présenter les grands traits du régime de droit transitoire mis en place par la loi d'application. Il ne s'agit pas pour ses auteurs de proposer les éléments d'un traité de droit transitoire en rapport avec la réforme du Code civil québécois. Non pas qu'un tel ouvrage ne serait pas utile, mais on comprendra que ni les objectifs de caractère pédagogique assignés au texte, ni le temps dont disposent aussi bien ses auteurs que ceux qui sont appelés à dispenser l'enseignement ou à le recevoir ne le permettent. Ajoutons qu'au moment où ce cours est rédigé, on ne dispose d'aucun commentaire officiel des dispositions transitoires. Comme ces commentaires sont susceptibles d'exercer une certaine influence sur l'interprétation du texte législatif, le lecteur voudra bien en tenir compte.

5. Cela dit, ce cours comporte un aspect théorique important, car la première partie en est consacrée à un exposé du **nouveau système de résolution des conflits de lois dans le temps** retenu par le législateur, le système dit de l'effet immédiat, dont la connaissance constitue un préalable à la compréhension des dispositions transitoires [1]. Suivra une étude du **régime général** de droit transitoire contenu dans la loi d'application à son chapitre premier intitulé «Dispositions générales» (articles 2 à 10 de la loi d'application) [2]. On donnera ensuite un aperçu

très synthétique des **règles transitoires particulières** énoncées au chapitre deuxième de la loi sous le titre «Dispositions particulières» (articles 11 à 170), étant par ailleurs entendu qu'il devrait être fait état de ces règles transitoires particulières dans chacun des cours de droit substantif [3]. En guise de conclusion, on proposera aux lecteurs quelques *exercices* pour tester leurs connaissances [4].

1. Un nouveau système de résolution des conflits de lois dans le temps

6. La disposition préliminaire de la loi d'application[3] énonce que les dispositions transitoires du Titre I «ont pour objet de régler les conflits de lois résultant de l'entrée en vigueur du Code civil du Québec et des modifications corrélatives apportées par la présente loi.» Effectivement, la résolution des conflits de lois dans le temps constitue le principal moyen par lequel on assure le passage ordonné de l'ancien droit au nouveau[4]. Il y a conflit de lois dans le temps lorsque deux lois successives énonçant des règles différentes sont susceptibles de s'appliquer à un même fait ou à un même groupe de faits et d'entrer ainsi en compétition, en conflit.

7. La solution des conflits peut se trouver entièrement énoncée dans la loi, celle-ci prévoyant, par exemple, que tel fait sera régi par la loi ancienne[5]. Cette technique faisant appel à des règles de conflit particulières ne peut cependant être seule employée lorsque l'on a affaire à une réforme aussi importante que celle du Code civil, car il faudrait, à la limite, prévoir autant de dispositions transitoires qu'il y a de nouvelles règles. Pour des motifs d'économie et aussi parce qu'il est pratiquement impossible de repérer tous les problèmes qui risquent de survenir, le législateur doit s'en remettre à des principes de solution comme, par exemple, au principe de la non-rétroactivité de la loi inscrit à l'article 2 de la loi d'application ou à celui de l'application immédiate de la loi consacré par l'article 3.

8. Le recours à des principes de résolution des conflits a pour conséquence de nous renvoyer à un système de résolution des conflits, de source doctrinale, dont c'est la fonction de définir autant la nature du problème de l'application de la loi dans le

temps que les diverses solutions générales que l'on peut lui apporter. Ainsi, le législateur ayant opté pour le principe de la non-rétroactivité de la loi nouvelle, il faut définir ce qu'il faut entendre par «non-rétroactivité». C'est alors le système de résolution des conflits sur lequel s'est fondé le législateur qu'il faut interroger pour définir ce concept.

9. Ceux qui font les lois ne peuvent guère élaborer ces systèmes de résolution des conflits de lois dans le temps. Tout au plus peuvent-ils adopter ceux qu'ils trouvent dans la tradition, dans la pratique, dans la doctrine juridiques. Pour ce qui est de la réforme du Code civil, on avait en pratique le choix de deux systèmes: le système des droits acquis, que nous connaissons puisqu'il s'applique déjà dans notre droit, et un système nouveau pour nous, celui de l'effet immédiat, construit par la doctrine française. Comme il ressort nettement du libellé des articles 2 et 3 de la loi d'application, c'est le système de l'effet immédiat qui a été retenu. Après avoir mis ce choix en lumière et en avoir discuté les motifs et les conséquences [1.1], on établira la comparaison entre les deux systèmes en vue de mettre en lumière les principales caractéristiques du système de l'effet immédiat [1.2].

1.1 Le système retenu: l'effet immédiat

10. La référence qui est faite, aux articles 2 et 3 de la loi d'application, à la création, aux effets et à l'extinction de situations juridiques ne laisse aucun doute quant au système doctrinal à partir duquel a été conçu le droit transitoire qui régit l'application dans le temps de la réforme du Code civil. Il n'est pas question de droits acquis. Les termes des articles 2 et 3 renvoient clairement au système dit de l'effet immédiat.

11. On doit ce système à un juriste français, Paul Roubier, dont les travaux ont révolutionné l'analyse de l'application de la loi dans le temps en France. Il a exposé ses idées dans un ouvrage d'importance fondamentale, *Le droit transitoire (conflits des lois dans le temps)*[6] dont la première édition a paru en 1929 et la seconde, en 1960. Ce texte a emporté l'adhésion de la plus grande partie de la doctrine en France[7], mais la jurisprudence s'est montrée plus réservée et fait encore aujourd'hui largement

usage de la notion de droit acquis, notion que Roubier avait cherché à bannir de l'analyse des questions de droit transitoire[8].

12. La principale innovation de la doctrine de Roubier fut de proposer une distinction entre l'effet rétroactif de la loi, son effet dans le passé, et l'effet immédiat de la loi, son effet, pour l'avenir, à l'égard des situations juridiques en cours au moment de la prise d'effet de la loi. On a retenu le terme «effet immédiat» pour désigner l'ensemble de son système.

13. Le fait que le législateur ait choisi le système de l'effet immédiat peut s'expliquer autant par les faiblesses du système des droits acquis que par les avantages de celui de l'effet immédiat. Le système des droits acquis, dont l'origine remonte au 19e siècle, présente des inconvénients au plan technique et au plan politique. Au plan technique, on lui reproche généralement le fait qu'il propose une démarche analytique peu rigoureuse, qui relève davantage de l'intuition et de l'impressionnisme que d'une approche méthodique et raisonnée. Il fournit un instrument d'analyse peu précis, car la notion de droit acquis conduit à la confusion, au plan analytique, de deux questions qui sont fort distinctes, soit celle de l'application de la loi nouvelle à l'égard du passé et celle de son application, pour l'avenir, aux situations juridiques qui sont en cours au moment de son entrée en vigueur. La notion de droit acquis, qui est au coeur du système, constitue elle même une notion floue, dont la détermination découle bien souvent de considérations pragmatiques difficiles d'appréciation a priori[9]. C'est également une notion qui se prête mal à une application en contexte extrapatrimonial. Enfin, la mise en oeuvre de ce système en droit privé a été peu étudiée dans la doctrine québécoise moderne de droit civil, celle-ci ayant généralement subi l'influence des idées de Roubier et s'étant dans l'ensemble ralliée au système de l'effet immédiat[10].

14. Au plan politique, le système des droits acquis se caractérise par le souci du respect de la volonté individuelle et par un parti-pris en faveur du droit ancien. C'est en cela un système à la fois libéral et conservateur, donc peu accordé à l'humeur du législateur contemporain plus dirigiste et plus soucieux de hâter l'application de la loi nouvelle, même si cela implique la remise en question des prévisions que les sujets de droit avaient faites sur le fondement de la loi ancienne.

15. Le système de l'effet immédiat propose une méthode d'analyse rigoureuse de l'application de la loi dans le temps. C'est un système moderne, plus précis et plus développé au plan théorique que celui des droits acquis. Il a été conçu en rapport avec le droit civil français; en y fondant ses dispositions transitoires, le législateur inscrit donc le droit civil québécois dans la grande tradition civiliste et encourage les juristes québécois à y puiser des réflexions sur l'application de la loi dans le temps d'une richesse inégalée dans les pays de common law. Au plan politique, le système de l'effet immédiat favorise le droit nouveau pour les situations en cours: seuls les faits complètement accomplis échappent au domaine de la loi nouvelle. Il s'agit là d'une caractéristique auquel le législateur n'a sans doute pas été insensible.

16. La principale conséquence du choix du système de l'effet immédiat est la suivante: il faut que les juristes québécois mettent de côté leurs réflexes naturels lorsqu'ils sont confrontés à un problème d'application de la loi dans le temps et qu'ils développent de nouveaux réflexes, qu'ils assimilent une nouvelle démarche d'analyse. Pour mieux faire saisir l'ampleur de l'effort de recyclage que cela exige, on comparera le système des droits acquis à celui de l'effet immédiat.

1.2 Le système des droits acquis et le système de l'effet immédiat: une comparaison

17. Les deux systèmes présentent des différences marquées quant à la façon dont ils définissent le problème général de l'application de la loi dans le temps [1.2.1] ainsi que les solutions à ce problème [1.2.2]. Ils divergent aussi quant aux principes de solution applicables dans le silence de la loi [1.2.2].

1.2.1 La définition du problème

18. La définition du problème général de l'application de la loi dans le temps est fondamentale pour l'analyse des problèmes posés par la succession des règles dans le temps. Le système des droits acquis, dans son expression classique[11], conçoit ce problème comme exigeant un choix entre deux modalités possibles d'action de la loi dans le temps: l'**effet rétroactif** ou

l'effet dans le passé et **l'effet prospectif** ou **l'effet dans l'avenir**. La loi a un effet rétroactif si elle s'applique à l'égard du temps écoulé avant son entrée en vigueur. Son effet est au contraire prospectif si elle s'applique à l'égard de la période qui se situe après son entrée en vigueur.

19. Ainsi, une loi nouvelle qui viendrait modifier les effets d'un contrat de bail en cours sera qualifiée de rétroactive dans la mesure où un telle application de la loi nouvelle sera vue comme revenant sur le passé en portant atteinte aux droits acquis des parties au bail[12]. Dans le système des droits acquis, en effet, la loi qui modifie, ne serait-ce que pour l'avenir, les effets d'un contrat déjà conclu, est qualifiée de rétroactive. La loi nouvelle ne peut donc en principe s'appliquer qu'aux contrats conclus après son entrée en vigueur.

20. Dans le système de l'effet immédiat, la vision du problème se révèle plus riche et plus complexe aussi. Roubier distingue, non pas deux, mais trois modes d'action de la loi dans le temps en fonction des trois moments que sont le passé, le présent et l'avenir[13]. L'**effet rétroactif** correspond à **l'effet dans le passé**, l'effet à l'égard du temps qui s'écoule avant l'entrée en vigueur de la loi. L'**effet immédiat** correspond à l'**effet dans le présent**, c'est-à-dire à l'effet pour la période qui s'écoule entre l'entrée en vigueur de la loi et son abrogation. La **survie** désigne l'hypothèse où la loi nouvelle voit son effet différé **dans l'avenir** en raison du fait que la loi ancienne continue à s'appliquer après qu'elle a été abrogée. Cette dernière s'applique alors dans l'avenir puisque son effet se prolonge au delà du moment de son abrogation.

21. On donne traditionnellement l'exemple suivant pour illustrer ces trois modalités. Un bail est en cours au moment où une loi entre en vigueur. Il est alors possible d'envisager trois modalités d'application temporelle de la loi à l'égard de ce bail. La loi nouvelle peut vouloir régir le déroulement passé du bail, en revenant sur des effets qu'il a déjà produits: c'est l'hypothèse de l'**effet rétroactif**. À l'inverse, la loi nouvelle peut vouloir abandonner les baux en cours à la compétence exclusive de la loi ancienne sous l'empire de laquelle ils ont été conclus. C'est la **survie** de la loi ancienne. Dans cette hypothèse, les baux en cours ne seront pas soumis à la loi nouvelle et resteront

régis par la loi ancienne qui survivra, c'est-à-dire qui restera applicable malgré son abrogation. La troisième solution consiste à soumettre le bail successivement à la loi ancienne, pour la partie qui se déroule sous son régime, puis à la loi nouvelle, pour la partie du bail qui se situe après l'entrée en vigueur de celle-ci. C'est l'**effet immédiat**: chaque loi s'applique dans le présent, entre le moment de son entrée en vigueur et celui de son abrogation, à l'exclusion de la rétroactivité de la loi qui lui succède et de la survie de la loi qui la précède.

22. Cette façon classique de concevoir, dans le système de l'effet immédiat, les modalités d'application des lois dans le temps a fait l'objet de critiques dans la doctrine française plus moderne, critiques qui nous semblent fondées. Eugène-Louis Bach, notamment, a relevé le caractère ambigu de la notion d'effet immédiat mise de l'avant par Roubier[14]. Dans la conception de ce dernier, l'application de la loi dans le temps conduit à un choix entre trois modalités (effet rétroactif, effet immédiat, survie) qu'il place sur le même plan. Quand on y regarde de près, cependant, on constate que le concept d'effet immédiat de Roubier recouvre en réalité deux modalités différentes d'application de la loi dans le temps. L'effet immédiat s'oppose à la fois à l'effet rétroactif de la loi nouvelle et à la survie de la loi ancienne. Il est ainsi porteur d'une double signification (non-rétroactivité et non-survie) qui est source de confusion.

23. Selon l'approche plus moderne, le problème de l'application de la loi dans le temps ne se résume pas à un **simple choix** entre trois modalités d'action de la loi dans le temps (effet rétroactif, effet immédiat et survie). On a plutôt avantage à le concevoir comme donnant lieu au **double choix** suivant. Premièrement, doit-on ou non faire remonter les effets de la loi dans le passé? On choisit alors entre l'**effet rétroactif** de la loi nouvelle et ce que nous appellerons l'**effet prospectif** de la loi nouvelle, le terme effet prospectif traduisant le concept d'effet immédiat de Roubier dans sa dimension non-rétroactivité. Deuxièmement, la loi nouvelle doit-elle ou non s'appliquer, pour le futur, à l'égard des situations juridiques qui sont en cours de constitution, d'effets ou d'extinction au moment où elle prend effet? On choisit alors entre l'**effet immédiat** de la loi nouvelle (au sens de son effet général ou exclusif) et la **survie** de la loi ancienne. Dans la loi d'application, le législateur a effectivement mani-

festé, un double choix au plan des principes: il a opté, à l'article 2, pour le principe de la non-rétroactivité de la loi nouvelle (donc pour un principe d'effet seulement prospectif de celle-ci) et, à l'article 3, pour le principe de l'effet immédiat de la loi nouvelle (donc pour un principe de non-survie de la loi ancienne).

24. Le choix entre l'effet rétroactif et l'effet prospectif se rapporte à la détermination de la période d'applicabilité de la loi; le choix entre l'effet immédiat et la survie se rapporte à l'applicabilité de la loi aux situations en cours. Ces deux questions sont absolument distinctes au plan conceptuel[15] encore qu'en pratique, effet prospectif et effet immédiat coïncident la plupart du temps. Si, par exemple, la loi nouvelle a effet à compter de son entrée en vigueur (si elle n'est pas rétroactive) et si elle est déclarée applicable aux situations en cours d'effets au moment de son entrée en vigueur (la survie de la loi ancienne étant écartée), alors effet prospectif et effet immédiat vont plus ou moins se confondre. Ainsi, l'application de la loi nouvelle aux effets futurs d'un contrat en cours s'expliquera d'une double manière: par l'effet prospectif de la loi (il n'y a pas de rétroactivité à soumettre les effets futurs d'un contrat à la loi nouvelle) et par l'effet immédiat de la loi (la survie de la loi ancienne étant par hypothèse exclue, rien ne s'oppose à l'application de la loi nouvelle).

25. En somme, alors que le système des droits acquis ramène le problème général de l'application de la loi dans le temps au simple choix entre l'effet de la loi dans le passé (l'effet rétroactif) et son effet dans l'avenir (l'effet prospectif), le système de l'effet immédiat ajoute à cette problématique une deuxième dimension, celle de l'applicabilité de la loi aux situations en cours. Ce deuxième aspect du problème conduit à choisir entre l'effet immédiat de la loi nouvelle (les situations en cours seront, pour la période postérieure à la date de prise d'effet de la loi, régies par la loi nouvelle) et la survie de la loi ancienne (les situations en cours resteront soumises à la loi ancienne malgré l'abrogation de celle-ci). Distinct du système des droits acquis quant à la définition du problème de l'application temporelle des lois, le système des droits acquis l'est encore davantage lorsqu'il s'agit de définir les solutions que l'on peut apporter à ce problème.

1.2.2 La définition des solutions

1.2.2.1 Dans le système des droits acquis

26. Dans le système des droits acquis, les solutions à définir sont l'effet rétroactif et l'effet prospectif. La définition de l'une de ces notions suffit ainsi à définir l'autre: si la loi n'a pas d'effet rétroactif, c'est que son effet est seulement prospectif. On se contentera donc d'indiquer brièvement ce qu'il faut entendre par effet rétroactif dans le système des droits acquis.

27. Il est notoire que la notion de rétroactivité que l'on utilise en droit public et, de manière plus générale, en droit statutaire, comporte deux aspects et se révèle ainsi fort ambiguë[16]. Tantôt, est qualifiée de rétroactive la loi qui revient sur des faits accomplis avant son entrée en vigueur; tantôt, on jugera rétroactive la loi qui porte atteinte à des droits acquis avant son entrée en vigueur, par opposition à celle qui atteint de simples espérances. La première approche, dite objective, est, par exemple, dominante en droit pénal: la loi pénale d'incrimination est jugée rétroactive si les faits qu'elle rend délictueux se sont produits avant son entrée en vigueur. Le second mode d'analyse, dit subjectif, est courant en droit administratif, notamment: l'applicabilité de nouveaux règlements de zonage à des usages en cours au moment de son entrée en vigueur dépend de l'inexistence de droits acquis. Si de tels droits existent, le règlement ne peut en principe les atteindre, sauf à être rétroactif.

1.2.2.2. Dans le système de l'effet immédiat

28. Dans le système de l'effet immédiat, quatre modalités d'application de la loi dans le temps doivent être définies: l'effet rétroactif et l'effet prospectif de la loi nouvelle; l'effet immédiat de la loi nouvelle et la survie de la loi ancienne. La définition de ces diverses modalités exclut toute référence à la notion de droit acquis: c'est là une conséquence importante du choix du système de l'effet immédiat. Pour déterminer comment il convient de qualifier telle ou telle application temporelle de la loi, le système de l'effet immédiat propose une méthode d'analyse faisant appel à plusieurs notions qu'il faut maintenant examiner.

29. **La notion de situation juridique.** Dans le système de Roubier, la loi est vue comme organisant la formation, les effets et l'extinction de situations juridiques. Cette notion de situation juridique a une origine purement doctrinale; on ne la trouvera inscrite dans aucune disposition précise de la loi, celle-ci se limitant à énoncer des règles de droit. La notion de situation juridique a pour fonction de regrouper un ensemble de règles légales se rapportant à la situation d'une personne. Cet ensemble de règles détermine les rapports juridiques que cette personne peut entretenir avec d'autres personnes ou avec des biens.

30. Roubier ne donne pas de définition de la notion de situation juridique. Il se borne à en fournir des illustrations. «Le nombre de situations juridiques est [...] infini», écrit-il[17]. Il donne comme exemple la situation juridique d'époux, d'époux divorcé, celle de tuteur, celle de propriétaire ou d'usufruitier, de créancier hypothécaire, de vendeur ou d'acheteur. On ne trouvera nulle part la liste de ces situations juridiques: selon Roubier, il appartient à la doctrine et à la pratique de les définir. L'analyse du problème de l'application temporelle de la loi, dans le système de l'effet immédiat, suppose donc que la règle qu'il s'agit d'appliquer soit d'abord rattachée à une situation juridique donnée.

31. **Illustrations.** Ainsi, dans le droit des biens, les articles 987 et suivants du nouveau code établissent de nouvelles règles relatives aux droits et obligations du propriétaire d'un bien immobilier relativement à l'accès au fonds d'autrui et à la protection de celui-ci. Ces règles peuvent être qualifiées de règles relatives à la situation juridique de propriétaire foncier. Dans le droit des obligations, la règle nouvelle de l'article 1400 prévoyant que l'erreur inexcusable ne constitue pas un vice de consentement peut être qualifiée de règle relative à la situation juridique de créancier ou de débiteur d'une obligation contractuelle.

32. **Formation, effets et extinction des situations juridiques.** Une fois que l'on a rattaché une règle à une situation juridique donnée, il faut, dans le système de Roubier, distinguer les règles selon qu'elles se rapportent à la création ou à l'extinction de la situation juridique ou qu'elles déterminent les effets de cette

situation. Dans le système de l'effet immédiat, on distingue deux phases dans le développement des situations juridiques: la phase dynamique, qui correspond à leur formation et à leur extinction, et la phase statique, qui correspond à leurs effets. Le législateur, au second alinéa des articles 2 et 3 de la loi d'application, fait d'ailleurs écho à cette distinction entre la phase dynamique (formation et extinction) et la phase statique (effets) des situations juridiques.

33. **Illustrations.** Dans l'analyse des problèmes de droit transitoire soulevés par la réforme du *Code civil*, il faudra, dans chaque cas, déterminer si la règle que l'on doit appliquer se rapporte à la formation, aux effets où à l'extinction de la situation juridique visée par la règle. Par exemple, les articles 987 et suivants du nouveau code relatifs à l'accès du propriétaire foncier au fonds d'autrui et à la protection de ce fonds règlent les effets de la situation juridique de propriétaire foncier et non pas les conditions de formation ou d'extinction de cette situation. Ils se rapportent au contenu de la situation juridique de propriétaire et non aux conditions de sa formation ou de son extinction, comme ce serait le cas, par exemple, pour les règles relatives à la prescription. Par contre, la règle de l'article 1400 voulant que l'erreur inexcusable d'une partie ne constitue pas un vice de consentement se rapporte à la formation de la situation juridique de créancier ou de débiteur d'une obligation contractuelle: elle ne concerne d'aucune manière le contenu même de l'obligation, ce qui relève des effets de la situation.

34. L'analyse d'un problème de droit transitoire selon le système de l'effet immédiat commence donc par la détermination de la situation juridique à laquelle se rapporte la règle à appliquer ainsi que par l'identification de l'étape de cette situation (formation, effets, extinction) à laquelle se rapporte la règle. Ensuite, il faut tenir compte de la dimension temporelle des faits qui concrétisent ces règles afin de les localiser dans le temps.

35. **La localisation et la dimension temporelle des faits**. La formation ou l'extinction des situations juridiques dépend de la réalisation de certaines conditions. La formation ou l'extinction des situations juridiques suppose la survenance de certains faits créateurs ou extinctifs de la situation juridique. Pour déterminer

si une application donnée d'une règle relative à la formation ou à l'extinction d'une situation juridique implique ou non un effet rétroactif, par exemple, il faut situer dans le temps le ou les faits qui ont amené la création ou l'extinction de la situation juridique. La qualification de l'application de la règle en termes d'effet rétroactif ou d'effet prospectif, par exemple, dépendra du moment où se sont produits les faits qui ont contribué à la formation ou à l'extinction de la situation juridique.

36. **Illustrations** La situation juridique de créancier d'une obligation contractuelle peut naître d'un simple accord de volontés, fait le plus souvent momentané qui se situera soit avant l'entrée en vigueur de la loi nouvelle, soit après. Il en va de même de la situation juridique de propriétaire d'un bien, qui peut naître instantanément par l'effet de l'accord de volontés constituant le contrat translatif de propriété. Les problèmes de droit transitoire soulevés dans ces deux cas sont normalement faciles à résoudre: si la formation d'une situation juridique dépend d'un fait momentané, les conditions de cette formation seront celles que définit le droit en vigueur au moment de la survenance du fait créateur de la situation. Si une loi subséquente devait s'y appliquer, il y aurait rétroactivité.

37. Ainsi, la nouvelle règle de l'article 1400 qui supprime l'erreur inexcusable d'une partie comme cause de nullité des contrats ne devrait pas normalement s'appliquer à un contrat conclu avant l'entrée en vigueur du code de manière à rendre ce contrat inattaquable: cela impliquerait un effet rétroactif. En donnant à un fait instantané passé (l'accord de volontés) le pouvoir (qu'il n'avait pas lorsqu'il s'est produit) de faire naître la situation juridique contractuelle, la loi nouvelle reviendrait sur un fait accompli, remettrait en cause la non-formation de cette situation juridique. Le principe de la non-rétroactivité de la loi exclurait normalement un tel effet. Notons cependant que l'article 75 de la loi d'application déroge au principe de la non-rétroactivité de la loi nouvelle en prévoyant que «[l]a nullité d'un contrat conclu avant l'entrée en vigueur de la loi nouvelle ne peut plus être prononcée sur le fondement de l'erreur inexcusable de l'une des parties.»

38. Les choses se compliquent lorsque la formation ou l'extinction de situations juridiques dépendent de la survenance, non

pas de faits instantanés, mais de faits durables ou de faits successifs. Par exemple, la situation juridique de propriétaire d'un bien mobilier peut naître d'un contrat translatif de propriété et ainsi, la plupart du temps, se former de manière instantanée, mais elle peut aussi se former par prescription acquisitive, ce qui suppose qu'un fait durable, la possession, ait duré le temps exigé par la loi pour effectuer le transfert du droit de propriété. Une personne peut aussi devenir propriétaire d'un bien en raison d'un legs qui lui a été fait; la situation juridique de propriétaire est alors formée en raison de deux faits successifs: la rédaction du testament et le décès du testateur.

39. Lorsque des situations juridiques se forment ou s'éteignent par des faits successifs ou par des faits durables, elle risquent de soulever des difficultés d'application temporelle particulières, car la période de leur formation ou de leur extinction peut alors se dérouler de part et d'autre de la date d'entrée en vigueur de la loi nouvelle. On dira alors que ces situations étaient, au moment de l'entrée en vigueur de la loi nouvelle, en cours de formation ou en cours d'extinction.

40. **Illustrations.** Ainsi, la possession utile à la prescription acquisitive peut avoir commencé sous l'ancien code et se poursuivre sous le nouveau. Nous avons alors affaire à une situation en cours de formation. Supposons que le délai requis pour prescrire ait été prolongé. Doit-on, à l'égard de la prescription en cours, appliquer le nouveau délai ou l'ancien ? Il s'agit ici de choisir entre la survie de la loi ancienne, qui maintiendrait le délai initial, et l'effet immédiat de la loi nouvelle, qui conduirait à appliquer le nouveau délai de manière à proroger l'ancien. Notons que c'est cette dernière solution qui a été retenue dans la loi d'application, au premier alinéa de l'article 6.

41. Les situations qui se constituent ou qui s'éteignent en raison de faits momentanés ne donnent lieu, à l'égard de leur formation ou de leur extinction, qu'au choix entre l'effet rétroactif ou l'effet prospectif de la loi nouvelle. Celles qui se constituent ou qui s'éteignent en raison de faits successifs ou durables peuvent soulever des problèmes de rétroactivité, notamment lorsque des conditions de leur création ou de leur extinction se sont, en tout ou en partie, réalisées avant l'entrée en vigueur de la loi nouvelle: ces éléments de formation ou d'extinction déjà accomplis

ne devraient pas être privés de leur valeur par la loi nouvelle. Elles peuvent en outre, lorsque leur formation ou leur extinction est en cours au moment de l'entrée en vigueur de la loi nouvelle, exiger un choix entre la survie de la loi ancienne et l'application immédiate de la loi nouvelle. La localisation des faits et l'appréciation de leurs dimensions temporelles prennent donc une importance certaine lorsqu'il s'agit de la formation ou de l'extinction de situations juridiques. C'est également le cas lorsque l'on a affaire aux effets des situations juridiques. Il faut, là aussi, situer dans le temps les faits qui représentent les effets des situations juridiques et, là aussi, on peut avoir affaire à des effets qui se manifestent de manière instantanée, durable ou successive.

42. Lorsqu'une règle détermine les effets d'une situation juridique, on ne peut qualifier l'application de cette règle en termes d'effet rétroactif ou d'effet immédiat à moins de situer dans le temps les effets concrets de la situation analysée. Si la situation est déjà éteinte, ses effets, déjà entièrement produits, ne pourraient être atteints que par une loi de portée rétroactive. Si, au contraire, la situation n'est pas encore formée, ses effets tomberont tout naturellement dans le domaine de la loi nouvelle. Si, enfin, la situation est en cours d'effets au moment de l'entrée en vigueur de la loi nouvelle, il faudra distinguer entre les effets antérieurs à cette date, en principe intouchables en raison du principe de non-rétroactivité, de ceux qui se produisent par la suite, pour lesquels on ne peut invoquer d'objection fondée sur le principe de non-rétroactivité et qui, si la loi nouvelle a un effet immédiat, devraient être régis par cette dernière.

43. **Illustrations.** Les articles 987 et suivants du nouveau code établissent certains droits et obligations du propriétaire foncier dans ses rapports avec le fonds d'autrui. Ces nouvelles règles prescrivent certains effets de la situation juridique de propriétaire foncier. Elles ne sauraient s'appliquer en principe à l'égard de la situation d'une personne qui, au moment de l'entrée en vigueur du code, aura cessé d'être propriétaire foncier: les effets de cette situation juridiques sont accomplis. Au contraire, ces nouvelles règles s'appliqueront sans difficulté aux situations de propriétaire qui se formeront après l'entrée en vigueur du code. Dans ces deux cas-type, le principe de la non-rétroactivité du code et son corollaire, le principe de l'effet

prospectif du code, suffisent à fournir une réponse claire à la question de l'application temporelle des nouvelles règles aux effets des situations juridiques.

44. Il en va différemment des situations en cours, celles où une personne a acquis une propriété foncière avant l'entrée en vigueur du code et se trouve toujours propriétaire à ce moment. Nous avons affaire à une situation en cours d'effets. Il faudra alors établir la distinction entre les effets déjà produits par cette situation, qui échapperaient normalement à la loi nouvelle et les effets à venir de cette situation, qui seront régis par la loi ancienne ou par la loi nouvelle selon que le législateur aura choisi la survie de la loi ancienne ou l'effet immédiat de la loi nouvelle.

45. **Illustration.** L'article 990 du nouveau code prévoit ce qui suit:

> Le propriétaire du fonds doit exécuter les travaux de réparation ou de démolition qui s'imposent afin d'éviter la chute d'une construction ou d'un ouvrage qui est sur son fonds et qui menace de tomber sur le fonds voisin, y compris sur la voie publique.

Ce texte énonce une règle relative aux droits et obligations du propriétaire, donc relative aux effets ou au contenu de la situation juridique de propriétaire foncier. Cette règle ne saurait s'appliquer de manière à imposer des obligations à une personne en rapport avec un bien dont elle a cessé d'être propriétaire avant l'entrée en vigueur du code: il y aurait alors un effet rétroactif évident qui est écarté par l'article 2 de la loi d'application. À l'inverse, on ne pourrait rien opposer à l'application de cette nouvelle règle à l'égard d'une propriété acquise après l'entrée en vigueur du code. On aurait alors affaire à une application purement prospective du code. Pour ce qui concerne les situation juridiques de propriétaire foncier formées avant l'entrée en vigueur du code et qui subsistent après, des situations en cours d'effets donc, les nouvelles règles ne pourraient être invoquées par le propriétaire du fonds voisin avant l'entrée en vigueur du code, car cela signifierait que le code s'appliquerait de manière à définir les effets passés d'une situation juridique: il serait alors rétroactif. Par contre, dès l'entrée en vigueur du code, le voisin pourra invoquer l'article 990, car le code doit recevoir, selon l'article 3 de la loi d'application, un effet immédiat: la loi ancienne n'est pas censée survivre pour permettre au propriétaire foncier de continuer à menacer impunément l'héritage de son voisin.

46. L'application dans le temps de la loi nouvelle relative aux effets des situations juridiques exige donc que ces effets soient localisés dans le temps. Cet exercice de localisation doit tenir compte de la dimension temporelle des effets: certains sont instantanés, d'autres durables et d'autres se manifestent de manière successive.

47. **Illustration.** On peut ainsi identifier, dans le contrat de vente, des effets qui se produisent de façon instantanée, comme le transfert du droit de propriété, qu'il sera habituellement facile de localiser dans le temps soit avant, soit après l'entrée en vigueur de la loi nouvelle. Certains effets du contrat de louage ou du contrat de travail s'étalent au contraire dans le temps, si bien que l'application de la loi nouvelle à ces contrats exigera, s'ils sont en cours au moment de l'entrée en vigueur, que l'on distingue les effets passés du contrat de ses effets futurs.

48. Une fois que l'on a identifié la règle à appliquer, que l'on a déterminé à quelle situation juridique elle se rapporte, que l'on a établi si la règle a trait à la constitution, aux effets ou à l'extinction de la situation juridique, que l'on a localisé dans le temps les faits relatifs à la constitution, aux effets ou à l'extinction de la situation juridique, en tenant compte en particulier de la dimension temporelle de ces faits, on peut passer à l'étape finale, celle de la qualification de l'application de la règle en fonction des modalités d'application dans le temps que sont l'effet rétroactif et l'effet prospectif, d'une part, l'effet immédiat et la survie, d'autre part. Ce processus de qualification exige une définition de ces diverses modalités ou solutions au problème de l'application de la loi dans le temps.

49. **La définition des solutions.** Le législateur, aux articles 2 et 3 de la loi d'application, a donné certains éléments permettant de qualifier une application donnée de la loi nouvelle grâce aux notions d'effet rétroactif, d'effet prospectif, d'effet immédiat ou de survie.

50. **L'effet rétroactif et l'effet prospectif.** Rappelons le texte de l'article 2 :

> Art. 2. La loi nouvelle n'a pas d'effet rétroactif; elle ne dispose que pour l'avenir.
>
> Ainsi elle ne modifie pas les conditions de création d'une situation juridique antérieurement créée ni les conditions d'extinction d'une situation juridique antérieurement éteinte. Elle n'altère pas non plus les effets juridiques déjà produits par une situation juridique.

51. Dans le système de l'effet immédiat auquel se réfère le législateur, il y a effet rétroactif plutôt que prospectif dans l'une des deux hypothèses suivantes. 1) La loi nouvelle relative à la formation ou à l'extinction d'une situation juridique revient sur des faits accomplis avant son entrée en vigueur pour modifier leur aptitude (ou leur inaptitude) à déterminer la formation (ou l'extinction) d'une situation juridique. Serait ainsi rétroactive une loi nouvelle relative à la formation d'un contrat qui rendrait valide un contrat passé avant son entrée en vigueur et que le droit antérieur considérait invalide ou, à l'inverse, qui tiendrait pour invalide un contrat qui s'était validement formé sous la loi ancienne. 2) La loi nouvelle est également rétroactive si elle s'applique de manière à modifier les effets déjà produits avant son entrée en vigueur par une situation juridique. Ainsi, une loi nouvelle en matière de louage serait rétroactive si elle modifiait les droits et obligations des parties au contrat à l'égard de la période écoulée avant son entrée en vigueur.

52. Cette définition de l'effet rétroactif trace en quelque sorte en négatif les contours de l'effet prospectif, qui s'oppose à l'effet rétroactif. Il y a effet prospectif d'une loi relative à la création ou à l'extinction des situations juridiques lorsque celle-ci s'applique en rapport avec les conditions de création ou d'extinction d'une situation juridique qui se réalisent après l'entrée en vigueur de la loi nouvelle. L'effet est également purement prospectif lorsqu'une loi relative aux effets d'une situation juridique détermine les effets d'une situation qui se réalisent après l'entrée en vigueur de la loi nouvelle.

53. **L'effet immédiat et la survie.** C'est le second alinéa de l'article 3 de la loi d'application qui précise la notion d'effet immédiat de la loi nouvelle retenue par le législateur:

> Art.3. La loi nouvelle est applicable aux situations juridiques en cours lors de son entrée en vigueur.
>
> Ainsi, les situations en cours de création ou d'extinction sont, quant aux conditions de création et d'extinction qui n'ont pas encore été remplies, régies par la loi nouvelle; celle-ci régit également les effets à venir des situations juridiques en cours.

54. Les termes utilisés par le législateur font très exactement référence à la notion d'effet immédiat mise de l'avant par Roubier. C'est une notion qui se rattache à la question de savoir quel sort doit être réservé aux situations en cours au moment de l'entrée en vigueur de la loi nouvelle. Il n'est pas nécessaire d'ajouter qu'en définissant la notion d'effet immédiat, le législateur définit en même temps la notion opposée de survie de la loi ancienne.

55. Il y a effet immédiat dans deux hypothèses distinctes. 1) Si une situation juridique est en cours de formation ou d'extinction au moment où la loi nouvelle entre en vigueur, celle-ci s'applique dès ce moment aux conditions de formation ou d'extinction qui se réaliseront dans l'avenir. 2) Si la situation juridique est en cours d'effets au moment de l'entrée en vigueur de la loi nouvelle, ses effets à venir tombent dans le domaine de cette dernière: il n'y a pas de survie des règles de la loi ancienne qui s'appliquaient au moment de la création de la situation.

56. **Illustrations.** Ainsi, une instance en séparation de corps possède le caractère d'une instance constitutive: elle conduit à la création d'une nouvelle situation juridique, celle d'époux séparé de corps. Si cette instance est en cours au moment de l'entrée en vigueur de la loi nouvelle, son déroulement futur sera, en vertu de l'effet immédiat, régi par cette dernière: il n'y aura pas de survie de la loi en vigueur au début de l'instance. Une tutelle en cours au moment de l'entrée en vigueur de la loi nouvelle se déroulera, dans l'avenir, selon les règles relatives à l'administration du bien d'autrui qui sont prévues par le nouveau code. Les anciennes règles d'administration cesseront par là même d'être applicables dès l'entrée en vigueur des nouvelles.

57. Les diverses solutions qui peuvent être apportées au problème général de l'application de la loi dans le temps étant définies, on se tournera maintenant vers les solutions que

chaque système retient lorsque la loi est muette, vers les principes de solution.

1.2.3 Les principes de solution

1.2.3.1 Dans le système des droits acquis

58. Ayant à choisir entre l'effet rétroactif et l'effet prospectif de la loi nouvelle, le juriste, dans le système des droits acquis, s'en remet à deux principes qui sont censés représenter l'intention du législateur en l'absence de disposition transitoire formelle. Ce sont les principes de la non-rétroactivité de la loi et du maintien des droits acquis[18]. L'application conjuguée de ces deux principes a pour effet de définir de façon étroite la portée de la loi nouvelle. Échappent à son domaine non seulement les faits entièrement accomplis avant son entrée en vigueur, mais également tous ceux qui se rapportent à une situation qui était en cours au moment de son entrée en vigueur, dans la mesure où les droits acquis par une personne seraient atteints. Par exemple, les principes de non-rétroactivité et de maintien des droits acquis feront en sorte qu'une modification aux usages autorisés par un règlement de zonage ne sera pas applicable à l'usage passé d'un immeuble (car cela impliquerait de la rétroactivité et porterait atteinte à des droits acquis à l'usage antérieur) et ne sera pas applicable non plus à l'usage futur de cet immeuble dans la mesure où son propriétaire peut faire valoir un droit acquis à l'usage ancien.

59. On le constate, dans le système des droits acquis, la notion de droit acquis sert à donner réponse aussi bien à la question de l'application de la loi nouvelle dans le passé qu'à celle de son application aux situations en cours. Dans le système de l'effet immédiat, ces deux questions donnent lieu à deux réponses distinctes.

1.2.3.2 Dans le système de l'effet immédiat

60. Dans le système de Roubier, la loi nouvelle n'a pas, en principe, d'effet rétroactif. Il s'agit là d'une solution commandée par le texte formel de l'article 2 du Code civil français: «La loi ne dispose que pour l'avenir; elle n'a point d'effet rétroactif.» On peut donc parler d'un principe d'effet prospectif de la loi nouvelle. En ce qui concerne le choix entre l'effet

immédiat de la loi nouvelle et la survie de la loi ancienne, Roubier enseigne qu'il est gouverné par le principe de l'effet immédiat de la loi nouvelle, principe qui connaît cependant une exception importante lorsqu'il s'agit de situations juridiques contractuelles en cours. Pour ces situations, Roubier préconise plutôt la survie de la loi ancienne lorqu'il s'agit de déterminer leurs effets et certaines de leurs conditions d'extinction[19]. Certains auteurs plus modernes soutiennent cependant que le choix entre l'effet immédiat de la loi nouvelle et la survie de la loi ancienne n'obéit à aucun principe général: il ne procéderait, dans chaque cas, que d'un jugement de valeur, que d'une appréciation de nature essentiellement politique[20].

61. Dans la loi d'application, le législateur a, de manière générale, reproduit les solutions de principe mises de l'avant par Roubier. L'article 2 proclame le principe de l'effet non-rétroactif de la loi nouvelle, ou mieux, le principe de l'effet exclusivement prospectif de celle-ci[21] . L'article 3 opte pour le principe de l'effet immédiat de la loi nouvelle, principe auquel l'article 4 apporte une dérogation importante en ce qui concerne les effets futurs des situations contractuelles en cours[22].

62. **Conclusion.** Ce très bref aperçu de la méthode d'analyse sur laquelle le législateur a fondé le droit transitoire relatif à la réforme du Code civil avait pour objectif primordial de sensibiliser le lecteur au défi que le choix du système de l'effet immédiat lance à toute la communauté juridique québécoise. Il nous faudra réprimer le vieux réflexe qui consiste à discuter des problèmes d'application des lois dans le temps en faisant référence à la notion de droit acquis; on aura compris que ce type d'analyse se trouve complètement écarté dans le système de l'effet immédiat. Il nous faudra par ailleurs faire l'apprentissage d'un nouveau système, d'une nouvelle approche dont on ne doit pas sous-estimer les exigences au plan intellectuel et passer sous silence les controverses que son application risque de susciter. Si l'exposé qui vient d'en être fait a pu donner l'impression d'une méthode exigeant un effort d'abstraction, certes, mais qui reste relativement simple d'emploi, c'est que nous avons jugé opportun de ne pas insister, à ce stade, sur les difficultés que sa mise en œuvre risque de soulever. En étudiant les dispositions transitoires, nous aurons amplement l'occasion de relever certaines de ces difficultés

63. Le défi lancé par le législateur fait appel aux efforts et à la collaboration de tous les éléments de la communauté juridique québécoise. La doctrine et la jurisprudence ont, à cet égard, un rôle de premier plan, mais il faut aussi que tous ceux et toutes celles qui seront confrontés à des problèmes de droit transitoire acceptent d'investir le temps nécessaire à une maîtrise convenable du système de l'effet immédiat. Il sera nécessaire d'aller au delà de ce qu'un cours de trois heures peut offrir. La richesse de la doctrine en droit transitoire civil, particulièrement en France, devrait d'ailleurs favoriser cette démarche personnelle[23].

64. Après avoir décrit l'environnement conceptuel dans lequel s'inscrit le droit transitoire relatif à la réforme du code civil, on abordera maintenant le régime général de droit transitoire établi par les article 2 à 10 de la loi d'application.

2. *Le régime général de droit transitoire*

65. Les articles 2 à 10 de la loi d'application tracent, sous la rubrique «Dispositions générales», le cadre général du droit transitoire relatif à la réforme du Code civil. Ce cadre général a fonction de droit commun transitoire applicable à la réforme du code civil; il se substitue au droit commun énoncé dans les dispositions des articles 12 et 13 de la *Loi d'interprétation* du Québec, dispositions conçues dans l'esprit du système des droits acquis. La loi (art. 1) qualifie de règles générales les prescriptions qui y sont énoncées. Pour les fins de cet exposé, il est néanmoins apparu opportun d'opérer, entre ces règles générales, une distinction fondée sur leur niveau de généralité. On traitera donc d'abord des règles générales qui ont une portée si étendue que l'on peut sans hésiter les qualifier de principes généraux de droit transitoire; ils sont énoncés aux articles 2 et 3 de la loi [2.1]. On analysera ensuite les autres règles générales, prévues aux articles 4 à 10 [2.2].

2.1 Les principes généraux

66. Comme on vient de le voir, le système de l'effet immédiat identifie deux problèmes généraux auxquels réponse doit être

donnée lorsque se soulève le problème de l'application temporelle d'une loi. Ces deux problèmes correspondent aux deux questions suivantes: doit-on faire remonter les effets de la loi à une date antérieure à celle de son entrée en vigueur (c'est le choix entre l'effet rétroactif et effet prospectif)? Doit-on appliquer la loi nouvelle aux situations juridiques qui sont en cours au moment de l'entrée en vigueur de la loi nouvelle (c'est le choix entre l'effet immédiat de la loi nouvelle et la survie de la loi ancienne)? À chacune de ces deux questions, la loi d'application donne une réponse de principe claire: la loi nouvelle n'a pas d'effet rétroactif (art.2) [2.1.1], mais elle a un effet immédiat (art.3) [2.1.2].

2.1.1 Le principe de la non-rétroactivité de la loi nouvelle

67. Le choix du principe de la non-rétroactivité de la loi nouvelle est énoncé à l'article 2 de la loi dont il convient de rappeler la formulation:

> 2. La loi nouvelle n'a pas d'effet rétroactif: elle ne dispose que pour l'avenir.
>
> Ainsi, elle ne modifie pas les conditions de création d'une situation juridique antérieurement créée ni les conditions d'extinction d'une situation juridique antérieurement éteinte. Elle n'altère pas non plus les effets déjà produits par une situation juridique.

68. Le premier alinéa de l'article 2 s'inpire de la formulation de l'article 2 du Code civil français: « La loi ne dispose que pour l'avenir; elle n'a point d'effet rétroactif». On a déjà vu que l'expression «loi nouvelle» désignait l'ensemble des nouvelles règles de droit associées à la réforme du Code civil, qu'elles se trouvent dans le nouveau code, dans le Code de procédure civile ou dans les lois particulières modifiées par la loi d'application. Cela se déduit de la portée des dispositions transitoires de la loi d'application telle que la définit le premier alinéa de l'article 1:

> 1. Les dispositions du présent titre ont pour objet de régler les conflits de lois résultant de l'entrée en vigueur du Code civil du Québec et des modifications corrélatives apportées par la présente loi.

69. Le second alinéa de l'article 2 remplit une double fonction. D'abord, il propose des illustrations de l'application du principe de la non-rétroactivité de la loi. Il est important de souligner qu'il ne s'agit ici que de simples illustrations: on aurait tort d'y voir une définition exhaustive de ce qu'il faut entendre par effet rétroactif. En effet, comme on aura l'occasion de le voir plus loin, on peut avoir affaire à un effet rétroactif dans l'hypothèse où la loi nouvelle remettrait en cause la non-formation ou la non-extinction d'une situation juridique[24] , hypothèse qui n'est pas envisagée au second alinéa de l'article 2. En outre, il peut se produire un effet rétroactif dans l'hypothèse où des situations juridiques se trouvent en cours de création ou d'extinction au moment de l'entrée en vigueur de la loi nouvelle [25]. Les cas décrits au second alinéa de l'article 2 ont donc valeur d'exemple seulement.

70. La seconde fonction du deuxième alinéa de l'article 2, plus importante, est d'indiquer clairement sur quel système de résolution des conflits de lois dans le temps le législateur entendait faire reposer le droit transitoire relatif à la réforme du Code civil. Ayant exclu le système des droits acquis et opté pour le système de l'effet immédiat, il fallait que le législateur exprime clairement ce choix, ce qui est accompli par la référence aux notions de création, d'effets et d'extinction des situations juridiques qui se trouve au second alinéa de l'article 2.

71. Afin de bien cerner la portée concrète du principe de la non-rétroactivité de la loi nouvelle, on examinera, dans les pages qui suivent, les diverses formes que peut emprunter la rétroactivité en pratique. Ces divers aspects de la rétroactivité seront illustrés par des exemples puisés dans la loi d'application elle-même ou dans le nouveau code. Ils seront présentés en suivant un plan qui s'inspire de trois paramètres. Le premier est suggéré par la loi d'application: il faut distinguer selon que la rétroactivité se rapporte à la création ou à l'extinction de la situation juridique, d'une part, ou qu'elle a trait aux effets des situations juridiques, d'autre part. Le deuxième paramètre se rapporte à la distinction entre les situations en cours de création, d'effets ou d'extinction au moment où la loi nouvelle entre en vigueur et les autres, entièrement créées ou éteintes avant ou après l'entrée en vigueur, ou qui ont produit tous leurs effets avant ou après cette date. Le troisième paramètre a trait à la distinction entre l'hypo-

thèse où la loi nouvelle attache à des faits passés des effets dont ils étaient dépourvus lorsqu'ils se sont produits et celle où la loi nouvelle, au contraire, ne reconnaît plus le régime juridique que la loi ancienne avait antérieurement imprimé à certains faits.

2.1.1.1 La création et l'extinction des situations juridiques

72. Par rapport à la création ou à l'extinction des situations juridiques, le principe de la non-rétroactivité de la loi nouvelle peut être formulé ainsi. Dans le cas de faits survenus avant l'entrée en vigueur de la loi nouvelle, le principe de la non-rétroactivité exige qu'on n'applique pas la loi nouvelle de manière à modifier l'aptitude de ces faits à déterminer soit la création, soit l'extinction d'une situation juridique. Si un fait était valable aux fins de la constitution ou de l'extinction d'une situation juridique, la loi nouvelle ne doit pas mettre en cause sa valeur à ces fins; à l'inverse, si un fait n'était pas apte, au moment où il s'est produit, à constituer ou à éteindre un situation juridique, ou encore à contribuer, avec d'autres faits, à la constitution ou à l'extinction d'une situation juridique, la loi nouvelle ne doit pas lui reconnaître cette aptitude.

73. La rétroactivité en matière de création et d'extinction des situations juridiques se rencontre soit en rapport avec des faits créateurs ou extinctifs survenus entièrement avant l'entrée en vigueur de la loi nouvelle, soit en rapport avec des faits créateurs ou extinctifs en cours au moment de l'entrée en vigueur.

2.1.1.1.1 Les faits créateurs ou extinctifs antérieurs à l'entrée en vigueur de la loi nouvelle

74. Lorsqu'une situation juridique était, avant l'entrée en vigueur, déja créée ou déjà éteinte, la loi nouvelle rétroagit si elle revient sur cette création ou sur cette extinction[26]. L'article 2 de la loi d'application exclut en principe qu'on fasse produire cet effet à la loi nouvelle.

75. **Illustrations.** L'article 85 de la loi d'application énonce une règle qui peut être vue comme une application particulière du principe de la non-rétroactivité:

> 85. Les conditions de la responsabilité civile sont régies par la loi en vigueur au moment de la faute ou du fait qui a causé le préjudice.

Le fait ou la faute qui cause le préjudice marque généralement le moment où se forme la situation juridique de créancier de l'obligation de réparer le préjudice. Dans l'hypothèse où cette faute ou ce fait s'est produit avant l'entrée en vigueur de la loi nouvelle, la situation juridique de créancier s'est déjà créée et on ne peut remettre cette création en question en invoquant, par exemple, des causes d'exonération de responsabilité qui n'existaient pas antérieurement, telles celles qui sont prévues aux articles 1471 et 1472 *C.c.Q.*

76. Les délais de prescription constituent des modes de création ou d'extinction des situations juridiques. L'article 6 de la loi d'application règle les problèmes de transition soulevés par ces délais lorqu'ils sont en cours au moment de l'entrée en vigueur de la loi nouvelle. Quant à ceux qui sont déjà écoulés, leur sort est déterminé par le principe de la non-rétroactivité: dans la mesure où l'écoulement d'un délai de prescription a, avant l'entrée en vigueur de la loi nouvelle, amené la formation ou l'extinction d'une situation juridique, les conséquences de ce fait acquisitif ou extinctif survenu entièrement dans le passé doivent être respectées. Sinon, il y aurait rétroactivité.

77. La loi d'application prévoit certaines dérogations au principe de l'effet non-rétroactif de la loi nouvelle. Parmi celles-ci, la disposition de l'article 79 qui permet de revenir sur la formation d'une situation juridique contractuelle:

> 79. La nullité relative d'un contrat conclu avant l'entrée en vigueur de la loi nouvelle peut être invoquée par le cocontractant de la personne en faveur de qui elle est établie, dans les conditions prévues à l'article 1420 du nouveau code.

L'article 1420 étend le droit de demander la nullité d'un contrat au cocontractant de la personne en faveur de qui la nullité relative est établie, à la condition que ce cocontractant soit de bonne foi et en subisse un préjudice sérieux. En permettant au cocontractant de se prévaloir de la loi nouvelle, l'article 79 donne à celle-ci un effet rétroactif puisqu'elle permet à une personne de remettre en cause la formation antérieure d'une situation juridique contractuelle, situation qui, à son égard, était jusque-là validement formée.

78. Lorsqu'une situation juridique ne s'est pas formée ou ne s'est pas éteinte avant l'entrée en vigueur de la loi nouvelle, celle-ci ne peut attribuer à des faits accomplis avant cette date l'aptitude à faire naître ou à éteindre cette situation juridique[27]. Lorsque l'on fait une application de la loi nouvelle qui revient sur la non-création ou sur la non-extinction d'une situation juridique, on enfreint le principe énoncé à l'article 2.

79. **Illustrations.** La loi d'application contient de nombreuses dispositions qui ont pour effet de faire en sorte que soient considérées comme régulièrement formées des situations juridiques qui ne remplissaient pas les conditions de formation prescrites par la loi ancienne au moment de leur formation apparente. Ces mesures ont donc un effet rétroactif. L'article 7 est l'archétype des dispositions ayant cet effet[28] et plusieurs dispositions particulières y font écho. C'est le cas de l'article 31:

> 31. Les mariages célébrés avant l'entrée en vigueur de la loi nouvelle ne peuvent être annulés que pour les causes que celle-ci reconnaît.

Ainsi, le mariage conclu, sous la loi ancienne, entre une personne et sa nièce était frappé de nullité (art. 126 C.c.B.C). Par l'effet de l'entrée en vigueur de la loi nouvelle, ce mariage se trouve régularisé, l'article 373 C.c.Q n'ayant pas retenu ce lien de parenté comme empêchement au mariage. Selon la loi ancienne, la situation juridique d'époux ne s'était pas formée au moment du mariage de l'oncle et de la nièce. Par l'effet de la loi nouvelle, cette non-formation est remise en cause: il faudra, à l'avenir, «faire comme si» ce mariage avait toujours été valide. Cette obligation de «faire comme si» est la marque de la rétroactivité: la loi rétroactive conduit à «faire comme si» la loi ancienne avait été autre qu'elle ne fut effectivement. Elle procède par une fiction de la préexistence de la loi.

80. L'article 80 de la loi d'application a pour objectif de modifier rétroactivement les conditions de la confirmation d'un contrat:

> 80. La confirmation d'un contrat faite antérieurement à l'entrée en vigueur de la loi nouvelle sans respecter les conditions de l'article 1214 de l'ancien code est néanmoins valide

si elle satisfait aux conditions établies par l'article 1423 du nouveau code.

Si, en vertu de la loi ancienne, une situation juridique contractuelle ne s'était pas formée en raison du non-respect des exigences de forme prescrites par l'article 1214 de l'ancien code, la loi nouvelle ne devrait pas, selon le principe de la non-rétroactivité, revenir sur la non-formation de cette situation juridique contractuelle. C'est pourtant ce que l'article 80 accomplit et c'est pouquoi il faut le considérer comme une dérogation à l'article 2.

81. La qualification de l'application des règles relatives à la création ou à l'extinction d'une situation juridique se présente sous un jour particulier lorsque la création ou l'extinction est déterminée par l'existence d'un état de fait durable plutôt que par des faits momentanés ou successifs[29]. Il est plus particulièrement question ici de l'hypothèse d'un fait durable dont la loi nouvelle n'exige pas qu'il ait duré un temps déterminé pour faire naître ou pour éteindre une situation juridique. Dans l'hypothèse où la création ou l'extinction d'une situation juridique dépend de l'existence d'un fait durable à durée indéterminée, la situation juridique sera créée ou éteinte dès l'entrée en vigueur de la loi nouvelle si l'état de fait durable qui s'est créé antérieurement existe toujours à ce moment. Le moment où le fait durable a commencé n'a pas à être considéré pour la qualification. Il est cependant essentiel, pour éviter la qualification de rétroactivité, que le fait durable en question existe toujours au moment de l'entrée en vigueur de la loi nouvelle.

82. **Illustration.** L'article 192 *C.c.Q.* attribue au père et à la mère, s'ils sont majeurs ou émancipés, la tutelle de leur enfant mineur. Cette situation juridique tutélaire existe dès la naissance de l'enfant. Toutefois, on aurait tort d'en conclure qu'on est en présence d'une situation juridique dont la constitution dépend de la survenance d'un fait instantané comme la naissance. Elle se crée plutôt en raison d'un état, celui de parent d'un enfant mineur. Il en découle que, dès l'entrée en vigueur de la loi nouvelle, tous les parents majeurs ou émancipés d'un enfant mineur se verront attribuer la charge tutélaire prévue à l'article 192, indépendamment de la date de la naissance de l'enfant. Il importe peu que cet état parental ait été créé avant

l'entrée en vigueur: il suffit qu'il subsiste après pour que la loi nouvelle s'en saisisse comme fait du présent et lui fasse produire son effet constitutif.

2.1.1.1.2 Les faits créateur ou extinctifs en cours lors de l'entrée en vigueur de la loi nouvelle

83. Certaine situations juridiques se créent ou s'éteignent en raison de faits successifs ou de faits durables. Roubier[30] classe parmi les situations juridiques à formation successive celles qui résultent d'actes juridiques nécessitant une acceptation ou une autorisation; celles qui sont assujetties à des formalités de publicité pour être opposables aux tiers; celles qui exigent l'intervention du tribunal pour leur constitution; la situation juridique de légataire, qui se forme en deux temps: celui de la rédaction du testament et celui du décès du testateur. Cette énumération n'a évidemment que valeur d'exemple. Quant aux situations juridiques qui se constituent ou s'éteignent en raison d'un fait durable, il est question ici uniquement de celles dont la formation ou l'extinction est déterminée par un fait durable dont la loi prescrit la durée pour qu'il produise son effet créateur ou extinctif[31] . On pense évidemment aux règles relatives à la prescription.

84. Ce qui caractérise ces situations juridiques, par opposition à celles qui se forment ou qui s'éteignent en raison d'un fait instantané ou d'un fait durable à durée indéterminée, c'est qu'elles peuvent se trouver en cours de création ou d'extinction au moment de l'entrée en vigueur de la loi nouvelle. Une instance constitutive, en séparation de corps, par exemple, peut avoir commencé avant l'entrée en vigueur et se poursuivre après; un testament peut avoit été fait avant l'entrée en vigueur alors que le décès du testateur survient après; la possession utile à la prescription peut avoir commencé avant l'entrée en vigueur et se poursuivre après.

85. À l'égard des situations en cours de constitution ou d'extinction, le principe de la non-rétroactivité de la loi nouvelle énoncé à l'article 2 de la loi d'application signifie que la valeur des éléments de formation ou d'extinction de la situation juridique qui se sont réalisés avant l'entrée en vigueur de la loi nouvelle ne doit pas être modifiée. Les éléments qui étaient

valables aux fins de la constitution ou de l'extinction d'une situation juridique conservent leur valeur tandis que ceux qui n'étaient pas valables à ces fins ne peuvent être considérés comme l'ayant été.

86. **Illustrations.** La rédaction du testament constitue la première étape de la formation de la situation juridique de légataire, cette situation étant entièrement formée au moment de l'ouverture de la succession. Dans l'hypothèse où un testament est fait avant l'entrée en vigueur de la loi nouvelle alors que la succession s'ouvre après, l'article 40 de la loi d'application maintient de manière explicite l'application de la loi ancienne pour ce qui concerne la capacité de tester et les formes du testament. Il s'agit là d'une application particulière du principe de la non-rétroactivité de la loi nouvelle au cas d'un élément créateur de situation juridique qui s'est réalisé avant l'entrée en vigueur de la loi nouvelle. Notons cependant que l'article 40 fait explicitement réserve de l'article 7 de la loi d'application, ce qui a pour conséquence d'écarter le principe de non-rétroactivité lorsque la loi nouvelle ne reconnaît plus une cause de nullité qui aurait pu frapper le testament fait avant son entrée en vigueur.

87. Le premier alinéa de l'article 6 de la loi d'application prévoit que «[l]orsque la loi nouvelle allonge un délai, le nouveau délai s'applique aux situations en cours, compte tenu du temps déjà écoulé». En préservant l'effet du temps écoulé sous la loi ancienne, la loi nouvelle respecte la valeur constitutive ou extinctive des faits durables antérieurs, ce qui est conforme au principe de la non-rétroactivité.

88. On trouve, dans la loi d'application, quelques exemples de cas où le législateur attribue à un fait survenu avant l'entrée en vigueur de la loi nouvelle une valeur, qu'il n'aurait pas normalement, pour les fins de la création ou de l'extinction d'une situation juridique. Ainsi, l'article 25:

> 25. À plein effet la tutelle prévue par testament fait avant l'entrée en vigueur de la loi nouvelle, si le décès survient postérieurement à cette date.

Sous la loi ancienne, la nomination d'un tuteur par testament n'était pas valable (art.249 *C.c.B.C.*) alors qu'elle le devient sous la loi nouvelle lorsqu'elle est faite par le père ou la mère (art. 200 *C.c.Q.*). Le nouveau code prévoit donc une situation tutélaire qui se crée en deux temps: celui de la rédaction du testament et celui du décès. L'effet de l'article 25 est de rendre valable, pour les fins de la création de la situation juridique tutélaire, un fait, la désignation d'un tuteur par testament, qui n'était pas valable au moment où il s'est produit. Il s'agit là d'un effet rétroactif.

89. Un autre exemple est offert par l'article 35 de la loi d'application:

> 35. L'article 540 du nouveau code est applicable même lorsque le consentement à la procréation médicalement assistée a été donnée avant l'entrée en vigueur dudit code.

L'article 540 du nouveau code prévoit ce qui suit:

> 540. Celui qui, après avoir consenti à la procréation médicalement assistée, ne reconnaît pas l'enfant qui en est issu, engage sa responsabilité envers cet enfant et la mère de ce dernier.

L'article 540 se rapporte à la formation de la situation juridique de débiteur d'une obligation. Cette situation se forme à partir de trois faits constitutifs successifs: le consentement à la procréation médicalement assistée donné par une personne, la naissance de l'enfant et l'absence de reconnaissance par la personne qui a consenti à la procréation. Dans le cas prévu à l'article 35, l'un de ces faits, le consentement, s'est produit avant l'entrée en vigueur du code et ne devrait donc pas, selon le principe de la non-rétroactivité de la loi nouvelle, pouvoir être pris en considération aux fins de la formation de la situation juridique de débiteur. L'article 35 de la loi d'application, en reconnaissant au consentement une valeur qu'il ne possédait pas lorsqu'il a été donné, revient sur un fait accompli et déroge ainsi au principe de non-rétroactivité[32].

90. On aura constaté que la définition de la rétroactivité de la loi en rapport avec la création et l'extinction de situations juridiques emprunte des formes très diverses; il n'est pas étonnant que le législateur ait renoncé à les décrire toutes au second alinéa de l'article 2 de la loi d'application. Il en va autrement

de la définition de la rétroactivité en rapport avec les effets d'une situation juridique: elle est simple à exprimer, encore que la qualification ne se fasse pas toujours sans problèmes en raison des difficultés liées à la localisation de certains effets des situations juridiques.

2.1.1.2 Les effets des situations juridiques

91. Selon les termes mêmes de l'article 2 de la loi d'application, il y a effet rétroactif lorsque la loi nouvelle altère les effets déjà produits par une situation juridique[33]. La modification des effets antérieurs d'une situation juridique survient au plan théorique dans deux hypothèses distinctes: soit qu'une situation juridique ait produit un effet donné et que la loi nouvelle le modifie ou le supprime, soit que la situation n'ait pas produit un effet donné et que la loi nouvelle attribue à des faits passés l'aptitude à produire cet effet. Pour qualifier l'application dans le temps d'une règle relative aux effets d'une situation juridique en termes d'effet rétroactif ou d'effet prospectif, il faudra localiser les effets visés par la règle. S'il se se situent avant l'entrée en vigueur, ils ne sauraient être modifiés sans rétroactivité. S'il se situent après l'entrée en vigueur, ils seront normalement régis par la loi nouvelle, sous réserve de la survie éventuelle de la loi ancienne dans le cas des situations en cours au moment de l'entrée en vigueur.

92. La localisation temporelle des effets ne soulève aucune difficulté dans le cas des situations juridiques qui sont déjà éteintes au moment de l'entrée en vigueur de la loi nouvelle: les effets de ces situations appartiennent entièrement au passé et ne sauraient être modifiés, par addition ou soustraction, que par un texte d'effet rétroactif. Les nouveaux effets de la tutelle ne visent pas les tutelles antérieurement éteintes; les nouveaux droits et les nouvelles obligations du propriétaire d'un bien foncier ne s'appliquent pas à une situation juridique de propriétaire qui s'est éteinte avant l'entrée en vigueur. La situation est également nette pour ce qui regarde les situations juridiques qui se constitueront dans l'avenir: rien ne devrait alors s'opposer à l'application de la loi nouvelle, pas même la survie de la loi ancienne, puisque nous n'avons pas affaire par hypothèse à une situation en cours au moment de l'entrée en vigueur de la loi nouvelle. Les effets des tutelles qui seront déférées dans l'ave-

nir seront entièrement déterminés par la loi nouvelle. Celle-ci régira entièrement les droits et obligations des personnes qui, dans l'avenir, deviendront propriétaires d'un bien foncier.

93. La question est plus délicate lorsque l'on a affaire à une situation juridique en cours au moment de l'entrée en vigueur de la loi nouvelle. Il faut alors départager les effets déjà produits par la situation, de ceux qui se produiront dans l'avenir. En matière de tutelle, il faudra distinguer l'administration passée de la tutelle de son administration future; en matière de propriété, l'exercice antérieur du droit de propriété de son exercice futur; en matière contractuelle, les effets antérieurs du contrats de ses effets à venir, et ainsi de suite. Cette analyse se révèle parfois simple et parfois complexe. Elle apparaît singulièrement délicate pour les situations résultant d'actes juridiques, comme on aura plus loin l'occasion de le montrer[34].

94. **Illustrations.** La loi d'application contient des exemples de dispositions ayant un effet rétroactif en raison de la modification des effets déjà produits par une situation juridique. Ainsi, les règles relatives au droit d'un possesseur d'être remboursé ou indemnisé pour les constructions, ouvrages ou plantations qu'il a faits sur un bien se rapportent aux effets de la situation juridique de possesseur. Ces effets se produisent au moment même où sont faites les impenses, car c'est à ce moment que naît le droit au remboursement ou à l'indemnisation. Le régime juridique des impenses devrait donc, normalement, être déterminé par le droit applicable au moment où celles-ci sont faites: c'est là l'effet normal du principe de la non-rétroactivité. Cette solution est toutefois écartée par l'article 45 de la loi d'application: «45. Toute impense faite avant l'entrée en vigueur de la loi nouvelle est régie par cette loi.»

95. L'article 120 rend applicable rétroactivement le second alinéa de l'article 2209 du nouveau code qui reconnaît à tout associé, dans une société en nom collectif, le droit d'écarter de la société une personne étrangère à la société qui a acquis à titre onéreux la part d'un autre associé. Ce nouveau droit peut, en vertu de l'article 120, être exercé dans l'hypothèse où l'acquisition s'est faite dans l'année qui précède l'entrée en vigueur de la loi nouvelle. On a encore affaire ici à un effet rétroactif caractérisé, car la loi nouvelle attribue à un fait (l'acquisition

d'une part par une personne étrangère à la société) une conséquence dont ce fait était dépourvu lorsqu'il s'est produit. Cette conséquence a trait aux droits des associés, donc aux effets de la situation juridique d'associé. Les effets antérieurs de cette situation se trouvent ainsi modifiés.

96. On peut aussi puiser dans les articles du nouveau code des illustrations du principe de la non-rétroactivité de la loi nouvelle dans son application aux effets antérieurs des situation juridiques. L'article 183 consacre le principe du caractère gratuit de la tutelle au mineur exercée par le père et la mère, le directeur de la protection de la jeunesse ou la personne que ce dernier recommande pour exercer la tutelle. Dans certaines circonstances et à certaines conditions, toutefois, le second alinéa de l'article 183 permet la rémunération du tuteur. Ces règles, dans la mesure où elle sont nouvelles (on les comparera à celles qu'énonce l'article 266.1 *C.c.B.C.*), ne sauraient s'appliquer au déroulement d'une tutelle antérieur à l'entrée en vigueur de la loi nouvelle. Agir autrement serait revenir sur des effets déjà produits de la situation tutélaire.

97. L'article 1131 du nouveau code prévoit ce qui suit:

> 1131. Les gains exceptionnels qui découlent de la propriété du bien sur lequel porte l'usufruit, telles les primes attribuées à l'occasion du rachat d'une valeur mobilière, sont versés à l'usufruitier, qui en doit compte au nu-propriétaire à la fin de l'usufruit.

Cette disposition nouvelle ne saurait s'appliquer en rapport avec des gains survenus avant l'entrée en vigueur de la loi nouvelle, car ce serait revenir sur un effet déjà produit par l'usufruit. Elle pourra, par contre, s'appliquer aux gains qui découleront dans l'avenir en raison d'un bien sujet à usufruit au moment de l'entrée en vigueur du nouveau code, en vertu du principe de l'effet immédiat de la loi nouvelle. Il faut noter, toutefois, que cette dernière solution serait exclue, dans le cas des usufruits d'origine contractuelle, par l'effet du premier alinéa de l'article 4 de la loi d'application qui prévoit la survie de la loi ancienne pour ce qui concerne la détermination des droits des parties à un contrat.

2.1.2 Le principe de l'effet immédiat de la loi nouvelle

98. Le principe de la non-rétroactivité de la loi nouvelle répond à la question de savoir si l'on doit reporter les effets de celle-ci à une date antérieure à celle de son entrée en vigueur. Il ne nous renseigne pas sur le traitement qui doit être réservé, pour l'avenir, aux situations qui sont en cours de formation, d'effets ou d'extinction au moment de la prise d'effet de la loi nouvelle: faut-il leur appliquer dorénavant la loi nouvelle ou bien doivent-elles demeurer, par l'effet de survie de la loi ancienne, assujetties aux dispositions de cette dernière? Le principe de l'effet immédiat, qu'énonce l'article 3 de la loi d'application, donne réponse à cette question:

> 3. La loi nouvelle est applicable aux situations juridiques en cours lors de son entrée en vigueur.
>
> Ainsi, les situations en cours de création ou d'extinction sont, quant aux conditions de création ou d'extinction qui n'ont pas encore été remplies, régies par la loi nouvelle; celle-ci régit également les effets à venir des situations en cours.

99. L'expression «effet immédiat» a été créée par Paul Roubier[35] pour désigner l'hypothèse où la loi nouvelle détermine seule, à l'exclusion de la loi ancienne, le régime juridique futur d'une situation en cours. Le choix du terme n'est pas des plus heureux, car la question n'est pas de savoir si la loi nouvelle s'appliquera immédiatement à une situation juridique ou seulement plus tard, mais bien de décider si son application sera, pour l'avenir, générale ou bien restreinte aux seules situations qui naîtront dans l'avenir. Effet immédiat est donc synonyme d'effet général[36] ou d'effet exclusif de la loi nouvelle, effet général ou exclusif qui s'oppose au maintien de la loi ancienne pour les situations en cours. Comme le terme effet immédiat est consacré par l'usage, il serait illusoire de chercher à l'évincer au profit d'une expression plus précise. Les remarques qui viennent d'être faites avaient plutôt pour objectif de faire bien saisir le contenu essentiel de la notion d'effet immédiat.

100. Selon ce que suggère le texte même de l'article 2, il convient d'analyser l'effet immédiat en distinguant selon qu'au moment de l'entrée en vigueur de la loi nouvelle, la situation juridique est en cours de formation ou d'extinction, d'une part, ou qu'elle est en cours d'effets, d'autre part.

2.1.2.1 Les situations en cours de création ou d'extinction

101. Le principe de l'effet immédiat consacré par l'article 3 de la loi d'application a pour conséquence que les situations juridiques qui se trouvent en cours de constitution ou d'extinction au moment de l'entrée en vigueur de la loi nouvelle seront régies, pour les faits acquisitifs ou extinctifs futurs, par la loi nouvelle et non par la loi ancienne, c'est-à-dire celle qui s'appliquait au moment où ces situations ont commencé à se former ou à s'éteindre. Au principe de l'effet immédiat de la loi nouvelle correspond donc un principe de non-survie de la loi ancienne. Comme on l'a vu plus haut aux paragraphes 85 et suivants, les éléments constitutifs ou extinctifs antérieurs ne seront pas privés de leur valeur, car le principe de la non-rétroactivité s'y oppose. Par contre, les faits acquisitifs ou extinctifs futurs auront la valeur que leur reconnaît la seule loi nouvelle.

102. On peut avoir affaire à des situations en cours de formation ou d'extinction lorsque des situations se forment ou s'éteignent en raison de faits durables ou de faits successifs. Si une situation se forme ou s'éteint en raison de faits instantanés, comme c'est souvent le cas, par exemple, pour les situations contractuelles ou dans le domaine de la responsabilité civile, cela exclut que l'on rencontre des cas où la formation ou l'extinction de la situation de trouve en quelque sorte à cheval sur la date d'entrée en vigueur de la loi nouvelle.

103. **Illustrations.** Pour illustrer l'application immédiate de la loi nouvelle à l'égard des situations qui se créent ou qui s'éteignent en raison de faits durables, il suffit de penser à la prescription acquisitive ou extinctive. La prescription produit son effet créateur ou extinctif en raison de faits durables, comme l'inaction ou la possession, à la condition que ces faits aient duré un temps déterminé. Le principe de l'effet immédiat énoncé à l'article 3 de la loi d'application a pour conséquence que toutes les prescriptions en cours au moment de l'entrée en vigueur de la loi nouvelle seront régies, dès ce moment, par la loi nouvelle pour ce qui concerne le temps qui s'écoulera à l'avenir[37]. Par exemple, c'est la loi nouvelle, non l'ancienne, qui déterminera si un fait, comme l'impossibilité d'agir d'un créancier, qui se réalise après l'entrée en vigueur entraîne ou non la suspension de la prescription.

104. Les situations juridiques qui exigent l'intervention du tribunal ou d'une autorité administrative pour leur formation se créent en raison de faits successifs. Le principe de l'effet immédiat a pour conséquence que les instances constitutives en cours à l'entrée en vigueur de la loi nouvelle seront immédiatement régies par celle-ci: il n'y aura pas, en principe, survie de la loi en vigueur au début de l'instance. Le second alinéa de l'article 9 de la loi d'application consacre cette solution, dictée par le principe de l'effet immédiat de la loi nouvelle, en prévoyant que «lorsque le jugement à venir est constitutif de droits», l'instance en cours ne demeure pas régie par la loi ancienne et doit, par conséquent, se dérouler sous le régime de la loi nouvelle.

105. La loi d'application prévoit des exceptions au principe de l'effet immédiat en ce qu'il se rapporte à des situations qui se créent par faits successifs. L'article 11 prévoit la survie de la loi ancienne pour ce qui concerne les demandes de changement de nom ou de changement de mention du sexe et du prénom formées avant l'entrée en vigueur de la loi nouvelle, sous réserve que celles qui avaient été adressées au ministre de la Justice sont déférées au directeur de l'état civil. De même, l'article 170 a pour effet d'exclure l'application de la loi nouvelle, et donc d'assurer la survie de la loi ancienne, en ce qui a trait aux demandes de reconnaissance et d'exécution des jugements étrangers en cours au moment de l'entrée en vigueur du nouveau code. Ces demandes présentent un caractère constitutif, et non simplement déclaratif[38], si bien qu'elles auraient normalement été touchées par le changement de législation.

106. L'effet immédiat de la loi nouvelle se fera donc sentir en rapport avec la création et l'extinction des situations juridiques. C'est toutefois à l'égard des situations en cours d'effets que son impact sera le plus marqué.

2.1.2.2 Les situations en cours d'effets

107. En rapport avec les situations juridiques en cours d'effets, le principe de l'application immédiate emporte deux conséquences. La première est celle qu'exprime l'article 3 de la loi d'application: si une situation juridique est en cours d'effets au moment de l'entrée en vigueur de la loi nouvelle, le principe de

l'effet immédiat de la loi nouvelle exige que ses effets futurs soient régis par celle-ci[39]. La seconde conséquence se rapporte aux causes futures d'extinction des situations juridiques: pour les situations juridiques en cours d'effets au moment de l'entrée en vigueur de la loi nouvelle, le principe de l'effet immédiat de la loi nouvelle fait en sorte que les causes de leur extinction seront déterminées par la loi nouvelle[40]. Exprimées par rapport au phénomène de la survie de la loi ancienne, les conséquences du principe de l'effet immédiat de la loi nouvelle sont les suivantes: la loi ancienne, celle qui était en vigueur au moment de la formation de la situation juridique, ne survivra pas, que ce soit pour déterminer les effets futurs des situations en cours ou pour prescrire leur mode d'extinction.

2.1.2.2.1 Les effets futurs des situations en cours d'effets

108. En ce qui concerne les effets des situations juridiques, l'application du principe de l'effet immédiat aux situations en cours d'effets au moment de l'entrée en vigueur de la loi nouvelle exige la localisation dans le temps des effets de ces situations afin de départager ceux qui sont déjà accomplis au moment de l'entrée en vigueur de la loi nouvelle (qui ne pourraient être atteints que par une loi rétroactive) de ceux qui se produisent postérieurement à cette date et que l'effet immédiat assujettit à la loi nouvelle plutôt qu'à la loi ancienne. Cet exercice de localisation temporelle des effets est le même que celui auquel on doit se livrer lorqu'il y a lieu d'appliquer le principe de la non-rétroactivité de la loi nouvelle aux situations en cours d'effets; nous avons déjà analysé ce processus de localisation aux paragraphes 91 et suivants.

109. **Illustrations.** Les effets de la tutelle au mineur s'étalent dans le temps pendant une période qui peut être relativement longue. Ces effets se rapportent en particulier aux droits et aux obligations du tuteur à l'égard des biens du mineur. Le principe de l'effet immédiat de la loi nouvelle appliqué à une tutelle au mineur qui serait en cours au moment de l'entrée en vigueur de la loi nouvelle signifie que, dès ce jour, les nouvelle règles seraient applicables pour établir quelles seront, à l'avenir, les droits et obligations du tuteur à l'égard des biens du mineur. L'article 208 du nouveau code prévoit que «[l]e tuteur agit à l'égard des biens du mineur à titre d'administrateur chargé de

la simple administration.» Ce texte fait référence aux pouvoirs prévus aux articles 1301 et suivants du nouveau code. Pour le déroulement futur de la tutelle, ce sont ces dispositions, et non les articles correspondant de l'ancien code, qui s'appliqueront.

110. Le droit relatif à l'usufruit a été profondément modifié par la réforme du code civil en vue, notamment, d'assurer mieux la conservation du bien qui fait l'objet de l'usufruit. Dans la mesure où le code modifie les droits et obligations de l'usufruitier, ces nouvelles règles seraient en principe applicables aux usufruits créés avant l'entrée en vigueur du code, en autant qu'on ne revient pas ainsi sur des faits accomplis avant cette date. Ainsi, l'article 1139 du nouveau code prévoit que l'usufruitier doit, en principe, remplacer les arbres détruits dans une érablière. Cette règle est nouvelle, car la loi ancienne limitait cette obligation aux seuls arbres fruitiers. Le principe de l'effet immédiat de la loi nouvelle exige que cette nouvelle obligation s'applique aux usufruits en cours dans tous les cas où la destruction des arbres survient après l'entrée en vigueur de la loi nouvelle[41]. Si la destruction a lieu avant, la nouvelle règle ne saurait par contre s'appliquer car on donnerait alors un effet rétroactif à la loi nouvelle: elle ferait naître un obligation en raison d'un fait (la destruction des arbres) entièrement survenu avant son entrée en vigueur.

111. L'article 1057 du nouveau code rend opposable au locataire ou à l'occupant d'une partie privative d'un immeuble le règlement d'un immeuble détenu en copropriété. En vertu de l'article 55 de la loi d'application, cette nouvelle disposition s'appliquera au locataire dont le bail est en cours au moment de l'entrée en vigueur de la loi nouvelle et viendra ainsi modifier les effets futurs de la situation contractuelle de locataire.

112. On trouve, dans la loi d'application, plusieurs autres dispositions se rapportant à l'application de la loi nouvelle aux effets futurs des situations en cours d'effets au moment l'entrée en vigueur de celle-ci. Parmi les règles générales, dont la portée précise sera analysée plus loin, il faut signaler celles qu'énoncent les articles 4 et 5. Le premier prévoit la survie de la loi ancienne pour déterminer certains des effets des situations contractuelles en cours au moment de l'entrée en vigueur de la loi nouvelle. L'article 4 apporte donc une dérogation au principe de

l'article 3. L'article 5 peut être vu[42] comme une simple application, aux effets futurs des actes juridiques, du principe d'effet immédiat énoncé à l'article 3. De nombreuses dispositions particulières de la loi d'application ont pour objectif soit de rappeler en contexte, les règles énoncées aux articles 4 et 5, soit d'y apporter des dérogations, notamment en rétablissant, pour certaines situations contractuelles[43], le principe de l'effet immédiat que l'article 4 avait pour partie écarté.

113. Les dispositions particulières prévoient aussi, dans certains cas déterminés, que la loi ancienne survivra pour régir les effets futurs de certaines situations juridiques. Ainsi, l'article 62:

> 62. Les dispositions des articles 1148 et 1149 du nouveau code, relatives à l'assurance du bien sujet à un usufruit, ne s'appliquent pas aux usufruits établis avant l'entrée en vigueur de la loi nouvelle.

N'eut été de cette disposition, les nouvelles obligations d'assurer le bien sujet à usufruit se seraient, en raison du principe de l'effet immédiat de la loi nouvelle, appliquées dès l'entrée en vigueur de la loi nouvelle à tous les usufruits d'origine autre que contractuelle alors en cours. Il n'y aurait eu aucune rétroactivité à cela, puisque l'obligation n'aurait été imposée qu'à l'égard de l'avenir, mais une telle obligation aurait pu tromper gravement les prévisions des parties à la situation juridique, ce qui explique vraisemblablement le choix de la survie de la loi ancienne dans ce cas.

114. Le principe de l'effet immédiat de la loi nouvelle exige donc que les situations en cours d'effets soient, pour ce qui regarde leurs effets futurs, régis par la loi nouvelle et non par l'ancienne. Ce principe comporte un second aspect: il conduit à l'application éventuelle, aux situations en cours d'effet, des causes d'extinction de ces situations qui sont prévues par la loi nouvelle.

2.1.2.2.2 Les causes futures d'extinction des situations en cours d'effets

115. L'entrée en vigueur de la loi nouvelle modifiera les conditions d'extinction de certaines situations juridiques. En raison du principe de l'effet immédiat de la loi nouvelle, ces modifica-

tions seront applicables aux situations en cours d'effets au moment de l'entrée en vigueur; l'ancien régime des causes d'extinction ne survivra pas.

116. **Illustrations.** L'article 250 du nouveau code permet au tuteur datif, dans certaines circonstances et à certaines conditions, de demander au tribunal de la relever de sa charge. Cette nouvelle disposition serait applicable aux situations tutélaires en cours d'effets au moment de l'entrée en vigueur du nouveau code.

117. L'article 329 du nouveau code permet au tribunal d'interdire l'exercice de la fonction d'administrateur d'une personne morale à certaines personnes dont la conduite passée laisse à désirer. On ne saurait, au nom de la survie de la loi ancienne, s'opposer à l'application de ce nouvel article à l'égard des personnes qui occupent une telle fonction au jour de l'entrée en vigueur de la loi nouvelle.

118. Les article 944 et 945 du nouveau code prévoient de nouvelles règles relatives au droit du détenteur d'un bien qui lui a été confié pour être gardé, travaillé ou transformé de disposer de ce bien lorsqu'il a n'a pas été réclamé apès un certain délai. Selon le principe de l'effet immédiat de la loi nouvelle, ces nouvelles règles seraient applicables pour mettre fin à la situation de détenteur qui est en cours au moment de l'entrée en vigueur du code. Cette solution est d'ailleurs confirmée à l'article 50 de la loi d'application, lequel réserve par ailleurs au détenteur, à certaines conditions, l'option de se prévaloir des dispositions la loi ancienne. On a donc affaire ici à une possibilité de survie de la loi ancienne.

119. L'article 1108 prévoit de nouvelles règles relatives à la façon dont il peut être mis fin à la copropriété divise d'un immeuble. Alors que la loi ancienne (art. 442o *C.c.B.C.*) exigeait l'unanimité des copropriétaires, l'article 1108 n'exige plus qu'une majorité des trois quarts des copropriétaires représentant quatre-vingt-dix pour cent des voix de tous les copropriétaires. Ces nouvelles règles s'appliqueraient aux situations de copropriété en cours d'effets au moment de l'entrée en vigueur du code.

120. Dans la loi d'application elle-même, lorsque le législateur a voulu exprimer le principe de l'effet immédiat en rapport avec une situation juridique particulière, il lui est arrivé de faire référence à la fois aux effets futurs de cette situation et à ses causes futures d'extinction. Ainsi, l'article 71:

> 71. Les fondations et les fiducies établies par donation avant l'entrée en vigueur de la loi nouvelle sont régies, quant à leurs effets et leur extinction, de la même manière que celles établies par testament.

Cette disposition vise à écarter, pour les fondations et fiducies établies par donation, la règle de survie énoncée à l'article 4 de la loi d'application pour certains éléments du droit supplétif contractuel. On trouvera ailleurs dans cette loi quelques autres dispositions ayant un objet analogue et où sont soumis à la loi nouvelle tant les effets futurs de situations contractuelles que les conditions futures d'extinction de ces situations[44].

121. Les principes généraux énoncés aux articles 2 et 3 ont vocation à répondre à la plupart des questions que soulèvera l'application temporelle du droit relatif à la réforme du code civil. Comme on vient de le voir, la portée de ces principes est très étendue: ils fournissent une solution à tous les conflits théoriquement susceptibles de s'élever entre la loi ancienne et la loi nouvelle.

2.2 Règles générales

122. Les principes généraux de non-rétroactivité et d'effet immédiat de la loi nouvelle constituent le cadre d'analyse des problèmes de droit transitoire liés à la mise en vigueur du *Code civil du Québec*. Ils en constituent aussi le droit commun, en ce sens que c'est à ces principes généraux qu'il faut s'en remettre en l'absence d'une autre règle plus précise. La loi d'application comporte justement plusieurs de ces règles, puisque le législateur ne pouvait faire reposer tout le droit transitoire relatif à la réforme du code civil sur les deux seuls principes de non-rétroactivité et d'effet immédiat de la loi nouvelle. Quelques unes de ces règles précisent les conséquences des principes généraux, réglant d'avance les difficultés de mise en œuvre qui

pourraient survenir. D'autres apportent des dérogations ou des ajouts à ces principes, là où leur application produirait des conséquences qui ne sont pas conformes à la volonté du législateur. Parmi ces règles, certaines se distinguent par leur généralité: non seulement figurent-elles au chapitre premier de la loi, à côté des principes généraux, mais chacune d'elles vise, par son contenu, un problème de droit transitoire qui se manifeste sous la même forme dans plusieurs domaines du droit privé. Il faut donc examiner ces **règles générales**, qui déterminent l'effet de la loi nouvelle sur **les actes juridiques** [2.2.1], sur **les délais** [2.2.2], et sur **la mise en œuvre des droits et des pouvoirs** [2.2.3].

2.2.1 Les actes juridiques

123. Dans la doctrine moderne, l'acte juridique est «toute manifestation de volonté individuelle qui a pour effet de créer, de modifier ou d'éteindre un droit»[45]. On songe au contrat, bien sûr, mais aussi à l'acte juridique unilatéral, dont le testament est l'exemple le plus répandu[46]. La plupart des actes juridiques ont une certaine durée, en ce sens que leurs effets se manifestent sur une période de temps plus ou moins prolongée. Le contrat ou le testament faits avant l'entrée en vigueur de la loi nouvelle, peuvent souvent produire des effets après cette entrée en vigueur. Dès lors, la question se pose: quel est l'impact de la loi nouvelle sur les actes juridiques en cours?

124. L'application des principes généraux apporte une réponse relativement simple à cette question. Premièrement, on peut déduire du principe de non-rétroactivité de la loi nouvelle que celle-ci ne peut atteindre les fait entièrement accomplis sous l'empire de la loi ancienne. En principe, donc, la loi nouvelle ne peut revenir ni sur les conditions de formation d'un acte juridique déjà créé, ni sur les effets déjà produits par un tel acte juridique, ni sur les conditions d'extinction d'un acte juridique déjà éteint. Deuxièmement, le principe de l'effet immédiat a pour conséquence que la loi nouvelle s'applique aux actes juridiques en cours, et régit tous les effets de ces actes juridiques qui se produiront après son entrée en vigueur.

125. Ni l'une ni l'autre de ces conséquences de l'application des principes généraux aux actes juridiques n'est entièrement

satisfaisante du point de vue du législateur, et c'est pourquoi on trouve, parmi les règles générales, certaines dérogations fort importantes à ces principes. D'abord, la loi d'application montre clairement la volonté du législateur de mettre en œuvre, le plus rapidement possible, la conception de l'ordre public qui émerge du nouveau code, et qui diffère, par certains côtés, de celle qui prévaut sous le *Code civil du Bas Canada*. Le nouveau code comporte, en effet, quelques changements relatifs aux conditions de formation des actes juridiques, et d'autres touchant la validité de certaines stipulations. Ecarter l'application de ces nouvelles règles pour tout ce qui concerne les actes juridiques formés avant l'entrée en vigueur de la loi nouvelle, c'est retarder d'autant la mise en place d'un ordre public législatif que le législateur juge supérieur à l'ancien. Le principe de non-rétroactivité est donc mis de côté, comme on le verra, dans la mesure requise pour donner effet à cette politique législative. Les prévisions des parties cèdent le pas devant **le nouvel ordre public législatif** [2.2.1.1]. À l'inverse, lorsque les changements ne visent que des règles supplétives, rien ne justifie de revenir sur les prévisions des parties en modifiant le cadre législatif dans lequel s'insérait leur entente. C'est pour éviter que le principe de l'application immédiate de la loi nouvelle puisse avoir cet effet que la loi d'application prévoit la survie de la loi ancienne, pour ce qui concerne une part importante du **droit supplétif contractuel** [2.2.1.2]

2.2.1.1 Le nouvel ordre public législatif

126. Le nouveau code est à la fois moins sévère et plus restrictif que l'ancien. Il fait disparaître, d'une part, quelques causes de nullité des actes juridiques. Il ajoute, d'autre part, des règles impératives qui privent d'effet certaines stipulations qui ne sont pas conformes au nouvel ordre public législatif. Dans un cas comme dans l'autre, la loi d'application favorise une mise en œuvre accélérée de ces nouvelles règles, dont l'effet sera rétroactif à certains égards.

2.2.1.1.2 La régularisation de certains actes nuls (art. 7)

127. **Définition du problème.** Dans le système de l'effet immédiat, les conditions de formation des actes juridiques sont normalement régies par la loi en vigueur au moment où l'acte s'est

formé. C'est dire qu'il ne suffit pas que le droit change pour que ce qui était nul avant l'entrée en vigueur de la loi nouvelle puisse désormais produire des effets. La loi nouvelle ne peut pas, en principe, faire en sorte que des faits accomplis, qui ne pouvaient pas emporter la formation d'un acte juridique au moment où ils sont survenus, soient aujourd'hui considérés comme ayant donné lieu à cet acte juridique. Ceci dit, le législateur peut toujours déroger à ce principe, et régulariser des actes qui seraient nuls autrement. C'est une dérogation de cette nature qu'on trouve à l'article 7 de la loi d'application:

> 7. Les actes juridiques entachés de nullité lors de l'entrée en vigueur de la loi nouvelle ne peuvent plus être annulés pour un motif que la loi nouvelle ne reconnaît plus.

Les règles nouvelles qui sont moins sévères quant aux conditions de formation des actes juridiques s'appliquent donc non seulement aux actes formés après l'entrée en vigueur de la loi nouvelle, mais aussi à ceux formés avant.

128. **Illustrations.** La loi d'application comporte, dans ses dispositions particulières, quelques illustrations de cette règle générale[47]. C'est ainsi que l'on appliquera aux mariages célébrés avant l'entrée en vigueur de la loi nouvelle, les règles plus libérales que contient le nouveau code au chapitre des mariages entre alliés[48]. De même, les articles 75 et 77 de la loi d'application permettent de donner effet à certains contrats qui seraient nuls en vertu des règles relatives aux vices de consentement contenues au *Code civil du Bas Canada*[49].

129. Mais ces dispositions particulières sont superfétatoires: la règle générale de l'article 7 régit l'ensemble des cas où la loi nouvelle fait disparaître une cause de nullité qui existait sous la loi ancienne. Il faut donc se demander, chaque fois que la nullité d'un acte juridique est en jeu, si la loi nouvelle reconnaît toujours la cause de nullité qui est invoquée. Si la réponse est négative, l'acte ne peut plus être annulé après l'entrée en vigueur de la loi nouvelle. Ainsi, le *Code civil du Québec* modifie à quelques égards les règles relatives aux formes du testament: l'article 7 de la loi d'application fait en sorte qu'on ne peut plus, après l'entrée en vigueur de la loi nouvelle, annuler un testament notarié fait devant un seul témoin, par exemple[50].

Pour la même raison, un testament olographe ou devant témoins, antérieur à la loi nouvelle, ne peut plus être annulé pour défaut de forme, s'il satisfait pour l'essentiel aux conditions requises par la loi nouvelle, et contient de façon non équivoque les dernières volontés du défunt[51].

130. **Qualification.** Il y a là véritablement rétroactivité, à n'en pas douter. Certains seront peut-être tentés, cependant, de ne voir dans cette règle qu'un cas d'application prospective de la loi nouvelle. Après tout, puisque l'intervention judiciaire est nécessaire pour prononcer la nullité d'un acte juridique, ne faut-il pas se placer au moment du jugement pour déterminer les causes de nullité recevables[52]? La réponse est négative: le jugement qui prononce la nullité ne crée pas une nouvelle situation juridique. Il détermine *ex post facto* que l'acte juridique n'a pas pu se former, et il en fait disparaître les effets tant pour l'avenir que pour le passé. C'est au jour de l'acte mal formé que le juge doit se placer pour connaître le droit applicable. Il ne faut donc pas s'y tromper. En permettant de revenir sur des faits entièrement accomplis, pour leur accorder un effet juridique qu'ils ne pouvaient avoir sous le régime de la loi ancienne, l'article 7 déroge au principe de non-rétroactivité de la loi nouvelle.

131. **Domaine d'application de la clause de rétroactivité.** La règle vise les actes juridiques antérieurs à l'entrée en vigueur de la loi nouvelle, mais jusqu'où faut-il remonter? Il est clair, d'abord, que l'effet rétroactif de la règle ne saurait permettre de redonner vie à des actes déjà annulés. Le texte même de l'article 7 («...ne peuvent plus être annulés...») présume que la nullité de l'acte n'a pas encore été prononcée, de telle sorte que la disparition d'une cause de nullité n'affecte pas les cas où la nullité de l'acte a acquis la force de chose jugée[53] avant l'entrée en vigueur de la loi nouvelle[54].

132. Si, au contraire, l'acte n'est pas annulé définitivement au jour de l'entrée en vigueur de la loi nouvelle, l'article 7 reçoit toute son application. La règle touche, bien sûr, les cas où la nullité n'a pas encore été invoquée dans une instance judiciaire. Mais elle va plus loin et régit aussi les instances en cours, c'est-à-dire les affaires où la validité de l'acte juridique a déjà été remise en cause, sans qu'un jugement final ne soit intervenu. Bien sûr, comme on le verra plus loin, c'est en principe la loi

ancienne qui régit les instances qui sont en cours lors de l'entrée en vigueur de la loi nouvelle. Cependant, lorsque la loi prévoit la rétroactivité, elle a effet même dans les instances en cours, qu'il s'agisse de première instance ou d'appel[55]. L'article 7 ordonne au juge, à qui on demande de prononcer la nullité, de juger des faits pertinents à la lumière du nouveau droit, comme si celui-ci avait été en vigueur quand les faits se sont produits[56]. Il s'agit d'une fiction, bien sûr, mais elle a pour conséquence que le juge n'a plus alors le pouvoir de prononcer la nullité, peu importe les frais engagés jusque là par les parties pour contester ou défendre la validité de l'acte juridique.

133. Il n'est pas nécessaire de distinguer la nullité absolue de la nullité relative pour les fins de l'application de l'article 7. Bien sûr, le fait qu'on y parle d'actes juridiques qui ne «peuvent plus être annulés» évoque la distinction classique entre les actes qui sont nuls de plein droit, nullité absolue que le juge constate, et les actes qui sont annulables, nullité relative que le juge prononce. Certains interpréteront sans doute le libellé de l'article 7 comme une indication que la nullité absolue d'un acte antérieur, pour une cause écartée par la loi nouvelle, peut néanmoins être constatée après l'entrée en vigueur de celle-ci, puisque dans ce cas l'action en nullité n'a pas pour objet de faire «annuler» l'acte. Ceci dit, la doctrine moderne exprime un peu différemment la distinction entre la nullité absolue et la nullité relative, et la fonde bien plus sur la nature de l'intérêt qu'elle protège (public ou privé) que sur l'existence ou l'inexistence de l'acte[57]. Dans un cas comme dans l'autre, le juge doit intervenir, au besoin, pour détruire avec effet rétroactif l'apparence créée par les agissements des parties: l'acte juridique est réputé n'avoir jamais existé[58]. Que le juge prononce ou constate la nullité, l'acte n'en est pas moins «annulé» par son intervention. Or c'est justement cette intervention que l'article 7 interdit, puisqu'il ordonne au juge de ne plus tenir compte, dans son évaluation de la validité de l'acte, des causes de nullité que la loi nouvelle a écartées. Nullité absolue ou nullité relative, la rétroactivité de l'article 7 garde toute son emprise, à notre avis.

134. **Portée de la règle**. On le sait, la nullité est la sanction de l'irrégularité de la formation d'un acte juridique. Une fois la nullité prononcée, l'apparence créée par les faits est détruite, et l'acte mal formé est dissout rétroactivement. Puisque la nullité

ne peut plus opérer dans les cas visés par l'article 7, les actes régularisés doivent être tenus pour valides après l'entrée en vigueur de la loi nouvelle, rétroactivement au jour de leur formation. La régularisation que prévoit l'article 7 opère donc de manière analogue à une confirmation, à la différence près qu'elle produit ses effets automatiquement, sans manifestation de volonté des parties, et qu'elle vaut pour toutes les parties.

135. Cette régularisation ne pose pas de problème quand l'acte nul a déjà donné lieu à une exécution avant l'entrée en vigueur de la loi nouvelle[59]. Ce qui a été fait en vertu de l'acte régularisé ne peut plus être remis en question après l'entrée en vigueur de la loi nouvelle: la restitution des prestations ne peut plus avoir lieu, faute d'une cause de nullité, et l'acte régularisé produit ses effets pour l'avenir. Quant à l'acte dont les effets juridiques seraient encore en suspens, il est censé avoir toujours été valable: la partie qui demande, après l'entrée en vigueur de la loi nouvelle, l'exécution des obligations créées par un tel acte, ne peut plus se voir opposer la nullité de l'acte. À défaut d'une autre exception ou cause d'extinction légitime, ces obligations désormais valables doivent être exécutées. Conséquence inattendue, les tiers qui auraient acquis des droits sans tenir compte de l'acte, en se fiant à la nullité apparente de celui-ci, voient leurs droits menacés par sa régularisation[60].

136. On voit donc que l'article 7 a un domaine limité, et qu'il ne substitue pas toutes les nouvelles causes de nullité aux anciennes. Il ne traite, en fait, que des situations où la loi nouvelle *écarte* une cause de nullité qui affecte un acte antérieur à son entrée en vigueur[61]. Quand la loi nouvelle *ajoute* une cause de nullité, il faut en revenir aux principes généraux. L'acte juridique qui était valide en vertu de la loi en vigueur au moment de sa formation ne peut pas être annulé pour une cause que la loi nouvelle introduit dans le droit pour la première fois. Ceci dit, l'article 5 de la loi d'application permet d'examiner le contenu des actes juridiques antérieurs à la lumière des règles impératives de la loi nouvelle[62]. C'est cette disposition qu'il faut maintenant analyser.

2.2.1.1.3 Les stipulations des actes juridiques (art. 5)

137. **Définition du problème.** Le changement de contenu de l'ordre public législatif se manifeste aussi par l'introduction de nouvelles règles impératives relatives au contenu des actes juridiques [63]. Telle stipulation qui était inattaquable sous la loi ancienne devient illicite sous l'empire de la loi nouvelle. Puisque les effets de l'acte juridique se prolongent souvent dans le temps, on peut aisément concevoir que de tels changements puissent créer des conflits entre la loi et les actes juridiques. Mais ces conflits ne soulèvent de problèmes de droit transitoire que si la «vie» de la stipulation d'un acte juridique chevauche l'entrée en vigueur de la loi nouvelle. Ainsi, il est certain que les dispositions impératives de la loi nouvelle n'affectent en rien les stipulations dont les effets ont été produits et ont cessé avant l'entrée en vigueur de la loi nouvelle. Inversement, ces dispositions s'appliquent sans difficulté aux stipulations d'un acte juridique qui sont faites après cette entrée en vigueur.

138. C'est à l'égard des stipulations antérieures à la loi nouvelle qui continuent à vivre ou à produire des effets postérieurement à son entrée en vigueur que la question du conflit de lois dans le temps se pose. Quel droit doit-on choisir pour régir ces stipulations? La loi ancienne, qui les tolérait? Ou plutôt la loi nouvelle, qui les prive d'effet? En fait, le législateur devait choisir entre trois solutions plutôt que deux. On pouvait, d'abord, appliquer la loi ancienne à ces stipulations, et en préserver le caractère licite, tant pour le passé que pour le futur. On pouvait, à l'inverse, choisir plutôt la loi nouvelle, et priver d'effet ces stipulations, tant pour le passé que pour l'avenir. Mais le législateur a choisi une solution mitoyenne, qui laisse intact les effets déjà produits par ces stipulations, mais les empêche d'agir pour l'avenir. C'est l'article 5 qui exprime ce choix législatif:

> 5. Les stipulations d'un acte juridique antérieures à la loi nouvelle et qui sont contraires à ses dispositions impératives sont privées d'effet pour l'avenir.

139. **Illustrations.** Ici encore, on trouve dans la loi certaines applications particulières de cette règle générale. Par exemple, l'article 102 de la loi d'application prive d'effet les clauses de

dation en paiement stipulées avant la loi nouvelle pour garantir l'exécution d'une obligation, conformément au droit nouveau qui ne reconnaît pas la validité de ces clauses[64]. De même, la loi d'application rend explicite l'une des conséquences de l'article 5, soit l'application, aux contrats déjà formés, de la nouvelle règle qui empêche d'assujettir la subrogation au consentement préalable du débiteur[65]. Autre exemple, les nouvelles règles concernant la validité des clauses limitatives de responsabilité s'appliquent aussi aux stipulations antérieures à la loi nouvelle, même si la loi d'application ne le prévoit pas expressément[66]. Dans ce cas comme dans les autres où la loi d'application est par ailleurs silencieuse, l'article 5 s'applique directement, et permet de priver d'effet pour l'avenir n'importe quelle clause contraire aux dispositions impératives de la loi nouvelle[67].

140. **Conditions.** Mais l'article 5 n'entre en jeu qu'en présence d'une disposition impérative dans le *Code civil du Québec*. La notion de disposition impérative est bien connue en droit québécois, même s'il n'est pas toujours facile d'en reconnaître les manifestations. La règle impérative est celle à laquelle il est interdit de déroger, et qui s'impose aux parties malgré toute stipulation contraire. Elle se distingue ainsi de la règle supplétive, qu'il est possible d'écarter par une manifestation de volonté dans un acte juridique[68].

141. Le plus souvent, on pourra reconnaître le caractère impératif d'une règle à partir du texte même de la disposition. Ainsi, le *Code civil du Québec* emploie une variété de formules pour montrer qu'une règle est impérative. Il prévoit que certaines clauses sont «nulles»[69], «réputées non écrites»[70], ou «sans effet»[71]. D'autres stipulations sont déclarées «inopposables» à certaines parties[72]. Certains effets juridiques ne peuvent voir le jour, parce qu'on ne peut les stipuler[73]. Dans d'autres cas la loi se fait encore plus explicite: elle déclare qu'«on ne peut y déroger»[74]. Si on est quand même tenté de contourner la règle impérative, elle s'applique «malgré toute déclaration ou stipulation contraire»[75]. Certaines clauses «doivent» être contenues dans des limites bien précises[76] ou ne sont «valides» qu'à certaines conditions[77].

142. Ceci dit, le caractère impératif d'une disposition n'est pas toujours exprimé avec autant de clarté. En l'absence d'indices

textuels dans un sens ou dans l'autre, il appartient au juge de décider dans chaque cas si on peut ou non déroger à une règle donnée[78]. Si on peut généralement présumer que les dispositions du code sont de nature supplétive, certaines règles sont néanmoins impératives, malgré le silence du législateur. Pour prendre un exemple simple, il est certain qu'on ne pourrait pas, dans un acte juridique, stipuler l'irrévocabilité du consentement à une expérimentation, ou aliéner à titre onéreux une partie du corps[79]. Ces règles sont d'ordre public, même si le texte des articles pertinents du *Code civil du Québec* ne comporte pas d'indications claires à cet égard. L'objet de la disposition, son aspect exhaustif[80], la présence du verbe «devoir» dans un contexte qui suggère l'inflexibilité; voilà autant d'éléments qui peuvent permettre à un juge de conclure qu'une règle est impérative.

143. **Domaine d'application de la règle**. Si une disposition est ainsi qualifiée d'impérative, l'article 5 fait en sorte qu'elle affecte les stipulations faites avant l'entrée en vigueur de la loi nouvelle. Mais les voies de l'ordre public législatif sont multiples, et il faut, pour préciser encore le domaine de l'article 5, tenir compte des différentes formes que peuvent prendre les dispositions impératives de la loi nouvelle.

144. Le plus souvent, la règle impérative emprunte une forme négative, et vise à prohiber certaines stipulations. C'est le cas le plus simple: les clauses d'un acte juridique antérieur, qui sont désormais interdites, sont privées d'effet pour l'avenir. Dans d'autres cas, l'ordre public législatif opère de manière positive, et la loi détermine impérativement les effets de certains actes juridiques. Ici aussi, l'article 5 s'applique. Les nouveaux effets obligatoires régissent les actes juridiques en cours: ils effacent pour l'avenir les stipulations incompatibles, et s'appliquent, *a fortiori*, en cas de silence des parties. Mais parfois, le législateur ne se satisfait pas de régir les effets d'un acte juridique, et va jusqu'à en dicter le contenu explicite, au moyen de règles impératives qui exigent des mentions expresses dans l'acte même. À notre avis, l'article 5 de la loi d'application ne peut entrer en jeu dans ces cas, parce qu'il prend comme point d'ancrage les «stipulations incompatibles d'un acte juridique». On ne pourrait donc pas, à partir de ce seul article, remettre en cause un acte juridique antérieur qui ne comporterait pas des

mentions expresses que la loi n'exigeait pas au moment de sa formation, ni empêcher l'exercice de droits dont l'existence serait aujourd'hui conditionnelle à la présence de ces mentions dans l'acte[81].

145. **Portée de la règle.** L'effet principal de l'article 5 est donc négatif, en ce sens qu'il permet d'effacer des actes juridiques en cours, les stipulations que le droit nouveau ne tolère pas. Plus précisément, ces stipulations sont «privées d'effet pour l'avenir». L'expression soulève trois difficultés, qu'il nous faut maintenant écarter.

146. D'abord, même si l'article 5 ne parle que de «privation d'effet», sans autre précision, il est probable que le législateur ne souhaite pas restreindre indûment les pouvoirs conférés aux juges par les dispositions impératives qui trouveront application grâce à cet article. Plusieurs de ces dispositions impératives empêchent de donner effet aux stipulations illicites, mais on en trouve aussi qui permettent au juge de réduire les effets de la clause attaquée. Dans d'autres cas, le juge peut lire, ou interpréter la clause, d'une manière qui la rend conforme aux exigences de l'ordre public. À notre avis, il faut comprendre de l'article 5 que les stipulations antérieures qui sont incompatibles avec les dispositions impératives de la loi nouvelle peuvent être privées d'effet ou réduites, en tout ou en partie. Le juge peut avoir recours à la sanction la plus appropriée parmi celles prévues par la loi nouvelle.

147. La deuxième difficulté, facilement résolue, est de déterminer le sort de l'acte juridique qui comporte une stipulation dont l'effet est écarté en application de l'article 5. La meilleure solution est de s'en remettre au droit nouveau, qui prévoit les conséquences qu'il faut attacher à l'annulation d'une clause illicite. En règle générale, la nullité d'une stipulation n'entraîne pas la nullité de l'acte juridique tout entier[82]. S'il arrivait toutefois que la nullité d'une stipulation doive emporter la nullité de l'acte lui-même, cette nullité ne prendrait effet qu'à compter de l'entrée en vigueur de la loi nouvelle. C'est que, encore une fois, l'article 5 de la loi d'application ne vise qu'à priver d'effet *pour l'avenir* les stipulations devenues contraires à la loi.

148. **Localisation temporelle des effets**. Justement, cette idée de privation d'effet pour l'avenir soulève une troisième et plus

importante difficulté, qui est celle de la localisation temporelle des effets d'un acte juridique. La règle de l'article 5 présuppose que la stipulation illicite pourrait produire des effets après l'entrée en vigueur de la loi nouvelle. Elle présuppose aussi, logiquement, que dans certains cas la stipulation aura déjà produit des effets avant l'entrée en vigueur de la loi nouvelle, et que ces effets antérieurs seront laissés intacts.

149. À quel moment les effets d'un acte juridique se produisent-ils? Deux approches s'opposent sur cette question. Selon une première thèse, qui rappelle à certains égards la théorie des droits acquis, un acte juridique produit tous ses effets dès le moment de sa formation. Chaque stipulation prend vie immédiatement, dans un seul moment. Puisque dans cette perspective, il serait incohérent de parler des effets futurs d'une stipulation antérieure à la loi nouvelle, la première thèse est incompatible avec le texte même de l'article 5 de la loi d'application et doit être écartée.

150. Il faut donc retenir la seconde thèse, selon laquelle l'acte juridique produit des effets qui peuvent, dans certains cas, être localisés dans le temps à une date postérieure à sa formation. Dans cette perspective, c'est l'actualisation des droits conférés par un acte juridique qui constitue le moment de production des effets. Toute la difficulté consiste à déterminer quand, précisément, une stipulation est ainsi «actualisée». Ce n'est pas chose facile, mais c'est pourtant un exercice nécessaire, puisque l'application de l'article 5 de la loi exige que l'on distingue clairement entre les effets déjà produits par la stipulation d'un acte juridique, qui ne sont pas affectés, et les effets à venir de cette même stipulation, qui ne peuvent plus voir le jour.

151. Pour bien situer les effets dans le temps, il faut se rappeler que les stipulations d'un acte juridique produisent des effets qui sont tantôt instantanés, tantôt durables. Les effets instantanés se réalisent entièrement dans un seul moment — comme par exemple le transfert de propriété dans le contrat de vente. Au contraire, les effets durables se réalisent en plusieurs moments, sur une période plus ou moins prolongée; soit de manière continue (c'est le cas de la jouissance de la chose dans le contrat de location); soit de manière successive (le remboursement d'un prêt par paiements échelonnés). La localisation

temporelle des effets d'un acte juridique s'effectue à partir de cette distinction essentielle.

152. **Effets instantanés**. Les effets instantanés peuvent être produits en même temps que l'acte juridique lui-même, ou au contraire être reportés jusqu'à la réalisation d'un ou plusieurs événements postérieurs à la formation de l'acte. Ainsi, en matière de vente, le transfert de propriété survient généralement au moment de la conclusion du contrat, et il peut aussi être reporté à une date ultérieure — jusqu'à plein et parfait paiement du prix, par exemple. Qu'il survienne immédiatement ou plus tard, le transfert de propriété est toujours l'affaire d'un moment.

153. Quand la stipulation opère dès la conclusion de l'acte juridique, il est facile d'en placer les effets dans le temps: les effets sont produits ou non selon que l'acte juridique est formé ou non. S'il s'agit au contraire d'un effet reporté, il faut déterminer à partir de quel moment les éléments requis pour que la clause prenne effet se sont trouvés réunis. Il faut déterminer, en d'autres termes, à quel moment ce qui est virtuel ou possible, devient réel et concret. Par exemple, les droits conférés par une clause pénale prennent naissance dès la conclusion du contrat, mais ils n'entrent en jeu et ne sont actualisés qu'au moment du défaut. De même, l'obligation de garantie contre les vices cachés existe dès la conclusion du contrat de vente, mais la stipulation de garantie ne produit d'effets concrets que lorsque le vice se manifeste. Les stipulations de cette nature sont en quelque sorte suspendues jusqu'à ce qu'un fait survienne qui permette au créancier d'en invoquer le bénéfice[83].

154. En d'autres termes, lorsque la clause n'entre en action qu'en présence d'événements ou de faits qui surviennent postérieurement à la formation de l'acte, elle ne produit des effets, pour les fins du droit transitoire, que lorsque tous ces éléments sont réunis. L'article 5 permet donc de priver d'effet toutes les stipulations incompatibles avec la loi nouvelle, lorsque la mise en œuvre de ces stipulations dépend d'un fait ou d'un événement qui est postérieur à l'entrée en vigueur de la loi nouvelle. Mais il ne s'applique pas, à l'inverse, aux effets déjà produits: par exemple, la clause d'exclusion de responsabilité incompatible avec les dispositions impératives de la loi nou-

velle pourrait quand même protéger un débiteur dont la défaillance serait antérieure à la loi nouvelle[84].

155. **Effets durables et effets successifs**. Reste le cas où la stipulation d'un acte juridique produit un effet durable ou successif. L'effet durable d'une stipulation est celui qui se produit sur une certaine période de temps, de manière continue, comme dans les contrats à exécution successive. Ici, la séparation des effets à venir et des effets déjà produits s'effectue aisément. Les effets se produisent à chaque moment, et leur localisation temporelle s'effectue en fonction de l'écoulement du temps. Chaque moment emporte des effets qui peuvent être séparés intellectuellement des effets produits à tout autre moment de la durée. En termes simples, les stipulations d'un acte juridique qui sont incompatibles avec les règles impératives de la loi nouvelle produisent leurs effets de manière continue jusqu'à l'entrée en vigueur de celle-ci, et cessent de les produire dès ce moment. Si la stipulation prévoit des prestations échelonnées, celles qui ont été exécutées avant la loi nouvelle constituent des effets déjà produits.

156. En somme, il faut analyser la stipulation devenue illicite en fonction des faits ou des événements qui lui permettent de produire des effets concrets. Si les faits qui donnent lieu à l'application de la stipulation se sont tous réalisés avant l'entrée en vigueur de la loi nouvelle, les effets de la stipulation sont déjà produits, et l'article 5 n'entre pas en jeu[85]. Pour cette raison, l'article 5 n'a aucun effet, par exemple, sur les instances en cours lors de l'entrée en vigueur de la loi nouvelle, même si une stipulation désormais illicite y est invoquée. Dans ces instances, l'application des clauses de l'acte juridique dépend de faits qui, par définition, sont antérieurs à la loi nouvelle. Parce qu'il n'agit que pour l'avenir, l'article 5 de la loi d'application doit être rattaché à des faits qui se produisent après l'entrée en vigueur de la loi nouvelle.

157. **Qualification**. L'article 5 favorise donc une mise en œuvre accélérée du nouvel ordre public législatif contenu dans le *Code civil du Québec*. S'agit-il de rétroactivité ou d'application prospective de la loi nouvelle? C'est que, selon l'analyse retenue, l'article 5 vise soit les effets, soit les conditions de création d'une situation juridique. Bien sûr, par ses termes

mêmes, l'article 5 porte sur les effets de situations juridiques en cours. Dans cette perspective, si on retient que les effets d'un acte juridique ne se produisent pas tous nécessairement en un seul moment, comme on l'a fait dans l'analyse qui précède, il n'est pas possible de dire que l'article 5 touche rétroactivement des effets déjà produits. La règle ne permet d'atteindre que les effets à venir d'une telle stipulation, c'est-à-dire les effets qui se manifestent postérieurement à la loi nouvelle. En ce sens, l'article 5 ne saisit que des faits qui tombent sous son régime, et s'applique de manière prospective et immédiate.

158. Ceci dit, en un sens, l'article 5 vise aussi les conditions de création de la situation juridique. Même si la stipulation en cause n'est privée d'effet qu'à compter de l'entrée en vigueur de la loi nouvelle, la loi revient sur une manifestation de volonté expresse dans un acte antérieur, c'est-à-dire un fait positif qui appartient au passé, et qui a constitué valablement une situation juridique. Dans cette perspective, il y a rétroactivité «tempérée» lorsqu'on remet en cause le contenu *explicite* d'un acte juridique valablement fait, même si ce n'est que pour l'avenir qu'on intervient[86]. Il y a rétroactivité, de même, lorsque la loi d'application permet de priver d'effet certaines stipulations, non pas en raison de leur contenu, mais plutôt en raison de l'absence de certains gestes qui auraient dû être posés au moment de la formation de l'acte juridique, gestes qui n'étaient pas requis alors par la loi. C'est le cas, notamment, des nouvelles règles relatives aux clauses externes, illisibles ou incompréhensibles[87]. S'il subsistait quelque doute sur le caractère rétroactif de l'application de ces règles aux actes juridiques antérieurs, l'article 82 de la loi se charge de les écarter. Dépassant l'article 5, cette règle particulière prévoit que les stipulations abusives, illisibles ou incompréhensibles sont nulles, ce qu'il faut voir comme un cas de rétroactivité véritable[88].

159. Le fait que l'article 5 porte, dans certaines de ses applications, sur les conséquences d'un comportement actif qui est antérieur à la loi nouvelle, soulèvera donc pour certains des doutes quant à sa qualification. Cependant, on se convaincra facilement que le législateur n'a pas envisagé la question de cette manière, et que la loi nouvelle n'est pas rétroactive si elle ne vise que les effets futurs d'un acte juridique antérieur, qu'ils résultent ou non d'une stipulation expresse[89]. En ce sens, l'ar-

ticle 5 n'est inséré dans la loi d'application que par prudence, pour éviter que l'on ne s'égare sur les conséquences des principes de non-rétroactivité et d'effet immédiat de la loi nouvelle. De toute manière, qu'il s'agisse de rétroactivité ou d'application prospective, les effets de l'article 5 sont clairs. Les stipulations antérieures devenues illicites sont privées d'effet pour l'avenir; toutes les autres stipulations sont intouchées.

160. Si, dans le système de l'effet immédiat, les règles impératives de la loi nouvelle s'appliquent aux effets à venir des situations juridiques en cours, il en est de même, logiquement, des règles supplétives. Quant aux effets postérieurs à son entrée en vigueur, la loi nouvelle est d'application immédiate lorsqu'on y a recours pour combler le vide laissé dans un acte juridique. Mais sur le plan de la politique législative, les règles impératives et les règles supplétives de la loi nouvelle n'appellent pas nécessairement le même régime transitoire. Le législateur, justement, a écarté l'application immédiate de la loi nouvelle en cette matière, et prévu la survie de la loi ancienne pour une partie importante du droit supplétif contractuel.

2.2.1.2 Le droit supplétif contractuel (Article 4)

161. **Définition du problème**. Les effets d'un acte juridique sont créés à partir de trois sources, qu'il faut ici distinguer. Certains effets sont imposés par la loi, de manière impérative. D'autres résultent des stipulations expresses des parties qui ne sont pas incompatibles avec les dispositions impératives de la loi. D'autres effets, enfin, sont produits par les règles supplétives de la loi, qui s'appliquent pour déterminer le contenu de l'acte là où les parties sont restées silencieuses. Dans l'analyse que nous avons retenue jusqu'ici, les effets d'un acte juridique se concrétisent de manière échelonnée dans le temps, qu'ils résultent de la loi ou d'une stipulation expresse. Quant aux actes juridiques formés sous le régime de la loi ancienne, on distingue donc les effets produits avant l'entrée en vigueur de la loi nouvelle, et ceux qui se produisent après. Si on exclut quelques cas exceptionnels de rétroactivité, la loi nouvelle n'atteint pas, en principe, les effets déjà concrétisés avant son entrée en vigueur, quelle que soit leur source.

162. Si on s'intéresse aux effets à venir des actes juridiques en cours, l'analyse qui précède fournit déjà certains éléments de réponse. Les stipulations qui sont valides sous la loi nouvelle comme sous l'ancienne continuent de produire des effets. Pour tout le reste, c'est-à-dire les effets des actes juridiques qui sont déterminés par la loi de manière impérative ou par voie supplétive, le problème du droit transitoire se présente comme un choix entre l'effet immédiat de la loi nouvelle, et la survie de la loi ancienne. Il faut décider, en d'autres termes, quel est le facteur de rattachement le plus important: est-ce le moment, postérieur à la loi nouvelle, où les effets sont concrétisés? Est-ce au contraire le moment, antérieur à la loi nouvelle, où l'acte juridique a été créé? On a vu que pour ce qui est des dispositions impératives, le législateur a choisi l'application immédiate de la loi nouvelle. La question se pose aussi pour les effets d'un acte juridique en cours qui découlent des règles supplétives de la loi, en cas de silence des parties. Si on choisit l'application immédiate, on doit avoir recours aux règles supplétives de la loi nouvelle chaque fois qu'il s'agit de préciser les effets à venir d'un acte juridique antérieur. Si on choisit, au contraire, la survie de la loi ancienne, il faut avoir recours aux règles supplétives qui étaient en vigueur quand l'acte juridique s'est formé.

163. Il s'agit d'un choix politique, pour l'essentiel. Les arguments, de part et d'autres, s'articulent autour de notions bien connues en droit substantiel, qui s'opposent en droit transitoire aussi. On trouve donc d'un côté la sécurité des transactions et le respect des prévisions des citoyens, et de l'autre la nécessaire uniformité du régime légal applicable aux actes juridiques. L'essentiel du débat porte sur le régime transitoire en matière contractuelle. Ainsi, au soutien de la survie de la loi ancienne pour ce domaine, on invoque l'idée de contrat elle-même, c'est-à-dire l'idée que la manifestation de volonté présente puisse contrôler l'avenir, et régler à l'avance les rapports futurs entre les parties à l'acte. Le contrat n'a de sens que si la manifestion de volonté légitime est respectée, et soutenue, par le législateur. Dans cette perspective, appliquer la loi nouvelle au contrat antérieur, c'est déjouer les prévisions des parties, et porter atteinte à la notion de contrat elle-même. Celui-ci doit être envisagé comme un tout indivisible, chacune de ses composantes étant étroitement liée aux autres, de telle sorte que le changement de

contenu du contrat qui découle du changement dans les règles supplétives rompt l'équilibre souhaité par les parties.

164. Dans la mesure où elle est invoquée au soutien de la survie de la loi ancienne en matière supplétive, cette argumentation n'est convaincante que si l'on peut dire que les règles supplétives sont véritablement envisagées par les parties au moment de la conclusion du contrat. Le régime supplétif fait partie des prévisions qu'il faut respecter si le silence des parties est positif et volontaire. Il est difficile de se convaincre que c'est toujours le cas. En dehors des transactions commerciales où les parties sont bien informées sur le contenu du régime supplétif, rares sont les situations où les contractants choisissent de se taire dans le but d'intégrer à leur accord des règles qu'ils ont analysées et retenues. Par ailleurs, même dans les cas où l'on peut affirmer que les parties s'en sont remises au régime supplétif pour régler certains aspects de leur rapport, il n'est pas toujours possible de déterminer la nature précise de ce choix: voulaient-elles intégrer au contrat un droit supplétif cristallisé à la date de leur convention, ou, au contraire, un droit supplétif mouvant et dynamique?

165. L'idée de sécurité des transactions ne permet donc pas de choisir aisément entre l'application immédiate de la loi nouvelle et la survie de la loi ancienne. Mais dans le doute, et puisque c'est probablement le cas pour certaines conventions, on sera probablement porté à dire que le régime supplétif appartient au contrat envisagé par les parties, et que l'équilibre ainsi créé ne doit pas être modifié par un législateur trop pressé de donner effet au droit nouveau. C'est donc vers la survie de la loi ancienne que se tourne le législateur soucieux de la stabilité du contrat en tant qu'institution.

166. Ceci dit, il faut bien reconnaître que l'effet immédiat de la loi nouvelle sur les actes juridiques en cours emporte elle aussi des avantages non négligeables. La nouvelle attitude du législateur face au contrat, qu'on justifie à partir d'une nécessaire croissance de l'ordre public, montre bien que le fameux respect dû aux prévisions des parties n'est plus ce qu'il était. La régulation législative du contrat qui déjoue les prévisions de la partie en position de force n'est plus nécessairement exclue. L'application immédiate de la loi nouvelle va dans le même

sens, et accélère l'intervention étatique rémédiatrice que plusieurs appellent de leurs vœux. Mais cet argument justifie surtout l'application immédiate des nouvelles règles impératives, ce qui, on l'a vu, résulte déjà dans une bonne mesure de l'article 5. Quant aux règles supplétives, on a plus de peine à expliquer qu'elles soient à toutes fins utiles rendues obligatoires pour les parties à un contrat antérieur, alors qu'elles peuvent être écartées par une manifestation de volonté postérieure à la loi nouvelle.

167. Reste la question de l'unité du régime des actes juridiques. Faut-il s'inquiéter de la diversité qui résulterait de la survie de la loi ancienne en cette matière? Il faudrait, en effet, gérer côte-à-côte deux ensembles de règles: les règles de la loi ancienne, applicables aux actes juridiques antérieurs, celles de la loi nouvelle, applicables aux actes postérieurs. Il y a, sans doute, risque de confusion, tant pour les tiers que pour ceux et celles qui sont chargés d'apporter une solution aux différends entre les parties. Ceci dit, la diversité est la règle en matière contractuelle, du moins en dehors du domaine impératif. Chaque contrat est unique, et celui ou celle qui veut en connaître le contenu doit en faire une analyse qui tienne compte de cette spécificité. Puisque chaque régime supplétif, l'ancien et le nouveau, garde sa cohérence et son intégrité, la coexistence de la loi ancienne et de la loi nouvelle ne fait qu'ajouter une question préalable à cet exercice complexe qu'est la détermination du contenu d'un acte juridique: l'acte est-il antérieur ou postérieur à la loi nouvelle?

168. Devant ces arguments, convaincants de part et d'autre, le législateur a d'abord opté pour l'application immédiate de la loi nouvelle à tous les actes juridiques en cours [90]. Il s'est ravisé ensuite, et a retenu la règle de la survie de la loi ancienne pour une partie des règles supplétives applicables au contrat. L'article 4 se lit comme suit:

> 4. Dans les situations juridiques contractuelles en cours lors de l'entrée en vigueur de la loi nouvelle, la loi ancienne survit lorsqu'il s'agit de recourir à des règles supplétives pour déterminer la portée et l'étendue des droits et obligations des parties, de même que les effets du contrat.

Cependant, les dispositions de la loi nouvelle s'appliquent à l'exercice des droits et à l'exécution des obligations, à leur preuve, leur transmission, leur mutation ou leur extinction.

169. On voit tout de suite que, dans le choix entre l'application immédiate de la loi nouvelle et la survie de la loi ancienne, l'article 4 est un compromis. Le législateur a choisi l'une et l'autre, chaque principe ayant vocation à régir le droit transitoire en matière contractuelle dans une mesure définie par le texte de la disposition. Avant de préciser ce qui relève de l'application immédiate et ce qui relève de la survie dans l'article 4, il convient d'en préciser le domaine.

170. **Domaine d'application de la règle**. L'article 4 ne vise qu'une partie des problèmes de droit transitoire relatifs aux actes juridiques. D'abord, par ses termes mêmes, il ne s'applique qu'aux «situations contractuelles». Quant aux règles supplétives qui régissent les actes juridiques unilatéraux, et surtout le testament, il faut revenir aux principes généraux. En d'autres termes, dans la mesure où il faut s'en remettre à la loi pour déterminer ou préciser les effets à venir d'un testament antérieur qui serait silencieux sur un aspect quelconque, c'est à la loi nouvelle qu'on doit faire appel[91]. Par ailleurs, puisque l'article 4 ne vise que les situations contractuelles, il faut conclure que les situations juridiques qui sont créées par la loi sans manifestation de volonté d'un individu en sont exclues. Cela signifie qu'en principe, certaines institutions qui peuvent être constituées soit par contrat, soit par la loi sont assujetties à des règles différentes selon leur mode de création: loi ancienne lorsqu'elles se constituent par contrat, loi nouvelle lorsqu'elles résultent directement de la loi. Ceci dit, comme on le verra plus loin, la loi d'application contient plusieurs exceptions à la règle de l'article 4, visant à assurer l'unité de régime de ces institutions, sans égard à leur source[92].

171. Notons ensuite que l'article 4 règle le sort des situations contractuelles «en cours lors de l'entrée en vigueur de la loi nouvelle», c'est à dire les contrats conclus avant celle-ci qui continuent à produire des effets. Quant aux situations contractuelles déjà éteintes lors de l'entrée en vigueur du nouveau code, elles sont intouchées, conformément au principe général de non-rétroactivité de la loi nouvelle. Les contrats conclus

après l'avènement de la loi nouvelle sont bien entendu régis par celle-ci.

172. Enfin, l'article 4 n'entre en jeu que lorsqu'il est nécessaire d'avoir recours au régime supplétif pour préciser le contenu d'un contrat. La première question à poser, en ce sens, est celle de savoir si les stipulations expresses voulues par les parties apportent une réponse au problème qu'elles se posent dans l'exécution du contrat. Si c'est le cas, il faut leur donner préséance. C'est vrai pour l'ensemble des matières visées par l'article 4. Même si la référence à la nécessité d'un recours aux règles supplétives n'apparaît qu'au premier paragraphe de cet article, il faut interpréter le deuxième paragraphe dans son contexte: ainsi, il est certain que la loi nouvelle ne s'applique pas aux conditions d'extinction de l'obligation contractuelle si les parties en ont expressément réglé le sort dans leur convention, par exemple. Ceci dit, il arrive souvent que le contrat ne traite pas de manière explicite un aspect quelconque du rapport entre les parties. Dans d'autres cas, la clause expresse est trop générale ou trop ambigue, et l'interprète doit avoir recours au droit supplétif pour lui donner un sens. C'est au juge qu'il appartient de déterminer si le contenu explicite du contrat règle la question, et le domaine d'application de l'article 4 dépend de cette question préalable. Est-il utile de rappeler que la nécessité du recours aux règles supplétives de la loi n'est pas ressentie de la même manière par tous les interprètes?

173. **Portée de la règle.** Une fois qu'il est établi qu'on doit faire appel au droit supplétif pour déterminer les effets d'un contrat particulier postérieurement à la loi nouvelle, l'article 4 identifie le cadre législatif applicable en fonction de la nature de la question soulevée. S'il s'agit de déterminer le contenu obligationnel («...la portée et l'étendue des droits et des obligations des parties, de même que les effets du contrat»), l'analyse doit se faire en fonction des règles supplétives en vigueur au jour où le contrat a été conclu. C'est par le mécanisme de la survie de la loi ancienne qu'on autorise ainsi le recours à l'ancien code pour déterminer les effets à venir d'un contrat antérieur, c'est-à-dire les conséquences juridiques de faits postérieurs à l'entrée en vigueur du nouveau code. Par ailleurs, s'il s'agit de préciser le régime des obligations créées par un contrat antérieur («...l'exercice des droits et l'exécution des obligations,[...] leur

preuve, leur transmission, leur mutation ou leur extinction»), on s'en remettra aux nouvelles règles supplétives. Il n'y a ici qu'application immédiate de la loi nouvelle: celle-ci saisit des faits (paiement, novation, cession de créance, remise, etc) qui surviennent après son entrée en vigueur. L'article 4, interprété en fonction de son contexte, ne permet pas de remettre en cause des faits accomplis, et de revenir sur le régime applicable à un paiement, à une novation, à une cession de créance ou à une remise qui seraient antérieurs à la loi nouvelle. Ceci dit, la loi d'application contient certaines dispositions particulières qui prévoient une telle rétroactivité[93].

174. On a vu que l'article 4 s'appuie sur une distinction fondamentale entre les effets d'un contrat et le régime des obligations contractuelles, et dicte l'application d'un ensemble de règles supplétives qui diffère selon qu'il s'agit de l'un ou de l'autre. Il nous reste à tracer la frontière entre ces deux notions.

175. Cette frontière n'est pas facile à tracer, et il restera sans doute toujours des zones grises. À la limite, l'ensemble des effets juridiques liés au contrat peuvent être rattachés au premier paragraphe de l'article 4 : tout ces effets relèvent de «la portée et l'étendue des droits et obligations des parties, de même que [d]es effets des contrats». Mais puisqu'il faut bien donner un contenu et un domaine au deuxième paragraphe, on doit retenir, à notre avis, une division fondée sur l'ordre de présentation des matières dans le *Code civil du Québec*, qui est repris dans l'article 4. Outre les règles relatives aux formalités requises pour l'exercice des droits contractuels[94], le deuxième paragraphe vise donc l'ensemble des dispositions supplétives relatives aux matières traitées aux chapitres sixième (De l'exécution de l'obligation), septième (De la transmission et des mutations de l'obligation) et huitième (De l'extinction de l'obligation) du Titre Premier, Livre cinquième du *Code civil du Québec*. Le deuxième paragraphe vise aussi, bien entendu, les mêmes matières lorsqu'elles sont traitées de manière particulière plus loin dans le code, au Titre des contrats nommés. Quant au premier paragraphe de l'article 4 de la loi, il couvre tout le reste.

176. **Les effets du contrat entre les parties.** Cela signifie qu'en principe, lorsqu'il s'agit de préciser le contenu obliga-

tionnel d'un contrat antérieur, il faut avoir recours aux règles supplétives en vigueur au moment de sa formation. Par exemple, les règles supplétives anciennes sont en principe applicables pour définir le contenu des contrats antérieurs à la loi nouvelle qui ont constitué des droits réels. Toutes les règles supplétives relatives au contenu des contrats nommés dans le *Code civil du Bas Canada* régissent les contrats antérieurs qui étaient couverts par leurs termes. De même, les règles supplétives du nouveau code portant sur l'interprétation des contrats, les modalités des obligations contractuelles, la vente de la chose d'autrui ou la charge des risques, ne s'appliquent pas aux contrats antérieurs[95]. En un mot, la détermination des droits et obligations des parties à un contrat antérieur doit procéder à partir de la loi ancienne[96].

177. Les dispositions particulières de la loi d'application prévoient une multitude d'exceptions fort importantes à cette règle. Ainsi, même lorsqu'elles résultent d'un contrat antérieur, l'indivision, l'emphytéose, la substitution, la fondation et la fiducie sont toutes régies par les règles supplétives de la loi nouvelle, quant à leurs effets à venir[97]. C'est aussi le cas pour l'administration du bien d'autrui établi par contrat avant l'entrée en vigueur de la loi nouvelle[98]. De même, la loi prévoit l'application de la loi nouvelle à plusieurs égards, pour ce qui est de l'usufruit conventionnel[99]. Derrière ces dispositions, il y a bien sûr le désir du législateur de simplifier la régulation de quelques institutions qui peuvent être créées de différentes manières. La loi assure donc l'application d'un seul régime, que les droits résultent d'un contrat, d'un testament ou de la loi. En dehors de ces dérogations importantes à la règle de la survie de la loi ancienne établie par l'article 4, la loi d'application comporte aussi quelques régimes de transition particuliers et relativement autonomes pour ce qui est de certains contrats, notamment au chapitre de la copropriété divise d'un immeuble[100], des contrats de société[101], et en matière de sûretés[102]. Elle contient aussi certaines exceptions ponctuelles à la règle de la survie de la loi ancienne[103].

178. Le droit transitoire en matière de responsabilité civile appelle quant à lui quelques remarques supplémentaires, parce qu'il s'écarte lui aussi, dans une certaine mesure, de la règle de survie de la loi ancienne. On sait que dans le *Code civil du*

Québec, les responsabilités civiles contractuelle et extracontractuelle sont présentées ensemble aux article 1457 et suivants. Lorsque la loi d'application parle de responsabilité civile, il faut donc entendre non seulement la responsabilité délictuelle ou quasi délictuelle, mais aussi l'obligation de réparation qui résulte de l'inexécution d'une obligation contractuelle. On serait porté à croire, à première vue, que les conditions de la responsabilité contractuelle relèvent de «la portée et l'étendue des droit et des obligations des parties», de telle sorte qu'elles seraient déterminées à partir de la loi ancienne pour tous les contrats antérieurs. Quoi qu'il en soit de cette analyse, deux dispositions particulières de la loi d'application écartent tout doute sur la question: la loi nouvelle couvre la faute contractuelle qui lui est postérieure, pour déterminer tant les conditions de la responsabilité civile, que la nature et l'étendue des recours du créancier contre le débiteur défaillant[104]. C'est donc le moment où survient le fait générateur qui sert de facteur de rattachement. Les dispositions de la loi d'application touchant la responsabilité civile dans certains contrats nommés sont d'ailleurs fondées sur le même raisonnement[105].

179. **Les effets du contrat à l'égard des tiers**. Le principe de la survie de la loi ancienne en matière contractuelle vise non seulement les effets des contrats entre les parties, mais aussi les effets des contrats à l'égard des tiers. En principe, les règles supplétives touchant la transmission des droits et obligations aux héritiers et ayants cause, la promesse de porte-fort, la stipulation pour autrui et la simulation sont celles qui existaient au jour du contrat. Malgré tout, on notera quelques exceptions fort importantes qui résultent du régime transitoire en matière de droit des successions, et de l'application à quelques types de contrats antérieurs de certaines formalités de publicité prévues par la loi nouvelle[106].

180. **Le régime des obligations contractuelles**. Bien que le contenu et les effets du contrat antérieur demeurent en principe assujettis aux règles supplétives de la loi ancienne, les obligations ainsi créées sont affectées par la loi nouvelle à plusieurs égards. La vie de l'obligation, en tant qu'élément du patrimoine, est régie par les nouvelles règles supplétives pour tous les faits qui surviennent postérieurement à la loi nouvelle. La cession de créance, la subrogation, la novation ou la délégation

sont régies par les règles en vigueur au moment où elles surviennent, sans qu'on ait à s'interroger sur la date de création de l'obligation qui en est l'objet[107]. De même, l'obligation née avant l'entrée en vigueur de la loi nouvelle s'éteint, après celle-ci, sous le régime des nouvelles règles.

181. La règle est la même pour tout ce qui concerne la mise en œuvre du droit à l'exécution de l'obligation: la loi nouvelle est d'application immédiate. À défaut de stipulation dans le contrat antérieur à la loi nouvelle, elle régit toute la question des recours du créancier contre son débiteur défaillant: mise en demeure, exception d'inexécution, exécution en nature, exécution par équivalent, résolution du contrat, et réduction des obligations. Cette solution ne soulève aucun doute, lorsque le créancier agit en raison d'une inexécution qui est postérieure à l'entrée en vigueur de la loi nouvelle. En revanche, la question est plus délicate si l'inexécution a eu lieu avant que la loi nouvelle ne prenne effet. La loi d'application apporte une solution partielle au problème: la résolution du contrat, la réduction de l'obligation, l'exécution par équivalent, et la mise en œuvre des clauses pénales sont toutes régies par la loi nouvelle, même si l'inexécution de l'obligation est antérieure à son entrée en vigueur[108]. Quant aux autres aspects de la mise en œuvre du droit à l'exécution, la question est ouverte: les règles supplétives applicables sont choisies soit en fonction de la loi du jour de l'inexécution (comme le suggère l'article 88 de la loi d'application), soit en fonction de la loi du jour où le créancier exerce son droit[109]. La question se pose dans les mêmes termes pour ce qui est des mesures de protection des droits des créanciers[110].

182. Reste la question de la preuve en matière contractuelle: l'article 4 indique que la loi nouvelle est, à cet égard, d'application immédiate. On trouve ici énoncé, dans un cadre particulier, le principe plus général de l'application immédiate des lois de preuve, qui se trouve à l'article 9 de la loi d'application. On en verra les conséquences un peu plus loin.

183. Résumons-nous, pour ce qui est du droit transitoire en matière contractuelle. La loi nouvelle ne touche pas les conditions de formation d'un contrat pour ce qui est de faits qui lui sont antérieurs, sauf pour régulariser rétroactivement certains contrats dont la cause de nullité est écartée dans le nouveau

code (c'est l'article 7). Quant aux contrats déjà formés, il faut distinguer. Les stipulations expresses valides sous la nouvelle loi comme sous l'ancienne, continuent d'agir. Les stipulations expresses devenues illicites dans la loi nouvelle sont privées d'effet pour l'avenir (article 5). Les règles supplétives de la loi nouvelle régissent toute la mise en œuvre postérieure du droit du créancier à l'exécution de l'obligation, ainsi que la vie postérieure de l'obligation en tant qu'élément du patrimoine, même lorsque l'obligation résulte d'un contrat antérieur. Mais les règles supplétives de la loi ancienne continuent de s'appliquer pour déterminer le contenu des contrats antérieurs qui produisent des effets après l'avènement du nouveau code (article 4).

184. **Conclusion**. Les règles énoncées aux articles 4, 5 et 7 de la loi d'application, conjugées aux principes généraux de la non-rétroactivité et de l'effet immédiat de la loi nouvelle, apportent une solution à la plupart des problèmes transitoires liés au droit substantiel. Mais la loi nouvelle contient, à côté des règles de fond, certaines règles de procédure dont il faut examiner le régime transitoire. Elle change aussi certaines règles relatives aux délais, qui sont à la frontière entre le fond et la procédure.

2.2.2 Les délais

185. **Définition du problème.** On a vu que les actes juridiques sont susceptibles de soulever des problèmes de droit transitoire, parce que leurs effets s'inscrivent souvent dans la durée. On ne s'étonnera donc pas que les règles de droit qui comportent un délai, c'est-à-dire les règles qui attribuent des conséquences juridiques à l'écoulement du temps, puissent elles aussi poser des difficultés en droit transitoire. La loi nouvelle entre nécessairement en vigueur à un moment où plusieurs délais prévus par la loi ancienne ne sont pas encore écoulés. Quelle règle faut-il alors choisir? Le délai prévu par la loi ancienne continue-t-il à courir? La loi nouvelle saisit-elle, au contraire, le délai en cours? C'est à ces questions que répond l'article 6:

> 6. Lorsque la loi nouvelle allonge un délai, le nouveau délai s'applique aux situations en cours, compte tenu du temps déjà écoulé.

Si elle abrège un délai, le nouveau délai s'applique, mais il court à partir de l'entrée en vigueur de la loi nouvelle. Le délai prévu par la loi ancienne est cependant maintenu lorsque l'application du délai nouveau aurait pour effet de proroger l'ancien.

Si un délai, qui n'existait pas dans la loi ancienne, est introduit par la loi nouvelle et prend comme point de départ un événement qui, en l'espèce, s'est produit avant son entrée en vigueur, ce délai, s'il n'est pas déjà écoulé, court à compter de cette entrée en vigueur.

186. **Domaine d'application de la règle**. La question de l'effet de la loi nouvelle se pose à l'égard de toutes sortes de règles comportant un délai. On songe, bien sûr, aux règles de procédure qui déterminent des délais pour agir, aux délais de prescription qui s'appuient sur la durée pour créer ou éteindre des droits, et aux règles relatives aux délais de mise en œuvre de certains droits légaux ou contractuels. L'article 6 détermine le régime transitoire chaque fois qu'un délai de ce type est modifié par la loi nouvelle.

187. Mais l'article 6 s'étend-t-il à toutes les règles de la loi nouvelle qui comportent un élément de durée? Le nouveau code contient, par exemple, plusieurs dispositions qui prévoient la durée maximale de l'indivision, de l'usufruit, et des fiducies. Il ne s'agit pas à proprement parler de délais, c'est-à-dire de règles où l'élément temporel encadre l'exercice du droit. L'écoulement du temps, dans ces dispositions, touche la substance même du droit. Mais ces règles posent néanmoins des problèmes analogues à ceux qui résultent de la prolongation ou de l'abrégement, par la loi nouvelle, d'un délai entendu au sens strict. Quelques uns de ces problèmes reçoivent une solution particulière dans la loi d'application. Par exemple, l'article 1272 du nouveau code prévoit que le droit du bénéficiaire d'une fiducie s'ouvre au plus tard cent ans après la constitution de la fiducie. S'agissant des fiducies constituées sous l'empire de l'ancien code, l'article 72 de la loi d'application prévoit que ce délai de cent ans court à compter de l'entrée en vigueur de la loi nouvelle. La loi d'application comporte d'autres règles analogues, pour ce qui est du rachat des servitudes, de l'ouverture des substitutions, et de la faculté de rachat dans le contrat de vente[111]. Dans d'autres cas, la loi ne prévoit pas de manière

explicite le régime transitoire applicable aux nouvelles dispositions qui fixent une durée maximale pour certains droits. À notre avis, il faut s'en remettre dans ces cas à l'article 6, et déterminer à partir de ses termes (ou à tout le moins par analogie) l'effet des nouvelles règles établissant, par exemple, la durée maximale de l'indivision, de l'usufruit ou du bail[112]. L'article 6 peut donc apporter une solution aux problèmes de droit transitoire qui surviennent quand la loi nouvelle modifie le contenu d'une règle, quelle qu'elle soit, qui détermine les effets juridiques de l'écoulement du temps.

188. L'écoulement du temps est un fait durable; le lecteur excusera la tautologie. Ce fait durable peut se réaliser entièrement avant ou après l'entrée en vigueur de la loi nouvelle. Il peut aussi chevaucher celle-ci. Dans ce dernier cas, le changement dans la durée requise pour produire des effets juridiques soulève des problèmes de droit transitoire assez délicats. Nulle question de droit transitoire quand le point de départ du délai se situe après l'entrée en vigueur de la loi nouvelle. À l'inverse, à moins qu'un effet rétroactif soit prévu, le délai qui s'est entièrement écoulé sous la loi ancienne ne peut être affecté par la loi nouvelle. Il serait bien sûr absurde de demander dans ce cas l'application du nouveau délai s'il est plus court que l'ancien. Mais certains seraient peut-être tentés d'invoquer le délai plus long introduit par la loi nouvelle, dans l'espoir de redonner vie à des droits déjà éteints avant même qu'elle n'entre en vigueur. Dans un cas comme dans l'autre, la règle est la même: le fait durable, constitué de l'écoulement du temps entre deux dates antérieures à la loi nouvelle, a déjà produit des effets juridiques sur lesquels elle ne peut revenir sans rétroactivité. Par exemple, le recours en dommages-intérêts pour lésions corporelles infligées plus d'un an avant l'entrée en vigueur du nouveau code est prescrit[113]. Or, l'article 2925 du nouveau code prévoit une période de prescription de trois ans pour toute demande relative à un droit personnel. Peu importe: l'introduction d'un délai plus long dans le *Code civil du Québec* ne fait pas renaître le droit déjà éteint.

189. Au contraire, si le délai est en cours au moment de l'entrée en vigueur de la loi nouvelle, il n'a pas encore produit les conséquences juridiques qui lui sont attachées par la loi ancienne. La loi nouvelle peut donc, sans rétroactivité, saisir

cette situation en cours de constitution ou d'extinction, et déterminer les effets juridiques qu'il faut maintenant donner à l'écoulement du temps. L'article 6 exprime, pour l'essentiel, les conséquences de l'application immédiate de la loi nouvelle aux délais en cours[114]. Il faut distinguer, à cet égard, selon que la loi nouvelle prolonge ou abrège un délai en cours, ou introduit un nouveau délai.

190. **Prolongation du délai**. Lorsque la loi nouvelle prolonge un délai, elle s'applique aux délais en cours, en tenant compte du temps déjà écoulé[115]. Par exemple, le recours en responsabilité civile pour lésions corporelles n'est pas prescrit s'il survient six mois avant l'entrée en vigueur du nouveau code, puisque la prescription prévue par la loi ancienne est d'un an. L'entrée en vigueur de la loi nouvelle, qui prévoit un délai de prescription de trois ans pour un recours de cette nature, a pour effet de prolonger le délai en cours. Alors qu'il ne restait que six mois à courir au jour de l'entrée en vigueur du nouveau code, il en reste maintenant trente. La loi nouvelle ne change pas les conséquences du temps écoulé avant son entrée en vigueur. Elle détermine, au contraire, les effets juridiques postérieurs d'un fait durable à durée déterminée qui se situe de part et d'autre de son entrée en vigueur.

191. **Abrégement du délai.** La loi nouvelle contient aussi des règles qui abrègent les délais prévus par la loi ancienne[116]. Par exemple, toujours en matière de prescription, l'ancien code prévoyait un délai de prescription de cinq ans en matière de vente d'effets mobiliers (art. 2260(5) *C.c.B.C.*), alors que la loi nouvelle retient une prescription de trois ans pour la même matière (art. 2925 *C.c.Q.*). Ce délai plus court devrait normalement régir l'extinction du droit d'action dans ce cas, si on retenait comme principe que la loi nouvelle s'applique à n'importe quel délai en cours, peu importe les conséquences. Par exemple, si la vente avait eu lieu un an avant l'entrée en vigueur du nouveau code, l'abrégement du délai par la loi nouvelle ferait en sorte qu'il ne resterait plus que deux ans à courir plutôt que quatre. Mais l'application de la loi nouvelle aux délais en cours, dans certains cas, va beaucoup plus loin que ce qui est requis par le principe de l'effet immédiat de la loi nouvelle. Ainsi, si la vente remonte non pas à un an, mais à quatre ans avant l'entrée en vigueur de la loi nouvelle, le recours à la nouvelle

règle pour calculer le délai de prescription signifie qu'il faut maintenant tenir le recours pour prescrit. Dans des cas de ce type, où le nouveau délai expire avant même d'entrer en vigueur, l'application de la nouvelle règle est nettement rétroactive: elle attache un effet extinctif à un fait durable situé entièrement avant son entrée en vigueur, alors que l'écoulement de ce délai n'avait pas cette conséquence sous la loi ancienne.

192. Pour éviter cette rétroactivité, et les difficultés conceptuelles qui l'accompagnent, le législateur a infléchi légèrement la notion d'application de la loi nouvelle aux délais en cours. Rappelons les termes du deuxième paragraphe de l'article 6 :

> Si elle abrège un délai, le nouveau délai s'applique, mais il court à partir de l'entrée en vigueur de la loi nouvelle. Le délai prévu par la loi ancienne est cependant maintenu lorsque l'application du délai nouveau aurait pour effet de proroger l'ancien.

De cette manière, le recours au délai plus court n'a aucun effet rétroactif: la qualification juridique du temps écoulé avant l'entrée en vigueur de la loi nouvelle est inchangée. Mais la loi nouvelle saisit l'écoulement du temps qui lui est postérieur.

193. Il faut noter que la règle comporte une réserve, pour les cas où le recours au nouveau délai aurait pour conséquence d'allonger la durée retenue par l'ancienne loi. Pour en rester avec le même exemple, si la vente d'un effet mobilier a eu lieu quatre ans avant la loi nouvelle, il reste un an à courir à la prescription en vertu de l'ancienne règle. Computer le nouveau délai (trois ans) à compter de l'entrée en vigueur de la loi nouvelle fait passer le délai de prescription pour cette vente de cinq à sept ans. Comme un tel résultat est incompatible avec l'objet du changement, qui est de raccourcir le délai, la loi d'application prévoit la survie de la loi ancienne dans ce cas. On retiendra donc le délai antérieur, et la prescription sera accomplie à l'expiration d'un délai de cinq ans à compter de la vente. Bref, quand la loi nouvelle abrège le délai, il faut choisir le délai le plus court: soit le nouveau délai, calculé à compter de l'entrée en vigueur de la loi nouvelle, soit l'ancien délai, calculé à partir du point de départ fixé par la loi ancienne.

194. **Introduction d'un nouveau délai.** L'article 6 comporte aussi une règle pour les cas où la loi nouvelle fait apparaître un délai là où il n'y en avait pas. C'est le troisième alinéa de l'article 6, qui prévoit que:

> Si un délai, qui n'existait pas dans la loi ancienne, est introduit par la loi nouvelle, et prend comme point de départ un événement qui, en l'espèce, s'est produit avant son entrée en vigueur, ce délai, s'il n'est pas déjà écoulé, court à compter de cette entrée en vigueur.

195. Si la loi nouvelle ne fait qu'introduire un élément temporel dans une règle de fond qui existe déjà, sans toucher autrement à son contenu, le troisième paragraphe de l'article 6 s'applique sans difficulté. Mais cette disposition ne peut servir à donner un effet rétroactif à une règle qui, comportant un nouveau délai, est également une règle nouvelle à d'autres égards. Comme le souligne Héron[117],

> Il peut encore se faire que le délai modifié, créé ou supprimé ne constitue qu'un des aspects du changement intervenu. Autrement dit, la règle ancienne a subi des modifications autres que celles qui affectent le délai lui-même. Dans une telle situation, on doit prendre garde à ne pas se contenter d'examiner le délai lui-même.

Il faut donc s'assurer avant toute chose que la règle de droit nouvelle à laquelle est attachée ce nouveau délai est applicable aux événements survenus avant son entrée en vigueur. Ainsi, si la nouvelle règle de fond vise les conséquences d'un fait instantané ou d'un fait durable entièrement accomplis avant son entrée en vigueur, l'élément temporel qu'elle comporte ne peut servir à lui donner un effet rétroactif. Par exemple, l'article 1776 du nouveau code introduit un nouveau délai de déchéance pour l'exercice du recours en inopposabilité de la vente en bloc (ou vente d'entreprise) qui n'est pas conforme aux conditions prévues par la loi nouvelle. Les créanciers doivent agir dans l'année de la connaissance du vice de la vente, et dans tous les cas avant l'expiration d'un délai de trois ans à compter de la vente. Il s'agit, à n'en pas douter, d'un délai nouvellement introduit. Mais on n'a pas à s'en soucier pour les ventes antérieures à la loi nouvelle: l'article 1776, ainsi que l'ensemble du nouveau régime relatif aux ventes d'entreprise, ne s'applique pas aux ventes en bloc faites avant l'entrée en vigueur de la loi nouvelle[118].

196. Mais il arrive parfois que la règle nouvelle puisse s'appliquer par rapport à un fait localisé, en tout ou en partie, avant l'entrée en vigueur de la loi nouvelle. C'est le cas, d'abord, lorsque la nouvelle règle vise les conséquences d'un fait durable, lequel existe toujours au moment de l'entrée en vigueur de la loi nouvelle. Par exemple, l'article 2245 *C.c.Q.* prévoit la dissolution de la société en commandite lorsque l'incapacité d'agir des commandités dure depuis un certain temps. La nouvelle règle peut s'appliquer sans rétroactivité dans la mesure où cette incapacité existe toujours lors de l'entrée en vigueur du nouveau code.

197. La règle nouvelle peut aussi s'appliquer par rapport à un événement accompli avant son entrée en vigueur, si elle est elle-même rétroactive. On a vu que le législateur retient parfois un tel effet rétroactif. Par exemple, l'article 111 de la loi d'application permet au locateur d'un logement à loyer modique, d'exercer les recours prévus dans la loi nouvelle en cas de fausses déclarations du locataire, même si ces déclarations sont antérieures à la loi nouvelle. Le même raisonnement législatif prévaut en matière de successions, où le législateur rend applicable aux successions ouvertes avant l'entrée en vigueur de la loi nouvelle, certaines règles nouvelles relatives au délai pour l'exercice du droit d'option par le successible[119].

198. Lorsque, par l'une ou l'autre de ces analyses, on se trouve en présence d'une règle de fond introduisant un nouveau délai et prenant pour point de départ un événement antérieur à la loi nouvelle, la question de l'effet du temps écoulé avant celle-ci peut être posée. Le législateur y apporte souvent une réponse dans les règles particulières, en adoptant une solution intermédiaire qui ne reprend ni la règle de l'ancien code, ni la règle du nouveau. Ainsi, l'article 123 de la loi d'application prévoit que la société en commandite ne peut être dissoute que si l'impossibilité d'agir dure 120 jours à compter de l'entrée en vigueur de la loi nouvelle, alors que l'article 2245 *C.c.Q.* ferait courir ce délai dès le début de l'impasse. De même, le délai prévu par l'article 1988 *C.c.Q.* relativement au recours du locateur

mentionné ci-haut ne court, lui aussi, que du jour de l'entrée en vigueur de la loi nouvelle, plutôt que du jour où le locateur acquiert la connaissance des fausses déclarations[120].

199. À défaut d'une règle particulière, on s'en remettra au troisième paragraphe de l'article 6. On devra alors déterminer si le délai prévu par la loi nouvelle est déjà expiré au jour de son entrée en vigueur, en effectuant le calcul à partir du point de départ prévu par la nouvelle règle. Si le délai n'est pas expiré, l'article 6 prévoit qu'il court à compter de l'entrée en vigueur de la loi nouvelle[121]. Si le délai est déjà écoulé, la règle de fond à laquelle est assortie ce délai demeure sans effet[122]. Par exemple, l'article 1068 *C.c.Q.*, qui est de droit nouveau, accorde au copropriétaire d'un immeuble en copropriété divise le droit de faire réviser par le tribunal la valeur relative des fractions et de la répartition des charges communes. Ce droit doit être exercé dans les cinq ans du jour de l'inscription de la déclaration de copropriété. La règle s'applique aux copropriétés établies avant l'entrée en vigueur de la loi nouvelle (art.53 de la loi d'application). Si l'inscription de la déclaration pour une telle copropriété a été faite, par exemple, deux ans avant l'entrée en vigueur de la loi nouvelle, le nouveau délai prévu par le code n'est pas écoulé, et il court à compter de cette entrée en vigueur. Mais la règle ne pourrait en aucun cas toucher les copropriétés pour lesquelles l'inscription remonte à plus de cinq ans à cette date.

2.2.3 La mise en œuvre des droits et des pouvoirs

200. L'introduction du nouveau code civil emporte, en plus des changements au droit substantiel, un certain nombre de modifications dans les modalités de l'exercice des droits et des pouvoirs. À côté des nouveaux droits, des nouvelles règles, on trouve aussi de nouvelles exigences, de nouvelles formalités, de nouveaux mécanismes procéduraux liés à la mise en œuvre des droits et pouvoirs visés par le code. L'apparition de ces nouveaux mécanismes soulève nécessairement des questions de droit transitoire, auxquelles les règles générales répondent pour l'essentiel. Nous analyserons en deux temps ces règles de droit transitoire relatives à la mise en œuvre des droits, d'abord sous l'angle des mesures préalables à l'exercice des droits et pouvoirs conférés par la loi nouvelle [2.2.3.1], et ensuite sous

l'angle des règles applicables aux droits et pouvoirs dont la mise en œuvre devant un tribunal est en cours lors de l'entrée en vigueur de la loi nouvelle [2.2.3.2].

2.2.3.1 Les mesures préalables (article 8)

201. **Définition du problème**. La loi nouvelle comporte une multitude de droits et de pouvoirs dont l'exercice est assujetti à des formalités ou à des mesures préalables. Le ministre du culte, par exemple, ne peut célébrer de mariage qu'avec l'autorisation administrative requise par l'artice 366 du nouveau code. D'autres dispositions du code assujettissent l'exercice de certains droits à une autorisation judiciaire. Ainsi, la loi nouvelle permet maintenant d'aliéner un bien inaliénable, avec l'autorisation d'un juge, dans les limites que prévoit l'article 1213 *C.c.Q.*. Dans d'autres cas encore, l'autorisation requise provient d'un individu, plutôt que d'un juge ou d'un organe de l'État. Par exemple, l'article 583 du nouveau code autorise la divulgation de renseignements relatifs à une adoption dans des cas que n'envisageait pas la loi ancienne, lorsque les parties en cause ont préalablement consenti à cette divulgation. Enfin, la loi nouvelle comporte une multitude de droits dont l'exercice est assujetti à l'envoi d'un avis à une autre partie. L'exemple le plus simple, et le plus connu, est celui de l'avis de reprise de possession dans le cadre du bail résidentiel[123].

202. Lorsque les formalités ou mesures préalables prévues par la loi nouvelle sont identiques à celles que comportait la loi ancienne, la transition s'effectue sans heurts. Les mesures prises avant l'entrée en vigueur de la loi nouvelle, auxquelles celle-ci accorde le même effet que celui qu'elles avaient sous la loi ancienne, sont toujours valables sous la loi nouvelle[124]. Ainsi, les règles relatives à la publication préalable du mariage ne sont pas changées par le nouveau code, de telle sorte que la publication faite avant l'entrée en vigueur du nouveau code continue de produire ses effets sans susciter de conflits de lois[125].

203. Cela dit, des difficultés peuvent survenir chaque fois que la loi nouvelle diffère de l'ancienne sur quelque mesure préalable à l'exercice d'un droit. C'est le cas lorsqu'elle introduit une mesure préalable qui n'existait pas sous la loi ancienne, par rapport à un droit ou un pouvoir que la loi ancienne recon-

naissait. La question du régime transitoire se soulève aussi lorsque la loi nouvelle introduit un nouveau droit ou pouvoir, lequel est assorti d'une formalité qui, par définition, n'était pas connue de la loi ancienne. Dans un cas comme dans l'autre, le titulaire peut souhaiter exercer le droit ou le pouvoir sans délai, dès l'entrée en vigueur de la loi nouvelle. Mais il ne peut le faire que si les règles transitoires l'autorisent à s'acquitter des formalités prévues avant que celles-ci n'entrent en vigueur.

204. À cet égard, le législateur a le choix entre l'application prospective, et l'application rétroactive de la loi nouvelle. S'il choisit l'application prospective, la loi nouvelle n'agit qu'à compter de son entrée en vigueur, et les mesures préalables qu'elle prévoit ne peuvent avoir de valeur juridique que lorsqu'elles sont prises après cette date. Dans ce cadre, les droits et pouvoirs assujettis à des formalités ne peuvent, par définition, être exercés dès l'entrée en vigueur de la loi nouvelle. Pour remédier à cette difficulté, et favoriser la mise en œuvre des nouvelles règles dès leur entrée en vigueur, le législateur peut opter pour la rétroactivité, en accordant un effet juridique à des faits antérieurs (autorisation, avis, etc) auxquels le droit n'attachait aucune conséquence sous l'ancien régime. C'est ainsi qu'il faut comprendre l'article 8 de la loi d'application, dont il convient de rappeler le libellé.

> 8. Peuvent valablement être prises avant l'entrée en vigueur de la loi nouvelle les mesures préalables à l'exercice d'un droit ou d'un pouvoir conféré par cette dernière, y compris l'envoi d'un avis ou l'obtention d'une autorisation.

205. **Conditions d'application de la règle**. L'article 8 ne vise que les situations où l'exercice du droit ou du pouvoir s'effectue en deux temps. La loi nouvelle doit imposer l'accomplissement d'un geste qui se distingue de l'exercice du droit lui-même. Il faut donc séparer clairement les règles de la loi nouvelle qui imposent une mesure préalable de celles qui prévoient une formalité qui s'accomplit au moment même de l'exercice du droit. Quant à ce deuxième groupe de règles, la formalité qui constitue l'exercice d'un droit ne peut être accomplie avant l'entrée en vigueur de la loi nouvelle. Ainsi, l'article 1006 du *Code civil du Québec* prévoit que celui qui désire renoncer à la mitoyenneté d'un mur doit produire un avis en ce sens au bu-

reau de la publicité des droits, et en envoyer copie aux autres propriétaires. Il s'agit d'une nouvelle formalité, puisque la loi ancienne ne l'exigeait pas, mais la production de l'avis ne constitue pas une mesure préalable à quoi que ce soit. La loi nouvelle prescrit ici les formes de l'exercice du droit, plutôt que l'accomplissement d'un acte antérieur à l'exercice du droit.

206. Par ailleurs, l'article 8 ne s'applique qu'à l'égard de mesures préalables à l'exercice des seuls droits qui peuvent effectivement être mis en œuvre dès l'entrée en vigueur de la loi nouvelle. Or dans certains cas, les droits ou pouvoirs nouvellement introduits par la loi ne peuvent tout simplement pas être invoqués à ce stade, soit parce qu'ils ne s'appliquent pas à la situation juridique de la personne qui souhaite y avoir recours, soit parce que leur exercice est retardé par les termes mêmes de la loi.

207. En effet, en ce qui concerne les situations juridiques en cours, il n'est pas toujours possible d'invoquer certains droits conférés par la loi nouvelle. Par exemple, l'article 1546 du *Code civil du Québec* introduit un nouveau mécanisme qui permet à une partie de forcer l'autre à faire un choix entre deux prestations qui sont l'objet d'une obligation alternative, dans un délai donné, à défaut de quoi celle à qui appartenait le choix au départ perd son droit d'option. Le transfert de la faculté de choix et son exercice sont donc assujettis à une mesure préalable, qui est la mise en demeure assortie d'un délai. Mais on ne pourrait, invoquant l'article 8, envoyer une telle mise en demeure relativement à une obligation alternative créée par contrat avant l'entrée en vigueur de la loi nouvelle: la règle générale de l'article 4 fait en sorte que cette modalité de l'obligation demeure régie par la loi ancienne, qui ne comporte pas de mécanisme analogue.

208. Dans d'autres cas, même si le droit ou le pouvoir conféré par la loi nouvelle peut être invoqué par rapport à une situation juridique en cours, il ne peut être exercé qu'à l'expiration d'un délai qui est postérieur à la loi nouvelle. Par exemple, l'article 2362 *C.c.Q.* permet à la personne qui a cautionné une dette sans terme fixe d'échéance, de mettre fin au cautionnement en donnant certains préavis lorsqu'il s'est écoulé trois ans depuis le cautionnement sans que la dette ne soit devenue exigible.

Puisqu'il s'agit d'une règle touchant l'extinction d'une situation juridique, elle est en principe applicable pour l'avenir aux situations juridiques en cours. Malgré tout, on ne pourrait pas, dans ce cas, donner les préavis requis avant l'entrée en vigueur de la loi nouvelle, ni même le jour de l'entrée en vigueur de cette loi, en s'appuyant sur l'article 8 de la loi d'application. En effet, l'ancienne règle prévoyait l'extinction de la caution au bout de dix ans (art.1953(5) *C.c.B.C.*). La loi nouvelle abrège donc le délai requis, et le nouveau délai de trois ans prévu par l'article 2362 ne peut courir qu'à compter de l'entrée en vigueur du code, sauf s'il a pour effet de prolonger l'ancien délai de dix ans[126]. Bref, il ne peut être question de prendre des mesures préalables à l'exercice d'un droit, avant l'entrée en vigueur de la loi nouvelle, lorsque ces mesures ne peuvent être prises qu'à l'expiration d'un délai qui court après celle-ci.

209. **Portée de la règle**. L'effet de l'article 8 étant clairement rétroactif, il faut s'efforcer de préciser à quels égards la loi nouvelle prend effet avant son entrée en vigueur. Il faut distinguer, ici, selon que la loi introduit un nouveau droit assujetti à certaines formalités ou, au contraire, exige l'accomplissement d'une nouvelle formalité par rapport à un droit ou un pouvoir qui existait déjà.

210. Pour ce qui concerne les droits ou pouvoirs qui existaient dans le régime juridique antérieur, l'article 8 sert essentiellement à faciliter la transition d'un régime à l'autre. Bien entendu, tant que la loi nouvelle n'est pas en vigueur, les titulaires de ces droits ou pouvoirs peuvent continuer de les exercer sans se soucier de l'accomplissement des formalités requises par le nouveau code. Puisque la loi nouvelle ne rétroagit pas, en principe, les actes faits antérieurement conformément aux exigences alors en vigueur ne peuvent être contestés par la suite. Ceci dit, dès l'entrée en vigueur de la loi nouvelle, il faudra se conformer aux nouvelles exigences[127]. Dans cette mesure, on aura parfois avantage à s'acquitter à l'avance de ces formalités, ne serait-ce que pour s'assurer de pouvoir exercer le droit ou le pouvoir sans délai après l'entrée en vigueur de la loi nouvelle. Par exemple, le ministre du culte qui était autorisé à célébrer des mariages sous la loi ancienne a tout avantage à obtenir l'autorisation requise par l'article 366 du nouveau code avant son entrée en vigueur. Sinon, il se verra privé de son

pouvoir pendant la période entre l'entrée en vigueur de la loi nouvelle, et l'obtention d'une autorisation demandée seulement après celle-ci. De même, le propriétaire qui veut demander la résiliation de l'emphytéose en raison du défaut de l'emphytéote de payer le prix pendant une période de trois ans, ne peut le faire qu'après un avis de quatre-vingt dix jours, en vertu de l'article 1207 *C.c.Q.*. La veille de l'entrée en vigueur de la loi nouvelle, dans les mêmes conditions, le propriétaire a le droit de demander cette déchéance sans préavis (art. 903 *C.c.B.C.*). Celui qui choisirait de ne pas se prévaloir de ce droit avant l'entrée en vigueur du nouveau code, pourrait néanmoins, dans certains cas, avoir avantage à donner le préavis requis par la loi nouvelle, de manière à pouvoir exercer son droit sans période d'attente après cette date.

211. Si la mesure préalable est liée à un droit ou un pouvoir nouvellement introduit par la loi, l'effet rétroactif contenu dans l'article 8 ne vise que le caractère valable de la mesure prise avant l'entrée en vigueur de la loi nouvelle. L'exercice du droit ou du pouvoir en question ne peut avoir lieu qu'après l'entrée en vigueur de la loi nouvelle.

212. **Illustrations**. Avant l'entrée en vigueur de la loi nouvelle, on peut par exemple obtenir l'autorisation du tribunal de céder un droit d'usage même si l'acte qui l'a constitué ne prévoit pas qu'il est cessible, conformément à l'article 1173 du nouveau code[128]. Mais l'aliénation de ce droit ne peut avoir lieu qu'après l'entrée en vigueur du code. Il en est de même pour l'autorisation d'aliéner un bien autrement inaliénable[129]. On peut aussi, avant l'entrée en vigueur de la loi nouvelle, donner l'avis prévu à l'article 987 du nouveau code, afin d'obtenir, dès l'entrée en vigueur de ce code, le droit d'accéder au fonds voisin pour faire ou entretenir une construction sur son propre fonds.

213. Bref, seule la mesure préalable peut être prise avant que la loi nouvelle ne prenne effet. L'article 8 ne saurait servir à valider l'exercice anticipé de droits conférés par la loi nouvelle. L'article 8 peut aussi, par analogie, servir à interpréter la loi d'application elle-même, quand elle assortit certaines règles transitoires de l'accomplissement de mesures préalables. Par exemple, l'article 61 permet dans certains cas d'appliquer à l'usufruit ouvert avant l'entrée en vigueur de la loi nouvelle

quelques unes des règles du nouveau code. L'article 1146 *C.c.Q.* prévoit en effet que l'usufruitier qui fait défaut de faire inventaire ou de fournir une sûreté est privé de son droit aux fruits et revenus à compter de l'ouverture de l'usufruit, jusqu'à ce qu'il s'exécute. L'article 61 de la loi d'application écarte l'application de cette disposition pour les usufruits ouverts avant l'entrée en vigueur de la loi nouvelle, «sauf si l'usufruitier a été mis en demeure par le nu-propriétaire, auquel cas il a soixante jours pour remplir ses obligations». Il s'agit d'une règle matérielle de transition, qui ne reprend ni l'ancienne règle ni la nouvelle, mais prévoit au contraire un régime particulier pour les usufruits ouverts antérieurement. Compte tenu du contexte, il devrait être possible pour le nu-propriétaire, avant l'entrée en vigueur du nouveau code, de mettre l'usufruitier en demeure de s'exécuter[130]. Le nu-propriétaire pourrait alors se prévaloir de la sanction prévue à l'article 61[131].

2.2.3.2 Les instances en cours (articles 9 et 10)

214. **Définition du problème**. Par définition, l'instance[132] est un événement qui ne s'épuise pas en un seul moment, mais s'étale au contraire dans le temps, parfois sur une très longue période. L'introduction de la loi nouvelle intervient donc nécessairement alors que plusieurs instances sont en cours[133]. L'article 9 de la loi d'application traite explicitement des principes de droit transitoire dans ce contexte:

> 9. Les instances en cours demeurent régies par la loi ancienne.
>
> Cette règle reçoit exception lorsque le jugement à venir est constitutif de droits ou que la loi nouvelle, en application des dispositions de la présente loi, a un effet rétroactif. Elle reçoit aussi exception pour tout ce qui concerne la preuve et la procédure en l'instance.

Il est facile de comprendre pourquoi le législateur a jugé nécessaire d'introduire dans la loi une telle règle générale relative aux instances en cours, puisque la date d'introduction de l'instance est susceptible d'avoir une valeur particulière pour le juriste. À partir de ce moment, le litige prend une nouvelle forme, et les positions des parties sont plus ou moins cristallisées. Dans cette perspective, le juriste est peut-être amené à conclure que le moment d'introduction de l'instance a un rôle à jouer pour les fins du droit transitoire. L'instance commencée avant l'entrée en vigueur de la loi nouvelle échapperait à celle-ci, celle introduite après étant entièrement régie par la loi nouvelle.

215. Cette analyse est erronée, et l'utilité de l'article 9 ne se dément pas. La disposition permet de contrer les erreurs qui résultent de ces habitudes de pensée développées en dehors du contexte du droit transitoire. En effet, la date d'introduction de l'instance est, somme toute, accidentelle, et en règle générale elle ne sert pas de point de rattachement pour les fins du droit transitoire. Comme on l'a vu, le droit transitoire s'intéresse à l'action de la loi dans le temps, par rapport aux faits et aux actes qui constituent le fond du litige. Selon que ces faits ou actes sont antérieurs ou postérieurs à l'entrée en vigueur de la loi nouvelle, on dira que l'application de celle-ci est rétroactive ou prospective. Le fait que l'instance née de ces faits ou actes soit introduite avant ou après l'entrée en vigueur de la loi nouvelle ne change rien à l'analyse[134].

216. Ainsi, en vertu du principe de non-rétroactivité, la loi nouvelle ne peut pas saisir des faits entièrement accomplis avant son entrée en vigueur, qu'il s'agisse de faits constitutifs ou extinctifs d'une situation juridique, ou des effets déjà produits par une situation juridique. Dans ce contexte, une instance terminée par un jugement passé en force de chose jugée ne peut pas être affectée par la loi nouvelle: par définition, le jugement dans une telle affaire porte sur des faits et actes antérieurs à la loi nouvelle, que celle-ci ne peut atteindre sans rétroactivité. De même, une instance en cours porte elle aussi, nécessairement, sur des faits ou actes antérieurs à l'entrée en vigueur de la loi nouvelle, et elle est régie par la loi ancienne pour la même raison. C'est d'ailleurs ce que prévoit l'article 9.

217. Mais il faut se garder de faire dire à cette disposition ce qu'elle ne dit pas, et de conclure que les instances qui commencent après l'entrée en vigueur de la loi nouvelle sont, *a contrario*, entièrement régies par la loi nouvelle. La loi applicable à ces litiges à venir est déterminée en fonction de la date des faits ou actes qui en constituent l'objet. S'il porte sur des événements entièrement accomplis avant l'entrée en vigueur de la loi nouvelle, le litige commencé après celle-ci doit néanmoins être décidé à partir de la loi ancienne, conformément au principe de

non-rétroactivité. Par exemple, les articles 85 et 88 de la loi d'application prévoient que la responsabilité civile est régie, en principe, par la loi du jour du fait générateur du préjudice. C'est la conséquence naturelle du principe de non-rétroactivité, de telle sorte que le tribunal décidant des conséquences juridiques d'une faute antérieure à la loi nouvelle ne peut pas normalement faire usage des pouvoirs nouvellement conférés par le code en cette matière, même si l'action est intentée après l'entrée en vigueur du nouveau code. Mais l'article 91 déroge à ce principe qui veut que la forme et l'étendue de la réparation due à la victime soient déterminées en fonction de la loi en vigueur au jour du fait générateur: on ne pouvait permettre à la victime de profiter des nouvelles mesures qui lui sont favorables qu'au moyen d'une telle dérogation explicite.

218. On voit donc que les liens tissés par le droit transitoire existent entre la loi et les faits, plutôt qu'entre la loi et les instances. Mais cette analyse est un peu trop mince, et il est nécessaire de la préciser plus avant. La loi nouvelle peut parfois s'appliquer aux instances en cours: quant au fond, d'abord, dans certaines circonstances particulières; quant à la procédure et la preuve, ensuite, pour régir les faits relatifs à la procédure ou à la preuve qui sont postérieurs à son entrée en vigueur[135].

2.2.3.2.1 Lois de fond

219. La plupart des litiges visent à obtenir d'un tribunal qu'il détermine les effets juridiques qu'ont pu avoir certains faits ou actes survenus dans le passé. Le rôle du juge n'est que de constater, et de dire, les conséquences produites par ces événements antérieurs. Son intervention confère une force exécutoire nouvelle aux droits des parties, mais elle ne constitue pas ces droits, qui existent avant même que l'instance ne soit introduite. On a dit, dans ce cadre, que la plupart des jugements sont déclaratifs, en ce sens qu'ils ne font que pointer du doigt laquelle, des deux parties, avait raison depuis le début. Conformément au principe de non-rétroactivité de la loi nouvelle, il va de soi que le tribunal apprécie les prétentions des parties à la lumière du droit en vigueur au jour où les effets juridiques litigieux ont été produits. Les actes et les faits donnent lieu à des conséquences juridiques de manière immédiate et indépendamment de tout litige, et les changements dans le droit ne peuvent, sans rétroac-

tivité, permettre d'apprécier différemment ces conséquences au moment où la décision est rendue. C'est cette idée qu'exprime, bien simplement, le premier paragraphe de l'article 9 : la loi ancienne régit les faits qui sont survenus sous son empire, même si l'instance où les conséquences juridiques de ces faits sont débattues ne se déroule qu'après l'entrée en vigueur de la loi nouvelle. Ceci dit, il faut faire quelques nuances, d'une part parce que le principe de non-rétroactivité ne produit pas le même résultat par rapport à toutes les instances en cours, et, d'autre part, parce que le principe de non-rétroactivité peut être écarté par le législateur.

220. **Jugements constitutifs**. Dans certains domaines, le tribunal est parfois appellé à faire plus que de reconnaître les effets juridiques produits par un acte ou un fait antérieur. L'intervention du juge dépasse alors l'affirmation d'un état de droit déjà constitué: elle participe à la constitution d'une nouvelle situation juridique, d'un faisceau de droits et de pouvoirs qui n'existent pas avant, et qui ne peuvent être créés sans cette intervention. On en trouve quelques exemples dans le *Code civil du Québec*: on peut noter, parmi ceux-ci, le jugement relatif au changement de nom (art. 65), l'attribution judiciaire d'une tutelle dative (art. 205), le jugement d'interdiction d'agir comme administrateur d'une personne morale (art. 329), le jugement d'adoption (art. 573), le jugement de déchéance de l'autorité parentale (art. 606), et le jugement de reconnaissance d'une décision étrangère (art. 3155). Dans chaque cas, l'intervention du juge fait partie des éléments nécessaire à la constitution de la la situation juridique, ce qui a amené la doctrine à parler de «jugements constitutifs», par opposition aux «jugements déclaratifs», qui sont la forme la plus courante d'activité judiciaire.

221. La distinction des jugements constitutifs et des jugements déclaratifs n'est pas toujours aisée, et elle prête à la controverse[136]. L'intervention du tribunal exige presque toujours, à un titre ou à un autre, la considération d'événements survenus antérieurement, et il est souvent difficile de déterminer si la décision rendue constate simplement l'existence de conséquences juridiques déjà produites, ou si, au contraire, la décision produit elle-même ces conséquences. Par exemple, le jugement de déchéance de l'autorité parentale s'appuie sur des

actes et des faits antérieurs qui justifient le retrait des droits et pouvoirs qui découlent de l'autorité parentale. Il comporte, en ce sens, une composante déclarative. Mais la prise en compte de ces actes et faits antérieurs ne signifie pas que le jugement a pour objet de constater, de déclarer une déchéance qui aurait été produite automatiquement dans le passé: c'est bel et bien le juge qui prononce la déchéance, et qui constitue une nouvelle situation juridique du fait même de son jugement[137].

222. Facile d'application ou non, cette distinction entre les jugements déclaratifs et les jugements constitutifs est reprise dans la loi d'application, au deuxième paragraphe de l'article9[138]. La loi prévoit en effet que la loi ancienne ne s'applique pas aux instances en cours, lorsque le jugement à venir est constitutif de droits. Il n'y a là, somme toute, que l'expression d'une conséquence du principe de l'application immédiate de la loi aux situation en cours. Puisque l'intervention constitutive du juge est nécessaire pour créer la situation juridique, cette situation n'existe pas avant le jugement définitif. Dès lors, pour ce qui est des instances constitutives, le changement législatif intervient alors que la situation juridique est en cours de création, de telle sorte que la loi nouvelle peut changer les conditions de création de la situation juridique tant que le jugement définitif n'est pas rendu [139]. Par exemple, le nouveau code change, à certains égards, les effets du jugement emportant déchéance de l'autorité parentale. Alors que sous l'article 657 de l'ancien *Code civil du Québec*, un tel jugement ne dispense qu'exceptionnellement l'enfant de son obligation alimentaire, l'article 609 prévoit au contraire que le jugement emporte normalement cette dispense. Cette nouvelle règle s'applique aux instances en cours.

223. Malgré tout, l'application de la loi nouvelle aux instances en cours dont la nature est constitutive ne permet pas de conférer un nouvel effet juridique à des faits ou des actes accomplis sous l'empire de la loi ancienne. Mais la loi nouvelle peut quand même empêcher la constitution d'une situation juridique fondée sur des faits antérieurs, en faisant disparaître le pouvoir constitutif du juge par rapport à certains de ces faits. Par exemple, si la loi nouvelle changeait les causes de déchéance de l'autorité parentale, elle ne pourrait s'appliquer de manière à permettre de considérer une nouvelle cause de déchéance par

rapport à des faits survenus antérieurement. Mais la loi nouvelle qui ferait disparaître une cause de déchéance existant sous la loi ancienne pourrait s'appliquer aux instances en cours et à venir, et empêcher le juge de prononcer la déchéance.

224. **Rétroactivité**. On a dit que la loi ancienne continuait à régir les instances en cours, en dehors des cas où le jugement à venir est de nature constitutive. Il faut encore ajouter que cette règle ne vaut que lorsque la loi nouvelle est d'application prospective. Dans ce cas, elle ne peut atteindre des faits qui lui sont antérieurs. Mais la loi d'application prévoit, comme on l'a vu, plusieurs cas d'application rétroactive de la loi nouvelle. Il arrive, en effet, que la loi d'application permette d'avoir recours aux dispositions du nouveau code pour apprécier les conséquences juridiques de faits qui se sont déroulés entièrement avant son entrée en vigueur. Écartant le principe de non-rétroactivité, la loi d'application intime alors au juge l'ordre de décider, non pas en fonction du droit en vigueur au moment où les faits ont eu lieu, mais en fonction des nouvelles règles, qui régissent maintenant ces faits comme si elles avaient été en vigueur à ce moment. La rétroactivité touche donc nécessairement les instances en cours[140]. Par exemple, l'article 75 de la loi d'application empêche le juge de prononcer la nullité d'un contrat lorsque l'erreur invoquée par la partie demanderesse est inexcusable. Cette règle s'applique pour les instances en cours: la rétroactivité affecte les effets juridiques de l'erreur commise avant l'entrée en vigueur de la loi nouvelle[141].

225. Ceci dit, même lorsque la loi nouvelle s'applique de manière rétroactive, on ne reviendra pas sur les instances terminées par un jugement qui a acquis la force de chose jugée. Le «droit commun des lois rétroactives» limite l'effet rétroactif aux instances en cours et à venir. Toute autre analyse permettrait de remonter indéfiniment dans le temps pour remettre en question des situations déjà cristallisées. Puisque la loi rétroactive s'analyse comme un ordre au juge de décider en fonction de la loi nouvelle, elle n'a de sens que si le juge est encore en mesure d'agir, ce qui n'est pas le cas si le litige est terminé. Cependant, rien n'empêcherait le législateur de prévoir une «rétroactivité restitutive», qui atteindrait les causes déjà jugées, en faisant remonter les effets de la loi nouvelle à une date précise antérieure à son adoption[142].

226. La loi ancienne continue donc, pour le fond, à régir les instances en cours, sauf les exceptions qu'on vient de voir. Quand il s'agit de la forme, cependant, l'analyse est un peu différente. Pour les instances en cours, les règles touchant la procédure et la preuve visent en effet des événements qui se déroulent parfois avant, parfois après l'entrée en vigueur de la loi nouvelle. Conformément au principe de l'effet immédiat, la loi nouvelle peut donc régir, sans rétroactivité, l'activité de mise en œuvre des droits et pouvoirs qui lui est postérieure.

2.2.3.2.2 Lois de procédure et de preuve

227. **Introduction**. Les changements législatifs relatifs à la procédure et la preuve soulèvent des problèmes de droit transitoire particuliers, qui ont déjà été analysés par la doctrine et la jurisprudence à partir de la théorie des droits acquis[143]. Dans ce cadre, l'application des nouvelles règles de procédure et de preuve à une instance en cours dépend de l'impact de ces règles sur les intérêts des parties. Les lois de «pure procédure», c'est-à-dire celles qui n'affectent en rien les prévisions des parties au litige, sont d'application immédiate et régissent les événements à venir dans les instances en cours. À l'inverse, les changements législatifs qui produisent un préjudice individuel appréciable, comme les modifications aux règles déterminant l'existence d'un droit d'appel ou la recevabilité d'une preuve donnée, ne peuvent s'appliquer aux instances en cours de manière à déjouer les prévisions des parties.

228. Bien sûr, au Québec, les règles de procédure et de preuve puisent souvent à la source du droit anglais, ce qui explique qu'on soit tenté d'avoir recours à la théorie des droits acquis pour régler les problèmes de droit transitoire soulevés dans cette matière. Mais il faut résister à la tentation, et chercher les solutions, ici comme en toute autre matière, dans le système de l'effet immédiat choisi par le législateur. Celui-ci n'a pas retenu la distinction entre les lois de procédure et les lois de pure procédure[144], et il n'est donc plus utile de chercher à savoir si l'application d'une nouvelle règle de procédure ou de preuve à une instance en cours affecte les intérêts des parties au litige. Il faut, tout au contraire, envisager le litige comme une situation en cours, et distinguer les faits et les actes déjà accomplis des événements à venir.

229. **Lois de procédure**. On a vu qu'il n'y a pas de rétroactivité lorsque la loi nouvelle régit les effets à venir des situations juridiques en cours lors de son entrée en vigueur. L'analyse des problèmes de droit transitoire en matière de procédure s'effectue de manière analogue. C'est le litige lui-même qui constitue la situation en cours: la loi nouvelle peut en régir les effets à venir, sans toucher aux actes et aux faits qui se sont accomplis entièrement sous l'empire de la loi ancienne. Ce qui a été valablement fait par les parties avant l'entrée en vigueur de la loi nouvelle ne peut plus être contesté. Mais à l'inverse, la loi nouvelle régit toute l'activité des parties qui lui est postérieure, de la même manière qu'elle affecte toute l'activité du juge en l'instance.

230. Au chapitre des lois de procédure, on trouve d'abord les lois d'organisation judiciaire (qui déterminent la hiérarchie des tribunaux) et les lois de compétence (qui déterminent les attributions respectives des tribunaux existants)[145]. Dans la théorie des droits acquis, les instances en cours sont à l'abri des changements législatifs en ce domaine. Au contraire, le système de l'effet immédiat de la loi nouvelle signifie que ces modifications affectent les instances en cours, à moins d'une exception préservant la juridiction des tribunaux valablement saisis avant l'entrée en vigueur de la loi nouvelle. La loi d'application ne comportant pas une telle réserve, il faut en conclure que les nouvelles règles relatives à la compétence et à l'organisation judiciaire affectent les instances en cours. Par exemple, les articles 300 et 301 de la loi d'application changent les règles de compétence pour ce qui est de la contestation sur saisie-exécution immobilière. Alors que l'ancienne règle exigeait qu'un tel recours soit porté devant la Cour supérieure (art. 563 et 564 C.p.c.), la nouvelle règle veut que ces contestations soient faites devant le tribunal qui a rendu jugement. Cette règle s'applique immédiatement aux instances en cours, et ces affaires doivent donc être transférées, probablement en l'état, à la juridiction désormais compétente.

231. À côté des lois de compétence et d'organisation judiciaire, on trouve les règles de procédure proprement dites, qui régissent la marche de l'instance. Ici encore, le système de l'effet immédiat signifie que les nouvelles règles s'appliquent aux instances en cours. Ainsi, il n'est plus possible, après l'entrée en

vigueur de la loi nouvelle, de faire une signification par avis public dans la Gazette officielle du Québec (art.226 de la loi d'application), même si une signification ainsi faite avant l'entrée en vigueur de la loi nouvelle demeure valable. L'abolition du certificat de défaut de comparaître (art. 230), les nouvelles conditions relatives à la réunion d'actions (art. 252), les nouvelles règles étendant la possibilité de représentation du majeur inapte et du mineur (art. 264); tous ces changements affectent les instances en cours, sans remettre en cause ce qui a été fait par les parties avant l'entrée en vigueur de la loi nouvelle.

232. On notera que les articles 367 et suivants de la loi d'application comportent des modifications fort importantes au *Code de procédure civile*, et changent le mode d'introduction de l'instance pour plusieurs matières. Certaines instances, qui étaient introduites suivant la voie ordinaire avant l'entrée en vigueur de la loi nouvelle, doivent désormais être introduites par voie de requête. L'application immédiate de la loi nouvelle, dans ce cas, exigerait que ces actions soient continuées suivant la procédure applicable aux requêtes, sans pour autant toucher à la valeur introductive d'instance de l'acte accompli antérieurement. Évitant de bousculer plusieurs instances déjà commencées sous l'empire de l'ancienne règle, le législateur a prévu, à l'article 10 de la loi d'application, un droit d'option pour les parties dans ce cas. Ainsi, les instances en cours valablement introduites par voie ordinaire sous la loi ancienne, peuvent être continuées comme telles, «sauf aux parties à convenir de procéder suivant la voie nouvelle».

233. La loi nouvelle comporte, par ailleurs, quelques changements relatifs à l'effet des jugements et aux voies d'exécution. Ainsi, l'article 287 de la loi d'application modifie le *Code de procédure civile* de manière à permettre l'exécution du jugement pendant l'appel, pour la partie de ce jugement qui ne fait pas l'objet de la contestation. La règle s'applique, sans l'ombre d'un doute, aux jugements rendus après l'entrée en vigueur de la loi nouvelle, même par rapport aux litiges commencés avant; mais il est peu probable qu'elle puisse affecter la force exécutoire d'un jugement antérieur à la loi nouvelle[146]. Cela dit, il ne faudrait pas en conclure que tous les effets du jugement sont déterminés par la loi du jour où il est rendu. Ainsi, l'existence

d'un appel ou l'admissibilité d'une voie de recours doivent probablement être déterminées par rapport à la loi en vigueur lorsqu'ils sont intentés[147]. De même, les règles relatives à l'admissibilité et l'étendue d'une voie d'exécution sont déterminées à partir de la loi en vigueur au jour où cette exécution a lieu. Il faut donc tenir, par exemple, que les nouvelles règles relatives à l'insaisissabilité de certains biens (art. 296, 297 et 298 de la loi d'application) régissent les saisies qui ont lieu après l'entrée en vigueur de la loi nouvelle, même si le jugement faisant l'objet de l'exécution a été rendu avant.

234. **Lois de preuve**. L'analyse des problèmes suscités par les changements législatifs relatifs à la preuve s'effectue, elle aussi, au moyen d'une analogie avec la notion de situation juridique. C'est donc par rapport au moment de constitution d'une «situation juridique probatoire» qu'on pourra déterminer la loi applicable[148]. L'effet immédiat de la loi nouvelle, dans ce contexte, signifie que la loi nouvelle affecte la mise en preuve à venir de faits ou d'actes antérieurs, mais qu'elle ne peut atteindre la preuve déjà constituée.

235. La loi nouvelle peut donc régir, sans rétroactivité, l'administration de la preuve dans les instances en cours. Puisque la forme des actes est, en principe, déterminée par la loi du jour où ils sont accomplis, il n'y a aucune difficulté à accepter l'application immédiate des règles relatives à la manière de présenter une preuve devant le tribunal. Dès l'entrée en vigueur de la loi nouvelle, il faudra, par exemple, tenir compte de la laïcisation du serment prévue par l'article 171 de la loi d'application. On pourra aussi, par ailleurs, profiter dans les instances en cours de l'élargissement du domaine de l'article 403 du *Code de procédure civile*, qui permet de mettre en demeure la partie adverse de reconnaitre la véracité ou l'exactitude d'un élément matériel de preuve. (art. 269 de la loi d'application). Bref, chaque fois que la loi nouvelle change la manière de présenter une preuve devant le tribunal, elle peut trouver application dans les instances en cours, sans pour autant remettre en cause les gestes posés, et la preuve administrée, avant son entrée en vigueur.

236. Cela dit, toute la preuve ne se constitue pas nécessairement devant le tribunal pour les fins du droit transitoire, lequel reconnaît que certaines situations juridiques probatoires peuvent

avoir été créées avant même que le juge n'entende les parties. On note deux exceptions fort importantes au principe de l'application de la loi nouvelle à la preuve à faire dans les instances en cours, exceptions qui résultent, dans la perspective de la doctrine, d'un juste calibrage du principe de l'effet immédiat[149]. Dans certains cas, en effet,

> [...] la loi a prévu un établissement antérieur de la preuve, soit qu'elle ait établi un régime de preuve préconstituées, c'est-à-dire constituées antérieurement à tout litige, soit qu'elle ait elle-même directement tiré telle ou telle preuve de certains faits, par voie de présomption légale[150].

Il faut donc distinguer soigneusement, d'une part, les preuves à être établies au moment même du procès, auxquelles s'applique la loi nouvelle, et d'autre part les situations juridiques probatoires constituées avant le procès, que la loi nouvelle ne pourrait atteindre sans rétroactivité. La loi d'application reprend en effet à l'article 141 cette distinction capitale posée par Roubier:

> 141. En matière de preuve préconstituée et de présomptions légales, la loi en vigueur au jour de la conclusion de l'acte juridique ou de la survenance des faits s'applique.

237. Par exemple, les règles de la loi ancienne relatives à la constitution d'une preuve écrite continuent de s'appliquer aux actes antérieurs à la loi nouvelle, même si la preuve en est faite après l'entrée en vigueur de celle-ci. L'introduction de la loi nouvelle ne peut permettre de régulariser l'absence d'une preuve dont la constitution était requise par la loi ancienne: c'est ainsi que la preuve d'un acte juridique antérieur à la loi nouvelle doit être faite en principe par écrit, lorsque la valeur du litige excède $1000, même si la loi nouvelle n'exige d'écrit que pour les litiges dont l'objet est supérieur à $1500[151]. À l'inverse, si la loi nouvelle se montrait plus exigeante en matière de preuve préconstituée, on ne pourrait en invoquer les dispositions pour faire déclarer insuffisante une preuve constituée sous l'empire de la loi ancienne, en conformité avec ses dispositions. En somme, la loi nouvelle ne peut revenir sur les effets juridiques qu'accordait la loi ancienne à des gestes accomplis entièrement sous son régime. Le législateur qui oblige les parties à observer certaines formalités à des fins probatoires,

ne peut ensuite dire qu'on aurait dû se plier à des formalités différentes, à moins qu'il ne choisisse de donner un effet rétroactif à la loi nouvelle.

238. Le raisonnement est le même pour ce qui est des présomptions légales. Ici comme pour les preuves préconstituées, les dispositions qui prévoient des présomptions légales touchent plus au fond, à la substance du droit, qu'à la procédure. La présomption légale, nous dit l'article 2847 du *Code civil du Québec*,

> ... est celle qui est spécialement attachée par la loi à certains faits; elle dispense de toute autre preuve celui en faveur de qui elle existe.

La situation juridique probatoire qui découle de la présomption se constitue donc indépendamment de tout litige: c'est la loi qui détermine directement l'effet probatoire qui s'attache à la survenance d'un fait ou d'un acte donné. Cet effet est produit, créé, dès le moment où le fait survient, même si le juge n'intervient que plus tard pour constater et déclarer les conséquences d'un tel événement sur la preuve en l'instance. La date de l'instance, en ce sens, n'est qu'accidentelle, et le juge doit décider de l'effet juridique produit par un fait ou un acte antérieur en fonction de la loi alors en vigueur.

239. En d'autres termes, si la loi nouvelle fait disparaître une présomption légale, les faits qui ont donné lieu à une telle présomption avant sa disparition continuent d'avoir cet effet pour l'avenir, y compris dans les instances commencées après l'entrée en vigueur de la loi nouvelle. À l'inverse, les présomptions légales introduites par la loi nouvelle ne peuvent être invoquées par rapport à des faits qui se sont produits entièrement sous l'empire de la loi ancienne. Par exemple, l'article 1460 du *Code civil du Québec* prévoit que la personne qui a la garde, la surveillance ou l'éducation d'un mineur est présumée fautive lorsque le fait ou la faute de ce mineur cause un dommage à autrui. Cette disposition est susceptible d'une application plus étendue que l'article 1054 du *Code civil du Bas Canada*, lequel comportait une liste limitative de personnes contre lesquelles une telle présomption pouvait être invoquée[152]. Mais la nouvelle présomption, plus étendue, ne peut être invoquée par rapport à

la faute ou au fait du mineur qui aurait causé un préjudice avant l'avènement du nouveau code.

240. On a donc, d'une part, les règles relatives à l'administration de la preuve en l'instance, auxquelles la loi s'applique immédiatement, et d'autre part, les règles de fond qui déterminent l'établissement de la preuve indépendamment de tout litige, qui demeurent régie par la loi ancienne pour les instances en cours. Entre les deux, on trouve tout un ensemble de règles substantielles qui sont liées à la constitution de la preuve au procès, dont la modification pendant l'instance peut affecter de manière très significative les prévisions des parties. Les dispositions du nouveau code relatives au fardeau de la preuve et à l'admissibilité de certaines preuves, par exemple, ne peuvent s'appliquer aux instances en cours sans que les intérêts des parties ne s'en trouvent affectés.

241. Ce raisonnement proche de la théorie des droits acquis exigerait qu'on limite, pour les instances en cours, l'application des nouvelles règles de preuve aux seules règles de forme, dont la modification n'est susceptible de causer aucun préjudice aux parties. Puisque la preuve est associée à la procédure, dans l'article 9, il faudrait comprendre que le législateur n'y vise que les dispositions nouvelles de nature purement procédurale, par opposition aux règles de preuve qui ont un impact sur le fond. Mais le législateur ne distingue pas, du moins pas explicitement. Les éléments de fond qui appartiennent à la procédure ou à la preuve ne sont pas envisagés séparément dans la loi d'application. Par ailleurs, ces règles substantielles de preuve touchent à l'activité du juge. Elles déterminent comment le tribunal doit procéder pour parvenir à une conclusion sur les faits en litige. Elles précisent quelle partie a le fardeau de preuve, quelle preuve est recevable, et quelle force probante on doit lui accorder. Elles sont, en ce sens, intimement liées à l'instance, plutôt qu'aux faits ou aux actes dont la preuve est à faire. Pour cette raison, on peut penser que toute la preuve en l'instance est régie par la loi nouvelle, sauf les exceptions spécifiquement retenues par le législateur à l'article 141 de la loi d'application.

242. Bref, sauf pour les preuves préconstituées et les présomptions légales, les nouvelles règles relatives aux moyens de

preuve et à leur recevabilité sont applicables à la preuve qui reste à faire dans les instances en cours. Elles sont aussi applicables, fort probablement, à la preuve déjà administrée dans une instance en cours. En effet, dans la mesure où ces règles régissent l'activité du juge, le cadre juridique de cette activité peut être modifié tant qu'elle dure, c'est-à-dire tant qu'il n'y a pas eu de jugement final et définitif. On aurait pu croire que le juge doive décider en fonction de la loi du jour où la preuve est produite, c'est-à-dire le jour où le juge se prononce sur sa recevabilité[153]. Mais même si l'administration de la preuve dans une instance ne peut être l'œuvre d'un moment, il reste que sa recevabilité, et l'effet qu'elle peut avoir sur la conviction du juge peuvent s'apprécier en un seul instant, celui où le juge est appellé à rendre un jugement définitif. Parce que la preuve en l'instance constitue un tout, il faut probablement conclure que la preuve déjà administrée peut être remise en question tant qu'il n'y a pas chose jugée sur le litige lui-même, dès lors que les nouvelles règles changent le crédit que le juge doit accorder à une preuve[154].

2.2.3.2.3 La loi nouvelle et l'appel

243. La loi nouvelle couvre donc la procédure et la preuve pour toutes les instances en cours, dans les limites que nous venons de voir. Mais qu'en est-il des affaires où un jugement de première instance a déjà été rendu, et peut toujours faire l'objet d'un appel, lors de l'entrée en vigueur du nouveau code? De deux choses l'une: ou bien l'appel doit être traité de la même manière que la première instance, et les principes énoncés à l'article 9 s'appliquent aux appels en cours au moment de l'introduction de la loi nouvelle; ou bien, à l'inverse, l'appel en cours requiert un régime transitoire séparé, qui n'est pas nécessairement analogue à celui de l'article 9.

244. Peut-on trouver une réponse à cette question dans une meilleure définition de l'expression «instance en cours» à l'article 9? L'appel est soit une nouvelle instance, soit une continuation de la même instance. Dans un cas comme dans l'autre, l'appel lié à un jugement rendu avant l'entrée en vigueur de la loi nouvelle sera en cours ou à venir à cette date, et devrait donc être assujetti aux mêmes principes transitoires que les affaires en première instance. Ceci dit, certains pense-

ront peut-être que le législateur ne visait que la première instance à l'article 9. Suivant cette analyse, l'applicabilité de l'article 9 dépend de l'état de la cause au moment de l'entrée en vigueur de la loi nouvelle. Si un jugement final est déjà intervenu, l'instance est terminée, et est régie par la loi ancienne à tous égards. Si le jugement final est encore à venir, l'instance est en cours, et elle est régie par la loi ancienne à certains égards, et par la loi nouvelle à d'autres égards, conformément aux prescriptions de l'article 9.

245. Les deux lectures de l'article 9 se valent, et on voit bien que la solution ne réside pas dans une recherche sémantique sur le mot «instance». Elle découle, bien plus, d'un choix relatif à la nature de l'appel, par rapport au droit transitoire. S'il s'agit d'une révision pure et simple, d'un examen de l'exactitude de la décision du juge de première instance, l'appel ne peut jamais être assujetti à la loi nouvelle. La décision rendue conformément au droit alors en vigueur, sur le fond comme dans la forme, ne peut pas être inexacte ou mal fondée. Dans cette perspective, il faut interpréter l'article 9 comme une règle applicable à la première instance seulement, qui doit être écartée dès qu'un jugement final intervient.

246. Mais il y a fort à parier que cette conception n'est pas celle retenue par le législateur. La question de la nature de l'appel est fort complexe, mais il est clair que le rôle de la Cour d'appel ne se limite pas à vérifier le bien fondé de la décision de première instance. Bien que la Cour ne juge pas *de novo*, son intervention dépasse le simple contrôle de légalité. Ainsi, la Cour d'appel a le pouvoir de tenir compte de faits nouveaux survenus depuis le jugement de première instance, et de recevoir une nouvelle preuve, même si ce pouvoir n'est exercé qu'exceptionnellement. En ce sens, il faut à notre avis conclure que l'appel est assujetti à la loi nouvelle de la même manière que le jugement de première instance[155].

247. En d'autres termes, quant aux règles de fond, on s'en tiendra aux principes élaborés ci-haut par rapport aux affaires de première instance: l'appel est régi par la loi ancienne, sauf lorsque le jugement définitif à venir est constitutif, ou lorsque la loi nouvelle a un effet rétroactif en raison d'une règle contenue dans la loi d'application. Il importe peu, dans ces derniers

cas, que le juge de première instance ait jugé de manière correcte à partir du droit alors en vigueur. En matière de jugement constitutif ou de loi rétroactive, la loi nouvelle peut intervenir à tout moment avant qu'il y ait un jugement passé en force de chose jugée. Dans le premier cas, elle peut alors changer les conditions de constitution d'une situation juridique. Dans le second cas, la loi rétroactive s'impose au juge d'appel comme au juge de première instance: l'un et l'autre doivent alors apprécier les faits à la lumière d'un droit qui était encore inconnu au moment où ces faits se sont produits.

248. Le même raisonnement prévaut pour ce qui concerne la preuve et la procédure. L'article 9 est applicable aux appels en cours, et la loi nouvelle règle la procédure et la preuve en l'instance, sans porter atteinte aux actes faits avant son entrée en vigueur. Conséquence importante, la recevabilité et la force probante de la preuve administrée en première instance devraient normalement, dans ce cadre, être appréciées en fonction des nouvelles règles[156].

3. *Les règles particulières: un aperçu*

249. Les articles 11 à 170 de la loi d'application regroupent, sous la rubrique «Dispositions particulières», les règles particulières de droit transitoire relatives à la réforme du Code civil. L'étude de ces règles relève de chacun des autres cours, aussi se limitera-t-on ici à en donner un bref aperçu général, où il sera question de l'importance de ces dispositions [3.1], de leur effet [3.2] et de leur interprétation [3.3].

3.1 L'importance des dispositions transitoires particulières

250. On ne saurait trop insister sur l'importance de bien connaître les dispositions transitoires particulières. Au plan méthodologique, ce seront d'abord ces dispositions particulières qu'il faudra consulter lorsqu'une difficulté se soulèvera, car, en cas de conflit, elle prévaudront sur les dispositions générales. Dans certains cas, elles fourniront une réponse exhaustive et claire à la question posée. La prise en compte des règles parti-

culières se trouvera d'ailleurs facilitée par le fait que l'ordre de leur présentation respecte l'ordre des matières du nouveau code.

251. Très importantes au plan pratique, on ne saurait d'ailleurs trop y insister, les dispositions transitoires particulières présentent cependant, les unes par rapport aux autres, un intérêt très inégal. Cet intérêt est fonction notamment de leur portée. Certaines, comme par exemple la disposition énoncée à l'article 63, règlent l'application temporelle d'un seul alinéa du nouveau code; d'autres, comme celles prévues aux articles 37 à 47 relatifs aux successions, établissent un «mini-code» de droit transitoire applicable à tout un livre du Code civil. Méritent d'être particulièrement soulignées, en raison de leur portée étendue, outre les dispositions transitoires relatives aux successions, celles qui régissent l'exécution des obligations (art. 87 à 93), les priorités et hypothèques (art. 133 à 140) et la publicité des droits (art 144 à 166).

3.2 L'effet des dispositions transitoires particulières

252. Le second alinéa de l'article 1 de la loi d'application décrit les effets des dispositions particulières par rapport aux dispositions générales. Les dispositions particulières dérogent aux dispositions générales ou en précisent, dans certains cas, l'application ou la portée. Elles peuvent aussi contenir des ajouts aux dispositions générales.

253. Si l'on fait exception de l'article 6, les dispositions générales de la loi d'application énoncent ce qu'on appelle, dans le jargon du droit transitoire, des règles générales de conflit[157], c'est-à-dire des principes généraux ou des règles générales qui précisent si, en rapport avec certains faits, il faut appliquer la loi ancienne ou la loi nouvelle. Nombre de dispositions particulières ont pour effet d'écarter l'application des dispositions générales au moyen de **règles particulières de conflit** qui prévoient, par exemple, l'application de la loi ancienne là où les règles générales de conflit auraient normalement imposé l'effet de la seule loi nouvelle[158] ou, à l'inverse, qui rendent applicable la loi nouvelle dans des circonstances où les règles générales de conflit auraient plutôt exigé l'application de la loi ancienne[159].

254. Certaines autres règles particulières, loin d'écarter les règles générales, en précisent simplement l'application ou la portée dans des contextes particuliers[160]. Ces précautions sont loin d'être inutiles: bien que le système de l'effet immédiat fournisse une méthode d'analyse logique et rigoureuse des problèmes de droit transitoire, toutes les difficultés de cette matière n'en sont pas pour autant aplanies. On est souvent confronté à des problèmes de qualification des règles ou de localisation des faits dans le temps. Le législateur a donc, dans certains cas, senti le besoin de préciser en contexte la portée des principes généraux de non-rétroactivité et d'effet immédiat inscrits aux articles 2 et 3. Il a également parfois jugé bon, pour plus de sûreté, de rappeler, dans des cas particuliers, l'application des autres dispositions générales.

255. Une troisième catégorie de dispositions va au delà de la simple confirmation ou infirmation des règles de conflit énoncées dans les dispositions générales. Il s'agit ici des dispositions qui ajoutent aux règles de conflit des mesures de nature fort différente. Ainsi, certaines dispositions énoncent ce qu'on appelle des **règles de transition** ou règles matérielles de droit transitoire[161], c'est-à-dire des règles qui, pour les situations transitoires, prévoient des mesures originales, qui ne sont déjà inscrites ni dans la loi ancienne, ni dans la loi nouvelle. Appartiennent à cette catégorie les nombreuses règles de la loi d'application qui, à l'instar de celle prévue à l'article 58, énoncent que des délais prévus dans la loi nouvelle courent à compter de son entrée en vigueur. On a donc affaire dans ce cas à une troisième règle, à un règle intermédiaire, propre aux situations transitoires, car ni la loi ancienne, ni la nouvelle ne comportent de règles de délais qui sont comptées de cette façon [162].

256. Il faut aussi signaler, parmi les dispositions qui prévoient des ajouts aux règles générales, celles qui visent à combattre l'effet de rupture associé à la réforme et qui cherchent à assurer la continuité. Ces dispositions jettent des passerelles entre l'ancien droit et le nouveau en vue de réduire les soubresauts, d'éviter les hiatus. Ainsi, la loi nouvelle supprimant certaines situations juridiques et en créant de nouvelles, plusieurs dispositions particulières ont-elles pour objet de fournir des règles visant à assurer un lien entre l'ancien droit et le nouveau par la conversion des situations anciennes en situations nouvelles[163].

Dans le même esprit, certaines dispositions visent à préserver la valeur de certains actes posés avant l'entrée en vigueur de la loi nouvelle ou de certains documents établis à cette époque[164]. D'autres effectuent des raccords entre les catégories et les concepts de la loi ancienne et ceux de la loi nouvelle[165].

3.3 L'interprétation des dispositions transitoires particulières

257. Dans l'interprétation des dispositions particulières, il faudra garder à l'esprit les dispositions générales énoncées aux articles 2 à 10 de la loi d'application, car ces dispositions forment un arrière-plan qui doit être pris en compte lorsque le sens et la portée des règles particulières doivent être établis.

258. Ainsi, on ne devra pas présumer que les dispositions particulières dérogent aux générales au delà de ce qui est formellement exprimé. Par exemple, l'article 81 prévoit ce qui suit:

> 81. Les dispositions de l'article 1432 du nouveau code, relatives à l'interprétation d'un contrat d'adhésion ou de consommation, s'appliquent aux contrats en cours.

La portée de cette disposition est ambiguë. Vise-t-elle tous les effets des contrats en cours ou seulement ceux qui se réaliseront après l'entrée en vigueur de la loi nouvelle? À notre avis, l'article 81 devrait être interprété de manière à se concilier avec les principes généraux de la non-rétroactivité et de l'effet immédiat énoncés aux articles 2 et 3. L'application de l'article 1432 du nouveau code à un contrat en cours ne devrait donc pas modifier les effets du contrat qui se seront déjà produits au moment de l'entrée en vigueur de la loi nouvelle, car cela conduirait à donner à cette disposition un effet rétroactif que son libellé n'impose pas formellement.

4. Exercices

4.1 Méthode d'analyse

La nature particulière de ce cours nous a paru justifier qu'il se termine par des exercices permettant au lecteur de vérifier son niveau d'assimilation du contenu du cours. Pour faire ces exercices, tout comme d'ailleurs pour résoudre les problèmes d'application temporelle soulevés par la réforme du Code civil, il faut procéder de façon systématique et en respectant les étapes suivantes:

1. Bien identifer la règle qu'il s'agit d'appliquer ainsi que le problème que cette application soulève.

2. Vérifier si les dispositions transitoires particulières ne règlent pas la question soulevée, en prenant soin de lire ces dispositions particulières à la lumière des dispositions générales dont elles forment le complément.

3. À défaut de solution dans les dispositions particulières, voir si les règles générales des articles 4 à 10 de la loi d'application n'offrent pas de solution.

4. Faute de solution tirée des dispositions particulières ou des règles générales, passer aux principes généraux de non-rétroactivité (art. 2) ou d'effet immédiat (art. 3) de la loi nouvelle. L'application de ces principes exige elle-même une analyse par étapes:

4.1 À quelle situation juridique la règle à appliquer se rapporte-t-elle?

4.2 La règle se rapporte-t-elle à la création, aux effets ou à l'extinction de la situation juridique?

4.3 Les faits créateurs ou extinctifs en cause, ou les faits qui représentent les effets de la situation juridique analysée, sont-ils des faits instantanés, durables ou successifs?

4.4 Où se situent, dans le temps, les faits créateurs ou extinctifs de la situation juridique en cause, ou les faits qui en représentent les effets: avant, pendant ou après l'entrée en vigueur de la loi nouvelle?

4.5 La réponse à ces diverses questions devrait permettre de qualifier l'application de la loi nouvelle en termes d'effet rétroactif ou prospectif et en termes d'effet immédiat ou de survie.

4.6 La solution du problème découle alors des principes de non-rétroactivité et d'effet immédiat.

4.2 Exercices

1. Q. L'article 970 du nouveau code prescrit ce qui suit:

> 970. Si un cours d'eau abandonne son lit pour s'en former un nouveau, l'ancien est attribué aux propriétaires des fonds nouvellement occupés, dans la proportion du terrain qui leur a été enlevé.

Selon l'ancien code (art.427 *C.c.B.C.*), l'ancien lit ainsi découvert appartient à l'État. Comment la nouvelle règle devrait-elle s'appliquer au point de vue temporel dans l'hypothèse où un cours d'eau a brusquement changé de lit en raison d'un orage d'une rare violence?

R. Aucune disposition particulière de la loi d'application , ni aucune des règles générales des articles 4 à 10 n'étant applicable, la réponse se trouve dans les principes généraux. La règle de l'article 970 se rapporte à la situation juridique de propriétaire foncier. On peut la considérer comme relative à la formation (ou à l'extinction) de cette situation[166] . En l'occurrence, on a affaire à une situation se constituant en raison d'un fait momentané (le déplacement subit du lit du cours d'eau). Si ce fait instantané s'est produit avant l'entrée en vigueur de la loi nouvelle, celle-ci ne peut lui attribuer l'aptitude à faire naître la situation juridique de propriétaire foncier, en raison du principe de la non-rétroactivité de la loi nouvelle (art. 2). Par contre, puisque l'on n'a pas affaire à une situation en cours de formation, la question de la survie de la loi ancienne ne se pose pas et il n'y aurait ici aucune raison de ne pas appliquer la règle de l'article 970 dans l'hypothèse où le déplacement du lit du cours d'eau est postérieur à la date d'entrée en vigueur de la loi nouvelle.

2. Q. L'article 927 du nouveau code libéralise les conditions selon lesquelles les ayants cause du voleur, du receleur ou du fraudeur peuvent invoquer les effets de la possession:

> 927. Le voleur, le receleur et le fraudeur ne peuvent invoquer les effets de la possession, mais leurs ayants cause, à quelque titre que ce soit, le peuvent s'ils ignoraient le vice.

Sous l'ancien code (art. 2268 *C.c.B.C.*), le successeur à titre universel du voleur ne pouvait prescrire l'acquisition du bien volé. Selon l'article 927, cette possession sera dorénavant utile à la prescription si le successeur à titre universel du voleur ignorait le vice affectant le titre de son auteur. Quelle serait l'application de l'article 927 quant à une possession commencée avant l'entrée en vigueur du nouveau code par le successeur à titre universel du voleur et qui se poursuit après?

R. Ni les dispositions particulières, ni les règles générales des articles 4 à 10 de la loi d'application n'offrent de solution. Il faut donc se tourner vers les principes généraux. La règle de l'article 927 peut être qualifiée de règle relative à la situation juridique de possesseur. Plus particulièrement, elle détermine certains effets de cette situation, notamment en ce qui a trait à la possibilité de prescrire. Selon le principe de la non-rétroactivité de la loi nouvelle (art.2), l'article 927 ne saurait modifier les effets de la situation juridique de possesseur qui sont antérieurs à l'entrée en vigueur de la loi nouvelle. La possession antérieure ne peut être, par l'effet de la loi nouvelle, rendue utile aux fins de la prescription. Par contre, en vertu du principe de l'effet immédiat de la loi nouvelle (art.3), l'ayant cause du voleur qui ignorait le vice affectant le titre de son auteur peut, dès l'entrée en vigueur du nouveau code, invoquer l'article 927 en ce qui concerne les effets futurs de sa possession. Cette possession postérieure à l'entrée en vigueur pourra donc valoir aux fins de la prescription, à la condition que l'ayant cause du voleur ait ignoré le vice du titre de son auteur.

3. Q. L'article 325 traite de certaines obligations des administrateurs des personnes morales:

> 325. Tout administrateur peut, même dans l'exercice de ses fonctions, acquérir, directement ou indirectement, des droits dans les biens qu'il administre ou contracter avec la personne morale.
>
> Il doit signaler aussitôt le fait à la personne morale, en indiquant la nature et la valeur des droits qu'il acquiert, et demander que le fait soit consigné au procès-verbal des délibérations du conseil d'administration ou à ce qui en tient lieu. Il doit, sauf nécessité, s'abstenir de délibérer et de voter sur la question. La présente règle ne s'applique pas, toutefois, aux ques-

tions qui concernent la rémunération de l'administrateur ou ses conditions de travail.

Les règles du second alinéa sont de droit nouveau. S'appliqueraient-elles à l'égard d'un contrat formé, entre une personne morale et un des ses administrateurs, avant l'entrée en vigueur du nouveau code?

R. La réponse est négative. Ni les dispositions particulières de la loi d'application, ni les dispositions générales des articles 4 à 10 ne nous éclairent. La solution relève donc des principes généraux (art. 2 et 3). Les nouvelles règles du second alinéa de l'article 325 se rapportent à la situation juridique d'administrateur d'une personne morale. Plus précisément, elles déterminent le contenu de cette situation, c'est-à-dire ses effets en termes de droits et d'obligations et non son mode de formation ou d'extinction. Si les règles nouvelles s'appliquent à un administrateur en fonction au moment de l'entrée en vigueur du nouveau code, elles s'appliquent donc à l'égard d'une situation juridique en cours d'effets. Pour savoir si le nouveau code s'applique, il faut distinguer les effets de la situation juridique qui sont déjà produits avant l'entrée en vigueur de ceux qui se produisent après. Les obligations énoncées à l'article 325 sont imposées à la personne morale en raison de la survenance de certains faits momentanés: l'acquisition de droits dans des biens administrés ou la conclusion d'un contrat avec la personne morale. Si ces faits momentanés se sont produits avant l'entrée en vigueur du nouveau code, comme c'est le cas ici, celui-ci ne peut déterminer leurs conséquences juridiques, car il reviendrait alors sur les effets passés de la situation juridique, contrairement au principe de la non-rétroactivité inscrit à l'article 2. Par contre, tous les administrateurs de personnes morales régis par le code seront, dès l'entrée en vigueur de celui-ci, tenus aux obligations de l'article 325 pour toutes les acquisitions ou tous les contrats subséquents, indépendamment du moment où les administrateurs sont entrés en fonction. C'est ce qu'exige le principe de l'effet immédiat de la loi nouvelle (art.3) qui écarte, pour ces acquisitions ou contrats futurs, la survie de la loi qui était en vigueur au moment de la nomination des administrateurs.

4. Q. L'article 1227 du nouveau code, relatif aux obligations du grevé de substitution avant l'ouverture de la substitution, est ainsi rédigé:

> 1227. Le grevé doit assurer les biens contre les risques usuels, tels le vol et l'incendie. Il est néanmoins dispensé de cette obligation si la prime d'assurance est trop élevée par rapport aux risques.
>
> L'indemnité d'assurance devient un bien substitué.

Cette disposition s'appliquerait-elle à une substitution créée par donation avant l'entrée en vigueur du nouveau code?

R. La loi d'application contient la disposition particulière suivante:

> 67. La substitution constituée par contrat avant l'entrée en vigueur de la loi nouvelle est régie, quant à ses effets et à son ouverture, par la loi nouvelle, de la même manière que la substitution établie par testament.

Cette disposition a pour effet d'écarter l'application du premier alinéa de l'article 4 de la loi d'application qui prévoit la survie de la loi ancienne en ce qui concerne les droits et les obligations des parties à des situations contractuelles. La substitution créée par donation est donc assujettie au principe général d'effet immédiat, tout comme celle créée par testament. Aucune autre disposition particulière n'est pertinente, ni aucune des règles générales prévues aux article 4 à 10. Il faut donc se référer aux principes généraux. La règle de l'article 1227 se rapporte aux effets de la situation juridique de grevé de substitution puisqu'elle définit les droits et obligations du grevé et non le mode de constitution ou d'extinction la situation de ce dernier. Cette situation se trouve en l'occurrence en cours d'effets au moment de l'entrée en vigueur de la loi nouvelle. La règle de l'article 1227 ne peut, selon le principe de la non-rétroactivité, s'appliquer à l'égard des effets de cette situation qui se seront produits pendant la période antérieure à l'entrée en vigueur du code, mais elle doit, en vertu du principe de l'effet immédiat, s'appliquer aux effets à venir de toutes les situations juridiques de grevé de substitution en cours. Donc, le grevé sera tenu, dès l'entrée en vigueur du code, d'obéir aux prescriptions de l'article 1227. Un raisonnement a contrario à partir de l'article 62 de la loi d'application confirme d'ailleurs cette conclusion: le législateur a prévu pour les usufruits en cours, une dispense de l'obligation d'assurer les biens sujets à un usufruit, mais il n'a rien prévu de tel pour les substitutions en cours.

5. Q. L'article 200 du nouveau code est de droit nouveau. Il prévoit que «[l]e père ou la mère peut nommer un tuteur à son enfant mineur, par testament ou par une déclaration en ce sens transmise au curateur public.» Une mère pourrait-elle se prévaloir de cette disposition en faisant parvenir au curateur public, avant l'entrée en vigueur du nouveau code, la déclaration prévue à l'article 200?

R. Les dispositions particulières de la loi d'application ne permettent pas de répondre à la question. Il est vrai que l'article 25 donne plein effet à la désignation d'un tuteur par testament fait avant l'entrée en vigueur du nouveau code, à la condition que le décès survienne postérieurement à cette date, mais il n'y a aucune disposition analogue qui rendrait valable la tutelle déférée par déclaration avant l'entrée en vigueur du code. Si on examine les règles générales des article 4 à 10, seul l'article 8 paraît avoir quelque pertinence, mais, à l'analyse, il s'avère qu'il ne s'appliquerait pas ici, puisque la désignation d'un tuteur par déclaration ne constitue par une «mesure préalable à l'exercice d'un droit», mais bien l'exercice même du droit de désigner un tuteur. Restent donc les principes généraux. L'article 200 établit des règles relatives à la création de la situation juridique tutélaire. La transmission de la déclaration par la mère constitue un des faits qui donnent naissance à cette situation, un autre fait étant l'acceptation de la charge tutélaire par le tuteur. Le principe de la non-rétroactivité de la loi nouvelle (art. 2) s'oppose à ce qu'un fait, qui n'était pas valable aux fins de la création d'une situation juridique au moment où il s'est produit, acquière a posteriori cette valeur par l'effet de la loi nouvelle. La réponse à la question posée est donc négative: la désignation d'un tuteur par déclaration transmise avant l'entrée en vigueur de la loi nouvelle n'est pas valable, en raison du principe de la non-rétroactivité de la loi[167].

6. Q. L'article 1525 du *Code civil du Québec* prévoit que la solidarité est présumée entre les débiteurs d'une obligation contractée pour le service ou l'exploitation d'une entreprise. Alors que l'article 1105 du *Code civil du Bas-Canada* restreignait cette présomption aux affaires commerciales, la présomption de solidarité prévue par la nouvelle disposition s'applique dès qu'il y a

> ...exercice, par une ou plusieurs personnes, d'une activité économique organisée, qu'elle soit ou non à caractère commercial, consistant dans la production ou la réalisation de biens, leur administration ou leur aliénation, ou dans la prestation de services.

Prenant pour acquis que le domaine de la présomption de solidarité est plus étendu sous la loi nouvelle, ce qui semble être le cas, cette disposition peut-elle s'appliquer aux contrats conclus avant l'entrée en vigueur de la loi nouvelle, s'ils ne comportent pas de stipulation sur cet aspect du rapport contractuel?

R. La loi d'application ne comporte aucune disposition particulière sur cette question. Il faut donc s'en remettre aux règles générales. Parmi celles-ci, l'article 4 comporte la solution au problème. En matière contractuelle, les règles supplétives de la loi ancienne continuent à régir les contrats conclus avant la loi nouvelle, pour «déterminer la portée et l'étendue des droits et des obligations des parties, de même que les effets du contrat». La solidarité est un caractère, une modalité de l'obligation elle-même, et fait partie des questions liées à l'étendue des droits des parties: il ne s'agit pas simplement des mécanismes de mise en œuvre des droits du créancier, mais de la définition de la portée même de ces droits. À ce titre, elle est régie par la loi ancienne dès lors que l'obligation est antérieure à l'entrée en vigueur de la loi nouvelle, sans qu'il soit nécessaire de distinguer entre les effets déjà produits, et les effets à venir du contrat. En d'autres termes, les rapports contractuels de nature autre que commerciale qui donneraient lieu à une présomption de solidarité entre débiteurs sous l'article 1525 du *Code civil du Québec*, demeurent malgré tout régis par la loi ancienne s'ils ont été formés avant l'entrée en vigueur du nouveau code. Les obligations créées par ces contrats ne seront donc pas solidaires, même pour l'avenir, à moins d'une stipulation de solidarité.

7. Q. L'article 2361 du nouveau code prévoit que

> 2361. Le décès de la caution met fin au cautionnement, malgré toute stipulation contraire.

C'est une règle de droit nouveau, puisque l'ancien code ne distinguait pas entre l'obligation résultant du cautionnement et les obligations d'un autre type au chapitre de l'extinction (art. 1956 *C.c.B.C.*). La nouvelle règle s'applique-t-elle au contrat de cautionnement conclu avant l'entrée en vigueur de la loi nouvelle?

R. À défaut d'une règle particulière dans la loi d'application, c'est dans les règles générales contenues aux articles 4 et 5 qu'il faut rechercher la solution. L'article 2361 *C.C.Q.* traite de l'une des causes d'extinction de la situation juridique en cours que constitue un contrat de cautionnement antérieur à la loi nouvelle. Le principe de l'effet immédiat de la loi nouvelle, à cet égard, permet d'avoir recours aux nouvelles règles pour déterminer comment s'éteignent les situations juridiques après l'entrée en vigueur de la loi nouvelle, même pour les situations juridiques constituées avant. Le même raisonnement résulte de l'article 4, qui prévoit que les dispositions de la loi nouvelle s'appliquent à l'extinction des obligations dans les situations juridiques contractuelles en cours. La nouvelle règle s'applique donc, pour permettre de mettre fin au cautionnement, dès lors que le décès de la caution survient après l'entrée en vigueur de la loi nouvelle.

Par ailleurs, l'article 2361 *C.C.Q.* est une règle impérative. Si le contrat de cautionnement comportait une stipulation contraire, prévoyant explicitement la continuation du cautionnement après le décès de la caution, cette stipulation serait privée d'effet pour l'avenir conformément à l'article 5 de la loi d'application. La règle impérative s'applique, *a fortiori*, à défaut d'une telle stipulation.

On notera qu'on ne pourrait, à moins de rétroactivité, invoquer l'article 2361 du nouveau code par rapport au décès de la caution survenu avant l'entrée en vigueur du nouveau code. D'ailleurs, l'article 130 de la loi d'application comporte une règle substantielle de transition, qui permet de mettre fin aux obligations des héritiers de la caution décédée à une date antérieure au nouveau code.

8. Q. Sous le *Code civil du Bas-Canada*, le juge auquel on demandait la nullité d'un contrat pour cause de lésion n'avait pas le pouvoir de maintenir le contrat si les conditions d'une telle nullité étaient remplies. Le *Code civil du Québec*, au contraire, prévoit à l'article 1408 que:

> 1408. Le tribunal peut, en cas de lésion, maintenir le contrat dont la nullité est demandée, lorsque le défendeur offre une réduction de sa créance ou un supplément pécuniaire équitable.

Le défendeur à une telle action en nullité pour cause de lésion, intentée avant la loi nouvelle, mais toujours en cours lors de son entrée en vigueur, pourrait-il se prévaloir de cette disposition?

R. Les difficultés soulevées par les instances en cours trouvent leur solution dans l'article 9 de la loi d'application. En principe, les instances en cours demeurent régies par la loi ancienne pour ce qui est du fond du litige. Or, l'article 1408 comporte une règle de fond, qui dépasse la simple procédure, et touche aux effets même de la lésion comme cause de nullité. Il faudrait en conclure que l'article 1408 ne peut être invoqué dans les instances en cours, à moins que l'une des exceptions contenues dans l'article 9 ne puisse être soulevée. Dans la doctrine moderne, le jugement prononçant une nullité relative n'est pas constitutif de droits. Un tel jugement constate que l'une des conditions de formation d'un contrat est absente, et déclare que le contrat est censé n'avoir jamais existé. Reste la possibilité d'une application rétroactive de l'article 1408. Or c'est justement ce que prévoit l'article 78 de la loi d'application, qui s'écarte du principe de la non-rétroactivité pour permettre au tribunal d'exercer dès l'entrée en vigueur de la loi nouvelle les pouvoirs conférés par l'article 1408, même par rapport à une lésion survenue avant cette date. Le défendeur peut donc invoquer cette disposition dans les instances en cours, tant qu'un jugement passé en force de chose jugée n'est pas intervenu.

9. Q. L'article 2858 *C.C.Q.* est de droit nouveau, du moins pour le premier paragraphe. Il prévoit que

> 2858. Le tribunal doit, même d'office, rejeter tout élément de preuve obtenu dans des conditions qui portent atteinte aux droits et libertés fondamentaux et dont l'utilisation est susceptible de déconsidérer l'administration de la justice.

Il n'est pas tenu compte de ce dernier critère lorsqu'il s'agit d'une violation du droit au respect du secret professionnel.

Cette règle en reprend une, fort connue, contenue dans l'article 24(2) de la *Charte canadienne des droits et libertés* [168], mais son inclusion dans le *Code civil du Québec* est susceptible d'en élargir le domaine de manière fort importante. L'article 2858 *C.c.Q.* est-il applicable aux instances en cours?

R. Ici encore, la réponse se trouve dans l'article 9 de la loi d'application, à défaut d'une règle particulière de transition ou de conflit. L'article 2858 *C.c.Q.* modifie les conditions de recevabilité de la preuve en l'instance, plutôt que les modalités de constitution d'une preuve à une date antérieure au procès. En ce sens, à moins que la preuve obtenue en violation des droits d'une partie ne soit de la nature d'une preuve préconstituée, l'article 2858 *C.c.Q.* peut être invoqué dans une instance en cours pour la faire déclarer irrecevable. Il importe peu que l'atteinte aux droits fondamentaux soit antérieure à l'entrée en vigueur de la loi nouvelle. L'irrecevabilité de la preuve ne découle pas immédiatement de l'atteinte à un droit fondamental. Elle est liée à l'existence même d'un litige, puisque la règle s'analyse comme un ordre au juge de rejeter tout élément de preuve de cette nature, si son utilisation *en l'instance* est susceptible de déconsidérer l'administration de la justice. En ce sens, l'application de l'article 2858 aux instances en cours n'est pas rétroactive, parce qu'elle ne change en rien les conséquences juridiques d'un fait entièrement accompli sous la loi ancienne. L'article 2858 sert plutôt à déterminer les conditions de constitution (ou de non-constitution) d'une situation juridique probatoire, pour l'avenir.

10. Q. Dans le *Code civil du Bas-Canada*, les quittances, déclarations et règlements obtenus de la victime dans les quinze jours de la date du délit ou du quasi-délit étaient privées d'effet lorsque la victime en souffrait lésion (art. 1056b *C.c.B.C.*). Or le nouveau code porte ce délai à trente jours, à l'article 1609 *C.c.Q.*. Quelles sont les solutions de droit transitoire applicables à ce changement?

R. Les quittances, déclarations et transactions sont des faits et des actes momentanés, qui peuvent être situés dans le temps soit avant, soit après l'entrée en vigueur du nouveau code.

Ainsi, la transaction faite avant l'avènement de la loi nouvelle demeure régie par la loi ancienne, et son sort dépend de l'article 1056b *C.c.B.C.*. Faite à l'extérieur du délai de quinze jours prévu par cet article, elle demeure valable après l'entrée en vigueur de la loi nouvelle, même si celle-ci prévoit un délai plus long. La loi nouvelle ne peut, sans rétroactivité, priver d'effet juridique un acte accompli avant son entrée en vigueur. À l'inverse, la transaction ou la quittance faite après l'entrée en vigueur du nouveau code est régie par l'article 1609. Le délai étant allongé, l'article 6 prévoit qu'il s'applique immédiatement, en tenant compte du temps déjà écoulé. La transaction préjudiciable obtenue de la victime d'un préjudice corporel ou moral, moins de trente jours après le fait générateur du dommage, est privée d'effet, même si ce fait générateur est antérieur à l'entrée en vigueur du nouveau code.

Notes

1. L.Q. 1992, c. 57.
2. Le droit transitoire s'intéresse aux changements de règles juridiques et non simplement aux modifications législatives en tant que telles. Cela explique, notamment, que la refonte des lois ne soulève pas de problème de droit transitoire dans la mesure où elle laisse inchangées les règles juridiques dont l'expression peut cependant être modifiée. À ce sujet, on verra: Jacques HÉRON, «Étude structurale de l'application de la loi dans le temps», (1985) 84 *Rev. trim. dr. civ.* 277, pp. 280 et suiv.
3. *Loi sur l'application de la réforme du Code civil*, art.1.
4. Ce n'est cependant pas le seul. Comme on le verra plus loin, la transition peut exiger que soient notamment prévues des règles de conversion, de raccord ou de sauvegarde dont le but n'est pas de départager le domaine de l'ancien de celui du nouveau, mais de combattre la discontinuité associée à la réforme.
5. La loi d'application a recours à la technique de la règle particulière de conflit. On en examinera quelques unes plus loin, aux par. 253 et suiv.
6. Paul ROUBIER, *Le droit transitoire (Conflits des lois dans le temps)*, 2e éd., Paris, Dalloz et Sirey, 1960.
7. On verra notamment l'excellent exposé qu'en font Jacques GHESTIN et Gilles GOUBEAUX, *Traité de droit civil, Introduction générale*, 2e éd., Paris, L.G.D.J., 1983, pp. 262-307.
8. Thierry BONNEAU, *La Cour de cassation et l'application de la loi dans le temps*, Paris, P.U.F., 1990.
9. Pierre-André CÔTÉ, «Le juge et les droits acquis en droit public canadien», (1989) 30 *C.de D.*, 359, pp. 377-378.

10. On verra, à titre d'exemple: Marcel GUY, «Le droit transitoire civil», [1982] *C.P. du N.*, 191.
11. Au cours des dernières années, la doctrine et la jurisprudence ont raffiné l'approche classique des droits acquis en y introduisant notamment la notion d'effet immédiat de la loi nouvelle, empruntée par des auteurs et des juges québécois au système de Roubier. On fera abstraction ici de cette évolution pour mieux mettre en évidence ce qui oppose les deux systèmes étudiés.
12. Pour une illustration d'un raisonnement de ce type, voir: *R.* c. *Walker,* [1970] *R.C.S.* 649.
13. P. ROUBIER, *op. cit.*, note 6, p. 9.
14. Eugène-Louis BACH, «Contribution à l'étude du problème de l'application des lois dans le temps», (1969) 67 Rev. trim. dr. civ., 405, pp. 429-430. Voir aussi Pierre-André CÔTÉ, «La crise du droit transitoire canadien», Mélanges Louis-Philippe PIGEON, Ernest CAPARROS, dir., Montréal, Wilson et Lafleur, 1989, 177, pp. 190-194.
15. La preuve en est que le choix entre l'effet immédiat et la survie peut se poser aussi bien à l'égard d'une loi à effet rétroactif que d'une loi purement prospective. Si une loi nouvelle, entrée en vigueur le 2 février 1993, a effet à compter du premier janvier 1992, son effet rétroactif est certain, mais il faudra se demander quel sort doit être réservé aux situations juridiques en cours le jour de la prise d'effet de la loi. La question de la détermination de la période d'applicabilité de la loi est tout à fait distincte de celle de l'applicabilité de la loi aux situations en cours.
16. Sur la notion de rétroactivité en droit statutaire: Pierre-André CÔTÉ, *Interprétation des lois,* 2e éd., Cowansville, Les Éditions Yvon Blais, 1990, p. 109 et suiv.
17. Paul ROUBIER, *op. cit.*, note 6, p. 181.
18. Jusqu'à tout récemment, ces deux principes étaient vus, au Canada, comme exprimant la même réalité, la rétroactivité étant définie en relation avec l'atteinte à des droits acquis. La jurisprudence récente se rallie cependant de plus en plus à l'idée que le principe de la non-rétroactivité de la loi et le principe du maintien des droits acquis constituent des principes distincts, car l'atteinte aux droits acquis peut être le fait d'une loi qui ne produit son effet que dans l'avenir. Voir P.-A. CÔTÉ, *op. cit.*, note 16, p. 110 et suiv.
19. P. ROUBIER, *op. cit.*, note 6, p. 360 et suiv..
20. C'est le cas de E.-L. BACH , *loc. cit.*, note 14, pp. 112 et suiv. et de Jacques HÉRON, *loc. cit.*, note 2, pp. 310 et suiv.
21. Il est assez curieux de définir un principe par référence aux exceptions qu'on pourrait lui apporter. C'est pourtant ce que l'on fait lorsque l'on fait référence au principe de la non-rétroactivité de la loi plutôt qu'au principe de l'effet exclusivement prospectif de la loi. Aurait-on idée de parler d'un principe de non-survie de la loi ancienne au lieu du principe de l'effet immédiat de la loi nouvelle ?
22. La portée précise de cette mesure de survie de la loi contractuelle de caractère supplétif est étudiée plus loin, par. 161 et suiv.

23. L'ouvrage de Roubier, *op. cit.*, note 6, est évidemment fondamental. On trouvera par ailleurs une bibliographie récente du droit transitoire en France dans l'ouvrage de T. BONNEAU *op. cit.*, note 8, pp. 345-361. Au Québec, soulignons les travaux du professeur Marcel GUY : sur la théorie générale, *loc. cit.*, note 10; pour une application de la théorie de Roubier à une analyse de la réforme du droit de la famille: «La réforme du droit de la famille à la lumière du droit transitoire», (1986) 89 *R. du N.* 143-200 et 300-335.
24. Voir plus loin, par. 78 et suiv.
25. Voir plus loin, par. 83 et suiv.
26. Voir P. ROUBIER, *op. cit.*, note 6, pp. 183-200.
27. Voir P. ROUBIER, *op. cit.*, note 6, pp. 200-202.
28. L'article 7 est analysé plus loin, au par. 127 et suiv.
29. Voir P. ROUBIER, *op. cit.*, note 6, pp. 202-204.
30. P. ROUBIER, *op. cit.*, note 6, p. 293 et suiv.
31. Pour les situations qui se créent en raison de faits durables à durée indéterminée, voir les par. 81 et 82.
32. Les textes qui créent ou qui suppriment des situations juridiques soulèvent des difficultés particulières d'application dans le temps, difficultés que nous n'avons pas cru opportun d'aborder dans le cadre de ce cours. On trouvera ces questions discutées dans P. ROUBIER, *op. cit.*, note 6, pp. 210-215. Dans la loi d'application, ces difficultés de transition ont été fréquemment surmontées par la technique de la conversion des situations anciennes en situations nouvelles. Voir notamment les articles 12, 23, 115 et 134.
33. Voir P. ROUBIER, *op. cit.*, note 6, p. 204-209.
34. Par. 148 et suiv.
35. P. ROUBIER, *op. cit.*, note 6, p. 11.
36. Terme proposé par E.L. BACH, loc. cit., note 14, p. 430.
37. Sur l'effet des lois nouvelles sur la prescription acquisitive ou extinctive, voir P. ROUBIER, *op. cit.*, note 6, p. 297-301. On tiendra compte, toutefois, de l'article 6 de la loi d'application.
38. Sur cette distinction, voir plus loin, par.220 et suiv.
39. P. ROUBIER, *op. cit.*, note 6, p. 314 et suiv.
40. P. ROUBIER, *op. cit.,* note 6, p. 330 et suiv.
41. Notons que l'article 60 de la loi d'application affirme l'application immédiate de l'article 1139 du nouveau code même dans l'hypothèse d'un usufruit établi par contrat. Se trouve ainsi exclue la survie de certaines des règles supplétives de la loi ancienne prévue par l'article 4 de la loi d'application pour les situations contractuelles en cours.
42. Cette qualification est cependant discutable. Voir plus loin, par. 157 et suiv.
43. Par ex.: art. 51, 53, 65, 67, 71, 73.
44. Par ex.: art. 51, 67.
45. J.L.BAUDOUIN, *Les obligations* 3e éd., Cowansville, Yvon Blais, 1989, à la p. 44.
46. Il y a d'autres exemples d'acte juridique unilatéral comme la renonciation à un droit, ou la confirmation d'un contrat nul.

47. Par ailleurs, la loi d'application comporte certaines règles particulières qui sont marquées du même esprit que l'article 7, même si elles ne visent pas la disparition d'une cause de nullité d'un acte juridique. Par exemple, pour les successions ouvertes après l'entrée en vigueur de la loi nouvelle, l'article 25 permet de donner effet aux nominations de tuteur faites par testament avant cette date, même si de telles nominations n'avaient aucun effet quand elles ont été faites. De même, l'article 93 permet de continuer une action oblique ou en inopposabilité même si elle ne satisfait pas à l'une des conditions requises par la loi ancienne, condition disparue dans la loi nouvelle.
48. Art. 31 de la loi d'application.
49. Sous le nouveau code, le consentement n'est pas vicié si l'erreur est inexcusable (art. 1400 al. 2 *C.c.Q.*), ou si la violence ou les menaces exercées contre une partie par un tiers ne sont pas connues du cocontracant (art. 1402 *C.c.Q.*). Voir aussi l'art. 80 de la loi d'application, qui permet de donner effet à certaines confirmations expresses du contrat qui n'auraient pas été valides sous l'empire de la loi ancienne.
50. Art. 716 *C.c.Q.* et art. 843 *C.c.B.C.*
51. En permettant de surmonter le défaut de forme dans ces cas, l'art. 714 *C.c.Q.* fait disparaître, dans une certaine mesure, une condition de nullité qui existait sous le *Code civil du Bas Canada*.
52. Dans la théorie classique, la question n'est légitime que pour les actes nuls de nullité relative, pour lesquels la nullité doit être prononcée plutôt que constatée. Mais même dans cette perspective, l'effet rétroactif de la nullité relative empêche de qualifier le jugement qui prononce la nullité de jugement constitutif.
53. La transaction a l'autorité de la chose jugée entre les parties, sous l'ancien code comme sous le nouveau. Voir l'article 1920 *C.c.B.C.*, et l'article 2633 *C.c.Q.*
54. Bien entendu, la règle n'a plus de pertinence si l'acte entaché de nullité a déjà été confirmé ou si le recours en nullité est prescrit.
55. P.ROUBIER, *op. cit.,* note 6, p. 287 et suiv.
56. Pour ce qui est des instances en cours, l'article 7 s'adresse bel et bien au juge : les actes juridiques «ne peuvent plus être annulés...». On aurait peut-être pu interpréter autrement la règle si elle avait été adressée aux parties : «la nullité des actes juridiques... ne peut plus être invoquée...».
57. Voir par exemple J. Pineau et D. Burman, *Théorie des obligations*, 2e éd., Montréal, Thémis, 1988, pp.198-200 ; J.-L. Baudouin, *op. cit.,* note 45, pp. 212-219.
58. Voir en particulier les articles 1416 à 1422 du *Code civil du Québec*, qui présentent la distinction entre nullité absolue et nullité relative dans cette perspective.
59. Dans ces cas, l'acte juridique serait bien souvent tenu pour confirmé tacitement, de toute manière.
60. Les droits des tiers de bonne foi sont généralement protégés contre l'effet rétroactif de la confirmation, qui est un acte unilatéral de la nature d'une renonciation. Mais la régularisation prévue par l'article 7 est législative, et son effet rétroactif comporte probablement moins d'atténuations.

61. À notre avis, l'article 7 ne peut être invoqué que lorsque la loi nouvelle fait disparaître une cause de nullité *explicite* qui se trouvait dans la loi ancienne. Lorsque la loi nouvelle accorde un effet à des manifestations de volonté qui n'en avaient pas sous le droit ancien, et dont celui-ci ne se préoccupait pas, on ne peut parler d'un «motif [de nullité] que la loi nouvelle ne reconnaît plus». Ainsi, la tutelle prévue par testament est valable sous le nouveau code (art. 200 *C.c.Q.*), mais celle faite sous l'empire de l'ancien code n'était pas nulle au sens strict du terme : elle ne bénéficiait d'aucune reconnaissance par le droit. L'article 25 de la loi d'application, qui donne effet à de telles désignations faites dans un testament antérieur, vise donc un cas qui n'était pas couvert par l'article 7.

62. L'article 5 vise le contenu des actes juridiques et s'attache aux stipulations de ceux-ci. À la limite, si la loi nouvelle introduit une nouvelle cause de nullité d'un acte juridique relative à l'objet de l'obligation, plusieurs des stipulations de cet acte seront contraires aux dispositions impératives du code, et seront privées d'effet pour l'avenir. Mais il s'agit d'une application de l'article 5 qui s'accorde mal avec ses termes, lesquels évoquent plutôt les clauses réprouvées par la loi nouvelle, qui se trouvent dans un acte juridique par ailleurs valide.

63. Nous utilisons ici, de manière interchangeable, les notions de «règle d'ordre public» et de «règle impérative». Dans une certaine conception classique, les règles impératives visent parfois le maintien de l'ordre public, et protègent, dans d'autres cas, certains intérêts privés. Dans la doctrine moderne, la notion d'ordre public a pris de l'ampleur, et l'ensemble des dispositions à caractère impératif font maintenant partie de l'ordre public, même si la notion d'ordre public couvre bien plus que ses manifestations législatives. Voir «Ordre public» dans le *Dictionnaire de droit privé*, 2e éd., sous la direction de P.-A. CRÉPEAU, Les Éditions Yvon Blais inc., Cowansville, 1991.

64. Voir 1801 *C.c.Q.*. Cependant, l'article 102 apporte une précision importante, et détermine dans quels cas ces clauses pourront être privées d'effet : «**102.** L'article 1801 du nouveau code s'applique aux clauses de dation en paiement stipulées dans un acte portant hypothèque avant l'entrée en vigueur de la loi nouvelle si, à ce moment, le droit à leur exécution n'a pas encore été mis en oeuvre suivant les règles de l'article 1040a de l'ancien code.»

«Les droits rattachés aux clauses de dation en paiement qui survivent ou sont exercées suivant le premier alinéa, ou les droits qui découlent de l'exécution de ces clauses sont aussi conservés.»

65. Voir l'article 95 de la loi d'application. Pour d'autres exemples de dispositions dont le contenu illustre les effets de l'article 5 de la loi dans un contexte particulier, voir les articles 89, 92, et 124.

66. Voir l'article 1474 *C.c.Q.*, qui empêche un débiteur d'exclure ou de limiter sa responsabilité pour le préjudice moral ou corporel causé à autrui, alors qu'une telle restriction aux effets de ces clauses n'avait pas encore été consacrée dans le droit antérieur.

67. Ceci dit, la loi d'application comporte aussi certaines exceptions à la règle générale de l'article 5. Voir par exemple les articles 53 (2) et 100 de la loi.
68. L'article 9 du *Code civil du Québec* reprend cette distinction :
«**9.** Dans l'exercice des droits civils, il peut être dérogé aux règles du présent code qui sont supplétives de volonté; il ne peut, cependant, être dérogé à celles qui intéressent l'ordre public.»
69. Voir par exemple les articles 1435, 1436, 1437, 2070 et 2641 du *Code civil du Québec.*
70. Voir par exemple les articles 757, 758, 1216, 1801 et 2402 du *Code civil du Québec.*
71. Voir par exemple les articles 759 à 762, 1893, 1905, 1906, 2203, 2246, et 2649 du *Code civil du Québec.*
72. Voir par exemple les articles 2084, 2219, 2238, et 2255 du *Code civil du Québec.*
73. Voir par exemple les articles 433, 1474, 1732, 1733, 1753, 2034, et 2355 du *Code civil du Québec.*
74. Voir l'article 391 du *Code civil du Québec.*
75. Voir par exemple les articles 1598, 1604, 1654, 2174, 2218, et 2361 du *Code civil du Québec.*
76. Voir par exemple les articles 1013, 1123, 1197, 1272, 1880, 2089, 2341, 2376, et 2377 du *Code civil du Québec.*
77. Voir par exemple l'article 1212 du *Code civil du Québec.*
78. Le code indique parfois explicitement qu'une règle est supplétive : la disposition s'applique «à moins d'une stipulation contraire», ou «à défaut de convention», ou «à moins que les parties n'en conviennent autrement». Mais il ne faut pas conclure de ceci que les règles qui ne comportent pas de telles réserves sont impératives.
79. Voir les articles 24 et 25 du *Code civil du Québec.*
80. Par exemple, l'article 187 du *Code civil du Québec* prévoit que:
«On ne peut nommer qu'un seul tuteur à la personne, mais on peut en nommer plusieurs aux biens. La nomination de plusieurs tuteurs à la même personne est donc exclue par la loi, de manière impérative.»
81. Certaines règles particulières de la loi d'application vont dans le même sens. Voir par exemple les articles 56 et 109 de la loi.
82. Pour le contrat, voir l'article 1438 du *Code civil du Québec* : **«1438.** La clause qui est nulle ne rend pas le contrat invalide quant au reste, à moins qu'il n'apparaisse que le contrat doive être considéré comme un tout indivisible. »
Il en est de même de la clause qui est sans effet ou réputée non écrite. On peut probablement avoir recours à cette règle pour ce qui est des actes juridiques unilatéraux, en faisant les nuances imposées par les dispositions particulières du *Code.* Voir par exemple les articles 757 à 762 du *Code civil du Québec.*
83. Mais il y a d'autres analyses possibles, ce qui ne contribue pas à simplifier le droit transitoire. Ainsi, pour certains, les effets de la clause de garantie sont concrétisés dès que la chose est livrée. Puisque le vice doit exister avant la vente, le moment de sa manifestation n'est qu'acci-

dentel, et les effets de la garantie sont fixés dès le jour de la délivrance. Voir F. Dekeuwer-Défossez, *Les dispositions transitoires dans la législation civile contemporaine*, Paris, L.G.D.J., 1977, p.69.
84. À supposer, bien sûr, que ladite clause soit conforme à l'ordre public en vigueur au moment de sa rédaction.
85. Mais certaines dispositions particulières de la loi vont plus loin que l'article 5, et permettent de priver d'effet certaines clauses même si elles ont trouvé application avant l'entrée en vigueur de la loi nouvelle. Voir par exemple l'article 92 de la loi, qui permet la révision judiciaire des clauses abusives, même si le défaut est antérieur.
86. Dans le système de P. Roubier, les clauses expresses d'un contrat sont protégées contre l'effet de la loi nouvelle à partir du principe de non-rétroactivité. Dans une perspective de droit transitoire, selon Roubier, la rédaction d'une clause expresse est un fait accompli. De la même manière qu'on ne peut, sans rétroactivité, revenir sur les conditions de formation d'un acte juridique déjà constitué, la loi rétroagit quand elle remet en question les effets d'une clause valablement stipulée. Voir P. Roubier, *op. cit.*, note 6, à la p.384: «[...] la destruction de l'effet de clauses valablement stipulées, d'une manière expresse, dans un contrat, ne peut s'opérer juridiquement que par leur annulation. Et même si l'annulation ne retentit pas dans le passé, en fait, cela ne modifie pas la situation en droit: la rétroactivité sera une rétroactivité tempérée, mais ce sera tout de même une rétroactivité.»
87. Voir les articles 1435 et 1436 *C.c.Q.*.
88. Ce qui signifie que la loi nouvelle s'applique même aux instances en cours, et que ces clauses sont privées d'effet tant pour le passé que pour l'avenir. Tel que rédigé, l'article 82 permet de remettre en cause les effets déjà produits par ces clauses, même s'ils remontent à plusieurs années. On laissera intacts, cependant, les effets déjà produits qui ont acquis la force de chose jugée.
89. Ces doutes peuvent être écartés : tout comme la stipulation expresse, le silence des parties constitue en un sens un comportement actif antérieur (le choix de ne rien dire) sur lequel la loi nouvelle agit pour l'avenir. Il n'est donc pas certain qu'on puisse qualifier la loi nouvelle de rétroactive du simple fait qu'elle revient d'une quelconque manière sur un comportement antérieur.
90. Le projet de loi 38, dans sa première version, contenait les deux dispositions suivantes: «**3.** La loi nouvelle est applicable à toutes les situations juridiques en cours lors de son entrée en vigueur, y compris aux situations contractuelles. [...]» « **5.** Lorsqu'une stipulation contractuelle fait référence à la loi ancienne, soit par renvoi, soit en reprenant la substance de ses dispositions, il est fait application des dispositions correspondantes de la loi nouvelle, sauf si ces dernières, étant supplétives, sont incompatibles avec ladite stipulation.»
91. La loi d'application comporte par ailleurs quelques dispositions particulières relatives au droit des successions, qu'on aura avantage à consulter pour déterminer la loi applicable. Voir les articles 37 à 47 de la loi. On notera l'article 41, par exemple, qui préserve la loi ancienne relative à la

représentation dans les successions testamentaires, pour les testaments antérieurs à la loi nouvelle.

92. Voir par. 177 ci-après.

93. Voir par exemple l'article 90 de la loi d'application, qui permet d'avoir recours à certaines nouvelles règles relatives à la sanction de l'inexécution, même si elle est antérieure à l'entrée en vigueur de la loi nouvelle.

94. P. ROUBIER, *op. cit.*, note 6, p.404 et suiv.

95. Les articles 84 et 99 de la loi d'application confirment la survie de la loi ancienne en ce qui concerne la charge des risques. Cependant, l'article 81 prévoit que, par exception, les contrats d'adhésion ou de consommation antérieurs sont interprétés suivant les règles de la loi nouvelle.

96. C'est ce que confirme, par exemple, l'article 83 de la loi d'application, en ce qui concerne les garanties légales ou conventionnelles découlant de contrats antérieurs.

97. Voir les articles 51, 65, 67 et 71 de la loi d'application. Voir aussi l'article 58, qui comporte une règle analogue pour ce qui est des situations juridiques visées par l'ancienne Loi sur les constituts ou le régime de tenure (L.R.Q., chapitre C-64).

98. Voir l'article 73 de la loi d'application.

99. Voir, pour l'usufruit, les articles 60 à 63 de la loi, qui fait appel à la loi nouvelle pour certains aspects des usufruits conventionnels, et aussi à la loi ancienne pour d'autres aspects des usufruits qui sont établis autrement que par contrat. On notera aussi l'article 34, qui prévoit la survie de la loi ancienne par rapport à l'usufruit légal du conjoint survivant en cours lors de l'entrée en vigueur de la loi nouvelle.

100. Voir, pour la copropriété divise, les articles 53 à 58 de la loi d'application.

101. Aux articles 115 à 125 de la loi d'application.

102. Voir les articles 133 à 140 de la loi d'application.

103. Voir par exemple les articles 106 (révocabilité des donations antérieures à cause de mort) et 128 (effet pour la caution de la déchéance du terme pour le débiteur principal).

104. Voir les articles 85 et 88 de la loi d'application. La loi d'application permet dans certains cas d'avoir recours aux nouvelles règles relatives à la sanction de la faute contractuelle, même quand elle est antérieure à l'entrée en vigueur de la loi nouvelle.

105. Voir les articles 112 (contrat de transport), 113 (manutention), et 114 (contrat d'entreprise). Mais voir l'article 126, qui détermine les règles supplétives pour la responsabilité de l'hôtelier en fonction de la date du dépôt.

106. Pour les successions, voir les articles 37 à 47 de la loi d'application. On notera en particulier l'article 45, qui permet à l'héritier de demander, à certaines conditions, la réduction de sa responsabilité personnelle résultant de la succession à la personne, même si la succession s'est ouverte avant l'entrée en vigueur de la loi nouvelle. Pour les nouvelles formalités liées à l'opposabilité aux tiers de certains droits contractuels, voir les articles 98, 107, 137 et 162 de la loi d'application.

107. L'article 94 de la loi d'application va plus loin, et étend le domaine de la loi nouvelle aux cessions de créance qui n'étaient pas encore opposables aux débiteurs et aux tiers lors de l'entrée en vigueur du nouveau code. Voir aussi la règle impérative de l'article 95, qui concerne certaines stipulations relatives à la subrogation.
108. Mais voir les nuances qui résultent des articles 90, 91 et 92 de la loi: certaines règles s'appliquent même aux instances en cours, alors que d'autres ne visent que les demandes introduites après l'entrée en vigueur de la loi nouvelle.
109. L'article 88 prévoit que: «Les droits du créancier en cas d'inexécution de l'obligation du débiteur sont régis par la loi en vigueur au moment de l'inexécution, sous réserve des dispositions qui suivent.» Cependant, l'envoi d'une mise en demeure ou la décision d'invoquer l'exception d'inexécution, par exemple, sont des faits qui peuvent être situés dans le temps. On peut prétendre qu'ils doivent être saisis par la loi nouvelle s'ils surviennent après celle-ci.
110. Faut-il choisir les règles supplétives en vigueur au jour où les conditions de l'action oblique ou l'action en inopposabilité sont remplies, ou au contraire celles en vigueur au jour où l'action est exercée ? Voir aussi l'article 93, qui prévoit l'application rétroactive de la loi nouvelle dans ce contexte.
111. Voir les articles 64, 68 et 100 de la loi d'application.
112. Voir les articles 1013, 1123 et 1880 du *Code civil du Québec*. Ces règles visent les conditions d'extinction de certains droits réels. Compte tenu du principe de l'application immédiate de la loi nouvelle, elles affectent aussi les droits créés antérieurement, et qui existent toujours lors de l'entrée en vigueur du nouveau code. Mais le principe de l'application immédiate ne permet pas de fixer avec certitude le point de départ des délais que ces règles comportent, et l'article 6 peut apporter une solution à cette difficulté, ne serait-ce qu'en raison de l'analogie qui existe entre le délai au sens strict, et la durée de certains droits subjectifs.
113. Article 2262 (2) *C.c.B.C.*.
114. Le principe de l'effet immédiat de la loi nouvelle sur les délais en cours emporte quelques autres conséquences. Ainsi, pour ce qui est de l'interruption de la prescription, la loi applicable est celle du jour du fait interruptif. Quant à la suspension de prescription, «chacune des lois en présence s'applique au temps passé sous son empire». Voir ROUBIER, *op.cit.* note 6, p.299.
115. La règle est la même si la loi nouvelle retarde le point de départ d'un délai en cours. Voir ROUBIER, *op. cit.,* note 6, p.301.
116. Certaines sont fort importantes : ainsi, l'article 2922 du *Code civil du Québec* établit que la prescription extinctive est de dix ans, à défaut d'une disposition particulière. On se rappellera que sous le *Code civil du Bas Canada*, la norme résiduaire était la prescription trentenaire (art. 2242)
117. Voir J. HÉRON, *loc. cit.*, note 2, à la p.329.
118. Voir l'article 101 de la loi d'application, qui confirme la non-application de la loi nouvelle dans ce domaine. Le même raisonnement vaut pour l'article 1022 *C.c.Q.*, qui permet à un indivisaire d'écarter celui qui

a acquis une part indivise à titre onéreux dans les soixante jours de l'acquisition. Ce droit ne peut être invoqué qu'à l'égard des acquisitions postérieures à la loi nouvelle. Comparer l'article 120 de la loi d'application, qui prévoit l'application rétroactive d'une disposition analogue en matière de contrats de société.

119. Voir l'article 39 de la loi d'application.

120. Voir l'article 111 de la loi d'application. Voir aussi l'article 120 de la loi, qui comporte une règle analogue.

121. Ici, le choix politique est analogue à celui qui a prévalu par rapport à la loi qui abrège un délai. Le principe de l'effet immédiat de la loi nouvelle permettait de faire courir le délai à partir du point de départ prévu par celle-ci, mais le législateur préfère retarder ce point de départ pour éviter de tenir compte du temps écoulé avant l'entrée en vigueur de la loi nouvelle.

122. Il faudrait sans doute nuancer un peu cette conclusion, qui ne vaut vraiment que si le point de départ du délai prévu par la loi est fixé une fois pour toutes (comme c'est le cas s'il s'agit du jour de conclusion d'un contrat, du jour de l'inscription d'un droit, etc.). Mais dans certains cas, le point de départ du délai prévu par la loi est mobile: l'écoulement du temps peut être interrompu, et recommencer à une autre date. C'est le cas, par exemple, en matière de prescription. Pour ce type de délai, que Jacques Héron qualifie de «délais-condition», le fait qu'il soit entièrement écoulé avant l'entrée en vigueur de la loi nouvelle n'empêcherait pas celle-ci de saisir les faits qui lui sont postérieurs. Le nouveau point de départ pourrait ainsi être la date de l'entrée en vigueur de la loi nouvelle. Sur la distinction fort utile entre les délais-terme et les délais-condition, voir J. HÉRON, *loc. cit.,* note 2, p.322 et suiv.

123. Voir les articles 1957 et suivants du *Code civil du Québec.*

124. Par ailleurs, pour ce qui est des situations juridiques en cours, l'accomplissement des formalités prévues par la loi ancienne avant l'entrée en vigueur de la loi nouvelle assure dans certains cas la survie de la loi ancienne. Voir l'article 50 de la loi d'application.

125. Comparer les articles 413 et 414 de l'ancien *Code civil du Québec*, et les articles 368 et 369 du nouveau *Code civil du Québec.*

126. Voir la discussion du paragraphe 2 de l'article 6 de la loi d'application, ci-après aux par. 191 et suiv.

127. C'est tout aussi vrai en matière contractuelle. Comme on l'a vu, l'article 4 prévoit la survie de la loi ancienne en cette matière, mais la loi nouvelle est applicable immédiatement pour tout ce qui concerne les règles relatives à l'exercice des droits contractuels.

128. La transmission d'un droit constitué antérieurement peut être régie par les dispositions supplétives de la loi nouvelle, compte tenu de l'article 4 de la loi d'application.

129. Voir l'article 1213 du nouveau code, qui s'applique même si la stipulation est antérieure, selon l'article 66 de la loi d'application.

130. Selon une autre interprétation, l'article 61 ne viserait *que* le cas où la mise en demeure aurait été faite avant l'entrée en vigueur de la loi

nouvelle. Le nu-propriétaire qui n'aurait pas pris une telle mesure avant cette date ne pourrait plus le faire après.

131. Mais l'effet de cet article demeure ambigu à au moins deux égards. Le délai de soixante jours prévu par la disposition peut courir soit du jour de la mise en demeure, soit du jour de l'entrée en vigueur de la loi nouvelle, selon les interprétations. Par ailleurs, l'article 61 ne précise pas à compter de quelle date l'usufruitier se voit privé des fruits.

132. Il est difficile de déterminer si la loi d'application, ne vise que les instances judiciaires au sens strict, à l'exclusion des instances administratives. À notre avis, on peut sans doute appliquer les principes énoncés à l'article 9 à ces dernières. Certains tribunaux administratifs sont en effet appelés à décider en fonction du droit commun, lequel est affecté par l'introduction de la loi nouvelle.

133. Vérité de la Palice, l'instance est en cours quand elle est commencée. Le plus souvent, la date du bref ou de la requête permettront de déterminer le moment du début de l'instance. Mais la question de savoir si une cause est pendante ou à venir a parfois posé des problèmes dans la jurisprudence québécoise. Voir par exemple, *Université du du Québec à Hull* c. *Québec (sous-ministre du Revenu* [1988] R.D.F.Q. 276 (C.A.), et *Cambior Inc.* c. *Québec (sous-ministre de l'Énergie et des Ressources* [1988] R.J.Q. 1415 (C.P.).

134. Voir, généralement, G. ROUJOU DE BOUBÉE, «La loi nouvelle et le litige», (1986) 66 *Rev. trim. dr. civ.* 479, et P.ROUBIER, «De l'effet des lois sur les procès en cours», in *Mélanges offerts à Jacques Maury*, t. 2, Paris, Dalloz et Sirey, 1960, p. 513 et suiv.

135. Encore une fois, puisque le rattachement s'effectue à partir des faits et des actes, et non à partir des litiges, la discussion qui suit est applicable non seulement à l'égard des instances en cours, mais aussi à l'égard des instances postérieures à la loi nouvelle qui résultent de faits entièrement accomplis avant celle-ci.

136. Voir L. MAZEAUD, «De la distinction des jugements déclaratifs et des jugements constitutifs de droits», (1929) 28 *Rev. trim. dr. civ.* 17 ; et P. RAYNAUD, «La distinction des jugements déclaratifs et des jugements constitutifs», in *Études de droit contemporain; contributions françaises aux IIIe et IVe Congrès internationaux de droit comparé*, Paris, Sirey, 1959.

137. On a dit, par ailleurs, que n'importe quel jugement déclaratif comporte aussi une composante constitutive, ne serait-ce que parce qu'il confère au droit reconnu une nouvelle force tirée des mesures d'exécution attachées au jugement. Sur ces arguments, voir L. MAZEAUD, *ibid.*, et P. RAYNAUD, *ibid.*.

138. L'article 9 parle du «jugement constitutif de droits». Formellement, l'expression apparaît un peu plus restrictive que la notion de jugement constitutif retenue par la doctrine française, puisque cette dernière inclut l'ensemble des décisions qui peuvent produire des effets juridiques nouveaux, qu'il s'agisse de la constitution de nouveaux droits, de nouveaux pouvoirs, ou d'un changement d'état. Ceci dit, il est fort peu probable que

le législateur ait souhaité restreindre la notion de jugement constitutif aux jugements créateurs de nouveaux droits, et il ne faut donc pas attacher une importance indue aux termes retenus dans l'article 9.

139. L'application de la loi nouvelle en matière de jugements constitutifs est confirmée par la décision de la Cour d'appel du Québec dans *T.G.Bright and Co.* c. *Institut national des appellations d'origine des vins et eaux-de-vie* [1981] C.A. 557. L'instance constitutive (demande d'injonction) y est touchée par la modification législative, alors que l'instance déclarative (recours en dommages) ne l'est pas.

140. Sauf exception. L'article 91, par exemple, comporte un élément de rétroactivité parce qu'il permet d'appliquer la loi nouvelle à des faits générateurs de responsabilité qui lui sont antérieurs. Mais cette rétroactivité est limitée, parce que la disposition de la loi d'application ne permet d'avoir recours aux nouvelles règles que pour les instances introduites après l'entrée en vigueur du code.

141. On trouvera d'autres exemples d'effet rétroactif aux articles 77, 78, 82, 90 et 92 de la loi d'application.

142. Voir P. ROUBIER, *op. cit.,* note 6, aux pages 286 et 287.

143. Voir en particulier P.-A. CÔTÉ, «L'application dans le temps des lois de pure procédure», (1989) 49 *R.du B.* 625. Pour un exemple jurisprudentiel récent, voir *Argos Films* c. *Ciné 360 Inc.*, [1991] R.J.Q. 1602 (C.A.).

144. Reste que l'expression «la procédure en l'instance» qu'on trouve à l'article 9 pourrait être définie de manière à reproduire les solutions de la théorie des droits acquis à l'intérieur du système de l'effet immédiat. Il suffirait de prétendre que le législateur, s'inspirant de la jurisprudence, souhaite que l'expression soit comprise dans le sens qu'elle a acquis dans la tradition de droit anglais. Il n'y aurait alors d'application immédiate que pour les lois de pure procédure. Mais ni le texte de l'article 9, ni le cadre conceptuel dans lequel il s'insère ne rendent cette interprétation légitime. Il faut donc entendre la notion de procédure comme l'ont comprise les tenants civilistes du système de l'effet immédiat, en faisant les nuances qui s'imposent pour tenir compte du caractère mixte du droit judiciaire au Québec.

145. Voir P. ROUBIER, *op. cit.,* note 6, p. 551 à 558.

146. Roubier juge que la force exécutoire du jugement est un effet produit par celui-ci, et que les effets du jugement sont déterminés par la loi du jour où il est rendu. Voir P. ROUBIER, *op. cit,.* note 6, à la p. 564. Voir, au même effet, G. CLOSSET-MARCHAL, *L'application dans le temps des lois de droit judiciaire civil*, Bruylant, Bruxelles, 1983, p. 236-237.

147. G. CLOSSET-MARCHAL, *op.cit* note 146, aux pages 211-223. Il faut faire exception du jugement passé en force de chose jugée, qui ne peut plus être atteint, même si la loi nouvelle introduit une nouvelle voie de recours, ou allonge les délais relatifs à une voie de recours existante.

148. P. BIRON, «L'effet dans le temps des lois sur la preuve», (1987) 47 *R. du B.* 365. Ici comme en matière de procédure, la notion de situation juridique a changé de forme. Alors que pour la résolution des problèmes

de fond, cette notion qualifie les sujets (créancier, débiteur, locataire, héritier, etc), elle sert à décrire des «objets» juridiques dès lors qu'il s'agit de procédure ou de preuve. On parle alors de l'instance, en tant que situation juridique litigieuse, ou de la preuve constituée, en tant que situation juridique probatoire.

149. P. BIRON, *loc. cit.*, note 148, p.377 et suiv. ; P. ROUBIER, *op. cit.*, note 6, p. 234 et suiv.

150. P.ROUBIER, *op.cit* note 6, p.234.

151. Comparer les articles 1233 *C.c.B.C.* et 2862 *C.c.Q.*.

152. Certains sont d'avis que la liste de l'article 1054 *C.c.B.C.* n'était pas limitative. Voir par exemple *Laverdure* c. *Bélanger*, [1975] Ç.S. 612 ; C.A. Montréal, 500-09-000116-856.

153. P. BIRON, *loc. cit.*, note 148, p. 406 et suiv.

154. P. ROUBIER, *op. cit.*, note 6, p .561.

155. La jurisprudence québécoise est allée dans le même sens, lorsque des questions de même nature se sont posées. Voir *Johnson* c. *Commission des affaires sociales* [1984] C.A. 61 (la notion de «cause pendante» vise tout litige dans lequel le jugement final n'a pas été prononcé) ; *N.L.* c. *J.-l.B.* [1985] R.D.J. 151 (C.A.) et *Droit de la famille 105* [1984] R.D.J. 73 (C.A.) (les modifications législatives applicables aux causes pendantes s'appliquent à l'appel en cours).

156. P. BIRON, *loc. cit.,* note 148, p.,416 et suiv.

157. Voir P. ROUBIER, *op. cit.*, note 6, p. 146.

158. Ces dispositions prévoient donc la survie de la loi ancienne. Voir notamment les dispositions des articles 11, 26, 34, 41, 62, 101, 109, 112 et 170.

159. Deux types de dispositions auront cet effet. Celles qui donnent effet rétroactif à la loi nouvelle: voir notamment les dispositions des articles 35, 76, 79, 80, 82,111 et 167; celles qui prévoient l'effet immédiat de la loi nouvelle: voir, par exemple, les dispositions des articles 51, 55, 60, 65, 67, 73 et 81.

160. C'est le cas, à titre d'exemple, des dispositions des articles 31, 40, 75, 85 et 141.

161. Voir P. ROUBIER, *op. cit.,* note 6, p. 147.

162. Ces règles matérielles de transition sont particulièrement nombreuses dans les dispositions de la loi d'application relatives à la publicité des droits (art. 144 à 166). Pendant une période intermédiaire, s'appliquera, en matière de publicité des droits, un régime transitoire qui fait appel à plusieurs règles qu'on ne retrouve comme telles ni dans la loi ancienne, ni dans la nouvelle. On verra aussi notamment les dispositions des articles 64, 68, 104, 118, 131 et 140.

163. On trouve de nombreuses règles de conversion dans la loi d'application, notamment aux articles 27, 52, et 115 et suivants. L'emploi le plus spectaculaire de cette technique se retrouve sans doute à l'article 134 relatif à la conversion des anciennes sûretés réelles.

164. On verra notamment les dispositions des articles 18, 29, 36 et 74.

165. Voir, par exemple, l'article 54.

166. On pourrait aussi qualifier cette règle de règle relative aux effets de la situation juridique de propriétaire foncier puisqu'elle détermine les droits du propriétaire lorsque son fonds est submergé en raison du déplacement du lit d'un cours d'eau. Une analyse selon cette qualification conduirait à la même conclusion que l'analyse qui voit la règle de 970 comme une règle relative à la formation ou à l'extinction de la situation de propriétaire: la loi nouvelle ne peut en effet modifier les effets antérieurs d'une situation juridique (principe de non-rétroactivité), mais elle peut définir les effets futurs d'une situation en cours (principe d'effet immédiat).

167. Nous ne croyons pas que l'article 7 de la loi d'application, qui opère la régularisation de certains actes nuls, trouverait application dans les circonstances. Il faut, croyons nous, faire une distinction entre un acte nul faute pour son auteur d'avoir respecté les conditions de forme ou de fond qui s'y appliquaient et un fait auquel le droit ancien ne reconnaissait aucune valeur juridique, dans quelque condition qu'il se produise.

168. *Loi de 1982 sur le Canada*, Annexe B, 1982 (R.-U), c.11.